국어사 논문 걸작선

국어사대계 3
국어사 논문 걸작선

초판 1쇄 발행 2021년 12월 20일

지은이 | 국어사대계간행위원회

펴낸곳 | (주)태학사
등록 | 제406-2020-000008호
주소 | 경기도 파주시 광인사길 217
전화 | 031-955-7580
전송 | 031-955-0910
전자우편 | thspub@daum.net
홈페이지 | www.thaehaksa.com

편집 | 조윤형 여미숙 김선정
디자인 | 한지아 이보아
마케팅 | 김일신
경영지원 | 정충만
인쇄·제책 | 영신사

ⓒ 국어사대계간행위원회, 2021. Printed in Korea.
값 50,000원

ISBN 979-11-6810-022-0 93710

책임편집 | 조윤형
표지디자인 | 이보아
본문디자인 | 최형필

국어사 논문 걸작선

국어사대계간행위원회

태학사

머리말

　근대적인 학문으로서의 국어학이 시작된 지 100년이 훨씬 넘었다. 초기의 국어 연구는 대다수가 역사적인 문제를 다루었으므로 국어사 연구가 자연히 국어 연구의 중심 분야로 자리 잡고 있었다. 물론 1960년대 이후 현대국어를 중심으로 한 공시적인 연구가 부상하면서 현재는 국어사가 예전만큼의 위상을 지니지는 못하지만, 그동안 국어학 연구의 중요한 위치를 차지해 왔음은 틀림이 없다. 100년이 넘는 동안 국어사에 관한 수많은 논문이 발표되었고, 이 연구들을 통해 이루어진 성과는 너무도 방대하다. 이에 역사에 관심을 가지지 않은 다수의 국어학 연구자들이 국어사의 성과들을 잘 이해하지 못할 뿐 아니라 국어사 연구자라도 자신의 세부 전공이나 관심 영역 밖에 있는 주제에 대해서는 알지 못하는 상황이 되었다.

　이미 간행되어 연구자들에게 활용되고 있었어야 마땅한 '국어사대계'가 존재하지 않아 늘 안타깝게 생각해 오던 차에, 몇 사람(박창원, 한재영, 김성규, 신중진)의 발의에 의해 2017년 3월 18일 '국어사대계 준비위원회'(박창원, 한재영, 정재영, 김성규, 장윤희, 정인호, 황선엽, 이진호, 이상신, 신중진)가 조직되어 '국어사대계' 편찬을 위한 사전 논의를 진행하였다. 이후 이러저러한 현실적인 어려움을 겪었지만 '국어사대계' 전체의 윤곽과 목차가 나오고 집필진이 꾸려졌으며, 2017년 8월 24일에는 집필진들이 모여서 '국어사대계' 집필을 위한 발대식을 거행하였다.

'국어사대계'가 처음 거론된 것은 대략 20년 전쯤 '국어사연구회'에서이다. 전광현 선생님과 송민 선생님의 회갑을 기념하여 『국어사 연구』를 저술하고, 그 필자들을 중심으로 '국어사대계'를 준비하다가, 무슨 연유인지 알 수 없지만, 그만둔 것이 대략 20년쯤 전이다. 당시 필자들에게 보낼 안내 메일까지 만들었던 기록을 보면 상당히 구체적으로 논의가 되었다는 것을 추론할 수 있다.

이제 20년이 지난 지금에서야 비로소 '국어사대계'를 간행할 수 있게 되었다. '국어사대계'는 크게 세 분야로 이루어진다. 20년 전 40대, 50대가 주축이 되어 집필하였던 『국어사 연구』를 수정 보완하는 분야가 첫째 분야이고, 국어사를 전공하였던 원로들의 특출한 논문을 선별하여 『국어사 논문 걸작선』으로 간행하는 것이 둘째 분야이며, 2010년대 현재 40대, 50대 연구자를 중심으로 필진을 새로이 구성하여 개별 국어사 주제에 대해 집필함으로써 대계를 완성하는 것이 셋째 분야이다. 그리하여 국어사 학계의 노력 모두를 아울러서 '국어사대계'를 간행하여 국어사 연구에서 시대를 획하는 작업을 하고자 하는 것이다.

'국어사대계'의 둘째 분야로 간행되는 이 책에는 이숭녕 선생의 논문을 시작으로 이병근 선생의 논문까지 모두 19편의 논문을 실었다. 주옥같은 논문들 중에서 『국어사 논문 걸작선』에 담길 논문을 선별하는 일이 쉽지 않았다. 무거운 마음을 안고 한 분당 한 편의 논문을 선정하였으나 부득이하게 세 분은 두 편까지 싣기도 하였다.

국어사 연구는 음운사 연구에서 시작되었다고 할 수 있는데 선별된 논문의 수도 가장 많다. 이숭녕(1940), 김완진(1963) 등은 모음 내지는 모음체계에 관한 논의이고, 이기문(1955)은 자음에 관한 논의이고, 정연찬(1972)은 성조에 관한 논의이다. 그리고 이병근(1976)은 음운 규칙의 재배열에 관한 논의이다.

문법에 관한 논의도 점차 활기를 띠어 왔는데, 허웅(1958)은 사라진 문법형태소 '-오-'의 기능을 다룬 것이고, 안병희(1982)는 사라진 문법형태소 '-슬-'을 중심으로 겸양법을 다룬 것이다. 고영근(1982)은 어미의 상관관계를 다루었고 이승욱(2001)에서는 문법화에 대해 논의하고 있다.

훈민정음을 창제하기 이전의 국어사를 연구하기 위해서는 한자음에 대한 연구가 필수적인데, 강신항(1972)에서는 『사성통해』를 논의하고 있고, 이돈주(1978)에서는 중국 상고음을 다루고 있다. 한편 박병채(1966)에서는 한국 고대국어의 한자음에 대해 연구하고 있다.

우리의 고유한 문자가 없던 시절에 우리 조상들은 한자의 음과 훈을 적절히 활용하여 우리말을 표기했는데, 후대에 이르러서는 이를 어떻게 해독할 것인가 하는 문제가 대두된다. 이러한 문제에 대한 기준을 김완진(1977)에서 논의하고 있다. 그리고 이러한 차자표기의 불완정성은 새로운 문자의 창제로 이어지는데, 이와 관련하여 안병희(2004)에서 세종의 훈민정음 창제와 관련된 사항이 논의되고 있다.

국어사 연구의 흐름을 보면 국어사의 개별적인 하위 영역의 연구에서 그 범위가 확장되고, 15세기 중심의 연구에서 근대국어에 대한 연구로 시기적으로도 확장되는데, 이런 흐름을 보여 주는 대표적인 논문으로 두 편을 선정하였다. 전광현(1978)은 18세기 전기 국어에 대한 연구이고, 송민(1985)은 근대국어 음운론에 대한 연구이다.

국어사에 관한 연구의 중요한 과제 중 하나는 국어의 계통을 밝히는 작업인데 김방한(1977)에서는 한국어의 몇몇 특징을 인근의 언어와 비교하고 있고, 성백인(1978)에서는 한국어와 만주어를 비교하여 연구하고 있다.

국어사 연구가 제대로 가고 있는가, 국어사 연구에서 방법론적인 문제는 없는가, 앞으로 국어사 연구는 어떻게 해야 할 것인가 등등의 문제에 대한 총괄적인 논의는 이기문(1994)에서 논의되고 있다.

이 책이 국어사 연구의 발전에 도움이 될 수 있기를 기대하고, 국어사 연구의 활성화에 조그만 디딤돌이 되기를 기대하면서 이 책을 간행한다. 그러나

『국어사 논문 걸작선』에 실리고도 남을 많은 논문들이 지면의 사정상 함께 실리지 못한 점은 간행위원들의 마음을 무겁게 한다. 더욱이 애초에 『국어사 논문 걸작선』에 포함시키기로 했던 논문 중 이런저런 사정으로 빠진 논문도 있어 아쉬움이 크게 남는다.

마지막으로 이 책의 간행에 많은 도움을 주신 태학사 지현구 회장님과 김연우 대표님, 그리고 조윤형 주간님 등 편집위원들께 무한한 감사의 마음을 전한다.

2021년 11월
국어사대계 간행위원회 일동
(박창원, 한재영, 김성규, 장윤희, 황선엽, 이진호, 이상신, 신중진)

차례

'·'音攷

이 숭 녕

(단, 本論에서 '·'音, '·'字라 함이 옳을 것이나 '·'의 單點은 글자를 構成하지 못하며 다른 符號와 혼동되기 쉬우므로 表題만을 除하고는 'ᄋ'音, 'ᄋ'字로 쓰겠다.)

I. 머리말

무릇 朝鮮語學에 아직껏 解決하지 못한 課題가 참으로 많다마는 그 中 'ᄋ'音에 對한 硏究가 있음직하나 볼 만한 것이 없음은 나로서는 섭섭함을 느껴온 바이다. 綴字法같은 實際論은 이미 昨日의 事實이고 보니 朝鮮語學의 새로운 方向은 이제부터 한層 더 飛躍하고 一路進展할 것이 아닌가 여겨진다. 'ᄋ'音에 對하여도 申景濬 以下 近日의 周時經氏 等의 여러 試論이 있으나 오늘날에 와서 到底히 이것으로 滿足할 수 없다. 本論은 이에 새로운 意味 아래 한 개 알바이트로서 未足함을 무릅쓰고 敢히 年來의 見解를 提示하려 하는 바이다.

'ᄋ'音은 訓民正音의 規定을 비롯하여 李朝前半에 있어서는 그 使用의 規則的임과 音韻變化에서 여러 法則 아래 整然히 發達한 것이니 우리는 方法의 檢討를 생각하여 先人의 一方的 試論에서 犯한 誤謬와 偏見을 되풀이하여서는 안 될 것이다. 先人들은 或은 象形說의 過信으로 或은 抽象的 太極圖說에서 或은 字劃의 架空的 計算에서 一方的 解決을 꾀하였으나 모다 'ᄋ'音 全體의 發達이라 보고 가장 重要한 實在를 돌보지 않으므로 豫期한 바의 所得은 언지 못한 것이 아닌가 한다. 그러므로 本論에서는 先人의 諸說은 勿論이요 歐米人의 변변치 않은 견해까지라도 될 수 있는 대로 通覽한 뒤에 이와는 別個로 音韻論에서 全般的 發達을 條目을 따라 대수롭지 않은 것까지도 考察하여 보고자 한다. 심지어 方言에서까지 'ᄋ'音 發達의 자취를 찾아보며 우믈라우트(Umlaut) 現象에서도 보아 前後左右에서 考察하여 남김없이 보고자 한다. 그러나 方言이라야 公表된 것은 몇 冊 못되는 오늘로서는 若干의 失望을 느끼나 그리 큰 問題는 아닐 듯하다. 要컨대 本論은 'ᄋ'音 發達을 大局에서 보고자 한 것이니 方法에 있어서 當然한 일이지만 이와 아울러 一時的 速斷과 看過를 삼가야 될 것이며 또한 그리 努力한 바이다.

그리고 'ᄋ'字는 社會的 廢棄宣言을 한 오늘도 一部에서 使用되고 있으며 —綴字法의 訓練을 못받은 이 中에서— 李朝末期의 文獻에서도 忠實히 使用하여 왔으니 이 點은 'ᄋ'音 研究에 利害가 彼此 있는 것이다. 이 保守的 使用은 'ᄋ'音 消失後 二三百年 以來의 習慣이니 'ᄋ'音 發達의 眞相은 이러한 書記體를 通하여서는 알기 어려움이 그 害의 가장 큰 것이다. 마는 語源을 逆算한다든지 함에 若干의 便宜를 얻는 것이다. 그러나 書記體의 固定과 言語發達의 實際가 이같이 懸隔한 差異를 보임도 'ᄋ'音論의 유다른 特徵일 것이다. 그러면 다음에 'ᄋ'音價 그 一般的 發達과 그 消失期를 各項에 따라 考察하여 보고자 한다.

Ⅱ. 텍스트再考

'ᄋ'音을 創制하고 規定한 唯一한 텍스트는 訓民正音이다. 朝鮮語學을 研究하는 이가 가장 親히 하는 原典이나 簡單한 規定에 內包한 原理를 看過할 적이 있다. 우리는 平易한 事實에 숨은 重大한 原理를 흔히 놓치기 잘하는 까닭에 다시 訓民正音을 들여다보고자 한다. 그의 唯一한 規定이라 함은

·ᄂ如呑ㄷ字中聲ᄒᄂ니라

'呑ᄐ'의 中聲, 即 母音을 말함은 다시 云謂할 것도 못되나 나는 여기서 두 가지 原則을 發見한다. 그 하나는 上述한 '❍'音의 音價說明으로 漢字의 '呑ᄐ' 字 母音을 引用한 것이니 이것은 支那韻學에서 考察할 方法도 있으나 여기서 簡單히 解決할 바는 못된다. 그러나 또 한 原則은 訓民正音의 中聲 全體의 規定에서 보는 字劃論과 中聲配列의 序列 問題이다. 既往의 學者들도 이 點에 着眼하였으나 明確한 說明은 없지 않은가 여겨진다. 이 點을 中心으로 敷演하고 新說을 꾸미었으나 隔靴搔痒의 느낌이 없지 않다. 中聲의 序列을 보건대

· ᅳ ᅵ ᅩ ᅡ ᅮ ᅥ ᅭ ᅣ ᅲ ᅧ

에서 字劃과 序列은 不可分의 關係에 있으나 '❍'音은 最初의 順位이요 가장 簡單한 字劃이다. 그 反對로 가장 順位가 뒤요 가장 複雜한 中聲은 'ᅭ, ᅣ, ᅲ, ᅧ'이니 이 音群은 複母音(臨時로 術語를 치으면)이요 子音的 價値를 가지고 있는 半母音의 j와의 音群(jo, ja, ju, jɔ 또는 io, ia, iu, iɔ)이니 勿論 單母音은 아니다. 그러고 보니 이에 對蹠的 順位에 있는 '·, ᅳ, ᅵ' 그 中에서도 가장 先頭의 中聲 '·'는 다시 疑心할 것 없는 單母音이다. 더구나 'ᅭ, ᅣ, ᅲ, ᅧ'와 '·, ᅳ, ᅵ' 間에 單母音 'ᅡ, ᅥ, ᅮ, ᅩ'가 介在하여 三母群이 세 階段을 이루어 羅列한 以上 '·'音이 가장 單母音 中 單母音이라고 訓民正音 創制 當時의 當事者들이 意識한 것을 미루어 알 수 있다. 이 內包한 原則을 잊고서 一方的 試論을 꾀한 것이 周時經先生의 '·는 ᅵ, ᅳ의 合音'이라는 斷定이다. 後段에 詳論하지만 訓民正音의 가장 單音的인 '·, ᅳ, ᅵ' 序列 中에서 '·'가 'ᅵ, ᅳ'의 合音이라 함은 一見하여 矛盾된 抽象說임을 깨닫게 된다. '❍'音은 合音, 即 複母音은 아니다. 이것이 創制한 當事者의 속임없는 見解이오 信念일 것이다. 그리고 'ᅭ, ᅣ, ……, ᅲ, ᅧ'에서 母音調和의 强弱母音을 規則 있게 配列한 것도 보인다.

다음에 字劃論에 있어서 'ᄋ'音이 가장 簡單한 첫 中聲인만치 創制한 當事者가 中聲에서 가장 起源的 基本的인 듯이 여겼음을 推測할 수 있다. 勿論 基本的 母音이라는 것이 音聲學上 存在할 수 없다마는 當時의 當事者의 主觀的(或은 一般的) 見解이었을 것이니 그 精神만을 取하면 될 것이다. 여기서 後世의 李朝의 學的 體系를 背景으로 太極說的 解釋法이 出發하는 것이다. 要컨대 字劃에서나 序列에서나 어느 것에서 보더라도 'ᄋ'音이 單母音이오 複母音이 아님은 以上의 考證만으로도 斷言할 수 있을 것이다.

다음에 새로운 中聲配列은 反切의 그것이니 訓民正音의 面目을 一新한 것이다. 反切의 配列과 反切의 沿革에 對하여는 旣往의 學說도 있으나 적어도 文獻上 최초에 나타난 것은 中宗 22二十二年의 崔世珍 著인 訓蒙字會 序頭에 실은 "諺文字母俗所謂反切二十七字"의 그것이니 그 中聲獨用十一字 아래 다음과 같은 새로운 中聲序列을 提示하여 주었다.

ㅏ阿 ㅑ也 ㅓ於 ㅕ余 ㅗ吾 ㅛ要 ㅜ牛 ㅠ由 ㅡ應_{不用終聲} ㅣ伊_{只用中聲} ·思_{不用初聲}

위의 序列에서 字劃上 複母音을 各其 그 對應할 母音 아래 後續시켰으니 이 것을 除外하면 'ㅏ, ㅓ, ㅗ, ㅜ, ㅡ, ㅣ, ·'이다. 이 配列은 一見하여 訓民正音의 配列을 뒤집은 듯도 여겨지나 其實 다른 見解에서 된 것이니 單純히 뒤집었다고 하기는 어렵다. 그러면 이 配列의 標準은 무엇인가를 考察할 때 나는 놀라운 事實을 目睹하게 된다. 그것은 母音圖的 序列을 따라 配列한 事實이다. 泰西의 音聲學에서, 卽 現今 우리가 使用하는 萬國音聲學會에서 規定된 不等四邊形的 母音圖는 비에토르(Viitor)의 母音三角形 等 많은 經驗을 經過한 것이나 朝鮮語學에서는 崔世珍時代에 비록 이러한 具體的 規定은 없었을지라도 벌써 高度의 音聲學的 考察力이 있었음을 알 수가 있다. 'ㅏ, ㅓ, ㅗ, ㅜ, ㅡ, ㅣ, ·'는 'ᄋ'音을 除去하면 母音圖의 低母音 '아'부터 右便, 卽 後方母音의 線前을 거슬려 올라가 'ㅓ, ㅗ, ㅜ'로 나아가 다시 左方, 卽 前方으로 '으, 이'의 方向으

14

로 나아간다. 이것이 곧 反切의 母音配列의 方向이고 보니 놀라지 않을 수 없는 일이다. (母音圖의 朝鮮語 母音位置는 小倉進平 博士의 『音聲の硏究』 第30輯의 p.148에 실린 것을 그대로 採用한다.)

그러면 'ㆍ'音의 序列은 어찌 解釋할 것인가가 다음의 問題이다. 이것은 다시 母音圖의 位置에서 字劃 其他의 理由에서의 두 가지 方向으로 나뉠 것이다.

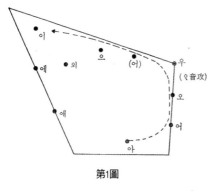

第1圖

첫째 'ㆍ'音은 母音圖에서 上述한 'ㅏ…'의 方向이 延長線的 序列을 말함인가 하는 疑問을 갖게 된다. 그러나 第1圖의 母音位置를 보며 'ㆍ'音의 一般的 發達에서 보아 'ㆍ'音이 'ㅣ'音 近傍에 位置한다 함은 손쉽게 想像할 수는 없다. 단지 母音圖에서만 보더라도 '아, 어, ……, 으, 이' 線上에 다시 말하면 '으, 이' 線 方向의 延長線上에 있다고는 勿論 믿으려야 믿을 수 없다. '이'에서 꺾여 내려온 것이 아닌가 하고 我田引水式 想像을 하여도 '이' 아래에 '에, 외, 애'가 散在할만치 그렇게도 믿어지지 않는다. 더구나 後段에 詳論할 一般的 考察에서 그것을 妄想임을 알게 된다마는 이것은 母音圖的 序列의 方向에서 그린 것이 아니고 別個의 特殊的 處置에서 그린 것이라 보겠다.

그러면 둘째로 그 特殊的 處置는 무엇인가 하니 想像컨대 字劃의 簡潔로인가 申景濬의 "其聲至輕其氣至短"式의 輕視인가 '아, 어, ……, 으, 이' 같은 整然한 序列關係가 안 나오므로 할 수 없이 끝으로 돌렸는가 한다.

要컨대 反切의 'ㆍ'音 處置는 相當한 困難을 느낀 것이리라 믿는다.

如何間 우리는 訓民正音의 眞意인 'ㆍ'音이 基本的 單音이라 한 것을 잊어서는 아니 될 것이다.

Ⅲ. 'ᄋ'音 諸說의 槪觀

'ᄋ'音이 무엇인가를 논한 學者는 그리 많지는 않다마는 'ᄋ'音의 일반적 발달을 고찰하기 전에 'ᄋ'音諸說을 通覽함이 순서상 당연할 듯하다. 그러나 'ᄋ音' 諸說이 모두 'ᄋ'音 消失後 또는 그 動搖期에서부터 점차 論難되기 시작하였다 함은 特書할 바이다. 이것은 'ᄋ'音이 消失되자 자연 學者의 반성은 'ᄋ'音 究明의 필요를 느끼게 된 것이니 그럴 듯한 일이다. 그러면 다음에 各說을 자세히 검토하여 보고자 한다.

1. 申景濬說

旅庵 申景濬의 訓民正音圖解(英祖 26年 庚午 1750年)에서 'ᄋ'音價에 대한 學說이 있었으니 이것이야말로 朝鮮語學史에서 'ᄋ'音論의 시초이다. 旅庵은 李朝에서 드물게 보는 음성학자이다. 그 해석법은 李朝 學問體系가 많이 支那學的 解釋에 의거하는 시대적 경향으로 그 음성학을 논함에도 易學的·性理學的 解釋을 취하였다 함은 이해할 수 있으며 당연하다 하겠다. 그러므로 旅庵은 그 母音論에 있어서 中聲圖를, 그리고 '·'音 이외에 'ᅟᆢ'音을 獨創하여 兩者의 상호관계와 重複合字됨을 體系 세워 표시하였다(第2圖). 그의 圓圖의 해석에 있어서 중앙의 圓○에서 모든 母音, 즉 中聲이 출발도 하며 귀납할 수도 있게 하였다. 그리고 이 해석은 太極에 比하였으니 本項에 관계되는 곳만 다음에 실어 보겠다.

> 中之○ 太極也 太極動而一陽生 爲·天一之象也 居北 靜而陰生 爲ᅟᆢ地二之象也 居南 坎之中爻象之中爻也 蓋○如木之仁·如自其仁而一芽生ᅟᆢ如自一芽而兩葉生 ·如ᅟᆢ其生也始 其形也微 及其·滋而爲ᅳ ᅟᆢ交而爲ㅣ一橫一縱成而萬聲 由是生焉……

16

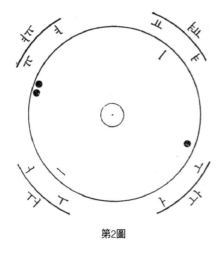

第2圖

위의 글에서 太極說的 解釋法이 音聲學에 무슨 인연이 있으랴 함은 前述한 바와 같이 支那學的 時代精神의 洗禮를 받은 旅庵으로서 그 可否를 지금 물을 바가 아니다. 더구나 訓民正音의 鄭麟趾의 序文에 曰 "三極之義, 二氣之妙, 莫不該括……"이라 하였거늘 旅庵에 대하여만 메스를 휘날릴 필요는 없을 것이다.

그러나 ' · '音에 대응하여 ' · · ᆖ '音을 새로 制定한 것에 큰 흥미를 느낀다. 여기서 ' · '音이 ' · · ᆖ '과 아울러 여러 母音의 基幹이 된다 함을 말한 것이나 이는 訓民正音에서 ' · '音을 基本音이라는 듯한 序列은 준 것과 아울러 생각하여 그 推理法이 그럴 듯하다. ' · , · · ᆖ '의 두 中聲이 모두 單母音이라 함과 基本音이라 함을 旅庵의 本說에서도 믿어온 듯 여겨진다. 本說은 지금보다 'ᄋ'音價를 究明함에 유리한 시대에 있었으나 설사 'ᄋ'音이 消失된 뒤라 하더라도 반성하기 좋은, 얼마 아니된 때의 學說이나 너무도 추상적이요 관념적이니 'ᄋ'音의 如何는 알기 어렵다. 그러므로 방향을 달리하여 象形이란 項目 아래의 중요한 규정을 보고자 한다.

中聲亦象脣舌而制字 ·呼時舌微動脣微啓 而其聲至輕 其氣至短 · · ᆖ 並 ·者也 其聲 比·重 其氣 比·差長 盖 · · · 聲之始生者也 其形微 未及成畫 故華音 無以 · · · 作中聲用者 唯兒二等字以舌呼之而亦是譌也 我東字音 以 ·作中聲者頗多 而 · · ᆖ 則全無 唯方言謂八ᄋ돏 此一節而已……

위의 글을 살펴보면 참으로 많은 과제를 품고 있다. 윗글을 일일이 分解하여 각각 과제를 따라서 검토함이 필요하나 本論의 성질상 그럴 여유가 없으므로 우선 필요한 몇 條目만 검토하여 보고자 한다. 旅庵의 가장 중요한 규정 즉 'ᄋ'音價를 "舌微動 脣微啓 其聲至輕 其氣至短"이라 하였으나 이것은 觀察의 자세한 표준을 세운 뒤에 논함이 아니니 어느 정도의 口腔狀態를 말함인지 너무도 막연하여 그대로 믿기는 어렵다. 더구나 字形과 發音狀態의 일치를 주장하는 象形說을 旅庵도 信奉하는 만치 字劃構成에 부합시키고자 하는 無理가 없지 않다. 'ᄋ'音을 말하기 전에 旅庵의 象形說을 요약하여 "舌微動 脣微啓"를 고찰하여 보고자 한다.

ㅡ 舌平而下上不下而不開不合

ㅣ 舌自上而下脣微斜

ㅗㅛ 舌卷而脣縮向內

ㅜㅠ 舌吐而脣撮向外

ㅓㅕ 舌與脣斜開而少合

ㅏㅑ 舌與脣斜開而少開

이상의 설명을 지금의 音聲學에서 그 可否를 말할 것은 못되나 旅庵이 發音狀態의 實際와 象形說的 字劃解釋과의 일치를 꾀하고자 한 막대한 노력이 엿보인다. 그러나 이것을 어느 정도로 發音狀態의 實際라고 해석할까는 지금으로서 모르는 바 아니나 象形說 자체를 검토하여 다시 이를 논함이 옳을 것이다.

지금도 한글起源說이라 하여 象形說을 신봉하는 이를 간혹 본다. 물론 訓民正音 創制 標準의 하나로서 當事者들의 고려하였을 것은 짐작할 수 있다. 그러나 그 전체는 아닐 것이다. 文獻上 확실한 근거라야 없다 하여도 과언이 아니며 구태여 근거를 찾는다 하면 後世의 敷演說을 除하고는 유일한 信條인 訓民正音 序의 鄭麟趾의 "象形而字倣古篆 因聲而音叶七調 三極之義 二氣之妙

莫不該括……"에서 '象形'이라는 規定에서 출발한다. 그 외에 구체적 제시는 전혀 없으며 한글起源說이 梵字起源說, 蒙古字起源說 등 수많은 起源說 중의 하나이며 象形說 안에서도 많은 無理를 내포하고 있으니 象形說만을 적극적으로 신봉할 이유는 없을 듯하다. 後世에 이 旅庵 이외에 洪良浩의 經世正音圖說에서 더 進展시켜 부연하여 놓았으니 이것은 순전한 推測이고 훈민정음 장체 시절의 아무런 提示에 의함도 아니다. 洪良浩는 子音에서 "ㅂ 彆初聲 脣音 象半開口形 ㅍ 漂初聲 脣音 象開口形 ㅁ 彌初聲 脣音 象口形" 등의 설명은 'ㅁ, ㅂ, ㅍ'의 開口度가 全然 동일한 점에서 보아 얼마나 무리가 있는가를 一見하여 알 수 있다. 'ㅁ, ㅂ, ㅍ' 간에 開口와 관계없는 呼氣의 差異를 誤認한데서 이같은 추측이 생겼는지 알 수 없으나 創制時 當事者의 意圖 그것이라고는 도저히 믿을 수는 없다. 더구나 洪良浩가 近300年이나 創制時보다 뒤떨어지고 보니 다시 무엇을 말하리요.

이 旅庵의 象形說도 洪良浩의 'ㅁ, ㅂ, ㅍ' 條와 비교하기 위하여 인용하여 보면 "口者象脣之方而合也"라 하였으며 자세한 것은 다음과 같다.

> ……以構生四角者 何也 曰夫ㅁㅂㅍ 皆是合脣爲聲 而爲ㅁ時 脣之合也四方均齊 爲ㅂ時 脣之合也 自左右而躄 爲ㅍ時 脣之合也 自上下而躄…ㅂ者 ㅍ之縱也 ㅍ者 ㅂ之構也……

위에서 洪良浩나 旅庵이 'ㅁ, ㅂ, ㅍ'의 字形과 脣音이란 상호관계에서 출발한 敷演說이다. 그러나 여기서 주의할 것은 兩者가 같은 시대의 사람으로서 一은 "開口 半開口"이니 하고 一은 "脣之合也"로 시종일관하였다는 설명의 차이를 발견함이니 얼마나 象形說의 恣意性에 놀라지 않을 수 없다. 그러면 母音은 어떠한가.

旅庵의 母音論은 子音의 해석과 같이 象形說을 취하였다. 母音의 象形的 解釋은 字形의 상호관계가 불분명하므로 子音보다 훨씬 어려운 것이다. 字形

을 주로 하여 象形的 解釋을 하자니 發音狀態의 實際를 무시하게 되므로 兩者의 절충이랄까 子音論보다 發音狀態를 고려한 듯 느껴진다. 앞에 例示한 各音의 설명에서 "ㅣ舌自上而下"는 너무도 字劃에 끌린 해석이 아닐까 한다마는 'ㅣ'音 발음에서 前後音 關係를 고려한 것이라고도 이해하려면 할 수는 있다. 'ㅓ, ㅏ'音의 차이는 "舌與脣斜開"까지는 같되 前者는 '少合', 後者는 '少開'라 한 것도 그 可否를 물을 바가 못되나 '少合, 少開'가 무엇을 말함인지 善意로 이해할 수도 있다마는 'ㅗ, ㅛ'를 '舌卷……'이라든지 'ㅜ, ㅠ'를 '舌吐……'라든지 한 것에 이르러서는 무리한 象形的 해석으로 다시 말할 것이 못된다. 요컨대 이 象形的 母音論은 子音論보다는 약간 취할 바가 있으나 象形說 자체로는 신봉할 바가 못됨은 이상으로 명백하여졌을 줄 믿는다.

그리고 보니 'ㆍ'音의 설명인 "舌微動脣微啓"라는 規定은 이것이 순전한 발음의 口腔狀態를 말함인가 또는 字劃上 보조를 맞춘 旅庵持說의 象形的 規定인가를 분간하지 않으면 안된다. 그러나 母音論은 發音狀態를 많이 고려하였다 함과 이 점이 單點인만치 그리 무리한 象形的 解釋은 필요하지 않으므로 發音狀態에 重點을 둔 것이라고 보고자 한다. 이것은 다른 母音과 비교하여 보아 더욱 그러함을 믿게 된다.

"舌微動 舌微啓"의 두 설명은 一面 같은 내용으로도 보인다. 現今 우리가 常用하는 母音圖에서 보건대 母音의 위치는 곧 舌의 위치를 말함이다. 'ㅏ, ㅓ, ㅐ,……'의 低母音에는 開口度가 커지는 것이요 舌의 위치가 높은 高母音 'ㅜ, ㅡ, ㅣ'의 발음에는 입천장과 舌의 거리가 가까워지니 下腭의 上昇, 즉 開口度의 小를 필요하게 된다. 그러므로 母音에 있어서 "舌微動 舌微啓"는 舌과 脣의 상태를 말함이니 거의 비슷한 내용을 말한 것인 듯 여겨진다. 다음에 설명의 편의상 訓民正音의 中聲序列에서 가장 간단한 字劃인 'ㆍ, ㅡ, ㅣ' 中 'ㅡ, ㅣ'의 설명을 우선 고찰하여 보고자 한다. 더구나 'ㆍ'音은 'ㅡ'音과 音韻變化에서나 母音調和에서나 혼동도 되고 對立도 되는 것이므로 兩者의 비교는 재미있는 一面을 보여준다. 旅庵은 前述한 바와 같이 "一舌平而不上不下而不開不合",

"ㅣ舌自上而下脣微斜"라는 上刑的 規定 이외에 同著 「象脣舌」이란 項目 아래에

　　ㅣ時舌自上而抵下腭 ㅡ時舌自下而抵上腭

이라는 規定을 본다. 그러나 'ㅡ'의 規定은 또 "舌平而不上不下"라 하였으니 여기 큰 모순을 발견하게 되나 象形說을 過重히 본 것과 하나는 發音前後의 舌의 상태를 말한 데서 일어나는 모순일 것이다. 요컨대 'ᄋ'音의 '舌微動'은 '自上而下', '自下而上'도 아니니 旅庵은 필연코 舌의 平常位置(?)에서 그다지 움직이지 않는다는 뜻일 듯하다. '自上而下', '自下而上'은 오늘날 音聲學으로서 보아 비록 이것이 'ㅇ'音 前後에 진행 중의 舌의 위치의 이동을 말함이라 하여도 兩者가 모두 舌과 입천장과의 거리가 가깝다 함을 말함이라고 볼 수 있다. 그리고 보니 舌微動은 '自上而下 自下而上'의 극단적 운동을 보이는 것이 아니니 'ᄋ'音은 開口度가 적은 'ㅡ, ㅣ'같은 高母音이 아니라는 결론을 얻게 된다.

　다음에 '脣微啓'에서 무엇을 결론할 수 있는가. 前述한 바와 같이 旅庵의 脣形 설명을 피차 비교하여 보면 "ㅏㅑ……脣斜開而少開" "ㅓㅕ……脣斜開而少合"이라 함에서 '微啓'는 물론 '少開, 少合, 斜開'보다 더 적음을 말함일 것이니 開口度가 더 적은 音임을 미루어 알 수 있다. 여기서 얻은 결론은 'ᄋ'音은 'ㅏ'와 같은 低母音이 아니다 라는 推定이 나온다.

　다음으로 "其聲至輕 其氣至短"은 무엇을 말함인가. 이것은 'ᄋ'音의 印象的 效果를 말함이니 비슷한 neutral的 音價를 말함인지 알 수 없으나 近日 막연하게 'ᄋ'音을 ㅓ音이라고 外國語로부터 추측하는 이의 이유가 또한 여기서 있음직하다. 물론 '其聲'과 '其氣'는 동일 내용일 것이다. 그러나 '至短'이라 하였으되 音長論과는 별문제일 것이다. 'ᄋ'音도 훌륭히 加點할 수 있으니 'ㆍ아ㆍ들(子), ㆍᄆㆍ늘(陰), ㆍ늘(鋒緯)' 등도 존재하니 加點, 즉 音長論과는 별문제임을 알 수 있으며, 오직 聽取 내지 發音에서 印象的 效果의 薄弱을 말함이라 본다.

다음에 旅庵은 귀중한 자료를 또하나 제시하였다.

故華音 無以 ‥ 作中聲用者 唯兒二等字 以슬呼之而亦是譌也.

이 자신 있어 보이는 規定은 '♀'音價 推定은 물론이요 朝鮮語學史에 큰 파문을 던졌다. 旅庵의 支那語學의 실제적 또는 학문적 조예 如何는 지금 알 바가 아니나 '兒, 二'의 漢字音은 '♀'가 아니고 '♀'여야 된다는 놀라운 創見을 내놓음이니 文獻에서 몇 개 찾아보면

朴通事諺解(康熙 10年 1677年) 二 兒 율(發音式綴字法)/슐(從來의綴字法)
朴通事新釋諺解(乾隆 30年 1765年) 二 兒 을 싈
華音啓蒙, 華音類抄   二 兒 얼
其中 後者의 華音正俗變異에는 二 兒 열/율

旅庵의 本著와 朴通事新釋諺解가 거의 같은 시대의 것이다. 이상의 '을, 얼, 싈, 슐' 어느 것이 옳고 어느 정도 당시 原音에 가까운 것이었는지 지금 간단히 알 수는 없다. 그러나 '二, 兒'音이 '슐'이 아니라 부인한 데 의문을 품게 된다. 이상에 열거한 데 하나도 '율, 슐'은 보이지 않으니 何故로 旅庵이 '·'音이 아니라, 즉 당시 '♀'音으로 부른 듯이 부인하였는가를 볼 때 약간의 의심을 갖게 되나 旅庵의 誤記인지 당시의 '♀'音 동요의 결과인지 알 수 없으나 그리 큰 문제는 아니다. '♀'가 아니고 '♀'라 하였으니 '♀'는 대체 무엇인가.

ヽ ‥‥‥ 其聲 比·差重 其氣 比·差長

여기서 '差重 差長'은 前述한 '至輕 至短'과 아울러 무엇을 말하려 함인지 대략 알 수 있다. '♀'音은 '♀'音보다 發音 또는 聽取의 印象的 效果가 크다는 추

상적 규정을 내린 것이다. 그렇다고 同一音의 强弱으로 보기는 너무나 경솔한 制字이기에 그리 믿을 수는 없으나 'ᆞ, ᆢ'音이 印象的 效果만을 除하면 퍽 近似한 것이리라 여겨진다. 새삼스러이 'ᆢ'音의 新制字가 옳으냐는 별문제로 돌리고 우리는 旅庵의 발음표기에 충실한 태도만을 알아주어야 되겠다. 'ᆢ'音의 例로서 "唯方言稱八日ᆢ돏此一節而已"라 함에 '八', 즉 '여듧'의 발음 如何가 'ᆢ'音을 해결함이 아닐까 한다. 이 方言은 요사이 말하는 方言, 시골말인가 또는 事大思想에서의 朝鮮語를 가르침인지 똑똑치 않지마는 恒例에 의하여 後者로, 즉 朝鮮語로 해석하겠다. 여기서도 旅庵은 '여듧'의 '듧'을 '돏'이라 誤記하였다. 아마 'ᆞ'音 消失期에다 '여듧〉여덟'의 과정이었으므로 그리 하였으리라 생각된다.

여듧 八　月印釋譜 卷一 28……
여들븐흔法이 八은 一法이　圓覺經 卷二 2
여듧치 咫　訓蒙字會 卷下 34
여듧쟈른에뽈을다시르고　朴通事新釋諺解上 15

　위의 발달에서 '여듧〉여덟' 또는 '여듧〉야듧'(平安道方言)으로 되었으나 'ᆢ돏'이라 할 이유를 지금으로서 이해하기는 힘든다. 추측컨대 'ᆞ'音 動搖期 또는 'ᆞ'音 消失期인 旅庵의 시대에서 朴通事新釋諺解와 아울러 '듧'을 '돏'으로 誤記한 것은 그리 중시할 것은 아니나 '여'를 'ᆢ'라 한 것은 '여듧'의 실제의 발음이 '여'가 아닌 音 즉 旅庵의 귀에 'ᆢ'音을 강화한 듯한 音이었기에 충실한 표기로서 그리 한 것일 듯 여겨진다. 이 이상 추측을 내림은 도리여 旅庵의 眞意를 그르칠 듯 이만 붓을 머물린다.
　그러면 끝으로 旅庵은 'ᆞ'音價를 알고 있는가가 남은 바 과제이다. 旅庵은 肅宗 38年 壬辰(1712年)生이며 正祖 5年 辛丑(1781年)에 殁한 이다. 本著는 英祖 26年 庚午(1750年)에 編纂이고 보니 18世紀의 인물이다. 後段에서 詳論할 'ᆞ'

音 消失期 推定에서 보아 旅庵은 꼭 'ᄋ'音 消失期에 亘한 시대의 사람이니 'ᄋ' 音을 알고 있다고 보겠으나 'ᄋ'音 動搖期의 영향을 안 받았다고는 할 수 없다. 上述한 誤記같은 것도 一例일 듯 싶다. 그러나 旅庵의 'ᄋ'音價에 대하여는 信用하여 좋으리라 믿는다. 그리고 旅庵의 'ᄋ'音論에서 얻은 바를 요약하면 다음의 세 條目이다.

　①'ᄋ'音은 '으, 이'같은 高母音도 아니요 '아'같은 低母音도 아니다.
　②'ᄋ'音은 印象的 效果가 적은 機能上 힘이 약한 母音이다.
　③'ᄋ'音은 여러 母音의 基幹(?)이 될 그리고 單母音이다.(圓圖에서)

2. 黃胤錫氏說

黃胤錫은 頤齋遺稿(純祖 29年 己丑 1829年 刊行) 중의 字母辨에 'ᄋ'音에 대하여 약간의 설명이 있다. 頤齋는 그 외 華音方言義解 韻學本源 등 名論을 내었다. 이러한 名論을 보아 頤齋가 李朝語學史에서 얼마나 위대한 語學者이었던가에 놀라지 않을 수 없다. 博學도 博學이려니와 그 방법의 嚴正, 온건한 점은 旣往學者로서 드물게 보는 바이다. 그 字母辨 중의 'ᄋ'音論에서 약간 申景濬說을 비판하였다.

　　近世申景濬云……又云旣有 · 亦當更製 ᄼ 以方言呼六呼八之用 而正其借여之非 然以按__ㅣ 旣用單畫 而 · 亦用單點 其勢趨右則作 ᄼ 亦未甚精當改作 · 因用單點 而其勢趨左然後 乃始甚精爾.

위에서 새로운 의견은 발견할 수 없다. 申景濬의 'ᄼ'字 創制를 적극적으로 부인도 아니하였으나 그렇다고 支持도 안하였다. 頤齋는 英祖 正祖 純祖時代의 學者이니 이미 'ᄋ'音 消失期에 있었으므로 그리 적극적으로 나오지 아니한 듯 느껴진다. 다만 制字의 불합리에서 'ᆢ'를 'ㆍ'로 고치기를 말하였다. 그러나 그 다음에 표시한 中聲表에는 'ᆢ'音도 'ㆍ'音도 넣지 않은 것은 頤齊의 新字創制에 그다지 共鳴할 수 없음을 말하는 것이 아닐까 한다.

다음에 "以方言呼六呼八之用……"에서 申景濬의 '여듧'의 例에다가 새로이 '여슷'까지 넣었다마는 다 같은 발달이다.

　　여슷놀이디며　　龍飛御天歌 86章

　　열여슷도올사룸　　十六相, 杜詩諺解 卷三 56

　　여스슨菩提ㅅ수믄障을　　圓覺經 卷二 2

　　여슷륙 六　訓蒙字會 下 33

위에서 '여'音이 'ㅇ'音으로 발음되는지 이것 또한 알 수 없는 것이다. '여'가 後音節 '슷'으로 말미암은 뉴안스가 있음직도 하다마는 오늘날로서는 구태여 추측할 것까지는 없다.

요컨대 朝鮮語學에 名論을 낸 頤齊로서 'ㅇ'音論에 대하여 얻을 것이 거의 없다 함은 약간 섭섭함을 느낀다.

3. 柳僖說

柳僖는 諺文志(純祖 23年 甲申 1824年 刊行)의 著者로서 朝鮮語學史上 音韻論 硏究에 빛나는 한 사람이다. 그렇지만 'ㅇ'音에 대하여는 그다지 별다른 견해를 볼 수 없다. 그러나 그 중 귀중한 試論이 있으니 이것이 적으나마 'ㅇ'音論의 音韻論的 硏究의 先鞭일까 한다. 中聲變例一形에서

東俗不明於 ‧ 多混於 ㅏ 〔如兒等字從‧今俗誤呼如阿是〕 亦或混 ㅡ 〔如嘉土‧今讀爲嘉土〕 由其聲本在 ㅏㅡ 之間 讀者當知之

라 하였다. 이 글에서 벌써 '♀'音價를 消失한 것을 알 수 있으며 '♀'音이 '아'音이나 '으'音으로 발달하는 경향을 가지고 '♀'音은 "ㅏㅡ之間"이라는 推定說을 꾀하였다. 물론 '♀'音이 '아, 으'音으로만 발달하는 것이 아니고 'ㅓ, ㅗ, ㅜ, ㅣ……' 등으로도 발달하는 것이니 이 試論으로는 만족할 수 없으나 옛 시대에 이러한 試論을 꾀한다 함은 참으로 경청할 만한 것이다. 後世에 이것을 수정하고 敷演하여 더욱 '♀'音研究가 있음직하나 柳僖說을 살린 연구는 없지 않은가 한다.

그러나 間音 또는 ……音之間이라 함은 朝鮮語에서 흔히 쓰이는 것으로 母音圖를 聯想하면 이해하기 쉬우나 柳僖時代에 그런 것은 없었을 것이니 間音說의 先鞭인만치 敬意를 표하여 둔다. 또 前後하여 두 곳에 'ㆍ'音을 논하였다.

　　李信齊令翊謂 當又有ㆍ 信齊之言 今俗呼여듧八 或譌爲요듧八 乃此音 信齊所云ㆍ形 乃ㆍ形之按頤也 其聲極爲模糊 不必爲此無用之聲 叛立前人所無之字 故不從焉 今雖不從 獨存此論要 以見奇稱 對待之理 無往不具

　　申景濬의 'ㆍ'字 創制와 黃胤錫의 '♀'字 修正論은 있지만 信齊所云은 어찌된 것인지 알 수 없으나 柳僖가 信齊의 創見으로 여긴 것이 아닐까 여겨진다. 당시에 'ㆍ'字 創制는 朝鮮語學에 뜻을 둔 者에게 큰 衝動을 준 것은 미루어 짐작할 수 있다. "今雖不從 猶此論"은 柳僖도 적극적 반대자가 아님을 말하는 것이다.

　　다음부터는 최근의 學者의 諸說을 고찰하고자 한다. 近代 이전의 '♀'音論은 申景濬을 除하고서 쓸쓸하기 짝이 없다. 그러나 甲午開化 이후의 諸說은 양적으로나 질적으로나 前日의 比가 아님을 기뻐한다. 그러면 다음에 일일이 고찰하여 보겠다.

4. 權貞善氏說

나는 權氏의 正音宗訓이란 著書가 있다 함을 金允經氏의 名著인 『朝鮮語文字及語學史』, p.236에서 그 대략을 비로소 알게 되었다. 本著는 아직 出版되지 못한 것인 듯하니 더욱 아까움을 느낀다. 마는 불과 삼십 여년(光武 10년 1906年) 전의 것이며 내용을 보아 그리 큰 기대를 둘 것은 못되나 새로운 朝鮮語學 黎明期의 것이니 다음에 'ᄋ'音에 관한 것만을 뽑아 보겠다.

初聲十七畫方圖制法次序에서 다음과 같이 규정하였다.

> · 聲發而點舌未展之象 舌音 主徵

이것은 象形的 解釋이니 發音狀態를 고려한 것은 아니다. 氏의 各音 설명이 象形說로 終始한 것이니 여기 다시 그 可否를 말할 바가 아니다. 'ᄋ'音이 舌音이라 함은 새로운 규정이다. "·, ㅡ, ㅣ 皆舌音"이라 함은 독특한 分類法이나 시대가 다른만치 嚴評을 삼간다. 그리고 氏는 支那 宇宙論的·陰陽論的 說明法으로

> 正音制畫源天地方圓之理 象口舌闢翕之形……初聲之畫ㅇ天圓之象 太陽也……省圓爲·點…… ·ㅡㅣ 畫奇數 陽之音也…… ·ㅡ相合而爲ㅗ……

라 하였으니 語學論著로서 너무도 황당하다. 正音의 字劃이 天地圓方之理에 根源하였다 함은 대담한 斷言이라고 하겠다. 'ㅇ'는 天圓之象이고 'ㅁ'는 地方之象이라 하니 李朝의 學問體系를 생각하여 그럼직한 推理法이다. 'ᄋ'音이 "省圓爲·點"이라 함도 後世의 推測이요 근거없는 것이다. 訓民正音 序의 "三極之義 二氣之妙 莫不該括"이라는 抽象的 讚辭에서 출발한 敷演說이니 여기 더 말할 바가 못된다. "·ㅡ相合爲ㅗ"는 字劃上 推理이니 재미있는 것이다.

하여간 여기서 'ㅇ'音에 대하여 얻은 바는 거의 없다.

5. 魚允迪氏說

故 惠齊 魚允迪氏(筆者는 先生이라 칭하여 될 처지에 있다마는 本論의 객관성을 위하여 감히 氏라 하겠다)에게 朝鮮文字母講話라는 프린트를 받은 일이 있다. 이것이 社會的 性質을 가진 公表할 것인지 생각할 점도 있으나 첫머리에 "應 朝鮮語研究會囑文載同社講義錄"이라 있으니 이미 발표된 것인 듯 싶다. 혹은 講義錄에 실은 論文쯤이야 할지 모르나 내용은 그렇지 않으며 氏의 종래의 學說인 듯 여기 필요한 곳만 간단히 소개하고자 한다. 知友間에는 이것을 太極說이라 칭한다마는 氏가 命名한 것은 아니다. 그러나 이것이 종래의 모든 太極說的 諸說을 總結算하는 느낌이 있다마는 평이하게 쓴 것이 좀 다를까 한다.

　　盖東洋理學의 基點은 太極이요 太極은 即 陰陽兩分子의 渾成體라……
　　世宗大王이 此太極陰陽의 理를 推演ᄒ야 諺文字母 二十八字를 親制ᄒ신 지라. 當時文臣 鄭麟趾가 訓民正音序文에 曰 '三極之義 二氣之妙 莫不該括'이 라 贊揚홈을 見ᄒ야도 可히 推知홀지라.
　　太極의 象은 黑白交互ᄒᆫ 圓形이니 即 ●太極象이라……
　　白圈 ○는 陽이라. 陽은 輕清ᄒᆫ 故로 初聲의 本體를 作ᄒ고 更히 本體인 ○ 을 分割ᄒ야 各各 其一部를 取ᄒ야 其直ᄒᆫ 者를 本體에 加ᄒ야 ㅇ字를 作ᄒ 고……
　　黑圈 ·는 陰이라 陰은 重濁ᄒᆫ 故로 中聲의 本體를 作ᄒ고 更히 本體인 ·를 基本ᄒ야 此를 橫引ᄒ야 一字를 作ᄒ고 縱ᄒ야 ㅣ字를 作ᄒ니 天下의 數는 縱橫奇耦뿐이라. 中聲은 其數를 取ᄒ얏도다……이하 뢈

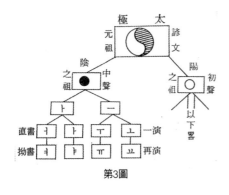

第3圖

그리고 氏는 이 관계를 圖示하였다(第3圖).

이미 앞에서 누누이 말한 바이나 訓民正音 序의 "一氣之妙 云云"에서 敷演한 諸學者의 太極說 중에서 申景濬은 "太極動而一陽生 爲 · 云云"하였으니 'ㆍ'音을 '陽'이라 보고 魚氏는 'ㆍ'音을 '陰'이라 하였다. 權貞善氏도 '陽'이라 하였다. 그러나 權氏는 母音 중에서도 陰陽奇耦를 다시 가린 듯하니 이러한 不統一은 太極說에 확고한 學的 根據가 없음을 말하는 것이니 따라서 魚氏의 太極說도 같은 성질을 띤 것이므로 지금으로서는 起源論의 하나임에 불과하다.

그러나 여기서 'ㆍ'音에 관한 規定은 무엇인가. 魚氏는 'ㆍ'字를 點인 이상 形式的 자음 'ㅇ', 즉 圈과 對立시킨 재미있는 構想이다. 'ㆍ'를 '中聲之祖'라 한 것은 'ㆍ'音이 訓民正音의 中聲序列上 首位에 있다는 基本的 起源的 母音으로 취급한 점에서 그럼직한 推理法이다(텍스트再考 참조). 그러나 이 이외에 'ㆍ'音에 대하여 이렇다 할 所得은 없다. 魚氏의 太極說을 마감으로 다시는 이 같은 推理法은 나오지 않을 줄 믿고 이만 붓을 그친다.

6. 周時經氏說

최근의 너무도 유명한 朝鮮語學者요 朝鮮語運動의 선각자인 周時經先生은 당시의 名著인 朝鮮語文典音學(隆熙 2年 11月 發行)이란 小冊子에서 'ㆍ'音에 대하여 놀라운 그리고 최초의 長文의 新說을 발표하였다. 이 說은 周先生의 후계라고 볼 現近의 研究家 중에서나 그 외 그렇지 않은 몇몇 분의 著書에서 그대로 답습한 것을 본다. 著者는 周先生의 功勞와 人格에 대하여 敬慕함이

남에게 뒤떨어지지 않을 줄 자신하나 學者의 歷史的 地位와 學的 價値와는 별 문제이므로 여기 감히 '우'음을 중심으로 검토하여 보고자 한다. 氏는(p.26, 여기서도 本論의 객관성을 위하여 先生이란 존칭을 略하겠다.)

　　· 는 ㅣ _의 合音이니……

라고 놀라운 단정을 내린 뒤 第6證까지(pp.26~34) 여러 각도에서 論證하였다. 그 중 第1證은 氏가 17歲때 "· 가 ㅣ _의 合音字되리라 覺悟하고" 19歲 때 즉 甲午年에 第1證을 지었다고 追記하였다. 氏가 白面의 書生時에 이미 이같은 着想을 꾀하였다 함에 거듭 敬意를 표하나 지금으로서는 전체가 방법론상 큰 오류를 범한 듯이 느껴진다. 朝鮮語運動의 黎明期인 당시의 時代的 條件을 생각할 때 이러한 요구는 무리한 것이나 우리의 良心으로서 알고 덮어둘 수는 없는 것이다. 더구나 이것을 신봉하고 있는 一面도 있으니 더욱 그러 하다.

　第1, 2, 5證은 가장 빠지기 쉽고 가장 삼가야 될 音韻變化란 實在를 망각하 고 순수 字劃上의 분해와 종합에 그친 그것이다. 第3, 4, 6證은 짧으나마 약간 音韻論의 방법을 취하였다마는 지극 불충분하다 할 수 있다. 그러면 細論에 들어가기 전에 氏가 制定한 母音의 6元素라는 것을 一考하여 보지 않으면 안 된다. 氏는 'ㅏ, ㅓ, ㅗ, ㅜ, ㅡ, ㅣ' 6字를 "單純흔 母音이니 朝鮮文母音의 元素 요 天地에 自在흔 母音의 元素"라 하였으니 아마 字劃上에서 본 制定이겠지만 그대로 믿을 수는 없다. 字劃上 制定이 아니면 '애, 에, 외' 등도 순전한 單母音 이니 이를 넣지 않을 리가 없다. 여기에 字劃上이라 보면 '우'音을 어찌하여 元素音에서 제외하였나. 이미 텍스트訓民正音의 고찰에서 말한 바와 같이 基本音的 待遇로 單母音 중에서도 가장 간결하고 가장 완전한 것인 듯이 初頭 의 母音序列을 준 이 '우'音을 제외하였다 함은 결론에서 본 바의 抽象論인 듯 여겨진다. 訓民正音의 規定을 간과한 결론에서 거꾸로 규정한 느낌이 없지 않다. 지나친 혹평 같으나 氏의 오류의 첫걸음은 여기에 있지 않은가 한다. 訓民正音의 十一母音序列의 三階段 즉 'ㅛ, ㅑ, ㅠ, ㅕ'(複母音이라 假稱하면) 앞에 單母音 'ㅗ, ㅏ, ㅜ, ㅓ'를 두고 그 앞에서 가장 간결하고 單劃인 '·, ㅡ, ㅣ'를 내세웠다 함은 거듭 말할 필요도 없으니 'ㆍ'音의 單音的 待遇를 믿게 된다. 그러므로 기왕의 몇 개의 太極說的 解釋에서 말한 바와 같이 母音의 始初라고 옛 學者들의 추정한 것도 'ㆍ'音의 序列上 字劃上 한쪽으로 보아 자연한 해석이나 字劃論에서 'ㆍ'音을 元素音으로 보지 않음은 이해할 수 없는 바이다. 元素音이라 함도 지금으로는 불분명한 術語이다마는 一步를 讓하여 字劃論을 옳다고 是認한다 할지라도 氏의 元素音說은 그리 깊이 云謂할 것이 못된다.

氏의 'ㆍ'音價의 各證을 일일이 소개하기는 어려우나 筆者가 文意를 損하지 않는 한에서 요약하여 논하겠다. 우선 여기서 주의할 것은 合音이라는 術語이다. 氏의 合音이라 함은 아무런 설명도 없으나 (1)은 두 母音의 충돌로서 두 母音간의 中間位置的 다른 한 母音으로 變移함을 말하며(아이〉애 ai〉ɛ) (2)는 두 母音의 충돌로서 一母音이 子音的 半母音化하든지 二重母音的 一音節(우리의 音節意識에서) 母音이 된다든지(이아〉야 ia〉ja, ia)의 두 가지이니 이것을 모두 合音이라 하였다. 氏는 "母音의 合音은 ㅏㅓㅗㅜㅡㅣ 六音素의 相合하는 것이라"에서 특히 'ㆍ'音과 다른 母音과의 先合後合을 가지고 論證하였다.

ㅏ에 ㅣ를 先合ᄒ여發ᄒ면 ㅑ니即 ㅏ에 ㅣ를 先發ᄒ는合音이요
ㅏ에 ㅣ를 後合ᄒ며내니即 ㅏ에 ㅣ를 後發ᄒ는合音이라
故로 ㅑ는 ㅐ의 倒發홈이요
　　ㅐ는 ㅑ의 倒發홈이라

이상과 같은 論法으로 나아가나니 요약하면 다음과 같은 表가 된다.

ㅣㅏ의 合音은 ㅑ ㅏㅣ의 合音은 ㅐ

ㅣㅓ의 合音은 ㅕ ㅓㅣ의 合音은 ㅔ

ㅣㅗ의 合音은 ㅛ ㅗㅣ의 合音은 ㅚ

ㅣㅜ의 合音은 ㅠ ㅜㅣ의 合音은 ㅟ

ㅣㅡ의 合音은? ㅡㅣ의 合音은 ㅢ

위의 表에서 'ㅣ, ㅡ'의 合音은 무엇인가. 즉 氏는 "ㅏ ㅓ ㅗ ㅜ ㅡ ㅣ ㅑ ㅕ ㅛ ㅠ 外에 又有홀 것은 ㅣㅡ의 合音뿐이요 他字가 無흔 것이 明確흔즉"이라 전제하였으니 환언하면 'ㅣ, ㅡ'의 合音에 타당할 글자 즉 又有할 母音이 'ㆍ'字 이외에 없으니 'ㆍ'는 ㅣㅡ의 合音이라' 함이다(第1證). 整理的 架空的 推理法은 氏가 얼마나 'ㆍ'音價 해결에 노력하였는가를 미루어 알 수 있으나 그러나 거리낌없이 말하면 字劃의 遊戲에 終始한 느낌이 있다. 만일 羅馬字의 p가 b의 逆(?)이라고 보아 u가 n과 관계가 있다 하면 누구나 웃을 것이다. 그러나 氏의 이 推理法도 방법에 있어서 비록 數理的 合理性이 있다 할지라도 소위 五十步百步의 차이가 아닐까 한다. 'ㆍ'音이 'ㅣ, ㅡ'의 合音이면 이러한 音은 훌륭히 존재한다. 지금의 發音符號로 'ㆍ'音은 [ɪɯ, jɯ]가 되지 않는가. '이, 으'를 連發하면 되는 쉬운 音이다. 과연 'ㆍ'音이 [jɯ]이라고 상상 내지 믿을 수 있을가는 訓民正音의 본질에서 筆者의 音韻論의 연구에서 그 헛된 것임을 슬퍼한다. 氏는 言語研究에 있어서 가장 삼가야 될 書記體의 幻惑에 빠지고 말아 'ㆍ'音의 일반적 발달을 등한히 한 방법론상 큰 오류를 범하였다.

氏는 다시 字劃構造上 'ㆍ'音은 十字母音이라 하였으니 "ㅣㅡ의 兩劃을 合흐면 豎도 아니고 橫도 안이니 ㆍ는 豎도 안이요 橫도 안인 形象이라" 하였다. 즉 'ㆍ'는 十字母音이니 'ㅣ, ㅡ'의 合音인 證明이라 봄이다(第2證). 이 說은 朝鮮文研究所 委員들의 研究報告書에서 氏의 報告文 文中(金允經氏『朝鮮文字及語學史, p.281』)에도 있나니

> ·는…… ·는 非豎非橫의 形象인 故로 豎橫의 合音을 簡單ᄒ게 ·로 代表
> ᄒ심이라 ᄒᄂ이다

이라 함도 보인다. 물론 第1證과 각도를 달리한 증명이나 字劃論에 얽매인
추측에 지나지 않으며 자고로 이를 實證하여 줄 만한 자료는 하나도 없다. 다
만 '♀'音이 'ㅣ, ㅡ'의 合音이란 推定說과 불가분의 運命을 가지고 있으니 '♀'
音이 'ㅣ, ㅡ'의 合音이 아닌 때는 다시 말할 바가 못된다. 이 전무후무한 十字
母音說은 '♀'音價 推定을 떠나서는 존재의 가치가 없는 것이다.

　第3證은 支那音에서 '吞ᄐ'을 'ᄐ'이라 함에서 '♀'音이 'ᅳ'音에 가깝다는 비
교적 音韻論的 方法을 꾀한 것이다.

> 　今에 漢語를 記ᄒᄂ者가 吞은 튼으로 思는 스로 書하나 튼과 스의 中聲은
> ㅡ다 ㅡ는 有ᄒ니 ㅡ를 二制치 안이 ᄒ엿을지라……

支那音에 착안한 데는 탁견이나 그러나 朝鮮語에서 漢字音 '♀'를 '아'로 읽
는다는 중대한 音韻變化의 實在를 氏는 간과하고 말았으니 참으로 아까운 일
이다.

> 　·는……今에 吞을 탄이라 讀ᄒ고 思를 사라 讀ᄒᄂ 中聲 ㅏ에 無關훔을 再
> 論홀 바가 無ᄒ니……

無論 '♀'音은 '아'音이 아니나 '아'音으로 많이 變異하였다는 발달이 '♀'音
이 으音으로 발달한 實例와 양적으로 相半하다 하는 현실을 간단히 일축한
것으로 보아 氏의 說이 얼마나 一方的 試論임을 알 수 있다.

　다음에 '며ᄂ리〉며느리'의 발달에서 "ᄂ를 니으의 合音과 如히 發ᄒ거나
느와 如히 發하니" 이것이 '♀'는 'ㅣ, ㅡ'의 合音이라는 第4證이다. 그러나 '며

ㄴ리'는 今日 '며느리' 또는 [mjɔnəri]같이 발음한다. 後者의 발음은 '느(ㄴ)'가
機能上 音勢가 약한 音節(Unbetonnte Silbe)의 母音이므로 악센트도 싣지 않은
불분명한 발음이니 'ㅣ, ㅡ'의 合音이 아님은 물론이다. 'ㅣ, ㅡ'의 合音은 jɯ이
며 ə類의 音은 아닐 것이다. 氏의 착안과 관찰에서 경탄을 마지 않으나 'ㅣ,
ㅡ'의 合音을 論證하기 위하여 너무도 무리한 점이 있음을 느낀다.

요컨대 筆者는 氏의 說을 부인하고자 한다. 氏는 字劃에 拘泥하고 音韻論的
方法을 등한히 하며 결론의 立證에만 주력한 듯이 감이 없지 않다. 往時의 申
景濬 黃胤錫 柳僖 등의 諸說에도 경청할 곳이 많다마는 당시로서 혹시나 섭
렵할 기회가 없었을지도 모르나 氏자신의 旣說의 결론을 고수한 데 무리가
있는 것이다. 柳僖의 'ㅏ, ㅡ'의 間이라 하는 說은 극히 짧으나마 'ㅣ, ㅡ'의 合
音이란 推定說보다 一面 탁견이 아닌가 여겨진다. 柳僖의 試論은 발달의 實
在를 파악하려는 상식적으로 그럼직한 推定法이 아닌가 한다.

이상에서 周時經 先生을 시대를 달리한 오늘날 너무도 혹평한 듯하나 先生
을 敬慕하는 筆者로서 學究의 길인만치 부득이한 處事임을 말하여 둔다.

7. 朴勝彬氏說

朴勝彬氏는 일찍이 朝鮮語學講義要旨의 第3節 中聲 'ㆍ'의 설명에서 定義를
내렸다.

　　'ㆍ'의 本來의 音은 現代使用되는 中聲 'ㅡ'의 內容에 包含된 것이며 그 音은
　　各中聲의 發源音이라

위의 설명에서 "中聲 'ㅡ'의 內容에 包含된 것"이라 함이 무엇을 말함인지
막연하여 추측하기 어려우나 'ㆍ'音價가 'ㅡ'音과 비슷하다는 뜻인지 機能上
'ㅡ'音과 비슷하다 함인지 명확한 규정이 없으며 더구나 術語가 불분명하므

로 氏의 설명은 이 이상 云謂할 수 없다. 그리고 "各中聲의 發源音"이라 함은 申景濬 이하 魚允迪氏까지에서 屢說한 字劃과 그 中聲序列에서 추리한 종래의 學說과 대동소이한 듯 여기 더 들어가고 싶지 않다. 周時經氏와 달라 朴勝彬氏는 현대의 學者인 이상 그 術語 選定에 대하여 책임을 져야 될 것인 줄 믿는다. 다음에 發源音의 立證이랄까 규정이랄까 5項目을 든 것은 주목할 만하다.

> · 는 一, 各中聲의 太極音이오
>   二, 各中聲의 中心音이오
>   三, 各中聲의 共通性을 가진音이라
>   四, 各中聲의 가장弱한音이라
>   五, 그音韻의 位置가 確固하지 못한音이라

이상 5項目을 간단히 검토하여 보면 一의 太極音이라 함은 종래의 太極說的 解釋인 듯 여겨지나 오늘날 音價規定에 이러한 막연한 術語를 사용함은 어떠할까. 二의 中心音에 이르러서는 太極音과 같은 뜻인 듯도 여겨지나 불분명하기 짝이 없다. 母音의 中心音이란 처음 듣는 소리다. 三의 共通性도 무엇을 뜻함인지 'ᄋ'音이 여러 母音으로 발달하였다 함에서 그리 말함인지 모르겠다. 四, 五에서도 術語 이해에 곤란을 느낀다. 'ᄋ'音이 흔히 탈락하고 變異하고 혼란하고 또 消失된 모든 현상에서 이같이 말함인지 氏의 後日의 설명을 기다려서 다시 再論코자 한다.

이상과 같이 筆者는 氏의 너무도 추상적이요 非普遍的인 특이한 術語를 앞에 놓고 검토의 붓을 주저하지 않을 수 없다. 氏의 'ᄋ'音論이 더 구체적이요 實證的이기를 바라는 바이다. 끝으로 氏는 'ᄋ'音價에 대하여 立證은 없으되 중대한 音價 推定을 하였다.

余는 '·'의 原音은 音勢가 가장 弱한 '一'音을 얼마간 'ㅏ'音에 向하여 發하는 音이라고, 밧과 말하면 閉口音의 'ㅏ'音이라고 推測함.

즉氏는 柳億式의 'ㅏ, 一'의 間이라 함과 비슷한 추정에서 一步를 進한 과감한 音價 推定이다. 그러나 氏의 推定說의 前半과 後半은 전혀 별개의 발음이 되고 만다. '으'音을 '아'音에 접근시키고자 한 企圖와 閉口音의 'ㅏ'音과는 혼동하여서는 안된다. 요컨대 具體的 實證이 없는 以上 '♀'音價의 결정적 추정이라고는 도저히 수긍할 수 없다. 定義 내지 理論은 자료의 축적에서 나와야 될 것이니 이같은 實證없는 抽象說은 이 이상 云謂할 것이 못된다.

8. 李能和氏說

李能和氏는 그의 名著 『朝鮮佛教通史』 下篇, p.637에 '♀'音에 대한 견해를 발표하였다.

故周時經^{號한흰뫼}^{謂太白山} 專心考究諺文 著有 『朝鮮語文典』 自有諺文以來 始見其人可謂善之善者也 近或有人以爲 諺文 '·, ㅏ' 兩字 發音旣相似 則 '·'是重疊累贅之字 遂除袪之 殊不知 '·'字之妙理 字書曰 天地之元音 發於人聲 仁聲之象形 寄於點畫 又申景濬訓民正音解曰 '·'其生也始 其形也微 及其 '·'滋而爲一爲 ㅣ 一橫一縱成而萬聲由是生焉云云 然則 '·'是諺文母音之基點 亦是 'ㅏㅓ一ㅜ' 之間音^{如而天字本은하놀텬而或日하날텬或日하늘텬又士字홁}^{土今曰흙土又口訣之爲尼本是흥니而京城人讀하니等} 如摩尼寶珠 隨方而各異其色也 且 '·'是 單獨成音 而 'ㅏ'是 'ㅏ·'兩字合而成音者也 則其音法 雖相類似 而有區別者實 也 如今人之諺文…… 未聞以此疊音之故 欲廢一個母音也…… 而況諺文 倣梵字 創造之者且有深意 後之末學 妄自袪之 惡乎可哉今世行用諺文 '·'字依然存在 雖然 吾恐後之人 未知作字之本 輒有異論 故辨之耳

上文에서 氏가 '♀'字 폐지에 적극적 반대론자임을 알 수 있다. '♀'字가 'ㅏ' 音과 '發音旣相似'라 하여도 '♀'字가 독특한 音價를 가진 점을 들고서 폐지에 반대한 것이니 지금으로서는 문제삼을 바가 아니지만 당시의 여론의 一端인 듯 보인다. 그 중 '♀'字가 '是諺文母音之基點'이라 한 制字上의 規定도 누누이 말한 바와 같이 그럼직한 것이다.

그러나 가장 주시할 것은 氏가 '하늘(天), 흙(土), ㅎ니(爲)'의 代表例를 가지고 音韻變化에서 '♀'音價 規定을 試한 것이다.

然則'♀'……亦是'ㅏㅓㅡㅜ'之間音

'♀'音이 'ㅏㅓㅡㅜ'라 함은 짧으나마 당시로서 처음 보는 탁견이다마는 "ㅏㅓㅡㅜ'之間音"이라면 너무도 막연한 것이나 柳僖의 "ㅏㅡ之間"이라 함보다 一段의 進展을 암시하는 것으로 '♀'音價 연구의 牙城에 점점 가까워진 느낌이 난다. 그러나 氏의 이 設이 '♀'音價 추정만을 위한 것이 아닌 일반적 단편적 견해인만치 더 들어가 云謂할 바가 못된다.

9. 小倉進平 博士說

小倉 博士는 '♀'音에 대하여 『國語朝鮮語發音槪說』p.25, 『南部朝鮮の方言』 첫머리에 간결히 논하였으며 또 『音聲の研究』第30輯(昭和 6年 12月) 중 『朝鮮語母音の記號表記法就いて』에서 그 연구의 一端을 엿볼 수가 있다. 모두가 짧은 암시에 넘치는 學說이고 보니 어느 것을 例로 들어도 좋으나 편의상 여기서는 『南部朝鮮の方言』에서 보고자 한다. 博士는 '♀'音은 '아, 오'의 中間音이라 하였다(譯文 傍點은 筆者가 친 것).

語原的으로 '♀'로 쓰인 말, 例를 들면 '물(馬), 풀(臂), 폿(小豆), 푸리(蠅)' 등

과 같은 말은 어느 地方에서는 '말·팔·팟·파리'와 같이 '아'의 音으로 되고, 어느 地方에서는 '몰·폴·폿·포리'와 같이 '오'의 音으로 된다. 이는 'ㆍ'의 原音이 '아'·'오'와의 中間音임을 말하는 것이어서 朝鮮語史上 자못 중요한 가치를 占하는 것이나……

이상과 같이 'ㆍ'音이 '아, 오'의 中間音이라 함은 朝鮮語學史上에 처음 보는 新說이요 탁견이다. 'ㆍ'音이 '아'音으로 變異한다는 중요한 實在와 'ㆍ'音이 '오'音으로 變異한다는 같은 두 가지 경향을 가지고 추정한 것이니 無論 놀라운 결론이다마는 설명을 생략한 이상 더 들어가 볼 수가 없다. 마는 그 實證의 하나인 濟州島方言에서 'ㆍ'의 발음이 '어'와 '오'의 中間音임을 말하였다는 이 설명은 「朝鮮語母音の記號表記法就いて」에서 봄이 좀 더 자세한 듯 여겨진다(原文 筆者譯).

여기 주의할 것은 濟州島에서의 'ㆍ'의 발음이다. 前述한 바와 같이 'ㆍ'는 오늘 일반적으로 생명없는 文字로 되어버려 말에 의하여 a로 되고 ɯ로 되고 o로 되어 나타났으나 濟州島에서는 규칙적으로 o(오)와 ɔ('어'의 第一類)와의 中間音, 兩脣의 둥근맛을 띤 音으로서 발음된다. 우리는 島人의 발음을 듣고 半島 各地에 혼동되는 '아, ㆍ'音의 구별을 대체로 발견할 수 있는 듯 느끼는 것이다. 나는 이 濟州島의 'ㆍ'音을 o로 表한다. 例를 들면 '·'(馬)을 mol, '들'을 tol, '스실'(事實)을 so-sil로 記하는 類이다.

이상에서 博士의 'ㆍ'音 규정이 곧 濟州島의 'ㆍ'音이라 함은 아니되 'ㆍ'音 起源의 語彙가 一面에서 '물·풀'이 '몰·폴'로 되고 一面에서 '물·풀'이 '말·팔'로 된다는 二大傾向을 實證하는 중요한 자료의 하나로 제시한 것이다. 博士는 'ㆍ'音에 대하여 『南部朝鮮の方言』에서 "일이 餘論에 亘하므로 本篇에서는 그 설명을 생략하기로 한다"라고 부언한 것을 보아 훌륭한 설명이 있을

줄 믿는다는 이외에 公表한 것을 못본 이상 붓을 머물린다. 그 외 博士는 和 漢三才圖會의 例를 들어

'和漢三才圖會' 등에 '하늘(天)'을 '波乃留(はのる)', '물(馬)'을 '毛留(もる)' 들이 있어 朝鮮語의 'ᄋ'에 대하여 才例의 音을 用한 것이 많음을 보아 'ᄋ'의 音의 예로부터 일종의 특질을 갖추고 있는 것을 알 수 있는 듯, 이들은 'ᄋ'의 原音을 연구함에 가장 중요한 자료가 될 것이다.

라는 귀중한 암시에 넘치는 一端을 엿보였다. 이것은 後段에서 再論하겠다 마는 중요한 자료의 하나임은 틀림없다. 方言 '몰·폴·폿·포리' 등에 대하 여는 일반으로 항간의 화제로 權悳奎氏의 『朝鮮語文經緯』 p.43에도 '소내기 포리'라는 說話가 보이는 것도 그 하나이다.

博士의 '아, 오'의 間音說은 後段에서 再論하겠다마는 博士의 이상의 방법 이나 實證에 敬意를 표하는 바이다. 더구나 方言에서 'ᄋ'音價를 추정하고자 한 방법에 있어서 朝鮮語學上 최초의 試論이다. 결론에 있어서 筆者의 'ᄋ'音 價 추정과 우연히도 일치함으로 後段에서 누누이 再論할 것임을 말하여 둔다.

10. 기타의 諸說

그 외에 'ᄋ'音이 무엇인가를 아무런 연구없이 규정하는 이를 간혹 본다. 혹은 ə라고 근거없이 外國語 習得에서 얻은 직감적 견해로 말하는 이도 있으 며 이미 말한 종래의 說에 대동소이한 修正說도 간혹 보인다. 다음에 주로 外 國人의 또는 外國語로 쓰인 推測說 또는 朝鮮 글자의 羅馬字 表記問題를 중심 으로 한 論爭 중 'ᄋ'音價에 언급한 것이 있으면 참고로 몇 개 고찰하여 보고 자 한다. 물론 이같은 論說에서 우리에게 도움이 될 만한 것이 있으리라고는 믿어지지 않으나 주로 外人이 어찌 보았나를 봄도 또한 흥미있는 바이다.

우선 英文으로 논의된 것을 보면 *Korean Repository* 1892年 8月號에 Y Ik Seup (李益習) 氏의 「The Alphabet(Panchul)」(朝鮮語字母 反切)이란 제목하에 朝鮮文字의 起源論 비슷한 것을 말하였으나 여기 참고할 만한 것은 各音의 발음을 설명한 데서 간단하나마 'ㅇ'音에 언급하였다. 'ㅇ'音을 '아'音에서 구별하여 설명하였으나 종래의 說을 敷演한 데 지나지 않는다.

'ㅇ'는 脣線(lip-line)을 표시하며 點 — 이것은 hat의 a의 경우와 같이 休止狀態의 脣形 그대로 목으로부터 나오는 音임을 나타내는 것이다 — 에 모든 것이 포함되는 音임을 표시한다.

氏의 설명에서 ·點의 發音狀態를 말함은 그다지 근거있는 것은 아닌 듯하며 外國人을 위한 것인가 여겨지나 약간 대담함을 면하지 못할 듯하다. 點에 모든 音이 포함된다 함은 종래의 說에서 보는 바와 같다. 氏는 象形說을 믿고 古代支那古典에 기본을 둔 것이라는 朝鮮文字의 古篆說을 주장하는만치 그 설명의 出處를 짐작할 수 있다. 여기 더 비판할 것도 없는 듯하다.

外國人으로서 글자에 拘束되지 않고 재미있는 관찰을 내린 이는 언더우드 (H. H. Underwood)氏의 『鮮英文法』에서(p.1) 'ㅇ'音을 간단히 논하였으니 外國人으로서 놀라운 것이다.

ㅇ, 이 母音은 사실 네 가지 音을 가졌다.

① 흔ᄒ오 hän-ha-o(to hate), ᄉ신 sä-sin(ambassador)

② 기드리오 ki-dă-ri-o(to wait)

③ 가장 일반적으로 이 音은 staff에서 보는 바와 같이 短音인 伊太利의 a音이다. 例, 몰(horse) ᄋ히 a-hai(boy)

④ cable에서의 e音 오늘 ŏ-nel(to-day), 고롬 kò-rem(pus), 기름 kǐ-rem(oil)

이상의 관찰이 과연 옳을까는 一見하여 알게 되나 氏는 朝鮮語綴字法이 일정하지 않고 'ᄋ'字 유지의 保守的 書記體에 幻惑된 점도 없지 않다마는 外國人으로서 놀라운 견해이다. 氏는 끝으로 朝鮮人이 '아, ᄋ' 兩字를 구별한다 함과 쓸 적의 序列로서 '아'를 upper a(윗 '아'字), 'ᄋ'를 lower a(아래 '아'字)라 한다고 부언하였다마는 우리는 '아, ᄋ' 兩字의 식별은 대체 없는 것이 사실이다.

다시 前述한 *Korean Repository*(1895年 3月號)로 돌아와 당시 外人 간에 논쟁의 초점이던 朝鮮文字의 羅馬字化問題에서 우리는 재미있는 자료를 얻어 본다. 그 중 배어드(W. M. Baird)씨의 「朝鮮語音의 羅馬字化(Romanization of Korean Sounds)」에서 'ᄋ'音에 대하여 언급한 것이 있다. 七, 'ᄋ'項에서 '시지'의 'ᄋ'는 ä로 '이ᄉ'의 'ᄋ'는 ä로 표기하고 다음과 같은 설명을 내리었다.

거의 죽은(싸일렌트한) 閉口音的, 악센트없는 音節에서 이 母音은 bugle에 싸일렌트한 音 비슷한 것이다. '사ᄅᆞᆷ'이 2音節漁임을 나타낼진댄 säram이라 쓰일 것이오 särm이라 쓰일 것은 아니다.

氏는 中性音的 ə類의 해석을 꾀함인지 알 수 없으나 재미있는 설명이다. 'ᄋ'音을 音勢가 미약한 것이라 말한 점에는 경청할 바가 있다.

배어드씨의 羅馬字化問題를 반박하고 일어선 이에 저 유명한 헐버—트(Hulbert)씨가 있다. 「羅馬字化問題再論(Romanization Again)」(9月號)에서 배어드씨가 '아'와 'ᄋ'를 구별하여 논하였으나 모두 ä의 記號를 달아놓은 데 대하여 氏는 그 복잡하고 난삽한 것을 반박하여 '아'와 'ᄋ'를 모두 a로(a as in father) 간결히 한 것은 글자에 끌리지 않은 속임없는 견해이다. 羅馬字化問題에서 '아, ᄋ'의 구별을 하지 않은 것은 탁견이다.

그리고 同誌 通信欄에서(1897年 7月號) T. H. Yun씨가 'ᄋ'字(lower a)에 언급한 것이 있다마는 T. H. Yun씨가 누구인가는 짐작할 수 있다. 그러나 굳이 맞추어 言明할 것까지는 없을 듯하다.

그 다음 獨文으로 쓰인 것은 몇 개 있기는 하다마는 조금 옛 시대의 것이다. 유명한 獨逸言語學者 가벨렌쯔(Gabelentz)씨는 『朝鮮文字及音韻機構論(*Zur Beurteilung des Koreanische Schrift und Lautwesen*)』에서 'ㅇ'音과 '으'音의 혼용과 교체를 말하였다마는 氏가 朝鮮語에 조예가 깊으리라고는 믿어지지 않음으로 'ㅇ'音價 문제에 기여할 것은 없으나 참고로 적어 보겠다.

또 母音論은 대단히 불안정하다. 이를테면 두 개의 혼용되는 母音 ä와 ö가 무수히 상호간에 또는 때로는 다른 音으로 교체된다. 중요한 母音變化의 形跡까지도 발견하게 된다.

氏는 例로 '아올르다'의 活用을 들었으나 여기 생략한다마는 a는 '아', ä는 'ㅇ', ö는 '으'로 사용하였다.

프리드리히 뮐레르(Dr. Fridrich Müller)씨는 『言語學原論(*Grundriss der Sprachwissenschaft*)』(1882)에서 朝鮮語音을 논하였는데 母音表에서 '아'는 a와 ạ로 둘을 나누어 配列하였다. 氏는 朝鮮語에 대하여 상당한 견해를 가진 듯 古書에서 드물게 보는 많은 분량의 설명을 보여 준다. 두 가지 '아'音은 一見하여 a가 '아'요 ạ가 'ㅇ'임을 알 수 있나니 a音에 대하여는 알고서 그럼인지 모르고서 그럼인지 주목할 만한 言明을 하였다.

ạ音은 거의 短 *o*(오)音같이 들리나니……(Der Laut ạ klingt beinahe wie kurzes *o*,……)

이 대담한 言明은 직접 見聞한 結果가 아님을 짐작하나 좌우간 그 例 Saram "Mensch"(사람) Sạtja"Löwe"(ᄉᆞᄌᆞ獅子)에서 '아'音과 구별하여 놓은 것은 참으로 재미있다.

그 외 法韓字典의 著者인 샤르르 알레베크(Charles Aleveque)씨는 Alphabet란

條目下에 子音에 대한 설명은 약간 있으나 母音에 대하여는 거의 없고 '아'音이나 'ᆞ'音을 모두 佛語式으로 Ha라 한 것이 조금 색다른 것이다. 그러나 이것은 羅馬字化問題요 'ᆞ'音價와는 별문제의 것이다.

끝으로 유명한 쿠―랑(M. Courant)씨의 『朝鮮文庫』에는 'ᆞ'를 ǎ로 쓴 것도 눈에 뜨인다. mǎl(cheval, 馬) 그 외 몇 개 있으나 대동소이한 것이니 이만 붓을 멈추겠다.

이상 'ᆞ'音諸說을 通覽하여 보아 어떠한 경향이 있었나를 끝으로 종합하여 보고자 한다. 다음에 諸說을 大別하여 보면 두 가지로 나눌 수가 있다.

(1) 太極說的 解釋……申景濬 權貞善 魚允迪氏
(2) 音價論的 解釋……申景濬 柳僖 周時經 小倉進平 朴勝彬……諸氏

그러나 우리가 취할 바는 (2)의 音價論的 解釋 내지 硏究이니 이것을 다시 세분하면 다음과 같다.

① 'ᆞ'는 ㅏㅡ之間이라(柳僖)
② 'ᆞ'는 ㅣㅡ의 合音이라(周時經氏)
③ 'ᆞ'는 ㅏㅓㅡㅜ之間音이라(李能和氏)
④ 'ᆞ'는 ㅏㅗ의 間音이라(小倉進平博士)

그리고 막연하나마 發音狀態를 말한 것은

⑤ 舌微動 脣微啓 其聲至輕 其氣至短(申景濬)
⑥ 閉口音의 ㅏ音……(朴勝彬씨)
⑦ 거의 短o音에 가깝다. (프리드리히 뮬레르씨)

本論은 이상의 諸說을 순서상 고찰하였으나 여기 거리낄 것 없이 다음에 獨自의 입장에서 'ᄋ'音價 추정에 매진하고자 한다. 그리하여 결론에서 다시 반성하여 보겠다.

Ⅳ. 音韻變化에서 본 'ᄋ'音價推定

'ᄋ'音價의 추정을 꾀함에 우선 'ᄋ'音 자체가 어떠한 발달을 하였는지 音韻論에서의 일반적 고찰을 하여야 될 것이다. 이것이 本論의 力點으로 가장 주력하는 바이다. 이 방대한 과제를 앞에 놓고 그 방법의 수립, 자료의 整齊, 엄연한 발달의 正視 등 어느 것 하나 손쉽게 보아서 될 것이 있을까 생각한다. 일시적 속단이나 直覺的 判斷은 결론에서 보아 가장 두려운 것이다. 原理나 法則은 풍부한 자료와 엄밀한 관찰에서 나와야 된다. 실제 또는 자료 없는 理論도 취할 바가 아니며 해석 없는 자료의 축적도 값없는 것이 아닐까 한다. 이 試論은 이상의 諸點을 머금고 一見 간과하여도 무방할 듯한 자료까지라도 놓치지 않고자 하였다. 그러므로 例外에 대하여도 그대로 제시하고 될 수 있는 데까지 특이한 實例를 갖추어 놓았다고 자신한다. 各項의 代表例는 세 개씩 싣기로 하였다마는 同類의 發達例는 주로 현저한 것만을 그 뒤에 몰아 놓기로 한다. 그러면 다음에 이 방대한 자료를 일정한 목표 아래 세분하여 各項目에 따라 고찰하여 보자.

1. 單音節語에서

수많은 例 중에서 가장 일반적이고 대표적인 것을 들어 보겠다.

　1. ᄀ(邊) 漆沮ᄀ 샛 움흘 後聖이니르시니 龍飛御天歌 5章

누비닙고뭀ㆍ애오샤 佛頂心陀羅尼經 11

㄀업스실씨 月印釋譜 卷二 45

㄀싀업서(無有邊際) 金剛經 25, 27……

㄀업스리라(無邊) 同 38, 84……

㄀업스며㄀룜업슨利土를나토샤딘 圓覺經 卷三 44

깂㄀ᄋ로디나가리行人더브러무러든(道旁過者問行人) 杜詩諺

解 卷四 1

뭀㄀이 同 卷二 9, 25……

길㄀의셔 三綱行實圖解 皐魚道哭

塞 ㄀쇠 訓蒙字會 上 6, 邊 ㄀변 同 中 7, 類合 通行本

現代語 가, 가생이

2. 몰(馬) 전ᄆ리현버늘딘들 龍飛御天歌 31, 34, 37章

몰 月印釋譜 卷一 27

몰삿기(駒) 杜詩諺解 卷廿二 45

ᄆ야지(駒) 同卷廿三 36

쇼와몰왜 牛馬 同卷 40

옷과몰왜제가비야오며슬지다 衣馬自經肥, 同卷十 35

몰경마ᄒ다 몰굴에(鞦) 四聲通解 上

馬 몰마 俗稱兒馬 아지게몰 訓蒙字會 上 19, 馭 몰다홀어 同下 9

몰혁 三綱行實圖解 閔損單衣, 몰을채셔 同 조寧突陣……

쏘말을ᄃᆯ녀노리ᄒᄂ니도잇고 華音啓蒙 28

어룽말(花馬) 앏치ᄂ 몰(前失馬) 華語類抄

現代語 말, 몰(方言)

3. 닭(雞) 듥기소리(雞聲) 月印釋譜 卷一 3

새뱃듥소리(晨雞) 杜詩諺解 卷八 27

듥기소릴듣노라(聞雞聲) 同권三 20

둘기소리듣고(聽雞) 同卷十二 29

雞 둙계 訓蒙字會 上 16

둙 三綱行實圖解 貞義刎死

둙이우런지몟홰뇨 華音啓蒙

수둙(公雞) 華語類抄

現代語 닭, 달(方言)

이상 세 개의 一般例에서 보는 바와 같이 單音節의 'ᄋ'音은 '아'로 발달하였
다. 이 세 개의 例가 발달의 전부인지 알기 위하여 이 項目에 속할 다른 例를
몇 개 들어 보겠다.

굴葦 곫重 又纔, 初 늘鋒, 緯, 斤 ᄎ面 ᄂ他, 奴 둘月 쓸女息 ᄯ汗
믈藻 몰伯 ᄲ쌀米 슬肌, 肉 숨狸 ᄎ眞 풀肱 곳荳……이하 略

이상의 諸例의 발달까지 일일이 文獻上 명시할 것은 없다마는 모두 'ᆞ〉ㅏ'
의 法式을 우리 앞에 속임없이 제시하여 준다. 그러면 例外는 없는가 하면 물
론 있다. 뒤에 詳論하겠으나 '홁'(土)이 '흙'으로 'ᄂ'(他)의 일부가 '놈'(奴)으로
분화한다는 特異例와 '특'(頤)이 '턱'으로 '볼'(件)이 '벌'로 발달하는 등 몇 개의
例外를 발견한다. 그러나 이 例外는 전체 수에서 보건대 거의 특이한 조건 하
에 生起한 극소수의 것으로 筆者가 多年 유의하여 보았으나 以上 불과 네 개
밖에 없었음을 미루어 보아(方言에서는 地方을 따라 약간 다르나) 이 例外는 單
音節의 'ᄋ'音의 본질적 발달이 아님을 단언할 수 있다. 더구나 그 중 'ᄂ(他,
奴), 볼(件)'의 例外的 發達은 훌륭한 조건 하에 된 것이며 '홁(土), 특(頤)'도 方
言(平安道)에서는 '아'로 발달하는 諸點으로 보아 이 극소수의 一面的 發達이
니 이같은 例外는 單音節의 'ᄋ'音의 본질적 발달을 좌우할 수 없는 것이다.
그러면 單音節에서의 'ᆞ〉ㅏ'는 무엇을 말하는 것인가를 고찰하여 보고자

한다. 이것은 2音節 이상의 語彙에서는 흔히 前後音節 또는 前後音의 상호관계로 結合的(combinatoire) 發達을 할 적도 있어 악센트 音長 力點의 有無 즉 音勢 약한 音節인 때를 여러 가지 조건이 붙게 된다. 그러나 單音節인 때는 거의 自生的(spontane) 發達이라고 보겠다. '눕(他), 볼(件)' 등 結合的 發達의 例外도 있기는 하지만 거의 절대적이라 할 自生的 發達인 'ㆍ〉ㅏ'는 'ㆍ'音 발달의 가장 중요한 一面이다. 환언하면 'ㆍ'音이 'ㅏ'音될 가능성을 많이 가지고 있다 보겠으며 다시 'ㆍ'音이 'ㅏ'音과 그리 멀지 않은 거리의 母音이 아닐까 하는 추측이 나온다. 이것은 後段에서 再論할 것이나 'ㆍ'音 발달의 태반이 'ㆍ, ㅏ'이 란 양적 우세에서 보아 'ㆍ'音과 'ㅏ'音의 親近性, 兩者의 有機的 關係를 是認하지 않을 수 없다. 周時經氏가 이 엄연한 實在를 망각하고 "……中聲ㅏ에 無關홈은 再論홀 바가 無ᄒ니……"라 간단히 처치한 것은 다시 말할 여지 없는 오류이다.

그러면 끝으로 네 개의 例外에서 '눕(他), 볼(件)'만은 後段에 미루기로 하고 여기서는 '훍(土), 특(頤)'만을 편의상 그 발달을 열거하겠다.

훍(토) 土曰轄希 鷄林類事

　　훍고개(泥峴) 龍飛御天歌

　　믈와훍기(水土) 圓覺經 卷三 14

　　우훍조흔훌글 佛頂心陀羅尼經 7

　　즌훍서리예 杜詩諺解 卷一 19

　　훌기버므러디도다(泥塗) 同卷二 11

　　泥 훍니 土 훍토 訓蒙字會 上 14

　　훍벽(土墼) 四聲通解

　　훍 朴通事新釋諺解 卷三 9

上語가 單音節語로서 'ㆍ〉ㅡ'의 발달을 취하였다 함은 오직 한 개의 例外이 다마는 一考를 요한다. 한 개의 例外이라 結合的 發達인지 단언하기 어려우나 이 例外로서의 존재는 절대적인 것은 아니다. 平安道方言에서는 '밝'이라 하므로 일반적 발달을 하고 말았다. 方言 對 標準語의 관계는 본시 상대적 존재이니 兩者의 正誤는 가릴 것이 못되는 이상 이 존재는 절대적인 것이 못된다. 그러므로 '흙, 흙, 밝'의 嚴存한 事實을 앞에 두고 우리는 'ᄋᆞ〉ᅡ'의 본질적 발달을 더욱 굳게 믿게 된다. 또한 'ᄋᆞ〉ᅳ'되는 경향은 後段의 考察과 아울러 인정하게 된다. 엄밀한 뜻에서 이 例外의 존재 이유는 오직 한 개의 존재인만치 지금으로 단언하기 어려우나 'ᄋᆞ'가 가장 많이 '아'와 '으'로 발달한다는 중요한 경향에서 그리 모순될 것도 아닌 듯하며 兩者의 혼란으로 해석하여 둠이 무방할 줄 믿는다. 이러한 약간의 혼란은 兩者간에 간혹 모두 있는만치 중대한 이유를 포함한 것은 아닐 것이다. 言語의 法則이 自然法則이나 規範科學의 論理法則과는 다른 것이며 兩者가 모두 불가분의 두 경향 간에 일어난 혼란이고 보니 큰 疑義를 가질 것이 못된다. 그리고 朴通事新釋諺解의 '흙'이란 例는 'ᄋᆞ'音 消失期를 말하는 귀중한 자료임을 여기 保留하여 둔다.

    특(頤) 특아래(頤下) 圓覺經 卷一 29

        ᄐᆞᆨᄀᆞᆯ희여(解頤) 內訓 成化版 卷一 29, 同後版 ᄐᆞᆨᄀᆞᆯ프러

        頤ᄐᆞᆨ이 訓蒙字會 上 25

        아릿턱(下頷) 華語類抄 10

 이 발달도 單音節語로서는 오직 한 개의 例外이나 平安道方言에서는 '탁, 탁주가리……' 등으로 발달한 것이니 '흙'과 마찬가지 설명으로 좋을 것이다. 이것은 後段의 'ᄋᆞ〉어'의 고찰에서 再論할 것이나 이 例外의 존재도 가능한 諸傾向 간의 혼란으로 보고자 하여 더구나 'ᄋᆞ〉어'가 거의 다 結合的 發達을 함에 불구하고 이것만이 그렇다 인정할 아무런 이유를 보이지 않음이 오늘로서 이 이상 단언을 삼가는 바이다. 이상 두 例外의 완전한 존재 이유 — 이것은 영원한 수수께끼일지도 모르나 — 를 찾지 못하고 말았으나 그러나

'ᄋ〉아'의 본질적 발달이 조금이라도 微動할 것이 아님을 다시 말하여 둔다.

끝으로 朝鮮語 漢字音 問題를 一言하여 둠이 옳을 것이다. 그리 어려운 문제는 아닌 듯하나 물론 支那音의 중심으로 방향을 넓히면 극히 큰 것이 되고 마나니 여기서는 李朝, 즉 訓民正音 이후의 것만을 고찰하여 봄이 편의상 좋을 줄 믿는다.

漢字音은 單音節語에 속할 것이라 생각한다. 이것은 漢字 한자한자가 單位를 이루는 것이므로 여기서 고찰하고자 생각한다.

　　訓民正音에서는

　　 字쭝　此ᄎᆞᆼ　使ᄉᆞᆼ　呑튼　慈쭝

　　月印釋譜에서는

　　 四, 師, 賜, 思, 肆……ᄉᆞᆼ　事, 士……ᄊᆞᆼ　子ᄌᆞᆼ　自, 慈……쭝　此ᄎᆞᆼ

　　圓覺經에서는

　　 四, 師, 死, 使, 思……ᄉᆞᆼ　事……ᄊᆞᆼ　字쭝

이상에서 訓民正音 月印釋譜 圓覺經 등 初期文獻에는 '佛ᄈᆞᇙ, 頭뚱, 國귁……' 등과 같이 지금으로서는 과연 如斯한 漢字音이 實在하였는가 의심할만치 現今과 큰 거리 있는 表記法을 본다. 그것이 불과 육칠십년 후인 訓蒙字會에 와서 씻은 듯이 一變하여 버렸으니 사람의 一生에서 言語變遷이 이같을 줄이야 상상할 수 없는 것으로 중대한 문제를 내포하고 있다. 마는 本論에 필요한 바는 그 中聲이니, 中聲은 初聲에 비교하여 그러한 무리는 없으니 보는 바와 같이 모두가 'ᄋ〉아'로 발달하고 말았다. 다만 雙溪寺版 月印釋譜에서는 有若無한 形式的 終聲 'ㅇ'는 없어지기 시작하였다.

　　師, 思, 四ᄉᆞ　子ᄌᆞ　自ᄍᆞ　寺ᄊᆞ(ᄎᆞᆼ 28)

訓蒙字會에 와서는

涔줌 蔘合 鸚ᄌ 獅ᄉ 鶷블 蠿즘

과 같이 現代音에 가까워졌다. 이상의 漢字音을 볼진댄 'ᄋ)아'의 法式의 單音節語에서 거의 절대적임을 말하는 것이다. 周時經氏가 같은 漢字音에서 朝鮮語 內의 발달을 등한시하고 支那音의 그것만을 본 것은 방법상 옳지 않은 것은 다시 말할 것도 없다. 그러나 漢字音 'ᄋ'가 절대적으로 '아'로 발달하였는가 하면 그렇지 않다. 여기 例外로 오직 '根'字만이 다른 變異를 하고 말았다.

　　　根ᄀ(圓覺經 卷三 31 根ᄀ本본……月印釋譜 序 1……同 雙溪寺版 103 耳根 ……)
　　　根근(雙溪寺版 月印釋譜 31, 訓蒙字會 下 根 불휘근……)

그러나 이 한 개의 例外는 'ᄋ)아'의 전체적 발달을 좌우할 것이 못된다. 聽取, 發語의 過誤로 말미암은 例外일지 모르나 '흙'(土)의 설명과 같이 '아)ᄋ' 간의 혼란 내지 동요이니 여기서는 이만 붓을 머물린다.

요컨대 單音節의 'ᄋ)아'의 발달에서 'ᄋ, 아' 兩音의 親近性, 兩音의 有機的 關係를 是認하지 않을 수 없다.

2. 2音節語 이상에서

1) 第1音節에서

a. 語彙에서

　　　ᄉ랑(思, 慕)뉘아니흐ᅀᄫ리 龍飛御天歌 78章

이상의 몇 개 대표적 一般例를 들었지마는 第1音節의 'ᄋᆞ'音은 單音節의 'ᄋᆞ'
音과 같이 거의 절대적이랄만치 'ᄋᆞ〉아'의 발달을 하였다. 여기 속할 같은 例
를 몇 개 들어 보겠다.

ᄀᆞ새剪 ᄀᆞ장最 ᄀᆞ초具 ᄀᆞ래楸 ᄀᆞᆯ며기鷗 ᄀᆞᆯ아마괴, ᄀᆞᆯ가마괴鴉, 寒鴉 ᄂᆞ
외復 ᄂᆞᆯ개翼 ᄃᆞ라미鼺 ᄃᆞ라치籃 ᄃᆞ래椵 ᄃᆞᆯ외髮(〉다리) ᄃᆞ림錘 ᄃᆞᆯ고지㧨(〉
달구지) ᄃᆞᆯ마기紐, 細 ᄃᆞᆯ팡이蝸 ᄆᆞ야지駒 ᄇᆞ얌蛇 ᄇᆞᄃᆡ집筬 붉쥐蝙 ᄢᆞ리荊,
條 ᄉᆞ라기糝 술고杏 ᄉᆞᅀᅵ間 ᄌᆞ조頻 ᄌᆞ치욤嚔 잔자리蛉 ᄌᆞ오롬眠, 睡 ᄎᆞᆷ빗
箆 ᄑᆞ개屁 ᄑᆞ리蠅 풀독肱, 膊 ᄒᆞ마旣 ᄒᆞᆫ갓徒……이하 略

이상의 諸例에서 'ᄋᆞ〉아'의 발달이 얼마나 절대적인가를 알 수 있다. 第1音
節에 있다 함은 그 설명이 單音節의 것과 대동소이한 것이다. 朝鮮語의 一般
性에서 第1音節의 音이 비교적 發音聽取가 효과적이요 音勢强한 音節임이 보

통이다. 母音을 중심으로 하여 볼진댄 綴字의 혼란도 '바뿌다~바쁘다, 담배~
담베, 하물며~하믈며, 무지개~무지게, 앉아~앉어, 번개~번게……' 등에서 보
는 바와 같이 第1音節에서는 드물고 거의 第2音節 이하에서 일어난다는 경
향을 보아 第1音節이 發音聽取에서 얼마나 印象的效果가 세인 音勢强한 音節
임을 알 수 있다. 그러므로 第1音節의 'ᄋᆞ〉아'의 발달에서 효과 유지 또는 그
强化의 要素를 간과하여서는 안된다. 환언하면 音勢强한 音節(betonnten Silbe)
에서는 'ᄋᆞ'가 '아'로 된다고 말할 수 있다. 요컨대 'ᄋᆞ〉아'는 '아'音의 본질적
발달의 중요한 一面임을 또다시 말하여 두겠다.

그러면 例外는 없는가. 그것은 오직 '불셔(旣) 벌서), 스매(袖) 소매)'의 두
개를 발견할 수 있지마는 이것은 前項에서 말한 '불(件), 늠(他)'과 아울러 後
段에서 詳論하기로 하나 '불셔, 스매'가 結合的 發達로 훌륭한 조건 하에 일어
난 것이니 문제될 아무 것도 없다. 그러니 第1音節의 'ᄋᆞ'音은 거의 절대적으
로 '아'로 발달하고 말았다.

b. 語法에서

여기서는 名詞 代名詞를 除한 주로 活用語 — 形容詞 動詞 — 에서 자료를
정리하고자 한다. 그러므로 語法의 여러 末稍的 部分까지 고찰하는 것이 아
니요 活用語에서 第1音節의 'ᄋᆞ'音의 발달을 고찰함이니 語彙語法의 구별이
本論에서 그다지 필요한 것은 아니나 다만 편의상 문제라 하겠다.

　マ리다(掩蔽) マ리면 月印釋譜 卷一 31

　　マ리돕다ᄒᆞ논 同

　　マ료미(礙) 金剛經 10, マ리와(遮蔽) 同 69……

　　マ리왓고(塞) 杜詩諺解 卷一 27, マ리오니(掩) 同 12……

　　술위우희マ리우다(打笓) 四聲通解 上 3

　붉다(明) 업던번게를하ᄂᆞᆯ히블기시니 龍飛御天歌 35

불ᄂᆞ니라(明) 月印釋譜 卷一 26

　　불기알며(明了) 金剛經六祖序 6

　　져근情誠을불ㄱ미니라 杜詩諺解 卷十六 65, 불갯도다 同卷 12, 28……

　ᄃᆞ토다(爭) ᄃᆞ톰(諍) 金剛經 53

　ᄃᆞ토아아아ᄂᆞᆯ(爭奪) 杜詩諺解 卷八 56

　ᄃᆞ토와(爭) 同卷二 20

　ᄃᆞ토아(爭) 同 8, 三綱行實圖解 桓彛致死條

　이상의 대표적 一般例에서 설명은 語彙의 그것으로 충분할 줄 믿고 여기
생략한다. 다음에 여기 속할 것 같은 發達例를 들어 보겠다.

　　ᄀᆞᆯ다如 ᄀᆞ다ᄃᆞ마研, 整 ᄀᆞᆯ외다侵 ᄂᆞᆯ아飛 ᄂᆞᆯᄀᆞᆫ古 ᄂᆞ호다分 ᄃᆞ리다馳 ᄃᆞᆯ
다甘, 計 ᄃᆞᆺ다愛 ᄃᆞᆷ기다浸 ᄆᆞᆯᄀᆞᆫ淸 ᄆᆞ지다撫 ᄇᆞ라다望 ᄉᆞᆯ아燒 ᄉᆞᆷ다烹 ᄉᆞᆷ키
다呑 ᄧᆞ다鹹 ᄎᆞ다寒 ᄐᆞ다乘 ᄑᆞ다堀 ᄒᆞ다爲……이하 略

　이상에서 語彙의 경우와 같이 第1音節의 ‘ᄋᆞ’音이 ‘아’로 발달하였다 함은
양적으로 보아 얼마나 절대적임을 알 수 있다. 그러므로 ‘ᄋᆞ〉아’는 ‘ᄋᆞ’音의
본질적 발달의 중요한 一面이다. 그러면 例外는 없는가 하면 ‘ᄇᆞ리다(棄)’가
있다. 이것은 훌륭한 조건 하에 일어난 結合的 發達로 ‘ᄇᆞᆯ(件), ᄇᆞᆯ셔(旣)’와 함
께 後段에 몰아쳐서 논하고자 한다. 其外에 助詞로 ‘ᄃᆞ려〉더러, ᄃᆞ록〉도록,
ᄋᆞ로〉으로’ 등 同化作用 혹은 文法形 統一의 特別例도 있으나 따로 한 項目을
세워 가지고 논하고자 한다.
　이상 各項에서 몇 개의 例外를 보았으나 거의 대부분은 後段의 설명과 아
울러 그 존재의 조건을 설명할 수 있는 것이니 ‘ᄋᆞ’音 발달의 중대한 一面인
‘ᄋᆞ〉아’의 法式을 흔들 수는 없는 것이다.

1) 第2音節에서

'ᄋ·'音의 발달이 單音節語 또는 第1音節에서 일어난 때는 이상 논한 바와 같이 비록 소수의 例外가 있기는 하나 거의 自生的 發達로서 그다지 설명을 요하지 않는다. 그러나 'ᄋ·'音 발달이 第2音節 이하에서 일어날 때는 문제는 여러 방면으로 펼쳐지고 만다. 단순히 自生的 發達도 있으나 意味論과의 관계, 語形維持의 努力, 同化作用, 異化作用, 文法形의 統一 등 다시 各項目으로 세분하지 않으면 안된다. 우리는 이 문제가 多岐함을 따라 고찰의 메스를 더욱 날카롭게 하여야 된다. 그러면 다음에 項目을 따라 고찰하겠다.

a. 一般型에서

아ᄃᆞᆯ(子) 孝道홇아ᄃᆞᆯ 우루믈슬피녀겨드르샤 龍飛御天歌 96章

아ᄃᆞᆯ나ᄒᆞ니(生子) 月印釋譜 卷廿一 46

善心誠實이아ᄃᆞ리오 圓覺經 卷十三 77, 同卷四 101

아ᄃᆞᆯ ᄯᆞ리아니라 佛頂心陀羅尼經 11

반ᄃᆞ기제아ᄃᆞᄅᆞᆯ나하ᅀᆞ홀디아니니(未必當自生子) 內訓 成化版 卷二 39

아ᄎᆞᆫ아ᄃᆞᆯ(從子) 同卷一 11

아ᄎᆞᆫ아ᄃᆞᆯ(姪兒) 華語類抄 16

사ᄉᆞᆷ(鹿) 마ᄉᆞᆫ사ᄉᆞᆷ이등과도ᄌᆞ기입과 龍飛御天歌 88

ᄃᆞᆫᄂᆞᆫ사ᄉᆞ미도라보디아니ᄒᆞ놋다(走鹿無返顧) 杜詩諺解 卷二 55

鹿 사ᄉᆞᆷ록 麋사ᄉᆞᆷ미 訓蒙字會 上 18

사ᄉᆞᆷ(鹿) 三綱行實圖解 許孜埋獸條

말ᄊᆞᆷ(言語) 이ᄀᆞᆮᄒᆞᆫ말ᄊᆞᆷ章句들즙고 金剛經 32, 43

말ᄊᆞ미(語) 杜詩諺解 卷一 24, 三綱行實圖解 江革巨孝條

現代語 말씀

이상에 속할 수많은 發達例 중 몇 개를 다음에 실어 보겠으나 第1音節의 경우와 달라 '◦, 으'간의 혼란이랄까 綴字法이 약간 다를 때도 있으므로 이 점을 고려하여야 된다.

　　　나ᄀᆞ내驪　마순四十　반ᄃᆞ기必　보ᄃᆞ라온軟　사ᄋᆞᆯ三日　실미듭　아름다이美
　　　아흔九十　아ᄎᆞᆷ朝　이ᄉᆞ랏櫻……이하 略

그 외 今日은 벌써 廢語로 된 例 중

　　　가ᄉᆞ멸어富　바ᄅᆞᆯ海　아ᄋᆞ라히漠, 茫　아ᅀᆞᆷ親戚……이하 略

과 같이 있기는 있으나 廢語인 이상 本論에서 云謂할 바가 아니다. 그리고 보니 上例에서 얻는 결론은 第2音節의 '◦'音은 '으'音으로 발달하였다는 경향이다. 이 경향은 양적으로 보아 '◦〉아'의 다음 갈 만한 중대한 '◦'音 발달의 一面이다. 이에 대하여는 다음 項目에서 '◦'音으로만 된 語彙의 발달과 아울러 결론함이 편리할 듯 자세한 설명은 다음으로 밀겠다. 例外로 '사ᄅᆞᆷ'(人)이 있다마는 이것은 第1音節인 '사'를 基點으로 한 母音調和요 母音同化로서 '사ᄅᆞᆷ〉사람'의 발달을 밟은 듯 第2音節의 '◦'音의 본질적 경향이 문제될 바는 아니다.

b. '◦ ◦'型에서

여기서는 母音의 '◦'音으로만 구성된 語彙를 고찰하여 보나니 '◦〉아, ◦〉으'의 두 경향의 위치가 명확하게 되는 規範型이랄 수 있다.

　　　ᄀᆞ득(滿) 難呼之聲이 道上애 ᄀᆞ득하니 龍飛御天歌 41
　　　ᄀᆞ득하야(瀰滿) 圓覺經 卷一 37, 佛頂心陀羅尼經 4

ᄀᆞ득하샤ᄃᆡ(滿) 金剛經 後序 11

大闕에ᄀᆞ득ᄒᆞ더니라(滿彤宮) 杜詩諺解 卷四 20

瀰 ᄀᆞ득ᄒᆞᆯ미 訓蒙字會 下 35, 贏ᄀᆞ득ᄒᆞᆯ영 同 22

ᄀᆞ득ᄒᆞ여(滿) 三綱行實圖解 朱氏懼辱條

ᄀᆞᄋᆞᆯ(秋) ᄀᆞᄋᆞᆯ 月印釋譜 序 16, 楞嚴經 卷一 19, 訓蒙字會 上 11

첫ᄀᆞᄋᆞᆯ히 杜詩諺解 卷三 35

ᄀᆞᄋᆞᆯ빗돗기(秋帆) 同卷二 24, 同卷七 23……

ᄀᆞ을(秋) 譯語類解 上 3, 朴通事新釋諺解 10

現代語 가을, 갈

ᄀᆞ믈(旱) 식미기픈므른ᄀᆞᄆᆞ래아니그츨씨 龍飛御天歌 2章

저저하늘ᄀᆞᄆᆞ리업도다(浸潤無天旱) 杜詩諺解 卷七 36

旱 ᄀᆞ믈한 訓蒙字會 上 3

ᄀᆞᄆᆞ다(天旱) 華語類抄

現代語 가믈

이상의 몇 개의 例는 'ㆍ'音이 第1音節에 있을 때와 第2音節에 있을 때의 발달 경향을 具備한 가장 理想的(?) 規範的 例이다. 이밖에 여기 속할 같은 發達例는 다음과 같다.

ᄆᆞᅀᆞᆷ心 ᄆᆞᄋᆞᆯ村, 閭 ᄀᆞᅀᆞ件 ᄒᆞᄆᆞ며況 ᄆᆞᄎᆞᆷ終()마ᄎᆞᆷ)마침) ᄀᆞᄅᆞ치다敎 ᄀᆞᄂᆞᆫ깁繪……이하 略

그러면 이상과 같이 第2音節 이하의 'ㆍ'音이 '으'音으로 발달하였다 함은 무엇을 말함인가를 고찰하여 보자. 이 처리 여하가 'ㆍ'音價 추정을 좌우하는 중대한 岐路이니 신중한 고려가 필요하다.

朝鮮語에 있어서 第1音節에 비교하여 第2音節은 대체로 音勢弱한 音節

(unbetonnten Silbe)이요 더 한층 極言하면 機能喪失(Funktionlösigkeit)의 音節인 경향이 많다. 이것은 여러 경우에서 발견한다. 우선 發音聽取의 效果에서 보아도 第2音節은 극히 불분명하고 불안정하기 쉽다. 앞에서도 말하였거니와 綴字의 混亂도 第1音節에서는 드물고 第2音節에서 많음은 여기 유의하여 온 이는 누구나 同感일 것이다. 물론 母音을 중심으로 하는 말이지만 '담배 담베, 번개 번게, 바누질 바느질, 하물며 하믈며, 앉아 앉어, 받아 받어……가온데 가운데, 아모개 아무게……'에서 보는 바와 같이 실제적 綴字에 있어서 發音聽取의 效果의 不分明이 이같은 결과를 낳은 것을 간과하여서는 안된다. 이 현상은 現代語뿐만 아니라 古代語의 綴字에서도 그러한 것이니 後段 'ㅇ音消失의 時期'에서 再論하고자 하나 우선 여기에 몇 개를 인용하면 다음과 같다(p.99 참조).

기르마(鞍) 對 기르마 여스(狐) 對 여스 또는 여ㅇ 對 여으 겨을(冬) 對 겨을 마슬(署) 對 마을 ᄀ슴(件) ᄀ음 對 ᄀ음 기슴(耘) 기음 對 기음……

이상과 같이 古代語에서 이미 혼란을 보였다. 이 혼란은 절대로 第1音節의 'ㅇ'音에서는 볼 수 없는 것으로 — 다만 杜詩諺解類의 'ᄃᆞᆸ'(爲)의 발달 과정의 표기에서 'ᄃᆞ외 ᄃᆞ이 도외……' 등의 혼란은 있으되 이것은 성질이 다른 것이니 여기 말할 바가 못된다 — 第2音節에서만 'ㅇ'音時代에 이같은 혼란이 있다 함은 무엇을 말함인가. 이것은 音勢弱한 音節이요 機能喪失 비슷한 音節임을 말함이다. 이 효과의 불안정 등을 고려할진댄 第2音節의 'ㅇ〉으'의 발달은 'ㅇ'音의 母音圖의 위치에서 말미암은 變異라고는 믿어지지 않는다.

더구나 助詞의 '은, 은, ᄂᆞᆫ, 는, 울, 을, 룰, 를……' 등의 對立과 사용이 반드시 母音調和의 强弱母音과 보조를 일치하여야 될 것이나 실제의 사용은 상당히 혼용되고 있다. 小倉進平 博士의 『鄕歌及吏讀の硏究』의 「母音調和」에서도 "은은の區別を混同するものがあるけれども"(同, p.512) "룰를を混用したも

のあるけれども"(同, p.520)…… 등과 같이 그 혼용을 알 수 있다. 이 혼용은 물론 第2音節的 存在이니 — 助詞가 단독으로는 존재할 수 없는 것이므로 — 혼용의 이유가 가능한 것이다.

이 효과의 불분명이 前述한 바와 같이 第2音節이라는 조건에 있지만 'ᄋᆞ'音 자체가 申景濬의 "其聲至經 其氣至短"이라는 特異性에도 말미암음이라 추측한다. 이 特異性은 母音의 위치와는 별문제로 機能의 문제이다. 그러므로 本項의 'ᄋᆞ'音이 第2音節에 있어 그 효과가 불분명한데 더구나 이를 심각하게 하는 '至經 至短'의 特異性이 加重하게 되는 것이다. 따라서 第1音節의 'ᄋᆞ〉아'는 自然的, 自生的 發達이나 이 第2音節의 'ᄋᆞ〉ᄋᆞ'는 自生的이 아니요 時間的 繼起의 조건이 붙는 효과의 약화, 不分明化의 發達이다. 그러므로 'ᄋᆞ'音이 '아'音과 가깝다 함은 아무런 주저없이 是認하게 되나 이와 全然 모순하는바 'ᄋᆞ'音이 高母音 'ᄋᆞ'와 가깝다는 결론에는 주저 아니할 수 없다. 상식적 비유이나마 大邱가 釜山에 가깝고 또 義州에 가깝다는 비합리적 결론을 내리기는 불가능한 것이니 'ᄋᆞ'音이 '아'音에 가깝고 'ᄋᆞ'音에 가까울 수는 없는 것이다. 'ᄋᆞ〉아, ᄋᆞ〉ᄋᆞ'의 두 法式을 놓고 一은 自然的 自生的 순수한 발달이요 一은 非自然的 結合的 非純粹한 발달이니 어느 것을 기준삼아야 될 것인지는 그리 의심할 것은 없다. 따라서 'ᄋᆞ〉아'의 귀중한 法式을 副로 하며 경시하고 'ᄋᆞ〉ᄋᆞ'의 非自生的 法式을 주로 하여 그대로 긍정하고자 않는 바이다. 後段에서 고찰할 'ᄋᆞ〉오, ᄋᆞ〉어'의 法式과 종합하여 'ᄋᆞ'音價 추정에 'ᄋᆞ〉ᄋᆞ'를 중시하지 않으려 한다.

다음에 나오는 문제는 柳僖式 'ㅏ__之間'이라는 절충적 추정이 언뜻 생각하면 가능하다. 그러나 이것은 'ᄋᆞ'音 발달의 중요한 경향인 'ᄋᆞ〉오, ᄋᆞ〉어'를 모르는 柳僖 당시의 推定說이며 또한 우리의 注文대로 알맞게 '아, 으'간의 중간에 'ᄋᆞ'音이 존재할 수 있을까도 상상 밖의 일이다.

이상에서 거듭 말한 바와 같이 'ᄋᆞ〉ᄋᆞ'의 발달은 自生的이 아닌 發音聽取의 效果 不分明으로 말미암은 것이므로 더구나 종합적 고찰에서 'ᄋᆞ'音價 추정

에 직접 채택하지 않으나 '♀〉으'가 양적으로 중요한 경향의 하나임은 틀림
없다. '♀'音價 추정에 채택하지 않는다 하여도 效果의 不分明化가 何故로 '으'
音에 귀착하게 하였는가를 손쉽게 집어내 버려서는 안된다. 그것은 '♀, 으'
兩音의 共通性 또는 어떠한 이유가 있을 것이다. 音韻變化에 있어서 兩者가
모두 機能上 공통한 것이 있는 듯하다. 다른 母音과 충돌할 때는 잘 탈락하
며 例

ㅇ……ᄌ오롬(眠)〉조롬　ᄃ외며(爲)〉되며

ㅇ……쓰어(用)〉뼈　　크어(大)〉커

　母音調和에서는 兩音이 對立하여 있다. 특히 文法에서 '은, 은, 룰, 를…' 등
助詞의 對立 '늘ㄷ(古), 기픈(深)……' 등의 活用上 對立에서 兩音의 機能上 文
法上 共通性을 본다. 그러나 이 共通性을 곧 音價의 近似에까지 붙이고자 하
기도 쉽지마는 母音調和의 '아, 어', '오, 우'의 對立과 아울러 생각하여 '♀, 으'
音의 거리가 '아, 어, 오, 우'의 거리보다 멀면은 큰일이니 그러한 상상은 고려
할 것이 못된다. '♀, 으'音의 이러한 共通性에서 第2音節의 '♀'音이 '으'音으
로 효과의 불분명을 가지고 착안한 것은 수긍할 수 있다. 文法形에서 '♀, 으'
의 對立이 前述한 바와 같이 혼용을 많이 보나 近代에 와서 '♀〉으'의 발달을
한 것은 물론 순전한 音韻變化가 아니라 文法形의 統一이라고 봄이 옳을 듯
하다.
　今日 '받아〉받어, 하야〉하여, 앉아〉앉어'에서 文法形의 統一의 傾向을 보나
니 助詞 '은'은 活用形의 '깊은, 늘ㄷ'에서 같은 통일을 밟은 것임을 알 수 있다.
여기서도 第2音節 이하의 '♀〉으'의 발달이 순전한 音韻變化가 아님을 깨닫
게 된다.
　요컨대 '♀'音 발달에서 '♀〉으'의 法式이 중요한 경향의 하나임을 말하는
것이나 이것이 '♀'音價의 母音圖的 位置의 親近으로 말미암음이 아님을 '至

經至短的 音勢와 第2音節의 효과와 불분명 그리고 母音調和의 母音系列의 對立에서 統一로의 變異로 보아 더구나 'ᄋ〉아, 오, 어'의 綜合的 見地에서 추측할 수 있으니 'ᄋ〉으'에서 'ᄋ'음가, 내지 'ᄋ'음 위치의 추정에 직접 얻는 바가 적으므로 그리 중시하지 않고자 한다.

다음에 例外를 들어 보겠다.

ᄀᆞᄂᆞᆯ(陰) 버들ᄀᆞᄂᆞᆯ 흘찻도다 帶柳陰 杜詩諺解 卷三 48, 卷六 45……

陰 ᄀᆞᄂᆞᆯ음 訓蒙字會 上 1

現代語 그늘

ᄇᆞᄅᆞᆷ(風, 壁) 불휘기픈남ᄀᆞᆫ ᄇᆞᄅᆞ매아니뮐씨 龍飛御天歌

ᄇᆞᄅᆞᆷ 風 月印釋譜 卷一 38

회로리ᄇᆞᄅᆞ미 飄風 金剛經 11 回風 杜詩諺解 卷十二 27

ᄇᆞᄅᆞ미미이부러 增波瀾 同卷 一 19

風 ᄇᆞ름풍 訓蒙字會 上 2 壁 ᄇᆞ름벽 同中 5

ᄇᆞ람 三綱行實圖解 皐魚道哭條, ᄇᆞ름블고 同 王崇止雹條

이상 'ᄀᆞᄂᆞᆯ〉그늘, ᄇᆞᄅᆞᆷ〉바람'의 두 例外는 基點을 달리한 母音調和 또는 廣義의 母音同化作用的 發達이라 보고자 한다. '괴외하다(靜)〉고요하다'의 발달과 같이 前後音의 보조를 일치한 재미있는 例이다. 그러나 이 두 개의 例外쯤으로야 第1音節에서 'ᄋ〉아' 第2音節에서 'ᄋ〉으'의 法式은 微動도 안할 것이다.

3. 'ᄋ〉오'의 발달

이제부터는 위와 같이 순서를 밟아 논하느니보다 더욱 번잡하여짐을 피하기 위하여 'ᄋ〉오, ᄋ〉어, ᄋ〉우, ᄋ〉위……'의 각 경향을 중심으로 縱橫으로 고찰함이 편의상 현명한 방법일 듯 생각하고 우선 'ᄋ〉오'의 발달을 고찰하여 보겠다.

1) '齒音+ᄋ+脣音' 型

ᄉᄆᆡ(袖) 옷ᄉᄆᆡ예(衣袖) 杜詩諺解 卷二 30

　ᄉᄆᆡ예(袖) 同 卷六 4

　袪 ᄉᄆᆡ거 袂 ᄉᄆᆡ몌 袖 ᄉᄆᆡ슈 訓蒙字會 中 23

　소미(袖子) 華語類抄

上例는 'ᄋ〉오'의 발달의 중요한 一例이다. 여기서 우리는 'ᄋ'音의 前後音을 보건대 齒音ᄉ, 脣音ᄆ간에서 일어난 것이다. 이미 單音節語의 項目에서 例外로 남긴 'ᄂᆞᆷ'(他, 奴)의 발달도 여기 속하는 것이다.

ᄂᆞᆷ(他) ᄂᆞᄆᆞᆫ 뜯 다ᄅᆞ거늘 님그믈 救하시고 龍飛御天歌 24, 48章

　ᄂᆞᄆᆡ그에 月印釋譜 卷二 6, 同 序 6, 佛頂心陀羅尼經 10

　ᄂᆞ물(人) 圓覺經 卷一 10

　ᄂᆞᄆᆡ눈비븨욤과(他揑目及) 同卷 二 60

　ᄂᆞᄆᆡ가ᄇᆡ야이ᄂᆞᆯ아이너교ᄆᆡᄃᆞ외면 金剛經 99, 21

이 'ᄂᆞᆷ'은 하등 신기한 발달이 아니나 이것이 일부 意味의 變化와 아울러 音韻의 分化的 發達을 하고 말았으니 'ᄂᆞᆷ(他, 奴)〈ᄂᆞᆷ(他)／놈(奴)〉'의 귀한 발달을 보여 준다.

게으른흔 ᄂᆞᄆᆡ서르ᄀᆞᄅᆞ쳐 月印釋譜 卷一 45

놈(奴) 三綱行實圖解 節女代死條

거즛말ᄒᆞᄂᆞᆫ놈(撒謊的) 華語類抄 9

위에서 '스매〉소매, 놈〉놈'의 발달이 '齒音+ᅌ+脣音'型에서 일어난 것을 간과하여서는 안된다. 이것은 前後音 관계로 일어난 훌륭한 結合的 發達이다. 이 語形에서만 일어났다는 것이 무엇을 말함인지 엄밀한 검토를 내리기 전에 풍부한 자료를 먼저 들음이 좋을 듯 위의 語形의 정반대인 '脣音+ᅌ+齒音'型을 다음에 고찰하고 아울러 설명하고자 한다. 다만 '놈〉놈'의 발달이 月印釋譜 이전에 있었는 듯하다. 그것은 龍飛御天歌에

叛ᄒᆞᄂᆞᆫ노믈부러노ᄒᆞ시니 64章

라 있으니 月印釋譜는 그 分化 이전의 表記法을 보수적인 書記體의 특징으로 써온 것이 아닌가 한다. 그러나 통일된 綴字와 책임있는 기록인 月印釋譜의 例를 믿어야 될 것이다.

2) '脣音+ᅌ+齒音'型

이 語形의 발달은 앞의 '齒音+ᅌ+脣音'型과 함께 'ᅌ'音價 規定의 중대한 一面을 말하는 것이다. 이것은 가장 주로 'ㅸ'音을 중심으로 하여 'ㅸ'音 탈락하는 동시에 脣音要素를 남기므로 일어나는 재미있는 현상이다.

'ㅸ'音에 대한 설명을 지금 여기 길게 펼쳐 놓을 것은 못되나 本項에 필요한 정도로 조금 말하고자 한다. 訓民正音에 "ㅇ連書脣音之下 則爲脣輕音"이라는 規定과 李朝 初期의 자료에서 暫時 볼 수 있음은 주지하는 바이다. 'ㅸ'을 사용한 文獻과 사용하지 않은 초기의 文獻간의 시간적 거리라는 참으로 一考를 요한다. 龍飛御天歌, 月印釋譜(一例로 同序 刊行은 1459年)에는 사용되었으되 3年後 刊行인 楞嚴經(1462年 刊行)과 다음해 刊行인 妙法蓮華經에는 사용하지 않았다는 奇現象을 보인다. 물론 삼년간에 이같은 言語發達의 事實이 글자 그대로 존재하리라고는 도저히 믿을 수 없으나 李朝 初期의 消失하기 시

작한 또는 消失한 音인 듯 여겨진다. 그리고 같은 사용에 있어서도 動詞의 '드빌(爲)'는 龍飛御天歌에 보여도 月印釋譜에는 이미 '드외'로 되었으니 그 사이 대략 15年이다. 그러나 月印釋譜에서도 形容詞의 '常드빌……'類는 아직 保持하고 있다는 跛行的 現象을 보이다가도 삼사년 후인 楞嚴經, 法華經에 와서는 완전 消失된 셈이다. 같은 月印釋譜도 雙溪寺版 第二十一卷에서는 '뭊ᄎ 가ᄫᆞᆫ(139), ᄎ가온(140)' 등 대혼란을 보이고 말았으니 이상의 諸事實은 'ᄫ'音이 李朝 初期 다시 말하면 訓民正音 頒布 당시에 이미 또는 한창 消失期이었던 것이 짐작된다.

따라서 그 音價에 대하여는 여러 說이 있다마는 이도 여기 깊이 들어갈 여유는 없다. 四聲通解의 序에 廣韻三十六字母之圖에서 '非敷兩字母'에다가 'ᄫ'字를 달았으며 同 洪武韻三十一字母之圖에는 '敷母'는 '非母'에 합쳐 버렸으므로 '非字母'에만 'ᄫ'를 달았다. 이상은 初聲 즉 頭音때의 것이나 終聲 즉 末音의 경우에는 四聲通解에서 "……故俗音終聲於諸韻 用喉音全清ㆆ 藥韻用脣輕全清ᄫ以別之……"라고 '藥韻'에만 'ᄫ'를 달아 그 餘音을 표기하였다. 그러나 支那 문제는 本論에 필요하지 않으니 그만 두고 직접 'ᄫ'音價를 약간 고찰하여 보자.

'ᄫ'音價에 대하여는 近日 몇 개의 推測說을 보나니 (1) 鄭烈模씨가 v音으로 표기한 것(昭和 2年 『한글』 創刊號 p.60)도 있으나 별로히 설명은 없다. (2) 前間恭作씨가 『韓語通』, p.26에서 "……予は「w」, 「f」又はvに類する一種の子音を表はせしものと推斷す. 現今にても「덥고」(暑くて) 「덥고」(覆ふて)の二語に於て後者は [top-ko] と語れども前者は「tɵw-ko」如く發音される. 此「w」に似たる「ㅂ」こそ曾て「ᄫ」字によりて綴られたる子音の殘れる者にして……"라고 말하였다. 여기 대하여 이 w音이 옛 'ᄫ'音의 나머지인지 더 연구할 여지가 있는 듯하나 좌우간 이 觀察法에는 敬意를 표한다. (3) 小倉進平 博士는 "單に ᄫ의 音價はw類似の音であつたことを述べるに止めようと思ふ……"『鄕歌及吏讀の研究』, p.582 또는 "朝鮮語では今日w音をあらはす文字が無いが,

古くは봉なる諺文が之を表はすに用ひられたようである……" 『發音槪說』, p.54라고 말하였다. 이상의 諸說이 'w, f, v'의 사이를 걷는 것이나 모두 이 脣輕音을 摩擦音에서 본 바는 일치된 것이며 그 摩擦의 정도가 어느 정도일까에서 w—f(v)간을 上下하게 된다. 지금 이곳에 구태여 'ㅸ'音價 規定을 꾀할 것은 없으니 다음에 'ㅸ'音의 발달이 'ㅇ'音 발달에 어떠한 영향을 끼쳤는가를 보고자 우선 'ㅸ'音의 중요한 발달을 표시하면 아래와 같다.

뱌〉와	도뱌(助)〉도와	고뱌(麗)〉고와
뻐〉워	둗거뻐(厚)〉두꺼워	더뻐(暑)〉더워
붕〉오	ᄀᆞ롷(郡邑)〉ᄀᆞ올〉골, 고을	
브〉우	셔븛(京城)〉서울	즐거븐(樂)〉즐거운
뷔〉위	치뷔(寒)〉치위	더뷔(暑)〉더위
뵉〉외	ᄃᆞ뵉(爲)〉ᄃᆞ외〉되……이하 略	

이상의 諸例를 볼진댄 물론 훌륭한 조건 하에 例外도 있으나 원칙적으로 上例와 같은 발달이 일반이다. 이 가운데 공통된 경향은 'ㅸ'音은 文字上 완전 탈락 같이 보이나 기실은 'w'音 또는 강한 脣音要素인 입술의 둥근맛(Rundung)을 남기고 말았다. '뱌, 뻐, 뷔, 뵉……'는 'ㅸ'音 탈락과 동시에 'w'音價를 유지하고 있으니 'ㅸ, w'의 교체같이 보이며 脣音性 脣音要素의 低下같이 여겨진다. 지금도 方言에서 그 자취를 볼 수 있으니 —은 脣音性의 강화요 —은

더뻐 〈 더워……—般
　　　 더버……慶尙道, 咸鏡道方言

그 약화인 듯 느껴지는 흥미있는 발달을 본다.

그러면 本論에 들어와 '브, 붕, 뷔'의 變異한 音은 半音인 'w'音을 갖지 않는 대신 강한 脣音性 즉 입술의 둥근맛을 가진 發音聽取의 效果가 세인 '우, 오'音

64

으로 變異하였다. 여기서 우리는 '♀'音價 추정에 중대한 발견을 하게 된다. 그것은 '병〉오'와 '병〉우'의 비교 그리고 '병〉외'의 原則的 實例이다. 그 중 제일 먼저 고찰할 것은 '병〉오'이니 '♀'音에 강한 脣音性을 가하게 되면 '오'音이 된다는 것이다. 이것을 逆의 關係로 '오'音에서 脣音性을 제거한 것이 곧 '♀'音이라는 推定論이 나서게 된다. 다음에 實例를 들어 고찰하겠다.

병〉옹型

ᄒᆞᄫᆞᅀᅡ(獨)
스ᄀᆞᆯ軍馬ᄅᆞᆯ이길씨ᄒᆞᄫᆞᅀᅡ믈리조치샤모딘도ᄌᆞᄀᆞᆯ자ᄫᆞ시니이다　龍飛御天歌
ᄒᆞ오ᅀᅡ 月印釋譜 卷一 6, 卷二 20……法華經 卷一 14……楞嚴經 卷一 29……金剛經 76……佛頂心陀羅尼經 5……
ᄒᆞ오아 杜詩諺解 卷一 29, 卷二 6, 12
ᄒᆞ오와 同卷七 9
ᄒᆞ오아셔셔(獨立) 同卷十六 50
ᄒᆞ올로 同卷二 33, 40 卷六 1……
호올로 同卷二 40 卷一一 28
獨 호올독 訓蒙字會 下 33
現代語 홀로

위의 例에서 'ᄒᆞᄫᆞᅀᅡ〉ᄒᆞ오ᅀᅡ〉ᄒᆞ오아〉ᄒᆞ올로〉홀로'의 발달과정을 밟았으나 本項에서 필요한 바는 'ᄒᆞᄫᆞᅀᅡ〉ᄒᆞ오ᅀᅡ'까지의 것이다. 여기서 우리는 '脣音+♀+齒音', 즉 '병+♀+ᅀ〉脣音性+♀+ᅀ', 즉 '오+ᅀ'의 法式을 얻는다. 즉 '♀'音에 脣音性을 가미하면 '오'가 된다는 原理를 발견하게 된다.

볼, 뵬, 봇)온, 올, 옷 型

a. 사오나볼(惡) 月印釋譜 卷一 37……

　　사오나온 杜詩諺解 卷二 47, 一八 22……
　　歹사오나올대 訓蒙字會 下 31
　　사오나온비단(草金) 譯語類解 卷下 31
　　사오나온사롬(歹人) 同 卷上 27
　　사오나온밧(薄田) 華語類抄 22
　　現代語 사나운(意味의 變化로 '猛'의 뜻)

b. 스マ볼 龍飛御天歌(ㅎ녕시條 引用例)

　　조ㅋ볼(粟村) 同卷二 22

　위의 두 例에서 'マ볼'(郡, 邑, 州)의 뜻이 추출된다. 그러므로 'マ볼'의 발달
을 볼진댄 다음과 같다.

　　マ올홀從하야(從邑) 法華經 卷二 236
　　マ올무슬힌들 內訓 成化版 卷一 17(단 同 後版에는 '고올과マ올히'라 있음)
　　두어マ올히 同卷一 64, 卷二 123
　　マ올홀삐려펴러ㅎ얏도다(擁縣青) 杜詩諺解 卷一 5
　　マ올히 同卷二 37, マ올안히(邑中) 同 45
　　고올(郡) 同卷一 52, 譯語類解 上 9
　　郡 고을군 訓蒙字會 中 7, 8

그 외에 이에 속할 例는 다음과 같으나 謙讓의 助動詞에는 참으로 많다.

고ᄫᆞᆫ(麗), 고ᄫᆞᆯ 가ᄫᆡ야ᄫᆞᆫ(輕), 가ᄫᆡ야ᄫᆞᆯ

도ᄫᆞᆫ(助), 도ᄫᆞᆯ 앗가ᄫᆞᆫ(惜), 앗가ᄫᆞᆯ……도ᄫᆞ실씨

뵈ᄋᆞᄫᆞ니, ᄉᆞᆯᄫᆞ리, ᄒᆞᄉᆞᄫᆞ니……

上例에서 'ᄋᆞ'音에 脣音性을 가미하므로

ᄫ+ᄋᆞ+△, ㅅ, ㄴ, ㄹ〉脣音性+ᄋᆞ+△, ㅅ, ㄴ, ㄹ=

'오+△, ㅅ, ㄴ, ㄹ'을 얻나니 이미 말한 바와 같이 'ᄋᆞ'音이 '오'로 될 때는 脣音性을 가미하여야 된다는 原理, 환언하면 '오'에서 脣音性을 제거한 것이 'ᄋᆞ'音이라는 逆算에서 'ᄋᆞ'와 '오'의 親近性을 발견한다. 단독으로 이 현상만을 가지고 속단하면 위험천만이라고도 보겠지만 체계적으로 보조하고 유도하는 귀중한 件侶的, 不可分的 事實이 있으니 그것은 'ᄫᅳ'의 발달이다. 朝鮮語音韻論에서 'ᄋᆞ, 으' 兩音의 발달은 경우에 따라서 並行的 對立을 한다. 이것은 前述한 바와 같거니와 文法上 音韻發達의 機能上, 母音調和上 흡사한 발달을 보인다. 이것은 'ᄫᆞ, ᄫᅳ'의 발달에서 또한 기묘한 對立을 보이나니 '脣音+으+齒音'型 對 '脣音+ᄋᆞ+齒音'型의 발달은 체계적 혼란을 보이지 않고 병행하여 나아간다. 하나가 'ᄫᆞ〉오'로 'ᄋᆞ〉오'의 발달을 하면 또 하나는 'ᄫᅳ〉우'로 '으〉우'의 발달을 하여 母音調和의 步調를 꼭 맞추어 나아가는 흥미있는 有機的關係를 보인다.

ᄫᆞ+△, ㅅ, ㄴ, ㄹ〉脣音性+ᄋᆞ+△, ㅅ, ㄴ, ㄹ=오+△, ㅅ, ㄴ, ㄹ

ᄫᅳ+△, ㅅ, ㄴ, ㄹ〉脣音性+으+△, ㅅ, ㄴ, ㄹ=우+△, ㅅ, ㄴ, ㄹ

이상 두 개의 法式을 놓고 一者가 해결되면 다른 것이 그 방법과 설명을 적용하여 좋을 것이다. 그러면 '脣音+으+齒音'型, 즉 '브+齒音'을 고찰함이 '으'音이 現存한 母音인만치 방법상 첩경이 아닐까 생각하고 다음에 實例를 들어보자.

더본(暑)〉더운 치본(寒)〉치운 므거본(重)〉므거운〉무거운 둗거볼(厚)〉두꺼울 어드볼(暗)〉어드운〉어두운……이하 略

여기서 보는 바는 '으〉우'의 發達이다. 물론 단독으로 '으'音이 '우'音으로 變異한 것은 아님은 前述한 脣音要素가 '으'音에 가미된 것으로 그리 발달함이니 '뷩'의 발달과 같다. 그러면 '으'音의 脣音性을 가미한 音이 '우'音이라 하니 '으'音과 '우'音의 關係가 선명히 되면 'ᄋ'音과 '오'音의 關係도 선명히 될 것이다. 대저 朝鮮語의 '우'音은 특히 입술의 둥근맛이 센 것이므로 이 점은 여러 音聲研究家의 일치한 바이다. 一例로 小倉 博士의 『發音概說』, p.18을 보면 "脣は前方に突出して圓形を形成し……" 또 "要するに朝鮮語のうは國語のうよりも遙かに前方に突出し且つ圓みを帶ばして發音つべく"(同, p.21)라 하였다.

舌의 位置를 고려하여야 되지만 '으'音의 脣音性 입술의 둥근맛을 강화하면 거의 '우'音에 가까운 音이 되지 않는가. '으, 우' 兩音을 舌의 位置를 무시하고 입술 둥근맛의 大小를 가지고 논할 것은 아니나 '으'音이 脣音性 強化로 變異할 母音은 '우'音 이외에 없음을 상식적으로나 母音圖에서나 상상할 수 있다. '봐, 벼〉와, 워……' 等 '뷩'音 발달의 脣音性 保全이란 일반성에서 '브〉우'는 이상과 같은 이유로 充分 설명될 줄 믿는다.

그러면 이 '브〉우'와 不可分明的 關係에 있는 '뷩〉오'의 상대방의 발달 형식을 이상의 입장에서 보건대 조금도 무리없는 의심할 것 없는 並行的 變異라 보겠다. '으'音에서 '우'音으로 'ᄋ'音에서 '오'音으로의 兩線을 母音圖에서 고찰하여 보면 재미있는 想定이 나오게 된다. 여기 편의상 이 두 線을 '으우'線,

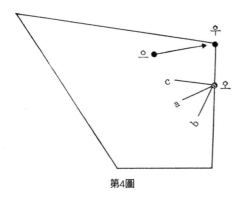

第4圖

'ㅇ오'線이라고 부르면 'ㅸ, ㅹ'의 발달이 並行的 對立이니만치 이 兩線이 어느 정도로 並行하는가가 問題이다(第4圖). 兩線이 大小하는 일은 없을까 하나 後段에서 논할 合音關係로 보아(p.136 참조) 이것은 염려되지 않는다. 적어도 朝鮮語의 母音의 變異는 정연한 限界內에서 상호의 거리를 가지고 推移하는만치 더구나 合音關係에서 '아이〉애, 어이〉에, 오이〉외……' 等의 여러 線이 일사불란의 推移를 한 것으로 보아 염려없다고 믿는다. 그러면 '으우'線은 명확히 알수 있으나 'ㅇ오'線은 歸着點은 명확하나 出發點 'ㅇ'音의 방향이 불분명하므로 다음 세 가지 想定이 가능하다. 그 하나는 '으우'線과의 병행선 — 이것은 바랄 수 없을 듯하다마는 — 또는 그 上下線 안에 있을 것이다. 並行線을 a線, 上下線을 c, b線이라 하면 적어도 'ㅇ'音은 b, c線이 그리는 영역 안에 있을 것이다. 이것이 想定이니 권위를 두지 못할 의혹도 생길 듯하나 後段에 詳論할 朝鮮語 우믈라우트 현상을 통해 본 推定論과 거의 일치하는 것이니 'ㅇ'音價 推定에 가장 귀중한 방법의 하나라 할 수 있다. 'ㅇ'音과 '오'音은 脣音性을 통하여 극히 친근한 관계에 있는 音이다. 母音圖의 上部는 넓고 低部는 좁은만치 이에 비례하여 적어도 '으, 우'兩音의 관계보다 더 가까운 音이 아닌가 추측한다.

다시 方言에서 보면 'ㅇ'起源의 어휘가 '오'로 발달한 재미있는 현상을 본다. 小倉進平 博士의 『南部朝鮮の方言』(前出書) 「咸鏡南北道方言」, p.5 『發音槪說』, p.26, 權悳奎 씨의 『朝鮮語文經緯』, p.43에서 이러한 發達例를 본다. 그 것은 'ᄆᆞᆯ(馬), ᄑᆞᆺ(豆), ᄑᆞᆯ(臂), ᄑᆞ리(蠅)……'가 '몰, 폿, 폴, 포리……'로 발달한 것이니 이것은 훌륭한 結合的 發達로서 'ㅸ'에서 말한 바 '脣音+ㅇ+齒音'型의 발

달에 지나지 않는 것이다. 一例로「咸鏡南北道方言」중(p.5)에서 몇 개 실어 보면 다음과 같다.

물(馬)　　몰 會寧　　몰及말 鍾城　　몰이及말이 慶源
폴(臂)　　폴 會寧　　폴及팔 鍾城　　폴이及팔이 慶源
푸리(蠅)　포리 會寧　　포리及파리 鍾城
ᄆᆞ올(村)　모울……이하 略

이상은 모두가 初頭音이 'm, p'요 'ᄋᆞ'의 後續音 또는 末音이 'l, t, (s)'이다. 이 발달은『南部朝鮮の方言』에서 그 끝에 실린 音韻分布圖에 'ᄋᆞ'音을 '오'로 발음하는 지방은 全羅北道의 南半, 全羅南道의 대부분, 慶尙南道의 南海岸地方임을 본다. 이것으로 보면 朝鮮南北의 邊地에서 이같은 발달이 존재하다 함은 方言은 周圈說的 느낌이 나는 흥미있는 현상이다. 權悳奎씨가 "눈바람은 눈바라 또는 눈보라"『朝鮮語文經緯』, p.26라 함은 '風'이 'ᄇᆞ람'인만치 同類의 發達일 듯하다.

요컨대 이상의 諸現象은 脣音, 齒音間의 발달인 이상 이미 'ᄫᆞ, ᄝᆞ'條에서 설명한 바와 같이 'ᄋᆞ'音이 脣音性의 子音을 끼고서 脣音性의 强化로 '오'音으로 變異한 것이다. 前述한바 'ᄫᆞ'의 不可分的 對立型으로 'ᄝᆞ'의 발달이 있었으므로 이 方言 '물……〉몰'에 對立하여 '믈……〉물'의 발달이 있음직하다고 보니 여기 놀랄 만한 對立型을 古語의 發達에서 발견하게 된다.

블(火)〉불　　　　　믈(水)〉물
플(草)〉풀　　　　　플다(解)〉풀다
믈다(咬)〉물다　　　브틀(付添)…〉부틀……

이상의 발달은 'ᄫᆞ' 對 'ᄝᆞ'의 발달과 同軌의 대립이니 言語發達의 體系的 推

70

移에 새삼스러이 놀라는 바이다. 이 方言의 발달이 단독으로 偶發的의 것이 아님을 알겠다. 이리하여 前述한 바와 같이 '으, 우'의 관계와 같이 'ᄋ, 오'의 관계가 그 이상 가까운 것임을 알겠다. 第4圖의 母音圖에서 上部가 넓고 低部가 좁음에 비례하여 '으, 우'의 거리와 'ᄋ, 오'의 거리는 當然 後者가 가까울 것임을 추측한다.

그리고 小倉 博士가 『南部朝鮮の方言』과 『發音槪說』에서 인용한 和漢三才圖會에 실릴 朝鮮語 語彙는 참으로 흥미있는 자료이다. 和漢三才圖會는 自序도 "正德二年壬辰歲五月　上阮法橋寺島良安書於浪華吉林堂"이라고 있으니 1712년 朝鮮으로는 肅宗 38년이니 약 230년전 것이다. 실제 刊行은 正德 3년 癸巳의 藤原信及和氣伯雄 등의 序가 있으니 그 翌年인 듯하다. 그러나 거기 실린 자료는 이 刊行年代보다 훨씬 前時代의 것임을 상상할 수 있다. 그 十三卷 異國人物에서 '地すたく　須太具……' 이하 여러 개 어휘가 실려 그리 많지 않은 자료이나 朝鮮語研究에 기여하는 바가 크다. 'ᄋ'音 起源의 어휘를 표기한 것이 몇 개 있으니 小倉 博士는 다음과 같이 인용하였다.

하늘(天) 波乃留 はのる
아들(子) 阿止留 あどる
ᄆᆞᆯ(馬) 毛留 もる
장ᄉᆞ(商人) 知也久曾 らやくそ
인ᄉᆞᆷ(人蔘) 伊牟曾牟 いむそむ

이상의 諸例를 들어 "'•'의 音을 オ列の文字를 以て書き表はして居るが如き, 何れも '•'의 原音が ㅏㅗ類似の音なること를 暗默の間に物語つて居るものでなからうか"(發音槪說, p.26)라 한 탁견을 보였다. 필자는 'ᄋ〉오'의 경향을 논하여 이에 이르매 동감임은 물론이나 더 자세히 고찰하여 보면 例外的 表記도 없는 것은 아니나 'ᄋ'音을 'オ'列로 표기한 原則的 表記法은 조금도 의심할 여지는 없다. '米 ぴさる 此佐留'라 한 것은 '뿔'을 말함이니 곧 例外的 表記이다.

　　뿔(米) 뿔란ㄱ초고 月印釋譜 卷一 45
　　뿔(米) 四聲通解 下 57
　　米 뿔미 訓蒙字會 中 20

　그리고 ォ列로 쓴 것은 'ᄋ'音 이외에 '범(虎 ぼん 保牟)'라고 'ㅓ'音을 'ォ'로 하였고('잉어 鯉 ゑのい 里賀伊'에서 '범'의 表記法과는 불일치하였지만) 또는 '燈 とぐ 止具'는 '등'을 말함이니 'ㅡ'音도 'ォ'列로 표기하였다. 이상의 諸點에서 보아 얼마나 'ᄋ, ㅓ, ㅡ'音의 표기가 곤란하였는지 짐작할 수 있다마는 'ᄋ'音이 곧 'ォ'音이라고 봄은 물론 안될 것이니 小倉 博士가 'ㅏ, ㅗ'의 間音의 一證으로 인용한 것도 의미있는 것이다. 그리고 이 和漢三才圖會가 1712년에 寺島良安의 손에 완성된 것이고 보니 그 記載 言語는 地理的 距離 기타의 점을 고려하여 적어도 그 前時代의 자료일 듯 느껴지며 적어도 250년 전의—그 刊行年代보다 훨씬 前이라고 봄이 좋을 듯—자료일 것이다. 바로 이때는 後段에서 詳論할 'ᄋ'音 消失期에 亘하므로 本書의 編者는 'ᄋ'音價를 직접 혹은 간접으로 聽取 또는 傳承한 것이라 보고자 한다. 요컨대 'ᄋ'音이 '오'音에 가깝다는 筆者의 說에 귀중한 左證으로 博士의 說을 다시 여기 引用 敷演하는 바이다.

　그리고 小倉 博士는 濟州島方言에서 'ᄋ'起源의 어휘를 지금도 o音으로 발음하는 사실을 들어(p.29 참조) '아, 오'의 間音임을 말하였다. 물론 博士는 'ᄋ'音이 o音이라 함은 아니되 이것이 'ᄋ'音價 推定의 귀중한 자료임을 또한 여기 부언하여 둔다. 博士의 'ᄋ'音說은 이미 前項에서 말한 바와 같이 자세한 논증을 아직껏 볼 수 없으며 암시에 넘치는 결론만을 곳곳이 되풀이하고 있으므로 더 들어가 말할 것은 아닌가 한다. 필자의 결론에서 보아 新說이오 卓

說임을 시인하여야 될 것이다. 그 외에 여기 속할 例는 다음 두 개를 본다.

스뭇(徹) 스뭇아라(了) 金剛經 103

스뭇알며(了) 同 13, 스므차(徹) 同 38

스므출긔 月印釋譜 21, 스므츤 同 15……

스므츠며(徹) 圓覺經 卷一 2

스므챗고(徹) 杜詩諺解 卷十二 35

現代語 사모친다

다믓(與) 여으와다믓슬기(狐與獐) 杜詩諺解 卷四 11

現代語 다못

上例는 훌륭한 '脣音+ㆍ+齒音'型임을 一見하여 알 수 있다. 설명은 여기 생략한다.

이상으로 'ㆍ'音이 脣音性을 통하여 '오'音에 가깝다 함을 충분히 설명한 줄 믿고 이만 붓을 멈춘다. 'ㆍ〉아, ㆍ〉으, ㆍ〉오'의 세 가지 경향 중 이미 말한 바의 'ㆍ〉으'의 경향은 순전히 'ㆍ'音의 위치로 말미암음이 아닌 듯 여기서는 주로 'ㆍ〉아, ㆍ〉오'의 두 경향을 중시한다. 요컨대 'ㆍ'音에 脣音性을 가하면 '오'音이 되고 'ㆍ'音節에서 機能을 脫化하고 音節의 音勢를 약화시키면 '으'音 으로 되고 第1音節에서는 自生的으로 '아'音으로 變異한다는 결론을 얻게 되었다.

3) 同化作用으로의 발달

노릇(獐) 獐 노릇쟝, 麕 노릇균 訓蒙字會 上 18

現代語 노로, 노루

단, 龍飛御天歌의 "죨애山두놀이흔사래뻬니"(43章)의 '놀'은 '노ᄅ'의 收約
形이니 즉 末音의 脫落으로 말미암음이니 그리 문제될 것은 없을 듯하다.

노릇(戲) 노ᄅ샛바오리실ᄊᆡ 龍飛御天歌 44章

　온가짓노릇흔後에나모지는놀애블으놋다(百戲後歌樵) 杜詩諺解 卷五
　　52

　戲 노릇희 訓蒙字會 下 15

　傀 광대노릇 四聲通解 上 48

　노롯ᄒ다(把戲), 노롯(雜戲) 華語類抄

　現代語 노룻, 노릇

도ᄐ랏(藜) 도ᄐ랏羹애ᄉ라기도섯디아니ᄒ야도(吾安藜不糝) 杜詩諺解 卷
三 15

　도ᄐ랏(藜) 四聲通解 上 28

　藜 도ᄐ랏례 訓蒙字會 上 13

　現代語 필자의 조사에 의하면 江原道 原州 근방 기타에서 '도토락, 도토
　　락 나물'로 되어 있음

도ᄅ혀(返, 却, 還) (返) 金剛經 後序 13, (却) 月印釋譜 序 26, (還) 杜詩諺解
卷十 28

　도ᄅ혀(轉) 同卷二 1, 4, (却) 10, 卷十 28……

　도로혀(翻) 同卷一 7, (翻) 同卷二 6, (顧惟) 33……, (却) 三綱行實圖解 閔
　　損單衣條

　上例는 모두 훌륭한 母音同化作用으로 발달한 것이다. 이 母音同化는 第1
音節을 基點으로 한 前進的 同化이다마는 母音調和로 보아도 좋다. 그러나
'도ᄅ혀〉도로혀'의 발달은 다음의 '도로'(却, 還)에 힘입은 바 적지 않음을 짐
작할 수 있다.

도로(却) 金剛經 18, (還) 同 5

도로니르르샤ᄆᆞ(還) 圓覺經 卷三 75

이상의 同化作用의 발달에서 얻은 바 'ᄋᆞ〉오'는 'ᄋᆞ'音價로 말미암은 것이 아니니 'ᄋᆞ'音價 推定에 기여하는 바는 거의 없을 것이나 'ᄋᆞ'音의 발달로서 제거할 수 없으므로 여기 一言하여 두는 바이다.

4) 副詞形에서의 발달

朝鮮語의 副詞形의 語尾는 '히, 이, 로……' 등 定型 외에 많은 종류를 발견한 다. 그중 語尾를 '로'로 통일하는 경향을 보나니 本項에서 논하고자 함은 여 기 있는 것이다. 前述한바 'ᄒᆞᄫᆞᅀᅡ'(獨)의 발달에서 'ᄒᆞᄫᆞᅀᅡ〉ᄒᆞ오ᅀᅡ〉ᄒᆞ오아〉 ᄒᆞ올로……'와 같이 副詞形語尾 'ᅀᅡ'와 '로'의 交替를 볼 수 있다. 다음 例는 일 견 단순히 母音變異같이 보이나 副詞形 '로'로 통일된 자취를 엿보여 주는 것 이다.

서르(相) ᄂᆞᄆᆡ것서르일버ᅀᅮᄆᆞᆯ홀씨 月印釋譜 卷一 45

서르도아 法華經 卷一 14

서르더위자바가ᄂᆞ니(相攀援) 杜詩諺解 卷二 4, 31, 內訓 卷一 4

셔로 杜詩諺解 卷五 5

其外에 '도로'(却)의 존재들을 보아 李朝 初期에 이같은 副詞形의 발달 경향 을 알게 된다. 여기서 다음의 귀중한 一例를 발견하게 된다.

바ᄅᆞ(直) 金剛經 後序 13, 佛頂心陀羅尼經 13, 杜詩諺解 卷十一 11

바로 朴通事新釋諺解 人 18

上例에서 이것이 'ᄅ'音 자체의 自生的 發達이라고는 할 수 없다. 훌륭한 文法形 統一의 發達이니 'ᄋ〉오'의 발달에서 이같이 여러 가지 조건이 있음에야 다시 놀라게 된다. 더구나 이 副詞形語尾 '로'에게 통일된 중요한 요인의 하나인 듯 여겨짐은 助詞 즉 吐 '로, 으로'와의 相互關係에 있지 않은가 여겨진다.

5) 異化作用으로의 발달

本誌 제11호의 拙稿 「朝鮮語 異化作用에 對하여」에서 詳論한 것이니 여기 깊이 들어가지 않고자 한다. 그러나 본론은 'ᄋ'音 전체에서 보는만치 一面 더욱 異化作用에 대하여 굳게 시인하게 된다. 母音의 異化作用이 'ᄋᄅ〉ᄋ로'의 발달로 'ᄋ'音 重出을 기피하므로 한쪽 'ᄋ'音의 變異를 본 것이니 이것이 'ᄋ'音 자체의 自生的 發達이 아님을 前號에서 말한 바로 여기 설명을 되풀이할 것은 없다. 다음에 순서상 例를 들어 보겠다.

> ᄆᆞᄅ(宗, 棟) ᄆᆞᄅ동 訓蒙字會 上 6
>> 곳ᄆᆞᄅ 同上 23, 등ᄆᆞᄅ 同 27
>> ᄆᆞᄅ(樑) 朴通事新釋諺解 人 16
>> 콧ᄆᆞ루(鼻樑) 華語類抄 10
>> 現代語 마루
>> 即 ᄆᆞᄅ〉ᄆᆞ로, ᄆᆞ루〉마루
> ᄒᆞᄅ(一日) ᄒᆞᄅ(一日) 內訓 成化版 序
>> 초ᄒᆞᄅ(朔) 訓蒙字會 上 2
>> ᄒᆞ로(一日) 五倫行實圖 卷二 32
>> 홀ᄂᆞ(一日) 三綱行實圖 婁伯捕虎條
>> 現代語 하로, 하루(方言에는 '할레, 할란……')
>> 即 ᄒᆞᄅ〉ᄒᆞ로, 하루

즈른(柄) 訓蒙字會 中 12

인즈른(鈕) 印鼻又鏡鼻 同下 16

칼즈른(刀把) 朴通事新釋諺解 天 18

칼자로(刀把) 華語類抄 24

現代語 자루

即 즈른〉즈로, 즈루〉자로, 자루

ᄀ른(麵, 粉) (麵) 訓蒙字會 中 23

ᄀ른서근과(麵三斤) 朴通事新釋諺解 地 16

現代語 가로, 가루

即 ᄀ른〉ᄀ로, ᄀ루〉가루

ᄂ른(津) ᄂ른(津) 訓蒙字會 上 25

現代語 나루

即 ᄂ른〉ᄂ로, ᄂ루〉나루

이상 諸例에서 'ᄋ른〉ᄋ로'의 발달로 훌륭한 異化作用임은 다시 의심할 것
도 없다. 'ᄋ'音 重出을 기피함에서 일어난 것이 왜 하필 '오'音을 취하였는가
는 一考할 필요가 있을 듯하다. 추측하건대 '오'音이 機能上 퍽 강하고 聽取發
音의 효과상 안정하고 확실한 音이라 함이 '오'音을 취한 이유의 하나일 듯하
다. 그 외에 가장 중요한 것은 '오'音이 'ᄋ'音에서 가깝다는 것이 아닐까 한다.
'ᄋ, 오'音의 관계는 前述한 바이니 '붐, 거붐〉북, 거북'의 경우와 같이 전혀 무
관계한 音으로 變異하는 것도 아니므로 ᄋ, 오'音의 가까운 관계가 여기서도
추측된다.

이상으로 'ᄋ, 오'의 발달은 거의 다 논증된 줄 믿는다. 물론 方言 기타에서
찾으면 있지만 이만 그치고자 한다. 모두가 結合的 發達임이 가장 특이하고
흥미있는 바이다.

4. '♀〉어'의 발달

本項에 들 발달은 前述한 다른 발달보다 훨씬 적다. 그 중에서 '脣音+♀+齒音'型의 '♀'音이 '어'音으로 발달한 例를 들어 보면 몇 개 안되나 '♀'音 발달의 중요한 경향의 하나이다.

> 블(件, 重) 쏘이혼볹迷惑혼모ᅀ미라(又是一重迷心) 金剛經 138
>
> 여러블칼올 朴通事新釋諺解 天 19
>
> 現代語 별(또 方言 중에는 '발')
>
> 블써(早是) 金剛經 138
>
> 現代語 벌써(方言 중에는 '발써')
>
> ᄇ리다(捨, 棄) 劍을 ᄇ려시니 龍飛御天歌 54
>
> 흐야ᄇ리며(惡損) 圓覺經 卷四 107
>
> ᄇ룔떠어니 金剛經 39, 138
>
> 命을 ᄇ리고 佛頂心陀羅尼經 12, 月印釋譜 卷一, 2, 17
>
> 주어ᄇ리지못하리로다(不可綴) 杜詩諺解 二 38, 三 2……
>
> 現代語 버리다(方言 중에는 '바리다')

上例는 모두 語形 '블'에서 '♀〉어'의 발달을 밟았다. '脣音+♀+齒音'이고 보니 당연 '♀〉오'의 발달을 취하여야 될 것이 一見 例外的 發達한 듯이 보인다. 量的으로 '♀〉오'보다 적으나 우연한 例外라고 간과할 것은 아니다. 이 발달도 '♀〉오'音의 관계와 같이 '♀'音價와 '어'音이 가까운 관계에 있음을 말함일 것이다. 본시 '오'音과 '어'音은 母音圖上 가까운 거리의 音이고 보니 여기서 '♀'音은 '어'音에 가깝다는 추정이 가능하게 된다. 그러므로 이것이 '♀'音 발달의 중요한 一面임을 여기 말하여 둔다. 其外에

다숫(五) 다숫가마괴디고 龍飛御天歌 86

　다숫가짓性이 ᄀᆞ줄식(且五種性) 圓覺經, 卷二 2, 22, 38……

　다숫길히 佛頂心陀羅尼經 5

열다ᄉᆞᆺ새그를해알고(十五富文史) 杜詩諺解 卷八 19, 다ᄉᆞ히롤(五歲) 同卷
一 23, 마은다숫 三綱行實圖解 蝦蠊自焚條

　五 다숫오 訓蒙字會 下 33

　現代語 다섯(方言 '다슷……')

특(頤) 턱(p.41 前出)

도죽(盜, 賊) 쇠한 도ᄌᆞ굴모ᄅᆞ샤보리라기드리시니 龍飛御天歌 30章…

　도ᄌᆞ기, 도ᄌᆞ근(賊) 圓覺經 卷二 13, 月印釋譜 卷一 6, 25……

　도ᄌᆞ기뻬더여실젯시르믈도로혀ᄉᆞ랑하고(翻思在賊愁) 杜詩諺解 권一 7

　盜도죽도 寇도죽구 訓蒙字會 中 4

　도적을 三綱行實圖解 江革巨孝條, 同張與鋸死條

　이상의 諸例에서 'ᄋᆞ'音이 훌륭히 '어'音으로 變異하였다. 그 중 '도죽'은 漢字의 譯音인만치 유다른 성질을 가진 것이나 여기 편의상 실어놓기만 하였다. 앞의 'ᄇᆞᆯ, ᄇᆞᆯ쎠, ᄇᆞ리다'와 아울러 'ᄋᆞ〉어'의 발달이 'ᄋᆞ'音 발달에 상당한 위치를 점하는 것이며 따라서 'ᄋᆞ'音과 '어'音은 가까운 관계에 있음을 더욱 인정하게 된다.

　이상의 諸傾向 'ᄋᆞ〉아, 오, 어'에서 보아 'ᄋᆞ'音은 '아, 어, 오'音에서 그리 멀지 않은 彼此에 공통된 가까운 거리의 音임을 結論하게 된다. 그러나 이것은 推定說에 지나지 않게 되므로 이것만으로는 약간의 불안을 느끼게 된다. 여기 이 불안을 一掃하여 주는 최후의 斷案을 내리는 것은 後段에 논할 우믈라우트 현상의 고찰 그것이다.

　頑蓄提ᄃᆞ려 金剛經 26

끝으로 '᷁)어'의 발달 중 '᷁)어'의 變異가 母音同化作用으로 발달한 것에 助詞의 '드려)더러'가 있으니 上例는 그 代表例로 든 바이다. 이것은 一見하여 알 것이니 '드'의 '᷁'音이 後續音節의 母音인 '여'音과 보조를 맞춘 것이니 훌륭한 母音同化 또는 母音調和라 본다.

5. 그 외의 발달

1) '᷁)우'의 발달

이상의 모든 發達外에 우선 一考할 것은 一見하여 '᷁)우'의 발달같이 보이는 例이다.

　바ᄂᆞᆯ(針) 바ᄂᆞᆯ 와芥子를마초지몯ᄒᆞ샤(針芥未投) 圓覺經 卷三 96
　　鍼 바ᄂᆞᆯ침 訓蒙字會 中 14
　　바ᄂᆞᆯ쉬다(因線), 스쓰ᄂ바ᄂᆞᆯ(銹針) 華語類抄
　現代語 바눌, 바늘(그리고 '裁縫'은 '바느질, 바누질' 兩方의 어느 것일지 실제 발음은 그리 명확하지 않다.)
　　마ᄂᆞᆯ(蒜) 마ᄂᆞᆯ쉰 訓蒙字會 上 13
　　마ᄂᆞᆯ(蒜頭) 華語類抄
　　現代語 마눌, 마늘

上例는 一見하여 '᷁)우'로 직접 發達을 한 듯이 보이나 기실 그런 것이 아닌 듯하다. 이것은 中間階段으로 '바늘, 마늘'을 거쳐 이에 이른 것이라 추측한다. '᷁'音 消失後로부터 근일까지 李朝 初期의 言語 그대로 표기하여 왔으니 참된 中間資料의 中絶로 단언하기 어려우나 發音聽取効果의 불분명한 이 第2音節에서만 일어났으며 금일도 綴字規定에서 떨어져 볼진댄 그 효과의

80

불분명함을 알 수 있으며 그 혼란을 여실히 나타낸 例는 다음의 '나믈'(菜)과
'하늘'(天)을 보면 명확하여진다.

ᄂᆞ믈(菜) 菜 ᄂᆞ믈 치 訓蒙字會 下 3

　　ᄂᆞ믈과믈(菜及水) 三綱行實圖解 孝肅圖像條, ᄂᆞ믈을 同 江革巨孝條

　　ᄂᆞ믈다담다(摘菜) 華語類抄

　　넘나믈(黃花菜) 同

하늘(天) 岐山에올ᄆᆞ샴도하놇ᄠᅳ디시니 龍飛御天歌 4

　　하ᄂᆞᆯ님그미(天主) 月印釋譜 卷一 31

　　天 하늘텬 訓蒙字會 上 1, 下 1

　　現代語 하눌, 하늘, 하날……(그리고 '天主'를 '하나님, 하는님, 하눈님
……')

上例에서 'ᄂᆞ믈'이 '나물, 나믈'의 두 語形을 본 것은 여기 중요한 자료이다.
'天主'를 '하난님, 하는님……' 등의 實例를 앞에 놓고 이 'ᄋᆞ〉우'의 발달은 'ᄋᆞ'
音의 本質的 發達이 아닌 것을 깨닫게 된다. 이상의 '바늘, 마늘, ᄂᆞ믈, 하늘'의
諸例는 '바늘, 마늘, ᄂᆞ믈(나믈), 하늘'의 中間階段의 時期를 거쳐 그 語形의 效
果强化의 결과로 이에 이름이 아닌가 한다. 이 發達은 量에서나 그 성질에서
나 극히 부자연, 불안정한 것이므로 여기 채택하고자 않는 바이다. 그리고
'ᄋᆞ〉우'의 발달이 그리 단순한 조건 하에 손쉽게 직접으로 가능할 수는 없을
것이다. 더구나 'ᄋᆞ'音과 '우'音이 'ᄋᆞ〉아, 오, 어'의 諸傾向에서 보아 가까울 리
는 없다고 보며 결론에서 더욱 그 불가능함을 알게 된다.
　다음의 'ᄋᆞ〉우'의 發達例를 보면 'ᄋᆞ〉우'의 발달이 'ᄋᆞ'音 자신의 本質的의
것이 아님을 더욱 믿게 된다. 그러므로 '바늘 ᄂᆞ믈……'類의 것은 그리 문제될
바도 없는 것이다.

아ᅀᆞ(弟) 아ᅀᆞ아ᄃᆞ니ᄆᆞᆫ 月印釋譜 卷二 12, 卷一 5……

아ᅀᆞ와누의와 內訓 成化版 卷一 2, 4, 卷二 29

아ᅀᆞ와누의왜 杜詩諺解 卷一 31, 卷二 2, 卷十一 10……

아ᅀᆡ 同 八 29, 앙이 同卷廿二 34

아 겨지블 同卷八 28

弟 아ᅀᆞ 뎨 訓蒙字會 上 31

형아ᅀᆞ(弟兄) 朴通事諺解 卷二 7, 어린 아ᅀᆞ를(小兄弟) 同卷三 53, 華語類抄

現代語 아우

여ᅀᆞ(狐) 여ᅀᆞ 內訓 成化版 卷二 28, 여ᅀᆞ 同 後版 同條

여ᅀᆞ와다ᄆᆞᆺ슬기(狐與狸) 杜詩諺解 卷四 11, 여ᄋᆞ 同卷二 27

여ᅀᆞ(狐) 四聲通解 上 41, 狐 여ᅀᆞ호 訓蒙字會 上 19

여ᅀᆞ 譯語類解 下 33

옇우(狐狸) 華語類抄 26

現代語 여우

이상의 두 例는 一見하여 훌륭히 'ᄋᆞ〉우'의 발달을 한 것으로 自生的 發達로서 'ᄋᆞ, 우'音間의 變異같이 보인다. 그러나 이것은 自生的 發達이 아님을 깨달아야 된다. 기록상일 수 있는 한에는 근일에 와서 돌연 'ᄋᆞ〉우'의 발달을 한 듯 여겨지나 참된 中間資料를 알 수 없는만치 따라서 중간의 推移를 도무지 實證할 수 없으니 손쉽게 처리할 것은 아니다. 기록은 비록 이상과 같아도 기실 '아ᅀᆞ〉아우, 여ᅀᆞ〉여우, 여후'는 'ᄋᆞ'音價 消失과 전후하여 아니 그보다 먼저 'ᅀ'音 脫落부터 'ᄋᆞ〉우'로 차차 고정화하기 시작한 語形이 아닐까 한다. 여기 보이는 'ᄋᆞ〉우'는 形態部 維持와 관련한 語形强化로 말미암은 발달인 듯 'ᄋᆞ'音의 本質的 發達이 아님은 다른 同類의 어휘의 발달과 비교하여 알 수 있다.

ᄆᆞᅀᆞᆷ(心)〉ᄆᆞ음〉마음〉맘

가ᅀᆞᆯ(秋)〉가을〉가을〉갈

ᄀᆞᅀᆞᆷ(伴)〉ᄀᆞ음〉가음〉감

ᄆᆞᅀᆞᆯ(村, 閭)〉ᄆᆞ올〉마을〉말……

上例는 '△'起源의 어휘로서 '아ᅀᆞ, 여ᅀᆞ'와 좋은 比較例이다. 上例가 收約되면 '맘, 갈, 감, 말……'과 같이 語形이 비록 짧아지나 그래도 頭音과 末音에 명확하고 안정한 子音을 가졌으니 의미를 保持하는 語形을 남기고 있다. 그리하여 이 收約은 하등의 무리를 발견할 수는 없는 것이다. 그러나 '아ᅀᆞ, 여ᅀᆞ'가 收約되면 무엇이 되는가 하니 다음과 같다.

아ᅀᆞ(弟)〉아ᄋᆞ〉아

여ᅀᆞ(狐)〉여ᄋᆞ〉여

이러한 意味를 실을 곳이 없는바 形態部의 파멸이라 할 부자연하고 불안정한 語形이 되고 만다. 여기서 'ᄋᆞ'音의 수정을 요하게 되나니 'ᄋᆞ〉우'의 變異로 가장 語形維持上 效果的인 '우'音을 取하였다. 이 '우'音 以外에 語形維持上 더 안정한 母音이 어디 있으리오. 그 중 '여ᄋᆞ'는 일시 '여후'까지에 지나친 발달, 즉 子音揷入까지 나아가고 말았다. 이상과 같이 語形强化의 노력한 자취를 볼 수 있나니 'ᄋᆞ〉우'는 自生的 發達이 아님을 알게 되며 前述한 '바늘, 마늘…'과 아울러 'ᄋᆞ'音과 '우'音과는 가까운 거리에 있다고 믿을 아무런 조건도 발견할 수 없다. 다름에 語形强化에서 또한 重要例를 들어 보겠다.

눈ᄌᆞᅀᆞ롤(睛) 月印釋譜 卷廿一 218, 눈ᄌᆞᅀᆞ와 同 215

눈ᄌᆞᅀᆡ며(睛) 同卷 一 13, 卷二 41

눈ᄌᆞᅀᆞᄀᆞ티 佛頂心陀羅尼經 4

ᄌᅌᆞ(核) 內訓 成化版 9 同 後版

눈ᄌᆞ이예(眼膜) 杜詩諺解 卷九 19

睛 눈ᄌᆞ이 訓蒙字會 上 25

上例는 現代語로는 意味變化를 하여 '눈동자'로 바뀌고 말았으나 그 대신 '눉ᄌᆞᇫ'는 '눈가'를 가르쳐 '눈자우, 눈자위, 눈자욱, 눈자국……'으로 原形의 발달을 엿볼 수 있다. 이것도 '아ᇫ, 여ᇫ'와 같이 語形強化로 '눈자'를 免한 것이다.

'ᄋᆞ〉우'의 발달은 하나는 中間發達을 거쳐온 것인 듯 하나는 유달른 語形維持라는 조건 하에 된 발달임이 더구나 'ᄋᆞ'音價의 결론에서 보아 'ᄋᆞ〉우'가 'ᄋᆞ'音의 本質的 發達이 아닌 이상 이 音價 推定上 고려할 바가 못된다 하겠다.

2) 'ᄋᆞ〉이'의 발달

다음에 一見하여 'ᄋᆞ〉이'로 된 듯한 一群의 發達例를 발견한다. 그러나 이것은 直接 生起한 발달이 아니고 中間階段을 밟아야 된다는 'ᄋᆞ〉우'의 경향과 같은 發達例이다.

ᄆᆞᄎᆞᆷ, ᄆᆞᄎᆞ매(乃終, 卒)

ᄆᆞᄎᆞ매노ᄒᆞ샤ᄆᆞᆯ 만히ᄒᆞ시니라(卒多有所降宥者) 內訓 成化版 卷二 43

ᄆᆞᄎᆞᆷ내만히놋는배잇더라 同 後版

ᄆᆞᄎᆞ매(乃終) 三綱行實圖解 婁伯捕虎條, ᄆᆞᄎᆞᆷ내 同 陳氏養姑條

現代語 마침, 마침내, 마츰

아ᄎᆞᆷ(朝) 아ᄎᆞ미 개도다(朝晴) 杜詩諺解 卷七 7, 訓蒙字會 上 2 旦

아ᄎᆞᆷ저녁 三綱行實圖解 孝肅圖像條

現代語 아침, 아츰

一見하여 '♀〉이'의 直接變異인 듯 여겨지나 中間發達을 거쳐 '♀〉으〉이'의 형식을 취한 것인 듯 짐작된다. 上例 'ᄆᆞᄎᆞ매, 아ᄎᆞᆷ'은 모두가 '齒音+♀'型이고 보니 여기 같은 발달 '齒音+으'型의 발달과 비교하여 보게 된다. 李朝 後半에 있어서 '齒音+으'型은 '으〉이'의 발달을 하였다.

<table>
<tr><td>슴겁다(淡, 無味)〉심겁다</td><td>스골(鄕)〉시골</td></tr>
<tr><td>가슴(胸)〉가심</td><td>즐기다(嗜, 樂)〉질기다</td></tr>
<tr><td>즛(貌, 容)〉짓</td><td>츩(葛)〉칡</td></tr>
<tr><td>앉은(坐)〉안진</td><td>맞은(當)〉마진</td></tr>
<tr><td>즌ᄒᆞᆰ(泥)〉진흙……이하 略</td><td></td></tr>
</table>

이 '齒音+으'型의 발달의 설명은 齒音과 '이'音의 발음 위치가 근사하므로 말미암음이니 자연적 노력의 平易化로서 이해할 수 있다마는 이것과 '齒音+♀'型의 '♀〉이'와를 연상하면 '♀〉이'는 中間階段을 밟아 '♀〉으〉이'의 발달을 하였다고 볼 수 있다. 지금 中間記錄은 바랄 수 없으나 그리 어려운 문제는 아닐 것이다. 이상의 이유로 이 두세 개의 實例를 가지고 '♀'音價를 云謂할 것은 못되나니 '♀〉이'의 발달은 '♀'音價 推定에서 채택하지 않고자 한다. 더구나 前述한 바와 같이 '♀'音이 '아, 어, 오'音과 近似하는 추정에서 '♀'音과 가장 偏在한 '이'音이 가깝다는 모험은 범하고자 않는 바이다. 그러므로 '♀〉이'는 '♀〉우'와 같이 '♀'音의 第2義的 發達이라 하겠다.

3) '♀'音의 탈락

'♀'音은 다른 母音과 충돌할 때는 곧 'ᄂᆞ외(復), ᄃᆞ외(爲)〉뇌, 되'와 같이 탈락하든지 또는 '아ᄋᆞ(第), 여ᄋᆞ(狐)'와 같이 다른 효과 센 母音으로 變異하여 語形强化를 하든지의 두 방향을 밟는다. 後者에 대하여는 이미 말한 바이니 여기에는 탈락의 몇 개의 例를 들어 이 各論을 끝막고자 한다.

ᄌᆞ오롬(昏) 蒙山法語 2, (睡) 圓覺經 卷三 37, ᄌᆞ오로미(睡) 杜詩諺解 卷六
43……
　조오로미(睡) 同卷二 27
　眠 조오롬면 訓蒙字會 上 30
　現代語 조름
ᄂᆞ외야(更, 復) ᄂᆞ외죽사리아니ᄒᆞ야 月印釋譜 卷一 31
　ᄂᆞ외즐거본ᄆᆞᅀᆞ미 同卷二 5
　ᄂᆞ외년듸가디말라(勿復餘去) 法華經 卷二
　ᄂᆞ외나ᅀᅡ닷아고미업고(無復進條) 楞嚴經 卷一 18, ᄂᆞ외야 圓覺經 卷一 46
　노외야츠다(重羅) 譯語類解 下 47
　뇌여란(再) 朴通事新釋諺解 卷二 26

上例는 'ᄋᆞ〉오'의 발달같이 보이기도 하나 그것은 글자의 환각이다. 즉 'ᄋᆞ
오〉오'의 표기를 'ᄋᆞ오〉오오'로 쓴 것이니 書記體의 保守性을 또한 말함이다.
여기 속할 其外의 例로

ᄌᆞ올아이(狔, 〉'졸른다'의 '졸') ᄃᆞ뷔(爲)〉ᄃᆞ외〉되 ᄒᆞ봉ᅀᅡ(獨)〉호오로……
홀로 이하 略

第2音節 이하의 例는 그리 볼 수 없다마는 '마ᅀᆞᆯ(署)〉마ᅌᆞᆯ〉마을〉말'類의 발
달에서 '마을'의 '으'를 長音表記라 보아 '마을〉말'이 옳다고 처리하면 상당한
수의 'ᄋᆞ'音 脫落을 발견하게 되나 여기서는 그다지 필요하지 않으므로 더 깊
이 들어가지 않으려 한다. 子音間에서의 탈락도 있으나 綴字가 통일되지 않
은 감이 있으므로 다른 문제를 파생하게 된다.

기르마(鞍) 온사룸 드리샤기르 말밧기니 龍飛御天歌 58章

기르마를비겨(據鞍) 杜詩諺解 卷二, 四 41

다시기르마지흐ᄆ룰 調習ᄒ야(更調鞍馬) 同卷十五 1, 卷五 12……

鞍 기르마안 訓蒙字會 中 27

現代語 길마

上例를 '기르마'가 옳다고 보면 子音間 脫落이나 書記體의 혼란으로 後段에 다시 말하고자 한다.

요컨대 母音끼리 충돌할 때 '아ᄋ, 여ᄋ'를 제외하고는 거의 다 탈락한다는 이 점에 있어서 다시 申旅庵의 "其聲至輕 其氣至短云云"도 무엇을 말함인지 짐작된다. 최근에 이르러서도 朴勝彬 씨의 "各中聲 中 가장 弱한 音이라……" 라 함도 이같은 현상을 말함이 아닌가 한다. 'ᄋ'音이 다른 母音과 충돌할 때 脫落한다 함이 第2音節에서 音勢 약한 音節(unbetonnte Silbe)을 형성한다는 앞의 설명을 더한층 설명하는 것이니 이는 'ᄋ'音 자체의 機能的 特異性에 있는 것이다. 이상으로 'ᄋ'音 발달의 各論을 끝막고자 한다.

이상의 諸說을 요약하면 'ᄋ'音 자체의 발달로서 'ᄋ'音價 推定에 기여하는 法式은 이상 여러 개를 얻었으나 그 중 가장 중심이 될 것은 순전한 自生的 發達의 소산인 'ᄋ〉아'이다. 量的으로나 그 自生的이란 유일한 조건과 漢字音에서나 더구나 지금 俗稱 '아래아'字라 부르는 등 여러 가지 점을 고찰하여 'ᄋ'音과 '아'音은 가장 친근한 관계에 있다함을 중시하여야 된다. 추측컨대 'ᄋ'音의 위치는 '아'音에서 그리 멀지 않은 곳에 있다 하겠다. 그 다음에 脣音性을 가미하므로 'ᄋ〉오, 어'의 法式을 얻었다. 그 중 'ᄋ〉어'는 量的으로도 적고 法則이라고 하기까지는 부족하다마는 '오, 어'音의 거리가 가까운만치 한데 몰아 보아 둔다. 특히 '오'音이 脣의 둥근맛을 가지고 있음은 前述한 바이니 脣音性을 통하여 歸着한 이 脣音性의 母音 '오'音(또는 '어'音)을 '아'音의 경우와 같이 중시하여야 된다. 따라서 'ᄋ'音이 '오'音(또는 '어'音)에서 그리 멀지 않은 거리에 있다 함도 주저할 것 없이 인정하게 된다. 그러나 이것을 거부하는 듯한 '♀〉으'의 법식은 주로 第2音節(하등의 他音과의 結合的 理由가 없는 데도 불구하고)에서만 일어났다는 特異性, 환언하면 그 音勢 약한 音節로 인한 것이라는 점, 이것이 곧 '♀'音의 위치로 말미암음이 아니고 "其聲至輕 其氣至短"에 인한 音價弱化, 機能的 喪失로서 그리 變異된 점을 고려하여 '♀'音價 推定에 重要法式으로 채택하지 않고자 한다. 더구나 '♀, 으'音은 母音調和에서 한 쌍의 對立的 아니 並行的 存在이고 文法 기타에서 '♀'音이 '으'音으로 통일된 듯 여겨지는 경향을 보아 '♀〉으'의 法式을 '♀'音價 推定에 중시할 수 없다. 前述한 바와 같이 '♀〉아, 오, 어'의 合理的 一群의 法式과 그 대조적 '♀〉으'의 외떨어진 '으'音에 歸着한 이 法式과를 조화시킬 하등의 조건과 필요를 발견할 수 없다. 다시 말하나니 '♀〉으'의 法式은 ♀音 발달의 중요한 발달이나 '♀'音價 推定에 채택하지 않으려 한다. 其外에 '♀〉우, 이……'의 法式도 있으나 채택할 바 못되는 中間階段을 밟은 것이며 또는, 語形强化 등 '♀'音價 이외의 발달이니 '♀'音價 推定에 참여할 수가 없다.

그러면 이상 諸法式에서 나오는 결론은 무엇인가 하면 '♀'音은 '아, 오, 어' 音에 가깝다는 추정을 발견하게 된다. 환언하면 '♀'音은 '아, 오, 어'의 間音이라 하겠다. 小倉進平 博士가 前項에서 말한바 곳곳에서 자세한 설명은 볼 수 없으나 '♀'音이 '아, 오'音의 間音이라 한 것에 부합함을 깨닫게 된다. 『發音槪說』『南部朝鮮の方言』에서(前出著, 本論 p.46 참조) 주로 方言에서 간단히 언급하였으나 이상으로 고찰하여 본 결과 그 놀라운 卓說임을 再認하게 된다.

그러나 본론의 결론을 측면으로서 입증하여 주는 것이 있으니 그는 朝鮮語 우믈라우트 현상이다. 이에 대하여 舊誌인 『新興』 第8號에 간단히 말한 바 있다마는 이것이야말로 '♀'音價 推定에 결정적 해결을 내리는 것이 아닌가 한다. 다음에 자세히 입장을 달리하여 고찰하고자 한다.

V. 朝鮮語 Umlaut 現象과 'ᄋ'音價 推定

'ᄋ'音價 推定에 가장 효과있는 방법은 이 우믈라우트 현상이라 본다. 西歐의 저서에서는 더구나 獨逸語를 논하매 音韻論에서 많이 보는 바이다마는 朝鮮語에 우믈라우트 현상이 있다 함은 본론이 첫 試論이 아닌가 한다. 첫 試論인만치 여기 順序上 우믈라우트 현상을 소개하기로 하겠다. 이에 논급한 것은 참으로 많으나 一例를 파울氏의 『言語史原理』에서 뽑아보면(p.212)

……Ablaut와 비슷한 역할로 後行音節의 i 또는 j로 인하여 일어나는 Umlaut라는 것이 演出되었다. 古代 高地獨語에는 男性 i 曲用(Deklination)이 全單數는 우믈라우트되지 않은 채이나 全復數는 우믈라우트된다는(Gast, Gesti 其他) 관계가 우연히도 형성되었다……이하 略

例, 單數	meduz	複數	midiwiz	이하 略
	sunus		suniwis	

一例로서 가장 일반으로 인용되는 gast, gesti의 우믈라우트현상을 설명하여 보겠다. 古代 高地獨語에서는 단수는 gast이나 복수는 gesti라 한 것이 그 두 母音 a…i 間에서 제2음절의 母音 i 또는 j가 앞 음절의 母音을 자기의 발음 위치 쪽으로 가까이 끌어당기어 a에서 e로 變異시킨 것이다(母音圖를 想起하기 바란다). 물론 이것은 母音同化로 發音平易化의 현상이니 곧 母音간의 거리의 大小는 發音難易에 비례함이니 같은 예로는 angel〉engel, pantil〉pentil, Hanti〉Henti의 예를 보면 a…e〉e…e, a…i〉e…i와 같이 母音간의 變異關係를 잘 알 수 있다. 이 현상을 우믈라우트라 하며 이 설명은 도처에서 散見하는 바이다. 그러면 朝鮮語의 우믈라우트현상은 어떠한 것인가. 이것은 훌륭히 존재하기는 하나 아직까지 돌보지 않은 느낌이 있으니 지금 다음에 訓蒙字會를 주로 하여 이 현상이 현저한 것을 추려 보려 한다. 그중 어원이 이러하였었

는지 一般 言衆은 의식조차 못할 만한 것이 많음은 이 현상이 얼마나 뿌리 깊이 작용하여 왔는지를 짐작할 수 있다.

1) a…i⟩ε…i型('아이⟩애이'型)

하야로비(鷺) 杜詩諺解 卷三 47, 同卷九 28, 訓蒙字會 上 17

　해야로비 杜詩諺解 卷七 7

　現代語 해오라비(『한글』 제7권 제4호 拙稿 「metathesis」 참조)

버들가야지(柳絮) 杜詩諺解 卷十 5, 46

　버듨개야지소오미(柳絮) 同卷廿三 23

　現代語 버들개지

가야미(蟻) 杜詩諺解 五 2, 訓蒙字會 上 23

　개야미무른(螻蟻較) 杜詩諺解 卷二 33

　개염이(螻蟻) 同卷十七 4, 卷十 1

　現代語 개미

들팡이(蝸牛, 四聲通解 下 31, 訓蒙字會 上 21)⟩달팽이

올창이(蝌, 同 上 24)⟩올챙이

삿기(雛, 同 下 7)⟩새끼

뎡바기(頂, 同 上 24)⟩정배기

　上例에서 우리는 '아이⟩애이' 즉 a…i⟩ε…i의 變異를 발견하나니 이것을 母音圖로 명시하면(第5圖) '아이⟩애이'에서 우리는 '아이'線과 '애이'線의 어느 것이 거리가 큼을 一見하여 알 것이다. 그리고 '아'音에서 '애'音으로 變異함이 이를 중심으로 한 거리 단축임을 알 수 있다. 이것은 곧 발음 상태의 거리를 말함이니 '들팡이'와 '들팽이'(또는 '달팽이')간에 어느 것이 발음이 더 容易한가는 말할 것도 없다. 이러한 발음 위치의 거리 단축은 곧 發音平易化와 정

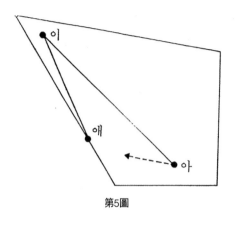

第5圖

비례함은 다시 말할 것도 없는 원칙이니 '팡이'는 '팽이'보다 얼마나 발음이 쉬운가는 우리가 관용에서만 아니라 원리상 당연한 것이다. 이것은 gasti〉gesti의 발달과 무엇이 다르리오.

2) ɔ…i〉e…i型('어이〉에이'型)

글며기(鷗) 杜詩諺解 卷三 26, 四聲通解 下 67, 訓蒙字會 上 16
　　現代語 갈메기(但, '갈며기〉갈메기')
굼벙이(蟒, 訓蒙字會 上 21)〉굼벵이
구렁이(蟒, 同 上 22)〉구렝이〉구렝이
둗거비(蟾, 四聲通解 上 32)〉두께비
슈져비(鳦, 同 上)〉수제비

귀더기(蛆, 訓蒙字會 上 24)〉귀데기〉구데기

머유기(鮎, 同 下 82)〉메유기〉메기('유'의 탈락)

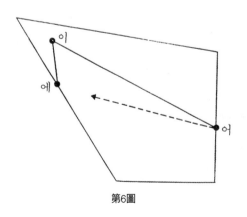

第6圖

이 ɔ…i)e…i, 즉 '어이〉에이'型에서(第6圖) 두 線, 즉 '어이'線과 變異한 '에이'線의 차이를 보면 얼마나 큰 母音變異인가를 알 수 있다. 이리하여 發音平易化를 위한 거리 단축임은 다시 말할 것도 없다. '이'音으로 말미암은 '어'音에서 '에'音으로의 큼직한 이동에는 많은 흥미를 느낀다.

3) o⋯i⟩ø⋯i型('오이⟩외이'型)

본도기(蛹, 訓蒙字會 上 22)⟩본되기⟩본데기
메밀(蕎, 同 上 13)⟩뫼밀⟩메밀
고기(肉)⟩괴기(固定하지 않았으나)

이는 前述한 바와 같이 '이'音으로 말미암은 '오이⟩외이'의 變異로서 兩線 '오이', '외이'線의 거리의 差는 곧 發音平易化의 정도를 나타내는 것이다(第7圖).

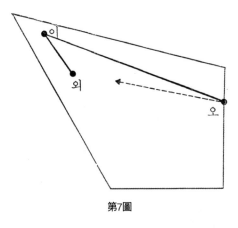

第7圖

여기 이상 세 法式을 종합하여 보건대 '이'音으로 말미암아 變異당한 母音은 '아, 어, 오'의 세 母音이고 그 變異의 대상은 '애, 에, 외'의 세 母音이다. 이것을 母音圖에 비추어 볼진대 정연한 간격을 가진 母音系列임에 놀라지 않을 수 없다. 즉, '아, 어, 오'는 右便인, 즉, 後方 低母音이나 變異의 對象인 '애, 에, 외'音은 거의 같은 거리의 左便인, 즉 前方 母音이다(第8圖). 이에 '아애, 어에, 오외' 三線을 그리고 보니 모두 거의 병행에 가까운 線이 된다. 비록 '이'音으로 말미암았다 하더라도 '아, 어, 오'의 母音系列과 '애, 에, 외'의 母音系列 간에 이같은 정연한 이동이 있다 함은 참으

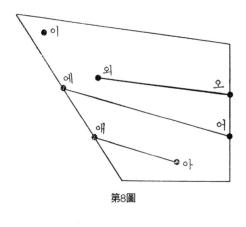

第8圖

로 놀라지 않을 수 없다. 여기서 우리가 얻는 바는 우믈라우트현상이 가능한 母音은 이에서 가장 먼 거리의 母音, 즉 '아, 어, 오'같은 영역의 母音이어야 된다는 것과 '아애, 어에, 오외' 三線의 이동에서 母音變異線은 정연하게 混線, 또는 交錯하지 않고 이행한다는 것이다. 前項에서 '으〉우, ᄋ〉오'의 경향을 논함에 '으우'線과 'ᄋ 오'線이 交錯 또는 혼동되지 않을 것을 말하였으나 本項의 母音變異를 보아 더욱 그러함을 믿게 된다 (p.63 참조).

다시 본론으로 돌아가 이 우믈라우트현상은 現代語에서도 발견할 수 있다.

보자기〉보재기 a~i〉ɛ~i
도까비〉도깨비
정미소(精米所)〉젱미소 ɔ~i〉e~i
석유(石油)〉섹유
보기싫다〉뵈기싫다〉베기싫다 o~i〉ø~i

요컨대 朝鮮語에 우믈라우트현상이 엄연히 존재한다 함은 이로써 명확히 된 줄 믿는다. 그리고 朝鮮語의 이 현상은 西歐의 그것보다 훨씬 현저하고 규칙적임을 알 수 있다. 그것은 一見하여 예외가 존재한 듯하나 우믈라우트현상의 可能條件이 명확하여 극히 처리에 편리한 까닭이다. 그러나 이 현상의 작용한계는 方言에 따라 다르므로, 즉 方言에 있어서는 '바램이'(風이), '문벱이'(文法이) 등의 廣義의 것도 있으므로 여기는 편의상 京城 표준어를 중심으로 예외를 고찰하여 보겠다.

朝鮮語의 우믈라우트현상의 예외는 정연한 법칙 하에 존재함을 본다. 우리는 여기서 윌헬름 호른氏의 우믈라우트현상의 例外 辯明을 생각하여 보면 (Dr. Wilhelm Horn; Sprachkörper und Sprachfunktion, s. 132)氏는 대체 機能은 音韻法則을 규정한다든지 機能을 고려하지 않는 音韻 法則은 불완전하다든지의 설명으로써 例로 Domis에서 i가 존재함에도 불구하고 우믈라우트되지 아니함은 무슨 까닭인가에 대하여 그 *do*는 語幹이고 i는 分離型(isolierten Formern)이오 音勢 약한 音節(unbetonnten Silbe)이오 機能喪失(Funktionslosigkeit)이므로 일어난 예외라 한다. 그러나 現代語의 예외는 훨씬 간단하고 정연한 이유 아래 일어났다. 표준어에서 이 현상의 예외를 분류하여 다음에 들겠다.

1. 서리(霜) 거리(衢) 머리(頭) 다리(橋) 보리(麥) 오리(鴨) 고리(環) ……
2. 가시(荊) 사시(匙) 모시(苧) ……
3. 가지(茄子) 바지(袴) 박아지(朴) ……
4. 고치(繭) 까치(鵲) 마치(鎚) ……
5. 마니(多) 다닌다(行) 가마니(靜)

이 다섯 條目의 어휘를 살펴보건대 우믈라우트현상의 基點인 母音 '이'에 선행하는 子音은 모두 'ㄹ, ㅅ, ㅈ, ㅊ, ㄴ' 등 齒音임을 알 수 있다. 이것은 비록 '아이', '어이', '오이'型일지라도 兩母音간에 개재할 子音이 齒音인 경우는 우믈라우트되지 않음을 말함이다. 본시 齒音의 발음 위치와 i, j의 발음 위치가 극히 가까운 것이니 이유는 여기 있는 것이다. 이 현상이 가능한 '둔거비, 본도기'와 같이 中介子音이 'ㅂ, ㅁ, ㅇ, ㄱ, ㄲ' 등 주로 脣音, 口蓋音이어야 가능하다 함은 이상 子音이 '아, 어, 오'의 母音과 後音節母音, 즉 이 현상의 基點인 '이'音간에서 兩母音간에 발음노력의 과대, 무리, 또는 부조화를 중화시킬 하등의 효과적 힘을 갖지 못한 까닭에 '아, 어, 오'母音 자체의 수정을 要하게 된 것이다. 이것이 이 현상이 가능한 또는 生起한 이유이다. 그러나 예외의 주요조건인 齒音의 개재는 '이'音과 발음 위치가 가까움으로 '이'音의 발음보다 한걸음 앞서 齒音位置에 가까이 유도하므로 중화의 효과를 발휘하게 된다. 환언하면 이 中介子音이 兩母音의 거리에서 오는 부조화를 二分하여 앞질러 '이'音의 逆行的 同化力을 중화시키므로 우믈라우트 作用의 가능성을 相殺시킨 것이다. 얼마나 정연한 조건 하에 예외가 존재하는가를 알 수 있다. 그러나 方言에 있어서 '사램(人)이, 바램(風)이'와 같은 이 현상의 영역의 차이에서 오는 바도 있으며 古語에서 '올창이(蝌), 구렁이(蟒)'의 우믈라우트된 것도 있으나 이상 말한 예외 조건이 흔들릴 것은 아니다. 長久한 시간이 이를 가능하게 한 것일 듯 여겨진다.

그러나 여기 주의할 것은 '겨집'(女)의 발달이다. 이것은 一見하여 우믈라우트된 것인 듯 생각되니 其實 전혀 다른 발달을 한 것이다.

　　　겨집 月印釋譜 卷一 8……
　　　　계집을 삼으리오 三綱行實圖解 董永貸錢條
　　　　現代語 계집, 계집, 기집

이것은 우믈라우트현상이 아니라 이 '겨'의 '여'音 자체의 자생적 母音變異의 결과이다. 朝鮮語 母音論에서 '여(이어)〉예〉에, 야(이아)〉얘〉애……' 등의 발달로 말미암음이니 실례로서 '뼈(骨)〉뼤〉삐, 뺨(頰)〉뺨〉뺌……'과 같이 '겨(糠)〉게, 혀(舌)〉혜, 켜(層)〉케……'의 발달로 '겨〉계〉게'의 變異를 한 것이다.

그러면 'ᆞ'音價 推定을 위하여 朝鮮語 우믈라우트현상의 고찰에서 一步를 進하여 보겠다. 前述한 中介子音이면 i音이 基點인 때에 무슨 母音이든지 우믈라우트되느냐 하면 그렇지 않다. 우믈라우트되는 母音과 안되는 母音이 있다. 다음에 표시하면

이—이型　불가능

으—이型　불가능

우—이型　불가능

오—이型　가능　例, 메밀〉뫼밀〉메밀

어—이型　가능　例, 굼벙이〉굼벵이

아—이型　가능　例, 도까비〉도깨비

에—이型　불가능

오—이型　불가능

우리는 이상의 분석을 종합하여 고찰함에 母音圖를 주시하여야 된다. 前述한 바와 같이 變異당한 母音이 '아, 어, 오'音이니 後音節母音 즉 이 현상의 基點인 i(또는 j)에서 보면 가장 遠距離 母音이어야 i에게 牽引될 同化的 必要性이 많이 생기게 된다. 그러므로 如何한 우믈라우트될 母音이 기왕 존재하였다 하더라도 그러한 母音은 반드시 '아, 어, 오'母音系列 근방에 있어야 될 것이다. 왜 그러냐 하면 우믈라우트현상에 基點이라 할 母音의 위치와 遠距離에 있어야 될 것이므로이다. 여기에 필자는 우믈라우트 가능권이라는 영역을 구획하기 위하여 一線을 친다. 그리고 이 線을 우믈라우트 가능권선이라 假稱하고자 한다. 물론 이것은 弧線이

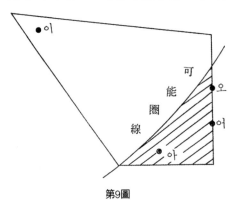

第9圖

어야 될 것이니 i를 중심으로 한 弧線의 感이 있어야 된다(第9圖). '아, 어, 오'의 母音은 물론 이 안에 존재할 것이다.

여기서 우리는 새로운 발견을 하게 된다. 그것은 'ㅇ'音이 우믈라우트 가능

권 內의 音임을 다음의 실례로 알게 된다. 즉, '♀'音은 훌륭히 後音節母音이 i
(또는 j로 말미암아)일 경우에 前述한 中介子音을 통하여 우믈라우트 작용으로
母音變異를 일으킨다는 사실이다. 이리하여 '♀'音價推定에 결정적 해결을
제시하여 준다. 다음에 '♀이〉이이'型의 우믈라우트된 예를 들겠다.

ᄇ얌(蛇) ᄇ야미 龍飛御天歌 7章

　ᄇ얌 月印釋譜 卷一 15

　ᄇ야미 杜詩諺解 卷十 21

　도마ᄇ얌(蚖) 四聲通解 下 12, (蠑螈) 同 64

　빅얌쇠야기(蛇蠍) 內訓 成化版 卷一 22

　蛇ᄂᆞᆫ빅야미오 月印釋譜 雙溪寺版 卷廿二 42

　빅얌 圓覺經 卷二 61, 杜詩諺解 卷三 38, 四 13, 訓蒙字會 上 22, 朴通事新
釋諺解 卷一 36

　'蛇'의 어원이 'ᄇ얌'이었다 함은 이상으로 잘 알 수 있다. 李朝 初期에는 훌
륭히 'ᄇ얌'이었던 것이 後音節 母音인 '야가 j의 機能을 가졌기로 'ᄇ〉빅'의
발달을 한 것이니 '♀이〉이이'型이 우믈라우트된 것임을 단언할 수 있다. 前
述한 '가야미, 버들가야지'와 同軌의 발달이니 一毫의 의심을 넣을 여지가 없
다. '♀'音은 훌륭히 우믈라우트된다.

　ᄆ야지(駒) 杜詩諺解 卷廿三 36

　ᄆ야지(駒) 訓蒙字會 上 18

　미아지 杜詩諺解 卷二 11

　미야지 同卷十七 26

　'駒'의 어원이 'ᄆᆞᆯ(馬)+아지(阿只)'의 복합어이므로 'ㄹ'의 탈락과 j音의 삽입

으로 '무야지' 됨은 문제될 바 없다. '물+아지'는 따로 별다른 발달을 하였으나 여기 논할 바가 아니므로 보류하여 둔다. '무야지'는 두말할 것 없이 훌륭한 우믈라우트의 산물임은 'ㅂ양'의 설명으로 충분할 것이다. 杜詩諺解의 '미아지'는 母音群에서 일어나는 표기의 착오일 것이다. '무야지'는 우믈라우트 작용을 거쳐 다시 '야'音의 탈락으로 '무야지〉미야지〉미ㅡ지'에까지 발달하였다.

> 나죗미야미(暮蟬) 杜詩諺解 卷廿三 53
>> 미야미 同卷二 16, 卷九 34, 卷十一 45, 卷廿 8
>> 미야미(蟬) 訓蒙字會 上 22
>> 마얌이(秋況兒) 譯語類解

上例에서 그 어원이 '무야미'임은 짐작할 수 있으나 實證을 오늘날 문헌으로 들 수 없음을 슬퍼한다. 그러나 우믈라우트 작용을 거쳐서 '미야미'에 이른 것은 '무야지'의 발달과 아울러 믿어 좋을 듯하다.

이상의 諸例로서 'ㆍ'音이 훌륭히 우믈라우트 작용으로 母音變異한다 함을 알 수 있거니와 환언하면 이것은 'ㆍ'音이 소위 우믈라우트 가능권 內의 母音임을 말함이다. 여기서 'ㆍ'音이 母音圖上 '아, 어, 오'音의 근방에 있음을 굳게 믿으며 前項에서 논한 바의 음운론적 고찰의 결론과 아울러 다음과 같이 결론을 내리는 바이다.

'ㆍ'音은 '아, 어, 오'의 間音이다.

이 間音은 近傍音이라 함보다 다른 의미에서 말하는 것이니 '아, 어, 오'音의 위치에서 피차 무리없는 위치에 있음을 가리킴이니 'ㆍ'音 위치는 이로써 윤곽이 밝아진 줄 믿는다. 다시 요약하여 결론을 내리면

'ㆍ'音은 '아, 오'의 間音이다.

라 하겠다. '어'音은 '아, 오'의 중간에 있으므로이다.

　本項의 끝으로 우믈라우트현상이 어디에 위치하는가를 봄이 무의미한 것은 아닐 것이다. 이 현상이 通時的, 즉 歷史的(?)이랄까 상당한 시간을 要하는 것이라 함은 朝鮮語에서 보아도 명백한 사실이다. 音韻論의 과제로서 훌륭히 한몫을 보나 方言에 있어서는 共時的 現象으로 나타남을 보나니 前述한바 '바램(風)이, 문법(文法)이' 등으로도 알 수 있으나 적어도 표준어에서는 완전한 통시적 현상이다. '가야미(蟻)〉개야미〉개미'나 '다야(匜)〉대야' 등의 발달을 보면 완전히 우믈라우트될 때까지 상당한 시간이 경과한 것을 알 수 있다. '정미소(精米所)〉젱미소' 등은 비교적 短時日이라 보겠으니 그 대신 漢字語源으로 반성하여 '정미소'라고 많이 그러는만치 일반적 확실성은 적다. 왈렌베르그氏는 우믈라우트현상이 通時的임을 예증하였는데 꼬-트語에서는 우믈라우트현상의 자취를 찾지 못하여 harjis(軍隊), nati(網) 등이 何等의 修正을 받지 않은 채이었지만 高地獨語에서는 6, 7세기부터 短音 a가 後音節의 i로 말미암아 母音變異하기 시작하였다 한다(Dr. W. *Wahlenberg; Ueber Einwirkung der Vokal auf Vokal*, 1855, p.19). 그리고 曰

　　우믈라우트는 古代의 언어상태에는 드물었다. 이것은 처음에는 점진적으로 그리고 똑똑한 것은 아니나 繼起中의 音韻進行의 기계적 방법으로 단지 音의 外部的 修正 비슷하게 일어난 것이다.(同, p.42)

이것은 古代 高地獨語뿐만 아니라 朝鮮語의 우믈라우트현상에 그대로 적용할 수 있는 것이다. 그러므로 통시적 현상임은 다시 말할 것도 없다.
　다음에 이 현상은 일종의 母音同化이다.
　母音同化作用은 子音同化보다 범위도 넓고 간단히 총괄하기 어려우나 이 우믈라우트 작용이 母音同化라 본 이를 몇 개 들어보면 치―뻴스氏도(Edward Sievers; *Grundzüge der Phonetik zur Einführung in das Studium der Lautlehre der indogermanigschen Sprach*, p.209) '공간적 변천으로서의 동화작용(Assimilation durch raumliche Verschiebung)'이란 항목 아래 우믈라우트현상을 母音同化라 보았다. 셰레르氏(W. Scherer)의 『獨逸語史』에서 母音同化作用으로 논하였고, 휘트니 氏(W. D. Whitney; *The Life and Growth of Language*, p.71)도 '소위 母音의 調和的 順應(So called "harmonic sequence of vowel")'이라 하였다. 스위―트(H. Sweet)氏도 그 小 著『言語史』에서 逆行的, 組織的 同化作用이라 하였다. 이상의 諸說은 약간의 차는 있으나 동일 사실을 말함이다. 그러므로 여기 우믈라우트현상은 逆行 的 同化作用이라고 말하여 둔다.

Ⅵ. 'ᄋ'音 消失의 時期

'ᄋ'音은 어느 때에 소실되었는가. 規約上 廢棄는 근년에 와서 문제된 것이 나 실제의 消失期는 어느 때인가를 추정함은 참으로 곤란을 느낀다. 'ᄋ'音 消 失은 이미 오랜 옛날이나 오늘날도 보수적 관습으로 일부에서 사용함을 본 다. 이러한 사실을 앞에 놓고 실제의 消失期를 추정함에는 방법의 선택 如何 가 중대한 문제일 것이다. 나는 여기서 'ᄋ'音 표기의 혼란 즉 그 중 많은 예로 서 'ᄋ'音과 '으'音이 그 近似한 기능에서 혼란하기 시작한 시기를 계기로 'ᄋ' 音 消失期를 추정하려 한다. 그러면 'ᄋ, 으'音의 혼란은 어느 때부터인가.

李朝 初期에는 거의 없었다. 그러나 中宗, 宣祖 時代부터 혼란하기 시작한 것을 알게 된다.

1. 기ᄅ마(鞍) 龍飛御天歌 58章, 杜詩諺解 卷二. 4

   기르마 訓蒙字會 中 27(p.83 前出)

2. 여ᅀ(狐) 四聲通解 上 41, 內訓 卷二 28

여스 訓蒙字會 上 19

여으 杜詩諺解 卷二 29

여ᄋ 同 卷四 11(p.78 前出)

3. 겨을(冬) 內訓 成化版 卷一 65, 卷二 63, 楞嚴經 卷一 17

겨울 杜詩諺解 卷一 42, 卷三 6, 卷十二 40, 訓蒙字會 上 1

겨ᄋᆯ 朴通事新釋諺解 上 1

4. 마ᅀᆞ셔(暑, 府) 訓蒙字會 中 7

마ᅀᆞ부(府) 同 中 7

마을 杜詩諺解 卷十三 29

마ᄋᆞᆯ 譯語類解 上 9

5. ᄀᆞᅀᆞ(伴) 訓蒙字會 中 30, 法華經 卷二 89

스음 朴通事新釋諺解 卷一 16(웃ᄀᆞ음)

ᄀᆞ음 譯語類解 下 3, 실ᄀᆞ음 同 下 6

이 'ᄋ'音의 혼란은 무엇을 말함인가. 이것은 단순한 不注意의 결과이라고 집어쳐 버릴 것은 아니다. 모두가 第2音節에서의 혼란이고 보니 그 音節이 音勢 약한 音節로 말미암음도 물론이나 그보다 더 중요한 것은 'ᄋ'音에 대한 의식이 불분명하여지기 시작한 까닭이라 보겠다. 비교적 일정한 綴字法으로 終始 일관한 崔世珍도 그의 저서인 四聲通解와 訓蒙字會에서 '여ᅀ, 여스' 와 '마을, 마ᄋᆞᆯ' 등의 兩型을 보인다. 이것은 崔世珍의 綴字의 實績에 비추어 보아 中宗時에 이미 'ᄋ'音 消失할 전조를 나타낸 것이 아닐까 한다. 이것이 杜詩諺解에 이르러 더욱 그러하다. 이 杜詩諺解는 成宗 12년(1481)의 간행이 나 'ᄋ'音 사용의 初刊本은 그만두고라도 지금 흔히 보는 그 後版에서 일반적 혼란과 아울러 'ᄋ'音 혼란을 본다. 이 간행 연대는 未詳하니 'ᄋ'音 消失期 추 정에는 아까운 자료이나마 그대로 채용하기 어렵다. 그러나 'ᅀ'音을 사용하지 않은 것으로 보아도 짐작할 수 있으나 실린 자료 그것으로도 訓蒙字會보다 後期인 것을 알 수 있다. 後期라 하되 그리 뒤떨어진 것은 아니다. 이 杜詩諺解에서도 '기ᄅ마, 기르마 여ᄋ, 여으' 등의 혼란을 보아 'ᄋ'音 사용시대의 자료임은 의심할 바가 아니나 'ᄋ'音 동요를 느끼게 한다. 其外 '소리'(聲)와 '소릐', '나븨'(蝶)와 '나븨', 'ᄃ외'(爲)와 '도외, 되외, ᄃ위' 등에서 'ᄋ'音과 같은 운명을 가진 '의'音의 혼란을 보아 또는 'ᄃ외'(爲)의 'ᄋ'音이 탈락하기 시작한 표기법을 보아 'ᄋ'音 消失期에 든 것인 듯 더욱 느껴진다. 그러나 이것이 譯語類解(1690年)에 와서 混亂例를 적으나마 — 물론 書記體는 보수적 표기법을 고집하는 것이니 당시의 실제의 言語는 그 片鱗조차 보이지 않으려 하나 — 'ᄋ'音의 혼란이 실제로 상당하였음을 짐작할 수 있다. 上例에서도 '겨을'(冬)을 '겨울'이라 한 것이나 'ᄀ음'(伴)과 '실ᄀ음'이 병존한다든가 '처엄'(初)을 '처음'(同 卷下 7)이라 誤記한다든지로 보아 17세기에 'ᄋ'音 동요가 상당하였으리라고 믿어진다. 아마 消失 後인지도 모르겠다. 그리고 朴通事新釋諺解(1765年)의 '흙'(흙, 土 卷二 9)이란 귀중한 例를 보아 이 때는 다시 말할 여지없이 'ᄋ'音의 완전히 消失 後이다(p.62 前出). 이러한 표기법의 破綻에서 우리는 그 속에 가리워진 實在를 발견하지 않으면 안된다. 보수적 書記體는 近日의 華語類抄까지도 십분의 팔구나 'ᄋ'音을 거의 정확하게 고집하고 있는만치 譯語類解 朴通事新釋諺解의 이 破綻이야말로 속임없는 'ᄋ'音 消失의 實狀이다. 書記體가 如何히 보수적이라 하여도 발달하는 言語를 절대적으로 隱蔽할 수 없는 것이다.

다음에 三綱行實圖解의 'ᄋ, 으'音 혼란의 실례를 고찰하면 18세기에 이미 消失된 것을 알 수 있다.

굴ᄋ치니(敎) ——————— 굴으치니
겨을(冬) ——————— 겨울
고을(郡) ——————— 고을

눈믈(荣) ——————— 눈믈
드듸여(遂) ——————— 드듸여
녀룸(夏) ——————— 녀름
다룬아히(他, 異) ——— 다른
᠊ᄆᆞᆯ(村) ——————— 무을   기타 略

上例는 같은 書籍 안에 이같이 혼란을 보인다 함은 'ᄋᆞ'音 消失로서 綴字意
識의 불분명을 말하는 것으로 消失期 추정에 천금의 값을 가진 것이다. 이 三
綱行實圖解는 'ᄋᆞ'音 消失 後의 문헌이니 이 간행연대만 해결되면 자연 'ᄋᆞ'音
消失期의 대체를 알 수 있게 된다.

　三綱行實圖解는 일반으로 그 간행연대가 "宣德 7年 6月"(1432年)이라 하나
朝鮮語의 설명이 上欄에 실려 있으되 그 자료는 훨씬 후대의 것이다. 그러나
年代考證上 중요한 記事가 序에 있으니(4) 그 刊行顚末을 알 수 있다.

　　別諭于諸道觀察使 世宗朝始作此書 宣朝入承之後 首先命布此書者 可見務
　本之 庚戌仲夏上旬日 通政大夫 守江原道觀察使兵馬水軍節度使巡察使 臣李
　衡佐拜手稽首謹識

　다시 본문 45에 "李衡佐奉 教刊布"라 한 것을 보면 本書刊行이 英祖 6年
(1730年)의 것임을 알게 된다. 李衡佐는 肅宗時 사람이니 이는 18세기에 妥當
한다. 그 설명의 言語는 'ᄋᆞ'音 문제를 제외하고도 18세기 전후의 것임은 짐
작할 수 있다. 따라서 'ᄋᆞ'音은 이미 消失된 뒤이니 18세기는 'ᄋᆞ'音 消失期의
끝이 아닌가 생각된다. 이와 전후하여 간행된 譯語類解, 朴通事新釋諺解의
몇 개의 'ᄋᆞ, 으' 혼란을 'ᄋᆞ'音 消失의 一端이라고 前述한 것과 일치됨을 깨닫
게 된다. 적어도 書記體의 보수적 假裝을 고려하고 보면 'ᄋᆞ'音 消失은 1세기
전쯤 소급함도 당연하다 할 수 있다. 여기서 결론하나니 'ᄋᆞ'音 消失期는 대

략 17세기라 보겠다. 더 자세히 추측하면 250년전을 중심으로 한 1세기 이상에 亘한 것이 아닌가 한다.

VII. 'ᄋ'字 廢棄의 沿革

'ᄋ'音 消失은 李朝 中期의 문제이나 'ᄋ'字 폐기는 李朝 末期에 비로소 논의된 것이다. 적어도 音價 消失과 그 글자 폐기가 2백년 이상 차이가 있었다 함은 言語學上에서 글과 말의 관계를 말하는 흔치 않은 예인 것이다.

그러면 'ᄋ'字 폐기는 어떠한 과정을 밟아왔는가를 봄도 본론의 순서상 의미있는 것이다(이에 대하여 小倉進平 博士의 『朝鮮語學史』와 金允經씨의 『朝鮮文字及語學史』를 참고한 바 많음을 말하여 둔다).

근대에서 朝鮮語에 대한 반성이 강렬하여진 것은 甲午開化 이후일 것이다. 新文化의 수입, 周時經씨의 朝鮮語研究, 學校設立 등 문화환경 정리에 寧日이 없었다. 그중 교과서의 제정 등은 화급한 문제의 하나이었다. 그리하여 'ᄋ'音 문제는 교과서에서 綴字運動에서 국가산업으로 중시하게 되었다.

'ᄋ'字 폐기 운동의 첫소리는 光武 9년 7월 19일(1905年) 發布의 〈新訂國文實施〉의 件이 건의된 것으로 비롯한다. 당시 醫學校長인 池錫永씨의 상소로서 된 것이니 學部의 商議와 裁可를 거치어 發布된 것이다. 그 중 新訂國文疊音刪正辨이란 조목하에 다음과 같은 규정을 내리었다.

ᄀᄂᄃᄅᄆᄇᄉᄋᄌᄎᄏᄐᄑᄒ 14字가 가나다라마바사아자차카타파하의 疊音으로 用하기에 刪正합니다.

그러나 우스운 것은 'ᄋ'字 대신 비합리적 制字를 하였으니 "으合音이ᄋ"가 그것이다. 실행되지 못할 것은 물론이며 실제의 설명이 없음이 新制字로서 이상한 것이다. 그러면 'ㅇ'字는 사실 폐기되었는가. 나라의 發布이니 교과서에서는 사용하지 않아야 될 것인데 당시의 數種의 교과서를 보면 그렇지 않았다. 發布 翌年의 출판인 學部編輯局開刊의 新訂尋常小學이나 國民敎育會編의 初等小學이나 그 다음해인 光武 11년 출판인 幼年必讀 등 또는 기타 雜誌들을 보더라도 철자혼란은 당시로서 물을 바가 아니나 모두 'ㅇ'字 사용한 것을 보면 이 學部發布의 권위를 짐작할 수 있다. 당시 유일한 朝鮮語學者인 周時經씨도 『朝鮮語文典音學』 등에서 'ᄒᆞ니, ᄒᆞ고……' 등과 같이 'ㅇ'字 사용을 지켰나니 發布의 실시여부는 문제가 안되었다.

다시 2년을 지나 光武 11년 丁未(1907年) 7월 8일 당시 學部大臣 李載崑의 奏請으로 國文硏究所가 설립되었다. 新訂國文에서 'ㅇ'字 폐기와 '〓'라는 新字의 剏制가 학자 사이에 문제를 일으킴으로 議題 중의 하나로 제의하였다.

5. 中聲 〓字를 創制하고 ·字를 폐지하는 當否

그러나 그 硏究報告書는 第1, 24것만은 金允經씨의 『朝鮮文字及語學史』(p.271 이하)에서 보나니 결론은 볼 수 없음을 유감으로 생각한다. 이 보고는 分布되기 전에 學部大臣의 更迭로 유야무야에 돌아가고 말았음은 아깝기 짝이 없다. 'ㅇ'字 문제의 결론은 물론 얻지 못하였다 할까. 委員으로 있던 李能和씨의 회고담을 『佛敎通史』에서 보나니 당시 여론의 一端을 알 수 있다(同書 下編, p.638).

魚允迪 惠齋氏 甞與余同事於諺文硏究 前韓光武十一年學部設置國文硏究所 魚允迪周時經及余 俱爲本所委員 初亦欲祛 ·字 爭之不聽 施覺其非始服余言 惠齋著普 叙述諺文沿革 頗博引焉

"初亦祛 ·字……始服余言"이라 함은 당시 여론의 一端을 엿볼 수 있다. 委

員간의 愛語意識이 'ᄋ'字 保守의 愛着心으로 나타난 것이다.

그러나 이 문제는 近者 20년 내외 朝鮮語의 철자운동이 날로 熾烈하여지며 일반의 수준이 높아짐을 따라 결정적 폐기를 보게 되었다. 그리고 綴字 統一보다도 먼저 폐기를 보았다.

明治 45年 4月에 총독부에서는 교과서 편찬상 委員을 정하여 우선 확정을 내리었다(이하 필자 譯文).

2. 純粹朝鮮語에 對하여는 'ᆞ'를 使用하지 아니하고 'ㅏ'로 一定함

이것은 一方的 規定으로 漢字音만은 어원을 존중히 함인지 남겨 놓았다.

第2回는 時勢의 추이를 따라 〈普通學校敎科用圖書諺文綴字法調査員〉 회의를 거듭하여 大正 10年 3月에 결정된 것이다. 前者와 대동소이한 것이다. 前者에 비교하여 條文이 썩 학술적(?)임을 느끼나니 委員도 金澤庄三郎씨니 權悳奎씨니 권위자가 끼인만치 그럼직하다.

5. 純粹의 朝鮮語에 對하여는 表音的 表記法에 從하여 'ᆞ'를 使用하지 아니하고(字音은 歷史的 綴字法에 依하야 미(來)·미(每)로 書함) 'ㅏ'로 此를 代함

例, 말(馬 本來는 물) 사람(人 本來는 사름)

但, '아'의 發音에 依하지 아니하는 것은 此陽에 있지 아니함

例, 가는(細 本來는 가는) 마음(心 本來는 마음) 가슴(胸 本來는 가슴) 나믈(菜 本來는 느믈)

이상 약간의 역사적 설명을 넣었다 함은 재미있는 설명이다.

第3回의 철자법은 〈諺文綴字法〉이라 하여 昭和 5年 2月에 발표된 것이니 교과서에서 現行하는 것이나 委員에 民間學者가 참여한 만치 일반여론의 반영된 것이 많다고 보겠다.

1. 純粹한 朝鮮語와 漢字音과를 不問하고 'ㅏ'로 發音되는 'ㆍ'는 全部 此를 廢止하고 左列甲號와 如히 'ㅏ'로 書함.

例, 甲　　　　　乙
　　말(馬)　　　ᄆᆞᆯ
　　사방(四方)　ᄉᆞ방
　　배(腹)　　　ᄇᆡ

　그러나 最後的 결정은 朝鮮語學會의 「한글마춤법통일안」 昭和 8年(1933年) 10月에 발표한 것이다. 이로써 'ㆍ'音 폐기의 문제는 없어진 줄 믿는다. 이 〈통일안〉에 'ㆍ'字 폐기에 대하여 「漢字語」에서 다음과 같이 규정하였다.

　第33項 'ㆍ'字音은 죄다 'ㅏ'로 적는다.
　(甲을 取하고 乙을 버린다.)

例　甲　　　　　乙
　　간친(懇親)　ᄀᆞᆫ친
　　발해(渤海)　ᄇᆞᆯ해
　　사상(思想)　ᄉᆞ샹
　　자녀(子女)　ᄌᆞ녀

　其外에 'ㅓ'字에 대하여도 같은 규정이 있으나 여기 생략한다. 수세기 전에 상실한 글자의 폐기가 근대에 와서 云謂되고 그 최후 결정이 7, 8年 전에 규약상 선언을 보았다 함은 言語史上 흥미있는 현상이다.
　이에 'ㆍ'音攷를 마치매 다시 말하여 두나니

　'ㆍ'音은 '아, 오'의 間音이라
　고.

語頭 子音群의 生成 및 發達에 對하여

이 기 문

一. 序論

十五世紀 後半 十六世紀 初頭의 古文獻에 나타난 表記에 있어 진작부터 많은 質疑를 자아낸 것에 語頭에 있어서의 二子音 乃至 三子音 複合과 後日 單母音化한 母音複合이 있다. 그中 後者(複合母音)에 對하여는 적으나마 暗示的인 論文들이 있어 解決에의 意慾을 보여 주었음에도 不拘하고 前者(語頭 子音群)에 對하여는 近半世紀의 探究를 거쳐온 오늘까지 이렇다 할 進展이 없어 다만 몇몇 在來의 「도그마」의 反芻만을 일삼아왔음은 이 問題가 內包하고 있는 尋常치 않은 難滿性과 複雜性을 말하여 주는 것으로 생각된다.

누구나 이 語頭 子音群 問題에 조금이라도 觀心을 가지고 過去의 硏究들[1]을 檢討해 본 이면 어떤 새로운 方向이 開拓되기 前에는 決코 決定的인 解決을

---

[1] 지금까지의 硏究中 記憶할만한 것으로는 다음과 같은 論攷들을 들 수가 있을 것이다.
金澤庄三郎 "國語の硏究" 1910, p. 36 以下
小倉進平 "된시옷"(鄕歌及吏讀硏究 附載) 1929.
申明均 "朴勝彬氏의 所謂 硬音이란 歷史上 聲音上 아무 根據가 없다"(한글誌 1卷 8號) 1933.
崔鉉培 "갈바씨기의 세움"(한글갈 p. 589~683) 1912.

期待할 수 없으리라는 느낌을 어렴풋이나마 가지게 된다. 十五世紀 以前의 國語를 傳해 주는 零星한 古代 資料, 後代의 外國人에 依한 믿음직하지 못한 몇몇 轉寫, 現代人의 音韻 觀念에 依한 「訓民正音」의 文句的 訓詁, 現代 國語에 남아 있는 어떤 稀微한 殘影—이런 것들에 依賴할 수밖에 없었던 지금까지의 國語學으로서는 이 語頭 子音群 問題를 解決한다는 것은 너무나 힘에 겨운 일이었던 것임을 느끼지 않을 수 없는 것이다.

여기서 우리는 하나의 眞率한 새로운 努力이 있어야겠음을 切感하게 된다. 그것은 잊어버린 國語의 歷史를 再建하는 일이다. 이 까맣게 잊어버린 國語史를 다시 꾸밀 수 없다면 우리는 國語子音群 問題—非單 이 問題뿐이 아니겠지만—를 解決하려는 希望을 抛棄하는 수밖에 없을 것이다. 왜냐하면 어떤 한 言語 狀態는 先驅的인 理論에 依해서가 아니라 오직 歷史的으로만, 다시 말하면 그 變해온 자취에 依해서만 說明될 수 있는 것이기 때문이다.[2] 오직 忘却만을 지니고 있는 우리로서 十五世紀의 言語 狀態를 어떻게 說明할 수 있을 것인가.

이러한 國語學이 當面하고 있는 深刻한 苦憫은 恒時 다음과 같은 A. Meillet 氏의 高見을 想起케 하여 마지 않는다.

"比較方法이야말로 言語의 歷史를 可能케하는 唯一한 手段인 것이며 따라서 어떤 한 言語는, 孤立되어 있는限, 歷史를 가질 수 없는 것이다. 十六世紀의 바스크語의 言語狀態와 오늘의 바스크語의 그것과의 사이에는 差異가 없는 바 아니다. 그러나 그 變化란 本質的인 것이 아니며 實質上 이 言語는 그때나 지금이나 다름없는 그대로인 것이다. 따라서 만약 이 바스크語를 어떤 다른 言語에 對較할(rapprocher) 手段을 發見하지 못한다면 그 歷史를 꾸미려는 希望은 아주 사라지고 말 것이다. 그러나 이와는 反對로 Marr 氏나 Oštir氏 또 한편 Trombetti 氏에 依하여 이루어진, 바스크語를 地中海 周緣의 一大言語圈

---

2 A. Dauzat. La Philosophie du Langage, Paris, 1929. p. 2.

特히 코카시아語에 對較시키려는 試圖가 成功한다면 바스크語는 그 孤立性에서 벗어나 歷史에 들어갈 수 있을 것이다."[3]

그러므로 바스크語의 그것에도 못지않은 國語의 孤立性을 超克하고 國語의 歷史를 꾸미기 爲하여 國語를 어떤 다른 言語에 對較시키는 것만이 우리들의 오늘의 停頓을 打開해 주며 깊은 質疑를 풀어줄 唯一한 方法인 것이다. 이 方法에 依해서만 우리는 語頭 子音群 問題를 爲始한 許多한 수수께끼를 풀수가 있는 것이다.

本稿는 이에 甚히 微弱한 努力이나마 國語와 알타이諸語 特히 滿洲語와의 比較를 꾀하였다. 그러나 利用할 수 있는 資料의 極度의 制約과 筆者 自身의 力量의 不足으로하여 볼만한 成果는 애초부터 期待할 수 없는 일이었다. 다만 이 方面의 先學들의 도움을 받아 臆測과 假說로 終始一貫되어 있을망정 解決에의 示唆나마 먼저 보려고 했을 따름이다.

생각하면, 이 語頭 子音群 問題의 魅力은 國語 音韻史 研究에 있어 實로 無視할 수 없는 것이 있었던 것이다. 그것은 現代人의 音韻 觀念에서 보아 이들 子音群은 필시 「된소리」에 該當되는 것이겠는데 그렇다면 어찌하여 그처럼 表記法에 있어서 多樣性을 띠게 되었을까 하는 素朴한 疑心에서 있던 것이다. 또 한편 萬若 이들 子音群이 속임없는 實際의 表音的 記寫였다면 J. Deny가 든 土耳其語 蒙古語 通古斯語等 所謂 알타이語의 共通特質中 語辭의 音節 構成에 있어 語辭는 決코 子音群으로 시작되는 법이 없다(Jamais un mot ne commence par un groupe de consonnes)[4]는 이른바 頭音 規則과도 어긋난다는 觀點에서 더욱 純粹한 學究的인 興味를 끌었던 것도 事實이다.

그러나 지금까지 아무도 이 語頭 子音群이 內包하고 있는 基本的인 諸問題를 解決하려는 企圖는커녕 그런 問題를 提起조차 하지 않았던 것은 一種 奇異

---

3 A. Meillet, La methode comparative en linguistique historique, Oslo, 1925. p. 12.

4 Les Langues du monde, par un groupe de linguistes sous la direction de A. Meillet et Mancel Cohen, Paris 1924. p. 189.

한 일이 아닐 수 없다. 從來에는 흔히 十五世紀 後半 十六世紀 初頭의 文獻에 나타나는 이들 子音群의 音價를 推定하는 것으로서 마치 모든 問題가 解決되는 것처럼 생각해 왔던 것이다. 그러나 이것으로서 모든 問題가 끝나는 것은 아니다. 아니, 그들의 音價를 推定하기 爲해서는 當然히 이들 子音群이 어떻게 形成되어 어떠한 發達 過程을 밟아 結局 어떻게 歸結되었는가 하는, 또 十五·十六世紀의 文獻이 보여주는 狀態는 그 過程의 어느 段階의 投影인가 하는, 보다 廣範한 史的 究明이 있지 않으면 안되는 것이다.

在來 이 語頭 子音群 問題가 正書法의 制定과 結付되어 그 崎嶇한 歷史와 起伏을 같이하여 왔던 탓인지 이에 對한 지금까지의 硏究는 恒時 近視的인 態度를 벗어나지 못했던 것이 事實이다. 그러나 이런 姑息的인 立場에서 벗어나 虛心坦懷하게 보다 遠視的인 摸索을 꾀할 때에만 우리는 이들 語頭 子音群의 基本的인 性格을 어렴풋이나마 把握할 수 있지 않을까 믿어진다.

語頭 子音群은 十五世紀 後半 十六世紀 初頭의 文獻이 보여 주는 바에 依하면 다음과 같은 三系列로 나타난다.

ㅳ ㅄ ㅶ ㅺ
ㅼ ㅾ ㅼ ㅆ
ㅄ

이러한 三系列의 區別은 적어도 一世紀에 걸쳐 維持되었으며 또 이에 屬하는 語辭는 近百五十餘에 達하였던 것이다.

于先 가장 焦眉의 問題는 이 三系列에 나타나는 「ㅂ」「ㅅ」「ㅄ」等이 그 語辭들의 眞正한 語頭音이었는가 하는, 다시 말하면 이들 子音의 語源的 存在性 與否다. 이를 證明하는 것은 무엇보다도 端的으로 이 三系列의 子音群의 正體를 우리들에게 밝혀줄 것이므로 本稿는 여기에 主力을 기울이지 않을 수 없

을 것이다. 그리고 나서 이 證明된 事實을 基礎로 하여 結論的으로 이들의 生成 및 發達에 論及하게 될 것이다.

그러나 本稿는 여기서 앞으로 本稿가 지닐 두 가지의 限界性을 먼저 明白히 하고 本論에 들어가지 않으면 안되겠다.

첫째로 本稿는 그 論議에 있어 主로 上記 三 系列中 最初의 系列—이를테면 P-系列에 局限할 수밖에 없을 것이다. 이는 오로지 餘他의 系列, 特히 S-系列이 發生論的인 見地에서 볼 때 아직 적지 않은 質疑를 內包하고 있기 때문이다.

勿論 나중에 이 系列에 對하여도 多少 言及하지 않을 수 없을 것이나 그것은 어디까지나 하나의 懷疑에 지나지 않을 것으로 如前히 後日의 課題로 남을 것이다.

둘째로 위에서 말한 「ㅂ」「ㅅ」「ㅄ」 等의, 그中에서도 本稿가 主로 다루려고 하는 「ㅂ」의 語源的 存在性을 證明하는 데는, 이미 指摘한 바와 같이 比較方法이 있을 뿐인데 여기서 本稿는 하나의 方法論的인 限界性을 지니지 않을 수 없을 것이다. 周知하는 바와 같이, 同一語族에 屬하는 諸言語의 比較는 皮相的 類似에 依해서가 아니라 對應의 規則(règle de correspondance)에 依하여 行해지는 것이다. 그런데 이 對應의 規則은 原語(la langue initiale)와 그 繼續인 各言語 사이에는 措定될 수 있으나 同一 共通基語(une même langue commune)의 繼續인 여러 言語 相互間에는 措定될 수 없는 것이다.[5]

Meillet氏는 이를 說明하기 爲하여 다음의 一例를 들고 있다. 卽 우리는 印歐語의 語頭音 p-가 希臘語와 쌍스크리트語에서는 p-로, 고트語에서는 f-로 나타나며("父"를 意味하는 希臘語 patēr 쌍스크리트語 pitā 고트語 fadar에서 보는 바와 같이) 印歐語의 語頭音 kʷ는 母音 o 앞에서는 希臘語에서 p-로 쌍스크리트

---

5 A. Meillet, 前出書 p. 30.

語에서 k-로 고트語에서 hw로 ("둘中의 어느것"을 意味하는 希臘語 póteros 쌍스크리트語 kataráh 고트語 hwaáar에서 보는 바와 같이) 나타난다는 것을 定立할 수가 있는 것이다. 그러나 事實에 있어서 確證된 두 對應은

希臘語 p=쌍스크리트語 p=고트語 f
希臘語 p=쌍스크리트語 k=고트語 hw

이들을 說明하기 爲하여 想定된 共通 印歐語形에의 關係에 있어서만 理解될 수 있는 것이다. 이렇게 共通基語와의 關係에서 이 對應 事實을 把握하지 않고 이를 다만 平面的으로 觀察하게 되면 마치 希臘語의 單一音 p-가 쌍스크리트語의 p- 或은 k-에, 또 고트語의 f- 或은 hw-에 對應한다는 極히 皮相的인 理解에 떨어지고 말게 되는 것이다.[6]

그러나 本稿는 惠澤된 少數의 경우를 除外하고는 이러한 方法論的인 原理를 살릴 수가 없을 것이다. 國語와 滿洲語와의 對應 規則 樹立에 있어서 알타이 共通基語와의 關係에서 把握되지 못할 경우가 적지 않을 것이다. 이는 日淺한 이 方面의 硏究가 지니는 어쩔 수 없는 限界性이기도 하다. 極端의 一例를 들면 國語의 語頭音 k-는 滿洲語의 語頭音 h-, k-, g-에 對應된다는 事實이 그것이다. 이 對應은 알타이 共通基語와의 關聯에서 把握될 때에만 그 眞正한 潛在的 性質이 드러날 것임에도 不拘하고 本稿는 다만 이 滿洲語와 國語의 對應 事實을 暫定的으로 指摘함에 그치지 않을 수 없을 것이다. 이 역시 알타이語 全般에 對한 廣範하고도 詳細한 後日의 硏究에서 解明되어야 할 課題이다.

---

6 A. Meillet, 前出書 p. 30.

二. 語頭 子音群의 三系列

1)

먼저 ㅳ, ㅄ, ㅶ, ㅲ 等 p-系列 子音群에 있어서의 「ㅂ」이 그 語辭의 本來的인 語頭音임을 證明하기로 한다. 古文獻(訓蒙字會까지 包含시킨다)에서 이들 子音群을 띠고 나타나는 語辭들을 찾아보면 다음과 같다.

[括弧속의 漢字는 여러 文獻에 보이는 것을 추린 것이며 出典은 번거로움을 避하기 爲하여 그中 하나만을 밝히기로 한다]

ㅳ 子音群

뜯다(拈) 杜諺 十, 八

뻘다(攄, 拂, 震, 枓, 撒) 月釋序 九

뻘티다(拂, 撥) 杜諺 二四, 二四

뻐러디다(墮) 楞嚴 十, 十九

뜯(意, 義, 情) 龍歌 四章

뜨다(開) 月釋 八, 八○

뜨다(浮, 漂) 杜諺 九, 十七

뜨다(炰) 字會 下 十二

딸기(苺) 字會 上 二

뛰다(跳, 超, 躍) 字會 下 二七

떼(筏) 楞嚴 一, 三

뻐디다(後) 杜諺 七, 二一

(隕) 龍歌 八七章

띠(坼, 坅) 字會 下 十八

뛰(茅) 字會 上 九

뜨로(殊) 楞嚴 一, 四二

ᄧᆞ다(澁) 月釋 一九

떨기(叢, 苞) 字會 下 四

ᄣᅵ다(蒸) 字會 下 十二

뜰(庭) 字會 中 五

뜯다 字會 下 十二

ᄲᅱ우다(餾) 字會 下 十二

(술위)ᄣᅵ(輪) 月釋序 四

ᄠᅩ로다(追) 圓覺 六

ᄠᅳᆮ듣다(ᄠᅳᆮ드러)(滴, 落, 零) 杜諺 二五, 六

ᄡ 子音群

ᄢᅵ긔다(皴) 字會 下 三三

ᄢᅥ돌(礪, 砥, 硼) 字會 中 十九

쏘다(射) 字會 下 九

ᄡᅮᆨ(艾) 楞嚴 三, 七六

쓸다(掃) 杜諺 二四 , 三〇

ᄡᅳ서리(掃) 杜諺 九 二一

빵불쥐다 字會 下 二二

쓸게(膽) 字會 上 二七

ᄡᅳ다(苦) 杜諺 一, 四

ᄡᅳ다(用) 訓正諺

ᄣᆞ리(荊) 字會 上 十

ᄧᆞ다(摩) 楞嚴 一, 三五

ᄡᅵ(種) 杜諺 十, 三二

ᄡᅡᆫ눈(霰) 字會 上 二

116

ᄡ다(積, 築) 杜諺 四, 六

ᄡ다(包, 裏) 杜諺 一, 六

ᄡ렛ᄒ다 月釋 二, 五八

ᄢ 子音群

ᄢ다(曝, 炙) 楞嚴 四, 七二

ᄣ(雙) 訓正 合字解

ᄢ(瓣) 字會 下 五

ᄢ다(撕, 解) 金剛 上 七九

ᄢ다(ᄢ야디다)(裂) 楞嚴 一, 二

ᄢ머리(髻) 月釋 八, 三三

(콩)ᄢ개(半菽) 杜諺 二四, 五

ᄢ다(織) 字會 下 一九

ᄢ다(醶) 月釋 一, 二三

ᄩ디다(眷) 龍歌 一一六章

ᄢ다(逐, 趕) 字會 下 三〇

(거슬)ᄢ다 (逆) 杜諺 二四, 十三

ᄩ 子音群

ᄩ우다(騰) 龍歌 四八章

ᄩ디다(幡) 字會 下 十六

ᄩ다(彈) 字會 中 十七

ᄩ 蒙法 四四

從來 이 ᄣ, ᄡ, ᄢ, ᄩ의 「ㅂ」이 決코 無意味하거나 어떤 符號的 性質을 띤 것이 아니요 그 語辭들의 眞正한 語頭音임을 證明하는 데 使用된 거의 唯一한

現象은 現代國語에 남아 있는「ㅂ」의 殘影이었다. 이 現象은 일찌기 一九二〇
年 代末에 G. J. Ramstedt氏에 依하여 言及되었고 그뒤 小倉進平氏外 諸氏에
依하여 網羅되었다.[7]

뛰다 - 낢뛰다

쁘다 - 부릅뜨다, 칩뜨다

뿔 - 찹쌀, 멥쌀, 햅쌀, 입쌀

삐 - 볍씨, 윕씨

뽀다 - 냅뽀다

쁘다(用) - 몹쓸 놈, 몹시

쁘다(苦) - 씁쓸하다

쁠다 - 휩쓸다

씃다 - 짭짤하다, 찝질하다

짝 - 사립짝, 입짝, 접짝, 급짝

씃다 - 휩싸다

　그러나 이들 殘影은 恒時 二語辭 結合의 接結部에 나타나는 만치 非本質的
이라는 疑惑을 사게 되어 決코 無視할 수 없는 종요로운 現象이었음에도 不
拘하고 이것만으로는 決定的인 判決을 가져올 수가 없었던 것이다.
　또 過去에는 이 p-系列 子音群이 後世에 全幅的으로 硬音으로 나타난다고
믿음으로써 重大한 過誤─卽 그들은 十五世紀에도 硬音이었을 것이라는─를
犯하기가 일쑤였던 것이다. 그들은 濟州島 方言은 姑捨하고라도 陸地 方言에
있어서도 少數의 경우이기는 하나, 이 p-系列이 Aspirata로 變化했다는 無視할

---

7 G. J. Ramstedt, Remarks on the Korean Language, 1928.
　小倉進平, 申明均, 崔鉉培, 前出 論文.

수 없는 事實을 看過했던 것이다.

即「떨다」(拂)는 大部分의 陸地 方言에서 「떨다」와 「털다」가 共存 또는 獨存하고 있으며 「뻡다」(澁)를 「떫다」라고 하는 地方이 있다. 이 現象은 비록 아주 局限된 것이기는 하나 濟州島 方言에서, p-系列의 「ㅳ」과 「ㅄ」이 모두 Aspirata로 나타나고 있는 事實(結論 參照)과 連繫될 때 重大한 意義를 띠게 되는 것이다.

우리는 이제 主로 滿洲語와의 比較에 依하여 十餘個의 p-系列 語辭에 亘하여 語頭音 p-의 存在를 證明하고자 한다.

[1] 上記한 p-系列 子音群의 一覽表를 一瞥하고 누구나 奇異한 느낌을 禁할 수 없게 되는 것은 그中의 「ㅳ」子音群이다. 이 「ㅳ」의 「ㅂ」은 無意味한 添加일 수는 없을 것이고 그렇다고 어떤 이들이 p-系列 子音群에 對해서 主張했던 것처럼 「된소리」의 表記일 수는 더욱 없는 일이다. 「ㅂ」이 거기에 分明히 存在했기 때문에 이런 表記法이 可能하지 않았을까. 이와 같은 推理는 다음에 들 滿洲語의 너무나 明白한 對應에 依하여 正當化된다.

于先 上記 一覽表의 「ㅳ」에 屬한 語辭는 네個가 있을 뿐인데 이들 사이에는 어떤 發生的 親緣性이 있음을 想像하기에 어렵지 않다.

pt'a-

pt'ui-u-

pt'ə-di-<*pthі̯-ə-di-

pt'u-k

아마 이들 語辭는 "彈力的인 運動"을 表示하는 하나의 原始的 語根 *p~t̚~ ⟨p~th~의 分化일 것이며 그 分化는 母音 變差와 接尾法에 依하여 行해지고 있는 것이다. 이들 語辭에 滿洲語는 다음 一語辭로서 對應하고 있다.

fithe-

① 튀기다. Gacuha(戲具)를 튀기다

② 불이 튀다(火爆)

③ (樂器) 彈奏

④ 木花를 타다

이 滿洲語 語辭도 한결같이 "彈力的인 運動"을 意味하는 點에서 前記 國語의 諸語辭와 明白한 意味的인 一致를 보이고 있다.

國語의 ˚p~t'~와 滿洲語의 fithe-의 音韻을 比較함에 있어 우리는 于先 語頭에 있어서의 國語의 p-와 滿洲語의 f-의 對應을 樹立하지 않으면 안된다.

滿洲語의 語頭音 f-와 國語의 語頭音 p-의 對應은 거의 確固不動한 것으로서 A. Sauvageot氏가 暫定的으로 命名한 이른바 loi de Ramstedt에의 國語의 參與를 可能케 하는 것이다. 이에 對하여는 이미 李崇寧 先生에 依하여 委曲히 우리나라에 紹介된 바 있다.[8] 筆者는 다만 簡單히 蛇足을 더하려고 한다.

다 아는 바와 같이 알타이語에 있어서의 語頭 無聲 兩脣閉鎖音 p-에 關한 이 硏究는 G. J. Ramstedt氏에 依하여 開拓되었다. 그는 一九一〇年代末에 發表한 蒙古, 土耳其 原語에 있어서의 語頭 無聲 脣音[9]이라는 不過 十面의 論文에서 通古斯, 蒙古, 土耳其 共通基語에 있어서의 語頭 無聲脣音 p-의 存在와 그 歷史에 對한 그의 卓見을 披瀝하였던 것이다. 卽 gemeintürkische는 語頭 閉鎖音으로서 k(혹은 q), t, b 및 č를[10] 가졌었으며 이에 對하여 gemeinmongolische는 語頭에 k와 g(혹은 q와 G), t와 d, č와 ǯ, 그리고 b를 갖고 있었는데 이로 보

---

8 李崇寧 先生 "脣音攷"(서울大學校論文集(人文, 社會科學) 第一集 所收) 1951.

9 Ramstedt, Eln anlautender stimmloser labial in der mongolisch türkischon ursprache(Journal de la Société finno-ougrienne XXXII 2, 1916~1920).

10 Ramstedt 氏는 그의 論文에서 이 č를 들지 않았으나 그뒤의 論調로 보아 의당 있어야 할 것임은 Pelliot 氏도 指摘한 바와 같다.

아 蒙古語가 土耳其語보다 子音組織에 關한 限 훨씬 原始的인 樣相을 띠고 있음을 알 수가 있다. 아마 土耳其語도 어느 上古에는 語頭에 t에 對하여는 d를, č에 對하여는 ȝ를 가졌었을 것임에 틀림 없다. 그런데 b에 相應하는 無聲音 p만은 어느 言語에도 나타나지 않는다. 여기서 Ramstedt氏는 土, 蒙 兩語의 語頭 無聲 脣音 *p의 太古的 存在를 第三의 알타이語인 通古斯語와의 比較에 依하여 推定하고자 한 것이었다. 그는 土, 蒙 兩語의 母音으로 시작되는 語辭들에 對應하는 通古斯 語辭들이, 골디語와 올차語에서는 p-로, 滿洲語에서는 f-로 其他의 諸方言에서는 x, h, o(=schwund)로 나타남을 보아 前記 兩語의 語頭音 *p-의 再構의 可能性을 發見한 것이다. 그는 上記 論文에서 實際로 그 외 이 推想을 支持해 주는 四十二個의 土, 蒙, 通 三語에 걸친 語辭의 對應을 樹立하고 다음과 같이 結論하였다.

"이 外에도 우리는 몇몇 古代 蒙古, 通古斯 語辭를 갖고 있는데, 이들은 다 通古斯語에 있어서의 音韻過程(lautprozesses) p〉f, δ〉h, x〉o의 現在의 相違한 段階들을 呈示해 주는 同時에 蒙古語의 o(卽 母音 語頭音)를 보여 주는 것이다. 골디語의 p-야 어떻게 解釋되든―原始的이고 本來的인 것으로나 或은 中國語로부터의 借用語에서 흔히 보는 바와 같은 f-(혹은 δ-)로부터의 逆變化로나― 筆者는 通古斯, 蒙古, 土耳其原語에 있어서의 語頭音 p-가 可能할 뿐만 아니라 자못 蓋然的이라고 생각한다. 蒙古語와 土耳其語의 語頭에 있어서의 p-音의 消失은 그러므로 vormongolisch-vortürkische의 變化 *p〉*f, *δ〉*h〉o의 結果로서 이 變化는 至極히 아득한 古代의 것이었을 것이며 또 짐작건대 蒙古語에 있어서보다 土耳其語에 있어서 더욱 古代에 行해졌을 것 같다. 通古斯語群에 있어서의 이와 同一한 變化는 勿論 여러 世紀 뒤의 일이다."[11]

Ramstedt氏보다 좀 뒤늦게 이와 同一한 現象에 對하여 P. Schmidt氏가 論究한 바 있다고 하나 아직 이에 接할 수 없었음이 遺憾이다.[12] 다만 後述할 P.

---

11 Ramstedt, Ein anlatender······ pp. 8~9.

Pelliot, A. Sauvageot 兩氏의 論文에 依하여 그의 硏究가 Ramstedt氏의 그것보다 몇해 뒤이기는 하나 全혀 獨自的으로 行해졌으리라는 것과 그도 역시 올차語와 골디語에서는 語頭音이 p-로 네기달語에서는 x-로, 滿洲語에서는 f-로, 蒙古語에서는 母音으로 나타나는 數個 語辭의 對應을 樹立하였다는 것을 알 수 있을 뿐이다.

Ramstedt氏 以後 이 硏究에 貢獻한 學者로는 아무래도 P. Pelliot氏를 들지 않을 수 없다. 그는 一九二五年에 發表한 "十三, 十四世紀의 蒙古語에 있어서 現在에는 黙音化한 語頭音 h-를 가진 語辭들"[13]이라는 論文에서 오늘날에는 母音으로 시작되는 語辭들 中에 十三, 四世紀에는 h-로 시작되었던 것이 있음을 證明한 것이었다. 이것이 證明된다면 얼마나 前記 Ramstedt氏의 段階變異에 큰 支持를 提供하여 줄 것인가는 一見 明白한 일이다. 그의 論文을 여기에 소상히 紹介할 수는 없으나 要컨대 그는 十三, 十四世紀에 蒙古語 表記를 爲하여 使用된 回鶻 · 蒙古 文字는 當時의 蒙古語音을 남김없이 記寫할 수는 없었음을 指摘하고, 特히 이 文字는 當時의 蒙古語 發音이 分明히 갖고 있었던 語頭의 h-音을 除去하였음을 看取하였다. 그리하여 그는 當時 蒙古語의 實際 發音을 判斷할 수 있는 方法으로 十四種을 들고 있는데 그中에는 가령 漢字에 依한 蒙古語 表音 轉寫인 元朝秘史나 華夷譯語 等이 있다고 하였다. 該論文에서 그는 主로 이 兩文獻의 轉寫에서 散見되는 頭音이 h-인, 百에 가까운 語辭의 리스트를 作成하고 特히 이 속에 Ramstedt氏가 古代의 無聲脣音 p-를 推定한 거의 모든 語辭가 들어 있음을 말하였다.

이리하여 그는 十三, 十四世紀의 蒙古語가 ˘p〉˘f, ˘δ〉˘h〉o의 h의 段階에 있었

---

12 P. Schmidt, The language of the Negidals, Publications de l'Université Latvienno Acta Universitatis Latviensis, Ⅴ, 1923. pp. 3~38.

P. Schmidt, the language of the Olchas, ibid, Ⅷ, 1923. pp. 229~288.

13 P. Pelliot, Les mots à h initiale aujourd'hui amuie dans le mongol des ⅩⅢ est ⅩⅠⅤ e siécles(Journal Asiatique CCⅥ, avril-juin, 1925).

음을 指摘하여 時期決定에 있어 Ramstedt氏의 說을 多少 修正한 셈이다. 該論文을 끝막음에 當하여 그는 다음과 같은 세 가지의 重大한 質疑를 提起하고 있는바 本稿와도 全혀 關係가 없지 않으므로 簡單히 紹介하기로 한다.

첫째로 Ramstedt氏는 古代의 ˚p- 乃至 ˚δ-가 土耳其 共通基語(le turc commun)에서 이미 完全히 자취를 감추었다고 하였다. 그러나 골디語 Palka 滿洲語 folko 乃至 folxo 蒙古語 aluga에 對하여 우리는 土耳其語 balqa(槌)를 들지 않을 수 없다. 마찬가지로 土耳其語 bur-(돌다)가 골디語 poro- 滿洲語 foro- 蒙古語 orči-와 對應되는 것이 아닌가 생각된다. 만약 그렇다고 하면 ˚p〉˚f, ˚δ〉˚h〉o의 過程 以前에 ˚p-, ˚δ-가 原始 土耳其語(prototurc)에서 數個 語辭의 경우 b로 推移하여 오늘날도 如前히 維持하고 있음을 認定해야 할 것이다. 이는 앞으로 土耳其學徒(turcologues)들이 決定해야 할 宿題이다.

둘째로 Ramstedt氏는 前記 論文에서 한두가지 <u>피노·우그리아</u> 및 <u>사모예드</u> 語辭와의 比較를 꾀하였는데 이는 <u>알타이</u>語와 <u>피노·우그리아</u> 및 <u>사모예드</u>語와의 親近性이라는 크나큰 問題를 다시금 끌어낸 것으로서 自己의 意見으로는 證據를 보다 廣範하게 求해야 할 것으로 생각된다.

셋째로 그는 脚註에서 Ramstedt氏와 같이 自己도 ˚p- 乃至 ˚δ-=蒙古語 h-〉o=골디 및 올차語 p-=滿洲語 f-를 認定하며 또 이것이 事實의 現狀態임에는 틀림없으나 滿洲語의 f-는 자못 最近의 發達에 말미암은 것이나 아닌가 하였다. 滿洲語는 十七世紀에밖에 遡及할 수 없고 Grube氏에 依하여 硏究된 女眞語 語彙도 一五二六年 以後의 것이다. 그러나 金史에 실려 있는 十二世紀頃의 古代 女眞語 語辭들에서는 全혀 問題의 f-를 發見할 수가 없다. 卽 女眞語 p'ou-yang-wen(˚puyaṅun)(어린 아이)=滿洲語 fiyaṅgu(막내); 女眞語 p'ou-la-tou ˚puladu(눈동자가빨간)=滿洲語 fulata(同義); 女眞語 p'o-lou(˚polu)(槌)=滿洲語 folko(同義); 女眞語 p'ou-ou-houen(˚puluxun 혹은 ˚pulxun)(袋) 滿洲語 fulxun(同義). 이리하여 女眞語가 만약 古代에 있어서 p를 가졌었다면 滿洲語도 그랬을 것이고 全般的으로 通古斯語는 오늘날의 <u>골디</u>語나 <u>올차</u>語와 같이 原始的

으로 語頭音 p-를 가졌었을 것이다. 이렇게 되면 알타이語에 있어서의 語頭
無聲脣音은 無聲閉鎖音이요 無聲摩擦音이 아니라는 結論을 내릴 수가 있는
것이다. 이는 Ramstedt氏가 疑問으로 남겨 두었던 重大한 問題의 解決에의 示
唆인 것이다. 그러나 Relliot氏는 이 無聲 兩脣 閉鎖音의 帶氣 有無는 後日의 論
을 기다릴 수밖에 없다고 하였다.

우리가 이 語頭音 *p-에 對하여 接할 수 있는 最近의 勞作으로는 A.
Sauvageot氏의 것이 있으나[14] 이에 對하여는 李崇寧 先生의 紹介가 있으므로
(註8) 더 言及하지 않으려고 한다. 다만 Sauvageot氏는 이 *p-音을 우랄·알타
이語의 親緣性 證明에 重大한 支援으로 삼았다는 點만을 指摘하고자 한다. 이
는 Pelliot氏가 指摘한바 Ramstedt氏가 提起한 示唆의 發展인 것이다.

그러면 지금까지 장황하게 紹介해온 이 알타이共通基語의 語頭音 *p-에 對
應하는 國語의 音韻은 무엇인가 하는 것이 本稿의 關心事인 것이다. 왜냐하
면 滿洲語가 거기에 f-로 對應하고 있기 때문이다. 이에 對하여는 이미 李崇
寧 先生이 高見의 一端을 披瀝한 일이 있어서(註8) 國語가 大體로는 골디語 올
차語와 같이 p-를 保有하고 있는 것이 아닌가 생각되고 있다. 先生의 全面的
인 勞作을 苦待하여 마지 않거니와 여기서는 Ramstedt氏가 前記 論文에서 든
四二個의 語辭 對應에 國語의 語辭를 比較시켜 봄으로서 國語가 p-로 나타나
는 事實을 再確認하고자 한다. (番號는 Ramstedt氏 論文의 語彙 番號, 轉載는 번거
로움을 避하여 必要 部分만 拔萃함.)

　　4) gold. para "schlitten" ma. fara "schlitten, femerstangen gabeldeichsel"=mo. aral
"schlitten", tü aryš "femerstange, gabeldeichsel"……

　　國語

　　○小 名曰 跋高 無輕揉兩木如弓 後有橫輗以受物 輕疾勝車 尤利雪上

---

14 A. Sauvageot, Recherches sur le vocabulaire des langues ouralo-altaïques, Paris, 1930.

如風帆行水 (耳溪外集)

○발외(把犁) 字會 中 十七

○現代 方言 pal-gu, pal-gui, pal-gi(小倉進平, 朝鮮語方言 硏究 上 二四五)

5) ma. faraŋga "gitterwerk vor dem haus od. vor dem tor, balkongitter"=mo. araŋga "balkon"

國語 (現代方言) pa-ra-dʒi, pa-ra-di(壁에 뚫린 窓) (小倉進平, 朝鮮語方言 硏究 上 一二六)

6) ma, fexi "gehirn", dahurisch xeki "kopf"=mo. ekin "kopf, gehirn, anfang" mogh. ekin "kopf"······

國語 (뎡)바기 (頂)

○阿難이뎡바길믄지시니(摩阿難頂) 楞嚴 五, 五

뎡바기뎡(頂) 字會 上 二四

7) gold. paku. pökkö "heiss", tung C. häku "heiss," Wilui-tung. hökü, Ochotsk huksi id.=mo. ege- "brennen 〈von der sonne〉, aufheizen 〈vor dem feuer〉",······

國語 봇글쵸(炒) 字會 下十三

봇글람(燖) 字會 下 十三

焦煎은 봇글씨라 月釋序 四

10) gold. (⸲pere⸳)pyje "unterer," (⸲pereksi⸳) pyiś "hina, hinunter", pyd′gela "unter", ma. fere "boden, unterteil, unterer filz der zeltwand", feǯile(⟨⸲fergile) "unten", tung C. ärgilä, härgilä id, ärä, härä "boden",=mo. erge "untere kaute des wandgitters,"···
(finn. perä "boden, grund")

國語

○벼로或云빙애(地灘) 譯語 上 七

○쇠벼ㄹ 龍歌 三, 一三

○즈믄비레(千崖) 杜諺 二一, 一三

15) gold. p̍a, p̍ä, PROT. pe "weissbirke", ma, (fija⟩) fa "birkenrinde", Wilui-tung.

hijika "wald", hijela "im dickicht"=mo irγai, irγa "ein strauch od. niedriger baum mit sehr hartem holz", jak. yarka "zwergbirke" das mong. wort ist mit der endung –rδai erweitert, den primären stamm heben wir wahrscheinlich im atü uig. y, j "baum, wald, gesträuch,"

이에 對하여는 Ramstedt氏 自身이 晩年에 國語의 「벗(나무)」을 對應시키고 있다.[15] 李崇寧 先生은, 이에 對하여 古代 表記의 「夫斯達」(松峴)와 「夫斯」(松)를 想起시켰다(註8).

訓蒙字會에는 前記의 「벗」이 「봊」으로 나타난다.

봊화(樺) 字會上一○

이 「夫斯」「봊」 사이에 어떤 發生的인 親緣 關係나 있지 않은지 모르겠다.

16) ma. firu-"die götter um segen od. fluch anflehen", firuren "segen"=mo. irüge-"die götter um segen auflehen", irüger "segen"……

國語 빌다(祈)

21) olča. porro "scheitel, spitze, ende" ma. foron, oroč. xo(〈 ̑xor) id.=mo. orai (= ̑or-ai) u. orgil "gipfel, spitze."

國語

○묏부리악(嶽) 字會 上三

○부리훼(喙) 字會 下六

○곳부리(花蘂) 杜諺 二一 一五

○東俗訓蒙山只有峰方言曰不伊 (雅言覺非卷二)

22) gold. pośenke "funken", ma. foso- "leuchten, strahlen"=mo. oćin "funken", osm. čag. učq "funken"

國語

---

15 Ramstedt, Studies in Korean Etymology, Memoires de la Société Finno-ougrienne ⅩⅭⅤ. Helsinki, 1949.

브실죠(照) 字會 下一

브실요(曜) 字會 下一

24) ma. fuxun "ärgerlich, böse"=mo. *ögü, kalm. öts- "unzufrieden sein", öl-
"hassen, böse, ärgerlich sein"……

國語 부화 肺 怒氣

부화폐(肺) 字會 上二七

上記의 滿洲語 fuxun도 faxun(肝臟)과 關係가 있을듯한 點에서 「怒氣」는
意義論的으로 二次的인 發達이 아닌가 생각된다. 希臘語에서도 cholē가 처음
에는 膽汁을 나타내다가 「怒氣」를 나타내게 되었음은 周知의 事實이다. 여러
言語에서 同一한 現象을 볼 수가 있다.

25) ma. fodo, fodoxa "salix weidentaum"=mo. udun id, kalm. udn, kh. ud id.

國語

○버들(訓民正用字例)

29) ma. fulgijan, fulaxun "rot", fulaburu "rotgelb"=mo. ula-ɤan "rot" ulabur "rētlich"
……

國語

○블근 龍歌 七章

블글단(丹) 블글적(赤) 字會 中三○

32) gold. pušin "weib, gattin", ma. fušin=mo. užin(im Juan-čao-mi-ši) "edefrau,
weib e'res hochgestellten, fürstin"〈Chin. fu-žin id., vgl. jap hu-sin(lies fužin od.
fužin) "weib, frau" 國語 부인

35) ma. fuxu "grosse warze"=mo.egüü, *ügü, kh, ɯ, kalm. ūn id.;jak. üön id.

國語(?)

臍ᄂᆞᆫ빗보기라 楞嚴 八, 一三二

빗복제(臍) 字會 上二七

38) ma. fulgije- "blasen(in das feuer, ein blasinstrument)", dahurisch xul´-

id.=mo. ülije-, kh. ɯlē-, kalm. ülē- id.

國語 불츄(吹) 字會 下十五

39) ma. fulu "zu viel, rest, überfluss," oroč. xulege- "hinzufügen", manägr. uläkä-id., Ochotsk huluk, hulat "überflüssig".=mo. üle- "zu viel ssin. mehr sein", ülemǯi "mehr, sehr, überschüssig"

國語 붇다(增)

비브를포(飽) 字會 下 一九

41) gold. puŋ "geruch, wohlgeruch", ma. fuŋšun, oroč. xuŋke, tung C. uŋu id, gold.(dial.) funï- "riechen"(intr.)Olča. pūnśe- "riechen"(trans.)Onkorsol. ūn "geruch" =mo. ünür "geruch", ünüs- "beriechen, küssen", kalm üms-(⟨üns-) id.

國語 방귀비(糠) 字會 上 三○

上例中 10, 16, 25, 39의 四個 語辭는 이미 李崇寧先生이 指摘한 것이다(註8). 이 外에도 나중에 例示하기 爲하여 남겨둔 것이 三個 있고 보면 적어도 二○個의 자못 믿음직한 對應이 可能한 셈이다. 이것은 勿論 Ramstedt氏의 것 뿐이나 Pelliot氏 Sauvageot氏의 것까지 合하면 相當數에 達할 수 있으리라고 믿어진다.

이 外에도 滿洲語의 語頭音 f-와 國語의 p-와의 對應을 支持해 주는 例로는 다음과 같은 것을 들 수가 있다.

滿洲語	國語
fusu- (물)뿌리다	pis- 붓다
fara- 穀物을 말리다	parai- 바래다
fioha 若鷄	pijuk 비육①
fele- 한봄을 버리다	pari- ㅂ리다
fuse-ji- 부서지다	pasa-di- ㅂㅅ디다

fule-he 뿌리　　　　　　　　pulhui 불휘

fulcin 觀骨　　　　　　　　pol 볼

fushe- 부채를 부치다　　　　puči- 부치다

fufu- 톱질하다　　　　　　　pibji- 비븨다(鑽)②

foji 가죽 신싸개(皮襪頭)　　posjen 보션(襪)③

fahūn 車輪　　　　　　　　pahoi 바회④

① 訓民正音用字例

② 비븨찬(鑽) 字會 中一四

③ 보션말(韈) 字會 中二三

　　襪曰背戌 (鷄林類事)

④ 바회륜(輪) 字會 中二六

　　바회망(輞) 字會 中二六

以上으로서 語頭에 있어서의 滿洲語의 f-와 國語의 p-의 對應은 알타이 共
通基語의 *p-와의 關聯에서 거의 完全히 樹立된 셈이다. 위에서 본 바와 같이
滿洲語의 f-가 p-로부터의 그리 오래지 않은 變化라고 한 Pelliot氏의 意見이
옳다고 하면 우리 國語는 이 點에서 오히려 保守的인 골디語나 올치語와 同
列에서는 것이라고 해도 無妨할 것이다.

「쁘다」「뻐디다」「뛰우다」「뚝」의 第二子音 -t'-와 滿洲語의 fithe-의 -th-와의
對應은 하나의 重大한 示唆을 우리에게 提供해주는 것 같다. 그것은 國語의
Aspirata -t'가 이 경우 原始的으로는 역시 -th-였던 것임을 보여 주는 것이라고
생각된다. 國語에 있어서 -th-音群이 皆擧 -t'-가 됨은, -ht- 音群이 -t'-가 되는
것과 마찬가지로 널리 알려진 事實이다. 그 例는 일일이 枚擧할 수 없을 程度
나 그中 一, 二例씩만을 들기로 하면 十五世紀의 sjlh-은 「悲」를 나타내는 語
幹이었는데

　슬허울오 月釋 序一, 四五

이 語幹은 -teni 等의 語尾와 連結되는 경우 恒常 silh-teni〉silh‘teni로 變헀으며

奴僕이슬터니(奴僕悲) 杜諺 二五, 八

또 pih-라는 動詞 語幹은 "雨"를 뜻하였는바

고ᄌᆞᆯ비흐시니 月釋一, 一三

여기에 -tera 같은 語尾가 붙을 경우 恒常 pih-tera〉pit‘era로 變하고 말았던 것이다.

고ᄌᆞᆯ비터라 月釋一, 十三

이 -ht-와는 正反對의 音群 -th-로 역시 Aspirata로 變하는 데는 다름이 없었다. 卽 十五世紀 書法에는

○시혹ᄀᆞᆮᄒᆞ며ᄀᆞᆮ디아니ᄒᆞ며(或同非同) 楞嚴三, 九五
○始終이ᄀᆞᇀ실씨(始終如一) 龍歌七五章

에서 보는 바와 같이 kat-ha-와 ka t‘a-가 함께 쓰이고 있으며 「堅」을 意味하는 語辭는 語幹이 kut-이었는데

구든城을모ᄅᆞ샤(不識堅城) 龍歌十九章

그것에 -hi-가 連結되는 경우

하ᄂᆞᆯ히구티시니(天爲之堅) 龍歌三〇章

에서 보는 바와 같이 恒常 kuthi-〉kut'i-를 形成하였던 것이다.

필경 우리가 지금 考究하는 「ㅳ」의 t'도 보다 古代에 이루어진 이의 平行的인 發達의 結果라고 보여진다. 이는 國語의 Aspirata의 生成에 對한 어떤 重大한 暗示가 될는지도 모른다.

이리하여 우리는 "彈力的인 運動"을 나타내는 國語의 ˚p~t'~(〈ˊp~th~)와 滿洲語의 fithe-사이에 자못 蓋然性있는 一致를 發見하게 되며 따라서 十五世紀 文獻의 「ᄠ다」「ᄢ다」「ᄣ디다」「ᄠᅮᆨ」의 「ㅳ」는 역시 「ㅂ」과 「ㅌ」의 文字 그대로의 複合이었음을 推定할 수 있는 것이다.

[2] 在來 「ㅂ」系列 子音群의 「ㅂ」의 存在를 證明함에 있어 有力한 役割을 맡아 한 것에 저 위에서 말한 「ㅂ」의 現代語에 남아 있는 殘影 外에 몇몇 外國人의 轉寫가 있었다. 古代 國語의 記憶의 極甚한 缺乏에 허덕이고 있는 우리에게 적어도 十二世紀의 高麗語를 傳해주는 宋代 鷄林類事에 「白米曰漢菩薩」「粟曰菩薩」이라고 있고 훨씬 後代의 日本側 資料 和漢三才圖會(1712)에 「米」가 「ビサル」 또 朝鮮物語(1711~1715)에 同語가 「ヒサリ」로 적혀 있다는 事實이다. 이러한 外國人의 轉寫는 十五世紀 文獻의 「ᄡᆞᆯ」의 「ㅂ」을 證明해 주는 것이 아니냐. 이는 地極히 當然하고도 妥當한 推理였던 것이다.

勿論 現代 國語의 「쌀」이 上記 鷄林類事의 「菩薩」 또 十五世紀 文獻의 「ᄡᆞᆯ」의 représentant임은 거의 疑心할 餘地도 없는 일이다. 그러므로 이 말의 十二世紀 以來의 變遷은 다음과 같다.

菩薩〉ᄡᆞᆯ〉ᄊᆞᆯ〉쌀

이로서 우리는 國語 自體의 記憶만으로도 어느 程度 이 말이 語頭音 p-를 가졌던 것임을 알 수가 있다. 그러나 여기서 한 가지 생각지 않을 수 없는 것은

華夷譯語 朝鮮館譯語의 記錄이다. 同書의 成立 年代는 아직 確定되어 있지 않으나 筆者의 管見으로는 그것은 적어도 訓民正音 創製 以後의 것일 수는 없을 것 같다.

이 朝鮮館譯語는 오직 小倉進平氏에 依하여 紹介되고 語釋되었으나[16] 그도 역시 그 刊行 年代의 推定에 對하여는 별로 言及함이 없었다. 다만 그것이 石田幹之助氏의 所謂 華夷譯語 丙種에 屬한다는 것만을 指摘했을 뿐이다. 이 丙種은 石田幹之助氏에 依하면 "明末茅瑞徵(伯符)의 所輯이라고 일컬어지며 卷首에 朱之蕃의 序를 붙인 (Maspero 博士에 따르면 會同館의 館員이 배운 諸國語를 記錄한 것이 아닌가 한다)것"이다. 그러나 같은 丙種에 屬하는 琉球館譯語 및 日本館譯語의 研究에서 伊波普猷氏[17]는 前者가 海東諸國記 附載의 語音翻譯의 語彙보다 적어도 一世紀前의 古形을 보여 주는 것으로 보인다고 하여 同書의 刊行年代를 相當히 추켜서 推定하였고 또 後者(日本館譯語)도 그와 거의 때를 같이 하는 것으로 보았던 것이다. 伊波普猷氏에 依하면 이 丙種에 屬하는 諸譯語의 年代 推定은 純全히 그 內容에 依하지 않으면 안된다고 한다. 그러므로 朝鮮館譯語의 年代 推定도 그 內容에 依하지 않을 수 없는데 우리는 여기서 同書가 오히려 訓民正音보다 앞서는 것이 아닌가 생각되는 것이다. 卽 同書에는 訓民正音의 「△」에 「自」字를 該當시키고 있는데

邊, 格自
秋, 格自
冬, 解自
第, 阿自

16 小倉進平, 朝鮮館譯語 語釋(東洋學報 28 卷3, 4號).
17 伊波普猷, 日本館譯語を紹介す(方言, 2卷3號)
　　同, 語音翻譯釋義─海東諸國紀附載古琉球語の研究(金澤博士還曆記念, 東洋語學の研究, 所收).

이로 보아 同書의 成立이 「△」音 消失以前, 그러니까 「△」音 消失을 中宗以後(十六世紀 後半)로 보면 적어도 그 以前의 것임을 斷定할 수가 있는 것이다. 그런데 다음 一例는 同書의 成立 年代를 더욱 추켜 올리는 양싶다.

蝦蟹, 西必格以(sai-pi kɔ-iu)

우리는 訓民正音 用字例의

사비爲蝦

를 想起할 必要가 있다. 朝鮮館譯語는 이 訓民正音의 「비」에 必(pi)를 該當시키고 있는 것이다. 그런데 이 「ㅸ」音은 訓民正音 創製 當時에 겨우 餘喘을 維持했던 것으로서 一四六○年代에만 들어서도 벌써 자취를 감추고 마는 것이다. 이 一例에 依하여 朝鮮館譯語의 年代가 決코 訓民正音 創製보다 뒤지지 않는 것임을 推定할 수가 있는 것이다. 아니 이 現代語의 「새우」의 歷史가 現代方言의 分布에 비춰어 보아

sabi〉saβi……〉sɛu

라고 하면 오히려 이 「西必」은 sabi를 轉寫한 것이 아닌가 생각된다. 이렇게 보면 朝鮮館譯語도 伊波普猷氏가 推定한바 琉球館譯語나 거의 때를 같이한 明 洪永年間에 成立된 것이라고 하여 大過없을 것이다.

그런데 이 明代 資料는 異常하게도 우리가 지금 考究하려는 「쌀」의 「ㅂ」을 全혀 無視하고 있다.

米, 色二

糯米, 敢別色二

粳米, 傘朶色二

粟米, 左色二

黍米, 吉雜色二

　同書의 「色」字는 小倉氏의 調査에 依하면 s, sa, se, sɔ, sɛm, sal, sɔp, sɔt을 表示하고 있으며 「二」는 r, l을 表示하고 있다. 또 한편

　正旦, 色二（十五世紀 文獻語 「ᄼᅵᆯ」）

의 表記와도 비추어 보아 「米, 色二」는 分明히 「ᄡᆞᆯ」의 「ㅂ」을 無視한 sal~ssal을 나타내고 있는 것이다. 그러면 이 「色二」는 이를 어떻게 解釋해야 옳을 것인가. 一見 難處한 듯한 이 表記는 오히려 뒤에 結論의 部分에서 알게 될 일이지만, 十四世紀 乃至 十五世紀의 「ᄡᆞᆯ」의 發音 狀態를 傳해주는 絶好의 資料인 것이다. 卽 十五世紀 文獻의 「ᄡᆞᆯ」의 「ㅂ」은 外破的 要素를 隨伴치 않은 內破的 p(p-implosif)였음을 立證해 주는 것이다. 이 語頭에 있어서의 內破的 p가 外國人의 聽取 轉寫에서 無視되었음은 오히려 當然한 일일 것이다. 생각건대 鷄林類事의 「菩薩」은 아직 同語가 二音節이었음을 보여 주는 것이 아닌가 하며 이것이 그뒤 어느땐가 第一音節의 母音의 壓出에 依하여 ps 兩子音의 連接을 招來했을 것이며 여기서 p는 內破的 要素만을 維持하여 十五世紀 或은 또 十六世紀에 이르렀다가, 發音의 安定化의 努力에 依하여 同化를 일으켜 드디어 第二子音 s의 Geminata로 化해버린 것이 아닌가 한다. 李朝初期의 「ᄡᆞᆯ」이 內破的 要素를 維持하고 있는 段階의 表現일 것임은 華夷譯語의 「色二」가 그 事實을 證明해 준다고 보는 것이다.

　이와는 反對로 語頭音 p-를 잘 傳해주는 上記의 兩日本側 資料(華漢三才圖會, 朝鮮物語)의 記錄은 이를 믿지 않기로 한다. 왜냐하면 이 兩書의 成立보다 近

一世紀나 앞서 이 「뿔」의 語頭音은 이미 Geminata로 化하고 말았었을 것이기 때문이다. 실상 이무렵이 되면 語頭 子音群이란 하나의 遺物로 化하고 말았었을 것이다. 그러므로 兩書의 表記는 「말해진 語辭」(mot parlé)가 아닌 「쓰여진 語辭」(mot écrit)의 移植이었을 것임에 틀림없다. 이에 對하여는 結論의 部分에서 詳細히 論하기로 한다.

「뿔」은 同系 諸語와의 比較에서 多少 難色을 보이는 듯하나, 여기서는 滿洲語의 fisihe(稷)와 比較시키려고 한다. 이 fisihe는 現代에 있어서는 몰라도 近世에 이르기까지도 半島 北部 및 大陸 山間地方의 主食物이었을 것으로 推測되기 때문이다. 鷄林類事의 「粟曰菩薩」의 記錄을 聯想치 않을 수 없다. 滿洲語에서는 「米」를 달리 bele라고 하나 이는 國語의 「보리」(麥)와 對應되는 말이다.

國語의 psal(뿔)과 滿洲語의 fisihe를 比較함에 있어 語頭에 있어서의 國語의 p-와 滿洲語의 f-의 對應은 위에서 이미 樹立되었으므로, 나머지, 第二音節에 있어서의 國語의 -s-와 滿洲語의 -s-의 對應과 滿洲語의 終尾音節 -he와 國語의 終尾音 -l과의 關係를 說明하면 될 것이다.

語頭에 있어서나 語中에 있어서나 滿洲語의 s와 國語 s와의 對應은 쉽게 確認되는 事實이다.

滿洲語	國語
se 歲	sel 설(歲, 歲頭)
sota- (쌀 같은 것) 뿌리다	sot 솟다
sadun 親家	sadon 사돈 ①
sura- 淘米하다	sil- 슬다(淘米)
sure 聰明한	sil-gi 슬기
sura- sure- 喊叫하다	sori 소리
siren, sirge 실	sil 실

sile-nggi 이슬	seri 서리 ②
saori 毚狀	saori 사오리 ③
sisa- 씻다	sis- 싯다
sime- 滲漫하다	simi- 스미다
silhida- 嫉拓하다 ⎫	
silhata 孤濁者 ⎭	silh- 슳(悲, 厭)
fuse-je- 깨어지다(碎)	pasa-di- ᄇᄉ디다
fusu- (물)뿌리다	pis- 붓다(注)
dasa- 統治하다	tasari 다ᄉ리다
dasa- 改正, 修理하다	tasi 다시
foso- (해)빛나다	*pasai-〉pazai- ᄇ쇠다

① 사돈혼(婚) 사돈인(姻) 字會上三三

② 鷄林類事의 「霜露皆曰率」은 자못 興味있는 記事다. 이 滿洲語와의 比較
에서 「露」에 「霜」이 對應됨을 볼 때 더욱 그러하다. 後代의 isil(이슬)은 seri
(서리)의 métathèse인가.

③ 방사오리올(几) 字會 中 ——

psal과 fisihe의 比較에 있어서 부닥치는 難點은 滿洲語의 終尾音節 -he와 國
語의 終尾音 -l에 關한 것이다. 그러나 이것도 全혀 說明될 수 없는 것은 아니
다. 우리는 于先 滿洲語 muke(물) fodoha(버들) 二語에 對하여 생각해 보기로
한다. 이 二語는 各己 後接辭 -ke, -ha의 接結로 이루어진 말이다. 그리하여 그
들이 本來 mu, fodo였음은 前者에 對하여는 오록코語의 mû(물)[18], 後者에 對
하여는 저 위에서 이미 본 바와 같이 滿洲語의 fodo(버들)의 存在가 證明해 준
다. 그러므로 이 兩語는 國語와의 對應에 있어서 한결같이 國語의 終尾音 -l에

---

18 Nakanome Akira, Grammatik der orokko-sprache, Osaka, 1928, p. 70.

o로 對하고 있는 것이다.

mu-ke~mjil(믈)

fodo-ha~pedjil(버들)

여기서 우리는 fisihe와 psal의 對應이 이들과 全혀 平行的인 事實임을 發見하게 되는 것이다. 卽 fisihe는 fisi+he의 構成으로서 역시 psal의 終尾音 -l에 o로 對應하고 있는 것이다. 이와 같이 國語의 終尾音 -l에 滿洲語 o로 對應하는 例는 간혹 發見되는 일이다. 國語의 「歲, 歲頭」를 意味했던 十五世紀 文獻語「설」에 對한 滿洲語의 se(歲)(土耳其語 säl)와 複數를 나타내는 後接辭「들」에 對한 滿洲語의 -ta(例 ama-ta) -te(例, eme-te) 또 國語의 「비탈」에 對한 滿洲語 bita(江의 한쪽은 얕고 한쪽은 깊어진 곳)等은 가장 눈에 뜨이는 例들이다.

이리하여 國語의 psal과 滿洲語의 fisi-he 사이의 對應은 可能하나, 따라서 이 「뿔」은 國語 自體의 記憶과 比較에 依하여 「ㅂ」이 그 本來의 語頭音이며 「ㅄ」 사이의 介在母音의 脫落으로 말미암아 子音群을 이루었다가 後世에 硬音化乃至 平音化(結論 參照)했음을 證明할 수가 있는 것이다.

[3] 또하나 滿洲語와 國語의 比較에 있어서 가장 明白한 對應을 보여 주는 例에 「ᄠᅳ다」(拮)가 있다.

이 말 역시 前記 華夷譯語 朝鮮館譯語에서는 十五世紀 文獻의 書法에 나타나는 「ㅂ」이 無視되고 말았다.

摘果 刮世大臥那剌

이는 確實히 "과실 따오너라"를 나타낸 것이겠는데 이 경우 第三字인 「大」가 問題인 것이다. 이 「大」는 同書에 用言 終止形으로서 許多히 나타나고 또 다른 例에서도 目擊할 수 있는 것인데 小倉進平氏에 依하면 대체로 ta, da, 'ta, tɛ 等 諸音을 나타내고 있는 것이라고 한다. 이 役시 前例 「벌」에 있어서 모양으로 「따」와는 書法의 「ㅂ」의 發音이 內破的인 것이었음을 나타내는 것이라고 볼 수밖에 없다.

이 「ᄠᅡ다」는 滿洲語 動詞 語幹 fata-(꽃, 과실等을 摘取하다)와 對應된다. 意味的으로나 音韻的으로나 秋毫도 疑心할 餘地가 없는 것이다. 語頭에 있어서의 語頭音 p-와 滿洲語音 f-는 말할 것도 없고 國語音 t(母音 및 有聲子音 間에서의 d)와 滿洲語의 t와의 對應도 다음과 같은 諸例에 依하여 確立된다.

滿洲語	國語
kata- 말라서 굳다	kut- 굳다
tuta- 뒤떨어지다, 뒤늦다	tedʑi- 더듸다
sota- (쌀 같은 것)뿌리다	sot- 솓다
tatara- 손으로 깨치다	tudʑiri- 두드리다
tama- 담다	tam- 담다
tala 曠野	tɨrɨ 드르
tebeliye- 안다(抱)	tebɨl- 더블다(與)

그러므로 國語의 「ᄠᅡ다」는 語源的으로 pta-〈*p~t~일 수밖에 없는 것임을 거듭 確認하게 되는 것이다.

[4] 위에서 Ramstedt 氏가 그의 "蒙古, 土耳其 原語에 있어서의 語頭 無聲唇音"에서 樹立한 四十二個의 通, 蒙, 土諸語의 語彙 比較에 國語를 參與시켰을 때, 나중 言及하기 爲하여 남겨 놓았던 것이 있었는데 그中의 하나가 그의 語彙 番號 23番이다.

ma. fuse- "zunehmen; sich vermehren(das vieh)"=mo. ösü-, ös- id.; tü. ös- id.

그런데 Shirokogoroff 氏[19]는 이 滿洲語의 語幹 fuse-와 關係가 있는 滿洲語 語

幹 fusen, fisen(人間이나 家畜 雙方의 "生産, 子孫")과 골디語의 pikta 또 골디語, 올
차語의 piktö(小兒, 子息) 等과를 對應시킴으로서 Ramstedt氏와 意見 差異를 보
이고 있다. Shirokogoroff氏는 여기서 s-t의 變化가 일어났다고 보아 이 fusen,
fisen은 하나의 同一한 語根 fute에서 派生된 doublet로 看做했던 것이다. 또 한
편 piktö나 pikta의 k는 골디方言 및 올차方言에서 그에 對應하는 滿洲—女眞
語의 語根에 k를 揷入하는 것이 알려져 있으므로 쉽게 說明할 수 있다고 하였
다. 그는 이 子息, 小兒를 意味하는 雜多한 通古斯 語辭들을 取扱함에 있어 上
記한 Ramstedt氏의 段階變異와는 正反對의 兩脣音化 ute → wute → fute(fute →
wute → fute)를 措定하고 있는 것이다. 筆者와 같은 淺學이 이 兩大家의 說에
對하여 可否를 論할 수는 없으나 여기서는 Ramstedt 氏의 說을 取하여 前記23
番에 國語의 「삐」를 對應시키고자 한다. 국어와 만주어 사이의 語頭에 있어
서의 p:f 및 語中에 있어서의 s:š의 대응은 이미 위에서 是認된 것이므로 더 論
할 필요가 없겠다. 아마 「삐」의 原始的 意味는 滿洲語 語根 fuse-모양으로 「繁
殖」이 아니었던가 하며, 後에, 滿洲語 fusen이 「繁殖된 것」을 意味하게 된 것
과는 正反對의 方向으로 意味의 推移를 보여 「繁殖의 根源」이라는 現代의 意
味를 取하게 된 것이 아닌가 한다.

[5] Castrén氏에 依하면 골디語에는 bodom(denken, meinen)이라는 語辭가
있다고 한다.[20] 이 語辭은 필시 滿洲語의 bodo-(畫策하다, 計算하다) bodon(策
略, 計略) bodo-gon(計略) bodo-kū(計算器) 또 蒙古語의 boto-(생각하다, 計算하다)
botolga(謀計, 主張, 意味) 等과 對應되는 말일 것이다. 우리는 여기에 國語의
「뜯」을 添加하고자 한다.

이들 諸語辭는 모두 語頭音 b-를 가지고 있다. A. Sauvageot氏는 알타이 共
通基語의 語頭有聲脣音 *b-가 通古斯, 蒙古語, 土耳其語 等에서 한결같이 b-로

---

19 Shirokogoroff, Social Organization of the northern Tungus, 1933. Shanghai 日本譯 pp. 348~350.
20 M. Alexander Castrén's Grundzüge einer Tungusischen Sprachlehre nebst kurzem Wörterverzeichniss,
  herausgegeben von Anton Schiefner, St. Petersburg, 1856. p. 95.

나타남을 圖示하고 있다.[7] 그러나 우리 國語의 語頭 有聲音 忌避란 實로 强力하기 이를 데 없는 것이어서 우리가 아는 最古의 國語도 語頭에 有聲音을 容認하지 않았던 것이다. 原始 國語가 語頭 有聲音을 保有했었겠느냐 하는 것은 지금 알 길이 없다. 아니 原始 國語의 子音組織이 原始土耳其語나 蒙古語처럼 無聲音에 相應하는 有聲音들을 가졌었겠느냐 하는 것은 무어라 斷定할 수 없는 問題다. 아마 國語는 훨씬 上古로부터 音韻으로서의 有聲子音을 갖고 있지 않았다고 보여진다. 그러므로 餘他의 알타이語가 모두 語頭의 b-를 維持하고 있음에도 不拘하고 國語는 그에 相應하는 無聲音 p-로서 이에 對應하고 있는 것이다. 이는 國語 子音組織에 있어 가장 두드러진 特質이 되리라고 믿는다.

滿洲語의 語頭音 b-도 國語의 p-와 對應되고 있다.

滿洲語	國語
ba 地方, 場所	pa 바(所)
bene- 보내다	ponai- 보내다
bele 米	pori 보리(麥)
bola- 불태우다	pil (火)
bita 江의 한쪽은 얕고 한쪽은 깊어진 곳	pit'al 비탈

다음으로 생각해야 할 것은 滿洲語 bodo-와 國語 ptɨt(뜯)의 第二音節의 子音의 對應 d:t(d)이다.

여기서도 國語는 t에 對한 d를 音韻으로서는 갖고 있지 않기 때문에 滿洲語의 t에 對해서나 d에 對해서나 한결같이 t(有聲音間에서 發音 d)로 對應하리라는 것은 쉽게 짐작되는 일이다. 于先 語頭에 있어서의 滿洲語 d와 國語 t의 對應은 다음과 같은 例에 依하여 證明된다.

滿洲語	國語
dasa- 統治하다	tasari- 다스리다(治)
dasa- 改正, 修理하다	tasi 다시(再)
dori- (말)疾驅하다	tali- 달이다(驅)
admu 오직	tamain 다민(特)
dara- 활을 잡아 당기다	talai- 들이다(牽)
demun 異端의, 남다른	timil- 드믈다(稀)
deri- 마음이 변하다	tara- 다르다(異)
dadara- 넓이 퍼지다	tadari- 다다르다

語中에 있어서의 滿洲語의 d와 國語의 t(d)의 對應은 위의 마지막 例나 滿洲語 sadun(親家)과 國語의 sadon 「사돈」, 滿洲語 fodo對 國語의 pedil 「버들」等이 證明해 준다.

다만 國語의 「뜯」은 孤立語辭여서 어떤 語根을 揣定할 수가 없기 때문에 그 終尾音 t의 存在를 說明할 수 없음이 유감이다. 「뜯」은 어떤 古代의 語根 *p~t(d)~로부터의 派生語가 아닐까 한다.

[6] 다음으로 역시 滿洲語의 語頭音 b-에 p-로써 對應하는 말에 「짝」이 있다. 이 말이 「뜯」과 母音의 變差에 依하여 分化된 말임은 疑心할 餘地도 없는 일이다. Ramstedt氏는 이 말을 土耳其語의 bučuq(halb, Hälbte)과 比較하고 있다 (註15). 本稿는 여기에 또 滿洲語의 bacihi(어렸을 때부터 맺어진 夫婦)를 對應시키고자 한다. 國語의 pčak과 이 bacihi는 各各 子音組織 p~č(ʒ)~k:b~c~h의 正確한 對應을 보이고 있다.

兩語의 語頭音의 對應 p:b는 이미 說明한 것이요, 第二音節에 있어서의 č(ʒ)와 c의 對應도

滿洲語	國語
cejen 가슴	čeč 젖
cibin 제비	čjebi 져비
coco 陰莖	čaǯi
hacin 種類	kaǯi 가지

의 明白한 몇 例에 依하여 確立할 수가 있다.

마지막의 國語 k:滿洲語 h의 對應은 이미 河野六郎氏에 依하여 語頭에 있어서의 十二個의 對應例가 樹立되어 있다.[21] 그가 든 例 밖에서도 다음과 같은 것들을 더 찾을 수가 있다.

滿洲語	國語
hala- 火傷하다	kel- 걸다 ①
here- 漂, 撈	keri 거르다 ②
holo 山谷, 溝	kol, kor-aŋ 골, 고랑
holo 거짓	kul- 굴다(噓) ③
her-gen 글	kil 글
hūla 贊禮	kiri- 기리다
haji 親近한	kaǯuk- 가죽다 ④
hala 姓, 一族	kjerei 겨레
hošo 角 隅	kusek 구석

① 煙氣에 검어지는 것

② 술거르ᄂᆞᆫ 사름(漉酒生) 杜諺 十, 五; 撈ᄂᆞᆫ 므레 거릴씨오 月釋序八

滿洲語에는 here-mbi와 同義의 herge-mbi가 存在한다. 이것이 더욱 古形일

21 河野六郎, 朝鮮方言學試攷 pp. 144~145.

것이며 國語의 方言形 kelg-와 對應될 것이다.

③ 굴허(嘘) 類合下六

④ 「近」의 意의 十五世紀 文獻語는 「갓갑다」이나 筆者는 오히려 南部 方言
　의 ka-dʒuk-ta, ka-dʒik-ta, ka-dʒûk-ta, kɛ-dzak-ta 等 一聯의 k~dʒ~ta을 이 滿
　洲語에 比較하고 싶다.(小倉進平 朝鮮語方言 研究上 三四七)

이러한 音韻 對立은 語中에 있어서도 조금도 다름이 없다.

滿洲語	國語
hasa-ha 가위	kasi-gai 가시개 ①
jahari 江가의 잔돌	čagal 자갈
fehi	pagi (뎡)바기 ②
fulahun	pilg- 붉다 ③
fuhu	pok (빗)복 ④

① 河野六郎 "朝鮮方言學試攷"參照

① 上記 Ramstedt 氏 語彙番號 ⑥

② 同 ⑳

③ 同 ㉟

그러나 滿洲語의 h에 國語가 역시 h로 對應하는 借用에 基因하는지도 모르
는 極少數의 例外的 存在가 있다. 卽 滿洲語의 homin(鋤)에 對한 國語의 homi
(호미) 및 滿洲語 saha-에 對한 國語의 sah(積, 築)─後論 參照─等이 그것이다.

[7] 오늘날 死語가 된 것에 「뭊다」가 있다.

이 말의 十五世紀 文獻의 用例를 보면 다음과 같다.

　　서로뿌츨씨(相摩) 楞嚴 四, 十八

　　婬亂ᄒᆞᆫ모ᄆᆞ로뿌처(婬躬撫摩) 楞嚴 一, 三五

아마 「숫돌」(砥)의 「숫」도 이와 同一한 말일 것이다.

이 國語의 動詞 語幹 psu-č'-은 필시 滿洲語의 bišu-(撫摩하다)와 對應될 것 같다. 國語의 -č'-는 마치 滿洲語의 bišu-šu-(한결같이 撫摩하다)의 -šu-와 같은 接着 要素가 아닌가 한다. 그러면 남는 問題는 第二音節에 있어서의 兩語의 s:š의 對應인데 이 對應은 다음과 같은 例에 依하여 可能함을 알 수가 있다.

滿洲語	國語
šer-ke 大橇	sel-mei 설메
šatan 研糖	šataŋ 사탕 ①
šolo- 불사르다	sal- 슬다
šolo 사이	seri 서리(中)
šaru 말린 肉片	sal 슬
šušu 高粱	susu 수수 ②
hošo 角隅	kusek 구석
šusin 끌(鏨) } suisui- 쉬쉬다 ③	
šusi-le- 끌로 구멍을 파다	

① 中國語로부터의 借用일듯
② 滿洲語로부터의 借用일듯
③ 平安北道 方言에서 게구멍 같은 데 손을 넣는 것을 이렇게 말한다.

이 外에도 滿洲語 feku-(躍)에 對한 國語 「뛰다」[22]를 爲始한 몇 例가 있으나

---

[22] 또 하나 나중 言及하기 爲하여 남겨 놓았던 것에 Ramstedt 氏의 前期 論文 語彙番號(37)이 있다. ma. feku—"springen, einen sprung machen", tung hökörki—"aufspringen" = mo. üküji—"sich vorwärts biegen zum sprung", ·········

이 語辭에 本稿는 國語의 ptui- 뛰다)를 比較시키고자 한다. 語頭에 있어서의 國語의 p-와 滿洲語의 f-의 對應은 다시 論할 것도 없지만 第二音節子音의 -t-와 -k-의 對應에 對해서는 相

當한 說明이 있지 않으면 안되겠다.

우리는 이를 證明하기 爲하여 다음과 같은 두 가지 現象을 指摘함에 그치려고 한다. 卽 國語 自體內에서의 t~k의 交替와 國語와 滿洲語 間의 이와 同一한 現象이 그것이다.

前者를 說明하기 爲하여 가장 손쉬운 一例로「泡」를 意味하는 語辭를 考察해 보기로 한다. 이 語辭는 國語에 存在하는 形態의 多樣性으로 하여 言語地理學的인 綿密한 硏究를 遂行하면 참으로 興味津津한 結果가 얻어질 듯하다. 現在의 不正確한 知識에 依하여 그 分布를 살펴 보면 大體로 北部 一帶(平安, 咸鏡 一圓)에는「더품」系가 優勢한 듯하며 中部(京畿, 江原) 및 嶺南에는「거품」系가 優勢한 듯하다. 이 兩大系에 몰리어 湖南과 慶南의 最南端에「버굼」系가 位置하고 忠南 一部에「거쿰」이 작은 섬을 이루고 있다. 陸地와는 멀리 濟州島에는 忠南 一部의「거쿰」을 聯想시키는「개쿰」과 필시「버굼」系에 屬할「북굴레기」가「泡」의 大小를 分揀하여 指示하고 있다. (以上 小倉進平, 朝鮮語方言硏究 上 四九-五○에 依據) 이러한 現在의 分布를 어떻게 解釋하면 좋을 것인가.

이의 올바른 解釋에는 다음과 같은 두 가지 事實을 아는 것이 不可缺하다. 卽 李朝初期 文獻語에 現在「泡」를 意味하는 語辭의 二大系를 形成하고 있는「거품」과「더품」이 共存했었다는 것과

○ 거품포(泡) 字會上六

　거품구(漚) 字會上六

　거품말(沫) 字會上三○

○ 오직흔쁜더품體롤자바(唯認一浮漚體) 楞嚴 二, 一六

鴨綠江 건너편에는 fuka(滿洲語「泡」―이에 正確히 對應하는 國語 語辭는「버캐」일 것이다)가 存在한다는 것이다.

이 두 事實에 基礎를 두어 現在의 分布를 解釋해 보면 우리는 이 語辭의 原始的 形態로「버굼」을 想定하지 않을 수 없을 것이다. 이「비굼」이 그 音韻倒置形인「거품」(兩唇音의 有氣音化에 對해서는 또 다른 說明이 있어야 할 것이지만)에 밀리어 現在는 半島 最南端에 形態를 保存하고 있는 것이다. 그런데 이「거품」은 語頭音의 交替로 하여「더품」形을 낳아 이것이 中世에 中央地方에 共存하였다가 漸次「더품」은 北方으로 本據를 移動하게 되었을 것이다. 忠南 一部에 섬을 이루고 있는「거쿰」形은 우리가 흔히 볼 수 있는 兩唇音과 喉頭音의 交替(p~k)거나 同化作用에 依한「거품」으로부터의 形成으로 보아 버리면 無難할 것이다. 濟州島에서 작은 泡沫을 提示하는「북굴레기」도「버굼」이 古形임을 말해 준다. 本稿는 다만「더품」과「거품」에 있어서 나타나는 t~k의 交替를 注目하고자 한다.

이와 同時에 滿洲語와 國語 사이에 k~t의 交替를 發見하는 것은 興味있는 일이 아닐 수 없다. 그것은「褂子」를 意味하는 滿洲語 kurume와「周衣」를 意味하는 國語 turumagi의 對應에서 나타나는 語頭音 k~t의 交替이다. 이 滿洲語 kurume는 後代에, 그 事物과 함께 北部 地方(咸鏡, 平安)에 轉入되어 k'u-ru-ma-gi(kurume와 turumɛgi의 contamination) k'u-ru-mɛ, k'u-ri-mɛ라는 形態 밑에 行해지고 있다.(京畿, 忠南 一部의 hu-ru-mɛ, 濟州島의 hu-ru-ma-gi, hu-ri-mɛ라는 語辭도 이 hurume의 露頭인가)

이리하여 滿洲語와 國語 사이의, 또 國語 自體內의 k~t의 交替가 可能한 措定이라면 滿洲語 faku-mbi와 國語 ptui-〈*p~t~와의 對應도 不可能한 것은 아닐 것이다.

省略하겠다.

　지금까지 未洽하나마 近十個의 p-系列의 語辭에 對하여 十五世紀의 書法이
보여주는 「ㅂ」이 그 말의 眞正한 語頭音이었음을, 蓋然性에 있어서 가지가지
인 滿洲語와의 對應에 依하여 證明하고자 努力하였다. 그中 數個는 움직일 수
없는 것이기는 하였으나 앞으로 數的으로 豊富하고 質的으로 보다 믿음직한
對應의 發見이 얼마나 希求되는 것인지 모른다. 그럼에도 不拘하고 지금까
지의 本稿의 微弱한 試圖는 이 정녕 하나의 수수께끼일 수밖에 없었던 語頭
子音群의 正體를 밝히는 데 있어서 이러한 比較 方法이 가지는 決定的인 卓越
性을 多少라도 證明하였다고 믿는 바이다.

　끝으로 우리는 지금까지 보아온 對應들과는 좀 性格이 다른 한두 가지 對
應에 對하여 言及하지 않으면 안되겠다.

　먼저 「쓸게」(膽)에 對해서:

　이 語辭에 對한 同系諸語의 對應型은 通古斯語 si, sil 골디語 및 올차語 silte
滿洲語 silhi 女眞語 si-li-hi 蒙古語 sülsün( )süsün) 等인데(註15), 이 경우 우리는
十五世紀 書法의 「쓸게」에 나타나는 「ㅂ」을 찾아볼 수가 없는 것이다. 이는
어떤 理由에서일까.

　모르기는 하겠거니와 十五世紀의 文獻 編纂者들이 구태여 「쓸게」라고 쓴
데는 그릇된 流源 探究가 反映되어 있는 것으로 보인다. 그것은 필경 「膽」의
味覺이 「쓰다」(苦)는 데서 基因되었을 것임에 틀림없다. 왜냐하면 이 말의 形

　한편 濟州島 方言 「퀴다」(躍)가 本稿의 假說에 어떤 이바지를 주는 것 같다. 濟州島 方言이,
陸地 方言과는 달리, p-系列 子音群의 大部分을 ASPIRATA化한 것에 想到하면 이 「퀴다」는
*p~k~形의 想定을 可能케 하는 듯도 하나, 濟州島 方言이 陸地 方言과 許多한 t'~k'의 交替를
보이고 있는 點으로 보아서는 이 「퀴다」에 重要한 價値를 賦與하려는 것이 躊躇된다.

　　　타다(燒)　──　카다
　　　트눈　　　──　퀴눈이
　　　베틀(織機)　──　베클
　　　솜틀　　　──　소개클 等.

146

成이 果然 psi(苦)+l+gei였는지는 자못 疑問이 아닐 수 없기 때문이다. 後接辭 -kei(-gei) -kai(-gai)는 čip-kei(집게, 鉗) ki l-gei(글게, 鉋) pje-gai(벼개, 枕) tjep-kai(덥개, 箭靷) nal-gai(늘개, 翅)—모두 訓蒙字會에서—等에서 보는 바와 같이 動詞의 語幹과 直接 連結되는 경우 혹은 nori-gai(노리개, 佩)—訓蒙字會에서—와 같이 名詞와 直接 結付되는 경우, 一般的으로 手段(instrument)을 나타내는 것인데 이 psi-l-gei와 같이 形容詞의 語幹과 -l-을 끼고 結付되는 例는 찾아 볼 수가 없는 것이다. 이로 보아 우리는 이러한 合成法이 眞實이 아님을 알 수가 있다. 「쓸게」는 실상 보다 廣範한 名詞形成에 쓰인듯한 後接辭 -kei(-gei) -kai(-gai)로서 끝난 名詞로 보아야 하지 않을까 한다. (例. an-gai 霧, pen-gei 電, mi ʒi-gei 虹, kiʒi-gei 伸, e t-kei 肩—모두 訓蒙字會에서) 이 事實은 前記 同系諸語의 對應型들이 支持하여 준다. 卽「膽」을 意味하는 蒙古語 sülsün 滿洲語 silhi 女眞語 si-li-hi 골디 및 올차語 silte는 各各 -sün -hi -te 等의 後接辭가 鎔接된 點에서 國語와 全혀 平行的인 것이다. 여기서 우리는「膽」을 意味하는 하나의 共通 語辭 ˚s~l을 想定할 수 있을 것 같다. 그러므로 李朝初期人들이 이 語辭의 表記에 있어「쓸게」라고 쓰게 된 데는 이 말과「쓰다」와의 너무나 가까운 觀念 聯合이 作用하고 있는 것으로 보지 않으면 안될 것이다.

다음으로「艾」를 意味하는「쑥」에 對하여는 蒙古語 suixa 滿洲語 suiha (滿洲語 suku (蓬蒿)의 存在도 注目된다)가 對應되는 것 같이 보이는데 이 경우도 역시 十五世紀 書法의 語頭 子音群의「ㅂ」을 發見할 수가 없는 것이다.

이 말 역시 막 言及한「쓸게」나 마찬가지로「쑥」의 味覺이「쓰다」는 데서 온 그릇된 語源 探究의 反影이라고 보는 것이 좋을 것 같다.

或은 또 한 걸음 더 나아가 이들 兩語辭에 民間語源(etymologie populaire)이 作用하였다고 볼 수도 있을 것이다. 그리하여 이미 그들의 發音 自體가 民間語源에 依하여 psil-gei, psuk으로 變改되었었을는지도 모른다. 어느 쪽으로 解釋하거나 이 兩語辭의「ㅂ」은 語源的인 것이 아님을 알 수가 있다.

十五世紀 後半 十六世紀 初頭의 文獻 即 訓蒙字會에까지에(이렇게 限定하는 理由에 對하여는 結論의 部分에서 알게 될 것이다) 나타나는 表記에는 多少의 混亂이 없지 않았다.

① 「뛰」(茅)(字會, 杜諺)에 對하여 訓民正音 用字例에 「뒤爲茅」가 있고

② 杜諺의 「내뽀친나그네(逐客)」에 對하여 字會에 「내조츨튱(黜)」이 있으며

③ 「쏘다」(射)(字會)에 對하여 訓民正音合字解에 「쏘다爲射」가 있고 또 杜詩諺解에 "즘싱소믈"(射獸)[二十四, 六二] 「소아자본사ᄉ미」(射)[七, 十八] 가 있으며

④ 「ᄡᅳᇹ다」(積, 築)(杜諺)에 對하여는 다음과 같은 四型이 混記되었다.

積은 싸홀씨라　　　　月釋序 二三

膽婆城 쓰니　　　　　月釋一 四四

노피사햇거든　　　　月釋序 二三

슬튝(築)　　　　　　字會下十七

이러한 몇 가지 表記法의 混亂을 대뜸 그 音價 決定의 端緖로 삼으려는 態度는 어디까지나 삼가야 할 것이다.

우리는 여기서 한 가지 重要한 事實 即 「뛰」「쏘」「ᄡᅳᇹ」型이 대개 訓蒙字會와 杜詩諺解—訓民正音 創製에서 내려오기, 後者라면 四十年, 前者라면 八十年後의 文獻들이라는 點에 注意할 必要가 있을 것 같다. 筆者의 생각으로는 이때가 되면 벌써 創製 當時에 마련되었던 書法과 當時의 言語와의 사이에, 적어도 語頭 子音群에 關한 限, 적지 않은 不一致(désaccord)가 생겼을 것이라고 믿어진다. 그리하여 創製 當初에는 p-系列에 屬하였던 것이 어느덧 先行子音과 同化를 일으켜 Geminata로 發音되기에 이른 語辭도 더러 있었을 것임에 틀림없다. 왜냐하면 이때는 바로 이러한 過渡期였기 때문이다.(結論 參照) 여기에서 그들은 何等 p-系列에 屬할 理由도 없는 語辭를 그릇된 語源探究나 表

記法 過失로하여 거기에 所屬시켰을 것임은 容易히 짐작할 수 있는 일이다.

上記의 「積, 築」을 意味하는 國語의 語辭들은 滿洲語 saha-와 對應되는 말이므로(借用關係의 有無는 지금 斷定할 아무 根據도 없다. 다만 第二音節의 h:h의 對應이 그런 嫌疑를 惑起시켜 줄 뿐이다) 本來부터 語頭音 s-를 가졌던 것 같다. 여기서 우리는 이 語辭의 表記에 나타나는 十五世紀 書法의 「ㅅ」과 「ㅆ」의 並存에 注目하지 않으면 안된다. 또 그 앞의 「射」를 意味하는 말도 鷄林類事에 「射曰活索」로 있는 것으로 보아 本來 語頭音 s-를 가졌던듯한데 역시 「ㅅ」과 「ㅆ」型이 並存하고 있는 것이다. 이는 當時 이 말의 語頭音이 s-)ss-의 이른바 硬音化 過程을 밟고 있었다고 봄으로써 順理로 解決될 것이다. 그러므로 「ㅆ」는 硬音 表記이었다. 그것이 硬音이었기 때문에 「ㅄ」式의 書法도 可能했을 것이다.

以上으로 아직 疑問되는 點이 全혀 없지는 않다고해도[23] 그 時代에 있어서의 이들 子音群의 存在狀態와 歷史的 情況에 對해서는 結論에 미루기로 하고 十五世紀에서 十六世紀 初頭에 걸친 古文獻의 「ㅳ」「ㅄ」「ㅶ」「ㅵ」等이 文字 그대로의 子音群이었음을 結論하고자 한다.

2)

이제 다시 ㅄ ㅳ 等 三子音 複合에 있어서의 「ㅂ」이 決코 無意味한 것이 아닌, 그 말들의 元來의 語頭音이었음을 밝히는 것은 위에서 얻은 우리의 結論을 더욱 굳게 하여 줄 것으로 믿는다.

---

23 다음과 같은 滿洲語와의 一聯의 可能한 對應을 어떻게 說明하느냐 하는 것은 앞으로 考究할 問題의 하나로 남게 될 것이다. 滿洲語의 語頭音 消失 現象으로 說明할 수 있는지 아직 本稿로서는 아무런 斷定도 내릴 수 없다.
  ada(筏) — 쎄(筏)
  adun(牧童의群) — 쎄(群)
  usun(맛없는) — 쓰다(苦)
  use(씨) — 삐(種)

이 ㅴ ㅵ 等 ps-系列이야말로 正히 驚異에 該當하는 것이다. 筆者는 語頭 子音群 問題를 올바르게 解決하는 關鍵은 이들 ps-系列에 있다고 恒常 생각하고 있다. 이들 三子音 複合에 어떤 解決의 祕訣이 숨겨져 있는 것이다. 그러므로 數的으로는 얼마 안되지만 無視할 수 없는 重大性을 띠고 있는 것이다.

이제 便宜上 이들 子音群을 가진 語辭들을 列擧해 보면 다음과 같다.

ㅴ 子音群

ᄢᅮ다(借) 佛頂下 十二

ᄢᅱ다(貸) 字會下 二二

ᄢᅳᆷ(隙) 訓民正音合字解

ᄢᅵᆷ(隈) 杜諺十, 三九

ᄢᅦ다(貫) 龍歌二三章

ᄢᅢᅘᅧ다(ᄢᅢ혀다)(析, 剖) 楞嚴 十六

ᄢᅥ디다(淪, 溺, 墊) 楞嚴四 五六

ᄢᅳ. ᄢᅵ. ᄢᅴ. ᄢᅵ니(時) 龍歌一一三章

ᄢᅵ다(挾) 杜諺十六, 四

ᄢᅵ우다 字會下二十

ᄢᅳᆯ(鑿) 字會中 十六

ᄢᅮᆯ(蜜) 月釋一, 四二

ᄢᅳ리다(衛, 包, 裹) 楞嚴二, 十八

ᄢᆞ다(剝) 楞諺七, 三二

ᄢᅢ(荏) 字會上 十四

ㅵ 子音群

ᄣᅢ(時) 訓民正音合字解

ᄣᅳ리(疱) 字會中 三三

       삐르다(刺, 觝, 觸) 字會下 八

       ᄣ리다(ᄣ려디다)(裂, 碎) 杜諺一, 三

       (넘)삐다(洋溢) 楞嚴八 一〇一

    이들 三子音複合의 「ㅂ」이 現代語에 間或 그 殘影을 남기고 있음은 앞서 論한 p-系列 子音群과 같다.

       흔ᄢ-함께

       들ᄣ-듧깨

       이ᄣ-입때

    그러나 우리는 여기서도 역시 Aspirata로 나타나는 例를 發見할 수 있음은 注目할 만하다. 卽「엽때」와 함께「여태」가 存在하고 있다는 事實이다. ─平安道 方言의「나케」(⟨낮+ᄢ?⟩)도 여기에 들 것인가─. 이는 pst⟩t′의 一例로서 이 三子音複合이 濟州島에서도 大槪 陸地와 같이 硬音化하고 있는 事實에 想到할 때 貴重하다고 아니할 수 없는 것이다.

    그러면 이 수수께끼의 三子音 複合은 도대체 무엇을 나타내는 것일까. 그 正體를 밝히기 爲해서는 우리는 우리가 갖고 있는 唯一한 證明 手段인 比較 方法에 依하는 수밖에 없다.

    現代語의「때」(時)는 訓民正音에「ᄢ」로 나타난다. 그것이「ᄢ르ᄢ」로 쓰였기 때문에 우리는 가끔 子音이 뭉친 怪物을 聯想하게 된다. 훨씬 後期의 捷解新語, 朴通事諺解 等에서는 一般的으로「ᄢ」의 經形을 固執하고 있다. 그러나 이들 書籍이 刊行될 무렵에는 이미 語頭 子音群은 完全히 사라졌을 것에 틀림없으므로 이 綴法은 다만 擬古的인 것에 지나지 않았던 것이다. 실상 이 時代가 되면 著述者들은 벌써 語頭에 있어서의「ᄧ」나「ᄥ」의 存在 理由를 까맣게 모르게 되어─間或 나타나는 殘影에서 느꼈을는지도 모르나─ 결국「ᄮ」

나 조금도 다름없는 硬音의 一種 별다른 古風의 表記로만 알았던 것임은 이
들 文獻을 檢討해 보면 곧 짐작되는 일이다.(結論 參照)

그런데 이 pstai는, Ramstedt氏에 依하면 위글語 土耳其語의 buta(längere
Zeit; season)와, 特히 通古斯語의 -pti와 比較가 된다고 한다(註15). 이 通古斯語
의 -pti는 時間을 表示하는 形容詞 語尾로서 例를 들면

> tiki-pti(adj.) "present, now-a-days"
>
> tari-pti "that time, at that time"
>
> nonon-pti "in the beginning, starting from the beginning"(nonon:beginning)

와 같이 쓰인다.

이 對應은 異常하게도 pstai의 p-가 거기 있어야할 理由를 提供하여 주는 反
面에 十五世紀 書法의 第二子音인 -s-가 거기 끼워 있어야할 何等의 理由도 提
供해 주지 않는 것이다.

이와 類似한 例로는 pski-(挾)가 있다. 이 말은 -u-를 添加함으로써 使役形
을 이룬다.(pski-u- 嵌)

역시 Ramstedt氏에 依하면 이 말은 通古斯語의 hiki-〈ʻpiki(to hook on to place
in between)와 對應될 수 있다고 하였다(註15).

이 자못 明白한 對應에서도 역시 우리는 十五世紀 書法의 第二子音 -s-를 發
見하지 못하는 것이다.

Ramstedt 氏가 指摘한 또 하나의 對應은 pska-(剝)에 對한 同義의 滿洲語 語
辭 fahara-이다(註15). 이 말은 音韻的으로는 明白한 一致를 보여주고 있으나
本來 faha(核)에서 派生된 말이므로 國語의 「삐다」와는 對應이 힘들지 않을까
한다.

ps-系列에 있어서 무엇보다도 明白한 對應은 「뽀리」와 滿洲語의 buturi(發
疹)와의 그것이다. 여기서 우리는 滿洲語의 子音組織 b~t~r과 國語의 그것

p~t~r이 對應됨을 본다. 이 對應 역시 訓蒙字會의 「쁘리」란 書法의 中間의 「ㅅ」은 全혀 語源的으로 無意味한 것임을 보여주는 것이다.

이 ps-系列은 워낙 書法이 번거로웠던 만치 表記에 있어서 이미 創製 當初부터 적지 않은 混亂을 보일 것임은 쉽게 짐작할 수 있는 일이다.

① 뜸(隙)이 訓蒙字會에서는 모두 「슴」으로 나타나고 있다.

　　　　슴하(罅) 字會 下十八

　　　　슴흔(釁)

　　　　슴아(阿)

　　　　슴극(隙)

② 「뿔」(蜜) 역시 訓蒙字會에서 「술」로 나타나고 있다.

　　　　술밀 蜜 字會 中二一

③ 「삐다」(挾擁)와 「套」의 意인 「씨다」는 同語源일 것이다.

　　　　씰토(套) 字會 下二十

④ 「삐디다」(淪, 溺, 蟄)는 일찍이 龍飛御天歌에 「써디다」로 나타난다.

　　　　써딘ᄆᆞᄅᆞᆯ하ᄂᆞᆯ히내시니(墮溺之馬, 天使之選) 龍歌 三十七章

⑤ 「쁠」(鑿)은 일찍이 月印釋譜에 「슬」로 表記되어 있다.

　　　　방하와매와톱과슬와쟉도와 月釋二一, 四五

⑥ 「삐르다」(刺)(杜諺二五 一九; 字會 下八)는 月印釋譜에

　　　　刺ᄂᆞᆫ디를씨라 二一, 七七

로 表記되어 있다. 뒤의 類合에서도

　　　　디를자(刺) 下一四

로 되어 있다. 그러나 現代語에서도 「지르다」와 「찌르다」 兩語가 있는 것으

로 보아 當時에도 兩語辭가 並存해 있었던 것이 아닌가 한다.

⑦「ᄢ」의 處格「ᄢᅴ」는 다음과 같은 경우 表記가 混亂되었다.

　　　　며주숨ᄢᅴ(向來) 杜諺二四, 四三
　　　　며주숨ᄯᅴ(向來) 杜諺 二四, 二七

⑧이러한 表記의 混亂에서 特히 이를 三子音 複合의 當時에 있어서의 存在 狀態를 推測게 하는 것으로「넘ᄶᅵ다」(洋溢)가 있다. 이 말은 楞嚴經諺解 等에「ᄧᅳ」로 나타나는 것이다.

　　　　넘ᄢᅡ미 ᄃᆞ외며(爲洋) 楞嚴八, 一〇一
　　　　흘러넘ᄢᅡ미니(流溢) 楞嚴九, 六四

訓蒙字會에는

　　　　넘ᄲᅵᆯ건(瀽) 字會 下十一
　　　　넘ᄲᅵᆯ람(濫) 字會 下三五

으로 나타나며 더욱이 注目되는 것은 月印釋譜에

　　　　ᄆᆞ리다넚디고되히며 月釋 二, 四八

로 나타나고 있는 것이다.

이 三種의 異表記는 當時의「ᄧᅳ」가 어떠했는가를 推測게 하고도 남음이 있다.

⑨이와 비슷한 例로는 訓蒙字會의

　　　　蘇 ᄎᆞ조기소俗呼紫─子又들ᄢᅦ 上十四
　　　　荏 들ᄢᅢᆷ 上 十三

이라는「들ᄢᅦ」와「들ᄢᅢ」의 相違한 두 書法의 出現이다. 이도 역시 當時의 三子音 複合의 發音 狀態를 把握하는 데 큰 暗示가 되는 것이다.

以上 ps-系列의 檢討에서 밝혀진

①이 ps-系列은 그「ㅂ」의 殘影을 維持하고 있고 또 Aspirata로 變한 語辭가 있는 點에서 p-系列과 같으며

②滿洲語 通古斯語 等과의 對應에서 三子音의 中間 存在인「ㅅ」이 全혀 無

154

意味한 것이 밝혀졌으며

③ 表記法에 있어서는 오히려 뒤에 論할 s-系列과 混同되었다

는 이 세 가지 事實은 우리에게 어떤 하나의 結論을 얻게 하는 것이다.

그러나 이것은 s-系列의 考究를 끝낸 다음에 보다 잘 理解될 것이므로 그때로 미루기로 하고 여기서는 다만 이 三子音의 中間에 挿入된, 語源的으로 無意味한, 그러니까 어떤 音韻的 役割을 맡아보고 있는 듯싶은 「ㅅ」이 이제부터의 s-系列의 考究에 至大한 影響을 미칠 것임을 指摘함에 그치려고 한다.

3)

序論에서 明白히 한 바와 같이 ㅺ ㅼ ㅽ ㅆ 等 s-系列에 對하여는 本稿로서 決定的인 結論을 지을 수가 없다. 다만 몇 가지의 두드러진 事實을 指摘하고 懷疑해보는 데 그치려고 한다.

우선 이 系列에 屬하는 語辭들을 一覽하면 다음과 같다.

ㅺ 子音群

ᄭᅮᆯ‹ᄞᅮᆯ(蜜) 字會 中二二

ᄭᅮᆷ(夢) 龍歌十三章

ᄭᅮ다(夢) 月釋 一, 十二

ᄭᅳᆷ‹ᄞᅳᆷ(隙) 字會 下十八

ᄭᅮ미다(莊嚴) 字會 下二〇

ᄭᅵ다(套) 字會 下二○

ᄭᅮ리(纓兒) 字會 中二三

ᄭᅮᆯ다(跪) 龍歌 八二章

ᄭᅬ(謀) 龍歌 十九章

ᄭᅩ리(尾) 字會 下六

쇪다(쇪비) (彈忌) 月釋一, 十七

슬〈쁼(鑿) 月釋二一, 四五

쪄디다〈쪄디다(墮, 溺, 滅) 龍歌 三七章

싀다(覺) 佛頂 上三

슬다(席) 杜諺 二二, 二

스ㄹ디다(落) 杜諺 二三, 二九

씡(雉) 龍歌 八八章

스지나모(壓) 字會 上十

슬(靑芻) 字會 下四

ㅼ子音群

따(地) 楞嚴 六, 三四

쏘(又) 龍歌 九章

ᄯᄅᆷ(耳) 訓正諺解

쫄(女兒) 龍歌 九六章

째다(銲) 字會 下十六

씌(띠)(帶) 字會 中二三(月釋 八, 七)

씌다(帶) 龍歌 一一二章

쁘다(挹, 抒) 字會 下十五

쩍(餠) 月釋 一, 四二

따보(耒, 耝) 字會 中十七

똠(汗) 楞嚴五 七二

쓰들(泔, 潘) 字會 下十一

똥(糞) 字會 上三○

따디다(綻) 字會 下十六

쫄(源) 四法語 十一

156

ᄯᆞ녀 杜諺 二一, 四

ㅽ子音群

ᄲᅩᆫ(獨) 龍歌 四四章

ᄲᅳ리다(沃) 杜諺 二一, 三二

ᄲᅡᆷ(顋) 字會 上二五

ᄲᅩᆼ(桑) 字會 上十

(ᄡᅵ)ᄲᅦ타(撒) 字會下五

ᄲᅧ(骨) 楞嚴 五, 十五

ᄲᅡᅘᅧ다(ᄲᅡ혀다, ᄲᅢ혀다) 月釋序十

ᄲᅦ유기(萸) 字會上九

ᄲᅳᆯ다(嘲, 吮) 字會下十四

ᄲᅳᆯ리(速) 楞嚴一, 三八

ᄲᆞᄅᆞ다(急) 楞嚴一, 二八

ᄲᅳᆯ(角) 楞嚴一, 七四

ᄲᅮ븨다(抄, 擷, 撋) 字會下二三

ᄲᅩ론ᄒᆞ다(銳, 尖) 杜諺二三, 四二

ᄲᅡ디다(落) 杜諺二五, 五二

ᄲᅩᄲᅩ시(剗剗) 杜諺七, 三七

ᄲᅢ즛ᄒᆞ다(像) 楞嚴一, 二

ᄲᅳᆷ다(噴) 杜諺二四, 三一

ㅆ子音群

쓰다(書) 訓正諺解

쏘다(射) 訓正合字解

싸호다(鬪) 龍歌五二章

쌓다(築) 月釋序二三

쓰다(築) 月釋一, 四四

이들의 「ㅅ」에 對하여는 從來 그것이 語源的인 것이요 따라서 十五世紀에 發音되었다는 見解와 後世에 있어서와 마찬가지로 當初부터 硬音을 나타내는 것이었다는 見解가 對立되어 主로 正書法과의 關聯에서 甲論乙駁이 있어 왔다. 그러나 그 어느 쪽도 可謂 決定的이라고나 할만한 證據를 提示하지는 못했던 것이다.

먼저 「ㅅ」이 發音되었었다는 見解에 가장 큰 支持가 되어온 것으로 三國史記 卷三八에 나오는 新羅官制 첫머리의 다음과 같은 말이 있다.

儒理王九年置十七等一曰伊伐湌或云伊罰干或云于伐湌或云角干或云角粲 或云舒發翰或云舒弗邯

이에 對하여 英正時의 碩學 黃胤錫은 그의 頤齋遺稿에서 다음과 같은 注目할만한 見解를 披瀝했었다.

接新羅官制有曰大舒發翰亦曰大舒弗邯音寒所謂弗邯卽發翰音近而字轉也 有曰大角干者角卽舒發舒弗也今俗猶呼角爲뿔舒之字母在諺文爲ㅅ發與뿔近 而弗又直音불若加ㅅ於불之右上則作뿔卽角字方言也若불去ㅂ而直加ㅅ干上 因以翰音相近之多速呼則曰酒多干俗音又呼近翰邯羅俗狀也亦曰蘇判亦曰蘇 伐蘇亦舒之轉聲也 (同書二五, 二二)

要컨대 그는 「舒發」 내지 「舒弗」이 「뿔」에 該當한다는 것이다. 그러나 「酒多」에 對한 그의 解釋은 全혀 正鵠을 얻지 못한 것이었다. 이 「酒多」는 三國史記 卷一에 보이는 말이다.

王謂許婁曰此地名大庖公於此置盛饌美醞以宴衎之宜位酒多在伊湌之上以
摩帝之女配太子焉酒多後云角干

이 記事는 後人의 附會일 것임에 틀림없다. 왜냐하면 一國의 最高官吏의
이름을 이런 經緯로 「酒多」라고 지었을 리가 萬無하기 때문이다. 그러면 어
찌하여 이런 附會가 생겼을까. 그것은 「酒」를 意味하는 國語의 「술」의 歷史
를 遡及해보면 쉽게 理解될 수 있다. 卽 이 말은 鷄林類事에

酒曰酥孛
煖酒曰蘇孛打里

라고 轉寫되어 있음에 비추어 보면 第二音節에 -b-를 가졌던 말인데 그것이
弱化 消失하여 十五世紀에 「수울」「술」로 나타났던 것이다.

˙subul〉˙suβul〉suul〉sūl〉sul

그러므로 黃胤錫의 말과는 달리, 酒多는 곧 舒發翰, 舒弗邯과 同一한 音을
表記한 것이라고 보아야 할 것이다. 그런데 우리가 여기서 問題 삼고자 하는
것은 前記 引用의 前半에 있어서의 舒發, 舒弗과 「술」과의 連結이다. 이는 過
去에 거의 움직일 수 없는 것으로 믿어져 왔던 것이다. 그러나 上記 三國史記
卷三八의 引用은 우리에게 하나의 矛盾을 提示하여 주는 點이 있다. 그것은
마치 角에 對한 新羅語에

伊伐, 伊罰, 于伐
舒發, 舒弗

의 二語가 並存했던 것처럼 傳해주기 때문이다. 從來 伊伐 等이 無視되고 舒
發 等에만 精神이 팔려온 것은 그것이 後世의 表記法의 「쁠」(十五世紀 文獻 「쁠」)
과 너무나 가까운 外形의 酷似를 보여주기 때문이었다. 그러나 우리는 「角」
에 대한 蒙古語 eber, ebur과 伊伐, 伊罰과의 可能한 對應을 發見할 때 從來의
態度에 一抹의 疑惑을 느끼게 되는 것이다. 아마 新羅의 最高官職에는 두 가
지 呼稱이 있었던 모양으로, "酒多後云角干"에서 알 수 있는 바와 같이 舒弗邯
舒發翰 卽 酒多는 初期的 呼稱이고 그것이 나중에 伊罰干, 伊伐湌, 卽 角干으
로 일컬어진 것이 아닌가 한다. 한편 「角」을 意味했던 古代 語辭 伊罰, 伊伐,
于伐은 後에 語頭音 消失(Aphérèse)을 일으켰다가 硬音化하였든가 或은 語頭
音消失이 硬音化를 挑發하였을 것이다. 만약 이런 假想이 是認되는 것이라면
十五世紀 文獻의 「쁠」의 語頭音은 硬音일 수밖에 없는 것이다. 이는 하나의
假說에 지나지 않는 것이나 從來의 確固한 論據에 對한 重大한 質疑가 아닐
수 없는 것이다.

그리고 또 從來 s-系列의 「ㅅ」이 發音되었다는 有力한 證據로 日本側 資料
和漢三才圖會와 朝鮮物語의 轉寫(地 すたぐ, 帶 すて)가 있었으나 믿을 수 없
는 것임은 이미 말하였다. 이보다는 오히려 우리는 華夷譯語 朝鮮館譯語의
轉寫에 注目하지 않으면 안된다. 卽 同書에

地, 大
水急, 悶迫勒大

의 두 記錄이 보이는데 小倉氏에 依하면 同書의 「大」는 ta, da, ʼta, tɛ를, 「悶」은
múl을, 「迫」은 p, ʼpa, pʼa를, 「勒」는 ra, rɔ, rù, nɔl, nal을 各各 나타내고 있으므
로 우리는 前者에 있어서 十五世紀 書法의 「ᄯ」의 「ㅅ」을 發見하지 못하는 同
時에 後者에 있어도 역시 「ᄲ르다」의 「ㅅ」을 發見하지 못하는 것이다.

더우기 「地」를 意味하는 國語 語辭는 決코 語源的으로 語頭音 s-를 갖고 있

지 않았던 듯하다. Ramstedt 氏가 樹立한 對應에 依하면(註15) 그것은 오히려 p-를 가졌던 말이었던 것 같다. 即 滿洲語의 buta(land, field) usin buta(field. cultivated land) 또 蒙古語 buta(sod, turf)(筆者는 이 對應에 對하여는 疑心스럽게 생각한다) 特히 butaŋ xataŋ(the Mother earth)의 butaŋ은 재미있다. buräd zoni zajahan buxa noioŋ bäbai butaŋ xataŋ ìbi(the creators, of the Buryat nation Buha Nojan Pater and Buta Katun Mater) 이 例文의 buxa는 通古斯語의 buga, bua, boa 와 一致하여 「하늘」을 意味하여 butaŋ은 滿洲語 buta, 國語 *pta와 一致하여 「땅」을 意味한다고 한다.

지금까지 「쌀」과 「짜」에 對하여 그 「ㅅ」의 語源的 存在性을 否定하였으나 그러나 本稿는 語源的으로 s-를 가졌던 듯싶은 다음과 같은 日本語를 爲始한 諸語와의 可能한 三, 四 對應은 이를 否定할 確固한 論據를 갖고 있지 못하다.

① 똥(糞)이 日本語 シト(尿)와 比較가 된다는 것은 이미 알려진 바이다. 滿洲語에도 site-(放尿하다) sike(尿)가 있음은 注目할만하다. Ramstedt 氏는 蒙古語 tuŋgaG 키르기즈語 tuŋgaq 土耳其語 tuŋra와 比較되지 않을까 하였다(註15).

② 「띄」에 對하여는 鷄林類事에 「女子勒帛曰實帶」라고 있다.

③ 「떡」(餅)은 日本語 「シトキ」와 對應된다고 생각되어 왔으며 또 人蔘採取者들의 隱語에 si-dɔk, si-do-gi, si-do-gu가 있다고 한다.

④ "샏르다"(急)에 對하여 Ramstedt 氏는 올차語의 sapali(quick, nimble)를 들고 있다(註15). 筆者는 滿洲語 fafuri(躁急)와의 對應도 可能하다고 본다.

⑤ 「꼬리」(尾)를 蒙古文語로 sëgul이라고 한다. 그러나 이는 다만 外見의 一致일는지도 모른다. 차라리 蒙古語 buxur(尻) 및 同義의 滿洲語 bokori와 對應되는 것이 아닌가 한다.

이 몇 例가, 現在로서는, 李朝 初期 文獻의 s-系列속에 語源的으로 그 書法과 一致하는 少數의 語辭가 있었는지도 알 수 없다는 것을 否定하지 못하게 한다. 그러나 다음과 같은 明白히 語源的으로 s-語頭音이 아니었던 語辭가 역시 s-系列에 들어 있는 것을 보면 그 書法의 「ㅅ」이 적어도 十五世紀에 제대로 發音되었다는 것은 여간해서 생각할 수 없는 일이다.

「女兒」를 指示하는 語辭가 鷄林類事에 「女兒曰寶姐」로 轉寫되어 있음은 이미 周知의 事實이며 이에 依하여 이 말이 本來的으로 語頭音 p-를 가졌던 것임을 알 수가 있다. 이 推想은 골디語 patala, 올차語 fatali와의 너무나 明白한 對應(註15)에 依하여 確固不動하게 된다. 그런데 十五世紀 文獻에는 한결같이 「쏠」로 나타나고 있는 것이다. 이 事實은 무엇을 意味하는 것일가. 鷄林類事가 이루어진 十二世紀에서 訓民正音이 創造된 十五世紀에 이르는 사이에 이말이 硬音化했음을 말하는 것이라고밖에 볼 수 없지 않을가.

지금까지의 簡單한 敍述에서도 우리는 十五世紀의 s-系列이 語源的으로는 實로 複雜한 內包를 가지고 있음을 想像하기에 어렵지 않다. 이 語源的 複雜性이 s-系列의 特徵일는지도 알 수 없다.

이 事實은 s-系列이 語頭의 硬音—後에 다시 論及하기로 하고 여기서는 이렇게 불러둔다—을 나타내는 것일 수밖에 없다는 結論을 强要하는 것 같다.

國語의 語頭音 硬音化 現象은 아마 高麗中期를 지나서부터 發生한 것이 아닌가 하며 (結論 參照) 그中에는 勿論 元來 語頭音 p-를 가졌던 말이 母音의 壓出에 뒤이은 兩子音의 同化에 依하여 重子音을 形成하여 李朝 初期에 이미 硬音化한 語辭도 있을 것이며(「쏠」「짜」는 그 代表的 例이다. 이 外에도 「쏘」는 通古斯語 hata〈'pata(again one more)와의 對應에서(註15), 「짜디다」(綻)는 滿洲語 fude-je-(同義)와의 對應에서 역시 여기에 屬하는 것이라고 보여진다) 或은 後世에 「곶」(花)이 「꽃」으로 單純한 硬音化 過程을 밟은 것과 平行的인 過程도 있었을 것이라고 생각된다. 卽 다음과 같은 語辭들은 이와 같은 單純한 硬音化를 한 것이 아닌가 推測된다.

滿洲語	國語
hogi 雉의 一種	쒱
golo-, gele- 두려워하다, 꺼리다	써리다
kūli- 놀라서 엎드리다	쑬다
saha- 쌓다	쓰ㅎ다, 쌓다
bura- (물)뿌리다	쓰리다
femen 입술	쌤(顋)[24]

그러면 十五世紀에 「ㅅ」이 語頭 硬音 表記에 探擇된 理由는 어데 있을까. 本稿는 그 理由를 다음과 같이 생각해 본다.

現代 國語에 받침으로 쓰이는 摩擦音 내지 破擦音 「ㅅ」「ㅈ」「ㅊ」 等이 때에 따라 제 音價를 잊어버리고 密閉音으로 發音되는 現象은 다 아는 事實인데 언제부터 이런 現象이 일어났는지는 알 수 없으나 적어도 訓民正音 創製 當時에 그랬던 것임은 訓民正音 解例의 다음과 같은 明言에 依하여 알 수 있다.

---

24 이 역시 저 위에서 比較한 Ramstedt 氏의 「蒙古, 土耳其 原語에 있어서의 語頭無聲脣音」에 나오는 一例다. 轉載하면

  (9) gold, pamu, pomo "lippe", ma. femen, oroc. xemu, manägn. ómun, tung C. hämun id. = ?mo. emukü- "in den mund nehmen, kosten. nippen". ……

  이 對應은 意義의 「입술」과 「뺨」의 差異를 보이고 있어 이를 說明하지 않으면 是認될 수 없다. 그러나 우리는 이 變異를 證明할만한 아무런 古代 資料도 갖고 있지 않다. 本稿는 다만 A. Dauzat, 「言語地理學」 中의 다음 一文을 引用함에 그치려고 한다. "古代 言語中에는, 잘 檢討해 보면, 특히 人體의 各部에 對하여 意味의 不一致가 分明히 認定되는 例가 있다. 이 事實은 一般的 事實로서 說明될 수 있다. 왜냐하면, 팔이라든가 뺨이라든가 하는 槪念은, 매우 分明한 槪念이기는 하지만, 그러나 잘 생각해 보면 팔과 어깨의 正確한 境界는 어디에 있느냐, 뺨과 턱과의 正確한 境界는 果然 어디에 있느냐 하는 것을 決定하는 것은 困難한 일임을 깨닫게 된다. 그러나 당초에는 뺨을 指示하던 羅典語의 bucca가 입의 意味로 變했다는 것은 絶對로 確實한 事實임에도 不拘하고 그 理由를 생각해 낼 수는 없다. 이런 種類의 變化는 多數히 存在한다. 佛語의 gorge(喉)는 아주 意味가 판판이 女子의 가슴을 指示하게 되지 않았던가. 佛蘭西 中央高原의 어느 地方에서는 턱이 뺨을 意味하게 되었다. 등어리의 觀念은 가장 不定한 것이어서 本來는 脊骨이나 궁둥이를 意味하던 語辭가 등어리를 意味하는 일까지 있다."

所以ㅇㄴㅁㅇㄹ△六字爲平上去之終而餘皆爲入聲之終也ㄱㅇㄷㄴㅂㅁㅅ
ㄹ八字可足用也如빗곶爲梨花엿의갗爲狐皮而ㅅ字可以通用故只用八字

이러한 密閉音化 現象은 그 當時에 비로소 있은 것이 아니요 훨씬 古代의
일이었을 것이며 訓民正音에서 위의 引用과 같은 說明을 하게된 것도 古代로
부터 發達하여 내려온 漢字借用表記法의 影響에 말미암음일 것이다. 卽 鄕歌
나 吏讀에서 이런 받침의 用例를 보면 「叱」「史」「次」字가 使用되고 있는데[25]
이 影響은 十五世紀의 새로운 文字 運用에도 强力히 作用했던 것이다. 鄕歌나
吏讀의 「叱」은 本來는 摩擦的 音價를 나타내었던 것인데 後에 密閉를 나타내

---

25 鄕歌의 "叱"字 用例 (받침으로 쓰인)

　　　毛多居叱沙 (慕竹旨郞歌)
　　　花肹折叱可 (獻花歌)
　　　心未際叱肹 (讚耆婆郞歌)
　　　二肹隱吾下於叱古 (處容歌)
　　　奪叱良乙 (處容歌)
　　　惱叱古音多可支白遣賜立 (願往生歌)
　　　去內尼叱古 (祭亡妹歌)
　　　游烏隱城叱肹良望良古 (彗星歌)
　　　有叱多 (彗星歌)
　　　有叱下呂 (普皆廻向歌, 隨喜功德歌)
　　　修叱賜……修叱孫丁 (隨喜功德歌)
　　　毛叱所只 (隨喜功德歌)
　　　置乎理叱過 (　　〃　　)
　　吏讀의 "叱"字用例
　　　叱段　作叱　庫叱　廛乙, 蓆乙　始叱　進叱
　　鄕歌의 "史"字 用例
　　　兒史 (怨歌)
　　　栢史 (讚耆婆郞歌, 怨歌)
　　鄕歌의 "次"字 用例
　　　蓬次 (慕竹旨郞歌)

이들에 對하여는 後註의 用例와 아울러 全幅的인 새로운 考究의 必要를 느낀다. 小倉氏 以
來 이 叱은 後代의 「사이 시옷」 모양으로 所謂 「促音」을 나타낸 것이라고 믿어져 왔다. 그러
나 이러한 思考에는 새로운 反省이 있어야 할 것이다.

게 되었을 것이다. 十五世紀 編纂者들이 이 「叱」에 「ㅅ」을 該當시켰음은 龍飛御天歌의 다음 一例에 依하여 알 수 있다.

在東三十七里許大厚叱只훗기 (七, 二五)

이 받침 「ㅅ」과 密接한 關係가 있는 現象에 揷入子音이 있다. 國語의 揷入子音의 歷史는 꽤 오랜 듯 이미 鄕歌에 多數한 「叱」字가 表記되었던 것이다.[26] 이 「叱」도 本來는 密閉音이 아닌 어떤 古代의 屬格을 나타내었을 것이나 이 역시 받침의 「ㅅ」의 密閉音化와 同一한 運命을 밟았다고 보여진다. 이 揷入

---

26 鄕歌의 "叱"字用例 (揷入子音으로 쓰임)
    佛體叱事 (總結無盡歌)
    普賢叱心 (總結無盡歌)
    衆生叱海 (普賢廻向歌)
    佛體叱海 (普賢廻向歌)
    法性叱宅阿叱寶良 (普賢廻向歌)
    大悲叱水 (恒順衆生歌)
    法界惡之叱佛會 (請轉法輪歌)
    衆生叱田 (請轉法輪歌)
    菩提叱菓音 (請轉法輪歌)
    嫉妬叱心音 (隨喜功德歌)
    佛體叱刹亦 (禮敬諸佛歌)
    無尺辯才叱海等 (稱讚如來歌)
    功德叱身 (稱讚如來歌)
    一毛叱德 (稱讚如來歌)
    法叱供 (稱讚如來歌) (下句에 "法供"이 보임)
    淨戒叱主 (懺悔業障歌)
    十方叱佛體 (懺悔業障歌)
    頓部叱懺悔 (懺悔業障歌)
    窟理叱大肹 (懺悔業障歌)
    逸烏川理叱磧惡希 (讚耆婆郎歌)
    栢史叱枝次 (讚耆婆郎歌)
    千手觀音叱前良中 (禱千手觀音歌)
    倭理叱軍 (彗星歌)
이들에 對하여도 國語의 古代 屬格의 硏究의 一環으로서 嶄新한 考究가 必要할 것이다.

子音이 訓民正音 創製와 더불어 一時 그 表記에 整然한 規則性을 띠게 되었던 것은 다 아는 事實이다. 그러나 그것도 잠시뿐 이 規則性이 存在하던 當時에 조차 壓倒的인 數爻로 나타나 그 規律性을 깨뜨린「ㅅ」이 곧 뒤이어 唯一한 挿入子音이 되고 만 데는 上記한 바와 같은 오랜 歷史的 傳統이 作用하고 있는 것이다. 이 挿入子音으로 使用된「ㅅ」은 하나의 密閉 符號에 지나지 않는 것이며 이러한「ㅅ」의 다른 字母에서 볼 수 없는 符號化 現象은 우리가 여기서 解決하려는 s-系列의「ㅅ」을 밝히는 데 重大한 端緒가 되는 것 같다.

우리의 關心은 挿入子音이나 받침의「ㅅ」이 넣어진 結果 다시 말하면 그것이 挿入된 背後의 말해지는 言語 自體와 그 記寫된 形態에 集中된다.

두 語辭 사이에 挿入된 挿入子音이나 두 音節 사이의 先行音節에 添加된「ㅅ」은 先行語 乃至 先行音節을 密閉音化하고 거기에 休息을 줌으로써 後行音節의 初頭音(一般的으로 無聲子音)을 聲門閉鎖音으로 發音하게 하는 것이다. 이때 우리는 하나의「된소리」를 듣게 된다.

그러면 이들이 記寫된 形態는 어떠한가. 挿入子音은 그 記寫된 形態에 있어 세 경우를 생각할 수가 있다. 또 實際로 이 세 경우가 다 쓰였던 것이다. 挿入子音은, 原則的으로는, 漢字語와 우리말의 連接에 있어서는 中間에 홀로 쓰였으며 (訓民正音에 "文與諺雜用則有因字音而補以中終聲者如孔子ㅣ魯ㅅ사람之類") 純粹한 國語 語辭의 連接에 있어서는 先行語의 終尾音에 並記시켰던 것이다. 그러나 挿入子音의 位置는 언제나 이렇게 固定되었던 것은 아니었다. 挿入子音은 特히 그것이「ㅅ」인 경우에 限해서, —이와 같은 限定이야말로 重要한 것이다—後續語의 初頭音에 並記되었던 것이다.

마근담꼴(防墻洞) 龍歌
뒷샘꼴(北泉洞)　　〃
선째(善竹)　　　〃
엄쏘리　　訓正諺解

166

혀쏘리　　 〃

입시울쏘리　 〃

니쏘리　　 〃

무덤써리에　月釋七, 三一

늘개쏫싀　　 〃 一, 一四

우름쏘리　　 〃 一, 二七

　이「ㅆ」야말로 並書論의 monstrouosité가 아닐 수 없다. 그것은 漢字의 全濁
을 表示하는 所謂 各自並書로도 本稿의 所謂 s-系列 子音群으로도 挿入子音과
後行語의 初頭音과의 複合으로도 看做될 수 있기 때문이다. 그러나 一見 混同
과 같이 보이는 이 事實은 실은 가장 重要한 暗示를 던져주는 것이다. 卽 그것
은 그 어느 部類에 屬하건 發音에는 小毫도 다름이 없었다는.
　挿入子音「ㅅ」이 아래로 내려와 쓰인 用例 中

부텨씌 月例二, 六四

世尊씌 月釋二一, 七

의「씌」는 마땅히

嫡子ㅅ긔 龍歌九八章

부텻긔 月釋二, 三八

로 쓰여져야 했을 것인데 얼마 뒤 (가령 蒙山法語) 거의「씌」로 固定되었던 것
이다.
　다음으로 同一 語辭 內部의 받침으로서의「ㅅ」이 記寫된 形態를 보면 여기
서도 역시「ㅅ」인 경우에 限해서 後行音節의 初頭音과 並記되어 나타나는 것

을 많이 볼 수가 있다. (出典 省略)

⎰ 갓가빗	⎰ 엇뎨
⎱ 가까빗	⎱ 어쪠
⎰ 깃스봐	⎰ 웃듬
⎱ 기쓰봐	⎱ 으쯤
⎰ 갑쏘라	말쏨
⎱ 값도라	⎰ 맔슴
⎰ 어엿비	
⎱ 어여쎄	말슴
⎰ 졋굿	잠짠
⎱ 젼짯	⎱ 짒간
⎰ 밧긔	⎰ 슚기며
⎱ 바씌	⎱ 슴끼놋다
⎰ 갓고	⎰ 답까와
⎱ 가싯라	⎱ 닶가와

特히 訓蒙字會의 다음과 같은 「ㅅ」의 用例는 「ㅅ」이 文字 그대로의 「된시옷」이었음을 믿게 한다.

經	길경俗呼抄路즈름낄	上六
君	님군쿤	中一
盤	반쌘	中一〇
氣	긔운씌	上三三
喉	목꾸무후	上二六
易	밧꼴역	上三四
膠	갓쌜교	中一二
任	맛쏠심	下三一

168

原則的으로 先行語나 先行音節의 終尾音에 並書하기로 되어 있는 挿入子音이나 받침의 「ㅅ」을, 오직 「ㅅ」에 限해서, 後行語나 後行音節의 初頭音에 並書하고도 不自然을 느끼지 못한 「無意識」이 重大한 關鍵이 아닐까.

以上의 例들과는 正反對의, 그러나 結果的으로는 同一한 結論을 抽出시켜주는 다음과 같은 例가 있다. 卽 「ᄲᅳᆫ」(獨)은 다음과 같은 경우 그 「ㅅ」을 잃고 만 것이다.

오직푸른빗분보미(唯見碧色) 圓覺序二九

오ᄂᆞᆳ부니아니라 月釋七, 一四

녀느거스란마오그릇분장망ᄒᆞ라 月釋七, 四二

그러므로 十五世紀에 「ᄲᅳᆫ」이라고 「ㅅ」을 並書한 데는 그 前부터 내려오던 漢字借用表記의 오랜 慣習 가령 吏讀의 「叱分」 「⿰口⿱匕分」等의 書法이 作用하고 있는 것이며 何等 s-의 音價를 表示하기 爲한 것이 아니었던 것이다.

以上으로서 우리는 極히 粗略히 十五世紀 書法의 ᄭ, ᄯ, ᄲ, ᄊ의 「ㅅ」이 제 音을 가질 수 없었다는 것, 따라서 그것은, 너무나 漠然한 말이어서 再次 釋明이 要求되는 것이지마는, 하여튼 廣義의 「된소리」(硬音)를 나타내었을 것임을 理解할 수 있게 되었다. 이 事實은 앞서 簡單히 지나친 ᄢ ᄣ에서도 어렴풋이 느낄 수 있은 일이었다.

저 위에서 말한 바 李朝初期 文獻의 「ㅅ」이 鄕歌 및 吏讀의 「叱」의 後裔로서 特殊한 性質을 띠게 되었던 事實은 이미 訓民正音 創製 當時에는 너무나 明白한 事實이었던 것이며 따라서 그것이 硬音表記에 쓰이게 된 것은 이미 豫定된 事實이었을는지도 모른다. 卽 「叱」이나 「ㅅ」이 表記되는 경우에는 後行子音 ㄱ, ㄷ, ㅂ, ㅅ, ㅈ等이 例外없이 硬音으로 發音된다는 事實이 이미 自明의 事理로 되어 이를 語頭의 硬音 表記에 逆用했을는지도 모른다. 이렇게 생각할 때 訓民正音 當事者나 그 後의 編纂者들이 「ㅅ」을 硬音表記에 選擇하게 된 것은 歷史的 必然이었던 것을 느끼지 않을 수 없다.

三. 全濁과 各自並書

暫定的으로나마 十五世紀 文獻의 ㅺ, ㅼ, ㅽ, ㅆ 等에 對한 以上과 같은 結論을 抽出한 以上 우리는 이와 不可分의 關係에 있는 또 하나의 問題에 簡單하나마 言及하지 않을 수 없다. 卽 各自並書 ㄲ, ㄸ, ㅃ, ㅆ, ㅉ 等은 그럼 무엇이냐 하는 問題다. 이는 直接 本稿와는 關聯이 없는 것이요, 또 筆者 自身 깊이 硏究한 바도 없다. 이에 조금이라도 論及하는 것이 釋然한 感을 줄 것이므로 多少 鄙見을 披瀝하고서 結論으로 넘어가고자 한다.

지금까지 各自並書의 解明을 피했던 이들은 主로 全濁音이 本來 中國 自體에서 어떤 音價를 가졌었느냐 하는 것을 考究하는 것으로서 곧 이 問題의 解決을 期할 수 있는 것으로 생각했었다. 그리하여 大概는 全濁音이 中國에 있어 有聲音이었음을 알기에 이르러—따라서 訓民正音의 全濁音 表記를 爲한 各自並書로 有聲音을 나타내는 것임을 秋毫도 疑心할 餘地가 없다는 端的인 結論에 到達하기가 일쑤였던 것이다.

그러나 우리는 이와 같은 表面的인 單純性 뒤에 숨어 있는 어떤 特殊한 背後의 情況을 考慮에 넣지 않으면 안되리라고 믿는다.

> 東國正韻序에
>
> 我國語音其濁之辨與中國無異而於字音獨無濁聲豈有此理

라는 말이 있다. 이는 當時 國語음에는 濁音이 있었으나 우리나라 漢字音에는 濁音이 없었다는 重大한 證言을 우리에게 提供해 주는 것이다. 東國正韻序는 이 밖에도 몇 가지 우리나라 漢字音에 對하여 믿음직한 證言을 우리에게

提供해 주는 것으로서 자못 信憑할만한 것임에 틀림없다. 그러나 上記 引用의 "與中國無異"에 關한 限 우리는 이를 限界的으로 받아들여야만 할 理由가 있다. 卽 前期 東國正韻序를 쓴 申叔舟 自身의 著述로 알려지고 있는 四聲通攷凡例(四聲通解所收)에

> 全濁上去入三聲之字今漢人所用初聲與清聲相近而亦各有清濁之別獨平聲之字初聲與次清相近然次清則其聲清故音終直濁聲卽其聲濁故音終稍厲

또 洪武正韻譯訓序에

> 四聲爲平上去入而全濁之字平聲近於次清上去入近於全清世之所用如此然不知其所以至此也

等의 所述이 보임으로써다.

　이는 두말할 것도 없이 이미 當時에 中國에 있어 全濁音이 全幅的인 變化를 입고 있었음을 立證하여 주는 것이다. 다시 말하면 全濁은 우리나라 漢字音에는 勿論 中國(적어도, 北京)에 있어서도 거의 實在하지 않는 하나의 抽象的인 槪念으로 化하여 있었던 것이다. 그뒤 四聲通解 附載의 飜譯老乞大朴通事凡例와 三韻聲彙에도 이와 大同小異한 內容이 실려 있다.

　이들은 다 종시 清音과 濁音의 區別이 그대로 存在한다고 主張하고 있다. 그러나 이와 같은 主張이 어줍지 않은 觀念의 所致였음은 다음과 같은 引用에서 느낄 수 있는 일이다.

> 清濁者陰陽之類而天地之道也 天地之道亂而陰陽易其位……(東國正韻序)

　하여튼 이는 過小評價할 수 없는 事實로서 當時 中國(北京)과 우리나라를

通하여 거의 實在하지 않았던 音의 表記로서 設定된 ㄲ, ㄸ, ㅃ, ㅆ, ㅉ 等이 어떤 性質의 것이었음을 짐작게 하고도 남음이 있는 것이다. 이들 各自並書 文字의 運命은 이미 創製 當年에 決定된 事實이었던 것이다. 이미 實在하지 않는 古音에 對해서까지 劃一的인 表記法을 마련하는 것이야말로 所謂「因俗歸正」의 究極的인 目的에 忠實하는 것이라고 그들은 생각했던 모양이다.

그러므로 우리는, 그럼, 적어도 訓民正音 當事者들이 이 全濁이라는 하나의 消失音을 어떤 音이라고 생각했었겠느냐 하는 것을 밝히는 것이—그러니까 全濁音 自體의 音價를 우리가 이제 究明하려는 從來의 態度도 重要하겠지마는 그보다도 그들 當事者들의 全濁音에 對한 槪念을 究明하는 것이 可謂 各自並書의 本質을 解明하는 길임을 알게 된 것이다. 이런 意味에서 앞서 引用한 東國正韻序의 證言은 다시금 重大性을 띠게 된다.

그러면 東國正韻序의 證言은 이를 어떻게 解釋해야 옳을 것인가. 그가 우리 國語에 全濁이 분명 있다고 했으니만치 全濁의 表記인 各自並書가 우리 國語에 쓰인 用例를 嚴密히 檢討하는 데서 解決을 바랄 수 있을 것이다.

各自並書를 國語音 表記에 使用한 例는 이미 龍飛御天歌에 보이며 (「ㅆ」도 의당 들어야 할 것이나 여기서는 除外하기로 한다)

아ᅀᆞ 몷까 (四三章)
마쯘비예 (九五章)

그 뒤 月印釋譜에서도 적잖이 볼 수 있으며

여듦번짜히사	一, 四九
조쭙고	二, 十七
연쫍고	二, 三九
수물꿈기업서	二, 五一

제몸주글똘모ᄅ나니이다	七, 一八
수믈떠업서	七, 三六
想ᄒᆞᆯ쩌긘	八, 二一
볼띠니	八, 三八

다시 金剛經諺解에 이르러서는 「ㄹ」받침 밑에 온통 쓰이었으니

ᄒᆞᆯ꼳업서	七六
니ᄅ실쩨	序六
니르롤띠니	序九
비ᄒᆞᆯ싸ᄅᆞᆷ로	九
일쯕	一九
니르롤쭐업스니라	八七

이 使用이 至極히 限定된 制約 밑에 쓰였음을 알 수가 있는 것이다. 한편 이러한 使用은 同時代 文獻인 圓覺經諺解 等에는 통히 볼 수 없는 것으로서, 未久에 사라지고 말았던 것이다. 上記의 例들은 일찍이 申明均氏 以來로 各自並書야말로 「된소리」의 表記였음을 證明하려는 이들이 즐겨 引用하는 것이지만 그것이 어찌하여 그처럼 限定된 範圍에서 그것도 少數의 文獻에서밖에 使用되지 않고 消滅되어 버렸는가 하는 點에 적지 않은 質疑를 恒常 남겨 놓았던 것이다.

우리들은 이들 ㄲ, ㄸ, ㅃ 等이 當時에 語頭硬音은 없었으리라는 立場에 서서 보더라도 音韻連續에 나타나는 모든 「硬音」에 두루 쓰이지 못했다는 事實을 率直히 認定하지 않으면 안될 것이다. 그것이 「ㅆ」 「ㅉ」를 除外하고는 皆擧가 「ㄹ」 밑에만 局限되어 쓰였다는 點도 注目하지 않으면 안된다. 申叔舟가, 그러므로, 全濁이 國語에도 있었다고 했던 것은 하나의 音韻으로서가 아

닌 音聲으로서임을 짐작게 되는 것이다. 여기서 우리는 이들 ㄲ, ㄸ, ㅃ, ㅆ, ㅉ 等의 表記가 넓은 意味의 「된소리」라고 불리우는 音範疇 속에 드는 當時에 있어서의 어떤 特殊한 變種을 表記한 것이 아닌가, 적어도 當時人들은 그렇게 느꼈던 것이 아닌가 推想하고 싶게 된다. 이에 對하여는 當年의 「된소리」에 對한 더욱 깊은 考察을 要求하는 것이므로 나중 結論에서 言及하기로 하고 여기서는 다만 너무나 단순히 十五世紀의 「된소리」를 오늘의 그것과 全等한 것으로나 或은 劃一的으로 다루려는 從來의 態度를 삼가야 할 것임을 指摘해 두는 바이다.

本稿는 구태여 各自並書의 音價를 穿鑿할 意思는 없다.

다만 그것이 「된소리」라고 불리울 수 있는 音을 나타내는 것이었다고 하더라도 그것이 少數의 경우에밖에 適用을 보지 못한 채 消滅되고 말 運命을 타고났다는 點만을 指摘함에 그치려고 한다. 이 極히 종요로운 點이 過去에는 看過되었던 것이다.

생각건대 이 各自並書는 當時人의 疑惑의 的이었을 것임에 틀림없다. 그들은 필시 同一音의 二重表記에 迷惑되었을 것이다. 同一音 [k]를 表示함에 있어 때로는 「ㄱ」을 (國語에 있어서) 때로는 「ㄲ」을 (漢字에 있어서) 發見했을 때를 想像해 보라. 그들은 自身의 눈을 疑心하지 않을 수 없었을 것이다. 그러나 필경 그들은 이 「ㄲ」을 그것이 월등 漢字音에 많이 쓰였던 만치 「ㄱ」과 별다름없이 읽는 데 歸着되었을 것이다. 말하자면 各自並書는 實際 發音은 「ㄱ」「ㄷ」 等이나 다름없으면서 全濁部類의 漢字에만 適用되는 一種 特殊한 表記法으로 認識되었을 것이 아닐까. 이것은 비단 訓民正音을 旣成의 것으로서 받아들인 一般人에 있어서뿐 아니라 創製 當事者들에게 있어서도 다름없지 않았을까. 너무나 儼然한 現實 앞에 抽象的인 理論이란 無力하기 짝이 없는 法이다.

要컨대 全濁音은 當時에 있어 抽象的인 聲韻學의 理論에서 結果된 것에 틀림없으므로 이것을 漢字 以外의 國語에까지 適用하기는 커다란 混亂을 招來

할 憂慮가 있어 甚히 困難하였을 것이며 또 國語音 表記에 있어 上記의 어떤 制約 밑에 쓰였던 것은 어디까지나 하나의 試驗이었던 모양으로 若干의 適用을 본 채 자취를 감추게 되었던 것은 오히려 當然한 일이었을 것이다.

四. 結論

지금까지 우리는 너무나 制約된 資料와 微弱한 論據로서 그때 그때의 結論을 抽出해온 感이 없지 않다. 더욱이 發生論的인 解明이 不可能하였던 s-系列에 對하여 本稿가 지은 結論은 暫定的인 性質의 것임을 거듭 말하여 둔다. 그러나 그럼에도 不拘하고 우리는 本稿가 推理하고 結論해온 것에 또한 無視할 수 없는 理由를 發見해온 것이다.

생각건대 十五世紀 後半의 文獻에 나타나는 表記上의 二子音 乃至 三子音 複合에 對한 가장 올바른 原則的인 思考 方向은 그들이 眞正한 意味의 子音群이었으리라는 것일 것이다. 新文字 運用에 對하여 說明에 委曲을 極한 訓民正音 解例가 이들 子音複合의 音價에 對하여 一言半句의 言及이 없음은 오늘날까지 區區한 異說의 根源이 되어온 것도 事實이지만, 이는 실상 생각 如何에 따라서는 重大한 問題解決의 端緖인 것으로 이들 子音複合이 說明할 必要조차 없는 自明의 事理임을 말하여 주는 것이다. 唯獨 各自並書에 對하여는 일일이 說明하기를 잊지 않았던 事實에 想到할 때 더욱 깨달아지는 바가 있다. 더욱이 訓民正音解例合字例에

> 初聲二字三字合用並書如諺語ᄯᅡ爲地ᄧᅡᆨ爲雙ᄢᅳᆷ爲隙之類……

라 하여 三系列의 子音群을 順序로 羅列하고 있음에 미쳐서는 그들 編纂者들이 이 三系列의 區別을 明確히 意識하고 있었음을 느끼지 않을 수 없다. 訓民

正音에서 並書니 合用이니 하는 것은 母音에 있어서나 子音에 있어서나, 제 音價 제대로의 複合으로 理解되지 않으면 안될 것이다. 더구나 所謂 初聲並書에 있어 ퟄ(마초뙵중 "證" 字會下二九) ퟆ(紉出闊失, 닌쮜시 龍歌七, 二三) 또 저 위에서 證明한 ㅳ 等의 存在는 무엇보다도 이 事實을 雄辯으로 말하고 있다. 한편 訓民正音解例가 終聲과 初聲의 並書를 全혀 同一視했다는 事實도 注目할 만하다. 終聲에 있어서 何等의 問題가 되지 않은 모양으로 初聲에 있어서도 問題될 것이 없었던 것이다.

그러나 一見 이처럼 單純한 事實도 이들 子音群의 各子音의 存在與否를 語源的으로 證明하고 또 그것들을 어떤 史的인 原理에 依하여 說明하려고 할 때 우리는 그속에 實로 놀랄만한 複雜性이 內包되어 있음을 發見했던 것이다.

지금까지의 考究에서 우리는 ㅳ, ㅄ, ㅶ, ㅴ 또 ㅷ, ㅶ의 「ㅂ」이 語源的인 存在 理由를 갖고 있는 反面에 ㅺ, ㅼ 또 ㅅ, ㅭ, ㅽ, ㅆ의 「ㅅ」이 그런 理由를 갖고 있지 못함을 (s-系列의 小數가 除外되어야 할는지도 모른다. 一前論) 알았다. 또 그 「ㅅ」이 거기에 쓰여진 데는 오랜 歷史的 背景이 作用하고 있을 성싶다는 事實도 理解되었다. 이러한 平面的인 事實이 歷史的으로 把握될 때 三系列의 子音群에 걸친 어떤 發達의 系譜가 꾸며질 수 없을까. 本稿는 여기서 위태로운 일인 줄 알면서도 다음과 같은 語頭 子音群의 發達의 系譜를 假說해 보려고 한다.

p-系列의 考究에서 이미 明白해진 것처럼 우리는 ㅳ, ㅄ, ㅶ, ㅴ 等 二子音間에 介在했던 하나의 母音의 壓出(suppression)을 생각할 수가 있다. 이 母音이 어떤 理由론지 壓出되고 말았을 때 語頭에 뜻하지 않은 子音群이 形成되었던 것이다. 그러나 이러한 語頭 子音群은 우리 나라 사람의 發音 濕性에 비추어 거북하기 이를 데 없었던 것이어서 곧 이들을 安定化하려는 努力이 作用하였던 것이다. 要컨대 語頭 子音群의 歷史는 이 安定化의 追求 過程에 지나지 않았던 것이다.

그러면 이 p-系列 子音群은 어떠한 安定化의 方向을 찾았을까. 그것은 J.

Vendryes氏더러 말하라면 한마디로 accommodation에 지나지 않았던 것이다.

"閉鎖音의 內破的 要素(l'élément implosif)와 外破的 要素(l'élément explosif) 사이에는 差異가 있다. 前者는 後者보다 聽取에 있어 덜 分明하며 따라서 덜 堅固하다. 이 差異는 內破(l'implosion)로 하여금 가지 가지 變故를 입게 한다. 가령 akta-와 같은 音群은 後行하는 外破的 t보다는 덜 抵抗的인 內破的 k를 가지고 있다. 여기서 이 音群에는, 結果的으로 이 音群에 變故를 가져올, 두가지 相反된 傾向이 行해질 수 있는 것이다. 그 하나는 惰怠로 因하여 말하는 사람 (le sujet parlent)이 k의 調音을 省略해 버리고 內破에서 다짜고짜로 舌尖을 t의 位置에 가져가 버리는 것이다. 이렇게 되면 結局 하나의 長音 t를 가진 atta가 생기게 된다. 이 過程은 伊太利語에서 實證되는 바인데 該語에서는 羅典語 語辭 actus, strictus가 atto, stretto로 되어버렸던 것이다. 다른 한 方向은 k의 調音을 維持하려는 慾求로 하여 말하는 사람이 t의 外破로 넘어가기 前에, 內破的 k에, 같은 자리에서 調音되는 가벼운 外破를 隨伴시키는 것이다. 이 發音은 佛語에서는 남의 發音矯正을 일삼는 사람들에게서 종종 들을 수가 있다. 아마 이는 facteur에 對하여 faqueteur라고 記寫할 수 있을 것이다. k의 外破는, 아무리 짧더라도 마침내 不可避的으로 母音—卽 默音 e(e muet)로 指示할 수 있는 短縮되고 抑壓된 母音—의 胚胎에 歸着하고 만다. 먼저 경우는 accommodation이고 뒤의 경우는 épenthèse이다."[27]

語頭에 있어서의 pt-, ps-, pč-, pt'- 等 子音群은 아마 그 形成 當初에는 上記引用의 나중 傾向에라도 견줄 수 있는 努力 卽 p-의 가벼운 外破까지를 保存하려는 意欲이 作用했을 것이다. 그러나 p-는 곧 뒤이어 必然的으로 內破的 要素만을 維持하기에 이르렀을 것이다. 李朝初期의 ㅳ, ㅄ, ㅶ, ㅷ의 狀態는 바로 여기에 該當되었을 것이다. 그러나 語頭에 있어서의 이러한 發音은, 國語의 경우, 낯선 따라서 至極히 不安全한 音韻結合이었던 것이며 이것은 繼續的

---

27 J. Vendryes, le Langage, Introduction linguistique à l'histoire, Paris, 1921. p. 71.

인 安定化에의 强力한 努力에 부닥쳤던 것이다. 여기서 accommodation이 일어났을 것은 當然한 일이다. 卽 語頭의 pt-, ps-, pč-가 漸次 tt-, ss-, čč- 等의 重子音(consonne double Geminata)으로 化하여 갔던 것이다. (重子音에 對해서도 역시 다음과 같은 Vendryes氏의 平易한 說明을 듣기로 한다.)

"그러므로 모든 密閉子音에는 세 때(temps)가 區別된다. 閉鎖 乃至 內破와 長短間 持續할 수 있는 抑止(tence)와, 開放 乃至 外破가 그것이다. 가령 t와 같은 單純한 한 子音의 發出에 있어서는 外破가 內破에 곧 뒤따르기 때문에 抑止는 거의 認知할 수 없는 持續으로 縮少되어 버린다. 이에 反하여 우리가 重子音이라고 일컫는 것에 있어서는 이제 때가 確然히 나타난다. 重子音이란 짧은 子音보다는 더욱 힘있게 發音되는 長子音에 지나지 않는 것이다. 힘의 强弱을 제쳐 놓으면 atta라는 音群은 ata라는 音群과는 內破와 外破 사이에 귀로써 認知할 수 있는 抑止를 가진다는 事實에 依하여 區別된다. 그러므로 atta에는 두 子音이 있고 ata에는 한 子音이 있다고 말하는 것은 잘못이다. 두 音群사이에 全혀 同一한 要素 卽 內破的 要素의 그에 뒤이은 外破的 要素를 가지고 있는 것이다. 그러나 ata에 있어서는 內破的 要素가 外破的 要素를 直時 隨伴하는 데 對하여 atta에 있어서는 閉鎖의 持續을 延長시키는 抑止에 依하여 分離되는 것이다."[28]

우리는 이 accommodation의 過程에서 하나의 中間段階를 想定할 수가 있을 것 같다. 卽 pt-를 例로 들면 p-의 內破가 아직 가볍게 維持되고 있으면서 t가 되게 發音되었던 時期가 그것이다. 저 表記上에서의 三子音複合 ㅄ, ㅳ 等은 이러한 中間段階를 表示한 것이 아닐까. 이들은 다시 말하면 pkk, ptt였던 것이다. 우리가 앞서 이 ps-子音群을 論했을 때에 結論을 내리기를 뒤로 미루었었지만 이제 우리는 그 表記上의 三子音의 中間에 있는 「ㅅ」이 역시 s-系列의 그것과 同一한 役割을 맡아 하는 것임을 알게 된 것이다. 事實 이 「ㅄ」가 이미

---

28 J. Vendryes, 前出書 p. 27.

創製 當時에조차 ㅅㅣ와 混同된 것을 보면 그것이 發音에 있어서 甚히 類似했음을 알 수가 있는 것이다. 그러나 이 書法은 새로운 記寫體系의 創造에 따른 完全에의 强烈한 意欲의 反影이라고 아니할 수 없는 것이어서 三系列의 子音複合 表記中 가장 短命했던 것은 또한 어찌할 수 없는 일이었던 것이다.

最後로 이러한 accommodation이 完成된 狀態를 表記한 것이 ㅅㅣ, ㅅㄷ, ㅅㅐ, ㅆ 等이었을 것이다. 이 경우의 「ㅅ」은 받침이나 揷入子音의 그것과 全혀 同一한 役割 卽 긴 持續의 密閉와 그에 必然的으로 따르는 後行子音의 된 破裂을 象徵하였던 것이나 아닐까 한다. 이 「ㅅ」이 제대로의 音價는 가질 수 없었다 하더라도 어떤 特定한 密閉 位置(가령 舌端과 上齒)나마 象徵하지 않았을까 하는 疑心은 熟考의 餘地가 多分히 있는 것이나, 揷入子音에서 느낄 수 있는 그런 位置에 조금도 拘碍되지 않는 「ㅅ」의 符號的 性質과 또 앞서 말한 三子音複合 ps-系列의 中間에 使用되었던 것에 想到하면 그것은 거의 完全한 Geminata를 나타내었을 것으로 믿어진다. 여기서 우리는 李朝初期人들이, 오늘의 우리들도 그렇게 생각하기 쉬운 것처럼, 語頭의 硬音을 單子音이 아닌 複合 子音으로 意識했음을 알 수 있는 것이다. 이러한 그들의 意識이 ㅅㅣ, ㅅㄷ, ㅅㅐ 等의 書法에 反影되었던 것이다.

이렇게 되면 지금까지 ㅅㅣ, ㅅㄷ, ㅅㅐ 等이 「硬音」을 나타내는 것이라고 했을 때 우리는 너무나 漠然히 또 너무나 單純히 그렇게 불러 버렸던 것임을 깨닫게 된다.

原始 國語의 子音體系에 國語 音韻의 特殊 存在인 「硬音」이 있었다고는 생각되지 않는다. 이 硬音은 필경 훨씬 後代에 語中이나 두 語辭 統合의 接結部에서 生成되었을 것임에 틀림없다. 이 事實은 위에서 揷入子音과 받침 「ㅅ」을 論했을 때 이미 暗示했던 바다. 그러므로 國語의 原本的인 硬音은 어디까지나 語頭의 그것이 아니었던 것이다.

그런데 여기서 注目해야 할 것은 現代 國語에서 우리가 差別없이 「硬音」 或은 「된소리」라고 부르는 一聯의 音이 語頭에 있어서와 語中 乃至 二語辭의 接

結部에 있어서와 差異를 보이고 있는 事實이다. 卽 現代 國語에 있어서는 語頭의 「된소리」야말로 國語의 特殊한 音韻으로서의 「된소리」요 語中 乃至 複合語의 中間에 있어서의 「된소리」는 하나의 Geminata에 지나지 않는다는 事實이다. 가령 다만 「끈」이라고 할 때의 「ㄲ」는 普通 k閉鎖와 同時에 聲門도 閉鎖되어 이 前後 二重의 閉鎖에 依하여 密閉된 空洞을 生起하고 그 空洞內의 空氣가 壓縮되었다가 k閉鎖를 터뜨릴 때 外部에 流出하는 (이때 聲門의 閉鎖는 그냥 存續한다) 「된소리」지만 「노끈」이라고 할 때의 「끈」은 上記한 意味의 「된소리」가 아니고 다만 k의 長音 卽 Geminata에 지나지 않는 것이다.[29] 그러므로 國語의 原本的인 「된소리」는 하나의 Geminata였다고 斷定할 수 있으며 이 Geminata가 語頭에 生成되었을 때 特殊한 發達을 보인 것이 우리가 오늘날 말하는 特殊한 意味의 「된소리」인 것이다.

아마 李朝初期의 語頭 硬音이란 語中에 있어서와 거의 다름없는 하나의 Geminata였을 것이며, 오늘의 語頭 硬音은 그뒤의 發達일 것으로 생각된다. 그러므로 當時人들이 이 語頭의 重子音을 二段階의 調音으로 意識하고 그것을 語中에 있어서와 조금도 다름없이 ㅼ, ㅾ, ㅺ, ㅆ로 表記한 것은 至極히 當然한 일이었던 것이다.

여기서 우리는 ㄲ, ㄸ, ㅃ 等과 ㅼ, ㅾ, ㅺ 等과의 差異가 어렴풋이 느껴지는 성싶다. 卽 後者들이 어디까지나 複合子音으로 意識된 데 反하여 前者는 다만 單子音으로 意識되지 않았을까 하는 것이다. 前者가 漢字의 全濁을 爲하여 構成되었다는 事實과 國語音에 適用될 경우 주장으로 「ㄹ」 밑에 쓰였던 事實은 어느 程度 이와 같은 推測을 可能케 하는 듯싶다. 하여튼 當時人들은 이 兩系列의 表記에 제법 明白한 區別을 느꼈던 것을 認定하지 않을 수 없을 것이다.

이리하여 本稿는 例로 ㄸ 子音群을 들어 十五世紀 編纂字들의 書法을 빌어

---

29 梅田 博之, "朝鮮語の濃音について"

表示하면, 다음과 같은 發達의 系譜를 얻게 되는 것이다.

ㅃ → ㅳㅌ → ㅅㄷ

十五世紀는 아직 이런 變化의 過渡期였으므로 이 세 過程이 다 그 表記法에 露呈되었던 것이 아닐까. 그러나 訓民正音 創製 當年에 굳어버린 書法은 그 뒤 發音의 變化와 步調를 같이 할 수 없었던 탓으로 十五世紀의 p-系列은 文獻上 이런 자취를 남기지 못하고 그만 十七世紀 初頭에 이르러 다짜고짜 s-系列의 表記로 轉入手續을 밟게 되었던 것이 아닐까.

지금까지의 敍述은 勿論 十五世紀의 s-系列의 全部가 그 以前에 있어서의 p-系列의 發達의 結果라고 斷定하는 것은 아니다.

위에서도 말했던 것처럼 s-系列의 特徵은 實로 그 語源的 複雜性에 있는 것이어서 거기에는 적어도 몇 갈래의 相違한 發達을 거친 語辭들이 內包되어 있었던 것 같다. 이 內包의 明快한 解明은 後日의 宿題가 될 것이며, 이 解明이야말로 語頭 子音群 問題의 根本的인 解決을 가져올 것으로 믿어진다.

그럼에도 不拘하고 우리는 國語의 語頭音 硬音化에 있어 다음과 같은 公式이 主導的인 役割을 하였음을 結論 지을 수 있으리라고 믿는다.

*p-(母音)-k, t, p, s, č → Geminata → 된소리

이러한 된소리에의 發達이 p-系列 ps-系列 子音群의 主傾向임은 疑心할 餘地가 없다. 그러나 우리는 이 外에도 두 가지의 重要한 傾向이 있었음을 看過해서는 안된다.

그 하나는 脫落의 傾向이다. 이는 特히 ㅳㅌ, ㅄ 子音群에서 볼 수 있는 現象이다. ㅳㅌ 子音群은 모두 [t']로, ㅄ 子音群은 少數의 方言에서 [s]로 變했다. 慶尙道 方言과 濟州島 方言에서 「뿔」을 [sal] 乃至 [sal]로 내고 있음이 그것이다.

또 하나는—順序와는 無關하게 重要性에 있어서 앞의 두 傾向에 조금도 못지
않은, 아니 語學的인 見地에서 더욱 重要할지도 모르는—Aspirata化 現象이다.

위에서 이미 陸地方言에서도 「뗄다」를 「털다」로 「뗣다」를 「돍다」로 發達
시켰음을 指摘한 바 있는데 濟州島 方言은 十五世紀 文獻의 ㅳ, ㅵ 兩子音群에
全幅的으로 Aspirata로 對應하고 있는 것이다.

十五世紀 文獻		濟州島 方言
(ㅳ)	*뜬(他)	튼(똔)①
	쁘다(拈)	트다
	*뻬(群)	테
	뻬(筏)	테, 테위, 테우, 테베
	딸기(莓)	탈
	뗄다(拂)	털다
	떨기(叢)	틀
	뛰다(跳)	튀다②
	뛰(垢)	테
	뻐러디다(墮)	털어지다
	쁘다(開)(浮)	트다③
	뛰(茅)	퇴역, 태역
(ㅵ)	뻐다(裂)	채다
	뿟다(織)	츠다
	뿟다(醃)	츠다
	딱(雙)	착④
	뜻다(撕)	치지다

① 十五世紀 文獻에는 「쁘로」밖에 存在하지 않는다. 濟州 方言에는 「튼」

「뜬」 兩型이 存在한다고 한다. 그러나 「튼거」(딴 것) 「튼살염」(딴살림) 「튼머리」(어여머리) 等의 複合語에서 나타나고 있음을 보면 이 말이 古語에 屬함을 알 수가 있다.

② 石宙明氏는 全羅, 慶尙方言에서도 「뒤다」라고 한다고 했으나 確認해 보지 못했다.

③ 「튼봉수」 「튼세경」(文盲, 청맹과니)

④ 「흔착」 「문착」 「양착」

濟州島 方言 역시 ps-系列에는 大槪 硬音으로 對應하고 있으나 「뻬혀다」 (析)에 對한 「케다」의 存在만을 지금은 指摘할 수 있을 뿐이다. 좀더 情密한 調査가 要請된다. 陸地方言의 「여태」의 「태」 等과 아울러 貴重한 例가 될 것이다. s-系列에도 一般的으로는 硬音으로 對應하고 있으나 「쓰믈」(泔)에 대한 「텃물」, 「수지나모」(欅)에 對한 「쿳낭」 等이 눈에 뜨인다.

이 나중 對應關係는 濟州島 方言에서 餘他의 語辭에 있어서도 陸地의 硬音에 激音으로 對應하는 例가 許多한 것으로 보아 앞으로 더욱 綿密한 分析이 있어야 하겠지만 p-系列의 「ㅼ」 「ㅳ」이 安定化의 追求에 있어 모두가 Aspirata를 擇했다는 事實은 重大한 意義를 띠는 것이다.

筆者의 생각으로는 陸地方言에 있어서도 한때(比較的 後期에 屬하는 어느 時期) p-系列의 Aspirata에의 發達 傾向이 적지않이 있었던 것이 아닌가 싶다. 이들 子音群이 Aspirata로 發達할 可能性은 얼마든지 있는 것이기 때문이다. 그러나 그런 傾向은 필시 硬音에의 大勢에 휩쓸려 지금은 極少數의 흔적만이 남게 된 것이 아닌가 한다. 이와는 反對로 Aspirata가 大勢를 리드한 濟州島 方言은 오히려 그쪽으로 쏠리게 되었던 것 같다. 그러나 濟州島 方言이 子音群의 安定化를 Aspirata에 찾은 것은 比較的 後期였던 모양으로 말하자면 前期에 硬音化한 「쌀」(女兒) 「짜」(地) 等은 如前히 該島 方言에서도 硬音으로 나타나고 있는 것이다.

마지막으로 語頭 子音群 特히 넓은 意味의 p-系列 子音群의 生成 및 消失의 時期를 推定함으로서 本稿를 끝맺으려 한다.

推測컨대 母音의 壓出에 依한 語頭子音群의 生成은 十五世紀 훨씬 以前의 일인 것 같다. 그러나 鷄林類事 成立 以前에 遡及할 수는 없을 듯하며,「菩薩」「寶妲」의 表記는 아직 母音을 維持하고 있는 狀態를 傳해 주는 것이라고 봄이 옳을 것이다. 그러던 것이 그뒤 十三, 十四 兩世紀를 거치는 동안에 母音의 脫落과 아울러 子音群이 生成되기 비롯했을 것임에 틀림없다. 이러하여 一旦 生成된 子音群은 漸次 Geminata에의 推移를 遂行했을 것으로 생각되는데, 中央語에 있어서 말하면, 十五世紀 中葉以前에 이미 一部 語辭에 있어서는 이 推移가 完了되었던 것으로 보인다. 上記의「菩薩」이 아직 子音群을 維持했었음에 反하여「寶妲」이 그것을 喪失하였었음은 興味있는 일이다. 十五世紀 中葉은 正히 이러한 變化의 多端한 過渡期였던 것이며, 이 狀態를 忠實히 나타내려는 訓民正音 當事者들의 非常한 努力이 드디어 번거로운 三系列의 書法을 낳게 한 것이었다. 그러다가 이들 子音群은 적어도 十七世紀 初頭에는 最後的인 硬音化를 完成하기에 이르렀던 것이다. 그러므로 語頭 子音群의 歷史는 十三, 四世紀로부터 十七世紀에 이르는 자못 長久한 時日에 걸쳤던 것이다.

이 最後的인 硬音化 完成 時期의 決定은 十七世紀 初頭의 文獻을 檢討함으로써 可能하다.

위에서도 말했던 것처럼 語頭 子音群의 表記가 比較的 完全히 維持되기는 訓蒙字會 以後 얼마 동안이 아닌가 하며 大體로 十六世紀 末부터 動搖가 甚하여져서 十七世紀에 거의 完全히 最終點에 歸着된 느낌을 준다.

文字의 保守性을 考慮에 넣더라도, "萬歷五年丁丑夏全羅道順川地曹溪山松廣寺留板"의 刊記가 있는「野雲自警」과, 紙質, 版式, 字體 等에 있어서 全혀 同一한 것으로 보아 同刊인 것으로 推測되는「發心修行章」및「誡初心學人文」에서 用例는 적으나마 단 하나의 混亂도 보이고 있지 않은 事實은 注目할만하다. 이제 同書의 用例를 列擧해 보겠다.

몰애뼈(蒸沙) 二〇

술위두삐 ㄹ고(如車二輪) 二〇

뜬목수믄(浮命) 二二

샐리 二三

잠깐 二三

十五世紀 後半의 文獻과 語頭 子音群에 關한 限 全혀 差異를 認定할 수가 없는 것이다. 다만 이들 文獻에서도 역시 「ㅅ」이 硬音에 쓰이기는 十五世紀 後半이나 다름없음을 다음과 같은 用例에 依하여 認定할 수 있을 뿐이다.

웃ᄯᆞ미잇ᄂᆞ니(居首) 野雲自警 五三

횃쓀자바(執炬) 誡初心學人文 一六

그러던 것이 十七世紀 初頭에 이르면 極度로 書法이 動搖되어 完全히 最後點에 다다른 느낌을 준다.

于先 捷解新語를 檢討하기로 한다. 該書는 一六七六年에 刊行되었으나 一六十八年에 完成된 것이라고 傳하므로 대개 十七世紀 初頭의 言語와 書法을 傳해주는 것으로 看做할 수 있을 것이다. 그런데 該書에는 硬音表記에 ㄸ, ㅆ, ㅳ의 三型이 마구 混同되어 있는 것이다.

○ 머글껏   一, 二八

   ᄒᆞ올쩌시니   二, 五

   습쩌니   三, 九

   됴ᄊᆞ오니   三, 一〇

   읍싸이다   三, 一〇

   더딜까   三, 二二

모뢰쓰음	四, 七
홈씌	四, 八
잠싼	四, 一〇
홀씨라도	四, 十三
볼쏠사오나오니	五, 二三
˙볼꼴	五, 二五
써림업게	五, 二五
젓쓰오나	七, 八
ᄀ장섭섭홀쯧ᄒ오니	七, 一一
덕쑨(德分)	七, 一七
홀쇼	七, 二〇
받씌	八, 四
사흘씰(三日路)	八, 五
스ᄉ(私私)써시	八, 二一
깃쎄라(喜)	八, 二七
門ᄉ지	一, 一
안쌔다(內海)	一, 九
○ 重홀까	二, 五
됴화따ᄒ니	二, 一七
니젓따	三, 三
너길꺼시니	七, 六
쫌	七, 一九
비쁘리고	一, 十二
○ ⌈ 뼈나셔	五, 三
⌊ 쩌나셔	五, 一一

ᄢᅵ놀려	六, 六
ᄢᅵ노ᄂᆞᆫ	六, 八
ᄡᅥ(書)	一, 九
써	一, 二六
어늬ᄢᅴ	五, 十一
어늬ᄢᅴ	五, 三

「ㅅ」이 더욱 大膽하게 나타나고 또 「ㅂ」系列이 「ㅅ」으로 轉入中인 上例들에 依하여 우리는 當時에 이미 十五世紀의 여러 並書의 意義가 忘却되었던 것을 알 수 있다.

이와 같은 忘却은 杜詩諺解 重刊本(一六三二)에서도 如實히 볼 수가 있다. (括弧 안은 十五世紀 [初刊本] 表記)

ᄠᅳᆯ헤셔(庭)	二, 三五 (ᄠᅳᆯ)
ᄡᅳ들(意)	七, 一一 (ᄠᅳᆮ)
ᄡᅳ데(意)	七, 二四 (ᄠᅳᆮ)
ᄡᅳ든(意)	七, 三四 (ᄠᅳᆮ)
갈ᄡᅳ기	七, 一五 (갈ᄡᅳ기)
묏ᄢᅵ메(山限)	七, 二八 (묏ᄢᅵ메)
싯고(剝)	七, 三二 (ᄢᅵ고)
힘ᄡᅳᆯ바ᄅᆞᆯ(用)	七, 三五 (힘ᄡᅳᆯ바ᄅᆞᆯ)
뎌즈음ᄢᅴ(向來)	八, 三 (뎌즈슴ᄢᅴ)
뎌즈음ᄉᆡ(向來)	三, 五二 (뎌즈슴ᄢᅴ)
ᄲᅨ(骨)	二, 四九 (ᄡᅧ)
ᄲᆞᆯ리	四, 一五 (ᄲᆞᆯ리)
넘ᄣᅥᆺ도다(溢)	二四, 八 (넘ᄣᅥᆺ도다)

이러한 忘却은 十七世紀 後半의 朴通事諺解(一六七七)에 이르면 極度에 達할 수밖에 없다.

⌐ 쓰고(用)	下, 二八	
└ 씀이	中, 二	
⌐ 두쌍(雙)	上, 三二, 三七	
└ 흔 빵	上, 二〇	
⌐ 뿍(艾)	上, 三五	
└ 쑥	上, 三五	
⌐ 쁘다(灸)	上, 三五	
└ 쓰다	上, 三五	
⌐ 뿔다(鑽)	下, 五	
└ 쓸다	上, 一四	
⌐ 뼈나다(離)	[老乞大上一]	
└ 씀	中, 三二	
⌐ 쁘로다(隨)	下, 二四	
└ 쏠오다	中, 一二	
⌐ 쁘다(遲)	[老乞大下三三]	
└ 쓰다	上, 五六	

○ 쑤다(借)	上, 五四 (꾸다)	
씨다(挾)	上, 二七 (뼈다)	
쒜다(貫)	下, 二六 (뻬다)	
쩨다(貫)	中, 三四 (뻬다)	
싈(鑿)	下, 一二 (쁠)	
쌔다(破)	中, 四○ (뺴혀다)	
○ 쵭뿔	上, 三七	

브롭쁘다　　　下, 一九

듧쁘다　　　　中, 二六

　위의 諸書의 檢討에 依하여 우리는 p-系列 語頭 子音群의 硬音化는 (中央에 있어서) 적어도 十六世紀末 十七世紀 初頭에 最後的인 完成을 보았다고 推定할 수 있을 것이다.

挿入母音攷
15世紀 國語의 一人稱 活用과 對象 活用에 對하여

허 웅

I. 머리말

國語史의 闡明을 위해서는 무엇보다 먼저 現代語에 關한 여러 가지 문제가 解決되어야 할 것이요, 다음으로는 李朝初期의 言語狀態의 究明이 緊要한 일임은 더 말할 必要조차 없는 事實이다.

李朝初期의 言語는, 그 音韻 分野에 있어서는 相當한 論議가 거듭되어 왔고, 또 相當한 成果를 거두어 온 것도 事實이다. 그리하여 우리는 그 時期의 音韻 狀態와 李朝 五百年 동안의 變遷過程에 대해서는 어느 程度의 闡明이 되어 온 것으로 自信하거니와 〈拙著: 國語音韻論 參照〉, 그러나 文法 分野에 있어서는 아직 未開拓 狀態를 벗어나지 못하였다.

古語-이 말은 매우 모호한 用語이다-文法에 관해서 몇 가지 著書가 있기는 하나, 그 成果로 보면 現代語의 文法 組織을 그대로 갖다 맞춘 것이어서, 아직 西紀 15世紀 言語의 本質을 把握하는 데는 相當한 距離가 있는 느낌이 있다.

筆者는 일찍부터 國語 文法史의 闡明에 關心을 가지고, 몇年 前에 우리말 尊待語(尊敬語)의 變遷에 관해서 한 글을 發表한 일이 있었거니와 〈成均學報 第一輯〉, 그 뒤 李朝初期 言語의 文法 構造에 대해서 이렇다 할 成果를 거둔 論

文이나 著書를 보지 못한 채 오늘에 이른 데 대해서는 섭섭한 느낌을 금할 수 없는 일이다.

筆者가 여기에서 究明하려고 하는 所謂「挿入母音」에 대해서 일찍 筆者는 龍歌 註解에서, 이 母音의 本質을 把握하지 못하고서, 아무런 意義를 갖지 못한 것으로 생각하고, 그 名稱을「挿入母音」이라 假稱한 일이 있었다. 〈全書 p.100 以下 參考〉

그러나 그 뒤에 이 母音을 取한 活用形과 取하지 않은 活用形 사이에 文法的인 뜻을 달리하는 일이 있음을 알게 되었다. 곧「-리라, -리니, -리이다」와 같은 語尾는 때로는 挿入母音을 取하는 일도 있고, 때로는 取하지 않는 일도 있는데, 後者의 경우가 單純한 未來를 表示하는데 對해서 前者의 경우에는 單純한 未來가 아니라, 主語의 意思를 表示하는 것임을 알게 되었다. 그리하여 그것을 1957年 봄에 서울大學校 文理科大學 言語學科에서 가진 硏究 發表會에서 發表하고, 그 原稿는 鄭寅承先生 還甲記念論文集에 싣기로 하였는데, 이 論文集이 아직 未刊이어서 그 間 學界의 批判을 받지 못한 채 오늘에 이르게 되었다.

그 뒤 다시 이 문제에 관심을 가지고 오던 中, 이러한 文法的 意義의 差는「-리라」等에만 局限된 것이 아니라, 거의 大部分의 이러한 -挿入母音을 取하고 取하지 않는- 對立形들도 그 文法的 意義를 달리하고 있음을 알게 되었다.

이것은 現代語와 매우 그 性格을 달리하는 것이기 때문에, 이 問題의 解明은 李朝初期 言語의 性格을 究明하는 데 큰 도움이 될 것으로 생각하는 바이다.

이 論文에서 考察 對象이 된 文獻은 主로 月印釋譜 九卷(卷一, 二,七, 八, 九, 十, 十七, 十八, 二十一)과 釋譜詳節 四卷(卷六, 九, 十三, 十九)인데, 이렇게 한 理由는:

첫째: 이 文獻이 李朝初期의 散文體 言語를 代表할 만한 것이 될 수 있다는 것.

둘째: 等質的인 言語를 찾기 위해서는 한 種類의 文獻에 局限하는 것이 좋

으리라고 생각한 것.

셋째: 이만한 分量이면 能히 그 當時의 言語의 大體的인 組織을 엿볼 수 있다고 생각한 것.

넷째: 다른 諺解類 -이를테면 楞嚴經, 永嘉集, 圓覺經, 金剛經, 蒙山法語 等等의 諺解類-는 漢文의 直譯體가 되어서 매우 어색한 말들일 뿐 아니라, 그 內容이, 筆者와 같은 門外漢에게는, 너무나 어려워서 正確한 뜻을 알기 困難하다는 것.

以上과 같은 理由로 말미암아 月印釋譜와 釋譜詳節을 主로 考察對象으로 하게 되었으나, 다른 文獻도 全혀 度外視하지는 않고 參考로 하였다.

Ⅱ. 所謂「揷入母音」의 形態 考察

李朝 初期 言語의 用言 活用에 있어서, 特定한 語尾에는 母音「오/우」를, 母音調和에 依해서 接頭하는 일이 있는데, 이것을 筆者는 「揷入母音」이라 假稱해 왔다.

이 要素는 때로는 不規則하게 變形하는 일이 있어서, 筆者는 일찍 龍歌 註解에서 簡單히 說明한 일이 있었고, 또 前記한 記念論文集에 실릴 論文에서도 言及한 일이 있으나, 앞으로 이 論文을 읽어가는 데 必要한 일이므로 여기에서도 거듭 說明해 두고자 한다. 周知한 바와 같이,名詞形 語尾「-ㅁ」과 引用·說明形語尾「-딕」는 반드시 이 母音을 必要로 하는 것이므로, 이 두 活用形에 나타나는 것으로「오/우」의 形態를 考察하기로 한다.

[개 子音으로 끝나는 用言의 語幹에는 母音調和에 依해서「오/우」를 揷入한다. 이를테면「막-」(防),「먹-」(食) 따위의 名詞形은「마곰」,「머굼」이며, 引用·說明形은「마고딕」,「머구딕」이다.

아로미 어려부니 (釋 9:26)

안존 걷뇨매 어마님 모르시니 (月印 9:24)

됴흔 法 닷고물 몯ᄒᆞ야 (釋 9:14)

ᄒᆞ논 일 업수미 (月印 8:31)

四禪天으롯 우흔 세 災 업수디 그엣 宮殿과 諸天괘 (月印 1:50)

阿修羅ᄂᆞᆫ … 福과 힘과ᄂᆞᆫ 하ᄂᆞᆯ콰 ᄀᆞ토ᄃᆡ 하ᄂᆞᆳ 힘뎌기 업스니 (月印 1:14)

「ㅂ, ㅅ, ㄷ」變格 用言에 있어서는, 이 末音들이 「ㅸ, ㅿ, ㄹ」로 變한다.

내 겨지비 고보미 사롧 中에도 ᄧᆞᆨ 업스니 (月印 7:11)

두리부미 업소니 (月印 7:5)

노릇과 우숨과 (釋 13:22)

寂寂體를 슬보ᄃᆡ 구틔여 法身이라 일콜ᄌᆞᆸᄫᅵ니라 (月印 序:5)

무로ᄃᆡ 寂寂ᄒᆞ미 일후미 긋거늘 (月印 序:5)

客體尊待의 「-ᄉᆞᆸ-, -ᄌᆞᆸ-, -ᅀᆞᆸ-」에 이 母音이 連結될 때도 「ㅂ」은 「ㅸ」으로 變한다.

알ᄑᆡᆺ 利 닙ᄉᆞ보ᄆᆞ (月印 17:75)

近間애 推薦ᄒᆞᅀᆞ보ᄆᆞᆯ 因ᄒᆞᅀᆞᄫᅡ (釋 序:4)

蓮花ㅅ 고지 나아 발 받ᄌᆞ보미 둘히오 (月印 2:37)

부텻긔 請ᄒᆞᅀᆞ보ᄃᆡ (月印 21:3)

菩薩ᄋᆡ 묻ᄌᆞ보ᄃᆡ (月印 2:11)

[나] 語幹의 末音이 子音이 아니고 母音일 경우에는, 이 두 母音이 衝突되기 때문에, 여러 가지 複雜한 現象이 일어난다.

이제 語幹의 끝 母音을 다음과 같이 排列하여 說明하기로 한다.

1. 單母音의 경우	2. 重母音의 경우
1.1.「ᄋᆞ, 으」	「애, ㅐ, 외, 익」 따위

1.2. 「이」

1.3. 「아, 어, 오, 우」

[1.1] 「ㅇ, 으」의 경우에는 語幹 末音의 「ㅇ, 으」가 줄어진다. 이를테면 「ᄒᆞ-」 (爲), 「ᄡᅳ-」(用)의 名詞形, 引用形은 各各 「홈, ᄡᅮᆷ」, 「호ᄃᆡ, ᄡᅮᄃᆡ」이다.

天人 濟渡호ᄆᆞᆯ 썰비 아니호미 당다이 나ᄅᆞᆯ ᄒᆞ리라 (月印 1:17)

빈골폼과 목ᄆᆞᆯ롬과 (月印 2:42)

工巧ᄒᆞ신 方便은 다오미 업스리라 (釋 9:24)

부톄 授記ᄒᆞ샤미 글 ᄡᅮ미 ᄀᆞᆮ고 (月印 8:96)

念호ᄃᆡ 이 月印釋譜ᄂᆞᆫ (月印 序:16)

十二部 修多羅애 出入호ᄃᆡ 곧 기튼 히미 업스며 흔두 句를 더으며 더러ᄇᆞ
리며 ᄡᅮᄃᆡ ᄆᆞᅀᆞᆷ다ᄇᆞᄆᆞᆯ 닐욻ᄀᆞ장 그지ᄒᆞ야 (月印 序:19)

이러한 경우에 때로는 「ㅇ」와 「오」사이에 半母音 /j/를 挿入하여 母音衝突
을 避하는 일이 있는데, 이러한 두 가지 語形은 隨意로 變動된다. 곧 아무런
意味上의 다름이 없이 서로 交替될 수 있었던 것으로 생각된다. 이를테면

ᄆᆞᅀᆞ맷 行ᄒᆞ욤과 ᄆᆞᅀᆞ맷 動作ᄒᆞ욤과 (釋 19:24)

에 해당되는 月印釋譜의 部分에는

ᄆᆞᅀᆞ미 行홈과 ᄆᆞᅀᆞ미 뮈욤과 (月印 17:73)

으로 되어 있으니, 「ᄒᆞ욤」과 「홈」이 서로 隨意로 變動될 수 있었음을 짐작할
수 있다.

行ᄒᆞ요ᄆᆞᆫ 샹녯 이를 조차ᄒᆞ는 ᄆᆞᅀᆞ미오 (釋 19:25)

내 … 세 닐웻 ᄉᆞᅀᆡᄅᆞᆯ ᄉᆞ랑ᄒᆞ요ᄃᆡ (釋 13:57)

[參考] 져믄젯 ᄆᆞᆯ투요ᄆᆞᆯ ᄉᆞ랑ᄒᆞ야 (杜詩諺解, 重刊 3:51)

그리고 語幹의 끝 音節이 「ᆯ, 르; ᅀᆞ, ᅀᆞ」일 경우에도 「ᄋᆞ, 으」母音이 주는 것
은 위와 같으나, 다만 이 경우에는 ㄹ, △子音이 반드시 웃音節의 받침으로
붙게 되며, 또 △은 ㅅ으로 表記되기도 한다. 그리고 ㄹ이 위 音節의 받침으
로 붙는 것은, 이 音이 [l]音으로 變한 것임을 表記하기 爲해서다.

목 몰롬 (月印 2:42)

달옴=異 (永嘉集 下:31)

엇 뎨 글오ᄆᆞᆯ 알리오=何知解 (楞嚴經 5:2)

ᄒᆞ녁 피 닫다마 두고 닐오ᄃᆡ (月印 1:7)

몸 아래셔 므리 나아 곳ᄉᆞᅀᆡ예 홀로ᄃᆡ 싸해 쩌디디 아니코 (月印 7:33)

옷기슭 ᄭᅳ우믈 앗기니라=惜曳裾 (杜 20:34)

玉ᄋᆞᆯ ᄭᅳ우믄=拖玉 (杜 15:25)

빗난 빗우믈 願티 아니ᄒᆞ고=不願榮飾 (永嘉集 下:137)

[1.2] 「이」의 경우, 곧 語幹의 끝音節이 「이, 기, 니, 디, 리, …」인 경우에는
語幹의 끝母音이 半母音 /j/로 變하여 「오, 우」와 한 音節로 縮約된다. 이를테
면 「기리-」(譽), 「너기-」(念)의 이들 活用形은 「기룜, 너굼(너굠)」, 「기류ᄃᆡ, 너
교ᄃᆡ」와 같다.

안좀 걷뇨매 (月印 2:24)

利養은 됴히 칠씨니 … 제몸ᄲᅮᆫ 됴히 츄미라 (釋 13:36)

優波離 너교ᄃᆡ (月印 7:3)

國王이 姪女를 <u>ᄀᆞᄅᆞ쵸ᄃᆡ</u> (月印 7:15)

「디-」(落)는 自動詞와 他動詞로 두루 쓰이는데, 自動詞의 名詞形은 「:듐」인데, 他動詞의 名詞形은 「:디욤」이다.

　　히 :듐 ᄀᆞᆮᄒᆞ니=如日類 (楞嚴經 2:5)
　　ᄀᆞ슬히 :듀믈=秋落 (永嘉集 下:44)
　　集賢殿學士ㅣ 中書堂애 분 <u>:디요믈</u> 보더라=觀我落筆中書堂 (杜 25:52)
　　家門ㅅ 소리를 ᄯᅡ해 :디요·믈 즐기리아=家聲肯墜地 (杜 8:57)

「잇다」(有, 在)는 그 語幹이 「잇-」과 「이시-」로 變動하는데, 이들 活用形에 있어서는 「이시-」로 나타난다.

　　이슈메 (月印 8:30)
　　이쇼ᄆᆞᆫ (釋 19:28) etc.
　　이쇼ᄃᆡ (月印 8:34) etc.

[例外] 主體尊待의 「-시-」에, 이 母音이 連結되면, 「-쇼-」 또는 「-슈-」가 될 것 같으나, 이 경우에는 그렇게 되지 않고, 「-샤」가 되어서 「-샴」, 「-샤ᄃᆡ」와 같이 活用된다.

　　宮女로 놀라<u>샤미</u> (龍 17)
　　가샴 겨<u>샤매</u> (龍 27)
　　菩薩이 … 안ᄌᆞ시며 누ᄫᅳ<u>샤매</u> 夫人이 아ᄆᆞ라토 아니ᄒᆞ더시니 (月印 2:26)
　　對答ᄒᆞ<u>샤ᄃᆡ</u> (月印 1:7)
　　묻ᄌᆞᄫᆞ<u>샤ᄃᆡ</u> (月印 1:10)

부톄 겨샤딕 일후미 釋迦文이시다 (月印 7:29)

[1.3] 「아, 어」, 「오, 우」의 경우에는 原則的으로, 이 揷入母音이 줄어져서, 이 母音의 有無를 認定할 수 없다.

거츠리 이얼과를 因ᄒ야=因妄搖 (楞嚴經 4:21)
ᄆᆞᅀᆞ를히 업서 브라믈 머리 ᄒᆞ리로다=無村眺望賒 (杜 7:7)

이렇게 揷入母音의 存在가 不分明하기 때문에 때로는 意識的으로 이 母音을 發音하는 일이 있었던 듯하다.

이어오미 일씨=成搖 (楞嚴經 4:18)
나랏 有情이 正覺 일우오믈 一定티 몯ᄒᆞ면 (月印 8:61)
生死涅槃이 다 업수미 두녁 ᄀᆞᆺ ᄂᆞᆫ호오미 업슨 止니 (月印 8:67)
이 經이 微妙ᄒᆞᆫ 이를 나토오미 蓮고지 조호미 ᄀᆞᆮ고 (釋 13:33)
虛空익 이어옴 내요믈 因ᄒᆞ야=因空이 生搖ᄒᆞ야 (楞嚴經 4:18)
브라오미 그츠니=目斷 (杜 6:29)

「가」(行), 「오-」(來), 「녀-」(行), 「나」(出), 「주-」(與), 「두-」(置), 「자-」(宿), 「하-」(多) 따위 말이나, 또는 이러한 말들과의 合成語인 「맛나」 「빛나」 따위 말들의, 이들 活用形에 있어서는, 앞의 原則과 같이 揷入母音이 나타나지 않으나, 語幹 自體가 上聲으로 變動되어 다른 경우와 區別된다.

法이 펴디여 :가미 믈 흘러 :녀미 ᄀᆞ틀써 (釋 9:21)
:감과 :옴과=去來 (楞嚴經 2:105)
눔과 달 :나믈 즐겨 (釋 9:16)

微妙흔 소리 :나딗 (月印 7:67)

筌 :두미 ᄀᆞ장 슬ᄒᆞ니라 (月印 序:22)

씨며 :자매 날씨=生於瘡痍 (楞 3:13)

이트를 :자딗=信宿 (杜 7:23)

즐거븐 일 :주미 (釋 13:39)

제 맛드논 거슬 다 :주딗 (釋 19:3)

놀애를 브르리 :하딗 (龍 13)

不可思議는 … ᄀᆞ장 :하믈 니르니라 (月印 7:72)

달이 맛:나믈 받ᄌᆞ와=承殊遇 (上院寺勸善文)

소리와 빗:나미=聲華 (杜 6:19)

[2] 「애, 에, 외, 이」따위 重母音의 경우에는 두 母音 사이에 半母音 /j/를 揷入한다.

두리 즈믄 ᄀᆞᄅᆞ매 비취요미 ᄀᆞᆮᄒᆞ니라 (月印 1:1)

ᄒᆞᆫ 念 처엄 뮈유미 일후미 行이니 (月印 2:21之1)

優曇鉢華ㅣ 時節이어사 ᄒᆞᆫ번 뵈요미 ᄀᆞᆮᄒᆞ니라 (釋 13:47)

올ᄒᆞ며 외요미 다 업스니 (月印 8:29)

쇽바티 가싀요딗 므슨 改易 업스며 (永嘉集 下:78)

이 경우에 때로는 語幹末의 重母音의 第二要素인 「ㅣ」가 줄어지는 일이 있고, 줄고 줄지 않은 두 語形은 서로 隨意로 交替될 수 있었던 모양이다.

어즈러이 무유미 勞ㅣ 오=擾動爲勞 (楞嚴經 4:15)

이러트시 種種 音聲을 글ᄒᆞ요딗 耳根은 허디 아니ᄒᆞ리라 (釋 19:16)

아흑을 <u>부유딘</u> 소늘 노티 말라=刈葵莫放手 (杜 8:32)

以上으로써, 所謂「挿入母音」과 그것이 連結되는 語幹의, 形態音素論(morphophonemics) 的 考察을 마치고, 다음으로는 이 形態가 表現하는 文法上의 意義를 살피기로 한다.

Ⅲ. 挿入母音의 用法
(文法的 意義) 其一

以上 말한 바와 같은 母音을 接頭하는 語尾를 調査해 보면, 이들은 크게 두 가지로 나뉜다. 곧 하나는 어떤 경우에 있어서나 이 母音 形態의 接頭를 必要로 하는 것이요, 하나는 이 母音의 接頭 有無에 따라서 分化되는 짝이 있는 것의 두 가지로 나뉘게 된다.

[i] 이 母音 接頭 有無에 의해서 分化되는 語尾의 짝.(「오/우」는 挿入母音,「ᄋ/으」는 調聲母音이다)

(1) -(오/우)니 : -(ᄋ/으)니

(2) -(오/우)라 : -다

(3) -(오/우)이다 : -(ᄋ/으)이다

(4) -노니 : -ᄂ니

　　-노라 : -ᄂ다

　　-노이다 : -ᄂ이다

(5) -(오/우)리니 : -(ᄋ/으)리니

　　-(오/우)리라 : -(ᄋ/으)리라

　　-(오/우)리이다 : -(ᄋ/으)리이다

(6) -(오/우)ㄴ가 : -(으/으)ㄴ가

-논가 : -는가

-(오/우)려다 : -(으/으)려다

(7) -이로니 : -이니

-이로라 : -이라

(8) -(오/우)ㄴ : -(으/으)ㄴ

(9) -(오/우)ㄹ : -(으/으)ㄹ

(10) -논 : -는(-는)

[ii] 어떤 경우에라도 이 母音의 擇入을 必要로 하는 것

(11) -(오/우)ㅁ

(12) -(오/우)딕

[註 1. [ii]類에 들어갈 것은 더 있을 것이나, 이것들은 本論에 가서 追加 說明하기로 하겠다.

그리고 本章에서는 (1)~(7)과 (11), (12)에 대해서 言及할 것이며, (8), (9), (10)은 (1)~(7)과 그 文法範疇를 달리하는 것이므로 다음 章에서 論議될 것이다.

2. 筆者는 「-리-」 따위도 語尾의 一種으로 본다. 그리고 指定詞 (7)는 勿論 語尾가 아니나 便宜上 여기에 넣어둔다.

이 章에 서는 (1)에서 (7)까지의 活用形의 用法上 對立을 밝힘으로써, 이 所謂 揷入母音이라 假稱해온 形態의 文法範響를 探索하기로 한다.

1. [-(오/우)니] : [-(♀/으)니]

먼저 그 使用例를 들어 보이면

[-(♀/으)니]

1. 舍利弗이 호 獅子 ㅣ 를 지석내니 그 쇼롤 자바 머그니 모다 닐오딕 (釋 6:32)

2. 그 이리 이러ᄒᆞ니 이 因緣으로 (月印 21:210)

3. 婢 흔아ᄃᆞᆯ 나ᄒᆞ니 사올 몯 차셔 말ᄒᆞ며 (月印 21:55)

4. 瞿曇이 … 請을 바ᄃᆞ니 一切智 아닌들 알라 (月印 21:198)

5. 난 닐웨예 어미 命終ᄒᆞ니 薄相앳 사ᄅᆞ미며 (月印 21:198)

6. 네 아ᄃᆞ리 … 허믈 업스니 어드리 내티료 (月印 2:6)

7. 이 閻浮衆生이 … 罪 아니니 업스니 (月印 21:102)

8. 地獄罪報 ㅣ 그 이리 이러ᄒᆞ니 (月印 21:79)

9. 羅漢이 … 光目이 어미를 보니 (月印 21:53)

10. 目連이 耶輸ㅅ 宮의 가보니 (釋 6:2)

11. 셜본 中에도 離別 ᄀᆞᄐᆞ니 업스니 (釋 6:6)

12. 法 드로미 어려보니 (釋 6:11)

[-(오/우)니]

13. 내 혜여ᄒᆞ니 이제 世尊이 큰 法을 니르시며 (釋 13:26)

14. 내 … 方便力으로 다숫 比丘 위ᄒᆞ야 說法ᄒᆞ니 이를 轉法輪이라 ᄒᆞᄂᆞ니 (釋 13:59)

15. 내 ᄒᆞ마 衆生이그에 즐거본 거슬 布施호ᄃᆡ 제 ᄡᅳ데 맛ᄃᆞᆫ 야을 조차 ᄒᆞ니 이 衆生이 다 늘거 ᄒᆞ마 주그리니 (釋 19:3)

16. 내 어저ᄭᅴ 다숫가짓 ᄭᅮ믈 ᄭᅮ우니 ᄒᆞ나흔 … 다ᄉᆞᆫ 소내 ᄃᆞ를 자보니 世尊하 날 爲ᄒᆞ야 니ᄅᆞ쇼셔 (月印 1:17)

17. 나는 이제 시르미 기퍼 넘난 ᄆᆞᅀᆞ미 <u>업수니</u> ᄒᆞᆫ 願을 일우면 (月印 2:5)

18. 聖女ㅣ 무로ᄃᆡ 내 <u>드로니</u> 鐵圍ㅅ 안해 地獄이 가온ᄃᆡ 잇다 ᄒᆞᄂᆞ니 (月印 21:24)

19. 내 過去 … 世尊의 이 陁羅尼를 親히 받ᄌᆞᄫᅡ 受持<u>호니</u> 能히 一切白法을 增長케 ᄒᆞ며 (月印 21:69)

20. 내 … 子母를 擁護ᄒᆞ야 安樂ᄒᆞ야 利益을 得케 <u>호니</u> 이런 사ᄅᆞ미 安樂을 보란ᄃᆡ (月印 21:125)

21. 내 地藏 威神力을 <u>:보니</u> 恒河沙劫에 다 닐우미 어렵도다 (月印 21:172)

22. 이 모ᄆᆞ로 아바님 爲ᄒᆞ야 病엣 藥을 지수려 ᄒᆞ노니 목수미 몯 이실가 너겨 여희ᅀᆞᄫᅩ라 <u>:오니</u> 願ᄒᆞᆫᄃᆞᆫ 어마니미 그려 마ᄅᆞ쇼셔 (月印 21:117)

23. 나는 <u>드로니</u> 겨집도 精進ᄒᆞ면 (月印 10:16)

24. 내 … 프ᅀᅥ리예 아ᄃᆞᆯ를 <u>나호니</u> 큰 毒蛇ㅣ 핏내 맏고 (月印 10:24)

25. 내 그제 ᄇᆞ얌 오ᄂᆞ다 ᄒᆞ야 브르다가 몯<u>호니</u> 그 ᄇᆞ야미 ᄯᅩ 쇼와 ᄆᆞᆯ와를 쏘아늘 (月印 10:24)

26. 내 것ᄆᆞᆯ 주거 싸해 디옛다가 오라거ᅀᅡ <u>ᄭᆡ요니</u> 五百 도ᄌᆞ기 무리 와 벋 ᄃᆞᆯ 틀 티고 (月印 10:24)

27. 도ᄌᆞ기 … 날ᄃᆞ려 닐오ᄃᆡ 네 도로 머그라 아니옷 머그면 네 머리를 버효리라 홀씬 두리여 <u>머구니</u> 怒를 잔치니라 (月印 10:25)

28. 그제 化人이 偈로 對答ᄒᆞ샤ᄃᆡ 베텨도 모디로미 업고 쏘아도 怒ㅣ <u>업소니</u> 이 壯을 쎄혀리 업스니 (月印 10:30)

29. 내 … 두리부미 <u>업소니</u> (月印 7:5)

30. 나는 <u>드로니</u> (月印 8:97)

前者와 後者의 差異點은 一見에 알 수 있으니, 後者의 경우에 있어서는 그 主語가 第一人稱임에 對해서 前者의 경우에는 그 主語가 第一人稱 以外의 人 稱이 되어 있다. 「27」에 主語가 나타나 있지 않으나, 「두리여 머구니」는 「내가」두려워하여 먹었다는 것이다. 그리고 「28」에 있어서 「업소니」의 直接的인 主語는 「怒ㅣ」가 되어 있으나,「怒ㅣ 업소니」의 總主語는 틀림없이 「나」임을 알 수 있다. 그리고 同例의 끝머리의 「업스니」는 그 主語가 「이 壯을 쎼혀리」임을 생각하면, 그 用法을 理解할 수 있을 것이다. 이와 같이 같은 월 안에서 이 두 가지 活用形을 區別 使用하고 있는 것을 보면, 그 當時에 있어서는 이 區別이 相當히 嚴格히 지켜져 있었던 것임을 알 수 있다. 그리고 「9, 10」의 경우와 「21, 22」의 경우를 對照해 보면,聲調 -傍點으로 表記된- 가 이 두 가지 活用形을 區別하는 구실을 맡고 있음을 볼 수 있다.

그리고 第一人稱 複數의 「우리(들)」도 赤是 「나」와 같은 活用形을 取한다.

31. 우리 出家ᄒ라 :오니 우리ᄂᆞᆫ 憍慢ᄒᆞᆫ ᄆᆞᅀᆞᆷ 하니 (月印 7:3-4)

上例의 傍點法을 보면 「오니」는 第一人稱의 活用法이요, 「하니」는 그렇지 않은데, 後者 의 主語는 「ᄆᆞᅀᆞᆷ」이기 때문이다. 이로써 보면 直接 主語와 總主語가 있을 때, 어느 쪽을 따르느냐에 대해서는 一定한 規則이 없었던 모양이다. (28과 比較)

32. 우리들히 毒藥을 그르 머구니 願ᄒᆞᆫᄃᆞᆫ 救療ᄒᆞ샤 목수믈 다시 주쇼셔 (月印 17:17)

그러나 「우리」 다음에, 同格의 第三人稱的 說明語가 붙게 되면, 「나」에 대한 活用法을 쓰지 않는 일도 있다. (勿論 「나」에 대한 活用形을 使用하는 일도 있음)

33. 우리 鬼王들히 시혹 사ᄅᆞᄆᆞᆯ 利益ᄒᆞ며 시혹 사ᄅᆞᄆᆞᆯ 損害ᄒᆞ야 各各 ᄀᆞᆮ디 아니ᄒᆞ니 그러나 (月印 21:121)

34. 우리 諸山앳 道士들히 몯ᄒᆞ논 일 업스니 (月印 2:71)

이러한 事實은 都大體 「우리」라는 것이 「나」와 남과의 混合體라는 데에 原因이 있다고도 생각할 수 있으나, 그것보다도 「우리」다음에 同格으로 說明한 「鬼王」, 「道士」가 第三人稱的인 表現이란 데 그 原因을 찾을 것이다.

35. 菩薩이 이 因緣으로 成佛호매 니르로니 이제 이 寶塔이 싸해셔 소사나 몬 곧이 내 父母 爲ᄒᆞᅀᆞ바 목숨 ᄇᆞ려늘 곧 이 싸해 塔을 셰여 供養ᄒᆞ시더니 내 이제 成佛홀씨 알ᄑᆡ 소사냇ᄂᆞ니라 (月印 21:220-221)

위의 例는 「菩薩」이라는 第三人稱에 對해서 第一人稱 活用法을 使用한 것 같이 보이나, 이 「菩薩」은 지금 이 말을 하고 있는 如來의 前世生인 「忍辱太子」를 가리킨 것이니, 곧 이는 如來 自身인 것이다. 그러므로 곧 이어 「菩薩」을 代名詞로 받음에 「나」를 使用하는 것이다. 또

36. 太子 | 닐오ᄃᆡ 그딋냇 말 ᄀᆞᆮ디 아니ᄒᆞ니 오직 아바닔 病이 됴ᄒᆞ실시언뎡 모ᄆᆞᆯ 百千디위 ᄇᆞ려도 어렵디 아니ᄒᆞ니 ᄒᆞᄆᆞᆯ며 이 더러ᄫᅳᆫ 모미ᄯᆞ녀 (月印 21:216)

과 같은 例가 있어서 一見 그 活用形의 用法을 理解하기 困難한 것 같으나, 그러나 仔細히 推窮해 보면 반드시 그런 것은 아니다. 곧 이 말의 줄거리를 더듬어 보면, 太子 父王이 病이 들었는데, 大臣들이 太子를 없이하려고, 그 病의 藥은 오직 날 때부터 嗔心한 일 없는 사람의 눈알과 骨髓뿐이라 한다. 太子는 곧 내가 그런 사람이니 내 몸으로 藥을 만들어서 곧 父王의 病을 낫게 하라는 것이다. 大臣들은 속으로는 기뻐하나 外面으로는, '天下에 아까운 것이 몸과 같은 것이 없으니 이 일은 매우 어려운 일입니다'라 아뢴다. 이에 대한 太子의 대답이 곧 위의 引用한 말이다. 그러므로 「그딋냇 말 ᄀᆞᆮ디 아니ᄒᆞ니」의 主語는 곧 「내」또는 「내 생각」임을 알 수 있으니 「아니ᄒᆞ니」의 使用은 일로 理

解될 것이요, 다음의 「어렵디 아니ᄒᆞ니」의 主語는 「모몰 百千디위 ᄇᆞ리」는 것이므로 第一人稱 活用을 使用하지 않은 것이다.

37. 千百億은 百億곰 ᄒᆞ<u>니</u> 一千이라 혼 마리니 (月印 2:54)

이 例는 所謂 一般的인 眞理를 말한 것이다. 그러므로 이 말의 主語는 不定하여 누구를 想定해도 좋기 때문에, 이 경우에는 第一人稱을 想定한 것이라 생각할 수 있으나, 다음 例는 아무래도 例外로 보아둘 수밖에 없을 것 같다.

38. 내 모몰 도라<u>ᄒᆞ니</u> 즉자히 스러디고 男子ㅣ 두외야 (月印 2:64)

이 말의 主語는 「내」이며,

39. 믌 가온ᄃᆡ 드러 도라 몰아기를 <u>보니</u> (月印 10:24)

의 主語도 「내」인데, 이 例는 위의 경우보다도 좀 微妙하나, 「보」의 傍點으로 보아 第一人稱活用이 아님을 알 수 있으니, 赤是 한 例外로 보지 않을 수 없다.

이 語尾는 위와 같이 語幹에 直結될 수 있을 뿐 아니라, 그 사이에 客體尊待〈이에 관해서는 拙稿: 尊待法史(成均學報 第一輯) 또는 龍飛御天歌 註解 pp. 47-52 參照〉를 表示하는 文法 要素인 「-ᄉᆞᆸ-, -줍-, -ᅀᆞᆸ-」 따위를 連結시킬 수 있는데, 이 경우에도 이 두 가지 活用形의 對立은 나타나는 것이다.

40. 내 世尊 위ᄒᆞᅀᆞᄫᅡ 精舍롤 ᄒᆞ마 <u>짓ᄉᆞᆸ보니</u> 王이 부텨를 請ᄒᆞᅀᆞᄫᆞ쇼셔 (釋 6:38)
41. 흔 菩薩이 … 부텻긔 ᄉᆞᆲᄫᆞ샤ᄃᆡ 오ᄂᆞᆳ날 世尊이 地藏菩薩이 이런 … 大威

神德 겨신 둘 讚歎ᄒ거시늘 <u>보ᅀᆞᄫᆞ니</u> 願ᄒᆞᆫ둔 世尊이 … 未來世 衆生이

부텻 마를 머리로 받ᄌᆞᆸ게 ᄒ쇼셔 (月印 21:83)

42. 나도 머릴 울워러 셜버이다 救ᄒ쇼셔 <u>비ᅀᆞᄫᆞ니</u> (月印 2:52)

43. 내 디나건 諸佛의 이런 祥瑞를 <u>보ᅀᆞᄫᆞ니</u> 이런 光明을 펴시면 (釋 13:27)

44. <u>進上ᄒᅀᆞᄫᆞ니</u> 보믈 주ᅀᆞ오시고 (月印 序:13)

45. 내 至極ᄒᆞᆫ 말ᄊᆞ믈 <u>듣ᄌᆞᄫᆞ니</u> 므ᅀᆞ미 몯가 (月印 2:64)

46. 내 ᄒ마 世尊이 … 地藏菩薩ᄋᆞᆯ 讚歎커시늘 <u>듣ᄌᆞᄫᆞ니</u> 엇뎨 諸佛이 功德

을 니ᄅᆞ샤도 (月印 21:156)

47. 如來ㅅ 마를 <u>듣ᄌᆞᄫᆞ니</u> 니ᄅᆞ샤ᄃᆡ (月印 21:58)

48. 내 이제 世尊ᄋᆞᆯ 므ᄌᆞ막 <u>보ᅀᆞᄫᆞ니</u> 측ᄒᆞᆫ 므ᅀᆞ미 업거이다 (月印 10:8)

以上 「41, 44, 47」을 除外하고는 모두 主語가 나타나 있기 때문에 문제될 것 없다. 「41」의 「보ᅀᆞᄫᆞ니」의 主語는 「나」일시 분명하며, 「44」의 「進上ᄒᅀᆞᄫᆞ니」는 이 序文을 쓴 首陽大君이 世宗에게 釋譜詳節을 進上했다는 것이므로, 그 主語는 亦是 第一人稱이다. 그리고 「47」의 如來 말을 듣는 사람은 이 글을 쓰고 있는 著者 自身으로 생각된다.

다음 第一人稱 活用 아닌 것을 들어 보인다.

49. 王이 … 부텨를 <u>請ᄒᅀᆞᄫᆞ니</u> 그ᄢᅵ 世尊의 四衆이 圍繞ᄒᅀᆞᆸ고 (釋 6:38)

50. 光目이 ᄭᅮ메 부텻 모믈 <u>보ᅀᆞᄫᆞ니</u> 金色이 빗나시고 (月印 21:54)

51. 須達이 … 世尊ᄋᆞᆯ 念ᄒᅀᆞᄫᆞ니 누니 도로 ᄇᆞᆰ거늘 (釋 6:20)

52. 波斯匿王도 … 如來ㅅ 像ᄋᆞᆯ <u>밍ᄀᆞᅀᆞᄫᆞ니</u> (月印 21:192)

53. 그ᄢᅵ … 無量鬼王이 … 忉利예 와 부텻긔 <u>다ᄃᆞᆮᄌᆞᄫᆞ니</u> (月印 21:112)

54. 表 지ᅀᅥ <u>엳ᄌᆞᄫᆞ니</u> 그 表애 ᄀᆞ로ᄃᆡ (月印 2:69)

「54」는 主語가 나타나 있지 않으나, 여기에서는 「道士」의 무리다.

第一人稱 複數의「우리」의 경우에도 第一人稱 活用을 使用하는 點, 앞의 「-습-」을 連結하지 않는 單純한 活用形의 경우와 同一하다. (31, 32 보라)

55. 우리 이제 부텻 威力을 닙ᄉ바 … 如來ㅅ 일후믈 듣ᄌᆞ보니 ᄂᆞ외야 惡趣를 저픈 주리 업스니 (釋 9:39)

56. 우리ᄃᆞᆯ히 … 湏陁洹ᄋᆞᆯ 일우ᅀᆞ보니 우리들히 父王ㅅ 棺을 메ᅀᆞ바ᅀᅡ ᄒᆞ리이다 (月印 10:12)

57. 우리ᄃᆞᆯ히 … 釋中神을 맛나ᅀᆞ보니 (月印 10:33)

그리고 「33, 34」의 경우와 같이, 그 內容으로 보면 第一人稱 複數에 해당되는 경우일지라도 그 表現이 第三人稱的일 경우에는 第一人稱 活用法을 使用하지 않는 일이 있다.

58. 내며 한 모든 사ᄅᆞ미 … 諸佛ㅅ 神力을 보ᅀᆞ바 녜 업던 이를 얻ᄌᆞ보니 佛子 文殊아 모든 疑心을 決ᄒᆞ고라 (釋 13:25)

2. [-(오/우)라] : [-다]

「-(오/우)라」와「-다」는 그 語尾가 다르나, 이「-라」와「-다」는 그 文法的인 뜻이 비슷하고, 그리고 그들이 쓰이는 자리, 卽 配置가 서로 排他이다. 卽 「-라」는 挿入母音, 指定詞, 時制를 나타내는「-리-」와「-더-」따위에 連結되는데 比하여「-다」는 이러한 要素에 連結되지 못한다. 이러한 두 가지 條件 -即 意味上의 類似性과 配置上의 排他性- 이 갖추어져 있기 때문에,「-라」와「-다」는 同一한 形態素(Morpheme)의, 形態論的으로 說明되는 異形態(Morphologically defined allomorph)이다. 그러므로「-(오/우)라」와「-다」의 用法上의 差異는 오로지「오/우」에 基因하는 것으로 看做되는 것이다.

[註] 여기서 말한 「-라」는 叙述의 뜻을 가진 것을 말함이지, 命令이나 目的이나 또는 中止를 表示하는 「-라」는 包含시킬 수 없는 것임을 注意해야 할 것이다. (意味上의 類似性이 없기 때문이다)

    그듸 이 굼긧 개야미 보라 (釋 6:36)

    너희 디마니 혼 이리 잇ᄂ니 ᄲᆞ리 **나가라** (月印 2:6)

    나라해 **빌머그라** 오시니 (月印 1:5)

    藥 **키라** 가 보ᅀᆞ ᄫᆞ시고 (月印 1:52)

    世尊이 … ᄒᆞ오ᅀᅡ 볼 **구피라** 펼 ᄊᆞᅀᅵ예 忉利天에 가샤 (月印 21:4)

    [-다

    1. ᄂᆞ믈 **외다** ᄒᆞ야 (釋 9:14)

    2. 부톄 니ᄅᆞ샤ᄃᆡ **올타 올타** 네 말 ᄀᆞᄐᆞ니라 (釋 9:22)

       「1」의 「외다」의 主語는 「ᄂᆞᆷ」이며, 「2」의 「올타」의 主語는 「너」이다.

    3. 이 뾕 아ᄃᆞᆯ들히 **아비 죽다** 듣고 (月印 17:21)

    4. **닗굷히** 너무 **오라다** (月印 7:2)

    5. 보미 펴며 움추미 **잇다** 호미 올티 아니ᄒᆞ니라 (楞嚴經 2:41)

    6. 無色界옛 눖ᄆᆞ리 ᄀᆞᄅᆞᄫᅵ ᄀᆞ티 **느리다** 혼 말도 이시며 無色諸天이 世尊ᄭᅴ **저ᇫ다** 혼 말도 이시며 無色이 머리 **좃다** 혼 말도 이시며 (月印 1:36-37)

    7. 너도 ᄯᅩ 이 **ᄀᆞᆮᄒᆞ다**=汝亦如是ᄒᆞ다 (楞嚴經 2:23)

    8. 보미 네 알ᄑᆡ **잇다** 호미 이 ᄠᅳ디 實티 **아니타** (楞嚴經 2:47)

以上은 그 主語 -第三人稱 가 表現되어 있으니 아무런 문제 될 것이 없으나, 때로는 主語를 꼭 잡지 못할 경우 -말하자면 主語가 不定인 경우- 또는 一般的인 眞理를 說明할 경우에도 第一人稱 活用보다는 第二·三人稱의 一般 活

用이 쓰인다. 이러한 경우에 그 主語를 第一人稱으로 想定하는 것도 可能하기 때문에, 第一人稱 活用을 쓰는 일도 있었으나 ((1)「-니」形의 37例 參照), 아무래도 이러한 一般的인 경우에 第一人稱을 使用하는 것 보다는, 그 範圍가 넓은 第二·三人稱 治用을 使用하는 것이 無理가 없을 것이다. 그러므로 이러한 경우에는 대개 다음과 같은 一般 活用形이 쓰인다.

9. 法이 퍼디여 갈씨 <u>그우리다</u> ᄒᆞᄂᆞ니 (釋 6:18)

10. 能히 妄念에 性 뷘들 스뭇 비취면 大道를 <u>아다</u> ᄒᆞ리라 (月印 9:23)

11. 沙彌ᄂᆞᆫ … 慈悲ㅅ 힝뎌글 <u>ᄒᆞ다</u> ᄒᆞᄂᆞᆫ ᄠᅳ디니 (釋 6:2)

12. 婆稚ᄂᆞᆫ <u>얽ᄆᆡ앳다</u> 혼 마리니 (釋 13:9)

現在完了相, 客體尊待의 경우에도, 이 語尾의 用法은 한가지다.

13. 耶輸ㅣ 부텻 使者 <u>왯다</u> 드르시고 (釋 6:2)

14. 無色諸天이 世尊의 <u>저ᅀᆞᆸ다</u> 혼 말도 이시며 (月印 1:36)

15. 妙音이 釋迦란 보ᅀᆞᆸ고 多寶란 몯 <u>보ᅀᆞᆸ다</u> ᄒᆞ니 (月印 18:81)

다음 「-(오/우)라」形은 全的으로 第一人稱 活用에만 使用된다.

16. ᄒᆞ오ᅀᅡ 내 <u>尊ᄒᆞ라</u> (月印 2:34. 其20)

17. 내 <u>노포라</u> ᄒᆞ릴 맛나ᄃᆞᆫ (月印 21:67)

18. 내 난 後로 嗔心ᄒᆞᆫ 적 <u>업소라</u> (月印 21:216)

19. 내 오늘 實로 <u>無淸ᄒᆞ라</u> (月印 21:219)

20. 내 … 이런 衆生ᄋᆞᆯ 위ᄒᆞ야 大慈悲心ᄋᆞᆯ <u>니르와도라</u> (釋 13:57)

21. 하늘 우콰 하늘 아래 나ᄲᅩᆫ <u>尊ᄒᆞ라</u> (月印 2:38)

22. 내 지븨 이실 쩌긔 受苦ᄒᆞ미 이러ᄒᆞ니 이런 因緣으로 道理를 <u>得호라</u>

(月印 10:26)

23. 내 ᄒᆞ마 命終호라 (月印 9:36上)

以上은 모두 第一人稱 主語가 表面에 나타나 있는 例들로서 가장 明白한 것이나, 때로는 이 第一人稱 活用이 쓰이게 된 理由가 그리 明白하지 않을 경우도 있다.

24. 婢子ㅣ 對答호ᄃᆡ 산 것 주기며 허러 구짓ᄂᆞᆫ 두 業으로 報를 受호라 (月印 21:56)

25. 저희 닐오ᄃᆡ 梵天의 이ᄇᆞ로셔 :나라 ᄒᆞ고 (月印 2:46)

26. 제 닐오ᄃᆡ 一切 種智를 得호라 ᄒᆞ건마른 (月印 21:197-8)

위의 세 文章은 「受호라, 나라, 得호라」에 對한 主語가 表現되어 있지 않으나, 모두 直接 引用文으로서, 主語 「나」가 省略되어 있음이 明白한 것이지마는, 다음 例

27. 몸 得혼 法을 得호라 ᄒᆞ며 (釋 9:13)

28. 제 올호라 ᄒᆞ고 (釋 9:14)

29. 太子ㅣ 道理 일우샤 ᄌᆞ개 慈悲호라 ᄒᆞ시ᄂᆞ니 (釋 6:5)

30. 이 무리 罪 깁고 增上慢ᄒᆞ야 몯 得혼 이를 得호라 너기며 몯 證혼 이를 證호라 너겨 (釋 13:46)

31. 제 道理 올호라 ᄒᆞ고 (月印 2:46)

와 같은 것에 이르러서는, 얼핏 보면 第一人稱 活用 같지 않게 보일 것이다. 그러나 이 경우에도 그 다음에 「하다」, 「너기다」 따위 引用을 表示하는 말이 있음을 볼 때, 그 用言만이 直接的으로 引用된 것으로 解釋되는 것이니, 亦是

그 主語로는 「나」가 默解되어 있는 것으로 생각된다.

그리고 客體尊待 活用으로는 다음과 같은 例가 있다.

32. 내 至極호 말쏘물 듣즈보니 … 灌頂智룰 得호야 부텨의 歸依호슨보라
(月印 2:64)

3. [-(우/오)이다] : [-(ᄋ/으)이다]

相對尊待(謙讓法)의 「-이다」도 「오/우」의 有無로 말미암아 第一人稱 活用
과 第二·三人稱 活用이 分化된다.

1. 소리 업스이다 (楞嚴經 4:126)

2. 달옴 업스이다 (楞嚴經 2:9)

3. 내 요스싀예 여쉰 小國에 가 藥을 얻다가 몯호이다 (月印 21:215)

4. 나는 齋米룰 어드라 온 디 아니라 大王을 보ᅀᆞᆸ라 :오이다 (月印 8:92)

5. 王이 뉘으처 블리신대 디마니호이다 호고 다 아니 오니라 (月印 2:7)

6. 내 처서메 아로이다 술와늘 (楞嚴經 5:32)

7. 우리 어싀아드리 줌싱마도 몯호이다 (釋 6:5)

「5」의 「디마니호이다」는 直接 引用 語句로서 그 主語는 「나」, 「6」도 같은 例
이다. 앞의 (1) 「-니」形의 「33, 34, 58」의 경우로 보면, 內容은 第一人稱 複數일
지라도 그 表現上의 形式이 第三人稱的인 것일 때는 第一人稱 活用을 使用하
지 않는 일이 있었는데, 이것은 그 表現上의 形式에 끌린 탓이리라 생각된다.
그러나 이러한 경우에 第一人稱的인 意識이 强하게 自覺되게 되면, 第一人稱
活用을 使用함은 勿論이니, 위의 「7」이 그 例이다.

客體尊待의 경우에도 위의 對立이 있었을 것인데, 이번 調査에서는 다음

例밖에 얻지를 못했다.

8. 比丘ㅣ 對答호디 光有聖人이 … 찻믈 기릃 媄女를 비ᅀᆞ바 오라 ᄒᆞ실씨 오ᅀᆞ보이다 (月印 8:91)
9. 光有聖人이 또 나를 브리샤 大王 모ᄃᆞᆯ 請ᄒᆞᅀᆞ바 오나ᄃᆞᆫ 찻믈 기릃 維那를 삼ᅀᆞ보리라 ᄒᆞ실씨 다시 오ᅀᆞ보이다 (月印 8:92)

이 두「오ᅀᆞ보이다」의 主語는 다「나」이다.

4. [-노니] : [-ᄂᆞ니](-느니)
   [-노라] : [-ᄂᆞ다]
   [-노이다] : [-ᄂᆞ이다]

위의「-노니, 노라, 노이다」는, 그 時制的인 點에 있어서,「-ᄂᆞ니, -ᄂᆞ다, -ᄂᆞ이다」와 同一하다. 그러므로「-노-」는「ᄂᆞ」와「오」로 分析할 수 있다. 이렇게 分析해 놓고 보면, 위의 세 짝의 活用形의 對立은, 앞의 1, 2, 3의 諸活用形의 對立과 完全히 同一하다.

[-노니] : [-ᄂᆞ니]=[-(오/우)니] : [-(ᄋᆞ/으)니]
[-노라] : [-ᄂᆞ다]=[-(오/우)라] : [-다
[-노이다 : ˙ [-ᄂᆞ이다]=[-(오/우)이다] : [-(ᄋᆞ/으)이다

먼저

[-노니] : [-ᄂᆞ니]

의 對立形을 檢討하기로 한다.

1. 衆生이 내 뜨들 몰라 生死애 다 便安티 몯게 ㅎ느니 엇뎨어뇨 ㅎ란딕 (月印 21:123)
2. 여러 가짓 鮮味로 産母를 이바드며 眷屬 만히 모도아 술 고기 머그며 풍류홀씨 子母ㅣ 安樂디 몯게 ㅎ느니 엇뎨어뇨 ㅎ란딕 (月印 21:124)

위의 두 例는 계속된 말로서, 「ㅎ느니」의 主語는 다 「衆生」이다.

3. 舍衛國에 흔 大臣 湏達이라 호리 잇느니 아르시느니잇가 (釋 6:14)
4. 이 經이 세 일후미 잇느니 흔 일후믄 (月印 21:101)
5. 너희 디마니혼 이리 잇느니 섈리 나가라 (月印 2:6)
6. 네 … 如來ㅅ 거긔 이러틋 흔 이를 能히 묻느니 仔細히 드러 이대 思念ᄒ라 (月印 10:69)

以上 몇 가지 例로써 그치거니와, 이러한 活用形은 第一人稱에는 쓰이는 일이 없다. 이에 比해서 아래 引用할 「-노니」는 모두 第一人稱에 使用된다.

7. 내 이제 … 地獄罪報앳 이를 어둘 니르노니 願ᄒ든 仁者ㅣ 이 마를 잢간 드르쇼셔 (月印 21:79)
8. 내 이 사름믈 惡道애 뻐러디디 아니케코져 ㅎ노니 ㅎ믈며 제 善根 닷가 내 힘 더 으리 ᄯᄂᆡ잇가 (月印 21:125)
9. 내 이제 … 功德 輕重 혜아료믈 니르노니 네 슬펴 드르라 (月印 21:138-9)
10. 이런 다ᄉ로 내 … 根性을 조차 度脫ㅎ노니 地藏아 내 오늘 브즈러니 天人衆으로 네게 付囑ㅎ노니 未來世예 ᄒ다가 (月印 21:180)
11. 내 이 이를 疑心ㅎ노니 願ᄒ든 듣줍고져 ㅎ노이다 (月印 21:139)

214

12. 내 … 諸法을 너퍼 <u>니르노니</u> 이 法은 오직 諸佛이사 아르시리라 (釋 13:47)

13. 白飯王이 슬보디 世尊이 … 耆闍崛山애 겨시다 듣노니 이에셔 쉰 由旬 이니 (月印 10:4-5)

14. ——獄中에 쏘 百千 가짓 苦楚] <u>잇노니</u> 호물며 한 獄이쓰녀 내 이제 부텻 威神과 仁者ㅅ 무루믈 바다 어둘 <u>니르노니</u> 너비 사겨 닐옳덴 (月印 21:81)

15. 夫人이 슬보디 나랏 이를 분별호야 <u>솖노니</u> 네아드리 어디러 百姓의 무 수미 모도아 黨이 호마 이러<u>잇노니</u> 서르 드토아 싸호면 나라히 노미그 에 가리이다 (月印 2:6)

16. 내 너희들홀 … 업시우디 아니<u>호노니</u> 엇뎨어뇨 호란디 너희들히 다 菩 薩道를 行호<u>노니</u> 당다이 부톄 드외리라 (月印 17:83)

以上「7」에서「12」까지는 主語가 表示되어 있으니 다시 문제될 것 없고,「13」의「듣노니」의 主語는「나」일시 분명하며,「14, 15, 16」의 세 例는 한 말토막 가운데「-노니」와「-노니」가 나타나는 것인데,

「14」는 苦楚]--잇노니
　　　　내--니르노니

로 對立되어 있으며,

「16」은 내--아니호노니
　　　　너희들히--行호노니

로 對立되어 있다. 그리고「15」에 있어서도「솖노니」의 主語는「나」이며,「이

러잇ᄂ니」의 主語는 「黨」이다.

그리고 第一人稱 複數의 경우:

17. 우리 ᄒ 가짓 百千萬億 사ᄅ미 … 敎化ᄅ롤 受ᄒᅀᆞ바 <u>잇ᄂ니</u> (釋 13:45)
18. 우리 어ᅀᅵ아ᄃ리 … 주구믈 <u>기드리노니</u> 목수미 므거ᄫᆞᆫ 거실ᄊᆡ (釋 6:5)

위의 「17」은 그 內容은 第一人稱인데 그 表現 形式에 끌려서 第二·三人稱의 活用形을 使用한 것이요, 「18」은 「17」과 그 形式은 同一하나, 第一人稱의 意識이 强하게 作用된 것으로 생각된다. 〈(1)「-니」形의 33, 34, 58, (3)「-이다」形의 7 參照〉

또 다음과 같은 現在完了相의 경우에도 이러한 對立은 明白하다.

19. 뎌 琰魔王이 世間앳 일훔 브튼 글와ᄅ롤 <u>ᄀ촘아랫ᄂ니</u> (釋 9:37-8)
20. 如來ᄂ 부텻 智慧 닐오ᄆ믈 위ᄒ야 <u>냇ᄂ니</u> 이제 正히 그 時節이로다 (釋 13:60)
21. 世尊하 내 本來ㅅ 業緣으로 閻浮提ㅅ 사ᄅ미 목수믈 <u>ᄀ촘알며</u> 生時 死時ᄅ를 내 다 <u>ᄀ촘아랫노니</u> 내 本願엔 甚히 크게 利益건마ᄅᆞᆫ 衆生이 내 ᄠ들 몰라 (月印 21:123)
22. 내 ᄒ 法을 <u>뒷노니</u> 너희ᄃ히 能히 ᄀ초 行ᄒ면 (月印 10:69)

「21, 22」는 第一人稱 活用이요, 「19, 20」은 其他 活用이다. 그리고 「두-」(置)의 現在完了相 形態는 「뒷-」인 點 注意할 것.

앞의 「-니」 活用의 경우와 같이, 이 경우에도 客體尊待의 「-ᅀᆞᆸ-」 따위를 連結할 수 있다.

216

23. 大王이 … 百姓을 어엿비 너기실씨 十方앳 사ᄅᆞ미 다 <u>아ᅙᅳ니</u> 오ᄂᆞᆳ나래 엇더 시르믈 ᄒᆞ시ᄂᆞ니잇고 (月印 10:4)

24. 내 如來 니ᄅᆞ샨 經에 疑心을 <u>아니ᄒᆞᅀᆞ오니</u> 엇데어뇨 ᄒᆞ란디 (釋 9:26)

25. 世尊하 내 … 如來ᄭᅴ 묻ᄌᆞᄫᅵ며 唯然頂受<u>ᄒᆞᅀᆞ오니</u> 世尊하 이 經을 므스기라 일훔지흐며 (月印 21:101)

26. <u>우리ᄃᆞᆯ히</u> … 衆仙百靈의 <u>엳ᄌᆞ오니</u> 이제 되 中國을 어즈리거늘 (月印 2:74)

27. <u>내</u> 이제 죠고맛 疑心 이리 이셔 世尊ᄭᅴ <u>묻ᄌᆞ오니</u> 願ᄒᆞᆫ든 世尊이 … 날 爲ᄒᆞ야 펴 니ᄅᆞ쇼셔 (月印 21:115)

「24, 25, 27」은 第一人稱 單數, 「26」은 複數, 「23」은 第三人稱 活用이다.

[註]「-ᄂᆞ니」는 「-느니」로 發音된 일이 있었던 듯하여, 다음과 같은 말이 보인다.

28. 곳 우희 七寶 여르미 <u>여느니</u> (月印 8:12)

이러한 形態는 筆者가 調査한 中에서는 오직 이 한 例 밖에 없다. 그러므로 이것은 誤記로 볼 수도 있겠으나, 뒤에서 말할 터인 「-ᄂᆞ」이 더러는 「-는」으로 나타나는 것으로 보면 「-느니」形도 더러 쓰이던 것이 아니었을까 생각된다.

다음

　　　　[-노라] : [-ᄂᆞ다]

의 對立形을 檢討하기로 한다.

「-노라」의 「-라」는 앞에서 말한 바와 같이, 〈2. [-라] : ᐧ[-다] 參照〉「-다」의

한 allomorph이기 때문에, 「-노라」와 「-ᄂ다」의 對立은 純粹히 「오/우」의 有無만에 依해서 分化된 形式이다. (「-노라」와 「-ᄂ다」의 文法的 뜻의 다름은 「오」에 基因하는 것이다.)

1. 네 어미 … 이제 惡趣예 이셔 至極 受苦ᄒᆞᄂ다 (月印 21:53)
2. 사ᄅᆞᆷ과 사ᄅᆞᆷ 아닌것괘 샹녜 供養ᄒᆞᆸᄂᆞᆫ 야이 다 뵈ᄂ다 (釋 9:24)
3. 나ᄂᆞᆫ 드로니 겨집도 … 沙門ㅅ 四道ᄅᆞᆯ 得ᄒᆞᄂ다 (月印 10:16)
4. 내 그제 브ᅀᅡᆯ 오ᄂ다 ᄒᆞ야 (月印 10:24)
5. 妙音菩薩摩訶薩이 … 法華經을 듣고져 ᄒᆞᄂ다 (月印 18:74-5)
6. 小乘엣 사ᄅᆞ미 제 몸 닷ᄀᆞᆯ쌘 ᄒᆞ고 ᄂᆞᆷ 濟渡 몯홀씨 小乘을 利養ᄒᆞᄂ다 ᄒᆞᄂ니라 (釋 13:36)
7. 不能은 몯ᄒᆞᄂ다 ᄒᆞᄂᆫ 쁘디오 (釋 序:1-2)
8. 止ᄂᆞᆫ 마ᄂ다 ᄒᆞᄂᆫ 쁘디라 (釋 序:3)

以上 「1~5」는 各各 그 主語가 第三人稱으로 나타나 있으니 說明이 必要하지 않다. 「6」의 「利養ᄒᆞᄂ다」의 主譜는 赤是 「小乘」이며, 「7, 8」의 이들 述語에 對한 主語는 不定이 다. 이러한 경우에 第一人稱 活用을 使用하는 일도 있었으나 〈「-니」形의 37 參照〉, 아무래도 主語가 不定이면 第三人稱的으로 解釋하는 것이 自然的일 것 같이 생각된다. 그러므로 이러한 경우에는 대개 第二·三人稱 活用形을 使用하는 것이 普通이다. 〈2. [-(오/우)]래 9~12 參照〉

9. 德义迦ᄂᆞᆫ 毒을 내ᄂ다 ᄒᆞᄂᆫ 마리오 (釋 13:7)
10. 乾闥婆ᄂᆞᆫ 香내 맏ᄂ다 혼 쁘디니 (月印 1:14)
11. 拘鞞陀羅ᄂᆞᆫ ᄀᆞ장 노니ᄂ다 ᄒᆞᄂᆫ 마리니 (釋 19:18)

그리고 「-ᅀᆞᆸ-」이 連結된 것도 亦是 同一하다.

12. 華嚴에 <u>十地菩薩</u>이 能히 多百佛이며 多百千德那由他佛에 니르리 <u>보</u><u>ᅀᆞ</u><u>ᄫ</u>ᄂ다 ᄒᆞ샤미 (月印 18:55)

다음 「-노라」를 보면 :

13. 이럴ᄊᆡ <u>내</u> 이제 有情을 勸ᄒᆞ야 厄을 버서나기 <u>ᄒᆞ노라</u> (釋 9:38)

14. 善慧〈俱夷에게〉對答ᄒᆞ샤ᄃᆡ 衆生을 濟渡코져 <u>ᄒᆞ노라</u> (月印 1:10-11)

15. <u>내</u> 몯 <u>얻노라</u> (月印 1:36)

16. <u>내</u> 너를 도바 <u>깃노라</u> (月印 21:36)

17. <u>내</u> … 와 <u>니ᄅᆞ노라</u> (月印 21:22)

18. 나 滅度ᄒᆞᆫ 後에 내 第子ᄃᆞᆯᄒᆞᆯ 네게 付囑ᄒᆞ노라 (月印 21:204)

19. <u>내</u> 이제 大衆과 <u>여회노라</u> (月印 21:217)

20. 사ᄅᆞᆷ마다 수비 아라 三寶애 나ᅀᅡ가긧고 <u>ᄇᆞ라노라</u> (釋 序:6)

21. <u>내</u> 겨지비론 젼ᄎᆞ로 出家 몯ᄒᆞ야 <u>슬허ᄒᆞ노라</u> (月印 10:18)

22. 이럴ᄊᆡ <u>내</u> 닐오ᄃᆡ 衆僧 供養 아니ᄒᆞ야도 ᄒᆞ리라 <u>ᄒᆞ노라</u> (月印 17:40)

23. <u>내</u> 와 迎接ᄒᆞ<u>노라</u> (月印 8:51)

「14, 18」은 主語가 表現되지 않았으나, 分明히 「내」이며, 「20」은 이 글의 著者 自身이 主語이다.

　그리고 現在完了相, 客體尊待의 경우에도 亦是 한가지다.

24. <u>내</u> 오ᄂᆞᆯ 起屍餓鬼中에 <u>냇노라</u> (月印 9:36中)

25. 부텨 니르시논 여듧가짓 恭敬을 나도 깃ᄉᆞᄫᅡ 머리로 <u>받ᄌᆞᆸ노라</u> (月印 10:22)

26. 婆羅門ᄃᆞᆯ히 … 닐오ᄃᆡ 釋迦牟尼佛ㅅ 法中에 … 셜ᄫᆞᆫ 일ᄃᆞᆯ히 업스시다 <u>듣ᄌᆞᆸ노라</u> ᄒᆞ야ᄂᆞᆯ (月印 10:26)

「26」의 「듣줍노라」의 主語는 「우리」이다.

그런데 이 「-노라」形은 다음과 같은, 一見 第一人稱 文章으로 볼 수 없는 듯한 경우에 쓰인다.

27. 아리 쏘 世尊이 … 地藏 利益 等事를 稱揚코져 <u>ᄒ노라</u> ᄒ시니 (月印 21:157)

이 경우에는 一見 「世尊」이 「稱揚코져 하노라」의 主語 같이 보이나, 그러나 자세히 따져 보면 「世尊이」는 ᄭ트머리의 「ᄒ시니」의 主語가 되는 것이며, 「地藏 ᄒ노라」는 世尊의 말을 直接 引用한 것임을 알 수 있다. 따라서 「稱揚코져 ᄒ노라」의 主語는 여기 表現되지 않은 「나」인 것이다. 이러한 表現法은 퍽 많이 쓰인다.

28. 釋迦如來 그ᄢᅵ 菩薩ㅅ 道理 <u>ᄒ노라</u> ᄒ야 (釋 6:8)

이것도 「釋迦如來」는 ᄭ트머리의 「ᄒ야」에 對한 主語이며, 「菩薩ㅅ 道理 ᄒ노라」는 直接 引用文에 해당되는 것이니, 「ᄒ노라」의 主語는 言外의 「나」이다.

29. 사ᄅᆞ미 福 求ᄒ노라 ᄒ야 (釋 19:3)
30. 婆羅門이 그 말 듣고 고ᄫᆞᆯ 쓸 <u>얻니노라</u> ᄒ야 빌머거 (釋 6:14)
31. 내 아기 <u>낟노라</u> ᄒ야 … 〈門을〉 몯 여러늘 爲頭 도즈기 담 너머 드러 怒ᄒ야 닐오ᄃᆡ 네 아기 <u>낟노라</u> ᄒ야 나를 害ᄒ려 ᄒᄂᆞ니 (月印 10:25)
32. 그 後로 夫妻ㅣ라 혼 일후미 나니 그셰 <u>밍ᄀᆞ노라</u> 집지ᅀᅵᄅᆞᆯ 처섬 ᄒ니 (月印 1:44)

「29, 30」의「福 求ᄒ노라」, 「고ᄇᆯ 쑬 얻니노라」는 赤是 直接 引用文으로서 그 主語는 말 밖의「나」이다.

「31, 32」는 直接 引用文으로 보기 좀 힘들는지 모르나, 그러나 이러한 表現法의 起源은 어디까지나「28~30」에서와 같은 直接 引用文에 있는 것으로 생각된다.

「-노라」와「-ᄂᆞ다」의 相對尊待法(謙讓法)이「-노이다」와「-ᄂᆞ이다」이다.

33. 흔 즁과 흔 쇼쾌 고ᄇᆯ 겨지블 ᄃᆞ려왜셔 프ᄂᆞ이다 (月印 8:94)

34. 六師ㅣ 王ᄭᅴ 슬ᄫᅩᄃᆡ 瞿曇이 弟子ㅣ 두리여 몬오ᄂᆞ이다 (釋 6:29)

35. 釋迦牟尼佛이 多寶佛ᄭᅴ 슬ᄫᅡ샤ᄃᆡ 이 妙音菩薩이 보ᅀᆞᆸ고져 ᄒᆞᄂᆞ이다 (月印 18:81)

36. 소리 잇ᄂᆞ이다 (楞嚴經 4:126)

37. 世尊하 이 모든 大衆이 … ᄠᅳ들 아디 몯ᄒᆞᄂᆞ이다=世尊하 此諸大衆이 不悟 義ᄒᆞᄂᆞ이다 (楞嚴經 2:55)

以上은 모두 第三人稱 活用으로 使用된 例이고, 다음의 例들은 第一人稱 活用으로 使用된 것이다.

38. 韋提希 夫人이 世尊ᄭᅴ 슬ᄫᅩᄃᆡ 淨土애 가아 나고져 ᄒᆞ노이다 (月印 8:5)

39. 내 四百 夫人이 … 나ᄅᆞᆯ 조차 살어든 오ᄂᆞᆯ 브리고 가ᄅᆞᆯ씨 ᄆᆞᅀᆞᄆᆞᆯ 슬허 우노이다 (月印 8:93)

40. 그저긔 모댓ᄂᆞ 衆生이 … 닐오ᄃᆡ 一切 衆生이 다 解脫ᄋᆞᆯ 得과뎌 願ᄒᆞ노이다 (月印 21:8)

41. 내 어미 … 아모 고대 간디 모ᄅᆞ노이다 (月印 21:27)

42. 唯然 世尊하 願ᄒᆞᆫ돈 듣ᄌᆞᆸ고져 ᄒᆞ노이다 (月印 21:64, 84)

43. 우리 … 이 病人 爲ᄒ야 이것들 홀 ᄇ리노이다 (月印 21:92)

44. 내 ᄉ랑호ᄃᆡ 어누 藏ㅅ 金이사 마치 ᄭᆡ이려뇨 ᄒ노이다 (釋 6:25)

45. 내 이제 부텨를 보ᅀᆞ바 뒷논 三業善을 衆生들 爲ᄒ야 無上道애 도ᄅᆞ혀 向ᄒ노이다 (月印 10:33)

46. 維郡를 삼ᅀᆞ보리라 王ᄋᆞᆯ 請흡노이다 (月印 8:79, 其225)

47. 極樂世界를 ᄇ라ᄉᆞᆸ노이다 (月印 8:4, 其219)

48. 唯然 世尊하 듣ᄌᆞᆸ고져 願樂흡노이다 (金剛經 13)

49. 〈天子에게 上表〉 주긂 罪로 말ᄊᆞᄆᆞᆯ 엳ᄌᆞᆸ노이다 (月印 2:69)

以上의 모든 例는 主語가 表現됐거나 表面에 顯在하지 않았거나 간에 모두 第一人稱文일시 分明하다.

5. [-(오/우)리니] : [-(ᄋᆞ/으)리니]
   [-(오/우)리라] : [-(ᄋᆞ/으)리라]
   [-(오/우)리이다] : [-(ᄋᆞ/으)리이다]

이 세 活用 語尾의 對立은 앞의 「1, 2, 3」이나, 또는 「4」의 경우와 꼭 같다. 먼저 右側의 一般 活用形부터 檢討하고 다음 左側의 特殊한 語形을 考察하기로 한다.

[-(ᄋᆞ/으)리니]

1. 이 善女人이 … 女人 잇는 世界예 다시 나디 아니ᄒ리니 ᄒ믈며 ᄯᅩ 女身 受호미ᄯᆞ녀 (月印 21:86)

2. 이 ᄀᆞᆮ흔 여러가짓 業엣 衆生이 반ᄃᆞ기 惡趣예 ᄠᅥ러디리니 ᄒ다가 (月印 21:60)

3. 일로브터 天上애 나리도 이시리니 (釋 9:19)

4. 太子 羅睺羅ㅣ 나히 ᄒᆞ마 아호빌씨 出家ᄒᆞ여 聖人ㅅ 道理 빈화사 ᄒᆞ리니 (釋 6:3)

以上, 지금까지의 例와 같이 모두 第三人稱 主語의 文章들이다.

[-(ᄋᆞ/으)리라]

5. 羅睺羅ㅣ … 涅槃 得호ᄆᆞᆯ 나 근게 ᄒᆞ리라 (釋 6:1)

6. 네 부텨를 가 보ᅀᆞᄫᆞ면 됴ᄒᆞᆫ 이리 그지 업스리라 (釋 6:20)

7. 한 사ᄅᆞ미 날 위ᄒᆞ야 禮數ᄒᆞ리라 (釋 6:29)

8. 善男子 善女人이 뎌 부텃 世界예 나고져 發願ᄒᆞ야사 ᄒᆞ리라 (釋 9:11)

9. 如來 오ᄂᆞᆳ 밦中에 無餘涅槃애 들리라 (釋 13:34)

10. 俱夷〈善慧에게〉 니ᄅᆞ샤ᄃᆡ 내 願을 아니 從ᄒᆞ면 고ᄌᆞᆯ 몯 어드리라 (月印 1:12)

[-(ᄋᆞ/으)리이다]

11. 四天王이 … 天衆 ᄃᆞ리고 다 그 고대 가 供養ᄒᆞ며 디크리이다 (釋 9:21)

12. 긴 바미 便安ᄒᆞ야 됴ᄒᆞᆫ 이리 하리이다 (釋 13:46)

13. 서르 ᄃᆞ토아 싸호면 나라히 ᄂᆞ미그에 가리이다 (月印 2:6)

14. ᄒᆞ다가 衆生이 … ᄒᆞᆫ 거시나 아니 주거든 가지면 반ᄃᆞ기 無間地獄애 ᄠᅥ러디여 千萬億劫에 나고져ᄒᆞᆯ 그지 업스리이다 (月印 21:40-1)

15. 魔鬼神ᄃᆞᆯ히 다 믈러 흐터 가리이다 (月印 21:126)

16. 그 사ᄅᆞ미 福 어두미 無量無邊ᄒᆞ리이다 (月印 21:131)

17. 羅睺羅ㅣ … 涅樂 得호ᄆᆞᆯ 부텨 ᄀᆞᄐᆞ시긔 ᄒᆞ리이다 (釋 6:4)

以上 보인 一般 活用 形態는 거의 다 第三人稱 主語에 對한 活用이며, 「10」은 第二人稱에 對한 活用이다.

다음 左側의 活用形을 보이면:

[-(오/우)리니]

18. 내 來世예 … 믈윗 有情을 … 一切 外道이 얽민요믈 버서나게 **호리니**
    (釋 9:8)

19. 阿逸多아 그 쉰 차힛 善男子 善女人의 隨喜功德을 내 **닐오리니** 네 이대
    드르라 (釋 19:2)

20. 善慧 **니르샤딕** 그러면 네 願을 從**호리니** 나ᄂ 布施를 즐겨 (月印 1:12)

21. 내 이제 … 罪報惡報앳 이를 어둘 **닐오리니** (月印 21:74)

22. 내 이 얼굴 믓ᄃ록 … 閻浮衆生을 擁護ᄒ야 … 다 安樂을 得게 **호리니**
    오직 願호딕 (月印 21:128)

23. 내 네 어미로니 … 목수미 열세히면 다시 惡道애 ᄲ러디**리니** 네 엇던 혜
    ᄆ로 나를 免케 홇다 (月印 21:55-6)

「23」의 「ᄲ러디리니」의 主語ᄂ 物論 「나」이니, 以上의 例ᄂ 모두 第一人稱
活用임을 알 수 있다.

[-(오/우)리라]

24. 내 이제 **무로리라** (釋 13:15)

25. 金으로 싸해 ᄭ로믈 쯤 업게 ᄒ면 이 東山을 **포로리라** (釋 6:24)

26. 이 後 닐웨예 … 沙門과 ᄒ야 직조 **겻구오리라** (釋 6:27)

27. 내 正히 그 나라해 :**나리라** (釋 6:36)

28. 네 이대 드르라 너 위ᄒ야 **닐오리라** (釋 13:47)

29. 부례 니르샤딕 내 이제 分明히 너ᄃ려 **닐오리라** (釋 19:4)

30. 슬퍼 드러 이대 思念ᄒ라 내 너 爲ᄒ야 굴히야 **닐오리라** (月印 21:50)

31. 내 … 이제 實로 滅度이니 … 닐오딕 滅度**호리라** ᄒ노니 (月印 17:12-3)

32. 내 너 爲ᄒ야 이 掘애 안자 一千五百 히를 <u>이쇼리라</u> (月印 7:55)

以上의 例들 中「25, 26, 28」에 있어서만 主語가 나타나지 않았으나, 이들도 分明히「나」이니, 모두 第一人稱 活用으로 使用되었음을 알 수 있다. 그러나 다음과 같은 例들은 그 主語가 第一人稱임을 一見에 알아보기 힘드는 것이다.

33. 道理 일워사 <u>도라:오리라</u> ᄒ시고 (釋 6:4)

34. 淨飯王이 耶輸의 ᄠ들 <u>누규리라</u> ᄒ샤 (釋 6:9)

35. 諸佛世尊이 … 衆生이그에 부텻 知見을 <u>뵈요리라</u> ᄒ샤 世間애 나시며 (釋 13:48-9)

36. 이ᄂᆫ … 眞實ㅅ 一乘을 <u>나토오리라</u> ᄒ시논 ᄠ디라 (釋 13:60)

37. 王이 盟誓ᄒ야 <u>드로리라</u> ᄒ신대 (月印 2:5)

38. 이제 부톄 … 衆生ᄋ로 一切 世間앳 信티 어려ᄫᆫ 法을 다 듣ᄌᆞᄫᅡ 알에 <u>호리라</u> ᄒ샤 (釋 13:27)

39. 龍이그엔 <u>이쇼리라</u> 王ㅅ그엔 :<u>가리라</u> 이 두 고대 어듸 겨시려뇨 (月印 7:26, 其197)

40. 아라 ᄂᆑ리 그츤 이런 이ᄫᆫ 길헤 눌 :<u>보리라</u> 우러곰 온다 (月印 8:86-7, 其 244)

이러한 것들은 앞의「24~32」의 例처럼, 그 第一人稱 活用임이 分明하지 않으나, 2. [-(오/우)라]의「24~31」의 例나 4. [-노라]의「27~32」의 경우를 比較해 보면, 이런 問題도 쉽사리 解決되는 것이다. 即 위의「33~40」의 例는, 길건 짧건, 이 活用의 用言들은 直接引用 語句로 解釋되는 것이다. 이것이 直接引用 이란 것은「33~38」例의「ᄒ다」가 說明하고 있으며,「39, 40」에는 그러한 引用을 표시하는 말이 없으나, 이것은 노래이기 때문에 이러한 말을 省略한데 지나지 않은 것이다.

다음 「-(오/우)리라」의 相對尊待語인 [-(오/우)리이다도 亦是 위의 경우와 同一한 用法을 가졌다.

41. 내 가리이다 (龍 94)

42. 니르샨 양으로 호리이다 (釋 6:24)

43. 文殊師利 부텻긔 술ᄫᅡ샤ᄃᆡ 내 盟誓를 ᄒᆞ노니 … 善男子 善女人들히 … ᄌᆞ롧 저기라도 이 부텻 일후므로 들여 씨ᄃᆞᆫ긔 호리이다 (釋 9:20-21)

44. 聖母하 願ᄒᆞᆫᄃᆞᆫ 드르쇼셔 내 멀톄로 닐오리이다 (月印 21:38)

45. 내 … 正覺 일우디 아니호리이다 (月印 8:60-68)

46. 우리도 이런 眞實ㅅ 조흔 큰 法을 得고져 ᄒᆞ야 바다 디녀 닐그며 … 쓰며 ᄒᆞ야 供養호리이다 (釋 19:37-8)

47. 우리 … 摩訶薩들히 반ᄃᆞ기 … 衆生을 利益호리이다 (月印 21:62)

48. 世尊하 … 내 샹녜 … 이 사ᄅᆞᆷ들 衛護ᄒᆞ야 … 一切 모딘 이를 다 消滅케 호리이다 (月印 21:150-1)

49. 내 부텻긔 술ᄫᅡ ᆞ:보리이다 (月印 10:18)

以上의 例證으로써, 이러한 對立 活用形들도 앞에 들어 說明한 여러 活用形과 같이, 第一 人稱과 其他 人稱의 對立임을 알게 되었는데, 이 경우에는 다른 경우와 多少 그 事情을 달리 하는 일이 있다. 卽 이 「-리-」는 未來를 나타내는 것인데, 第一 人稱에 使用될 때는 대개는 「나」의 意思를 表示하게 되는 것이다. 위에서 들어 보인 例들은 모두 이 用言의 主語의 意思를 표시하고 있다. 이와 같이 [-(오/우)리-]와 [-(ᄋᆞ/으)리-]의 대립은 單純히 人稱的인 差別뿐만이 아니라, 意思의 有無의 差別까지 兼해 있는 것이다. 그 結果, 만일 第一 人稱文일지라도 그 主語의 意思가 全혀 包含되지 않은 일을 敍述하는 데 있어서는 第一 人稱 活用이 使用되지 않는 일이, 매우 드물기는 하나 나타난다.

50. 地藏菩薩이 聖母끠 술ᄫᅡ 샤ᄃᆡ 無間地獄을 멀테 니ᄅ건댄 이 ᄀᆞᆮ거니와 너비 닐옳뗸 地獄罪器들히 일훔과 여러가짓 受苦ㅅ 이를 一刼 中에 몯 다 니ᄅ리이다 (月印 21:47)

이것은 말하고 있는 사람의 意思는 조금도 없는, 單純히 어떠한 事實에 대한 推想에 지나지 않는 것이다. 그리고

51. 婢子ㅣ 對答ᄒᆞᄃᆡ … 福을 니퍼 내 難을 救티옷 아니ᄒᆞ면 이 業 젼ᄎᆞ로 버서나디 몯ᄒᆞ리라 (月印 21:56)

와 같은 例도 볼 수 있는데, 「버서나디 몯ᄒᆞ리라」라는 것은 「내가 이 罪報를 벗어나지 못하리라」는 것이다. 그러므로 이것은 第一人稱文임에는 틀림없으나, 말하는 사람의 意思가 조금도 包含되지 않은, 單純히 어떠한 일을 推想함에 그치는 것이므로, 第一人稱 活用法을 使用하지 않았다.

그런데 다음 一例는, 위의 原則으로써는 說明되는 않는 例外로 돌려 두는 수밖에 없다.

52. 長者야 … 녀나ᄆᆞᆫ 飮食에 니르리 佛僧끠 받ᄌᆞᆸ디 몯ᄒᆞ야셔 몬져 먹디 마로리니 ᄒᆞ다가 그르 먹거나 (月印 21:110-1)

이것은 分明 「長者」에 대해서 禁止하는 말이다.

이와 같이 「-(오/우)리-」가 人稱的인 差別과 아울러, 말하는 사람의 意思를 表示하기에 이르렀기 때문에, 「-(오/우)리-」와 「-어」의 融合으로 된 語尾 「-(오/우)려」에 있어서는, 人稱的인 用法은 完全히 消滅되고, 오직 意思(意圖)를 表示하게 되는 것이다.

53. 妙法을 <u>닐오려</u> ᄒ시ᄂᆞᆫ가 授記를 <u>호려</u> ᄒ시ᄂᆞᆫ가 (釋 13:25)

54. 〈如來〉 이제 ᄯᅩ 내 아ᄃᆞᆯ <u>드려:가려</u> ᄒ시ᄂᆞ니 (釋 6:5)

55. 부텻긔 받ᄌᆞᄫᅡ <u>므슴호려</u> ᄒ시ᄂᆞ니 (月印 1:10)

56. 夫人이 올ᄒᆞᆫ 소ᄂᆞ로 가질 자ᄇᆞ샤 곳 <u>것고려</u> ᄒ신대 (月印 2:36)

57. 地藏이 … 後世 衆生ᄋᆞᆯ <u>救호려</u> ᄒ시니 (月印 21:3, 其417)

58. <u>올모려</u> 님금 오시며 (龍 16)

59. 世亂ᄋᆞᆯ <u>救호려</u> 나샤 (龍 29)

60. 그ᄃᆡ 精舍 <u>지수려</u> 터홀 ᄯᅩ 始作ᄒᆞ야 되어늘 (釋 6:35)

61. 迷人이 … 險道애 나ᅀᅡ:<u>가려</u>커늘 (月印 21:117-8)

62. 내죵내 믈러듀미 <u>업수려</u> 제 盟誓ᄒᆞ니 (楞嚴經 3:117)

6. [-(오/우)ㄴ가] : [-(ᄋᆞ/으)ㄴ가]

   [-논가] : [-ᄂᆞᆫ가]

   [-(오/우)려다] : [-(ᄋᆞ/으)려다]

이 세 짝의 對立은 그 例가 稀少한 것이 되어서 한데 묶어 보았다.

[-(오/우)ㄴ가] : [-(ᄋᆞ/으)ㄴ가]

   1. 너희 이 브를 보고 <u>더븐가</u> 너기건마른 (月印 10:14)

   2. 因緣과 自然이 <u>ᄀᆞᆮᄒᆞᆫ가</u> 疑心홀ᄊᆡ (楞嚴經 2:96)

   3. 부텨 니르시논 解脫ᄋᆞᆯ 우리도 得ᄒᆞ야 涅槃애 <u>다ᄃᆞ론가</u> ᄒ다소니 (釋 13:43)

例가 적어서 이것만으로는 結論을 내리기 困難하나, 이것만으로 볼 때는 「3」은 第一人稱活用, 「1, 2」는 其他 活用形이라 할 수 있다.

[-논가] : [-ᄂᆞᆫ가]

  4. 보미 體 펴며 <u>엾ᄂᆞᆫ가</u> 疑心ᄒᆞ니 (楞嚴經 2:40)

  5. 世尊ㅅ 일 솔ᄫᅩ리니 萬里外ㅅ 일이시나 눈에 <u>보논가</u> 너기ᅀᆞᄫᆞ쇼셔 (月印 1:1, 其2)

  6. 世尊ㅅ 말 솔ᄫᅩ리니 귀예 <u>듣논가</u> 너기ᅀᆞᄫᆞ쇼셔(同上)

  이것도 「-ㄴ가」의 경우와 같은데, 「5, 6」은 앞에도 여러 번 나온 것과 같이, 直接的인 引用 語句로 볼 수 있을 것이다.

[-(오/우)려다] : [-(ᄋᆞ/으)려다]

  7. 〈如來〉 涅槃애 드로려 ᄒᆞ시니 이리ᄃᆞ록 셜ᄫᅥᆯ쎠 世間앳 <u>누니</u> <u>업스려다</u> (月印 21:201)

  8. ᄒᆞ마 비 <u>오려다</u> ᄒᆞᆯ 저긔 (月印 10:85)

  9. 내 조흔 힁뎌글 닷가 일업슨 道理를 求ᄒᆞ노니 죽사릿 因緣은 듣디 몯ᄒᆞ <u>려다</u> (月印 1:11)

이 例도 그 數가 적으나, 여기 나타난 것으로만 볼 때는, 一貫한 結論에 到達할 수 있다.

  7. [-이로니] : [-이니]
     [-이로라] : [-이라]

  指定詞의 경우에도 이러한 對立이 나타나는데, 이번에는 「오/우」가 쓰일 자리에 「로」가 쓰이게 된다. 이를테면 指定詞의 名詞形, 說明形은 다음과 같다.

  밀므리 사ᄋᆞ리로ᄃᆡ 나거ᅀᅡ ᄌᆞᄆᆞ니이다 (龍 67)

入聲은 點 더우믄 ᄒᆞᆫ가지로ᄃᆡ ᄲᆞᆯᄅᆞ니라 (訓民正音)

智 둘 아니로ᄆᆞᆫ ᄒᆞᆫ 智로ᄃᆡ (月印 8:31)

一功옛 性이로ᄃᆡ 다ᄅᆞ디 아니호ᄆᆞᆯ 니ᄅᆞ샨 … 性이라 (楞嚴經 2:107)

大目揵連이 神刀이 第一이로되 神力을 다 ᄡᅥ (月印 21:191)

ᄃᆞᆳ 그림제 眞實ㅅ ᄃᆞᆯ 아니로미 ᄀᆞᆮᄒᆞ니라 (月印 2:55)

그리고 다음에 考證한 바와 같이, 이 「로」는 앞에 말한 「오/우」와 그 文法上 意義가 같고, 그 쓰이는 配置가 서로 排他的이기 -指定詞 밑에는 「로」가 쓰이고, 다른 用言 밑에는 「오/우」가 쓰인다. 때문에, 이 두 要素는 形態論的으로 說明되는 異形態이다.

[註] 指定詞에 「-옴」을 붙여 名詞形을 만드는 일이 例外的으로 나타나는 수도 있다.

스ᄎᆞᆷ <u>아뇨미</u> 아니라 (月印 1:36)

[-이로니] : [-이니]

1. 沙彌ᄂᆞᆫ 새 出家ᄒᆞᆫ <u>사ᄅᆞ미니</u> (釋 6:2)

2. 이 ᄀᆞ장 됴ᄒᆞᆫ <u>藥이니</u> (月印 17:18)

3. 狐ᄂᆞᆫ <u>엿이니</u> (楞嚴經 2:3)

4. 진딧 <u>업수미 아니니</u> (月印 1:36)

以上의 「-이니」는 모두 第三人稱文에 使用된 것인데, 다음 「-이로니」는 第一人稱文에 使用된다.

5. 내 <u>긔로니</u> 이에 살아지라 (月印 7:12)

6. 比丘ㅣ 對答호ᄃᆡ … 光有聖人ㅅ 弟子ㅣ <u>로니</u> (月印 8:91)

7. 내 네 어미로니 (月印 21:55)

8. 내 … 如來로니 (月印 21:22)

9. 아래 八婇女 맛ᄌᆞᄫᅡ … 林淨寺로 가ᅀᆞ볼 내로니 (月印 8:92)

「6」의 主語는 말 밖에 있는 「나」이다.

[-이로라 : -이라]

10. 光目女는 地藏菩薩이 긔라 (月印 21:59)

11. 幻은 곡되라 (楞嚴經 2:7)

12. 人人은 사름마대라 (釋 序:6)

13. 일후미 涅槃이라 ᄒᆞ더니 (楞嚴經 2:3)

14. ᄒᆞ다가 내 弟子ㅣ 제 너교ᄃᆡ 阿羅漢 辟支佛이로라 ᄒᆞ야 (釋 13:61)

15. 瞿曇이 무리 尊卑 업시 五百弟子ㅣ 各各 第一이로라 일ᄏᆞᆮᄂᆞ니 (月印 21:199)

16. 네 ᄠᅳ디 어린 사ᄅᆞ미 엇뎨 네 釋子ㅣ로라 ᄒᆞᄂᆞ다 (月印 9:35中)

「14, 15, 16」은 앞에 여러 번 言及된 바와 같은, 直接引用 語句이다. 「14」의 引用句는 「〈내〉阿羅漢 辟支佛이로라」, 「15」는 「〈내〉第一이로라」, 「16」의 後半部는 「엇뎨 네 〈내〉釋子ㅣ로라 ᄒᆞᄂᆞ다」로서, 「네」에 對한 述語는 「ᄒᆞᄂᆞ다」이며, 「釋子ㅣ로라」의 主語는 表現되지 않은 「내」이다.

[註] 여기에 말한 「-이라」는 終止의 뜻을 가진 語形이며, 같은 語形으로 終止의 뜻을 가지지 않고 連結의 뜻을 나타내는 것이 있는데, 이것은 여기에 말한 「-이라」와 같은 範疇에 들지 않는다.

父母之情은 本乎天性이라 哀感之感이 寧殊久近이리오 (月印 序:13-4)

내 겨지비라 가져가디 어려볼씨 (月印 1:13)

우리는 罪 지슨 모미라 하늘해 몯 가노니 (月印 21:201)

천량 업슨 艱難이 아니라 福이 업슬씨 艱難타 ᄒᆞ니라 (釋 13:56-7)

偏淨은 다 조홀씨니 몸쑨 아니라 世界 다 조홀씨라 (月印 1:33)

그리고 「-이로다」의 「로다」는 感歎, 强調의 뜻을 가진 「-도다」의 한 異形態 (allomorph)로서, 여기에 말한 「-이로라」의 「-로라」와는 다른 範疇에 屬하는 點 注意할 것이다.

이제 正히 그 時節이로다 (釋 13:60)

네 업던 이리로다 (月印 1:14)

恭敬ᄒᆞᅀᆞᇦᄂᆞᆫ 法이 이러ᄒᆞᆫ 거시로다 ᄒᆞ야 (釋 6:21)

以上 論한 바로써 「揷入母音」이라고 불리운 母音이, 現代語로서는 도저히 찾아볼 수 없는 用法을 가지고 있어서, 李朝 初期 文法 體系에 새로운 하나의 文法範疇를 添加하게 되었는데, 이 새로운 文法範疇 -第一人稱 活用- 는 「오/우」나 앞에서 말한 그 異形態(allomorph)로써만 表現되는 것이 아니라, 全혀 다른 方法으로 表現되는 일이 있다.

[-다-]와 [-더-]의 對立에 依한 第一人稱 活用法:

[-다니] : [-더니]

[-다라] : [-더라]

[-다이다] : [-더이다]

먼저 [-다-] 系列의 例를 보면

1. 내 本來 釋子들홀 브터 사다니 나룰 브리고 出家ᄒᆞᄂᆞ니 나도 出家호리라 (月印 7:3)

2. 내 네 어미로니 오래 어드ᄫᆞᆫᄃᆡ 잇다니 너 여희여 간 後로 큰 地獄애 여러 번 ᄲᅥ러디여 잇다니 네 福力을 니버 受生ᄒᆞ야 (月印 21:55)

3. 내 아래 … 邪池ㅅ 龍이 두외야 기픈 물 아래 잇다니 여러히 닛위여 ᄀᆞ모니 (月印 2:50)

4. 내 ᄎᆞ마 몯 주겨 ᄒᆞ다니 爲頭 도ᄌᆞ기 環刀 ᄲᅢ혀 (月印 10:25)

5. 내 ᄉᆞ싀예 나 ᄎᆞ림 몯ᄒᆞ야 간대로 둗다니 길 녈 한 사ᄅᆞᆷ을 보고 (月印 10:25)

6. 나ᄂᆞᆫ 宮中에 이싫 제 두서 거르메셔 너무 아니 걷다니 (月印 8:94)

  以上에 例示한 것은 모두 그 主語가 나타나 있는 것이며, 다음의 말들도 主語「나」가 表現되어 있지 않으나, 모두 第一人稱文들이다.

7. 고ᄫᆞᆫ 님 몯 보ᅀᆞᄫᅡ 슬읏 우니다니 오ᄂᆞᆳ날애 넉시라 마로롓다 (月印 8:87, 其246)

8. 고ᄫᆞ니 몯보아 슬읏 우니다니 님하 오ᄂᆞᆳ나래 넉시라 마로리어다 (月印 8:102)

9. 호욣 바ᄅᆞᆯ 아디 몯ᄒᆞ다니=罔知所措ᄒᆞ다니 (月印 序:10)

10. 설버 受苦ᄒᆞ다니 ᄒᆞᆯ른 아ᄎᆞ미 서늘ᄒᆞ고 (月印 2:51)

11. 두서 나룰 ᄒᆞ오ᅀᅡ 믌ᄀᆞ세 잇다니 그 므리 漸漸 젹거늘 (月印 10:24)

  「7, 8」은 自己自身이 「우니」는 것이요, 「9」는 이 序文을 쓴 사람 自身이 할 바를 알지 못했던 것이다. 「10」은 앞의 「3」의 계속이며, 「11」은 앞의 「4, 5」의 앞에 있는 말로서, 主語는 亦是 「나」이다.
  다음

12. 길헤 ᄀᆞ로미 잇더니 건나디 몯ᄒᆞ야 ᄀᆞ새셔 <u>자다니</u> (月印 10:24)

의 「잇더니」, 「자다니」의 用法을 檢討해 보면, 이 두 語形의 對立이 一層 分明
해 진다. 卽 「잇더니」의 主語는 「ᄀᆞ로미」인데 比하여, 「자다니」의 主語는 이
이야기를 하고 있는 사람 自身이다.

13. 내 롱담ᄒᆞ다라 (釋 6:24)
14. 내 지븨 이싈 저긔 受苦ㅣ <u>만타라</u> (月印 10:23)
15. 比丘들히 讚歎ᄒᆞ야 닐오ᄃᆡ 世尊이 甚히 奇特ᄒᆞ샷다 부톄 니르샤ᄃᆡ 오
ᄂᆞᆳ분니 아니라 녜도 이러ᄒᆞ다라 (月印 7:14)

마지막 例의 「오ᄂᆞᆳ분니 ᄒᆞ다라」의 主語는 「나」이다.
끝으로

16. 世間 여횐 樂ᄋᆞᆯ 念ᄒᆞ고 그리<u>타이다</u> (月印 7:6)
17. 實엔 그리ᄒᆞ야 <u>가다이다</u> (月印 7:10)

이 두 말이, 다 그 主語가 「나」임은 勿論이다.

이와는 달라서, 「-더-」 系列은 모두 其他 人稱에 使用된다.

18. 目連이 … 淨飯王ᄭᅴ 安否 <u>ᄉᆞᆲ더니</u> (釋 6:1-2)
19. 그ᄢᅴ 衆中에 열두 夜叉大將이 모든 座애 잇더니 … 이 열두 夜叉大將이
各各 七千 夜叉ᄅᆞᆯ 眷屬 <u>사맷더니</u> 흔ᄢᅴ 소리 내야 슬보ᄃᆡ (釋 9:38-9)
20. 爲頭 도ᄌᆞ기 나ᄅᆞᆯ 자바다가 겨집 사마 <u>사더니</u> 제 法에 샹녜 門 자펴두
고 ᄒᆞ다가 ᄢᅥ쳐오거든 ᄲᆞᆯ리 門을 열라 <u>ᄒᆞ옛더니</u> (月印 10:25)

21. 五百 도ᄌ기 … 도죽ᄒ더니 (月印 10:27)

22. 흔 龍王이 … 龍王 中에 ᄆᆺ 爲頭ᄒ더니 本願力 젼ᄎ로 이 龍이 모ᄆᆯ 受ᄒ얫더니 如來ᄭᅴ … 禮拜ᄒᅀᆞ방 (月印 10:67)

23. 子息들히 … ᄡ해 그우더니 (月印 17:17)

24. 迦葉이 … 布施도 만히 ᄒ더니 제 겨집도 … 世間앳 情欲이 업더라 (釋 6:12)

25. 高聲으로 닐오ᄃᆡ … 너희들히 다 당다이 부톄 ᄃ외리라 ᄒ더라 (釋 19:31)

26. 그ᄢᅴ 燈照王이 … 부텨를 맛ᄌᆞ바 저ᅀᆞᆸ고 일훔난 고즐 비터라 (月印 1:13)

27. 病흔 사ᄅ미 잇거든 夫人이 머리를 ᄆ지시면 病이 다 됴터라 (月印 2:30)

28. 一切 人天이 녜 업던 이를 得과라 ᄒ더라 (月印 18:44)

29. 〈須達이〉 그딋 ᄯᆞ를 맛고져 ᄒ더이다 (釋 6:15)

30. 六師ㅣ 겻구오려 ᄒ거든 제 홀 양ᄋ로 ᄒ라 ᄒ더이다 (釋 6:27)

31. 實로 世尊말 ᄀ더이다 (月印 9:36中)

그리고 (1) 「-니」의 「28」에 보면, 「〈나는〉怒ㅣ 업소니」와 같이 總主語가 있을 때는, 用言의 活用은 그 總主語에 一致하는 것이었는데, 이는 반드시 그렇지 않았던 듯하여, 다음과 같이 直接 主語에 一致한 形態가 나타난다.

32. 우리들히 지븨 이싫저긔 受苦ㅣ 하더이다 (月印 10:23)

이런 경우에는, 이를테면 主語가 둘인 셈이니, 어느 쪽에 一致시키느냐 하는 데 대해서는 一定한 規則이 없었던 모양이다.

그리고 다음 一例는 例外.

33. 내 지븨 이셔 環刀ㅣ며 막다히를 두르고 이셔도 <u>두립더니</u> (月印 7:5)

「-더-」와 「-다-」는 指定詞나 「-리-」에 連結될 때는 「-러-」, 「-라-」로 實現된다. 即 「-더-」와 「-러-」, 「-다-」와 「-라-」는 各各 形態論的으로 說明되는 異形態이다. 그러므로 위에서 說明해온 「-더-」와 「-다-」의 對立은, 「-러-」와 「-라-」의 對立으로서, 指定詞에서도 나타난다.

34. 長者ㅣ 닐굽 아드<u>리러니</u> 여슷 아들란 (釋 6:13)
35. 그쁴 흔 菩薩 일후미 德藏<u>이러니</u> 日月燈明佛이 授記ᄒ샤 (釋 13:34)
36. 〈굴근 比丘 一萬三千 사ᄅᆞᆷ〉 ᄆᆞᅀᆞ미 自得ᄒ<u>니러니</u> (釋 13:1)
37. <u>우리도</u> 沙羅樹 大王ㅅ 夫人ᄃᆞᆯ<u>히라니</u> (月印 8:100)
38. 낸 아랫 네 <u>버디라니</u> … 하ᄂᆞᆯ해 나아 (釋 6:19-20)
39. 내 … 舍衛國 <u>사ᄅᆞ미라니</u> 父母ㅣ 나ᄅᆞᆯ 北方싸ᄅᆞ물 얼이시니 (月印 10:23)

[註] * 「-이라라」, * 「-이라이다」의 例는 찾지 못했다.

現在完了相의 경우에도 勿論 이러한 對立이 明白하다.

40. 낸 心肝이 ᄣᅥ야디여 … 믈 건나가 것 ᄆᆞᆯ주거 <u>디옛다니</u> 이슥고 큰 버디 오니 (月印 10:24)
41. 낸 그저긔 됴흔 瓔珞을 <u>가졧다니</u> 흔 사ᄅᆞ미 밦中 後에 파내야 (月印 10:25)
42. 네 이 念을 뒷<u>던다</u> 아니 뒷<u>던다</u> 對答ᄒᆞᅀᆞᇦ오ᄃᆡ 實로 <u>뒷다이다</u> (月印 9:35 下)
43. 네 藍毗尼라 홀 天女ㅣ 이어긔 <u>왯더니</u> 글로 일후믈 사ᄆᆞ니라 (月印 2:27)

236

44. 그ᄢᅵ 六師ㅣ 무른 다 모댓고 金利弗이 ᄒ오ᅀᅡ 아니 왯더니 (釋 6:29)

45. 그ᄢᅴ ᄒᆞᆫ 菩薩 일후미 妙光이라 호리 八百 弟子ᄅᆞᆯ 뒷더니 (釋 13:33)

46. 太子ㅣ 듣고 것ᄆᆞᆯ주거 ᄯᅡ해 디옛더라 (月印 21:215)

[第一人稱 活用에 對한 傍證]

위에서 우리는 第一人稱 活用形과 其他 一般 活用形과의 對立이 있는 語尾
와, 그리고 이것들의 客體尊待 語形, 現在完了相의 語形들을 考察해 왔는데,
(相對尊待法도 勿論) 主體尊待의 「-시-」와 이것들과의 連結關係는 檢討해 보지
않았으므로, 여기에서는 이들 活用形의 主體尊待 語形을 考察하기로 한다.

먼저 一般 活用의 主體尊待 語形을 들어 보면

-시니: 第一夫人이 아ᄃᆞᆯ 나ᄒᆞ시니 端正ᄒᆞ고 性이 됴하 (月印 21:114)

-시다: 王이 돌해 刻ᄒᆡ샤 南郊애 무더두라 ᄒᆞ시다 (月印 2:49)

-시이다: 太子ㅅ 모미 傷ᄒᆞ야 命이 머디 아니 ᄒᆞ시이다 (月印 21:218)

-시ᄂᆞ니: 諸佛이 ᄆᆞᅀᆞ믈브터 解脫을 得ᄒᆞ시ᄂᆞ니 ᄆᆞᅀᆞ미 淸淨ᄒᆞ야 (月印
9:22-3)

-시ᄂᆞ다: 이제 世尊이 … 큰 法義ᄅᆞᆯ 펴려 ᄒᆞ시ᄂᆞ다 (釋 13:26)

-시ᄂᆞ이다: 世尊이 … 虛空ᄋᆞ로 ᄒᆞ마 오시ᄂᆞ이다 (月印 10:8)

-시리니: 오ᄂᆞᆳ날 如來 당다이 大乘經을 니르시리니 일후미 妙法蓮華ㅣ니
(釋 13:36)

-시리라: 이 法은 오직 諸佛이ᅀᅡ 아ᄅᆞ시리라 (釋 13:48)

-시리이다: 이 사ᄅᆞ미 無量 諸佛을 맛나ᅀᆞᄫᅡ 머리 ᄆᆞ녀 授記ᄒᆞ시리이다 (月
印 21:133)

-이시니: 부텻 일후믄 … 佛世尊이시니 (釋 9:2-3)

-이시다: 摩訶薩은 굴근 菩薩이시다 ᄒᆞᄂᆞᆫ 마리라 (釋 9:1)

「-신가, -시려다, -시ᄂ가」가, 여기에 꼭 해당되는 語形으로는 나타남이 없고, 다만 이와 비슷한 다음 一例를 얻었다.

부톄 道場애 안ᄌᆞ샤 得ᄒᆞ샨 妙法을 닐오려 <u>ᄒᆞ시ᄂ가</u> 授記를 호려 <u>ᄒᆞ시ᄂ가</u> (釋 13:25-6)

[參考] 天子ᄂ 이제 便安ᄒᆞ<u>신가</u> 몬ᄒᆞ<u>신가</u>=黃屋令安否 (杜重 1:40)

그리고 「-더-」系列 活用形과 「-시-」의 連結을 보면,

-더시니: 菩薩이 뷔예 드러 겨싫 제 夫人이 六度를 修行<u>ᄒᆞ더시니</u> 하ᄂᆞᆯ해셔 飮食이 自然히 오나ᄃᆞᆫ 夫人이 좌시고 (月印 2:24-5)

-시더니: 如來 … 崛山ᄋᆞ로 <u>가시더니</u> 五百羣賊이 ᄇᆞ라ᅀᆞᆸ고 (月印 10:27-8)

-더시다: 善慧 듣ᄌᆞᆸ고 깃거<u>ᄒᆞ더시다</u> (月印 1:18)

-시더라: 如來 큰 光明 펴샤 … ᄂᆞ려 <u>오시더라</u> (月印 21:202-3)

以上 보인 바와 같이, 一般 活用形에는 「-시-」가 普遍的으로 붙을 수 있는 것인데, 한편 第一人稱 活用形이라고 불러 온 活用形에는, 一例를 除外하고는, 一切 「-시-」는 連結되지 못한다. 이를테면 다음과 같은 語尾는 나타나지 않는다. (「-시-」+「-오/우-」→「-샤」임을 注意할 것)

ˣ-샤니, ˣ-샤라, ˣ-샤이다, ˣ-시노니, ˣ-시노라, ˣ-시노이다, ˣ-샤리니, ˣ-샤리이다
等等

그리고 「-시-」와 「-다」와의 連結도 나타나지 않는다.

이러한 事實에 대한 理由는 곧 明白하니, 第一人稱 活用의 主語는 「나」이기

때문에, 말하는 사람이 自己自身을 尊待할 수는 없으므로써이다. 이 事實로 보더라도, 앞에서 筆者가 第一人稱活用이라 불러온 것이, 第一人稱文에 使用 되는 것임을 確信하게 되는 것이다.

다만 「-샤리라」 一例만이 나타나는데, 說明을 要한다.

　　쟝촛 精持를 <u>나토샤리라</u> 몬져 이를 드러 니르샤문 (月印 17:78)

이 말의 뜻은 「〈부처님께서〉 장차 精持를 나타내시려고, 먼저 이것을 들어 말씀하시는 것은」인데, 이 語形을 解明하려면 이 月印 著作者의 心理作用을 考察해야 한다.

이러한 말에 있어서는 대개는 直接的인 引用 語句를 使用함이 常例이다. 〈2. [-(오/우)래의 「24~31」, 4. [-노래의 「27~32」 그리고 特히 5. [-(오/우)리래 의 「33~40」을 參照할 것〉 그러므로 이 例를 따른다면, 여기의 글도 「나토오 리라」로 되어야 할 것이나, 이 月印 作者의 立場으로서는 「부텨」에 對해서 尊 待法을 쓰지 않을 수 없는 것이다. 이리하여 「나토오리라」에 「-시-」를 덧붙이 게 된 것이 이 「나토샤리라」形의 出現이다. 그러므로 이 「나토샤리라」 語形 은 間接 引用과 直接 引用의 混同으로 말미암아 나타나게 된, 그 當時로는 一 種의 「誤用」된 語形이었을 것이다.

以上은 이 語形이 나타나게 된 根本 原因을, 作者의 心理 作用으로 거슬러 올라가서, 說明한 것인데, 우리는 다른 方面으로, 이러한 語形이 나타난 結果 만을 가지고 說明할 수도 있다.

「-(오/우)리라」와 「-(♡/으)리라」는 人稱的인 區別과 同時에 主語의 意思 有 無를 表示하는 重大한 구실을 兼해 가지고 있었기 때문에, 때로는 人稱的 區 別의 경계를 犯하여, 第一人稱의 경우일지라도, 意思가 全無한 事實을 記述함 에 있어서는, 第一人稱文에서도 「-(♡/으)리라」가 使用될 수 있음을 보았다. 〈5. [-리래의 「50」과 「51」을 參照할 것〉

「-(오/우)리라」의 두 가지 구실이 一致할 경우에는 -대개는 그렇지만- 문제가 없겠으나, 이 두 구실이 서로 一致하지 않을 때는, 그 어느 한쪽을 좇을 수밖에 없는 것이다. 앞의 5. [-리라]의 「50, 51」은 後者의 구실, 곧 意思表現의 구실을 좇아, 人稱表示의 구실을 희생시킨 것이다.

이와 反對되는 現象도 찾아볼 수 있다. 5. [-(오/우)리니]의 「23」을 보면, 「惡道애 떠러듀리니」가 있는데, 이 경우에는 「나」의 意思로 惡道에 떨어지는 것은 아니다. 이 罪女가 前世上에 지은 罪로 말미암아 다시 惡道에 必然的으로 떨어지게 되어 있는 것이다. 여기에는 「나」의 意思가 없다. 이리하여 이 경우에는 이 두 가지 用法의 矛盾 가운데서, 意思 表現方法을 따르지 않고 人稱을 따라 活用하게 된 것이다.

위의 「나토샤리라」는 그 人稱的인 用法을 犯하고, 意思 表現의 用法을 좇은 것으로 解釋되는 것이다. 卽 「三人稱의 意思 表現」을 爲해서 「一人稱 活用法」을 使用한 것이다.

어떠한 語尾는 一般 活用으로만 쓰이는 것이 있다. 이를테면 「-니라」라는 語尾는 第三人稱(第二人稱)文에만 쓰이고 第一人稱文에는 쓰이지 않는다.

> 녀느 쉰 아히도 다 出家ᄒ니라 (釋 6:10)
>
> 羅雲의 ᄆᆞᅀᆞ미 여러 아니라 (釋 6:11)
>
> 이 龍이 靑蓮 모새 이실ᄊᆡ 일홈 지흐니라 (釋 13:8)
>
> 이런 … 사ᄅᆞᄆᆞᆫ 믈러가도 됴ᄒ니라 (釋 13:47)
>
> 人間도 欲界예 드니라 (月印 1:32)
>
> 그제 龍王들히 次第로 안즈니라 (月印 10:66) 等等

「-니라」의 相對 尊待語는 「-니이다」이다. (끝의 「-라」와 「-다」는 同一形態素의 異形態이다)

하늜 고지 <u>드르니이다</u> (月印 2:7, 其14)

沸星 별도 <u>느리니이다</u> (月印 2:30, 其18)

無間앳 그낤 罪人이 다 樂을 受호야 혼디 <u>나니이다</u> (月印 21:29)

無間 罪報ㅣ 그 이리 이러<u>호니이다</u> (月印 21:44)

天下애 앗가볼 거시 몸 곧호니 <u>업스니이다</u> (月印 21:216)

이와 같이 「-니라」와 「-니이다」가 第三人稱文에만 쓰이기 때문에 이에 連結될수 있는 文法要素는

첫째, 第二·三人稱的 文法要素 - 「ᄂ」, 「더」, 「시」

둘째, 人稱에 關係없는 文法要素 - 「ᅀᆞ」

과 같은 것에 局限되며, 第一人稱的 文法要素 - 「노」, 「다」, 「샤」, 「오/우」-는 이 語尾와 連結될 수 없다. 即 「-노니라, -노니이다, -다니라, -샤니라, -(오/우)니라」 等等은 나타나지 않으나, 다음에 例示함과 같은 活用形은 나타난다.

-ᄂ니라: 神通 잇ᄂ 사ᄅᆞ미삭 <u>가ᄂ니라</u> (釋 6:43)

-ᄂ니이다: 子母ㅣ 다 損호<u>ᄂ니이다</u> (月印 21:125)

-더니라: 네ᄂ 조희 업서 대를 엿거 그를 <u>쓰더니라</u> (月印 8:96)

-더니이다: 乾闥婆이 아들이 놀애를 블라 七寶琴을 <u>노더니이다</u> (月印 21: 190, 其422)

-시니라: 王이 깃그샤 無憂樹 미틔 <u>가시니라</u> (月印 2:29)

-시니이다: 沸星 도ᄃᆞᆶ 제 白象 ᄐᆞ시고 힛 光明을 <u>ᄀᆞ리오시니이다</u> (月印 2:17, 其 14)

-시ᄂ니라: 나옷 이 相ᄋᆞᆯ 알오 十方佛도 <u>아ᄅᆞ시ᄂ니라</u> (釋 13:43)

-시ᄂ니이다: (例 못찾음)

-더시니라: 彌勒菩薩ᄋᆞᆫ … ᄌᆞ걋 ᄆᆞᅀᆞ미 <u>넉더시니라</u> (月印 1:52)

-더시니이다: 宮中에 겨실 제 … 빗골품도 <u>업더시니이다</u> (月印 8:82, 其233)

-ᅀᆞᆸ니라: 그 王이 사ᄅᆞᆷ 브려 <u>주기ᅀᆞᄫᅵ라</u> (月印 1:7)

-ᅀᆞᆸ니이다: 明月珠도 <u>드ᅀᆞᄫᅵ이다</u> (月印 2:30, 其18)

以上 論證한 바와 같이, 李朝初期 國語에 있어서는, 現代語에서는 全혀 찾아볼 수 없는, 色다른 文法 範疇가 있어서, 現代語의 文法 組織과 매우 다른 모습을 띄고 있었던 것이다.

이 文法範疇는 「人稱的 活用」이라 불리울 수 있을 것이며, 15世紀 國語의 人稱的 活用에는 「第一人稱 活用」과 「一般 活用」의 두 가지가 있었다. 순 우리말로는 前者를 「나 끝바꿈」, 後者를 「남 끝바꿈」이라 부르고자 한다.

마지막으로 「-ㅁ」과, 「-디」는 「오/우」를 가지기는 하나, 이것은 第一人稱 活用이라 할 수 없다. 그 理由는

첫째, 이 語尾는 어떠한 경우에도 「오/우」를 接頭한다. 그리하여 그것은 모든 人稱의 월에 쓰인다.

둘째, 「-(오/우)ㅁ, -(오/우)디」가 主體尊侍의 「-시-」와 連結되어서 「-샴, -샤, -디」를 形成할 수 있으니, 이 語尾는 第一人稱 活用의 語尾가 될 수 없다.

어째서 이러한 例外的인 語尾가 나타나게 된 것인지, 이 문제는 뒷날의 硏究를 기다려야 하겠다.

Ⅳ. 揷入母音의 用法

(文法的 意義) 其二

揷入母音을 取하는 또 다른 一連의 活用形이 있으니, 그것은 冠形詞形이다. 卽 單純한 「-ㄴ」에 대해서, 「-(오/우)ㄴ」이 있고, 單純한 「-ㄹ」에 대해서 「-(오/우)ㄹ」이 있는 것이다.

그런데 이러한 冠形詞形은, 위에서 말한 바와 같은, 「나 끝바꿈」(第一人稱 活用)에 使用되는 것은 아니다. 이를테면

舍利佛이 須達이 밍ᄀ론 座애 올아 앉거늘 (釋 6:30)

須達이 지순 亭舍 (釋 6:38)

難陁ㅣ 出家ᄒᆞ욘 因緣으로 (月印 7:11-12)

이 무리 몯 得혼 이를 (釋 13:46)

너회들히 生死 버술 이를 힘뻐 求ᄒᆞ야사 ᄒᆞ리라 (月印 10:14)

이러한 例들은 그 主語가 第一人稱이 아닌데도 모두 「오/우」가 連結돼 있으며, 또 「-시-」에 「-(오/우)ㄴ」이나 「-(오/우)ㄹ」을 連結한 形態는 「-샨」, 「-샬」인데, 萬一 「-(오/우)ㄴ」이나, 「-(오/우)ㄹ」이 「나 끝바꿈」 語尾일 것 같으면, 이에는 主體尊待法이 쓰일 수 없을 것임에도 不拘하고 「-샨」, 「-샬」이 쓰이는 것을 보면, 「-(오/우)ㄴ」, 「(오/우)ㄹ」이 「나 끝바꿈」의 語尾가 아님을 무엇보다 强力히 證明하는 것이다.

부텨 敎化ᄒᆞ샨 衆 (月印 18:3)

神力으로 밍ᄀ샨 거시 (月印 18:31)

그러면 이 揷入母音을 가진 冠形詞形은 무엇을 表示하는 것일가? 먼저 揷

入母音의 有無에만 依해서 分化되는 冠形詞 形의 對立을 列擧해 보면 다음과
같다.

1. [-(ᄋ/으)ㄴ] : [-(오/우)ㄴ]

 -신   : -샨

2. -ᄂᆞᆫ   : -논

 -시ᄂᆞᆫ   : -시논

3. -(ᄋ/으)ㄹ : -(오/우)ㄹ

 -실   : -샬

먼저

1. [-(ᄋ/으)ㄴ] : [-(오/우)ㄴ]

의 使用例부터 들어 두고, 그 使用法을 探索해 보기로 한다.

1. 블근 힝뎌기 (釋 9:3)

2. ᄒᆞᆫ 큰 잀 因緣으로 (釋 13:48)

3. 굴근 地獄 (月印 1:29)

4. 기픈 根源 (月印 序:21)

5. 微妙ᄒᆞᆫ 뜨들 (同上)

6. 혀근 地獄 (月印 1:29)

7. 이 國王等이 뭀 艱難ᄒᆞᆫ ᄂᆞᆺ가ᄫᆞᆫ 사ᄅᆞᆷ과 ᄀᆞᆺ디 몯ᄒᆞᆫ 사ᄅᆞ미게 큰 慈悲心을
   發ᄒᆞᆯ씨 (月印 21:140)

8. 즌흙, 므거ᄫᆞᆫ 돌 (月印 21:102)

9. 이 ᄀᆞᆮᄒᆞᆫ 한 罪 (月印 21:104)

244

10. <u>늘카톨</u> 늘히 (月印 21:23)

11. <u>큰</u> 願 (釋 9:2)

12. <u>그지업슨</u> 苦 (月印 21:27)

13. 化티 <u>어려볼</u> 剛强훈 罪苦衆生 (月印 21:34)

14. 브리 <u>뷔디</u> 업스니 (月印 21:42)

15. <u>보드라볼</u> 이든 말 (月印 9:11)

16. 無量有情이 큰 <u>어려볼</u> 구데 써러디긔 ㅎᄂ니 (月印 9:31)

17. <u>됴ᄒ</u> 法 (釋 9:14)

18. <u>버근</u> 夫人 (釋 6:1)

19. <u>노푼</u> 樓 (釋 6:2)

20. <u>겨믄</u> 아히 (釋 6:11)

21. <u>고볼</u> ᄯ(釋 6:13)

22. <u>산것</u> 주겨 (月印 21:125)

23. 馬兵은 ᄆᆯ툰 兵이오 步兵은 <u>거른</u> 兵이라 (月印 1:27)

24. 罪 <u>지은</u> 사ᄅᆷ (月印 1:28)

25. ᄆ레 <u>비췬</u> 둘 (月印 2:55)

26. 福을 바다 난 사ᄅᆞ미면 (月印 21:97)

27. 새 <u>産生훈</u> 사ᄅᆞ미 (同上)

28. 아기 <u>나훈</u> 겨집들ᄒᆞᆯ 보고 (月印 21:143)

29. 우리ᄂᆞᆫ 罪 지은 모미라 (月印 21:201)

30. 새 <u>주근</u> 사ᄅᆞᆷ 둘히니 (月印 21:25)

31. <u>出家훈</u> 사ᄅᆞᆷ (釋 6:22)

32. 이 觀 <u>지은</u> 사ᄅᆞᆷ (月印 8:32)

以上「-(ㅇ/으)ㄴ」形을 들어 보았는데, 「1~21」은 形容詞에 屬한 것이요, 「22~32」는 動詞에 屬한 것이다. 勿論 形容詞와 動詞의 區別은 現代語에 있어

서도 모호한 點이 있고, 더구나 古語에 가서는, 그 限界의 基準을 어디에다 둘
것인지 매우 困難한 문제이나, 여기에서는 于先 그 뜻을 考慮하고, 그리고 現
代語와 關聯시켜 보아서, 大體로 두 가지로 나눈 것인데, 筆者가 蒐集한 이 活
用에 屬하는 材料 中에서는 形容詞에 屬하는 말이 動詞에 屬하는 말에 比해서
越等하게 많다. 이 活用形에 있어서 形容詞가 數字的으로 優勢하다는 點은 銘
心해 둘 일이다.

다음 「-(오/우)ㄴ」形을 보면

33. 빈욘 아기 비디 (月印 8:81, 其230)

34. 婇女는 쑤뮨 각시라 (月印 2:28)

35. 나혼 子息이 (釋 9:26)

36. 보비로 쑤뮨 덩 (釋 13:19)

37. 地藏菩薩 그류 像 (月印 21:86)

38. 須達이 밍ㄱ론 座 (釋 6:30)

39. 須達이 지슨 亭舍 (釋 6:38)

40. 몰 得혼 法을 得호라 ᄒ며 (月印 9:31)

41. 眞實로 내 나혼 悉達多ㅣ면 (月印 21:6)

42. 이 사르미 千萬 劫 中에 受혼 모미 (月印 21:87)

43. 이 衆生이 지슨 惡業 (月印 21:103)

44. 鮮은 叉 주균 즁싱이라 (月印 21:124)

45. 受혼 果報 (月印 21:93)

46. 이 大鬼이 濟度혼 天人 (月印 21:129)

47. 이 國王等의 어둔 福利 (月印 21:140)

48. 내이 어미 爲ᄒ야 發혼 廣大 誓願을 드르쇼셔 (月印 21:57)

49. 내 得혼 智慧 (釋 13:57)

50. 제 머군 쁘드로 (月印 1:32)

51. 雲母寶車는 雲母로 <u>쑤묜</u> 보비옛 술위라 (月印 2:35)

52. 喜覺支는 <u>닷곤</u> 法 깃글씨오 (月印 2:37)

53. 父母 <u>나혼</u> 누느로 (月印 17:57)

54. マ노리 <u>末혼</u> 굳고 <u>거믄</u> 栴檀香올 비흐니 (月印 18:28)

55. <u>다돈</u> 이피 열어늘 (月印 7:6)

56. 八媄女의 <u>기론</u> 찻므리 모즈랄씨 (月印 8:92)

以上「-(우/으)ㄴ」과「-(오/우)ㄴ」語尾의 典型的인 用法의 例를 들어 보았
는데, 後者에서 얼핏 눈에 띄는 點은, 前者에서 그리 많은 數를 차지하고 있던
形容詞가, 여기에 나타난 引用例에는 一切 나타나지 않는다는 것이다. 그러
나 이 두 活用 語尾의 用法의 差는 語幹의 品詞的 性質에 依해서 決定되는 것
은 아니다. 이를테면,「28」에「<u>나혼</u> 겨집」이 있고,「35」에는「나혼 子息」이 있
어서 같은 動詞에 두 語尾가 두루 쓰이고 있는 것이다.

그런데 이 두 例는, 이 問題 解決에 重大한 열쇠가 된다. 이제 이 두 例를 比
較해 보면

28. 아기 <u>나혼</u> 겨집돌 홀
35. <u>나혼</u> 子息이

또「35」와 비슷한 것으로서는

41. 내 <u>나혼</u> 悉達多
53. 父母 <u>나혼</u> 누느로

와 같은 것이 있는데, 이것들을 比較해 보면,「28」과「35」는, 그 限定辭와 被
限定辭 사이의 格的 關係가 다름을 알게 되는 것이다. 卽「28」에 있어서는 被

限定辭의 「겨집둘」은 動詞 「나혼」에 대해서 主格의 자리에 서는 말이요, 「35」의 被限定辭인 「子息」은 動詞 「나혼」에 대해서 目的格의 자리에 서게 되는 말이다. 卽 『被限定辭가, 限定辭에 對해서 主格의 자리에 서는 말일 때는 「-(ᄋᆞ/으)ㄴ」形을 使用하고, 被限定辭가 限定辭에 대해서 目的格의 자리에 서는 말일 때는 「-(오/우)ㄴ」形을 使用하게 된다.』

이러한 用法은 Ⅲ章의 用法과는 아주 다른 點이기는 하나, 앞에 들어 보인 「56」의 例를 ──히 檢討해 보면, 하나 例外 없이, 위의 原則에 맞은 것임을 發見하게 되는 것이다. 그리고 「-(ᄋᆞ/으)ㄴ」形에서는 形容詞가 優勢하나, 「-(오/우)ㄴ」形에서는 形容詞가 全혀 없는 것도, 形容詞가 目的語를 取할수 없는 事實을 想起하면, 充分히 首肯되는 일이며, 決코 偶然한 일이 아님을 알 수 있게 된다.

이제 앞의 56의 例를 다시 한 번 檢討해 보면, 「1~21」의 형용사에 있어서는 그 格的 關係가 明白하니, 더 말할 것 없고, 動詞인 「22」의 「산-것」은 이 「것」이 무엇을 표시하든 간에, 何如間 그 「것」은 「살」아 있는 것이다. 「23」은 「兵이」 말타고, 걷는 것이며, 「24」는 「사람이」 罪 짓는 것이다. 「25」는 「달이」 물에 비치는 것이요, 「26」은 「사람이」 福을 받아 난 것이다. 이렇게 32까지의 例가 모두 한 가지로 解釋되는 것이다.

다음 「33」는 「아기를」 배며, 「34」는 「각시를」 꾸몄다는 것이다. 또 「37」은 「像을」 그렸으며 「38」은 「座를」 만든 것이다. 이와 같이 「56」에 이르도록 한 例外도 없이 모두 한결같이 限定辭인 動詞의 冠形詞形이 그 目的格의 자리에 서 있는 말을 꾸미고 있는 것이다.

다음

[-신] : [-샨]

의 對立을 檢討해 보자.

57. 無上士는 尊호샤 더은 우히 업스신 士ㅣ라 (釋 9:3)

58. 王ㅅ 中에 尊호신 王 (月印 10:9)

59. 부텻 神奇호신 變化 (月印 7:40)

60. 어엿브신 命終애 (月印 1:3, 其5)

61. ᄀ장 됴호신 功德 (釋 9:2)

62. 本來 하신 吉慶에 (月印 2:30, 其18)

63. 世界예 잇ᄂᆫ 地獄애 分身호신 地藏菩薩 (月印 21:30)

64. 娑婆世界예 오래 住호신 菩薩 (月印 18:3)

65. 다른 國土애셔 오신 菩薩 (月印 18:23)

66. 그쁴 ᄧᅡ해셔 소사나신 千世界 … 摩訶薩 (釋 19:37)

67. 虛空애 겨신 百千化佛 (月印 21:204)

68. 뎌 ᄧᅡ해 겨신 諸佛 (釋 13:13)

以上의 「-신」形의 用法은, 앞의 「-(ᄋ/으)ㄴ」의 用法과 같이, 被限定辭가 主格의 자리에 서게 되는 것을 限定하게 된다. 이에 比하여 다음의 「-샨」은, 앞의 「-(오/우)ㄴ」과 같이, 被限定辭가 目的格의 자리에 서는 것을 限定하는데 使用된다.

69. 부톄 … 得호샨 妙法을 닐오려 호시ᄂᆫ가 (釋 13:25)

70. 뎌 … 如來 … 發호샨 큰 願 (釋 9:10)

71. 化人은 世尊ㅅ 神力으로 드외의 호샨 사ᄅᆞ미라 (釋 6:7)

72. 父母 나호샨 淸淨흔 肉眼ᄋᆞ로 (釋 19:13)

73. 父母 나호샨 누니 (釋 19:10)

74. 부텨 敎化호샨 衆 (月印 18:3)

75. 體 셰샨 法 (月印 18:13)

76. 이 니로샨 良藥이라 (月印 18:59)

77. 忍辱太子의 <u>일우샨</u> 藥이이다 (月印 21:218)

78. 이 諸佛 證ᄒᆞ샨 뭇노푠 微妙道理오 (月印 9:20)

79. 入楞伽山經은 楞伽山애 드러가 <u>니르샨</u> 經이라 (釋 6:43)

80. 世尊이 <u>지스샨</u> 功德으로 (月印 10:7)

81. 불어 <u>니르샨</u> 經典 (月印 17:11)

「꽃이 붉다」와 「붉은 꽃」의 두 表現法은, 同一한 두 槪念의 結合으로 된 말이란 點에 있어서는 同一하나, 이 두 槪念을 나타내는 單語의 統合關係가 다르다. 前者와 같은 統合關係를 「展開」라 하고, 後者의 그것은 「凝縮」이라 한다면, 앞의 것은 展開된 말이요, 뒤의 것은 凝縮된 말이다.

앞에서 들어 보인 例들은 모두 凝縮된 말들인데, 이것을 展開했을 경우의 格的關係에 따라서, 限定辭의 活用形이 制約되는 것이다. 다시 한 번 바꾸어 말하면, 凝縮된 말에 있어서의 被限定辭가, 展開된 말에 있어서 目的語가 될 경우에는, 그 限定辭에 「-(오/우)ㄴ」形의 語尾를 使用하고, 凝縮된 말에 있어서의 被限定辭가 展開된 말에 있어서 主語가 될 경우에는, 그 限定辭에 「-(ᄋᆞ/으)ㄴ」形의 語尾가 使用되는 것이다.

그런데 지금까지 들어보인 말들은 모두 凝縮된 것인데, 이것들은 展開하기가 매우 쉽고, 그리고 이것을 展開했을 경우에, 凝縮에 있어서의 被限定辭는 모두 限定辭의 主語가 되거나 目的語가 되는 것들만 가려서 보인 것이다. 그러나 限定辭와 被限定辭와의 關係는 모두 이렇게 簡單한 것만이 아니다. 被限定辭가 展開에 있어서 處所格이 되는 일도 있고, 때로는 器具格의 경우도 있고, 또는 與格이 되는 일도 있다. 이를테면

우리들이 어려서 놀던 곳

의 「곳」은 處所格이 되고,

풀을 <u>베는</u> 낫

의 「낫」은 器具格이 되며,

내가 그 책을 <u>빌려준</u> 사람

의 「사람」은 與格이 되는 것이다.

　그리고 또 凝縮에 있어서의 限定辭, 被限定辭와를 지금까지의 경우와 같이 쉽사리 展開하기가 困難한 일도 있으며, 때로는 이러한 展開가 不可能한 凝縮的 統合도 있다. 그러면 이런 경우-主格 目的格 以外의 格的 關係인 경우와, 展開 不可能한 경우- 에 限定辭의 活用法이 어떻게 나타날 것인가? 「-ㄴ」活用形의 種類가 두 가지 밖에 없고, 이 두 活用形은 被限定辭의 限定辭에 대한 格的 關係에 依해서 決定되는 以上, 앞에서 말한 主格 目的格 以外의 경우에 있어서나, 展開 不可能한 경우에 있어서는 嚴格한 規則으로 制約할 수 없는 例가 있으리라는 것은 미리 豫測할 수 있는 일인데, 事實上, 이 문제 解決의 難關은 여기에 있는 것이다.

　다음 이런 例들에 대한 說明을 加하기로 한다.

　첫째, 表現된 그대로의 形式으로써는 展開할 수 없으나, 被限定辭의 限定辭에 대한 格的 關係를 分明히 할 수 있는 경우가 있다. 이를테면 現代語의 不完全名詞의 「이」(사람 또는 물건), 「바」(所), 「것」(물건, 事實等)이 用言의 冠形詞形의 限定을 받을 때는, 不完全 名詞 그대로로써는 展開되지 않으나, 意味上으로 보면 分明히 그 格的 關係를 알아볼 수 있다.

이 방 안에는 밥을 <u>먹은</u> 이는 다섯 사람뿐이다.

에 있어서의 「이」(사람)는 動詞 「먹-」의 主語이며,

그 중에는, 내가 <u>아는 이</u>는 한 사람도 없었다.

에 있어서의 「이」는 動詞 「알-」의 目的語이다. 또

그것은 네가 <u>할 것</u>이 못 된다.

에 있어서의 「것」은 動詞 「하-」의 目的語이며,

<u>흰 것</u>은 종이요, <u>검은 것</u>은 글이라.
저기 <u>기어가는 것</u>은 개미다.

따위에 있어서의 「것」은, 形容詞 「희-」, 「검-」이나, 動詞 「기어가-」의 主語가 된다.
    그리고

그런 일은 너 같은 사람의 <u>할 바</u>가 못 된다.

에 있어서의 「바」는 動詞 「하-」의 目的語의 구실을 하는 것이다.
    이와 같은 경우에, 15世紀 國語에 있어서의 限定詞의 活用法은, 被限定辭의 意味上의 格的 位置에 制約되는 것인데, 이것은 지금까지 說明해 온 「-ㄴ」語尾의 두 가지 用法과 一致하는 것이다.
    이를테면, 이러한 不完全名詞가, 主格의 資格을 가진 경우에는 그 限定辭는 「-(으/으)ㄴ」語尾를 取하게 된다.

82. 늘그니 져므니며 貴ᄒ니 놀아ᄫᆞ니며 (月印 21:30)

83. 存은 잇ᄂᆞ니오 亡ᄋᆞᆫ 업스니라 (月印 21:54)

84. 늘그니 病ᄒ니 주근 사ᄅᆞᆷ 보시고 (釋 6:17)

85. 셜ᄫᆞᆫ 일 中에도 離別 ᄀᆞᄐᆞ니 업스니 (釋 6:6)

86. 셜ᄫᆞᆫ 人生이 어딋던 이 ᄀᆞᄐᆞ니 이시리잇고 (釋 6:5)

87. 어듸사 됴ᄒᆞᆫ ᄯᅩ리 양ᄌᆞ ᄀᆞᄌᆞ니 잇거뇨 (釋 6:13)

88. ᄒᆞᆫᄢᅴ 오니ᄃᆞᆯ히 (月印 21:30)

以上「82, 83, 84, 87, 88」의「이」는 모두 사람을 指稱한 말이요, 「85, 86」의 「이」는 事物을 指稱한 것인데, 이「이」들은, 限定辭「늘근, 져믄, 貴ᄒᆞᆫ, 업슨, ᄀᆞᄐᆞᆫ, ᄀᆞᄌᆞᆫ, 온」들에 대하여 意味上의 主語가 되는 것이다. 곧 흔히 쓰이는「늘그니」를 例로 말하면, 이 말은「늙은 사람」의 뜻이니, 「사람」은「늙-」의 主語가 된다. 그리고「離別 ᄀᆞᄐᆞ니」는「離別 같은 것」또는「離別 같은 일」이겠는데, 이「일」은「離別 같-」의 主語가 된다. 그리고

89. 病ᄒᆞ니 넉시 (釋 9:31)

의「病ᄒᆞ니」는, 그 語源的인 說明은 달라질지 모르나, 그 當時 言語의 記述 文法的 觀點에서 본다면「病ᄒᆞ니+이」의 形態音素論的 變形으로 볼 수 있으니, 이것도 亦是 위의 例와 같은 種類에 屬하게 된다.

「-ᄉᆞᆸ-」類를 가진 경우도 한 가지며, 「-신」의 경우도 亦是 同一하다.

90. 一切諸佛와 大菩薩 摩詞薩이 各各 뫼ᅀᆞᄫᆞ니 보내샤 世尊ᄭᅴ 安否 묻ᄌᆞᄫᆞ시더니 (月印 21:9)

91. 부텨 爲ᄒᆞᅀᆞᄫᅡ 여러 像ᄋᆞᆯ 밍ᄀᆞᅀᆞᄫᆞ니도 다 ᄒᆞ마 佛道ᄅᆞᆯ 일우며 (釋 13:51)

「뫼ᅀᄫ니」는 「모신 사람」이니, 이 「사람」이 「一切諸佛」 等을 모시고 있었던 것이며, 「밍ᄀᅀᄫ니」는 「만든 사람」의 뜻이니, 이 「사람」이 여러 像을 만든 것이다.

> 92. 仙駕는 <u>업스시닐</u> 솔ᄫ시논 마리라 (月印 序:18)
> 93. 道理로 몸 <u>사ᄆ시니</u> 이 부톄시니 (月印 序:18)

「업스시니, 사ᄆ시니」의 「이」는 「사람」을 指稱함인데, 그 「사람」이 「없으신(죽은)」 것이요, 「道理로 몸 삼으신」 것이다.

「바」는 그 例가 그리 많지 못하나,

> 94. 아ᄅ샤미 至極ᄒ샤 <u>기튼</u> 배 업스시며 (月印 2:56)

의 「배」는 自動詞 「기튼」의 主格的 자리에 서는 말이다.

다음, 이러한 被限定辭가 限定辭에 대해서 目的語의 資格을 가진 경우에는, 限定辭는 「-(오/우)ㄴ」(-샨) 語尾를 가지게 된다.

> 95. 妙法이라 <u>혼 거시</u> … 一乘이라 <u>혼 거슨</u> (釋 13:33)
> 96. 諸法이라 <u>혼 거슨</u> (釋 13:40)
> 97. 父母 <u>나혼 거슨</u> 곧 사ᄅ마다 ᄀ존 거시라 (月印 17:58)
> 98. <u>비혼 거시</u> (釋 19:41)
> 99. 壇은 싸ᄒᆯ 닷가 <u>도도온 거시라</u> (月印 2:72)
> 100. 이 東山ᄋᆫ 須達이 <u>산 거시</u>오 나모와 곳과 果實와ᄂᆞᆫ 祇陁이 뒀고 <u>뒸논 거시</u>니 (釋 6:40)
> 101. 筌ᄋᆞᆫ 고기 잡ᄂᆞᆫ 대로 <u>밍ᄀ론 거시라</u> (月印 序:22)
> 102. 齋라 <u>혼 거시</u> (釋 9:18)

103. ᄂᆞ미 지ᅀᅮᆫ 거슬 아ᅀᅡ (月印 1:32)

104. 두겨신 法은 곧 道場애 得ᄒᆞ샨 거시오 (月印 18:11)

105. 神力으로 밍ᄀᆞ르샨 거시 (月印 18:31)

106. 이 月印釋譜ᄂᆞᆫ 先考 지ᅀᅳ샨 거시니 (月印 序:16)

以上의 「것」들은 모두 限定辭의 意味上의 目的語가 되는 것이다. 即 「95」에 있어서는 그 「것」을 妙法이라 하는 것이며, 「97」은 그 「것」을 父母가 낳았으며, 「98」은 그 「것」을 뿌린 것이요, 「99」는 그 「것」을 돋운 것이다. 여기의 例는 모두 이와 같이, 이 語尾의 使用原則에 어긋나지 않는다. 또

107. 몬졋 부텻 經中에 니르샨 배라 (月印 17:74)

108. ᄒᆞ마 次弟 혜여 밍ᄀᆞ론 바를브터=旣據所次 (釋 序:5)

109. ᄒᆞ욣 바를 아디 몯 ᄒᆞ다니 (月印 序:10)

等의 「바」도 意味上으로 보면, 앞의 限定辭의 目的語가 된다.

110. 두 律師ㅣ 各各 譜 밍ᄀᆞ로니 잇거늘 (月印 序:12)

111. 卷은 글월 ᄆᆞ로니라 (月印 序:19)

의 不完全 名詞 「이」도 모두 그 限定辭 「밍ᄀᆞ론」 「ᄆᆞ론」의 目的語로 理解할 수 있다.

둘째로, 典型的인 例에서 볼 수 있은 바와 같이 쉽사리 展開되어 그 格的 關係를 그렇게 容易하게 알아 볼 수 있는 것은 아니나, 亦是 그 內容으로 보면 主格, 目的格의 關係를 認知할 수 있는 경우가 있다.

112. 氏는 姓 ᄀ튼 마리라 (月印 1:8)

113. 부텨 向흔 ᄆᅀᆞ믈 (釋 6:19)

114. 혜아룜 업슨 ᄆᅀᆞᄆᆞ로 (月印 9:8)

위의 「말, ᄆᅀᆞᆷ」은 그 限定辭에 대한 主語로 생각할 수 있는 말들이기 때문에 「-(ᄋᆞ/으)ㄴ」語尾를 使用했다. 그런데

115. 이 ᄯᅡ히 竹林國이라 혼 나라히이다 (月印 8:94)

116. 阿那婆達多ᄂᆞᆫ 東土ㅅ 마래 熱惱ㅣ 업다 혼 마리니 (釋 13:7)

117. 처섬 道場애 안ᄌᆞ시니 부톄라 혼 일후미 겨시고 (釋 13:59)

118. 闍梨ᄂᆞᆫ 法이라 혼 마리니 (釋 6:10)

119. 佛은 智者ㅣ라 혼 마리니 智者ᄂᆞᆫ 아는 사ᄅᆞ미라 혼 ᄠᅳ디라 (月印 9:12)

120. 各各은 우훌 다 닐온 마리라 (釋 13:11)

121. 그 後로 夫妻라 혼 일후미 나니 (月印 1:44)

122. 迹은 처섬으로셔 ᄆᆞᄎᆞᆷ 니르리 ᄒᆞ샨 믈윗 이리라 (釋 序:5)

123. 世尊ㅅ 道 일우샨 이릴 양ᄌᆞ를 그려 일우ᅀᆞᆸ고 (釋 序:5)

따위 例의 被限定辭는 限定辭의 目的格으로 認知되는 것이니, 「115」는 그 「나라」를 竹林國이라 하는 것이며, 「116, 118, 119」와 같은 表現法은 매우 자주 나타나는 것으로서 그 「말」을 「…이라고 한다」와 같이 바꾸어 表現할 수 있기 때문에, 亦是 被限定辭는 目的語로 認知되는 것이다. 「117, 120, 121, 122, 123」들도 모두 다른 例와 比較해 생각하면 비슷한 例들임을 認識할 수 있다. [註] 그리고 「所謂」 또는 「말하기를」의 뜻을 가진 「닐온, 니ᄅᆞ샨」도, 被限定辭가 直結되어 있지는 않으나, 亦是 目的格의 자리에 서 있음은 事實이다.

이를 닐온 그ᅀᅳ기 심기샤미라=是謂冥授 (楞嚴經 5:31)

256

耳識이 골히야 알씨 닐온 知오=耳識이 別了홀시 曰知오 (同 3:40)

이를 <u>닐온</u> 顚倒ㅣ라=是謂顚倒 (同 3:14)

<u>닐온</u> 고든 ᄆᆞᅀᆞ미 菩提니라=所謂直心菩提者也 (上院寺 御牒)

이 <u>니ᄅᆞ샨</u> 良藥이라 (月印 18:59)

種種 性欲行想分別을 이를 <u>니ᄅᆞ샨</u> 한 病이라 (月印 17:32)

이와 같이 「-(ᄋ/으)ㄴ」은 主格 被限定辭를 限定하는 데 쓰이고, 「-(오/우)ㄴ」은 目的格 被限定辭를 限定하는 데 쓰이기 때문에, 前者를 「主格 活用形」語尾라 하고, 後者를 「目的格 活用形」語尾라 불러 두기로 한다. 主格 活用은 「主格 活用」이라 부르기로 하며 目的格 活用은 「對象活用」 또는 「客體活用」이라 부르기도 한다.

以上 첫째, 둘째의 例는 展開가 不可能하거나, 쉽지 않거나 하기는 하나, 그 格的 關係는 亦是 分明한 것이기 때문에, 그 限定辭의 活用은 그 使用 原則에서 벗어나지 않는 것이다. 그러나 그 格的 關係가 主格, 目的格과는 全혀 關聯이 없는 것이거나, 또는 格的 關係를 規定하기 어렵거나, 全혀 그러한 關係가 成立되지 않는, 「限定辭-被限定辭」 統合의 경우에 있어서는, 一種의 慣用에 依한 兩者 擇一의 言語 習慣이 있었던 듯하여, 이 兩者 擇一에는 一定한 原則을 세울 수 없는 경우가 있다.

첫째, 被限定辭가 限定辭의 狀態 또는 動作이 일어나는 「時間」을 나타내는 일이 있는데, 이 경우에는 限定辭에 主格 活用을 使用한다. 即 「ᄉᆞ시, 적(제), 時節, 날, 後」와 같은 時間을 나타내는 말들의 限定辭는 單純한 「-ㄴ」語尾를 使用하는 것이다.

124. <u>아니한 ᄉᆞᅀᅵ</u> (釋 6:3)

125. <u>져믄 저그란</u> (釋 6:11)

126. 어미 <u>주근</u> 後에 (月印 21:21)

127. 내 부텨와 ᄒᆞ야 母子 <u>ᄃᆞ왼</u> 後로 (月印 21:6)

128. 내 어미 <u>업슨</u> 나래 (月印 21:53)

129. 내 來世예 菩提 <u>得ᄒᆞᆫ</u> 時節에 (釋 9:4)

130. 〈王ᄋᆞᆯ〉 오ᄂᆞᆯ <u>여희ᅀᆞᄫᆞᆯ</u> 後에 (月印 8:95)

131. 부텨 <u>업스신</u> 後에 (釋 6:12)

131. 〈부텨〉 <u>나신</u> 닐웨예 (月印 21:196)

「124」는 事實上 主格 活用으로 볼 수도 있는 것이다.

　　둘째, 被限定辭가 處所格의 자리에 있을 경우에는, 그 使用法이 不規則하다.

133. <u>마ᄀᆞᆫ</u> 디 (月印 9:10)

134. <u>모ᄃᆞᆫ</u> 디 (月印 10:21)

[註] 위의 例는 一見,

　어드ᄫᅳᆫ 디 (月印 18:51)

　구즌 디 (釋 19:23)

와 같은 것 같으나, 實相은 이것들은 그곳(디)이 어둡고 궂은 것을 表現한 말
로서, 規則的인 主格 活用의 例이나, 위의 「133, 134」의 경우는, 그 곳(디)이
막고, 모이는 것이 아니라, 그 곳에 막고 모이는 것이므로 處所格的 關係에 있
는 말이다.

135. 經 <u>연준</u> 檀 (月印 2:73)

136. 句ᄂᆞᆫ 말ᄊᆞᆷ <u>그츤</u> ᄊᆞ히라 (月印 序:8)

137. 眷屬이 <u>난</u> ᄊᆞ홀 (月印 21:164)

258

138. 住흔 고대 (月印 21:151)

139. 西天은 부텨 나신 나라히니 (月印 1:30)

140. 띡 무든 옷 (釋 6:26)

141. 쇠붑 도 지비사 (釋 6:38)

[註] 「136, 137, 138」의 경우와 다음 경우가 다른 것은, 앞 「디」의 註와 같다.

　　됴흔 싸 머즌 싸 (釋 19:123)

　　됴흔 곧 구즌 고대 (月印 17:70)

以上은 主格 活用을 使用한 例인데, 目的格 活用을 使用한 例도 보인다.

142. 受生혼 싸해 (月印 21:93)

143. 당다이 :간 싸흘 아르시리러니라 (月印 21:20)

144. 내 이제 네 어믜 :간 싸흘 뵈요리라 (同上)

145. 王이 … 누븐 자리예 겨샤 (月印 10:9)

146 世世예 :난 고대 (月印 17:53)

147. 안존 고대셔 (月印 8:1, 其213)

이 경우에 있어서의 兩 活用形 使用에 대해서는, 一定한 規則을 세울 수 없다.

셋째, 被限定辭의 限定辭에 대한 格的 關係를 想定할 수 없는 경우 -이 경우에도 위의 둘째 경우와 같이, 그 活用形 使用法을 規則化할 수 없다.

主格 活用形을 使用한 例:

148. ᄀ장 빗어 됴흔 양 ᄒ고 (月印 2:5)

149. 제 實엔 사오나보디 웃사름두고 더은 양 ᄒ야 (月印 9:31)

150 有情들히 無盡흔 뿔거시 다 낟븐 줄 업긔호리라 (月印 9:15)

151 菩薩ᄋᆞᆯ 울워러 절호 다ᄉᆞ로 (月印 21:88)

152. 더디 몯혼 전ᄎᆞ로 (月印 21:167)

153. 如來ㅅ 일후믈 잠깐 듣ᄌᆞᄫᆞᆯ 젼ᄎᆞ로 (月印 9:30)

154. ᄂᆞ외야 惡趣를 저픈 주리 업스니 (釋 9:39)

155. 世間이 無常ᄒᆞ야 구든 주리 업스니 (月印 10:14)

156. 앗가ᄫᆞᆯ ᄆᆞᅀᆞᄆᆞᆯ 머거 (月印 9:28)

157. 뉘읏븐 ᄆᆞᅀᆞᄆᆞᆯ (釋 6:8)

158. 世間 여횔 樂 (月印 7:5)

159. 몸 슬며 ᄇᆞᆯ ᄉᆞᄅᆞ신 일 (月印 18:61)

160. 四生ᄋᆞᆯ 거려 濟渡ᄒᆞ신 功德 (月印 序:8-9)

目的格 活用ᄋᆞᆯ 使用한 例:

161. 世尊 勅ᄒᆞ샨다ᄫᅵ 다 奉行ᄒᆞᅀᆞᄫᅩ리니 (月印 18:19)

162. 내 몸 니르리 布施ᄒᆞ야도 그딋 혼조초 ᄒᆞ야 (釋 6:8)

163. 衆生들히 種種欲애 기피 貪着혼 주를 아라 (釋 13:55)

164. 惡因 지손 다ᄉᆞ로 (月印 21:105)

165. 우회 닐온 양ᄀᆞ티 (釋 19:31)

166. 湏達이 버릇 업순 주를 보고 (釋 6:21)

167. 제 모미 누ᄫᆞᆫ 자히셔 보ᄃᆡ (釋 9:30)

168. 제 보아 아론 젼ᄎᆞ로 (釋 9:31)

169. 니ᄅᆞ샨 양ᄋᆞ로 호리이다 (釋 6:24)

170. 우리들히 善利를 얻ᄌᆞᄫᆞᆫ 젼ᄎᆞ니 (月印 21:115)

171. 世尊이 龍王堀애 안존 자히셔 겨샤ᄃᆡ (月印 7:52)

172. 安樂國이 :온 ᄠᅳᆮ 숨고 (月印 8:101)

173. ᄂᆞ미 브론 일 ᄃᆞᆮ녀 (釋 9:16)

174. 바ᄅ래 <u>누본</u> 이론 네 죽사릿 바ᄅ래 잇는 야이오 須彌山 <u>베윤</u> 이론 죽
   사리를 버서날 느지오 ᄃᆞ를 <u>자본</u> 이론 (月印 1:17-8)

175. 序는 글 밍ᄀ론 ᄠᅳ들 仔細히 써 後ㅅ 사ᄅᆞ물 알의ᄒᆞ는 거시라 (釋序:1)

176. 흔갓 뮈다 홀ᄊᆞᆫ ᄒᆞ면 世界옛 싸히 다 <u>뮈윤</u> ᄠᅳ디 업고, 흔갓 다 뮈다 ᄒᆞ
   면 갌간 뮌디 업시 다 골오 ᄀᆞ장 <u>뮈윤</u> ᄠᅳ디 업스릴ᄊᆡ (月印 2:14)

177. 法 <u>爲혼</u> 므ᅀᆞ미 너블ᄊᆡ (月印 17:51)

178. 내 現一切色身三昧를 得ᄒᆞ니 다 法華經 <u>드론</u> 히미니 (月印 18:28)

179. 難陁ㅣ 出家ᄒᆞ욘 因緣으로 (月印 7:11)

180. 難陁ㅣ 出家<u>혼</u> 功德으로 (月印 7:13)

181. 네 이 새를 罪 <u>지순</u> 果報로 나다 너기디 말라 (月印 7:67)

182. 閻浮罪報로 感<u>혼</u> 惡趣 (月印 21:38)

183. 不輕의 法華 <u>편</u> 根源 머루믈 볼기시니라 (月印 17:90)

184. 부텻法 <u>듣ᄌᆞ본</u> 德으로 하ᄂᆞᆯ해 나아 (釋 6:19-20)

185. 常不輕은 釋迦ㅣ 前身에 威音王 時예 妙法을 精히 디니샤 너비 施ᄒᆞ샤
   利히 引導 ᄒᆞ샨 <u>자최</u>라 (月印 17:74)

186. 威音王 日月燈雲自在를 <u>혀샨</u> ᄠᅳ든 (月印 17:89)

위의 例들은, 앞에서도 말한 바와 같이, 「限定辭-被限定辭」의 格的 關係가
主格, 目的格 以外의 것이거나, 또는 格的 關係가 成立되지 않는 것이어서, 그
限定辭 活用 語尾의 用法이 不規則하게 된 것이나, 다음 몇 가지 例는 그 格的
關係가 分明한 것임에도 不拘하고 이들 語尾 用法 原則에 어긋난 例外이다.

187. 閻浮提ㅅ 內예 <u>밍ᄀᆞᅀᆞᄫᆞᆫ</u> 부텻像이 (月印 21:193)

188. 優塡王이 <u>밍ᄀᆞᅀᆞᄫᆞᆫ</u> 金像을 象애 싣ᄌᆞᄫᅡ (月印 21:203)

189. 使者ᄂᆞᆫ <u>브리신</u> 사ᄅᆞ미라 (釋 6:2)

190. <u>두겨신</u> 功德 (月印 21:156)

191. 투신 象 (月印 10:27)

192. 八方 如來와 흔쁴 내신 소리 듣줍고 (月印 18:1, 其319)

193. 새 나흐니란 치마예 다마 (月印 10:24)

以上은 目的格 活用을 使用해야 할 자리에 主格 活用을 使用한 例이며,

194. 林淨寺로 가슨본 내로니 (月印 8:92)

위의 一例는 主格 活用을 使用해야 할 곳에 目的格 活用을 使用한 例이다.

그런데 後者의 경우보다 前者의 경우가 數的으로 優勢한 것은, 目的格 活用이 全的으로 主格 活用으로 代置될, 다음 時期에의 變遷의 傾向을 內包하고 있는 重要한 事實이다.

2. [-ᄂᆞ] : [-논]

앞 章에서 말한 바와 같이, 「노」는 「ᄂᆞ」와 「오」로 分析된다. 그러므로 「-논」은 「ᄂᆞ+온」으로 分析되는 것이다. 한편 「-ᄂᆞ」은 「ᄂᆞ+ㄴ」으로 分析되는 것이니, 「-ᄂᆞ」과 「-논」의 差異는, 앞의 「1」에서 說明한 「-(ᄋᆞ/으)ㄴ」과 「-(으/우)ㄴ」의 差異와 同一하다.

앞 節의 方法과 같이, 먼저 典型的인 例를 說明하고, 다음으로 不規則的인 것과 例外的인 事實에 對한 檢討를 하기로 한다.

「-ᄂᆞ」- 「-시ᄂᆞ, -습ᄂᆞ, -앳/엣 ᄂᆞ」을 包含함- 은 主格 活用 語尾로 使用되는데, 이것은 「-(ᄋᆞ/으)ㄴ」과 同一하다.

***

262

1. 머리 갓는 사ᄅᆞ믈 (月印 7:8)

2. 디는 히 (月印 8:6)

3. 聲聞 求ᄒᆞ는 衆 (月印 18:41)

4. 不孝ᄒᆞᄂᆞᆫ 衆生 (月印 10:10)

5. 罪苦 잇는 衆生 (月印 21:29)

6. 이 지븨 사ᄂᆞᆫ 얼우니며 아히며 (月印 21:99)

7. ᄀᆞ는 즁싱 (月려 21:113)

8. 더어가는 煩惱 (月印 9:6)

9. 道理 잇는 사ᄅᆞᆷ (月印 9:2)

10. 우ᄂᆞᆫ 聖女ㅣ 여 (月印 21:21)

11. 神通 잇는 사ᄅᆞ미사 〈그 山애〉 가ᄂᆞ니라 (釋 6:43)

「1」은 剃髮師를 말하는 것이다. 그 以下는 모두 主格 活用임이 分明한 例들이다. 그리고 「-ᄉᆞᆸᄂᆞᆫ, -시는, -앗/엇ᄂᆞᆫ」 따위도 모두 다 같이 主格 活用으로 쓰인다.

12. 無量壽佛을 보ᅀᆞᆸᄂᆞᆫ 사ᄅᆞ민 (月印 8:32)

13. 渡盡稱念衆生은 일쿠ᄌᆞ바 念ᄒᆞᅀᆞᆸᄂᆞᆫ 衆生을 다 濟渡ᄒᆞ실씨라 (月印 8: 99)

14. 接引衆生 ᄒᆞ시ᄂᆞᆫ 諸大菩薩ᄃᆞᆯ히 (月印 8:88, 其248)

15. 瑞相 뵈시ᄂᆞᆫ 如來 (月印 2:48, 其28)

16. 大導師ᄂᆞᆫ 크신 길 앗외시ᄂᆞᆫ 스스이라 혼 마리라 (月印 9:12)

17. 未來ᄂᆞᆫ 아니 옛ᄂᆞᆫ 劫이오 現在ᄂᆞᆫ 現ᄒᆞ야 잇는 劫이라 (釋 13:50)

18. 오늘 모댓ᄂᆞᆫ 한 사ᄅᆞ미 (釋 6:28)

19. 地예 몯 올앳ᄂᆞᆫ 菩薩 (釋 9:28)

20. ᄒᆞ마 냇ᄂᆞᆫ 구즌 法 (月印 7:43)

21. 信心 뒷ᄂᆞᆫ 善男子 善女人 (釋 9:11)

22. 因緣 뒷논 衆生 (月印 8:38)

「12, 13」은 客體 尊待, 「14~16」은 主體 尊待, 「17~22」는 現在完了相인데, 「두-」
(置)의 이 活用形은 「뒷논」인 點 注意할 것. 그리고, 「18」은 「오늘 모여있는 많
은 사람이」의 뜻이다.

[註] 앞 章 4. 「-노니」의 「28」에서 말한 바, 「-ᄂ니」가 「-느니」로 나타나는 일이
있는 것과 같이, 「-ᄂ」은 「-는」으로 쓰이는 일이 꽤 많이 있는데, 이것도
「-ᄂ」같이, 主格 活用으로 쓰인다.

23. 흐르는 싐 (釋 13:23)

24. 흐르는 믈 (月印 8:23) cf. 흐르ᄂ 므리라 (月印 2:62)

25. 梵志는 … 제 道理 올호라 ᄒ야 ᄂᆞᆷ 업시우는 사ᄅᆞ미라 (月印 2:45-6)

26 八千里象은 ᄒᆞᄅᆞ 八千里옴 녀는 象이라 (月印 7:52)

27. 모매 범그는 것과 (釋 13:38)

다음
「-논」 -「-시논, -ᄉᆞᆸ논, -앳/엣 논」을 包含- 은 目的格 活用 語尾로 쓰이는데,
이것은 「-(오/우)ㄴ」과 같다.

28. 願ᄒ논 이ᄅᆞᆯ 다 得ᄒᆞᆯ써 (月印 7:44)

29. ᄒ논 일 이쇼미 (月印 8:31)

30. 나랏 菩薩이 듣고져 ᄒ논 法을 (月印 8:68)

31. 너희 브르논 偈ᄂᆞᆫ (月印 8:100)

32. 이 深妙ᄒᆞᆫ 音聲이 불어 니ᄅᆞ논 言論 次第ᄅᆞᆯ 드르면 (月印 17:68)

33. 제 먹논 ᄠᅳ드로 (月印 1:32)

34. 布施ᄂᆞᆫ … 제 아논 法으로 ᄂᆞᆷ ᄀᆞᄅᆞ칠씨오 (月印 2:25)

35. 니르논 마리 ᄠᅳᆮ 아로미 어려ᄫᅳ니라 (釋 13:37)

36. 새 미ᇰᄀᆞ논 글워레 고텨 다시 더어 (月印 序:19)

37. 얻논 藥이 므스 것고 (月印 21:215)

38. 믈읫 보논 얼구리 ᄭᅮ멧 얼굴 ᄀᆞᆮᄒᆞ며 듣논 소리 뫼ᅀᅡ리 ᄀᆞᆮᄒᆞ야 (月印 2:53)

39. 求ᄒᆞ논 이를 ᄠᅳᆮ다ᄫᅵ 일우고 (月印 21:150)

40. 이 善男女ᄃᆞᆯ히 願ᄒᆞ논 이리 ᄲᆞᆯ리 이러 (月印 21:166)

41. 瞿曇沙門이 實로 아논 일 업슨 黃口小兒ㅣ라 (月印 21:197)

42. 내 네 禮數ᄒᆞ논 過去엣 覺華定自在王如來로니 (月印 21:22)

43. 衆生ᄋᆡ 受ᄒᆞ논 報應 (月印 21:37)

44. 東方앳 一萬 八千 佛土ᄅᆞᆯ 비취샤ᄃᆡ 오ᄂᆞᆳ날 보ᅀᆞᆸ논 佛土ㅣ ᄀᆞᆮ더라 (釋 13:32)

45. 諸佛ㅅ 내시논 소리 다 妙法을 너피샤 (月印 8:42)

46. 뵈시논 形體 (月印 8:45)

47. 부톄 니르시논 法이 (釋 13:29)

48. 諸佛如來 다ᄆᆞᆫ 菩薩ᄋᆞᆯ 教化ᄒᆞ샤 믈읫 ᄒᆞ시논 이리 상녜 ᄒᆞᆫ 이리라 (釋 13:49)

49. 本來 셤기시논 부텨는 證ᄒᆞ샨 果ᄅᆞᆯ 表ᄒᆞ시니 (月印 18:66)

50. 諸佛 니르시논 마ᄅᆞᆫ (釋 9:27)

51. 諸佛 니르시논 經法 (釋 13:13)

52. 布施ᄂᆞᆫ 제 뒷논 쳔량ᄋᆞ로 ᄂᆞᆷ 주며 (月印 2:25)

53. 이 衆生마다 제 뒷논 제 性이니 (月印 2:53)

54. 뒷논 ᄌᆡ조ᄅᆞᆯ (月印 7:15)

以上의 모든 例는, 모두 典型的인 것으로서, 쉽사리 展開할 수 있는 同時에, 그 格的關係도 매우 明白한 것들이다.

그런데, 展開가 쉽사리 안 되는 경우, 格的關係가, 主格 目的格 以外의 것, 또는 格的關孫가 不分明한 것들이 있음은, 앞의 「-ㄴ」의 例와 同一하다.

첫째, 「-ㄴ」語尾의 경우와 같이, 不完全名詞는 表現된 形式 그대로써는 展開되지 않으나, 그 意味 內容으로 보면, 格的關係가 分明한 것이 있으니, 이런 경우에는 限定辭의 語尾의 用法은, 典型的인 例와 一致한다.

55. 序는 … 後ㅅ 사ᄅᆞᄆᆞᆯ <u>알의ᄒᆞᄂᆞ</u> 거시라 (釋 序:1)

56. 짜ᄒᆞᆯ 從ᄒᆞ야 <u>잇ᄂᆞ</u> 거시 (月印 21:152)

57. 魔ㅣ ᄀᆞ리ᄂᆞ <u>거실씨</u> (釋 9:8)

58. 慈悲는 衆生ᄋᆞᆯ 便安케 <u>ᄒᆞ시ᄂᆞ</u> 거시어늘 (釋 6:5)

59. 太子ㅅ 法은 거즛말 <u>아니ᄒᆞᄂᆞ</u> 거시니 (釋 6:24)

60. 百千衆生ᄋᆞᆯ 잘 <u>濟渡ᄒᆞ시ᄂᆞ</u> 분내러시니 (釋 13:4)

61. 諸佛이 般涅槃ᄒᆞ시ᄂᆞ<u>니</u>도 보ᅀᆞᇦ며 (釋 13:14)

62. <u>사랫ᄂᆞ니</u> 목수미 더으고 (月印 21:150)

63. 忉利天에 <u>모댓ᄂᆞ니</u>를 네 數를 알리로소녀 (月印 21:14)

64. 存ᄋᆞᆫ <u>잇ᄂᆞ니오</u> (月印 21:54)

65. 善 아니 <u>行ᄒᆞᄂᆞ니</u>와 모던 일 <u>行ᄒᆞᄂᆞ니</u>와 (月印 21:59-60)

66. ᄒᆞ물며 처엄 會中에셔 듣고 <u>隨喜ᄒᆞᄂᆞ니</u>ᄯᆞ녀 (釋 19:5)

여기에 들어 보인 모든 例는, 앞의 「-(ᄋᆞ/으)ㄴ」의 경우와 비교해 보면, 그 主格 活用 語尾를 使用하게 된 理由를 알게 될 것이다.

다음은 目的格 活用의 用法

67. 智慧는 몯 <u>아논ᄃᆡ</u> 업시 ᄉᆞᄆᆞᆺ 비췰씨라 (月印 2:25)

이 「디」는 場所를 나타내는 말이나, 앞의 限定辭에 대해서 處所格的 位置에 있는 말이 아니라, 目的格的 位置에 서 있는 말이다.

68. 阿耆達王이 와 瞿曇이를 請ᄒ야 供養ᄒ논 거시 오직 馬麥이어늘 (月印 21:198)

69. 理 아닌디 허러 ᄡ릴 맛나든 求ᄒ논 거시 그처딯 報를 니ᄅ고 (月印 21:67)

70. 供養ᄒᅀᆞᆸ논 거시 고른 上品엣 마시시며 (月印 2:41)

71. 곳과 果實와ᄂᆞᆫ 祇陁이 뒷논 거시니 (釋 6:40)

72. 이제 陛下ㅣ … 셤기시논 거시 胡神이오 (月印 2:70)

73. 이 呪ㅣ … 諸佛이 디니시논 거시니 (月印 10:74)

以上의 「것」은 모두 限定辭에 대해서 目的格의 자리에 서있는 말이다. 또

74. 天龍이 誓願ᄒ샤 流通ᄒ시논 배시며 國王이 付囑 받ᄌᆞᄫᅡ 擁護ᄒ논 배니 (月印 序:9)

는 「佛法」을 말하는 것이며, 이 「바」는 「佛法」을 받는 말이니, 모두 앞의 限定辭의 目的格에 位置하는 말이다. 그리고

75. 그ᄢᅴ 日月燈明佛이 … 大乘經을 니르시니 일후미 妙法蓮華ㅣ니 菩薩 ᄀᆞᄅ치시논 法이라 부텨 護念ᄒ시논 배라 (釋 13:33)

의 「바」도 위의 「妙法蓮華」를 받는 말이니, 「護念ᄒ시-」의 目的語이다.

76. 〈地獄〉 크다 ᄒ노니 열여들비오 버그니 五百이 의쇼디 (月印 21:26)

「크다 ㅎ노니」는 「地獄이 크다고 하는 것이」의 뜻이니, 不完全 名詞 「이」는 地獄을 받는 말이며, 따라서 意味上으로는 「크다 ㅎ논」의 目的語이다.

이러한, 被限定辭가 不完全 名詞인 경우의, 限定辭의 活用形의 用法을 說明하고 나면, 다음과 같은 매우 興味있는 例를 理解할 수 있게 되는 것이다.

77. 識은 能히 듣ᄂ 거시오 소리ᄂ 듣논 거시니=識은 爲能聞이오 聲은 爲所聞이니 (楞嚴經 3:42)

앞의 「것」은 「識」 받는 말이요, 뒤의 「것」 「소리」를 받는 말인데, 「識」은 「듣-」의 主語이며, 「소리」는 「듣-」의 目的語이기 때문에, 主語인 「識」을 받는 첫째 「것」의 限定辭는 主格 活用을 하여 「듣ᄂ」이 되어 있고, 目的語인 「소리」를 받는 둘째 「것」의 限定辭는 目的格 活用을 하여 「듣논」이 되어 있으니, 이 두 活用形의 用法이 그 얼마나 整然하며, 規則的인 原則에 支配되어 있는가를 알 수 있다.

둘째, 典型的인 例에서 보는 바와 같이, 그 格的關係가 그렇게 明白하지는 않으나, 亦是 그 말 全體의 內容으로 보면 主格 目的格의 關係가 認知되는 경우가 있으니, 이러한 경우에도, 被限定辭의 格的 資格은 限定辭의 活用形을 制約한다.

78. 信은 正法 信ᄒᄂ ᄆᅀᅳ미오 (釋 9:38)
79. 信心은 믿ᄂ ᄆᅀᅳ미라 (釋 9:11)

위의 「ᄆᅀᆞᆷ」은 亦是 「믿ᄂ」 「主體」가 될 것이다.

[註] 그러나 이와 같은 경우의 格的關係를 想定하는 것은 꽤 어려운 일이요,

多少 主觀的인 判斷에 맡기는 일을 免하지 못하기 때문에, 위의 例와 같은 解釋 方法은 勿論 絶對的인 일이 되지 못한다. 따라서 다음과 같은 例도 나타나는 것은 不可避한 일이다.

80. 慈는 衆生을 두사 念ㅎ야 便安코 즐거븐 일로 饒益게코져 ㅎ논 ᄆᅀᆞ미오 (月印 9:41)

81. 이 각시ᅀᅡ 내 얻니논 ᄆᆞᅀᆞ매 맛도다 (釋 6:14)

다음 目的格 活用의 경우,

82. 波羅羅는 내 됴흔 고지라 ㅎ논 마리라 (釋 19:17)

83. 難陁ᄂᆞᆫ 깃브다 ㅎ논 마리오 跋은 어디다 ㅎ논 마리니 時節ㅅ 비를 깃비느리와 어딘 德이 잇다 ㅎ논 ᄠᅳ디라 (釋 13:7)

84. 나다 ㅎ논 마ᄅᆞᆫ 사라 나다 ㅎ논 마리 아니라 다른 地位예 올마 가다 ㅎ논 ᄠᅳ디라 (釋 6:36)

85. 利帝利ᄂᆞᆫ 田地 님자히라 ㅎ논 마리니 (釋 9:19)

86. 諸佛이 맛당ᄒᆞᆯ 야ᄋᆞᆯ 조차 說法ㅎ시논 ᄠᅳᆮ 아로미 어려ᄫᅳ니 (釋 13:47-8)

위와 같은 表現法은 퍽 많이 쓰이는 것으로서, 直接的으로 明白하게 그 格的 關係를 把握할 수는 없으나, 動詞「ㅎ-」에 대한 名詞「말」의 관계는 亦是 目的格的으로 認知되는 것이다. 그리고 「86」의 「ᄠᅳᆮ」은 「內容, 意味」란 뜻이니, 그 「內容」을 「說法하시는」 것으로 解釋된다.

以上의 例는 (55-86), 典型的인 例 (1-54)에서처럼 그렇게 쉽사리 그 主格, 目的格의 關係를 알아볼 수 있는 것은 아니나, 우리는 如前히 그러한 格的 關係를 理解할 수 있었다. 그러나 앞에서도 말한 바와 같이, 「限定辭-被限定辭」의 關係는 매우 複雜한 것이어서 主格, 目的格과는 다른 格的 關係도 成立될 수 있으며, 때로는 이러한 格의 關係가 매우 모호하거나, 全혀 그러한 관계가 成立되지 않는 일도 있다. 그런데 한편, 이러한 複雜한 「限定辭-被限定辭」의 관계에 支配되는 限定辭의 活用語尾는 두 가지뿐이기 때문에, 여기에 一定한 原則으로써 說明할 수 없는 使用法이 나타나게 되는 것이다.

첫째, 時間을 나타내는 말을 限定하는 用言의 冠形詞形은 「-ᄂᆞᆫ」語尾를 取한다.

> 87. 부텻긔로 <u>가ᄂᆞᆫ</u> 저긔 (釋 6:19)
>
> 88. ᄀᆞ장 그리 <u>念ᄒᆞᄂᆞᆫ</u> 저긔 (釋 6:40)

둘째, 被限定辭가 處所格의 자리에 있을 때는 그 用法이 不規則하다.

> 89. <u>니르시ᄂᆞᆫ</u> 곧마다 됴ᄒᆞᆫ 마리시며 (月印 2:58)
>
> 90. 獄은 사ᄅᆞᆷ <u>가도ᄂᆞᆫ</u> 싸히라 (釋 9:8)
>
> 91. 外道 <u>사ᄂᆞᆫ</u> ᄆᆞᄋᆞᆯ (月印 9:36)
>
> 92. 會中은 <u>모댓ᄂᆞᆫ</u> 中이라 (釋 13:12)
>
> 93. 庫ᄂᆞᆫ 쳐량 ᄀᆞ초아 <u>뒷ᄂᆞᆫ</u> 지비라 (釋 9:20)
>
> 94. 이브터 法華經 <u>니르시ᄂᆞᆫ</u> 靈山會라 (釋 13:1)
>
> 95. 부텨 <u>住ᄒᆞ시ᄂᆞᆫ</u> ᄃᆡ 住ᄒᆞ고 (月印 2:60)
>
> 96. 三界 지비 부텻 오래 <u>教化ᄒᆞ시ᄂᆞᆫ</u> 싸힐씨 (月印 17:18)
>
> 97. 바ᄅᆞᆳ 믈 <u>신ᄂᆞᆫ</u> 굼긔 (釋 13:10)
>
> 98. 精舍ᄂᆞᆫ <u>조심ᄒᆞᄂᆞᆫ</u> 지비라 (月印 1:6)
>
> 99. 毒龍池ᄂᆞᆫ 모딘 龍 <u>잇ᄂᆞᆫ</u> 모시라 (月印 7:27)
>
> 100. 尼師壇은 <u>앉ᄂᆞᆫ</u> 거시라 (釋 6:30)

以上은 모두 主格 活用을 使用한 例인데, 이와 꼭 같은 경우에 目的格 活用

을 使用하는 일도 많이 보인다. 그리고 위의 「100」의 「것」은 앞의 厄師壇을 받는 말이니, 「앉는」處所임에 틀림없다.

101. 부텨 <u>가시논</u> <u>싸히</u> 즐어늘 (月印 1:16)

102. <u>잇논</u> 國土 (月印 18:11)

103. 機는 뮈여 <u>나논</u> 고디라 (釋 13:28)

104. <u>돈니논</u> <u>싸해</u> (月印 10:95)

105. 六道衆生이 주그며 <u>사라가논</u> 길헷 됴ᄒ며 구즌 因緣으로 (釋 13:17)

106. 이 東山은 남기 됴ᄒᆯ씨 <u>노니논</u> <u>싸히라</u> (釋 6:24)

셋째, 格的 關係를 想定하기 困難한 경우. 이 경우에는 冠形詞形 語尾의 用法은 不規則하다.

主格 活用을 使用한 경우:

107. 뎌에셔 주거 도로 人間애 나 正히 <u>보논</u> 轉進을 得ᄒ야 (月印 9:32)

108. 鈿螺는 그르세 <u>ᄭᅮ미논</u> 빗난 조개라 (月印 2:51)

109. <u>布施ᄒ논</u> 果報 (月印 9:29)

110. 도ᄌᆨ 罪 <u>주논</u> 法 (月印 10:25)

111. <u>辯說ᄒ시논</u> 神力 (月印 18:24)

112. 地藏菩薩이 人天 <u>利益ᄒ논</u> 福德 이를 (月印 21:84)

113. 罔은 어득ᄒ야 <u>모ᄅᆞ논</u> 양지라 (月印 21:105)

114. 大慈 <u>行ᄒ논</u> 히미 큰 威德이 이셔 (月印 10:70)

115. 咄은 <u>우리티시논</u> 소리라 (月印 10:39)

위의 例들 中「108, 110, 111, 114, 115」는 그 方便을 表示하는 말이 被限定辭가 되어 있으니, 이는 器具格的 位置에 있는 것으로 理解되나, 여기에서는 따로 分離하지 않았다.

다음은 이와 비슷한 例로서 目的格 活用을 使用한 例이다.

116. 네 사름 호논 양으로 禮數호숩고 (釋 6:21)

117. 제 맛드논 야으로 (釋 9:9)

118. 增上慢호논 젼추로 (釋 9:14)

119. 내 이제 … 地藏菩薩이 … 衆生을 度脫호논 方便 이룰 닐오리라 (月印 21:63)

120. 閻浮提 布施호논 功德 (月印 21:138)

121. 내 … 부텻 道理 求호논 야올 본딘 (釋 13:18-9)

122. 三寶 念호논 히무로 (月印 10:95)

123. 數ㅣ … 八百 드외논 주른 (釋 19:9)

124. 싸 보논 法 (月印 8:9)

125. 미조미 잇논 다스로 (月印 2:22之1)

126. 제 모맷 고기를 바혀 내논 드시 너겨호며 (月印 9:29)

127. 法鼓를 티논 양도 보며 (釋 13:22)

     cf. 供養호숩는 야이 (釋 13:24)

128. 命은 시기논 마리라 (月印 序:11)

129. 悽愴온 슬허호논 양지라 (月印 序:16)

130. 堪忍에 사르시논 이룰 묻즈ᄫ시니라 (月印 18:80)

131. 이 戒는 諸佛菩薩이 修行호시논 즈릆길히라 (釋 9:6)

위의 例들 中「119, 124, 128, 131」들은 器具格的 位置에 있는 말들인데, 여기에서는 目的格 活用을 使用하고 있다.

마지막으로 이.語尾 使用 原則에 따르지 않는 例外 몇 가지 :

첫째, 目的格 活用을 써야 할 데에 主格 活用을 使用한 例

132. 畜生은 사르미 지븨셔 <u>치는</u> 즁싱이라 (月印 1:46)

133. <u>브르는</u> 香 (月印 10:44)

134. 珮는 <u>츠는</u> 玉이라 (同上)

135. 旒蘇는 五色 빗난 거스로 어울워 <u>드리우는</u> 거시라 (同上)

136. 佛影은 그 窟애 ㅅ뭇 <u>보숩는</u> 부텻 그르메라 (月印 7:55)

137. 病人이 ᄉ랑ᄒ는 거시어나 (月印 21:92)

138. 夫는 말ᄊᆞᆷ 始作ᄒ는 겨체 <u>쓰는</u> 字ㅣ라 (月印 序:1)

139. 象兵은 ᄀᆞᄅ쳐 싸호매 <u>브리는</u> 고키리오 (月印 1:27)

140. 諸天 <u>퓌우는</u> 香 (釋 19:19)

둘째, 主格 活用을 써야 할 데에 目的格 活用을 使用한 例는 거의 찾아 볼 수 없다.

이러한 두 가지 例外의 數的 優劣 關係는 앞의 「-ㄴ」의 경우와 同一하니 (「-ㄴ」의 「187-194」 보라), 우리는 例外(誤用) 가운데에서 다음 時期에의 變遷 傾向을 發見할 수 있는 것이다.

3. [-(ᄋᆞ/으)ㄹ] : [-(오/우)ㄹ]
   [-실] : [-샬]

이 경우에도 앞에서 말한 「1, 2」의 用法과 全혀 같은 事實을 알게 된다. 即 [-(ᄋᆞ/으)ㄹ, -ᄉᆞᄫᅩᆯ, -실] 따위는 主格 活用에 쓰이고, [-(오/우)ㄹ, -ᄉᆞᄫᅩᆯ, -샬] 따위는 目的格 活用에 쓰인다.

主格 活用:

1. 찻믈 <u>기릃</u> 媒女 (月印 8:90)

2. 길 넓 사르미어나 (月印 21:119)

3. <u>孝順홇</u> 子息 (月印 21:28)

4. 셜버 즐기디 <u>몯홇</u> 사르몬 (月印 21:91)

5. <u>相 볿</u> 사르미 (月印 2:23)

6. 〈부텨를〉 <u>보슨볿</u> 사르미 (月印 2:59)

7. 〈부텨 功德을〉 <u>듣즈볿</u> 사르미 業障이 스러디여 (釋 9:2)

8. 느려 <u>오싫</u> 부텨는 (月印 21:188, 其419)

不完全 名詞의 경우:

9. 아니 <u>주긂</u> 거시 잇느 둘 미더 (月印 18:32)

10. <u>자보리</u> 업시 (月印 2:37)

11. 아기 <u>나호리</u> 다 아드를 나흐며 (月印 2:35)

12. 殺生<u>호릴</u> 맛나든 (月印 21:64)

13. 나라 <u>니스리를</u> (釋 6:7)

14. 흐다가 아니 <u>오리</u> 잇거든 (釋 6:46)

15. 부텻 道理 빈호슨 <u>볋리</u>=學佛者 (釋 序:2)

16. 모다 <u>듣즈볋리</u>도 흔 고대 안자 (釋 13:33)

目的格 活用:

17. 衆生이 <u>니블</u> 오시 (月印 8:65)

18. 鴛鴦이라 <u>홇</u> 죠이 (月印 8:101)

19. 白淨이라 <u>홇</u> 仙人 (月印 21:193)

20. 이러흔 쁘든 聲聞緣覺이 <u>몰롤</u> 이리라 (月印 1:37)

21. 高山이라 <u>홀</u> 뫼해셔 (月印 1:27)

274

22. 頻婆羅ㅣ라 홀 여르미 (月印 2:58)

23. 聖은 通達ᄒᆞ야 몰롤 이리 업슬씨라 (月印 1:19)

24. 그지 업서 몯내 혜ᅀᆞᆸᄋᆞᆯ 功과 德괘 (釋序:1)

25. 부텻긔 받ᄌᆞᄫᆞᆯ 고지라 몯ᄒᆞ리라 (月印 1:10)

「18, 19, 21, 22」와 같은 表現法은 자주 볼 수 있는 것인데, 被限定辭의 「죵, 仙人뙤, 여름」은 限定辭 「홀」의 目的語일시 分明하다. -그 「죵」을 鴛鴦이라 함 等等.

다른 例는 說明할 必要가 없는 것들이다. 또 다른 모든 경우에서와 같이, 不完全名詞가 被限定辭로 쓰일 때에도, 그 限定辭의 活用法은, 不完全名詞의 格的 位置에 支配됨은 勿論이다.

26. 供養홇 거슬 가져 (月印 7:52)

27. 브룔 것 업슨 짜히 (月印 7:54之1)

28. 算數 譬喩로 몯 아롫 배라 (釋 19:5)

29. 果然 부텨를 得ᄒᆞ시면 브룔 거시 업스니라 (月印 18:43)

30. 믈읫 有情의 ᄲᅩᆯ 거시 (釋 9:5)

31. 相은 양ᄌᆡ니 :볼 거시 相이오 (釋 13:41)

32. 모매 莊嚴홀 껏 (釋 19:41)

33. ᄒᆞ욜 바ᄅᆞᆯ 아디 몯ᄒᆞ다니 (月印 序:10)

34. 그촗 것 잇ᄂᆞ니ᄂᆞᆫ 有上師ㅣ오 그촗 것 업스니 無上師ㅣ라 (月印 9:11)

35. 乾闥婆이 아ᄃᆞᆯ 일후미 闥婆摩羅ㅣ라 호리 (月印 21:206)

36. 그 中에 ᄒᆞᆫ 長者ᄂᆞᆫ 우리 父母ㅅ 오라건 아로리러니 (月印 10:24)

37. 그ᄢᅴ ᄒᆞᆫ 菩薩 일후미 妙光이라 호리 八百 弟子ᄅᆞᆯ 뒷더니 (釋 13:33)

38. 아ᅀᆞ며 버디며 아로리며 (釋 9:29)

39. 게으른 ᄒᆞᆫ ᄂᆞ미 … 사나ᄋᆞᆯ 머구릴 ᄲᅴ여 오니 그 粳米 거플도 나며 (月印

1:45)

40. 世間앳 네발 툰 즁싱 中에 獅子ㅣ 위두ᄒᆞ야 <u>저호리</u> 업슬씨 부텻긔 가줄 비ᄂᆞ니 (月印 2:38)

41. 淨飯王 아ᄃᆞ님 悉達이라 <u>ᄒᆞ샤리</u> 나실 나래 (釋 6:17)

42. 흔 菩薩 摩訶薩 일후미 救脫이라 <u>ᄒᆞ샤리</u> 座애셔 니르샤 (釋 9:29)

「26-34」까지는, 앞의 例와 견주어 보면 쉽사리 理解될 것이다. 「35, 37, 41, 42」와 같은 表現法은 많이 볼 수 있는 것으로서, 앞에 들어 보인 「18, 19, 21, 22」와 비슷한 表現法이다. 「36, 38」의 「아로리」는 「아는 사람」이니, 「이」는 「알-」의 目的語일시 分明하며, 「39」 「머구리」 - 「릴」의 「ㄹ」은 目的格 助詞-는 「먹을 것」이 「이」도 「먹-」의 目的語이다. 그리고 「40」의 「저호리」는 「두려워할 것」인데, 獅子가 두려워할 것이 없다는 말이니, 끝의 「이」(것)는 亦是 「젛-」의 目的語이다.

다음, 이 原則으로 規律하기 어려운 경우에 있어서의 用法도 앞의 「-ㄴ」이나, 「-는, -논」의 경우와 同一하다.

첫째, 時間을 表示하는 말의 限定辭는 主格 活用形을 取한다.

43. 흔 <u>彈指홀</u> ᄢ시 (月印 21:131)

44. 큰 <u>受苦홀</u> 제 (月印 21:34)

45. 처섬 <u>들</u> 적브터 (月印 21:46)

46. 밥 <u>머긇</u> 덛 (月印 21:87)

47. <u>命終홀</u> 나래 (月印 21:104)

48. <u>버서날</u> 나리 업스니 (月印 21:110)

49. 有情이 … 모딘 罪를 <u>지슬</u> ᄆᆞ디예 (釋 9:9)

50. 아래 人間애 <u>이싫</u> 저긔 (釋 9:16)

51. 世界 호야딣 스시는 壞劫이오 호야딘 後에 뷔여이싏 스시는 空劫이라 (月印 1:49)

52. 像法이 轉훓 時節에 (釋 9:2)

53. 그듸 아래 … 이 짜해 精舍 이르슨봃쩨도 이 개야미 이에셔 살며 (釋 6:36-37)

54. 如來 菩薩ㅅ 道理 行호실 쩌긔 (釋 9:3)

55. 夫人이 나호싫 둘 거시어늘 (月印 2:27)

둘째, 處所格이나 器具格이나, 其他 格的 關係를 認定하기 어려운 경우에 있어서는, 限定辭 活用形의 用法은 不規則하다.

主格 活用을 使用한 경우:

56. 이 經 流行훓 짜해 (月印 9:40)

57. 주긊 相이 一定호야 (月印 9:50)

58. 地獄애 드러 낧 그지업스며 (釋 9:36)

59. 서되 드릸 華瓶 (月印 10:119)

60. 네 … 하늘해 가낧 福을 다시라 (月印 7:14)

61. 未來 衆生 爲호야 利益훓 이를 붇어 (月印 21:130)

62. 네 호오사 이사른물 擁護훓 뜬르미 아니라 (月印 21:153)

63. 沐浴훓 모스로 (釋 13:23)

64. 諸佛이 맛당훓 야올 조차 (月印 2:13)

65. 놈 줍 쁘디 이실씨 (月印 2:13)

66. 주긊 罪로 말쏨물 엳줍노이다 (月印 2:69)

67. 열히 드욇ㄱ장 (月印 1:47)

68. 菩薩ㅅ 어마니미 地獄 버슬 쌷니 아니라 (月印 21:28-9)

69. 쌔혀고져 브랋 짜히 업서 (月印 21:95)

70. 차반 딩굴 쏘리 워즈런ᄒ거늘 (釋 6:16)

71. 〈亭舍ᄂᄂ〉 부톄 舍衛國으로 오싫 길헤 머므르싫 지비라 (釋 6:23)

目的格 活用을 使用한 경우:

72. :값 길흘 알외시리 (月印 7:61, 其211)

73. 念僧홀 ᄆᄉᆞᆯ 내ᄂ니 (月印 7:68)

74. 내 너희 爲ᄒ야 受苦 더룷 法을 골히야 닐오리니 (月印 8:15-6)

75. 念佛홇 겨르를 몯ᄒ야 ᄒ거든 (月印 8:75)

76. 千二八百功ᄋᆫ 議論홀 줄 업스리라 (月印 17:57)

77. 世間 다ᄉᆞᆯ 마리며 싱계 사롫 일들 홀 닐어도 (釋 19:24)

78. 어믜 :간 짜흘 무러 아롫ᄃᆡ 업서이다 (月印 21:21)

79. 사룷 옷 바비사 (月印 10:28)

80. 疑心곳 잇거든 무룷 양ᄋᆞ로 무르라 (月印 10:68)

81. 無比身ᄋᆫ 가줄졇볼 띠업슨 모미니 (釋 6:41)

82. 서르 害홇 쇠룰 ᄒ야 (釋 9:17)

83. 精舍 지슬 이룰 磨鍊ᄒ더니 (釋 6:26)

84. 治生ᄋᆫ 사롫 일 다ᄉᆞ릴씨라 (月印 21:170)

85. 精舍 지슬 터흘 어드니 (釋 6:23)

86. 成佛홀 ᄆᄉᆞᆯ 發홀디니 (月印 9:20)

87. 〈十一面觀自在經〉 열ᄒ 나칫 觀自在菩薩ㅅ 相ᄋᆞᆯ 밍ᄀ라 供養ᄒᄉᆞᄫᆞᆯ 일 니ᄅᆞ샨 經이라 (釋 6:44)

88. 墓所ᄂᆞᆫ 묻ᄌᆞᄫᆞᆯ 짜히라 (月印 10:13)

例外도 앞의 두 가지 語尾의 경우와 같이, 目的格 活用을 써야 할 데에, 主格 活用을 使用한 것이 더러 나타나며, 그 反對의 例外는 찾아보기 어렵다.

89. 그 부텻 목수믄 몯 혤 劫이라 (月印 21:129)

90. 〈瞿曇法은〉 恭敬 몯홇 거시라 (月印 21:200)

91. 모매 莊嚴홇 것 (月印 18:9)

92. 둘흔 塔留ᄒ샤 다시 듣ᄌᆞᆸ옳 法을 깃ᄉᆞᄫᅵ니라 (月印 18:20)

93. 一切 諸佛 護念ᄒ실 經이라 (月印 7:75)

이러한 例外가 나타나게 되는 理由와 그 價値에 대해서는 앞에서 說明한 바와 같다.

以上으로, 冠形詞形에 있어서의 「오/우」는, 終止法이나 接續法에 쓰이는 것과는 달리, 被限定辭가 目的語인 경우에 使用되는 것임을 밝혔다. 勿論 目的格 以外의 경우에 있어서, 또는 全혀 格的 腸係가 成立되지 않는 경우에 있어서도, 「오/우」 活用形을 使用하는 일이 있기는 하였으나, 이것은 「限定辭-被限定辭」 統合的 關係가 복잡한 데서 온 不可避한 事態인 것이다. 그러므로 우리는 「오/우」의 典型的인 用法을 따라서, 이것을 目的格 活用 語尾라고 부른다.

[註] 여기에서 「語尾」란 말은, 이 論文의 첫머리에서 잠간 터치한 일이 있은 것과 같이, 一般的으로 國文法에서 쓰이는 것보다는 그 범위가 넓은 것이다. 即筆者는 用言의 語幹에 붙어서 文法的 關係를 表現하게 되는 것을 모두 語尾라 부르기로 하였다. 다만 派生的 要素, 이를테면 使役 被動의 所謂 補助語幹은, 語幹의 一部로 보는 것이다. 따라서 用言은 어떠한 活用形일지라도 一旦 語幹과 語尾로 兩分되는 것이다. 이를테면,

먹-는다, 먹-었다, 먹-습니다, 먹이-ㄴ다, 먹히-었읍니다

따위와 같이.

그러므로 여기의 「오/우」도 語尾의 한가지로 볼 수 있는 것이다.

그러나 處所格이나 不完全名詞(形式名詞) 따위에 붙는 限定辭가 어째서 그렇게 不規則하게 活用하게 된 것인지, 그리고 亦是 一種의 形式名詞인 「디」에는 目的格 活用이 使用되는데 -「-(오/우)ㄴ디라, -디니, -디며, -논디라, -디니, -디며, -(오/우)ㄴ디라, -디며, -디니- 그것은 어떠한 理由로 말미암은 것인지, 이러한 문제는 「-ㅁ」이나 「-디」의 경우와 같이, 아직 다음날의 解明을 기다려야 할 것이다.

V. 變遷

現代語에서는 全혀 찾아볼 수 없는 人稱 活用과 主格·的格 活用이, 그러면 언제까지 쓰이었던 것일까?

먼저 釋譜詳節이나 月印釋譜보다 二三十年 뒤에 나온 杜詩諺解(1481 A.D. 刊)에서, 이러한 活用形의 用法을 檢討해 보기로 한다.
卷七에서,

城郭올 <u>졧ᄂ</u> 지비 일어늘 <u>힌</u> 뛰로 <u>니유니</u>=背郭堂成蔭白茅 (1)

「졧ᄂ」, 「힌」은 冠形詞形의 主格 活用이요, 「니유니」는 第一人稱 活用이다. 「니유니」의 主語는 여기 表現되지 않았으나 作者 杜甫 自身이다.

ᄀ옷 사ᄅ미 외오 楊雄의 집과 <u>가ᄌᆯ비ᄂ니</u> 게을어 解嘲 지술 ᄆᅀᆞ미 <u>업소라</u>=旁人錯比楊雄宅 嬾墮無心作解嘲 (1)

「가줄비ᄂ니」의 主語는 「旁人」으로서 三人稱 活用, 「지슐」被限定辭의 格關係를 認定할 수 없는 경우, 「업소라」는 一人稱 活用으로, 主語는 作者 自身이다.

主人이 수플와 못과 幽深ᄒᆞᆫ 디 爲ᄒᆞ야 사롤 디를 占卜ᄒᆞᄂ다=主人爲卜林塘幽 (1-2)

「幽深ᄒᆞᆫ」, 「사롤」은 處所語의 限定辭로서 雨形이 不規則하게 쓰였고, 끝의 「占卜ᄒᆞᄂ다」 主語 「主人」에 대한 三人稱 活用.

드트렛 이리 져고믈 아노니=少塵事 (2)

「아노니」의 主語는 作者 自身으로서, 一人稱 活用.

ᄒᆞᆫ 雙ㅅ 믌둘ᄀᆞ … ᄌᆞᄆᆞ락 ᄠᅳ락 ᄒᆞᄂ다=一雙鸂鶒對沉浮 (2)

「ᄒᆞᄂ다」의 主語는 「믌둙」으로서 三人稱 活用.

東녀그로 萬里예 녀가 興을 탐직ᄒᆞ니 모로매 山陰을 向ᄒᆞ야 져근 ᄇᆡ예 올오리라=東行萬里堪乘興 湏向山陰上小舟 (2)

「탐직ᄒᆞ니」의 主語는 一般的인 사람을 가리키는 것으로서 三人稱 活用, 「올오리라」의 主務는 作者 自身으로서 一人稱 活用.

미친 노미 늘거도 ᄯᅩ 미튜믈 내 웃노라=自笑狂夫老更狂 (3)

「미친」은 主格活用, 「웃노라」는 一人稱 活用.

서브로 혼 門을 正히 아니ㅎ야 가ᄅᆞᆯ 조차 여로라=柴門不正逐江開 (3)

「혼」은 目的格 活用으로, 被限定辭「門」은 그 目的語.「여로라」는 一人稱 活用으로 主語는 作者 自身.

한 病에 얻고져 ㅎ논 바ᄂᆞᆫ 오직 藥物이니=多病所須唯藥物 (4)

「한」은 主格 活用, 主語는「病」「ㅎ논」은 目的格 活用으로,「바」는 그 意味上의 目的語이다.

ᄀᆞᆺ 덧소리 드로ᄆᆞᆯ 正히 시름ㅎ노니 ㅎ오사 셔셔 ᄀᆞᄅᆞᆷ앳 ᄇᆡ를 보노라=正愁聞寒笛獨立見江船 (4)

「ㅎ노니」,「ㅎ노라」는 모두 一人稱 活用으로서, 主語는 作者 自身이다.

순 거슬 보아=看題 (6)

「순」은 目的格 活用,「것」은「스-」의 目的語.

늘거가매 戎幕애 參預ㅎ오니=老去參戎幕 (8)
슬프다 됴흔 ᄯᅡᄒᆞᆯ 머리 돌아 ᄇᆞ라오니=惜哉形勝地回首 (10)

「ㅎ오니, ᄇᆞ라오니」는 一人稱 活用으로서, 主語는 作者 自身.

논ᄂᆞᆫ ᄇᆡ=放船 (11)

目的格 活用을 쓸 곳에 主格 活用을 使用한 例外.

녀름 지술 일란=農事 (11)

새의 즐기논 뜨들=鳥情 (11)

둘 다 格的 關係를 認定할 수 없는 경우에, 目的格 活用을 쓴 例.

서르 :보니 使者 ┃ 하니=相看多使者 (12)

「보니」는 一人稱 活用으로서 主語는 言外의 「우리」, 「하니」는 三人稱 活用
으로서 主語는 「使者」.

사롤 짜흘 占卜흐야=卜居 (13)

處所格 被限定辭에 目的格 活用을 使用한 例.

플 니윤 亭子=草亭 (14)

目的格 活用, 「亭子」는 目的語.

フᄂᆞᆫ 비예 호미룰 메오 :셔니=細兩荷鋤立 (15)

傍點으로 보아 「셔니」는 一人稱 活用, 主語는 作者 自身.

尙書郞이 볼셔 늘고라=己老尙書郞 (15)

主語가 三人稱인데, 一人稱 活用을 使用한 것 같으나, 이 尚書郎은 作者 自身이다.

幽獨흔 됴흔 짜해 올마 :오니=幽獨移佳境 (17)

傍點으로 보아 一人稱 活用임을 알 수 있으니, 主語는 作者 自身.

소아 자본 사스미=射麋 (18)

目的格 活用, 目的語는 「사슴」.

草堂 고틀 貰財=草堂貰 (20)

器具格에 目的格 活用을 使用한 例.

오직 저허홀가 말미ᄒ야 ᄀ장 모로매 親히 ᄒ다라=秖緣恐懼轉須親 (22)
이트를 자되 노로믈 아니ᄒ야 잇다니=信宿遊衍聞 (23)

「ᄒ다라, 잇다니」는 一人稱 活用, 主語는 作者 自身이다

니분 甲=帶甲 (25)

目的格 活用, 目的語는 「甲」.

뛰로 니윤 지븨=茅茨 (30)

目的格 活用, 目的語는「집」.

　　繡혼 蓮ㅅ 고지=繡芙蓉 (33)

同上, 目的語는「蓮ㅅ곶」.

　　소곰 시론 술위=鹽車 (34)

處所格에 目的格 活用을 쓴 例.

　　나디라 혼 거슨=穀者 (34)

不完全 名詞가「ㅎ-」의 意味上의 目的語가 되어서, 目的格 活用을 使用한 例.

　　프른 보미 힘 뿔 바를 ᄀ초ᄒ야=靑春具所務 (35)

上例와 同一함.

　以上에서 檢討해온 바와 같이, 杜詩諺解에 있어서의, 이 두 가지 活用形의 用法은, 月印에 있어서의 用法과 조금도 다르지 않음을 發見하게 된다. (以上은 卷七만 檢討한 것인데, 다른 것도 모두 한가지다.)

　杜諺 重刊은 1632 A.D.에 刊行된 것인데, 原刊과 比較해 보면, 揷入母音 用法에 관해서, 다음과 같은 相異點이 있음을 發見하게 된다. (왼편이 原刊, 오른편은 重刊)

슬푸믈-슬프믈 (6:7)

구슬로 혼 발-구슬로 혼 발 (6:9)

우수믈-우으믈 (6:12)

자보믄-자분믄 (6:19)

吞滅호려ᄒᆞ야-吞滅ᄒᆞ려ᄒᆞ야 (6:34)

내 뒷논 새 詩-내 뒷ᄂᆞᆫ (6:41)

得홀 배-得홀 배 (6:52)

서브로 혼 門-서브로 혼 門 (7:4)

니부믈-니브몰 (7:5)

사ᄅᆞᆯ 딀 一定호미-사ᄅᆞᆯ 딀 一定ᄒᆞ미 (7:11)

내 머므렛노니-내 머므렛ᄂᆞ니 (7:12)

ᄀᆞᄅᆞ미 홀루미-ᄀᆞᄅᆞ미 흐르미 (7:12)

鶴ᄋᆞᆯ 브노니-鶴을 브ᄂᆞ니 (7:12)

말홀뎬-말홀뎬 (7:16)

가시로 혼 門戶-가시로 혼 門戶 (7:17)

ᄆᆞᄅᆞᆯ 비러 토라-비러 톼라 (7:17)

시름 흐루믈-시름 흐트믈 (7:20)

모ᄆᆞᆯ 갈모매-모ᄆᆞᆯ 갈ᄆᆞ매 (7:21)

노폰 지븨-노푼 지븨 (7:23)

다시 드로니-다시 드르니 (7:29)

내 늘구믈 ᄆᆞ초리니-ᄆᆞᄎᆞ리니 (7:30)

글워를 닐굴디니라-닐글디니라 (7:31)

힘 ᄡᅮᆯ 바를-힘 ᄡᅳᆯ 바를 (7:35)

亂常호ᄆᆞᆯ 免호라-免ᄒᆞ라 (7:35)

ᄆᆞ솜 ᄡᅮ므를-ᄆᆞ음 ᄡᅳ믈 (7:35)

오ᄉᆞᆯ 니보니-오ᄉᆞᆯ 니브니 (7:38)

내 느출 허리노라-허리로다 (7:38)

무롤 디-무홀 디 (7:39)

밥 먹기와 져구니-져그니 (15:4)

軍旅ㅅ 뿌메-쁘매 (15:5)

블료믈 보라-블뇨믈 보다 (15:7)

새 지믜 브툐니-브티니 (15:16)

帳을 거두니-거드니 (15:30)

뒷논 道理-뒷는 道理 (15:37)

듯논 지조-듯는 지조 (15:37)

뿔 디-뿔 디 (15:37)

믈 토미-믈 트미 (15:40)

마디 아니ᄒᆞᄂᆞ다-아니ᄒᆞ노라 (15:44)

자최를 同홀 고둘-자최늘 同홀 고둘 (16:46)

冰漿 다몬 椀-다믄 (15:46)

疑心ᄒᆞ다니-疑心ᄒᆞ더니 (15:46)

너희 ᄒᆞ논 이룰-너희 ᄒᆞ는 이를 (15:54)

以上 卷六, 七, 十五의 三卷의 對照로 그치거니와, 다 대조해도 그 결과는 同一할 것이다.

이 대조에서 알 수 있는 것은, 原刊의 用法은 月印等의 用法과 조금도 다르지 않으나, 重刊에서는 相當한 程度 고쳐져 있으니, 이것으로 보면 重刊 當時(1632 A.D.)에는 이미 이러한 用法이 完全히 없어지고, 따라서 「오/우」는 거의 쓰이지 않게 되었던 것으로 推測할 수 있다.

그보다 앞서 된 捷解新語(1618 A.D. 著, 1676 A.D. 刊)에서도 「오/우」의 使用된 곳은 잘 보이지 않는다.

이제 初期 言語에 있어서 「오/우」를 揷入한 경우를, 이 册에서 檢討해 보면

1. 路次의 ㄱㅂ매 (1:1)

2. 두로 ᄊ리시믈 미들 ᄯ름이웁도쇠 (1:3)

3. 우리게 미ᄃ시ᄂᆞᆫ 일은 바ᄂᆞᆯ 굿ᄐᆞ오 이러로셔 미들 일은 뵈 ᄀᆞᄌᆞᆯ 거시니 (1:4)

4. ᄆᆞ음 브티시믈 (1:4)

5. 내 싱각ᄒᆞᆫ 일을 (1:6)

6. 숣ᄂᆞᆫ 일이오니 (1:6)

7. 奇特히 너기믄 (1:7)

8. 우리의 ᄠᅳᆺ으로 보뎰 바ᄂᆞᆫ (1:7)

9. 書簡을 뻐 니름은 (1:9)

10. 뎡ᄒᆞ여 주ᄂᆞᆫ 거술 (1:25)

11. ᄉᆞᄉᆞ로이 어ᄃᆞᆯ 일은 아니오니 (1:25)

12. 우리의 그르믄 (1:29)

13. 니르시ᄂᆞᆫ 배 그러ᄒᆞ웁거니와 (1:30)

14. 이ᄂᆞᆫ 내 ᄉᆞᄉᆞ로 숣ᄂᆞᆫ 말이어니와 (1:31)

15. 東萊 니르심은 (2:1)

16. 도ᄒᆞᆫ 일은 多魔라 니ᄅᆞ미 (2:4)

17. 뵈웁디 몯ᄒᆞ믈 (2:5)

18. ᄃᆞ르니 正官이 됴화따 ᄒᆞ니 (2:17)

19. 젼브터 ᄃᆞ르니 병 ᄃᆞ르시다 듯고 넘녀 ᄒᆞ웁더니 (3:2)

20. 그러ᄒᆞ므로 (3:15)

21. 그리홈을 (3:15)

22. 니르시ᄂᆞᆫ 바 (4:3)

23. 됴홈 사오나옴 (4:10)

24. 자블 公木이 (4:10)

25. 이런 公木은 … 잘 잡디 못홀 거시니 (4:11)

26. 五十束 드린 公木을 (4:11)

27. 쉽디 못호믈 (4:12)

28. 니르시는 배 오로 그러홀씨라도 (4:13)

29. 그 어긔미 (4:14)

30. 됴홈 구즘 (4:17)

以上 卷四까지를 檢討해 보았는데, 이로써 알 수 있는 일은 첫째, 名詞形에 있어서 「17, 21, 23, 27」을 除하고는 모두 「오/우」를 挿入하지 않았고 (「1, 7, 9, 12, 16, 20, 29, 30」. 其他 이런 例는 매우 많음). 「-시-」의 名詞形도 「-샴」이 아니고 「-심」으로 變하였다. (「2, 4, 15」. 其他 그 例가 많음.)

둘째, 初期 言語에서 目的格 活用이 使用되던 곳에, 主格 活用 形態가 쓰이게 된다. 이를테면, 「3」의 「미드시는 일」, 「미들 일」의 被限定辭의 限定辭에 대한 관계는 目的格인데, 主格 活用 形態가 使用되었다. 그리고, 「5, 6, 8, 10, 11, 13, 14, 22, 24, 25, 26, 28」 따위는 모두 그러한 例이다.

셋째, 一人稱 活用을 使用하던 자리에 二, 三人稱 活用의 形態가 代置되어 있다. 이를테면, 「19」의 「드르니, 넘녀ㅎ옵더니」의 主語는, 여기에는 나타나 있지 않으나, 「나」이므로, 初期 言語일 것 같으면, 一人稱 活用을 使用하여 「드로니, -ㅎ다니」라 했을 것이다. 「18」의 「드르니」도 한가지다.

이러한 點으로 미루어 보면, 捷解新語가 著作되던 時期에는, 一人稱 活用과 目的格 活用은 完全히 자취를 감추게 되었던 것으로 생각된다.

그러므로 이 두 活用形은 杜詩諺解가 刊行된 1481 A.D.에서 捷解新語가 著作되던 1618 A.D. 사이에 없어지게 된 것으로 미루어 볼 수 있는데, 그러면 이 近 一世紀半 사이 어느 때 쯤에 完全히 없어졌는가는, 筆者가 손에 가지고 있는 文獻이 不足하여, 正確하게 알아볼 수가 없다. 그러나 앞으로 더 正確한 時期를 決定할 수 있으리라 생각되므로, 여기에서는 于先 그 中間을 取하여, 西紀 1550年 頃에 이 活用法이 消滅된 것으로 推定해 두려고 하는 바이다.

Ⅵ. 맺음말

西紀 15世紀, 李朝 初期의 國語에 있어서는, {-o/u-} 形態素(morpheme)가 있었는데, 이 形態素는 그 異形態(allomorph)로서, 다음과 같은 것을 包含하고 있었다.

1. /-o/u-/: 이에 앞서는 形態素의 끝소리가 子音 또는 母音 /ʌ/(ᄋ), /ɨ/(으), /i/(이)인 경우에 連結됨이 原則인데, 앞서는 形態素의 끝소리가 /a/(아), /ə/(어), /o/(오), /u/(우)인 경우에, Zero 形態素와 隨意變動(free variation) 되는 일이 있다.

2. /-jo/ju-/: 앞서는 形態素의 끝소리가 /j/ (애, 에, 외, 익 따위)인 경우에 連結됨이 原則인데, 때로는 그 끝소리 가 /ʌ/인 경우에, 「1」의 /-o/u-/와 隨意로 變動되는 일도 있고, /i/ 끝소리를 가진 特別한 形態素에 例外的으로 連結되기도 한다. (他動的 「디요-」)

3. /zero/: 앞서는 形態素의 끝소리가 /a/, /ə/, /o/, /u/인 경우에 連結됨이 原則인데, 앞에서도 말한 바와 같이, 이것은 /-o/u-/와 隨意로 變動되는 일이 있다.

4. /V/(앞 形態素의 母音이 上聲으로 變함을 表示함): 앞서는 形態素의 끝소리가 /a/, /ə/, /o/, /u/인 경우에 連結되는데, 「3」의 /zero/와 「4」의 /V/와는 앞서는 形態素의 種類에 依해서 決定된다.

5. 自動詞 /디-/의 경우에는 /V/와 /-o/u-/가 同時에 連結된다. /:듀-/

6. /-ro-/: 指定詞에 連結됨.

7. /-a-/: 形態素 /-시-/에만 連結된다.

290

8. / -a- ← -ə-/: /ə/를 /a/로써 代置한다는 뜻인데, /-더-/에 대한 /-다-/룰 表示한 것이다. 이것은 本來의 /-o/u-/와는 關聯이 없던 것으로 생각할는지 모르나, 그 文法的 意義로 볼 것 같으면 /-o/u-/와 한 形態素에 묶이게 될 것임을 알 수 있다.

[註] 一人稱 活用에 있어서의 /a ← ə/는 分明히 /-o/u-/들과 同一 形態素로 묶일 수 있을 것이나, 冠形詞形의 目的格 活用의 경우에 있어서도 /a ← ə/가 /-o/u-/들과 同一 形態素에 붙을 것인지, 第V章의 本文에서는 이에 言及한 일이 없었다. 바꾸어 말하면 二, 三人稱 活用에 있어서의 /-더-/는 一人稱 活用에서는 /-다-/로 代置되는 것인데, 冠形詞形의 /-던/, /-단/이 主格 活用과 目的格 活用으로 分別 使用되는 것인지, 이에 관해서는 앞에서 論한 일이 없었다. 그것은 筆者가 이번에 調査한 바로서는, /-던/, /-단/의 文法的 意義의 相違가 明白히 드러나지 않았기 때문인데, 다음 例들로 보면 /-던/은 主格 活用에, /-단/은 目的格 活用에 使用되었던 것이 아니었을까 推測된다.

부텨 나 겨시던 時節 (釋 9:2)
하늘 祭ᄒᆞ던 짜 (釋 6:19)
네 업던 이룰 얻ᄌᆞᄫᅡ (釋 13:13)
菩薩行ᄒᆞ던 衆生 (釋 13:51)
좁던 東山 (月印 2:28)
모딘 일 짓던 즁싱 (月印 21:25)

以上의 例들은 主格 活用語尾가 쓰히는 範圍를 벗어나지 않는다. 다음 /-단/은 그 例가 퍽 적어서,

道理 마로려 ᄒᆞ단 전ᄎᆞ로 (月印 7:13)

아랫 果報 걷니단 주를 ᄉᆞᆯ보니 (月印 2:63)

의 두 例 밖에 찾지 못했으나, 이것만으로 보면, 이것도 亦是 目的格 活用 語尾
의 使用範圍를 벗어나지는 않는 것이다.

以上의 여덟 가지 異形態들은 매우 複雜한 關係를 가지고 있으나, 隨意變勤
되는 경우와 例外를 除外하고 생각하면, 이 여덟 形態들 사이에는, 다음과 같
은 關係가 成立된다.

即「3」과「4」는 形態論的으로 說明되는 異形態이며, 이「3, 4」는 다시「1」,
「2」와 音韻論的으로 說明되는 異形態가 되고,「1, 2, 3, 4」는 다시「5, 6, 7, 8」과
形態論的으로 說明되는 異形態가 된다.

이제 音韻論的으로 說明되는 異形態를「~」표로 묶고, 形態論的으로 說明되
는 異形態를「∞」표로 묶으면, 이 形態素의 異形態는 다음과 같이 表示된다.

$$/\{o/u\sim jo/ju\sim(zero\infty'V)\}\infty a\infty a \leftarrow \partial\infty'V + o/u\infty ro/$$

이 形態素는 그 用法이 두 가지 있었으니 하나는, 終止法과 接續法에 있어
서 一人稱 活用 語尾로 使用되고, 하나는 冠形詞形에 있어서 目的格 活用 語尾
로 使用되었던 것이다. (其他 몇 가지 경우에 쓰이는 일이 있으나 -이를테면 名詞
形 따위- 이 경우의 文法的 意義는 아직 未解決)

一人稱 活用이란 二, 三人稱 活用에 對한 것으로서, 主語가 第一人稱일 때에
一致되는 用言의 活用方式이며, 二, 三人稱 活用이란 主語가 二, 三人稱일 경
우에 一致되는 用言의 活用 方式을 말한다.

目的格 活用이란, 主格 活用(主體 活用)에 對한 것으로서, 對象 活用 또는 客
體 活用이라 불리우는 것인데, 이것은 限定辭인 用言의 冠形詞形의 修飾을 받
는 被限定辭가, 意味上으로 限定辭에 對해서 目的格이 될 경우에 있어서의 限

定辭인 冠形詞形의 活用方式이며, (따라서 이 活用은 대개 他動的 動作을 表現하는 말에 使用된다) 主格 活用이란, 被限定辭가 主格이 될 경우에 있어서의 冠形詞形의 活用 方式을 말하는 것이다.

그런데, 人稱 活用의 경우에 있어서는 一人稱 活用形과 二, 三人稱 活用形 사이에 잘 規定된 限界가 있어서, 例外란 좀처럼 나타나지 않았다. 그것은 「나」와 「남」의 限界는 混同될 수 없는 嚴格한 區別이 있으며, 우리들 言衆도 다 잘 認識하고 있기 때문이다.

이에 比해서 冠形詞形의 경우는, 그 典型的인 경우에 있어서 主格, 目的格의 두 가지 活用形을 區別할 수 있은 것은 疑心할 餘地없는 事實이나, 이 경우에는 앞의 人稱 活用에 比해서, 規則을 세울 수 없는 用法과, 例外가 꽤 많았다. 그것은 格이란 主格, 目的格에 限하는 것이 아니라, 여러 가지 다른 格이 있으며, 한 格과 다른 格과의 區別은 반드시 確然한 것이 아니란, 普遍的인 事實에 基因하는 것이다.

이러한, 現代語에서는 全혀 찾아 볼 수 없는 文法範疇가, 李朝 初期의 國語에 있었던 것인데, 이것이 언제부터 어떠한 經路를 밟아서 發生 發達한 것인지는 아직 알 수가 없으나, 李朝 初期에서 約 百年을 지난 西紀 1550年 頃에는 完全히 그 자취를 감추어, 一人稱 活用은 二, 三人稱 活用과 全혀 區別이 없어졌고, 目的格 活用은 主格 活用과 完全히 同一한 形態가 되어 버렸다.

李朝 初期 言語에 있어서의, 이러한 새로운 文法範疇의 發見은, 人稱 活用法을 가진 다른 言語 -이를테면 土耳其語, 헝가리語, 퉁구스語 따위- 또는 對象 活用法을 가진 다른 言語 -이를테면 헝가리語 따위- 와의 比較의 길을 열어 주는 興味있는 事實이다.

國語 母音體系의 新考察

김 완 진

一. 緒論

筆者는 數年前에 國語의 子音體系에 對한 若干의 見解를 開陣한 일이 있었다.[1] 그간 先輩同學 諸賢으로부터 懇曲한 敎示와 叱正을 입고, 筆者 自身으로서도 反省되는 바 적지 않아 全的인 改稿를 벼르고 있지만 音韻體系에 對한 筆者의 基本概念은 別般 變動이 없으니, 이 點에 있어 筆者의 現作業은 前年의 子音體系에 對하였던 것과 可히 姉妹的 關係에 선다 하겠다.

筆者는 標題의 課題에 對해서 特別히 史的 音韻論의 立場에서 觀察코자 한다. 大抵 한 時期의 音韻狀態에 對한 妥當한 把握이라면, 史的인 說明과 合致될 것을 期待하는 것은 至極히 自然스러운 것이기 때문이다. 아무리 微細한 音韻現象이라 하더라도, 그것은 原始國語―좀 더 올라가서는 共通基語로부터 現在 우리들이 使用하고 있는 現代語에 이르는 線上에 存在하는 것이며, 그것을 떠나서는 그 存在價値를 喪失하게 되는 것이기 때문이다.

術語나 槪念上으로 若干의 差異는 呈示한다 하더라도, 言語事實들이 共時

---

1 金完鎭:「原始國語의 子音體系에 對한 硏究」(國語硏究 第三號 1958).

的으로 한 體系를 形成한다 함은 꽤 널리 承認된 事實이다.[2] F. de Saussure에 由來하는 이 〈體系〉의 槪念은 本來 言語의 共時的 面에만 適用되고 通時的 面에는 適用되지 않는 것으로 規定되고 있었다. 即 〈le système où tout se tient〉이 變化를 입는 것이 아니요, 거기 關與하는 各 terme이 變化한다는 것이었다. 이러한 體系의 槪念은 後日 Prague의 音韻論 學者들에 依하여 가장 忠實히 繼承되었으면서도, 또한 가장 基本的인 面에서 修正을 입었다. R. Jakobson, M. S. Karčevskij, N. S. Trubetzkoy 等이 줄을 이어 登壇한 1928年의 第一次 言語學者大會는 이런 意味에서도 言語學史上에 重要한 자리를 占하게 된다.

어느 時期의 어느 言語라도 〈體系〉를 이루고 있는 것이며, 또한 〈體系〉라는 것이 單純한 terme들의 聚合이 아닐진대, 體系를 이룬 한 言語狀態로부터 다른 또 하나의 狀態로 移行하는 것을 單純히 terme들의 獨自的 變化의 總合이라고 보아 넘길 것이 아님은 自明한 것이다. 變化하는 것은 그 體系 自體요, 그 體系가 變化를 內部的으로 마련하고 있는 것이라 해야겠다.[3]

그러면 音韻體系의 變化의 方向은 어떠한가? 「物不平則鳴」— 이미 어떤 原因으로 해서 生成된 體系 內部의 不安定을 除去하고 調和된 體系를 이룩하려

---

2 F. de Saussure, *Cours de linguistique générale*. p.37 et p.121 및 上記 拙稿 參照.

3 N. S. Trubetzkoy, *La phonologie actuelle. Journal de Psychologie Normale et Pathologique* XXX Paries 1933. p.245.

   Si à chaque moment donné, la langue est un "système où tout se tient", le passage d'un état de langue à un autre ne peut être effectué pas des changements isolées dénués de tout sens. Puisqu'un système phonologique n'est pas la somme méchanique de phonèmes isolés, mais un tout organique dont les phonèmes sont les membres et dont la structure est soumise á des lois, —"la phonologie historique" ne peut se borner à l'histoire des phonèmes isolès, mais doit envisager le système phonologique comme une entitè organique en train de se développer. Envisagés de ce point de vue, les changements phonologiques et phonètiques reçoivent un sens, un raison d'être. Tout en étant jusqu'à un certain point determinée—par les lois de structure générales— qui excluent certaines combinaisons et en favorisent d'autres—, l'évolution du système phonologique est à chaque moment donné dirigée par la tendance vers un but. Sans admettre cet élément télélogique, il est impossible d'expliquer l'évolution phonologique. 또한 N. van Wijk. *Umfang und Aufgabe der Diachronischer Phonologie. Mélanges de Linguistique et de Philologie Offerts à Jacq van Ginneken.* Paris 1937. p.93 및 p.99 參照.

고 움직이는 것이다.[4] 變化의 樣式은 Phonologisierung, Entphonologisierung, Umphonologisierung[5] 等 方向을 달리하며 存在하지만 結局 目的하는 바는 體系의 安定이다.

A. Martinet에 依하면[6] 安定된 體系란 그 안에 存在하는 相關的 對立의 數에 依하여 決定되니, 安定된 體系, 音韻論的으로 優秀한 體系란 같은 示差的 能力을 維持하면서 言衆의 負擔量을 가장 가볍게 해 주는 體系를 意味하기 때문이다. 例컨대 16音韻으로 된 體系에서라면[7]

    a) Hors corrélation, 16 articulations à maintenir distinctes.

    b) Groupés dans une corrélation.

      8+2 types articulatoires=10(la marque et son absense)

    c) Groupés dans un faisceau à 4 séries 4+4=8

    d) Pour 8 séries on aura 2+8=10

여기서는 c)가 가장 經濟的이요 効率的이니, 이러한 體系가 正方體系[8](un système carré)라 불리운다. 結局 모든 音韻體系의 變化는 이와 같은 正方體系를 指向한다 할 것이다. 勿論 正方體系의 內容은 言語에 따라, 時期에 따라 差異가 있는 것이며, 또한 한 言語의 音韻體系 全體가 正方體系化한다는 것은 純粹히 理論的이며 理想에 屬하는 存在요, 實際에 있어서는 音韻體系에 部分

---

4 A. Martinet, *Rôle de la corrélation dans la phonologie diachronique*, TCLP 8 Prague. 1939 p.273.
  L'apport positif de la phonologie à la solution du problème de l'évolution linguistique se fonde sur ce qu'on a appelé une tendance à l'harmonie des systèmes phonologiques.

5 R. Jakobson의 術語 cf. R. Jakobson, *Prinzipien der historischen Phonologie.* TCLP 4. 1931. pp.247~267.

6 A. Martinet. op. cit. 特히 pp.275~277. (이곳에서의 그의 思想은 發展되어 *Économie des changements phonétiques.* Berne, 1955.이 되었다.)

7 op. cit. p.276.

8 op. cit. p.277.

國語 母音體系의 新考察 **297**

的으로 實現될 뿐이니, 이는 우리들에게 Ch. Bally의 이른바 "progrès"의 槪念을 想起케 한다.[9]

以上은 本稿에서 筆者가 取하는 바 音韻體系 및 音韻變化에 對한 基本槪念의 簡略한 叙述이다. 調和된 體系, 그것은 言語의 久遠히 憧憬하여 마지않는 理想이라고 筆者는 理解한다.

그러나, 그렇다고 해서 筆者와 그 態度를 달리 한 過去의 眞摯한 硏究들에 對하여 無關心을 標榜하려는 意圖는 秋毫도 없다. 같은 國語學의 다른 分野들에 比해서 越等히 많은 믿음직한 業績이 母音에 對하여 存在하였다는 것이 오히려 筆者에게는 크나큰 도움이 되었다. 그것들 없이는 筆者의 이 試圖가 疏漏한대로나마도 이처럼 容易하게 成立되지는 못하였을 것임을 確信한다. 以下 引用에 있어 敬稱을 省略함은 筆者의 信條에 立脚한 것이거니와 敬意를 表함에 吝惜의 情이 있기 때문이 아님을 밝힌다.

또한 筆者는 資料에 對한 觀察에 있어 다음의 두 가지 態度를 堅持하려고 努力했다.

첫째, graphie의 illusion에 眩惑되지 않도록 最大限의 努力을 傾注했다.[10] 이 것은 音韻論의 初步的 常識이면서도 얼마나 많은 誤謬가 이로 해서 特히 國語學의 테두리 안에서 犯해지고 있는지는 想像 以上의 일이기 때문이다.

둘째, 音韻變化의 諸現象을 觀察 吟味함에 있어, 可能한 限은 phénomène extraphonologique까지 추려내 보도록 努力하였다.[11] 왜냐하면 資料上에 音韻現象들이 浮彫되어 나오기까지에는 그 背後에 相當한 phénomène extra-phonologique들의 蓄積이 있는 것이며, 그것들의 抽出이 可能한 境遇에는 그에 關聯된 音韻現象의 本質을 理解하는 데 決定的인 價値를 發揮할 수 있는 것

---

9 Ch. Bally, *Le langage et la vie*. Paris, 1926. p.79 및 p.93을 參照.

10 F. de Saussure, *Cours de linguistique générale*. Paris, 1955. pp.45~54.

11 N. van Wijk, *L'Etude diachronique phénomènes phonologiques et extra-phonologiques*. TCLPS pp. 297~318.

이기 때문이다. 勿論 이는 制限된 境遇에 限하는 일이며, 그나마도 紙背에 徹하는 眼光의 所有者에게만 可能한 것이기 때문에 이 點 筆者로서 萬全을 自期할 수 없는 處地이기는 하나, 그 價値의 多大함과 이런 面에 對한 留意들이 不足하였음에 鑑하여 여기 敢히 들추어 記述한다.

二. 十五世紀 母音體系의 本質

筆者는 國語의 子音體系가 餘他 同族語들의 子音體系들보다도 더욱 激甚한 變化를 입었고, 또한 그 變化의 速度도 매우 빨랐다 함을 指摘한 일이 있다.[12] 母音體系에 對하여도 같은 말을 할 수 있는 것으로 筆者에게는 생각되니, 共通基語 및 餘他 同族語들의 母音體系와 比較하면 이 事實은 쉽게 理解될 줄로 믿는다. 알타이 原語의 母音體系는[13]

	Hintere Vokale		Vordere Vokale	
	Labial	Illabial	Labial	Illabial
Eng	u	y(i̇)	ü	i
Weit	o	a	ö	e(ä) (e̩)

으로 推定되며, 同族語들이 大概 그에 가까운 體系를 維持하고 있는 反面, 國語는 그와 相當히 距離가 먼 體系를 가지고 있기 때문이다.

土耳其語(오스만土耳其語)는 오늘날까지 八母音制를 충실히 維持하고 있고[14] 오늘날에는 七母音 組織을 가진 蒙古語도 中世語時代까지는 大體로 祖

---

12 金完鎮 : op. cit. p.70.

13 G. J. Ramstedt, *Einführung in die altaische Sprachwissenschaft*. Ⅰ. *Lautlehre*. Helsinki. 1957. p.136. N. Poppe, *Vergleichende Grammatik der altaischen Sprachen. Teil* Ⅰ. *Vergleichende Lautlehre*. Wiesbaden. 1960. p.91 以下.

14 土耳其語의 大部分의 方言은 다음과 같은 母音體系를 가지고 있다.

語時代의 面貌를 잘 維持하고 있었다 한다.[15] N. Poppe에 依하면, e와 ė가 區別되며 存在했다는 것만이 特異할 뿐이다. 또한 通古斯語派의 諸言語에 있어서도 大體로 蒙古語의 그것에 匹敵하는 母音體系를 維持하고 있는 現狀임은 周知의 事實이다.[16]

現代國語(方言的인 差異도 激甚하지만 여기서는 于先 서울方言에 對하여 말해둔다.)는 10個의 母音을 가지고 있으니, 알타이語族에 屬하는 言語치고는 類例 드문 體系를 가졌다 할 것이다. 이 事實이 지난날 國語를 알타이語族에 聯關시키려던 사람들을 懷疑, 躊躇케 한 큰 要因中의 하나였다. 그러므로 中世國語에 對하여 그 母音體系가 七母音으로 되었었음을 發見했다는 것은 劃期的인 業績이었다.[17] 그러나 그렇게 해서 發見된 母音體系는 母音의 數字에 있어서는 相當히 滿足할 만한 알타이語에의 接近을 齎來하였지만, 體系의 性格

---

o	*a*	*ö*	*ä*	⎱ 正書法上으로는 *ä=e*
u	*ɯ*	*ü*	*i*	⎰ *ɯ=ɪ*이다

15 N. Poppe, op. cit. p.92.

Der urmongolische Vokalismus hatte sich ziemlich gut biz in die mittelmongolische Periode.

	Hintere		Vordere	
	Nichtgerundete	*Gerundete*	*Nichtgerundete*	*Gerundete*
Geschlossene (enge)	**ï*	**u*	**i*	**ü*
Mittel-geschlossene (mittelenge)		**o*	**ė*	**ö*
Offene (breite)	**a*		**ä*	

16 J. Benzing, Die tunguisichen Sprachen, Versuch einer vergleichenden Grammatik. (Akademie der Wissenschaften und der Literatur. *Abhandlungen der Geistes- und sozialwiss- enschaftlichen Klasse Jahrgang* 1955. NR. 11). Wiesbaden. pp.967~973. 여기서 그는 *i* 外에 *ɪ*가 音韻論的으로 存在함을 主張하고 있다. 그렇다면 滿洲語 같은 것도 正書法上으로는 七母音制이나 音韻上으로는 八母音이 된다.

李基文 :「中世女眞語 音韻論研究」(서울大學校 論文集)-人文社會科學-第七輯. 1958 p.389.에 依하면 中世女眞語는 a, e, i, o, u 五母音으로 變했었다.

17 李崇寧 :「十五世紀 母音體系와 二重母音의 Kontraktion的 發達에 對하여」(音韻論研究 所收) 參照, 特히 p.459.

은 아직도 큰 距離가 있음을 克服할 수 없었다.

이제 一次的으로 筆者가 企圖하는 바는 이러한 中世國語의 母音體系에 對하여, 特히 그것이 共通基語와 現代語의 母音體系를 連結시키는 中間段階에 선다는 事實을 重視하며, 分析과 解釋을 賦與코자 하는 것이다.

中世國語의 七母音體系는 周知되어 있다시피 「訓民正音」 制字解의 記述에 依해서 가장 잘 證言되고 있다.

制字解에서는 于先

· 舌縮而聲深…

ㅡ 舌小縮而聲不深不淺…

ㅣ 舌不縮而聲淺…

이라 規定하고 繼續하여 다음과 같이 덧붙였다.

ㅗ 與 · 同而口蹙…

ㅏ 與 · 同而口張…

ㅜ 與 ㅡ 同而口蹙…

ㅓ 與 ㅡ 同而口張…

여기에 使用된 術語는 「舌」, 「聲」, 「口」, 및 「縮」(小縮, 不縮), 「深」: 「淺」(: 不深不淺)과 「蹙」: 「張」이다.[18]

訓民正音 制字解의 이러한 說明은 現代 音聲學 乃至 音韻論의 見地로 보아서도 一點 非를 찍을 곳 없이 妥當한 態度로 되어 있다. 大抵 Particularités phoniques distinctives를 分類함에 있어서,[19] 母音에 關한 限, localisation, degré

---

18 李崇寧: 上揭書 所收의 「母音調和研究」, 特히 p. 12 以下를 參照.

d'aperture 및 résonance밖에 다른 規準을 세울 수 없는 것인데, 다만 國語에 있어서는 母音體系에 résonance가 關與하지 않기 때문에 自然히 制字解의 規定에서 빠졌을 뿐이다.

Localisation에는 1) localisation de la langue와 2) forme des lèvres의 두 가지가 있는데, 制字解에는 前者에 對한 規定이 있을 뿐이요, 後者에 對해서는 아무런 言及도 없는 것으로 보면, 後者는 當時의 母音體系에 있어서 音韻論的 意味를 가지고 있지 못했던 것으로 看做된다.

Localisation de la langue는 세 classe로 區分되었고 거기에 各各 impréssion acoustique가 붙었다.[20] (舌縮而聲深…後舌, 舌小縮而聲不深不淺…中舌, 舌不縮而聲淺…前舌) 大槪 母音에 있어서는 聽覺的인 分類가 生理的인 分類와 密接한 關聯을 가지고 있어, 子音의 境遇와는 달리 有用한 것이니, vélaire는 sombre하고 palatale은 clair하다는[21] 類의 表現을 想起케 하는 優秀한 學問的 態度임을 發見케 된다.

「口」에는 「蹙」과 「張」이라는 對立된 槪念이 附隨된다. 或 「蹙」의 字義에 사로잡혀 arrondissement으로 보기 쉬우나[22] 이는 너무 皮相的인 觀察의 所致다. 「訓民正音」編纂者들의 論理는 精密하고도 調和的이다. 「舌」을 하나의 規準으로 하여 三系列을 樹立하였듯이, 「口」를 規準으로 하여 aperture의 三段階를 表示하고 있음에 不過한 것이다. 同一한 規準 「口」가 「張」에 있어서는 aperture의 基底가 되고 蹙에 있어서는 forme des lèvres의 基底가 된다는 曖昧한 論理를 訓民正音 創制者들에게 歸結시키려 함은 不當한 노릇이 아닐 수 없다.

다만 現代音聲學의 態度와 다른 點이 한 가지 있다면, 그것은 側面으로부터의 解剖學的 見地에 선 顎角 中心의 觀察이 아니고 正面으로부터의 外形的

---

19 N. S. Troubetzkoy, *Principes de phonologie*. Paris. 1957, pp.100~134, 特히 p.100을 參照.

20 李崇寧 : op. cit. pp.10~11을 參照.

21 op. cit. 同處.

22 許雄 : 「國語音韻論」 pp.179~180.

觀察이었다는 事實뿐이니, 그것이 「張」에 對立된 槪念을 表示함에 「麾」字를 選擇케 한 要因이 된 것이었겠다.

이러한 基礎 위에서 十五世紀의 七母音이 i를 無關母音으로 하고는, 두 系列의 相關的 對立을 形成한다 함은 이제 꽤 널리 알려진 事實에 屬한다.[23]

A系列 : ᄋ 오 아
B系列 : 으 우 어

이제 問題되는 것은 이 相關的 對立의 性格이다. 十五世紀 國語의 單母音들에 對하여 지금까지는 그 位置를 大略 다음 圖表와 같은 程度로 推定하고 있었다.[24]

이에 立脚하여 A系列은 低母音系列이요, B系列은 高母音系列이라고 信賴되어 왔다.

그러나 右에 提示한 推定圖는 이른바 喪失된 單位文字의 音價 硏究에 온 學界가 汨沒하였던 時代에 있어서의 寵兒였던 「ᄋ」에의 關心의 偏重을 如實히 드러낸 推定圖

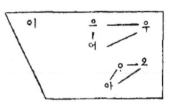

---

23 李崇寧：上揭書 所收「十五世紀의 母音體系와 二重母音의 Kontraktion的 發達에 對하여」p.388 및 p.427.
또한 李崇寧：「"ᄋ"音攷再論」(學術院 論文集 第一輯) 1959. p.80 參照.
或 이것을 三肢的 相關束으로 理解하려는 傾向이 있으나, 이것은 相關的 對立이라는 槪念

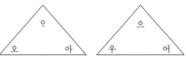

그 自體에 違背되는 생각이다(許雄, op. cit. p.180). 왜냐하면, 위의 表와 같이 묶는다면, 이는 opposition corrélative란 opposition bilatérale, proportionnelle, logiquement privative라는 槪念과 矛盾되는 것이다(cf. Troubetzkoy op. cit. p.89). 더우기 위와 같은 三肢的 相關束을 이룬다면 ᄋ -으, 오-우, 아-어가 各各 分離的 對立이어야 하는데, 所謂 母音調和의 存在는 이 事實을 否認하고도 남음이 있다.
24 李崇寧：「音韻論硏究」 p.16 및 p.338.

였다. 訓民正音 制字解에 忠實하게 後舌面에 「ᅌ」를 位置시켰고 또한 開口度에 立脚하여 「아」와 「오」의 中間에 固定시켰다. 妥當한 態度요 또한 異論이 있을 수 없다. 그렇지만, 그 音價가 喪失되어버린 文字라고 해서 「ᅌ」나 「ᅌ」가 所屬된 系列만에 關心을 表明하고 나머지 音韻 또는 音韻系列에 對해서는 全혀 度外視하고 만 것은 자못 愼重을 缺한 態度였다. 비록 「으, 우, 어」가 十五世紀에 있어서와 한가지로 오늘날에 와서도 各各 固有한 音韻으로서의 價值를 維持하고는 있다 하더라도, 그것이 곧 그 사이 五百年間에 그것들이 價值의 變動을 全혀 입지 않았으리라는 充分하고도 만족할 만한 證明이 되지는 못하기 때문이다. 音韻論의 첫 戒銘인 「graphie의 illusion에 속지 말라」는 말이 至極히 平凡한 것이면서도 지키기 어려운 것임을 痛感케 한다.

制字解는 「으」를 「舌小縮」이라 規定했고, 「우」나 「어」에 對하여서는 「…與一同而…」라는 前提가 붙어 있다. 「ᅌ」에 對하여 「舌縮」이라 規定한 것을 「後舌」로 理解하여야 하고, 「與・同而」라는 記述을 「ᅌ」와 같은 「後舌音」임을 뜻한다고 確信했다면, 「舌小縮」은 「中舌」이요, 「與一同而」의 「同」도 "「으」와 같은 中舌音이다"라는 뜻으로 解釋함이 合理的이요 妥當한 것임을 否認할 수 없을 것이다. B系列의 母音 即 「으, 우, 어」가 가지는 音價를 無批判的으로 中世에까지 끌고 올라간 誤謬는 이 한 事實로 充分히 指摘된 것으로 믿는다. 따라서 于先 앞에 引用한 母音圖에서의 「우」의 位置가 不當한 것이 된다. 制字解에 說明된 「우」는 [u]가 아닌 [ɯ]일 수밖에 없다. 또한 「으」에 對하여도 前記 母音圖에서와 같은 [ɨ]의 音價는 받아들이기 힘들다. 오로지 現代語의 音價에 依存했을 뿐이요, 「으」音의 開口度에 對한 能動的인 解釋이 取해져 있지 않기 때문이다. A系列에서 「오」와 「ᅌ」 사이에 開口度上의 差異를 認定하였다면, 制字解에서 그들에 對한 規定과 完全히 같은 規定으로 表現된 B系列의 「우」와 「으」 사이에도 같은 事實을 認定하여야 論理的이다. 그렇다면 「으」는 적어도 「우」와 같은 程度의 高母音일 수 없고 아마도 [ə]가 아니었던가 여겨지는 것이다. 이러한 事實은 이 以上의 說明을 必要로 함이 없이 自動的으로 「어」

는 [ə]가 아닌, 좀 더 開口度가 넓은 中舌母音 即 [ɜ] 程度의 音이었을 것을 要求한다.

萬若 十五世紀 國語의 母音體系가 앞에서 든 일이 있는 母音圖와 같은 構造를 가졌었다면, 이것은 均衡과 秩序가 甚하게 이지러진 存在였겠고,

ᄋ   오   아
│   │   │
으   우   아 〉 어

라는 相關的 對立의 成立도 甚히 疑心스러운 것이 되고 만다. 이 두 系列의 對立이 低母音 對 高母音의 對立이라면 같은 後舌低母音들인 「ᄋ」 「오」 「아」가 各各 中舌高母音 「으」, 後舌高母音 「우」, 中舌半閉母音 「어」에 對立하는 破綻을 招來하고 만다. 이는 「相關的 對立」 그 自體의 定義에 背馳된다. 무엇보다도 먼저 그러한 狀態에서는 "ᄋ-으" 및 "아-어"의 對立이 opposition bilatérale을 이룰 수 없는 것이며, 또한 proportionnelle한 存在도 되지 못한다. 더욱이 低母音 對 高母音의 相關的 對立이 이루어지기 爲하여서는 論理的으로 privative하고도 中和될 수 있는 性質의 것이라야 하겠는데, 前述한 바 母音圖의 狀況으로 보아서는 한 徵表의 有無에 依한 對立을 論하기 어렵게 되어 있다.[25]

이에 筆者는 十五世紀 國語의 母音體系에 있어서의 相關的 對立의 性格을 訓民正音 制字解에 忠實한 解釋에 立脚하여 localisation de la langue에 依한 것으로 推定코자 한다. 即 所謂 陽母音系列을 vélarisé로 陰母音系列을 non-velarisé로 思慮하려는 것이다. 前者를 有徵表系列로 보고 後者를 無徵表系列로 보는 理由는 palatalisé의 系列로 이미 「이」가 따로 孤立되어 있으므로 palatalisé의 系列이라고 中舌母音들을 指稱할 수 없겠기 때문이다. 一般的으

---

25 N. S. Troubetzkoy, op. cit. p.116 參照.

로 localisation de la langue의 差異에 立脚한 相關的 對立의 徵表를 palatalisation
이라고 부름에도 不拘하고 十五世紀 國語의 母音體系에 對해서 vélarisation을
相關徵表로 내세우려는 筆者의 意圖는 여기 緣由하는 것이다.

　G. J. Ramstedt가 이런 基盤 위에 서 있지 않으면서도, 알타이語 一般의 母
音體系에 立脚하여 a priori하게[26]

　　The vowels were therefore originally:

　　1) back long a, o, u　　2) front long ä ö? ɯ

　　　　short ă, ŏ, ŭ　　　　　short ä - ɯ̆ i

라고 한 것은 비록 그것이 十五世紀의 母音體系를 두고 한 말이 아니라 할지
라도 基本的 態度에 있어서는 正當하였다고 본다.

　따라서 以上의 所論을 綜合하면, 筆者가 생각하는 十五世紀 國語의 母音體
系는

　　이　　우　　오
　　　　으　　ㅇ
　　　　어　　아

가 되는 것인데, 그렇다고 해서 이것이 바로 音聲學的으로도, 左圖에서와 같
이 實現되고 있었으리라고 생각함을 나타내는 것은 아니다. 그렇게 생각한
다면 이는 音韻論과 音聲學을 混同하는 誤謬를 犯하는 結果가 될 것이다. 音
聲學的인 見地에서의 筆者의 推定은 右圖와 같다.[27]

---

26 G. J. Ramstedt, Remarks on the Korean Language. MSFOu. 58. 1928. p.443.

27 音韻論的 對立과 音聲事實은 正確히 一致되는 것은 아니다. 아메리카 인디안의 言語의 一種
　인 Tonkawa語는 Système quadrangulaire à deux degrés를 가지고 있는데, 後舌母音은 相對되는

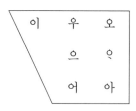

이러한 推定을 내리는 데는 몇 가지 理由가 있다. 또한 이렇게 생각함으로 써 母音史 說明에 相當한 便宜와 暗示를 얻게 되는 것으로 筆者는 생각한다.

첫째 「오」와 「우」의 位置에 對하여

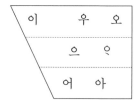

萬若 「오」가 名實相符한 後舌閉母音 [u]였다면 外國語轉寫에 이 事實이 나타났어야 할 것이다. 그러나 實際에 있어서 中國語의 [u]를 負擔하고 나서는 것은 「우」이지 「오」가 아니다.[28] 그러므로 後舌母音 가운데에서 開口度가 가장 큰 것이 「오」이면서도 「u」가 「오」에 依하여 處理될 수 없었다는 矛盾은 筆者의 推定圖에서와 같은 解決을 要請하는 것으로 보았다. 卽 實際 發音에 있어서 「오」보다는 「우」가 오히려 [u]에 가까웠던 것을 意味한다.

前舌母音보다 훨씬 넓은 開口度를 가지고 實現된다고 한다.

卽   a e
      o i

cf. N. S. Troubetzkoy, op. cit. pp.115~116.

28 申叔舟의 「四聲通攷」에서 定해진 바 所謂 中國語 「正音」 「俗音」의 表示에 있어서, [u]는 例外 없이 「우」로 表記되어 있다. 一例로 우리나라 漢字音으로는 母音 「오」를 가진 「通」字에 對해서는 「퉁」으로 되어 있는 따위이다. 勿論 「通攷」 그 自體는 逸傳되었으나, 後世 文獻에 依하여 그 當時, 卽 十五世紀의 發音에 對한 啓蒙을 얻을 수 있음은 크게 多幸한 일이 아닐 수 없다.(朴通事諺解나 老乞大諺解가 그 좋은 例들이다.)

둘째, 「ᄋ」와 「으」의 位置에 對하여

弘治十四年 紀年의 海東諸國記 附錄 「語音飜譯」에는 琉球語의 轉寫가 相當數 실려 있어 貴重한 資料가 된다. 여기에는 위에서 말한 바 「오」 「우」에 關係되는 例들도 勿論 發見되거니와[29]

牛우시, 馬우마, 猪우와, 蛇파무　虎도라, 老鼠오야비쥬, 鹽마시오.

「ᄋ」나 「으」의 音價에 對하여서도 示唆해 주는 바 크다. 「語音飜譯」에는 一般的인 豫想을 깨뜨리고 「ᄋ」로 轉寫된 例가 相當히 많다. 이것은 主로 「ᄉ」 아니면 「ᄌ」 아래의 境遇(即 日本語의 s와 ts 아래)가 主導的인데, 여기서 「ᄋ」에 對應하는 母音이 「ウ」인 것이다. 이 母音은 다른 音聲環境下에서는 原則的으로 「우」로 轉寫되어 있는 것이다. 이 事實은 오늘날 우리가 日本語 母音을 轉寫함에 있어서 「ウ」에 對하여 普通 「우」를 使用하면서도 「ス」, 「ツ」의 母音은 「으」로 轉寫하고 있는 것을 髣髴케 하는 存在다. 日本語의 「ウ」가 本來 圓脣性이 弱하여 [ɯ]로 表記되고 있지만, 그 中에서도 [s]나 [ts]를 先行시킬 때 이것이 가장 極端化하여 우리에게는 「으」로 把握되고 있기 때문이니, 「語音飜譯」에서의 「ᄉ」 「ᄌ」도 그렇게 認識되어야 할 性質의 것이다.[30]

ᄌ마(那裏的), 일ᄌ(幾時), 숑옹과ᄌ(正月), 사긔부데ᄌ아긔라(請一鍾酒), 아릐로마ᄉ랴(不要饋他喫), 우지바라왜쳐아슴비(請裏頭要子), 마슝고유왜리(平坐), ᄌ라(面), 아ᄉ며잇졔(落了), ᄉ다사(涼快), 낟ᄌ(夏), ᄌ기(月), 지마슝고(地平正), 사노즌지(山頂), 오바리ᄉ례(做飯), ᄉ우(醋), ᄉᄌ리(硯), ᄉ

---

[29] 「狗, 이노」와 같은 例는 注目할 만한 存在지만 이런 例가 主導的이 되어 있지는 않다. 여기서는 오히려 ino를 나타낼 可能性이 짙다.
[30] 例外的인 것으로 다음과 같은 것들이 있다.
　　링ᄀ나사긔(白酒), 크지(口).

미(墨), ᄉ미(炭), ᄎ라(面), 비ᄌ자(羊), 타ᄌ(龍).

萬若에「으」가 現代語에 있어서와 같이 그 音價가「ɨ」였다면, 當然히「우」와 함께「ウ」를 轉寫함에 使用되었을 것이요,「ᄋ」의 차례까지 가지 않았을 것이니, 이는 當時의「으」가「ɨ」가 아니고 그로부터 꽤 距離가 먼 存在였음을 알려 주는 것이라 하겠다. 이것은 또한「ᄋ」가 若干 中舌面 쪽으로 끌려 發音됨으로써 比較的 中舌的인 日本語의「ウ」(여기서는 琉球語)를 나타내기에 適合한 것이 아니었던가 생각게 한다.

또한 琉球語의「ㅗ」의 一部가「의」로 적히고 있는 例는[31]

사긔(酒), 아믜(雨), 요삼븨(晚夕), ᄽ믜디(淸早), 고믜(米) etc.

琉球語 自體의 e〉i의 過程과도 關聯 있는 것이 아닌가 생각되어 興味 있는 同時에 國語의「으」가 相當히 앞으로 偏向되어 實現되던 中舌母音임을 말하여 주는 것으로 理解된다.

「ᄋ」와「으」의 關係에 對한 또 하나의 興味 있는 證言은 中國語의 母音[ɰ]에 對한 다음의 記述에서 찾아볼 수 있다.

通考凡例云ㅡ則ㅡ・之間今見漢俗於齒音着ㅡ諸字例皆長於用・爲聲故今之反譯亦皆用・作字然亦要參用ㅡ・之間讀之庶合時音矣[32]

이 說明은 中國語의 [ɰ]音이「ᄋ」보다는 前舌에서,「으」보다는 後舌에서 實現되는 音임을 表現하려고 努力한 것이라고 보겠는데, 이 問題에 對하여는

---

31 「이」로 적힌 例外가 있다. 아리(姐).
32 飜譯老乞大 朴通事 凡例 第七張. 또한 四聲通解에 붙어 傳하는 四聲通攷 凡例 參照.

本稿에서 다시 한 번 論할 機會가 있을 것이다.

셋째 「아」와 「어」의 位置에 對하여

十五世紀의 「어」에 對하여는 그다지 適確한 文證을 찾을 수 없음이 遺憾스럽다. 그러나 다음과 같은 中國語 轉寫例에 비추어 보아 그 音이 中舌 乃至 低母音들을 cover하는 音韻이었을 것으로 믿어지니, 後舌低母音 「아」와 좋은 對照를 보인다 하겠다.

e.g.

夜	여 여	pk.(北京音) iä
天	텬 텬	tʻiän (pk)
見	견 견	tsiän (pk)

또한

可거 kə, 哥거 kə, 得더 tə…etc.

上記의 發音表記에서 ə는 (B. Karlgren의 用法에 依함.[33]) 前舌開母音 또는 中舌半開母音으로 規定되는 音이며, iä의 音價는 iœ니, 이로써 國語의 音韻 「어」의 allophone들의 分布 狀況을 짐작할 수 있는 것이 아닌가 한다.

以上 筆者가 十五世紀 國語의 母音體系에 對하여 披瀝한 見解를 要約하면 大略 다음과 같아진다.

1) 七母音體系가 相關的 對立을 形成하는 두 系列의 母音들로 이루어졌고,

---

33 B. Karlgren, *Études sur la phonologie chinoise.* Göteborg, 1926. p.316의 母音圖 및 pp.305~308과 p.317 參照.

「이」만은 이 對立에 無關하다는 點에 對하여는, 全的으로 前說을 踏襲했다. 勿論 여기서 七母音이라고 할 때에는 prosodic features를 考慮에 두지 않고 한 이야기다.[34] 이것을 計算에 넣는다면, 母音의 數爻가 달라질 것이며, 또한 이것을 取扱하는 態度에 따라서도 變動이 있을 것이나,[35] 本稿에 있어서는 特別히 必要한 境遇가 아니면 앞으로도 이것은 除外하고 純粹한 所謂 segmental phoneme으로서의 母音問題만을 取扱하겠다.

2) 그러나 그 相關的 對立의 性格에 對하여는 degré d'aperture에 立脚한 것으로 보지 않고 localisation de la language를 基盤으로 한 對立으로 認識하려 했다. 이것은 皮相的으로는 前項에서 言及한 說에 對蹠的인 것 같이 보일 것이나, 實質的으로는 그 說 自體의 當然한 發展結果인 것으로 筆者는 생각한다. 따라서 3 Classes, 3 degrés의 Système quandrangulaire[36]였다고 보는 것이다.

3) 이러한 槪念에 基礎하여 各 音韻의 當時의 音價를 規定하고자 試圖했다. 史的 音韻論 硏究에 있어서 轉寫資料의 價値는 높이 評價되어야 할 것이다.

筆者가 얻은 이 面에서의 結果가 音韻史上 어떠한 意義를 가지는 것이냐에 對하여는 다음 章들에서 좀 더 視野를 넓혀 檢討하겠다.

三. 音韻變化와 音韻體系

十八世紀는 여러 가지 意味로 國語 音韻史上에 重要한 意味를 가진다. 「ᄋᆞ」

---

34 所謂「聲調」問題에 對하여는 河野六郎, 許雄, 李基文, 鄭然粲 等 諸氏의 言及이 있다.

35 結局은 phoneme에 對한 定義의 差異에 歸着된다. Supra-segmental phoneme을 認定하는 境遇와 그렇지 않은 境遇와는 結果가 달라진다. 前者의 境遇라면 à, á는 세 phoneme(a, ＼, ／)이겠으나, 後者에 있어서는 두 phoneme(à, á)일 것이다.

36 cf. Troubetzkoy, op. cit. p.117.

의 Entphonologisierung이 完成되었으며, 또한 同時에 二重母音들의 mono-
phtongaison에 依한 새로운 前舌母音들의 Phonologisierung을 보게 된 時期였
다. 이들에 곧이어 이른바 i의 調和的 逆行同化作用이 뒤따랐는데, 이 現象
으로 말미암아 叙上한 前舌母音들의 extension phonologique가 이루어졌다.

「ᄋ」의 Entphonologisierung[37]이나 二重母音의 monophtongaison[38] 및 i의 逆
行同化作用[39]은 우리들의 耳目에 낯선 現象이 아니요, 特히 前二者에 對하여
는 그 現象自體를 論難할 意圖를 筆者는 가지고 있지 않다. 다만 이 세 가지 現
象이 이렇게 時間上으로 繼起的이었다는 事實이 單純한 偶然이 아니요, 서로
密接한 關聯下에 있었기 때문이라는 것과, 그것은 곧 이러한 音韻變化가 音
韻體系 그 自體의 變化의 外的 顯現이라는 觀點에 설 때 더욱 安當한 理解를
받을 수 있다 함을 意味한다는 것. ─ 이런 點을 筆者는 强調하려는 것이다.

여기서는 逆視的 方法을 取하여 이 問題들에 對한 解釋을 試圖하겠다. 即
먼저 i의 逆行同化를(─이 現象은 그 現象 自體에 對한 理解도 不充分한 것이었기
에 이를 補充하고─) 그리고는 二重母音들의 單母音化, 「ᄋ」의 消失 等의 順序
를 따르면서 母音體系의 底流를 把握하며, 그 後에 生成된 母音體系와의 關係
를 論究하겠다.

母音 i의 調和的 逆行同化作用은 오늘날도 그 餘波가 進行中인 現象임은 너

---

37 李崇寧:「國語音韻論 研究」第一輯 "·"音攷, 및 前出論文 "·"音攷再論 參照.

38 cf. 前揭 李崇寧:「二重母音(略稱)」.

39 이것을 지금까지는 Umlaut 現象이라고 부르는 일이 많았는데, 筆者는 이 術語를 意識的으
로 避하였다. 勿論 兩者 사이에 類似點이 없는 것이 아니나, 게르만語學에서 Umlaut라고 할
때에는 액센트의 關與가 關鍵이 된다. 國語의 境遇, 果然 액센트가 關與하는지, 그 與否에 對
하여 斷定을 내리기 힘들므로 筆者는 Umlaut라는 術語를 避하는 것이다. M. Grammont의
術語를 따른다면 Dilation이라고 한 境遇에 屬한다.
Dans la dilation vocalique le phenomène articulatoire qui se propage au delà de la syllabe à laquelle il
appartenait originairement est soit le degré d'aperture, soit le point d'articulation, soit le mode
d'articulation, l'une de ces qualités poivant à l'occasion entrainer l'une des deux autres à sa suit ou même
les deux autres en même temps. (M. Grammont, Traité de phonétique, Paris 1956. p.255 參照).

무도 잘 알려진 事實인데, 時期上으로는 大概 十八世紀에 비롯했던 것 같다.
筆者 寡見의 탓인지 印刷된 文籍의 例로는 A.D. 1855年(咸豊 乙卯)紀年의 明聖
經諺解의 것이 처음인 것 같고, 十八世紀末의 代表的 資料인 五倫行實圖(A.D.
1797)에는 도무지 그런 例가 보이지 않으나, A.D. 1800年까지의 人物인 正祖
大王의 이른바 御筆에 이런 現象이 發見되는 것을 보면

    색기도 됴히 잇ᄂᆞ냐

印刷된 記錄과 實際 音韻狀態 사이의 間隙을 엿볼 수 있는 것 같이 느껴진
다. 戊辰 元月의 雨念齋手書에도

    졔관 대리고

의 例가 있다.
  明聖經諺解에는 다음과 같은 例들이 보인다.

    군ᄉᆞ를 익기ᄂᆞ거슨 (惜率) 26.b
    의원의약을반다시스ᄉᆞ로 디리고(醫藥을 必自煎ᄒᆞ고) 27.b
    시어미졋메긴거와 28.b
    치ᄝᅵᆼ이 28.b
    싴긴거와(刻) 28.b
    쥬린사름을기 디려메기더니 30.a

이 音韻變化는 다음과 같은 條件下에 일어났고, 또 일어나고 있다.

  1. 이 同化作用은 語幹內에서만 일어난다.[40]

1′. 俗稱 補助語幹은 이 現象에 關한 限 語幹의 一部로 取扱된다.

e.g. 아기〉ɛgi   고기〉køgi

먹이다〉megida   잡히다〉čɛp'ida

N.B. 먹기〉məkki, 가기〉kagi, 하기〉hagi 等에서는 i의 逆行同化가 보이지 않는다.

그러나 「보기 싫다」(醜)는 pøgisilt'a로 實現되니, 여기서 「보기」가 語幹 「보」+語尾 「기」로 된 것이 아니요, 「보기싫」 全體가 語幹이기 때문이다. 「보기」가 「見」이라는 뜻을 維持하는 限, pøgi로 發音되는 일은 없고, 언제나 pogi로만 發音되는 것이다.

e.g. 책을 <u>보기</u> 싫다.

尊敬의 補助語幹 -si-나 未來時相의 補助語幹 -ri-의 境遇에도 敍上의 現象이 일어날 것이 期待될 듯하나, 이는 母音間 s, r의 介入으로 말미암아 不可能하다. 이에 對하여는 뒤에 다시 詳論하겠다.

二次形成의 語幹도 單純語幹과 같은 範疇에 屬한다.

e.g. 먹이〉megi, 손잡이〉sonǯɛbi

2. 後行하는 i가 語源的으로 純正 i가 아닐 때에는 assimilateur로서의 機能을 하지 못한다. 이것은 i의 逆行同化가 史的 變化일 수밖에 없음을 말해 준다.

---

40 全羅道 方言 等에서는 語幹과 語尾 사이에서도 이루어진다. e.g. 밤이〉pEmi 밥이〉pEbi etc.

e.g. 도미 tømi   고기 køgi

     아기 ɛgi   어미 emi etc.

그러나 호미 homi〈호믜〈호미

     포기 pʻogi〈퍼귀

     높이 nopʻi〈노픽〈노픠

     여기 jəgi〈여긔〈이어긔

     거기 kəgi〈거긔〈그어긔

     조기 čogi〈죠긔(石首魚)

     어디 ədi〈어듸

例外 드듸다(踏)〉〉드듸다〉드디다〉mk. 디디다.

但 드디어(期於코)의 境遇에는 tidijə라고 發音되는 일이 없다.

3. 漢字는 各字가 한 語幹과 같은 機能을 가진다. 但 通俗化된 單語일 境遇에는 그렇지 않을 수도 있다.

    e.g. 학교(學校) hɛkʻjo : 타교(他校) tʻagjo. 영계(嬰鷄) jeŋgje : 투계(鬪鷄) tʻugje. 江景 갱겡이 : 광경(光景) kwaŋkjəŋ

4. 母音間의 s, r, č, čʻ, čʼ, n 等 및 이 音韻들을 包含한 重子音은 이 現象을 妨害한다.[41]

---

41 이런 制約은 이미 指摘된 일이 있다.

    cf. 李崇寧:「國語音韻論 研究」第一輯, “·”音攷. p.231 以下.

    그런데 이런 制約은 國語에만 特有한 것이 아니다. cf. M. Grammont. op. cit. p.255 以下. 特히 代表的인 例로 Frisia語의 경우를 보면,

    *La dilation de i-y n'a pas en lieu devant rp, rv, ld, ht et quelques autres groupes, et dans cette position l'u a subsisté; frucht (fruit) de *fruchti, cf. all. frucht, de lat. fructus*(p.262).

e.g. 다시 tasi, 허리 həri

바지 paʒi, 아니 ani

까치 (⟨가치) kʼačʼi 어찌(⟨엇디) əčʼi

그러나 다음과 같은 重子音들은 transichtbar하다. -mb- -ŋg- -nkʻ-

e.g. 감기다 kɛŋgida, 삼기다 sɛŋgida,

엉키다 əŋkʻida, 남비 nɛmbi etc.

4'. 被同化音을 包含한 音節의 頭音이 t나 n이면 母音間 r音이 transichtbar하여진다.

e.g. 다리미 tərimi   다리다 tərida

다리 təri   드리다 tirida

나리다 nərida   노리다 nørida

例外, 나리(⟨나ᄉ리) nāri. 놀이. 느리다.

5. 被同化音이 「우」나 「으」일 때에는 이 現象이 弱化된다.

e.g. 느끼다. 느리다. 후미지다. 굽히다. 웃기다 etc.

以上 論及하여 온 i의 逆行同化現象의 諸制約條件과 母音體系 사이의 關係는 次次 說明하겠거니와, 于先 마지막 條件 即 被同化音이 「으」나 「우」일 때는 이 同化現象이 不振하다는 事實과, 마침 「위」나 「의」가 아직도 二重母音으로서의 音價를 維持하고 있다는 事實을 聯想하면 興味津津함을 깨닫게 된다.

被同化 對象音이 그에 對立하는 前舌母音을 가질 때에는(e.g. 오 : 외, 아 : 애,

etc.)이 同化作用이 成立하면서, 當該前舌母音이 새로 生成된 것이 없을 때에는 (即「으」, 「우」의 例), 成立되지 않았다 함은, 時期的으로 二重母音들의 單母音化에 繼起하여 이 同化作用이 일어났다는 事實과 密接한 關聯이 있는 것이니, 後者가 一聯의 前舌母音들에 對한 extension phonologique였음을 알려주는 것이다.

「ᄋᆞ」의 Entphonologisierung과 二重母音들의 單母音化도 이와 同一한 關係에 선다. 從來「ᄋᆞ」音의 音價論에서 有力한 論據로 愛用되던 事實이지만, monophtongaison에 있어서「ᄋᆡ」가 하나의 單母音으로 固定되지 못했다는 것은 一聯의 單母音化現象이 적어도「ᄋᆞ」音의 消滅 以後에 生起하였음을 알려준다. 「ᄋᆞ」의 音韻으로서의 消滅이 既存 音韻體系에 存在했던 調和의 崩壞를 意味하는 것이라면, 그로 因하여 생긴 破綻을 收拾하고 새로운 調和를 찾아오게 하려는 努力이 單母音化 現象이요, 여기 生成된 一聯의 前舌母音들의 音韻體系에서의 位置를 補强시키는 存在가 i의 逆行同化作用이었다고 理解된다.

그러나 이 monophtongaison이라는 現象이 갑자기 形成되었다고 速斷해서는 안 된다. 어떤 音韻現象에든 그것이 存在하기에 앞서 그것을 準備하는 phénomène extraphonologique가 相當期間 作用하는 것인데, 이는 音韻現象 그 自體에 比하여 훨씬 陰性的이며 不透明하다함을 이 境遇에도 銘心해야 한다. ai, ei, oi etc. 이 ɛ, e, ø로 變化한 것은 事實이지만, 그렇게만 簡單히 보아 넘김은 皮相的인 일이다. 우리는 이 現象이 音韻的으로 表面化되기 以前의 資料들에 對하여 extraphonologique한, 다시 말하면 紙背에 徹하는 觀察을 가져야 한다.

「捷解新語」等 지난날의 日本語 教課書類에 있어서의 日語「エ」音에 對한 轉寫는 이點에 있어서 貴重한 資料가 된다. 間或「エ」音에 對한 轉寫에서「여」, 「예」가 使用된 것을 가리켜 [j]가 「어」를 前舌化시키려는 人爲的 努力의 表示라고 하는 일이 있으나,[42] 이것은 不當한 見解다. 이 [j]의 介入은 오로지 日本語「エ」의 그 當時의 音價가 純粹한 [e]가 아니요, [ⁱe]였음에 基因하는 것으로

事實에 忠實한 轉寫態度였을 뿐이다.[43] 勿論 je의 e는 다른 e에 比하여 前舌的으로 實現되었겠지만 事實의 本末을 顚倒시켜서는 안 된다. 그런데 여기서 이런 類의 것보다 훨씬 本質的이고 重要한 일이 있으니, 그것은 音節副音的ḭ의 添加라는 存在요 또한 어떤 境遇에 이것이 免除되어 單純히 「여」로 表記되었는가 하는 問題다.

이미 捷解新語 程度의 時代에 오면 音節副音的인 ḭ가 音聲上으로는 [e]로 實現되었을 것이 아닌가 想定되며, 그런 境遇의 音節主音들도 相當히 前舌化된 allophone으로 實現되었던 것이 아닌가 한다. 이러한 過程은 다른 言語들에 있어서도[44] -i Diphtong의 單母音化에서 一般的으로 認知되는 現象이다. 純正 [-i]라면 오히려 日本語의 「エ」에서 그 距離를 멀게 할 뿐이지 「어」의 前舌化에 貢獻할 수 있다는 것은 생각하기 어려워지겠기 때문이다.

音節副音 ḭ가 免除되는 條件도 興味가 있다. 主된 要素는 n音이다. 이 n音을 頭音으로 할 때 捷解新語 第一卷에서는 하나의 例外도 認定할 수 없는 것이다.

녕 18例, 년 3例, 녀 9例

n을 音節末音으로 할 때도 이런 傾向이 相當히 强하지만 ḭ를 붙이기도 한다.

면 5例, 션 4例, 선 1例(셴 1), 련 5例(렌 12), 옌 1例, 젠 2例.

---

42 許雄 : op. cit. p.167.

43 金完鎭 : 「捷解新語에서의 日本語 轉寫에 對하여」(文理大學報)〈서울大〉 Vol.5, No.2. 1957. 을 參照.

44 例를 들면 蒙古語에 있어서의 ḭ 는 [e]로 實現된다.

Im Khalkha-Mongolischen existieren vorwiegend solche Diphtonge, deren Silbenträger ein breiter oder offener Vokal (a, o), und deren zweite Komponente ein i (genauer è) ist. (N. Poppe, *Khalkha-Mongolische Grammatik.* Wiesbaden, 1951 p.19).

末音n은 頭音n보다 弱한 條件임을 알 수 있다.

以上에서 n이 -i의 免除에 關與하는 要素가 된다는 일은 앞에서 取扱한 i의 逆行同化作用에서 被同化音이 들어 있는 音節의 頭音이 n일 때에 母音間 子音의 强한 妨害에도 不拘하고 그 母音을 前舌化시킨다는 事實과 對照하여 甚히 示唆的인 存在다. 앞에서도 言及했지만 「어」의 音價를 現代語에서처럼 [ə]로 보고 들어가기 때문에 日本語 「エ」의 轉寫에 「여」의 [j]가 前舌化의 努力表示니 하는 말이 나오는 것이요, [ɜ]程度로 본다면 問題는 簡單히 解決되는 것이겠다. -i([-ɐ])의 添加도 「エ」의 忠實한 轉寫를 爲한 努力이지만, n의 介入下에 그것이 免除되는 것도 不注意에서가 아니요, 그런 音聲環境下의 「어」는 [e]에 거의 가깝게 實現된다는 點에서 取해진 態度일 것이기 때문이다. (jap. エ[ie]를 表示함에 [jɜɐ] [jɐ]를 쓴 것이 된다.)

이에 筆者는 滿洲語나 蒙古語의 e를 「어」로 轉字해 온 傳統에 對해서도, 勿論 그것이 어느 方言에 對한 轉寫냐에도 달렸겠지만, 덮어놓고 그 e가 中舌化된 것이었다고 斷定하는 데에 簡單히 同調하기를 躊躇한다.[45] 事態는 오히려 逆의 論理를 要求할 形便이다.

以上 主로 母音 「어」를 中心으로 하여 그 音價를 再論하며 i-Diphtong들에 있어서의 assylabic -i의 音價가 [ɐ]였겠음을 論하였다. 그러나 音韻으로서의 e가 아직 存在하지 않았던 時期였으므로 이들은 毅然히 音韻論的으로는 ai, ei, oi임에 變化는 없다. (「위」 「의」의 境遇는 趣向이 좀 다르겠지만)

이와 같은 外國語 轉寫에 對한 考察에 自生的 變化 여〉에(앞에 子音을 가진다)의 現象에 對한 새로운 理解를 添加하면 더욱 論理의 補强이 이루어질 줄 믿는다. 萬若에 이 變化를 一種의 inversion이라고 하는 見解가 있다면, 그것은 이 現象이 二重母音들이 嚴存했던 時期에 이루어졌다는 것을 前提로 하여

---

45 現代蒙古語에 있어서 e가 [ə] 또는 [ɜ]로 實現되고 있기는 하나, 아직도 長母音을 强하게 發音할 때에는 ε(또는 ä)가 되기 때문이다. (cf. N. Poppe. op. cit. p.18)

야 하겠으나, 그러한 時代의 文籍에 이런 變化의 類例를 찾을 길 없고, 또한 -jə->-e-의 中間段階로 -je-(예)가 있는 以上은 그렇게 思考를 돌릴 수는 없는 것이 아닌가 한다. 이것은 바로 單母音化가 이루어진 다음에 [je]에 가깝게 實現되던 「여」의 「어」가 새로이 形成된 單母音(音韻으로서의) e(에)에 partager된 事實을 보여 주는 것에 不過하다. 이 現象이 가장 强하게 作用한 慶尙道 方言의 言語事實은 이것을 如實히 證明하고 있다.

   e.g. 혀(舌)〉ᄒᆞ혜(hje)〉셰〉세〉쎄

   萬若 혀〉헤(hɛi)〉헤(he)의 過程을 밟았다면 h의 口蓋音化를 期待하기 어려웠을 것이다. 따라서 다른 例들을 苟且히 列擧하지 않는다 하더라도 이런 種類의 「여〉에」의 音韻變化가 國民學校 「셈본」式의 inversion 云云의 思考方式으로 解決될 것이 아님을 이 한 例가 充分히 說明할 수 있는 것이라고 믿는다.

四. 母音趨移 (其一) ─「우」를 中心으로─

   十五世紀 國語의 母音 「우」가 [ʉ]라는 音價를 가졌었다 함은 이미 指摘한 일이 있고, 그것이 이 小論의 出發點이었다. 그 當時의 母音體系에 있어서 嚴格한 意味에서 音聲上으로 非前舌 閉母音이라고 불리울 것은 이 「우」 하나뿐이었다. 그러므로 外國語의 非前舌 閉母音을 轉寫할 最適格의 音韻은 「우」일 수밖에 없다는 論理가 成立된다. 이러한 狀態는 初刊捷解新語의 時代, 即 A.D. 1618年(萬歷 戊午. 但 刊行은 康熙15年 丙辰 即 肅宗3年. A.D. 1676)까지 維持되었던 것으로 보이니, 日本語의 「ウ」에 對하여 「우」를 對應시킴에 하나의 例外도 許諾치 않고 있다. 萬若 「으」가 오늘날과 같은 張唇閉母音[i]였다면 圓唇性이 缺如 乃至는 微弱했던 日本語의 「ウ」에 對해서 一方的으로 「우」만을 固執

하였을 理가 없었을 것 같다.[46]

e.g.

> ふねいつそうがおくれまるしたほとに
> 후녀인소웅가오구례마루시따혼도니

> きつかいまるする
> 긴주까이마루수루

> くたりて
> 군다린데

> まつ
> 만주

> たふん
> 다분

> たのむて
> 다노문데

> むしに
> 무싀니

> あいさつ
> 아이사쑤

> すなはち
> 수나와지

그러나 改修捷解新語 製作의 時期인 A.D. 1871年에는 事情이 判異하게 달라졌음을 發見케 된다. 여기서는

く : 구, 꾸   う : 우   る : 루

ふ : 후, 부   ぬ : 누   む : 무

しゅ : 슈   ちう : 쥬우

와 같이 아직도 「우」를 한쪽으로는 使用하고 있으면서, 한쪽으로는 다음과 같이 「으」를 使用하였다.

つ : 즈, 쯔
す : 스, 쓰, 스

이러한 轉寫는 오늘날 우리가 日本語의 發音에 對할 때 가지는 言語意識과 正確히 合致된다. 即 1618年에서 1781年 사이에 事態의 本質的 變化가 생겼을

---

46 「倭語類解」에서도 同一하다.

것이 推想되니, 이는 「으」가 오늘날과 같은 閉母音으로 變質되었음을 말해주는 것으로 理解된다.

重刊捷解新語 附錄 伊呂波半字 橫相通에서

ウクスツヌフムユルゥ 脣合齒開脣^{或曰}이라고 記錄한 言語事實이 轉寫上에 나타난 것이라 할 것이다.

這間의 經緯를 알려주는 外的 資料로서 다음과 같은 重刊捷解新語 凡例의 句節들이 있다.

　一. 新語之刊行 雖在 肅宗丙辰 而編成則 在萬歷戊午間 故彼我言語 各有異同不得不筵稟改正.

　一. 彼語則 古今廻異 使役人讀之 或有不知何語者 故就其中古今無別略存之 餘悉改正所欲者 十中八九.

　一. 我語一從舊書 而亦或有古今異宜者 與彼語 不相値者 不得不改正所欲者 十中二三.

主로 日本語에서의 變化가 重要視된 것은 當然한 일이겠지만 p〉f〉h의 變化나 그 밖에 鼻母音의 消滅 等 日本語史上 重要한 現象들의 生成으로 轉寫體系가 달라진 가운데, 「ウ」의 表記의 變化는 國語 母音體系의 變質에서 由來하였다고 把握될 存在다.

그러나 萬若에 이 事實 하나밖에 擧論할 수 없다면 「으」의 音價의 變化 有無에 對하여 疑心한다 해도 오히려 容或無怪일 것이나, 이와 連鎖的인 關係의 事實들이 엿보여 一種의 Vowel shift가 作用하였음을 認知하게 된다.

特히 注意할 것은 1781年이라는 年代다. 「ᄋ」의 音韻으로서의 消滅 및 一聯의 二重母音들의 單母音化가 있었던 다음이요, i의 逆行同化作用이 일어나고 있던 때였을 것이다. 따라서 「으」의 閉母音化 및 그와 함께 일어났을 「우」의 變質 等 一聯의 事實은 위에 言及한 現象들과의 密接한 關聯下에 觀察될 것이 要請된다.

五. 母音趨移 (其二)

「ᄋ」音의 消失過程에 있어서 第二音節의 「ᄋ」는 「으」로 代替되고 第一音節의 「ᄋ」는 「아」로 代替되는 것을 原則으로 했음은 너무도 有名한 事實이요, 또한 이 두 가지 現象은 그 發生時期도 달리하고 있다.[47]

그러나 여기서 重要한 것은 몇 個 안되지만, 兩 境遇에 各各 例外가 存在한다는 點이다.

e.g.

a) 第一音節에서의 例外

  ᄒᆞᆰ〉흙 ᄒᆡ다(白)〉희다. etc.

b) 第二音節에서의 例外

  사ᄅᆞᆷ〉사람, ᄇᆞᄅᆞᆷ〉바람.

  일ᄏᆞᆮ다〉일칸다〉일컫다.(稱)

  ᄀᆞᆷᄌᆞᆨ〉감작〉깜짝 (Onomatopoeia) etc.

第一二節의 「ᄋ」로서 가장 먼저 動搖를 보인 것이 ᄒᆞᆰ〉흙, ᄒᆡ다〉희다의 例들이요, 이것들이 나타나는 時期에 있어서는 한창 第二音節의 「ᄋ」가 「으」로 옮아가고 있었고, 그 反面 第一音節의 「ᄋ」로서 後에 「아」로 變할 것들은 아직 아무런 動搖도 일으키지 않고 있었음을 알면, 「ᄋ〉아」와 「ᄋ〉으」 두 變化 사이의 差異가 第一義的으로 時期의 問題임을 斷定할 수 있을 것이다. 即 第一次의 變化는 主로 第二音節을 掩襲했으나, 第一音節의 「ᄋ」라 하더라도 이 때에 侵犯當한 것은 第二音節의 것들과 같은 變化를 입었고, 反對로 第二音節의 「ᄋ」라 하더라도 이 第一次의 變化를 謀免한 것은 다음 時期에 主로 第一

---

47 李崇寧 : 「國語音韻論 研究」 第一輯, "·"音攷, pp. 287~290. 參照.

音節의「ᄋ」들을 襲擊하는 第二波에 휩쓸린 것으로 보인다. 現代 濟州島方言에 있어서만 하더라도, 오늘날 第二音節의「ᄋ」가 거의 全部「으」로 交替되어 버렸으면서도,「아ᄃᆞᆯ」(子)의「ᄋ」는 그대로 남아있으니, 將次 어느 時期에 가서 第一音節의「ᄋ」들이 第二音節의 一般的 變化와는 다른 變化를 입게 될 때「아ᄃᆞᆯ」의「ᄋ」가 그 물결에 휩쓸려 들 것은 거의 틀림없는 일일 것이다.

적어도 十八世紀 初頭까지에는 그 結末을 지었을「ᄋ」의 變化에서「ᄋ」〉「으」,「ᄋ」〉「아」가 繼起的인 時期에 發生하였다 함은 意味深長한 일이다. 萬若 先行하는 時期와 그에 後行하는 時期 사이에 音韻體系의 本質的 差異를 想定하지 않는다면, 첫 번 時期에 있었던「ᄋ〉으」의 形式이 그 後에도 繼續되었을 것을 期待함은 至極히 穩當한 일이 아닐까 한다. 그렇건만, 事實은 前述한 바와 같이 이러한 豫想을 깨뜨리고 있으니, 變化를 입는「ᄋ」의 位置는 副次的인 存在요, 變化를 입는 時期가 主導的임을 再確認케 한다.

筆者는 이러한 差異를「ᄋ」의 音韻體系上의 價値가 前後 相異하였음에 由來하는 現象으로 把握하며, 이는 또한「으」,「우」와 聯關된 現象이었을 것으로 理解하려 한다.

第一次의 變化, 即「ᄋ〉으」의 結果는 相關的 對立을 이루던「ᄋ」와「으」사이의 對立의 消滅, 即 中和를 意味한다. 다른 條件의 關與가 없었다면 이 現象이 더욱 擴張되는 것을 期待할 수 있었을는지도 모른다. 그러나 이때에 (1618~1781 사이의 어느 時點)「으」의 閉母音化와「으」에 밀린「우」의 後舌化라는 現象이 일어났고, 따라서「오」는 現代語에서와 같은 位置로 더욱 밀려 내려왔을 것이며, 그 連鎖作用으로서「ᄋ」는 좀 더 低母音化했고,「아」는 中舌音化의 길을 떠났을 것이다. 即 이때쯤 되면,「ᄋ」의 音價는「ɑ」가까웠을 것이요, 이럼으로써 이미「ɨ」의 音價를 가지게 된「으」와는 아무 親近한 對立 關係도 가질 수 없게 되고, 오히려 새로이 中舌化된「아」와 密接한 對立關係를 가지게 되어, 여기서 音韻「ᄋ」의 消滅의 後半期가「아」와의 關聯下에 이루어지는 樣相을 띠게 되었던 것으로 보인다.

音韻論的 安定이 音韻 相互間의 距離에 正比例하는 것이기 때문에, 한 音韻의 移動은 連鎖的으로 다른 音韻들에 作用하는 것이며, 이것이 音韻趨移라는 이름을 取하게 된다.

要컨대 이 時期의 單母音體系는

```
ᄋ        아
오        어
우        으        이
```

라는 暫定的 狀態를 거쳐서 다시 一種의 三角體系인

```
         아
오        어
우        으        이
```

에 이르러, 여기서 새로운 前舌母音들의 生成을 맞이하게 된 것으로 보인다.[48]

그러므로 「ᄋ」의 消失이나 二重母音들의 單母音化는 그 現象 自體도 重要한 것이겠지만, 母音體系 自體의 變貌를 가져왔다는 面에서 더욱 意義있는 일이라 할 것이다. 單母音化는 于先 「애, 에, 외」에 對해서 이루어졌을 것이므로, 十八世紀의 母音體系는 다음과 같았을 것이다.

```
         아              애
오        어        외      에
우        으              이
```

이에 筆者는 이 體系의 成立 以後를 母音史에 있어서의 近世라고 부르기를 提議한다. 時代 區分에 絕對 年代를 쓰기 힘들지만, 便宜上 1750年頃을 擇함

---

48 李崇寧: 「音韻論 研究」 p.447 以下에 些細한 說明이 있다.

이 좋지 않을까 한다. 따라서 十五世紀的 母音體系를 維持하는 期間을 母音史 上의 中世라 부르고, 그에 先行한 時代를 古代라 부를 수 있을 것이다.[49]

六. 現代國語의 母音體系

現代國語의 母音體系는 子音의 境遇와는 달리 方言에 따라 甚한 差異를 呈 示하고 있다. 여기서는 代表的인 몇몇 方言에 對하여 살펴보겠다.

1. 서울方言의 母音體系

서울을 中心으로 한 地方의 方言이 10個(가장 많은 母音數를 가진 個人을 基準 으로)의 單母音을 가지고 있음은 周知의 事實이다.

	아		애
오	어	외	에
우	으	위	이

十五世紀의 國語가 가졌던 母音體系의 變質은 이미 17~18世紀에 一段落을 告하였으니, 그보다 한 걸음 더 나선 現代國語의 母音體系를 特徵짓는 本質은 十五世紀的인 것과는 距離가 멀 수밖에 없다. 그러므로 現代國語에 對해서까 지 十五世紀的인「母音調和」云云함은 妄斷이다. 母音體系의 基本構造가 달 라진 마당에 上部構造인 母音調和만이 安全하라는 論理란 想像할 수 없는 일 이기 때문이다.

---

49 勿論 이 時代區分이 國語音韻史 一般에 그대로 適用된다고 斷定할 수는 없다. 子音史의 考慮 가 있어야 하기 때문이다.

또한 母音間의 對立關係의 性質이 現代와 訓民正音 時代에 共通的인 것이 기를 바라는 것도 至難한 일이다. 第二章에서 旣述한 바와 같이 十五世紀에 있어서의 母音間의 相關的 對立은 後舌母音 對 非後舌母音의 對立이었다. 即,

$$
\begin{array}{cccccc}
\text{ᄋ} & \text{오} & \text{아} & \text{애} & \text{외} & \text{ᄋ} & \text{이} \\
\mid & \mid & \mid & \left(\begin{array}{c}\mid \\ \end{array}\right. & \mid & \left.\begin{array}{c}\mid \\ \end{array}\right) & \\
\text{으} & \text{우} & \text{어} & \text{에} & \text{위} & \text{의} &
\end{array}
$$

였다. 여기서 設或「ᄋ」의 消失이라는 事實을 論外로 한다손 치더라도, 現代 語에까지 適用시킬 수는 없는 對立體系인 것이다. 이미 「아 : 어, 오 : 우」 等의 對立은 「舌」의 位置에 立脚한 對立이 될 수가 없기 때문이다. 訓民正音이 말 하여 주던 「舌縮」 對 「舌小縮」의 對立은 이미 여기서 찾을 수 없고, 開口度에 依한 對立이 눈에 뜨일 뿐이다. 即 「아, 어, 오, 우」 等 音韻이 지금도 옛날처럼 儼存하고 있지만, 그들의 音韻的 價値는 變해버린 것이니, 一種의 Umphono-logisierung이 作用하였음을 알게 된다.

그러면 現代國語의 母音體系는 어떠한 性格의 것인가? 筆者는 現代國語에 서의 새 母音體系에 關與하는 相關的 對立도 Localisation에 基礎하는 것이라 믿는다. 다만 十五世紀의 境遇와 다른 것은 現代語에서는 Arrondissement이라 는 또 하나의 norm이 添加된다는 事實이다. 于先 혀의 位置에 依하여

$$
\alpha \left\{
\begin{array}{llllll}
\text{A.} & \text{이} & \text{에} & \text{애} & \text{위} & \text{외} \\
& \mid & \mid & \mid & \mid & \mid \\
\text{B.} & \text{으} & \text{어} & \text{아} & \text{우} & \text{오}
\end{array}
\right.
$$

로 갈라지며, Arrondissement의 有無로는 다시 다음과 같이 갈라진다.

$$
\beta \left\{
\begin{array}{lllllll}
\text{C.} & \text{이} & \text{에} & \text{으} & \text{어} & \text{애} & \text{아} \\
& \mid & \mid & \mid & \mid & & \\
\text{D.} & \text{위} & \text{외} & \text{우} & \text{오} & \times & \times
\end{array}
\right.
$$

二徵表, 四系列의 體系다. 大槪의 言語에서 開母音의 位置가 中和의 자리라

함을 생각하면,[50] C의 「애」, 「아」에 對한 相對가 D에 없는 것쯤은 오히려 自然스럽다.

α의 境遇에는 前章에서 言及했던 i의 逆行同化作用의 結果로 因한 中和를 보게 된다.[51] 따라서 이것은 整然한 相關的 對立이 되기에 充分하다. 相關徵表가 되는 것은 前舌化(Palatalisation)이다.

β의 境遇에도 이에 比等한 Neutralisation assimilative를 보게 된다. 이 同化作用은 閉母音間에 있어서 뚜렷하며, 脣子音에 後行하는 「이」와 「위」 및 「으」와 「우」는 脣字音下에서 完全한 中和를 보이며, 「외」와 「에」는 아직 轉寫上으로는 區分되고 있지만, 實際 音韻上으로 中和가 造成되고 있는 것으로 보인다. 여기 關與하는 相關徵表는 圓脣性이 된다. 이 β의 對立을 이루는 데 貢獻한 同化作用의 例들은 다음과 같은 것들이다.

믈(水)〉물	플(草)〉풀	블(火)〉불
썔(角)〉뿔	뷔다(空)〉비다.	퓌다〉피다.
뫼(山)〉메	뵈(布)〉베	

α나 β에 있어서의 對立은 모두가 bilatérale하며, proportionnelle하며 또한 privative한 以上 그것들이 相關的 對立의 資格을 가지느냐 못 가지느냐 하는 것은 오로지 中和될 수 있는 對立이 α나 β에 各各 하나 以上 있을 수 있는가 與否에 左右되는 것이다.

이런 意味에서 筆者는 現代語에 對하여 '陽母音'이니 '陰母音'이니 하는 術語를 使用하는 것과, 그런 術語를 쓰게 하는 母音體系 觀念을 忌諱한다. 지금까

---

50 cf. A. Martinet, *Role de la corrélation dans la phonologie diachronique*. TCLP 8, Prague 1939. p.285. *Il est toutefois remarquable que les différentes series ne s'étendent pas toujours au plus grand degré d'ouverture*.

51 N. S. Troubetzkoy, op. cit. pp.251~252. *Neutralisation assimilative*라는 術語와 그 例들이 있음.

지 定說化되어 異論의 介入이 어려울 것 같던 母音體系 觀念, 即 閉母音 對 開母音의 相關的 對立으로 보는 見解에도 이제 筆者는 對蹠的 位置에 서게 된다.[52] 于先

```
아     오     애     외
|      |      |      |
어     우     에     위
```

에 對한 中和의 例를 찾기 힘들다. 母音調和는 이미 崩壞된 지 오래여서 그 殘骸를 Onomatopoeia에 남기고 있을 程度이지 所用이 닿지 않는다. 「아」:「어」의 境遇는 아직 正書法上으로는 維持되고 있으나 實際에 있어서는 「어」로 거의 歸一되었다. 오로지 語幹母音이 「오」요, 거기에 子音의 介入이 없이 直接 連結될 때만 音韻 「아」가 올 수 있는데, 이것은 다른 理由를 가진다.

e.g. 보아라, 좋아서, 놓아서 etc.

「오」 다음에 「어」가 直結된다면 「어」를 그대로 維持하며 發音한다 함은 至難한 일이다. 結局 長母音 [ö]로 縮約되고 말 수밖에 없을 것이다. 이 事實은 오히려 「어」와 「오」가 相關的 對立을 形成한다는 것을 補充 說明해 주는 例가 된다. 勿論 이 境遇는 單一 morpheme 內에서의 現象이랄 수는 없지만, 相關的 對立을 形成하는 두 音韻이 한 morpheme 안에서 直接 連結될 수 없다는 原理에 準하는 것으로 믿어진다. (아마 「뱀」(蛇), 「개미」(蟻) 等의 語詞에서 나타난 애〉아) 애(長音)의 現象도 上例와 同類에 屬하는 것이겠다. 「아」와 「애」가 相關的 對立의 짝을 이루는 것이기 때문이다.)

둘째로 「아 : 어」나 「애 : 에」는 l'opposition privative일 수 없다. 開口度에 依한 對立은 偶數系列을 (即 2나 4나 6 等) 이룰 때에만 相關的일 수 있는 것이요,

---

그런 경우라 하더라도, 적어도 그 中의 어느 한 對立에서 中和가 成功的이라야 하는 것이기 때문이다. 土耳其語의 8母音體系가 開閉 두 系列로 되어 있으면서 그것에 依한 相關的 對立을 形成하지 못함은 有名한 事實이다.[53]

要컨대, 筆者는 十五世紀의 母音體系에 對해서와 마찬가지로 現代國語(여기까지에서는 서울方言)의 母音體系에 對하여도 高母音 對 低母音의 相關的 對立을 否定한다. 筆者의 見解로는 오히려 國語는 歷史上 한 번도 그러한 範疇의 體系를 가져본 일이 없고 恒常 Localisation이 問題되어 왔다 할 것이다.

2. 其他 方言의 母音體系

여기서 筆者는 慶尙道 方言과 濟州島方言, 둘만을 取扱하겠다. 聲調만을 除外한다면 慶尙道方言과 全羅道方言은 그 母音體系에 있어 別般 差異가 없다.

慶尙道方言과 全羅道方言은 大槪「아」「오」「우」「이」및「에」「어」의 六母音을 가지고 있을 뿐으로 3 degrés, 3 séries의 體系를 이룬다. 即[54]

```
          아
      오      에
   우      어      이
```

慶尙道方言에서는 tone에 依한 相關的 對立이 있을 뿐, 이른바 segmental phoneme끼리의 相關的 對立은 그 存在를 認定할 수 없다. 왜냐하면 假定할 수 있는 相關的 對立이란

---

53 N. S. Troubetzkoy, op. cit. p.116.

54 Cf. op. cit. p.122. Tubatoulabal語가 이와 같은 體系를 가지고 있다 한다. 거기서는 中舌高母音이 I로 表示되어 있다. 따라서,

```
          a
      o       e
   u    I    i
```

$$\begin{cases} u : i \\ o : e \end{cases} \quad \text{또는} \quad \begin{cases} u : o \\ e : i \end{cases}$$

뿐인데 兩者가 다 成立될 수 없기 때문이다. 前者에 있어서는 다른 條件은 다 갖추어져 있는 듯이 보이나, u : i의 對立이 bilatérale한 것이 못됨이 缺點이다. 閉母音으로 u, i 以外에 ə(서울 方言의 「어」와 「으」에 對應한다)가 있기 때문에 u : i는 다만 l'opposition linéaire가 될 뿐이다.(十五世紀의 母音體系에서 閉母音에 「이」, 「우」, 「오」의 셋이 있으면서도 「우」와 「오」가 l'opposition bilatérale을 形成하던 것과는 事情이 다름을 注意해야 한다.) 設使 ə를 半閉母音으로 取扱한다 하더라도 結局 o와 e 사이에 같은 難關이 介在케 된다.

u : o, e : i를 생각할 때에는 中和가 이들 사이에 일어날 수 없다는 것과, 또한 果然 이들이 privative한 것인가 하는 二重의 難點이 생긴다. 따라서 慶尙道方言 및 全羅道方言에는 그런 種類의 相關的 對立이 存在치 않는다는 結論이 된다.

濟州島方言은 다음과 같은 9개의 單母音을 가지고 있다.[55]

아, 어, 으, ᄋᆞ, 오, 우, 애, 에, 이(위)

「위」(y)까지 넣는다면 10母音體系이나, 거의 「이」에 吸收되다시피 되고 있으므로 無視하는 것이 나을는지 모른다. 「애」와 「에」의 區別은, 特히 젊은 層에게서는, 確認하기 힘들다.[56] 그러나 1959年度의 調査에서 同僚들과 더불어 筆者는 이 두 音韻이 明白히 區分되는 地方을 確認할 機會를 얻었다.[57] 이에

---

55 李崇寧：「濟州島方言의 形態論的 硏究」(東方學志, 第三輯 1957) pp. 43~38.

56 國民學校 敎師들은 「애」와 「에」의 差異를 말로 表現할 때 긴(長) 「에」 짧은 「에」라는 術語를 쓰고 있었다.

57 李基文 敎授와 筆者는 慕瑟浦 南쪽에 位置한 加波島에서, 또한 李承旭 敎授와 安秉禧 敎授는 漢拏山麓 山間部落에서 같은 成果를 얻었다.

筆者는 「애」와 「에」를 各各 獨立된 音韻으로 取扱한다.

따라서 濟州島方言의 母音體系는 다음과 같이 圖化할 수 있다.

 ᄋᆞ   아   애
 오   어   에
 우   으   이(위)

萬若 「위」를 無視할 수 있다면 完全無缺한 3 degrés, 3 séries의 典型的인 四角
體系가 되며, 全音韻이 相關的 對立에 關與하는 正方體系라 할 것이다. 여기
에는 「애, 에, 이」의 系列에 對한 「아, 어, 으」의 相關的 對立, 및 「아, 어, 으」에
對한 「ᄋᆞ, 오, 우」의 相關的 對立(前者는 혀의 位置에 依한, 後者는 圓脣性 有無에
依한 對立)이 包含되어 全體的으로 三肢的 相關束을 이룬다.

여기에 作用하는 中和의 條件은 서울方言과 같으므로 重言할 必要는 없다.
다만 「위」를 하나의 單母音으로 認定한다 하더라도 그것이 圓脣母音이기 때
문에 「으 : 이」의 對立이 bilatérale하기에 妨害되지 않으며, 그것이 前舌母音이
기 때문에 「으 : 우」의 對立이 bilatérale함을 沮害하지 않는다함은 添言할 必要
가 있을 줄 안다. 「위」를 母音體系에 加算해 넣을 때에는 「이 : 위」, 「위 : 우」의
對立이 追加되어 高母音들의 關係는 다음과 같아진다.

 이 ── 위
 │   │
 으 ── 우

앞에서도 暫時 言及한 일이 있지만, 「애 : 에」의 對立이 消失되어 「에」(이때에는 慣例에 따라 E로 表記하는 것이 좋을지 모른다)만이 남고, 또 「위」가 「이」에 吸收되어 버리며, 第二音節以下에서 거의 消滅한 「ᄋᆞ」가 將次 文獻語에서처럼 第一音節에서도 자취를 감춘다면, 다른 現象의 介入이 일어나지 않는 限, 濟州島方言의 母音體系는 다음과 같은 三角體系를 指向할 것이 아닐까 생각된다.

```
        아
   오  어  에
 우    으    이
```

七. 十五世紀의 母音體系와 先行時代 母音體系와의 關係

「訓民正音」 創製 以前의 音韻體系를 想考할 資料란 甚히 零星하며, 또한 信賴度가 弱한 것들이다. 지금 狀態로는 鄕歌나 地名 人名의 表記는 特히 母音들에 關한 限, 利用하기 危險하니, 文籍으로는 겨우 雞林類事나 朝鮮館譯語가[58] 있을 程度다. 그러나 이 記錄들도 母音面에서는 그리 信賴할 만한 精密度를 가지고 있는 것이 아니므로 다만 어느 傾向을 把握하는 程度에 그칠 수밖에 없다. 朝鮮館譯語에 當時의 우리 漢字音으로 注한 것이 注目할 만할 뿐이다.[59]

---

58 雞林類事의 成立年代에 對하여는 高柄翊, 雞林類事의 編纂年代(歷史學報 10輯, 1958)을 參照. 朝鮮館譯語는 十五世紀 以前으로 遡及시킬 것인지 아래로 끌어내릴 것인지 速斷하기 힘든 點이 있다.
   cf. 李基文, 朝鮮館譯語의 編纂年代. 文理大學報 〈서울大〉 Vol. 5 No. 1957. (여기서는 前者의 意見을 볼 수 있다.)
59 朝鮮館譯語의 中國語는 「中原音韻」의 音韻體系보다 좀 더 後期의 狀態를 보여주는 것이니, 例를 들면 侵尋, 廉纖, 藍咸 等의 韻이 中原音韻에서는 아직도(A.D. 1324) 健在하였음에도

그러므로 古代國語 乃至 原始國語의 母音體系에 對한 硏究는 不得不 國語 漢字音에 對한 省察과[60] 比較音韻論의 方法에 依한 推定에 依賴하게 된다. 그러나 이런 것들을 當場에 解決짓기란 實際上 容易한 일이 아니요, 또한 筆者가 本稿에서 意圖하는 바도 거기까지 미치는 것은 아니다. 다만 筆者가 十五世紀의 國語 母音體系에 對해서 내린 新解釋에 史的 意義를 添加시키고자 할 뿐이다. 即 알타이共通基語의 母音體系가 現代國語의 母音體系에까지 發展하여 오는 中間點에서 橋梁的 意義를 가지는 十五世紀의 國語 母音體系에 對한 合理的 理解의 增進을 圖謀하기 爲해서인 것이다.

1. 朝鮮館譯語에서

「ᄋᆞ」를 나타내는 데에는 大體로 이른바 紙祇三等韻이 使用되었으나, ㅓ가 使用된 例도 있다.

不拘하고 朝鮮館譯語에서는 m, n이 n으로 歸一되었음을 볼 수 있고 支思韻의 「二」가 前者에 있어서는 아직도 而至切임에 反하여 後者에서는 國語의 音節末音 「ㄹ」을 表記하는 데 使用된 것 等이다.

當時의 우리 漢字音을 轉寫한 例들을 들어 보면,

田 點	麟 林		新 沈	身 沈
心 沈	仙 閃		陰 引	嘆 膽
深 沈	扇 閃		今 根	錦 根

etc.이 있고, 「二」의 用例로는

天 哈嬭二, 月 得二, 星 別二, 土 黑二, 石 朶二, 路 吉二, 米 色二 等이 있다.

大體로 現代官話에 比較的 가까운 音韻體系를 보이는 것으로 看做되는데, 그런 背景을 두고 이루어진 이 記錄의 國語 母音 轉寫가 信賴할 만한 精密度를 띠고 있지 못함은 甚히 遺憾된 일이다. 彼我 兩言語의 母音體系間의 間隙이 主原因이겠지만, 當事者들의 母音差에 對한 把握能力도 稱讚할 만한 것이 못된다. 따라서 一字一音의인 轉寫를 여기에 期待하는 것은 徒勞에 屬한다. 우리가 할 수 있는 일은 一般的인 傾向의 抽出과 그 解釋에 그친다.

60 여기에도 難關이 있으니, 國語 漢字音이 固定을 본 時期의 問題와 中國의 어느 地方 發音에 緣由했느냐 하는 것 및 固定後에 입었을 變化를 어떻게 抽出하느냐 하는 따위가 그것이다.

自, 子, 以, 世, 思, 色

「으」는 主로 ə와 i로 적혔다.

引, 哈, 根, 吟, 色, 亭, 恨

「世」字는 「으」를 나타내는 例에 「아」, 「이」 等을 나타내는 데도 씌었으며, 「以」도 「이」, 「의」 等에 쓰이고 있는 데 反하여 「自」, 「子」, 「思」 等 三等韻만은 다른 데 나타나지 않음이 興味롭다. 十五世紀의 母音體系를 論議하는 章에서 言及하였듯이 「으」의 音價가 오늘날과 달랐음을 말하여 주는 것이라 할 것이다.

또 하나 指摘할 만한 것은, 相當한 例外가 存在하기는 하지만, 大槪 한 漢字가 國語의 相異한 두 母音을 나타내는 데 使用된 것들을 보면, 그것들이 相關的 對立을 形成하는 한 雙의 母音들인 境遇가 많다는 點이다.

이미 위에서 例示한 「色」字처럼, 「으」와 「으」에 共用된 것 外에, 「아」와 「어」 사이에 「捨」, 「耶」, 「把」, 「格」 等이 쓰였고, 「오」와 「우」를 「谷」, 「莫」, 「落」 等이 代身하고 있다. 勿論 「得」字 같은 것은 「으」 「어」 「으」 等에 쓰이고 있어 이런 音韻들과 密接한 關係에 있음을 엿보여주는 것 같이 보이나, 처음에 말한 것처럼 워낙 不正確한 表示들인 데다가 이 記錄의 成立年代에도 異論이 있는 만큼, 오래 執着함은 禁物일까 한다. (以上은 主로 國語 漢字音에 對한 注音을 資料로 한 것이다.)

한편 雞林類事에는 더욱 많은 隘路가 가로놓여 있어, 母音에 關한 限, 疏忽히 依賴할 수 없으므로 그에 對한 言及은 省略하는 것이 좋을까 한다.

2. 同族語와의 比較에서

筆者는 알타이共通基語의 八母音과 十五世紀國語의 七母音과의 對應關係를 다음과 같이 생각한다.[61] 但 이것은 第一音節의 母音을 主로 하여 想定한 것이다.

共通基語　　a　o　u　y　e　ö　ü　i
國　　語　　a　a(o)　o　i　e̦　ɨ　u　i

基語 a=國語 a[62]

Kor. aba-nim 'Vater', mo. aba, tü. tel. kys. abai tung. ama id. (SKE 3)

Kor. aguri, agari 'Mund' tü. atü. uig. čag. aɣuz 'Mund', mtü. aɣ 'Zwischenraum zwischen den Schenkeln' mo. ag 'Zwixchenraum'.

Kor. al- 'kennen, verstehen', ma. algi- 'bekannt sein', ala- 'bekannt machen, veröffentlichen', tung. ala-wu- 'lehren, unterrichten', go. alo-si id., mo. al-da-r 'Ruhm', mo. MNT alginči 'Späher', (SKE 7) tü. jap- 'machen, bauen', mo. ǯa-(*ǯaga-), mo.L. ǯaga-, ǯiga- 'zusammenfügen', dah. (Iwan. 38) ǯaa- 'sich beschäftigen'. kalm. zā- 'schlichten, zerteilen', tung. ǯawa- 'greifen', ma. ǯafa-, go. ǯapa- id. kor. čap- id. (SKE 23)

---

61 Ramstedt의 推定은,

a　　o　　u　　y　　e　　　ö　　　ü　　　i
a　　o　　o　　i　　e̦(o)　u(e̦?)　j(u)　　i

와 같으나 몇 가지 理由에서 그와 다른 見解를 筆者는 表示한다. 但 Urspr. u=Kor. o의 見解는 卓越하다.

G. J. Ramstedt, *Einführung in die altaische Sprachwissenschaft* I *Lautlehre*. Helsinki, 1959. p.137을 參照.

62 이 境遇에 對해서는 別般 異論이 있을 수 없겠기에 G. J. Ramstedt. ibid. p.140에서 몇 個의 對應例를 引用하였다. 便宜上 配列은 좀 달리했다.

基語 o=國語 a(o)

Kor. mạl 'horse' =mo. morin. ma. go. morin, oroč. mujin, tung. murin id.

mk. hạrk 'earth, soil' =nü. A. ših-li-hēi 'sand' Gol. siru id., Ol. sija, siru id., Sol.

širuktaā id., Barg. sirugi id. Tng. C. siruk id.=Mo. siroi⟨˚siruɣai 'earth, dust', Mm.

širu'ai id., Kh. šoroi id.⋯⁶³

Mk. p'ạr p'ari 'fly'⟨˚polo⟨˚pilo=Mo. ilaɣa, ila-ɣasun 'fly'⋯

대개 蒙古語에서 母音 a는 後行하는 -uɣa의 影響下에 o로 發達하는 것이니,
-uɣa는 곧 o와 同等한 것으로 看做된다.⁶⁴

基語 u=國語 o

Kor. korani 'wildes Renntier'=mo. guran 'Antilope' tung. guran 'Saiga-Antilope',
kkir. quran 'wildes Tier'. (SKE 125)

Kor. orä 'lange her, vor langer Zeit', no. urida 'bevor, ehe', tung. uripti 'eher,
früher', tü, uza- 'lange dauern', uzaq 'lang' (SKE 178)

Kor. mod- 'Zusammen kommen', sich vereinigen, mo. muži 'Provinz, Nation',
atü. uig. mtü. budun 'Nation, Volk'. (SKE 132)

日本語와의 사이에도 다음과 같은 對應이 成立된다.

곰(熊)=kuma id.   외(瓜)=uri id

63 Cf. Lee Ki-Moon, On the Breaking of 'i in Korean. (亞細亞研究 Vol. 2, No. 2) 1959 pp.135~136.
繼續하여 Mk. sar- 'to burn'과 Mk. nar- 'raw'를 發見할 수 있다. 'o=mk. a의 對應은 筆者를 啓蒙
시킨 바 크다.

64 N. Poppe. Vergleichende Grammatik der altaischen Sprachen. Teil I Vergleichende Lautlehre. Wiesbaden,
1960. p.96.

곳(花)=kusa(草).

基語 ö=國語 j[65]

mk. mjl 'water' mo. mören 'River', tung. mū ma. muke 'water'

mk. pjl 'Fire', mo. ör, 'the flames and heat of the fire'. turk. ör-t 'fire, prairie-fire'. mk. p'jl 'grass' =turk. öl 'fresh, moist, damp' türk. ölan 'green grass'…etc., mo. ölü. öle 'fresh, moist'.

基語 ü=國語 u

Kor. čūl 'Feile'=mtü. jüli- 'raisieren' osm. jülü- id. mo. ʒulge- abreiben, abschleifen'. kor. nun 'eye'=mo. L. nidün kh. nɯD etc., kor. pul- 'to blow'=ma ful'ge- id. mo. ülije- id., kalm. ülè-, kh. ɯlʰè- id.

餘他의 對應例들은 引用을 省略하고 앞에 든 對應例들이 意味하는 바를 吟味하겠다. 勿論 母音體系의 對應이 이렇게 簡單히 끝날 性質의 것은 아니지만 以上의 것들이 主導的 傾向일 것으로 筆者는 생각한다.

于先 共通基語의 ˙u에 o가 對應된다는 것은 筆者가 앞에서 十五世紀 國語의 母音體系를 論할 때에 「오」를 後舌閉母音으로 取扱하였던 것을 뒷받침하여 준다. 原語의 ˙u로부터 오늘날의 完全한 o에까지 옮아오는 中間段階에 있었던 것을 意味한다.

또한 「우」가 ˙ü에 對應된다는 事實도 비슷한 意義를 가진다. 筆者는 十五世紀에 있어서의 「우」의 音價를 [ㅸ]라 했다. 이것은 곧 「우」가 ˙ü로부터 오늘날의 後舌音 u로 옮아오는 中間段階에 있었음을 意味한다.

---

65 G. J. Ramstedt가 이러한 對應例들을 op. cit. p.147에서의 u의 境遇에 넣어 取扱한 것은 先行하는 脣子音에 同化된 現代語形에 基礎를 두었던 탓이다.

「으」나 「ᄋ」의 境遇도 同一하다. 「으」에 對하여 ˚ö가 對應된다는 것은, 十五世紀의 「으」를 半開母音이요, 音韻論的으로는 中舌音이나 比較的 前舌的으로 實現되었던 것으로 推斷했던 筆者의 見解를 妥當化시켜 주는 것이라 믿는다. ö가 圓唇性을 喪失하고, 오늘날의 「으」[ɨ]의 位置로 轉移해 가는 모습을 눈앞에 그리게 한다. 「ᄋ」에 對하여 ˚o가 對應된다는 것도, 그것이 十五世紀에 있어 「오」와 「아」의 間音이라는 點에서 示唆的이다. ˚ö가 圓唇性을 잃고는 閉母音化의 길을 걸은 것에 비슷하게 ˚o는 圓唇性을 잃고는 開母音化의 길을 걷게 된 것이다.

結局 筆者가 主張한 一聯의 母音趨移는 決코 十五世紀에 시작된 것이 아니요, 그 前부터의 强한 흐름의 繼續이었음을 알게 되며, 十五世紀 國語의 母音體系를 筆者와 같이 理解할 때에 비로소 共通基語와 現代國語의 母音體系가 合理的으로 連結될 수 있는 것이라고 믿는다. 設令 問題가 이 小稿에서와 같이 母音 乃至 音韻에 關한 것이 아니더라도, 한 言語가 어느 語族에 屬한다 하면, 歷史上의 어느 段階의 言語事實이든, 그것은 언제나 共通基語 및 現代語와 合理的으로 連結되지 않으면 안 된다는 것이 筆者의 所信이다. 萬若 이것이 不可能하다면 問題는 둘 中 하나다. 그러한 親緣性의 假定이 잘못된 것이었거나, 그렇지 않으면 言語事實 그 自體에 對한 觀察이나 理解가 不充分하였거나에 緣由할 것이다.

3. 漢字音에 대해서

國語 漢字音에 對하여도 指摘할 만한 몇 가지 두드러진 事實이 있다. 國語 漢字音 自體의 成立時期를 確定하지 못하고 들어감이 不安한 일이기는 하지만, 逆으로 그 時期 決定에 寄與하게 될는지도 모른다.

正確히 一致한다고 壯談할 수는 없어도 大體로 國語 漢字音은 廣韻의 體系와 近似한 것이 아닌가 생각된다. 支紙韻 中의 「子, 思, 慈」 等이 「ᄋ」로 받아들여진 것은 이미 當代의 中國音에서 音韻論的인 差異는 없었다 하지만, 音聲上의 差異를 가지고 있던 것이 우리 先民들에 依하여 音韻上의 差異로 意識된 것이 아닌가 한다. 國語 漢字音이 大體로 唐音的인 樣相을 띠면서 이것만이 宋音的인 모습을 보이는 差錯을 解決해 줄지 모른다.[66]

먼저 「오」와 「우」에 對하여 말한다면, 共通基語의 *u에 對하여 十五世紀 國語의 「오」가 對應되었던 것과 비슷한 關係를 發見할 수 있다. 擧皆의 o가 그대로 「오」로 받아들여진 反面에 相當數의 u가 「오」로 되어 있는 것이다. 1) 純正單母音 u는 아마도 거의 例外 없이 「오」로 되었고, 2) 그 밖의 u의 一部가 또한 그렇게 되었다.

1) 目, 服, 覆, 福, 腹 …… etc.
2) 谷, 哭, 斛, 祿, 禿, 獨, 族. 速. 木, 卜 etc.

그 앞에 [j]를 가진 u들(音韻論的으로는 [ju]=ü?)만이 「우」로 되었으니, 이는 앞서 十五世紀 國語의 「우」가 中舌母音이었다고 한 筆者의 見解와 좋은 對照가 된다. 即 같은 u인데도 [j]와의 結合으로 比較的 中舌的으로 實現되던 것들만이 「우」로 받아들여지고 나머지 것들은 「오」로 받아들여진 것이라 본다. 前者의 例로는 다음과 같은 것들이 보인다.

竹, 菊, 叔, 祝 etc.

「ᄋ」와 「으」의 境遇도 興味 있다. 이미 論及한 일이 있듯이[67] 「子」, 「思」 等의 中國語 母音은 적어도 李朝初의 音價로 表示할 때, 「ᄋ」와 「으」의 間音이

---

66 Cf. 有坂秀世: 「漢字の朝鮮音について」(國語音韻史の研究, 1957) p.305 以下 參照.
　特히 pp.310~311에서 "五代 或은 宋初에 求해야 한다"고 했다.
67 註 32 參照.

요, 어느 便이냐 하면 「ㅇ」쪽에 오히려 가까웠겠다. 그러기에 「四聲通攷」 等
에서 「ㅇ」로 轉寫되었던 것이며, 또한 더 올라가 國語漢字音으로도 「ㅇ」로 固
定된 것이겠다. 그런데 여기 한 가지 더 注意할 것은 母音 「ㅇ」를 가진 漢字들
이 이 一聯의 것들 外에 또 있다는 事實이다. 于先 그런 것들로서 元阮願月에
屬하는 다음과 같은 漢字들을 들 수 있다.

呑, 懇, 墾, 恨, 孛, 淳… etc.

같은 韻目에 屬하는 漢字들 가운데에서 唯獨 이것들만이 「ㅇ」가 되었다 함
은 當時의 이 韻이 中舌 乃至 前舌的인 것이면서 (그러기에 大部分은 「어」가 되
었다.) k, t, h로 시작하는 몇몇 字만은 比較的 後舌面에서 實現되던 allophone
들이었기 때문임을 말하여 주는 것이 아닌가 한다. 또한 나머지의 같은 系列
의 漢字들이 「으」(「ㅇ」에 相對되는)가 아닌 「어」에 依하여 받아들여졌다 함은
「으」나 「어」 等이 後舌의 「ㅇ」나 「아」에 比하여 相當히 높은 位置에서 實現되
던 것임을 말함인 듯하다.

「으」는 主로 純正母音 「ə」와 -i 二重母音을 形成하는 e를 받았다.

ə : 特, 得, 黑, 勤, 北, 默 etc.
e : 衣, 祈, 豈, 幾 etc.[68]

國語 漢字音으로서의 「이」는 그 形成이 中國 漢字音 自體의 忠實한 描寫에
依한 것인지, 또는 國語 안에서의 어떤 變化에 由來된 것인지, 筆者로서는 아
직 確言할 수 없다.[69]

---

68 原則的으로는 「어」가 된다.
69 特히 麥, 百, 白 等과 隊, 待, 每, 倍 等과의 사이에는 形成過程上의 差異가 있을지 모른다. 그
   러나 이 拙稿의 主題에 直接的인 關係를 가지는 것이 아니므로 여기서는 言及을 保留한다.

「아」는 大體로 後舌・低母音들을 받고 있으며, 「어」는 ä와 e를 받음을 原則으로 한다.

아 : 歌, 何, 蛾, 多, 羅, 茶, 嘉, 巴, 射, 夜, 馬. etc.

어 : (ä) 仙, 庚, 祭, etc.

　　(e) 昔, 錫, 靑, 添 etc.

i : 「이」에 對하여는 別般 特別히 指摘해야 할 만한 것이 없다.

以上 簡單한 考察이었지만, 漢字音이 固定되던 當時의 國語 母音들이 音聲上으로 實現될 때 大略 다음과 같은 樣相을 示現하던 것이 아닌가 推測케 하는 것으로 理解된다.

勿論 國語 漢字音이 언제 固定된 것인가 그 時期를 確定할 段階가 아직 못되고, 또한 그 時期에 있어서의 國語 母音體系가 몇 母音으로 構成되었었느냐 하는 等의 어려 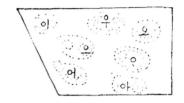 운 問題가 解決을 기다리는 것이지만, (特히 母音 y의 存在 與否 같은 것.) 大體로 그 時期에는 이미 十五世紀的인 體系의 基礎가 잡히었던 것이 아닌가 생각된다. 이러한 筆者의 思考方式은 「ㆍ」의 漢字音體系에 對한 特異한 關與 等의 考察을 基盤으로 하여, 共通基語的인 八母音體系의 崩壞時期를 十五世紀를 便宜上의 基點으로 볼 때 相當히 遡及시킬 수 있는 可能性을 許容한다. 音韻 「ㆍ」는 적어도 오늘날의 知識으로는 알타이語的인 母音이 아니요, 後世의 生成일 것으로 되어 있는데, 이 「ㆍ」를 빼놓고 漢字音의 形成을 말할 수 없는 現狀임은 그 좋은 例證이 되는 것으로 생각한다.

八. 結論

지금까지 筆者는 「訓民正音」에서 出發하여 現代語에 이르고, 또한 共通基語에 遡及하며 國語 母音體系의 本質을 把握하려 努力하였다. 그 사이에 얻어진 結論들을 綜合하여 整理하면 다음과 같아진다.

1) 「訓民正音」의 記錄을 忠實히 따르건댄 十五世紀 國語의 七母音體系는 그 構造가 從前에 理解되던 것과는 相當히 달라진다. 「이」만을 局外者로 하여 成立되는 相關的 對立은 高母音 對 低母音의 對立이 아니요, 中舌母音 對 後舌母音의 對立이 아니면 안 된다. 十五世紀에 있어서만이 아니고, 國語는 그 全歷史를 通하여 – 우리의 知識이 미치는 限 – 한 번도 高母音 對 低母音의 相關的 對立을 가져본 일이 없다.

Graphie의 幻影에 속지 않는다 함이 實際로는 퍽 힘든 일임을 筆者는 이 過程을 通하여 指摘하였다. 同一한 「우」, 同一한 「으」라 하더라도 現代語에서와는 다른 位置를 가졌었다 함이 出發點을 마련했다.

2) 적어도 音韻史의 觀點에서 본다면 十八世紀 初頭는 劃期的인 時期다. 筆者는 母音史上의 中世와 近代를 여기서 가르려 했다. 적어도 筆者의 見解로는 母音體系의 根本的인 變質이 거기서 完成되었기 때문이다. 「ᄋ」의 消滅이나, 二重母音들의 單母音化現象 및 i의 逆行同化作用이 다 여기 結付되는 것이며, 母音들의 音韻論的, 音聲學的 變位를 論하였다.

3) 이렇게 取해진 母音體系의 近代化는 이미 現代國語의 母音體系에의 길을 豫示하고 있다. 筆者는 그 發達 結果로서의 現代語 母音體系를 論함에 있어, 서울方言 外에 二·三의 方言을 더 例示했다. 그러나 앞에서도 言及한 것처럼, 그 어느 境遇에도 高母音 對 低母音의 相關的 對立을 認定할 수 없었다.

4) 名實相符한 音韻論的 資料를 찾을 길이 漠然한 「訓民正音」 以前의 母音體系에 言及하기 爲하여 筆者는 알타이共通基語의 母音體系와 國語 漢字音들을 다루지 않으면 안 되었다. 精密한 資料들은 아니지만, 大體로 筆者가 十五世

紀 國語의 母音體系에 對하여 내린 見解를 뒷받침하여 주는 것으로 보였다.

結論에서 미리 闡明한 것처럼, 筆者는 모든 言語事實을 體系의 部分들로서 把握하려고 하였으며, 또한 모든 變化를 그 體系들 自體의 變質이 外的으로 顯現된 것으로 理解하려 하였다. 同時에 한 言語狀態에 對한 把握은 先行하는, 또는 後行하는 言語狀態와의 合理的인 連結 없이 이루어질 수 없다는 信念으로 이 拙稿를 一貫했다.

다만 同族語中에 聲調를 가진 言語들이 없어서, tone language의 段階를 겪은 國語와 比較하여 論할 길이 없었음이 遺憾스러울 뿐이다.

補註 (特히 四.를 爲하여)

s, ts 下의 日本語 母音[ɯ]를 적는 데에 語音飜譯에서는 「ㆍ」를, 捷解新語에서는 「우」를, 改修捷解新語에서는 「으」를 各各 使用했음은 興味있는 일이다. 「ㆍ」가 漸次로 後舌開母音의 位置를 向하여 내려간 反面 「으」가 中舌閉母音의 자리로 올라오게 된 事情을 말해주는 것으로 보인다.

古代 國語의 漢字音研究(聲類篇)

박 병 채

一. 序論

15世紀에 들어 訓民正音이 創制된 뒤 國文으로 表記된 文獻들은 中期國語
의 諸般國語學的 研究를 促進하여 近間 그 科學的 體系를 整備하는 段階에 있
으나 國字 創制 이전의 言語 즉 高麗·新羅 三國의 古代國語의 研究는 文獻的
資料의 缺乏 때문에 크게 이 方面의 研究를 沮止하고 있다. 그나마 稀少한 文
献들이 漢字의 音訓을 빌어 表記되었거나 漢文으로 記錄되어 있어 그 解讀의
難解性과 아울러 그 言語相을 直視할 수 없는 不可避한 缺陷 때문에 古代國語
는 아직도 國語史의 空白으로 남아 있다. 本 研究는 이런 國語史의 空白을 위
하여 古代國語의 音韻體系를 再構하는 基礎的 研究로 古代國語의 漢字音을 그
母胎가 되는 中國漢字音과의 比定에서 再構하려는 데 있다. 그러므로 本論에
서는 中國語의 音韻體系를 基礎로 그 對應關係에서 國語漢字音의 體系的 考察
을 試圖한 것이다.[1]

---

[1] 國語漢字音에 대한 斷片的인 見解로는 Bernhard Karlgren: *Etudes Sur La Phonologie Chinoise*, pp.
711~713, 1926.
　小倉進平: 漢吳·唐音及 朝鮮語의 字音 〈國語及朝鮮語のため〉 所收.

方法論에 있어서는 中國의 韻書에 典據하여 國語漢字音을 分析 對照하는 類推的方法을 取하려 하는 바 漢字의 歷代字音의 變遷은 莫大한 것이어서 그의 變遷에 대한 說도 學者에 따라 多少 異見이 있다. 그러나 于先 다음과 같은 錢玄同 氏의 文學字音篇에서 分類된 時期에 따라 本論에서 典據로 하는 韻書를 概觀하려 한다.

第1期……紀元前 11世紀~紀元前 3世紀(周秦)

第2期……紀元前 2世紀~2世紀(兩漢)

第3期……3世紀~6世紀(魏晉南北朝)

第4期……7世紀~13世紀(隋・唐・宋)

第5期……14世紀~19世紀(元・明・淸)

第6期……20世紀 初(現代)

第1・2期는 所謂 無韻書時代로 聲母가 標準이 되었던 時期이다. 語彙의 分類를 試圖한 前漢의 爾雅와 字形의 整理를 試圖한 後漢의 說文이 있으나 字音에 標準이 없어 이 時期의 音韻을 把握하기에는 너무 엉성한 資料라고 할 수 있다.[2]

第3・4期는 所謂 韻書時代로 韻書가 標準이 되었던 時期이다. 즉 이 時期는

有坂秀世：漢字の 朝鮮音に ついて 〈國語 音韻史の 硏究〉 所收.

河野六郎：朝鮮漢字音 〈世界言語學槪說 下卷〉 所收.

藤堂明保：朝鮮漢字音 〈中國音韻論〉 所收 등 參照.

全面的 硏究로는 最近

河野六郎：朝鮮漢字音の 硏究, 朝鮮學報 31~35輯 1964~1965. 이 河野 氏의 論文은 筆者의 이 硏究가 거의 完結段階에 들어간 뒤 發表되었으나 뒤늦게나마 많이 參考가 되었음을 附記해 둔다.

2 反切法 이전의 注音方式으로는 擬音, 讀音, 直音의 3種이 있었으나 이들은 모두 不完全한 것이어서 音韻의 混亂을 招來하였다.

杜學知：文學字槪要 p.124 參照.

346

一種의 字音 表示의 方法으로 反切法이 使用되어 字音의 統一을 위하여 韻書가 編纂되었으며 字音의 區別에 따라 分類配列하였다. 陸德明의 經典釋文과 切韻·唐韻·廣韻·集韻 등 4韻書는 이 時期의 가장 重要한 것이며 특히 切韻과 廣韻은 古今의 南北之音을 網羅한 것으로 中古漢音硏究의 가장 重要한 文獻이라고 할 수 있다.[3]

第5·6期는 韻學의 發達과 더불어 音標가 標準이 된 時期로 新舊音에 대한 整備段階에서 元의 中原音韻 明의 洪武正韻 등이 編纂되었으며 中國字音에서 所謂 北音으로 標準을 삼아 俗稱 官話라하여 國音을 統一하여 韻書時代에서 音標時代로 들어온 것이다.

이와 같은 時期區分에 비추어 古代國語의 漢字音을 再構함에 있어서는 時期的으로 第3·4期에 該當되는 中古漢音이 그 典據가 되는 것이며 따라서 中古漢音硏究의 가장 重要한 文獻인 切韻과 廣韻의 音韻體系에 따라 國語漢字音을 類推하려 한다.

1. 切韻

切韻은 原本은 傳함이 없으나 唐寫本 3卷이 敦煌에서 發見된 現傳하는 最古의 韻書이며[4] 隋의 仁壽 元年(601 A.D)에 陸法言(法言은 字 名은 玆) 등[5]이 編纂한 것으로 6世紀의 北方中原音을 代表하고 있다.

---

3 B. Karlgren, 董同龢, 藤堂明保 氏 등은 第4期 중 隋唐 間의 音을 記錄한 廣韻에 의하여 이를 中古漢音으로 보고 音韻體系를 再構하였다.

4 亡佚되었던 것으로 생각되었던 切韻이 20世紀에 들어 그 殘卷이 甘肅省 敦煌의 石寶寺院 圓天井에서 發見되어 現在 英京 London 博物館에 所藏되어 있다. 이 때 發見된 唐代 文庫는 모두 종이 또는 絹布에 쓴 手寫文書다. 이 貴重한 文庫는 Aurel Stein과 Paul Pelliot에 의하여 獲得되어 London과 Paris에 搬出되었다.

5 主編者는 陸法言이고 共編者는 劉臻·顔之推·魏淵·盧思道·李若·蕭該·辛德源·薛道衡 등 8名이다.

切韻 이전에 編纂된 韻書의 鼻祖는 魏의 李登이 撰한 聲類이며[6] 그 후 六朝 時代에 韻書編纂이 盛行하여 크게 文詞를 떨친 바 陸法言의 序文에는 다음과 같은 韻書가 列擧되어 있다. 즉

呂靜─韻集, 夏侯該─韻略, 陽休之─韻略
周思言─音韻, 李季節─音譜, 杜臺卿─韻略

등이다. 切韻은 이들 從來의 韻書가 서로 出入이 많으므로 古今 南北之音에 대한 是非와 精密한 反切을 가리어 이제까지의 乖離된 六朝 讀書音에 대한 整理를 斷行하여 하나의 標準音으로 集大成한 것이라고 볼 수 있다. 이와 같은 事實은 陸法言의 切韻 自序에서 알 수 있게 한다.

切韻의 體裁[7]는 平・上・去・入 四聲에 193韻의 韻目으로 나누어 同一韻 중에 截然히 區別되는 字들을 一括하여 排列하고 있으며 收錄字數는 12,000余에 達하고 있다. 그러므로 이와 같은 切韻의 排列法은 6世紀에 있어서의 中國字音의 構造에 대한 硏究資料일 뿐 아니라 이 切韻의 音韻體系는 中古漢音의 體系임과 同時에 6世紀를 遡及하는 上古漢音의 根據가 되는 것이며 내려와서는 그 후 現代音에 이르는 變遷過程을 鳥瞰할 수 있는 位置에 있어 中國音韻史上 至寶的인 存在라고 할 수 있다. 이런 점에서 또한 切韻은 國語漢字音을 再構하는 데 있어 그 母胎가 되는 것이며 唯一한 典據가 되는 것이다.

이 切韻은 그 후 많은 韻書編纂에 影響을 미쳤으며 切韻系의 韻書가 續出하여 唐代를 通하여 愛用되었으며 마침내 廣韻에 이르러 切韻系의 韻書는 總決

---

6 魏時有李登者 撰聲類十卷一萬一千五百二十字 以五聲命字 不立諸部(封演聞見記)
7 昔開皇初 有儀同劉臻等八人 同詣法言門宿 夜永酒闌 論及音韻 以今聲調 旣自有別 諸家取捨亦復不同 吳楚則時傷輕淺 燕趙則多傷重濁 秦隴則去聲爲入 梁益則平聲似去 又支脂魚虞 共爲一韻 先仙尤侯 俱論是切 欲廣文路 自可淸濁皆通 若賞知音 卽須輕重有異 呂靜韻集(中略) 杜臺卿韻略等 各有乖互 江東取韻與河北復殊 因論南北是非 古今通塞 欲更捃選精切 除削疏緩 蕭顏多所決定(中略) 遂取諸家音韻 古今字書 以前所記者 定之爲切韻五卷……〈切韻序〉

算되었다.

한편 切韻과는 別途로 唐代音을 代表한다고 볼 수 있는 韻書로 元庭堅의 韻英 武玄之의 韻全 등이 있었다고 하나 不幸히도 切韻系 韻書에 壓倒되어 散失되었고 오직 元庭堅의 韻英에 依據하여 反切을 붙였다는 慧琳의 一切經音義가 있다.[8] 一切經音義는 秦音系의 長安音을 代表하는 것이라고 할 수 있으나 여기에 나타난 反切에서 볼 수 있는 現象으로는 支—肢, 刪—山, 咸—銜, 耕—庚, 尤—幽 등 類似韻의 合流를 비롯하여 脣輕音 /f/ 類가 獨立하려는 傾向과 直音인 /en/, /eŋ/, /ej/ 등이 拗音인 /jen/, /jeŋ/, /jej/ 등으로 變動하는 形跡을 살필 수 있으나 切韻禮系와 比較하여 大幅 簡素化되었을 뿐 그 根本的인 體系에는 커다란 變動이 없는 것이다, 그러므로 古代國語의 漢字音을 再構함에 있어서 이 切韻體系를 基準으로 하여 無妨하리라 생각된다, 따라서 本 硏究에 있어서는 이 切韻系의 集大成으로 볼 수 있는 廣韻을 주로 그 基本的 資料로 삼아 對比될 것이다.

2. 廣韻

廣韻은 北宋初 景德 祥符年間(1008 A.D.)에 陳彭年, 邱雍 등이 勅命으로 校正한 것이다. 이는 切韻系 韻書의 集大成으로 魏晉과 隋唐의 韻書를 參酌하여 北方中原音을 中心으로 古今 南北之音을 切衷한 것임은 前述한 바와 같다. 따라서 廣韻은 過去 1,000餘年間 一種의 傳統的인 韻書로서 政治上·文學上 中心勢力이 되어 文人·學士들의 近體詩歌의 創作에는 勿論 政府의 考試에도 適用되었으며 그 後의 韻書 改編에 있어서도 이를 標準하여 改削 統合하였다.

廣韻은 韻目이 모두 61類 206韻이며 韻目에 있어 切韻과의 出入을 보면 다

---

8 黃淬伯 : 慧琳一切經音義反切攷〈國立中央研究院 語言歷史研究所 單刊六〉 1937.
　河野六郎 : 慧琳衆經音義の反切の 特色〈中國文化研究會 會概 5~1〉 1955.
　張世祿 : 廣韻研究, p.103 등 參照.

음과 같다.

廣 韻		切 韻
平聲上	28韻	26韻
平聲下	29韻	28韻
上　聲	55韻	51韻
去　聲	60韻	56韻
入　聲	34韻	32韻
計　206韻		193韻

이들 韻目의 改增에서 變動된 것을 보면,

平聲……眞 — 諄, 寒 — 桓, 歌 — 戈　　　　　(3韻增)

上聲……軫 — 準, 旱 — 緩, 哿 — 果, 琰 — 儼　(4韻增)

去聲……震 — 稕, 翰 — 換, 箇 — 過, 梵 — 釅　(4韻增)

入聲……質 — 術, 末 — 曷　　　　　　　　　(2韻增)

등으로 本質上 切韻과 다름 없으나 廣韻에서는 이를 增改하여 193韻에서 206韻으로 精密을 期한 것이라고 할 수 있으며 그 韻目排列에 있어서는

平聲……蒸·登·章·談　(4韻)

上聲……拯·等·感·敢　(4韻)

去聲……證·嶝·勘·闞　(4韻)

入聲……全部의 거의 半數

등이 그 順序가 다르다. 이는 排列 方法의 差異 뿐 韻目 自體의 變動은 아니다. 그러므로 中古漢音을 論할 때 廣韻을 基本的인 資料로 利用하는 것이 普通이다. 따라서 本 硏究의 國語漢字音의 再構에 있어서도 이 廣韻의 音韻組織에 따라 蒐集된 資料와의 比較로서 類推해 나가는 方法을 使用한다.[9]

二. 資料

古代國語의 音韻體系는 鄉歌를 表記한 新羅時代의 國語漢字音을 前提로 하여야 하며 新羅時代의 國語漢字音은 中國語의 中古漢音을 母胎로 하여 究明되어야 한다. 그러나 이런 作業을 위하여 利用할 수 있는 資料는 극히 微微하지만 15世紀 訓民正音의 創制를 契機로 그 이전의 資料를 國語音에 대한 漢字音의 轉寫資料 그 이후를 國文表記의 漢字音傳承資料로 分類한다.

國語音에 대한 漢字音 轉寫資料는 質‧量 共히 零星하여 體系的 研究를 沮害하고 있으나 古代國語의 再構는 零星한 資料나마 研究의 對象으로 利用되어야 한다. 따라서 本 研究에 있어서는 이를 基本資料로 分析 檢討될 것이다.

國語漢字音의 傳承資料는 訓民正音制定 後 古代文獻에 記錄된 國文表記의 漢字音으로서 그 時代音韻의 基準이 되는 것이다. 그러나 이것이 곧 古代國語 특히 漢字音 借用時代의 字音으로 直結되는 것은 아니므로 이는 通時論的인 變遷過程에서 考察되어야 한다. 그리고 傳承字音의 資料는 되도록 古版本을 利用하여야 하나 壬亂에 의한 古文獻의 散失로 그 이전의 版本을 얻어 보기란 매우 힘들다. 그 反面 壬亂 이후의 文獻은 많으나 傳承字音의 基準이 될 만한 資料는 그렇게 흔한 것은 아니다. 그러므로 이들 轉寫資料와 傳承字音資料는 文獻學的인 면에서 嚴選되어야 하며 兩者의 密接한 關係에서 分析되어야 한다. 즉 이들의 關係는 國語音의 漢字音 轉寫資料들이 當時의 國語 音韻體系를 投影해 주는 것이나 이것만으로는 體系的인 研究에서 實證的인 資料가 될 수 없으며 必須的으로 이들 轉寫資料를 照鑑할 수 있는 書寫的인 傳承字音의 分析이 따라야 한다. 따라서 書寫的인 傳承字音의 分析을 基礎로 하여 對比함으

---

9 廣韻을 利用함에 있어서는 그 注音에 表記된 3,000餘의 反切字를 分析하면 所謂 36字母와 206韻에만 拘碍되지 않고 中古漢音의 實相을 分類할 수 있는 바 이는 일찍이 淸朝末 陳澧(1810~1882 A.D.)에 의하여 研究된 反切系連法이 있어 이 研究를 基礎的 土台로 利用하는 것은 매우 便利한 方法이 될 수 있다.

로써 그 再構가 可能한 것이라고 할 수 있다.

다음에 上述한 資料에 대하여 本論에서 分析의 對象으로 使用한 것을 列擧한다.

1. 轉寫資料

1) 鄕歌表記의 漢字音

古代國語의 唯一한 文學言語 書寫言語의 片影을 간직하는 三國遺事・均如傳 所載의 鄕歌 25首에 借字된 漢字이며 表記體系는 原則的으로 意味要素에 대하여는 訓借體系 形態要素에 대하여는 音借體系를 取하고 있다.[10]

2) 朝鮮館譯語의 代充漢字音

朝鮮館譯語는 中國人이 外國語를 배우기 위한 學習書인 華夷譯語의 一部門으로 우리가 利用할 수 있는 것은 石田幹之助 氏의 分類에 따르면 所謂 丙類에 속하는 「朱之蕃」의 序가 있는 서울大學校 中央圖書館藏의 寫本이다.[11] 여기에는 中國語에 대한 國語對譯으로 우리말을 漢字로 表記한 것 外에 從來 別로 關心의 對象이 되지 않았던 것으로 다시 中國語의 漢字에 대하여 當時의 國語音을 記錄한 代充漢字音이 別記되어 있다. 이는 高麗 後期의 國語가 中國式 漢字로 採錄되어 高麗時代의 漢字音을 反映한 것이라고 보아 新羅와 高麗를 잇는 國語漢字音資料로 利用한다. 勿論 中國音韻 自體의 音韻論的 變化를 度外視할 수 없기 때문에 많은 難點이 介在하지만 注意깊게 利用하면 成果를

---

10 拙稿：古代國語의 格形硏究〈高大六○週年記念論文集 人文科學篇〉

11 石田幹之助：女眞語硏究의 新資料〈東洋論叢〉, pp. 1277~1323, 1931.
　　金敏洙：朝鮮館譯語攷〈一石李熙昇先生頌壽記念論叢〉등 參照.

期待할 수 있는 것으로 생각된다.

3) 三國史記 地理志의 地名表記漢字音

여기에는 新羅統一 이전의 固有한 地名을 漢字의 音訓을 借用하여 記錄되어 있으며 아울러 景德王 16年(757 A.D.)의 漢字式 二字名의 改名과 高麗 때의 改名이 倂記되어 있다. 이 改名이 어떤 原則에서 進行되었는가 하는 점은 記錄에 없기 때문에 알 길이 없으나 多音節的인 固有地名을 모두 二音節 二字名으로 改名한 것은 呼稱의 單一化를 위한 事業이었음을 알 수 있으며 新地名의 代充漢字는 舊地名을 全的으로 度外視한 것이 아니라 그 語義와 音相을 살리는 면에서 美化되어 있는 점을 發見할 수 있다. 즉 固有地名의 名稱에 비추어 하나는 語義에 該當하는 漢字音을, 다른 하나는 固有地名의 音相에 類似한 漢字를 擇하는 方式을 取하고 있다.

이와 같은 改名의 傾向에서 利用할 수 있는 것은 後者의 音借例이며 이들의 分析은 어느 程度 當時의 音韻傾向에 대한 暗示를 얻을 수 있는 것으로 생각된다.[12]

2. 傳承字音資料

1) 訓蒙字會

訓蒙字會는 同引에 의하면 中宗 22年 丁亥(嘉靖 6年 1527 A.D.)에 崔世珍이

---

12 地名研究로는,
　　李崇寧 : 新羅時代의 表記法體系에 關한 試論〈서울大學校論文集 人文社會科學篇〉第2輯
　　金亨奎 : 三國史記의 地名研究〈震檀學報〉16號
　　辛兒鉉 : 三國史記 地理志의 研究〈新興學校論文集〉第1輯
　　兪昌均 : 古代地名表記의 聲母體系〈青丘大學論文集〉第3輯 등 參照.

從來의 千字文이나 類合의 缺點을 補完하기 위하여 編纂한 漢文의 基礎學習書로 總 3,360字의 漢字에 音과 訓을 붙인 것이다. 여기서 利用하는 것은 東國書林에서 出刊된 光文會本[13]과 高麗大學校 圖書館藏本을 使用하는 바 字音에 관한 限 初刊本으로 推定되는 가람本을 비롯한 異本과의 對校에서 그 異音을 밝힌다면 壬亂전의 初刊本과 다름 없이 利用하여 無妨할 것이다.[14] 이는 從前에 주로 語彙와 音韻의 變遷資料로 重視되었으나 古代國語의 漢字音 研究에 있어서는 最古 傳承字音의 基本的 資料로서 全的으로 分析되어야 할 것이다.

2) 孝經諺解

孝經諺解는 孝經大義와 合綴된 本版으로 처음부터 孝經大義의 印行에 앞서 宣祖가 弘文館에 命하여 諺解케 한 宣祖 22年(萬曆 17年 1589 A.D.) 乙丑刊本으로 訓蒙字會와 더불어 壬亂前의 傳承字音資料다. 이는 日本尊經閣文庫 所藏本을 朝鮮學報 27輯에 景印本으로 印布된 것을 利用할 수 있다.

以上 訓蒙字會와 孝經諺解는 壬亂 前의 版本이 그러듯이 傍點이 있으며 字音에 있어서는 日母「△」가 使用되었다.

3) 新增類合

新增類合은 漢文의 基礎學習書로 3,000字의 漢字에 音과 訓을 붙인 것이며 여러 가지 版本이 있다. 흔히 利用할 수 있는 版本은 上·下 1冊으로 萬曆 4年

---

13 光文會本의 景印에 의한 漢字 索引은 南廣祐: 訓蒙字會 索引〈新興大學校論文集〉第1輯 參照.
14 版本의 考證은 方鍾鉉: 訓蒙字會攷〈東方學志〉第1輯 參照.

(宣祖 9年 1576 A.D.) 柳希春序가 있는 戊寅重刊本인 바 여기서는 最少限 肅宗
代 이전의 出刊으로 推定되는 高麗大學校 圖書館藏의 戊寅本을 使用한다.

4) 石峯千字文

石峯千字文은 新增類合과 함께 漢字에 音과 訓을 붙인 漢文의 基礎學習書
로 宣祖 16年(萬曆 11年 1583 A.D.)에 副司果 韓濩가 쓰고 同 34年 辛丑에 內府
에서 開刊된 것이다. 그러나 初刊本은 接할 수 없고 仁祖 9年(崇禎 4年 1631
A.D.) 校書館 覆刻本을 使用한다.

이들 新增類合과 石峯千字文은 壬亂 후의 重刊本이 그렇듯이 傍點이 없으
며 그 대신 圈點으로 中國의 四聲을 表示하였고 原則的으로 日母「△」를 使用
하지 않았다.

5) 華東正音通釋韻考

이는 傳承國語漢字音을 忠實하게 記錄한 韻書로 2卷 2冊이며 英祖 23年(乾
隆 12年 1747 A.D.)에 朴性源이 編纂하여 刊行한 것이다. 字音表記에 있어서
는 國語音에는 五音淸濁의 別이 없다고 하여 舌上音「ㄷ・ㅌ」을 모두「ㅈ・ㅊ」
으로 改新하였고 日母는 「△」로 表記되어 있어 規範的이며 人爲的인 면이 있
는 점에 注意를 要한다. 그러나 入聲과 華音은 四聲通解를 따랐으나 國語音에
서는 忠實하게「ㄹ・ㄱ・ㅂ」을 表記하였다. 특히 注目의 對象이 되는 것은 頭
注에 約 350에 達하는 俗音을 보이는 점인 바 이는 傳承字音의 俗音化過程을
알 수 있는 貴重한 資料다.

6) 全韻玉篇

　全韻玉篇은 奎章全韻의 姉妹篇이라 할 수 있는 画引字典으로 從來의 簡略 形式을 버리고 詳細한 解說을 붙여 音과 뜻을 具備한 玉篇이며 現在 使用하는 玉篇字典類의 典據를 마련한 것이다.

　이 책은 乾坤 2卷으로 序文과 跋文이 없고 따라서 著者 年代가 未詳이나 흔히 利用할 수 있는 것은 己卯新刊 春坊藏版이다. 字音의 表記는 奎章全韻이나 三韻聲彙와 거의 一致하고 있으며 正音通釋의 字音도 보이고 있어 正音通釋·三韻聲彙·奎章全韻의 關係를 瞭然하게 注記하여 可謂 이들을 總整理한 것이라고 할 수 있다. 그리고 本書의 特色은 約 400에 達하는 俗音의 注記가 있으며 二音表記가 網羅되어 있어 傳承字音의 字典資料로는 가장 完備된 文獻이라 할 수 있다.

三. 聲類의 考察

　古來 中國에서 反切上字로 表記된 聲類의 分類는 傳統的으로 釋守溫이 所定한 七音 三六字母의 體系가 使用되어 왔으며 韓國에서 編纂된 李朝初의 韻書도 이 傳統的 體系에 따랐다. 그러나 이 三六字母體系는 現存하는 切韻 殘卷이나 廣韻에서는 그 反切만을 보일뿐 體系的인 分類는 試圖된 바 없고 오직 唐代를 거쳐 整備된 一種의 歷史的 所産이다. 따라서 이것이 곧 切韻이나 廣韻의 聲類體系로 簡單히 處理될 性質의 것이 아님을 알 수 있다. 實地로 廣韻의 卷末에 雙聲으로 보인 聲類가 三六字母禮系와 一致하는 것도 아니다.

　이와 같은 事實은 韻書의 槪略에서 論及한 바 淸末 陳澧의 所謂 反切系連法에 의하여 隋唐代의 切韻系 聲類體系가 樹立되어 三六字母에 대한 這間의 傳統的 性格이 明白히 되었다. 陳澧은 廣韻의 反切上字 452字를 그 系連에 따라

同用例·互用例·遞用例 등으로 區分하여 四十聲類로 區分하던 것이다. 다음에 三六字母와 四十聲類를 對比하는 表를 보인다.

牙音		喉音		舌音				齒音				唇音				半舌音		半齒音		淸濁
36	40	36	40	36		40		36		40		36		40		36	40	36	40	
				舌頭	舌上	舌頭	舌上	齒頭	正齒	齒頭	正齒	重唇	輕唇	重唇	輕唇					
見溪羣疑	見溪羣疑	影曉匣喩	影曉匣喩(于)	端透定泥	知徹澄娘	端透定泥	知徹澄娘	精淸從心邪	照穿牀審禪	精淸從心邪	照(莊)穿(初)牀(神)審(山)禪	幫滂並明	非敷奉微	幫滂並明	非敷奉微	來	來	日	日	全淸 次淸 全濁 次淸 全淸 全濁

이 對比表에서 알 수 있듯이 三六字母體系에 比하여 陳澧은 正齒音에서 「照·穿·牀·審」四母를 2·3等으로 區分하여 「莊·初·神·山」四母를 追加하였으며 喩母에서 3·4等을 區分하여 「于」母를 追加하는 反面 「明·微」二母를 合하여 四十類로 分類하였다.[15] 이와 같은 陳澧의 切韻系의 聲母 分類는 다시 黃侃·錢玄同 氏 등이 「明·微」를 다시 二類로 分離하여 四一類를 세웠으며 曾運乾 氏는 다시 陳澧의 四十類 中,

　　明母—莫/武　精母—作/子　淸母—倉/七　從母—昨/疾　心母—蘇/息　見母—古/居

　　溪母—苦/去　疑母—五/魚　影母—烏/於　曉母—呼/許　來母—盧/力

등 十一類를 直拗로 三分하여 五一類를 세워 多少 變動을 가져 왔다. 또한 그 後 이들의 分類에 대하여 最近 羅常培 氏는 陳澧이 일찍이 보지 못한 새로 發見된 切韻 殘卷에 나타난 反切上字에 대하여 廣韻과의 對較로 切韻系의 聲類에 대한 重要한 問題를 暗示하는 實證的인 資料를 提供하였다.[16] 즉 舌頭音 端

---

15 陳澧：切韻攷 外篇 卷三.

四母와 舌上音 知四母 그리고 重唇音 幫四母와 輕唇音 非四母가 互用되는 實例를 들어 이를 各各 倂合하였다. 그리고 또한 陳澧이 보지 못한 刊謬 補缺切韻과 前 二者를 다시 相較하여 陳澧이 分類한 正齒音 2·3等의 照四母와 莊四母 그리고 喉音 중 3·4等으로 分類한 喩母와 于母에 대하여 이들이 各各 互用된 實例를 들어 이를 倂合하였다. 따라서 結果的으로 보면 陳澧의 四十聲類分類를 傳統的인 三六字母體系에 還元시키는 한편 三六字母體系 중 輕唇音을 重唇音에, 舌上音을 舌頭音에 各各 倂合시켜 二八類로 分類하였다.

또한 Karlgren은 切韻時代의 聲類를 35類로 分類한 바[17] 陳澧 등의 四一類에 대하여 喉音 중 喩母에서 分離한 于母를 別途로 分立하지 않았으며 輕唇音 非四母와 半齒音 日母 등을 除外하는 한편 正齒音을 齒上音과 齶音으로 分離하고 喉音을 腭音에 分屬시키는 등 三六字母體系와도 그 出入이 顯著하다.

以上과 같은 切韻系의 聲類體系를 參考로 筆者는 15世紀 國語의 傳承漢字音에 反映된 聲類를 參酌하여 다음과 같이 分類하여 國語漢字音의 反映關係를 觀察하려 한다.

牙音	喉音	舌音			齒音			唇音		清濁
		舌頭	舌上	半舌	齒頭	正齒	半齒	重唇	輕唇	
見 k-	影 ʼ-	端 t-	(知) ȶ-		精 ts-	(莊) tʂ- / (照) tś-		幫 p-	(非) f-	全清
溪 kʻ-	曉 h-	透 tʻ-	(徹) ȶʻ-		清 tsʻ-	(初) tʂʻ- / (穿) tśʻ-		滂 pʻ-	(敷) fʻ-	次清
羣 g-	匣 h-	定 d-	(澄) ȡ-		從 dz-	(狀) dʐ- / (神) dź-		並 b-	(奉) v-	全濁
疑 ng-	喩(于) j-	泥 n-	(娘) ń-	來 l-			日 ńź-	明 m-	(微) ṃ-	次濁
					心 s-	(山) ʂ- / (審) ś-				全清
					邪 z-	(禪) ź-				全濁

16 羅常培 : 切韻探賾 〈中山大學 語言歷史學週刊〉 第3輯
17 Analytic Dictionary of Chinese, pp. 9~10.

이 表와 같이 分類한 것은 細部的인 反映에 있어서 國語의 傳承字音의 分析上 便宜的으로 陳澧의 四十聲類를 土臺로 四一聲類를 擇한 것이다. 그러나 括弧로 싼 舌上音은 舌頭音에, 正齒音은 齒頭音에, 輕脣音은 重脣音에 各各 統合하여 考察될 것이다. 따라서 이 表에서 括弧로 싼 것을 除外하면 實質的으로 韻鏡의 體系와 合致되는 것이라고 할 수 있다.

그리고 各聲母의 轉寫音은 Karlgren과 藤堂明保氏의 再構音을 折衷한 바 多少 修正하였다. 全濁音 중 「羣·定·並」은 Karlgren은 有氣音 g'-/d'-/b'-를 세웠으나 이는 일찍이 19世紀 中葉 中國言語學 研究에 先鞭을 던진 Joseph Edkins가 無氣有聲音 g-/d-/b-임을 指摘한 바 있고 藤堂 氏는 Karlgren의 學說을 批判하여 有氣音을 세우지 않았음에 비추어 無氣音을 따랐다. 이는 淸音에 있어서는 有氣와 無氣의 對立이 있으나 濁音에는 氣音을 同伴하느냐의 與否는 語音의 辨別에서 크게 關係가 없으리라 생각되기 때문이다. 또한 喉音 중 曉母와 匣母는 摩擦喉音으로 이의 區別은 今日 蘇州語나 日本의 吳音 轉寫音에서 明白히 區別되어 前者는 淸音, 後者는 濁音임을 알 수 있는 바 이에 대한 Karlgren의 x-/ɣ- 대신에 一般的인 喉音摩擦音 h-/ɦ-를 使用한다. x-/ɣ-와 h-/ɦ-는 勿論 方言的인 差異가 없는 바 아니나 音韻論的으로는 어느 쪽을 取해도 無妨하리라 생각되어 國語音의 轉寫上 h-/ɦ-를 擇하였다.

그리고 이들의 音價는 切韻系에서 近世에 이르는 音韻變遷을 包含하고 있으므로 그동안의 音價의 推移도 度外視할 수 없는 것이며 어느 한 時代의 固定的 音價로는 斷定할 수 없는 것이다.

1. 牙音系

먼저 鄕歌表記體系 중 牙音系 借字에 대한 15世紀 以後의 國語漢字音에서 聲母의 反映을 一覽으로 보인다.

聲類	中國字音	國語漢字音	借字		摘要
見	k-	ㄱ k-	嫁$_2$ 脚$_3$ 覺$_4$ 間$_5$ 皆$_6$ 改$_7$ 居$_9$ 見$_{13}$ 京$_{14}$ 敬$_{15}$ 界$_{16}$ 戒$_{17}$ 古$_{18}$ 故$_{19}$ 高$_{20}$ 昆$_{23}$ 公$_{24}$ 功$_{25}$ 供$_{26}$ 過$_{28}$ 觀$_{29}$ 教$_{30}$ 九$_{32}$ 國$_{34}$ 君$_{35}$ 軍$_{37}$ 根$_{39}$ 斥$_{40}$ 今$_{41}$		29
		ㅎ h-	間$_5$ 見$_{13}$ 昆$_{23}$		3
溪	k'-	ㄱ k-	可$_1$ 去$_8$ 乞$_{12}$ 遣$_{21}$ 苦$_{33}$ 哭 丘 窟$_{38}$ 起$_{45}$		9
羣	g-	ㄱ k-	乾$_{10}$ 狂$_{29}$ 舊$_{31}$ 群$_{36}$ 期$_{42}$ 祈$_{43}$ 耆$_{44}$		7
		ㅈ c-	耆$_{44}$		1
疑	ng-	ㅇ '-	芽$_{221}$ 我$_{222}$ 岳$_{224}$ 岩$_{227}$ 仰$_{228}$ 語$_{235}$ 業$_{237}$ 吾$_{253}$ 悟$_{254}$ 玉$_{255}$ 臥$_{257}$ 牛$_{267}$ 願$_{273}$ 月 擬$_{291}$		15

* 數字는 筆者의 資料整理番號 (附表「表1」參照) 以下 同.

이에 對比하기 위하여 牙音系中 疑母를 除外한 「見·溪·羣」三母에 대한 最古 傳承字音인 訓蒙字會에서 어떻게 實現되었는가를 一覽으로 보인다.

攝	見	溪	羣	字
通	공$_6$	공$_3$	공$_2$	工, 功, 貢, 公, 拱, 恭, 孔, 蛩, 輁/笻, 蚕
	궁$_3$	궁	-	弓, 躬, 宮/穹
	곡$_5$	곡$_2$	-	穀, 轂, 殼, 谷, 梏/哭, 曲
	국$_4$	극	국	菊, 掬, 鞠, 鵴/麴/局
江	강$_6$ · 항	강	-	江, 矼, 豇, 扛, 講, 絳/港/腔
	각$_3$	각	-	角, 桷, 覺/确
止	궤$_3$	궤$_2$	궤	妓, 鵌, 机/跪, 横/蕢
	귀$_3$	-	-	龜, 鬼, 貴
	구	규	규$_2$	昋/窺/葵, 逵
	기$_2$	-	기$_6$ · 지	皮, 枳/技, 歧, 芰, 妓, 耆, 髻/揩
	긔$_7$ · 희	긔$_4$	긔$_{12}$	羈, 肌, 基, 箕, 譏, 璣/饑/姬器, 踦, 綺, 起/騎, 錡, 倚, 跽, 旗, 萁, 錤, 麒, 祈, 幾, 畿, 蟣
遇	거$_4$	거	거$_7$	居, 踞, 鋸, 車/袪/, 距, 炬, 渠, 鶲, 苣, 藁, 遽
	게/과	-	-	筥/苽
	고$_{17}$	고$_4$	-	古, 罟, 牯, 羖, 辜, 沽, 姑, 錮, 蛄, 蠱, 鼓, 瞽, 股, 羧, 孤, 顧, 雇/枯, 苦, 袴, 庫
	구	구$_2$	구$_4$	駒/驅軀, 癯, 臞, 蠷, 衢

360

攝						한자
蟹	규					蒵
	개7		개			蓋, 街, 介, 芥, 疥, 忦, 檕/鎧
	게/규					犗, 閐
	게7		계4	괴2		稽, 鷄, 溪, 桂, 髻, 界, 階/啓, 契, 鸂, 薊
	-	회3				膾, 檜, 儈/塊, 傀
	기	희4	기			稽/懈, 廨, 疹, 荄/開
臻	건					巾
	곤		곤2			蜫/昆, 閫
	군(운)5				군2	莙, 君, 軍, 靲, 褌/郡, 裙
	균				군2	麕/菌, 困
	근7		근		근2	斤, 靳, 筋, 槿, 跟, 根/齦, 近/芹
	골3					骨, 榾, 鶻
	귤		굴			橘/窟
山	간13	한2	간		-	奸, 竿, 干, 肝, 幹, 秆, 笴, 諫, 澗, 間, 簡, 瀚, 襇/旰, 骭/看
	관12	환	-		관	涫, 棺, 舘, 管, 輨, 官, 菅, 關, 冠, 觀, 鸛, 盥/鰥/顴
	건4	현	-		건2	犍, 鞬, 繭, 謇, 鍵, 乾
	견5		견2		-	肩, 繝, 畎, 見, 絹/筧, 犬, 譴
	권2		-		권	卷, 眷/圈
	갈3	할/알	갈	할	갈	羯, 葛, 圿/割, 訐/渴/蛣/碣
	결	혈	결		걸	蕨/乞/傑
	결		결			抉, 孑, 鍥
	괄3					括, 筈, 舓
	궐2				궐2	蕨, 鱖/闕, 橛
	길					桔
效	고9		고4	호	-	膏, 皐, 槔, 篙, 羔, 餻, 稾, 誥/告/燥, 犒, 尻, 考/槁
	교12	효	교3		교3	徼, 嬌, 蕎, 敎, 酵, 校, 窖, 交, 咬, 郊, 狡, 絞/臬, 蹻, 磽, 膠/矯, 轎, 橋
果	가4		가		-	歌, 柯, 哥, 苛/珂
	과3		과4		-	鍋, 戈, 菓/課, 窠, 科, 蝌
假	가12					假, 駕, 稼, 痂, 笳, 袈, 枷, 架, 家, 嫁, 葭, 茄
	과		과2			寡, 銙, 胯
	고					賈
宕	강9		강3		강	姜, 韁, 礓, 疆, 禓, 剛, 甌, 綱, 崗, 蜣, 穅, 炕/强
	광3		광2		광2	光, 胱, 纊/壙, 筐, 誆, 狂
	각2					脚, 閣
	곽2	확	곽2		-	椁, 郭, 钁/𨧭, 籰

攝							例字
梗	곽		–		–		壙
	경$_{12}$	형	경$_4$		경$_5$		敬, 梗, 景, 鏡, 京, 螢, 鵑, 粳, 境, 局, 經, 徑/荊/卿, 傾, 檾, 磬/黥, 縈, 鯨, 瓊, 頸
	굉						舡
	깅		깅				羹/坑
	각		긱				骼/客
	격$_3$		격				膈, 篩, 墼/綌
	국$_2$/곽/긱		–		–		蝈, 膕/馘/喫
曾	–		극		극$_2$		隙/極, 屐
	굉/긍						肮/矜
	국/극$_2$		극				國/裓, 棘, 刻
流	구$_{14}$		구$_{10}$		구$_6$		九, 鳩, 觀, 購, 勾, 灸, 溝, 構, 垢, 雊, 鉤, 句, 狗, 筍/丘, 蚯, 糗, 蕢, 摳, 韝, 寇, 簆, 口, 釦/仇, 裘, 毬, 梂, 樞, 臼
深	금$_4$		금		금$_2$		今, 金, 錦, 襟/衾/禽, 琴
	금$_3$			읍			級, 汲, 給/泣
咸	감$_5$	렴	감$_5$	함	검		甘, 紺, 泔, 柑, 鑑/坎, 嵌, 撼, 瞰, 坩/龕
	검$_2$		–	흠	검		檢, 瞼/臉/欠/儉
	겸$_2$		겸		겸		縑, 鼸, 歉/鉗
	갑$_2$	합	–	합			甲, 胛/鴿, 蛤, 閤/榼
	겹	협$_6$			협		劫, 袂, 莢, 蛺, 鋏, 頰/篋
計	270	29	88	7	72	1	467

* 數字는 字數. 둘 이상 없는 것은 字數를 省略 以下 同.

以上 國語의 傳承字音에서 보인 一覽에서 一見하여 알 수 있는 것은 牙音系 「見・溪・羣」三母가 規則的으로 無氣無聲音 /ㄱ/k-로 反映되었으며 實質的인 差異를 發見할 수 없다. 그리고 多少의 差異를 보이는 字音에서도 어느 共通點을 찾아볼 수 있는 바 이에 대하여 具體的으로 考察한다.

1) 見母

見母는 中國音에서 淸聲이며 無氣無聲破裂音의 範疇에 속하는 k-로 國語의 傳承字音에서는 規則的으로 無氣無聲音 /ㄱ/k-로 反映되었다. 이에 대한 例外的 異形을 分析하면 다음과 같다.

① 鄕歌表記의 傳承字音에서

見母 間한 han(全)—見母(古閑)나 廣韻에서 原來「閑·潤」二音을 갖는 k-/h-의 doublet value. 見 현 hjzn(千)—見母(古電)와 匣母(胡電)의 doublet value. 昆 혼 hon(全·千)—匣母 混·棍·焜(胡本) 등의 類推.

② 訓蒙字會의 傳承字音에서

k-〉h-

江攝 港 항 hang(華·全)—匣母 巷(胡絳)의 類推.

止攝 姬 희 hɰi—類推形 不明의 異例.

蟹攝 膾·檜·儈 hoi—匣母 會(黃外)의 類推.

懈廨 히 hɐi(華·全)—匣母 解(胡賣)의 類推이며 解는 k-/h-의 doublet value. 痎·荄 히(華·全)—匣母 亥(故改)의 類推.

山攝 旰·骭 한 han—匣母 汗·忏·扞(侯旰) 등의 類推. 鰥 환 hoan(全)—匣母 還·環(戶關) 등의 類推. 割 할 hár(華·全)—匣母 鎋·轄·結(胡瞎) 등의 類推. 割 할 har(華·全)—匣母 鎋·轄·結(胡瞎) 등의 類推. 孑 혈 hjər(華·全)—類推形 不明의 異形.

效攝 梟 효 hjo(全)—類推形 不明의 異形.

宕攝 钁 확 hwak—曉母 矐·彏·懼(許縛) 등의 類推.

梗攝 荊 형 hjəng(華·全)—匣母 刑(戶經)의 類推.

咸攝 鴿·蛤·閤 합 hap—匣母 合(侯閣)의 類推. 袷·莢·鋏·頰·篋 협 hjəp(華·全)—匣母 狹·峽·陝(侯夾) 등의 類推.

其他 k-〉r-形으로는 咸攝 瞼 렴 rjəm—來母 斂·殮·獫(力驗) 등의 類推이며 k-〉'-(zero)形인 山攝 訐(華) 알 ar은 類推 不明이다.[18]

---

18 訓蒙字會에 보이는 見母「君군」의「ㅈ」表記는 李朝의 用法에 따른 것이며 見母 k-音價의 差異를 드러내는 것은 아니다. 그리고 ( ) 안의「華」는 華東正音「全」은 全韻玉篇 등 資料로 택한 文獻의 略이며 同韻書의 俗音과 一致됨을 보인 것이다. 以下 同.

③ 其他의 傳承字音에서

以上 一覽에서 보인 資料 外에 이들과 對比하는 意味에서 이들보다 後期의 資料인 華東正音과 全韻玉篇에서 俗音을 分析하여 그 傾向을 살피기로 한다.

k->h-

來(華·全)·梜·医·筴(全) 협 hjəp〈겹 kjəp—匣母 狹·陜·峽(侯夾) 등의 類推.

該·峐·垓·賅·陔·晐·侅·(全)·胲·絯(華) 히 hɐi〈기 kɐi—匣母 孩·咳·頦(戶夾) 등의 類推.

이들「夾·亥」의 諧聲字는 國語音에서 大部分 h-音으로 集約的인 傾斜를 보여 주지만「夾」는 見母,「亥」는 匣母인 面에서 重點的으로 傾斜된 것이라고 볼 수 있어 俗音化過程에서 볼 수 있는 一般的 現象이라 할 수 있다.

鱠·澮·郐·檜(全) 회 hoi〈괴 koi, 獪(華) 회〈괘 kwai—匣母 會(黃外)의 類推.

그러나「會」는 見母(古外)와 匣母의 doublet value이며 이 諧聲字는 影母에까지 미치고 있으나(e.g. 憎—烏外切) 大部分 h-에 傾斜되는 점이 特異하다.

楷偕(華·全) 히 hɐi〈기 kɐi—匣母 諧·鶛(戶皆)등의 類推.

諧聲符「皆」는 見母(古諧)이나 諧聲字는 k-와 h-사이에서 相互 出入하고 있어 比重이 거의 均等하다.

矍(華·全)·攫·攫(全) 확 hwak〈곽 kwak—曉母 矍·躩(許縛) 등의 類推.

閤·鞈(華) 합 hap〈갑/겹 kap/kjəp—匣母 合·邰·迨(侯閤) 등의 類推.

諧聲聲符「矍·合」은 서로 그 value가 다르나 모두가 大部分 h-에 傾斜되었다.

潏·潏(全) 鐍(華·全) 휼 hjur〈결 kjər—曉母 瞜·矞(呼決) 등의 類推,

諧聲聲符「矞」은 喻母(餘律)로 그 諧聲字는 j-/k-/h-에 미치고 있는 바 類推形에 있어서는 거의 見母는 度外視되고 j-/h-에 偏重되는 傾向을 보여 준다.

嘏(華·全) 하 ha〈가 ka—匣母 遐·瑕·蝦(胡加) 등의 類推.

縞(華·全) 호 ho〈고 ko—匣母 鎬·暠·滈(胡老) 등의 類推.

364

諧聲聲符「叚・高」는 모두 見母인 바 이들은 k-와 h-로 混亂을 일으키고 있다.

繲(華) 히 hiə〈개 kai—匣母 解(胡賣)의 類推.

驍(華) 회 hoi〈교 kjo—曉母 曉膮(馨晶) 등의 類推.

聲符「堯」는 疑母(五聊)인 바 國語傳承字音의 初聲에서는 喩母와 同一하게 實現되나 諧聲字 k-는 大部分 h-/j-로 傾斜되는 傾向을 보여 준다(疑母參照).

癏(華・全) 환 hwan〈관 kwan—匣母 還・環・轘(戶關) 등의 類推.

吃(全) 흘 huɯr〈글 kuɯr—曉母 迄・訖・忔(許訖) 등의 類推.

이들 諧聲字는 大部分 h-로 傾斜되었다.

其他 類推 不明으로 革(華・三) 혁 hjək〈격 kjək 등이 있다.[19]

k-〉'-(zero)

憿・儌(華全) 요 jo〈교 kjo—影母 邀(於宵)의 類推.

澆(華・全) 요 jo〈교 kjo—疑母 堯(五聊)의 類推.

涓(華・全) 연 jən〈견 kjən—影母 弱・蜎(烏玄) 등의 類推.

蝸・緺(全)—왜 wai〈괘 kwai—影母 渦・窩・萵(古蛙) 등의 類推.

漁(全) 요 jo〈교 kjo—疑母 嗅(五弔)의 類推인듯.

其他 類推形을 알 수 없는 것으로 戛・嘠(全) 알 ar〈kar 등이 있으며 特殊한 異形으로는 k-〈s-形이 있다. 즉

挈(華・全) 셜 sjər〈결 kjər—心母 偰・楔・揳(先結) 등의 類推. 濇(全) 슐 sjur —神母(食聿)와 見母(古穴)와의 doublet value에서 s-에 傾斜.

以上 見母에서 ㄱk- 以外에 k-〉h-/k-〉'-(zero) 등 異音은 諧聲字에 따른 다른 聲類의 類推形과 字音의 二重音價에 따른 것 그리고 類推形 不明의 것으로 나타난다. 見母에 나타난 이 세 가지의 數的 傾向을 보면 다음과 같다.

---

19 兩韻書에서 注目되는 것은 正俗韻에서 混亂을 보여 주는 例가 많다. 즉 匣母 肮(華・全)은 「강 俗항」으로 正俗이 倒置되었으며 繫(全)는 「혜俗계」 見母와 匣母의 doublet value를 排除하는 例라고 볼 수 있다.

	類推形	二重音價	類推形不明
鄕歌	1	2	—
訓蒙字會	25	—	4
華東·全韻	42	1	3
計	68	3	7

여기서 漢字音에 대한 國語漢字音의 俗音化過程을 엿볼 수 있는 바 그 大部分은 類推形으로 說明되는 것이며 類推形으로 說明할 수 없는 것은 極少數에 不過하다. 이 中 類推形 不明의 字音은 거의가 字形의 類似性에서 誤讀된 것이 俗音으로 固定되었으리라는 可能性이 큰 것이다. 즉 一例를 들면 姬 희 hɰi〈긔 kɰi는 曉母「熙」의「臣」의 類推로 因한 誤讀으로 볼 수 있으며 音節的인 面에서 重點的으로 傾斜된 것이라고 할 수 있다.

이런 點에서 古代國語의 漢字音을 再構할 때 李朝의 傳承漢字音에 비추어 다음과 같은 두 가지 事實을 分別할 必要가 있다. 즉,

① 諧聲聲符나 諧聲字에 의한 類推形인가의 與否.

② 音韻論的 事實인가의 與否.

前者에 대하여는 外來文字의 習得段階 특히 難澁한 孤立文字인 漢字音의 習得過程에서는 一般的으로 招來할 수 있는 俗音化過程이라고 할 수 있다. 즉 諧聲聲符를 같이하는 비슷한 字形에서 그 音을 推斷하는 便宜性을 따르기 쉬운 것이며 한때 音의 混亂을 일으키나 一定한 混亂期를 거친 뒤에는 어느 程度 限定된 範圍에서 通用音으로서 固定될 수 있는 것이다. 그러므로 이와 같은 現象은 漢字音 自體와 國語漢字音의 變遷過程에서 云謂될 問題이며 初期의 漢字音 固定段階에서 兩立시킬 性質의 것은 아니다. 이는 東國正韻 序文에서 字母七音 淸濁四聲之變의 原因을 指摘한 것으로도 그동안 얼마나 많은 漢字音이 正音과 俗音 사이를 流動하였는가를 알 수 있다.[20] 따라서 現代의 國語

---

20 「…而曾無著書以傳其正 庸師俗儒不知切字之法 昧於紐躡之要 或因字體相似 而爲一音 或因前代避諱而假他音 或合二字爲一 或分一音爲二 或借用他字 或加減點畫 或依漢音 或從俚語 而字母七

漢字音은 어느 段階의 混亂狀態에서 止揚된 結果라고 할 것이다.

後者에 대하여는 國語의 音韻體系에 비추어 重視되는 것이며 두 가지 面에서 觀察을 달리해야 한다. 즉 漢字音 固定時代의 共時的인 音韻論的 事實과 李朝의 傳承字音에서 回顧하는 通時的인 音韻論的 事實이다. 國語에서 主로 切韻系의 中古漢音을 借用한 것이라 함은 차차 本論에서 立證될 것이나 漢字音을 音聲的 細部에서 그대로 받아들이는 것이 아니라 國語의 音韻的 性質에 맞도록 修正된 것이라는 事實을 前提한다면 共時性에 있어서 當時의 國語音韻을 押出할 수 있는 것이며 한번 國語音으로 固定되면 特殊한 音韻論的 變動이 일어나지 않는 限 그대로 維持되는 것이다. 따라서 前述한 李朝의 傳承字音에서 歸納되는 見母 ㄱk-는 當時의 國語音韻으로 比定할 수 있는 것이다. 그러나 國語의 音韻 性質에 맞추어 한번 固定된 漢字音이라도 時代에 따라 音韻論的 變動을 招來함은 不可避한 것으로 李朝의 國語漢字音을 어느 部分에서는 이와 같은 變遷過程을 前提해야 할 것이다.

2) 溪母

溪母는 無氣音 見母 k-에 대한 有氣音 kʻ-로 15世紀 國語 音韻에서 無氣와 有氣 즉 ㄱ/ㅋ의 相關的 對立과 對應되는 것임에도 不拘하고 國語漢字音에 있어서는 一覽에서 보는 바와 같이 原則的으로 見母와 同一한 無氣無聲音 ㄱk-로 反映되었다.[21] 이것은 破裂音系의 t/tʻ, p/pʻ의 對立과 더불어 考察되어야 할 問題이나 舌音의 端/透, 脣音의 幫/滂 등 對立에 있어서도 無氣와 有氣의 對立이 規則的으로 나타나는 것은 아니어서 當時 有氣音에 대한 音韻의 實在를 疑心케 하는 것이다. 이와 같은 점은 新羅의 地名變更에서 音相의 相互連關을 지

音清濁四聲皆有變焉」

21 例外로서 夬韻의 「駃·快·噲」 등이 溪母 쾌 koai 즉 k-로 나타날 뿐이다. 그러나 이들 「駃快」는 脣韻 見母 「噲」는 泰韻 匣母의 類推로 受容되었으리라는 可能性도 있다.

을 수 있는 表記例를 보면 그 大禮的인 韻音觀念을 짐작할 수 있다. 즉

(a) 見母 相互間의 互用

加主火—嘉壽縣(卷34)……加/嘉

古自郡—固城郡(〃)……古/固

大加耶郡—高靈都(〃)……加/高

各連城—加兮牙(卷35)……各/加

(b) 見/溪/羣母의 互用

仇次禮—求禮(卷36)……仇/求(溪/見)

仇斯珍兮—貴旦縣(卷37)……仇/貴(溪/見)

駒城縣—巨乑縣(卷35)……駒/巨(見/羣)

高木根—喬桐縣(〃)……高/喬(見/羣)

이들 對應例는 반드시 同一音韻의 代置라는 原則에서 出發한 것이 아닌 以上斷定的 資料는 될 수 없다. 그러나 見母가 見母뿐 아니라 溪/羣母와도 互用되고 있는 점에서 當時 溪/羣母가 獨立音韻으로 實在하지 않았으리라는 暗示만은 얻을 수 있는 것이다.[22]

또한 高麗時代에도 이들의 對立이 固定되지 못한 듯한 音韻觀念을 엿볼 수 있는 바 朝鮮館譯語에서 中國語(A)에 대하여 漢字의 當時 國語音을 中國式 漢字로 表記한 것(B)에서 그 互用例를 提示하면 다음과 같다.

見母……躬/宮/貢/公
      391 239 369 307
溪母……孔
      430
羣母……窮   ─拱(見母)
      591   19

22 俞昌均 教授는 三國史記의 地名에서 이들의 互用例를 體系的으로 考察하였다. 古代地名의 聲母體系〈靑丘大學論文集〉第3輯 參照.

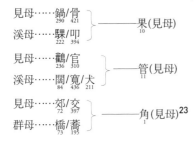

이 例에서 볼 수 있는 바와 같이 郊/橋, 鍋/騍, 鸛/闊, 躬/孔/窮 등 見/溪/羣 諸
母를 全部 見母로 當時의 國語漢字音을 表記한 점으로 보아 編者가 實際 語音
에 있어서 見/溪/羣母의 音韻的 差異를 識別할 수 없었음을 示唆하는 것이라
고 할 수 있다. 筆者가 調査한 바로는 總596項 中 中國語 105項에 達하는 見/
溪/羣母에 國語音의 表記는 一括的으로 거의 全部 見母를 充當하고 있다.[24] 이
런 점으로 보아 溪母는 古代國語漢字音에서는 原則的으로 見母와 同一한 無
氣無聲音 k-로 反映된 것이며 無氣와 有氣의 音韻論的 對立은 그 差異를 認識
할 段階에 있지 않았던 것으로 생각된다. 그러므로 有氣音은 中國音韻의 影
響으로 後期的 發達이며 訓民正音에서 비로소 獨立的 音韻으로 固定된 것이
라고 볼 수 있다.[25]

다음에 資料에 나타난 異音을 分析하면 다음과 같으며 見母와 同一한 傾向
을 보여 준다.

---

23 A의 數字는 金敏洙 教授의 朝鮮譯語攷〈一石李熙昇先生頌壽記念論叢〉 附錄 原文 項數의 番號
   를 便宜上 그대로 利用한 것이며 重複되는 項目番號는 省略하였다. B는 筆者의 資料整理
   番號.

24 오직 세 개의 例外가 있다. 즉 ① 溪母에 대한 溪母의 充當(坎563—堪) ② 曉母에 대한 見母의
   充當(享374—景) ③ 端母에 대한 見母의 充當(登588—歸 이는 誤記로 보인다).

25 東國正韻 序에「若以牙音言之 溪母之字太半入於見母 此字母之變也」라 하여 溪母가 太半 見母
   에 들어가 있는 것을 字母之變이라고 指摘한 바 이는 中國의 傳統的인 音韻禮系에 合致시키
   려는 意圖이며 國語音의 音韻論的 事實을 度外視한 것이라고 할 수 있으나 이때는 그 識別
   이 어느 程度 可能한 것이었음을 알 수 있다.

① 訓蒙字會의 傳承字音에서

K-〉h-

山攝 蛞 활 hwar—匣母 活/佸/秳(戶括) 등의 類推.

效攝 槁 호 ho—曉母 歊(呼到) 등의 類推.

咸攝 麙 함 ham—匣母 含(胡男) 등의 類推인듯. 欠 흠 hɯm(華·全)—曉母 歆·廞(許金) 등의 類推. 榼 합 hap(華·全)—匣母 盍(胡臘)의 類推. 筴 협 hjəp (全)—匣母 狹·陝·峽(侯夾) 등의 類推.

其他 類推形으로 볼 수 없는 異形으로는 深攝 泣 읍 ɯp이 있다.

② 其他의 傳承字音에서

k-〉h-

欬 히 hɐi〈기 kɐi(全)—匣母 亥(胡改)의 類推. 恔·悏·筴 협 hjəp〈겹 kjəp(全) —匣母 狹·陝·峽(侯夾) 등의 類推.

이들 聲符「亥·夾」의 諧聲字는 大部分 h-로 傾斜되는 점이 見母와 同一하다.

恢·詼·盔 회 hoi〈괴 koi(華·全)—曉母 灰(呼恢)의 類推.

壚·墟 허 hə〈거 kə(華·全)—曉母 虛(朽居)의 類推.

犒(全)·餻(華·全) 호 ho〈고 ko—曉母 蒿·歊(呼毛) 등의 類推.

亢·伉·抗(華·全)·炕·閌(全) 항 hang〈강 kang—匣母 杭·航·吭(胡郎) 등의 類推.

俔(華) 현 hjən〈견 kjən—匣母 見(胡電)의 類推.

欠·欽(華·全) 흠 hɯm〈겸(華)/검(全) kjəm/kəm—曉母 歆·廞(許金) 등의 類推.

闊(華·全) 활 hwar〈괄 kwar—曉母 活(呼括)의 類推.

確(華·全) 확 hwak〈곽 kwak—匣母 鶴·雁·雒(下各) 등의 類推.

酷(華·全) 혹 hok〈곡 kok—匣母 鵠(胡沃) 등의 類推.

榼(全) 합 hap〈갑 kap—匣母 合(侯閤)의 類推.

「合」은 見母(古沓)와 匣母의 doublet value·h-에 傾斜되었다.

恰(華·全) 흡 hɯp〈갑(華)/겹(全) kap/kjəp—匣母 洽·恰·珨(侯夾) 등의 類推.

溘·榼(華·全) 합 hap〈갑 kap—匣母 盍(胡臘)의 類推.

詰(全) 힐 hir〈길 kir—曉母 欨·忥·狤(許吉) 등의 類推.

其他 類推形을 알 수 없는 異例로는 肷(全) 협 hjəp〈겹 kjəp/魺(華·全) 휴 hju〈규(全)/귀(華) kju/kjui/㔠(全) 흡 hɯp〈경 kjəp 등이 있다.[26]

k-〉ʾ-(zero)

踽(全)·齵(華·全) 우 u〈구 ku—喻母 禹(王矩)의 類推.

喟(華·全) 위 wi〈귀 kwi—喻母(于母) 胃(于貴)의 類推.

其他 類推形을 알 수 없는 泣(華·三)·渻(全) 읍 ɯp〈급 kɯp이 있으며 극히 異例的인 字音으로는 豟(華·全) 상 sang〈강 kang 등이 있다.

3) 羣母

羣母는 見母 k-에 對立하는 有聲破裂音 g-이며 中古漢音에서 聲의 有無에 의한 音韻의 對立과 氣音 有無에 의한 音韻의 對立이 存在함은 切韻系 音韻의 五音淸濁開合 등을 圖表로 提示한 韻鏡[27]과 切韻指掌圖의 等韻圖에 排列된 一種의 音韻整理表를 中心으로 再構되었다. 즉,

	全淸	次淸	全濁	次濁	淸	濁
牙音	見/k-/	溪/kʻ-/	羣/g-/	疑/ŋ-/		
舌音	端/t-/	透/tʻ-/	定/d-/	泥/n-/		
脣音	幫/p-/	滂/pʻ-/	並/b-/	明/m-/		
齒音	精/ts-/	淸/-tsʻ/	從/dz-/		心/s-/	邪/z-/
喉音					曉/h-/	匣/ɦ-/

---

26 㔠 흡 hɯp은 匣母 洽(侯夾) 溪母 帢(苦洽) 등의 字形偏向으로 볼 수도 있을 것이다.

27 唐代에 된 것이라 하나 作者 未詳 大矢透 氏는 그의 「韻鏡考」에서 韻鏡의 原型은 隋代에 된 것으로 言及되어 있다. 宋代에 들어 韻鑑이라고도 稱했으나 原名으로 復歸하였다.

등과 같이 이들은 音韻論的으로 그 相關關係가 뚜렷한 바 韻鏡 등의 排列字를 現代의 中國方言에 符合시켜 보면 吳方言[28]에 屬하는 上海音에 反映되어 있으며 轉寫音으로는 日本의 吳音이 充實하게 反映하고 있다.[29] 그러나 國語에 있어서는 原來 清濁의 對立을 보이는 音韻이 存在한 痕跡은 없으며 訓民正音에서도 ㄱk-/ㅋk-의 氣音 有無에 의한 相關的 對立에 대하여 無聲音 ㄱk-에 대한 有聲音 즉 全濁字에는 各自並書 ㄲ/ㄸ/ㅃ/ㅉ/ㅆ/ㆅ을 人爲的으로 만들어 充當하였다.[30] 東國正韻 申叔舟 序文에 「我國語音 其清濁之辨 與中國無異 而於字音獨無濁聲 豈有此理 此四聲之變也」라 하여 國語音에 實在하는 濁聲이 字音에만 없음을 歎한 것은 直接 訓民正音의 創制에 關與한 人物로서는 意外로 正鵠을 逸한 見解라고 할 것이며 實際로 各自並書는 漢字의 全濁字의 表記 外에는 使用되지 않았다. 그러므로 羣母는 見母에 統合되어 規則的으로 無氣無聲音 ㄱk-로 反映되었다. 朝鮮館譯語에서 羣母에 一括的으로 見母字를 充當한 것으로도 알 수 있는 바 이는 原來 中國에서도 有聲의 破裂音·摩擦音·破擦音 등은 吳方言을 除外하고는 모두 所謂 無聲音化法則에 의하여 平聲에서는 有氣無聲音으로 其他 上·去·入聲에서는 無氣無聲音으로 變하여 實質的으로 羣母는 見母나 溪母에 統合된 것이라고 할 수 있다.[31]

羣母의 異音에 있어서는 見/溪母와는 달리 그 異例가 극히 少數에 不過하

---

28 吳音에 대하여는 性靈集 「爲藤眞擊淨農格」 中에 「三吳之訛響口吐唐言 發嬰字之耳目……漢語易吳音誰難」이라 한 바 「三吳之訛響」은 吳音임을 알 수 있으며 三吳는 通典에는 會稽, 吳興, 丹陽, 水經에는 吳興, 吳郡, 會稽를 稱하는데 現今의 江蘇, 浙江 二省의 地略에 該當하며 南北朝時代에 南朝가 이 三吳의 地를 中心으로 建國한 곳이다. 또한 南史의 顧琛傳에 「先是家世江東貴達者 會稽孔季恭子靈符 吳興丘深之及 琛與音不變」등으로 보아 南方語音임을 말하는 것이다. 日本의 吳音은 이 南方語音系를 反映한 것이다.

29 黃侃의 與友人論治小學書의 本聲變聲表에 의하면 羣母는 古本聲 溪母의 清濁相變으로 變聲된 것으로 보고 있으며 Karlgren은 有聲有氣破裂音 g'-/b'-/d'-를 세웠다. 이들은 共通인 見解라고 볼 수 있다.

30 拙稿: 韓國文字發達史 〈韓國文化史大系 語文學篇〉 參照.

31 B. Karlgren: *Grammata Serica*, p. 47.

다. 즉 訓蒙字會의 止攝 楮 지 ci는 類推不明의 異形이나 k- c-의 口蓋音化로 인한 後代的인 俗音化로 볼 수 있으며 華東正音의 芰 지〈기 ki는 照母 忮·伎·誋(支義) 등의 類推形이다.

4) 疑母

疑母는 出口音 k-/kʻ-/g-에 대한 出鼻音 ng-로 國語音에는 原來 語頭에 오지 않는다. 따라서 頭音에서는 規則的으로 ng-는 脫落되고 ㅇʻ로 反映되었다(例의 疑母字 傳承字音의 一覽은 便宜上 影母 및 喩母와 一括하여 다음 喉音系에서 보인다). 이와 같은 事實은 朝鮮館譯語의 表記에서도 立證되는 것이다. 즉,

등에서 深侯音 喩/影母 등에 一括的으로 疑母가 充當되어 있는가 하면 喩母가 充當되는 등 어떠한 規則性을 찾아볼 수 없다. 疑母 ng-는 原來 北京音에서도 母音 i/u/ü 앞에서 全的으로 喪失된 바 國語音에서도 일찍이 母音 i 앞에서 出鼻音이 喪失되어 實質的으로 喩母에 合流된 것이라고 할 수 있다.

疑母도 다른 字母와 같이 一部 類推 등으로 俗音化되었다.

① 訓蒙字會의 傳承字音에서

'- 〉 h-

蟹攝 聵 훼 hwəi는 類推形 不明

臻攝 斷 흔 hɯn—曉母 欣·忻·昕(許斤) 등의 類推.

宕攝 癮 학 hak—曉母 謔(虛約)의 類推.

聲符「斤」은 見母(擧欣)이나 諧聲字는 h-/-(zero)에 미치고 있으며 聲符「虐」은 疑母이나 h-에 傾斜되고 있다.

'- 〉 k

山攝 趼 견 kjən—溪母 邢·汧·蚈(苦堅) 등의 類推.

效攝 翺 고 ko(華·全)—見母 皐(古勞) 등의 類推.

聲符「开·皐」는 모두 見母로 聲符에 대한 傾斜라고 할 것이다.

이 外에 特殊한 異例로 山攝 亂 lan은 來母 亂(郎段)의 類推形이다.

② 其他 傳承字音에서

巘 헌 hən〈언 ən(華·全)—曉母 獻(許建)의 類推.

驗 험 həm〈엄 əm(華·全)—曉母 險·噞·憸(虛檢) 등의 類推.

齧 혈 hjər〈열 jər(華)—匣母 絜·揳·膜(胡結) 등의 類推. 그러나 全韻玉篇에는 셜 sjər로 되어 心母 楔·偰(仙結) 등의 類推로 양쪽으로 기울고 있다.

疙(華·全)·屹·仡(全) 흘 hɯr〈을 ɯr—曉母 迄·訖·釳(許訖) 등의 類推.

閡(華) 히 həi〈애 əi—匣母 亥(胡改)의 類推.

'- 〉 k-

硬(華·全) 경 kjɔng〈영 jəng—見母 更(古衡)의 類推.

斅(華·全) 교 kjo〈요 jo—見母 交(古肴)의 類推.

沂(華) 긔 kɯj〈의 ɯi—羣母 圻·祈·斦(渠希) 등의 類推.

以上에서 牙音系를 考察한 바 出鼻音 ng는 終聲에는 存在하므로 實質的으로 牙音에 있어서는 出口音인 無氣無聲音 k-와 出鼻音인 無氣有聲音 ŋ-의 單純한 音韻的 對立을 認定하게 되며 溪/羣母는 見母에 合流된 것이나 이것만이 當時의 實在 古代音韻이있던가 하는 問題는 더 詳考해야 할 것이다.

牙音系는 다음과 같이 一括된다.

字母	中古漢音	國語反影音		俗音
見	k-	ㄱ	k-	ㅎ h-/ㅇ '-/(ㄹ)(r)
溪	k'-	ㄱ	k-	ㅎ h-/ㅇ '-/(ㅅ)s-
羣	g-	ㄱ	k-	(ㅈ)c-
疑	ng-	ㅇ	'-	ㅎ h-/ㄱ k-/(ㅅ)s-

2. 喉音系

먼저 鄕歌表記體系 중 喉音系 借字에 대한 國語의 傳承字音에서 聲母의 反映을 一覽으로 보인다.

聲類	中國字音	國語漢字音		借字	摘要
曉	h-	ㅎ h-		海₄₁₂ 向₄₁₄ 虛₄₁₅ 獻₄₁₆ 好₄₂₁ 花₄₂₂ 化₄₂₃ 火₄₂₄ 悔₄₂₇ 曉₄₂₉ 肹₄₃₀ 希₄₃₁ 喜₄₃₂	13
匣	ɦ-	ㅎ h-		下₄₀₇ 何₄₀₈ 恨₄₀₉ 巷₄₁₀ 孩₄₁₁ 行₄₁₃ 賢₄₁₇ 兮₄₁₉ 乎₄₂₀ 還₄₂₅ 廻₄₂₆ 會₄₂₈	
		ㅅ s-		還₄₂₅	
影	'-	ㅇ '-		阿₂₂₀ 惡₂₂₃ 安₂₂₅ 關₂₂₆ 哀₂₂₉ 愛₂₃₀ 於₂₃₄ 焉₂₃₆ 淵₂₄₂ 煙₂₄₄ 影₂₅₀ 烏₂₅₁ 嗚₂₅₂ 屋₂₅₅ 倭₂₆₀	30
				邀₂₆₁ 憂₂₆₅ 萎₂₇₅ 厭₂₇₉ 唯₂₈₄ 隱₂₈₅ 乙₂₈₆ 音₂₈₇ 應₂₈₉ 衣₂₉₄ 意₂₉₇ 伊₃₀₀ 因₃₀₃ 咽 一	
喩	j-	ㅇ '-		耶₂₃₁ 也₂₃₂ 夜₂₃₃ 餘₂₄₀ 亦₂₄₁ 緣₂₄₃ 葉₂₄₈ 用₂₆₂ 涌₂₆₃ 遊₂₇₈ 遺₂₈₀ 油₂₈₁ 喩₂₉₃ 以 逸₃₀₂	
(于)	rj-	ㅇ '-		永₂₄₉ 王₂₅₈ 往₂₅₉ 雨₂₆₄ 于₂₆₆ 友₂₆₈ 又₂₆₉ 云₂₇₀ 雲₂₇₁ 遠₂₇₂ 爲₂₇₆ 有₂₇₇ 矣₂₈₈	
		ㅅ s-		葉₂₄₈	29

이 鄕歌表記의 傳承字音에서 그 反映의 傾向을 알 수 있는 바 이를 具體的으로 觀察하기로 한다.

1) 曉母/匣母

曉母와 匣母는 모두 規則的으로 氣音 ㅎh-로 反映되었다. 例에 따라 訓蒙字會에 나타난 兩母의 傳承字音을 一覽으로 보인다.

攝	曉母		匣母		字
通	흥		홍$_6$		訇/虹, 紅, 葒, 鴻, 汞, 烘
	-	욱	-	곡$_3$	旭/斛, 槲, 鵠
江	항		항$_3$		肛/缸, 項, 巷
			혹$_2$		學, 鷽
止	휴		-		觿
	휘$_3$/휘$_2$		-		毀, 燬, 卉/暉, 輝
	희$_3$		-		戲, 蟢, 豨
遇	호/화		호$_{13}$	오	呼/貨, 瑚, 箶, 糊, 猢, 鶘, 湖, 孤, 狐, 瓠, 戶, 簄, 虎, 壺, 洿
蟹	혜		혜$_4$	계$_2$/규	醯/惠, 慧, 鞋, 薤/系, 蹊/畦
	히		히$_5$		海/蟹, 骸, 咳, 孩, 頦
	회$_3$		회$_2$	괴	灰, 賄, 晦/繪, 茴/槐
	훼		화		喙/畫
臻	혼$_3$		혼$_5$	곤	昏, 婚, 閽/渾, 魂, 混, 餛, 圂/棍
	훈$_4$			운	訓, 勳, 纁, 葷/餫
	흔$_2$		흔		釁, 昕/痕
	흘		흘/흘$_2$		笏/榾, 齕, 麧
山	한		한$_8$	간	鼾, 汗, 旱, 悍, 鞁, 銲, 閑, 寒, 翰/痌
	헌$_2$		현$_8$		獻, 軒/莧, 賢, 玄, 舷, 弦, 衒, 縣/峴
	환/훤$_4$		환$_{10}$		獾/晅, 楦, 狟/萱/紈, 換, 芄, 崔, 寰, 鬟, 環/㺉, 槵, 宦
	할		할		瞎/轄
	헐		-		蠍
	혈		혈		血/穴
	-		활/힐		猾/翓
效	호$_3$		호$_5$		髇, 蒿, 薅/豪, 壕, 號, 噑, 昊
	효$_3$		효		曉, 孝, 哮, 餚
果	-		하$_{11}$		荷, 河, 菏/下, 遐, 瑕, 蝦, 鰕, 霞, 夏, 廈
	화$_4$		화$_4$	과	火, 靴, 化, 華/禾, 鏵, 樺, 花/踝

宕	향₃		항₄		香, 鄕, 饗/伉, 䡴, 吭, 航
	황		황₉		詤, 皇, 隍, 蝗, 凰, 篁, 黃, 蟥, 潢, 幌
	학		학		壑/鶴
	확		확₂		癀(疒+䀠+隹)/穫, 鑊
梗	형₂		형₆	경	兄, 馨/刑, 型, 硎, 形, 螢, 衡/脛
	-		횡/힝₄	굉/깅	橫, 行, 桁, 胻, 杏/紘, 莖
	-		획₂	격₂	覈, 核/翮, 覡
曾	홍	역	-		薨
	혹		-		黑/閾
流	후/휴		후₁₀		吼/齁/侯, 鍭, 帿, 糇, 垢, 喉, 猴, 候, 後, 后
深	흠		-		歆
	흡		-		吸
咸	함		함₈	감	憨/含, 頷, 函, 銜, 艦, 檻, 鹹/撼
	험		-		薟
	-		-	갑	匣
計	66	2	143	19	230

이 一覽에서 보여 주는 바와 같이 曉/匣母는 規則的으로 ㅎh-로 反映된 것임을 알 수 있다. 原來 中國音 曉母는 淸聲 h-이며 匣母는 濁聲 ɦ-나 國語音韻에는 有聲의 ɦ-는 나타나지 않는다. 이는 國語의 音韻體系에서 聲의 有無로 因한 音韻論的 對立이 없는 데서 緣由하는 것이다. 따라서 匣母는 曉母와 統合되어 同一字音으로 反映된 것이다.[32] 이와 같은 兩母의 關係를 다시 朝鮮館譯語의 代充例에서 살펴보기로 한다.

---

32 上古漢音에서는 匣母와 于母와 區別이 없었던 듯하며 古代의 反切에서는 종종 이를 混同하고 있다. 原來 音韻 ɦ-는 拗音 介母 앞에서는 喩母나 于母化할 수 있으며 특히 于母와의 關係가 가장 密接한 것이라고 할 수 있다. 그러나 國語音에서는 于母化하는 方向을 버리고 淸濁의 對立에서 淸音에 合流된 것이라고 할 것이다. 이는 日本의 萬葉假名에서 喩母는 「ヤ」行으로 于母와 匣母는 「ワ」行으로 轉寫된 점과는 그 反映을 달리하는 것이라고 할 수 있다.

(a) 曉母 相互間의 互用例

靴/化/花—華   曉—驍
452 55 102 202   19 206

(b) 匣母와 相互間의 互用例

黑/蝦/夏/河/下/何—哈
44 238 121 60 16 592 189

鴻/紅—哄   縣—賢
375 43 200   250 195

(c) 曉母와 匣母의 互用例

등에서 (a)(b)와 같이 曉母나 匣母가 各各 同類의 聲母字를 充當하고 있기는 하나 大部分의 例가 (c)와 같이 兩母가 互用되어 淸濁의 區別이 나타나지 않는다. 이는 牙音系의 見/溪/羣母의 互用과 同一하며 國語音에서는 兩母를 分別할 수 없었다는 事實을 말해 주는 것이다.

다음에 例에 따라 ㅎh-이외의 俗音化된 異例들을 分析하면 다음과 같다.

① 鄕歌表記의 傳承字音에서

匣母 還(全) 션 sjən은 邪母(似宣)와의 doublet value.

② 訓蒙字會의 傳承字音에서

○曉母—h-〉ʼ-(zero)

通攝 旭 욱 uk—類推形 不明.

曾攝 閾 역 jək—喩母 域・蜮・棫(雨逼) 등의 類推.

○匣母—h-〉k-

通攝 斛・槲(全) 곡 kok—見母 殙・睔(古祿) 등의 類推.

鵠 곡—見母 告(古沃)의 類推.

蟹攝 系(華) 계 kjəi—見母 係(古詣)의 類推.

378

蹊(華) 계—溪母 溪・嵠(苦愛) 등의 類推.

畦(華) 규 kju—見母 圭(古攜) 등의 類推.

槐 괴 koi—溪母 傀・塊(苦對) 등의 類推.

臻攝 棍 곤 kon—見母 昆(古渾)의 類推.

山攝 癎(華) 간 kan—見母 間(古閑)의 類推.

果攝 踝 과 kwa—見母 果(古火)의 類推.

梗攝 脛 경 kjəng—見母 徑・經・逕(古定) 등의 類推.

紘 굉 koing—見母 厷(姑弘)의 類推.

莖 깅 kɐing—見母 逕・岻・桱(古莖) 등의 類推.

翮 격 kjək—見母 鬲(古核)의 類推. 覡 격—類推 不明의 異形이다.

咸攝 憾 감 kam—見母 感(古禫)의 類推.

匣(華・全) 갑 kap—見母 甲(古狎)의 類推.

h-〉'-(zero)

遇攝 洿 오 o—影母 污(哀都)의 類推.

臻攝 餫 운 un—疑母 僤・瘒(牛昆) 등의 類推.

③ 其他 傳承字音에서

○曉母 h-〉k-

訶・呵(全) 가 ka〈하 ha—溪母 可 (枯我)의 類推.

欨・呴・昫(華・全) 구 ku〈후 hu—見母 句(古侯)의 類推.

喝(全) 갈 kar〈할 har—見母 葛・餲・藹(古達) 등의 類推.

獢(華) 교 kjo〈효 hjo—見母 喬(舉喬)의 類推.

蚶(全) 감 kam〈함 ham—見母 甘(古三)의 類推.

舡(華・全) 강 kang〈항 hang—見母 扛・杠・江(古雙) 등의 類推.

憨(全) 감 kam〈함 ham—見母 敢(古覽)의 類推.

霍(華・全) 濩・癨(全) 곽 kwak〈확 hwak—見母 瞿・攫(居縛) 등의 類推인 듯.[33]

虩(華) 긱 koik〈획 hoik—見母 虢·漷(古伯) 등의 類推.

其他 類推形을 알 수 없는 異形으로는 轟(華·全) 굉 koing〈횡 hoins/訇·鍧(全) 굉〈횡 등이 있다.

h-〉ʾ-(zero)

吁·訏·盱(華·全) 盱(全) 우 u〈후 hu—喻每 于(羽俱)의 類推.

嗎(全) 언 ən〈헌 hən—影母 焉(於乾)의 類推.

颰(全) 월 wər〈헐 hər—喻母(于母) 越·鉞·絨(王伐) 등의 類推.

其他 散發的인 類推形으로는,

h-〉m- 形으로 憮·膴(華·全) 무 mu〈호 ho—明母(微母) 無(武天) 등의 類推. 耗(華·全) 耗(全) 모 mo〈호 ho—明母 毛(莫報)의 類推形이 있으며 h-〉tʼ- 形으로 呿(華) 티 tʼɐi〈해 hai—透母 台·胎·邰(土來) 등의 類推形이 있다.

○匣母 h-〉k-

苛(全)·菏(華) 가 ka〈하 ha—溪母 可(枯我)의 類推.

暇(華·全) 가 ka〈하 ha—見母 假·椵·徦(古訝) 등의 類推.

稧(全) 계 kjəi〈혜 hiəi—溪母 契(苦計)의 類推.

夥(華·全) 과 kwa〈화 hwa—見母 果(古火)의 類推.

械(華·全) 계 kjəi〈히(全) hɐi/해(華) hai—見母 戒(古拜)의 類推.

闠·潰(全) 궤 kwəi〈회 hoi—見母 貴(居胃)의 類推.

憾·撼(華·全) 감 kam〈함 ham—見母 感(古禫)의 類推.

酣(華·三)·邯(華) 감—함—見母 甘(古三)의 類推.

誙·踁(全)·莖·脛(華·全) 경 kjəng〈형 hjəng—見母 經·徑(古定) 등의 類推.

宏(華·全)·閎·翃(全) 굉 koing〈횡 hoing—見母 厷(姑弘)의 類推.

---

33 霍 등은 矍 등의 字體의 類似性에서 緣由한 것인지 速斷하기 어렵다.

橄(華·全) 격 kjək〈혁 hjək—見母 激(古歷)의 類推.

穀·轂(華·全) 곡 hok〈혹 kok—見母 穀·轂·瑴(古祿) 등의 類推.

曷·輵(華·全)·褐(全) 갈 kar〈할 kar—溪母 葛·輵·渴(苦曷) 등의
類推.

鶻(華·全) 골 hor〈홀 hor—見母 骨(古忽)의 類推.

其他 類推形을 알 수 없는 異例로는 鍠(全) 굉 koing〈횡 hoing 등이
있다.

2) 影母/喩母

影母는 喉頭破裂音 [ʔ](이것을 [ʾ]로 表示한다)로 訓民正音에서는 初聲의 基
本 17字體系에 規定된 점에서 많은 問題點을 內包하고 있는 音韻이며 그 實際
音韻의 存在를 全的으로 否定하는 傾向이 있으나 單純하게 處理될 問題는 아
니다.[34] 그러나 이 音韻은 訓民正音 解例合字解에

「初聲ㆆ與ㅇ相似 於諺可以通用也」라 한 점에 비추어 ㆆ〉ㅇ/ㆆ〉ㅎ로의
自生的 變化를 거친 것으로 생각된다. 그러므로 古代國語에서는 多分히 影母
에 대한 分別 可能性을 前提할 수 있으나 實質的인 面에서 傳承字音은 喩母와
倂合된 듯하여 喩母와 더불어 規則的으로 ʾ-(zero)로 反映되었다. 그러므로 影
母는 破裂性을 排除함으로써 喩母와 合流하여 有聲音化된 것이라고 할 수 있
으나 訓民正音의 28字 體系의 音素設定으로 미루어 古代國語에서 처음부터
喩母와 合流된 것인가에 대하여는 더 詳考할 問題라고 생각된다.

喩母는 切韻系의 廣韻 聲類體系에서는 以類와 于類의 音韻論的 對立이 分明
하여[35] 反切上字에 있어서 서로 互用되지 않고 있다. 그러므로 陳澧은 喩母에

---

34 拙稿: 喉頭音攷 국문학 〈高大〉 第2輯 參照.

35 이에 대한 音價 推定은 董同龢 氏는 以〉ʾ-(zero)/于〉j- 藤堂明保 氏는 以〉j-/于〉rj- 河野六郎 氏
는 以〉j-/于〉ɦ-로 推定한 바 Karlgren은 이를 分離하지 않았다. 그리고 黃侃의 與友人論治小學

서 于類를 分離하여 于母를 세웠으며(四十聲類體系) 以來 廣韻의 聲類體系에
서는 大槪 이에 따라 分離兩立시켜 왔다. 그러나 中國 音韻論에서도 이 于母
의 分離에 대하여는 異論이 있으며 羅常培 氏는 切韻殘卷과 刑謬補缺切韻의
反切例에서 互用된 實證에 따라 다시 이를 喩母에 統合시킨 바 있어[36] 中古漢
音에서 實質的으로 獨立音韻 與否가 疑心되는 것이다. Karlgren도 그의 再構
音에서 이를 分離하지 않았던 事實도 아울러 注目할 만하다.[37] 鄕歌의 借字에
서 이 兩類를 보면

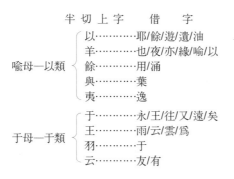

등과 같으나 實際表記上 나타난 當用에 있어서는 이를 區別하여 使用한 痕迹
은 없으며 一括的으로 疑母의 頭音과 影母와 더불어 ○'—(zero)로 反映되었
다. 이들을 例에 따라 訓蒙字會의 傳承字音에서 보기로 한다. 便宜上 疑母를
一括한다.

書 本聲變聲表에 의하면 喩母조차도 古本聲에서 除外되어 影母의 淸濁相變으로 보고 있는
점도 아울러 參考가 될 것이다.

36 羅常培 : *ibid.*

37 于母는 上古漢音에서 本來 匣母였던 듯하여 古代資料에 遡及할수록 匣母와 于母의 互用이 나
타난다. 陳의 陸德明의 經典釋文에 尤一下求反(匣母)/有牛反(于母) 등으로 互用되었다.

攝	影母		喩母		于母		疑母		字
通	웅9		용9		웅2		-		翰, 蝟, 塕, 瓮, 齆, 壅, 鶲, 癰, 饔, 甬, 踊, 涌, 埇, 蛹, 傭, 墉, 容, 鎔, 雄, 熊
	옥3		욕		-		옥2		屋, 沃, 鋈/浴/玉, 獄
	악		-		-		악2		喔/樂, 嶽
	욱		육3		-		-		燠/育, 毓, 霯
止	이2		이8						伊, 蛜/匜, 苢, 頤, 苡, 夷, 眙, 飴
	의5	그	-		-		의3		椅, 意, 醫, 衣, 扆, 欹, 義, 儀, 蟻
	위2		-		위8	휘	-		威, 蝛/位, 韋, 緯, 幃, 闈, 葦, 胃, 蝟/彙
	에		유		유		-		饐, 壝, 帷
遇	어		여4	셔	-		어7		飫/鷊, 蜍, 予, 藇, 與/魚, 漁, 語, 圄, 御, 馭, 珸
	-		예		-		-		譽
	오2		-		-		오8		烏, 蔦/吾, 捂, 窹, 蜈, 鼯, 梧, 五, 伍
	-		유3		우		유4		楡, 諛, 諛/盂, 羽, 栩, 雨, 宇
蟹	애5		-		-		애5		矮, 挨, 噫, 餲, 埃, 涯, 崖, 駭, 刈, 艾
	예2	테	-		-		예5		瞖, 濊, 鞥, 猊, 霓, 鯢, 藝, 乂
	외3		-		-		외		偎, 煨, 椳/外
	-		-		위		위		衞, 桅, 鏏
	이		-		-		의	훼	愛, 磑, 聵
	익		-		-		-		嗌
臻	온3		-		운4		-		搵, 醞, 縕/筠, 耘, 雲, 暈
	인2/은2		인2		-		은2	흔	姻, 茵, 恩, 癮/引, 蚓/銀, 狺/斷
	일2/을		일		-		-		壹, 一/釳, 溢
	울2		-	홀			올		蔚, 熨, 繘, 鷸/兀
山	연6		연5		-		연3	견	咽, 宴, 嚥, 淵, 鳶/筵, 蜒, 莚, 鳶, 銔/硯, 研/妍, 趼
	안2	만	-		-		안5	란	案, 晏, 彎/岸, 贗, 顏, 雁, 眼/亂
	언2		-		-		언		堰, 鼴/言
	원4		-		원7		원5		冤, 鴛, 苑, 盌, 遠, 轅, 楥, 猿, 園, 垣, 員/院, 蚖, 黿, 芫, 原

	1	2	3	4	5	6	7	8	
	완₄		-		-	-	완		踠, 睕, 帵, 豌/腕
	알		-		-		알		斡/枿
	-		-		-		얼₂		孼, 闑
	-		-		월		월₂		鉞/月, 刖
效	오₂		-		-	-	오₄	고	爒, 襖/熬, 鰲, 螯, 獒/翱
	요₃		요₆			효			夭, 腰, 坳/曜, 謠, 窅, 鷂, 軺/鴞
果	아						아₄		阿, 我, 餓, 蛾, 鵝
	와₂						와		倭, 渦/臥
假	아				야₃		아₄		鴉, 野, 冶, 夜, 芽, 斫, 衙, 牙/
	와₂						와		蛙/瓦
宕	앙₃		양₆			쟝	앙₂		秧, 鴦, 盎, 陽, 楊, 養, 羊, 烊, 洋, 醬, 仰, 柳
	왕₂				왕				尪, 汪/王
	악₂	확₂	약₆				악₂	학	堊, 惡, 蠖, 矆, 躍, 爚, 籆, 鑰/籰, 藥, 鍔, 萼, 癉
	영₈		영₂		영₂				英, 暎, 榮, 貙, 影, 纓, 瓔, 癭, 營, 楹, 泳, 蠑
梗	잉₂								鸎, 櫻
			역₆	혁/텩					役, 荻, 疫, 驛, 繹, 易, 奕, 蜴
	익		익₃				익		軛, 袘, 液, 腋, 額
							일		鷁
曾	응₂		잉	승					膺, 鷹/孕, 蠅
	억₂		익₃	식	역₂				億, 臆, 翼, 弋, 杙, 翌, 域
流	우₃	구₅			우₄		우₂		嚘, 優, 麀, 漚, 嘔, 謳, 甌, 鷗/右, 祐, 疣, 友, 牛, 藕
	유		유₈	특	유				幼, 誘, 斿, 游, 蝣, 油, 牖, 莠/柚/囿
深	음₄/암						음		窨, 音, 飮, 陰, 瘖/吟
	읍₄								邑, 挹, 浥, 揖
咸	암₃						암		暗, 庵, 俺/巖
	엄₂						엄₃		閹淹/嚴, 醃, 釅
	염₃		염₅	첨		섬			壓, 衦, 黶, 鹽, 艶, 厭, 閻, 燄/簷, 炎
	압₂		엽			녑	업		壓, 鴨, 葉, 饁, 業
計	125	9	85	10	37	5	91	6	368

384

이 一覽에서 볼 수 있는 바와 같이 影母와 喩母(于母包含)는 喩母에 合流되어 同一字音으로 傳承되었으며 兩母를 分別한 듯한 痕迹은 찾아볼 수 없다. 이들의 關係를 다시 朝鮮館譯語의 代充例에서 살펴보기로 한다.

(a) 喩母 相互 互用例
　　酉/諭/油/有──與
　　559　386　500　39　　110
(b) 喩母 影母의 互用例
　　喩母……鹽/筵─硯──搶(影母)
　　　　　　501　400　273　　103
(c) 喩母 疑母의 互用
　　喩母……陽/羊──仰(疑母)
　　　　　　125　207　　104
(d) 喩母 影母 疑母의 互用
　　影母……醫
　　　　　　365　　　　⎫
　　　　　　　　　　　　├─額(喩母)
　　疑母……語/御　　⎭　105
　　　　　　384　39

등에서 喩母의 相互 互用例가 없지는 않으나 大部分 喩母와 影母 또는 牙音係의 疑母와 互用되고 있어 訓蒙字會의 傳承字音과 相通하고 있으며 實質的으로 이 三母는 喩母에 統合되어 音韻論的 差異를 識別할 수 없었음을 알 수 있다.

다음에 例에 따라 異音例를 分析하면 大部分이 類推形임은 다른 例들과 다름 없다.

① 鄉歌表記의 傳承字音에서

　　喩母 葉(三) 섭 sjəp은 審母(式涉)와의 doublet value.

② 訓蒙字會의 傳承字音에서

　　影母 •-('-)〉k-

　　　　止攝 欤 긔 kɯi─見母 奇(居宜)의 類推.

　　　　流攝 漚・嘔・謳・甌・鷗 구 ku─溪母 區(豈俱)의 類推.

　　•-('-)〉h-

　　　　宕攝 蠖・矱 확 hwak─匣母 鑊・懹(胡郭) 등의 類推. 其他 散發的인 類推形으로는 •-('-)〉m-形으로 山攝 彎 만 man─明母 蠻・鱢(莫還) 등의 類推.

喩母 j- 〉 h-

臻攝 縟 · 鸋 흘 hjur—曉母 獝(況必)의 類推.

梗攝 弈 혁 hjək—曉母 赦 · 詠(許激) 등의 類推인 듯.

j- 〉 z-

遇攝 與 셔 zj—邪母 嶼 · 鱮(徐呂) 등의 類推. 曾攝 翌 식 zik은 類推形 不明이나 이 z-의 傳承字音은 日母 z-와 더불어 國語의 實在音韻 與否에 대한 重要한 問題를 提供하는 것이라고 할 수 있다. 이에 대하여는 日母에서 論及될 것이나 喩母의 z-音 反映은 fricatives s-의 弱化音으로 볼 수 있다.

其他 散發的인 類推形으로는,

j-〉t'-形으로 蟹攝 靶 톄 t'jəi—澄母 滯 · 躓(直例) 등의 類推인 듯. 梗攝 蜴(華 · 全) 쳑 t'jək—透母 剔 · 惕 · 踢(他歷) 등의 類推. 流攝 柚 t'juk—澄母 軸 · 妯 · 舳(直六) 등의 類推.

j-〉s-形으로는 曾攝 蠅(華 · 全) 승 suɯng—神母 繩 · 譝 · 憴(食陵) 등의 類推. j-〉c'-形으로는 咸攝 簷(華 · 三) 쳠 c'jəm—檐 · 襜 · 韂(處占) 등의 類推.

于母 j-〉h-

止攝 彙 휘 hwi—曉母 翬 · 暉(許歸) 등의 類推인 듯.

效攝 鴞 효 hjo—匣母 號(胡到)의 類推.

j-〉z-形으로는 類推形 不明으로 感攝 炎 염 zjəm 其他 散發的인 異例로는 宕攝 醬 쟝 cjang—精母 獎 · 蔣 · 斨(即兩) 등의 類推. 咸攝 鯰 넙 njəp은 類推 不明의 異例다.

③ 其他 轉承字音에서

影母 ㆍ-(ㆍ-) 〉 k-

歐 · 嘔 · 漚 · 熰(全) · 嫗(華 · 全) · 傴(華) 구 ku〈우 u—溪母 區(豈俱)의 類推. 이들 「區」의 諧聲字들이 大部分 k-로 傾斜하고 있으며 異例

로는 樞(華) 츄 c'ju〈우 u가 있는 바 이는 舌上音 徹母 貙(敕俱)의 類推
形으로 口蓋音化된 形이다.

喝(華·全) 갈 kar〈알 ar—羣母 竭·揭(其謁) 등의 類推.

綰(華) 관 kwan〈완 wan—見母 官(古丸)의 類推.

其他 散發的인 類推形으로는 ·-('-)〉h-形으로 噫(華) 희 hɰi〈의 ɰi—
類推形 不明이나 曉母「嘻」와의 字體의 類似性에서 緣由한 것으로
생각된다. ·-('-)〉m-形으로 彎(華·全)·灣(全) 만 man〈완 wan—明
母 彎·蠻(莫還) 등의 類推. 杳(華) 묘 mjo〈요 jo는 類推形 不明이다.
喻母에서는 散發的인 類推形이 많이 나타난다.

j-〉c'-形으로 檐(全) 쳠 c'jən〈염 jəm—穿母 幨·襜(處占) 등의 類推. 軺
(華·全) 쵸 c'jo〈요 jo—穿母 怊·弨·超(尺招) 등의 類推. 軺(全) 쵸
c'jo〈요 jo—類推形 不明.

j-〉s-形으로 熠(華·全) 습 sɰp〈읍 ɰp—邪母 習(似入)의 類推. j-〉t'-形
으로 渝(華·全) 투 t'u〈유 ju—透母 偸·嬬·鍮(託侯) 등의 類推.

j-〉p-形으로 坯(華) 븨 pɰi〈이 i—滂母 妃(芳非)의 類推. 特異한 類推
不明의 異例로는 融(華)·肜·瀜·烿(全) 륭 rjung〈융 jung이 있으며
「肜」은 書經에서 늉 njung으로 表記되었다. 이것은 訓蒙字會 喻母
(于母)에서 보인 咸攝 饁 녑 njəp이 註記에「正音業葉」(下·10)이라
하여 原來 엽 jəp이었던 것으로 보아 喻母 j-〉n- 또는 j-〉r-의 現象은
河野 敎授가 말한 後日 中部 및 南部方言에서 일어난 音韻變化 즉
nyv-〉'yv-의 前驅的 現象으로 ny-와 '-와의 混亂이 일어난 때의 false
regression이 아닌가 라고 한 점은 傾聽할 만한 見解라고 할 수 있다.[38]
于母 j-〉k-

筠 균 kjun〈윤 jun—見母 均(居勻)의 類推.

---

38 河野六郎 : 朝鮮漢字音の研究, pp. 58~59.

以上 喉音系는 다음과 같이 一括된다.

字母	中古漢音	國語反映音		俗音
曉	h-	ㅎ	h-	ㄱk-/ㅇ'-/(ㅁ)m-/(ㅌ)t'-
匣	ɦ-	ㅎ	h-	ㄱk-/ㅇ'-/(ㅅ)s-
影	•-	ㅇ	'-	ㄱk-/ㅎ(ㅅ)s-/(ㅁ)m-/(ㅊ)c'-
喩	j-	ㅇ	'-	ㄱk-/ㅎh-/(ㅅ)s-/(ㅌ)t'-/(ㅊ)c'-/(ㄹ)r-/(ㅂ)p-

3. 舌音系

먼저 鄕歌表記의 借字에서 舌音系에 대한 傳承字音의 反應을 보인다.

聲類	中國字音	國語漢字音		借字	摘要
端	t-	ㄷ	t-	多(56) 對(62) 德(63) 都(64) 刀(67) 倒(67) 頓(68) 冬(69) 東(70) 得(72) 等(75) 灯(77) 底(314) 顚(318) 丁(322)	15
		ㅌ	t'-	妬(392)	1
(知)	t-	ㄷ	t-/ㅈ c-	中(340) 知(345)	2
		ㅌ	t'-/ㅊ c'-	置(380)	1
透	t'-	ㄷ	t-	汀(324) 土(391)	2
		ㅌ	t'-	體(371) 隋(384) 他(386) 吞(387) 太(389) 土(391)	6
定	d-	ㄷ	t-	但(57) 斷(58) 達(80) 待(61) 大(65) 道(66) 徒(71) 童(73) 同(74) 動(74)	13
		ㅌ	t'-	大(61) 陁(385) 奪(388)	
(澄)	d-	ㄷ	t-/ㅈ c-	長(312) 除(328) 朝(347) 持(342) 直(342) 塵(353)	6
		ㅌ	t'-/ㅊ c'-	逐(375) 治(381) 宅(390)	3
泥	n-	ㄴ	n-	難(46) 南(47) 內(48) 乃(49) 奈(50) 年(51) 念(52) 奴(53) 惱(54)	9
		ㄹ	r-	難(46)	1
(娘)	ń-	ㄴ	n-	尼(55)	1
來	r-	ㄹ	r-	羅(78) 洛(79) 落(80) 郎(81) 朗(82) 浪(83) 來(84) 良(85) 量(86) 兩(87) 呂(88) 禮(89) 路(90) 露(91) 勒(92) 留(93) 陵(94) 理(95) 里(96) 利(97) 立(98)	21
		ㄴ	n-	利(97)	1

388

舌音에 있어서는 舌上音 知·徹·澄·娘母를 舌頭音에 統合시킨 바 있으나 上記 一覽의 鄕歌表記의 借字에 나타난 傳承字音에서 注目되는 것은 舌上音이 比較的 後期의 資料인 註解千字文과 華東正音, 三韻聲彙 및 全韻玉篇 등 韻書에서는 齒音 ㅈc-/ㅊc'-로 나타나는 점이라고 할 수 있다.

이에 대하여 前期資料인 訓蒙字會에서 舌上音이 어떻게 傳承되었는가를 보기로 한다.

攝	知		徹		澄		字
通	듕	퉁$_2$		튱		튱$_2$	中/衷, 忠/狆, 蟲, 冲
		퉁					冢/寵
	듁			튝		튝$_3$	竹, 妯, 逐, 軸, 舳
						튝	蠋
止	디$_2$			튁	디	티$_4$	蜘, 智, 池, 馳, 痔, 雉, 稚
江		탁$_2$				탁	琢, 卓, 答, 濁
遇	뎌		뎔$_2$		뎌$_4$		瀦/撘, 樗/儲, 苧, 楮, 杼
蟹	듀$_3$			태	듀$_2$		株, 蛛, 拄/㭉, 柱
臻					뎌		蠆, 筋
	됴		(슌)	(춘)			嘲
							楯, 椿
	딘			튤	딘	튤	珍, 塵
					딜		黜, 茱
							帙, 姪
山						탄	綻
效	뎐$_2$			뎐		(천)	轉, 驔/廛/薦
假				됴	됴$_2$		弨, 朝, 潮
宕	다	(좌)		탕	다		爹/樝/茶
	댱$_2$	탕$_2$			댱$_2$		張, 帳, 脹, 漲, 韔/丈, 杖
						탁	着
梗	뎡		뎡		뎡		貞/偵/呈
曾						텩틕$_2$	擲/澤, 宅
流	딩			틱	등딕		徵/澄
深							刺/直
咸	듀$_3$			(츄)	듀$_4$		輈, 肘, 晝/杻/疇, 籌, 宙, 胄
	심	팀					椹/碪
						팁	蟄
		(참)	뎜	텸			站/戡/詀
計	20 (1)	7(2)	4 (1)	10 (2)	24 -	18 (1)	91

이 表에서 보는 바와 같이 舌上音은 規則的으로 ㄷt-/ㅌt'-로 反映되고 있으며 極少數의 齒音 ㅊc'-이 보일 뿐이다. 그러나 前에 言及한 바와 같이 壬亂 後의 傳承字音에서는 原則的으로 舌上音은 ㄷt-) ㅈc-/ㅌt'-) ㅊc'-로 口蓋音化된 바 이와 같은 現象은 일찍이 語音에서 發生한 듯하며 訓蒙字會의 少數의 例는 舌上音의 一部에서 口蓋音化가 進行된 痕迹을 보여 주는 것이라고 할 수 있다. 原來 舌上音은 韻鏡의 等韻圖에서는 모두 3·4 等 拗音에 屬하므로 介母와의 結合으로 口蓋音化하기 쉬운 音韻임을 考慮에 넣는다면 일찍이 古代國語의 語音에서 一部 進行된 것이 아닌가 생각되며 舌上音 自體의 自生的 反映으로 볼 수 있다. 처음에 外來文字를 받아 들이는 경우 自國語의 音韻體系에 可能한 限 實現시키려 하는 것이나 實際 語音과의 調和에서 變化를 가져올 수도 있는 것이다. 이런 點을 朝鮮館譯語의 漢字 代充例에서 살펴보기로 한다.

(a) 舌上音과 齒音의 互用例

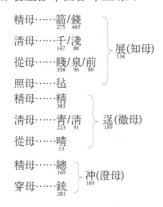

등과 같이 舌上音은 大部分 齒音과 相互 互用되고 있는 바 舌上音인 知母「展」徹母「逞」澄母「冲」등이 各各 漢字音에 대한 國語音의 對譯字로 充當된 事實은 이들 舌上音이 實際 語音上 t-/t'-)c-/c'-로의 口蓋音化 過程에 있었음을 意味하는 것이며 當時 舌上音이 齒音과 分別할 수 없을 만큼 語音上 類似했던 것으로 생각된다. 이는 勿論 當時 中國音 自體의 音韻變化가 直接 國語音에 作用한 것이라고도 볼 수 있다. 이에 反하여 舌頭音은 原則的으로 舌上音이나 齒

音系의 互用을 回避하고 있다. 즉

(b) 舌頭音 相互 互用例

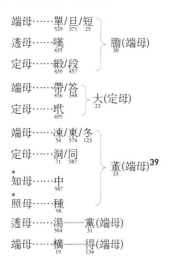

端母……單/旦/短
透母……嘆 ┃膽(端母)
定母……緞/段

端母……帶/答 ┃大(定母)
定母……玳

端母……凍/東/冬
定母……洞/同
*知母……中 ┃董(端母)[39]
*照母……種

透母……湯——黨(端母)
端母……樀——得(端母)

등 對應例로 보아 舌上音은 舌頭音에서 分離되어 口蓋音化하고 있다는 事實을 看取할 수 있다. 그러나 舌頭音이 全的으로 舌頭音에만 對充된 것은 아니어서 少數의 舌上音이 舌頭音과 互用되고 있다. 즉

(c) 舌上音과 舌頭音의 互用例

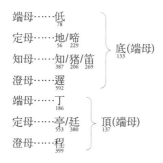

端母……低
定母……地/啼
知母……知/猪/笛 ┃底(端母)
澄母……遲

端母……丁
定母……亭/廷 ┃頂(端母)
澄母……程

---

39 「豆」는 例外다. 「中」은 舌上音 知母로 t-를 强力히 維持한 것으로 보며 「種」은 照母로 正齒音 3等인 바 c-〉t-와의 對應은 錯誤로 인한 代充인 듯하다.

등의 互用은 舌上音 自體의 口蓋音化뿐 아니라 介母 /-j-/의 影響으로 一部 舌頭音에까지 語音上 口蓋音化가 進行된 것이라는 痕迹을 보여 주는 것이라고 할 수 있으며 이들은 모두가 現在 漢字音에서 c-로 齒音化된 音群임을 注目할 必要가 있다. 따라서 舌頭音에 대하여는 原則的으로 舌頭音이 代充된 것임을 알 수 있으며 이는 舌音 t-/tʻ-와 齒音 c-/cʻ-와의 混亂을 避하기 위한 것이라고 보아야 할 것이다.

그러나 語音에 있어서 이런 現象과는 달리 字音에 있어서는 傳統的으로 舌上音과 舌頭音의 區別 없이 t-/tʻ-로 實現되었으리라는 것은 前記 一覽에서 보인 訓蒙字會의 傳承字音에서 알 수 있는 바 이는 그동안의 變化된 實際 語音보다 字音에 重點을 둔 結果라고 할 것이다. 實際 中國에서도 切韻時代는 이 舌頭音과 舌上音의 分別이 確然하지 않았던 事實로 미루어[40] 國語音에서 同一音韻으로 反映되었으리라는 點은 넉넉히 짐작할 수 있다.

이와 같은 字音에 대한 語音의 變化는 李朝 中葉 以後 더욱 促進되었던 것으로 보이며 語音과 字音의 乖離에서 오는 不合理性을 克服하게 되는 바 正音通譯, 三韻聲彙 등 國語漢字音에 立脚한 韻書編纂에서는 舌上音 t-/tʻ-를 모두 齒音 c-/cʻ-로 表記하게 된 것이다.[41] 原來 國語音에서는 舌頭音과 舌上音의 區別이 없었던 것이라고 할 수 있으므로[42] 舌上音을 區別하려면 語音上 自然히 口蓋音化하는 것이라고 할 수 있어 李朝에 들어서는 中國의 近世音에 따르려는

---

[40] 張煊은 求進步齋音論 〈國故 第1期〉에서
「考廣韻二百六韻中 每韻但有開合洪細之一等者 則有舌頭即無舌上 有重脣即無輕脣 有二等者 則 舌頭屬此等 舌上必屬彼等 輕脣屬彼等 重脣必屬此等 推而至於有三等四等者 莫不皆然…此亦可謂 隋時舌上舌頭重脣 輕脣尙合爲二之證」이라 하여 舌頭音과 舌上音을 統合하고 있다.

[41] 華東正音 凡例에,
「我音不知五音淸濁之別 故字書反切之讀 混殽商宮之入ㅈㅊ誤作徵宮之ㄷㅌ 假如直當切之直직 作以딕 丑他切之丑츄作以츄 直當之切本變장而讀以당 丑他之切本吒차 而讀以타 五音相失 故此 等之類 一依五音所屬之宮而釋之 餘皆倣此」라 하였다.

[42] 東國正韻 序에 「如舌頭舌上 脣重脣輕 齒頭正齒之類 於我國字音未可分辨 亦當因其自然 何必泥 於三十六字母」라 하여 實際語音에서 分別할 수 없음을 알 수 있다.

改新의 뜻도 있었으나[43] 自然的인 國語音에 一致시키는 面에서[44] 齒音에 分屬시킨 것이라고 볼 수 있다.[45]

그러므로 古代國語 漢字音에서는 訓蒙字會에서 보는 바와 같이 舌上音과 舌頭音의 分別 없이 t-/tʰ-로 反映된 것으로 보고 舌上音을 舌頭音에 統合하여 이를 檢討하기로 한다.

1) 端母/透母/定母

먼저 訓蒙字會에서 이들 舌頭音이 어떻게 反映되었는가를 一覽으로 보인다.

攝	端		透		定		字
通	동$_5$			통$_3$	동$_{11}$		東, 蝀, 涷, 凍, 冬/桶, 痛, 統/峒, 衕, 桐, 銅, 瞳, 童, 僮, 潼, 動, 彤, 疼
	-		독$_2$		독$_{10}$		禿, 穢, 犢, 牘, 瀆, 櫝, 讟, 讀, 獨, 髑, 碡, 纛
止	-			(차)	디		胝/地
遇	도$_5$			토$_3$	도$_4$		都, 鍍, 圖, 賭, 覩/土, 吐, 菟/途, 徒, 屠, 度
蟹	데$_5$	톄$_3$	뎨	톄$_2$	톄$_{10}$	뎨$_3$	羝, 邸, 觝, 帝, 膪/螮, 蒂, 嚏/梯, 涕, 體/薙, 鵜, 娣, 弟, 綈, 踶, 蹄, 啼, 第, 稊/悌, 鬄, 棣
	대			태		태	對/汏/鈦
	딕		딕	틱	딕$_4$	틱$_3$	戴/貸/態/代, 袋, 黛, 臺/怠, 苔, 炲
			퇴		퇴$_4$	퇴	鎚/搥, 煺, 腿, 退/頹
臻	단$_2$					탄	坦, 疸/袒

---

43 黃侃의 ibid. 本聲變聲表에 의하면 舌頭音을 古本聲으로 보고 舌上音은 이 古本聲의 變聲으로 取扱하였다. 또한 南宋의 吳澄은 그의 字母表에서 舌上音과 正齒音을 따로 세우지 않았고 今日 中國의 諸方言에서도 兩者의 分別을 찾아볼 수 없다 한다.

44 四聲通放 凡例에,
「凡舌上聲以舌腰點腭 故其聲難 而自歸於正齒」라 하여 實際 語音上의 變動을 示唆하고 있다.

45 同上 凡例에 「今以知徹澄歸照穿牀」이라 하여 正齒音에 倂合시켰다.

攝							例字
山	돈$_4$					돈$_2$	噉, 墩, 豂, 頓/沌, 豚
	딜					둔$_4$/돌	膇/屯, 飩, 窀, 臀/燉
	단$_5$			탄$_4$	단$_3$	탄	鍛, 磏, 襌, 簞, 丹/撣, 攤, 灘, 炭/股, 椵, 壇, 彈
						탄	吞
			달$_4$	튼		탈	撻, 韃, 闥, 獺, 奪
	뎐$_6$			뎐	뎐$_6$		巓, 癲, 淀, 典, 殿, 臧/天/田, 敗, 電, 甸, 奠, 澱
				텰$_2$	딜$_2$		鐡, 饕, 跌, 垤
効	됴$_4$	툐	됴$_2$		됴$_4$		鵰, 鰷, 鳥, 釣, 貂/鷂/眺/條, 跳, 銚, 淘
果	도$_3$			토	도$_6$		刀, 朸, 禱, 套, 濤, 桃, 稻, 道, 盗, 陶
				타$_2$		타$_5$	惰, 涶, 駝, 跎, 槏, 駄, 舵
假		타					打
宕	당/당$_4$			탕$_4$	당$_6$		膓, 鐺, 禠, 璫, 瓿/湯, 蕩, 錫, 帑/糖, 螗, 塘, 煻, 棠, 堂
				탁$_3$		탁$_2$	帲/薄, 橐, 飥, 鐸, 托
梗	뎡$_5$		뎡$_2$	텽$_2$	뎡$_3$		釘, 鼎, 頂, 飣, 碇/汀, 疔, 聽, 廳, 聘, 蜓, 艇
	뎍$_5$			텩	뎜$_3$		敵, 蹢, 鏑, 笛, 芍, 趯, 耀, 狄. 荻
曾	등$_3$				등$_2$		橙, 燈, 凳/藤, 騰
	덕			특			德/慝
流	두$_4$	투	듀	투	두$_4$	투$_2$	脰, 斗, 蚪, 抖/鬪, 鈄, 偸, 頭, 豆/脰, 餖, 癋, 骰
咸	담$_2$		탐$_2$	탐$_2$	담$_7$		瞻, 擔, 炎, 毯/貪, 探, 覃, 藫, 蟫, 痰/淡, 壜, 噉
			답$_2$	탑$_3$			踏, 鐥, 搭, 塔, 榻
	뎜			텸$_2$	뎜$_2$	텸	店, 添, 舔, 簟, 錜/甜
				텹(쳡)	뎜$_2$	텹	貼/帖/蝶/牒
計	69	7	17	45[2]	90	22	259

以上 端・透・定 三母는 舌上音 知・徹・澄 三母와 同一하게 ㄷt-/ㅌt'-로 規則的으로 反映되어 있는 바 이들을 統計的으로 보이면 다음과 같다.

	端	(知)	透	(徹)	定	(澄)	計
ㄷ t-	69	20	17	4	90	24	224
ㅌ t'-	7	8	45	10	22	18	110
ㅈ c-	-	-	-	-	-	-	-
ㅊ c'-	-	2	2	2	-	1	7

따라서 舌上音은 舌頭音에 合流되어 同一音韻으로 反映된 것임을 알 수 있다.

또한 一覽에서 알 수 있는 바와 같이 舌頭音은 端·透·定 三母가 共通的으로 無氣音 ㄷt-와 有氣音 ㅌt'-로 反映되어 있으며 다음과 같은 數的 比較에서 그 主流를 짐작할 수 있게 한다.

區分	端		透		定	
	ㄷ t-	ㅌ t'-	ㄷ t-	ㅌ t'-	ㄷ t-	ㅌ t'-
鄕歌表記	15 (2)	1 (1)	2 -	6 -	13 (6)	- (3)
訓蒙字會	69 (20)	7 (8)	17 (4)	45 (10)	90 (24)	22 (18)
計	84 (22)	8 (9)	19 (4)	51 (10)	103 (30)	22 (21)

*( )안 漢字는 舌上音

즉 端母는 主로 透母는 ㄷt- 定母는 ㅌt'-를 代表하는 듯한 傾向을 보여 준다. 이는 中古漢音에 비추어 當然한 歸結과 같이 생각되지만 同一한 破裂音系인 牙音과는 全的으로 그 傾向을 달리하고 있는 점에 留意해야 할 것이다. 端·定母와 透母가 15世紀 國語音韻體系에서 氣音 有無에 의한 音韻論的 對立을 이루는 것과 같은 示差性을 보여 주기는 하나 이들의 對立은 數的 多寡에 不過하며 整然한 規則性을 意味하는 것은 아니다. 그러므로 于先 異例的인 字音에 대하여 具體的으로 檢討하기로 한다.

(가) 端母
먼저 ㄷt-〉ㅌt'-에 대한 그 類推形 與否를 살펴 본다.
① 鄕歌表記의 轉承字音에서
妬(類) 투 t'u—透母 袥·拓(他各) 등의 類推인 듯.

② 訓蒙字會의 轉承字音에서

蟹攝 蔕 톄 tʻjəi—透母 殢(他計)의 類推.

　鎚 뙤 tʻoj—透母 燋熄(他回)의 類推.

效攝 貂 툐 tʻjo—徹母 超·怊·歁(敕宵) 등의 類推.

이 外에 類推形으로 說明할 수 없는 것으로 蟹攝 蟶·嚏 톄 tʻjəi/假攝 打 타 tʻa/流攝 鬪 투 tʻu 등이 있다. 知母에 있어서는

通攝 衷·忠 튱 tʻjung—徹母 忡·沖·盅 (敕中) 등의 類推. 塚 튱 tʻjong—徹母 趎(丑龍) 등의 類推.

江攝 椓 탁 tʻak—徹母 豽(丑玉)의 類推.

　卓 탁—徹母 逴·趠·晫·(敕角) 등의 類推.

宕攝 脹·漲 턍 tʻjang—徹母 悵·睜·眼(丑亮) 등의 類推.

其他 假攝 檛 좌 cʻoa는 口蓋音化이며 感攝 站 참 cʻam은 透母 詀(他兼) 등의 類推로 인한 口蓋音化. 異例的 類推形으로는 深攝 椹 심 sim—禪母 甚(常枕)의 類推.

(나) 透母

透母는 音價 tʻ-를 假定하고 ㅌ tʻ-〉ㄷ t-에 대하여 類推形 與否를 보면

① 鄕歌表記의 傳承字音에서

汀 뎡 tjang—端母 丁(當經)의 類推. 土 두(千) tu—透母(他魯)와 定母(徒古)의 doublet value.

② 訓蒙字會의 傳承字音에서

蟹攝 梯 뎨 tjai—定母 弟(特計)의 類推.

　貸 딕 tɐi—定母 代(徒耐)의 類推.

效攝 糶 됴 tjo—定母 糶(徒聊)의 類推.

　眺 됴 —定母 跳·佻(徒聊) 등의 類推.

梗攝 汀·疔 뎡 tjəng—端母 丁(當經)의 類推.

流攝 鎦 듀 tju—定母 劍・揄・瘉(度侯) 등의 類推.

山攝 撻・韃・闥 달 tar—定母 達(唐割)의 類推.

咸攝 棪・炎 담 tam—定母 談・淡(徒甘) 등의 類推. 鍺・踏 답 tap—定母 沓
(徒合)의 類推.

이 外에 類推形 不明으로는 通攝 禿・頹 독 tok/山攝 獺 달 tar 등이 있으며
口蓋音化形으로는 止攝 眵 치 c'i 등이 있다.

徹母에서는

梗攝 裎 뎡 tjəng—澄母 呈(直正)의 類推.

咸攝 觇 뎜 tjəm—端母 覘(丁炎)의 類推.

이 外에 類推形 不明으로는 過攝 挌・㯓 뎌 tjə, 口蓋音化形으로는 臻攝 椿 춘
c'jun/流攝 杻 츄 c'ju 등이 있으며 異例로는 臻攝 楯 슌 sjun—神母 盾(食尹)의
類推形이 있다.

(다) 定母

① 鄕歌表記의 傳承字音에서

　大(千) 태 t'ai—透母 太(他蓋)와 同

　陁(全) 타 t'a—透母 他・拖(託何) 등의 類推.

　奪 탈 t'ar은 類推 不明이다.

② 訓蒙字會의 傳承字音에서

　蟹攝 鬄 톄 t'jəi—透母 髢(土來)의 類推.

　　鈦 태 t'ai—透母 太(他蓋) 등의 類推.

　　答・怠・炲 틱 t'əi 透母 台(土來)의 類推.

　山攝 彈 탄 t'an—透母 嘽・驒(土來) 등의 類推.

　果攝 蛇・鉈・駝 타 t'a—透母 它(託何)의 類推.

　駄 타—透母 太(他蓋)의 類推. 牛+朶 타—透母 禾+朶・𩥉(他果) 등의 類推.

　宕攝 鐸 탁 t'ak—透母 㩧・蘀(他各) 등의 類推. 托 탁—透母 矺・食+宅・駝

(他各) 등의 類推.

流攝 瘉 투 t'u—透母 偸 · 媮 · 鍮(託侯) 등의 類推. 骰 투—透母 투 投 · 鼓(他候) 등의 類推.

咸攝 甜 텸 t'jəm—透母 沾 · 髫 · 黇(他兼) 등의 類推. 牒 텹 t'jəp—透母 蝶 · 碟(他協) 등의 類推.

이 外에 類推形 不明으로는 蟹攝 棣 톄 t'jəi/頹 퇴 t'oi/山攝 奪 탈 t'ar 등이 있다.

澄母에 있어서는

通攝 冲 · 蟲 튱 t'jung—徹母 忡 · 沖 · 盅 通(敕中) 등의 類推. 逐 툑 t'juk—徹母 豖(丑玉)의 類推.

止攝 馳 티 t'i—徹母 杝 · 胣(敕紙) 등의 類推.

雉 · 稚 티—透母 薙(他計)의 類推.

臻攝 茦 튤 t'jur—徹母 怵 · 訹(丑律) 등의 類推.

梗攝 澤 틱 t'aik—透母 ⺮+澤 · 蘀(他各) 등의 類推. 宅 틱—透母 託 · 侂(他各) 등의 類推.

이 外에 類推形 不明으로는 通攝 軸 · 舳/축 t 'juk/躅 툑 t'jok/江攝 濁 탁 t'ak/止攝 痔 티 t'i 宕攝 着 탹 t'jak/梗攝 擲 텩 t'jək/深攝 蟄 팁 t'ip/山攝 綻 탄 t'an 등 濁平氣音化가 入聲 去聲에까지 미치고 있는 것이라고 할 수 있다. 口蓋音化形으로는 山攝 薦 천 c'jən 등이 있다.

以上에서 보인 古資料의 傳承字音과는 달리 後期資料라 할 수 있는 華東正音과 全韻玉篇에 反映된 俗音은 이를 別途로 一括하여 觀察하려 한다. 古資料에 있어서는 舌頭舌上音이 同一하게 ㄷt-/ㅌt'-로 傳來의 字音을 忠實히 反映하고 있는 反面에 新資料에 있어서는 規範性이 介在하여 舌上音 知 · 徹 · 澄母는 機械的으로 t-〉c-/t'-〉c'-로 表記하여 近世中國音에 依하여 改新하였다. 따라서 정작 正音과 俗音을 顚倒하고 있는 것이다. 그러므로 舌上音에 있어서

는 俗音이 오히려 傳桃字音이며 正音은 中國音의 音韻變遷過程에서 破擦音化
한 것을 보인 것이다. 이를 具體的으로 例示한다.

(가) 知母

卓 · 倬(華 · 全) · 啅(全) 탁 tʻak 〈　〉착 cʻak

椓 · 啄 · 琢 · 擉 · 涿(華 · 全) 諑 탁 tʻak 〈　〉착 cʻak

妵 · 咤 · 吒(全) 타 tʻa 〈　〉차 cʻa

등에서 「착俗탁」 「차俗타」로 正音과 俗音을 顚倒하고 있다. 이들 tʻak/tʻa 등은
原來의 傳來字音이며 cʻak/cʻa는 中國近世音에 依據하여 規範的으로 統一한 것
이다. 이에 대하여 舌頭音

端母에서는

畷 · 掇 · 剟(全) 철 cʻjər 〈탈 tʻar 즉 「탈俗철」이라 하여 傳來字音과 俗音을 제
대로 分別하고 있다.

이 外에 散發的인 類推形으로는 檛 · 簻(全) · 撾(華 · 全)과 kwa 〈좌 cwa 〈
twa—見母 過(古禾)의 類推다.

(나) 徹母

撐 · 樘(全) · 橕(華) 팅 taing 〈　〉징 cœing

詫(華 · 全) · 奼 · 侘(華) 타 tʻa 〈　〉차 cʻa

遉(華 · 三) · 踬 · 趩(全) 탁 tʻak 〈　〉착 cʻak

攄(全) 터 t,ə 〈　〉쳐 cʻjə

등은 知母에서 보인 바와 같은 規範形이며 이들 外에 散發的인 類推形으로는

騁(華 · 三) 빙 ping 〈칭 cʻing 〈tʻing—溪母 聘 · 娉母(匹正) 등의 類推.

辴(華 · 三) 슌 sjun 〈츈 cʻjun 〈tʻjun—神母(食尹)의 類推.

螭 · 摛 · 魑(全) 리 ri 〈치 cʻi 〈tʻi—來母 离(呂知)의 類推.

灑(華 · 全) 리—來母 麗(郎計) 등의 類推.

逞(華) 령 rjəng 〈 정 cjəng 〈 tjəng은 類推 不明의 異例이다.

(다) 澄母

棹(華·全) 도 to 〈 〉 조 co

幢(華·全) 撞(全) 당 tang 〈 〉 장 cang

茶·檫(全) 다 ta 〈 〉 차 cʻa

組(華·全) 탄 tʻan 〈 〉 잔 can/綻(全)·綻(華·全) 탄 tʻan 〈 〉 잔 can(三) 찬 cʻan(華)/腿(華) 퇴 tʻoi 〈 〉 춰 cʻjui(華) 츄 cʻju(三)/濯·擢·濁(華·全)·鐲(華) 탁 tʻak 〈 〉 착 cʻak/宅·垞(華·全)·澤·擇·睪(全) 틱 tʻɛik 〈 〉 칙 cʻɛik 등은 規範形이며 知母와 함께 有氣音 tʻ-는 大部分 類推形이다. 이 外에 散發的인 類推形으로는 召(華·三) 쇼 sjo 〈 죠 cjo 〈 tjo―禪母 佋·招·玿(市昭) 등의 類推다.

以上에서 舌上音을 包含한 端·定母 〉 t-透母 〉 tʻ-의 主流的 反映에 있어서 그 異例를 分析한 바에 의하면 類推形으로 說明되는 것이 많기는 하나 相當數의 類推不明形이 나타나는 것을 볼 수 있는 바 이는 牙音系에서 分析되는 것과는 그 傾向을 달리하고 있는 것이다.

이 舌音系의 異音 分析에서 나타난 兩者의 關係를 보면 다음과 같다.

	端 t-	定 t-	透 tʻ-	計
類推形	10	27	16	53
類推不明形	4	13	5	22

즉 ㄷt-/ㅌtʻ- 出入에 있어 全體의 約 30%에 達하는 類推不明의 異例가 나타나고 있다. 이것은 무엇을 意味하는 것인가를 究明할 必要가 있을 것이다. 于先 注目의 對象이 되는 것은 前述한 牙音系의 見·羣·溪母에 대한 規則的인 反映狀態와는 相反되는 면에서 對照的이라고 볼 수 있다. 즉 같은 破裂音이면서 牙音系의 見·羣·溪母에서는 規則的으로 모두 無氣無聲音 ㄱk-로 反映

되는 反面 舌音系의 端·定·透母에 있어서는 舌頭音과 舌上音을 莫論하고 無氣音과 有氣音의 音韻論的 對立을 露出시키고 있는 것이다. 이는 脣音과 齒音에서도 擧論될 問題이나 古代國語의 音韻體系에서 氣音 有無로 因한 k-/t-/p-/c- 對 k'-/t'/p'/c'-의 獨立音韻의 存在 與否가 問題되지 않을 수 없다. 이 點에 대하여는 다시 뒤에 論及되겠거니와 먼저 國語의 古代音韻에서 氣音이 強力히 作用하고 있다는 점만은 指摘할 수 있다. 그러나 帶氣音이 中國音韻體系에 비추어 規則的으로 反映되지 않고 全般的으로 流動하고 있다는 事實은 獨立音韻의 存在를 疑心케 하는 것이며 다만 中國音韻의 強力한 影響이 國語音韻에 作用하여 音韻論的 變動을 招來한 것이라고 생각된다. 이것은 見母의 反映에서 그 두드러진 作用을 볼 수 있다. 즉 見母에 있어서는 氣音의 作用은 舌根에 있어 發音位置의 同一性에서 曉母에 吸收되어 帶氣性을 띠지 않는 反面 餘他 舌音 등에 있어서는 直接 氣音이 作用하게 된 것이라고 할 수 있다. 換言하면 牙音에 있어서는 氣音이 淺喉音인 曉母 등에 吸收되는 反面 餘他 舌音 등에서는 그의 結合을 可能케 한 것이라고 할 수 있으며 이것은 牙音系의 異形이 거의 k->h-의 反映을 보여 주는 것으로도 알 수 있다.

2) 泥母

泥母는 中古漢音에서 娘母 ń-을 分離하여 聲類를 分類하기도 했으나 舌頭音과 舌上音의 關係와 다름없이 國語音에서는 分別할 수 없으며 娘ń-은 泥母 n-과 規則的으로 同一한 反映을 보이어 例外가 없다. 그러므로 娘母는 泥母에 合流된 것으로 보고 이를 檢討하기로 한다.

例에 따라 다음에 泥母가 訓蒙字會의 傳承字音에서 어떻게 反映되었는가를 便宜上 來母와 一括하여 一覽을 보인다.

攝	泥母	娘母	來母		字
通	농$_{3}$	농	롱$_{6}$		農, 膿, 醲, 釀, 齈, 寵, 鞴, 籠, 櫳, 曨
			륭/룡/룽		蘢, 龍, 壟
			록$_{8}$/륙$_{2}$	녹	鹿, 漉/轆, 箓, 麓, 磟, 漉, 綠/六, 陸, 祿
止	니	니	리$_{15}$	니/치	伱/尼/瓈, 籬, 詈, 梨, 痢, 蜊, 履, 里, 理, 娌, 鯉, 狸, 裏, 吏, 嫠/李/縭, 鸝, 荔
			례$_{2}$		
遇	나$_{2}$		류$_{2}$루		儒, 糯
	녀		려$_{7}$		女/侣, 閭, 廬, 鑢, 驢, 旅, 膂
	노$_{2}$		로$_{14}$/뢰	노	奴, 弩, 艫, 纑, 轤, 擄, 爐, 鱸, 顱, 蘆
					虜, 櫓, 滷, 鉻, 路, 露/賂, 鑪
			루$_{6}$/류		樓, 褸, 鏤, 縷, 簍, 蔞, 瘻
蟹			례$_{6}$/려	예/톄	醴, 禮, 礪, 蠡, 例, 黎, 犁, 儷, 蠣, 隸/鱧
			랄		挼/穤
	나, 내$_{2}$/늬, /니뇌				嬭, 薾/內/泥
臻	눌		뢰$_{6}$		餒/癩, 瀬, 雷, 儡, 壘, 賚
			률$_{3}$/륜$_{2}$		訥/栗, 箻, 葎/輪, 淪
			린$_{4}$		麟, 鱗, 鄰, 恪
山	난		란/랄		暖/蘭, 瀾, 欄, 卵, 孄, 鸞/辣
	년$_{2}$/녈	년	련$_{5}$/렬$_{4}$		年, 撚/抳, 碾/鍊, 蓮, 憐, 鰱, 輦/劣, 烈, 蜊, 裂
效	노$_{4}$/뇌		로$_{4}$/뢰		璃/撈, 荖, 老, 澇/牢
	뇨$_{3}$	요	료$_{8}$	요	尿, 鬧, 臑, 饒, 獠, 轑, 醪
果	나		라$_{8}$/로	과	挪/蘿, 羅, 籮, 裸, 穭, 瘰, 螺, 菆/臝, 腡
宕	낭$_{2}$	양	랑$_{5}$/량$_{5}$/랭	낭	曩, 囊, 釀, 廊, 螂, 狼, 稂, 浪/涼, 粮, 螂, 梁, 輛, 樑/兩
			락$_{4}$/략	탁	落, 絡, 珞, 酪, 掠/臁
梗	녕		령$_{13}$/링		俓/領, 嶺, 零, 蛉, 聆, 翎, 瓴, 鈴, 囹, 伶, 令, 鴒, 靈, 冷
	닉		력$_{4}$/록$_{2}$		溺/癧, 櫪, 瓅, 靂, 櫟, 躒
曾	능		릉$_{4}$/륵$_{2}$		能, 陵, 菱, 蔆, 綾, 肋, 朸
流		뉴$_{3}$	류$_{9}$		紐, 鈕, 扭/溜, 餾, 瘤, 罶, 鶹, 柳, 琉, 流, 梳
			루$_{4}$		樓, 螻, 髏, 漏
深	님		림$_{2}$/름$_{2}$		賃, 林, 霖, 廩
			립$_{4}$		立, 苙, 粒, 笠
咸	남$_{2}$		람$_{8}$	남$_{2}$	南, 男, 婪, 湳, 襤, 儖, 籃, 覽, 纜, 攬/嵐, 藍

	넘	점₂/염			렴₅	겸	
	납₂		넘		랍₂/렴₂	납	捻/拈, 鮎/枬/鎌, 廉, 簾, 斂, 殮, 帘/薕 納,衲蠟, 鑞/臘 鑷/韘, 獵
計	36	3	7	2	211	13	272

여기서 泥母는 娘母와 함께 規則的으로 出鼻音 ㄴ n-으로 反映되었다.

그러나 鄕歌表記 借字 中 難 란 ran이 보이는 바 類合을 비롯한 傳承字音에서 泥母字가 來母로 表記된 例는 다음과 같다.

類合에서

儒―라 諾―락 梛/難―란 拈―렴.

寧―령 駑/怒―로 濃/農―롱 餒―뢰 紐/扭―류 能―릉 匿―릭.

石峰千字文에서

寧―령 農―롱

이들 n-〉r-의 異例들은 國語의 音韻上 特質에서 由來한 書法上 混同이며 泥母와 來母의 發音上 差異와 表記上의 不一致에서 緣由한 것이다. 이와 같은 混同은 朝鮮館譯語의 對譯漢字에서도 同一하다. 梛 梛 [28]

泥母……南/男 $_{576}$ $_{333}$ 〉梛(泥母) $_{28}$
來母……藍 $_{471}$

泥母……內 $_{583}$ 〉奈(泥母) $_{29}$
來母……璃 $_{480}$

등은 語音上 混同이 그대로 反映된 것이라고 할 수 있다. 國語에는 語頭에 r-이 올 수 없으며 所謂 頭音法則에 의하여 r-〉n-化 하거나 /j/가 後行하는 경우 r-〉'-(zero)化 하기 때문에 r-/n-의 發音上 差異가 뚜렷함에도 不拘하고 書法上 混同하여 n-의 表記를 r-로 表記하거나 이와 反對로 r로 表記할 것을 n-으로 表記하여 泥母와 來母의 混同을 일으킨 것이다. [46] 그러므로 r-音이 語音上 語頭

---

46 이와 같은 泥母와 來母의 混同表記는 類合에서 격심하며 심지어는 漢字의 訓表記에서도 n-과 r-을 混同하는 例를 찾아볼 수 있다. e.g. 驚)놀랄경 · 釣) 랏질됴 등. 千字文에서는 石峰

에서 變化를 일으키는 現象은 古代國語에서 일찍이 進行된 것으로 생각된다.

다음에 泥母의 異例的인 字音을 分析한다.

① 訓蒙字會의 傳承字音에서

效攝 饒 요 jo—日母 饒·蕘·襓(如招) 등의 類推.

宕攝 釀 양 jang—日母 讓·攘·穰(人樣) 등의 類推.

咸攝 栅 염 jəm—日母(人詹)와 泥母(那含)의 doublet value. 鮎·(拈全) 점 cjəm(三韻 념 njəm. 華東 뎜 tjəm—照母 占(職廉)의 類推.

② 其他 傳承字音에서

疂(華)躡·驫·鑷(全) 섭 sjəp〈녑 njəp—審母 攝·灄·欇(書涉) 등의 類推.

鉆·踂(全) sjəp〈녑 njəp—透母 怗·沾·蹍(吐涉) 등의 類推로 인한 口蓋音化인 듯.

爾 섭〈녑은 類推形을 알 수 없으며 異例的인 類推形으로는 禰 메 mjəi〈네 njəi—明母 濔·瀰(綿婢) 등의 類推다.

3) 來母

半舌音 來母는 泥母에서 一括하여 一覽을 보인 바와 같이 規則的으로 r-로 反映되었다. 그러나 泥母 n과 混同하는 것은 前述한 바와 같으며 r-〉n-의 異例를 보이면 다음과 같다.

○訓蒙字會에서

嵐—남 兩—냥 艣—노 李—니

○類合에서

蘭/鸞—난 藍—남 蠟—납 廬/旅—녀 力—녁, 蓮/憐/練—년, 列/烈/劣/裂—녈

千字文보다 註解千字文에서 比較的 兩者를 正確히 區別하고 있다. e.g. 寧〉령(石千) 녕(註千) 農〉롱(石千) 농(註千) 등. 그리고 訓蒙字會에서는 n-〉r- 表記例를 찾아볼 수 없다.

獵/躐—녑 禮/例—녜 鹿—녹 料/僚—뇨

淚/類/權—뉴 六—뉵 栗—뉼 吏/利/ 裏/李—니 隣—닌

○石峯千字文에서

洛/落—낙 囊/廊/凉—낭 來—닉 兩/良/糧—냥 慮—녀 力—녁 輦—년 廉—

념 靈/領—녕

禮—녜 祿—녹 論—논 樓—누 律—늘 李—니 立—닙[47]

등 r-〉n-의 表記는 n-, r- 表記와 同一한 書法上 混同이며 實際 語音上 國語에서
는 語頭에서 r-音이 올 수 없는 音韻的 特質에서 緣由한 것으로 語中이나 語末
에서는 제 音價를 維持하는 것이다. 그러나 이와 같은 現象은 古代國語에서
도 共通된 音韻論的 傾向이었던 것으로 생각되지만 現在 平安道 方言에서 語
頭 r-이 發音되는 것으로 미루어 漢音의 影響으로 語中 語末뿐 아니라 頭語에
서도 r-이 强力히 維持된 것이 아니었던가 생각된다. 이것은 또한 朝鮮館譯語
의 代充漢字가 더욱 信憑할 수 있는 資料를 提供하는 바 筆者가 調査한 바로
는 來母字는 來母字 以外의 對充例를 찾아볼 수 없다. 즉

來母……裏/李/梨/利/鯉/吏/禮——立(來母)
　　　104 162 164 382 237 311 377　　51

등으로 原則的으로 來母郡에는 來母字가 充當되었고 泥母나 日母 등 他母와
의 互用例가 없는 것은 來母는 語頭에서도 强力히 r-音이 維持되었던 것으로
보아야 하며 前記한 r-〈n- 混用例는 實際語音의 影響으로 後期的인 混亂이라
할 것이다.[48] 따라서 語頭에서 維持된 來母 r-은 反射的으로 一部 國語 語辭의
語頭에도 作用하였으리라는 점을 생각할 수 있는 것이다.

前記 一覽에서 보인 異例를 分析하면 다음과 같다.

① 訓蒙字會의 傳承字音에서

---

47 이들 중 石峰千字文의 表記는 註解千字文에서는 모두 n-〉r-로 表記되어 對照가 된다.

48 訓蒙字會와 石峯千字文에 보이는 隷) 예는 註解千字文에서 隷) 례로 表記되었다. 이와 같은
　r-의 脫落現象은 語頭에서 j-가 後行하는 경우 r-音이 脫落하는 音韻論的 變動에 의한 것으로
　이는 李朝에 들어 나타나는 現象이라고 할 수 있다.

通攝 祿 녹 nok/止攝 李 니 ni 遇攝 艣 노 no/宕攝 냥 njang/咸攝 嵐·藍 남 nam/臘 납 nap 등은 r-〉n-의 書法上 混同이며 蟹攝 隷 예 jəi도 亦是 r-'-(zero)의 書法上 混同이다.

其他 散發的인 類推形으로는

止攝 치 ci—來母와 徹母(丑知)의 doublet value. 蟹攝 軆 톄 t'jai(全韻 뎨 tjəi)—透母 體·軆(他禮) 등의 類推. 宕攝 驝 탁 t'ak—透母 橐(他各)의 類推. 果攝 膕 과 kwa—見母 蝸(古華)·(古華) 등의 類推.

咸攝 蒹 겸 kjəm—見母 兼(古甛)의 類推.

② 其他 傳承字音에서

鎌(華·全) 겸 kjəm〈렴 rjəm—見母 兼(古甛)의 類推.

鬲(華) 격 kjək〈력 rjək—見母 隔·膈·搗(古核) 등의 類推.

獫(華) 혐 hjəm〈렴 rjəm—曉母 險(虛檢) 등의 類推.

孿(全) 만 man〈란 ran—明母 蠻·鸞(莫還) 등의 類推.

以上 舌音形은 다음과 같이 一括된다.

字母		中國字音		國語反映音	俗音
端	(知)	t-	(t-)	ㄷ t-	ㅈc-/ㅊc'-
透	(徹)	t'-	(t'-)	ㅌ t'-	ㅈc-/ㅊc'-/ㅅs-
定	(澄)	d-	(d-)	ㄷ t-	ㅈc-/ㅊc'-
泥	(娘)	n-	(n'-)	ㄴ n-	ㅇ'-/ㅈc-/ㅅs-
來		r-		ㄹ r-	ㅇ'-/ㄴn-/ㅌt'-/ㅁm-/ㄱk-

4. 齒音形

먼저 鄕歌表記體系의 齒音形에 대한 傳承字音의 聲類를 一覽으로 보이면 다음과 같다.

聲類	中國字音	國語漢字音		借字	摘要
精	ts-	ㅈ	c-	紫[307] 作[309] 將[310] 前[317] 際[327] 早[331] 曾[335] 盡[354] 進[355]	9
		ㅊ	c'-	讚[361] 最[373]	2
(照)	tś-	ㅈ	c-	掌[311] 制[329] 主[337] 周[338] 姓[339] 衆[341] 支[343] 只[344] 之[348] 枝[349] 至[350] 止[351] 執[357]	13
清	ts'-	ㅈ	c-	磧[318] 切[321]	2
		ㅊ	c'-	此[359] 次[360] 千[368] 清[370] 寸[372] 秋[374] 趣[378] 七[382] 寢[383]	9
(穿)	ts'-	ㅈ	c-	叱[342]	1
		ㅊ	c'-	唱[366] 處[367] 川[369] 春[376] 出[377]	5
(初)	ts'-	ㅊ	c'-	察[362] 利[363] 懺[365]	3
(從)	dz-	ㅈ	c-	慈[306] 自[308] 座[336] 才[313] 前[316] 净[323] 齊[326] 造[333] 嫉[356] 集[358]	10
		ㅊ	c-	慚[364] 就[379]	2
(神)	dz'-	ㅅ	s-	舌[183]	1
(牀)	dẓ-	ㅅ	s-	事[168]	1
心	s-	ㅅ	s-	賜[159] 死[165] 四[166] 散[170] 三[171] 相[174] 西[177] 雪[182] 星[184] 省[185] 歲[189] 掃[192] 孫[195] 碎[196] 藪[200] 修[201] 須[203] 宿[206] 膝[207] 心[216]	20
(審)	ś-	ㅅ	s-	捨[163] 世[188] 燒[193] 手[197] 水[204] 勝[209] 尸[210] 施[212] 身[215] 深[217]	10
(山)	ṣ-	ㅅ	s-	數[199] 沙[160] 史[167] 使[167] 生[190] 所[190]	6
邪	z-	ㅅ	s-	邪[161] 辭[164] 斜[169] 續[194] 習[208] 尋[218] 彗[418]	7
		ㅎ	h-	彗[418]	1
(禪)	z'-	ㅅ	s-	尚[172] 上[173] 誓[176] 薯[178] 善[180] 成[186] 城[187] 召[191] 壽[198] 誰[202] 樹[205] 是[211] 臣[214] 十[219] 折[320]	15
		ㅈ	c-	召[191] 折[320]	2
日	nʑ'-	ㅇ	'-	如[238] 汝[245] 然[246] 熱[283] 潤[292] 二[295] 爾[296] 而[298] 仁[299] 人[301] 日[304] 入[305] 仍[305]	13
		ㅿ	z-	汝[239] 然[245] 二[292] 人[299] 中[301]	5

위는 陳澧의 切語上字에 의한 다음과 같은 齒音系의 聲類分類에 따라 用字를 分類한 것이다. 즉

清聲——照/心/穿/清/精/山/審/初/莊

濁聲——牀/從/禪/邪/神/日

이를 다시 陳澧 所列의 分等 排列에 따르면 다음과 같다.[49]

等呼	齒頭音	正齒音	半齒音
1	精·淸·從·心·邪		
2		莊·初·牀·山	
3		照·穿·神·審·禪	日
4	精·淸·從·心·邪		

이 聲類의 分等은 主로 宋·元의 等韻家에 의하여 分類된 것이며 이의 分等은 韻部와의 關係에서 그 高低 機微의 變動에 의한 것으로 學者에 따라 論難이 있으나 陳禮은 反切上字의 系連法 硏究에 의하여 正齒音을 2·3等으로 分離하였고 그 後 Karigren도 이에 따라 前者를 Supradentales, 後者를 Palatales임을 明確히 한 바 있어 于先 여기서는 이 等呼에 비추어 半舌音을 除外한 國語音의 反映關係를 觀察하려 한다.[50]

	1等			2等			3等			4等
精	ス (ㅊ)	c'-	莊	-	-	照	ス	c-	1等과 同	
清	(ス) ㅊ	c- c'-	初	(ス) ㅊ	c- c'-	穿 神	ㅊ ㅅ	c'- s-		
從	ス (ㅊ)	c- c'-	牀 山	ㅅ ㅅ	s- s-	審 禪	ㅅ ㅅ	s- s-		
心	ㅅ	s-				日	ㅇ △	'- z-		
邪	ㅅ	s-								

* 類推形으로 보이는 異音形은 除外하였다.

---

49 陳澧：切韻考外篇 卷1, 卷3.

50 分等에 대한 見解로는 陳澧의 切韻考 外篇 卷3에
「字母四等者 宋元之音 不可以論 唐以前音韻之學」
이라 하였고 黃淬伯은 그의 慧琳一切經音義 反切聲類考에서
「以音理言之 凡同聲類字 其所綴元音 有高低幾微之變 即能影響於所發之聲 等韻縱列四等 所以示能辯之韻言之高低也(韻首之高低 言發韻時舌面之高低 發生共鳴音高之上下也 等韻家云 一等洪大 二等次大 三四等細 四等尤細者 義殆相同) 讀三四等字 含有近輔音性之分母 而一二等則無之 聲以韻異 此最淺顯之事也 反切以兩字譬況一音 分別其性質言之 則曰上字定聲 下字定韻 若就其結合言之 則宜上下字又須等韻均一 而後 被切之音 試口易出」이라 하여 具體的으로 指摘해 주고 있다.

먼저 上記한 鄕歌表記 借字의 傳承字音에서 陳澧 所列의 分等 排列에 따라 一覽을 提示하면 다음과 같다.

이들 鄕歌의 借用에서 어떤 方向으로 反映되었는가 하는 共通的인 傾向을 알 수 있는 바 上述한 바와 같이 齒音形은 齒頭音과 正齒音으로 分離되며 이 兩者에는 各各 破擦音(affricates)과 摩擦音(fricatives)을 包含하고 있으므로 이들 兩者를 各各 分離하여 例에 따라 訓蒙字會에서 그 傳承字音을 一覽으로 보이고 이를 檢討하려 한다.

[其 1] 齒頭音〈破擦音系〉

攝	精	清	從	字
通	종/종$_3$	총$_2$	총	蹤/宗, 綜, 鑁/蔥, 聰/叢
	족/족		족	足/鏃/族
止	지/즈$_8$	즈	자/즈$_{10}$	梓, 姿, 資, 秄, 鎡, 滋, 子, 紫, 姊, 雌, 皻, 疵, 玼, 慈, 自, 餈, 瓷, 牸, 孶, 字, 鶿
	취		취	醉/翠/悴
遇	져$_2$	져		沮, 蛆/疽
	조$_2$	조	초	租, 祖/菹/醋
		취		娵
	졔$_5$		졔	祭, 穄, 擠, 濟, 霽/薺
蟹	직	치$_2$	직$_5$	宰/榟, 綵/擠, 裁, 才 ,財, 載
		쳐	죄	妻/罪
	진$_2$		진$_2$	津, 進/親, 螓, 燼
臻	준			儁/鐏
	졸$_2$	칠$_2$	질	卒, 崒/七, 桼, 疾
		찬$_2$	찬$_3$	讚, 鑽/竄, 鑹, 饌
山	젼$_6$	쳔$_3$	(연) 젼 천$_3$	餞, 錢, 棧, 煎, 剪, 箭/餰, 韉, 千/吮/前/賤, 泉, 踐
	존/준	촌$_2$	준	尊/樽/寸, 村, 蹲
	졀			節, 癤
效	조$_7$	조 초$_2$	조$_5$	竈, 糟, 藻, 棗, 蚤, 澡, 早/糙, 草, 騲/曹, 螬, 槽, 艚, 造
	쵸$_4$	쵸	쵸$_3$	椒, 鷦, 焦, 蕉/藮, 憔, 樵, 誚
果		차	(사) 차	搓/嵯/鎈
			좌$_2$ 좌	坐, 左/髽
假	져	챠		姐/借
宕	쟝/쟝$_3$		챵$_4$ 쟝$_5$	漿/將, 醬, 葬/槍, 搶, 倉, 鶬/檣, 墻, 匠, 嬙, 薔

攝							字
梗	작2		작	착	작	착	雀, 柞/鵲/錯/嚼/鑿
	정2	청		청5	정3	청	井, 精/菁/鯖/蜻, 圊, 青, 清/晴, 情, 穽/睛
	적3	척	적	척2	적	칙/척2	跡, 勣, 績, 脊/磧, 戚, 鍼/籍/笮/塉, 瘠
曾	증2				증2		熠, 罾/繒, 贈
	직						稷
流	주		주				奏/腠
	쥬	취		츄8			酒/僦/鞦, 鰍, 鷲, 鞦, 秋, 鰍, 楸, 鷲
深				침2	(심)		寢, 復/蕈
			즙		집		緝/楫
					즘2		集
咸			잡2		즘2		籤/蠶, 潛
				첨	첨2		煤, 牌
	접	첩		첩			接/睫/妾
計	64	13	10	46	(3) 48	15	199

[其 2] 正齒音 3等〈破擦音系〉

攝	照	穿	神	字
通	(공)/종			蚣/終
	종6		쵹	蚣, 鍾, 鐘, 腫, 種, 踵/芄
	죡	춉 쵹	쇽	粥/燭/觸/贖
止	지18	치2	치3	芝, 肢, 脂, 枝, 趾, 紙, 砥, 址, 咫, 旨, 之, 志, 痣, 沚/卮, 梔/, 觜, 齒, 鴟
	체/체	츄2	(뎨)	捶/箠/吹/炊/舐
遇	자3	져 처	셔	煮, 煮, 柘/杵/處/抒
	주3/쥬3			炷, 鑄, 注/珠, 朱, 主
蟹	체			贅
臻	쥰3	쥰 츈	슌2	稕, 俊, 準/蠢, 春, 盾, 唇
	진		신	賑/神
	(딜3)/질2		슐	蛭, 銍, 桎/櫍, 礩/術
山	젼4	쳔5		甋, 饘, 氊, 戰, 穿, 川, 喘, 釧, 腨
	(돌)/졀		셜	柮/梲/舌
效	(쇼)/죠3			沼/照, 炤+土, 詔
假	쟈2		샤2	炙, 柘, 麝, 射
	쟝2/쟝3	챵/챵3		鞾, 嶂, 掌, 章, 獐, 娼, 菖, 廠, 唱
梗	쟉5			繳, 妁, 芍, 勺, 酌
	졍2			鉦, 政
曾	젹	쳑	젹 쳑3	炙, 隻/赤, 尺, 斥, 蚇
	증3		칭 슝2	證, 烝, 甑/秤, 乘, 繩
	직2/즉		식2	織, 職/鯽, 蝕, 食

410

攝							字
流	쥬₃	축	(심)	취	심		舟, 州, 洲/呪/醜
深	짐	침₂		침			戡/鍼/枕/藩/甚
咸	졈	쳠		쳠			占/瞻/鹽
計	(6) 70	11	(1) 3	24	(1) 14	0	130

[其 3] 正齒音 2等〈破擦音系〉

攝	莊		初		牀	字
江			창/총			窓/囱
					착	鋥
止	지	칙₂	츠	ᄉ₂ 서 시		厠/士, 事
						鋤
		채	죠			滓/輜, 輜/柿
蟹 臻			차	쇠₂	추	礎/雛
	(딘)/진 즐 잔		친/츤			叉/債/柴, 豺
						畛/榛/虦/櫕
						櫛
山		(산)	찰			盞/鏟
						刹
效 假 宕 梗	조/좌 ᄌᆞ/자 징₂ 적	(사)/자₂ 장	죠₂ 차₂ 창	소 사 상 (장)		笮/抓/炒, 鈔/巢
						詐/榨, 渣/釵, 杈/槎
						裝/瘡/痳/狀
						鷓/蚱
						箏, 諍
		측	칙₂/책			幀/蹟/柵, 冊/策
曾 流 深 咸		추₂/츄₂				仄
						緫/皺/縐, 甃
	즘 즙 잠				참₂	簪/譖
			(삽)₂			戢
						蘸/讒/饞
						鉔/插
計	(2) 17	10	(3) 16	9	5	62

[其 4] 齒頭·正齒〈摩擦音系〉

| 攝 | 齒頭音 | | 正齒音 | | | 字 |
	心	邪	審	禪	山	
通	숑₂/숑 속/슉₂	숑₄	숑 슉₂	슉₄		䰀, 崧/駪/松, 訟, 誦, 頌/舂 粟/鳳, 蓿/叔, 菽/淑, 孰, 熟, 塾
江					솽/삭₂	雙/槊, 朔

攝							例字
止	스$_7$	스$_4$				스$_4$	賜, 璽, 四, 死, 笥, 司, 玆,/詞, 飼, 寺, 似/師, 獅, 蛳,/史
	슈	슈	슈$_2$	슈	슈$_3$		髓/荽, 穗, 燧/水/誰, 睡, 腄
	슥			시$_3$ (이)	시$_7$	싀 최	廁/豕, 屍, 詩/弛/氏, 是, 視
遇			서$_3$	서/셔$_5$	셔$_4$	소$_4$	墅, 蒔, 市, 時/釃/㒩/序, 敘, 岫/鼠/恕, 書, 蟋, 黍,/暑/墅, 署, 薯, 曙
	소$_6$						訴, 塑, 嗉, 素, 酥, 蘇/蔬,/梳, 所, 疏
							鬚/輸
蟹	슈			슈		셔$_2$	賽/薺/簁, 噬
	새 (제)				셰$_5$	셰	洗, 歲/賞, 稅/帨, 世, 蛻/誓 塞
	셰$_2$						
臻	싁						
	손$_4$					수	殞, 孫, 猻, 蓀 / 誶/師
	(튜)						
	슌 (쥰)	슌		슌/슌	슌$_2$		筍/隼/句/瞬, 蕣/醇, 鶉
	신$_4$		신	신$_4$	신$_5$		訊, 信, 辛, 薪/紳, 娠, 伸, 身,/宸, 腎, 臣, 晨, 辰
	슐 (휼)					숄	鈌/恤/蟀
	슬/실			실		슬$_2$	膝/蟋/室/瑟, 蝨
山	산$_6$					산$_4$	珊, 㳠, 傘, 酸, 篅, 狻/驦/疝, 産, 山
	션$_7$/쉰	션		션 (전)	션$_3$ (천)	선	跣, 霰, 癬, 線, 仙, 薛/蒜/旋,/扇/羶/善, 蟬, 鱔/簫/訕
	살/셜/셜$_3$			셜		소$_2$	殺/疶/糤/楔, 雪/說
效	소(조)$_2$					소$_2$	搔/臊, 躁/箏, 弰
	쇼$_7$(쵸)$_2$			쇼		쵸	嘯, 簫, 焇, 鞘, 笑, 宵, 霄,/蛸, 綃, 燒/梢
	수						嫂
果	사/솨	샤		샤			抄/鎖/斜/蛇
假	싸			샤$_2$		사$_4$	寫/賒, 舍/沙, 紗, 娑, 鯊
宕	샹$_4$					샹/솽	相, 磉, 顙, 桑/霜/孀
	샹$_3$ (양)	샹$_4$		샹$_3$ (향)(당)	샹$_4$		緗, 箱, 廂/驤, 翔, 庠, 橡,/象/賞, 觴, 商/餉/場/上, 償, 常, 裳
	삭						索/杓
梗	셩$_2$				(쟉)	싱$_5$	性, 星/鉎, 笙, 生, 甥/甦
	셩$_3$			셩$_2$	셩$_4$		姓, 鯹, 猩/聖, 聲/誠, 盛, 筬, 城
	셕$_8$(턱)	셕$_4$		셕	셕$_2$	(차)	潟, 昔, 舄, 腊, 碣, 錫, 蜥,/裼, 㝒, 席, 汐, 夕/螫/鉐, 石 塞
曾	승			승$_2$			僧/勝, 升
	식			식$_3$	식$_2$	식$_2$	息/拭, 式, 飾/植, 殖, 嗇, 穡

流 深 咸	수4/슈2 심 삼/合 섭	슈2 (츄) 습	슈5 (졈)2 섭 (뎝)	슈5 십 셥	수2 合 십 삼2 삽2	漱, 嗽, 叟, 籔/繡, 捜/袖, 岫 / 泅/獸, 手, 首, 狩, 收/壽, 雔, 售, 酬, 受/搜, 瘦 心/蔘 習/十 三/糝/苫, 痁, 蟾/衫, 釤 韈/攝/楪/献, 箑
計	102 (12)	27 (1)	47 (8)	51 (2)	54 (2)	297

以上 一覽으로 보인 傳承字音의 相互關係를 對照하면 다음 表와 같다(類推音을 包括한다).

	聲類	字數	ㅈ c-	ㅊ c'-	ㅅ s-	△ z-	ㅎ h-	其他
齒頭音	精	77	<u>64</u>	13				
	清	56	10	<u>46</u>				
	從	66	<u>48</u>	15	2			1
	心	114	4	3	<u>102</u>	1	1	3
	邪	28		1	<u>27</u>			
正齒音 3等	照	87	<u>70</u>	11	1			5
	穿	28	3	<u>24</u>	1			
	神	15			<u>14</u>			1
	審	55	3		<u>47</u>	1	1	3
	禪	53	1	1	<u>51</u>			
正齒音 2等	莊	29	<u>17</u>	10	1			1
	初	19		<u>16</u>	3			
	牀	14		5	<u>9</u>			
	山	47		2	<u>45</u>			

下線 그은 數字는 主流國語 反映

이 表에서 볼 수 있는 바와 같이 破擦音系의 齒頭音 精(清)/從(濁)과 正齒音 3等 照母(清)와 同 2等 莊母(清)는 清濁의 區別 없이 主로 ㅈ c- 또는 ㅊ c'-으로 反映되었으며 齒頭音 清母(清)와 正齒音 3等 穿母(清) 同 2等 初母(清)는 主로 ㅊ c'- 또는 ㅈ c-으로 反映된 反面 正齒音 3等 神母(濁) 同 2等 牀母(濁)는 摩擦音 ㅅ s-으로 反映되어 濁聲 從母와는 方向을 달리하고 있다. 그리고 摩擦音系는 齒頭 正齒의 區別 없이 主로 ㅅ s-로 反映되었다. 이와 같은 各 聲母의 主流를 이루는 共通的인 對應關係를 보이면 다음과 같다.

ㅈ	c-	精/從/照/莊
ㅊ	cʻ-	淸/穿/初
ㅅ	s-	心/邪/神/審/禪/牀/山

이 對應關係에 의하면 國語 漢字音의 傳承에 있어 다음과 같은 關係가 成立
된다. 즉

齒頭音	精 ㅈ c-	淸 ㅊ cʻ-	從 ㅈ c-	心 ㅅ s-	邪 ㅅ s-
	←——→	←——→		←——	
正齒音 3等	照↑	穿↑	神———→	審↑——→	禪↑
正齒音 2等	莊↑	初↑	牀↑———→	山↑	

등과 같으며 이와 같은 關係에서 보면 國語의 傳承字音은 實質的으로 齒頭音
과 正齒音의 區別은 勿論 原則的으로 淸濁에 대한 差異를 찾아볼 수 없다. 다
만 注目의 對象이 되는 것은 正齒音 2·3等에 있어서 破擦音系의 濁聲 神·牀
母가 主로 摩擦音 ㅅ s로 反映되고 있는 점이라고 하겠다. 특히 3等字 神母는
規則的으로 ㅅ s로 反映되는 反面 2等字 牀母는 ㅅ s과 함께 有氣破擦音 ㅊ cʻ-
로도 相當數가 反映되어 있어 流動性을 보여 준다. 이에 대하여는 各論에서
다시 言及될 것이다.

이와 같은 傳承字音의 共通的인 反映現象은 東國正韻 序에

「如舌頭舌上 脣重脣輕 齒頭正齒之類 於我國字音未可分辨」

이라 한 音韻論的 特性을 反映한 結果라고 할 수 있으며 四聲通攷 凡例에 보
이는

「凡齒音 齒頭則擧舌點腭 故其聲淺 整齒則卷舌點腭 故其聲深 我國齒音 ㅅㅈ
ㅊ 在齒頭整齒之間」

이라 한 것은 國語의 音聲的 特質을 指摘한 것으로 正鵠을 얻은 見解라고 볼
수 있다.

위에서 말한 齒頭音과 正齒音의 關係는 朝鮮館譯語의 漢字代充音에서도 同
一한 方向을 보여 주는 바 다음에 그 具體的인 例를 提示한다.

(a) 舌頭音(破擦音系) 相互間의 互用

精母……紫/子 $_{472}$ $_{216}$
從母……字 $_{527}$ $\Big\}$ ——自(從母) $_{126}$

從母……左——雜(從母) $_{578}$ $_{129}$

(b) 舌頭音과 正齒音(破擦音系)의 互用

精母……井 $_{62}$
照母……正/蒸 $_{361}$ $_{566}$ $\Big\}$ ——整(照母) $_{138}$

精母……進——振(照母) $_{351}$ $_{149}$

(c) 齒頭音과 正齒音(摩擦音系)의 互用

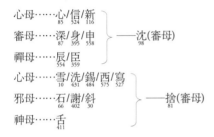

心母……心/信/新 $_{85}$ $_{524}$ $_{116}$
審母……深/身/申 $_{87}$ $_{395}$ $_{558}$ $\Big\}$ ——沈(審母) $_{98}$
禪母……辰/臣 $_{554}$ $_{359}$

心母……雪/洗/錫/西/寫 $_{10}$ $_{431}$ $_{484}$ $_{575}$ $_{527}$
邪母……石/謝/斜 $_{66}$ $_{402}$ $_{30}$ $\Big\}$ ——捨(審母) $_{81}$
神母……舌 $_{411}$

(d) 齒音(破擦音系)과 舌音과의 互用

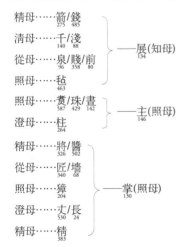

精母……箭/錢 $_{275}$ $_{485}$
清母……千/淺 $_{140}$ $_{88}$
從母……泉/賤/前 $_{96}$ $_{358}$ $_{80}$ $\Big\}$ ——展(知母) $_{134}$
照母……毡 $_{463}$

照母……費/珠/書 $_{587}$ $_{429}$ $_{142}$
澄母……柱 $_{264}$ $\Big\}$ ——主(照母) $_{146}$

精母……將/醬 $_{326}$ $_{502}$
從母……匠/墻 $_{340}$ $_{68}$
照母……獐 $_{204}$ $\Big\}$ ——掌(照母) $_{130}$
澄母……丈/長 $_{530}$ $_{24}$
精母……精 $_{383}$

$$\left.\begin{array}{l}\text{從母}\cdots\cdots\text{晴}_{13}\\\text{清母}\cdots\cdots\text{靑/淸}_{223\ 91}\end{array}\right\}\text{——逞(徹母)}_{139}$$

이들 例中 (a)(b)의 경우는 稀少하며 大部分 (d)의 例와 같이 齒音과 舌音(특히 舌上音)의 互用을 보이는 바 이는 前述한 바와 같이 舌音에서 語音上 t-/t'-) c-/c'-로의 口蓋音化를 意味하는 것이며 破擦音과 互用되는 것은 奇異할 것이 없는 것이다. 그러나 (d)의 互用에서 注目되는 것은 有氣音 淸/穿/初母 등이 無氣音으로 對譯된 점이다. 이는 c-/c'-의 音韻論的 對立의 流動을 보여 주는 것이다. 그리고 (c)의 例는 摩擦音에 있어서는 齒頭音과 正齒音을 區別하지 않고 同一하게 對充된 것을 보여 주는 것이다.

따라서 正齒音은 다음과 같이 齒頭音에 統合하여 具體的으로 觀察하려 한다.

$$\left\{\begin{array}{l}\text{精母——照母 莊母}\\\text{從母——牀母}\\\text{淸母——穿母 初母}\\\text{心母——審母 山母}\\\text{邪母——禪母 神母}\\\text{日母}\end{array}\right.$$

1) 精母

精母(照/莊包含)는 上表에 보인 바와 같이 主로 ㅈ c-으로 反映되었으며 有氣音 ㅊ c'-에까지 流動하고 있다. 破擦音에서 次淸 淸母와의 音韻論的 對立을 豫期한다면 ㅈ c-/ ㅊ c'-의 無氣音과 有氣音의 對立關係에 있는 것이나 國語 漢字音에서는 이와 같은 規則的인 對立關係를 찾아볼 수 없다. 이 점은 舌音 등 破裂音과도 같은 傾向을 보여 주는 것이다. 精母에서 ㅊ c'-로 反映된 字音을 分析하면 淸母의 類推形으로 說明할 수 없는 異例들이 많은 反面에 ㅊ c'- 以外 의 字音은 原則的으로 他母의 類推形인 점에 差異를 發見하게 된다. 앞서 보 인 表를 中心으로 이를 具體的으로 分析한다.

(A) ㅈ c-) ㅊ cʻ-에 대하여

① 鄕歌表記의 傳承字音에서

精母 讚 찬 cʻan/最 최 cʻoi 등 類推不明이나 從母 囋(才葛)/䂀·蕞(才外) 등 濁
聲氣音化(去聲)의 類推로 보인다.

② 訓蒙字會의 傳承字音에서

○類推形으로 볼 수 있는 것.

通攝 照母 燭 쵹 cʻjok─穿母 觸·歠·胸(尺玉) 등의 類推.

止攝 精母 醉 취 cʻjui─清母 翠·澤·膵(七醉) 등의 類推.

遇攝 精母 娵 莊母 緅 취─清母 取(七叟)의 類推. 莊母 鶖 츄 cʻju─清母 秋
(七由)의 類推.

莊母 皺·縐 추 cʻu─初母 鞦(初九)의 類推.

梗攝 精母 菁 쳥 cʻjəng─清母 青(倉經)의 類推. 莊母 讀 칙 cʻaik─初母 愭·
嘖·賾(楚革) 등의 類推.

深攝 莊母 譖 춤 cʻam─清母 瞥(七感)의 類推.

咸攝 照母 瞻 쳠 cʻjəm─穿母 韂·襜·幨(處占) 등의 類推. 精母 睫 쳡 cʻjəp
─清母 緁(七接) 등의 類推.

止攝 照母 捶·箠 줴·췌 cʻwəi, cʻjwəi─知母 腄·駐(竹垂) 등의 類推로 因
한 口蓋音化.

○濁聲氣音化로 볼 수 있는 것.

山攝 精母 鑽·讚 찬 cʻan─從母 欑·酇·巑(在丸) 등의 類推로 因한 濁平氣
音化.

效攝 精母 焦·蕉·鷦 쵸 cʻjo─從母 勦·憔·顦(昨焦) 등의 類推로 因한 濁
平氣音化.

精母 儕 취 cʻjwi─從母 就(疾僦)의 類推로 因한 濁聲氣音化(去聲). 精母 脊
쳑 cʻjək─從母 堉·瘠·膌(秦昔) 등의 類推로 因한 濁聲氣音化.

○類推形으로 볼 수 없는 것.

止攝 照母 梔·卮 치 c'i—正音通釋 지 ci 莊母 緇·輜 츼 c'ɯi.

蟹攝 照母 贅 仄 cjwəi/莊母 債 채 c'ai

曾攝 莊母 仄 측 c'mk/效攝 精母 椒 쵸 c'jo

流攝 照母 呪 츅 c'jwk/假攝 精母 借 챠 c'ja

梗攝 照母 隻 척 c'jək/深攝 照母 枕·鍼 침 cim 등.

以上 精母에서 ㅊ c'-의 傳承이 淸母의 類推形으로 본다면 精母는 原則的으로 ㅈ c로 反映되어 氣音 有無에 의한 音韻論的 對立을 認定할 수 있으나 類推形으로 볼 수 없는 例나 濁聲氣音化의 異例가 많음에 비추어 帶氣音 ㅊ c'-에 대한 獨立音韻의 存在를 疑心케 하는 점은 舌音에서 言及한 바와 같이 中國音韻의 影響으로 有氣音化의 動向을 보여 주는 것이라고 할 수 있다.

이는 精母에서 ㅊ c' 以外의 傳承字音에서는 거의 類推形으로 證明할 수 있는 점에서도 理解할 수 있는 것이다. 즉

(B) ㅊ c'- 以外의 類推形

① 訓蒙字會의 傳承字音에서

通攝 照母 蚣 공 kong—見母 公(古紅)의 類推. 臻攝 莊母 畛 딘 tin—知母 珍(陟鄰切)의 類推. 照母 桎·銍·蛭 딜—端母 挃·座·銍(丁結) 등의 類推. 山攝 照母 柮 돌 tor—端母 呐·柮(當沒) 등의 類推. 效攝 照母 沼 쇼 sjo—禪母 召(寔照)의 類推.

② 共他 傳承字音에서

照母 忮(華·全) 기 ki〈지 ci—羣母 技·伎·妓(渠綺) 등의 類推. 照母(華·全) 繳 격 kjək〈작 cjak—見母 激·徼·敫(古歷) 등의 類推. 照母(全) 肫 슌 sjun〈쥰 cjun—禪母 純·莼·酏(常倫) 등의 類推. 照母 沼(華·全) 쇼 sjo〈죠 cjo—禪母 召(寔照)의 類推. 이 外에 類推形으로 볼 수 없는 異例는 照母(全) 逞 령 rjəng〈정 cjəng 등이 있을 뿐이다.

2) 從母

從母는 齒頭音 濁聲이며 上表에서 보인 바와 같이 主로 ㅈ c-로 反映되었으며 有氣音 ㅊ c'-에까지 流動하고 있는 점에서 淸聲 精母와 同一하다. 그러나 便宜上 從母에 統合한 正齒音 2等인 牀母는 類推形을 除外하면 主로 摩擦音 ㅅ s-로 反映되어 從母와는 그 向方을 달리하고 있다. 于先 이들의 異例를 分析하면 다음과 같다.

(A) ㅈ c- 〉 ㅊ c'-에 대하여

① 鄕歌表記의 傳承字音에서

從母 慚 참 c'am—濁平氣化. 同 就 취 c'jwi—鷲·驚·就 등 同一 傾向으로 有氣音化한 濁聲氣音化로 볼 수 있다.

② 訓蒙字會의 傳承字音에서

○類推形으로 볼 수 있는 것

江攝 牀母 鋜 착 c'ək—初母 妮(測角)의 類推. 遇嫌 同 雛 추 c'u—初母 鞦(初九)의 類推. 山攝 從母 賤 쳔 c'jən—初母 狻(初板) 剗(初限) 등의 類推. 臻攝 同 悴 j c'jwjəi—淸母 翠·澤·膵(七醉) 등의 類推. 類攝 同 誚 쵸 c'jo—淸母 哨·陗·帩(七肖) 등의 類推. 梗攝 同 晴 청 c'jəng—淸母 靑(倉經)의 類推. 咸攝 牀母 饞·讒 참 c'am—初母 攙(楚銜) 등의 類推.

○濁聲氣音化로 볼 수 있는 것

通攝 從母 叢 총 c'ong/山攝 同 泉 쳔 c'jan/果攝 同 鏨·矬 차·촤 c'a/c'oa/效攝 同 樵·憔 쵸 c'jo 등은 濁平氣音化이며 宕攝 同 筰 칙 c'aik/同 鑿 착 c'ak/梗攝同 瘠·堉 쳑 c'jak 등은 濁聲氣音化로 볼 수 있다.

이들 從母에 있어서는 平聲字는 거의 有氣音化하고 있으며 去聲·八聲 등에서도 有氣音化하는 傾向이 있어 精母에서 본 바와 같이 從母의 平聲을 비롯한 去入聲字의 類推로 因한 有氣音化 現象도 찾아볼 수 있는 것이다. 濁聲에

있어서 有氣音化하는 傾向에 대하여는 洪武正韻譯訓 序에

「而全濁之字 平聲近於次淸 上去入近於全淸 世之所用如此 然亦不知其所至此也」

라 하여 濁聲의 平聲은 次淸 즉 有氣音에 가까운 것으로 實現된 것을 알 수 있는 바 이는 Karlgren이 再構한 中古漢音에서 破裂音系의 全濁音[51]을 有氣音 (aspirated) bʻ-/dʻ-/gʻ-로 破擦音系를 tʂ-/tʂʻ-/dʐ-로 보고 牀母를 有氣有聲破擦音 /dʐʻ/로 再構한 것[52]으로 보면 中古漢音에서 原來 全濁字가 多分히 有氣音的 音質을 內包하였던 것으로 보며 이러한 音의 特質이 國語漢字音 反映되어 비단 平聲뿐 아니라 上·去·入聲에까지 미친 것이 아닌가 생각된다. 그러므로 이와 같은 濁聲의 有氣音化現象은 漢音의 影響으로 國語音韻에서 帶氣音의 發達에 따라 字音과 語音의 調和에서 緣由한 것으로 생각된다.

(B) ㅊ cʻ- 以外의 類推形

深攝 從母 蕈 심 sim—審母 瞫·嬸(式任) 등의 類推. 山攝 同 吮 연 jən—喻母 沇·抁·馴(以轉) 등의 類推. 止攝 同 舐 뎨 tjəi—端母 低·氐·袛(都奚) 등의 類推. 其他 類推 不明으로는 果攝 從母 醝 사 sa 등이 있는 바 거의 類推形이다.

濁聲인 正齒音 2等인 牀母는 前記 類推形에서는 從母와 同一한 方向을 보여주나 訓蒙字會를 비롯한 傳承字音에서 主로 摩擦音 ㅅ s-로 反映된 점은 上表에서 보는 바와 같다. 특히 傳承字音에서 注目되는 事實은 無氣破擦音 ㅈ c-으로 反映된 例를 거의 찾아볼 수 없는 점이다. 正齒音 3等인 濁聲 神母도 牀母와 同一한 것인 바 이는 最古傳承字音인 訓蒙字會의 例에 비추어 破擦音보다

51 B. Karlgren philology and Ancient China, pp.78~80, 1926.

52 Karlgren: ibid., pp.80~82 參照.
  여기서 그는 Edkins와 Maspero 등이 切韻指掌圖의 破擦音系에 充當한 古代 中國語의 破擦音 ȶ-/ȡ-/ʄ-를 上部齒槽音의 一系列 ts tsʻ dz와 구개음 濕音의 一系列인 tʂ-/tʂʻ-/dʐ-의 二群으로 分類하였다. 前者는 正齒音 2等이며 後者는 3等이다.

도 破裂性을 排除하여 摩擦音으로서 齒頭音인 必・邪母에 合流된 것이 아닌가 생각된다. 萬一 破裂性을 强調하자면 自然 有氣音化하여 淸聲에 合流될 可能性도 있는 것이다. 破裂音이나 破擦音에서 原則的으로 有聲音과 無聲音의 音韻論的 對立을 排除하는 國語音韻의 特性에서 考慮할 때 濁聲으로서 破裂性을 排除하면 自然히 摩擦音化할 수밖에 없는 것이다. 그러므로 正齒音에서 濁聲 牀母와 神母가 同一하게 主로 ㅅ s-로 反映된 것은 이런 國語音韻의 特性에 緣由한 것이라 생각된다. 後期의 韻書資料에 나타나는 牀母의 다음과 같은 例 즉

○ 鋤・耡 조 俗 서(全韻)   ○ 鉏 조 俗 서(華東「주」全韻)
○ 柴 지 俗 싀(全韻)   ○ 紫 지 俗 식(全韻)

등은 前期資料인 訓蒙字會 등의 傳承字音에 비추어 正音 ㅈ c-은 中國漢字音에 의한 規範性을 보여 주는 것이며 字音과 語音의 流動性을 보여 주기는 하나 俗音 ㅅ s가 일찍이 古代國語의 漢字音에서 反映된 主音이었으리라 생각된다.

3) 淸母

淸母는 中國音에서 所謂 次淸의 範疇에 속하며 精母와 音韻論的 對立을 이루는 帶氣音이다. 淸母는 正齒音 穿・初母를 統合한 것으로 上表에서 보인 바와 같이 國語漢字音은 主로 ㅊ c'-로 反映되었으며 ㅈ c-으로 流動하고 있는 점에서 共通的이다. 數的으로 帶氣音 ㅊ c'-으로 主流를 이루는 면에서 보면 古代國語 音韻에서 精母와 淸母의 氣音 有無로 因한 音韻論的 對立을 認定할 수도 있으나 規則的인 反映을 보이는 것은 아니다. 그러나 淸母는 精母에 比하여 中國字音에 대한 意識性이 强力함을 볼 수 있어 李朝 初期에는 無氣音 ㅈ c-에 대한 帶氣音 ㅊ c'-의 獨立性이 굳어간 것을 看取할 수 있다.

다음에 그 異形에 대하여 具體的으로 分析한다.

(A) ㅊ cʻ- 〉 ㅈ c-에 대하여

① 鄕歌表記의 傳承字音에서

清母 磧 젹 cjək—莊母 責(側革)의 類推.

清母 切 졀 cjər/穿母 叱 즐 cmr 등은 類推不明의 異例.

② 訓蒙字會의 傳承字音에서

止攝 清母 雌 ᄌᆞ cɐ—從母 疵・骴・鴜(疾移) 등의 類推. 遇攝 同 疽 져 cjə—精母 且・沮・苴(子魚) 등의 類推. 同 葅 조 co(全韻 져 cjə)—精母 苴・咀(子與) 등의 類推. 效攝 同 糙 조 co—從母 造(昨早)의 類推. 宕攝 鵲 쟉 cjak—莊母 浩・譜(側伯) 등의 類推. 梗攝 同 젹 cjək—莊母 責(側革)의 類推. 流攝 同 腠 주 cu—精母 奏(則候)의 類推. 深攝 同 緝 즙 cmp—從母 輯・戢(奏人) 등의 類推. 咸攝 同 煠 잡 cap—蒸母 渫・喋(文甲) 등의 類推로 因한 口蓋音化.

其他 類推形으로 볼 수 없는 것은 遇攝 穿母 杵 져 cjə/梗攝 同 赤 젹 cjək/咸攝 清母 牐 잡 cap 등.

(B) ㅈ cʻ- 以外의 類推形

山攝 初母 鏟 산 san—山母 產(所簡)의 類推. 深攝 穿母 瀋 심 sim—審母 審(式任)의 類推. 咸攝 初母 挿・鍤 삽 sap—山母 歃・唼(山洽) 등의 類推.

其他 傳承字音의 例로는

清母 (華・全) 沁 심 sim〈침 cʻim—心母 心(息林)의 類推. 穿母 猜(全) 싀 smi—(華東은 새 sai) 〈 치 cʻai—審母 豕(施是)의 類推인 듯. 穿母 憧(華・全) 동 tong〈츙 cʻjung—定母 童(徒紅)의 類推.

其他 類推形으로 볼 수 없는 異形으로는 穿母 蠢 쥰 cjun 등이 있다.

4) 心母

心母는 齒音中 摩擦音으로 清聲이며 正齒音 3等 審母와 2等 山母를 統合한

422

다. 이들은 上表에서 보인 바와 같이 規則的으로 無聲摩擦音 ㅅ s-로 反映되었다.[53] 鄕歌表記의 借字에서는 ㅅ s- 以外의 異例는 보이지 않으며 其他에서는 다음과 같다.

① 訓蒙字會의 傳承字音에서

類推形으로 說明되는 것은

s-〉c'- 效攝 心母 蛸·綃·梢 쵸 c'jo—清音 峭·哨/陥(七肖)/止攝 山母 榱 최 c'oi—初母 衰(楚危) 등의 類推. 「衰」는 初母(楚危)와 山母(所危)의 doublet value.

s-〉c- 蟹攝 心母 齊 졔 cjəi—從母 齊(徂奚)/臻攝 同 隼 쥰 cjun—照母 準(之尹)/山攝 審母 羶(華·全) 젼 cjən—照母 饘·氈·方+亶(諸延)/效攝 心母 噪 조 co—精母 澡·繰·璪(子晧)/咸攝 心母 痁·苫 졈 cjəm—照母 占(職廉) 등의 類推.

s-〉t'- 臻攝 心母 訹 튜 t'ju—徹母 怵·怵(丑律)/梗攝 同 裼 텩 t'jak—透母 逿·剔·惕(他歷) 등의 類推.

s-〉t- 宕攝 審母 場 댱 tjang—澄母 場(直良)/咸攝 同 楪 뎝 tjəp—澄母 渫·喋(丈甲) 등의 類推.

s-〉h- 宕攝 審母 餉(華·全) 향 hjang—曉母 向(許亮)/臻攝 心母 恤(華·全) 훌 hjur—曉母 血·衃(呼決) 등의 類推.

s-〉z- 止攝 心母 荾 슈 zju—日母 桵·葇(儒佳) 등의 類推.

s-〉'- 止攝 審母 弛(華·全) 이 i—喩母 祂·肔·杝(移爾)/蟹攝 同 蛻(華) 예 jəj—喩母 銳(以芮)/宕攝 心母 驤 양 jang—日母 壤·穰·攘(如兩) 등의 類推.

其他 曾攝 心母 寨 차 c'a/通攝 審母 舂 용 zjong(全韻에 舂·椿·驦·憃·鱅 등 諧聲字는 모두 俗音 용) 등은 類推 不明의 異例들인 바 大部分 類推形임을 알 수 있다,

---

53 Karlgren은 Edkins가 充當한 心〉ś-/邪〉ż에 대하여 ś-를 上部齒槽音의 一系列 s-와 口蓋的濕音의 一系列 ś로 二分하였다. 그러나 國語漢字音의 反應에서 이런 細部的인 考慮는 必要가 없을 것이다.

② 其他 傳承字音에서

s-〉cʻ- 心母 肖‧綃(華)‧鞘‧鞘(全) 쵸 cʻjo〈쇼 sjo—清母 陗‧肖‧俏(七肖) 등의 類推.

s-〉c- 心母 燥‧臊(華‧全)‧椑(華)‧噪‧譟(全) 조 co〈소 so—精母 操‧躁(子晧) 등의 類推이며 審母 鰠(華‧全) 쟝〈 〉숑 coang/sjong은 徹母(丑江)의 反映으로 s-와 c-의 doublet value.

s-〉h- 心母 賉(華) 휼 hjur〈슐 sjur—曉母 血(呼決)의 類推.

s-〉ʼ- 審母 挻(華‧全) 연 jən〈션 sjən—喩母 延(以然)/心母 襄‧驤‧纕(華‧全)‧瓖(全) 양 jang〈샹 sjang—日母 壤‧穰‧禳(汝陽)/同 娍(華‧全) 융 jung〈슝 sjung—日母 戎(如融)/山母 (華‧全) 유 ju〈슈 sju—喩母 兪(羊朱) 등의 類推.

心母 荽(全) 유 ju〈슈 sju—日母 桵‧蕤‧(儒佳) 등의 類推인 바 訓蒙字會의 슈 zju의 表記와 對比된다.

其他 心母 嵷(華) 용 jong〈숑 sjong은 日母 茸‧氄‧楈(而容) 등의 類推形인 듯하며 類推形 不明으로는 山母 蹜(華‧全) 縮(全) 츅 cʻjuk〈쇼 sjo/審母 舂(華‧全)‧樁‧驠‧憃(全) 용 jong〈숑 sjong/禪母 穰(全) 향 hjang〈샹 sjang[54]/皬(華) 흉 hjung〈슝 sjung 등이 있다.

5) 邪母

邪母는 齒音 中 摩擦音으로 清聲 心母와 對立하는 濁聲이며 正齒音 3等 禪母를 統合한다. 그리고 破擦音인 正齒音 3等 神母를 便宜上 邪母에서 아울러 考察한다. 이들 二母는 上表에서 보인 바와 같이 規則的으로 摩擦音 ㅅ s-으로 反映되어 清聲인 心母와 同一하다. 특히 神母는 從母와 같이 破擦音 ㅈ c-을 期待할 수 있음에도 不拘하고 國語 漢字音에서는 牀母와 더불어 摩擦音 ㅅ s-으

---

54 穰 향 hjang은 日母 穰‧攘‧孃(汝陽) 등의 影響일런지 모른다.

로 反映되었다. 이에 대한 國語音韻의 特質은 從母에서 考察한 牀母와 그 性質을 같이 하는 것으로 神母는 實質的으로 破裂性을 排除하고 摩擦音 心·邪母에 合流된 것이라고 할 수 있다.

다음에 異例를 分析한다.

① 訓蒙字會의 傳承字音에서

s-〉cʻ- 山攝 禪母 篅 쳔 cʻjən—穿母 喘·敓(昌兗) 등의 類推.

s-〉c- 流攝 邪母 泅 쥬 cju—從母 鮂(在各)/宕攝 禪母 杓 쟉 cjak—照母 勺·酌·灼(之若) 등의 類推.

② 其他 傳承字音에서

s-〉cʻ- 禪母 擅(華·全) 쳔 cjən〈션 sjən—定母 驙(徒安) 澄母 趇(直然) 등의 類推로 因한 口蓋音化. 神母 秫(華·全) 츌 cʻjur〈슐 sjur—徹母 怵·越(丑律) 등의 類推.

s-〉k- 禪母 嗜(華) 기 ki〈시 si—羣母 耆(渠脂)의 類推.

s-〉h- 邪母 彗(華·全)·篲(華) 혜 hjəi〈슈/셰 sju/sjəi—曉母 嘒·暳(呼惠) 등의 類推.

其他 禪母 廞(華) 흉 hjung은 類推形을 찾아볼 수 없으나 「흉」보다 古音이라 생각되는 「죵」은 照母 鍾·鐘(職容) 등의 類推일 것이다. 이 外에 類推 不明으로는 邪母(華) 辭 츠 cʻɯ〈ᄉ s'ɛ/神母 曷(華·全)·舐(全) 디 ti〈시 si 등이 있다.

6) 日母

例에 따라 먼저 訓蒙字會에서 日母의 傳承字音을 보인다.

攝	△ z–	ㅇ ’–	異形	字
通	쇽	융		褥/我
		육		肉
止	싀₇	이₃		柿, 輀, 耳, 餌, 邇, 二, 貳/珥, 爾, 樲

	슈 슈ᇰ 셔/뎌 슈$_2$ 싄$_3$ 실 슌 션$_2$ 요 양$_3$ 약 심$_4$ 셤$_2$	예 유 인 요 양$_3$ 약유 임$_2$	셜 냥 낭 님 넘	
臻 山 效 宕 流 深 咸				綏/藥 兒 沏/汝 儒, 孺/乳 人, 刃, 訒/仁 質 閏 蒦, 楔/爇 橈/蕘 嚷, 攘, 讓, 禳, 瓤, 囊/孃 弱/箬 苶 任, 紝, 飪, 姙, 荏, 袵, 恁 稔 染, 髯
計	32	16	4	52

이 表에서 日母는 △ z-와 ㅇ '-(zero)로 그 規則性을 보여 주나 △ z-의 反映이 優勢하다. 그리고 冒頭에 보인 鄕歌表記에서 日母 ㅇ '-는 類合 千字文 全韻玉篇 등 後期資料들이며 △ z-는 訓蒙字會와 孝經에서 表記된 것이다. 後期資料에서 華東正音이 △ z-로 表記되었으나 이는 當時의 傳承字音이 아니고 規範的인 것이므로 問題視할 必要가 없다. 이런 점으로 보면 傳承字音의 古資料라 할 수 있는 訓蒙字會와 孝經에서 △ z-로 表記된 것은 壬亂以前의 어느 時期에는 日母가 △ z-音을 維持한 것으로 볼 수 있으며 z의 脫落은 後期的인 音韻變化라고 할 수 있는 것이다. 그러나 이 李朝의 傳承字音이 곧 古代國語의 新羅時代에까지 미치는 것이라고 速斷하는 것은 危險한 것이다. 國語에서 音素 △ z-가 訓民正音 子音 17字體系에 들어 있고 當時의 表記에서 實際 使用되었던 만큼 當時 實在한 音韻이었다고 보아야 하나 實地로 鄕歌表記에 使用한 日母字들이 當時 어떠한 音韻으로 音借되었는가 하는 점은 매우 重要한 問題라고 할 수 있다. 이러한 점에서 먼저 日母가 中古漢音에서 어떤 音價를 가졌던가를 보면 Karlgren은 中古漢音의 日母를 /ńź-/로 再構하여 /ń/이 南部方言에 많이 남아 있는 反面에 北京官話에서는 이것이 消失되어 正齒音 ź〉z로 變하

였음을 말하고 이런 現象은 뒷쪽의 /ź/가 作用하여 有聲音을 잃지 않았던 것이라 한 바[55] 이는 結局 兩方言을 折衷하여 上古漢音에까지 끌어올린 것이라고 할 수 있다. 이에 대하여 藤堂明保 氏는 이를 批判하여 原來 日母가 泥母나 娘母 n-과 關係가 있는 것은 上古漢音에서 六朝時代였고 韻鏡에서는 이미 舌音과는 無關係함을 論하고 ȵ를 再構한 바 있다.[56]

이와 같은 再構音에 비추어 韻鏡을 보면 日母는 正齒音과 나란히 3等에 配列되어 있어 禪母 z-에 가까운 有聲摩擦音이었던 것을 알 수 있다. 그러면 이 ź-는 訓民正音의 △에 가까운 音이었으리라 생각되지만 모든 濁聲을 受容함에 出口音에서는 音韻論的 對立을 排除한 國語音韻의 特質에 비추어 z-에 가까운 有聲摩擦音으로 反映되었으리라고는 생각할 수 없다. 그렇다면 餘他 濁聲의 反映과 같이 ź-〉s-이거나 ź-〉j-로 反映될 수밖에 없었으리라 생각된다. 萬一 ź-〉s-로 反映된 것이라면 正齒音 2·3等의 神·狀母가 破裂性과 有聲性을 排除하여 心母 s-에 合流한 것과 同一한 結果가 되나 不幸히도 이를 確認할 만한 痕迹은 찾아볼 수 없다. 그렇다면 後者인 ź-〉j-의 反映을 생각할 수 있는 바이는 藤堂 氏의 再構音을 따른다면 그 可能性을 알 수 있으며 實際 傳承字音이 이를 밑받침해 주는 것이다. 그러므로 日母는 後行母音 -i의 影響으로 摩擦性을 잃어 脫落하는 國語音韻의 特質에서 緣由한 起源의 現象이라고 할 수 있다. 즉 而—źi〉ji/人—źien〉jen〉jn과 같은 過程을 생각할 수 있다. 따라서 起源的으로 日母는 實質的으로 喩母에 合流되었으리라 생각되며 訓蒙字會나 孝經에서 表記된 △ z-는 後期의 音韻變化에 따른 것이라고 할 수 있다. 즉 △音은 宋의 開封音의 影響으로 高麗時代의 中部方言에 作用하여 齒音 ㅅ s-에 대한 一時的인 音韻의 變動을 일으킨 것이라고 할 수 있으며 訓蒙字會 등 傳承字音은 이 古層과 新層을 아울러 反映한 것이라고 보아야 할 것이다.[57] 그러

---

55 B. Karlgren : Grammata Serica, p.47.

56 藤堂明保 : 中國音韻論, pp.170~171.

나 이와 같은 音韻的 變動을 입었다 하더라도 高麗時代에 日母가 獨立音韻으로 그 位置를 確保하였는가에 대하여는 많은 疑問의 餘地가 있다. 朝鮮館譯語의 漢字代充例를 보면

(a) 日母 相互 互用例

如──熱　　　　　　　　榒──弱
379　107　　　　　　　　460　108

(b) 日母 喩母 互用例

喩母……驛/也
　　　　252　596　　　　⎫
　　　　　　　　　　　　⎬──耶(喩母)
日母……熱　　　　　　⎭　106
　　　　129

(c) 日母 喩母 影母의 互用例

喩母……夷
　　　　368　　　　　　⎫
　　　　　　　　　　　　⎪
日母……耳/兒　　　　　⎬──以(喩母)
　　　　108　221　　　　⎪　121
　　　　　　　　　　　　⎪
影母……衣　　　　　　⎭
　　　　458

등 日母 相互間의 互用이 없는 바 아니나 大部分 影母나 喩母와 互用되고 있는 것은 z-/j-의 動搖를 보여 주는 것이라고 할 수 있다. 그러므로 國語 音韻에서 中部方言의 △音이 南部方言의 ㅅ音에 對應되는 것은 高麗時代에 中國 開封音의 影響으로 中部方言에서 s-의 弱化로 因한 音韻의 變動이 語音에 作用한 것이며 中部方言을 基礎로 하여 李朝에 들어 訓民正音의 音韻體系에서 그 位置를 잡게 된 것이라고 할 것이다.

全韻玉篇의 讘 녑 njəp 俗 셥 sjəp은 泥母 聶의 類推이며 俗音은 審母 攝灄 등의 類推이나 訓蒙字會와 全韻玉篇의 爇 셜 sjər 華東正韻 셜 zjər 俗 셜 sjər 등은 類推라고 볼 수 없으며 이 新層의 反映이 아니고는 說明할 수 없는 字音이라

---

57 有坂秀世：漢字の 朝鮮音に ついて 〈國語音韻史の 研究〉에서 韓國語 漢字音을 10世紀 開封音이 그 直系의 先祖로 보는 一例로 「△」가 開封音의 齒音摩擦音을 模倣한 것이라는 점을 들고 있는 바 그 影響을 입은 것은 認定되지만 이것으로 國語漢字音이 開封音을 母胎로 한 것이라는 實證은 될 수 없는 것이다.

하겠다.

訓蒙字會에서 日母의 異例를 分析하면 다음과 같다.

’-)n- 宕攝 孃壤 냥 njang—娘母(女良)와의 doublet value.

深攝 恁 님 nim—娘母 誑・鵀(女心) 등의 類推. 稔 념 njəm—泥母 念(奴店)의
類推.

以上 齒音形은 다음과 같이 一括된다.

字母	中國字音	國語反映音				俗音
精(照/莊)	ts-	ㅈ c-		ㅊ c‘-		ㅅ s-/ㄷ t-/ㄱ k-
淸(穿/初)	ts’-	ㅊ c‘-		ㅈ c-		ㅅ s-
從	dz-	ㅈ c-		ㅊ c‘-		ㅅ s-/ㅇ ’-
心(審/山)	s-	ㅅ s-				ㅿ z-/ㅈ c-/ㅊ c‘-/ㅇ ’-/ㄷ t-/ㅌ t‘/ㅎ h-
邪(禪/神/牀)	z-	ㅅ s-				ㅈ c-/ㅊ c‘-/ㅎ h-/ㄷ t-
日	nź-	ㅇ ’-		ㅿ z-		ㄴ n-/ㅅ s-

5) 脣音

例에 따라 먼저 鄕歌表記에 使用된 借字에 대한 傳承字音의 對應을 보인다.

聲類	中國字音	國語漢字音		借字	摘要
幇	p-	ㅂ p-	拜₃₃ 柏₁₃₆ 邊₁₃₉ 寶₁₄₂ 卜₁₄₃ 本	6
		ㅍ p‘-	巴₃₉₃ 波₃₉₄ 八₃₈₉ 布₄₀₀ 比₄₀₅ 筆₄₀₆	6
(非)	f-	ㅂ p-	反₁₂₆ 放₁₂₇ 方₁₂₈ 法₁₃₅ 兵₁₃₈ 夫₁₄₈ 父₁₄₉ 弗₁₅₁ 不₁₅₃ 非₁₅₅ 飛₁₅₆ 悲₁₅₈	12
		ㅍ p‘-	風₄₀₂ 彼₄₀₃	2
滂	p‘-	ㅂ p-	菩₁₄₁	1
		ㅍ p‘-	破₃₉₆ 判₃₉₇	2
(敷)	f-	ㅂ p-	烽₁₄₆	1
並	b-	ㅂ p-	陪₁₃₀ 白₁₄₀ 菩₁₄₅ 蓬₁₅₀ 部₁₅₄ 朋	6
		ㅍ p‘-	婆 抱	2
(奉)	v-	ㅂ p-	房₁₂₉ 煩₁₃₄ 辯₁₃₇ 逢₁₄₄ 浮₁₄₇ 佛₁₅₂ 比₁₅₇	7
		ㅍ p‘-	比₁₅₇ 平₃₉₉ 疲₄₀₄	3
明	m-	ㅁ m-	馬₉₉ 滿₁₀₁ 埋₁₀₄ 面₁₀₆ 命₁₀₈ 毛₁₀₉ 貝₁₁₀ 慕₁₁₁ 母₁₁₂ 目₁₁₃ 卯₁₁₄ 米₁₁₉ 迷₁₂₂	10

(微)	mʻ-	ㅁ	m-	民 密 124 125 萬 望 每 明 無 聞 物 未 彌 靡 100 102 103 307 115 117 118 120 121 123	5 10

    脣音은 中古漢音의 初期에는 p-/pʻ-/b-/m- 單一的이었던 것이 唐代에 이 重
脣言의 一部에서 輕脣音 f-/fʻ-/v/mʻ가 分化되었다. 그러므로 切韻體系에서는
區別되지 않는다.[58] 輕脣音은 養琳의 一切經音義의 反切에서 비로소 두드러
지게 나타나며 그 後 中國의 傳統的 字母體系에서 兩脣閉鎖의 重脣音과 齒脣
의 輕脣音으로 分離된 것이다. 訓民正音의 創制에 있어서도 이 中國의 傳統字
音에 따라 便宜的으로 漢字音表記의 輕脣音을 아울러 制定해 놓은 것으로 이
것이 現實의 國語音과 一致하는 것이 아님은 贅言을 要치 않는다. 위에 보인
鄕歌表記의 脣音에 나타난 傳承字音에서도 알 수 있듯이 唐代 以後 形成된 輕
脣音의 分化가 實質的으로 國語音韻에 變動을 招來했으리라는 痕迹은 찾아
볼 수 없는 것이다. 訓民正音에서 輕脣音 ㅸ·ㆄ·ㅹ·ㅱ 中 ㅸ가 國語語辭에
使用되었다고 하여 唯獨 ㅸ에 대한 獨立音韻 與否에 대한 論難이 있는 것이나
이는 音聲學的인 面에서 考慮될 問題이며 音韻論的 立場에서는 그 制字의 根
本趣意에서 處理되어야 할 것이다. 이와 같은 重脣音과 輕脣音의 關係를 朝鮮
館譯語의 代充漢字音에서 보기로 한다.

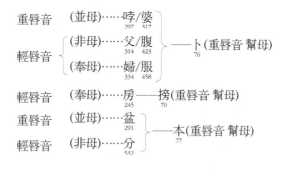

---

58 B. Karlgren : ibid., p.49.
   河野六郎 : 朝鮮漢字音の 硏究〈朝鮮學報〉32輯 등 參照.

輕脣音　(非母)……飯[396]──本(重脣音 幫母)

등과 같이 重脣音과 輕脣音이 互用되고 있어 이들이 分別되었으리라는 痕迹은 없다. 이는 實際語昔上에 나타난 反映이라는 점에서 原則的으로 無分別했으리라는 것을 意味하는 것이며 脣音은 中古漢音 初期 以前의 古層에 基盤을 두는 것이라고 할 것이다.

　그러면 例에 따라 訓蒙字會에서 輕脣音의 傳承字音이 어떻게 反映되었는가를 一覽으로 보인다(明母 除外).

攝	非		敷		奉		字
通	풍$_3$				풍		風、諷、楓/豊
			봉$_5$		봉$_2$		蜂、峯、鋒、烽、丰/縫、鳳
	복$_5$		복		복$_4$		輻、福、輻、蝠、腹、蝮/幞、服、鰒、鵬
止	비$_9$	피	비	피	비$_6$	피$_3$	卑、箅、鄙、非、沸、飛、篚、扉、榧/彼/
							妃/鈹、脾、琵、蠅、肥、腓、腓、翡/皮、疲、鈚
	빈/븨						緋/妃
遇	부$_8$		부	무	부$_9$		俯、柎、斧、賦、府、傅、父、膚/芋、俘、郛/撫/腐、釜、駙、符. 夫、跗、鮒、芙、鳧
					보		脯/輔
蟹		포				폐	肺/坯、醅/呋
臻	분$_6$				분$_6$		分、坌、粉、幡、饋、糞/焚、墳、豶、濆、枌、翂
	반		빈$_2$		빈$_4$/빙$_2$		扮、貧、獱、獱、蘋/牝、嬪
			블		불		拂/佛
山		판$_3$			반		販、阪、畈/飯
			번		번$_7$		轓、繁、攡、燔、潘、蟠、旛、藩
				편	변	편	篇、辮/便
	발				벌		髮、罰、筏
效			조			포/표$_3$	皂/砲、鰾、瓢、藻
宕	방		방		방$_2$		舫、紡、房、魴
梗					평$_2$		枰、坪
					벽		甓
曾			벽			픽	塭/煏
流	부$_2$		부		부$_3$		否、富/副/負、婦、阜
深				품			品

咸	법				범		法/帆
計	36	9	18 2	4	53	12	134

이 表에서 보는 바와 같이 輕脣音 非·敷·奉母는 ㅂ p-/ㅍ p'-로 나타나는 點 鄕歌表記에 나타난 重脣音系列의 傳承字音과 다름없다. 그러므로 輕脣音 非·敷·奉母는 重脣音 幫·滂·並母에, 微母는 明母에 一括하여 考察하기로 한다.

1) 幫母·滂母·並母

幫母와 並母는 音韻論的으로 聲 有無에 의한 p-/b-의 相關的 對立을 이루는 바 다른 破裂音係列이 그렇듯 脣音에 있어서도 對立되지 않는다. 所謂 無聲音化法則에 따라 並母는 幫母에 合流되어 無聲音으로 實現된 점은 前述한 諸音系와 同一하다.

또한 幫母와 滂母는 氣音 有無에 대한 p-/p'-의 相關的 對立을 이루는 것은 15世紀 以後의 國語 音韻體系의 ㅂ/ㅍ에 合致되는 것이나 古代國語의 傳承漢字音에서는 規則的인 對立을 보여 주지 않는다. 다음에 訓蒙字會에 나타난 이들의 傳承字音을 보인다.

攝	幫		滂	並		字
通				봉$_2$		蓬, 篷
	복		복	봉 복		卜/醭/僕
江	방		팡	방$_2$		邦/胖/蚌, 棒
				박$_2$		駂, 雹
止	비$_8$	파		비$_2$	피$_3$	碑, 髀, 臂, 羆, 鐴, 秕, 匕, 妣/陂/婢, 鼻/被, 鞁, 鞍
		필				秘
遇	보	포	보	보$_2$	포$_4$	圃/布/浦, 步, 捕/哺, 葡, 蒲, 醋
蟹					派/杷	
		파			파	
		패		패$_2$	패$_4$	貝/稗, 糒/敗, 佩/牌, 簿
		폐		폐$_2$		孹/陛, 椑
	비$_2$			비$_4$/비		拜, 董/排, 陪, 培, 背/偝

韻							字
臻	빈/빙$_{2}$		분		분		殯/賓, 鬢/噴/盆
		필$_{2}$		필	분블		筆, 鬎/匹/鴛
山		판	반		반$_{3}$/싼	편	板/牉/蟠, 瘢, 伴/磐
	변	편$_{2}$			변		邊/蝙, 鞭/騙/牝/牖
	발	팔	발		발		鉢/八/醱/鈸
	별$_{2}$						鼇, 薑
效	보$_{3}$	포$_{2}$				포$_{10}$	寶/褓, 堡/苞/泡/跑, 飽/炮/咆,
		표					鉋/庖/麃/匏/袍/暴
				표/푸			表/脬/鋪
果		파$_{2}$		파		파	波/簸/坡/婆
假		파$_{5}$		파$_{2}$		파$_{2}$	弝/靶/笆/芭/欛/皅/肥/爬/琶
宕	방$_{4}$		박$_{3}$		방	평	榜/螃/旁/謗/粕/箔/濼/膀
梗	병$_{4}$				병$_{2}$		病/柄/屏/餠/絣/瓶/萍
	붕/붕				붕		繃/綳/棚
	빅$_{3}$		빅$_{2}$/박		빅$_{3}$		百/伯/柏/魄/拍/珀/白/帛/粕
	벽$_{7}$		벽				藥/薛/璧/碧/襞/辟/壁/霹
曾	붕/빙				붕/붕		崩/氷/堋/朋
流	북				부$_{3}$		北/蜉, 茉, 抔
計	46	21	12	13	36	27	155

이 表에 나타난 傾向을 輕脣音과 對照하면 다음과 같다.

	幫		滂		並		小計	非		敷		奉		小計	合計
	甲	乙	甲	乙	甲	乙		甲	乙	甲	乙	甲	乙		
ㅂ p-	6	46	1	12	6	36	107	12	39	1	18	7	53	130	237
ㅍ p'-	7	20	2	13	2	28	72	1	9	-	4	3	12	29	101
計	13	66	3	25	8	64	179	13	48	1	22	10	65	159	338

※ 筆者註, 甲은 鄉歌 乙은 訓蒙字會

이와 같이 輕脣音과 重脣音은 供通的으로 ㅂ p-/ㅍ p'-로 反映된 바, 이와 같은 傾向은 三國史記 地理志의 地名表記에서도 同一한 傾向을 보여 준다. 이에 대하여는 便宜上 兪昌均 敎授의 論文에 提示된 表를 引用한다.[59]

---

59 兪昌均：古代地名의 聲母體系〈靑丘大學論文集〉第3輯, p.16.

	語中에서	語頭에서
重唇音字	巴寶繁比	巴波比庇寶斌伯壁伏半潘八北沘布本
輕唇音字	風豊分伐夫扶阜福北	平偏別富分夫伐

※ 筆者註, 輕唇音字 中「北」字는 重唇音字로 옮겨야 할 것이다.

이와 같은 互用例는 語頭 語中을 莫論하고 同一音韻으로 混用된 것을 意味하는 것이다.[60] 다음은 이들 唇音系의 傳承字音에서 幫 · 並母는 어느 音系나 다름 없이 無氣無聲音 ㅂ p로 壓倒的인 優勢를 보여 주는 反面에 有氣音인 滂母는 ㅂ p-와 ㅍ p'-로 거의 半半으로 反映되어 있는 것은 좀 特異한 現象이라고 할 수 있다. 이와 같은 現象은 餘他 音系에서 보아 온 바와 같이 國語의 音韻體系에서 氣音 有無에 대한 音韻論的 對立을 疑心케 하는 것이다. 一般的으로 唇音 幫 · 滂 · 並母가 ㅂ p-와 ㅍ p'-에 流動하고 있는 것을 보면 韻母에 따른 音節的 偏重의 傾向을 볼 수 있는 바 이것도 어떠한 規則性을 보여 주는 것은 아니다. 즉 通攝에서

幫	非	滂	敷	並	奉
복$_1$	복$_5$ 풍$_3$	복$_1$	봉$_5$ 복$_1$ 풍$_1$	봉$_2$ 복$_1$	봉$_2$ 복$_4$

등 마치 母音 ㅗ/ㅜ의 差異인 듯 하지만 實相은 그렇지도 않다. 즉

攝	幫	非	滂	敷	並	奉
流		부$_2$		부$_2$		부$_3$
遇		부$_8$		부$_4$	부$_3$	부$_9$
效	보$_3$ 포$_2$				포$_{10}$	포$_1$

60 俞 教授는 上記 論文에서 語中에서 輕唇音이 많이 쓰였다는 事實로(比率은 23:13이며 語中에서 쓰인 字가 大部分 語頭에 通用되고 있는 事實을 注目해야 할 것이다) 地名表記에서 音韻 p-/m- 外에 輕唇音 β-를 設定하고 있으나 語中에서 重唇音이 輕唇音化할 수 있으며 現代國語에서도 p-가 語中 母音間에서는 實質的으로 有聲音化하여 -b-/-β-로 發音되는 것임에 비추어 이것이 곧 音韻 設定의 理由가 될 수 있는 것이라고는 생각할 수 없다.

梗	붕₁	표₁		표₁			붕₁	표₃

등에서 ㅂ p-와 ㅍ p'-가 아울러 나타나고 있으며 中國音의 淸濁이나 國語音의 音韻連結에 대한 關係는 찾아볼 수 없다. 그렇다고 入聲韻尾가 作用한 것도 아니어서 그 偏重에 대한 原因을 究明하기는 매우 困難하다. 그러므로 이를 다시 그 異音表記의 分析에서 살펴보기로 한다.

① 鄕歌表記의 傳承字音에서

幫母—p-〉p'-

巴 파 p'a—滂母 鈀・妣・蚆(普巴)/波 파—坡・玻(滂禾)/八 팔 p'ar—滂母 汎・瓝(普八)/布 포 p'o—滂母 怖(普故) 등의 類推.

必・筆 필 p'ir 등은 類推 不明.

(非母) 彼 피 p'i—滂母 披・帔・紴(匹靡) 등의 類推. 風 풍 p'ung은 濁不氣音 化.

滂母—p'-〉p-

普 보 po는 類推形 不明이며 (敷母) 烽 봉 pong—奉母 逢・縫・择(符容) 등의 類推. 諧聲字 夆은 滂母(敷) 敷恭과 並母(奉) 符容의 doublet value.

並母—p-〉p'-

婆 파 p'a—滂母 頗・坡・玻(匹我)/抱 포 p'o—滂母 泡(匹交) 등의 類推.

(奉母) 比 빌(類合) pir/비/필(註千) pi/pir-「필」은 滂母 紕(匹夷)의 類推인 듯.

平 평 p'jəng—滂母 怦・伻・抨(普耕)/疲 피 pi—滂母(敷) 鈹・披・鮍(敷羈) 등의 類推.

② 訓蒙字會의 傳承字音에서

幫母—p-〉p'-

止攝 陂 파 p'a—滂母 頗・坡・玻(滂禾) 등의 類推. 柲 필 pir은 類推不明(非母) 彼 피 pi—滂母 彼・帔・紴(匹靡) 등의 類推.

通攝 布 포 pʻo—滂母 怖(普故)/(非母) 脯 포—滂母 鋪·鯆·誧(普胡) 등의 類推.

蟹攝 貝 패 pʻai—滂母 浿(普蓋)/(非母) 肺 폐 pʻjəi—滂母 沛·肺·霈(匹蓋) 등의 類推. 孿 폐는 類推不明.

臻攝 筆·觱 필 pir—類推不明

山攝 板·(非母)畈·阪·販 판 pʻan—滂母(敷) 疲·姂·汳(芳萬)/蝙 편 pʻjən—滂母 騙·偏(匹戰)/八 팔 pʻar—滂母 汃·釟·朳(普八) 등의 類推. 鞭 편은 類推不明.

效攝 泡·苞 포 pʻo—並母(薄交)와 滂母(匹交)의 doublet value. 表 표 pʻjo는 類推不明.

果攝 波·簸 파 pʻa—滂母 坡·玻·頗(滂禾) 등의 類推.

假攝 皅·靶·芭·笆 파 pʻa—滂母 妑·吧·吧·(普巴) 등의 類推. 欛 파는 類推不明. (非母)通攝 風·楓·諷 풍 pʻung—濁平氣音化.

滂母—pʻ-〉p-

通敷 醭 복 pok—並母 濮·僕·穙(蒲木)/蝮 복—幫母(非) 腹·複·鍑(方六)/丰 봉 pong—並母 桻·琫·蚌(步項)/蜂·峯·鋒 봉—並母(奉) 夆(符容) 등의 類推이며 夆은 並母와 滂母의 doublet value.

遇攝 浦 보 po—並母 哺·葡·蒲(薄故)/荸·俘·筟·郛 부 pu—並母(奉) 浮·呼·桴(縛謀) 등의 類推.

臻攝 噴 분 pun—並母(奉) 憤·墳·鱝(房吻)/拂 블 pɯr—幫母(非) 弗(分勿) 등의 類推.

山攝 洋 반 pan—幫母 半·絆·姅(博慢)/轓 번 pən—並母(奉) 番(附袁)/醱 발 par—幫母 撥·鱍·襏(北末) 등의 類推.

效攝 粕·箔 박 pak—幫母 伯·迫·柏(博陌) 등의 類推. 濼 박—類推不明

梗攝 魄·拍 빅 pɐik 珀 박 pak—幫母 伯·迫·柏(博陌)/霹 벽 pjək—幫母 壁·鐴·襞(必益) 등의 類推.

止攝 (敷母) 妃 비 pi—並母(奉) 肥・範(符非) 등의 類推.

蟹攝 (敷母) 坯 빙 pei—幫母 杯・肧・盃(布回)/醅 빙—並母 培・陪・棓(薄回) 등의 類推.

宕攝 (敷母) 紡 방 pang—並母(奉) 方・坊・防(符方) 등의 類推.

曾攝 (敷母) 堛 벽 pjək—幫母 逼・偪・福(彼側) 등의 類推.

流攝 (敷母) 枹 부 pu—幫母(非) 頮(方副) 등의 類推.

其他 p'-〉m-形으로 遇攝 (敷母) 撫 무 mu—明母 無(武夫)의 類推.

並母—p-〉p'-

止攝 被・皺・髲・(奉母)・皮・疲 피 p'i—滂母(敷) 鈹・披・帔(敷羈)/(奉母) 紕 피—滂母 紕(匹夷) 등의 類推.

遇攝 哺・葡・蒲・酺 포 p'o—滂母 誧・浦・炻(滂古) 등의 類推.

蟹攝 杷 파 p'a—滂母 鈀・妑・吧(普巴)/敗 패 p'ai—滂母 湃(普蓋) 등의 類推. 簿・牌 패 등은 濁平氣音化. 佩 패 (奉母) 吠 폐 p'jəi 등은 類推 不明.

山攝 艑 편 p'jən—滂母 扁・篇・偏(芳連) 등의 類推 (奉母) 편 p'jən은 濁平氣音化.

效攝 跑・飽・炮・咆・鉋・庖・麃・匏・袍(奉母) 皰 포 p'o—滂母 泡(匹交)/(奉母) 鰾・瓢・藻 표 p'jo—滂母 剽・漂・傈(匹妙) 등의 類推. 暴 포는 濁平氣音化.

果攝 婆 파 p'a—滂母 坡・玻・頗(滂禾) 등의 類推.

假攝 爬・琶 파 p'a—滂母 鈀・妑・吧(普巴) 등의 類推.

梗攝 萍(奉母) 坪・枰 평 p'jəng—滂母 怦・抨・伻(普耕) 등의 類推.

曾攝 (奉母) 堛 픽 p'ik—愊母(敷) 副・畐・愊(芳逼) 등의 類推.

以上 國語의 傳承字音을 廣韻體系에 비추어 分析한 바 重唇과 輕唇 및 清濁의 區別은 分別된 痕迹이 없으며 幫・滂・並母는 原則的으로 無氣無聲音 ㅂ p-로 實現된 것이며 다만 滂母는 中國 音韻의 影響으로 帶氣音 p'-가 作用하여 諸聲字에 따른 類推形으로 流動하고 있으며 濁聲에서 有氣音化하는 傾向 등은

餘他 音系와 다름 없고 有氣音化現象에서 音節 偏重의 傾向이 濃厚하나 어떤 原則下에 實現된 痕迹은 찾아볼 수 없다. 이런 面에서 脣音에 있어서도 古代 國語의 音韻에서 氣音 有無로 因한 相關關係를 認定할 수 없는 點은 다른 音系에서 보아온 바와 同一하다.

2) 明母

明母는 規則的으로 ㅁ m-로 實現되었으며 幫·滂·並母와 더불어 切韻系의 古層을 强力히 反映하는 것으로 생각되며 輕脣音 微母의 影響을 받지 않았다. 中國音韻에서 明母가 唐代에 i 앞에서 後續하는 w/u의 影響으로 齒脣音化하였고 現代에는 이것이 다시 w/u의 影響으로 鼻音性을 잃어 w-로 變한 事實과 또한 日母 ńz̸-가 鼻音性을 잃어 濁擦音化하여 明母와 日母가 同一한 變化過程을 밟은 것을 意味하는 데 反하여 國語에서는 明母가 鼻音性을 그대로 간직하여 動搖가 없었던 反面에 日母는 鼻音性을 喪失하여 摩擦音化하거나 그렇지 않으면 摩擦性을 喪失하여 喩母化한 것이 特徵이라고 할 것이다.

다음에 例에 따라 訓蒙字會의 傳承字音을 보인다.

攝	非	敷	字
通	몽₃/목₅		蠓, 朦, 夢/木, 沐, 牧, 目, 苜
江		방	厖
止	미₂	미⁹	糜, 弭/彌, 獼, 麋, 眉, 湄, 薇, 蘪, 味, 尾
	무₄/마	무⁴	武, 鵡, 舞, 廡/磨/巫, 誣, 務, 霧
	모₃/묘		模, 姥, 幕/墓
蟹	미₁₀	미₂	昧, 妹, 霾, 媒, 煤, 苺, 莓, 梅, 買, 賣/黴, 每
	몌/매		袂/賣
	미₂		米, 迷
臻	문	문₅/믄	門/聞, 文, 紋, 墨, 問/吻
	민	민₂/명	民/泯, 旻/黽
	믈		物
山	만₇/면₂	만₂/면₃	蔓, 漫, 饅, 鏝, 幔, 鰻, 蠻/面, 麵/晚, 萬/冕, 娩, 綿
	말₃/멸₂	말/멸₂	沫, 抹, 麩/蔑, 襪/蠛/滅, 搣

438

效果	모₄/묘		묘₃	茅, 貌, 毛, 帽/廟/苗, 描, 貓
	마			魔
假	마₂/매			馬, 麻/罵
宕	망		망₄	蟒, 釾, 望, 輞, 網
	막₂			幕, 月+幕
梗	명₃/밍₄		명₅/밍₂	瞑, 暝, 榠/萌, 甍, 氓, 猛/皿, 鳴, 明, 命, 名/盲,盟
	믹₃	학	号	麥, 脉, 陌/貉/墨
流	모₁₀/무			矛, 鍪, 蝥, 眸, 麰, 母, 拇, 某, 畝, 牡/貿
計	83	2	47	132

이 表에서 볼 수 있는 바와 같이 明母와 微母의 差異는 없으며 한둘의 異例
뿐 俗音例도 別로 찾아볼 수 없다. 異例로는

江攝 厖 방 pang—諧聲聲符 明母 尨字가 모두 p-音化 하고 있어 音節偏重을
드러내는 바 類推形은 不明.

梗攝 貉 학 hak—匣母 垎·趉(胡浴) 등의 類推.

以上 脣音系는 다음과 같이 一括된다.

字母	中國字音		國語反映音		俗音
幫 (非)	p-	(f-)	ㅂ p-	ㅍ p'-	
滂 (敷)	p'-	(f'-)	ㅂ p-	ㅍ p'-	ㅁ m-
並 (奉)	b-	(v-)	ㅂ p-	ㅍ p'-	
明 (微)	m-	(m-)	ㅁ m-		ㅂ p-/ㅎ h-

四. 總括

以上에서 聲類에 대한 國語漢字音의 反映을 考察한 바 中古漢音의 聲類體系
에 비추어 國語 漢字音은 廣汎한 統括로 因한 單純化過程을 밟은 것이라고 볼
수 있다. 이를 具體的으로 統括하기 위하여 上述한 聲類의 分析과 綜合에서
나타난 聲類 全體를 一括하여 그 對應表를 다음에 提示하는 바 여기에 나타나
는 音韻 代置와 中古漢音의 原型에 대한 그 發展的 樣相은 古代國語의 了音體
系를 反映하는 것이라고 보아도 좋을 것이다.

[聲類代應表]

(1) 牙音·喉音·舌音

見 k-	ㄱ k-	端 t-	ㄷ t-/ㅌ t'-	知 t̂-	ㄷ t-/ㅌ t'-
溪 k'-	ㄱ k-	透 t'-	ㅌ t'-/ㄷ t-	撤 t̂'-	ㅌ t'-/ㄷ t-
羣 g-	ㄱ k-	定 d-	ㄷ t-/ㅌ t'-	澄 d̂-	ㄷ t-/ㅌ t'-

曉 h-	ㅎ h-
匣 ɦ-	ㅎ h-
影 ʼ-	ㅇ ʼ-
喩 j-	ㅇ ʼ-
于 rj-	ㅇ ʼ-

(2) 齒音

精 ts	ㅈ c-/ㅊ c'-	照 tś-	ㅈ c-/ㅊ c'-	莊 tʂ	ㅈ c-/ㅊ c'-
清 ts-	ㅊ c'-/ㅈ c-	穿 tś'-	ㅊ c'-/ㅈ c-	初 tʂ'-	ㅊ c'-/ㅈ c-
從 dz-	ㅈ c-/ㅊ c'-	神 dź-	ㅅ s-	牀 dʐ-	ㅅ s-/ㅊ c'-
心 s-	ㅅ s-	審 ś-	ㅅ s-	山 ʂ-	ㅅ s-
邪 z-	ㅅ s-	禪 ź-	ㅅ s-		

(3) 唇音

幫 p-	ㅂ p-/ㅍ p'-	非 f-	ㅂ p-/ㅍ p'-
滂 p'-	ㅍ p'-/ㅂ p-	敷 f-	ㅂ p-/ㅍ p'-
並 b-	ㅂ p-/ㅍ p'-	奉 v-	ㅂ p-/ㅍ p'-

(4) 鼻音·流音

疑 ng-	ㅇ ʼ-			日 ńź-	ㅿ z-/ㅇ o-
泥 n-	ㄴ n-	娘 ń-	ㄴ n-		
明 m-	ㅁ m-	微 m'-	ㅁ m-		
來 l-	ㄹ r-				

이 對應表에 의하여 主要한 一般相 傾向을 列擧하면 다음과 같다.

(1) 漢音의 聲類體系에 대한 國語漢字音의 反映에 있어서는 中古漢音을 母胎로 한 것이나 中古漢音의 모든 音聲的 細部에 대하여는 捨象되고 國語의 音韻的 特質에 맞추어 包括的으로 單純化되었다. 즉 舌頭音과 舌上音 齒頭音과

正齒音, 重唇音과 輕唇音의 區別은 原則的으로 無視되었다. 이런 點은 唐代에 들어 多岐的으로 分類된 中古漢音의 複雜한 子音組織에 비추어 오히려 그 古層을 反映한 것으로 볼 수도 있다.

그리고 語頭에서 疑母의 鼻音 ng-와 影母의 喉頭破裂音 '-는 喩母 j-와 同一한 것으로 받아들였다. 이는 中國音韻 自體의 變遷에서도 볼 수 있으나 國語의 音韻的 特質인 頭音法則에 의한 音韻代置法이라고 할 수 있다.

(2) 國語의 子音體系에서는 原來 淸濁의 區別이 없었음을 알 수 있다. 따라서 濁聲은 原則的으로 淸聲에 合流되어 實現되었다. 즉 破裂音系의 羣 → 見/定 → 端/並 → 幇 등 有聲音 g-/d-/b-는 無聲音 k-/t-/p-로 摩擦音系의 邪 → 心 등 z-는 s-로 全濁이 全淸으로 合流되었으며 喉音의 匣 → 曉 등 ɦ-는 h-로 全濁이 次淸에 合流되어 實現되었다. 이 外에 特異한 反映은 破擦音系의 齒頭音 濁聲 從母가 主로 同系의 淸聲 精母에 合流하여 ㅈc로 反映된 데 反하여 正齒音 二等 三等의 濁聲 牀/神母는 同系의 齒頭音 淸聲 精母에 合流되지 않고 主로 摩擦音 全淸 心母에 合流하여 ㅅs로 反映되었다. 이와 같은 反映은 破裂性有聲音 d-를 排除하여 濁聲 禪母와 더불어 心母에 合流되어 摩擦音化한 것으로 볼 수 있어 唐代의 古層을 反映한 것이라고 할 것이다. 이는 慧琳의 一切經音義의 反切에서 神母와 禪母가 서로 出入하는 점으로 보아(e.g. 神母: 秫=唇律反/術=純律反 즉 「唇」은 廣韻 食倫切로 神母 「純」는 廣韻 常倫切로 禪母) 牀母도 같은 條件에서 破裂性이 排除되어 摩擦音化한 것으로 볼 수 있다.

(3) 中古漢音에서 次濁으로 規定되는 通鼻音 ㄴn-/ㅁm-과 流音 ㄹr-은 規則的으로 國語音과 同一한 對應을 보여 준다. 다만 疑母의 ㅇng-만은 國語音의 特質에 비추어 語頭에서는 鼻音性을 喪失하여 喩母 j-로 代置된 점은 前述한 바와 같다.

日母에 있어서는 有聲摩擦音 △z-의 優勢를 보여 주나 이는 高麗時代에 中國 開封音의 影響으로 中部方言에서 일어난 音韻論的 變動에 基因한 것이며 新羅 以前에까지 遡及하는 것이라고는 볼 수 없다. 즉 日母는 原來 後行母音

/i/의 影響으로 摩擦性을 잃어 ńz-〉z-〉j-로 喩母化한 것이라고 할 수 있다. 그러므로 訓民正音의 子音體系에서 規定된 △z-와 傳承字音에서 보여 주는 z-/ø-의 兩立現象은 高麗時代에 일어난 新層의 反映이며 傳承字音에서는 이 新舊層을 아울러 보여 주는 것이라고 할 것이다.

(4) 中古漢音에서 次淸으로 規定되는 帶氣音의 反映에 있어서는 音種에 따라 複雜한 樣相을 띄고 있어 一定한 規則性을 찾아볼 수 없다. 破裂音系의 牙音에 있어서는 見/溪母가 全淸과 次淸의 區別 없이 規則的으로 無氣音 ㄱk-로 反映된 反面 舌音 端/透母와 脣音 幇/並母에서는 次淸인 透/並母가 全淸인 端/幇母보다 帶氣音 t'-/p'-의 數的 優勢를 보여 주기는 하나 全淸인 端/母도 帶氣音으로 나타나고 있어 全般的으로 無氣音과 有氣音으로 流動하여 그 對立의 整然性을 喪失하고 있다. 그리고 破擦音系의 齒音 精/淸母의 反映도 破裂音系와 大同小異로 次淸인 淸母가 帶氣音 ㅊc'-로 優勢하기는 하나 ㅈc- 母ㅊc'- 의 兩쪽에 流動하는 面에서 同一하다. 이와 같은 現象은 古代國語의 音韻體系에서 일찍이 有無氣의 對立이 存在하지 않았다는 것을 例證하는 것이라고 볼 수 있다. 實際로 國語語辭에서 激音化나 硬音化의 現象이 李朝中葉 以後에 顯著히 나타나고 있는 事實에 비추어 생각한다면 新羅時代나 그 以前에는 帶氣音이 없었다는 推定을 내릴 수 있지 않을까? 그렇다면 帶氣音의 發達은 漢音의 影響으로 發生한 것이며 漸次 國語語辭에 浸透하여 音韻論的 對立을 이룩한 것이라고 할 것이다. 이와 같은 推定을 내리는 데 있어서는 牙音의 傳承字音에서 帶氣音이 全的으로 無視되었다는 事實을 注目해야 할 것이다. 만일 古代國語에서 일찍이 帶氣音이 存在한 것이라면 唯獨 牙音에서만 全的으로 無視될 理가 없으며 有無氣의 兩쪽에 流動할 理가 없는 것이다. 그러므로 이와 같은 現象을 招來한 것은 즉 牙音은 淺喉音이라고 할 수 있는 無氣音 ㄱk-가 帶氣音化하려 할 때는 深喉音 ㅎh-로 吸收될 可能性이 있는 것이며 餘他 音에서는 氣音과 結合할 수 있는 素地를 가지고 있다고 볼 수 있다. 따라서 牙音에서는 帶氣音이 全的으로 無視된 反面 餘他 音에서는 漢音의 影響으로 徐徐히

帶氣音이 發達하기 시작한 것이라고 할 수 있다.

(5) 끝으로 國語漢字音이 中古漢音에 基盤을 둔 점에 있어서 注目되는 事實은 舌上音이 舌頭音에 合流되어 어느 時期 적어도 高麗 末葉 또는 李朝 初期까지는 t-를 強力히 維持한 점이다. 上述한 訓蒙字會의 傳承音에 비추어 舌上音이 口蓋音化한 事實은 찾아볼 수 없다. 後期의 資料에서 舌上音이 口蓋音化한 것은 中國의 近世音에서 舌上音이 破擦音化하는 音韻變動에 의한 것이다.

四聲通解의 音系研究序說

강 신 항

I. 序言

本稿에서는 四聲通解(以下 通解라고 함)의 音系만을 우선 총괄적으로 고찰한다. 通解의 音系는 入聲만 除外하고 洪武正韻譯訓(以下 譯訓이라고 함)의 音系와 거의 같다. 譯訓은 洪武正韻의 反切을 分類·整理해서, 이에 한글로 表音한 冊이다. 따라서 洪武正韻과 譯訓은 그 體裁와 內容(字釋까지도)에 있어서 서로 같은데, 各小韻代表字의 字音을 한글로 表音해서 더 添加시켜 놓은 것이 譯訓이다. 이와 같이 한글로 表記한 音系가 正音이다. 그런데 譯訓에는 洪武正韻의 反切로는 表示되어 있지 않은 俗音이 역시 한글로 가끔 表示되어 있다. 四聲通攷는 다시 洪武正韻의 體裁를, 다시 말하면 譯訓의 音系를 그대로 옮기되 收錄字의 排列順을 字母順으로 고치고 字釋을 생략해서 東國正韻式 형식으로 고친 冊이다. 通解는 通攷의 형식, 音系(譯訓의 正音과 俗音)를 거의 그대로 옮겨 싣고(入聲만 서로 다름), 字釋을 더 자세히 해서 따로히 今俗音과 蒙音 등을 添加 表記한 韻書다.

通解의 蒙音은 蒙古韻略音이라고 하는데 이에 대한 고찰은 兪昌均 교수가 이미 年前에 行한 바 있다.[1] 그러므로 本稿에서는 正音·俗音·今俗音體系만을 고찰할 것이다.

本稿에서는 印刷를 便하게 하기 위하여 譯訓과 通解에서 한글로 表音한 中國字音을 다시 로오마字로 옮기어 적는다. 로오마字로 옮기어 적는 基準은 金完鎭: "續添供武正韻에 대하여"(震檀學報 29 · 30, 1966)에서 金 교수가 한대로 하고 同論文에서 金 교수가 言及한 바와 같이 音韻論的 見地에서의 轉寫가 아니라, 단순히 1對1의 原則下에서 옮긴 것이다. 따라서 重母音의 副音도 一切 半母音으로 表記하지 않았다.

역훈이나 통해 편찬자가 한글을 가지고 寫音하려고 했던 中國字音(規範音이든 또는 당시의 北方音이든)의 音韻體系에 관해서는 本稿 및 續篇인 「音系研究」에서 그때그때 言及할 것이다. 그러므로 例를 들어 설명하면 중세국어에서 ㄲ은 ㄹ 아래의 된소리를 表記하기도 했는데, 역훈이나 통해 편찬자가 ㄲ으로 중국字音을 表記했다고 해서 그 중국 字音이 된소리인 것은 아니다. 그리고 本稿에서 ㄲ을 kk로 표기한다고 해서 중국字音이 kk인 것도 아니다.

이 글에서 正音 · 俗音 · 今俗音을 로오마字로 옮겨 적은 기준은 다음과 같다.

子音

ㄱ:k	ㄷ:t	ㅂ:p	ㅸ:f	ㅈ:c	ㅈ:cr	ㆆ:ʔ
ㅋ:kh	ㅌ:th	ㅍ:ph		ㅊ:ch	ㅊ:chr	ㅎ:h
ㄲ:kk	ㄸ:tt	ㅃ:pp	ㅹ:ff	ㅉ:cc	ㅉ:ccr	ㆅ:hh
ㅇ:ng	ㄴ:n	ㅁ:m	ㅱ:w			ㅇ:zero	ㄹ:l	ㅿ:z

| ㅅ:s | ㅅ:sr |
| ㅆ:ss | ㅆ:ssr |

1 俞昌均: "蒙古韻略」 研究序說"(明大論文集 第3輯, 1969. 10. 10), pp. 205~227; "蒙古韻略의 再構와 그 實際"(嶺南大論文集 人文科學篇 3輯, 1970), pp. 1~36.

母音

ㅡ:y	ㅣ:i	ㅗ:o	ㅏ:a	ㅜ:u	ㅓ:e
ㅑ:ia	ㅛ:io……	ㅘ:oa……	ㅝ:ue……	ㅟ:ui	ㆉ:iui…… ㆌ:iuie

印刷의 便宜上 ㆆ=ʔ를 除外하고는 되도록 發音記號를 가지고 한글을 대신하는 方法도 取하지 않았으며 半母音 w·j도 채택하지 않았다. 金 교수가 지적했듯이 中國字音에는 初聲이나 終聲에 複合子音이 存在하지 않으므로 ffaʔ와 같이 表記된 字音이 重子音인 初聲을 나타내는 것이 아님은 더 말할 必要가 없다. ia, iuie 등도 漢字音에는 二音節이 없으므로 單音節을 표기한 것으로 보면 된다. ㅈ=c와 구별하기 위하여 ㅈ=cr로 했는데, ㅈ 계열로 표기된 正齒音이 15세기에 꼭 捲舌音뿐이었다고 斷定해서 이렇게 표기한 것은 아니다. 이 문제는 앞으로 다시 言及될 것이다.

Ⅱ. 四聲通解 音系槪觀

通解의 凡例 26條 가운데의 제 2조에서

　　　字之取捨 音之正俗 專以洪武正韻爲準

라고 한 것은 洪武正韻에 收錄된 漢字를 取捨한 것을 말하는 것이다. 音은 洪武正韻을 기준으로 하였다고 하였으나 洪武正韻에서는 反切로 字音을 表示하였고 더군다나 俗音表示는 하지 않았으므로 「音之正俗 專以洪武正韻爲準」이란 譯訓을 기준으로 하였음을 말한 것이다. 실상 通解의 正音은 入聲을 除外하고는 譯訓의 正音과 같다. 以下 聲母·韻母別로 고찰하겠다.

1. 聲母

(1) 正音

洪武正韻의 反切上字를 整理해서 譯訓에서는 31字母로 表示하고 이 字母에 대하여 한글로 表音하였다. 이 31字母를 정리하여 表로 만들어 通解의 卷頭에 실은 것이 「洪武韻三十一字母之圖」다. 그런데 中國에서는 明以後 洪武正韻의 反切上字를 정리해서 31字母圖를 만든 일이 없었던지, 1931年에 이르러 劉文錦氏가 「洪武正韻聲類考」를 발표하여 31聲類를 밝힌 바 있고,[2] 이를 董同龢 : 漢語音韻學 p.70에서는 이미 15世紀中葉에 譯訓편찬자들이 31字母로 밝힌 것을 가지고 「根據近來的研究, 聲母共三十一類」와 같이 表現하고 있는 것이다.

이제 筆者가 通解의 音系를 고찰함에 있어서 譯訓관계 音系는 李崇寧博士와 鄭然粲 교수의 研究[3] 결과를 土臺로 하였다. 왜냐하면 아직은 우리가 譯訓을 自由로히 볼 수 있는 처지에 있지 않기 때문이다.

鄭然粲 교수는 洪武正韻의 反切上字를 정리하고 이를 한글로 表音한 譯訓의 字母와 대조시킨 바 있는데, 필자로서도 通解의 正音의 性格을 밝혀 보기 위하여 同一한 努力을 해 보았다. 다음이 그 대조표다. 參考上 劉文錦氏가 分類한 것도 並記한다.

다만 筆者와 劉氏가 調査한 反切上字中에는 몇 글자 符合되지 않는 것이 있다. 따라서 ( ) 속의 글자는 筆者가 調査한 데만 더 있는 反切上字, [ ] 속의 글자는 劉氏의 그것에만 더 있는 反切上字다. 이 差異는 彼此 참고로 한 板本上의 차이로 보인다. 그리고 다음의 대조표에서는 「直音」과 「拗音」別로 反切上字를 區分했다. 윗줄이 直音, 아랫줄이 拗音, 둘을 겸한 上字는 直音줄에 쓰고

---

2 劉文錦: "洪武正韻聲類考"(中央研究院歷史語言研究所集刊, 第3本第2分, 1931), pp.237~249.

3 李崇寧: "洪武正韻譯訓의 研究"(震檀學報 20號, 1959.8.15.), pp.115~176; 鄭然粲: 洪武正韻譯訓의 研究(一潮閣, 1972.1.15.), p.251.

밑줄을 그었다. (필자가 본 것은 日本東洋文庫의 明版本)

譯訓의 字母	正韻의 反切上字	劉氏의 分類
ㄱ見	古 居 擧 公 柯 姑 沽 嘉 葛 各 攻 訖 經 圭 涓 俱 堅 吉 斤 佳 激 規 九 厥	古類(見母)
ㅋ溪	苦 曲 乞 丘 窺 口 祛 驅 枯 克 康 空 孔 可 犬 欺 棄 牽 去 區 詰 (墟)	故類(溪母)
ㄲ群	渠 具 其 巨 奇 求 臼 忌 逵 極 竭 (祁) [琦]	渠類(群母)
ㆁ疑	﹤魚 生 王 牙 越	以類(疑母)
	﹤語 五 訛 阮 吾 偶 虞 (宜)	五類(疑母)
ㄷ端	都 多 當 丁 德 東 董 得 覩 典	都類(端母)
ㅌ透	土 佗 湯 通 吐 迢 台 偈 託 (他) 天	佗類(透母)
ㄸ定	徒 杜 蕩 唐 大 待 達 同 敵 獨 堂 度 (吐) 亭 田	徒類(定母)
ㄴ泥	奴 乃 尼 女 農 囊 努 那 曩 年 寧 昵	奴類(泥娘母)
ㅂ幫	邊 補 逋 必 奔 布 晡 邦 北 班 博 搏 伯 此 (博) 兵 卑 壁 彼 博 陂	博類(幫母)
ㅍ滂	普 匹 滂 鋪 披 篇 紕 不 僻 (彼)	普類(滂母)
ㅃ並	蒲 部 薄 皮 步 裴 備 弼 簿 (蓮) 毗 婢 避	蒲類(並母)
ㅁ明	莫 母 眉 忙 蒙 謨 末 密 鄰 綿 彌 弭 覓 美 靡	莫類(明母)
ㅸ非	芳 敷 方 撫 裴 府 孚 甫 妃 俯	方類(非敷母)
ㅹ奉	符 馮 房 逢 扶 防	符類(奉母)
ㅱ微	無 微 罔 亡 武 文 巫	武類(微母)
ㅈ精	祖 作 資 即 將 子 則 咨 茲 津 宗 摠 臧 遵 租 積 節 齎 足 縱 牋 再 (慈)	子類(精母)
ㅊ淸	七 千 此 倉 取 雌 趨 蒼 采 村	七類(淸母)

四聲通解의 音系研究序說　**449**

遶 寸 戚 促 且

ꞁ從
< 昨 徂 疾 才 秦 在 牆 慈 叢 坐 靖 盡 財 木
前 族 齊 情 (即)
昨類(從母)

入心
蘇 先 須 桑 悉 息 思 相 孫 損 素 寫 昔 [松]
想 新 私 斯 聳 雪 司
蘇類(心母)

邪
徐 旬 詳
似 祥 象 詞 席 (松)
徐類(邪母)

照
陟 旨 朱 之 側 識 竹 壯 莊 主 阻 甾(緇)[珍][眞]
知 株 章 質 諸 支 征 專 腫 止
陟類(知照母)

穿
丑 虫 楚 昌 齒 敕 抽 叉 初 恥 創 測 (千)
尺 敏 稱 樞 (天)
丑類(徹穿母)

牀
雛 鉏 查 鋤 茶
< 丈 直 除 狀 助 (士) (牀)
仲 杖 持 陳 長 治 池 呈 重 柱 馳 (時)
昨類 (牀母4字 澄母1字)
直類(澄牀母)

入審
輸 所 色 疏 山 朔 師 數 沙 疎 [實]
書 式 申 詩 始 商 賞 升 矢 尸 失 施 舒
所類(審母)

禪
< 食
石 常 裳
直類(禪母)
殊 神 視 士 (翲)
辰 上 善 時 尚 承 丞 市 是 寔 (實) (仁)
時類(禪母)

影
紆 淵 縈
< 烏 於 依 乙 汪 安 阿 遏 嫗 鄔
隱 衣 鴉 伊 益 委 因 迂 一 倚
以類
烏類(影母)

曉
呼 虎 許 虛 黑 迄 荒 香 詡 忽 霍 (乎)
火 休 吁 曉 況 翾 毀 醯 馨
呼類(曉母)
熒
以類

匣
胡 何 乎 戶 下 洪 侯 華 湖 河 寒 曷 穫
< 王 逆 羽 爰 (鄂)
以 尹 余 延 養 倪 研 雲 弋 羊 倪 禹 胰 餘
寅 移 庚 爲 云
胡類(匣母)
以類(喻母)

來
盧 龍 郎 里 力 離 魯 落 洛 歷
良 鄰 漣 兩 劣 閭 連 犁 靈
盧類(來母)

日
而 儒 如
忍 人 爾 乳 汝 日
而類(日母)

以上의 對照表에서 알 수 있는 것은, 譯訓편찬자들이나 劉氏의 分類가 大同小異하다는 점이다. 이것은 譯訓편찬자들도 洪武正韻의 反切에 의하여 聲母體系를 分類하였음을 말하여 주는 것이다. 다만 소위 「以類」만은 서로 다른데, 劉氏는 以類를 「喩母及疑母一部分」으로 보았고, 譯訓에서는 劉氏의 「以類」가 「疑母·影母·匣母·喩母」로 나뉘어져 있다. 洪武正韻 聲母體系의 특징은 全濁音을 保存하고 있는 점인데, 이러한 聲母體系를 그대로 좇으려 했던 譯訓에서 「以類」만이 이렇게 混亂을 보이고 있는 것은 譯訓 관계자들이 反切分類上 疑母·影母·匣母·喩母를 混同하리만큼 中國字音上에서 疑母가 다른 3母들과 辨別이 힘들었음을 증명하는 것이다. 이러한 現象은 소위 俗音과 今俗音의 聲母體系上에도 그대로 나타나고 있다.

다음에 李崇寧 : 洪武正韻譯訓의 硏究(震檀學報 20號, 1959)에서 洪武正韻譯訓의 聲母表를 轉載한다. 四聲通解 卷頭의 「洪武韻三十一字母之圖」도 內容上으로는 이와 같으며, 이것이 소위 通解의 正音이다.

그런데 이 表에서 문제가 되는 것은 正韻의 聲母를 表音한 한글의 音價라고 할 수 있다. 첫째 全濁音을 표음한 소위 各自並書는 중세국어의 된소리(硬音)를 表記한 것이었으나, 여기서는 中國字音의 有聲無氣音을 표음한 것으로 보겠다. 脣輕音은 각각 ᄫ[f] ꥱ[v] ꥲ[w]로 喉音은 ᅙ[·] ᅘ[x] ᅘᅘ[ɣ] ㅇ[zero]로 본다. ꥲ로 表音된 15세기의 中國字音에 대하여 董同龢 : 漢語音韻論 p.75에서는 [v]로 보았으나 ꥲ은 韻尾의 [w]를 表音하는데 쓰인 점과 陸志韋氏의 推定音에 따라 [w]로 본다.[4] 齒頭音은 ᅎ[ts] ᅔ[tsʼ] ᅏ[dz] ᄼ[s] ᄽ[z]인데 正齒音은 문제가 있다. 陸氏는 15세기 北方音의 正齒音을 tʂ·tɕ, tʂʼ·tɕʼ, ʂ·ɕ, ʐ로 推定했는데, 董氏는 ʧ(枝), ʧʼ(春), ʃ(上), ʒ(人)로만 보고 있다. 訓民正音諺解에서는 「正齒…혓그티 아랫닛므유메 다ᄂ니라」라고 하고, 通攷凡例에서는 「整齒則卷舌點腭」이라고 하였으므로 申叔舟 등도 당시의 中國字音을 두 종류로 인식

---

4 陸志韋 : "記蘭茂韻略易通"(燕京學報 32期), p.162 참조.

하고 있었던 것으로 보인다. 그러나 다음의 31字母圖는 擬古的인 面이 있다고 여겨 ᅎ [tʃ] ᅔ [tʃʻ] ᅑ [dʒ] ᄼ [ʃ] ᄽ [ʒ]를 취했다. 따라서 日△는 體系上 모순이 생기지만 [ʒ]로 했다.

洪武正韻(譯訓)聲母表=通解의 正音									
	牙音	舌頭音	脣音重	脣音輕	齒頭音	正齒音	喉音	半舌音	半齒音
全清	見ㄱk	端ㄷt	幫ㅂp	非ᄫf	精ᅎts	照ᅐtʃ	影ㆆ•		
次清	溪ㅋkʻ	透ㅌtʻ	滂ㅍpʻ		清ᅔtsʻ	穿ᅕtʃʻ	曉ㅎx		
全濁	群ㄲg	定ㄸd	並ㅃb	奉ᄬv	從ᅏdz	牀ᅑdʒ	匣ㆅɣ		
不清不濁	疑ㆁŋ	泥ㄴn	明ㅁm	微ᄝw			喩ㅇzero	來ㄹl	日△ʒ
全清					心ᄼs	審ᄾʃ			
全濁					邪ᄽz	禪ᄿʒ			

이 表와 36字母表와 比較해 보면, 非·敷, 知·照, 徹·穿, 澄·牀, 泥·娘이 各各 混合되어 5母가 줄었는데, 王力 : 漢語音韻論 p.508에서는 牀母一部分이 禪母와 混合되었음을 지적하고 있다. 이것이 劉氏의 分類에서는 直類로 나타나 있다.

洪武正韻의 音系는 그 序文에서 「一以中原雅音爲定」이라고 하여, 中原雅音, 곧 北方音을 기준으로 하였다고 하였으나, 편찬자들이 大部分 南方人이어서 音系가 現代 吳語와 같게 되었다. 正韻의 音系가 이렇게 된 까닭은 이를 편찬한 이들이 傳統的인 韻書에 사로잡혔기 때문이라고 설명되어 왔다. 그러나 滿田新造 : 中國音韻史論考 p.170에서는 明初의 首都가 南京이었고, 正韻 편찬 당시는 아직 北京으로 옮기기 前이므로 正韻 序文의 「中原雅音」이 당시의 南京地方音을 가리키는 것이라고 說明하고 있다.

(2) 俗音·今俗音

聲母體系에 관한 限, 俗音·今俗音과 正音 사이에는 別 차이가 없다. 通解凡例 第8조에서

註內 只曰俗音者 即通攷元著俗音也 曰今俗音者 臣今所著俗音也

라고 하였는데 通攷 凡例 제1조에서

以中國時音 所廣用而不合圖韻者 逐字 書俗音 於反切之下

라고 하였으므로 通攷의 「俗音」은 通攷편찬자들이 「中國時音」으로서 韻圖나
운서와 正音과 符合되지 않는 것을 기록한 것이다. 또 「今俗音」도 通解 凡例
제8조에서

今俗音 或著或否者 非謂此存而彼無也, 隨所得聞之音而著之也

라고 하였으므로 「俗音」 기록자처럼 崔世珍이 「中國時音」을 기록한 것으로
볼 수 있다. 그런데도 聲母體系에 있어서만은 正音의 그것과 별 차이가 없다
는 것은 崔世珍도 洪武正韻이나 譯訓의 31聲母체계에 너무나도 사로잡혔던
것같다.

  俗音·今俗音의 聲母 가운데 正音의 聲母와 차이가 있는 것은, 대부분 疑母
와 喻母의 混同뿐이다. 이것은 위에서 正音의 反切上字를 정리했을 때의 結
果, 곧 「以類」의 反切上字가 疑母·喻母 등에 걸쳐서 쓰이었음과 같다.

  通解의 俗音 가운데, 그 聲母가 正音과 다른 것만 추려보면 다음과 같다.

字母	韻	例字	正音	俗音	易通·匯通音[5]		
疑	秦	睚	ngiai	iai	I·H	iai	
〃	秦	外	ngai	oai	I·H	uai	
〃	眞	垠	ngyn	yn			
〃	軫	听	ngin	in	I	im	H in
〃	震	憖	ngin	in	I	im	H in

〃	質	忔	ngi	i̯ʔ	I.H	i̯ʔ	
〃	物	兀	ngu	u̯ʔ	I.H	u̯ʔ	
〃	寒	犴	ngen	an	I.H	an	
〃	翰	岸	ngen	an	I.H	an	
〃	寒	岏	nguen	uen	I	iuɔn	H uan
〃	翰	玩	〃	〃		〃	〃
〃	删	顏	ngian	ian	I	ian	H iɛn
〃	産	眼	〃	〃		〃	〃
〃	諫	雁	〃	〃		〃	〃
〃	轄	枿	ngia	ia̯ʔ			
〃	删	頑	ngoan	oan	I.H	uan	
〃	諫	薍	〃	〃		〃	
〃	爻	遨	ngaw	aw	I.H	ɒu	
〃	效	傲	〃	〃		〃	
〃	巧	齩	ngiaw	iaw	I	iɒu(?)	H iɒu
〃	歌	莪	nge	e	I.H	ɔ	
〃	哿	我	〃	〃	〃	〃	
〃	箇	餓	〃	〃	〃	〃	
〃	歌	譌	ngue	ue	I.H	uɔ	
〃	哿	柂	〃	〃		〃	
〃	麻	牙	ngia	ia	I.H	ia	
〃	馬	雅	〃	〃		〃	
〃	禡	訝	〃	〃		〃	
〃	馬	瓦	ngoa	oa	I.H	ua	
〃	禡	嵐	〃	〃		〃	
〃	陌	城	ngiui	i̯ʔ	I	yə̯ʔ	H iʈʈʔ
〃	尤	齵	ngyw	yw	I.H	əue	
〃	有	偶	〃	〃		əue	

---

5 韻略易通과 韻略匯通音은 陸志韋氏의 推定音이다. 以下 本稿에서는 前者를 I, 後者를 H로 略稱한다.
陸志韋: "記蘭茂韻略易通"(燕京學報 32期), pp.161~168; "記畢拱宸韻略匯通"(燕京學報 33期), pp.105~113 참조.

字母	韻	例字	正音	今俗音	推定音	
〃	宥	偶	〃	〃	〃	
〃	侵	唅	ngim	in	I im	H in
〃	感	領	ngam	an		
〃	覃	巖	ngiam	ian	I iam	H iεn
〃	鹽	噞	ngiem	ien	I iεm	H iεn
〃	琰	噞	〃	〃	〃	
〃	艶	囐	〃	〃	〃	[6]

以上이 通解의 俗音에서 疑母를 喷母로 表音한 例들이다. 이것으로 보면 喻母로 表示한 俗音은 韻略易通이나 韻略匯通의 推定音과도 一致한다. 따라서 俗音 곧 15세기 中國 北方音은 正音의 聲母體系보다 疑母 하나가 적은 30聲母 體系가 된다. 다만 易通이나 匯通의 聲母체계가 20인데 비하여 通解의 俗音 聲母가 30이라는 것은 通攷(즉 譯訓) 편찬자들이 너무나도 洪武正韻의 音系에 사로잡혔음을 말하는 것이다.

通解의 今俗音에서 疑母를 喻母로 表音한 것은 단 1例뿐이다. 그러나 通解도 通攷의 俗音을 그대로 인정하고 있으므로 通解 今俗音의 성모체계도 俗音 체계와 같다고 할 수 있다. 今俗音에서 疑母를 喻母로 표음한 例는 다음과 같다.

字母	韻	例字	正音	今俗音	推定音	
疑	删	顏	ngian	ien	I ian	H iεn
〃	産	眼	〃	〃	〃	〃
〃	諫	雁	〃	〃	〃	〃

다음에 俗音과 今俗音을 하나로 묶고 易通의 성모체계와 비교해 보면 다음 과 같다. S는 俗音·今俗音, I는 易通音.

---

6 韻略易通과 韻略匯通音은 陸志韋氏의 推定音이다. 以下 本稿에서는 前者를 I, 後者를 H로 略稱 한다.
陸志韋 : "記蘭茂韻略易通"(燕京學報 32期), pp.161~168; "記畢拱宸韻略匯通"(燕京學報 33期), pp.105~113 참조.

重脣音		輕脣音		舌音		齒頭音		正齒音		牙音		喉音	
S	I	S	I	S	I	S	I	S	I	S	I	S	I
ㅂ(p)	p	ㅸ(f)	f	ㄷ(t)	t	ᅎ(ʦ)	ts	ᅐ	tç tʂ	ㄱ(k)	k	ㆆ(•)	
ㅍ(p')	p'			ㅌ(t')	t'	ᅔ(ʦ')	ts'	ᅕ(ʧ')	tç' tʂ'	ㅋ(k')	k'	ㅎ(x)	x
ㅃ(b)		ㅹ(v)		ㄸ(d)		ᅏ(dz)		ᅑ(ʤ)		ㄲ(g)		ㆅ(ɣ)	
ㅁ(m)	m	ㅱ(w)	w	ㄴ(n)	n					ㆁ(ŋ)		ㅇ(零)	zero
				ㄹ(l)	l								
						ᄼ(s)	s	ᄾ(ʃ)	ʃ				
						ᄽ(z)		ᄿ(ʒ)	ʒ				
								ㅿ(ʓ)	ʓ				

以上의 고찰을 통하여 우리가 通解의 俗音 곧 通攷의 俗音이 15세기 중국 北方音의 성모체계일 것이라고 推測했던 期待는 完全히 무너진 셈이다.

따라서 通解의 俗音체계만을 가지고는 15 · 16세기 中國 近世音의 실태를 파악할 수 없게 되었다. 中國 近世音에서의 가장 두드러진 특징의 하나가 全濁音이 消滅되어 다른 聲母, 主로 次淸音으로 變化한 일인데, 俗音 · 今俗音에는 이 現象을 다음의 표에서 보인 바와 같이 몇 例만을 反映하고 있을 뿐이다. 이 문제에 대해서는 韻母의 俗音體系를 고찰할 때 다시 言及할 것이다.

通解 俗音에서 疑母 · 喩母 以外에 正音과 다르게 表音한 例를 정리해 보면 다음과 같다.

字母	韻	例字	正音	俗音	今俗音	I.H	현대 北京音
郡	痲	伽	kkia		kkie		ㄑㄧㄚ(ch'ia)·ㄐㄧㄚ(chia)
〃	漾	强	kkiang		khiang	k'iaŋ	ㄑㄧㄤ(ch'iang)
定	梗	挺	tting	thing		t'iŋ	ㄊㄧㄥ(t'ing)
並	陌	僻·闢	ppi	phi$^{?}$		p'i	ㄆㄧ(p'i)
北	紙	朏	fi		phu$^{?}$	fei	

精	藥	雀	ciaf	chiaf	chio	tsiɐ	
心	寘	伺	sy	syz	chyz	I si H sɿ	ㅿ(ssŭ) ㅊ(tz'ŭ)
邪	灰	隨	ssui		ccui	suei	ㅿㅅ(sui)
穿	魚	樞	chriu		sriu	I tʂ'u H ç'y	ㄕx(shu)
〃	寢	瀋	chrim	srin			ㄕㅁ(shên)
〃	庚	崢	chrying	sryng		tʂ'əɳ	
牀	送	中中	ccriung	ccrung	chrung	tçiuɳ	
〃	屋	軸	ccru	ccru?	criw		中又(chou) 中x(chu)
審	東	春	sriung	srung	chrung	çiuɳ	ㅓx∠(ch'ung)
禪	支	匙	ssri	ssryz	ccryz	I ʂi H ʂɿ	ㅓ(ch'ih) ㄕ(shih)
〃	眞	辰	ssrin		ccrin(今又呼)	tç'in	ㅓㅁ(ch'ên)
〃	震	舂	〃		〃(今或呼)		
〃	文	純	ssriun		cicrun	I çiu(ə)n H çiun(yn)	ㅓx□(ch'un)
〃	〃	脣	〃		〃	〃	〃
〃	侵	諶	ssrim	ccrin		I çim H çin	ㅓㅁ(ch'ên)
匣	寒	桓	hhuen		uen	I xuɔn H xuan	ㅎx弓(huən)
〃	旱	澣	〃		〃	〃	〃
〃	馬	跟	hhoa		koe(或呼)		ㅎx甩(huai) ㅎxㅏ(hua)
喩	隊	銳	ui	zui		ʒuei	ㆍxㅅ(jui)
〃	陌	逆	I	ngi?		I	ʒi(ni)
〃	〃	額	yi	ngyi?	nge?	I uə H ə	ㆆ(ê)

以上 各聲母에 걸쳐 몇 개씩 俗音·今俗音을 보이고 있는데, 全濁音 聲母들이 次淸音으로 변한 것을 보여 주고 있는 것이 대부분이고, 나머지도 대개 現

代音과 一致하고 있다. 「銳」의 俗音은 「위」인데, 여기의 △音은 [ʒ]음을 보인 것이고 이 [ʒ]음은 현대음에서 ㆍ로 변했다.

2. 韻母

字音에서 聲母를 除外한 나머지 要素, 즉 介音ㆍ主母音ㆍ韻尾ㆍ聲調를 통틀어 韻母라고 하는데, 本稿에서는 便宜上 韻尾와 聲調를 따로 떼어 說明하기도 했다.

(1) 正音

通解의 正音은 곧 譯訓音인데 入聲韻尾表記를 除外하고는 兩者가 같으므로, 通解의 音을 通해서 우리는 譯訓편찬자들이 洪武正韻의 韻母體系를 어떻게 把握했었는가를 알 수 있다.

正韻과 通解의 다른 點은 韻母數뿐이다. 通解는 正韻의 76韻中에서 眞軫震質韻을 둘로 나누어 따로히 文吻問物韻을 더 세워서 80韻으로 하였으나, 兩者間에 音系上 차이는 없다. 즉 眞韻에 포함되었던 「ㅣ ㅡㅜㅠ」운모음을 「ㅣ」와 「ㅡㅜㅠ」로 나눈 것이다.

正韻의 두드러진 特徵은 그 分韻方法에 있다. 그 內容은 毛晃의 禮部韻略에서 取했다고 하였으나, 分韻에 있어서는 대담한 方法을 취하고 있다. 從來의 韻書에서 206韻을 107이나 106韻으로 줄일 때에는 소위 同用이라는 것을 倂合해서 支脂之를 하나로 묶는다든지 하여 實質上으로는 音系上 큰 차이를 보여 주는 것이 아니었다. 그러나 正韻은 현실 字音의 성질을 생각하여 대담하게 새로운 分韻方式에 의하여 韻目을 세우고 漢字를 배열하는 方式을 취하여 中原音韻과 상당히 가까운 音系를 보여 주고 있다. 이래서 趙蔭棠：中原音韻研究 p.26에서는 「南北混合之洪武正韻」이라고 評하고 있다.

董同龢：漢語音韻學 p.72에서 밝힌 正韻 66韻과 中原音韻과의 관계, 그리고

趙蔭棠氏가 上揭書 pp.28~29에서 推定한 洪武正韻의 韻母音(介音은 없음)을
通解의 正音과 함께 倂記하여 그 相互관계를 살펴보고자 한다.

또한 董氏의 中原音韻 推定音도 倂記하여 함께 참고했다.

正音	趙氏의 推定音	正韻韻目	中原音韻의 韻類	董氏의 推定音
ung, iung	uŋ	東董送	"東鍾"(沒有轟弘等字)	uŋ, iuŋ
y, i	ɿ, ɪ	支紙寘	"支思"與"劑微"開口音的一部分	i, i, ei
iei	i	齊□霽	"劑微"開口音的一部分	i
iu	ẙ	魚語御	"魚模"的細音, (中原的-iu 可能性 這裏讀 -y)	iu
u	u	模姥暮	"魚模"的 洪音	u
ai, iai, oai	ai	皆解泰	皆來	ai, iai, uai
ui	ei	灰賄隊	"劑微"的 合口音	uei
in(眞)	>ei	眞軫震	"眞文"	iən
yn, un, iun(文)				ən, uən, yən
en, uen	æn	寒旱翰	"桓歡"與"寒山"的 "于, 看, 安"等字	on, an
an, ian, oan	an	刪産諫	"寒山"(除上述"于"字等)	an, ian, uan
ien, iuien	iɛn	先銑霰	"先天"	ien, yen
iew	au	蕭篠嘯	"蕭豪"的 細音(中原的 -iau 可能在這裏讀 -ieu)	iau
aw, iaw	au	爻巧效	"蕭豪"的 洪音	ɑu, au
e, ue	o	歌哿箇	"歌戈"	o, uo
a, ia, oa	a	麻馬禡	"家麻"	ia,(a, ua)
ie, iuie	ɛ	遮者蔗	"車遮"	ie, ye
ang, iang, oang	aŋ	陽養漾	"江陽"	aŋ, iaŋ, uaŋ
ing, ying, uing, iuing	eŋ	庚梗敬	"庚青"	əŋ, iəŋ, uəŋ, yəŋ
yw, iw	ou	尤有宥	"尤侯"	ou, iou
ym, im	ia	侵寢沁	"侵尋"	əm, iəm

am, iam	am	覃感勘	"監咸"	am, iam
iem	iɛm	監琰豔	"廉纖"	iem

洪武正韻(1374)은 中原音韻(1324)의 50年 뒤에 편찬된 것이어서, 中原音韻의 音系 그대로라고는 할 수 없으나, 위의 對照表에서 알 수 있는 바와 같이, 通解의 表音과 董氏의 推定音 사이에는 상당히 많이 一致되는 것이 있다. 趙氏의 推定音은 介音을 表示하지 않은 것이나 董氏 推定音과 대체로 一致한다.

通解의 正音과 董氏의 推定音 사이에 完全히 서로 一致되는 것은 더 論할 必要가 없으나 一致되지 않는 것도 音價의 차이라기보다도 寫音上의 차이로 보인다. 서로 一致되지 않는 것을 추려보면 다음과 같다. 참고로 陸志韋氏의 韻略易通(1442)推定音을 아울러 表示해 보겠다. 韻目名은 平聲字로 대표한다.

韻	正音	董氏音	易通音
齊	iei	i	i

齊韻은 通解의 註에서「中聲ㅖ今俗皆呼爲ㅣ」라고 하였으므로 董・陸氏音은 現實音이고「iei」는 規範音이다. 中古音은 [-jei], [-jəi]다.[7]

「ui」는 [uei]를 寫音한 것으로 보이는데, 合口의 介音은 反映되고 오히려 主母音인 [e]가 反映되어 있지 않다. 이러한 寫音法은 현대음을 寫音한 Wade式로오마字에서도 ㄕㄨ?, ㄔㄨ?를 shui, ch'ui로 하고 있다.

韻	正音	董氏音	易通音
眞	in, yn, un	iən ən uən	in, ən, u(ə)n
庚	ing, ying, iuing.	iəŋ əŋ uəŋ yəŋ	iŋ, əŋ, uəŋ, iuŋ
侵	im, ym	iəm əm	im, əm

以上 3韻은 세 종류가 다 서로 對應되는 관계를 보여 주고 있다. 다만 正音

---

7 董同龢 : 漢語音韻論, p. 166 참조.

460

에서 「ying」 「uing」 「iuing」으로 寫音한 것은 本稿의 續篇인 「音系研究」에서 설
명하겠다.

韻	正音	董氏音	易通音
寒	en uen	an on (on uon)	an, uɔn
歌	e ue	o, uo	ɔ, uɔ

이 兩韻도 韻尾 有無가 다를 뿐, 그 主母音의 寫音은 서로 符合된다. 다만 寒
韻의 「언」은 通解에서 그 俗音을 [an]이라고 하였으므로 董・陸氏의 [an]은 俗
音을 보인 것이다. [on]은 中原音韻의 桓歡韻類의 韻母音인데, 趙蔭棠氏는
[uœn]으로 보았고, 易通에서는 [uɒn]이 되었다. 通解는 이를 「원」으로 본 것이다.

韻	正音	董氏音	易通音
先	ien iuien	ien, yen	iɛn, iuɛn
遮	ie iuie	ie, ye	iɛ, iuɛ
鹽	iem	iem	iɛn

「어」가 [o] 또는 [ɔ]를 寫音하는데 比하여 「여」는 [ie](iɛ)와 對應되고 있다.
「iuie」도 제 음가대로라면 [jujə]가 되어 再考를 要하나 역시 「音系研究」에서
설명하겠다.

15세기 국어에 [e]모음이 없었으므로 「어」가 여러 음의 寫音에 利用된 것이다.

韻	正音	董氏音	易通音
蕭	iew	iau	iɛU(?)
尤	yw iw	ou, iou	əu, uɛ

「iew」는 通解에 俗音 「iaw」로 있으므로 「iew」는 北方音과 부합되지 않는다.
iw는 中國 字音의 iəu의 ə를 사음 안한 모습인데, iɰ을 iuing으로 사음한 것과
는 대조적이다.

그런데 위에서 대조해 본 바에 의하면 韻母體系에 관한 限 正音과 中原音韻의 音系가 거의 같다. 그러나 간혹 正音에는 擬古的인 음계가 있으므로 俗音체계의 모습을 살펴 보고자 한다.

(2) 俗音·今俗音

通解(1517)의 俗音은 그 편찬년대만으로 본다면 中原音韻(1324), 韻略易通(1442), 韻略匯通(1642) 등 中國北方音을 나타내는 資料들 가운데에서 15세기와 17세기 자료의 중간에 끼어 가지고 16세기의 중국 北方音을 나타내는 것이라고 할 수 있다. 그러나, 실지로는 通解의 俗音이 通攷의 俗音, 곧 譯訓(1455)의 俗音이라고 할 수 있으므로, 俗音體系는 易通의 체제와 가장 가까울 것이라고 예측할 수 있다. 그대신 通解시대의 北方音은 今俗音이 보여 준다고 할 수 있다.

이제 실제로 여러 韻書의 音系를 비교해 보고자 한다. 비교에 있어서 韻目名은 通解의 平聲을 가지고 平上去를 대표시켰다. 왜냐하면 通解의 俗音표시는 平上去가 같을 경우가 많기 때문이다. 다만 平聲字가 없을 때, 또는 平聲以外에만 俗音이 있을 때는 그것으로 대신했다. 入聲은 別途로 고찰한다.

앞으로의 고찰에서는 다음과 같은 略號를 쓰기로 했다.

略號　T　音注中原音韻(董同龢推定音依據 劉德智注音, 許世瑛校訂)
　　　I　陸志韋 : "記蘭茂韻略易通"(燕京學報 32期)에서의 推定音
　　　S₁　四聲通解의 正音
　　　S₂　四聲通解의 俗音
　　　S₃　四聲通解의 今俗音
　　　H　陸志韋 : "記畢拱宸韻略匯通"(燕京學報 33期)에서의 推定音

東韻

例字	Y	I	S₁	S₂	S₃	H
蒙	muŋ	muŋ	mung		myng	muŋ

弓	kuŋ	kiuŋ	kiung	kung		kuŋ
穹	k'iuŋ	k'iuŋ	khiung	khung		k'iuŋ
共(上)	k'iuŋ	k'iuŋ	kkiung	kkung		k'iuŋ
縱	tsiuŋ	tsuŋ	ciung	cung		tsuŋ
從	ts'iuŋ	ts'uŋ	cciung	ccung		ts'uŋ
嵩	siuŋ	siuŋ	siung	sung		siuŋ
頌(去)	siuŋ	siuŋ	ssiung	ssung		siuŋ
中	tʃiuŋ	tçiuŋ	criung	crung		tçiuŋ
充	tʃ'iuŋ	tç'iuŋ	chriung	chrung		tç'iuŋ
蟲	tʃ'iuŋ	tç'iuŋ	ccriung	ccrung		tç'iuŋ
春	tʂ'uŋ	çiuŋ	sriung	srung	chrung	ç'iuŋ
龍	liuŋ	luŋ	liung	lung		luŋ
戎	ʒiuŋ	ʒiuŋ	ziung	zung		ʒiuŋ

우선 東韻만 가지고 이렇게 자세히 대조표를 만들어 본 것은, 東韻만 가지고도 中國 近世音에서의 變化相을 俗音체계를 통해서 알아볼 수 있을까 하는 期待로 한 것이었는데, 성모에 관한 限 사실은 그 反對가 되고 말았다.

첫째로 聲母項에서도 言及했듯이, 通解의 俗音은 中國近世音을 反映하는 것이 아니고, 오히려 正音의 聲母體系와 비슷하기 때문에, 全濁音의 變化를 나타내어 주지 않고 있다.

위의 대조표의 Ⅰ · Ⅱ에서 알 수 있는 바와 같이 全濁音系列은 中原音韻시대부터 次淸音으로 變化했다. 그러므로 通解의 俗音체계에서는 마땅히 全濁音系列을 次淸音으로 나타냈어야 하는 것이다. 王力 : 漢語史稿 p.110에서는 全濁音聲母가 破裂音이거나 破擦音인 경우에는

① 平聲字變爲吐氣的淸音
② 仄聲字(上去入三聲的字) 變爲不吐氣的淸音

이라고 說明하고 있다.

그러나 위의 대조표는 平聲字만 例로 들었기 때문에 여러 推定音 중에서 「不吐氣的淸音」으로 變化한 例가 나타나 있지 않으나, 다음에 例示한 韻中에는 「不吐氣的淸音」이 있는데도 通解의 俗音은 이것도 똑같이 全濁音으로 表音하고 있다.

韻	例字	T	I	S_1	S_2	H
寒(平)	盤	p'on	p'uɔn	ppuen	ppen	p'uan
旱(上)	拌	伴pon	puɔn(去)	〃	〃	pan(去)
翰(去)	畔	pon	puɔn	〃	〃	〃
曷(入)	魃	puo	puɔ	〃	〃	pɐ

이러한 例로 보아 通解의 俗音이 聲母체계에 대해서 밝혀 주는 것은 없다. (斷片的인 몇 가지 例는 聲母項의 대조표에서 보이었다.)

그렇다고 崔世珍이 全濁音의 變化에 대하여 모르고 있었던 것은 아니었다. 通解凡例 제20조에서는 上聲에만 言及하여

濁音上聲諸字之音 或如去聲 或如淸音 或如次淸 其音之難定 如此

라고 말하고 있다. 또 譯訓序文에서도

全濁之字平聲 近於次淸 上去入 近於全淸 世之所用如此

라고 했다.

韻母에 있어서는 그 變化相을 잘 보여 주고 있다. 中古音의 韻母 uŋ, uoŋ, juŋ, juoŋ은 近世音에서 uŋ으로 變化한 것이 많은데, 通解凡例에서도 「東與庚則又以中聲ㅜㅠ之呼而相混者亦多矣」라고 지적하고 通解의 俗音은 이를 잘 表示하고 있다. 그러나 「穹」은 現代音이 「ㄑㄩㄥ」(ch'iung)인데도 「쿵」으로

표기하고 있다.

「春」의 S₃「chrung」도 現代音을 反映한 것이고, 「蒙」의 S₃「myng」도 현대음 「ㅁㄥ」(mêng)을 반영한 것이다.

例字	T	I	S₁	S₂	H
貲	tsi	tsi	cy	(cyz)	tsʅ
詞	si	si	ssy	(ssyz)	sʅ
差	tʂ'i	tʂ'i	chry	(chryz)	tʂ'ʅ, tʂ'ʅ
支	tʂi	tʂi	cri	cryz	tʂʅ, tʂʅ
時	ʃi	ʂi	ssri	ssryz	ʂʅ
箭(去)	ʃi	çi	ssri	ssriz	çi cf. 洪武正韻時 智切
知	tʃi	tçi	cri	criz	tçi
治(去)	tʃi	tçi	ccri	ccriz	tçi

通解에서 支·紙·寘韻의 俗音을 ᄌ등으로 모두 表記한 것은 아니나 譯訓의 俗音이 ᄌ등으로 되어 있고, 또 通解에서도 支韻 등의 첫머리에서 다음과 같이 말하고 있어서 ᄌ등으로 표기했다.

三韻(支紙寘)內 齒音諸字 初呼口舌不變而以△爲終聲 然後 可盡其妙 如貲 ᅎ字 呼爲즛 知지字 呼爲짓 餘倣此 牙音脣音則否

그러나 「飜譯老乞大朴通事凡例」에는 「通攷貲字音ᅎ 註云俗音즛」라는 말 다음에 위에 引用한 句節과 똑같은 글이 실려 있으므로 위에 引用한 註는 通攷에서 옮겨 적은 것으로 보인다.

中國字音에서 [i]와 [ɿ][ʅ]音을 구별하여 추정하고 있는 것은 字音에 따라 [ɿ][ʅ]音으로 변화된 시기들이 다르기 때문이다. [ɿ]音의 發生은 12세기 이전으로 보고 있는데 특히 舌上音系와 正齒音系의 開口에 속하는 字音들의 聲

母는 그 捲舌音化가 늦어져서 [i]음을 유지하고 있었다. 추정음은 이를 구별하여 보여 준 것이다.[8] 그런데 譯訓 및 通解편찬자들이 「△」의 音價를 어떻게 인식하고 있었는지 문제가 될 것이나 추정음에서는 [i]와 [ɿ] [ʮ]의 두 종류로 區分하고 있고 現代音에서는 이 셋이 모두 [i] [ʮ]가 된 字音들을 通解俗音에서는 똑같이 △終聲을 붙이고 있다.

따라서 △終聲의 음가를 밝혀야 될 터인데, 崔世珍은 上述한 바와 같이 翻譯老乞大朴通事凡例에서 通攷의 註를 引用하여 「齒音諸字 口舌不變 故以△爲終聲 然後 可盡其妙」라고 말하고 이어서 「今按 齒音諸字 若從通考 加△爲字則 恐初學難於作音 故今之反譯 皆去△聲而又恐其直從去△之聲 則必不合於時音」라고 하였다. 이것으로 보면 △終聲은 어떤 音價를 나타낸 것이라고 하기보다 齒音諸字發音時의 「口舌不變」상태를 나타내기 위한 表記로 보인다.

支韻內 齒音以外의 俗音은 다음과 같다.

字母	例字	T	I	S₁	S₂	S₃	H
幫	卑(平)	pei	pei	pi	pyi		pei
〃	比(上)	pi	pi	pi	pyi		pi
並	被(去)	pi	pei	ppi		ppyi	pei
非	非(平)	fei	fei	fi		ffyi	fei
奉	肥(平)	fei	fei	ffi		wui	fei
微	微(平)	vi	wei	wi		wui	wei

「比」字의 俗音을 除外하고는 俗音이나 今俗音이나 다 같이 中國 近世音의 모습을 잘 反映하고 있다. 「wui」가 [wei]와 대응되는 것은 「ui」가 [uei]와 대응되는 것과 같다.

---

8 王力 : 漢語史稿 pp. 163~164 「i的變體(i, ɿ, əI)的來源」 참조.

齊韻

例字	T	I	S_1	S_2	S_3	H
雞	ki	ki	kiei		ki	ki
寐		mei	miei	myi	mi	mei
謎	mi	mi	〃		mi或myi	mi

通解에서 齊韻의 註로

中聲 ㅖ 今俗皆呼爲 ㅣ 如雞계字기 今合從之

라고 하였으므로 이 韻에 속하는 漢字들의 今俗音은 그 主母音이 모두 [i]라고
할 수 있다. 실지로 今俗音은 다른 韻書들의 推定音과 符合되는데「寐」字는
오히려 俗音이 推定音과 符合된다.

魚韻

例字	T	I	S_1	S_3	H
樞	tʃʻiu	tʂtt	chriu	sriu	tçy
臚	liu	litt	liu	lu	ly

魚韻의 今俗音은 단지 위의 2例뿐이다. 이 韻의 正音主母音은「유」로 寫音
되고 있으므로 대체로 다른 추정음들과도 서로 符合되기 때문에, 俗音과 今
俗音 표시가 적은 것으로 보인다.「樞」의 현대음은 ㄕㄨ(shu)「臚」는 ㄌㄨ(lu)임
에 위의 今俗音은 각각 이를 반영한 것이다.

模韻

例字	T	I	S_1	S_3	H
所(上)	ʃu	ʂu	sru	sro	ʂu

模韻도 그 正音主母音을 사음한 「우」나 추정음들이 서로 잘 부합되어 今俗音은 위의 一例뿐이다.

皆韻

正音에서 主母音을 「애」로 사음한 자음들(추정음도 [ai])의 俗音은 없다. 주모음을 「얘」로 사음한 자음에는 「今俗 或從ㅐ」라고 있다.

例字	T	I	S_1	S_2	S_3	H
皆	kiai	kiai	kiei	kiei		kiai
揩	k'iai	k'iai	khiai	khiei	khai	k'iai
諧	xiai	xiai	hhiai	hhiai(hhiei)		xiai
涯	iai	iai	iai		ai	iai
睚		iai	ngiai	iai		iai

「睚」는 초성의 차이를 보인 것이고, 「諧」의 속음 「hhiai」는 「hhiei」의 誤字로 보인다. 今俗音의 主母音을 「애」로 사음한 것은 현대음도 [ai]이고, 속음이 「예」로 사음된 것은 구개음화현상으로 그 현대음이 皆 ㄐㄧㄝ(chieh), 諧 ㄒㄧㄝ(hsieh)가 되었다.

灰韻

字母	例字	T	I	S_1	S_2	S_3	H
幫	背(去)	pei	pei	pui	pyi		pei
滂	丕	p'ei	p'ei	phui	phyi		p'ei
並	培	p'ei	p'ei	ppui	ppyi		p'ei
明	枚	mei	mei	mui	myi		mei
穿	歎(上)			chrui	chɪoai		
審	衰	ts'uei	ʂuei	srui	sɪoai		ʂuei

支韻에서와 마찬가지로 字音 -ei를 「의」로 寫音하고 있다. 主母音[e]와 한글의 [으]가 대응되고 있는 것이 wnhar된다. 「chroai, sroai」는 근세음과 부합되지

않고 있다.

眞韻

例字	T	I	S₁	S₂	H
銀	iən	in	ngin	in	in

이것은 疑母와 喩母와의 관계를 보인 것이고 眞韻內에서 韻母上 正音과 차이가 있는 俗音·今俗音을 보인 例는 없다.

文韻

字母	例字	T	I	S₁	S₂	H
幫	奔	pən	pu(ə)n	pun	pyn	pu(ə)n
謗	噴	p'ən	p'u(ə)n	ppun	ppyn	p'uən
並	盆	pən	p'u(ə)n	ppun	ppyn	p'u(ə)n
明	門	mən	mu(ə)n	mun	myn	mu(ə)n
非	分	fən	fu(ə)n	fun	fyn	fu(ə)n
奉	汾	fən	fu(ə)n	ffun	ffyn	fu(ə)n
微	文	vən	wu(ə)n	wun	wyn	wu(ə)n

이밖에 荀(S₁ 슌 S₂ 슌) 輩(S₁ 훈 S₂ 훈)이 있으나 이 둘은 介音만의 문제고, 脣音系의 俗音이 한결같이 「은」으로 사음된 데에는 그만한 理由가 있다.

I나 H나(모두 陸志韋氏 推定音) 다 같이 脣音下에서도 介母 -u-를 삽입하고 있으나 元來 脣音은 中古音때부터 T에서 보는 바와 같이 脣音下에서는 開合의 區別이 分明치 않으며[9] 脣音自體들은 현대음으로 옮겨오는 동안 합구와 撮口가 開口로 변하는 경향을 보여주고 있다.[10] 그러므로 通解의 俗音은 이

---

9 河野六郎 : 朝鮮漢字音の研究 p.121 및 平山久雄 : 中古漢語の音韻(中國文化叢書 言語篇所收) p.133 참조.
10 王力 : 漢語史稿 p.183.

를 반영한 것이다. 그런데 灰韻에서 보는 바와 같이 「븨」등의 「으」가 中國字音의 「pei」의 「e」를 사음한 것과는 달리 여기서는 「으」가 「ə」와 대응하고 있다. 중국 자음의 「ə」가 조선한자음의 「으」와 대응하고 있다는데[11] 여기서는 그 반대현상을 보여 주고 있다. 이런 현상은 중세국어의 「으」 모음을 寫音한 朝鮮館譯語의 寫音體系에서도 마찬가지다.[12]

寒雲 開口

例字	T	I	S₁	S₂	H
干	kan	kan	ken	kan	kan

例는 하나밖에 안 들었으나 通解의 寒韻項 註에

平上去三聲內 中聲ㅓ音諸字 俗呼及蒙韻 皆從ㅏ 今亦從ㅏ 但恐文煩 故不著俗音於各字之下 如通攷也

라고 있으므로 俗音의 主母音이 a이었음을 알 수 있다. 다른 추정음들과도 부합된다.

寒雲 合口

字母	例字	T	I	S₁	S₂	S₃	H
幫	半(去)	pon	puɔn	puen	pen		pan
滂	潘	pʻon	pʻuɔn	phuen	phen		pʻuan
並	盤	pʻon	pʻuɔn	ppuen	ppen		pʻuan
〃	畔	pon	puɔn	〃	〃		pʻan
明	瞞	mon	muɔn	muen	men		muan

---

11 河野六郎: 上揭書 p.167 참조.
12 拙稿: "「朝鮮館譯語」의 寫音에 대하여"(語學硏究 8-1, 1972) 참조.

| 疑 | 岏 | on | iuɔi | nguen | ① uen | | uan |
| 匣 | 桓 | xon | xuɔn | ffuen | | ② uen | xuan |

通解(즉 洪武正韻)의 寒韻合口字들은 中原音韻의 桓歡韻類에 속하는데, T에서는 그 韻母音을 [on]으로 추정하였고, I로 오면 [uɔn]이 되어 S₁의 「원」과 부합되는데, 역시 脣音系列의 聲母 아래에서는 開合의 구별이 分明치 않아 俗音으로는 開口처럼 發音되었던것으로 보인다. 다만 「桓歡」韻類는 易通에서 「端桓」으로 이름이 바뀌고 匯通에서 「端桓」의 平上去 三聲이 「山寒」韻類와 같아져서 그 추정음이 an(uan)이 되었다. 王力 : 漢語史稿 p.182에서는 이 계열의 변화를 다음과 같이 例하고 있다.

an ← uɑn(脣) [桓]般搬潘……

uan ← uɑm(非脣音) [桓]端團, 短斷……

寒韻合口에서 ①②는 正音과 俗音사이의 聲母차이만을 보인 것이나 따로 이 俗音을 보인 例가 없으므로 俗音의 韻母를 「원」으로 볼 수밖에 없다.

删韻

字母	例字	T	I	S₁	S₂	S₃	H
滂	攀	p'an	p'an	phan	① phen		p'uan
牀	撰(上)		tʂuan	ccran	② ccroan		
〃	饌(上)	tʃuan	tʂuan	〃	③ 〃	ccriuien	
匣	閑	xian	xian	hhian	④ hhien		xiɛn
見	關	kuan	kuan	koan	⑤ kuen		kuan
非	翻	fan	fan	foan	⑥ fan		fan
奉	煩	fan	fan	ffoan	⑦ ffan		fan

①⑤는 그 이유를 알 수 없고 ②③④⑥⑦은 各各 近世音을 나타낸 것이

다. 中原音韻에서 非 등 輕脣音은 이미 開口音이 되었다. S_1의 얀은 通解의 註에 「今俗ㅕ」로 되어 있어 今俗音이 「연」임을 알 수 있다.

先韻

例字	T	I	S_1	H
見	kien	kiɛn	kien	kiɛn
涓	kyen	kiuɛn	kiuien	kiuɛn

先韻은 正音자체가 여러 운서의 추정음과 부합되므로 따로 俗音을 표시할 필요가 없었던 것으로 보인다. 다만 kiuien과 kiuɛn이 대응되고 있음이 주목된다.

蕭韻

字母	T	I	S_1	S_2	S_3	H
嘯	siau	siaʊ(?)	siew	siaw		siɛu
磐			ssiew		①ssew	
皛			ʔiew		②hhiew	

註에 「中聲ㅕ 俗呼ㅑ」라고 하였으므로 「嘯」만이 「iaw」가 아니라 이 韻에 속하는 모든 字의 韻母가 「iaw」일 것이고, 다른 추정음들과도 부합된다. ①②의 현대음은 미상이다.

爻韻

字母	T	I	S_1	S_3	H
抓(去)			craw	①croa	
凹	au		ʔiaw	②ʔoa	
高	kau	kɐʊ	kaw		kɐʊ
交	kaʊ	kiɐʊ	kiaw		kiɐʊ

今俗音은 ①②뿐인데 현대음이 各各 ㄓㄨㄚ(chua), ㄨㄚ(wa, 但 俗音)이므로 이를 반영한 것이다.

高 交 등은 中原音韻에서 kɑu, kau로 구분되어 있었는데, kau系의 牙喉音이 근세음에서 kiau로 변화했다. 正音(Si)은 이를 나타내고 있어서 따로 俗音表示가 不必要했던 것으로 보인다.

歌韻

字母	例字	T	I	S₁	S₂	S₃	H
見	歌	ko	kɔ	ke		ke	kɔ
溪	珂	k'o	k'ɔ	khe		khe	k'ɔ
疑	娥	o	ɔ	nge	e	ngo	ɔ
端	多	tuo	tɔ	te		to	tɔ
透	妥(上)	t'uo	t'ɔ	the		tho	t'ɔ
定	駝	t'uo	t'ɔ	tte		tto	t'ɔ
泥	儺	nuo	nɔ	ne		no	nɔ
精	左(上)	tsuo	tsɔ	ce		co	tsɔ
清	瑳	ts'uo	ts'ɔ	che		cho	ts'ɔ
從	醝	ts'uo	ts'ɔ	cce		cco	ts'ɔ
心	娑	suo	sɔ	se		so	sɔ
影	痾	o	ɔ	ʔe		ʔo	ɔ
曉	訶	xo	xɔ	he		he	xɔ
匣	何	xo	xɔ	hhe		he hoe	xɔ
來	羅	luo	lɔ	le		lo	lɔ
見	戈	kuo	kuɔ	kue		ko	kuɔ

歌韻 아래에 「諸字中聲 蒙韻皆讀如ㅗ, 今俗呼 或ㅗ 或ㅓ 故今乃逐字 各著時音」이라는 註가 있고 「ㅝ 中聲 아래에는 「今俗音 從ㅗ 諸母同」이라고 있다.

通解 今俗音에서 위와 같이 寫音하게 된 理由를 이해하려면 다시 다음과 같은 說明을 참고할 수 있다.

中古的α類 包括開口歌韻和合口戈韻 到了現代戈韻除了一部分喉音字變爲ə以外 都發展爲o或uo ; 歌韻只有舌齒音的字變爲uo, 其餘都發展爲ə了[13]

그래서 今俗音에서는 舌齒音의 [uo]를 「오」로, 그 밖의 [ə] 를 「어」로 寫音한 것이다. 그런데 元來 戈韻이었던 字들의 字音은 그대로 合口音이었던지 正音에서 「워」로 寫音하고 있다. 따라서 [uo]를 「오」와 「워」로 사음한 결과가 되고 말았는데, 이런 현상은 朝鮮館譯語에서도 비슷하게 나타나고 있다. 조선관역어는 중세국어를 중국字音으로 사음한 것인데, 중세국어의 「오」를 主母音이 [ou] [u]인 字音으로 사음한 例가 많다.[14] (I. H로는 uo가 uɔ로, ə가 ɔ로 되어 있다.)

麻韻

例字	T	I	S₁	S₃	H
巴	pa	pɑ	pa		pɑ
嘉	ka(kia)	kia	kia		kia
伽		kʻiuɛ	kkia	kkie	kʻiuɛ
瓜	kua	kuɑ	koa		kuɑ

伽는 현대음 〈ㅣㅔ(chʻieh)로 변화하는 과정(껴)켜) 쳐=〈ㅣㅔ)을 보인 것이고, 나머지는 모두 正音이 추정음과 부합되므로 속음·금속음 표시가 없다.

遮韻
속음·금속음 표시가 없다.

13 王力 : 漢語史稿 p.147.
14 拙稿 : 前揭論文, p.14 참조.

陽韻

字母	例字	T	I	S_1	S_2	今俗呼	H
微	芒	wɐŋ		wang		① mang	wɐŋ
照	莊	tʃuaŋ	tʂiaŋ	crang	croang		tʂiaŋ
穿	瘡	tʃʻuaŋ	tʂʻiaŋ	chrang	chroang		tʂʻiaŋ
牀	床	tʃʻuaŋ	tʂʻiaŋ	ccrang	ccroang		tʂʻiaŋ
審	霜	ʃuaŋ	ʂiaŋ	srang	sroang		ʂiaŋ
群	强(去)	kiaŋ		kkiang		② khiang(或)	
曉	況(去)	xuaŋ	xʊɐŋ	hoang	③ hioiang		xʊɐŋ

①은 현대음 ㄇㄤ(mang)을 나타낸 것이고, ②는 强字가 平上성에도 있는데, 그 추정음이 [kʻiaŋ]이며 현대음 ㄑㄧㄤ[chʻiang]으로 옮겨 오기 전의 모습을 나타낸 것이다. ③은 현대음이 [kʻuang]이므로 그 속음을 알 수 있다.

나머지 齒音系는 中古音의 ĭaŋ, ɔŋ이 현대음에서 uaŋ으로 변한 모습을 보인 것이다. 洪武正韻이나 匯通의 反切로 보아 이들 齒音系는 아직 uaŋ이 안 되었는데도 俗音은 현대음의 모습을 보여주고 있다.

例字	莊	瘡	床	霜
正韻의 反切	側霜	初莊	助莊	師莊
匯通의 反切	側羊	初良	初良	色莊

莊 · 霜은 中原音韻의 추정음(T)에 의하면 [tʃuaŋ] [ʃuaŋ]이어서 이들이 反切上字로 쓰이었을 때 -uaŋ을 나타내는 것으로 볼 수도 있는데, 匯通에서는 羊 · 良이 쓰이어 -iaŋ을 나타내는 것이 분명하므로 「色莊切」도 [ʂiaŋ]으로 볼 수 밖에 없는 것이다.

正韻과 匯通의 反切에서 合口를 나타내는데 쓰인 下字는 다음과 같다.

正韻	姑黃	古滉	古況	曲王	苦謗	烏光	嫗狂	呼光	詡往	虛放
匯通	古黃			曲王		烏光		呼光		

字母	例字	T	I	S₁	S₂	S₃	H
見	耿(上)	kiəŋ	kiŋ	king		kung	kiŋ
定	挺(上)	t'iəŋ	t'iŋ	tting	①thing		t'iŋ
幫	掤			ping		pyng	
心	駍	siəŋ	siŋ	sing	sung		siŋ
匣	恒	xəŋ	xəŋ	hhing	hhyng		xəŋ
日	仍	ʒiəŋ	zʐiŋ	zing	②zin		zʐiŋ
見	庚	kiəŋ	kəg	kying	kyng(又音king)		kəŋ
〃	更(去)	〃	〃	〃	kyng		〃
溪	坑	k'iəŋ	k'əŋ	khying	khyng		k'əŋ
〃	肯(上)	k'ən	k'əŋ	〃	③khyn		
端	登	təŋ	təŋ	tying	tyng		təŋ

以下 定, 泥, 幫, 滂, 並, 明, 精, 清, 從, 心, 照, 穿, 牀, 審母字，俗音韻 母同

字母	例字	T	I	S₁	S₂	S₃	H
曉	亨	xəŋ	xəŋ	hying	hing	hyng	xən
來	冷(上)	ləŋ	ləŋ	lying	lyng		ləŋ
見	觥	kuəŋ	kuəŋ	kuing		kyng	kʊŋ
影	泓	uəŋ		ʔuing		ʔung	xʊŋ
曉	轟	xuəŋ	xuəŋ	huing		hung	〃
匣	橫	xuəŋ	xuəŋ	hhuing	hhung	hhyng	〃
〃	艸(上)			〃	kuing	kyng(或弓)	
見	坰	kyəŋ	kiu(ə)ŋ	kiuing	kiung		kiʊŋ
溪	傾	k'iəŋ	k'iu(ə)ŋ	khiuing	khing		k'iʊŋ
群	瓊	k'yəŋ	k'iu(ə)ŋ	kkiuing	kking	kkiung	k'iʊŋ
曉	兄	xyəŋ	xiu(ə)ŋ	hiuing		hiung	
匣	迥		xiu(ə)ŋ	hhiuing		hhiung	xiʊŋ
喻	螢	Iəŋ	iu(ə)ŋ	iuing	iung	ing	iʊŋ

476

韻母音도 -ing, -ying, -uing, -iuing 등 복잡하듯이 俗音, 今俗音의 모습도 여러 가지로 나타나고 있다.

①은 全濁音이 次淸音化한 것, ②는 그 이유가 미상인데, ③은 ＴＳ kʻən, 현대음도 ㄎㄣ(kʻên)이므로 이를 반영한 것이다.

속음·금속음에서「융」과「웅」으로 寫音된 것은 다음과 같은 현상을 반영한 것이다.

中國字音은 中古音에서 현대음으로 변화해 오는 사이에, 曾·梗 두 攝이 합해졌고, 洪武正韻(곧 通解)의 庚韻은 이 두 攝의 漢字들을 收錄한 것이다. 따라서 通解의 音系는 이 두 攝에 屬하는 字音의 變化相을 보여 주는 것으로서, 이것이 속음·금속음에 반영되고 있다.[15]

曾·梗攝

1等(登)

開口 → ə 合口→ u -　　通解에서의 正音 kying 속음 kyng 등
但　　恒도 정음 hhing 속음 hhyng

2等(庚·耕)

開口 牙喉音字一部　　i-通解의 正音 ʔing
其他　　　　　　　　 ə-　　 〃　　 lying 속음 lyng 등
合口　　　　　　　　 u-　　 〃　　 huing 속음 hung 등

3·4等(淸·庚·蒸·靑)

開口 知莊章系　　　　 e-通解의 正音 srying 속음 sryng 등
其他　　　　　　　　 i-　　 〃　　 ming
合口　　　　　　　　 u-　　 〃　　 hiuing 속음 hiung 등

---

15 曾·梗攝의 변화는 董同龢 : 漢語音韻學 pp.233~234 참조.

이로 보면 通解의 正音도 근세음을 반영하고 있음을 알 수 있다.

尤韻

例字	T	I	S₁	S₃
卣			iw	iaw

이 한 例를 除外하고는 속음·금속음이 없다. S₂는 현대음 ㅣㅛ(yao)를 반영한 것이다.

侵韻

今俗音의 종성이 「ㄴ」이라는 註以外에는 다른 속음 표시가 없다. 종성문제는 따로 다룰 것이다.

覃韻

例字	T	I	S₁	S₂	H
勘(去)	kʻam	kʻam	kham	kham	kʻan

이 韻에서도 속음이 표시된 것은 두 例뿐인데 모두 종성에 관한 문제이므로 따로 다루겠다.

例字	T	I	S₁	S₂	S₃	H
監	kiam	kiam	kiam		① kien	kiɛn
巖	iam	iam	ngiam	② ian		iɛn
喊	xiam	xiam	hiam		③ han	xiɛn

①은 監의 현대음 ㄐㅣㄢ(chien)으로 옮겨 오는 과정에서 口蓋音化되기 전의 모습을 보인 것이고, ②의 현대음이 ㅣㄢ(ien)인데 「얀」으로 기록한 까닭을 알 수 없다. ③은 현대음 ㄏㄢ(han)을 적은 것이다. 通解에서는 正音의 「ㅑ」

에 대해서 「今俗音 平上去三聲諸字 或從ㅕ 或從本聲」이라고 說明하고 있다.

塩韻

例字	T	I	S_1	S_2	H
驗(去)		iεm	ngiem	ien	iεn
琰	iem	iεm	iem	ien	iεn

두 例뿐인데, 모두 韻尾 m〉n의 관계를 보인 것이다.

3. 韻尾

入聲은 聲調에 속하는 문제이지만 종래 -p, -t, -k 韻尾를 가진 字音을 入聲이라고 해 왔으므로 入聲韻尾도 여기서 함께 다룬다. 聲調문제는 딴 項에서 다룰 것이다.

(1) 入聲韻尾

入聲韻尾는 通解와 譯訓과의 한글表記가 다를 뿐만 아니라 通解의 가장 큰 특징의 하나가 入聲韻尾를 全然 表示하지 않았다는 점이다. 또 通解와 譯訓이 기준으로 삼은 洪武正韻은 入聲字들을 소위 「四聲相配」의 原則에 의하여 陽聲韻에 속하는 -m, -n, -ŋ 등 鼻音韻尾로 끝나는 韻母와 짝을 지어 배열시켰으나, 여러 韻書들의 추정음으로 봐서는 같은 韻에 속하는 平上去의 韻母와 入聲의 韻母가 다른 수가 있다. 그래서 다음에 이런 관계를 보이는 대조표를 만들어 보았다.

대조표에 있어서 平上去는 平聲字로 대표를 삼아(平聲字가 없을 때에는 上去 聲字), 入聲字와 비교했다. Y_1은 譯訓의 正音, Y_2는 역훈의 속음, 入聲字의 추정음은 中原音韻(董同龢氏 추정음), 陸志韋氏의 匯通推定音을 취했다. 다만 陸氏는 그 추정음에서 [kuʔ]식으로 하였으나 대조표에서는 添加記號를 모두 생략하고 韻母만 보이었다.

入聲對照表 (數字는 聲調, 例 kuŋ¹=平聲, ku⁴=入聲)

東一屋

例字	T	I	Y₁	Y₂	S₁	S₂	S₃	H
公	kuŋ¹	kuŋ¹			kung			kuŋ¹
穀	ku⁴		kuk		ku			ku⁴
蜀	ʃu⁴		ssruk		ssru	ssriuʔ		ɕiu⁴
屋	u⁴		ʔuk	ʔuʔ	ʔu			u⁴
辱	ʒiu³		zuk		zu	ziu		ʒiu⁴
弓	kuŋ¹	kiuŋ¹			kiung	kung		kuŋ¹
菊	kiu²		kiuk		kiu			kiu⁴
足	tsiu²		ciuk		ciu	cuʔ		tsu⁴
宿	siu²		siuk		siu	suʔ		siu⁴
粥	tʃiu¹		criuk	cruʔ	criu	cru		tɕiu⁴
畜	tʃʻiu²		chriuk		chriu	chruʔ		tɕʻiu⁴
逐	tsiu¹		ccriuk		ccriu	ccruʔ		tɕiu⁴
軸	”		”		”	”	criw	”
叔	ʃiu²		sriuk		sriu	sruʔ		ɕiu

以上의 대조표에는 몇 가지 문제점이 있는데, 먼저 終聲表記를 들 수 있다. 通解의 凡例에서는

今俗所呼 穀與骨 質與職 同音而無ㄹㄱ之辨也 故今撰通解 亦不加終聲 通攷 於諸韻入聲則 皆加影母爲字

라고 說明하여 通解에서 入聲韻尾를 표기하지 않고, 通攷에서도 「ㆆ」만 표기한 것으로 되어 있으나 譯訓에서는 「ㄱㄷㅂ」을 明記하고 있다. 譯訓과 通攷는 그 入聲韻尾 표기에 있어서 차이가 없었던 것으로 보이는데, 通攷의 凡例에서는 비록 北音과 今浴音에서 終聲을 使用하지 않으나, 洪武正韻을 좇아

480

「ㄱㄷㅂ」을 표기한다고 하였고, 다만

> 今俗音 雖不用終聲 而不至如平上去之緩弛 故俗音終聲 於諸韻 用喉音全淸ㆆ

이라고 하여 俗音에서 「ㆆ」을 표기한 이유를 말하고 있다. 따라서 通解에서 말한 通攷란 通攷의 俗音(곧 역훈의 속음)을 말한 것이다.

譯訓·(通攷)·通解에서 이렇게 入聲韻尾를 달리 표기한 것은 中國語音韻史에서의 入聲韻尾 消失과 이를 어떻게 받아들였는가 하는 차이에서 오는 것이다. 譯訓 편찬자들은 通攷凡例에서

> 入聲諸韻終聲 今南音傷於太白 北音流於緩弛……今俗音 雖不用終聲 而不至如 平上去之緩弛 故……用喉音全淸ㆆ

라고 하여 비록 入聲韻尾가 소실되었어도 平上去聲과 같지 않음을 말하고 있어, 陸志韋氏의 推定音과 같은 태도를 취하고 있다.[16]

그러나 通解는 入聲韻尾消失을 인정하여 正音表記에서조차 入聲韻尾를 기록하지 않았다. 王力 : 漢語史稿 p.134에서도 中原音韻시대인 14세기의 北京話에서 韻尾 -p, -t, -k가 消失되었음을 말하고 있다. 다만 崔世珍도 순수한 平上去聲과는 다른 점을 가끔 느꼈던지 通解의 속음에서 「ㆆ」종성을 표기한 것이 있다.

S₂에서 ssiuʾ를 제외하고 主母音을 「우」로 기록한 것은 屋韻入聲字들의 主母音ju」 등이 현대음에서 [u]로 변화한 것을 반영한 것이다.

또 criw는 ㅚ又(chou)를 보인 것이다.

---

16 陸志韋 : 記徐孝重訂司馬溫公等韻圖經(燕京學報 32期) pp.195~196 참조.

眞—質

例字	T	I	Y₁	Y₂	S₁	H
巾	k'iən^1	kin^1	kin		kin	kin^1
吉	ki^4		kit		ki	ki^4
仡			ngit	i?	ngi	
職	tʃi^4		crit	cri?	cri	tɕi^4
瑟	ʃi^4		sryt		sry	ʂə^4

「으」(y)와 ə가 대응되고 있는 것은 마찬가지이고 나머지는 더 說明할 필요가 없다.

文—物

例字	T	I	Y₁	Y₂	S₁	S₂	S₃	H
昆	kuən^1	ku(ə)n^1	kun		kun			ku(ə)n^1
骨	ku^2		kut		ku			ku^4
兀	u^2		ngut		ngu	u?		u^4
渤	po^1		pput		ppu	①ppo?		pu^4
率			srut		sru	②shoai?		
捽			ciut		ciu	③shoai?		

①②③은 각각 그 현대음 ① ㄅㄛ(po) ② ㄕㄨㄞ(shuai) ③ ㄗㄨㄛ(tso)를 기록한 것으로 보이는데 ③은 현대음과 부합되지 않는다. 나머지는 별로 설명할 필요가 없다.

寒—曷

例字	T	I	Y₁	Y₂	S₁	S₂	S₃	H
干	kan^1	kan^1	ken		ken	kan		kan^1
葛	ko^2		ket		ke	kan		keɐ^4

曷			hhet	hheʔ	hhe			xɐ^{4}
抹	muo^{2}		muet		mue		① maʔ	mɐ^{4}
斡			ʔuet		ʔue		② ʔoaʔ	uɐ^{4}

①②는 현대음 ① ㄇㄛ(mo) ② ㄨㄛ(wo)를 표기한 것으로 보이나 오히려 正音 쪽이 더 현대음과 가까워 보인다.

删—轄

例字	T	I	Y_1	Y_2	S_1	S_3	H
灘	t'an^{1}	t'an^{1}	than		than		t'an^{1}
撻	ta^{1}		that		tha		t'a^{4}
枿			ngiat		ngia	iaʔ	
轄	xa(xia)^{1}		hhiat	hhiaʔ	hhia		xia^{4}
髮	fa^{3}		foat		foa	① faʔ	fa^{4}
伐	fa^{1}		ffoat		ffoa	② ffaʔ	fa^{4}

正音 · 俗音 기록이 다 다른 入聲에서와 같으며 다만 ①②의 正音은 규범적인 合口音이 실제 발음에서는 開口이었음을 보여 주고 있다.

先—屑

例字	T	I	Y_1	Y_2	S_1	S_2	H
堅	kien^{1}	kiɛn^{1}	kien		kien		kiɛn^{1}
結	kie^{2}		kiet		kie		kiɛ^{4}
屑	sie^{2}		siet	sieʔ	sie		siɛ^{4}
血	xye^{2}		hiuiet		hiuie	① hieʔ	xiuɛ^{4}

①은 현대음의 口語 ㄒㄧㄝ(hsieh), 文語 ㄒㄩㄝ(hsüeh)로 변하기 전의 모습을 보인 것이다.

陽—藥

入聲韻尾를 표기하지 않았던 通解에서 陽韻과 짝을 이루는 入聲藥韻의 韻尾만을 「ㅸ」로 표기하고 있다. 그 理由를 通解 凡例에서

> 今撰通解 亦不加終聲 通攷 於諸韻 入聲則皆加影母爲字 唯藥韻則其呼似乎
> 效韻之音 故蒙韻加ㅸ爲字 通攷加ㅸ爲字 今亦從通攷加ㅸ爲字

라고 밝혔다. 즉 藥韻의 發音이 效韻(例字 告 T kɑu, I kɐU, S₁ aw, H kɐU)과 비슷하여 效韻의 韻尾와 같은 「ㅸ」을 표기했다는 것이다. 따라서 「ㅸ」은 藥韻의 韻尾 -u를 표시한 것이라고 할 수 있다. 실지로 中原音韻에서는 洪武正韻의 藥韻 소속字들이 蕭豪韻類(추정 韻母音 -ɑu)에 속해 있다. 그러나 通解의 今俗音은 「keʔ」이므로 通解시절에는 匯通의 추정음과 비슷한 상태이었을 것으로 보인다.

대조표는 다음과 같다.

例字	T	I	Y₁	S₁	S₂	S₃	H
岡	kaŋ¹	kɐŋ¹	kang	kang			kɐŋ¹
各	kɑu²		kak	kaf	kaf	keʔ	kɐ⁴

「各」字의 下註에 「俗音갈 蒙音갈 入聲諸字終聲並同 今俗音걸下同」이라고 있으므로 다른 入聲字音도 위 例와 같았을 것이다.

例字	T	Y₁	Y₂	S₁	S₂	S₃	H
婼		chrak	① chroaf	chraf			tʂʻiɛ⁴
朔	ʃau²	srak		sraf	② sroaf		ʂiɛ⁴
惡	ɑu²	ʔak		ʔaf		ʔeʔ	ɐ⁴
角	kau²	kiak		kiaf		④ keʔ	kiɐ⁴
却		khiak	kheʔ	khiaf			kʻia⁴
雀	tsʻiau²	ciak		ciaf	③ chaf	chiao	tsʻiɛ⁴

이들 例도 「各」字의 경우와 같고 ①②③은 각각 그 현대음 ① ㄔㄨㄛ(ch'o) ② ㄕㄨㄛ(shuo) ③ ㄑㅣㄠ(ch'iao)의 반영으로 보인다. ④는 그 이유가 미상인데 S₁의 「kiaf」가 현대음 ㄐㅣㄠ로 옮겨오는 과정을 보여 주고 있다.

庚—陌

主母音	例字	T	I	Y₁	Y₂	S₁	S₂	S₃	H	현대 北京音
ㅣ	京	kiəŋ1	kiŋ1	king		king			kiŋ1	
	戟	ki2		kik		ki			ki4	
	關	pi2		ppik		ppi	phi?			
ㅓ	珀			phyik		phyi		phai?	p'ə⁴	ㄆㄛ(p'o)
	菊			ppyik		ppyi		pi?(或pu?)	pʷə	ㄆㄨ(p'u)
	陌			myik	mat?	myi	mai	me?(今或)	mʷə	ㄇㄛ(mo)
	宅			ccryik		ccryi		ccrai?	tʂə	口語ㄓㄞ (chai) 文語ㄓㄜ (che)
	色	ʃai2		sryik		sryi		srai?	ʂə	ㄙㄛ(sê) ㄕ(shai)
	赫			hyik	hie?	hyi	hi?	he?	xə	ㄏㄛ(ho)
	額	ai2		yik		yi	ngyi?	nge?	ə	ㄛ(ê)
ㅓ	國	kuei2		kuik		kui	k u i ? (或)	kue?(或)	kwə	ㄍㄨㄛ (kuo)
	劃			kuik		hui		hoai?	xʷə	ㄏㄨㄚ (hua)
ㅠ	城		ngiuik	i?	ngiui		i?		itt	ㄩ(yü)
	淢			hiuik		hiui		hiu?		

위의 대조표에서 속음·금속음으로 표시된 것들은 대체로 현대음이나 匯通의 추정음과 부합되는 것을 알 수 있다.

侵—緝

主母音	例字	T	I	Y_1	Y_2	S_1	S_2	H
ㅡ	森	ʃəm	səm[1]	srym		srym		sən[1]
	澀	ʂɿ[2]		sryp		sry		(ʂə[4])
ㅣ	緝			chip	chiʔ	chi		tsʻi[4]
	入	ʒi[3]		zip		zi	ziuʔ(或ziʔ)	ʐitt[4]

대체로 S_1 또는 S_2가 H와 부합되고 있다.

覃—合

主母音	例字	T	I	Y_1	Y_2	S_1	S_2	S_3	H
ㅏ	甘	kam[1]	kam[1]	kamp		kam			kan[1]
	閤	ko[2]		kap	keʔ	ka	keʔ		kɐ4
	榼			khap		kha		khe?	kʻɐ4
	匼			ʔap		ʔa		ʔeʔ	ɐ4
	凹			”		”		ʔa	”
	合	xo[1]		hhap		hha	hheʔ		xɐ[4]
ㅣ	洽	xa[1](xia)		hhiap	chiʔ	hhia			xia[4]

이 韻에서도 S_1 또는 S_2 S_3와 H가 부합되는 모습을 보여 주고 있다.

鹽—葉

例字	T	I	Y_1	Y_2	S_1	H
鎌	kiem[1]	kiɛm[1]	kiem		kiem	kiɛn[1]
頰	kie[2]		kiep		kie	kiɛ[4]
葉	ie[3]		iep	ieʔ	ie	iɛ[4]

Y_2 S_1이 H와 부합되고 달리 문제될 것이 없다.

(2) 其他 韻尾

以上 入聲韻尾에 대해서 살펴보았는데, 平聲韻目으로 대표시켜 通解의 正音韻尾 일람표를 만들어 보면 다음과 같다. (入聲운미는 일부러 k, t, p으로 표시했다.)

東	ㅇ(-ŋ) -x(-k)	蕭	ㅸ(-u)
支	x	爻	ㅸ(-u)
齊	ㅣ(-i)	歌	x
魚	x	麻	x
模	x	遮	x
皆	ㅣ(-i)	陽	ㅇ(-ŋ)-ㅸ(-u)
灰	ㅣ(-i)	庚	ㅇ(-ŋ)-x(-k)
眞	ㄴ(-n) - x(-t)	尤	ㅸ(-u)
文	ㄴ(-n) - x(-t)	侵	ㅁ(-m)-x(-p)
寒	ㄴ(-n) - x(-t)	覃	ㅁ(-m)-x(-p)
删	ㄴ(-n) - x(-t)	鹽	ㅁ(-m)-x(-p)
先	ㄴ(-n) - x(-t)		

齊·灰韻은 正音이 「ㅖ」·「ㅟ」로 되어 있어서 韻尾「ㅣ」를 인정했다. 韻尾는 -i, -u와 -ŋ, -n, -m, 그리고 入聲 -p, -t, -k로 나눌 수 있는데, 입성운미는 위에서 고찰했고 -i, -u, -ŋ, -n 韻尾도 현대음까지 변화가 없으므로 그 사이에 변화를 일으킨 -m韻尾가 문제가 된다.

中國側 韻書에서 洪武正韻과 中原音韻도 -n과 -m韻尾를 구별했고, 15세기의 北方音系를 나타내었다는 韻略易通에서도 -n과 -m韻尾를 구별하여 20個韻類로 나눌 때 侵尋·緘咸·廉纖 등을 따로 세웠다. 이 구별은 韻略匯通 (1642)의 16個韻類에 이르러 없어져서, 이 운서에서는 易通의 「緘咸」 韻類字들이 大部分 「山寒」으로, 그리고 一部의 齊齒音字들이 「先全」으로, 「廉纖」이 「先全」으로, 또 「侵尋」과 「眞文」이 합해져서 「眞侵」 韻類가 되었다.[17]

王力 : 漢語史稿 p.135에서는 北方語에서의 -m〉-n 현상이 入聲韻尾의 消失

보다는 뒤늦은 일이라고 말하고, 그러나 中原音韻 때부터 벌써 脣音聲母字들의 -m운미가 -n으로 변했음을 말하고 있다. 그리고 17세기 초의 西儒耳目資(1626)에서 -m운미를 전연 표기 안한 것으로 보아 -m운미가 完全히 소실된 것은 16세기 이후가 될 수 없다고 하였다.

그런데 우리나라에서는 譯訓에서 「侵覃……」 등의 「正音」으로 「침, 땀……」을 달고 「俗音」으로 「친, 딴……」이라 했고 記錄으로는 通解 凡例에서

諸韻終聲ㄴㅇㅁ之呼 初不相混而直以侵覃鹽合口終聲 漢俗皆呼爲ㄴ 故眞與侵 刪與覃 先與鹽之音多相混矣

라고 말하여 匯通과 同一한 결과를 설명하고 있다. 그리고 또 通解의 侵韻 註에서

今俗皆呼爲ㄴ而間有用ㅁ呼之者 亦多 故不著俗音 如通攷也

라고 하여 通攷때부터 벌써 -n과 -m의 混用이 있었음을 말하고 있다. 그렇다면 易通보다도 우리側 記錄이 中國字音의 變化相을 더 자세히 證明하는 것이된다.

4. 聲調

中國北方語子音에서 聲調上의 큰 變化는 中原音韻시대에 平聲이 陰陽으로나누이어 현대 北方語의 陰平·陽平과 대체로 같게 되고 入聲이 消滅되어 平上去 三聲으로 「派入」되었다는 점에 있다. 그리고 全濁音의 消滅과 함께 全濁

---

17 董同龢 : 漢語音韻學 p.75 참조.

音系列의 一部字音들이 그 本來의 聲調에서 다른 聲調로 옮겨갔다.

그런데 洪武正韻은 南方人들이 主로 편찬한 까닭에 聲調를 從來대로 平上去入으로 나누고, 平聲도 陰陽으로 나누지 않았으며, 入聲字를 獨立시켜 10個韻으로 나누고 全濁音을 保存시켜 31個聲母로 하였다. 따라서 中國字音 聲調의 變化에 대해서 잘 관찰하고 있었던 譯訓・通攷 편찬자나 通解편찬자는 그 序文・凡例 등에서는 이 變化相에 대체서 言及하고 있으면서도 실지로 운서를 편찬함에 있어서는 洪武正韻의 體系를 그대로 따르고 있어서, 通解의 正音・俗音・今俗音만을 보아서는 전연 중국자음의 실제 聲調를 알 길이 없다.

通攷 凡例에서는 먼저 全濁音의 變化相에 대해서

全濁上去入三聲之字　今漢人所用初聲
清聲　　　　　　　　　　　　　　　　　　　　相近而亦各有清濁之別

(全濁)平聲之字初聲　　　　一淘聲則其聲濁　故音終稍屬
次清　　　　　　　相近　一次清則其聲清　故音終直佲

라고 말하고 通解 凡例에서는

上聲全濁諸字時音　必如全清去聲呼之也　濁音上聲諸字之音　或如去聲　或如
清音　或如次清　其音之難定　如此

라고 말하고 있다.

譯訓 序文에서는 앞에서도 引用한 바와 같이

全濁之字平聲　近於次清　上去入　近於全清　世之所用　如此

라고 하였다.

入聲字에 대해서는 通解 凡例에서

今俗呼入聲諸字 或如全濁平聲 或如全淸上聲 或如去聲 其音不定

라고 설명했는데 消失된 「全濁」의 平聲과 어떻게 같아질 수 있는지 分明치 않은 바가 있으나, 聲調의 變化相은 잘 관찰하고 있다.

그리하여 譯訓 · 通解들의 說明은 王力 : 漢語史稿 p. 201에서 中國字音 聲調의 變化相을 要約한 다음의 說明과도 잘 부합되는 것이다.

> 平聲 分化爲陰陽兩類
>
> 上聲 全濁上聲轉化爲去聲
>
> 去聲 調類不變
>
> 入聲 全濁入聲 轉化爲陽平 次濁入聲 轉化爲去聲 淸音入聲 轉化無規則 入
> 聲全部消失

다만 이런 內容이 通解에 全然 反映되어 있지 않을 뿐이다.

一例를 들어 다른 운서의 추정음과 비교해 보기로 하겠다.

牀母 · 定母에서

韻	例字	平 蟲	上	去	入 逐
東	T	平陽tʃˈiuŋ			平(陽)tʃiu
	S₁	ccriung			ccriu
	S₂	ccrung			ccru?
	H	下平tɕˈiuŋ			tɕiu
	例字	除	貯	佳	
魚	T	平陽tʃˈiu	去tʃiu	tʃiu	
	S₁	ccriu	ccriu	ccriu	
	H	下平tɕˈy	去tɕy	tɕy	
	例字	壇	袒	憚	達

删	T	平陽t'an	t'an	tan	平(陽)ta
	S₁	ttan	ttan	ttan	tta
	H	下平t'an	t'an	tan	ta

위의 대조표에는 平聲全濁音「蟲·除·壇」字가 平陽(下平)의 次清音으로
變한 모습과 全濁上聲字「貯」가 全清音으로 變하는 동시에 去聲으로, 또 入聲
韻尾의 消滅과 함께 平(陽)의 全清音으로 변한 모습을 보여 주고 있다.

그런데도 대조표에서 보는 바와 같이 通解에서는 이를 전연 反映 안 시키
고 있다.

Ⅲ. 結言

위에서 살펴본 바를 다시 要約하면 다음과 같다. 俗音과 今俗音은 본질적
으로 별 차이가 없으므로 이를 함께 다루어 거저 俗音이라고 했다.

1. 聲母

通解의 正音은 譯訓의 正音이며 곧 洪武正韻의 31聲母體系다.

俗音은 喩母가 疑母와 代置되었을 뿐, 31聲母體系와 거의 같다. 疑母를 消
失된 것으로 인정하더라도 30聲母體系다.

2. 韻母

韻母體系는 正音과 俗音 사이에 차이가 있다. 그러나 正音도 全然 近世의
北方音系를 반영하지 않은 것은 아니다. 다음에 正音과 俗音(로오마字化記錄),
그리고 匯通의 推定音系(發音記號)를 대조시켜 보기로 한다. 다만 俗音·今俗
音이 여러 모습을 보여 주는 경우에는 같은 韻內에서 빈도가 잦은 것을 취했
다. 平上去를 平聲字로 대표시키되 여기서는 介母·主母音·韻尾를 통틀어

韻母라고 했다.

韻	正音	俗音		匯通音	匯通韻類
東	ung	ung		uŋ	東洪
	iung			iuŋ	
支	y(으)	y	齒音	ɿ, ʅ	支辭
	i	i		i	居魚
		yi 脣音		ei	灰微
齊	iei	i		i	居魚
魚	iu	iu		y	
模	u	u		u	呼模
皆	ai	ai		ai	皆來
	iai	或 ai		iai	
	oai	oa		uai	
灰	ui	yi		ei / uei	灰微
眞	in	in		in	眞尋
文	yn(은)	yn		ən	”
	un	yu 脣音 / un		u(ə)n	
	iun	iun		iun(yn)	
寒	en(언)	an		an	山寒
	uen(원)	en 脣音 / uen		uan	
删	an	an		an	”
	ian	ien		iɛn	先全
	oan	oan / an 脣音		uan	山寒
先	ien	ien		iɛn	先全
	iuien	iuien		iuɛn(yɛn)	”
蕭	iew	iaw		iɐu	蕭豪
爻	aw	aw		ɐu	
	iaw	iaw		iɐu	

492

歌	e	e		ɔ	戈何
	ue	o 舌齒音			
		ue		ɔu	
麻	a	a		a	家麻
	ia	ia		ia	
	oa	oa		ua	
遮	ie	ie		ɜi	遮蛇
	iuiə	iuiə		iuɛ(yɛ)	
陽	aŋ	ang		ɐŋ	江陽
		oang 齒音			
	iaŋ	iang		iaŋ	
	oang	oang		uaŋ	
庚	ing	ing		iŋ	庚晴
	ying	yng		eŋ	
	uing	ung	東韻	???	東洪
	iuing	iung		???	
尤	yw	yw		əu	幽樓
	iw	iw		iəu	
侵	ym	yn		ən	眞尋
	im	in		in	
覃	am	an		an	山寒
	iam	an			
		ian			
		ien		iɛn	先全
鹽	iem	ien		iɛn	先全

　　平上去 三聲의 韻尾도 위의 대조표에 다 나와 있으므로 韻尾대조표는 따로 만들지 않는다.

3. 入聲

　　入聲은 譯訓과 通解의 正音이 다르고, 또 匯通의 추정음도 서로 相配가 되는 平上去聲의 韻母와도 다르므로, 다음의 대조표에서는 譯訓音도 倂記한다.

그리고 俗音도 제대로 표기하려면 [uʔ]처럼 해야 하며 추정음도 원래는 모두 [uʔ]처럼 되어 있으나 인쇄의 편의상 [·]와 [ʔ]를 뺐다.

	譯訓	正音	俗音	匯通
東-屋	uk	u	u	u
	iuk	iu	u	iu
眞-質	it	i	i	i
	yt	y		ə
文-物	ut	u	u	u
	iut	yu		
寒-曷	et	e	e	ɐ
	uet	ue		
刪-轄	at	a		ɑ
	iat	ia	ia	ia
	oat	oa	a	ɑ
先-屑	iet	ie	ie	iɛ
	iuiet	iuie		iuɛ
-藥	ak	af[iaw]	e	ɐ
	iak	iaf[aw]		iɐ
庚-陌	ik	i		i
	yik	yi	e	ə
	uik	ui	ue	wə

앞에서 전반적으로 살펴볼 때에도 言及한 바와 같이 入聲은 正音·俗音이 모두 匯通 추정음과 부합되어 15~16세기의 北方音을 반영시키고 있는 것으로 보인다.

4. 聲調

譯訓 및 通解편찬자들이 15·16세기의 중국 北方音의 實地 聲調를 알고 있었으면서도 正音이나 俗音의 聲調는 全然 이를 나타내지 않고 모두 形式上 平上去入으로 표시하고 있다.

이상으로서 四聲通解의 正音・俗音・今俗音이 나타내고자 한 中國字音體系의 모습을 개략적으로 살펴 보았다. 앞으로 세밀한 고찰은 本稿의 續篇인 「音系研究」에서 다루겠다.

중세 국어 성조의 변동과 기본형

정 연 찬

1. 서론

중세 국어의 어사 성조는 변동을 시현(示顯)하는 경우가 허다하다. 한 어사가 격변화를 하거나 활용을 할 때 그 어사의 어간이나 접미사가 언제나 일정한 성조를 가지는 경우는 오히려 드물다. 하나의 어간은 그에 후속하는 접미사에 따라, 이런 때는 이렇게, 저런 때는 저렇게 그 성조의 변동을 보여 주기도 하고 하나의 접미사는 또 그에 선행하는 어간에 따라 이런 때는 이렇게 저런 때는 저렇게 그 성조의 변동을 보여 주기도 한다. 하나의 어간이 그것에 연결되는 접미사에 관계 없이 언제나 일정한 성조를 가지는 것도 더러 있으며 하나의 접미사가 그에 선행하는 어간에 관계 없이 언제나 일정한 성조를 가지는 것도 더러 있다. 그러나, 중세 국어의 많은 어사는 그 곡용(격변화)에서나 활용(어미 변화)에서나 성조의 변동을 보여 주는 것이 일반적인 경향이고 변동을 보여 주지 않는 경우는 오히려 희귀한 편이라고 할 만하다.

이 같은 변동은 일견 매우 복잡하다. 그러나 그것이 아무리 복잡한 것이라 하더라도 이러한 변동이 있다는 사실의 확인만으로 끝나는 것은 아니다. 이러한 변동이 어떠한 양상으로 일어나는 것인지에 대하여 여러 모로 검토되어야 하는 것이다.

이 같은 변동은 왜 하필이면 어간과 접미사의 연결에서 주로 일어나는가? 다시 말하면 이 변동의 사정(射程)이 왜 어사의 범위 내에서만 일어나고, 어사의 경계를 넘어서는 작용하지 못하는가? 그 같은 사실이 중세 성조의 성격에서 가지는 의미는 무엇인가? 이 같은 변동은 대체로 몇 가지의 유형을 가지는가? 어떤 경우는 음절 수가 줄어 들면서 변동이 일어나고 어떤 경우는 그것과 달라지는 듯도 하다. 이러한 변동의 유형은 대체로 몇 가지나 되며 그 원인은 무엇인가?

변동이란 두 가지 이상의 사상(事象)이 하나의 기반 위에서 관계 지워질 때에 파악된다. 이때에 이 두 가지 이상의 사상(事象)들간의 관계는 그중 하나의 기본되는 사상에 의하여 그 다른 사상과의 관계가 적절히 설명되어지기를 요구하는 것이다. 성조의 변동도 이러한 의미에서 기본형이 필요한 것이다. 중세 성조의 변동은 그 양상이 정당하게 파악되었으며, 또 그것을 설명함에 이러한 기본형의 문제가 해결되었다고 볼 수 있겠는가? 종래의 성조 연구에서 이러한 문제가 전혀 도외시된 것은 물론 아니었다. 그중 몇몇은 매우 착실한 것이었고, 더러는 그 깊은 경지에 도달한 것도 있었다. 그러나, 그것들이 또한 대개 부분적인 것임도 사실이고 더구나 그 같은 변동의 기술에 제일 먼저 문제되어야 할 기본형의 문제 같은 것은 독립하여 다루어졌던 일은 없었던 것이 아닌가 한다. 이는 우리 국어의 성조에 대한 연구가 아직도 일천하다는 사실에서 이해될 만한 것이나, 지금의 문제 제기가 오히려 늦은 감이 없지 않다.

본고는 성조 변동에서 제일 먼저 문제되어야 할 변동 양상의 유형과 그 기본형에 대한 몇 가지 사실을 정리하여 보고자 하는 것이 그 목적이다.

이러한 목적을 수행하기 위하여 필자가 채택하는 방법은 대체로 종래의 기술 언어학적 방법을 따르기로 한다. 필자는 아직 최근의 변형 생성 이론 같은 것에 익숙지 못하다.

종래의 방법을 적용하는 데도 약간의 문제는 있는 것 같다. 성조는 대체로 음운론적 층위에 속한다는 것이 원칙일 것이다. 그러므로 이를 철저하게 음운론적으로만 처리하는 것도 가능한 것으로 보인다. 그러나 국어 성조가 드러내는 특징은 그 소속 층위가 음운론적인 것만은 아닌 것 같다. 그것은 변동의 사정(射程)이 어사를 단위로 하고 있다는 사실만으로도 어느 정도 짐작이 간다. 그러므로 본고에서는 일부 형태론적인 방법의 인용을 면치 못한다. 즉 어간이나, 접미사와 같은 표현도 있으며 체언이다, 용언이다와 같은 구별도 계속 사용된다. 즉 음운론적 층위와 형태론적 층위의 확연한 구별이 적어도 그 용어상에 있어서는 없어 보일 것이다. 그러나 이것은 기술성의 간편, 설명의 평이를 위한다는 점에 한정되고 그밖의 경우에는 가능한 한 양자의 구별을 견지한다는 방침으로 나간다.

중세 성조의 고찰은 자료의 엄선이 필요하다, 영인본들은 때로 불분명하고 의심스러운 곳이 없지 않다. 원본(Original Text)에 의지하여야 함이 마땅할 것이다. 그러나 필자의 사정은 영인본에의 의지가 또한 부득이한 것이다. 이는 필자의 불성실의 소치만은 아닐 것이다. 원본은 희귀하고 그 열람이 쉽지 않기 때문이다. 이에 필자가 채택한 자료의 출처와 그 범위 등을 밝혀 그 스스로의 한계를 분명히 한다. 그것은 대개 최근의 영인본들이다.

1. 龍飛御天歌 : (경성 대학 영인)

2. 釋譜詳節 六. 九. 十三. 十九 : (한글 학회 영인)

3. 月印千江之曲 上 : 國語學 I 부재(附載) 영인 권말

4. 月印釋譜 第九. 十. 十七. 十八 : (연세대 영인)

5. 蒙山法語 : (동문관 영인)

본고는 크게 양분하여 작업을 진행한다. 전반부에서는 변동의 양상이 유형별로 먼저 정리될 것이고 그 후반부에서 변동을 보이는 어사 성조의 기본

형이 그 대표례들에 의하여 구체적으로 지적될 것이다. 모든 예시는 ①②~와 같이 일련번호로 나갈 것이고 출전 표시는 학계의 관례를 따르겠다.

2. 상성화와 평거(平去)의 Contraction

상성은 국어 성조에서 여러 가지 흥미 있는 사실을 암시하고 있다. 상성이 중세 성조에서 평·거의 Contraction에서 나타난다는 사실은 매우 일찍부터 알려진 사실이며 이제는 하나의 상식처럼 되었다. 즉 그것은 다음과 같은 예에서 쉽게 이해된다.

① 그(其) 87·145·158,[1] 그에 340, :긔(주격) 128·129·74, :긔·오 72, :긔·라 72

② 너(汝) 17·74·267, 네·쁘·디 71, 네:말ᄀ·ᄐ니·라 88, 네머·리·를 181, :네·곧道ㅣ·라 47, :네·이제 74, :녜녀·교ᄃᆡ 73, 너·를 74 (蒙山 104) 너·의 (蒙山 60·119) 너·는(蒙山 108)

③ 저·와(彼) 68, 저:마다 188, 제(속격) 41·51·58·172, :제(주격) 42·60·10

이상 3에는 성조의 변동 양상이 동일한 것으로 보인다. 이들은 독립형일 때 평성이고, 주격형 서술격형일 때는 상성이고, 속격형일 때는 다시 평성이고, 기타 격어미와의 음절 축약이 없는 경우는 모두 평성이다. 이 변동은 어간과 격어미와를 포함한 어형을 한 단위로 그 범위 내에서 시현(示顯)된다. 그러므로 성조의 관점에서 보면 소위 조사나 지정사의 독립성은 매우 미약

---

1 1, 2, 3은 「月印釋譜 九, 十」 영인본의 페이지 표시, 이하 같음.

한 것으로 보인다.

주격형이 상성을 시현(示現)하는 것은 어간의 평성과 주격 어미의 거성이 한 음절로 축약되면서 이루어진다고 해석되었다. 이는 당시의 상성 설명과 조금도 어긋남이 없는 타당한 해석이었다. 이들의 서술격형도 주격형의 경우와 꼭 같은 설명이 가능하다. 즉 평+거 → 상과 같이 되는 것이다.

그러나 속격형의 경우는 이 공식의 적용을 받지 않는다. 속격 어미도 보통의 경우 거성임에 틀림 없고 어간과의 축약이 이루어지는 것은 주격형의 경우와 다를 것이 없다. 그러므로 분절 음소만으로 이루어진 속격형과 주격형은 아무런 차이가 없다. 다만 그 성조가 주격형은 상성을 나타내는 데 반하여 속격형은 평성인 채로 있다. 이리하여 주격형과 속격형은 성조에 의하여 대립을 가질 수 있게 된 것이다. 만약 속격형도 평+거 → 상과 같은 공식의 적용을 받았다면 문맥에 의하여서만 의미의 파악이 가능한 결과가 되었을 것이다. 그러므로 속격형에 이 공식의 적용이 없는 것은 양자간의 대립을 분명히 하려는 합목적성이 작용한 것으로 볼 수 있다. 「그」의 속격형은 문증(文證)되지 않지만, 「그」의 주격형이 이미 상성임에 그것도 「제, 네」와 같이 평성일 것은 거의 의심 없어 보인다.

이들 속격형이 평성을 나타내는 이유를 이상과 같이 본다면 이는 음운론적인 사실이 아닌 것 같다. 이들 성조 변동이 많은 경우 어사를 단위로 그 범위 내에서 전개된다는 사실과 맞추어 생각하면 주세 성조의 성격을 보여 주는 중요한 일면이 아닌가 한다. 그 성격이란 Word-Pitch System이라 함은 벌써 지적한 바 있다.[2]

평성과 거성이 Contraction되면서 상성을 나타낸다는 변동의 공식은 적용의 범위가 매우 넓은 것도 사실이지만, 그것이 일률적으로 기계적으로 적용되는 공식이 아님과 그 이유를 이들 속격형의 성조에서 충분히 음미되어야

---

2 졸고 : 國語聲調의 機能負擔量에 對하여 (金載元博士回甲紀念論叢)

할 것이다.

요컨대 이들 어간의 기본 성조는 평성일 수밖에 없고 주격형은 그 주격 접미사의 거성과 축약되면서 상성이 된 것이고 서술격형도 이에 준하며, 속격형은 주격형과의 대립을 위하여 평성이 된 것으로 보인다.

이 같은 변동을 보여 주는 어사는 이 밖에도 상당수 있으니, 이제 그 독립형만을 예시하여 두겠다.

그듸(汝等) 너희(汝等) 디새(瓦) ᄆᆞᄃᆡ(節) 바리(鉢) 부텨(佛)[3] 골와라(螺) 몬져(先)[4]

다시 격변화에 따라 성조의 변동을 보이는 것이 ①~③과 유사하기는 하되 그것들과 같은 것일 수는 없는 것이 있다.

④ 나 滅後·에 五十三,[5] 나·ᄆᆞ·니 三十三, 나·와 五十五, 나도 175, 내 일·후·믈 34, 내 모·맷 27, 내 法中·에 32, ·내(주격) 27 · 28 · 50 · 73 · 77 · 85 · 148 · 266, ·나·ᄂᆞᆫ 164, ·내·라 12, ·내어니(月釋一13), :나·ᄅᆞᆯ 72 · 148 · 三百二十四, :날ᄃᆞ·려 181, :날조·쳐 182, 날·ᄇᆞ·라고 十九

⑤ ·뉘(주격) 百二十一 (龍歌86 · 85 · 99 · 78 · 15 · 18) (月印千江70) (蒙山117), :뉘(속격) (月印千江27), :눌 (龍歌99) (釋譜十三29), :누·를 (月印千江103 · 37), ·누·고 四十六, ·누·구(蒙山40), ·뉘·ᅀᅡ(釋譜十三29), ·뉘어·뇨 (蒙山44 · 57)

---

3 「부텨」의 속격형은 「부텻」과 같이 되는 것이 보통이고 「부톄」와 같은 예는 찾지 못했다.
4 「몬져」의 속격형은 「몬졔」(釋譜十九72)가 보이며 제2 음절의 거성이 다른 것의 평성에서 좀 다르다.
5 一, 二, 三, ……은 「月印釋譜 第十七, 十八」 영인본의 페이지 표시, 이하 같음.

⑥ ·쇼(牛)(月釋一24) (訓民正音用字例),[6] ·쇠(주격) (月釋一24), :쇠(속격)

(月釋一27) (釋譜十九34 · 28), ·쇼·와 179, ·쇼·롤(釋譜六64) (月釋一23),

·쇼로(月釋一24), ·쇠어·나 165.

이상 3예는 그 어간의 기본 성조를 다 같이 거성으로 잡을 수 있으나 그 변동의 양상은 부분적으로만 유사하고 동일한 것으로 볼 수 없을 것 같다.

먼저 ④「나」의 경우를 보면, 그 성조가 격변화에 따라 평~상~거의 세 가지를 보여 준다. 이 세 가지는 이 중의 하나가 기본이 되어 그것이 격변화에 따라 다른 두 가지로 변동한다고 보아야 할 것 같다. 그것은 하나의 어간「나」에 매어 있기 때문이다. 우리는 ①~③에서도 그와 같이 생각하였던 것이다.

어간「나」의 기본 성조를 먼저 평성이라고 가정하여 보자. 그러면, 그 주격형이나 속격형 중의 어느 한 쪽은 상성을 나타낼 것으로 기대된다. 우리는 그러한 변동의 양상을 이미 ①~③의 예에서 보아 왔기 때문이다. 그러나 여기서는 그 같은 기대는 잘못이었음을 곧 알게 된다. 「나」의 주격형은 거성이고 속격형은 평성임을 상기한 예가 명백히 보여 주기 때문이다. 더구나 그 주제격형[7]「·나·는」이 「거거」임에서 어간「나」의 거성화라는 복잡한 경우를 또 한 번 가정하지 않을 수 없게 된다. 대체로 있던 것이 없어지기는 쉬워도 없던 것이 까닭 없이 생겨나기는 어려운 것이니, 거성화를 새로 세우기는 변동의 일반적인 경향에서도 어려운 것으로 보인다. 그러므로, 어간「나」의 기본 성조가 평성이라는 가정은 여기에서 폐기하지 않을 수 없다.

그러면 이번에는 어간「나」의 기본 성조를 상성이라고 가정하면 어떤가? 이는 그것을 평성이라고 가정했을 때보다 더욱 불합리한 것임을 쉽게 알 수

---

6 동문관 영인본 「훈민정음」에는 평성으로 되어 있으나, 김민수의 영인본은 거성으로 되어 있다. 후자가 옳고 전자는 오쇄일 것이다.

7 종래에는 지정격, 절대격이라고도 하였고, 또 이기문 교수는 배제격이라고도 하고 있으나 여기는 이숭녕 교수의 용어를 그대로 따른다.

있다. 하필 그 대격형만이 상성이요, 다른 것은 평성이 아니면 거성이니, 그러한 경우를 만족스럽게 설명하기 어렵다. 그러므로 어간 「나」의 기본 성조가 상성이란 가정도 역시 폐기되고 만다.

어간 「나」의 기본 성조가 평성도 될 수 없고 상성도 될 수 없다면, 그것은 거성일 수밖에 없다. 그러면 거성일 경우에는 매우 만족스러운가? 그것은 매우 만족스럽다고까지 말할 수 없겠으나, 충분히 만족스럽다고는 말할 수 있겠다. 매우 만족스럽지 못한 이유는 국어 성조의 변동이 음운론적 층위에서 일률적이고 기계적인 변동을 나타내지 않는다는 점에 있다. 그것은 이미 언급한 바와 같이 개개의 어사가 각각 그 어사를 단위로 거의 개별적인 변동을 나타내는 듯한 경향을 보여 주는 사실이다. 물론 이것은 유별할 수 없을 정도로 모조리 개별적이란 뜻은 아니다. 그것이 음운론적 층위를 넘어선 변동이라는 점을 강조한 것이다. 이 같은 사실이 고려된다면 어간 「나」의 기본 성조를 거성으로 잡는 것이 어느 경우보다도 만족스러운 것이다.

어간 「나」의 기본 성조를 거성이라고 하면 그 격변화에 따른 변동은 대개 다음과 같이 설명될 수 있다.

주격형과 서술격형에서 거성을 보여 주는 것은 거성과 거성이 합쳐져서 하나의 거성이 되었다. 즉 거+거 → 거와 같이 된다고 공식화할 수 있다. 그 속격형의 평성은 주격형과의 구별을 위하여 평성이 되었다고 할 수 있다. 처음 예 「나 滅後·에」의 「나」는 이 속격형의 관형적 기능에서 온, 같은 수의 변형이라 보고 그 성조가 속격형과 같이 평성인 것으로 본다. 「나·ㅁ·니, 나·와, 나·도」의 경우는 「나」의 기본적인 거성이 평성화한 것으로 보니 이런 평성화의 경우는 후술될 것이다. 대격형이 상성인 것은 대격 어미 앞에서 「나」의 기본 성조 거성이 먼저 평성화하고 이어서 1음절로 축약되어 상성이 되었다고 본다. 즉

거+거 → 평+거 → 상

504

과 같이 되었다고 본다. 「:나·를」 「:날」은 공존형이고 그 성조 실현이 실상은 같은 효과를 가졌던 것으로 생각한다. 변동에서 나타나는 상성은 언제나 평거의 Contraction으로 해석한다. 불변하는 상성도 그 통시적인 발달이 평+거의 Contraction에 있었던 것으로 본다. 즉 국어 성조의 상성은 통시적이건 공시적이건 Contraction에 의하여 생긴 것으로 본다. 이는 상성의 분포상의 제한에서도 그렇게 보지 않을 수 없고, 그 통시적인 예들도 상당수가 있다. 그러나 여기서는 변동과 기본 성조가 문제의 촛점이니 그 통시적 발달은 다른 기회로 미루어 둔다. 요컨대 대격형의 상성도 평+거의 Contraction이라는 것이다.

다시 ⑤「·누」 ⑥「·쇼」의 경우를 보기로 한다. 「누, 쇼」의 경우에는 그 기본 성조가 거성임을 ④「나」의 경우보다는 쉽게 알 수 있다. 「누, 쇼」는 평성을 나타내지 않는 것이 「나」와 다르다. 그러므로 엄격하게는 「나」와 「누, 쇼」는 다른 유형으로 볼 수 있다. 그러나 모두 거성을 기본 성조로 하고 있는 점이 같음에서 여기 같이 다루었다.

「누, 쇼」 등의 격변화형에서 이미 거성을 나타낸 것은 기본 성조 거성이 그대로 나타난 것이라 더 문제될 것이 없다. 다시 이들의 주격형과 서술격형이 같은 보조를 취하여 거성을 나타냄도 흥미 있다. 이는 거+거 → 거와 같은 Contraction의 결과인 것이다

·누+이 → ·뉘   ·쇼+이 → ·쇠

다시 이들의 속격형이 상성을 시현함은 역시 Contraction의 결과라고 생각된다. 그러나 이들은 주격형과 대립을 위하여 어간 평성화의 한 단계를 더 거친 것으로 생각한다. 즉

·누+의 → 누+의 → :뉘

·쇼+의 → 쇼+의 → :쉬

와 같이 된 것이다. 이들의 속격형은 「나」의 경우와 다른 과정을 밟는 것이지만 주격형과의 대립을 위한다는 점에서 동일한 것으로 보인다. 음운론적으로는 이들 3자가 그 주격형과 속격형에서 서로 다른 절차를 밟아야 할 특별한 이유를 발견할 수 없다. 이는 이들 양자가 하나하나의 독립한 어사로서 가지는 형태론적인 특징 내지는 그 배후의 역사적 발달의 과정을 노정한 것으로 이해된다. 이는 국어 성조의 근본 성격이 어사 단위와 밀착된 현상임을 의미하는 것이라 하겠다.

다시 대격형의 경우를 보기로 한다. 「쇼」의 대격형은 「쇼·를」이고, 「나, ·누」의 그것은 각각 「:날~:나·를, :눌~:누·를」과 같다. 즉 「쇼」의 대격형은 「나, ·누」의 그것과 같은 쌍형의 공존이 보이지 아니하고 그 성조도 기본 성조인 거성 그대로 나타난다. 그러므로 「쇼」의 대격형 성조 절차는 「나, ·누」의 그것과 같이 많고 독립적으로 행하여졌다. 음운론적인 층위에서 본다면 「쇼」의 대격형도 상성을 나타낼 것이 기대되지만, 이러한 일률적이고 기계적인 기대는 이루어지지 아니한다. 그러므로 「나, ·누, ·쇼」는 같은 기본 성조 거성을 가지면서 이들 격변화형에서는 일부분적으로 일치하고 또 부분적으로 달라서 결국 각각 독립한 성조 변동의 절차를 가지고 있다. 그러나 이들 3자가 다 같이 거성을 기본으로 하고 있으며, 그것의 상성으로서의 변동이 대개 Contraction의 절차에서 이루어짐은 대동한 것으로 결론할 수 있다.

3. 평성화와 거이련(去二連)

어간 성조의 어떤 거성은 그 특정한 격변화형에서 평성을 나타내는 일이 있으니, 이는 우선 거성의 평성화로 파악된다. 이러한 평성화는 일률적으로 자동적인 사실로서 설명되기는 어려운 것으로 보인다. 이러한 평성화의 어떤 것은 변이형 간의 변별성 때문에도 일어난다는 것을 이미 전항 처격형 속격형에의 대립에서 언급한 바 있다. 그러나 다음과 같은 예들이 나타내는 평성화는 그 이유가 그다지 분명치 않은 채 국어 성조의 중요한 일면을 들어 내는 것으로 보인다.

⑦ ·갈(刀)(釋譜九48), ·갈·히(龍歌36) (蒙山110 · 109), 갈·해(龍歌22) (月釋一52), ·갈히·며(蒙山105)

⑧ ·눔(他) 61 · 85, ·ᄂᆞ·미 174, ·ᄂᆞ·믈 62 · 65 · 33, ·눔·과 68, ᄂᆞ·미 66(蒙山40 · 44) (釋譜六 10 · 13 · 16), ·ᄂᆞ·ᄆᆞᆫ(蒙山40 · 44) (龍歌24 · 77 · 92), ᄂᆞ·미 게(蒙山56), ᄂᆞ·미ᄀᆞ·에(釋譜六9)

⑨ ·모·미(身) 281, ·모·믈 37 · 156 · 百七十五, ·몸·과 39 · 46 · 198, ·모·ᄆᆞᆫ 46 · 七十一. ·모·미 二百三十, 모·매 146 · 148 · 百八十一, 모·매·셔(月釋一26), ·모미·라(釋譜十九18)

이들 예에서 보면 격어미 「-애/에, -애/에서」 따위 앞에서만 어간의 거성이 평성화한 것으로 보인다. 그러므로 이들의 어간 성조는 다른 격변화형의 많은 경우를 고려하여 기본적으로 거성이라 해야 할 것이다. 이 같은 유형의 변동을 보여 주는 어간은 이 밖에도 많이 있으니 일일이 예시할 것은 없을 것이다. 그러나 이 같은 변동은 자동적인 것은 아닌 것 같다. 그것은 「-애/에, -애/에서」 따위 앞에서도 이러한 변동을 나타내지 않는 예들이 적잖이 있기 때문이다. 그러한 예를 몇 개 보이면 다음과 같다.

⑩ ·믈(水) 86 · 87 · 二百六十六, ·믈·와(月釋一10), ·므·레 124 · 142, ·므레·셔 (月釋一53)

⑪ ·브·레(火) 123(釋譜九73), ·브·리 160(龍歌69) (釋譜六65)

⑫ ·비·옛 298(月釋一78), ·비(龍歌67) (釋譜九66·67), ·비·와(月印千江117)

이 같은 사실은 이미 지적된 지 오랜 것이나[8] 여기서 이 사실은 다시 한번 확인하고 왜 하필이면 이 평성화가 거성 기본형 아래에서 일어나는 경향이 있는가를 음미하고자 하는 것이다.

종래의 연구에서도 거성의 평성화는 「거성불삼련(去聲不三連)」이란[9] 법칙으로 강조된 바 있었다. 이는 중세 성조의 평성화를 기제(機制)하는 대강을 세운 셈이었다. 이로 인하여 복잡한 변동을 나타낸다고 믿었던 것들에 매우 합리적인 해석이 가하여질 수 있었던 것이다. 그러나, 평성화는 꼭 거삼련(去三連)에서만 일어나는 것이 아니니, 예시된 바와 같은 평성화도 하나의 경향으로 존재하는 것이다. 즉 「거삼련(去三連)」은 말할 것도 없고 「거이련(去二連)」도 하나의 경향으로서 평성화를 가져올 수 있는 불안정한 연결로 보려는 것이다. 이는 기술한 바 ①「나」의 평성에로의 출현도 시사에 찬 그러한 예로 볼 수 있으며, 또 다음과 같은 공존형에서도 상당한 도움이 얻어질 것으로 보인다.

⑬ 고·대(所)(釋譜九61·42), ·고·대(龍歌26)

⑭ 날·애(日)(月印千江37), ·날·애(月印千江64)

⑮ 싸·해(地) 十·十一, ·싸·해 26·87·144·四十七

⑯ 사·래(龍歌22·43), ·사·래184·190(龍歌22·23)[10]

다시 이 평성화는 어말 위치에서도 나타남은 「어말 거평 교체(語末去平交

8 허웅 : 旁點研究 4.2.3 조.

9 김완진 : 形態部聲調의 變動에 대하여 (西江大論文集 第一輯)

10 졸고 : 龍飛御天歌 旁點異同辨 (震檀學報 三十二號) p. 170.

替)」로 일찍부터 지적된 사실이다.[11] 이는 「거삼련(去三連)」일 때의 조화적
인 해결이 그 가운데 음절의 평성화에 한하지 않고 그 마지막 음절에서 실현
된다는 것이었다. 이것은 다시 예시한 바와 같은 「거이련(去二連)」의 경우에
도 확대하여 적용할 수 있는 것이다.

이는 「평거」와 같은 연결이 안정된 것임에 반하여 「거거」혹은 「상거」와
같은 연결이 「거삼련(去三連)」과 같은 정도의 부조화에 이르지는 못했다 하
더라도 그것이 다소의 부조화나 혹은 불안정한 감을 가지게 하였던 것으로
이해된다. 그러한 예를 들어 두겠다.

⑰ ·브·리(火) 160~브리 271

⑱ ·나·피(葉) 三百九~니피(月印千江115)

⑲ ·무·리(群)(釋譜十三92)~무리 180 · 187

⑳ :ㄱ·쉬(邊)(龍歌61)~:ㄱ쉬(蒙山92)

이러한 어말 평성화는 전술한 바 어간 평성화와 같은 원인에서 야기된 또
다른 결과일 것이다. 이는 통시적인 발달로도 중요한 의미를 가지는 변화이
나 이는 또 공통적인 변동이기도 한 것이다. 변동의 세력 확대가 통시적인
선상에서 파악될 때 그것은 변화인 것이다.

이와 같이 「거불삼련(去不三連)」의 의미를 다시 「거이련(去二連)」에까지
확대 적용하는 것은 후술되는 바와 같이 용언 어간의 기본 성조를 결정하는
데 훌륭한 도움을 주는 것으로 생각된다. 다만 이 같은 「거이련(去二連)」에
서의 평성화의 경향은 자동적이 아니며 「거불삼련(去不三連)」에서 이루어
지는 평성화에 비하여는 미약한 경향임도 거듭 강조되어야 할 것이다.

---

11 김완진 : ibid., 어말 거평 교체.

4. 거성화와 동화

성조의 연결에서 변동으로 보이는 평성화와 상성화는 허다한 예를 볼 수 있으나 그 거성화는 일부 어미에 동화로 인한 것이 보일 뿐이고 특히 어간 성조의 거성화와 같은 예는 도무지 보이지 아니한다. 이는 또한 특히 주목할 사실이 아닐 수 없다.

중세 국어 관형사형 현재의 어미 「-ᄂᆞᆫ/ᄂᆞᆫ」은 그 성조가 기본적으로 평성이다. 이 문제에 대한 보다 자세한 필자의 견해는 이미 밝힌 바 있다.[12] 그러므로, 여기서 다시 장황한 설명은 필요 없을 것으로 생각된다. 그것은 대개 다음과 같은 요지였다.

「-ᄂᆞᆫ/ᄂᆞᆫ」은 평성이나, 「평평」을 기본으로 하는 어간 하에서는 언제나 평성으로 실현되고 예외를 발견할 수 없다. 「-ᄂᆞᆫ/ᄂᆞᆫ」은 거성 하에서는 평성으로도 실현되고, 거성으로도 실현된다. 이때의 거성 실현은 선행 어간의 거성에 동화한 것으로 본다. 그러나 이 동화는 철저하지 못하여 평성으로 된 것과의 공존이 허다하였다.

이제 이 같은 공존형을 몇 개 예시한다.

    ㉑ ·나ᄂᆞᆫ(出)(釋譜十九26) (月印千江56) ·나·ᄂᆞᆫ 93
    ㉒ ·ᄒᆞᄂᆞᆫ 272 · 161 · (龍歌64) ·ᄒᆞ·ᄂᆞᆫ 26 · 152
    ㉓ 고·티ᄂᆞᆫ(直)(釋譜九71) 고·티·ᄂᆞᆫ(釋譜六29) 220 · 266

요컨대 거성화는 어두 위치에서 일어날 수 없다는 제한이 있을 뿐더러 그 예가 흔한 것이 아닌 것으로 보인다.

---

12 졸고 : 중세 국어 관형사형의 성조에 대하여 (한글, 제146호) pp. 263~296.

5. Contraction과 복합 평성, 복합 거성

성조의 변동이란 대개 성조 연결에서 나타나는 현상이므로 그 연결형을 이론적으로 미리 유형화할 수 있다. 즉 평성과 거성이 결합될 수 있는 유형은 다음의 4형이 있을 수 있을 뿐이다.

　a. 평+거, b. 평+평, c. 거+평, d. 거+거

이 네 가지 연결 유형은 그 음절에 축약됨이 없이 2음절 그대로 변동을 나타낼 수 있으며, 또 때로는, 한 음절로 축약되면서 변동을 나타낼 수도 있다. 이 축약 여부에 기준을 두고 이들 변동을 유별한다면 이미 고찰한 바 상성화는 평성화와 거성화에서 구별된다. 즉 상성화는 대개 축약을 통하여 변동이 나타났고, 평성화와 거성화는 축약을 통하지 않고 변동이 나타났던 것이다. 그럼에도 상성화를 먼저 들고 변동의 양상을 살핀 것은 대개 성조 변동의 파악이 이 상성화에서 제일 먼저 지적되어 그것이 널리 이해되고 있었다는 점을 취하였던 것이다. Contraction이 반드시 「평거」에 한하여 일어나는 것이 아님은 더 말할 나위도 없는 것이다. 사실 종래의 연구에서도 「평평」의 Contraction이 「평」이 되고, 「거거」의 Contraction이 「거」를 나타낸다는 사실은 부분적으로 알려져 있었던 것이며, 지금까지의 기술에서도 그러했다.[13] 그런데 여기서 이 문제를 다시 제기하는 것은 종전의 이 같은 기술에 약간의 보충을 가하여 이를 새로이 해석하고자 하는 것이다.

이 새로운 해석을 필자는 잠깐 「복합」이라는 이름으로 부르고자 한다.[14]

종래에 평+거가 Contraction을 거쳐서 상성이 된다고 한 것은 마침 1음절

---

13 허웅 : 旁點硏究 # 2.10.2.
14 졸고 : 主體謙讓의 接尾辭 -습-의 聲調 p. 33.

내에서 「평거」의 실현을 보이는 상성이란 복합 성조가 이미 마련되어 있었기 때문에, 이를 이해하기 쉬웠고, 그렇게 이해함으로써 성조 변동의 여러 사실이 쉽게 이해될 수 있었다. 그러나 평+평과 거+거의 Contraction의 경우는 사정이 이와는 좀 달랐다. 이미 말한 바와 같이 Contraction이 평+거에 한하여 일어나는 것이 아니요, 평+평, 거+거, 거+평에서도 일어날 수 있음을 알았으며, 그 중 평+평, 거+거의 축약은 일부 확인되기까지 하였으나 그 결과가 단순한 평성, 단순한 거성이 된다고만 믿고 있었다. 그래서 이 Contraction을 거쳐서 된 평성과 거성의 의미를 상성과 병행하여 충분히 음미되지 못하였던 것이다. 그것은 축약 후에 생긴 평, 거성이나, 축약을 거치지 않은 원래의 평, 거성이나 표기상에 있어서는 전혀 동일한 대우를 받고 있었기 때문으로 생각된다. 그러나 이 같은 대우는 엄격히 말하여 좀 불공평한 것이다. 「평거」의 복합에 상성이란 이름을 준 것은 나무랄 데가 없다고 하더라도, 「평평」의 복합이 또 평성이 되고 말며 「거거」의 복합이 또 거성이 되고 만다면 그 복합이란 점에서 상성과의 균형이 무너지는 것이다. 비록 이에 알맞은 이름이 없었기, 표기에 있어서의 반영은 부득이한 조처였다고 하더라도 지금의 우리는 이에 복합이란 한정을 관(冠)하여 대우하자는 것이다. 즉

    a. 평+거 → 평거 → 상성
    b. 평+평 → 평평 → 복합 평성
    c. 거+평 → 거거 → 복합 거성
    d. 거+거 → 거평 → (하성(下聲)?)

과 같이 하는 것이다.

이 같은 새로운 조처는 성조의 이해에 어떤 도움을 주는가? 혹 복잡함을 가져오지는 않는가? 이 조처가 성조 이해에 복잡함을 더한다면 복합 평성이나 복합 거성에 대하여 불공평한 것이라 하나 이는 마땅히 폐기되어야 할 것

이다. 그러나 이는 오히려 성조 변동에 대한 적절할 설명과 기본 성조의 설정에 상당한 편의를 준다고 생각한다. 이에 대한 한두 경우를 예를 들어 설명하겠다.

a. 복합 평성

㉕ 나모(木) 46·158 (釋譜六56), 남기 二百十四 (釋譜六47), 남·굴(釋譜六60), 남·기·라 158(釋譜十三102), 남·기·오 269, 남·ᄀ·란(釋譜六51), 나모·도(釋譜六46), 나모·와(釋譜六79), 남·기어·나(釋譜十三103)

㉖ 노로(獐)(訓民正音), 놀·이(龍歌86·43), 놀·을(龍歌65)

㉗ 아ᅀᆞ(弟)(月釋一5), 앗·이(龍歌103), 앗·은(龍歌24), 아ᅀᆞ·와 133

이상 3예는 어간 형태가 특수한 교체를 나타낸다. 어간의 음절 수가 1음절과 2음절 간을 동요하고 있는 것이다. 이들 2음절이 1음절이 되는 것은 분절음소를 기준으로 볼 때는 Contraction은 아니다. 그러나 이들의 성조에 기준을 두고 말하면 Contraction이라 보아도 좋을 듯하다. 이들의 독립형은 분명한 2음절이며, 따라서 「평평」을 기본 성조로 가진다. 다시 이들이 1음절이 되면 그 성조도 표면상으로는 평성으로 된다. 이때의 평성은 2음절이었던 「평평」의 뒷부분이 떨어져 나가고 단순히 하나의 평성만 남았다고 설명할 수도 있고 또 「평평」이 Contraction되어 복합된 평성이 되었으나, 표면상으로는 나타나지 않았다고 설명할 수도 있다. 이 두 가지 가능한 설명 중 필자는 후자를 취하자는 것이다. 그 이유는 첫째 「평거」가 축약되면서 상성을 나타내는 현상과 보조를 맞추는 것이고, 둘째 분절 음소로 된 2음절의 어간이 1음절로 교체될 때, 흔적도 없이 몽땅 떨어져 나가지 않는 사실이다. 즉 「나모~낢」, 「노로~놀」, 「아ᅀᆞ~앗」과 같은 교체에서 제2 음절의 모음이 떨어져 나갈 뿐 제2 음절이 전적으로 떨어져 나가지 않는다. 제2 음절의 자음은 제1 음절에 이동하여 붙는 것이다. 그런데 그 성조만이 몽땅 떨어져 나갔다고 하면 분절 음소에서 행하여지는 교체와 보조가 맞지 않는다. 그러나 이는 또 반대로 생각할 수도 있겠다. 즉 제2 음절의 모음이 떨어져 나갔는데 어찌하여 그 평성만은 그대로 아무런 변화도 입지 않고 제1 음절 쪽으로 수감(收歛)되는가라고 할 것이다. 그러나 이것은 성조도 완전히 그대로 가는 것이 아니라고 생각하여도 좋은 것이니, 그러기 복합이란 제한이 가하여지는 것이다. 「평평」이 모두 완전하다면 어떻게 복합되겠는가? 제2 음절의 평성이 복합에 적합한 형식으로 다소의 변경이 있었다고 생각하여도 무방하겠다.

다시 이 복합 평성의 설정은 용언 어간의 기본 성조를 세우는 데도 적절한 것으로 생각되니, 예를 통하여 보기로 하자.

㉘ 니롫(云) 二百五·百四十七, 니롤(釋譜十九20), 니르·라 74, 니르·샨 99·61·九(니르·샨(釋譜九52·26)), 니르·고 24(니르고 二百三十一), 니르는 百八十六, 니르·디 百五十八(니르·디 173), 니르·나라 25·24·三十九·165, 니르·쇼셔 177·304·二百九·三百十四, 니르·시니라 一·百三十九(니르·시니라 二百三十一·二百三十二), 니르느·나라 八·三十二, 닐·온 44·282·一(釋譜十九62·65·85), 닐·어 267·八十一(釋譜十三46·14), 닐·어·든 121(釋譜十九3)(釋譜九71) 닐·어·도 53·二十二·百八十四, 닐·오·딕 26·74·150·161·四, 닐·오리·라 17·270·七十五, 닐·어시·늘 193

㉙ 더은(加) 61(釋譜九27·6), 더으·고(蒙山121), 더으·니(月釋一42·51), 더으·니·라 160, 더으·리·라 八十·二百五十三·二百五十四, 더으·시·며 三百十八, 더·어 12·百五十·二百二十九, 더·울 五十, 더·우·믈(月釋一94)

㉚ 듣는(聞) 183,[15] 듣·고 十九·二十, 듣·게 七十九, 듣즈·롏 11·二百四, 듣

---

15 「듣-」의 어간 성조에 대하여는 졸고 「15世紀國語의 活用語幹의 聲調에 對하여」(1963)에서

즈·봐 84 · 155 · 百四十九, 들·노·니 141, 들즈·ᄫᆞ·면 63 · 80 · 二百十, 드
·러 17 · 50 · 二十六, 드룬 六十八, 드로·몰 61 · 六十五 · 189, 드르·면 34 ·
35 · 七, 드·러·도 35 · 61, 들이시면 61, 드르·사·고 147 · 304, 드르·쇼·셔
168.

이들 3예 중 ㉘과 ㉙는 어간이 2음절을 기본으로 하고 ㉚은 1음절을 기본으
로 한다. 그러나, 그 성조 변동의 양상은 비슷한 바 있기 대조를 위하여 같이
예시하였다. 이제 차례로 이를 어간의 기본 성조와 활용형에서 들어 나는 성
조 변동을 살펴 보기로 한다.

어간 「니르-」는 활용형에 따라 「닐-」로 교체된다. 「니르-」로 실현될 때의
성조는 「평평」이고, 「닐-」로 실현될 때의 성조는 「평」으로 나타난다. 이 때의
평성은 「평평」의 Contraction으로 이루어진 복합 평성으로 해석하면 그 하나
가 완전히 떨어져 나갔다고 하는 것보다 더 근리하다. 그런 것은 제2 음절의
「르」가 완전히 떨어져 나간 것이 아닌 것과도 보조가 맞으며 「평거」의 복합
이 상성이 됨과도 보조가 맞는다. 「니르-」를 어간 기본형으로 잡으면, 그 기
본 성조는 「평평」이 된다. 「닐-」을 이형태라 하면 이때의 성조는 복합 평성이
된다.

「더으-」도 「니르-」의 경우와 같으나, 제2 음절이 완전히 떨어져 나가는 점
이 「니르-」의 경우와 다르다. 그러나 이것만을 강조하여 오직 「더으-」는 「평
평」이고, 「더-」의 경우는 단순한 평성이라고 하기 어렵다. 이 「더-」의 경우도
지금까지의 해석을 일관되게 적용하여 복합 평성으로 보는 것이 좋을 것으
로 생각된다. 즉 이들 어간의 기본 성조는 「평평」이고 「평평」이 활용형에 따
라 어간이 1음절로 교체될 때는 1음절의 복합 평성이 된다고 보는 것이다. 「더

언급한 바 있다. 그 언급이 지금의 설명과 다소의 차이가 있다. 이는 10년 전의 일이니, 그
차이는 저것을 버리고 이것을 취할 것이다.

으-」가 활용에서 보여 주는 성조 변동은 「니르-」의 그것과 병행된 양상을 보여 주고 있으므로 이들이 서로 같은 변동의 양식을 가졌다고 보는 데 큰 지장은 없는 것 같다.

「듣-」은 전술한 「니르-, 더으-」에서 또 좀 다르다. 「듣-」은 이른바 ㄷ 변칙 활용을 하는 것이다. 그러나 이들은 또 다 같이 변칙 활용이란 큰 테두리에 묶어진다. 그러면서 다시 「듣-」은 「돋-(昇)」과 같은 ㄷ 정칙 활용과 대조된다. 다 같은 ㄷ 말음을 가졌지만 한 쪽은 변칙 활용의 길을 택하고 한 쪽은 정칙 활용의 길을 택하였다. 그리하여 변칙 활용의 어간 교체는 이른바 비자동적이라 하기도 한다. 그러면서 종래에는 「돋-」과 「듣-」은 다 같이 그 어간의 기본 성조를 평성으로 처리하였던 것이다. 즉 그 성조 처리에는 이 변칙과 정칙의 구별이 반영되지 않고 있었던 것이다. 그러나 필자의 생각으로는 양자의 성조 처리에서도 이 정칙과 변칙의 구별이 꼭 반영되어야 마땅하다고 생각하니 그 이유는 대개 다음과 같다. 변칙 활용이 어간 「듣-」과 정칙 활용의 어간 「돋-」은 표면적으로 다 같이 평성을 들어 내어 주지마는 이들이 어미를 취하면서 들어 내는 성조 연결의 양상은 동일하지 않다. 양자 간의 특징은 매개 모음을 끼고서 가장 분명히 들어 난다. 이제 그 분명한 특징의 파악을 위하여 어간 「듣-」의 몇 개의 활용형을 예시하겠다.

㉛ 도·든(昇) 157, 도·다 二百九十一 (月印千江7), 도·둟(月印千江10), 도·드·니(龍歌101), 도·드·면(月釋一96)

이들 예로써 보면 이른바 같은 평성 어간 「듣-」과 「돋-」이 같은 어미 「-으면, -으니」 따위를 취하면서, 그 성조만은 차이를 들어 내고 있다. 즉 정칙의 「돋-」은 「거거」의 「-으면, -으니」 따위를 취하고, 변칙의 「듣-」은 「평거」의 「-으면, -으니」 따위를 취하는 것이다. 더욱 분명하게는 매개 모음 「-으-」의 성조가 각각 「평」과 「거」로 다르게 된 것이다. 필자는 근 10년 전에 이 같은 사실의 특이함을 지적하고 「듣-」의 기본 성조가 잠정적으로 「평평」일 수 있다는 완숙치 못한 견해를 피력한 적이 있었다.[16] 다시 김완진 교수도 이에 「알파 성조」라는 특별한 개념을 적용하여 시사성 깊은 연구를 발표하였다.[17] 이 같은 사실은 요컨대 이 「-으-」의 성조가 보여 주는 바 심상치 않은 일면을 들어 낸 노력이었다고 생각된다.

이같이 매개 모음 「-으/ᄋ-」의 성조는 정칙의 「돈-」과 변칙의 「듣-」 아래에서 그 변칙과 정칙에 맞추어 차이를 들어 낼 뿐만 아니라 또 다른 한 편으로는 전술한 바 2음절 어간 「니르-, 더으-」 따위와는 부분적인 유사성을 보여 주는 일면이 있는 것이다. 만약 이들 변칙 어간 아래에 나타나는 매개 모음을 이들 어간의 변칙이란 점을 강조하고, 다시 저 정칙 어간 아래에 나타나는 매개 모음들과 구별하여 보다 변칙 어간에 밀착된 것이라고 가정한다면 이 부분에서 이루어지는 성조 연결의 양상은 저 「니르-, 더으-」 등과 아주 유사한 것이 된다는 사실이다. 이러한 사실은 성조에 한하여 들어 나는 것은 아니지마는 변칙 활용 형식의 사적 발달에도 일면의 암시를 던지는 듯하여 실로 흥미 있는 것이 아닌가 한다.

요컨대 어간 「듣-」의 기본 성조는 그가 활용형의 성조 연결에서 들어 내는 여러 가지 특징으로 해서 저 2음절의 「니르-, 더으-」 등 평평형과도 구별되어야 하고, 또 저 정칙의 「돈-」 따위와 같은 단순한 평성형일 수도 없다는 것이 필자의 견해다. 그것은 표면상으로는 저 정칙의 「돈-」 따위와 다를 바 없지마는 이면에서는 이미 「평평」으로의 전개를 감추어 가진 복합 평성이어야 할 것 같다. 「듣-」의 기본 성조를 복합 평성이라고 하면 이는 「돈-」과의 활용 양식의 구별 즉 그 정칙 변칙이 그 기본 성조에서도 반영되는 셈이고 또 저 「니르-, 더으-」 등과의 관계도 적절히 설명된다는 것이며, 또 후술되는 바와

---

16 졸고 : 앞 주를 보라.

17 김완진 : 알파 聲調와 子音附聲調에 對한 一考察(金亭奎博士頌壽紀念論叢) pp.77~??.

같은 상성 기본의 어간 「묻-(問)」 따위가 매개 모음을 끼고 「평거」로 전개되는 사실과도 보조가 맞는 것이 아닌가 한다. 그러므로 성조 변동의 양상을 설명함에서나 기본 성조의 설정에서나 복합 평성이라는 새로운 조처는 거의 불가피한 것이 아닌가 한다.

b. 복합 거성

복합 거성의 필요성과 그 실재를 나타내는 양상은 복합 평성의 경우나 상성의 경우와 그 근본적인 취향이 동일한 것이다. 우리는 이미 일부의 거성 어간이 그 격변화에서 격어미로 더불어 Contraction이 될 때에 이 같은 복합 거성이 출현함을 언급한 바 있다. 즉 「누(誰), 쇼(牛)」가 주격어미 「-이」로 더불어 Contraction될 때 다시 그대로 거성이 되는 것이나, 이 주격형의 거성은, 독립형의 거성과 구별함이 마땅하다는 것이다. 이는 「평거」의 축약에서 복합 평거 즉 상성이 나타남과 보조를 맞춘다는 형평 원리(衡平原理)의 적용인 것이다. 이 같은 사실 하나만으로도 복합 거성은 필요하고 그 실재는 자명한 것이다.

복합 거성의 경우는 전술한 바 복합 평성의 설명에서 보면 예 「니르-, 더으-」, 「들-」과 같은 예는 쉽게 찾아지지 않으나, 용언 어간이 부사형 어미 「-어」를 취하면서 들어 내는 양상으로 이 복합 거성의 이해는 더욱 분명하여진다. 이제 그러한 몇 예를 보기로 한다.

㉜ ·가(去) 177·166·172·十九 (龍歌125), ·가·아(月釋一92·33·12)(釋譜六88·89·12·30)

㉝ ·나(出) 19 (月印千江33)(釋譜九59), ·나·아(釋譜十九2)(釋譜九37·29·38·24)

㉞ ·하(多) 七十四·189 (釋譜六46), ·하·아(月釋一75·48)

㉟ ·보·아(見)(釋譜十九14 · 26 · 68) (月印千江110 · 81 · 22)

㊱ ·쏘·아(射) 179 (釋譜十三11) (月釋一14)

㊲ ·와(來) 181 (龍歌95) (釋譜十三6 · 10)

이들 예를 보면 「-어/아」가 거성임은 의심할 여지가 없다. 이는 평성 어간
아래에서도 물론 거성이다. 그런데 「와」와 같은 경우는 「오+아) 와」로 된 것
이니 「와」는 「오-」의 거성과는 달리 복합 거성으로 보는 것이 좋고, 「가아∞
가」의 공존은 전자가 거성이면, 후자는 복합 거성이라 보아야 마땅한 것이
다. 그러나, 이보다 더욱 절실한 경우는 다음과 같은 예들이다.

㊳ :묻·고(問)(釋譜六28), :묻·다·비 45 · 182 · 187 · 九十四, :묻ᄂᆞ·니 270, :묻
줍·고(釋譜六41 · 5) (釋譜十三39), :무르·샤(月印千江28), :묻ᄌᆞ·ᄫᆞ·니 200,
:무르시·고(月印千江95), :묻ᄌᆞ·ᄫᆞ나라 三百十一, :묻ᄌᆞ·ᄫᆞ시나·라 三百
二十三,[18] 무·러 108 (龍歌62), 무·룰 266, 무·로·딕 45 · 182 · 187 · 九十
四, 무·루·믈 三百二十七, 무·러·늘(月印千江109), 무·르려·뇨(釋譜十三
30), 무·로리·라(釋譜十三30), 무·러시·늘(月印千江11 · 130)

어간 「묻-」은 기본 성조는 복합 평거 즉 상성이다. 이 어간은 그 활용에서,
이른바 비자동적인 교체를 나타내는 것이다. 이는 「-시-」가 직접 연결되는
일부 경우를 제외하면 어간 교체와 성조 변동이 병행한다고 볼 수 있다. 즉
「묻-」일 경우에는 언제나 상성이고 「무르-」일 경우에는 그것이 「평거」로 전
개된다. 반대로 「무르-」일 경우에는 「평거」이고, 「묻-」일 경우는 「평거」가 수
감(收歛)되어 복합 평거 즉 상성이 된다. 이는 어느 쪽을 취하여도 설명이 가
능한 것으로 보인다. 이제 잠간 앞쪽을 취하면 「무러, 무룰」의 두 경우는 제2

---

18 -시-의 방점의 탈락이 아닌가 한다.

음절의 복합 거성임을 의심할 수 없고, 그 나머지 예들에서는 제2 음절의 거성도 이 전개된 거성이 내려 앉은 사실까지는 분명하나, 다만 그것의 복합 여부에 대하여는 당장에 결정키 어렵다. 그것은 이들 어미의 성조에 대한 결정이 아직도 이루어지지 않았기 때문이다. (이들 어미 성조와 「-으샤」에 대하여는 후술될 것이다.)

요컨대 복합 거성도 상성이나 복합 평성과 같이 그 필요성과 실재가 의심 없는 것으로 본다.

c. 복합 거평 (하성(下聲)?)

지금까지 우리는 상성에 대하여 복합 평성과 복합 거성 등의 설정이 새로이 필요하고 또 그것들의 실재하는 양상을 어느 정도 밝혀냈다.

이제 마지막으로 이론적으로는 가능한 또 하나의 복합 성조 「거평」에 대하여 생각하여 보기로 한다.

대개 이론적으로는 복합 거평의 존재를 의심할 수 없음을 이미 언급하였다. 그러나 이 복합 거평이 국어 성조에 실재하였느냐, 내지는 실재할 수 있겠느냐의 여부는 그 문제가 간단하지 않다.

우리가 만약 복합 거평의 실재를 가정한다면 그 가정의 출발점으로 축약될 수는 「거평」의 연결을 전제하지 않을 수 없다. 성조 연결에 부분적으로 나타나는 「거평」의 연결은 허다하다. 그러나, 그 「거평」들이 축약될 수 있는 경우는 쉽게 찾아지지 않는다. 많은 노력을 바쳐 이루어 놓은 종래의 성조 연구에서 성조형의 정리는 상당히 자세한 바 있으나, 2음절 체언 어간이나 2음절 용언 어간에 기본적인 거평형의 존재는 확인되지 않았고 또 그 3음절의 어간에서도 「거평」으로 끝나는 기본형을 찾을 수가 없다.

다시 이들 어간에 접미되는 1음절의 접미사는 용언의 관형사형 현재의 「-는/는」을 제외하고는 모조리 거성이 원칙이니, 어간과 접미사의 연결에서 혹

축약이 행하여진다 해도 복합 거평이 나타날 가능성은 거의 없어 보인다. 다시 접미사들의 연결은 아직 그 성조형이 확실히 되었다고 할 수 없으나 「거평」의 축약이 전제될 수 있는 부분은 쉽게 찾아지지 않는다. 그러므로 이 전제 조건의 검토에서 보면 복합 거평은 실재했을 가능성보다는 실재하지 않았을 가능성이 더 크다.

다시 성조 자질면에서와 그것이 남겼을 흔적에서 이를 검토하여 보아도 그 실재는 부정적인 면을 더욱 분명히 들어 낸다. 복합 거평이 실재하였다면 그 자질은 필연코 상성과 대립된 형식의 복합이니 상성과 같이 잉여 자질로서 음장(音長)을 가졌을 것이다. 이는 복합 평성이나 복합 거성과는 같을 수 없으니 이 두 복합 성조는 같은 평성끼리 같은 거성끼리의 완전한 Overlap일 것이니 음장(音長)이 들어 날 수 없었다고 본다. 그러나 상성은 「평거」의 병치 복합이므로 그 실현에 음장이 수반되고 이것이 현재의 방언에서 흔적을 남기고 있다. 그런데 복합 거평이 만약에 있었다면 그 음장만은 상성과 같았을 것이고, 그것의 흔적도 방언에 남아 있어야 할 것인데, 그와 같은 흔적이 쉽게 찾아지지 않을 것 같다.

이상 두어 가지 이유에서 복합 거평은 그 이론적인 존재 가능성에도 불구하고 국어 성조에서의 실재는 의심스러운 것으로 생각한다.

6. 어미부 성조형의 제한성

국어 성조 내지는 중세 성조의 변동이 어사를 단위로 일어난다는 것을 앞에서 여러 번 강조하였다. 즉 변동의 사정(射程)이 어사의 범위를 넘어서 작용하지 못하고 이 변동이 한 어사의 격변화나 활용에서 그 음절 수의 증감에 따라 변동을 나타낸다는 것을 확인할 수 있었던 것이다. 이 사실은 국어 성조 내지는 중세 성조의 커다란 특징의 하나로 거듭 강조되어 마땅한 것이다.

한 어사는 그 어사를 대표할 만한, 그 어사에 독특한, 그 어사를 다른 어사에서 구별해 내는 어간부를 가지고 있으며, 다시 이 어간에 접미되는 어미부를 가진다. 이 어미부는 어떤 어사에 전속된 것은 아니며, 여러 어사의 공동 소유물이며, 이에 의하여 문법적 절차가 행하여질 뿐이다. 이것이 필요에 따라 어떤 어간에 접미되어 그 어사의 구체적 단위를 완결하여 주고 그 사용을 완전하게 하여 준다. 따라서 어미부는 독립하여 어떤 어사를 대표할 수는 없다. 성조 변동이란 한 어간부가 어떤 어미부를 취하여 하나의 구체적 단위인 어사로 연결되면서 어간과 어미 사이에서 이루어지는 성조적 조정 작용이란 것으로 파악된다. 이 조정 작용의 양상 즉 성조의 변동을 이해하기 위하여 먼저 어간부와 어미부를 갈라서 생각하는 것은 작업 편의를 위하여 무리가 없는 것으로 생각된다. 종래의 성조 연구가 대개 이 같은 방법을 이미 적용하고 있음은 매우 당연한 일이라 하겠고, 따라서 좋은 성과를 올린 것도 사실이다.

본고에서는 지금까지 어간부에 중점을 두고 그 변동의 양상을 검토하여 보았다. 그러므로, 이제부터는 어미부의 성조 변동의 커다란 경향을 파악하여 보고자 하는 것이 그 순서이자 주지가 된다.

어미부는 하나의 형태소로 된 것도 있고 둘 이상으로 된 것도 있다. 그러므로 이를 형태소별로 정리하고 다시 이들 사이의 성조 변동을 밝히는 일도 매우 중요하다. 그러나, 이 방면에 대하여는 이미 우수한 연구가 발표되어 있기[19] 여기서는 그 결과를 필요에 따라 잉용(仍用)할지언정 그것을 거듭 되풀이할 필요는 없을 것 같다. 위에서 변동의 커다란 경향을 주지로 한다 함은 바로 이러한 제한을 의미한다.

---

19 김 완진 : 形態部聲調의 動搖에 對하여 (西江大 論文集 第一輯)
　　졸고 : 主體謙讓接尾辭 -ᅀᅩᆸ-의 聲調 (檀大 國文學論集 第四集)

a. 어말 거성의 원칙과 성조형의 제한

어미부 성조의 커다란 경향을 말하면서 어말 거성의 원칙이란, 정확한 표현이 아닌지 모르겠다. 좀 더 정확하게는 어말 어미 거성의 원칙이라 하여도 좋을 듯하다. 그러나 어사가 대개는 어말 어미를 가지는 것이고 변동이 어사를 단위로 수행됨을 강조한 표현이다. 그러므로, 이러한 표현에는 약간의 주의를 첨가하지 않을 수 없다.

어말 거성의 원칙에 제일 먼저 예외가 되는 것은 체언의 독립형이다. 체언의 독립형에는 평형, 평평형과, 소수이기는 해도 평평평형이 있기 때문이다. 독립형은 격어미를 가지지 않았을 뿐 그것에 격이 없다고 보기 어렵다. 그것은 문맥에서 그 격이 들어 나기 때문이다. 그러므로 독립형이란 용어는 격형의 이름으로는 적당치 않은 듯하다. 그러므로, 이를 잠깐 영격(零格)이라고 부르기로 하고 이 영격 어미에 영(零)의 거성이 붙어 있는 것으로 하면, 어말 거성의 원칙이란 표현에서 예외가 안 될 수도 있을 것 같다. 그러나, 이것은 필자의 잠정적이고 미숙한 생각이니 이 방면 대가의 적절한 견해가 있으면 그 수정을 서슴지 않겠다. 다만 어말 거성 원칙이란 이 부분에 예외적일 수 있다는 사실이 존재함을 지적함에 그친다.

다시 활용 어미 쪽에도 이러한 예외가 있다. 관형사형 현재의 「-는/ᄂᆞᆫ」이 그것이다. 이에 대하여는 비견을 보인 바 있기 때문에 다만 지적에 그친다.[20]

어미부가 1음절로 된 것이면 그것이 격어미이거나, 활용 어미거나, 그 성조는 거성을 원칙으로 한다. 때로 어간 성조와의 연결에서 평성을 나타내는 경우가 있으나, 이런 경우는 부분적으로만 존재하고 대개 같은 경우의 거성형이 공존하고 있다. 그러므로, 이들 1음절의 어미부는 성조만에 의하여서

---

20 졸고 : 중세 국어 관형사형의 성조에 대하여 (한글, 제146호)

는 아무런 구별도 들어 내지 못한다. 이는 1음절의 어간 성조가 평형, 거형, 복합 평거형 즉 상형의 3종이 있음과 크게 대조적이다. 이는 성조의 기능이 어간을 핵심으로 발휘되고 어미부의 그것이 중요하지 않음을 의미하는 것으로 보이니 어미부란 한 어사의 독점물이 아님에서 그 어사의 어의에 참여하지 못하므로 오히려 당연한 것으로 생각된다. 1음절 어미부의 거성 원칙은 또 그 숫적인 제한에서도 이해된다. 어미의 수는 어간의 그것에 비하여 매우 제한되어 있고 이것들 상호 간의, 기능의 구별은 분절 음소만으로도 충분한 것으로 보이기 때문이다. 1음절 어미부의 거성 원칙은 비록 그것들 상호간의 기능의 구별에는 참여하지 못하지마는 하나의 다른 의미를 가지는 것으로 생각된다. 그것은 즉 어사 경계의 확인이 이 원칙의 도움을 받을 수 있기 때문이다. 이를 군이 어말 거성의 원칙이라 함도 이 의미를 살리고자 함이었다.

2음절 어미부의 성조형은 「평거」, 「거거」의 양형이 있다. 이는 2음절의 어간 성조형의 4형에서 반으로 잡을 수 있으나 이 반 즉 양형도 이들 상호 간의 기능의 구별을 위한 것은 아니다. 같은 하나의 어미가 양형으로 나타나며, 이 향형 가운데의 어느 쪽으로 나타날 것인가는 어간 성조와의 연결에서 거의 기계적으로 결정된다. 이 중에서 어떤 것은 한 형을 고집하는 것도 물론 있다. 그러나 전체적으로 보아 양형임에는 변함없다. 이러한 사실은 어미부 성조의 기능이 어사 경계의 확인에 도움을 주는 것밖에는 별다른 의미가 없는 것으로 이해된다. 이러한 사실은 국어 성조의 중요한 일면으로 이해되어야 할 것이다.

3음절 어미부의 성조형도 근본적으로 「평거거」, 「거평거」의 양형으로 제한되고 어느 형으로 나타날 것인가는 크게 어간 성조와의 관계에서 결정된다.

4, 5, 6음절로 된 어미부도 그 성조형은 크게 양3형으로 제한되고, 그 출현 조건이 어간 성조와의 관계에서 대개 결정된다.

b. 제한의 실상

어미부 성조의 커다란 경향은 대개 이상의 두 사실 즉 어말 거성 원칙과 2음절 이상 어미부 성조형의 제한성에 묶어지지만 그 실상을 예를 통하여 좀 더 구체적으로 검토하여 보겠다.

먼저 격어미와 활용 어미를 대별하고 다시 이를 음절별로 정리하겠다.

1음절 격어미부의 성조형

1음절 격어미의 성조는 거성이 원칙이고 거의 예외가 없어 보인다. 다만 이들이 어간에 연결됨으로써, 그 어사 성조가 「거삼련(去三連)」의 결과에 이르면 대개의 경우 그 가운데 음절이 평성화하지마는 더러는 격어미가 평성화하는 수도 있다. 이는 이미 김완진 교수의 자세한 연구가[21] 있으므로 거듭 설명할 것이 없다. 이 평성화의 경향은 미약하기는 해도 더러 「거이련(去二連)」의 경우에도 작용한다 함은 이미 언급하였다. 이러한 사실은 이들 격어미의 거성 원칙에 반례는 아니나, 유독 거성 아래에서 공존형이 있음은 흥미 있는 것이니 몇 예를 보인다.

> ㉟ ·니·피(葉) 三百九~니피(月印千江115), ·두·리(月) 42·三十~두리(月印釋譜一1), ·모·미(體) 28·191~모미(月印釋譜一31)

요컨대 1음절 격어미의 성조형은 거형 하나가 있을 뿐이다.

2음절 격어미부의 성조형

2음절의 격어미에는 서술격으로 「-이라, -이며, -이니, -이오 ……」 등을 들

---

21 김완진 : Ibid.

수 있으나, 이들에 대한 성조형의 고찰은 일찍부터 있었으므로, 여기 예시할 것까지는 없겠다. 요컨대 이들의 성조형은 양형이 있으니, 평평형과 평거형이 그것이다. 양형 가운데서는 어느 쪽으로 출현하느냐는 선행하는 어간 말음절의 성조에 의하여 기계적으로 결정된다. 그것을 공식화하면 다음과 같다.

—— 평성 아래+거거평
—— 거성 아래+평거형
—— 상성 아래+평거형

이 양형에서 거거형을 기본으로 하여 평거형을 그의 교체형 내지 변동으로 설명할 수 있다. 즉 상, 거성 아래 거거형이 연결되면 「거삼련(去三連)」이 되므로 그 가운데 음절의 거성이 평성화한다. 「거삼련(去三連)」에서 나타나는 이러한 평성화는 김완진 교수의 연구에서 거의 다 말하였으니, 이는 누차 언급한 바이다.

같은 사실이 「-(으/ᄋ)로, -(에/애)셔, -(의/익)셔」 등에도 적용된다.

다만 매개 자음 「ㅇ」이 개입되면 이 평성 아래에도 평거형이 되니 이는 이 「ㅇ」의 제약으로 보인다.

　⑩ 이에·셔(此)(釋譜十九86·87), 뎌에·셔(彼) 59·64.

「ㅇ」의 제약으로 평성화하는 예는 이 밖에도 「-익그에」와 그것의 발달인 「-에게, 의게」 등의 음절(音節) 「게」가 평성임에도 같은 변동으로 보인다. 그러나 「ㅇ」이 매개 모음이 아닌 종성으로 쓰인 경우는 차한에 부재한 것으로 보인다.

　⑪ 스스·을(師)(釋譜九71), 스스·의(釋譜六58), 스스·이시·다(釋譜九6), 굴·허

·이(龍歌48)

　　다시 복수를 나타내는 「-둘, 들」 등과 어울린 것은 2음절인데도 거거형을
고집하여 좀 다른 경향을 보여 주니 그 예는 다음과 같다.

　　㊷ :벋·들·흘(友) 181, 나·라·들·히 三百十七, 나·라·들·해(釋譜十九85), 소리
　　　·들·흘 百 (釋譜十九30), 너희·들·히 144 · 160 · 十三, 너희·들히 270 · 279,
　　　각시·들·콰(月印千江34 · 33), ·우리·들·히 129 · 155 · 177 · 十二, ·우리·들
　　　·히 188, ·우·리·들·히 197 (釋譜九79 · 78), ·우리·들·흘(釋譜十九60)

　　이들 예로써 보면 「-들/-들」은 거성을 고집하여 어사 성조가 「거삼련(去三
連)」이거나, 혹 「거사련(去四連)」일 때까지도 평성화를 거부한다. 그리하여,
때로는 선행 어간의 거성을 평성화하거나 혹 또 후행하는 어말 거성을 평성
화하는 것도 있게 된 것을 알 수 있다. 그러므로, 이것이 거성을 고집하는 점
과 또 이것의 출현 순위와 여느 격어미들보다 선행하는 점들은 강조한다면
이를 어미부에 귀속시킬 것이 아니라 혹 어간부에 귀속시켜도 좋지 않을까
하나 이에 대한 필자의 견해는 아직 미숙한 것이고, 따라서 잠정적임을 면치
못한다. 다만 이 「-들」을 어간부에 귀속시킨다면 2음절의 격어미에 「거거」
를 고집하는 예외가 거의 없어질 것이 아닌가 한다.

3음절 격어미부의 성조형

　　3음절의 격어미는 대개 서술격 변화형이 많고, 그 밖의 것은 희귀한 편이
라 전체적으로 다양하지 못한 것으로 생각된다. 3음절 격어미들의 성조형도
「거평거」, 「평거거」의 양형을 원칙으로 하는 것 같다. 따라서 이것들이 어간
부와 연결되어 혹 「거삼련(去三連)」이 되면 어간부의 말음절 즉 「거삼련」의
가운데 음절이 평성화하는 경향이 있으니 이는 1음절 격어미의 연결에서와

같은 현상으로 생각된다. 또 이들 3음절 격어미의 성조형이 유독 「거평거, 평거거」의 양형을 2원칙으로 삼은 이유는 어말 거성의 원칙과 관련되어 해석되어야 할 것이 아닌가 하나, 일률적인 규제는 어려워 보인다.

다만 한 가지 부언할 것은 어간부의 기본 성조를 변별할 적에 어간 성조의 일부 평성화도 불사케 하는 저 1음절 격어미와 이 3음절 격어미는 별반 도움이 되지 않는다는 사실이다. 어간부 기본 성조를 확실히 들어 내는 것은 양형으로 가변할 수 있는 어미부 앞에서가 안전하다는 사실이다.

㊸ 고·지러·니(花)(月印千江116), ·ᄯᅡ·히어·나(地) 六十七, ·ᄯᅡ·ᄒᆞ로·셔 百九十六, ·ᄠᅳ·디시·니(志)(龍歌4) (月印千江34・35), ·안·ᄒᆞ로·도(內)(蒙山127), ·열·히러·니(十)(釋譜六63), ·열·히어·나 九, :녜·로브·터(昔) 144・190, :둘·히라·도(二)(月印千江97), :이·리로·다(事)(月釋一141), :일·이시·나(月釋一1), :죵·이어·뇨(奴)(蒙山44), ᄀᆞ올·히어·나(邑) 130(釋譜十九2), ᄆᆞᅀᆞ·미로·ᄃᆡ(心) 百七十八, 마ᅀᆞᆯ·히어·나(村) 129 (釋譜十九2), 나·라·히어·나 129 (釋譜九79), 드·르·히어·나(野)(釋譜十九86), 바·오·리어·늘(龍歌44), 바·오·리실·씨(龍歌44), :겨지·비라·도 84(釋譜九39), 사·ᄋᆞ·리로·ᄃᆡ(三日) (龍歌67), 수·프·리어·나 129 (釋譜十九86), 아·ᄃᆞ·리러·니(釋譜六26), ·스믈·히어·나 九 (〈·스·믈+·히어·나〉), ·차·반·이러·니(膳)(月印千江88), :사ᄅᆞ·미라·니 178, :사ᄅᆞ·미라·도(月印千江103)

4음절 격어미부 성조형

4음절이면 음절 수가 적지 않다. 이에 다시 어간의 연결을 고려하면 어사로서의 음절 수는 적어도 5음절 이상이 되는 것이 보통일 것이다. 음절 수의 증대는 성조의 조화적 연결의 그 융통성이 증대한다고 생각할 수 있다. 이런 점을 감안하면 이 4음절 격어미의 성조형은 다양할 수 있으리라 기대되지만 그 실상은 저 2음절의 경우와 비슷하게 양 3형에 제한됨을 보여 준다. 이는 성조 이해에서 주목할 사실로 지적되어야 할 것이다.

4음절 격어미는 대부분 서술격의 변화형이라 다양하지 못한 것이 사실이다. 이는 오히려 활용 어미부의 그것으로 돌려도 무방할지 모른다. 그러나 후술되는 바와 같이 이 부분의 활용 어미부의 성조형도 크게 양형을 보여 줄 뿐이니 결국은 동일한 결과에 이르는 것이 아닐까 하니 거기서 좀 더 상론키로 하고 우선 예를 보기로 한다.

⑭ :네·히·러시·니(四)(釋譜六91·71), ·쁘다·리잇·가(志)(龍歌5), :니마·어시·니
   (主)(龍歌31), :둘·히·러시·니(二)(釋譜六90·1), :세·히·러시·니(三)(釋譜六
   22), :쉰·니·러시·니(五十)(釋譜六93), :쥬·의그에·서(僧)(釋譜六37·35)

⑮ 쓰르·미어·니·와 四十五·九十一, 부:톄시·니·라(月釋一51), 닐·구비·러시
   ·니(釋譜六82), 다·ᄉᆞ시·러시·니(釋譜六92), 여·들비·러시·니(釋譜六83), 여
   ·스시·러시·니(釋譜六82), 일·후·미시·니·라(釋譜十三55)

이상 예를 보면 이들 어미부의 성조형은 평거평거형과 거평거거형이 있다. 「·의그에·서」가 특별히 「거평평거」를 보이는 것은 매개 자음 「ㅇ」의 개입으로 음절 「에」가 평성화한 것이다. 이는 거평거거형의 조건 변동형으로 따로 한 형이 되기는 어려울 것이다.

이들 양형의 출현 조건은 이들 어미부 내의 접미사 형태소들의 연결 순위와 또 어간 성조와의 연결에서 나타날 수 있는 「거삼련(去三連)」의 기피에서 결정되는 듯하나 예가 다양하지 못하기 활용 어미부에서 재고하기로 한다. 다만 이들은 음절 수가 많음에서 그 출현 조건에 융통성이 있음을 알 만하다. 즉, 같은 「·이시·나·라」가 「부텨, 일·훔」에 같이 연결될 수 있기 때문이다. 그러나, 이는 또 혹 복합 평거성의, 복합이란 조건인지도 분명하지 않다.

5음절 격어미부의 성조형

예가 많지 못하니 활용 어미부에서 함께 검토하기로 한다. 한 예를 붙이니 「거삼련(去三連)」이 되어 있음이 주목된다.

⑯ 부:톄·시·거시·니(蒙山43)

이어서 용언의 활용 어미부의 성조형을 보기로 한다.

1음절 활용 어미부의 성조형

1음절 활용 어미들의 성조는 거성이 원칙이다. 이는 1음절 격어미들의 그것과 병행된 경향이고 어간과의 연결에서 보이는 변동 양상도 동일한 경향이다. 즉 이들이 어간과의 연결에서 「거삼련(去三連)」의 결과에 이르게 되면 이를 기피하여 그 가운데 음절이 대개는 평성화하고 더러는 그 말음절이 평성화하는 수도 있다. 이 같은 「거삼련(去三連)」 기피의 현상은 「거이련」에 확대 적용할 수 있고 특히 1음절 모음 어간의 경우 상당히 강력하게 작용하는 것으로 보인다. 이는 후술되는 바 기본 성조 조에서 보다 자세히 논의될 것이다. 1음절 활용 어미들의 예는 풍부하고 많으나 이상 사실의 지적으로 족하며 예시할 필요는 없을 것 같다. 요컨대 1음절로 된 활용 어미면 그것이 거성이라고 생각하면 된다. 즉, 1음절 활용 어미부의 성조형은 거형이 있을 뿐이다.

2음절 활용 어미부의 성조형

2음절 활용 어미들의 성조는 평거형과 거거형이 있다. 이 양형은 격어미의 그것들과 대개 같은 경향을 보여 준다. 이들 활용 어미들이 양형 가운데 어느 쪽으로 나타날 것인가는 대개 어간 성조에 의하여 결정되지마는 그 중 더러는 한 형으로 고정되어 어간 성조에 관계 없는 것도 있다. 이 어간 성조에 지배를 받지 않은 것은 또 대개 매개 모음을 가지지 않았다는 것을 특징으로 하는 것 같다. 그러나, 고정된 1형을 가진 것이나 양형으로 출현하는 것이나 이들 어미부의 전체 성조형이 양형밖에 없다는 사실은 어간부 성조형에 비하여 크게 제한이 있다 하겠다. 이는 대개 어말 거성 원칙에서 오는 제한인 것이다.

이들 어미는 매우 풍부하여 일일이 예시하기는 번거롭다. 이들 어미부는 음절 수를 가지고 정리되고, 그러므로 그 대표를 뽑는다면 자음 어간이냐 모음 어간이냐의 구별 없이 연결되는 것이 좋겠다. 이제 그러한 몇 예를 제시하고 그들의 특징을 지적하겠다.[22]

㊼ -거나, -거든, -거늘, 따위

　몯거·늘(集), :웃거·나(笑), 죽거·든(死), :젹거·늘(少), :멀어·나(遠), ·들어·늘(入), ·슬어·나(燒), 앉거·나(坐), :업거·사(無), ·나거·늘(出), ·니거·든(行), 보건·댄(見), ·디거·늘(落), :뷔어·사(空), ·되어·늘(量), 갓·갑거·나(近), 어·듭거·늘(暗), 어·렵거·늘(難), 오·라거·사(久), 드외어·늘(爲), :다·나거·나(過), 드·토거·늘(爭), 오르거·늘(登), 브르거·늘(呼)

㊽ -ᄂᆞ니, -ᄂᆞ다, 따위

　몯ᄂᆞ·니(集), :얻ᄂᆞ·니(得), 먹ᄂᆞ·니(食), ·춫ᄂᆞ·니(尋), :앗ᄂᆞ·니(取), :사ᄂᆞ·니(生), ·가ᄂᆞ·니(去), ·오ᄂᆞ·뇨(來), ᄒᆞᄂᆞ·다(爲), :뵈ᄂᆞ·다(示), 비·호ᄂᆞ·닌(學), 오르ᄂᆞ·니(登), 너·기ᄂᆞ·다(思), ·즐·기ᄂᆞ·니(樂)

이상과 같이 이들 「-거나」, 「-ᄂᆞ니」 따위는 어간 성조에 관계 없이 「평거」로만 나타난다. 즉 이들은 평거형이다.

---

22 이들 예는 허다하므로 필요한 경우를 제외하고는 출전 표시를 약한다.

㊾ -더니, -더라, 따위

받더·니(受), 돌·다·니(走), :짓더·니(作), 닉·더·니(熟), ·드더·니(入), :업더
·니(無), ·가더·니(去), ·오더·니(來), ·주더·니(與), :뮈더·니(動), ·싸더·니(價),
·ᄒᆞ더·니(爲), ·놀·카더·니(銳), ·어렵더·니(難), ·놀·라더·니(驚), 흐르·더·라
(流), ·즐·기더·니(樂), 고·티더·니(直)

　이들은 「평거」와 「거거」의 양형을 가진다. 이들의 출현 조건은 선행하는
어간 말음절의 성조에서 기계적으로 결정된다. 즉

　　평성 아래+거거형
　　거성 아래+평거형

과 같다. 그러므로 이들은 거거형을 기본으로 보고 「불삼련(不三連)」의 원칙
에서 설명할 수 있다.

㊿ -어도, -어셔, -어사, -어늘, 따위

무·더·늘(埋), ·프라·늘(賣), ·들어·도(入), ·수머·셔(隱), :어더·도(得), :어더·셔
(得), 잡·아·ᄃᆞᆫ(捕), 니·버·도(被), 무·러·사(問)

　1음절 자음 어간에 연결된 경우만을 예시하고 다른 경우는 생략하였다.
이들 예만 가지고도 이들 어미들의 성조는 대개 짐작할 수 있다. 즉, 이들은 「평
거」「거거」 양형으로 나타나며, 그 출현 조건은 전항과 거의 다를 바 없다. 그
러나 보다 자세하게는 몇 가지 주의할 점이 있으니, 그것은 대개 다음과 같다.
　이들은 모음으로 시작되었다는 점이 지금까지 보아온 예들과 다르다. 즉,
어간 말음이 내려 붙을 수 있다는 것이다. 그러므로, 「묻-(問)」과 같은 상성
기본 어간에 연결된 경우 「거거」로 나타나기는 해도 다른 것과는 절차를 달

리한 복합이 있다고 보아야 할 것이고, 또 이것들이 모음 어간에 연결될 때도, 성조의 복합이 있다고 보이는 경우가 많다. 또 이들은 어간 성조가 변동을 나타내는 것일 때는 더러 어간 성조의 변동을 가져 오는 것이다. 이들 「평거」로 나타나는 가장 분명한 경우 결국 거성 불변 어간이나, 상성 불변 어간 아래이고, 다른 경우는 「거삼련(去三連)」을 피하는 방향이 일정치 않다는 것이다. 이에 대하여 좀 더 상술함이 마땅하나 지면 제한으로 부득이하다. 다른 기회가 있기 바란다.

「-숩-, -ᄉᆞᇦ-」와 어울린 따위는 좀 특이하나, 요컨대 변동이 있고 그 출현은 전술한 바와 비슷하다. 이들에 대하여 따로 비견을 보인 바 있기 그쪽으로 민다.[23]

이상 요컨대 2음절 어미부의 성조형은 이들 -숩- 따위를 제외하면 양형이 있을 뿐이다.

3음절 활용 어미부의 성조형

3음절 활용 어미부의 성조형도 「-숩-」으로 어울린 특이한 몇 예를 제외하면 평거거형과 거평거형의 양형이 있을 뿐이고 그 출현 조건은 전항들에 준한다. 이제 그 대표적인 것, 한둘을 들어 그 대강을 보이겠다.

⑤ -ᄂᆞ니라 따위

붓ᄂᆞ니·라(注), 먹ᄂᆞ·니·라(食), 다ᇫᄂᆞ·니·라(觸), :아ᄂᆞ·니·라(知), ·춧ᄂᆞ니·라(尋), ·드ᄂᆞ니·라(·드ᄂᆞ니·라)(入), ·가ᄂᆞ니·라(去), ·나ᄂᆞ니·라(出), 보ᄂᆞ손·다(見), ·오ᄂᆞ이·다, ·ᄒᆞᄂᆞ니·라(爲), ·ᄒᆞᄂᆞ닝·다, 티ᄂᆞ니·라(打), 일ᄏᆞᆯᄂᆞ니·라(稱), 암ᄀᆞᄂᆞ니·라(癒), 딩·ᄀᆞᄂᆞ·니·라(딩·ᄀᆞ·ᄂᆞ니·라)(作), 일·우ᄂᆞ·니·라(成), 니ᄅᆞᄂᆞ·니·라(云), :노니ᄂᆞ·니·라(遊行), ᄂᆞ리ᄂᆞ니·라(降), 버히ᄂᆞ니·라

23 졸고 : 主體謙讓의 接尾辭 -숩-의 聲調에 對하여

(切), ᄃ외ᄂᆞ·니·라(爲)

　이 어미의 성조적 특징은 양형으로 출현하는 것이 반드시 규칙적인 것은 아닌 듯하다. 이 어미에 선행하는 어간 성조들은 적어도 이들 예가 보여 주는 한도 안에서 변동이 없다. 즉 이들 어미 앞에서 나타난 성조가 그 어간의 기본 성조로 볼 수 있다. 이 어미는 3음절이므로, 이들이 연결된 어형은 적어도 4음절 이상이다. 4음절 이상이면, 성조 연결에 상당한 융통성이 있는 것이니, 이들 어형에서의 어간 성조가 변동이 없다는 사실과 관계 있는 것으로 생각된다.

　양형 출현의 경향을 보아도 음절 수에 관계 있는 듯하다. 즉 1음절의 어간 아래에서 대체로 평성 아래서는 평거거형이고 거성 아래에서는 거평거형이니, 유독 거성 아래에서 하나의 공존형이 존재한다. 다시 2음절의 어간 아래에서는 어간 성조에 관계 없이 평거거형이 출현하고, 다시 거성 아래에서 하나의 거평거형이 공존한다. 통틀어, 평성 아래서는 평거거형만이 나타나고 거성 아래서만 양형 출현이 가능하나, 거평거형이 우세하다. 이 우열은 어간 음절 수에 관계 있는 듯하다. 그러므로, 이 어미의 성조는 평거거형이 기본이고, 거성 아래서 나타나는 일부 거평거형은 어간 거성의 순행 동화로 생겨난 변동으로 보인다. 이 같은 순행 동화로 인한 거평거형의 출현은 자동적인 것은 아니고 수의적인 것으로 보이며, 또 일부 「-ᄂᆞ이다, -ᄂᆞ닝다」와 같은 예는 그 끝에서 둘째 음절이 거의 거성이 불가능한 경향이므로 이 동화를 촉진하는 의미가 있었을 것이다.

　어미부의 성조형은 이를 구성하는 형태소 상호간의 순위나 그 자체의 개별적인 성조에 의하여서도 많은 변동이 있을 수 있겠으나, 요컨대 음절별로 정리하면 크게 양형을 넘을 수 없다는 것이 하나의 커다란 경향으로 파악된다. 그밖에 3음절의 활용 어미부는 대체로 거평거형이 우세하다. 「-거시놀, -거시니, -거마른, -거니와, -더니라, -더시니, -더시다, -더이다, -노이다, -어시니,

-어니와……」 등은 대개 어간 성조에 관계 없이 거평거형으로 출현하는 것으로 보이니, 보다 자세한 논의는 다른 기회로 밀고 이 정도로 끝낸다.

4음절 활용 어미부 성조형

4음절의 어미부는 「-습-」과 어울린 것과 매개 모음을 갖지 않는 것을 제외하면 많아 보이지 않는다. 이에, 구별하지 않고 몰아서 보기로 한다.

㉒ 굿·거·신마·른(具), :울어·신마·른(泣), :비더·니이·다(禱), 닉·더시·나·라 (熟), :겨·시더·니잇·가(在), 사가·도소·나·아(釋), 들외·옳·디언·뎡(爲), 거룽 ·디나·라(步), 마·롫·디어·다(勿), 아·랋디로·다(知)

이들 4음절 어미부의 성조는 통틀어 3형이다. 즉, 평거평거형, 거평거거형, 거거평거형이다. 이는 어간부 성조형에 비하여 매우 제한된 것으로 보인다. 두 개의 성조가 4음절을 단위로 결합될 수 있는 형은 이론적으로는 2×2×2×2=16 즉 16형이나 있을 수 있다. 이 중 어말 거성 원칙으로 마지막은 제외하고 3음절로만 계산하여도 8형이 가능하고, 다시 거삼련(去三連)의 경우를 제외하여도 「평평평거」, 「평평거거」, 「거평평거」의 또 다른 3형은 가능할 듯한데 이 같은 예는 없는 것이다. 이는 결국 어미부 성조 연결에서는 「거삼련(去三連)」을 기피함은 물론이고 「평이련(平二連), 평삼련(平三連)」 기피가 철저하다고 말할 수 있다. 이는 어간부 성조 연결에서 볼 수 없던, 새로운 제한이 아닐 수 없다. 이 같은 사실도 어미부 성조 연결에서 볼 수 없던 새로운 제한이 아닐 수 없다. 이 같은 사실도 어미부 성조의 변동과 연결을 이해하는 데 커다란 도움이 될 것으로 보인다.

5음절 활용 어미부의 성조형

5음절로 된 활용 어미부의 예는 많지 않다. 그러므로, 지금까지 두었던 제

한을 풀고, 몇 예를 제시하여, 이들 성조형의 커다란 경향을 살피는 데 그치
겠다.

㊳ 구드·시·리이·다(固), 구드·시·리잇·가(固), :도·ᄫ시·니이·다(助), :사·ᄅ시·리
잇·가(居), 받ᄌ·ᄫ·니이·다(受), 듣ᄌ·ᄫ·시니·라(聞), :아ᅀ·ᄫ·리로·다(知),
·녀·시ᄂ·니잇·고(行), ·ᄒ·시ᄂ·니잇·고(爲), ·ᄒ·ᅀ·ᄫ·지이·다(爲), :메·ᅀ·ᄫ
·지이·다(撗), ·나시·리·로소·니(出), ·보ᅀ·ᄫ·리로·다(見), ·ᄒ·리로·소이·다
(爲), ·ᄒ·ᅀ·보·리이·다(爲)

이들도 「평거거평거」와 「거평거평거」의 양형이 주된 보조이니, 이 양형의
출현 조건은 선행 음절에 의하여 결정되는 경향이다. 「평이련(平二連), 평삼
련(平三連)」은 「거삼련(去三連)」과 같이 기피되고, 성조형은 매우 제한되어
있는 것이 지금까지의 경향과 다른 것이 없다.
붙여서 6음절의 예는 다음과 같은 것을 들 수 있으나, 지적할 만한 아무런
새로운 사실로 보이지 않으니, 그들의 보조는 대개 「평거평거평거」가 고작
이다. 이는 예가 다양하지 못하여 분명치 않으나, 그들의 성조형이 양 삼형
(兩三型)에 제한될 것은 거의 의심 없어 보인다.

㊴ 드르·시ᄂ·니잇·가(聞), :아ᄅ·시ᄂ·니잇·가(知), ·ᄎᄆ·시ᄂ·니잇·가(忍)

지금까지 어미부 성조형에 대하여 기술된 바, 그 중 중요한 몇 가지는 다음
과 같이 요약된다.

　○ 어말 거성이 원칙이다.
　○ 성조형이 대개 양형으로 제한된다.
　○ 성조는 어의에는 참여하지 못하며 문법 절차에 큰 도움을 주는 것이 못

된다.

○ 「거삼련(去三連)」은 물론 「평이련(平二連), 평삼련(平三連)」도 기피한다.

○ 성조형의 출현 조건은 음절 수와 선행하는 어간 성조에 크게 지배 받고, 어미부를 형성하는 형태소들의 개별적 특징에도 관계 깊다.

○ 이런 사실은 국어 성조의 특징으로 잡을 수 있다.

7. 어간부의 기본 성조형

지금까지 성조 연결에서 들어 나는 여러 가지 변동의 양상을 여러 가지 점에서 살폈고, 그 결과로 몇 가지 사실을 지적하였다. 이제 이 사실들을 유념하고 문제되는 몇 가지 어간의 기본 성조를 고찰하여 보겠다.

체언 1음절 어간의 성조형을 평형, 거형, 복합 평거형의 3형을 두는 것은 음절 단위로 정리하여 문제될 것이 없다. 다만 기본적인 거형이면서, 「평거」에로의 변동이 심한 것은 종래의 지적이 반드시 분명한 것은 아니었다. 예를 들어 「나-(吾), ·누-(誰)」와 같은 것이 그것이다. 이들에 대하여는 이것이 기본적으로 거성이어야 함이, 변동 경향으로 의심할 여지가 없다. 이에 대하여는 이미 앞 부분에서 언급한 바 있기 여기서 더 거듭하지 않는다.

문제는 2음절 어간에서 거평형이 독립할 수 있느냐에 있다. 이제 몇 예를 보이고 이들에 대하여 알아 보기로 한다.

a. 체언 2음절 어간 성조형

(55) ·그·믈(網) 151, ·그·믌(가·온·ᄃᆡ) 5, ·그므·리 六, ·그므·레 37(釋譜九15), ·그므·를 68(釋譜九32)

(56) ·글·와·ᄅᆞᆯ(書)(釋譜九75), ·글·발·로(龍歌26), ·글·와리·니(蒙山12), ·글·와리

·라(蒙山39)

㉗ ·번게(電)(月印千江138), ·번·게(龍歌63), ·번·게를(龍歌六30)(月印千江117),
·번게·라 228.

이들 3예는 거거형이 기본이다. 1음절의 격어미가 연결되면 「거삼련(去三
連)」이 되므로 가운데 음절이 평성화한다. 그러나 이 「거삼련(去三連)」 기피
의 현상은 상당히 융통성이 있으니, 「글왈, 번게」는 「거삼련」인데도 평성화
를 보여 주지 않은 것이 부분적으로 존재하며, 「번게」의 독립형은 「거삼련」
이 아닌데도 거거형과 거평형이 공존하고 있다. 그러나 이 같은 사실이 「거
삼련」 기피 현상의 융통성을 의미할지언정 그것을 부정하지는 못한다. 만약
이 「거삼련」 기피 현상을 부정한다면, 이들의 기본형은 정립할 수 없을 것이
다. 그러므로 「거삼련」 기피 현상은 하나의 법칙으로 유효한 것임에 틀림 없
다. 주의할 일은 독립형에 양형의 공존이니 기본형 설정에 독립형만이 기준
될 수 없음을 들어낸 것으로 이해하고 다음 예를 보기로 한다.

㉘ ·가지(枝) (釋譜六60) (月印千江14), ·가재(처격) (龍歌7), ·가지·와(釋譜
十三93) (釋譜十九35), ·가지·를(月印千江45 · 46 · 77), ·가지·마·다(釋譜
六60)

㉙ ·구룸(雲) 302 · 百八十二(釋譜十九82), ·구루·미(龍歌42), ·구루·믈 293
(月釋一32), ·구·루미·라 284

㉚ ·처섬(初) 13 · 169 · 三十二 · 百八十八 (龍歌78 · 95), ·처석·메 七十七, ·처
석·민 百五十, ·처석·믹 (釋譜九38) (月釋一29), ·처·석미·라 (月釋一24), ·처
·석미·오(月釋一32)

이들 3예는 이른바 거평형 혹은 거거~거평형이다.[24] 그러나, 거평형이란
것은 독립형에만 주의한 지나친 세분인 듯하고 거거~거평형은 적절한 파악

538

이나 기본형에 대한 분명한 지적이 아쉽다. 이들은 대개 거거형 기본이니, 독립형의 「거평」이 유일한 기준일 수 없다. 독립형은 이미 「거거」가 분명한 「번게」에서도 또 하나의 거평형이 공존하였고, 또 훨씬 앞에서 지적한 바와 같이 「거거」와 같은 성조 연결을 다소 불안정된 경향을 들어 내어, 어말 평성화가 상당한 세력을 뻗치고 있음을 지적한 바이다. 이들의 기본형이 「거거」일 수밖에 없는 이유는, 그 독립형에서보다는, 그 격변화형에서 분명히 들어난다. 이들은 전술한 바, 분명한 거거형과 독립형에서 다를 뿐이고 격변화형에서는 다를 것이 없다. 특히 이들의 서술격형에서 들어 내는 「거거」는 이들이 「거거」일 수밖에 없음을 분명히 보여 준다. 혹 「-이오, -이다」 따위가 연결됨으로써 선행하는 평성을 거성화하지 않았느냐고 생각할지 모르나, 이러한 가능성은 거의 없어 보인다. 「-이오, -이라」 따위 2음절 어미들의 성조는 「거거, 평거」의 양형이 있고, 이들의 출현 조건이 선행하는 어간 성조에 의하여 결정될지언정 이들이 선행 음절을 거성화시키는 따위의 변동은 찾아볼 수 없다. 이는 우리가 앞에서 살핀 바 변동 양상의 커다란 경향에서 충분히 간취된 사실이다.

요컨대 2음절 체언 어간의 성조형에 기본적인 거평형은 없는 것이다. 같은 이유로 상평형도 없고, 다시 3음절 어간에서도 「──거평」이나, 「──상평」과 같은 형은 있을 수 없다.

b. 용언 1음절 어간의 성조형

중세 국어의 활용 어간의 성조에 대하여 그 1음절 어간에 한하여 필자의 견해를 비교적 자세히 표명한 바 있다.[25] 그것은 거의 10년 전의 일이나 그때

---

24 河野六郎 : 諺文古文獻の聲點に就いて (朝鮮學報 第一輯)
   허웅 : 방점 연구 #4.9.1.A [去去聲~去平聲]
25 졸고 : 十五世紀國語의 活用語幹의 聲調에 對하여(忠南大論文集 第三輯 pp.1~43)

나 지금이나 필자의 견해에 근본적인 변화는 없다. 다만 그때는 복합 평성, 복합 거성과 같은 것을 단순히 축약으로만 설명하였고, 또 그 변동 양상의 커다란 경향 등에 대한 논증이 반드시 충분하였다고는 생각되지 않는다. 그 러므로, 그 때에 표명된 견해가 아직도 유효하기는 하되, 본고에서 지금까지 논의된 바 주장과 차이가 있는 부분에 한하여, 이쪽을 취하고 그쪽을 버린 다. 또 변동 양상의 경향 같은 것에 대한 논증 부분은 본고에서 상당히 보충 된다는 것을 부언하고 이들 1음절 어간의 기본 성조 설정 문제는 그 쪽으로 밀고 거듭 되풀이하지 않겠다.

c. 용언 2음절 어간의 성조형

2음절 어간의 성조형은 그 가능한 결합형을 이론적으로 미리 알 수 있다. 「평・거」만에 의한 기본적인 결합은 2×2=4 즉 4형이 그 기능한 결합의 한계 이다. 다시 이에 복합 성조와의 결합까지를 참여시키면 그 유형은 훨씬 많아 질 것이다. 그런데 어간 성조형의 문제는 보다 앞서 해결되어야 할 어려운 문제가 하나 있다. 그것은 어간의 음절 수에 관한 기준이다. 이 어간 음절 수 의 문제는 비단 용언 어간에 한정된 것은 아니다. 일부 체언의 어간에도 그 격변화에 따라 그 음절 수에 변동이 있는 것은 주지의 사실이고 그 중 「아ᅀᆞ~ 앗」과 같은 것에 대하여는 이미 언급한 바 있다. 체언 어간의 경우는 그 독립 형을 기준으로 하면 그 처리가 비교적 간단한 것이나, 용언 어간의 경우는 그러한 독립형이 없기, 그 처리는 간단하지 않다. 용언 어간의 경우도 그 기 본형이 기준이 되는 것은 아니나 기본형에 의한 어간 결정이 유일한 방법은 아닌 것 같다. 기본형에 의하여 결정된 같은 유형의 어간이 특히 매개 모음 을 끼고서 활용할 때 보여 주는 성조 변동의 양상은 미묘한 바 있고, 다시 변 칙 활용에 있어서는 더욱 미묘한 바 있다. 이러한 점은 어간 발달의 역사적 과정에도 깊은 관계가 있는 듯한데, 아직 변칙 활용 어간의 형성 과정이 밝혀진 것으로 보이지 아니하니, 이는 앞으로 하나의 문제일 수밖에 없겠고, 이에 대한 논의는 여기가 그 자리가 아닌 것 같다. 그러므로, 활용 어간의 성조형 문제는, 그에 앞서야 할 또 하나의 문제를 남겨둔 채 시작되니, 이는 잠정적임을 면키 어려울 것이다. 이에 몇 예를 보이고 그 몇 가지 경우를 생각하여 보기로 한다.

⑥ 이바·드·며(宴) 69 (釋譜九33) 이받ᄌ·봃 (·제) (龍歌91), 이바·도·려 (釋譜 六32·31), 이받ᄌ·ᄫᆞ·려 (釋譜六31)

어간 「이받-」의 성조는 「평평」 고정이므로 기본 성조도 물론 「평평」이다.

⑥ 다ᄃ·라(臨) 24·75·179·二百七, 다ᄃᆞᆫ·게 (月釋序18), 다ᄃᆞᆫ 四十九·百二十八, 다ᄃ·라·도 110, 다ᄃᆞᆮ·며 二百三十六

이 어간은 ㄷ~ㄹ 변칙 활용인, 어간 성조는 「평평」으로 보인다. 그러나 이는 전항 「이받-」과는 좀 다른 양상을 보여 주니 「-으며」, 「-은」 등의 성조가 그것이다. 이 어간은 그 기본 성조를 평(평평)과 같이 제2 음절에 복합 평성을 두는 것도 가능하고, 다시 ㄷ의 ㄹ로 변하면서, 그와 더불어 이루는 음절의 거성을 평성화시켰다고도 해석할 수 있겠으나, 이에 대한 단정은 유보한다. 다만 이 같은 변동 양상은 1음절 ㄷ~ㄹ의 어간 「듣-(聞), 돋-(走)」 등과 병행하는 것임을 부언한다. 이 사실은 활용의 정칙과 변칙에 대하여, 그 역사적인 경로가 달랐음을 의미하는 것만은 확실한 것이 아닌가 한다.

⑥ 갓가·ᄫᅵ(近) 六十三, 갓가·ᄫᅳ·며 六十四, 갓:갑거·나 百五, 갓가·ᄫᅳ리·라 (蒙山8·86)

ㅂ 정칙의 2음절 어간은 찾지 못했다. 이는 ㅂ~ㅸ 활용 즉 변칙 어간인데, 이는 「평(평거)」 즉, 「평상」을 기본으로 하는 것이다.

⑭ ·늘카·바 (銳) 八十一 (釋譜十九12), ·늘캎·고 (釋譜十三89) (釋譜六65), ·늘·캎더·니 (釋譜六64), ·늘·카·톨·씨·라 三百二十一

이는 「거거」를 기본으로 하는 것이다. 「거평」으로 나타난 것은 「거삼련(去三連)」을 피한 것으로 보인다.

⑮ :더러·볼 (汚) 47, :더러·볼 二百五十四·二百四十二·三百五, :더러본 (釋譜十三66), :더·러볼 (釋譜十三66), :더럽·고 47, :더럽·디 八十一, :더·러 브·며 48·四十八

이는 「상거」를 기본으로 하는 것이다. 제2 음절의 평성화는 「거삼련(去三連)」의 기피인 것이다. 「거삼련」의 해결 방안이 반드시 한 가지가 아님도 흥미 있다 하겠다.

⑯ 어·렵·고(難) 104 (釋譜九56), 어·려볼 百九十四·百九十五·49·114·74, 어·려·볼 七, 어·려·버(釋譜十三86), 어·렵거·늘 103·197 (釋譜九55), 어·려브·니 104·99·六 (釋譜十三73), 어·려브·며 196 (釋譜十三73), 어·렵 더·니 (釋譜六42)

이 어간은 「평거」를 기본으로 하고 있는 듯하다.

⑰ :비·웃·논(嘲笑) 101, :비우·서 62, :비우·스·면 百三十四 (釋譜十九52)

542

이는 「상상」을 기본으로 하는 것 같다.

이상은 2음절 자음 어간의 성조를 살펴 보았다. 2음절의 어간은 그 제1 음절의 성조는 어떠한 경우에도 변동이 없는 것이 하나의 특징이다. 이들 어간은 어미부와의 연결에서 거의가 변동을 보여 주지마는 그 기본 성조는 크게 「평평, 평거, 거거」와 다시 「상거, 상상」 등이 있으며, 「거평, 상평」에 대한 것은 찾기 힘들다. 몇 개의 복합 어간에서 이 「상평」의 가능성이 있어 보이나, 활용례가 고르지 않기 덜어 두었다.

이어서 1음절 모음 어간의 몇 예를 보기로 한다.

⑱ :놀·라·아(驚)(釋譜十三88), :놀라·니(龍歌59·95), :놀·라샤·미(龍歌17),
:놀라더·니(釋譜六63)(月印千江117), :놀라·건마·른 二百二十八, :놀라
ᅀᆞ·ᄫᆞ니(龍歌47), :놀라ᅀᆞ·ᄫᆞ니(龍歌44), :놀라ᅀᆞ·바·ᄂᆞᆯ(龍歌61)

이 어간은 「상거」가 기본 성조이다. 「거삼련」일 때에 제2 음절이 평성화하는 것이 원칙이 아닌가 한다. 이런 예는 상당히 많다. 때로 제2 음절이 상성으로 변동하는 경우도 있으나, 이는 1음절 어간의 평성화와 같은 경향이니, 문제될 것이 없다.

⑲ 맛낧(逢) 五, 맛·나·도 47, 맛·나·미 六, 맛·나·딘 四十六, 맛·나·샨 百二十六, 맛나디 百五十九, 맛·나·아 68(釋譜十三95) (釋譜九32), 맛나·며(釋譜十九68), 맛나ᅀᆞ·바 百五十六 (釋譜十三71·100), 맛나·니·라 百六十, 맛나·리·라 三百三十二, 맛·나실·씬 二十七, 맛낫·고도 (釋譜九71), 맛·나ᅀᆞ·ᄫᆞ면 (釋譜十三123)

이 어간은 「평거」가 기본 성조인 것이다. 이 어간의 제2 음절의 성조 변동은 1음절 어간 「나·(出)」의 경우와 같은 경향이다. 그러므로 이 어간의 성조

에서도 그 복합임이 들어 나는 것이 아닌가 한다.

　　⑦ ·브라·고(望) 十一, ·브·라습·고 144 · 187, ·브랄·씨·라 十四, ·브릻·딘·댄 二
　　　百五十四, ·브·라ᄉ·ᄫ·니(龍歌10 · 38)

이 어간은 「거거」가 기본 성조인 것 같다. 제2 음절의 평성화는 「거삼련」
을 피하기 위한 것이다.

　　⑦ :몰·라(不知) 44 · 41 · 51, :몰·롬(釋譜十三74) (月釋一37), :몰롬(月釋一
　　　37), 모·ᄅ·고 56(釋譜九22) (蒙山82), 모·ᄅ·며(釋譜十九72) (釋譜六72 ·
　　　6), 모·ᄅ·ᄂ·니 九十一 (釋譜十九19), 모·ᄅ·더시·니(龍歌116)

이 어간은 「평거」를 기본으로 한다.

　　⑦ ᄲ·리(急)(蒙山42 · 65 · 125 · 135) ᄲ·론(釋譜六3) ᄲ·ᄅ·디(蒙山16) ᄲ·ᄅ
　　　·도(蒙山13)

이는 「평평」이 기본 성조인 것이다.
　이 밖에 많은 예가 있으나, 대개 그 기본 성조는 「평평, 거거, 평거」와 「상
거, 상상」의 범위를 벗어나지 않은 것 같다. 2음절 어간에 「거평」이나, 「상평」
을 기본으로 하는 분명한 예는 찾기 어렵다. 또 이들 2음절 어간이 활용형에
따라 축약으로 인하여, 1음절로 되는 경우가 있으나, 어떠한 경우에도 제1
음절의 성조에 근본적인 변동은 나타나지 않는 것이 하나의 특징이라 할만
하다.

8. 결론

지금까지 중세 국어 성조의 변동의 양상과 그 변동의 설명을 위한 기본형의 설정과 그에 따른 문제를 두고 몇 가지 사실을 지적도 하고, 그것들이 대한 비견을 얼마쯤 들어 내었다. 그 기본형에 대한 구체적인 검토는 미흡한 감이 없지 않으나 지면 관계로 부득이하였다. 후일의 기회가 있기를 바란다. 이제까지의 기술을 다시 그 큰 줄거리만 뽑아서 한눈으로 알 수 있게 하고, 그것으로 결론을 삼을까 한다.

　a. 변동의 단위는 어사다.

성조의 변동은 성조 연결에서 일어나며, 변동이 파악되는 구체적인 단위는 어사일 수밖에 없다. 하나의 변동은 어사의 경계를 넘어서는 작용하지 못한다. 변동의 사정(射程)은 어사의 범위 내에서만 행하여진다. 어간의 변동은 어미부와의 대조 없이는 파악되기 힘들고, 어미부의 변동도 어간부와의 대조 없이는 파악되기 힘들다. 한 어사는 독립형이나, 기본형만이 그 어간의 기본 성조를 결정하는 유일한 기준은 못 된다. 그러나, 한 어사는 독립형이나, 기본형에 의하여 대표될 수 있으므로, 이것들을 기준으로 그 어사의 기본 성조를 생각하는 것은 편리하다. 종래의 이 방면의 연구는 이런 관점에서 정당한 것이었다. 그러나, 변동의 단위가 어사라는 점은 좀 더 강조되었어야 옳았을 것으로 생각한다.

　b. 어간부와 어미부가 들어 내는 성조 변동은 그 들어 내는 양상에 다소의 차이가 있다. 어사 성조의 핵심부는 어두에 있다. 이 핵심의 확인은 2음절 이상의 어간부에서 분명히 들어 난다. 어간부가 2음절 이상일 경우 그 제1 음절의 성조는 어떠한 경우에도 근본적인 변동이 없다. 이는 어사 성조의 변동이 다시 음절 수에도 관계 있음을 의미하는 것이다. 어사 성조의 변동을 가져오는 또 하나의 기점은 어말 거성 원칙에 있다. 1음절 어간의 성조가 왕왕 변동을 나타내는 것은 이 어말 거성 원칙과 어두 핵심부와의 길항(拮抗)에서

결정되나 그 길항(拮抗)의 방향은 일정치 않다. 그러나, 많은 어간부의 성조가 이 길항에서 우세를 보여 주고 있으며, 어말 거성 원칙에서 상·거성 아래서 평성화가 등장하는 것은 어사 성조의 핵심을 어두에 두어도 무방하게 하며, 또 격변화와 활용에서 음절 수가 늘어나면 본래의 어간 성조를 들어 내어 준다.

c. 성조 연결의 제한은「거삼련(去三連)」을 기피하는 것이 지배적인 경향이다. 그러나 때로는「거이련(去二連), 평삼련(平三連), 평이련(平二連)」도 기피하는 경향이 있다. 특히 어미부의 성조에서는「평이련(平二連), 평삼련(平三連)」은 찾아볼 수 없으며, 어간 성조형에서도 이런 형의 어사는 숫적 열세를 면치 못한다.

d. 복합 성조에는 상성만을 인정하고 있었던 것이나 복합 평성, 복합 거성의 실재가 성조 연결의 변동에서 확인되며, 이는 변동의 합리적인 해석에 필요한 것으로 생각되어 새로이 제기하였다. 복합 평성, 복합 거성이 실재하면서도 주의되지 아니한 이유는 그 완전한 Overlap에 있었을 것이다. 이는 상성 즉 복합 평거가 자질의 병치인 것과는 매우 대조적이라 하겠다. 상성에 대립하는 복합 거평의 존재는 이론상으로 가능하나 그 실재는 확인키 어렵다. 일부의 복합 어간에서 이것이 실재할 가능성을 완전히 배제할 수는 없는 것이나 그러한 예는 아직 찾지 못하였다. 단순 어간의 경우는 그 실재가 거의 가망 없는 것이 아닌가 한다. 이는 어간의 성조형에서「거평, 상평」등과 같은 유형이 보이지 않기 때문이며,「평거」와 같은 연결이 중세 성조의 연결상의 이상적인 보조였던 것으로 보이기 때문이다.

e. 어미부 성조는 어의에 참여하지 않는다. 따로 어미부 성조는 그것에 의하여 문법적 절차를 수행하는 것으로 보이나 문법적 절차에의 참여도 매우 미약하고 부분적임을 면키 어려울 것이다. 그것은 어미부 성조형의 제한성에서 알 수 있으니, 어미부가 1음절이면 거성이 원칙이고 2음절이면「평거, 거거」의 원형이 원칙이나 이 양형의 출현 조건은 대개 어간부에 의하여 자동

적으로 결정되는 것이 커다란 경향인 것 같다. 3음절 이상의 어미부의 성조
형도 크게 양 삼형(兩三型)의 테두리를 벗어나지 못하니 이는 어간부 성조형
에서 숫적인 열세를 면키 어렵다.

派生語形成과 *i*逆行同化規則들

이 병 근

1. 서론

　언어현상은 질서의 세계이기 때문에, 언어체계는 그 현상을 지배하는 규칙들의 체계로서 파악된다. 이 언어현상을 지배하고 있는 규칙들에 의하여 언어학자들은 일반화는 말할 것도 없고 예언까지 시도하게 된다. 한편 어떤 규칙이 적용되는 데에는 일정한 레벨의 전제가 필요하게 되는데, 그럼에도 그 규칙의 일반화에 있어서 여러 제약이 나타나는 경우가 종종 일어나게 된다. 이러한 제약으로 인하여 언어연구자들은 작업상의 많은 고통을 안게 된다. 그리하여 그들은 제약성 때문에 존재하게 되는 '예외'에 대한 처리에 근심하게 될 수밖에 없는 것이다.

　음운론의 주된 관심 부분의 하나는 형태소 경계에서 빚어지는 교체현상이다. 이 교체를 지배하고 있는 음운규칙들은 음운론적 차원에서의 제약은 물론이고 다른 차원에서의 제약 즉 형태론적 또는 통사론적 제약을 받는다. 이와 같은 비음운론적 제약은 음운규칙들에 대하여 minority를 가져오고 따라서 규칙은 그러한 범주에 따른 범주화(categorization)의 명시를 요청하게 마련이다(김완진 1971, 졸고 1975). 한편 어떠한 형태소에 특정한 형태소들이 연결될 때에 적용되던 음운규칙이 그 형태소구조의 내부에서 발생된 음운변화의 결과로 인하여 재구조화(restructuring)되는 경우 공시론적으로는 다시금 복잡한 형태론적 제약이 존재하게 될 수도 있다.

중세국어에서 'ᆞ/ㅡ'를 두음으로 가지는 접미사형태소들이 모음조화규칙의 적용을 받았다가 그 후 'ᆞ'가 'ㅡ'와 합류함으로써 이에 한정되는 모음조화규칙이 없어져 버린 사실을 우리는 잘 알고 있다. 이에 대하여 'ㅏ/ㅓ'의 경우에는 상당히 폭이 좁아진 음운론적 제약을 가져와 어간말음이 'ㅗ'인 경우에만 모음조화규칙이 필수적으로 적용되어 '-아'가 쓰일 뿐이다. 그런데 '모가치, 무더기, 송아지, 강아지, 꼬라지, 거러지, ……' 등과 같은 단어형성에서는 이전의 모음조화규칙이 적용되어 있음도 본다. 모음조화규칙 자체에서 보면 위의 변화는 규칙의 상실이 아니라 음운론적으로나 형태론적으로나 심한 제약을 받는 규칙범위의 협소화(narrowing down)라 할 만한데, 이들 형식들을 통시론적으로 파악한다면 모음조화규칙이 적용된 단계에서 화석화한 또는 동결화한 것이라 할 것이다. 만일 공시론적인 분석을 시도한다면 이와 달리 적절히 처리되어야 할 것이다. 즉 특별히 작성된 목록에 포함되는 형태소부류 또는 어휘군에 대하여 모음조화규칙을 적용하는 형태론적 조건을 제시하지 않으면 아니 될 것이다. 이러한 사실로부터 우리는 통시론과 공시론과의 준별을 늘 요구하면서도 우리의 작업상에서 통시성의 정도에 대한 확정에 주저하는 경우를 맞이하게 된다. 공시적으로 기저형의 설정에 대한 추상성의 정도에 대한 문제는 흔히 이로부터 발생하는 것이다.

국어는 여러 가지의 하위문법범주들을 나타내기 위하여 교착어적인 구조적 특성을 가진다고 한다. 이는 곧 곡용·활용의 범주를 두고 이르는 말이지, 어휘적 의미에 관여하는 파생적 범주에 대한 진술이 아니다. 위에서 제시한 모음조화규칙의 이해에서 보듯이 음운규칙들에 대한 관심은 다양한 교체형식들로부터 어느 정도 쉽사리 풀릴 수 있다. 그러나 파생어형성에 관여하는 음운규칙들에 대한 관심은 그 분포상의 제약, 이 제약에 따른 이형태들의 빈

곧, 또는 그 통시성에 대한 불확실성 등등으로부터 그리 쉽사리 풀리지는 않는 듯하다. 이러한 어려움은 모음조화에 대한 이전의 연구들에서도 발견된다. 다시 모음조화규칙을 15세기 국어에서 관찰하면, 위와 같은 곡용·활용 파생에 따른 문법범주상의 서로 다른 제약을 보게 된다. 어간과 어미 사이의 모음조화규칙은 "당해 접미사형태소의 이형태 가운데 적어도 하나 이상이 모음으로 시작할 경우에만 허락된다"로 기술될 수 있을 것이다(김완진 1971:99). 이는 곧 접미사형태소의 기본형이 모음으로 시작된 경우에 그 첫 모음에 모음조화규칙이 적용되는 데에 대한 음운규칙의 음운론적인 제약규정이라 할 수 있다. 그런데 형용사어간파생의 접미사인 '-ㅸ/ㅸ-'(자음 아래에서) 및 '-ᄫ-' (모음 아래에서)는 형태론과 음운론과의 특이한 관계를 보여준다(안병희 1959: 60~61). 모음조화를 따르는 전자의 형성은 자음군단순화규칙과 관련된다. 만일 자음 아래에서도 '-ᄫ-'을 취한다면 자음 어미 앞에서 …C+ ᄫ+C…의 자음군을 형성하게 되어, 둘째 자음을 탈락시키는 단순화규칙에 의하여 형용사어간 파생 자체가 공전하게 된다. 이 현상은 공시론적으로는 여기에 필요한 형태론적 차원의 이해를 요구하게 될 것이고, 통시론적으로는 음운규칙이 어떤 형태론적 조건에서만은 굳어져 버린 화석화를 요구하게 될 것이다. 어떤 음운규칙이 특수범주에 따라 차이 있는 행위를 보인다는 사실은 언어기술자에게 무척 흥미롭지마는, 규칙의 일반화와 예언이라는 점에서 보면 오히려 고통스러운 것이기도 하다. 그리하여 극심한 형태론적 제약을 보이는 파생어(또는 복합어)의 형성에 대한 논의에서 무엇보다도 우선적으로 전제되어야 하는 이론적인 문제는 파생어형식들을 화석화와 같은 단어형성의 역사적 관점으로 해석할 것인가 아니면 공시적 교체와 동등한 자격 위에서 보다 추상적으로 해석할 것인가 하는 것에 대한 작업가설이다. 'electric, electricity' 등에서의 'k → s/__+ity'라든가 '소, 송아지' 등에서의 모음조화규칙이라든가 등은 바로 위와 같은 문제를 내포하고 있다 할 것이다. 필자는 이 어려운 문제 자체를 현재의 졸론에서 말끔히 해결하려는 뜻은 없다.

여기서의 일차적인 관심은 조어론 자체에 있는 것이 아니라 음운사적으로 또는 형태사적으로 단어형성의 과정에서 빚어질 수 있는 몇몇 음운규칙들을 음미하여 보려는 데 있을 뿐이다. 특히 논의하려는 음운규칙으로서는 우리의 음운사에서 특별한 관심을 이끌어 왔던 i역행동화규칙들(움라우트 및 구개음화 등)과 필자가 또 다른 최근의 졸고에서 제기하여 본 단어형성에서의 체언말 i탈락규칙이다(졸고 1976). 이 탈락규칙은 '꼬리+앙이〉꼬랑이() 꼬랭이)', '가지+앙이〉가쟁이'(가지+앙구〉가장구) 등에서의 그것을 말한다. 모음 i에 집중되는 이들 음운론적인 규칙들은 음운론적인 과정에서 필연적으로 상관이 지워져 있을 것이다. 단어형성 특히 '-악/억, -앙/엉, -아기/어기, -앙이/엉이, -아지/어지, -아리/어리, ……' 등과 같은 계열의 '아/어'로 시작되는 형태소들에 의한 파생어형성([[…i]$_{stem}$+[아/어…]$_{suffix}$]$_N$)에서 i에 관련되는 위의 규칙들이 어떻게 관련되어 있는가에 대한 논의가 본고의 중심과제인 것이다.

2. i탈락규칙과 움라우트규칙

현대국어에서 모음으로 끝나는 체언들은 어떠한 곡용형식들과의 연결에서도 그 말모음을 탈락시키거나 또는 glide formation을 경험하는 일도 없다. 이렇게 교체를 모르는 개음절의 체언들과는 달리 용언의 경우에는 glide formation의 규칙이 수의적으로 적용되기도 하고(끼+어 → 끼어 → 껴:, 배우+어 → 배워 → 배:, 등), 구개음 아래에서 중화규칙에 의하여 그 glide를 탈락시키기도 한다(가지+어 → 가져 → 가저 등)(졸고 1975:36).[1] 이러한 현대국어에서의 굴절상의 음운규칙과는 달리, 중세국어는 특정의 의미범주에 속하는 체언

---

1 물론 방언에 따라서는 극히 드물게나마 체언말모음을 탈락시키는 경우가 있다. 경기지역어의 '마루+에 → 말레, 학교+에 → 핵게, ……' cf. 졸고(1970a:47~48).

들이 그 말모음의 i를 탈락시키는 음운규칙을 보이고 있다. i로 끝나는 체언 가운데는 속격형식인 '-의/의'를 취하는 경우에 그 말모음인 i를 잃어버리는 예들이 있다(안병희 1967:180~181, 홍윤표 1969:65, 이기문 1972b:155).

$$i \rightarrow [\text{null}] \: / \: [XC \underline{\quad}]_N + [Y]_{\text{case}}$$
$$\begin{bmatrix} \text{genitive} \\ \vdots \end{bmatrix}$$

[예]

아비(父)+의 → 아비, 어미(母)+의 → 어믜, 가희(犬)+의 → 가희, 가치(鵲) +의 → 가치, 늘그니(老人)+의 → 늘그늬, 病ᄒ니(病者)+의 → 病ᄒ늬, 가야 미(蟻)+의/의 → 가야믜(~가야믜), 곳고리(鶯)+의 → 곳고릭, 고기(肉)+의 → 고기 등등

때로 호격형식과의 연결에서도(아기+아 → 아가), 처격형식과의 연결에서 도(가지+애 → 가재) 또는 '-앳'에 의한 한정어구성에서도('쇠고갯' 쇠고기 가운 데) 이 어간말 i의 탈락을 볼 수도 있다. 이 수의적인 규칙에 대한 정밀화는 음운론적인 차원에서의 관찰만으로는 이루어지지 않을 것이다(cf. 고기의 누 니 븕도다, 두시언해 16:60). 따라서 현재의 논의에서는 더 들먹일 필요가 없다. 혹시나 사적 관점에서 '엄+ㅣ〉어미'로 분석하는 것이 가능하다고 하더라도, '고기'의 경우에서 보듯이 체언말i의 탈락규칙이 필요한 것은 받아들여야 할 것이다. 여하튼 이러한 곡용형식을 지배하는 i탈락의 수의규칙은 현대국어 의 체언에는 흔히 적용되지 않는 것으로서, 곡용에 한정시킨다면 일단 규칙 상실에 이르렀다고 할 수 있을 것이다. 만일 이러한 제약규정을 달리하여 역 사적으로 관찰한다면, 우리는 체언말에서의 i탈락규칙을 새로이 논의해 볼 만한 흥미 있는 사실을 발견하게 된다.

굴절 이외의 또 다른 음운규칙의 세계는 파생이나 복합과 같은 단어형성

에서 전개된다. 물론 구와 구 사이의 통사론적 구성에서도 있을 수 있다. 형태소경계가 아니고 단어경계를 본질적으로 요구하는 경우는 통사론적 구성과 함께 지금의 논의에서 제외시킬 수밖에 없다. 본고의 집중적인 관심이 될 파생의 경우에는 바로 위에서 보인 i탈락규칙과 비슷한 것을 발견할 수가 있다. 만일 '가쟁이, 가장구'(枝)를 [가지+앙이, 가지+앙구]로 분석할 수 있다면, 그것은 중세국어에서의 '가지+애 → 가재'와 맞먹는 경우라 할 수 있다. 물론 '가지'가 *[갖+이]와 같은 앞선 파생어라면 i탈락규칙이 없더라도 [갖+앙이]식으로 딴 해석이 가능할 것이다. 파생어에 대한 형태소들의 식별은 통시적으로는 모호성에 이끌리게 되고 마는 경우가 흔한 것이다.

'-앙이, -아기, -아리, ……'와 같은 모음으로 시작되는 형태들과의 파생어구성에서 i탈락을 경험한 듯한 예들은 특히 방언자료에서 흔히 발견된다.

> 토끼+앙이〉토깽이, 꼬투리+아기〉꼬투래기, 고삐+앙이〉고뺑이, 꼬리+
> 앙이〉꼬랭이, 꼬리+앙지〉꼬랑지, 줄기+어리〉줄거리, 단지+아기〉단재기,
> 거시+엉이〉거셍이, *나시+앙이〉넹이(나생이), *사비+앙이〉사뱅이

통시론적인 i탈락규칙의 확인은 이미 최근의 졸고에서 논의하였던 '小蝦(혹은 土蝦)'를 뜻하는 '새뱅이/새갱이/생이'에 대한 통시음운론에서 분명하여질 수 있다(졸고 1976:2~3). 통시적인 면에서 흔히 방언을 ㅂ계와 ㅸ계로 나누었는데, 이 방언특징에 따른다면 '새뱅이'는 ㅂ계의 방언형이며 '생이'는 ㅸ계의 방언형이고 '새갱이'는 ㅸ계에서 ㅂ계의 '새뱅이'로부터 차용하면서 'ㅂ → ㄱ'과 같은 gravity 안에서의 자질변경규칙을 적용시켜 재구조화한 방언형이라 할 수 있다. 이들은 [STEM+앙이]의 단어형성을 전제로 한다. '새뱅이'만을 논의한다면, 그것은 [*사비+앙이]의 재구형식으로부터 일정한 음운규칙들이 적용되면서 역사적으로 개신을 겪어 형성된 방언형이라 할 수 있다. 즉 *사비가 움라우트규칙의 적용을 받아 [새비]가 되고 이것이 기저형

이 된 뒤에 이어서 '-앙이'와 같은 모음으로 시작되는 특정의 파생접미사 앞에서 어간말모음인 i를 탈락시킴으로써 '새뱅이'의 형성이 합리적으로 가능하여진다. 만일 어간 자체가 말음으로서 i를 포함하지 않았다든가(cf. *삽), 아니면 i탈락규칙이 움라우트규칙에 앞서 적용되어서 움라우트규칙이 공전하게 되었다면, [삽+앙이])*사방이(~*사뱅이) [사비+앙이])사ㅂ앙이)*사방이(~*사뱅이)와 같은 비현실적인 파생형을 산출해 내게 될 것이다. 때문에 '새뱅이'는 어근형태소를 '*사비'로 재구하여 움라우트규칙과 i탈락규칙이 차례로 적용되는 일종의 feeding relation에 의하여 설명된다.

	[사비]
Umlaut	새비
word formation	[새비+앙이]]
i-deletion	새ㅂ 앙이
	⋮
	[새뱅이]

이 '새뱅이'와 같은 파생어형성에서 우리는 쉽사리 i탈락규칙을 확인할 수 있는 것이다. 이 탈락규칙은 현대국어의 굴절상에서는 적용되지 않는 것으로서, 그것은 모음으로 시작되는 특정의 파생접미사 앞에서라는 환경에서 음운론적 및 형태론적 제약을 전제하게 된다.[2]

$$i \rightarrow [\text{null}] \ / \ [X \underline{\quad}]_N + [VY]_{\text{suffix}}$$
$$\begin{bmatrix} \text{derivational} \\ \vdots \end{bmatrix}$$

---

2 흔히 '준말'이라 불리워지는 예들에서도 이와 같은 탈락을 볼 수 있다. 중부방언의 어느 하위방언에서는 '우리 엄마 → 우럼마, 우리 아버지 → 우라버지, ······'와 같은 탈락이 실현되기도 하는데, [저 엄마의 경우에는 '*점마'는 실현되지 않는다. 탈락을 일으키는 경우에도 음절의 길이에 대한 보상을 요구하는 compensatory lengthening은 경험하지 않는다. 형태소 경계에서도 i를 탈락시키는 '준말'이 있을 수 있다: 이리로 → 일루, 그리로 → 글루, 저리로 → 절루 등. '준말'을 지배하는 어떤 질서가 있다면 무척 흥미로울 것이다.

물론 파생어를 곡용·활용상의 교체와 동등한 자리에서 공시적으로 분석하는 경우에 위의 규칙이 현대국어에 필요한 것이다. 만일 파생어형성을 화석화로 관찰하는 경우라면, 그 규칙은 화석화과정에 적용되는 통시론적인 것이 되지 않으면 아니 될 것이다. '새뱅이'의 음운사를 통하여 i탈락규칙과 함께 단어형성에 관여하는 음운규칙들은 일정한 적용순위가 존재함을 확인할 수가 있었다. 나아가서 방언에 따라서는 축소접미사 '-앙이'에 의하여 지시된 '小蝦'만이 아니라 의미자질이 바뀌어진 '土蝦(민물새우)'를 뜻하기도 하여(小倉進平 1944a:305~306, 졸고 1969:50, 이익섭 1970:73) 재어휘화를 불러일으킨다는 사실도 확인할 수가 있는 것이다. 이러한 어휘상에서의 형태론과 의미론과의 규칙성의 문제는 현재의 논의에는 관심 밖에 있다.

또 하나의 남은 문제는 모음으로 시작되는 파생접미사 앞에서 체언말모음으로서의 i만이 탈락하는가 하는 문제이다. [염소+앙이]→[염생이]의 경우를 보면 i 이외의 모음도 탈락을 보일 가능성을 찾게 된다. '호맹이(호미), 나뱅이(나비), 모갱이(모기), 화래기(화로), 뒷통세기(뒷통수), ……' 등등도 마찬가지의 자료들이 될 것이다. 현재의 논의는 i역행동화와의 상관성에 관심의 초점을 두고 있으므로 이에 대한 논의를 확대할 여유가 없다. 현재의 작업은 잠정적으로 앞에서 보인 i탈락규칙만을 전제로 하여 이어질 것이다.

i탈락규칙과 움라우트규칙과의 관련성의 여부를 더욱 굳혀 주면서 규칙들의 적용순위에 따른 음운사적 의의를 더욱 돋보여 주는 방언분화형들이 존재한다. 하나의 예로서 '고삐'(轡)를 들 수 있다. 이에 대한 방언형들은 ① 고삐계(고삐, 괴삐, 고뻬기, 고뺑이, 괴뺑이, ……), ② 골삐계(골삐, 골뺑이, ……), 및 ③ 전혀 어원을 달리하는 듯한 '이까리, ……, 석' 등이 관찰된다. 이 어원을 달리하는 마지막의 것들을 논외로 하면, ① 고삐계와 ② 골삐계의 두 방언형들은 'ㄹ'탈락(cf. 앎>알) 앞) 이외에 움라우트 규칙과 i탈락규칙 등이 관여하여 분화되었다고 할 수 있다. '골삐'계는 'ㄹ'을 포함하는 어중자음군이라는 음운론적 제약으로 인하여 움라우트규칙의 적용을 받지 않게 되어 "괼삐'와 같

은 움라우트된 방언형이 존재하지 않는다(김완진 1963, 졸고 1971). 무엇보다도 이 자리에서 우리의 관심을 끄는 방언형들은 '고삐~괴삐, 고뺑이~괴뺑이'이다. 이들 가운데서 움라우트규칙만으로 설명될 수 있는 '고삐 → 괴삐'는 더 이상의 설명을 필요로 하지 않는다. '고뺑이~괴뺑이'는 모두 [고삐+앙이]의 파생어형성을 전제로 하는데, 이의 방언형들은 i탈락규칙과 움라우트규칙의 두 규칙의 적용순위를 상위하게 잡음으로써 합리적으로 설명될 수 있는 것이다. 즉 [고삐+앙이]에 i탈락규칙이 우선 적용되면 어간형태소 안에서의 움라우트규칙의 공전을 보게 되어 '고뺑이~고뺑이'에 이르게 된다. i탈락규칙으로 인하여 움라우트규칙은 결국 '피를 보게 되는' 일종의 bleeding relation에 의존하는 것이다. 이러한 순위와는 달리, 어간형태소인 '고삐'에 움라우트규칙이 적용되면 '괴삐'에 이르고 이어서 i탈락규칙이 적용되면 '괴뺑이~괴뺑이'에 도달하게 된다. 이와 같이 '고뺑이'와 '괴뺑이'는 움라우트규칙과 i탈락규칙의 적용순위를 달리 잡음으로써 재순위화(reordering)에 의하여 적절히 설명되어지는 것이다.

		[고삐+앙이]			[고삐+앙이]
(A)	i-deletion	고삐 앙이	(B)	umlaut	괴삐 앙이
(B)	umlaut	-	(A)	i-deletion	괴삐 앙이
		⋮			⋮
		[고뺑이]			[괴뺑이]

'고삐'의 방언분화형들의 두 계열인 '고삐, 고뺑이'와 '괴삐, 괴뺑이'에 대한 위의 짤막한 논의는 i탈락규칙은 물론이고 동화주로서의 i에 의한 움라우트규칙과의 적용순위를 뒤바꾸어 방언어휘의 분화를 보여주는 규칙들의 재순위화의 확인도 일러준다. 이로부터 i탈락규칙과 그것을 둘러싼 규칙과의 확인은 언어분화를 보다 합리적으로 설명하여 주는 데에 필수적이라는 사실이 다시 강조될 수 있다. 이렇게 확인된 i탈락규칙은 움라우트규칙 이외의

또 하나의 i역행동화규칙인 구개음화규칙과는 또 어떤 관련성을 가지는가?

3. i탈락규칙과 구개음화규칙

앞에서 확인한 i탈락규칙이 적용되면 숙명적으로 i역행동화규칙들이 '피를 보아' 형태소경계에서 작용하지 못하고 그 결과로 어간 자체의 교체는 더 이상 실현되지 않을 것이다. 만일 이와 반대로 i탈락규칙이 적용되기에 앞서 어떤 음운론적인 규칙들이 적용된다면 그 탈락되는 i에 의한 몇몇 규칙들—i 역행동화규칙들—을 가정하게 된다. 이 가정되는 i역행동화규칙들은 구개음화규칙과 움라우트규칙이다. 이 두 규칙들은 이전의 국어연구에서 흔히 별종의 음운현상으로 다루어 온 것인데, 본질적으로 이 규칙들은 i역행동화 현상의 범주에 들 것이다(김완진 1975). 다만 국어의 경우에 두 규칙을 차이 있게 하는 것은 인접동화와 비인접동화라는 차이점 외에 구개음화의 피동화음인 구개음은 곧바로 움라우트규칙의 음운론적 제약을 불러일으키는 개재자음이 되기 때문에, 결국 두 규칙들이 상호배타적으로 적용된다는 점이다. 즉 두 규칙은 하나의 규칙범주에 들면서도 음운론적 제약으로 말미암아 동시에 적용될 수 없다. '*사비 → 새비', '아기 → 애기'의 경우에는 움라우트 규칙만이 관여적이고 구개음화규칙은 비관여적인 데 반하여, '같+이 → 가치' 등의 경우에는 구개음화규칙만이 관여적이고 움라우트규칙은 비관여적일 수밖에 없다는 말이다. 우리는 이미 앞에서 [사비+앙이]와 [고삐+앙이]의 파생어형성과정을 통하여 i역행동화규칙으로서의 움라우트규칙의 작용을 보았으므로 이제 i탈락규칙과 구개음화규칙과의 관계에 관심을 모은다.

국어에서의 구개음화규칙은 상당히 복잡한 그래서 아직도 정밀하게 기술되지 못한 여러 문제들을 안고 있지만, 우선 음운사적으로 특대를 받아온 두 가지의 유형을 고려할 수 있다. dental palatalization의 대표격인 t-구개음화와

velar palatalization으로서의 k-구개음화가 그것이다. 역사적으로 보면 t-구개음화는 형태구조의 내부에서나 형태소경계에서나 모두 실현될 수 있었으며 k-구개음화는 h-구개음화 및 n-구개음화 등과 마찬가지로 어두에서만(즉 제일음절에서만) 실현되는 제약을 가졌던 것이다. 만일 구개음화규칙의 첨가로 개신을 입어 형태소들이 재구조화되었다고 할 수 있다면, 순수하게 공시론적으로는 k-구개음화는 이미 규칙상실을 경험하여 존재하지 않을 것이며, t-구개음화규칙은 형태소경계에서만 적용되도록 제약되는 것이다. 즉 '길, 기름, 기둥, 기대다, ……' 등이 구개음화규칙에 의한 개신을 받아서 기저형 자체가 '질, 지름, 지둥, 지대다, ……'로 되었다면, 이러한 k-구개음화규칙은 더 이상 필요하지 않게 된다. 또 형태소구조의 내부에 t-구개음화규칙이 적용되어 개신이 일어났다고 한다면, '바디, 뭉티, 디나다, ……'가 '바지, 뭉치, 지나다, ……'와 같은 개신형으로 되어 형태소구조의 내부에서는 t-구개음화규칙이 불필요하게 되고, 오직 [밭+도, 밭+을, 밭+이, ……]와 같은 교체에서 보듯이 형태소경계에서만 관여하게 될 것이다. 이러한 구개음화의 역사적 성격으로 보아 하나의 규칙이 광범위하게 적용되다가 시간선상에서 새로운 음운론적 혹은 형태론적 제약을 받게 되어 그 규칙의 적용의 폭이 좁아지는 규칙의 협소화(narrowing down)가 다시 지적될 수 있다. 물론 이러한 개신형의 설정은 새로운 규칙의 첨가로 빚어지는 개신을 전제로 하였을 경우에만 가능한 것으로서, 추상성의 정도에 대한 문제를 안고 있는 것이다.

　이러한 이론적인 미해결을 남겨둔 채로, 몇몇 단어형성의 실례를 통하여 앞에서 논의했던 형태론적 제약 속에서의 i탈락규칙과 구개음화규칙 등의 역행동화규칙과의 관계 및 그 규칙들의 적용순위를 검토하여 보자.

　우선 k-구개음화의 예로부터 이를 살핀다면, 자연히 k-구개음화규칙의 첨가에 의한 개신을 경험했던 방언들 곧 동남방언, 서남방언, 동북방언 및 이들과 접촉된 중부방언의 일부가 관여할 것이다. 이의 예는 '어두에서'(#＿)라는 음운론적인 설명을 요구하는 분포적 제약으로 인하여 극히 드물 수밖에 없다. 아마도 '키'(箕)에 대한 방언형들이 오직 하나의 대표적인 예가 되지 아니할까 한다. 이 '키'는 ㅋ → ㅊ/＿｛ㅣ, y｝를 입은 방언에서는 [치], 그렇지 않았던 방언에서는 [키]일 것임은 말할 것도 없다.

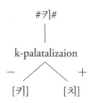

'키'계의 방언에서와는 달리 '치'계의 방언에서는 이 어간에 '-앙이/엉이' 접미사형태소가 부접되는 [치+앙이/엉이]의 단어형성을 볼 수 있다. 그리하여이 파생어형성에 의한 '쳉이, 챙이, 채이, 칭이, 치이, ……' 등을 k-구개음화방언에서 관찰할 수 있다(방언에 따라 '치'와 '쳉이'가 축소적인 의미상의 차이를 보이기도 한다). 이 방언형들은 구개음화 이외에 i탈락규칙, 움라우트규칙, 모음조화규칙 및 ŋ-weakening rule 등이 각기 차이있게 적용된 것들로 설명됨은물론이다. 그런데 이 k-구개음화규칙에 의한 개신을 경험한 방언권에 속하는 동남방언의 한 하위방언인 영덕지역어는 다시 하위지역에 따라 '켕이'와'쳉이'를 보이고 있다(김형규 1974, cf. 키(箕) 항목).[3] 이 방언분화를 보이게 된사회·문화적인 배경을 제쳐 놓으면, 또 하나의 흥미 있는 음운사적인 현상을 관찰할 수가 있다. 즉 그것은 '고뺑이~괴뺑이'에서와 같이 두 규칙이 그 적용순위를 역순위로 하는 규칙의 재순위화이다.

---

[3] 필자의 현지조사(1972년 1월)에 의하면 이전에 '반촌'을 형성했던 축산면 상원동의 지역어는 k-구개음화에 의한 개신형을 좀처럼 볼 수 없었고, '읍내'라고 하는 영해면 성내리의 지역에서는 수의적이었고, 어촌('물편')에서는 구개음화에 의한 개신형들을 흔히 볼 수 있었다. 이러한 방언분화에 대한 사회·문화적 요인은 쉽사리 짐작할 수 있을 것이다(교육적, 경제적, 민속적 등등).

	[키+엉이]		[키+엉이]
i-deletion	ㅋ 엉이	k-palatalization	치 엉이
k-palatalization	—	i-deletion	ㅊ 엉이
umlaut	[켕이]	umlaut	[쳉이]

위에서 보는 바와 같이 '쳉이'와 '켕이'는 두 규칙의 적용순위를 각각 달리 잡음으로써 설명될 수 있는 것들이다. '쳉이'는 (A) k-구개음화규칙 (B) i탈락 규칙의 순서로 또 '켕이'는 (B), (A)의 순서로 형성되었다고 해석된다. '키'와 '치'가 어느 앞선 시기에 수의적으로 공존했었다든가, 아니면 '키'가 '치'의 방언지역에 근래에 들어서서 차용되어 '-앙이/엉이'에 의한 단어형성이 이루어졌다든가, 또 '키'에 유추되어 '쳉이'가 '켕이'로 되었다든가 하는 등등의 문제는 파생어형성사의 음운규칙들의 작용에 관심을 두고 있는 지금으로서는 그리 중요한 것이 못된다. 더욱이 '켕이'는 문자교육에 의한 반촌의 방언형이라는 언어외적인 설명은 사회방언학이나 인류언어학에 미룰 일이다. 그러한 언어적 또는 언어외적 과정에서 음운규칙들이 어찌 적용되었는가 하는 것이 순수한 음운론에서 일차적인 관심이라는 말이다.

이어서 또 하나의 구개음화규칙인 t-구개음화규칙과 i탈락규칙과의 상호 관련성을 논의하여 보자. 우선 이러한 관계의 논의를 위하여서는 /-디, -티/ 등의 음운론적 연결을 전제로 하여야 하는데, 이들에 관련되는 단어형성에서의 형태소들의 식별이 우선 해결되어야 할 것이다. [마지](長者)가 [맏+이]로부터의 파생어임은 '맏형, 맏아들, 맏동서, ……'로부터 쉽사리 확인할 수 있다. 그러나 형태소의 식별이 늘 이렇게 간단하지는 못하다. 만일 형태소의 분석이 상위하게 이루어지면, '-앙이/엉이' 등에 의한 파생어형성사는 엄청난 해석의 차이를 가능하게 하기 때문이다. 이러한 논의를 위하여 우선 '무지/무더기'(群)를 하나의 예로 제시할 수 있다. 만일 '무지'를 하나의 단일형태소로 보고 *무디를 재구한다면, '무더기'는 [무디+어기]의 형태론적 구성에서 i탈락규칙이 먼저 적용되어 t-구개음화규칙이 공전한 채 파생된 것이라 할 수 있다. 그러나 만일 '무지'를 다시 [묻(群)+이(명사파생접미사)]로 분석한다면, '무더기'를 [묻+어기]로부터 i탈락규칙과는 아예 상관함이 없이 파생되었다고 할 것이다. 역사적으로 보면, 적어도 중세국어를 기준으로 보면 후자의 해석은 어려워진다. '무디' 이외에 '묻'을 하나의 어간으로 인정하기가 곤란하기 때문이다. 혹시나 '묻'(束, 群)을 이와 같은 형태소로 처리한다면, 설음과 치음 사이의 중화규칙을 허용해야만 할 것이다. 그러나 15세기의 국어는 형태소말의 위치에서 이러한 'ㄷ → ㅅ'의 자질변경규칙은 성립되지 않는 것이었다(이기문 1972a:78~80). 통시음운론에서 15세기의 국어가 최적의 기준이 되는 것은 아니다. 현재로서는 '무지'와 '무더기'는 잠정적으로 다음과 같이 해석할 수 있다.

	*무디	[*무디+어기]
i-deletion	—	무ㄷ 어기
t-palatalization	무지	—
	[무지]	[무더기]

이 '무지/무더기'에 평행되는 또 하나의 예를 든다면 '뭉치/뭉테기'가 있다. 어간으로서 *뭉티를 재구한다면 [뭉티+어기]에 i탈락규칙을 적용함으로써 '뭉터기'를 얻게 된다.

	*뭉티	*뭉티+어기
i-deletion	——	뭉ㅌ 어기
t-palatalization	뭉치	——
	[뭉치]	[뭉터기]

'-어기 → -에기'와 같은 움라우트규칙이 적용되면 '뭉테기'가 유도될 것이다. '무지, 뭉치'와는 달리 '무더기, 뭉터기'는 i탈락규칙이 먼저 적용됨으로써 t-구개음화규칙은 공전한 bleeding order에 의한 파생형들임을 알 수 있다.

[어간+이]의 파생형식이 분명한 예로서는 허다하지만, '못'(釘)의 방언형들인 '못, 모디, 모지, 모다귀, 모다구, ……'의 경우를 고려할 수 있다. 중세국어가 보여 주듯이 "*몯'으로부터 변화 혹은 파생된 것이다. '몯 → 못'은 '뜯(志) → 뜻'에서와 같이 체언말에서의 stridentization (ㄷ → ㅅ/__#)을 경험하여 개신된 것이며, [몯+이]와 [몯+아귀]의 파생어형성에서 '모디, 모지'와 '모다귀, 모다구' 등이 각각 반사된 것이다. 구태여 [모디+아귀]로부터 i탈락규칙을 적용시켜 유도할 필요는 없는 것이다. '모디'를 한 형태소로 삼으면 '못'의 유도를 위하여 제약환경이 명백하지 못한 i탈락을 적용시켜 해석하여야 하기 때문이다.

위의 형태소식별과는 달리 음운론적인 연결인 /디/가 어간형태소의 말음절이 아니고 파생접미사일 수도 있다. 그것은 [어간+디+아기/어기] 등의 형태소분석이 가능할 것이다. 이에 대한 논의는 그만큼 더 장황하여지게 되는데, 그 예로서는 방언량이 큰 단어족인 '穀'을 뜻하는 방언형 등을 들 수 있다. 이의 분화형들로는 ① 거풀, 꺼풀, ……, ② 껍지, 껍질, 겁질, ……, ③ 껍닥, 겁닥, 껍덕, 껍데기, …… 등이 있다. 이들의 형태소로의 분석은 현재로서 명쾌하게 확언할 수는 없지만, ① [STEM+울] ② [STEM+디(+울)] ③ [STEM+디+악/억(+이)]의 유형을 각각 상정할 수 있다. 이들에 관련되는 어근의 사적 자료로서는 15세기의 '거피'가 우선 우리에게 주목된다.

나못 거피라(묘법연화경언해 1:220)
거피 앗다(구급방언해 하:59)

이 '거피'가 다시 '겊+이'로 분석될 가능성이 있는지에 대하여는 현재의 문헌자료만으로는 알 길이 없다. 만일 '거피'를 하나의 형태소로 본다면 '거플'은 명사에 부접되는 접사인 '-울/을'과의 구성에서 i탈락규칙이 적용된 것으로 볼 수 있고, 만일 '겊'을 하나의 형태소로 확립할 수 있다면 i탈락규칙의 적용은 그 조건에서 보아 요구조차 받지 않을 것이다. 형태소의 분석에 대한 위의 두 가지 가능성 가운데서 [겊+디(+…)]로부터 산출된 여러 반사형들을 고려하면 '겊'을 사적인 어근형태소로서 간주하여 무방하지 아니할까 한다. 15세기의 '거피'는 [플+이]〉푸리(繩), [엄+이]〉어미(母), ……(cf. [몯+이]〉모디) 와 같이 [겊+이]로부터 파생어가 된다. 이에 따라 우리는 ① 거풀계는 [겊+을]로 ② 껍지와 껍질계는 [겊+디(+을)]로 분석하고, ③ 껍덕, 껍데기 등의 계는 [겊+이+악/억(+이)]로 분석할 수 있다. [겊+을](〉거풀)에서의 파생접미사 '을/을'은 '몇~며츨(〉)며칠' 등과 같은 예들로부터 보아 그 확인이 전혀 불가능한 것이 아니다. [겊+디(+…)]와 같은 형태론적 구성에서 어근에 부접하는 파생접미사 '-디'의 설정 가능성에 대하여는 이미 암시된 바가 있다 (이숭녕 1957:86). 즉 '디+악 → 닥, 디+앙 → 당, 디+악+이 → 다기, 디+앙+이 → 당이, 디+아괴 → 다괴(다귀), ……'와 같은 형성을 보이는 것이다. 이 복합파생접미사의 형성도 i탈락규칙－체언말모음 자체의 경우는 아니지만 －을 전제로 하게 된다. 이상과 같은 복잡한 형태소로의 분석에 의존한다면, '껍지~껍지'와 '겁질~껍질'은 'ㅍ → ㅂ'의 필수적인 중화규칙과, 수의적으로 방언이나 세대에 따라 적용되는 어두경음화 이외에 t-구개음화규칙이 적용되어 형성된 방언형들이라 할 수 있다. 그 중에서 '-을/을'에 의하여 형성된 '겁질~껍질'은 [겁+디+을] → 겁지+을 → 겁ㅈ을 → 겁즐 → 겁질'의 과정에서 보듯이, t-구개음화, i탈락 및 치찰음 아래에서의 전설모음화(ㅡ〉ㅣ)(졸고 1970b) 등등의 여러 규칙들이 차례로 적용된 것이라 할 수 있다. 즉 t-구개음화규칙이 적용된 다음에 '-을/을'에 의한 i탈락규칙이 적용되었다고 할 수 있다. 만일 i탈락규칙이 먼저 적용되면 t-구개음화규칙은 헛돌게 되어 현실적이 아닌 *겁들~*겁딜'이 유도되어야 하기 때문이다. 즉 '겁질'은 t-구개음화와 i탈락의 두 규칙들이 feeding order로 적용되었다고 할 것이지 bleeding order로 설명될 것은 아니다.

한편 '껍닥~껍닥~껍덕'과 '껍데기' 등의 방언형들은 '-악/억, -아기/어기'와 같은 형태소에 의하여 [겹+디]가 i탈락규칙의 적용을 우선 받고, 이어서 t-구개음화규칙이 공허하게 적용되어 'ㄷ'이 유보되어 있는 결과를 가져왔다고 할 수 있다. 만일 t-구개음화가 먼저 이루어지고서 'i탈락'이 feeding order로 적용되었다면, 역시 비현실적인 *겹적, *겹제기, ……'를 유도하게 될 것이다. '껍질'과 '껍데기'는 요컨대 각각 feeding order와 bleeding order로 설명될 수 있으며 이 양자 사이에는 구개음화규칙과 i탈락규칙과의 역순위에 의한 재순위화로 설명되어지는 것이다.

		[겹+디+을]				[겹+디+억]
(A)	t-palatalization	겹 지 을	(B)	i-deletion		겹 ㄷ 억
(B)	i-deletion	겹 ㅈ 을	(A)	t-palatalization		——
		⋮				⋮
		[껍질]				[껍덕]

위의 파생어형성에서의 규칙들의 순위는 '-을'과 '-억'의 상이한 형태소들에 따라 논의되었지만, t-구개음화규칙과 i탈락규칙의 두 규칙의 적용에 있어서 그 directionality를 고려함이 없이는 합리적으로 설명될 수는 없을 것이다.

'껍질'과 '껍데기'의 경우와는 달리 동일한 파생접미사에 의한 규칙재순위화로 설명될 수 있는 예도 없지 않다. 하나의 예로 '꽃봉우리'(花蕾)에 대한 방언형들인 '꽃봉, 꽃봉지, 꽃봉다리, 꽃봉자리, 꽃봉생이, ……' 들이 제시될 수있다. 이들의 형태론적 구성은 대체로

[[[꽃][봉-]]N [···]suf. ([···]suf.)]N

와 같다. '(꽃)*봉디'와 같은 재구형으로부터 t-구개음화규칙의 적용을 받으면 [꽃봉지]가 유도되는데, '봉다리'와 '봉자리'는 다시 규칙들의 재순위화로 설명될 수밖에 없다. 즉 [봉+디+아리]의 구성에서 i탈락이 실현되고 t-구개음화규칙이 공허하게 적용되면 [봉다리]가 분화되고, 역으로 t-구개음화규

칙이 적용되고 이어서 i탈락규칙의 실현을 보게 되면 [봉자리]에 이르게 된다.

	[봉+디+아리]		[봉+디+아리]
(A) i-deletion	봉 ㄷ 아리	(B) t-palatalization	봉 지 아리
(B) t-palatalization	——	(A) i-deletion	봉 ㅈ 아리
	[봉다리]		[봉자리]

이상 많지 않은 예시를 통하여 파생어형성을 전제로 하는 어휘들의 분화형들을 i탈락규칙과 구개음화규칙과의 관련 속에서 설명하여 보았다. 논의하는 가운데 비록 명확하지 못한 형태소의 식별이 있었을지라도, 우리는 i탈락규칙과 구개음화규칙과의 관련성을 저 앞의 움라우트규칙과의 논의에서처럼 믿게 되는 것이다. 본고에서 강조하고 싶었던 점은 바로 이것뿐인 것이다.

음운론적 과정에 앞서는 형태론적 명시화는 결국 형태소의 식별을 요구하기 때문에, 만일 필자가 가정한 형태소들—그 의미조차 제시하지 않았지만—이 새롭게 설정된다면, 전혀 새로운 설명도 불가한 것은 아닐 것이다. 여하튼 움라우트규칙과 구개음화규칙 등의 i역행동화규칙들은 i탈락규칙과의 적용에 있어서 규칙들의 여러 적용순위들로 각기 다른 어휘형식들을 분화시키고 있다고 할 것이다.

4. 결론

필자는 언어현상을 공시론적으로든 통시론적으로든 규칙이 지배하는 현상(rule-governed phenomena)으로서 전제하고 특정의 파생어형성의 음운사에 관여하고 있는 사적인 규칙순위와 그에 의한 방언분화를 논의하여 보았다. 관심의 초점이 되었던 규칙은 움라우트규칙과 구개음화규칙 등의 i역행동화규칙이었기 때문에, 선택된 특정의 파생어형식은 자연히 그 i역행동화규칙들에 관련될 수 있는 것에 한정되었다. 이에 따라 파생어의 어간형식은 i로 끝나는 것일 수밖에 없었다. 이러한 i로 끝나는 어간을 포함하는 파생어형성에서 '-악/억, -아기/어기, -앙/엉, -앙이/엉이, -올/을, -아리/어리, ……' 등과 같은 모음으로 시작되는 파생접미사 앞에서 그 어간의 말모음의 탈락규칙 특히 i탈락규칙을 확인할 수 있었다. 나아가서 이 i탈락규칙과 i역행동화규칙들과의 음운사적인 관련성을 보다 분명하게 파악하게 되었다. 즉 i탈락규칙이 먼저 적용되면 자연히 i역행동화규칙들은 적용될 수 없어서 공전하게 되는데(bleeding order), 역으로 i역행동화규칙이 먼저 적용되고 이어서 i탈락규칙이 실현되기도 하여(feeding order), 결국 두 규칙순위에 의한 세트 사이에서 규칙재순위화(rule reordering)가 성립하게 된다. i역행동화규칙의 범주에 드는 움라우트규칙과 구개음화규칙은 그 음운론적인 제약으로 인하여 상호 배타적으로 적용되기 때문에, i탈락규칙에 앞서 i역행동화규칙이 적용되는 경우 움라우트규칙과 구개음화규칙 둘 가운데서 음운론적 조건에 따라 어느 하나만이 관여하게 된다.

파생형 Ⅰ	파생형 Ⅱ
	(B) 움라우트규칙
(A) i탈락규칙	혹은
	구개음화규칙
(B) 움라우트규칙	
혹은	(A) i탈락규칙
구개음화규칙	
(새비)	새뱅이
고뺑이	괴뺑이
켕이	쳉이
무더기	(무지)
껍데기	껍질
(꽃)봉다리	(꽃)봉자리
⋮	⋮

우리는 이전의 언어연구에서 굴절상에서보다는 파생이나 복합의 경우가 음운변화에 있어서 보다 보수적이라는 사실을 강조하였던 사실을 똑똑히 기억하고 있다. 필자 자신도 이러한 보수성에 대한 관심을 보인 바 있으나, 공시론적인 해석에 초점을 두었기 때문에 그 음운사적인 이해는 '화중지병 (畫中之餠)' 격이었던 것이다. 음운변화에 있어서 이전의 모습을 고집하고 있을 때 그것을 통시론적으로는 '화석화'라고 불러왔으며, 혹은 reminiscent sandhi-form이니 relic form이니 하여 즉 음운변화의 잔재로서 가볍게 처리하여 왔다. 물론 공시론적인 분석을 하려고 할 경우에는 일정한 언어범주에 의한 규칙의 범주화로 그 예외적인 듯한 것을 설명하기도 하였다. 이러한 음운변화의 보수성 내지는 화석화라고 하는 통시적인 과정을 필자는 규칙들에 의하여 보다 명료하게 그리고 합리적으로 설명하려 하였던 것이다.

참고문헌

김완진(1963), 국어 모음체계의 신고찰, 《진단학보》 24.

김완진(1971), 음운현상과 형태론적 제약, 《학술원논문집》 10.

김완진(1975), 전라도방언 음운론의 연구방향 설정을 위하여, 《어학》(전북대) 2.

김형규(1974), 《한국방언연구》, 서울대 출판부.

안병희(1959), 15세기국어의 활용어간에 대한 형태론적 연구, 《국어연구》 7.

안병희(1967), 한국어 발달사: 문법사, 《한국문화사 대계 Ⅴ》, 고려대 민족문화연구소

이기문(1972a), 《국어음운사연구》(한국문화연구총서 13), 서울대 한국문화연구소.

이기문(1972b), 《개정 국어사개설》, 민중서관.

이병근(1969), 방언 경계에 대하여, 《한국문화인류학》 2.

이병근(1970a), Phonological and Morphonological Studies in a Kyonggi Subdialect, 《국어연구》 20.

이병근(1970b), 19세기 후기 국어의 모음체계, 《학술원논문집》 9.

이병근(1971), 운봉지역어의 움라우트 현상, 《김형규박사 송수기념논총》, 일조각.

이병근(1975), 음운 규칙과 비음운론적 제약, 《국어학》 3.

이병근(1976), '새갱이'(土鰕)의 통시음운론, 《어학》(전북대) 3.

이숭녕(1957), 국어조어론시고, 《진단학보》 18.

이익섭(1970), 전라북도 동북부지역의 언어분화, 《어학연구》(서울대) 6-1.

홍윤표(1969), 15세기국어의 격연구, 《국어연구》 21.

小倉進平(1944), 《朝鮮語方言の研究(上)》, 東京: 岩波書店.

韓國語 語頭 h-의 起源 및 語頭 子音群語와 旁點

一. 序言

韓國語와 알타이諸言語와의 관계에 대해서 이미 오래전부터 國內外學者들에 의해서 진지하게 研究되고 있으나, 아직도 表面的인 類似性에서 그다지 깊이 探索하지 못하고 있는 실정이다. 이러한 뜻에서 筆者는 現在의 韓國語 系統研究가 「假定-證明-確定」이라는 言語의 系統研究過程에서 「證明」의 段階에 있음을 거듭 强調한 바 있다.[1] 좀 더 具體的으로 말하면 韓國語의 系統研究는 韓國語와 알타이諸言語와의 관계를 證明하려고 努力하고 있는 段階에 있다. 여기서 가장 큰 難點의 하나가 音韻對應의 規則性을 公式化하기 어렵다는 사실이다. 이러한 점에서 本稿는 從來 皮相的으로만 보아오던 音韻對應에 관해서 두 가지 점을 좀 더 깊은 층에서 考察하려는 데에 目的이 있다.

韓國語와 알타이諸言語와의 比較研究가 어느 程度 本格的인 軌道에 오른 것은 Ramstedt부터라 하겠다. 특히 韓國語 語彙比較의 많은 부분이 그의 「韓國語語源研究」(以後 SKE)[2]에서 그대로 引用되고 있으며, 또한 音韻對應에 관

---

1 拙稿. 韓國語의 系統研究의 問題點-方法論과 非알타이語要素- (언어학 1, 1976)

해서도 그의 對應表[3]가 절대적인 영향을 미치고 있고 또 文法形態素에 관해서도 마찬가지이다. 이처럼 그의 研究가 미치는 영향이 커서 그의 見解가 거의 無批判的으로 받아들여지고 있는 것이 現在의 상태이다. 그러기에 우리는 Ramstedt의 研究를 土臺로 出發해서 그것을 批判하고 또 그것을 넘어설 수 있을 때, 비로소 韓國語와 알타이諸言語와의 比較研究, 더 크게는 韓國語 系統研究에 큰 發展이 이루어지리라고 믿고 있다.

Ramstedt의 「韓國語語源研究」에서 가장 큰 缺點의 하나로서 흔히 漢字語와 순수한 韓國語를 區別하지 못했다는 점을 든다. 사실상 Ramstedt가 韓國人이 아닌 外國人學者라는 점을 감안하더라도 그러한 例는 너무도 많은 量에 이른다. 그러나 우리는 여기서 새삼 하나의 敎訓을 얻는다. 그것은 語彙比較가 얼마나 恣意的으로 행해지기 쉬운가를 단적으로 말해주기 때문이다 : Ko. hjək [赫] 'magnificent, great, beautiful'=Tung. hegdi 'great, much'(SKE 62); Ko. ka[家] 'family, house'=Ma. xala, Go. Olča. Negd. xala 'the family, the clan, the tribe'(SKE 81). Ramstedt는 [赫]과 [家]를 순수한 韓國語로 알고 比較했지만 이 얼마나 그럴듯한 比較인가! 그러면 이러한 比較가 비단 漢字語와 순수한 韓國語의 無分別에서만 일어날 수 있는 것인가? 이처럼 語彙比較는 항상 恣意的일 수 있는 危險性을 內包하고 있다는 점에 恪別히 留意할 必要가 있다. 音韻對應의 規則性이 主로 語彙比較를 통해서 確認되는 것은 물론이다. 그러나 音韻對應의 規則性이 確立되기 전의 語彙比較에는 항시 恣意性이 內包되어 있는 危險性이 있다. 우리는 사실상 現在 韓國語와 알타이諸言語와의 比較研究에서 音韻對應의 規則性을 얻기 위해서 恣意的일 수 있는 語彙比較를 하고 있다. 그러므로 韓國語와 알타이諸言語와의 語彙比較에서 아무리 그럴듯한 類似한 낱말을 찾았다 해도 그것이 音韻對應의 規則性에 의해서 同一語源으로 確認

---

2 G. J. Ramstedt, Studies in Korean Etymology, Helsinki, 1949.

3 G. J. Ramstedt, Studies in Korean Etymology Ⅱ, Helsinki, 1953, p. 10, 12.

되기 전까지는 그 比較가 「暫定的」인 뜻을 內包하고 있다. 우리는 이러한 입장에서 韓國語와 알타이諸言語와의 語彙比較를 하고 있다는 입장을 거듭 밝혀두지 않을 수 없다. 이러한 입장은 結局 韓國語와 알타이諸言語와의 系統을 밝히기 위한 硏究가 現在 「證明」의 段階에 있다는 점을 말하는 것이다. 이 점을 거듭 强調하지 않을 수 없는 것은, 韓國語와 알타이諸言語와의 系統的 관계가 「證明」의 段階도 거치지 않고 이미 確定된 양 착각하고 있는 傾向이 있기 때문이다.

Poppe는 日本語와 알타이諸言語와의 比較研究에 관해서 다음과 같이 말한 바 있다.[4] : 日本語와 알타이諸言語와의 사이에 共通要素가 적어서 大部分의 경우 어떤 音韻對應에 대한 例가 不過 몇 개에 지나지 않는다는 사실은 二次的인 重要性밖에 없다. 첫째, 言語의 親近性의 證據로 볼 수 있는 共通語根이 最少 몇 개 있어야만 한다는 規則이 없기 때문이다. 比較言語學에서 共通要素가 最少 어느 程度 있어야 言語의 親近性을 立證할 수 있는 效力이 있는가에 대한 一定한 規則이 없는 것은 사실이다. 따라서 音韻對應의 規則性을 確定하기 위해서 最少 몇 개의 對應語彙가 必要한가에 대한 規則이 없는 것도 물론이다. 그러나 音韻對應의 規則性을 設定하기 위해서는 거기 상당한 量의 對應語彙가 確認되어야 한다. 그것이 꼭 몇 개 있어야만 한다는 規則은 없더라도 對應例가 不過 몇 개에 지나지 않는다면 그것은 說得力이 弱하고 不安한 것이 된다. 그러므로 漠然한 表現이 되겠지만 될 수 있는 대로 많은 對應例가 發見되어야함은 再論의 必要도 없을 것이다. 이러한 점에서 볼 때, 韓國語와 알타이諸言語와의 比較研究에서 어떤 音韻對應의 規則性을 不安없이 確立할 만한 量의 對應語彙가 어느 程度 發見되었는가를 檢討해 볼 必要가 있다. 그 판단은 물론 各研究者 자신의 見解에 따라서 다르겠지만.

諸言語의 比較研究에서 外來的 要素는 항상 研究를 困難하게 한다. 그러므

---

4 N. Poppe, Foreword in R. A. Miller, Japanese and the Other Altaic Languages, Chicago, 1971, p. x.

로 諸言語의 比較研究에서 外來的 要素의 確認이 重要한 뜻을 가지고 있지만, 實際로 그 分別이 어려운 경우가 많다. 이러한 例로서 우리는 Armenia語의 경우를 둘 수 있다. 그러면 國語의 경우 外來的 要素는 漢字語만인가? 우리는 지금까지 알타이語的인 要素를 찾는 데 熱中한 나머지 이 問題에 대해서 너무도 無關心했음을 是認해야 할 것이다. 그리하여 筆者는 韓國語에 Gilyak語의 要素가 있음을 確認한 바 있다.[5] 이러한 外來的 要素가 國語와 알타이諸言語와의 比較研究를 困難하게 하고 있는 要因이 아닌가 하는 問題를 筆者는 提起했던 것이다. 우리는 韓國語의 系統研究에서 처음부터 어떤 可能性이 意識 혹은 無意識的으로 排除되지 않았는가 留意할 必要가 있다. 이러한 점에서 Poppe의 韓國語 系統研究에 관한 最終的인 見解라고 할 수 있는 세 가지 可能性의 提示를 높이 評價하고 싶다.[6] 탁월한 알타이語學者의 눈에 韓國語의 系統이 얼마나 두꺼운 疑雲에 쌓여 있는가!

二. 韓國語 h-의 起源

Ramstedt는 韓國語에서 語頭 h-가 大部分 *s-에 遡及한다고 보고 起源的인 *h-의 存在를 否認한다. 이것은 알타이諸言語에서 語頭 *x-/*h-의 存在를 否認하려는 그의 見解가 韓國語의 경우에도 反映된 것으로 보인다. 알타이諸言語에서 語頭 *x-/*h-의 問題가 提起된 것은 특히 滿洲-퉁구스諸語에서이다. 滿洲-퉁구스諸語에는 語頭 x-/h-에 관한 다음과 같은 對應이 있다.[7]

---

5 拙稿, 上揭書.

6 Ibid., p. 12f.; N. Poppe, Introduction to Altaic Linguistics, Wiesbaden, 1965, p. 148.

7 J. Benzing, Die tungusischen Sprachen, Versuch eines vergleichende Grammatik, Wiesbaden, 1955, p. 41.

	Ma.	Go.	Olč.	Orok.	Oroč.	Udh.	Sol.	Negd.	Ew.	Lam.
*x	Ø	h-	x-	x-	Ø	Ø	Ø	Ø	Ø	Ø
*xi-	i- (ni-, si-)	si-	si-	si-	i-	i-	i-	i-	i-	i-

南퉁구스語에서 Goldi, Olča, Oroki 諸語에 나타나는 語頭 x-/h-는 다른 方言에서는 여기에 對應하는 것이 없다. 또한 Goldi, Olča, Oroki 諸語에 나타나는 語頭 si-도 다른 方言에서는 對應하는 s-가 없다. Benzing은 前者를 퉁구스祖語의 *x-로 再構하고 後者를 *xi-로 再構하고 있다. 즉 後者의 경우 *x-뒤에 母音 i-가 後續할 경우, 이것이 si-로 變化했음을 말하는 것이다.(滿洲語에서는 i-, ni-, si-). 池上二良도 같은 再構를 보여주고 있다.[8]

Menges는 위의 x-/h-가 起源的인 것인지 혹은 語頭添加音的(prothetisch)인 것인지를 주저하고 있다.[9]

Ramstedt는 그 起源的인 存在를 否認하고 大略 다음과 같이 말한다.[10] 알타이諸言語에서 語頭의 h-가 起源的으로 存在했는지 안했는지 또 얼마만큼 널리 存在했는지 永久히 解決할 수 없다. 一般的으로 이 音은 새로운 借用語에서만 認定될 뿐, 起源的으로 最古퉁구스語와 韓國語에는 없었다. 그리고 Goldi, Olča, Oroki 諸語의 약간의 單語에서만 보일 뿐, 다른 퉁구스語에는 對應하는 것이 없는 h-는 比較的 새로운 時代에 '强하게 시작하는 母音'(verstärkte Vokaleinsatz)에 의해서 생긴 것이다. 그리고 語頭 h-가 있는 中國語의 借用語에서 h-가 몽고語와 토이기語에서는 消滅했으나, 이와 反對로 中國語의 영향이 큰 南퉁구스語와 韓國語에는 아직도 그 音을 保有하고 있다.

---

8 池上二良, ツングス語の變遷(服部四郎 編, 言語の系統と歷史, 東京, 1971, p. 285).

9 K. H. Menges, Die tungusischen Sprachen, Handbuch d. Orientalistik, Bd. V, 3. Abschn., Tungusologie, Leiden/Köln, 1968, p. 36.

10 G. J. Ramstedt, Einführung in die altaischen Sprachwissenschaft I, Helsinki, 1957, p. 72f.

Poppe도 위와 같은 見解를 가지고 있다. 그는 다음과 같이 말하고 있다:
Goldi, Olča, Oroki 諸語의 낱말에 보이는 語頭 h- 혹은 x-가 Udehe, Ewenki,
Lamut, 滿洲語 등 다른 퉁구스語에는 여기 對應하는 것이 없다. 起源的으로
˚h-/˚x-를 假定할만한 根據가 없으며 그것은 二次的 發生이다. 그리하여 Go,
hujgu. Olč. xuju, Sol. iggi, Ew. irgi '꼬리'와 같은 對應에서 Go. huigu의 h-를 다
음과 같은 변화의 結果로 본다: ˚irgü 〉 ˚jirgü 〉 ˚hirgü 〉 ˚hurgu 〉 hujgu. 이것은
Ramstedt가 '强하게 시작하는 母音'이라고 說明하는 變化와 같다. 또한 Gol.
Olč. Orok. si-=Ma. Ew. Lam. i-와 같은 對應에서 si-는 ˚ji- 〉 ˚hi- 〉 ˚xi- 〉 ˚ši- 〉 si-
와 같은 變化結果로 본다.[11] 그뒤 Poppe는 다시 알타이諸語 比較硏究에서 가
장 어려운 이 問題에 대해서 퉁구스諸語의 語頭에 보이는 h-가 몇 가지 다른
起源에서 由來한다고 다음과 같이 說明하며 약간 태도를 바꾼다.[12]

(1) 몽고語로부터의 借用語에서 :
    a) Go. x-〈 Mo. x-〈 ˚k-. 例. Go. xorī '20'=Ma. orin, Sol. orī, Negd. oyin 〈
       Mo. xorin id.
    b) Go. x-〈 MMo. h-〈 ˚p- 例. Go. xərpun 'shovel', xeruči- 'to undig', 〈
       AMo. ˚herüpür 'shovel', ˚herü- 'to dig', cf. Mo. erü- 'to dig'.
(2) Go. x-〈 ˚y-=Mo. y. 例. Go. xuigu=Ew. irgi 〈 ˚yürgu, Lam. irge, Sol. iggi 'tail';
    Go. xuyun, Oro. xuyu=Ew. yɛɣin, Negd. uyuɣin, Lam. uyǔn, Ma. uyun=Mo.
    yesün '9' (數詞)
(3) (몽고語에서 借用되었다고 볼 수 없는 것) Go. x-=Mo. x-(Mo, q-, k-). 例.
    Go. xolgokta 'reeds'=Ma. ulxu, Ew. ulgukta, etc.=Mo. gulusun=Ko. kōl 'a
    kind of tall grass, reeds'

11 N. Poppe, Vergleichende Grammatik der altaischen Sprachen, Wiesbaden, 1960, p. 32f.
12 N. Poppe, Altaic Linguistics-An Overview (Science of Language No. 6, Tokyo, 1975, p. 170f).

이렇게 해서 Go. x-는 적어도 ˚k-, ˚y-, h-(〈˚k-, ˚p-. 몽고語에서의 借用語)의 다른 起源을 反映하는 것으론 본다.

위에서 본 바와 같이 Ramstedt 퉁구스語와 韓國語에서 ˚x-/˚h-의 存在를 否認 한다. 따라서 韓國語에서도 h-는 그 大部分이 歷史的으로 ˚s-에 遡及한다고 본 다.[13] 그의 「韓國語語源硏究」에서 H部를 보면 49개의 項目이 있는데, 이 가운 데서 漢字語와 그리고 실제로 알타이諸言語와의 比較를 提示하지 않은 것을 除外하면 실제 比較對象이 된 것은 22개뿐이다. 이중에서 Ko. h-=알타이諸言 語 s-로 比較한 것이 거의 半을 차지하고 있으며, Ko. h-=알타이諸言語 Ø-로 比較한 것이 6개, 그리고 Ko. h-=Go. h-, Ma. x-와 比較한 것이 각각 2개이다. 이것을 통해서도 韓國語 h-에 대한 Ramstedt의 見解를 짐작할 수 있을 뿐만 아니라, 또한 Ko. h-의 歷史가 매우 複雜함을 짐작할 수 있다.

여기 관해서 Aalto는 Additional Korean Etymology by G. J. Ramstedt에서 다 시 Ramstedt 교수의 見解를 들어 Ko. hʌlk(흙)의 例를 하나 더 追加하고 다음과 같은 說明과 比較例를 보여주고 있다.[14][15]

Ko. hʌlk 'earth, clay'=Mo. siruga, siru'ai, šoroi 'earth, sand'; Tung. Neg. sirgi, Sol. siluktan, Ž. šilihe, Go. siru, Or. seigi, sijan (Schmidt, Negd. p. 32) 'sand'. As possible instance of Ko. h- 〈 ˚ś- 〈 ˚s- Ramstedt quote further;

Ko. hʌ- 'to do'=Ma. se-, Tung. -sa-~-se-, Ainu se-, Jap. su-;

Ko. hjə 'a tongue'=Go. ši-ńu, si-gmu; Jap. shi-ta, Ryukyu shi-ba id.;

Ko. hʌi 'day'=Tung. siun, Ma. šun 'sun'.

---

13 G. J. Ramstedt, A Korean Grammar, Helsinki, 1939, p. 17.

14 Additional Korean Etymology by G. J. Ramstedt, collected and edited by P. Aalto, JSFOu 57, 1953-4, p. 8.

15 G. J. Ramstedt, Studies in Korean Etymology, p. 58.

그리하여 Ramstedt의 Ko. h- 〈 ˚s- 〈 ˚š-와 같은 見解를 아무런 批判없이 그대로 따르는 傾向이 생기게 되었다. 韓國語의 h-가 果然 단순하게 ˚s-에서 變化한 것으로만 볼 수 있는가? 여기 대한 筆者의 새로운 見解를 提示하려는 것이 本章의 目的이다.

먼저 위의 例에서 Ko. hʌ-의 경우를 보자. Ramstedt는 滿洲語의 se-를 普遍動詞(Verbum universale)라 하고 이것을 MKo. hʌ-(〉Mod Ko. ha-)와 比較하고 있다. 그러나 Poppe는 理由를 밝히지는 않았지만 이 比較를 의심스러운 것으로 보고[16] Ma. se-(말하다)를 다음과 같이 比較하고 있다.[17]

Ma. se- '말하다', Ew. sele '눈뜨다'=Mo. seri- '눈뜨다', Mo. sere- 〈 seri- '눈뜨다', MMo. sere- '의심하다, 認知하다', MMo. Seri- '知覺하다, 알다'(〉Ma. sere- '느끼다')=Čag. saʒ- '느끼다', AT. sezik '의심'.

이 Ma. se-(말하다)는 Mko. sʌ-lo-와 比較됨직하다. 그러나 Ramstedt는 위에 든 比較에서 보이는 Mo. sere-, seri- 'to be awake'를 Ko. sari- 'to be careful of oneself'와 比較하고 있으나 이것은 意味面에서 받아들이기 어렵다.[18]

筆者는 Poppe와 같이 Ramstedt 교수의 Ma. se-=MKo. hʌ-의 比較를 의심하고 Gilyak語의 ha-와 MKo. hʌ-를 比較한 바 있다.[19][20] MKo. hʌ-의 使役形은 現

---

16 N. Poppe, Review of Ramstedt's Studies in Korean Etymology, HJAS Vol. 13, No. 3-4, 1950, p. 571. Poppe는 여기서 이 比較를 의심스러운 것으로 보고 있으나, 그 理由는 說明하고 있지 않다. 의심스러운 것의 하나로 hʌda "to do, to say"=Ma. se- "to say"를 들고 있는데 Ko. hʌ-의 뜻에 Ramstedt와 같이 "to say"의 뜻을 包含시킨 것은 물론 잘못이다.

17 N. Poppe, Vergleichende Grammatik der altaischen Sprachen, p. 29.

18 G. J. Ramstedt, op. cit., p. 224f.

19 拙稿, 上揭書, p. 19f.

20 筆者는 上揭書에서 MKo. hʌ-와 si-의 관계를 補充法으로 보고 hʌ-는 Gilyak語의 ha- 와 그리고 si-는 Ma. se-와 比較될 可能性을 提示한 바 있다. 그러나 이렇게 보는 데는 無理가 있어 本稿에서와 같이 hʌ-와 si-를 同一語源으로 보고 si-는 hʌ-에서 變化한 것으로 본다.

578

代語에는 없는 hʌ-i-와 같은 規則的인 形成이 中世韓國語에 있었으나, si-khi-가 보편적이다. 여기서 -khi-가 使役形을 形成하는 形態素임은 의심할 수 없다. 그러면 hʌ-와 si-의 관계를 어떻게 보아야 할 것인가? 만일 Ramstedt와 같이 Ma. se-와의 比較에 의해서 MKo. h-가 ˚s-에서 變化한 것으로 본다면, -i 앞에서의 s-는 原音을 保存하고 있는 데 대해서 -ʌ 앞에서는 h로 變化했음이 說明되어야 한다. 그러나 이것을 說明하기는 어렵다. 이와 같이 MKo. ha-와 Ma. se-의 관계가 表面的인 類似性에도 불구하고 合理的으로 說明되지 못하는 限, MKo. hʌ-는 Gilyak語의 ha-와 比較됨직하다. MKo. ha-에 대한 使役形인 si-kʰi-는 다음과 같은 變化結果로 볼 수 있다 : ˚si-kʰi- ⟨ ˚hi-kʰi- ⟨ ˚hʌ-kʰi-. 이러한 筆者의 比較가 옳다면 Ko. h- ⟨ ˚s̀- ⟨ ˚s-를 說明하기 위해서 든 Ramstedt의 例는 적합한 것이 못되며 또 그의 比較는 의심스러운 것이 된다.

다음에는 韓國語 hjə(舌)에 관한 것을 보자. Ramstedt는 다음과 같이 說明하고 있다.

Ko. hjə 'the tongue'. cf. Olča. sińu, Go. sigmu, siŋmu, sirmu (cf. Schmidt Olča 279). Here Go. Olča si-, i.e, the first syllable can be etymologically identical with Ko. še, šę-, the second being not clear. (SKE 61)

이 比較는 Ko. h ⟨ ˚s̀- ⟨ ˚s-의 說明例로는 옳지 않다. 그것은 Ko. hjə에 대해서 比較對象이 된 Olč. Go. si-의 起源을 考慮하지 않았기 때문이다. 여기 對應하는 통구스諸語에 있어서의 각 語形을 보면 다음과 같다.[21]

Ew. inni '혀'
Sol. iŋi id.

---

21 B. I. Cincius, Srarvnitel'nyi slovar' tunguso-man'čžurskix jazykov 1, 1975, p. 316f.

Ewen. ienŋ id.

Negd. in'ni~in'ŋi id.

Oroč. iŋi~iŋŋi id.

Ud. iŋi id.

Olč. sin'u id.

Orok. sinu id.

Go. siŋmu~sirmu id.

Ma. ileŋgu id.

이 例는 ˚x-뒤에 -i-가 後續할 때, ˚xi〉si-로 變化하는 경우이다. 그리하여 Benzing은 이들 語形에서 ˚xilŋü를 再構하고 있다.[22] 筆者는 이 再構形에서 그 一次的 語根을 ˚xi-로 보고자 한다(특히 滿洲語形과 다른 語形과의 比較에서). Ko. hjə는 바로 위에 든 語形中 第一音節인 si-(〈˚xi)와 比較되며 또 再構形의 一次的 語根인 ˚xi-와 一致하는 것으로서 Ko. h-가 퉁구스祖語에서 ˚x-로 再構되는 것과 一致하는 것을 알 수 있으며, 여기서 비로소 Ko. hjə가 Olč. Go. Orok. si-와 對應하는 것을 理解하게 된다. 이 比較例에서 Ko. hjə의 -j-가 퉁구스諸語의 -i-, 즉 s- 뒤에 後續하는 -i-를 反映하고 있는 것에 특히 留意할 必要가 있다. 本 例를 통해서 筆者는 퉁구스祖語에 ˚x-의 存在를 認定할 수 있다고 보며, 여기 韓國語의 h-가 그 假定을 뒷받침해주는 것으로 생각한다.

Ma. ile-ŋgu는 動詞形인 ile- '핥다'와 同一語根으로 생각되며, 또한 中世韓國語의 動詞 hal-tʰ-(핥-)도 分明 名詞 hjə와 관계가 있어 보인다. 그러므로 MKo. hal-tʰ-을 Ma. ile-와 同一語源으로 보게 된다.

또 하나의 例를 보자. 지금까지 筆者가 알고 있는 限, 韓國語 hoal(弓)의 語源이 밝혀지지 않고 있다. 다음 퉁구스諸語에 있어서의 對應語를 보면 滿洲

---

22 J. Benzing, op. cit., p. 41.

語의 uli는 「줄」의 뜻에서 「弓弦」의 뜻으로 변했음을 알 수 있고, 또 Ewen. 語에서는 「弓弦」에서 다시 「弓」의 뜻으로 변했음을 보게 된다. 韓國語의 hoal은 다음 語形들과 同一語源으로 생각되는데, 여기서도 「弓弦」에서 「弓」의 뜻으로 변한 것으로 보게 된다.[23]

Ew. il- '弓弦을 당기다'

Sol. xupči '弓弦'

Ewen. ilten '弓, 줄'

Negd. il~illi '弓弦'

Oroč. ili~ilie '弓弦'

Ud. iliɣe '꺽쇠, 거밀곳'

Olč. xuli(n-) '弓弦'

Orok. xuli(n-)~xulie(n-)~xulieɣe(n-) '활을 당기다'

Go. xuliē '줄'

Ma. uli '弓弦'

위에서 보듯이 Ewen.語에 「弓」의 뜻이 있으며 또한 諸語形에서 語根 ˚xul(i)-/ˣil(i)-이 抽出되는데, 이것은 Ko. hoal(〈˚hual)과 正確하게 一致하는 듯하다. 이 例도 Ko. h-가 Go. Orok. Olč. x-/h-에 對應하며 퉁구스祖語에 ˚x-에 一致하는 것을 보여준다. 그러므로 原始韓國語에 있어서도 ˚h-를 認定할 수 있는 것으로 생각된다.

다음 例는 滿洲語에서 좀 더 複雜한 對應을 보여준다.[24]

---

23 B. I. Cincius, op. cit., p. 302.

24 Ibid., p. 313f.

Ew. imū- '기름을 바르다'

Sol. imukčen~imučče '기름'

Ewen. imu- '기름을 바르다'

Negd. imu- '同上'

Oroč. imtn- '同上'

Olč. simine- '빨아들이다', simse '기름'

Orok. imura '기름'

Go. simu- '기름을 바르다'

Ma. imeŋgi '素油'

　simeŋgi '桐油'

　nimeŋgi '脂'

　sime- '스미다(透)'

이 例에서 보면 Ma. sime-는 意味와 形態面에서 MKo. simji-(스믜-'透'〉 ModK. simi-)에 對應하며 또한 *xi-에서 變化한 Ma. si-가 韓國語에서 si-로 나타나는 것으로서 퉁구스祖語 *x(i)-가 이번에는 滿洲語와 韓國語에서 다 같이 s(i)-와 s(i)-로 對應하는 것을 보여주고 있다. 위의 例 中 滿洲語에서 同一한 *xi-에서 變化한 相異한 øi-, si-, ni-가 共存하며 意味에 약간의 變化가 있는 것을 볼 수 있는데, 이러한 例에 관해서는 Menges의 Die tungusischen Sprachen(주 9), p.53을 參考.

위에서 考察한 바와 같이 韓國語의 語頭 h-는 모두 *s-에서 變化한 것이 아님을 알 수 있다. 그 一部는 南퉁구스語의 Goldi, Oroki, Olča 諸語에 나타나는 語頭 x-/h-에 對應하는 것이 있고, 이것은 퉁구스祖語 *x-에 一致하는 것이다. 이렇게 해서 우리는 原始韓國語에 *h-의 存在를 假定하게 된다.

지금까지는 韓國語와 알타이어諸言語와의 比較에서 主로 表面的인 類似性을 찾는데 熱中했으며 또 이러한 類似性을 土臺로 해서 有史以前의 韓國語史

를 推理하려고 해왔다. 그러나 이와는 反對로 本章에서와 같이 韓國語를 통해서 알타이諸言語의 歷史를 밝힐 수 있는 一面의 可能性도 있음을 알 수 있다.

끝으로 MKo. sịmji-=Ma. sime-(˚xime-)와 日本語 simi(浸み)와의 一致에 注目하지 않을 수 없다. 그렇다면 日本語 s-의 一部는 퉁구스祖語와 原始韓國語의 ˚x-/˚h-와 관계가 있어 보인다. 여기 관해서 村山七郎는 興味있는 比較를 提示한 바 있다.[25] 그는 日本語의 simo(霜)가 ˚ximo에 소급하며 퉁구스祖語 ˚ximan(雪)과 同源이라 하며, 日本語 sa(サ)行子音은 simo의 경우에는 s-나 ts-에 遡及하는 것이 아니라, ˚x-(˚h-)에 起源하는 것이라고 한다. 이러한 점에서 볼 때, 위에 든 Ko. hjə(舌)도 日本語 si-ta(舌)와 同一語源인 듯하다. 日本語 simo, sita의 경우에도 s- 뒤에 -i-가 後續하고 있는 데 注目된다. 日本語 simi-와 그 母音交替形으로 보이는[26] somi(染み)에서 後者는 前者에서 나타난 것이 아닌가 생각된다.

三. 語頭子音群의 形成과 旁點

Ramstedt가 最初로 韓國語의 語頭子音群의 形成에 관해서 言及한 바 있음은 周知의 사실이다. 그는 語頭子音群 CC-가 起源的으로 ˚CVC-에서 母音이 脫落함으로써 이루어진 것이라 한다.[27] 그 뒤 우리 學界에서는 그저 漠然히 그의 見解를 따랐을 뿐, 그에 대한 보다 깊은 硏究가 없었다. 다시 말하면 第一音節에서 子音間의 母音이 脫落했다면, 그 脫落原因이 究明되지 않으면 안 된다. 또한 子音間의 母音이 脫落하여 形成된 그 子音群이 果然 起源的인 原來

---

25 村山七郎, 日本語の語源, 東京, p. 179f: Altaische Komponente der japanisischen Sprache (Researches in Altaic Languages, p. 188).

26 大野晋 編, 古語辭典, 東京, 1975. p. 639.

27 G. J. Ramsdedt, Remarks oh the Korean Language, 1928; A Korean Grammar, p. 5f.

의 두 子音을 그대로 保存하고 있는가에 대해서도 깊은 研究가 없었다. 이러한 本質的인 問題들이 究明되지 못한 채 韓國語의 語頭子音群에 관한 研究는 사실상 中斷되고 있었다. 이러한 問題들에 대한 筆者의 見解를 提示하려는 것이 本章의 目的이다.

韓國語의 研究에서 旁點은 聲調의 問題와 더불어 활발한 研究對象이 되었고 또 여기 관련해서 많은 업적이 이루어졌다.[28] 그러나 筆者가 알고 있는 限, 旁點과 語頭子音群語와의 관계를 意識한 적은 없었다. 旁點은 語頭子音群의 形成原因과 直結되는 問題인 동시에 보다 本質的으로는 旁點이 表示하는 것 그 自體와도 관련되는 重要한 問題라고 생각된다.

語頭子音群의 세 系列(合用並書), 1) pt-, ps-, pǰ-, pt^h- (p-系列), 2) st-, sp-, sk-, sn- (s-系列), 3) psk-, pst- (ps-系列) 中 便宜上 s-系列에 속하는 語頭子音群語와 旁點의 관계를 보면 다음과 같다.[29] 그리고 그 語頭音群語 中 名詞만을 보기로 한다.

一點

·째(勝子) cf. ·뼈	·똘(女兒)
·따(處)	·똘ᄒ(奧)
·꼴(蒭)	·쫌(汗)
·씌(謀)	·짜ᄒ(地)
·숨(夢)	·씀(隙) cf. ·뜸
·술(蜜) cf. ·뿔	·썩(餅)
·슬(鑿) cf. ·쁠	·씀(炙)
·씬ᄒ(綾)	·쓸(角)

---

28 許雄, 旁點 研究-慶尙道 方言 聲調와의 比較研究(東方學志 二輯, 1955, pp. 37-194). 이 論文은 「中世國語研究」(1963, pp. 253-380)에 再收錄되어 있다.

29 劉昌惇, 李朝語辭典, 서울, 1964에 의함. 合用並書만을 對象으로 함은 물론이다.

·씰ᄒᆞ(道)

二點
:쒠(뿐) cf. :분

無點
쉰(雉)	ᄭᅮ디롬(꾸지람)
ᄭᅳᆮ(梢)	ᄭᅴ·댱가리(끼설가리)
ᄯᅩᆼ(糞)	ᄭᅴ·운(候)
ᄲᅩᆼ(桑)	ᄲᅳᆯ휘(根)
ᄭᅩ·리(尾)	

(위의 統計的 例가 正確하다고는 할 수 없다. 그것은 無點의 語例가, 旁點이 混亂된 16世紀後期의 文獻에서 引用된 것도 包含되어 있기 때문이다. 이러한 사실을 감안해서 볼 때, 위의 例에서만 해도 어떤 傾向을 뚜렷하게 엿볼 수 있다).

위의 例에서 우리는 자못 興味있는 사실을 發見하게 된다. 그것은 많은 語頭子音群語가 一點과 二點의 旁點을 가지고 있는 데 대해서, 無點은 少數라는 점이다. 筆者는 다음에 보는 바와 같은 理由에서 無點을 오히려 例外的이라고 부르는 편이 좋으리라 생각한다. 語頭子音群의 形成原因 究明은 실로 위와 같은 사실의 解明에 달려 있다. 그러면 위와 같은 사실을 어떻게 說明해야 할 것인가?

Ramstedt가 이미 言及한 바 있듯이 語頭子音群은 첫 音節의 子音間 母音脫落에 의해서 形成된다. 이것은 뒤에 보는 바와 같이 語彙比較를 통해서 語源的으로도 確認된다. 그리하여 單音節語인 spil(·씰)은 起源的으로 二音節語인

˚sVpil에서 變化한 것으로 생각된다. 이때 첫 音節에서 母音이 脫落한 原因으로 우리는 먼저 액센트의 관계,[30] 즉 첫 音節에는 액센트가 없었고 第二音節에 액센트가 있었으리라는 것을 假定하게 되며 다음과 같은 變化를 생각해 보게 된다 : spíl.〈 ˚sVpíl. 즉 둘째 音節에 액센트가 있는 관계로 첫 音節의 母音이 脫落한 뒤, 子音群이 形成되어 單音節語가 되고 또 起源的으로 二音節語의 둘째 音節에 있었던 액센트가 單音節語가 된 뒤에도 그대로 남아 있는 셈이 된다. 그러나 우리는 不幸히도 語頭子音群이 形成되던 時期의 액센트에 관한 아무런 資料도 가지고 있지 않다. 다만 이미 語頭 子音群이 나타나는 中世韓國語의 文獻에 보이는 旁點만을 알고 있을 뿐이다. 그리고 旁點이 聲調를 表示하는 사실은 이미 充分히 硏究되었다 ; 즉 一點은 높은 소리(去聲), 二點은 낮다가 높아가는 소리(上聲), 無點은 낮은 소리(平聲)이다. 그런데 ˚sVpíl〉spíl (·쓸)에서와 같이 原來의 액센트가 있었던 것으로 생각되는 곳에, 즉 單音節語가 된 語頭子音群語에 大部分 旁點이 달려 있다. 그러나 旁點은 聲調를 表示하는 것이어서 그러한 高低액센트에 의해서는 母音의 脫落을 說明하기 어렵다. 그러므로 우리는 中世韓國語 以前 혹은 語頭子音群이 形成되던 時期에는 强勢액센트(stress accent)이었던 것이 中世韓國語에 가까이 오면서 高低액센트로 變質한 것이 아닌가 하는 것을 假定하게 된다. 이렇게 생각할 때, 中世韓國語에서 旁點이 表示하는 聲調가 起源的으로는 强勢액센트를 어느 程度 忠實하게 反映하는 것이 된다. 그리하여 우리는 一點인 去聲은 起源的으로 强한 액센트를, 無聲인 平聲은 起源的으로 强한 액센트가 없던 것을 反映하는 것으로 假定할 수 있다. 그리고 二點인 上聲은 起源的으로 長母音에 强한 액센트가 있던 것을 反映하는 것으로 생각된다. 다시 말하면 去聲은 起源的으로 낮다가 높아가는 聲調가 한 모라(mora)의 母音에 얹히는 것이 아니라,

---

30 첫 音節에서 脫落한 것으로 보이는 母音의 환경을 보아도, 즉 子音群의 두 子音의 환경을 보아도 그 母音의 脫落을 說明할만한 아무런 餘件도 찾아볼 수 없다. 그러므로 우리는 一次的으로 액센트의 관계를 생각하지 않을 수 없다.

두 모라의 母音 뒤 부분에 强한 액센트가 있던 것을 反映하는 것으로 생각된다. 여기서 우리는 또 하나의 어려운 問題에 봉착하게 된다. 그것은 二點의 旁點이 長母音과 관계가 있다는 것을 어떻게 立證할 수 있는가 하는 問題이다. 여기 관해서는 다음에 거론하기로 하고 여기서는 다만 二點인 上聲은 長母音의 强한 액센트를 反映하는 것이라는 점만을 假定해 둔다. 이렇게 해서 우리는 中世韓國語의 語頭子音群語에 一點과 二點의 旁點이 달려 있는 것을 비로소 理解하게 된다. 그리고 語頭子音群語가 無點으로 나타나는 것은 起源的인 强한 액센트가 語頭子音群 形成後 없어진 것으로 생각되며, 이러한 점에서 앞서 語頭子音群語에 旁點이 없는 것을 例外的이라고 表現했던 것이다.

이러한 假定과 더불어 또 하나의 假定이 可能하다. 그것은 語頭子音群이 形成되던 時期에도 역시 聲調가 있었는데, 그것은 단순한 高低가 아니라 强弱 액센트도 結合된 것이 아니었을까 생각할 수도 있다. 즉 高調는 强勢액센트를 가진 것으로 보는 것이다.

原始韓國語에 起源的으로 一次的인 張母音이 存在했는지 안했는지는 重要한 問題이면서도 여기 관해서는 아직 거론된 바 없는 것으로 알고 있다. 알타이어諸言語의 比較研究에서도 一次的 長母音에 관한 問題가 거론되기 시작한 것은 극히 새로운 일이라 하겠다.[31] 從來 몽고語學에서 原始몽고語에 있어서의 一次的 長母音의 存在를 否認하고 長母音은 모두 後世의 二次的 發達로 보아 왔다. 그러나 近來 原始몽고語에 있어서의 長母音의 存在 可能性이 몇몇 學者에 의해서 論義된 바 있고, 앞으로 더 仔細한 研究가 이루어질 것으로 생각되나, 그 存在는 充分히 認定되어야 할 것으로 생각된다.[32] 몽고語에서 다

31 筆者는 이 問題에 관해서 그 概要를 紹介하고 原始韓國語에 있어서의 起源的인 一次的 長母音의 存在可能性을 시사한 바 있다(金亨奎博士頌壽紀念論叢, 서울, 1971, pp. 69-75).

32 S. Hattori, The Length of Vowels in Proto-Mongol; S. Murayama, Die Entwicklung der Theorie von den primären langen im Mongolischen (L. Ligeti ⟨ed.⟩, Mongolian Studies, Armsterdam, 1970, pp. 181-193, pp. 359-370); N. Poppe, The Primary Vowels in Mongolian, JSFOu 63, 1962; N. Poppe, On the Long Vowels in Common Mongolian, JSFOu 68, 1967; N. Poppe, Altaic

른 方言에서 短母音인 것이 Monguor方言과 Moghol方言에서는 長母音으로 나타나는 것이 있는데, 이 長母音이 어떤 토이기語 方言이나 어떤 퉁구스語 方言에서 長母音과 對應하는 것이 있다. 여기서 그러한 對應을 보이는 長母音을 起源的으로 一次的인 것으로 보게 되는 것이다. 다시 말하면 그러한 特殊한 方言들이 一次的인 長母音을 保存하고 있는 것이다. 그러나 그러한 一次的 長母音을 가지고 있는 것으로 생각되는 各言語의 方言에 대한 研究가 아직 깊지 못하고 또 그러한 對應例도 많지 않아서 韓國語와 比較하는 데 어려운 점이 많으나, 다음 例에서와 같이 알타이諸言語의 一次的 長母音이 現代韓國語에서도 長母音과 對應하며 中世韓國語의 文獻에서 長母音과 對應하며 中世韓國語의 文獻에서 二點의 旁點으로 나타나는 것이 있어 注目된다. 이렇게 해서 우리는 二點의 旁點이 長母音과 一致하는 것을 알 수 있게 된다. 따라서 筆者는 原始韓國語에 있어서의 一次的 長母音의 存在를 假定하고자 한다.

다음 몇 가지 例는 알타이諸言語의 一次的 長母音이 現代韓國語에서 長母音으로 對應하고 또 中世韓國語의 旁點 二點과 一致하는 것이다.

1) ModKo. tōl(石) : MKo. : 돌

Mo. čilaɤun 〈tïlawūn 'Stein', MMo. čila'un id., kh.

čulū id.=Ko. tol 'Stein'=Tsch. t'šul(čul) 〈t'ol 'Stein',

AT. taš 〈°tās, Jak. tās 〈°tāš id.[33]

이 例는 韓國語 語彙比較에서 가장 確實한 것 중의 하나로서 알려져 있는 것이다.

一次的 長母音을 가지고 있는 것으로 알려진 Turkmen語[34]와 Yakut語에 보

Linguistics-An Overview (Sciences of Language No. 6, Tokyo, 1975).

33 N. Poppe, Vergleichende Grammatik der altaischen Sprachen, p. 15.

이는 tās의 -ā-는 ModKo. -ŏ- 그리고 「:돌」의 旁點 二點과 一致한다. 그리고 Polivanov는 이미 토이기語에서 「taːs」를 再構하고 있는 데 注目된다.[35] 語末子音 AT. -š=Ko. -l의 對應은, Ko. p-=Ma. f-, Go. p-, Ewenki h-=Mong. f-, MMo. h-의 對應과 더불어, 韓國語와 알타이 諸言語와의 比較에서 音韻法則으로 公式化할 수 있는 可能性이 가장 높은 것 중의 하나이다.

2) ModKo. il(事) : MKo. :일

토이기語方言 中 Yakut,[36] Uzbek語[37] 등에 一次的 長母音 ī-를 가진 īš가 보이며, Polivanov와 柴田武들은[38] 이미 「taːš」로 再構하고 있다. 語末音 Ko. -l의 對應에 관해서는 上例 參考.

3) ModKo. kōl(谷, 洞) : MKo. :골
   Ko. gōl=Mo. gool〈ʿgōl 'river, vally, centre'=AT. qol〈ʿgōl 'river basin'.[39]

4) ModKo. pjəl(星) : KMo. :별
   Mong. fōdi 'Star'=Mo. odun, MMo. (SH. Mu.) hodun.

Ko. pjəl의 比較가 可能하다. Monguor方言의 長母音 -ō-는 一次的인 것으로 생각된다.

이러한 例는 몇 개에 지나지 않고, 앞으로의 硏究에서 그 對應例가 더 늘어

34 N. Poppe, Altaic Linguistics-An Overview, p. 135.

35 E. D. ポリワーノフ 著 村山七郎 譯, 朝鮮語と「アルタイ」諸語との 親緣關係の問題について (日本語研究, 東京, 1967, p. 179).

36 N. Poppe, op. cit., p. 135.

37 E. D. ポリワーノフ 著 村山七郎 譯, op. cit., p. 179.

38 柴田武, トルコ語(市河三喜, 服部四郎編, 世界言語概說, 東京, 1955, p. 631).

39 N. Poppe, Introduction to Altaic Linguistics, Wiesbaben, 1965, p. 180.

날 것이지만, 그러나 이것만으로도 原始韓國語에 長母音이 存在했으며 또 그것이 旁點 二點과 一致함을 强方히 시사하는 것이라 하겠다.

中世韓國語에서 旁點 二點을 가진 上聲인 母音이 現代韓國語에서 長母音으로 나타난다는 사실만으로 中世韓國語의 上聲인 母音이 起源的인 長母音이었다고 斷定하는 것은 說得力이 弱하다. 그러한 사실은 上聲이 長母音이었으리라는 有力한 傍證이 될 수 있는 것은 사실이다. 그러나 다음과 같은 假定도 可能하다. 즉 한 모라에 얹히는 聲調 중, 단순한 平聲이나 去聲보다는 '낮다가 높아지는' 上聲은 더 길게 發音되었을 것이다. 그리하여 한 모라에 얹혔던 上聲이 그 母音을 長母音化시켰다고 보는 것도 理論上 可能하기 때문이다. 그러므로 旁點 二點이 달린 音節의 母音과 現代韓國語에서 여기 對應하는 長母音과 또 위에서 考察한 原始韓國語에 있어서의 長母音이 三者 一致하는 것에 의해서 우리는 비로소 旁點 二點인 上聲이 長母音이었으리라는 것을 斷定하게 된다. 그러나 여기서 注意할 것은 上聲인 長母音이 起源的으로 一次的인 것일 수도 있고 또 二次的인 것일 수도 있다는 점이다. 그러므로 正確히 말하면 上聲인 長母音의 一部가 原始韓國語의 一次的 長母音을 反映하는 것이라 하겠다.

위와 같이 해서 形成된 語頭子音群 중 s-系는 그 첫 子音인 s-의 起源이 자못 複雜한 것 같다. 中世韓國語의 「씌」(帶)와 「딸」(女兒)이 鷄林類事에서 各各 「女子勒帛曰實帶」와 「女兒曰寶姐」으로 나타나고 있음은 이미 周知의 사실이다. 여기서 우리는 中世韓國語의 語頭子音群 s-系列에서 그 첫 子音인 s-의 一部가 起源的으로 *s-와 *p-와 관계가 있는 것을 알 수 있다. 그런데 Ramstedt는 韓國語의 stʌl에 對應하는 것으로서 Go. patala, Olč. fatali를 들고 있는 바, Go. p-와 Olč. f-는 *p-에 遡及하는 것으로서 이 語形들이 鷄林類事의 「寶姐」과 현저한 類似性을 보여주는 데 注目된다. 이러한 점에서 Ramstedt가 提示한 다음과 같은 比較들은 우리를 놀라게 한다. 다만 留意할 것은 Ramstedt는 MKo. st- 같은 語頭子音群에서 硬音으로 變化한 tt-(ㄸ)를 알타이諸言語와 比較하고 있으며,

또 語頭子音群의 첫 子音을 大部分 ˚p-에서 變化한 것으로 보고 있는 점이다.[40] 모든 語頭子音群의 첫 子音을 이렇게 보는 데는 同意할 수 없다. 그러나 놀랍게도 s-系列의 一部에는 그의 말이 效力을 갖는다. 그것은 s-系列의 첫 子音의 一部가 ˚p-와 관계가 있어 보이기 때문이다.

[·또] Ko. tto 'again, once more, besides', cf. Tung. hata 'again, once more'. [SKE 270]

[·짜ㅎ] Ko. tta 'the earth, the soil, the land' 〈 ˚ptaŋ, ˚ptag; =Ma. buta 'land, earth', Mo. buta 'sof, turf'. [SKE 246]

[·쏠] Ko. ttal 'girl' 〈 ˚patal=Go. patala, Olč. fatali id. [SKE 252]

여기서 우리는 ˚pVtú 〉 ˚hVtó 〉 ˚sVtó 〉 stó(=또)와 같은 變化를 假定하며 이러한 變化를 일으키는 原因으로 액센트의 位置와 더불어 두 子音 사이에서 脫落한 母音으로서 ˚-i-를 假定한다. 따라서 「·쏠」은 다음과 같은 變化를 겪은 것으로 생각된다: ˚pitól 〉 ˚hitol 〉 xitól 〉 ˚sitól 〉 stʌl(이 强勢액센트는 聲調로 變한다).

韓國語에서와 같은 語頭子音群과 그 形成이 몽고語의 Monguor方言에서도 보이며, 兩者間에 類似한 점이 보이는 것은 興味를 돋군다.[41] (Shera-Yögŭr의 몽고語에도 나타나지만 여기서는 言及하지 않기로 한다.) 語頭에서 子音群을 忌避하는 現象은 알타이諸言語에서 共通된 특징의 하나임은 이미 잘 알려진 사실이지만, 비록 獨自的인 二次的 發達이라고 할지라도 Monguor方言과 中世韓國語에서 部分的으로 類似하게 나타나는 것은 興味를 돋군다. 筆者의 調査에 의하면 Monguor方言에서는 1) n-系列, 2) ŋ-系列, 3) r-系列, 4) s-系列로 區別되

---

40 G. J. Ramstedt, A Korean Grammar, p. 5f.

41 拙稿, Monguor方言의 語頭子音群 形成에 관하여(語學研究 9-2, 서울, 1973, pp. 20-25).

는데, s-系列은 다시 s-系, ṡ-系, ś-系로 細分된다. 이 中 s-系에서 몇 가지 例를 보면 다음과 같다.

    (1) CVC-에서 -V-의 脫落으로[42] :

      SDā- 'allumer', cf. Mo. sitaɣa- id.

      SDāDzɛ 'artère, cf. Mo. sudasun id.

      SGō- 'mandire, faire des imprécations', cf. Mo. söge-

    (2) VCC-에서 語頭母音 V-의 脫落으로 :

      SGẽ 'pièce de feutre', Mo. isegei, esgei, Houa i i iu sisgei, Moghol sisgei (이 例는 첫 音節의 脫落으로 보아도 좋을 것이다).

      SGUorDa-'donner un coup de pied', cf. Mo. iskül id.

    (3) (ˑp-⟩) f-/(ˑq-⟩)h-+母音+t/d/ɣ/g/ǰ/č 같은 連續에서 母音이 脫落하고 子音群이 形成될 때, f-/h-는 s-로 變化한다.

      SDāDZɛ 'fil, corde (arc.)', Hoa i i iu hudasun, Ma. futa 'corde'.

      SDur=fuDur 'long, prolongé'. [Mo. urtu, mmo. hurtu⟨ˑpurtu, Mong. fudur ⟨ˑfurtu⟨um. ˑpurtu[43]]

      SDarGa 'petite bourse', cf. qabtarɣa 'sachet'

  이 例에서 sDur/fuDur가 共存하는 것은 ˑp-가 子音群을 形成할 때는 s-로 變化하는 데 대해서, 아직 子音群을 形成하지 않을 때는, f-로 남아 있는 것을 보여주고 있어 注目된다. 이렇게 雙形이 共存하는 것은 Monguor方言에서 子音群 形成이 아직도 進行 中임을 말하는 것이다.

---

42 A. de Smedt et A. Mostaert, Le diaiecte monguor parlé par les mongols du Kansu occidental, IIle Partie, Dictionnaire monguor-français, Pei-p'ing, 1933.에 의함.

43 N. Poppe, Vergleichende Grammatik der altaischen Sprachen, p. 81.

(4) 語頭의 ö/ü에서 :

sDōli- 'devenir, vieux', cf. Mo. ötel- id.

sDie- 'arracher', cf. Mo. ügtere- id.

위의 例에서 (3)은 韓國語에서의 s-系語頭子音群 形成과 類似한 점을 보여
주고 있다. Monguor方言의 이러한 變化에 대해서 Róna-Tas는 이것을 모두 西
藏語의 영향으로 돌리고 있으나,[44] 筆者는 여기 同意할 수 없다. Monguor方言
에 미친 西藏語의 큰 영향을 否認할 수 없고, 어느 면에서는 語頭子音群形成
에 미친 영향도 있다고 하겠다. 그러나 *p- 〉*h- 〉*s-와 같은 變化는 반드시 西
藏語의 영향이라고만은 할 수 없는, 보다 一般的인 變化傾向이라고 할 수
있다.

그리고 Monguor方言에서의 語頭子音群 形成도 역시 액센트에 그 原因이
있다고 본다. 여기 관해서 Mostaert 神父는 筆者에의 書簡에서 다음과 같이
말하고 있다.[45]

Quant au groupe de consonnes qu'un entend au commencement de beaucoup

de mots monguors, je pense comme vous qu'ils doivent leur origine au manque

d'accentuation de la voyelle de la premièr syllabe. Le processus qui a produit ces

groupes n'est pas encore achevé, beaucoup de mots ont garadé cette voyelle et

quelques uns continnent d'être employés à côte de la forme plus evoluée……

Quant à l'accent qui a causé la devocalisation et la disparition de la voyelle

---

44 A., Róna-Tas, Remarks on the Phonology of the Monguor Language, AOH 10-3, 1960, pp.
   263-267.
45 筆者의 몇 가지 質疑에 관한 故 Mostaert 神父의 1962. 1. 17付 書籍. Monguor方言의 액센트
   에 관한 더 仔細한 것은 다음 文獻을 參考 : Le dialecte monguor parlé par les mongols du Kansu
   occidental, le partie (Anthropos xxiv-xxv, 1929-1930, p. 152, §8, p. 157, §11).

de la première syllabe, d'après mes constatation on peut poser comme règle générale qu'il se place sur la derniére syllabe.

여기서 우리는 韓國語와 Monguor方言에서의 語頭子音群은 獨自的으로, 그러나 같은 原因에 의해서 形成되었고, 또 어느 면에서는 같은 變化傾向을 보여주고 있음을 보게 된다.

鄕歌의 語學的 硏究의 基準

김 완 진

Ⅰ.

古代國語 硏究에 있어서의 最大의 難關은 그 言語資料들이 借字 表記라는 特殊한 體系로 記寫되어 있다는 事實에 있다. 古代國語 資料의 大宗을 이루는 鄕歌에 있어서도 그에 대한 語學的 硏究는 鄕歌 그 自體의 解讀과 表裏의 關係에 선다. 正確한 解讀 없이는 語學的 硏究의 바탕이 確保되지 않는 것이며, 語學的 配慮 없이는 解讀의 精密化란 期待될 수 없는 것이다.

이와 같은 兩面的 要求를 充足시키기 위해서는 解讀의 客觀的 妥當性을 保障할 만한 基準의 設定이 必要해지거니와, 여기서는 이러한 基準 中의 몇 가지를 다루며 그 基準들에 依하여 實際로 어떠한 語學的 情報들을 確保할 수 있는가를 例示하도록 努力하겠다.

鄕歌 解讀의 歷史가 이미 半世紀를 넘었고, 그 사이 많은 硏究者들의 努力이 있었음에도 不拘하고 아직도 그 成果는 滿足할만한 것이라고 하기 어렵고, 近年 들어서는 異見의 續出로 混迷의 느낌마저 없지 않은 상황이다. 果然 그 여러 試案들 가운데서 어느 것이 正當하며 어느 것이 不當한가를 測定할 수 있는 基準들의 樹立이 切實히 要請되는 時期에 이르렀다고 할 수 있겠는

데, 이 基準들에 依하여 우리는 이미 提示된 여러 解讀 試圖들을 平價하여 우리의 周圍를 整理할 수 있음과 同時에 合當한 새 解讀의 追求에 있어서도 이 基準들은 有用한 길잡이가 될 수 있으리라 믿는다.

客觀的 基準이라고는 하지만, 例外가 全혀 있을 수 없다고는 말할 수 없을 것이며 또한 하나의 基準에 맞는다고 하여 그 解讀이 妥當하다고 말할 수도 없을 것이다. 따라서 客觀的 基準에 依한 評價란 要컨대 相對的 確率의 追求라고도 할 수 있는 性質의 것으로서 더 많은 基準들에 合致되면 合致될수록 그 解讀의 眞理値는 높아지는 것이라 할 수 있다.

따라서 우리는 되도록 많은 基準들을 確保하고 나서야 할 것이나 아직은 그 數字가 充分하다고 말할 處地에 있지 못하다. 지금의 筆者가 提示할 수 있는 것으로는 다음과 같은 네 가지가 있을 뿐이어서 鄕歌의 各部分을 남김없이 檢證하기에는 充分하다 할 수 없으나, 評價와 檢證의 實際를 例示하는 데는 모자란 대로 그 구실을 할 수 있으리라고 믿는다.

1) 一字一音의 原理
2) 訓主音從의 基準
3) 脈絡一致의 基準
4) 律調的 基準

Ⅱ.

一字一音의 原理란 特히 音讀字의 境遇 같은 字가 같은 音으로 읽혀야 한다는 너무나도 當然한 要請을 두고 일컬어진 것이거니와,[1] 이 原理가 尊重되었

---

1 李崇寧, 新羅時代의 表記法 體系에 關한 試論, 서울大學校 論文集 2, 1955.

다고는 하기 어려운 解讀例들을 우리는 종종 目擊하게 되는 것이다. 이 原理
에 벗어나는 解讀들에 대한 反省을 通하여 우리는 解讀을 精密化하는 한편
새로운 言語情報를 確保할 수 있는 것인데, 이 原理에 立脚한 反省은 비단 音
讀字들에 대해서만 該當되는 것이 아니요, 訓讀字들에 대하여도 充分히 適用
될 수 있는 것이라고 믿는다.[2]

먼저 音讀字의 境遇를 한둘 생각해 보자.

火條執音馬 (普賢十願歌 其三)

에서의 '執音馬'를 '자ㅂ며'라고 읽는 것을 보는데, 이것은 解讀이라기보다는
中世語에서의 對立形을 提示해 놓은 것이라고나 할 性質의 것이다. 當時의 表
記者가 '자ㅂ며'를 表記하고자 하였다면, 當然히 '執旀' 또는 '執音旀'로 記寫될
자리이다. 우리는 '며'를 意圖하며 '馬' 字를 쓴 다른 例들을 알지 못하거니와
'며'를 나타내기에 合當하며 또한 그렇게 恒用된 '旀' 字를 버리고 表記者가 이
자리에서만 特別히 '馬' 字를 써야 할 理由를 理解할 수 없는 것이요, 또한 그
것을 뒷받침할 論理的 根據의 提示가 可能하리라고도 생각하지 않는다.

따라서 우리는 從來의 '자ㅂ며'를 止揚하고 딴 解讀을 追求한다. '執音馬'는
'자ㅂ마'로 읽힐 곳이며, 그것은 '잡—음—아'의 세 要素로 構成되어 있다고 보
는 것이 筆者의 見解다. 여기서의 '음'은 오늘날의 濟州島方言에서의 '먹음쩌',
'감쩌'에서 보는 바와 같은 持續態(durative)일 것이 짐작되는 것이다.

---

2 同一한 漢字가 音讀字로 쓰이면서 訓讀字로도 쓰이는 일이 있는 것은 借字表記에서 充分히
있을 수 있는 일이지만, 이 事實이 一字一音의 原理를 威脅한다고는 생각되지 않는다. 또한
同一한 漢字가 둘 以上의 訓을 지니는 일이 있어 同一字가 同一한 訓만을 나타낸다고는 하기
어렵지만, 國語에서의 同一한 語形이, 적어도 같은 노래 안에서는 同一한 漢字를 빌어 表記
될 것을 期待한다는 데는 無理가 없을 것이다.

功德修叱如良來如 (風謠)

의 '修叱如良'를 '닷ㄱ라'로 읽어 오는 것에 대하여도 筆者는 同意하지 못한다. 當時의 表記者들이 表記하려고 意圖하였던 語形이 '닷ㄱ라'이었다면 '修叱可良' 程度로 적는 것이 제格이었을 것이요, '如' 字를 登場시킬 必要는 없었을 것이다. 筆者가 '修叱如良'에 대하여 '닷ㄷ라'를 想定하는 것은 前條에서 '執音馬'를 '자ㅂ마'로 읽은 것과 같은 精神에 依하는 것이다. 우리는 新羅時代의 言語가 高麗朝의 言語와 音韻이나 文法面에서 달랐을 수 있다는 것을 前提로 하여 解讀에 臨할 것이지, 中世語의 틀에 맞추어 變形을 強要할 수는 없는 것이다.

'닷ㄷ라'로 읽음으로써 우리는 그 語幹 '닷-'과 中世國語의 大應形 '닭-'과의 사이에 距離를 가지게 되며 '닷-)닭-'의 變化에 대해서 異化作用을 想定할 수 있는 것이 아닐까 한다. (中世國語에서의 唯一한 'ㅅㄷ' 末音 語幹은 '맛디시고, 맛두시릴씨'에서 보는 '맜-' 뿐이었음을 參照)

訓讀字의 境遇로는 흔히 '그리매'로 읽는 慕竹旨郎歌의 '皆理米'를 例로 들 수 있다. '皆理米'가 정말 '慕'의 뜻인 '그리-'를 위한 表記였겠는가 하는 데 대해서는 여러 側面에서 疑心이 가는 것이지만, 다른 것들은 차차 該當 修項에 가서 論하기로 하고, 여기서는 같은 動詞 '그리-'가 같은 慕竹旨郎歌 안에서 '慕理'라는 正統的인 表記 手法으로 나타나고 있다는 것만을 指摘해 두겠다.

郎也慕理尸心未行乎尸道尸

비록 借字法이라는 表記體系가 不完全하고 畸型的이며 不便한 것이었다고는 하더라도 그것은 어디까지나 意思傳達을 위한 한 表記體系요 讀者의 無限한 想像力을 要求하는 수수께끼 놀음은 아니었을 것을 우리는 銘心해야 할 것이다.

一字一音의 原理를 말할 때의 一音이란 發音 表面에서의 一音(一音素)를 意味할 만큼 嚴格한 것은 아니고, 대체로 形態音素論的 次元에서의 一音이라 할 만한 存在다. 假令 對格의 表記로서는 '乙' 또는 '肹'이 쓰일 뿐, 中世國語에서 보는 '을, 올, 를, 룰' 等의 異形態들을 分揀하여 表記한 것은 찾아볼 수 없게 되어 있다. 于先 '을' 以外의 다른 異形態들을 가려 적을 마땅한 漢字가 없기도 하지만 實用的인 表記 方法으로서는 오히려 그런 것들을 區別하지 않은 것이 賢明한 處事였는지도 모른다.

或 이 事實을 가지고 古代國語에는 母音調和가 存在하지 않았다는 말을 하거나, 또는 母音調和의 存在 與否를 確認할 수 없다는 根據로 삼으려는 일이 있다면 그것은 너무나 性急한 斷定이라고 하지 않을 수 없다.

故 梁柱東先生이 朝鮮古歌研究에서[3] 놀라운 洞察力을 가지고 看破했듯이 主題格 表示에는 '隱' 字를 通用하는 것이 原則이로되, '焉' 字가 代用된 境遇는 모두 中世國語로 치면 '은, 는'이 올 자리에 該當된다는 事實을 素忽히 보아 넘길 수는 없는 것이다.

그의 示唆에 따라 屬格으로 쓰인 '矣, 衣' 字를 調査한 結果도 '隱, 焉'의 경우와 同一함을 筆者는 確認할 수 있었다. 屬格에는 '矣' 字가 通用되는 것이 原則이로되 '衣' 字가 代用되고 있는 자리는 中世國語라면 '의'가 올 자리에 該當되는 것이다. 先行 形態素의 末音과의 結合으로 이루어진 '未, 米' 字 사이에도 비슷한 關係가 있는 것 같으나, 그 用例가 적어 確言하기는 어렵다.

唯獨 對格의 '乙'에 대하여만 '焉, 衣'에 該當하는 짝이 될 漢字의 用例를 보지 못하는 셈인데, 이는 '을' 또는 '올' 音을 가진 適當한 漢字의 借用이 어려웠다는 特殊한 事情에 依하는 것이 아닐까 생각한다.

要컨대 筆者는 古代國語에서의 母音調和의 存在를 매우 肯定的인 쪽으로 생각한다. 細部的으로 中世國語에서의 母音調和와 얼마만큼 같고 얼마만큼

---

3 257~258面 參照.

달랐는가를 말할 수까지는 없지만, 否定論이나 懷疑論을 가지고 堅實한 態度
라고 自讚할 時期는 이미 지났다고 생각하는 것이다.

Ⅲ.

訓主音從은 鄕歌에 있어서의 表記의 基本 모델이라고 할만한 것이었다.
'心音=무슴 慕理=그리-'와 같이 첫 字가 意味를 指示하고 다음 字가 그 形態의
末尾를 示唆해 주는 方式으로 된 表記를 많이 보는데 이것은 매우 合理的인
方法이었던 것으로 생각된다.

따라서 우리는 特定語句의 解讀이 이 一般的 規範에 벗어난 것일 때 一旦은
그 妥當性을 疑心하여야 할 줄 안다. 勿論 訓主音從의 規範에 列外가 없다고는
할 수 없겠으나, 이 規範에서 벗어난 解讀은 달리 充分한 論理的 뒷받침이 서
지 않는 限, 當時의 사람들이 意圖했던 內容이라는 保障은 될 수 없는 것이다.

假令 前條에서 暫時 言及한 일이 있는 慕竹旨郞歌의 첫 句 '去隱春皆理米'의
'皆理米'를 例로 들어 생각해 보자. 이 석 字를 '그리매' 또는 'ᄀ리매'로 읽는다
면, 석 字 모두를 音讀한 것이 되는데 이렇게 音讀字만으로 한 單語 乃至 한 語
節을 表記해 낸다는 것은 흔한 일이 아닌 것이다. 筆者가 '皆理米' 3字에 代案
으로 '몯 오리매'를 생각하는 理由의 하나는 바로 訓主音從의 規範에서 벗어
나지 않게, 即 그 첫 字를 訓讀하는 原理에 맞게 解讀하려는 데 있는 것이다.
'皆' 字의 한 訓으로 筆者는 '모도'를 批定하며 '理米' 두 字를 音讀하는 것은 '心
音'을 '무슴'이라 읽고 '慕理尸'을 '그릴'로 읽는 것과 正確히 一致되는 態度인
것이다. 다만 '모도'가 文字 그대로 '皆'의 뜻으로 쓰이지 않은 것이 奇異하게
생각될지 모르나, 이와 같은 假借的 用法은 다른 곳에서도 그 類例를 볼 수 있
는 것으로 크게 問題될 것은 아니다.

假令, 普賢十願歌 序頭의

心未筆留 慕呂白乎隱佛體前衣

에서 '慕' 字의 訓 '그리-'는 '畫'를 뜻하는 同音異義의 '그리-'를 위하여 假借된 것이 分明하다. '붓'을 가지고 할 수 있는 行動으로 '그림 그리다'를 想定하는 것은 至極히 自然스러운 일일 것이다.

따라서 '皆理米'는 表記過程上으로는 '모도—리—매'이지만 意圖된 것은, '몯—오—리—매'라 할 수 있다.

訓主音從에서의 이른바 末音添記에 대한 省察은 우리에게 古代國語의 音韻 乃至 形態에 대한 相當한 情報를 提供해 준다.

假令 '倭理'와 '舊理'를 各各 '예'라고만 읽는다면 '理' 字를 合當하게 反映시켰다고 할 수가 없다. 우리는 '누리〉뉘(世)', '나리〉내(川)' 等의 例를 通해서 이미 母音間의 'ㄹ'이 特定한 條件(아직 우리가 分明히 할 수는 없는 條件이지만) 下에 脫落된다는 것을 알고 있거니와, 前記의 두 語形은 中世國語의 '예'와는 달리 各各 '여리'로서 두 音節을 이루고 있었을 것을 알려 준다.[4]

拜內乎隱身萬隱(普賢十願歌 其一)의 '身萬隱'을 '모믄'이라고 읽고 있는 것에도 우리는 同意할 수가 없다. 當時의 表記者가 '모믄'을 意圖하였다면 '身音隱'으로 充分할 것이지 'ㅁ' 하나를 위하여 '萬'字를 끌어다가 그 頭音만을 取한다는 것은 어색한 일이 아닐 수 없다. 筆者는 이것도 忠實히 '모마ᄂ'이라 읽는다. 우리는 '곰'(熊)이라는 語詞가 本來 '고마'로부터의 發達임을 알고 있다. 이 語詞의 境遇, 우리는 多幸히도 龍飛御天歌의 地名 表記에서 '고마ᄂᄅ(LHLL)'(=熊津)를 確保하고 있어 中世國語의 '곰'이 가지는 上聲이 '고마'의 段階에서의 平去의 縮約으로 이루어진 것이라는 것까지 確認하게 된다. 우리는 '고마〉곰'의 例에 따라 '모마〉몸'의 變化를 想定하는 것인데, 다만 中世國語의

---

4 Vⁱ 의 環境에서 'ㄹ'이 例外 없이 脫落되는 것은 아님은 '허리, 머리, 드리' 等의 存在를 通해서 確認할 수 있는 일이다.

'몸'이 '곰'처럼 上聲을 지니지 못하는 것은 古代國語에서의 '모마'가 平去의 聲調型을 지니지 않았던 데에 緣由한다.

'身萬隱'을 '모마는'으로 읽음으로써 우리는 또하나의 情報를 얻게 된다. 主題格의 異形態로서의 '는/는'이 古代國語에 實在했는가 與否를 알려 줄만한 表記가 鄕歌에 달리 存在하지 않는데 이 解讀으로 하여 '는/는'의 實在까지도 確認하는 것이 된다.

末音添記의 省察은 批定된 訓의 適否를 판가름하는 데에도 決定的인 貢獻을 한다. 假令, 普賢十願歌 其五에 보이는 '惡寸'을 '모단'으로 읽고 있는 것을 보는데 意味와 形態에 걸쳐 '모단'이 '惡寸'에 近似하기는 하지만, 適切한 批定이라고 하기는 어렵다. '寸'字의 頭音이 'ㄷ'을 反映한다고 하기는 어렵기 때문이다. '惡寸'은 高麗歌謠로서의 處容歌에 보이는 '머즌 말'의 '머즌'을 批定할 곳이라고 筆者는 判斷한다.

이러한 修正 作業은 많은 例에 걸쳐 可能한 것이며 또한 期待되는 것인데, 여기서는 한두 개의 例만 더 보여 두는 데 그치겠다.

禱千手觀音歌에 '二尸掌音毛乎支內良'라는 句節이 있다. 여기서 '掌音' 二字에 어떤 말을 批定할 것인가는 解讀者들을 苦心케 하는 한 課題였던 것이 分明하다. '掌'을 意味하는 語詞에 'ㅁ'을 末音으로 가지는 것이 現存하지 않는 것이 큰 問題인 것이다. 따라서 无涯에게서 보는 '솞 바당'에서 우리는 苦心刻苦의 흔적을 역력히 보는 바이지만, 그렇다고 '音' 字가 '솞'의 表示를 위하여 쓰였다는 論理에 선뜻 同意할 수는 없는 노릇이다. 'ㅇ'을 意圖한다면 '應'字 같은 것이 가장 알맞은 選擇이었겠는데, 그런 字들을 버리고 굳이 '音'字를 써야 할 理由가 있을 것 같지 않다.

勿論 筆者로서도 '掌'의 뜻을 가지며 末音 'ㅁ'을 가진 語詞가 現代語나 中世語에 實在한 것을 提示하지는 못한다. 그러면서도 '掌音'에 대하여는 'ㅁ' 末音의 語詞를 批定하여야 하는 것이 絶對的要請이기 때문에 筆者는 다음과 같은 暫定的 假設을 提示한다.

禱千手觀音歌에서의 '掌音'은 '솑ㅂ룸'을 記寫한 것이며, 여기서의 'ㅂ룸'은 壁을 意味하는 'ㅂ룸'이었다고 보는 것이다. 이 '솑ㅂ룸'의 'ㅂ룸'이 어느 段階에선가 漢字語의 '壁'으로 代替되어 오늘날 '손뼉'을 낳게 된 것이 아닌가 하는 것이다. 勿論 이것은 아직 充分히 證明되었다고는 할 수 없는 假說의 테두리에 머무는 것이지만, 一字一音의 原理와 末音添記의 正確性을 浸害하지 않는 解讀의 確保라는 點에서 旣往의 解讀들에 代替될 하나의 試案으로서의 價値는 가질 수 있는 것으로 믿는다.

遇賊歌에 '今呑藪未去遣省如'라는 句節이 있다. 여기서 끝의 '去遣省如'를 '가고쇼다'로 읽는 것을 보는데, 筆者의 見解로는 '가고셩다'라고 읽힐 곳이라고 생각한다. '쇼'를 表記할 생각의 사람이 그 자리에 '省'字를 빌려 온다는 것은 생각하기 어려운 노릇이다. '所, 消' 等 알맞은 字들이 있는데 굳이 母音이 다르고 末音 'ㅇ'까지 가진 '省'字를 끌어 와야 할 理由는 없는 것이다. '가고셩다'의 意味는 '가고 있었습니다'라고 생각한다. 即 '省'의 末音 'ㅇ'은 謙讓의 接尾辭 '-이-'의 縮約形이 되는 셈인데, 이처럼 '-이-'가 'ㅇ'으로 縮約되어 나타나는 것은 中世語의 資料에서 'ᄒᆞ녕다', 'ᄒᆞ닝다' 式으로 文證되는 存在인 것이다.[5]

부텨와 즁과를 請ᄒᆞᅀᆞᆸ보려 ᄒᆞ녕다 (釋譜詳節 六, 16)
三世옛 이를 아르실씨 부텨시다 ᄒᆞᄂᆞ닝다 (釋譜詳節 六, 18)

Ⅳ.

脈絡의 一致에 대한 考慮는 非單 鄕歌 硏究에서만 論議될 것은 아니고 一般的으로 解讀의 性格을 지닌 作業에서라면 어디서나 通用되는 原則이다. 文脈

---

5 鄕歌의 解讀에서 '音如'를 '이다'로 읽는 例들을 보나, 이것은 忠實한 解讀이라고 하기 어렵다. 亦是 '-음다, -ㅁ다'로서 持續態의 範疇로 看做되어어야 할 것이다.

에 맞지 않는 語形이나 意味를 우리들의 解讀 乃至 解釋 過程에서 排除해야 한다는 것은 至極히 當然하고도 常識的인 要請인 것이다.

그럼에도 不拘하고 우리는 가끔 奇拔한 着想으로 이루어진 解讀 속에 現代의 抽象的인 難解詩들을 無色케 하는 文面들을 目擊하게 된다. 우리는 우리의 研究 對象이 古代의 詩歌요 解讀의 結果가 그 雰圍氣를 넘어서는 것이 아니도록 規制할 수 있어야 할 것이다.

假想的인 解讀을 놓고 좀 具體的으로 생각해 보자. 앞에서 이미 여러번 論及했던 慕竹旨郞歌의 '皆理米'의 境遇 前後의 脈絡을 考慮에 넣지 않는다면, 그것을 '다ᄋ리매'라고 읽는 것이 可能할 것이고, 그것은 筆者가 提案했던 '몬오리매'보다 여러 모로 順調로워 보인다. '皆'字를 '다'로 읽는 것은 無難한 일이며 'ᄋ'와 같은 母音은 表記에 잘 反映되지 않는 性質의 것이기 때문에 '盡'의 뜻인 '다ᄋ다'의 記寫로 볼 수도 있을 것이다. 그러나 그 앞에 있는 主語 '春'이 單純한 '봄'이 아니라 '去隱春' 即 가 버린 봄이기 때문에, 이미 가 버린 봄이 다시 '다할 것이므로'라는 말을 할 수는 없게 되어 있다.

遇賊歌 같은 데서의 缺字의 補充도 前後 脈絡을 基準으로 할 수밖에 없는 것인데

日遠鳥逸□□過出知遣

의 一句에서의 缺字에 대하여 筆者가 '月理' 程度가 아닐까 생각하고 있는 것도 前後 脈絡을 基準으로 해서의 일이다. 해가 멀리 西山에 걸리고 새들이 모습을 감추고 난 다음에(日遠鳥逸은 漢字語로 남겨 둔다.[6]) 무엇이 나온 것이 있다면 그것은 달일 수밖에 없다는 論理다. 永才가 도적을 만나는 場面으로도 달이 돋은 초저녁은 格에 맞는 것이 아닐까.

---

6 无涯에게 있어서는 그 첫字 '日'을 떼어 앞 句에 붙였으나, 三國遺事에서의 分節은 그런 移動을 생각하기 어렵게 되어 있다.

律調的 基準이란 鄕歌의 外形律에 依한 制限을 말하는 것인데, 主로 한 句의 音節數가 關係를 가진다.

最近에 筆者는 '三句六名에 대한 한 假設'이라는 作業에서[7] 鄕歌의 律調的 構造와 그 發達을 追求해 본 일이 있는데, 여기서 얻은 筆者의 結論을 十句體 鄕歌와 八句體 鄕歌에 대하여 圖示하면 다음과 같이 나타난다.

十句體 鄕歌

1 ———————————
2 ·····························
3 ———————————
4 ·····························
5 ·····························
6 ———————————
7 ———————————
8 ·····························
9 ·····························
10 ·····························

八句體 鄕歌

1 ———————————
2 ·····························
3 ———————————
4 ·····························
5 ———————————
6 ·····························
7 ·····························
8 ·····························

---

7 李崇寧先生古稀紀念 國語國文學論叢(1977, 塔出版社) 25-50.

위의 두 그림에서 굵은 直線은 六音節로의 固定을 나타내고 쇠사슬줄은 七音節 以上으로 늘어나되 一定한 音節數로의 制約은 없는 것을 나타낸다.[8] (偶然의 結果인지는 모르지만, 1, 3, 7의 句들을 除外하고는 6音節로의 實現은 없다.)

따라서 三句六名의 秩序를 가진 鄕歌들에 있어서,[9] 1, 3, 7 또는 1, 3, 5의 句가 '六名'의 基準에 合致되지 않는다든지, 또는 反對로 그 밖의 句가 7音節에 미치지 못하는 解讀으로 結果되었을 때에 우리는 우리의 作業 過程에 誤謬가 介在되지 않았나를 다시 살피는 態度를 지녀야 할 것이다.

禮敬諸佛歌 第三句의 '身萬隱'을 '모마ᄂᆞᆫ'으로 읽음으로써 6音節의 句가 되고, 慕竹旨郎歌의 第一句도 '皆理米'도 '그리매' 아닌 '몰 오리매'로 읽음으로써 6音節이 되는 것을 알겠거니와, 그 밖에도 三句六名의 律格을 基準으로 再考되어야 할 部分은 許多하게 存在한다.

廣修供養歌 첫 句의 '火條執音馬'의 '火條'를 '브져'로 보는 것은 適合하지 않다. '브져'라면 '火著'라고 적을 일이지 '火條'라고 迂廻할 理由가 없다. '條'는 '시울' 또는 '시욹'과 같은 2音節語가 와야 할 곳이며 이렇게 됨으로써 6音節의 句가 된다.

恒順衆生歌의 境遇에 있어서, 그 第一句 '覺樹王隱'은 '覺樹王은'으로 읽히고 있으나, '菩提樹王은' 또는 '菩堤樹님금은'이 可能하며 그쪽들이 律調的인 觀點에서 더 바람직하다 할 것이다.

한편 같은 노래의 第三句인 '大悲叱水留潤良只'을 굳이 '大悲ㅅ물루 저지역'하고 7音節로 읽어야 할 것인지는 疑心스럽다. '大悲ㅅ물로 저적'으로 읽는

---

8 六音節로의 固定에도 例外가 없는 것은 아니어서 普賢十願歌 其九(恒順衆生歌) 第七句인 '念念相續无間斷'은 7音節로의 破格을 實證해 주는 例이다. 그러나 이 破格에도 一定한 秩序가 있어서 第一句에 있어서는 6音節 以下로 줄어드는 일은 있어도 늘어나는 일은 없는 反面에, 第三, 第七의 句들에 있어서는 줄어드는 일은 없고 破格이라면 한 音節 늘어나 7音節이 되는 것을 意味한다. (이 句들에 있어서는 8音節 以上의 數는 觀察되지 않는다.)

9 普賢十願歌 11首와 三國遺事 所收의 若干 鄕歌가 三句六名의 範疇에 屬하며, 安民歌 等 一連의 鄕歌는 그와 無關한 것으로 判斷된다.

것이 形態나 意味의 觀點에서와 함께 律調의 觀點에서도 妥當하다고 본다.

勿論 律調的인 패턴을 지나치게 意識한 나머지 解讀에 牽强이 생기는 것은 우리가 嚴히 警戒해야 할 일에 屬하지만 律調的 規範이 우리의 解讀을 誘導하고 또한 檢證하는 能力은 强調되어 마땅한 存在일 것이다.

V.

不幸히도 우리의 鄕歌 資料는 量的으로 甚한 制約을 받고 있다. 類似한 用例들을 收合하여 歸納的으로 問題를 解決해 나간다는 日常的인 態度로 臨하여 事態를 解決할 수 있는 境遇라는 것은 그리 많지 않을 것이다.

三代目의 奇蹟的 出現 같은 劃期的인 轉換이 오지 않는 限, 우리 硏究者들이 두고 두고 겪어 나가야 할 資料的 貧困을 克服하기 위하여는 硏究 方法의 精密化와 多邊化 以外에는 길이 없는 것으로 생각한다.

即 類推나 歸納에 依한 硏究가 甚한 制約을 받는 狀況下에서 우리가 어떤 일을 해야 하는가를 筆者는 생각하는 것이다. 우리의 知識과 想像力을 最大限으로 活用하여 可能한 限 많은 解讀案들을 提示하는 것이 代案의 第一段階니, 假令 '皆理米'에 대해서라면 '그리매', 'ᄀ리매', '다ᄋ리매', '몯오리매' 其他 論理的으로 可能한 모든 案들을 提示해 보는 것이다.

그리고 作業의 第二段階는 嚴格한 基準들에 依하여 이 案들을 하나하나 審査하여 가장 適合한 候補 하나로 줄여 가는 것이다. 이 小論에서 筆者가 追求한 것은 이 第二段階 作業을 위한 客觀的 基準들이었다. 序頭에 一旦 羅列해 보인 네 가지 基準을 가지고 評價와 檢證을 例示해 보였지만, 鄕歌라는 對象이 氷山과 같아서 例示처럼 比較的 簡單히 作業할 수 없는 死角 地帶가 아직은 얼마든지 남아 있음을 率直히 是認한다.

다만 한가지 分明하게 말할 수 있는 것이 있다면, 古代國語 硏究者는 鄕歌

解讀의 일을 兼해야 하는 것이며, 그럼으로써 어떤 것이 語學的 硏究에 安心하고 利用할 수 있는 資料인가, 또는 아직은 敬遠해야 할 危險한 資料인가를 識別할 수 있는 能力을 가지게 된다고 하는 點이다.

18世紀 前記 國語의 一考察

「伍倫全備諺解」를 中心으로

전 광 현

I.

筆者는 年前에 18世紀 國語의 全般的 硏究의 一環으로서 18世紀 後期 國語의 一端을 살펴본 바가 있다.[1] 本考도 그러한 立場과 態度에서 조금도 벗어나지 못한 處地에 있지만 우선 部分的이나마 前期와 後期의 連脈을 짚어 본다는 意圖에서 本考를 試圖하였다. 本考의 中心을 이루는 資料인 「伍倫全備諺解」는 老乞大, 朴通事와 함께 中國語學習書로서 伍倫全, 伍倫備 兄弟의 對話에 의하여 語學學習에 便利하게 漢字 아래에는 中國語의 雅俗音을 달아 놓고 本文을 諺解한 8卷 4冊의 敎科書이다. 高時彦[2]의 序文에 의하면 「歲舍辛丑季春上浣高時彦謹書」로 되어 本書의 刊年은 景宗 元年(1721)으로 18世紀 初期에 該當된다. 그리고 이 冊이 刊行된 過程은 序文에 잘 나타나 있다.[3] 따라서 18世

1　拙稿(1971), 18世紀 後期 國語의 一考察, 全北大學校 論文集 13.

2　顯宗 2年~英祖 10년(1671~1734), 肅宗 13年(1687)에 譯科에 及第, 이후 譯官으로서 淸나라에 수차 다녀옴.

3　始自丙子歲本院命若而人撰修諺解未幾廢輟越至己丑復令敎誨廳官等廣修而累年聚訟就緒無期逮我夢窩金相國領另加獎掖頻復提命至其釐訛質疑之最難者多所稽考以相其役由是遂不住手以庚子秋告訖凡句讀之解訓義之釋無不備矣相國覽而嘉之而前衛劉克愼等自請捐緡刊布仍令不佞等益加

紀에 들어와 刊行된 初刊本의 文獻으로는 아마도 最初의 것이라 여겨진다. 序文의 內容으로 보아 이 冊의 諺解가 처음 試圖된 것은 丙子年, 卽 17世紀末 이지만 本格的인 作業과 修正을 거쳐온 점을 勘案하면 時代的인 文獻上의 區 分에 있어서는 18世紀 初葉의 國語資料로 取扱해도 無妨하리라 생각된다. 그 리고 序文 뒤에 있는 凡例는 中國音의 雅俗音을 表示하기 위한 國語字母의 說 明이므로 本考와 直接的인 關係가 없다고 생각되어 論外로 하였다. 文獻資料 의 取扱에 있어서 方言 要素의 介在는 흔히 우리를 當惑하게 하는바 항상 注 意를 要해야 하리라 생각된다. 本「伍倫全備諺解」는 그 編纂上의 過程과 하나 의 中國語 敎科書的 役割을 勘案해 볼 때 中央語 乃至는 中部方言의 領域에서 벗어나지 않는 資料라고 思料되기 때문에 本考에서는 一端 中央語의 資料로 看做하여 論議해 보고자 한다.

前述한 바와 같이 本考의 目的이 18世紀 前期와 後期의 連脈을 살펴보는 데 있으나, 여기서는 우선 그 記述範圍를 넓히지 않고 主로 表記, 音韻을 中心으 로 해서 다루려 한다. 18世紀, 더 나아가 近代國語 全般에 대한 것은 이러한 作業이 數年間 累積된 後에 이루어지리라 믿어 自慰하는 바이다.

Ⅱ.

17世紀 國語의 表記法上 나타나는 몇 가지 特徵을 우리는 이미 알고 있다.[4] 그 중에서 18世紀 國語와 連關되는 사실을 簡略하게 살펴보면 우선 語頭子音

校正以印之於是諸人屬不倿爲文序其順末 (圓点은 筆者가 친 것임).

丙子年은 肅宗 22年(1696), 己丑年은 肅宗 35年(1709), 庚子年은 肅宗 46年(1720)이다. 위의 金相 國은 領議政 金昌集(1648~1722)이다.

4 李基文(1972a), 改訂 國語史槪說, 民衆書館, pp. 191~195.

拙稿(1967), 17世紀 國語의 硏究, 國語硏究 19, pp. 23~48.

群의 合用並書, 그리고 各自並書를 들 수 있는바 ㅂ系에 있어 三字合用, 二字合用이 매우 生産的이어서 16世紀 國語를 彷彿케 하나 특히 ㄸㅌ과 ㅂㅌ의 出現은 近代國語 表記法上 重要한 役割을 한 特徵으로 看做된다. 各自並書에 있어서는 語頭에서 ㅃ, ㅆ, 語中에서 ㅃ, ㅆ, ㄲ, ㅉ으로 나타났다. 그리고 ㅎ의 된소리 表記로서 ㅆ이 出現했다. 다음에 들 수 있는 것은 音節末 ㅅ과 ㄷ의 混亂을 볼 수 있다. 이것은 音韻論的으로 그 辨別的 機能을 보이지 못하는 當時의 한 特徵이었다고 하겠다. 그리고 末音 ㄲ의 登場(쌋고), 語幹과 語尾 分離 表記意識의 萌芽, 同一字音의 二重表記(처엄미나, 집비나), 語中內破와 有氣音과의 關係 等 16世紀와의 比較에서 消滅, 生成, 擴張의 過程을 表記法上으로 나타내준 過渡的 特徵으로 생각된다.

18世紀 初期의 國語에 나타난 表記法들은 前述한 17世紀의 그것들과 直結되는 關係에 있기 때문에 역시 若干의 差異를 가진다.

우선 順序에 따라 語頭 合用並書의 用例들을 보면 이 文獻에 限한 경우 三字合用의 表記는 볼 수 없다. 따라서 '빼'나 '삔'와 같은 表記例는 나타나지 않고 그것들은 모두 ㅅ系나 ㅂ系의 二字合用으로 表記된다. 이 「伍倫全備諺解」에서 볼 수 있는 ㅂ系와 ㅅ系의 用例를 參考삼아 羅列해보면 다음과 같다.

〈ㄸ〉 뜻(一·7), 빼(一·19), 써러딤이니(五·2), 뜰와(三·15), 뛰여나자(五·25), etc.

〈ㅄ〉 딱(一·24), 쯔츠뇨(五·16), 새로썬(六·31), etc.

〈ㅄ〉 쓰며(二·41), 뿔이적으니(六·16), 뽐이(包)(六·32), 빳ᄂ이다(六·32), 百金이빗니(五·46), etc.

〈ㅂㄱ〉 두딱으로다가뼈(七·18)[5]

〈ㅅ〉 슨홈을(一·4), 씨여(二·36), 썻쏘다(三·12), 쉬여(四·35), 쑤디(不

---

5 「女四書諺解」(1736)에는 「뎌즈음띄(序一·3), 先君띄(一·3), 믿츠리로다(一·22)」 等이 있다.

跪)(七·14), 쑬라(七·14), 쑬고(七·14), etc.

〈ᄯ〉 싸히(一·23), 그째에(二·28), 뜸(二·41), 뜻뜻고(滴)(三·16), 쓧이
니(五·38), 쓸이(二·15), 쑤러디고(二·29), etc.

〈ᄲ〉 쌘쪽ᄒ여(二·9), 쐴(五·24), 쎠(四·2), 쌔히며(六·7), etc.

〈ᄶ〉 쏫츤다(五·15)

위에서 본 바와 같이 ㅂ系에 對當되는 ㅅ系가 모두 存在하며 이중에서 ㅅ
系의 用例들이 優勢한 것은 17世紀에 比하면 하나의 特徵이라 할 수 있고 18
世紀 後期에 그대로 連結되는 結果를 가져온다.[6] 그리고 ㅅ系의 合用並書인
ㅆ은 역시 使用되고 있으며[쓰디 아니ᄒ고(書)(一, 33) etc] 後述할 바와 같이
ㅆ와 ㅄ의 關係도 17世紀 後半인 경우와 같다.[7]

〈ㅆ〉 쓰디~쓰거늘(二·44), 싸흔섭(五·2), 쓔어리던(二·10), 썻ᄂ니(一·
15), 쓸듸업슨(無用)(六·36), 씨(七·39), 쏘와도(射)(八·19), etc.

〈ㅃ〉 ᄤ(七·38)

ㅉ, ㄸ, ㄲ의 用例는 보이지 않으나 語中에 있어서 「홀ᄯ니라」(四, 25)와 같은
硬音化의 경우가 있다.[8]

다음에 音節末 子音 ㅅ과 ㄷ의 表記에 대한 問題를 살펴보면 전혀 그 辨別
的 機能을 다하지 못하여 中和된 狀態의 表記를 보여주는데 거의 모두 ㅅ으
로 統一된 樣相을 나타낸다. 이들은 이미 17世紀에 强하게 보이기 始作한 것
이지만 18世紀의 重要한 特徵으로 登場한 것은 表記 自體의 問題가 아니라 亦

---

6 拙稿(1971), 前揭論文. pp. 5~6.

7 李基文(1972a), 前揭書. p. 196.

8 語頭의 ㅉ에 대해서는 李基文(1972a) p.196 參照. 따라서 이 ㅉ의 出現은 적어도 17世紀 後半
이 된다고 볼 수 있는데 實際 그 用例들은 稀小하다.

是 音韻論的 側面에 關與하는 것이라 하겠다.

〈體言〉

벗이라(友)(二·6), 벗을 사괴ᄂᆞ뇨(二·24), 벗의(三·31), 벗ᄒ리라(三·22).
뜻은(二·6), 쯧이(二·9).

〈用言〉

· 밋디(一·15), 미들디라(八·23), 밋으리오(二·19).

· 밧ᄌ오니(一·16), 밧고(一·42), 밧디(六·30), 바다(三·1), 바ᄃ쇼셔
  (一·20), 바드면(五·12), 밧을ᄯᆞ니(五·7), 밧음을(三·25).

· 엇고져(一·38), 어드리오(六·22), 어더(六·22), 어드니(一·57), 엇으
  리이다(五·3), 엇으니(五·4).

· 뭇노니(二·5), 뭇쟈(二·24), 뭇디(五·29).

· 못디(會)(六·9).

· 곳게ᄒ랴(六·24).

· 굿게(八·30).

〈其他〉

· 덧덧이(一·2, 四·18)~덛덛이(八·19)

· 굿이(固)(三·36, 一·38)

以上에서 본 바와 같이 語幹末子音 乃至 音節末子音이 ㄷ으로 表記되지 않
고 거의 ㅅ으로 統一되어 있으며 特히 母音으로 始作되는 音節 앞에서도 ㅅ
으로 表記된 것은 하나의 새로은 特徵이라 하겠다.[9]

---

9 「地藏經諺解」(1765)는 오히려 混亂된 상태를 보여주는바 마치 17世紀의 그것을 聯想케 하는

그리고 語幹末音이 本來 ㅈ, ㅊ, ㅌ인 語辭들이 後行하는 子音音節이나 母音音節 앞에서 ㅅ으로 表記되는 用例를 얻을 수 있다.

낮이면(晝)(一 · 2), 봄낮이(春晝)(一 · 31), 곳이다픠어시니(一 · 30), 블꽃
(五 · 2), 닛디(忘)(三 · 36), 밧갈기는(一 · 6), 밧一分을(五 · 11), 밧히(二 · 12),
밧흘(五 · 11), 코긋히(二 · 9), 돗히(猪)(一 · 33), 손삿혜(四 · 8), 세낫반(二 ·
12), 여슷낫(三 · 4), 몃즈식이뇨(五 · 12), 빗히(光)(四 · 16)

子音音節 앞에서의 例는 새로운 것이 못되지만 「낮이면, 봄낮이, 곳이」 등
과 같이 母音音節 앞에서까지 體言의 末音으로 ㅅ을 表記했다는 点은 前述한
ㄷ, ㅅ의 關係처럼 상당히 特異한 面을 보여주는 것이라 생각된다.

하나의 形態音韻論的 事實이라고 생각되는 ㅅ表記의 用例로서 우리는 다
음과 같은 것을 들 수 있다. 이는 18世紀의 새로운 한 特徵은 아니고 이미 16
世紀부터 나타난 것이다. 即 語幹末音이 有氣音이었거나 母音間 有氣音化의
樣相으로 나타나는 경우 末音으로 반드시 ㅅ을 表記하는 것을 말한다. 音韻
論的으로는 內破를 意味한다고 생각된다.

- 낫낫치(一 · 7), 긋쳐(一 · 8), 맛치디(一 · 17), 늣츨(一 · 36), 좃츰이(一 ·
  37), 열낫체지어(五 · 46), 혓긋치(一 · 25), 빗갓츨(肚皮)(七 · 4), 뭇츰애
  (四 · 22), 빗치잇고(七 · 34), etc.
- 긋틔여(二 · 42), 긋티노라(五 · 4), 듯토아(三 · 5), 굿튼디라(四 · 15), 맛

데 이는 「地藏經諺解」 自體가 重刊本의 性格을 보인다는 点에서 理解된다.
닷가(上 · 1), 닫가(上 · 6), 잇더니(上 · 26)~인고(上 · 2), 보살엔엄마님이(上 · 12), 다슨가딘
(上 · 21). 그리고 母音音節 앞에서의 ㅅ問題는 이미 指摘된 바 있다.
拙稿(1971), 前揭論文. p. 44.
李基文(1972a), 前揭書. p. 194.
이런 現象은 18世紀 後期가 아니라 이미 前期에 나타났다는 사실이 注目된다.

티는(三 · 4), 슷티고(二 · 8), 이제로붓터(一 · 13)[‘접퍼(七 · 20), 앏픠 (一 · 44)’는 ㅅ이 아닌 ㅂ의 內破를 誘導한 것이다.]

上記 用例들과 對照되는 例로 우리는 다음과 같은 表記를 볼 수 있다.

낫낫히(一 · 41), 조츔이(一 · 38), 굿ㅎ여(二 · 5), ㅈᄎ히ㅎ라(四 · 30), 모듬으 로붓터(七 · 24), 빗히로다(八 · 18), etc.
(上記의 ‘접퍼’는 ‘접허’(七 · 16), ‘저퍼’(七 · 13) 등으로 나타나며 ‘앏픠’는 ‘앏희’(二 · 9)로도 表記된다.)

이러한 異形의 表記들은 音韻論的으로는 同一한 發音을 前提로 하며 內破 의 表記 用例들이 當時의 現實發音을 나타낸 것이라고 하겠다.

다음에 母音間 -ln- 表記는 本書에 있어서 두 例만을 찾을 수 있다. ‘열녓고’ (七 · 26) ‘흘님을’(五 · 19). 그러나 비슷한 時期의 他文獻에 나타나는 것을 勘 案하면[10] 이러한 母音間 -ln- 表記는 18世紀로부터 始作된 表記樣式이 아닌가 한다. 적어도 18世紀 後半의 資料에서 生産的으로 登場하는 사실을 본다면 -ll-의 表記에 있어 後者의 l은 音韻論的으로 /l/이 아니라 /r/에 가까우며 同位 置의 舌端 /n/과 中和되는 過程을 表示해 준 것이라고 推測된다. 即 [l]과 [n]의 中間音의 表出이라고 보는 것이다.

17世紀에서 흔히 볼 수 있었던 同一音의 重出表記, 即 ‘약글’, ‘집비’, ‘처엄미 나’ 등의 表記意識이 直接的으로 나타나지 않으나 「二倫行實圖」에 ‘급비’(伋 이)(1), ‘겨집비’(8, 15), ‘겨집블’(10), ‘밥블’(27), ‘흔잣깁블’(尺帛)(26) 等을 보

---

10 「二倫行實圖」(1730)에 ‘쳘냥’(18), ‘올나가’(31), ‘멀니셔’(33) 等이 있고 「三綱行實圖」(1730) 에 ‘홀노’(孝子 · 9), ‘말니지못ᄒ야’(孝子 · 12), ‘돌너’(忠臣 · 4) 그리고 「女四書諺解」(1736) 에 ‘일노뻐’(序 2, 4), ‘닐니’(序 1, 3), ‘진실노’(一 · 1), ‘글너뵈야도’(一 · 18), ‘달니ᄒ야’(二 · 2) 等 많은 用例가 있다.

면 역시 그러한 意識이 殘在하고 있음을 알게 된다.

　語幹과 語尾의 分離 表記意識은 대단히 生產的이어서 여기에 列擧할 必要
性을 느끼지 않으나 다만 그 意識의 過剩이 다음과 같은 表記例를 導出해 내
기까지 한다.

　　　발아리(四·15)~발알이(四·7)
　　　ᄀ르침(四·30)~골ᄋ침(四·30)
　　　엄이되엿ᄂ이(母)(六·32), 싀여(使)(八·4), 임의(一·4), etc.

그리고 語幹末音이 重子音일 때도 역시 語幹意識은 强하다.

　　　닑어(一·14), 닑을줄을(一·18), 닑엇ᄂ다(三·5), 닑디(一·33), 흙에(四·
　4), 늙고(三·18), 늙은사름(七·6), 붉디(三·1), 붉아(四·4), 슮ᄂ니(一·2),
　섥다(二·36), 거듧(四·17), 앎희(一·46), etc.

지금까지 대충 本「伍倫全備諺解」에 나타나는 表記上의 樣相을 살펴본 몇
가지 問題는 18世紀 後期 國語와의 關係에서는 別로 特徵的인 事實이 없고 다
만 擴大되었거나 變化의 過程을 겪은 것을 엿볼 수 있지만 17世紀와의 關係
에서는 새로운 特徵이 添加될 수 있다는 結論을 얻게 된다. 하나의 文獻資料
를 놓고 史的 基準을 잡을 수는 없으나 18世紀 初를 代表한다는 点에서는 價
値가 있으리라 믿는다.

Ⅲ.

18世紀初의 語頭硬音化의 樣相을 살펴보기 전에 16·17世紀의 語頭硬音化

의 用例를 보면 대개 다음과 같이 나타난다.

스스-, 씷-, 쑤짓-, 슬히-, 쑤-, 썰-, 싸홀-, 씹-, 싸홈, {'싸홀-'은 本書에서 '써흐러'(七 · 16)로 나타난다.}

쒸-, 쫘-, 쏫-, 쏫-, 쩐쩐ᄒ-

이 要因에 대해서는 再論의 餘地가 없다. 이 「伍倫全備諺解」에서 찾을 수 있는 用例, 即 더 追加할 수 있는 것은 사실상 '슨츠면'(六 · 4), '슨쳐디리니'(二 · 29), '쏫츤다'(五 · 15), '쏘츠뇨'(五 · 16), '쪼차'(七 · 11) 等이다. 18世紀 後期에서도 몇 例 追加할 수 있다는 사실은 이미 指摘된 바이지만[11] 16 · 17世紀에 볼 수 있었던 用例는 이 時期에 그대로 나타난다고 하겠다. 그리고 名詞의 硬音化(곳, 불휘)는 單獨으로 쓰인 例를 찾기 어려워 18世紀初와 無關한 듯하고 오히려 18世紀 後半부터 始作된 狀態에 있지 않았나 생각된다.[12]

語頭激音化도 실제 特別한 것이 없는 狀態에서 16 · 17世紀와 같이 다음의 例들이 보일 뿐이다.

긴칼(一 · 56), 코쏫히샏쫙ᄒ여(二 · 9), 코흐로(六 · 19), 칼을(八 · 18), 칼흘 (八 · 17)

다음에 口蓋音化에 대하여 이미 밝혀진 根據를 基礎로 살펴볼 때 本書에는 異常하리만치 否定的으로 나타난다. 南部方言圈의 口蓋音化와는 比較가 되지 않으나 이미 17世紀末의 「倭語類解」는 勿論이거니와 이 「伍倫全備諺解」보다 약간 늦은, 그리고 保守的이라고 할 만한 「論語栗谷先生諺解」(1749), 「孟

---

11 拙稿(1971), 前揭論文. p. 48.
12 拙稿(1971), 前揭論文. p. 48~49.

子·栗谷先生諺解」(1749)에 '지킈며'(論栗, 二·36), '기친俗과'(孟栗, 二·5) 等
의 몇 用例가 보임은 적어도 18世紀 前期의 口蓋音化는 서울말에서 아주 微弱
한 狀態에 있었음을 補證한다고 생각된다. 왜냐하면 18世紀 後期의 文獻에서
는 매우 生産的인 樣相을 보여주기 때문이다.[13] 18世紀 後期 國語에서 보였던
語頭 i 母音 앞에서 /n/이 脫落하는 現象은 前期 文獻上으로 보아 전혀 일어나
지 않고 있다.[14] 이것은 아마도 18世紀 後期 國語의 諸特徵 中 代表的 特徵의
하나라고 하겠다.

　　子音에 關係되는 現象 中 語幹末音 ㅅ의 문제는 역시 17世紀와 같이 同一하
나 다만 一例를 얻을 수 있다.

　　　　싼가(七·16)~갓가(五·23)~싹근(五·23)

　　前述한 表記法의 問題 中 語幹末音 ㅅ, ㄷ, ㅌ, ㅈ, ㅊ이 母音으로 始作되는
音節 앞에서도 모두 ㅅ으로 表記되는 사실을 보았거니와 이들에 대한 音韻論
的인 解釋은 우선 두 가지 條件을 前提로 해야 可能할 것 같다. 첫째는 近代國
語에 있어서 音節末 ㄷ이 表記上으로 모두 ㅅ으로 統一되는 位置에 있는 点이
고, 둘째는 音節末 ㅌ, ㅈ, ㅊ의 環境的 制約이 中和에서 오는 것이라면 中和가
先行되고 다음에 表記法의 適用을 받는다는 것이다. 이러한 條件들에서 보면

　　　　'밧을찌니'(五·7), '믿으리오'(二·19), '엇으니'(五·4)

등의 解釋은 語幹末音의 中和가 일어난 다음에 表記法의 ㅅ이 나타난 例요,
'낫이면'(一·2), '곳이 픠어시니'(一·30) 등도 同一하게 보아야 하리라 생각

13　李基文(1972b), 國語音韻史研究, 韓國文化研究所. pp. 67~68.
　　拙稿(1971), 前揭論文. p. 49.
14　拙稿(1971), 前揭論文. pp. 49~50.

된다. 當時에 [nasimjən], [kosi]로 發音되었을 可能性을 現代國語와 같이 解釋하면 앞에 든 用言들도 [pasil], [misirio], [əsɨni]로 보아야 하기 때문에 全體的인 立場에서 一致되지 않는다. 따라서 우리는 語幹에 後行하는 子音音節을 基本으로 삼고 語幹과 語尾의 分離表記意識, 即 形態素境界에 關聯된 問題로 봄이 安當하리라 생각된다. 即 語幹은 形態素境界를 中心으로 中和와 表記의 二元的 過程을 거치고 있는 狀態이며 實際 發音에 있어서는 다른 資料들이 보여주는 바와 같이 子音 資質의 介在로 說明될 수 있지 않을까 한다. 따라서 當時에 있어서의 形態素境界는 現代國語의 單語境界만큼의 效用性을 가지기 始作한 時代的 特性을 나타내는 것으로 보이며 形態素構造의 內部에서부터 出發하는 音韻規則의 一端에서 벗어나 形態素境界의 問題가 擡頭되는 一面을 보여주는 것이 아닌가 推測된다.[15]

그리고 末音 ㅋ, ㅍ 等은 本 文獻에 다음과 같이 나타난다.

부억(四 · 5), 섭우희(五 · 2), 갑게ᄒ라(七 · 10), 命을갑기(二 · 4), 싸흔섭 (五 · 2), 이녁히이녁술을버혀(七 · 7), 놉디못ᄒ라(二 · 32), etc.

末音으로 나타난 上記 用例의 ㅋ, ㅍ은 後期中世國語와 같이 中和된 상태의 모습을 그대로 보여주고 있다. 끝으로 ㆅ에 有關한 ㅎ은 ㅋ으로 되어

니ᄅ켜고(六 · 33), 톱을켜는고(七 · 17)

등으로 나타난다.

지금까지 18世紀初 「伍倫全備諺解」에 보인 子音變化의 몇 例를 國語史的인

15 勿論 現代國語를 對象으로 할 때 完全히 一致하지는 않는 것처럼 보이나 어떤 音韻現象(특히 口蓋音化, i 逆行同化)의 擴大 範疇의 樣相은 그 過程上의 性格과 一致한다고 생각된다.

面에서 簡略하게 檢討해 보았거니와 母音에 關한 問題도 이런 式으로 살펴볼 必要가 있으리라 여겨진다.

우선 ·音의 問題가 우리의 焦点이 되는바 그 중에서 이 時期에 있어서의 關心은 第一音節의 ·音의 消失에 있다고 하겠다. 그러나 이미 밝혀진 바와 같이 가장 核心的인 것은 그 時期의 문제인데 크게 18世紀 初葉과 中葉으로 나누어진 셈이다.[16] 周知하는 바와 같이 적어도 16世紀末로부터 始作되는 第一音節 ·音의 消失은 「흙」, 「소매」, 「해여디니라」, 「가이」 등의 小數 語辭가 對象이 되었으나 外國語 轉寫가 아닌 純粹國語를 對象으로 한 文獻上으로 볼 때에는 18世紀末(혹은 18世紀 後期)에 가장 顯著하게 나타나고 있다. 18世紀 後期에 該當되는 本「伍倫全備諺解」에는 단 하나의 用例도 보이지 않고 있다. 다만 좀 늦은 時期의「二倫行實圖」에 '마음믈'(4), 「種德新編諺解」(1764)에 '마을의'(上13), '마즘자지아니ㅎ얏다가'(上25) 등으로 나타나고 있다. 이러한 例들과 18世紀 後期의 用例들을 勘案해 보면[17] 적어도 ·音의 消失은 18世紀 前期中에 形成된 것으로 보아야 오히려 妥當할 것이다.

17世紀 國語에서 이미 形成되었던 脣音 다음에서의 '一'의 圓脣母音化는 이 時期에는 더욱 一般化되어 'ㅜ', 'ㅗ'의 두 圓脣性 資質의 母音으로 바뀌었다.

a) 더부러(一 · 11), 머무로고(一 · 3), 이제로붓터(一 · 3), 깃부게ㅎ야(一 · 17), ㅈ부니(五 · 41), 구부니이다(六 · 17), 머무러(七 · 10).

b) 이러모로(一 · 43).

---

16 17世紀까지 遡及하는 경우도 있으나 대체로 18世紀에 固定된 듯하다.
　李基文(1972a), 前揭書.
　李基文(1972b), 前揭書.
　宋敏(1974), 母音「·」의 非音韻化 時期. 聖心女子大學 論文集 5.
　拙稿(1971), 前揭論文.

17 宋敏(1974)를 考慮하면 全體的인 面에서 一致点을 찾을 수 있을 것 같다. 어떤 音韻變化가 어느 年度에, 혹은 短期間에 形成되었다고 보기는 어려울 것 같다.

c) 불러와(一·12), 무슴글고(一·20), 무섯고(一·31), 무서슬(一·49), 무
  던ᄒ다(三·23), etc.

여기서 한 가지 特徵的인 것은 體言의 曲用時에 나타나는 圓脣母音化, 卽體
言의 語幹末音이 脣音일 때 格語尾 '-을, -으로' 等이 'ᅮ'로 되는 現象이 전혀 보
이지 않고 '높-'의 名詞形 '높+음'의 用例로서 '노품'(三·10)만이 보이고 있다.
曲用時의 圓脣母音化는 19世紀에도 非生産的으로 나타나고 있음을 볼 때 그
段階的 變化의 모습을 推出할 수 있으며 實際發音上의 差異点도 認定해야 하
지 않을까 한다. (非圓脣母音化의 用例로 보기 쉬운 '뭇홀(一·57), 뭇홀써시면
(一·53)' 等이 보이는데 이들은 誤記가 아닌가 생각된다.)

다음에 二重母音 'ᅱ'의 상태는 17世紀와 同一하게 'ᅴ'의 과정에 있다.

곳이다픠어시니(一·30), 향을픠워(一·32), 픠오고(四·9), 븨어(空)(六·
2), etc.

따라서 本來의 二重母音 'ᅴ'는 그대로 나타나 第一音節에서도 '희도아니ᄒ
야(五·16), '픵픵'(一·7), 第二音節에서 '구븨도라'(一·5), '무듸여'(一·25)
와 같이 쓰였다. 이들 二重母音은 역시 19世紀末 내지 20世紀初에 單母音으
로 되었다고 보게 된다.

다음과 같은 例들은 17世紀의 경우와 같이 直接的인 Umlaut라고 보기는 어
려운 듯한데 Umlaut 現象이 口蓋音化와 같이 南部方言圈에서부터 始作된다
는 사실을 前提로 한다면 理解에 도움이 될 것이다.[18]

---

18 李秉根(1970), 19世紀 後期 國語의 母音體系, 學術院 論文集 9. p. 389.
  拙稿(1967), pp. 88~89.

겨집(一 · 4)~계집(七 · 22), ᄒᆞᄂᆞ고야(一 · 43)~ᄒᆡᄒᆞᄂᆞ괴야(一 · 27, 28), 보야흐로(二 · 26)~뵈야흐로(二 · 26, 4), 어엿비(一 · 48)~에엿비(五 · 14, 七 · 2), ᄒᆞ여덧다(二 · 37)~ᄒᆡ여덧다(三 · 29), 버히ᄂᆞᆫ(四 · 18), 버히고(五 · 9)~베히ᄂᆞᆫ (三 · 11), 베혀(四 · 32), (七 · 9), 겨요(二 · 6)~계요(五 · 45), etc.

이 時期의 母音調和는 周知하는 바와 같이 形態素內에 있어서는 第二音節 以下의 · 音消失에 따라서 대부분 紊亂한 狀態에 있었으니 이러한 사실은 이른 時期(16 · 17世紀)의 共通的 樣相이라고 생각된다. 그리고 다른 要因은 統合的 諸音韻 現象에 따른 母音體系의 推移가 決定的 要素가 된다고 볼 때 이「伍倫全備諺解」에 나타나는 母音調和의 實態도 例外가 아니었다고 여겨진다. (用例 省略)

以上 音韻論的인 諸問題를 簡略하게 보아 왔거니와 이「伍倫全備諺解」에 나타나는 形態論的인 特徵을 몇 가지만 提示해 보고자 한다.

먼저「-을(를)다가」와「-으로다가」를 들 수 있다.

弟兄들을다가(一 · 48), 쏠을다가(二 · 20), 家兄을다가(三 · 9), 뎌마리를다가(七 · 16), 칼을다가(八 · 18), 칼등으로다가(七 · 17), 두쌱으로다가뼈(七 · 18).

이러한 用法은 이미 17世紀 國語에서 보아온 바이지만 이 時期의 他文獻을 中心으로 볼 때 하나의 特徵的 一面을 提供해 주는데 거의 '把'의 意味를 가지고 있다. '칼가져다가'(七 · 20)의 '다가'는 語尾의 구실을 하고 前例는 用言의 機能을 가지고 있는 듯하다. 따라서 用言의 '다가'는 앞에 반드시 '을(를)', '으로(로)' 등을 가지며 뒤에는 다른 用言이 온다.

우리弟兄들을다가告ᄒᆞ여둘의ᄂᆞ니 (把我弟兄每告率)

몬져姐姐의쏠을다가嫁ᄒ고 (先把姐姐女兒嫁了)

그리고 疑問形 添辭 '-고'는 아직도 이 文獻에 나타나고 있다.

　　뉘집고(二 · 13), 됴흔일고(二 · 16), 누고오(三 · 19) ('누고오'는 17世紀에
이미 그 語幹이 '누고'로 굳어진 바 있다.)

매우 保守的이라고 할 '-가'도 登場하고 있다.

　　ᄒ료(一 · 5)
　　겨집이잇닷다(五 · 22), 아닷다(五 · 22), ᄒ닷다(一 · 42), 먹닷다(五 · 22)
　　네어듸갓든다(一 · 44)
　　못ᄒ올소뇨(二 · 9), ᄒ디못ᄒ올소이다(二 · 2)
　　올라갈싸(一 · 11)

　　音韻論的인 現象보다 文法的 事實이 좀 더 保守的이 아닌가 하는 생각을 갖
게 한다.
　　名詞形語尾는 크게 두 가지로 分類될 수 있는데 이러한 사실도 역시 前時代
의 경우와 同一하다. 즉 '-기' 系와 '-음(옴), -ㅁ' 系로 나눌 수 있다. 이들은 매
우 生産的이어서 모두 列擧할 必要性을 느끼지 않아 몇 例만 提示한다.

　　밧갈기(一 · 6), 물기(咬)(一 · 11), 되기(六 · 9), 보채기(一 · 39), 흘긔기(二 ·
37), 블ᄋ기(一 · 25), etc.
　　늙음에(一 · 39), 닷금만(八 · 5), 노폼(三 · 10), 어듬을(一 · 9), 숨음(一 ·
33), 물음(問)(一 · 22), 감(去)(一 · 4), 물플(二 · 9), 든님이(二 · 16), 오좀눔(二 ·
40), 옴(來)(三 · 5), 아님을(一 · 6), etc.

文獻에 나타나는 바로는 '-기' 系보다 '-음' 系가 매우 生産的이다.
共同格의 '-과'가 開音節體言에 連結된 경우도 있다.

두아ᄋ과(一 · 3), 네과(二 · 34), 내너과(四 · 34).

끝으로 過去를 表示하는 先語末語尾는 前時代와 같이 나타나

ᄒ얏ᄂ디라(一 · 51), 되얏ᄂ이(一 · 44), ᄒ엿ᄂ냐(一 · 3, 5), 닑엇ᄂ다(三 ·
5), 남엇ᄂ이다(五 · 45), etc.

등의 例를 볼 수 있거니와

잇셔(六 · 31)

와 같은 用例는 매우 特徵的이 아닌가 생각된다.

Ⅳ.

하나의 文獻資料를 놓고 어느 時代의 國語史的 記述을 試圖하는 것은 至極
히 危險한 일이다. 따라서 本考에서도 이 点을 매우 조심스럽게 다루어 보고
자 하였으나 결국 書誌的인 立場을 벗어나지 못하였을 뿐만 아니라 前時代와
後時代의 連繫的 位置를 勘案할 때 部分的으로 史的 記述을 敢行하지 않을 수
없었다. 이러한 作業은 近代國語 研究에 焦点을 맞추려는 우리의 試圖인 만
큼 全般的 規則의 推出이 不可能해지는 것도 當然한 歸結이라 여겨진다.
「伍倫全備諺解」가 가지는 몇 가지 性格을 간추려 結論으로 삼는다.

1. 「伍倫全備諺解」는 18世紀 初에 들어 初刊本으로 擧論할 수 있는 첫 文獻이라는 点에서 價値를 가진다.

2. 語頭合用並書는 二字合用의 ㅂ系와 ㅅ系만이 存在한다. 그러나 ㅂ系보다는 ㅅ系의 表記가 優勢하다. 各自並書는 17世紀의 경우와 同一하다.

3. 音節末子音 ㅅ과 ㄷ의 경우는 ㅅ으로 統一된 狀態에 있으며 18世紀의 한 特徵인 後行하는 母音音節과의 結合에 있어서도 ㅅ으로 나타난다(밋으리오, 밧음을, 엇으니, 굿이 등). ㅈ, ㅊ, ㅌ의 경우도 體言에서 보이고 있다. 이들의 解釋은 形態音韻論的 立場에서 形態素 構造의 境界 問題를 介入시켜 說明해야 한다.

4. 語頭硬音化現象은 17世紀와 同一하나 擴大되어 있다(씬츠-, 쏫-).

5. 口蓋音化의 用例가 나타나지 않고 있는바 方言的 差異와 有關한 狀態에 있다고 보아지며 i 母音에 先行한 n의 脫落도 形成되지 않은 상태에 있다.

6. 第一音節의 ㆍ音消失은 전혀 보이지 않고 있으며 圓脣母音化는 前時代의 경우와 같이 用言의 形態素 內部에서 주로 일어나고 體言과 結合된 形態素 '은', '으로' 등에 있어서는 전혀 實現되지 않고 있다.

7. 文法的인 立場에서는 상당히 保守的인 性格을 보이고 있다.

參考文獻

金完鎭(1971), 國語音韻體系의 研究, 一潮閣.

南廣祐(1970), 敬信錄諺解研究, 국어국문학 49, 50, 국어국문학회.

宋　敏(1974), 母音「ㆍ」의 非音韻化 時期, 聖心女大 論文集 5.

_____(1975), 18世紀 前期 韓國語의 母音體系, 聖心女大 論文集 6.

劉昌惇(1964), 李朝國語史研究, 宣明文化社.

李基文(1972a), 改訂 國語史槪說, 民衆書館.

_____(1972b), 國語音韻史研究, 韓國文化研究所.

李秉根(1970), 19世紀 國語의 母音體系와 母音調和, 국어국문학 72·73, 국어국문학회.

李崇寧(1971), 17世紀國語의 音韻史的 考察, 東洋學 1, 檀國大 東洋學硏究所.

田光鉉(1967), 17世紀國語의 硏究, 國語硏究 19.

_____(1971), 18世紀 後期 國語의 一考察, 全北大 論文集 13.

許　雄(1964), 英祖의 「常訓」과 「訓書」에 對한 國語史的 考察, 陶南 趙潤濟博士 回甲紀念 論文集.

_____(1968), 國語音韻學, 正音社.

한국어와 만주어의 비교 연구 (1)
알타이 조어의 어두 파열음 체계 재구에 관한 문제점

성 백 인

Ⅰ.

1. 본고에서 필자는 한국어와 만주어의 음운의 대응 문제, 그 가운데에서도 우선 파열음의 대응에 관계되는 몇 가지 문제를 검토해 보고자 한다. 첫째로 가장 기본적인 문제가 되는 두 언어의 파열음 체계 속의 계열들 사이의 대립 특성을 검토해 보고자 한다. 이 문제는 한국어와 만주어만의 검토로서는 별 의미가 없을 것이기 때문에 필자의 능력이 미치는 한 알타이제어의 문제로 확대될 것이다. 필자가 본고의 제목을 「한국어와 만주어의 비교 연구」라고 하여 한국어와의 비교 대상의 언어를 국한시킨 것은 만주어밖에는 그나마도 깊이 알고 있는 언어가 없기 때문이다. 그러나 실제로 두 개의 개별 언어만의 비교란 방법론적으로 무모한 일이기 때문에 필요한 경우 언제나 알타이제어의 문제로 확대될 것이다. 다만 만주어 음운사 연구를 통해서 제기된 문제들을 중심으로 하여 한국어와 알타이제어와의 음운대응에 관한 문제들을 검토해 보고자 하는 것이다. 둘째로는 한국어와 만주어와의 어두 파열음의 대응에서 제기되는 문제들을 검토해보고자 한다. 한국어와 알타이제어 사이의 어두 자음의 대응은 매우 체계적으로 수립되어 있는 것으로

생각되어지고 있다(Lee 1975, p.14). 이러한 생각은 보편적인 것이다. 그리고 한국어와 알타이제어 사이의 친연관계를 증명하기 위한 가장 핵심적인 증거가 바로 Ramstedt·Poppe에 의해 수립된 이 어두 파열음의 대응인 것으로 보아도 좋을 것이다. 그러나 가령 한국어와 만주어의 어휘 대응예를 보면 어두 자음의 대응에서 Ma. b-K. p; Ma. b-K. m; Ma. f-K. p; Ma. f-K. $p^{h}(p\text{'})$ (Ma.=Manchu, K.=Korean) 등과 같은 다양한 대응예들이 제시되고 있는데, 이러한 다양성이 무엇을 의미하는 것인가에 대해서는 별로 논의가 없는 것 같다. 물론 이러한 다양한 대응이 무엇을 의미하는가 하는 문제는 쉽사리 그 환경이 제약되거나 그 원인이 밝혀지지는 않는다. 다만 필수 불가결한 이러한 문제해결을 위한 극히 초보적인 모색을 시도해 보고자 하는 것이다. 이 둘째 문제는 본고와 함께 발표할 예정이었으나 미진한 문제들이 너무 많아 다음 기회로 미루기로 한다.

2. 한국어의 계통을 밝히려는 노력이 시작된 지 반세기가 지난 오늘날, 그 간에 국내외의 여러 학자들이 깊은 관심을 기울여 왔음에도 불구하고, 한국어의 계통문제는 그 연구가 진척됨에 따라 더욱 많은 의문점을 드러내고 있다. 한국어를 제외한 알타이제어 자체의 계통연구도 G. J. Ramstedt의 빛나는 업적들로 하여 그 기틀이 잡히고 N. Poppe의 신중한 실증적 종합과 체계화에 의하여 큰 진전을 이룩하였음에도 불구하고 알타이 가설 자체에 대한 주목할 만한 이의가 제기되어 왔다.

Ramstedt(1928)에 의하여 한국어와 알타이 제어와의 계통관계가 처음[1] 논

---

1 G. J. Ramstedt는 Ramstedt(1924)에서 이미 한국어를 알타이 어족의 한 분파로 보려는 생각을 가지고 있었으나 그의 뜻이 정리된 것은 Ramstedt(1928)이라 하겠다. 이에 앞서 白鳥庫吉(1914~1916)은 한국어와 Ural-Altai제어와의 방대한 어휘 비교를 시도한 바 있다. 그의 비교 언어학에 대한 거친 안목으로 인하여 그의 연구가 도외시되고 있는 감이 있으나, 한국어의 계통을 북방의 제언어와 결부시키려는 그의 노력은 매우 진지한 것이었다. 또한 Ramstedt(1928)에 앞서 E. D. Polivanov(1927)의 주목할 만한 한국어와 알타이제어와의 어

의되기 시작한 이래, 한국어의 계통문제의 연구는 한국어를 알타이 어족에 귀속시키려는 노력에 집중되어 왔다. 한국어와 일본어와의 관계, 그 밖에 한국어와 인접해 있는 언어들과의 관계가 논의되는 경우에도 항상 그것은 한국어와 알타이제어와의 친족관계가 전제된 논의였다. 한국어와 알타이제어들과의 계통문제에 대한 이러한 집중적인 연구로 매우 다방면에 걸친 친족관계 증명을 위한 자료들이 제시되어 있다.

알타이제어들 개개 언어에 대한 연구가 깊어지고, 알타이 3어군들 상호간의 관계에 대한 연구가 깊어짐에 따라, 한국어와 알타이제어들과의 관계에 관한 연구도 보다 증명력 있는 사실들을 찾기 위한 시도들이 이루어져 왔다(김방한 1976, 1977a, 1977b, 1978a, 1978b; 이기문 1958, 1975(Lee 1975), 1977; 박은용 1974, 1975 참조). 한국에서 이루어지고 있는 한국어와 알타이제어들과의 관계에 대한 이러한 깊은 관심은, 이것이 우리 국어의 계통문제라는 것을 감안할 때, 매우 당연한 것이다.

3. Ramstedt(1949, 1953; 1952, 1957), Ramstedt-Aalto(1953~1954)와 Poppe(1950, 1960) 이후에 나타나는 한국어와 알타이제어와의 비교 연구는 대체로 두 가지 양상을 보여준다. 하나는, 한국어의 역사에 대한 보다 깊은 지식을 토대로 한, Ramstedt와 Poppe의 업적의 보완 작업이다. 다시 말하면 Ramstedt와 Poppe의 일련의 노작에 보이는 한국어와 알타이제어 사이의 음운대응의 틀을 토대로 한 어휘 비교 및 형태적 제특징의 비교에 대한 보완 작업이다. 또 하나는 비교 방법에 대한 반성을 들 수가 있다. 한국어와 알타이 제어의 비교 연구에 동원되는 비교 방법은 인구어 비교 연구에서 얻은 경험을 토대로 하고 있으나, 인구어 비교 언어학의 경험이 깊이 있게 반영되고 있는 것으로는 보이지 않는다. 더욱이 알타이어와 인구어와의 유형적 차이라든가, 인구

휘 비교가 있다(이기문 1977, pp.85~87 참조).

어에 비해 알타이 제어의 역사적 기록의 층이 비할 수 없이 얕고 자료가 부족하다는 사실을 감안할 때 비교 방법에 대한 끊임 없는 반성과 새로운 방법의 모색이 요청되는 것이다. 그러나 친연관계의 정립을 위한 언어의 비교 방법은, 언어학의 어느 분야의 연구의 방법과 마찬가지로, 언어 사실 속에 기초를 두고 그 사실들 속에서 모색되어야 할 것이다. 즉 새로운 비교 방법의 모색이란 바로 비교하고자 하는 언어들에 대한 새로운 성찰에 기초를 두어야 하는 것이다.

Sunik ed.(1971)이나 Cincius ed.(1972)[2]에 수록된 논문들 속에 보이는 알타이 3어군 상호간의 계통관계에 대한 제반 문제들에 관한 연구들은 알타이제어의 비교연구가 매우 견실한 토대를 구축해가고 있음을 보여준다. Ramstedt 가설 이래 알타이어학은 부단한 회의와 도전을 받아왔다. 그러나 알타이 가설의 반대론자들이 지적해온 알타이어학의 문제점들은 알타이제어들간의 친족관계 증명을 위한 비교 방법의 쇄신을 자극하고 강요해 왔다. 이러한 면에서 알타이 가설의 반대론자들은 알타이어학의 발전에 알타이론자들 못지 않게 기여해온 것이다.

토이기, 몽고, 만주·퉁구스 3어군들 사이에 보이는 어휘의 대응들이 공통 조어에 유래하는 것인지 또는 오랜 세월에 걸친 상호 차용의 결과인지 또는 단순한 우연에 불과한 것인지에 관한 논쟁은, 알타이 3어군들 사이의 친연관계를 찾아보려는 알타이제어의 비교 연구가 매우 바람직한 경지에 들어섰음을 의미하는 것이다. 그런데 한국어와 알타이제어와의 비교 연구는 알타이 3어군들 사이의 비교 연구와는 사정을 달리한다. 우선 한국어와 알타이 제어와의 관계는 3어군 상호간의 관계보다 매우 소원한 관계일 것이라는 것이 Ramstedt 이래 지적되어온 사실이어서 한국어의 계통 문제는 쉽사

---

2 Sunik ed.(1971)과 Cincius ed.(1972)에 수록된 논문들에 대한 이해는 주로 각각 Poppe(1972)와 Poppe(1974)에 의존하였다.

리 해결을 기대할 수 없는 난제들을 안고 있다. 최근의 여러 서구 학자들의 알타이 제어의 친연관계의 논의에서 흔히 한국어의 문제를 제쳐놓고 있는 사실은 단순히 한국어에 대한 무지의 탓으로만 돌릴 수는 없는 것 같다. 한국어와 알타이제어와의 친연관계는 한국 학계의 전통적 낙관론에도 불구하고, 김방한(1966, 1976, 1977b) 및 이기문(1977)의 끝머리에서 거듭 지적하고 있듯이 아직도 많은 문제들이 해결을 기다리고 있다. 알타이 3어군 상호간의 친연관계의 연구가 풍부한 대응예들을 토대로 그 대응들이 무엇을 의미하는가를 검토하고 있음에 반하여, 한국어와 알타이 제어와의 친연관계의 연구는 대응하는 보기들을 찾아내는 작업에 매여 있었던 감이 없지 않다. 그러나 최근 수년 동안에 한국에서 이루어진 한국어와 알타이제어와의 관계에 대한, Ramstedt · Poppe에 의해 주도되어왔던 제반 업적에 대한, 치밀한 검토와 새로운 방법의 모색과 반성은 한국어의 계통 문제 연구도 착실한 토대가 잡혀가고 있음을 보여주는 것이다.

Ⅱ.

4. 알타이 조어의 새로운 자음 체계의 재구의 가능성을 검토하기에 앞서 지금까지 제시된 알타이 제어들 사이의 파열음의 대응과, 그를 토대로 재구된 알타이 조어의 파열음의 체계를 살펴보자.

Ramstedt(1957, p.40)는 알타이 공통 조어의 파열음의 체계를 다음과 같이 재구하고 있다. 각 어군의 음운 대응도 함께 제시한다.

Ursprache:	$^*k$	$^*g$	$^*t$	$^*d$	$^*p$	$^*b$
Türkisch	$k{:}q$	$k{:}q$	t	j	0	b
Mongolisch	$k{:}q$	$q{:}r$	t	d	$0(h{:}f{:}\acute{s})$	b

Koreanisch:	$k(kh)$	k	$t(th)$	t	$p(ph)$	p
Tungusisch:	k	g	t	d	$p{:}f{:}h{:}0$	b

〈도표 1〉

이어서 Poppe가 제시한 알타이 조어의 파열음 체계의 재구 및 알타이 제어
들 사이의 어두 파열음의 대응 관계를 보자. 아래 〈도표 2〉는 Poppe(1960,
pp. 10~25)에 보이는 어두 파열음의 재구 및 각 언어들 사이의 대응을 필자가
한데 모아 도식화하여본 것이다.[3]

---

3 〈도표 2〉에서 보는 바와 같이 Poppe의 알타이 제어의 음운 대응의 제시는 매우 산만하다.
위의 표에 보면 그는 퉁구스 어군과 한국어의 대응의 제시에서는 전혀 재구형을 제시하지
않고 있다. 이는 그것들에 대해서 자신이 재구형을 제시할 만한 계제에 있지 못하다는 겸
손과 신중으로 보여진다. 그러나 *t의 몽고어군의 재구형에 별표를 치지 않은 것이나, 토
이기어군의 재구형에서 *t만을 빠트리고 있는 것은 착오인지 특별한 이유가 있는 것인지
알 수가 없다. 위와 같은 언뜻 보기에 무질서한 그의 음운 대응의 제시는 그의 신중과 실증
적 학풍을 말해주는 것이나 문제가 없지 않다.

또 하나는 그의 Vor-, Ur-의 개념이 분명치가 않다. 김방한(1968)이 이미 자세히 지적하고
있듯이 Poppe(1960)과 (1965)에 보이는 알타이 제어의 계통도에서 쓴 Ur-, Vor-; Common,
Proto, Unity의 개념이 잘 이해되지 않는다. 긴 설명을 약하고 독자의 편의를 위하여 두 계
통도를 제시해 둔다.

그러나 Poppe가 (1960)과 (1965)에서 각각 다른 용어를 쓰고 있는 것은, 비록 용어 자체의
애매성은 있으나, 그의 알타이 제어의 분화과정에 대한 의견의 변화를 의미하는 것으로
보인다. 예를 들면 Poppe(1960)에서 Urtürkisch, Proto-tschuwaschisch, Ur-mongolisch, Ur-
mandschu-tungusisch가 (1965)에서 각각 Proto-Turkic, Proto-Chuvash, Common Mongolian,
Common Manchu-Tungus로 바뀌는 것은 Proto-Turkic에 대한 그의 확신을 표명하는 것으로
보인다. 또 Vortürkisch를 버리고 Chuvash-Turkic unity(Vor- → unity)를 채택하는 것은 같은
유의 견해의 변화이며, 개념이 모호하지만, Proto-와 Common과를 구별해서 Unity란 용어
를 쓴 것은 그의 신중한 학풍의 반영이다. 그런데 Urkoreanisch(1960)가 Proto-Korean(1965)
으로 바뀌는 뜻은 잘 이해되지 않는다.

이러한 다양한 용어들은 모두 언어의 분지에 대한 이론들을 배경으로 하고 있는 것이나
각 용어의 보다 분명한 개념의 정의가 아쉽다. Marchand(1973)은 인구어 비교 언어학에서
도 문제가 되어온 이들 용어에 대한 상세한 논의를 하고 있는데 참고로 그의 결론을 대신
한 제안을 옮겨 둔다.

1. Germanic: applied to phenomena found in the Germanic languages (undefined for the moment).
2. Common Germanic: applied to phenomena found in all the Germanic languages, that is, common
   to all.

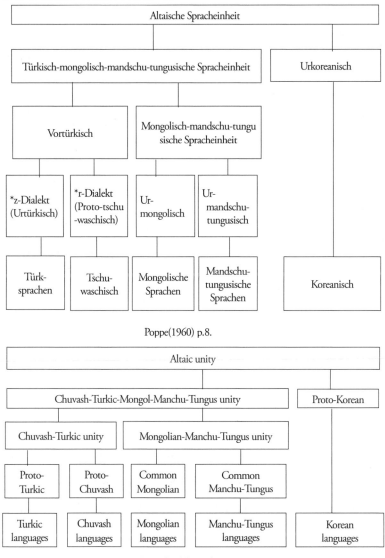

Poppe(1960) p.8.

Poppe(1965) p. 147.

3. Proto-Germanic: a language reconstructed on the basis of the Germanic languages. This may or may not be considered to have dialects, levels, etc.

4. Pre-Germanic: used to label any phenomenon found in Germanic which antedates Germanic,

	*p	*t	*t(i) *t̂(i)	*k	*b	*d	*g
Vormongolisch				*q, *k		*d	
Urmongolisch	*p	t	*č	*q, *k	*b	*d, *ǯ	*g̣, *g
Schriftmongolisch		t	č	q, k	b	d, ǯ	g̣, g
Mittelmongolisch	h						
Monguor	f(x)						
Tungusisch(Ew. usw.)		t	t	k, g		d	g, ŋ
Mandschu-Tungusisch					b		
Mandschu	f	t	č			d, ǯ	
Goldisch	p		č				
Ewenki	h						
Koreanisch	p, ph	t, th		k	p		k
Vortürkisch	*h			*q, *k		*d	*q, *k
Urtürkisch	*h				*b	*j	
Alttürkisch				q, k	b(>p)	j(>ǯ,č,s)	q, k
Türkisch		t	t				
Tschuwaschisch			t'̊s (č̣)	x, k			x, k
Südöstliche G.	h						
Südwestliche G.	h	(d)					
Sonst überall	0						

〈도표 2〉

〈도표 2〉에서 보는 바와 같이 Poppe의 파열음 체계의 재구는 Ramstedt의 것과 근본에 있어 같은 것이다. 다만 Poppe는 알타이제어들 사이의 음운 대응의 제시를 보다 실증적으로 제시하고 있고 음운 대응의 환경 제약을 염두에 두고 있을 따름이다. Ramstedt·Poppe의 알타이 조어의 자음 체계의 재구

without regard to assignment to any proto-language.

5. Predialectal: used for that stage of the language, if such there be, lying between Proto-Germanic and the individual dialects.

(Marchand(1973), p.654)

는, 주지하는 바와 같이 몽고 조어의 자음 체계의 재구형에 기초를 두고 있다.[4] Poppe(1960, p.9)는 자음론의 첫머리에, 의당 알타이 조어의 자음 체계를 개관할 자리에, Urmongolisch의 자음 체계의 재구형을 개관하고 있음을 주목할 필요가 있다. 이는 어느 사항도 체계를 통해서 인증하려는 태도를 거부하고 인증된 사실들을 통해서만 체계를 구성하려고 했던 그의 신중한 실증적 학풍의 소산이다. 앞에 〈도표 2〉로 간추려 본 음운 대응들 속에 많은 공란들을 보게 되는데 이는 그가 어휘의 대응예가 발견된 사항에 대해서만 언급하고 있기 때문이다.

5. 필자가 본고에서 살펴보고자 하는 주된 관심사는 각 언어들 사이의 음운 대응 규칙을 입증하는 어휘의 대응예의 타당성을 검토하고자 하는 것은 아니다. 다만 한국어와 만주어를 중심으로 그리고 몽고어를 덧붙여서 알타이제어의 파열음 체계 속의 계열 간의 대립 특성을 검토하여 조어의 파열음 체계의 새로운 재구를 시도해 보고자 하는 것이다.

우선 참고로 다시 PA.(Proto-Altaic)과 Ma.(Manchu)와의 어두 파열음의 대응 관계를 보자(Poppe 1960).

PA. $^*p$ $^*t$ $^*k$ $^*b$ $^*d$ $^*g$

Ma. f $t, \check{c}$ k b $d, \check{z}$ g

위 대응표에서 보는 바와 같이 만주어는 알타이 조어에서 분지된 이래, 어

---

[4] Cincius(Tsintsius)(1975)는 이러한 사실을 지적하고 알타이 조어(그의 용어로는 Pre-Altaic)의 파열음 체계의 재구를 재고할 것을 제의하고 있다. Cincius(1975)는 만주·퉁구스어의 Labial과 Velar에서 유기계열의 $^*p$와 $^*k$를 재구할 수 있고, 한국어의 자음체계 및 일부 토이기어에서의 유기·무기의 대립을 감안해서 삼중대립을 갖는 알타이 조어의 파열음 체계의 재구를 구상하고 있다. 김방한(1978b)에서는 이러한 새로운 재구의 제의에 지대한 관심을 표명하고 이에 자신의 의견을 부연하고 있다.

두 파열음의 경우 $^*p$에서 정지성을 잃었고, $^*ti$ 와 $^*di$가 구개음화했을 뿐 조어의 모습을 그대로 지니고 있다.

다음은 PA. 와 K.(Korean)와의 대응을 보자(Poppe 1960).

PA.	$^*p$	$^*t$	$^*k$	$^*b$	$^*d$	$^*g$
K.	p, ph	t, th	k	p		k

이 대응표를 보면 한국어에서는 알타이조어의 $^*p$와 $^*b$가 p(ㅂ)로; $^*t$와 $^*d$가 t(ㄷ)로; $^*k$와 $^*g$가 k(ㄱ)로[5] 대응된다. 즉 한국어에서는 유성 계열이 그 유성성을 상실하고 무성 계열에 합류한 결과가 된다.

그리하여 고대 국어에 유기 대 무기의 대립을 가지고 있었던 것으로 보이는 한국어를 알타이 어족에 귀속시키기 위하여, 원시 한국어에는 알타이 조어에 유래하는 유성 대 무성의 대립을 가지고 있었던 것으로 상정하고, ① 유성 대 무성의 대립 관계의 소멸, 즉 무성 계열에의 합류, ② 단일 계열만을 가지고 있었던 시기의 가정, ③ 유기 계열의 발달로 인한 유기 대 무기의 대립 관계의 발생과 같은 한국어에 있어서의 자음 추이에 관한 추론을 하지 않을 수 없게 되었다(이기문 1961, p.28 및 1978 개정판 p.18). 그러나 이 문제는 이기문(1961)에서 자신이 지적하고 있듯이 진지한 연구가 요청되는 문제이다.

6. 유성 대 무성의 대립을 가지고 있었다고 하는 알타이 조어의 파열음 체계에서 어떠한 자음 추이를 거쳐서 고대 한국어의 유기 대 무기의 대립을 가지는 파열음 체계로 이행되었는가 하는 문제를 검토하기에 앞서서, 보다 근

---

5 Poppe(1960)의 대응표를 보면 PA. *p에 K. p, ph가 대응하는 것으로 되어 있으나, PA. *p가 K. ph로 대응하는 용례는 제시하지 않고 있다. K. th의 경우도 마찬가지이다. PA. *d에 대응하는 K.의 대응은 대응표에도 제시치 않고 있고 용례도 보이지 않는다(Poppe(1960), pp. 10~25 참조).

본적인 문제 즉 알타이 조어의 파열음 체계의 재구를 다시 검토해 볼 필요가 있는 것 같다. 위에서 본 바와 같이 알타이 조어의 파열음 체계는 유성 대 무성의 대립을 가지고 있었던 것으로 재구되고 있다. 김방한(1978b, pp.19~22)에서 이 문제에 관한 몇 가지 문제점과 새로운 자음체계의 재구의 필요성을 Cincius(Tsintsius)(1975)의 제의를 소개하면서, 소상히 지적하고 있듯이, 알타이조어의 파열음 체계의 재구는 재고의 여지가 있는 것으로 보인다. Cincius(1975)도 알타이 조어(그의 용어로는 Pre-Altaic)의 자음체계의 새로운 재구를 시도하고 있다. 뒤에서 살펴볼 바와 같이 Cincius(1975)의 구상은 필자의 생각과는 근본적인 차이를 가지고 있으나, 알타이조어의 자음체계의 재구에 재검토의 여지가 있다고 생각하는 점에서는 필자와 의견을 같이하고 있다. 이 문제는 필자가 만주어 음운론을 공부하면서 가지게 된 오랫동안의 숙제이나, 본고에서는 자료의 한계 때문에 문제 해결의 실마리를 찾아보는 것으로 만족하려 한다.

조어의 재구에서 재구형이 가지는 의미는 비교언어학의 어려운 문제 가운데 하나이다. 그러나 재구형의 결정은 formulaist(negativist)이건 realist(positivist)이건 간에, 조어의 방사형들이 가지는 제특징에 의해서 또는 그것들의 구조적 이해를 통해서 결정하는 것이다. 따라서 조어형의 재구에 앞서서 방사형들의 제특성에 관한 면밀한 조사가 앞서야 함은 재론의 여지가 없다. 이제 알타이 조어의 파열음 체계의 재구의 문제를 다시 검토해 보기 위하여, 알타이 제어들 가운데 몇 개별 언어의 파열음 체계를 살펴보고자 한다.

(1) 만주어의 파열음 체계

본고에서는 만주어 파열음 체계 속의 두 계열의 대립 특성에 대해서만 살펴보기로 한다. 17세기 문어 만주어의 파열음의 두 계열이 대립하는 특성이 무엇이었는가 하는 문제는 알타이제어의 비교 연구에서 별로 문제시되지 않았다. 사실 문어의 기록만을 통해서 17세기 만주어의 파열음의 두 계열의 대립이 유성 대 무성의 대립이었는가 또는 유기 대 무기의 대립이었는가를 판단하기는 매우 어려운 문제이다. 이 문제는 만주어의 한자주음이나 한글 전사의 연구를 통해서 해결될 수 있는 문제도 아니다. 무권점 만주자의 기록을 비롯한 다양한 표기법의 검토나 형태음운론적 제 변동의 연구를 통해서 살펴볼 수 있는 길은 있을 것이다. 그런데 일이백년 남짓한 세월 동안에 만주어의 파열음의 두 계열의 대립의 특성이 변화했으리라고는 생각할 수 없기 때문에, 우선 18~20세기에 조사된 현대 만주어의 발음의 기술들을 통해서 대립의 특성을 찾아보는 것으로 족할 것이라 생각한다.

만주·퉁구스제어의 연구는, 다른 알타이제어의 경우도 마찬가지이지만, 파열음의 두 계열이 성(voice)의 유무에 의해서 변별되는 자음체계를 가진 말들을 말하는 서양 사람들에 의해서 연구되어 왔고, 그들의 말을 적는 데 쓰는 로마자나 키릴문자로 전사 기록되어 왔다. 이러한 과정에서 유기 대 무기의 대립을 갖는 자음체계가, 무성 대 유성의 대립을 갖는 말을 적는 것이 관습화된 문자로 적히게 되고, 이어서 그것을 토대로 유성 대 무성의 대립으로 오해되는 일이 있었을 가능성이 충분히 있다. 만주어의 자음체계에 대한 이해가 바로 앞에 지적한 그러한 사례에 속하는 것으로 보인다. 퉁구스제어의 기술에 있어서도 이러한 가능성을 배제할 수는 없는 것이어서 개별 언어에 대한 전반적 재검토가 요청된다. 오늘날 퉁구스 제어의 정지음의 체계는 /p, t, k/ : /b, d, g/와 같이 무성 대 유성으로 기술되고 있고, 이들을 토대로 해서 퉁구스 조어의 자음체계는 /ᵖp, ᵗt, ᵏk/ : /ᵇb, ᵈd, ᵍg/와 같이 무성 대 유성의 대립을 가지는 체계로 재구되고 있다. 이러한 재구형은 다시 알타이 조어의 파열음의 재구형을 유성 대 무성으로 간주하게 하는 한 요인으로 작용한다. 필자는 지금 퉁구스 제방언의 파열음의 체계들을 모두 검토할 계제에 있지 못하다. 다만 만주어의 현대 방언들을 재검토함으로써 퉁구스 조어의 파열음 체계 속의 두 계열의 대립 특성을 재검토할 여지가 있음을 지적하고자 한다.

18세기 말에 만주어학의 기틀을 잡은, 유창히 만주말을 할 줄 알았던, J. Amyot는 만주어의 *g, d, b*와 *k, t, p*(Möllendorff 전사법)를 두 계열의 구별없이 모두 *k, t, p*로 전사하고 있다. 다시 말하면 두 계열을 모두 같은 무성의 로마자로 전사하고 있다. 이러한 전사법은 L. Langlès(1807)에 이어지고 있다. 한 예를 들면 Langlès(1807)는 to와 do를 'to aspiré'와 'to doux'로 구별하고 있다. 이러한 전사는 당시 그들이 들었던 만주어의 소리를 잘 반영해 주고 있는 것으로 생각된다. 이는 당시의 만주어의 파열음의 두 계열이 유성 대 무성으로 대립되고 있지 않았음을 시사하는 것으로 보인다. L. Adam(1873, pp.12~14)은 만주어의 자음의 표기(또는 로마자 전사)에 대해서 특별한 관심을 보이고 있으며, 만주어는 물론 우랄·알타이제어의 파열음의 발음 특성에 대해서도 관심을 가지고 언급하고 있다. Adam은 만주어에서는 어두의 자리에서 *b, d, g*와 같은 유성 자음들(consonnes douces)이 나타나지 않는다는 사실을 지적하고 있다. 그리고 만주어의 자음은 fortes와 demi-fortes로 나뉘어지며, demi-fortes는 문자상의 구별은 없으나 어중과 어말에서는 douces로 변질된다는 사실을 지적하고 있다(Adam 1873, pp.12~13). C. de Harlez도 같은 사실을 지적하고 있다.[6]

河野六郎(1944)는 현대 구어 만주어의 파열음에 대해서 매우 소상한 보고를 하고 있다. 河野六郎(1944, pp.201~205)는 大五家子의 만주어 방언의 조사에서 다음과 같은 귀중한 사실들을 조사 보고하고 있다. ① 만주어의 *p, t, k*는 유기음 [pʻ, tʻ, kʻ]이며, b, d, g는 어두에서는 보통 무기무성자음 [p, t, k]이다. *b, d, g*는 때로는 유성음처럼 들리는 경우도 있으나 그것은 유성음은 아니고 Jespersen의 소위 stimmlose Mediae(무성 탁음)이다. ② *b, d, g*는 모음간 또는 유

---

6 Les Molles *g, b, d* ont un son durci, un son plus fort au commencement des mots; ce n'est que médiales qu'elles ont le son du *g, b, d* français, italien, etc. (C. de Harlez 1884, p.15).

성음간에서는 유성음 [b, d, g]이다. 河野六郎은 이어 Amyot 이래의 만주어학의 깊은 전통 속에서 나타난 L. Adam(1873)의 만주어 문전의 발음 기술에 언급하면서, 만주어의 정지음의 두 계열의 대립이 유성 대 무성의 대립이 아니라 유기 대 무기의 대립이었음을 확신하고 있다.[7]

山本謙吾(1969) 및 S. Kałużyński(1975)의 시버(Sibe) 만주어 어휘집에서는 시버 만주어의 정지음을 b, d, g(G)와 p, t, k(q)로 표기하고 있다. 山本謙吾(1969)에서는 음성표기에도 [b] 대 [p], [d] 대 [t]처럼 정지음의 두 계열을 유성음과 무성음으로 기술하고 있다. 그러나 服部四郎·山本謙吾(1956, pp.3~4)에는 파열음 음소를 그 변별적 특성에 의해서 우선 강음(强音) 음소 /p, t, k, q/와 약음 음소 /b, d, g, G/로 가르고, 강음 음소는 모두 「무성·유기음」이며, 약음 음소는 무기음인데 발화의 두위에서는 전반부가 무성인 「반유성음」, 유성음간에서는 「유성음」, 발화의 끝자리 및 무성음의 앞에서는 후반부가 무성인 「반유성음」이란 설명을 하고 있다.[8] 이 「반유성음」의 반유성성을 인접한 모음 또는 다른 유성음의 영향이라고 본다면 이 「반유성음」은 「무기·무성음」이라는 용어를 사용하는 것이 짝진 「무성·유기음」과의 관계가 분명히 드러나는 용어처럼 생각된다. 필자도 조사해본 일이 있는(미발표) 제보자와 같은 제보자의 시버 만주어를 조사한 J. Norman(1974, p.162)은 시버 만주어의 정지음을 fortis stops p, t, c, k, q : lenis stops b, d, j, g, G로 나누고 다음과 같이 기술하고 있다.

The fortis stops are aspirated before vowels but unaspirated when they occur

---

7 河野六郎은 이어 파열음에 유기와 무기의 대립이 있고 무기 파열음이 유성음 간에서 유성음화하는 사정이 한국어와 꼭 같다는 사실을 지적하고 있다(河野六郎 1944, p.205).

8 服部四郎·山本謙吾(1956)는 소위 반유성음의 기호로서 [b, d, g, G] 등을 사용하고 있는데, 이 weak voiceless plosive의 발음기호는, 파열음 음소의 약음음소의 발음 특징을 설명하는 용례에서밖에는 사용치 않고 있다. 服部四郎(1937)에서도, 만주인, 몽고인, 다구르인들의 소위 반유성음을 표기하기 위하여 [G, d, b] 등이 사용되고 있다.

before other consonants. The lenis stops are voiceless in initial position and before
ə#. Between voiced segments (vowels and sonorants) they are voiced. (Norman
1974, p.162).

이와 같은 일련의 보고들은 시버 만주어의 정지음의 양계열이 「유기」대 「무
기」의 대립을 가지고 있음을 말해주는 것으로 보인다.

　이상 만주어와 시버 만주어의 정지음의 두 계열이 유기 대 무기의 대립을
보여주고 있음을 살펴보았다. 이러한 사실은 알타이 조어의 정지음들의 두
계열의 대립 특성을 유기 대 무기로 재구할 수 있는 한 증거가 될 것이다. 그
러나 만주어를 제외한 여타 퉁구스 제어들에 있어서는 정지음의 두 계열의
대립의 특성이 유성 대 무성인 것으로 대개 보고되어 있어서 문제가 있다.
이 문제와 관련이 있는 P. Schmidt(1928)의 생각을 들어보자.

The old Chinese language distinguished three different categories of initial
consonants: voiced, voiceless and aspirated, which peculiarity we still find in some
Southern dialects. The present Mandarin dialect of North-China has lost the
voiced sounds and confused the first two categories, producing a new category of
weak voiced consonants and weakening the aspiration of the third class. The
Manchu dialects have the same weak voiced and weak aspirated consonants, while
the Tungus seems to have its old and pure voiced and voiceless sounds. This
shifting of consonants (Lautverschiebung) may be caused by a language which has
no initial voiced sounds. We know that the Corean, Japanese, Aino, Gilyak,
Koryak, and Itelmen have only initial voiceless sounds, and this phonetics is to be
postulated for the aborigines of Manchuria and the Eastern part of North China.
(Schmidt 1928, p.8).

위 글에서 Schmidt는 만주어도 본래 세 계열을 가지고 있었던 것이 중국어처럼 두 계열로 변천했다고 생각하는 것인지, 다만 두 계열의 대립 특성이 같다는 것을 말하고자 한 것인지가 분명치 않다. 그러나 그의 생각은 중국어와 만주어가 모두 이웃해서 살던 만주지방의 선주족이라고 생각되는 다른 나라말(어두에 유성계열을 가지고 있지 않았던 언어)의 영향으로 자음 추이가 일어났다고 하는 사실을 말하고자 한 것 같다. 그리고 퉁구스어는 이런 영향을 받지 않고 순수한 예대로의 유성과 무성의 대립을 보여주고 있다는 사실을 말하고자 한 것 같다. 만주어의 유기 대 무기의 대립(그의 말로는 weak voiced와 weak aspirated)이 만주지방에서 이웃해서 살던 선주족의 영향에 의한 후세의 발달이라고 생각하는 그의 생각이, 위 글에서는 말하지 않은 어떤 근거를 가지고 말한 것인지는 알 수 없으나, 그런 영향으로 만주어와 중국어가 모두 어두 유성 계열을 잃게 되었다고 생각하는 가설은 믿기 어려운 것이다. 어떤 언어가 외래적 영향으로 어떤 대립의 변별적 특성을 달리하게 되는 일은, 문화적 영향이 심대한 경우에 있어서도, 매우 드문 일일 것으로 생각되는 것이다. 다만 그의 진술에서 주목되는 것은, 퉁구스제어의 자음의 두 계열의 대립이 만주어와는 달리 뚜렷한 유성 대 무성의 대립을 가지고 있다고 하는 진술이다. 그리고 본고에 직접 관계되는 일은 아니나, Gilyak,[9] Koryak,

---

9 Gilyak어의 자음체계가 어떠한 것인지는 잘 알 수가 없다.

服部 健(1969, p.755)는 Gilyak의 폐쇄음 음소로 p, b, t, d, k, g를 들고 있는데, 특별한 언급이 없는 것으로 보아 유성 대 무성의 대립으로 파악하고 있는 것 같다. 그런데 Cincius(1975, p.305)에 'Stock of consonants in the Nivkh language'라 하여 제시한 Gilyak어의 자음체계에는 p' p b; t t d; č č ǰ; k k g; q̇ q g와 같이 삼중 대립의 도표를 제시하고 있는데, 이는 아마도 음성 층위의 기술인 것 같다. 여하튼 여기서 주목하고자 하는 것은, Schmidt(1928)는 Gilyak어의 어두 자음에는 유성음이 없다는 진술을 하고 있는 점이다.

또 한 가지 생각해 보고자 하는 것은, Cincius는 만주·퉁구스어와 Gilyak어 사이의 차용 관계에 나타나는 음성 대치현상에 관한 E. A. Krejnovič의 연구를 통해서 얻어진 음성 대응 규칙이 만주·퉁구스어의 음성재구에 크게 도움을 줄 것으로 기대하고 있으나, 이러한 생각은, 특히 계통을 달리하는 두 언어들 사이의 경우에 있어서는, 매우 위험한 생각이란 것이다. 이러한 사실을 우리는 한국어와 중국어와의 관계에서 경험하고 있다.

Itelmen과 같은 언어들이 어두에서 유성계열의 자음에 가지고 있지 않다는 진술이 주목된다.

위에서도 잠시 언급한 바와 같이 만주어를 제외한 퉁구스 제방언의 어두 파열음의 두 계열의 대립은 유성 대 무성으로 기술되고 있고, 이에 대해서 아무런 특별한 관심도 표명된 바가 없는 것 같다. Cincius(1949), Benzing(1955), 池上二郎(1971)[10] 등에서도 물론 모두 만주·퉁구스어의 정지음의 두 계열은 유성 대 무성으로 기술되고 있다. 또한 池上(1969(1955 초판))의 Oroki 방언의 기술이나, Benzing(1955)의 Lamut방언의 기술에서도 모두 정지음의 두 계열을 유성 대 무성으로 다루고 있다.

퉁구스제어의 이러한 정지음의 기술의 타당성 여부는, 그 방언들을 직접 접할 수 없는 필자로서는, 지금 가릴 수가 없다. 그러나 퉁구스제어의 정지음의 두 계열이 분명히 유성 대 무성의 대립을 가지고 있는 것이라면, 「기」(aspiration)의 유무에 의한 대립을 가지고 있는 것으로 보이는 만주어와의 관계에 대한 해명에 관심을 가져야 할 것이다. 이 문제에 대해서 필자가 특별한 관심을 가지는 것은 한국어와 알타이제어와의 음운 대응 현상의 설명에 있어, 한국어의 유기 대 무기의 대립을 가지고 있는 정지음들을 유성 대 무성의 대립을 가지고 있는 것으로 흔히 기술되고 있는 알타이제어의 정지음들과 연결짓는 일이 중요한 관심사가 되기 때문이다. 또한 이 문제는 알타이제어의 음운사의 설명에 매우 중요한 사실이기 때문이다.

참고로, Grube(1892, p.1)의 Lautlehre에는, Gilyak어의 연구개음을 k, k̓, g, ɣ(ġ)로 표기하고 있는데, 이는 어두와 어중을 망라하고 있고 그리고 표기법을 달리하는 사람들의 표기까지 모아진 것이어서, 이것을 가지고는 그 음운체계가 어떠한 것이었는지를 알 수가 없다.

10 池上二郎(1969(1955) pp.462~463)에서는 만주 문자의 로마자 전사와 그 발음의 설명에서 k [q̓], [k̓]; g [G̓], [g̓]; t [t̓]; d [d̓]; p [p̓]; b [b̓]와 같이 만주어의 b, d, g를 「무성」으로 발음 표기를 하고 있음이 주목된다. 이것은 만주어의 정지음의 두 계열의 대립이 「유기」 대 「무기」 임을 시사하는 것으로 보이는데, 이러한 정지음의 두 계열의 대립의 특성에 관한 문제가 퉁구스제어의 비교연구에서는 전혀 문제시되지 않고 있다.

그런데 퉁구스어의 한 방언의 기술에 어두 무기·무성의 계열을 기술하고 있는 한 보고가 있다. 그것은 Goldi(또는 Nanai)어에 관한 조사 보고이다. Grube (1900)이나 Avrorin(1959~1961)의 Goldi어의 기술과는 달리 凌純聲(1934, p.235)는 파열음을 다음과 같이 기술하고 있다.

發音方法 ＼ 發音部位			雙脣	脣齒	舌尖前	舌尖中	舌葉	舌面	舌根	喉
破裂音	不帶音	不吐氣	p			t			k	
		吐氣	p'			t'			k'	
	帶音	不吐氣	b			d			g	

그리고 다음과 같이 그 음가를 설명하고 있다(凌純聲 1934, pp.233~234).

[p] 是不帶音, 不吐氣的破裂音。似國語ㄅ音, 及法語p音。

[p'] 是不帶音, 而吐氣的破裂音。似國語ㄆ音及英語重讀音節(accented syllables) 中的p音。

[b] 是帶音, 不吐氣的破裂音。略似英語b音而較輭。

[t] 是不帶音, 不吐氣的破裂音。似國語ㄉ音, 及法語t音。

[t'] 是不帶音, 而吐氣的破裂音。似國語ㄊ音及英語在重讀音節中的t音。

[d] 是帶音, 不吐氣的破裂音。略似英語d音而較輭。

[k] 是不帶音, 不吐氣的破裂音。似國語ㄍ音, 及法語k音。

[k'] 是不帶音而吐氣的破裂音。似國語ㄎ音及英語在重讀音節中的k音°

[g] 是帶音, 不吐氣的破裂音。略似英語g音而較輭。

凌純聲(1934) 속의 문법 및 어휘의 기술에는 모두 위에 제시한 것과 같은 국제음성자모(IPA)를 사용하고 있는데, 표기법의 설명에서,「한 음운에 한 부호」를 채택한 음운 표기임을 밝히고 있다.[11] 그의 이러한 설명에도 불구하고 그의 표기법은 음운표기라기보다는 광사법 음성 표기인 것으로 보인다.

그의 정지음의 세 계열 「무기·무성」, 「유기·무성」, 「무기·유성」 가운데, 「무기·무성」과 「무기·유성」의 대립은 문제가 있는 것 같다. 이 두 계열은 Grube(1900)에서는 대개 유성자로 표기된다.[12] 그리고 淩純聲(1934)의 경우도 정지음의 경우 어두에서 b, d, g를 쓴 예는 소수에 불과하다. 여기서 淩純聲(1934)의 정지음의 세 계열의 대립의 타당성 여부를 가릴 겨를이 없으나, 주목하고자 하는 일은 여러 Tungus 방언과 Goldi어의 다른 기록의 b, d, g에 대응되는 소리가 淩純聲(1934)에 의해서 「不帶音 不吐氣」(무성 무기) p, t, k로 대개 표기되고 있는 사실이다. 이와 같이 淩純聲(1934)의 Goldi어의 표기에서 정지음이 주로 「유기」 대 「무기」의 대립을 보여주고 있는 사실은, 다른 통구스 방언들의 정지음의 대립의 특성에 대해서도 재검토의 여지가 있음을 보여주는 것이다.

물론 淩純聲(1934)에 보고된 Goldi어가 Grube(1900)이나 Avrorin(1959~1961)에 보고된 방언과는 다른 방언이며 보다 한화(漢化)된 부족의 방언일 가능성도 있어서 유성계열이 무기화했을 가능성도 없는 것은 아니다. 그 당시의 만주지방의 통구스 부족들 가운데는 중국어도 함께 사용하는 2언어 병용자가 흔히 있기 때문이다. 따라서 통구스제어의 정지음의 두 계열의 대립의 특성에 대해서는 성급한 판단을 할 수가 없다.

---

11 淩純聲(1934, p.232)에는 다음과 같은 표기법의 설명이 있다.
　　「記音目標-本篇記音, 祇着眼到語音的類別, 未能注意到精微的分析. 換句話說, 祇依實用的觀點採用
　　"一音位(phoneme)一符號"的寬式記音, 不用精審分析的嚴式記音. ……」

12 淩純聲(1934)　Grube(1900)　Manchu
　　pu(我們)　　　　bu　　　　be
　　bi(我)　　　　　bī　　　　 bi
　　tuin(四)　　　　duín　　　 duin
　　tɔlɔpu(夜(黑夜))　dolbo　　　dobori
　　kuɔʃin　　　　　gučin　　　gūsin

(2) 몽고어 방언들의 파열음 체계

Poppe는 공통 몽고어(Common Mongolian)의 파열음의 체계를 다음과 같이 재구하고 있다(Poppe 1955, p.95).

무성음 *p *t *k *q
유성음 *b *d *g *ɣ (*g̣)

그리고 이어 이러한 체계로부터 현대 몽고어의 어떤 방언에서는 「무성〉유기」, 「유성〉무기」의 변화를 거쳐 유기 대 무기 즉 fortes 대 lenes의 대립을 보여주고 있는 자음체계로 변하였음을 지적하고 있다, 그리고 이러한 변화를 겪은 방언으로 Khalkha 방언과 Urdus 방언을 들고 있다(Poppe 1955, p.98). 필자의 조사에 의하면 Dagur 방언과 Chakhar 방언도[13] 역시 어두 파열은 유기 대 무기로 대립되고 있다.

*t의 설명에서도 Poppe는 공통 몽고어의 *t는 아마도 'a strongly aspirated dental'일 것이라고 말하고 있다. 그리고 현대 몽고어 방언에서도, Khalkha, Urdus, Chakhar, Kharchin 및 그 밖의 몇 방언에서 강한 유기성을 지니고 있음을 지적하고 있다(Poppe 1955, p.102).

*d의 설명을 보자.

Common Mongolian *d was a voiceless weak consonant (*media lenis*), i.e. D. It is voiceless in all positions in Dagur, Monguor, Kharchin, Chakhar, Urdus,

---

[13] Jagchid(1964. p.i)에도 b는 어두에서 무성·무기음이며, p는 유기음이라고 설명하고 있다. 服部四郎(1937)에서도 Khalkha방언과 Dagur방언의 파열음의 발음 표기를 p' 대 b̥, t' 대 d̥와 같이 하고 있다. 그리고 뒤에 붙인 발음 설명에서, [G̥][d̥][b̥]는 밀폐의 처음부터가 아니고 도중에서 성이 시작되는 소위 「반유성음」이란 설명을 하고 있다. 이것은 적어도 음운론적으로는 「기」의 유·무에 의한 대립인 것으로 판단된다.

Khalkha, and in the dialects Tsongol and Sartul of Buriat, and also in Bargu Buriat. In all the remaining Buriat dialects and in Kalmuck it is voiced at the beginning of words and in intervocalic position(Poppe 1955, pp. 105~106).

위에 인용한 Poppe의 글에서 주목해야 할 일은 공동 몽고어의 *d가 무성의 자질을 가지고 있었다는 사실이다. 이는 Poppe 자신이 같은 책 pp. 95~96에서 제시한 공통 몽고어의 자음체계 도표와 그 설명에서 *b, *d, *g(ɤ) 등을 유성 정지음(voiced stops)이라 한 것과 상치되는 것이다. 개개의 언어 사실의 검토에서 얻은 결과, 즉 *d가 이두에서「무성」의 자질을 가지고 있었다는 사실이, 공통 몽고어의 자음체계를 도식화하는 자리에서 아무 설명없이「유성」으로 다루어지고 있음이 주목된다.

*ɤ(공통 몽고어)의 경우도 중세 몽고어에서 어두나 어중에서 무성음이었던 증거를 보여주고 있다(Poppe 1955, p. 147). *b의 경우도 현대 몽고어의 여러 방언에서 무성으로 나타나고 있다. Poppe는 공통 몽고어 *b의 경우에 대해서는「성」(voice)의 유무에 관한 언급이 없다. 그러나 공통 몽고어의 *d와 *ɤ가 무성의 정지음이라면, *b의 경우도 무성음이었던 것으로 이해하는 것이 온당하다. 따라서 *d와 *t의 대립은 무기 대 유기의 대립으로 보아야 하며, *b와 *p, 그리고 *ɤ와 *q(*g와 *k)도「기」의 유무에 의한 대립으로 보아야 한다.

이와 같이 공통 몽고어의 파열음 *p, *t, *q(*k)와 *b, *d, *ɤ(*g)의 대립을 유기 대 무기의 대립으로 보고, 무기 계열의 *b, *d, *ɤ가 모음간에서 유성화하는 규칙을 가지고 있었던 것으로 이해한다면 몽고어 제방언의 언어사실들을 보다 자연스럽게 설명할 수가 있다. 필자의 몽고어에 관한 지식은 매우 한정된 것이어서 이 문제에 대해서는 결론을 유보해 두고 싶다. 그러나 Poppe(1955)의 몽고어 제방언 기술에 보이는 사실들을 보면 몽고 조어의 파열음의 두 계열이「기」의 유무에 의한 대립을 가지고 있었던 것으로 재구되어야 할 것으로 생각된다. 그런데 Poppe(1955, pp. 105~106)에 의하면 서부 몽고어(Mogol,

Oirat, Kalmuck) 및 Buriat 방언에서는 어두에서 유성음(예를 들면 d)이 나타나서 동부 몽고어파와는 달리 유성 대 무성의 대립을 가지는 것 같다. 그런데 이 것도 좀 문제가 있다.

Ramstedt(1903)도 몽고어의 자음의 두 계열의 대립의 특성에 대해서 매우 큰 관심을 가지고 있다. Ramstedt(1903)의 견해는 김방한(1978b, pp.20~21)에 자세히 소개되어 있다. 이와 같은 조사를 한 바 있는 Ramstedt가 종합화하는 과정에서 왜 모두를 유성 대 무성으로 처리하고 말았는지를 알 수가 없다. 참고로 Ramstedt(1903, p.54)의 자음 도표를 보자(도표 3). 이 도표의 표기는 음성표기인데 Lenes 계열을 무성으로 표기하고 있다.

	Schluss-		Enge-		Seiten-		Zitter-		Nassen-laute.
	Fortes	Lenes	Stlos	Sth.	Stl.	Sth.	Stl.	Sth.	Sth.
Palatale, post-	- ^{k}x	k Ģ (g)	x	g					ŋ
medio-&prä-	- ^{k}x	k Ģ (g)	J	j					
Dentale	ʻtʻ tʻ	t D			L	l	R	r	n
"	ʻts tsʻ	DZ DZ	s	z					
"	ʻtš tš	DZ DZ	š	ž					
Labiale	- pʻ	p B (b)	w	w					m

〈도표 3〉

A. Róna-Tas(1960)는 몽고어의 Dariganga 방언의 어두 유기음의 무기화 현상을 설명하면서 어두 자음 체계 속의 계열들의 대립에 대해서 다음과 같은 진술을 하고 있다.

In the East Mongolian languages the main phonemic opposition is that of the aspirated voiceless strongs and the unaspirated voiceless weaks(Róna-Tas 1960, p.21).

이상 몽고제어의 어두 파열음의 두 계열의 특성을 살펴보았다. 지금까지의 검토를 통해서 본 바로는 몽고어의 파열음의 두 계열은 유기 대 무기의 대립 특성을 가지는 것으로 보아야 할 것이다. 필자가 조사해 본 일이 있는 몽고어 방언(Dagur와 Chakhar 방언)에서는 어두 무기음은 실제로 문장이나 어구 속에서 유성자음이나 모음 사이에 놓이게 되면 유성화되어 버린다. 그러나 그 단어를 힘주어 분명히 말하고자 할 때는 무기음으로 발음되는 현상을 종종 목격하게 된다. 이러한 현상도 어두 무기음을 유성으로 흔히 기록해온 이유의 하나가 될는지도 모른다. 그런데 이러한 모음이나 유성음 사이에서도 유성화하지 않는 방언도 있었던 것 같다(Ramstedt 1903, p.14, Guiragos의 표기법 참조).

(3) 고대 한국어의 파열음 체계

15세기 한국어의 파열음은 연음성과 경음성 그리고 기음성을 대립 특성으로 하는 다음과 같은 세 계열을 보여주고 있다(허웅 1965, p.378),

軟	p ㅂ	t ㄷ	k ㄱ
硬	p' ㅃ	t' ㄸ	k' ㄲ
氣	p^h ㅍ	t^h ㅌ	k^h ㅋ

그러나 15세기에는 ㅃp', ㄸt', ㄲk' 등은 순수한 한국말 표기에는 어두의 자리에 전혀 나타나지 않고 어중에서 약간 사용되었을 뿐이고(허웅 1965, pp. 365), ㄲ, ㄸ, ㅃ 등은 연음 ㄱ, ㄷ, ㅂ와의 대립으로 말미암아 뜻이 구별되는 일이 없기 때문에 기능적 관점에서는 독립한 음소로 볼 수가 없다는 견해가 있다. 그러나 다른 여러가지 사실을[14] 감안하여 하나의 음소로 간주하고 있다(허웅 1965, pp.375~367). 그런데 ㅆ, ㆅ이 어두에서 사용되고 있었고, 합용병서 ㅺ,

ㅿ, ㅅ 등을 된소리로 보고서, 15세기에는 p', t', k' 등은 이미 하나의 음운으로서의 기반을 굳히고 있었던 것으로 생각하는 견해가 있다(이기문 1978 개정판 (1961), pp.123~125). 약간의 견해 차이가 있으나 15세기 국어에서 된소리 계열이 음운으로서의 지위를 가지고 있었다는 데는 이의가 없는 것 같다. 그러나 이러한 된소리 계열(p', t', k')은 기원적인 것이 아니라 독자적 발달이라고 보는 것이 오늘날 국어학계의 지배적인 견해이다. 즉 고대국어에 있어서는 한국어의 자음체계는 무기음과 유기음의 두 계열만이 존재했던 것으로 추정되고 있다(이기문 1978 개정판(1961) 및 1977 재판(1972)).

그러나 고대 국어의 자음체계가 어떠한 것이었는가 하는 문제에 대해서는 해결하기 어려운 몇 가지 문제들이 있다. 문제의 근본은 고대 국어에 있었던 것으로 추정되는 유기계열의 자음들이 기원적인 것이냐 후세의 발달이냐 하는 것이다. 이 문제는 크게 두 가지 각도에서 접근되어왔다. 그런데 그 해답들은 모두 유기계열이 후기의 발달이라는 쪽에 가세하고 있는 것 같다.

첫째는 한국 한자음의 연구를 통해서 고대 국어의 자음체계를 살펴보려고 하는 방법이다. 중국어 차용어에 있어 중국어의 원음의 「淸」(무기음)과 「次淸」(유기음)의 대립이 한국 한자음에 그대로 「무기」와 「유기」로 옮겨져 있지 않다는 사실이 주목되었다. 다시 말하면 중국어의 「淸」이 한국 한자음에 유기음으로도 나타나는 일이 있고, 「次淸」이 무기음과도 대응되고 있는 일이 있어 그 대응에 혼란을 보여주고 있는데, 이러한 혼란의 원인을, 한국어에는 유·무기의 대립이 없던 시기가 있었고 한국어의 유기음의 출현이 중국음의 도입에 기인하는 것이라고 풀이하려는 사람이 있다(河野六郎 1968, pp.112~115). 그러나 河野六郎(1968, p.114)에서 자신이 지적하고 있듯이, 전체적으로 볼 때 중국원음 「淸」에 한국 한자음은 「무기」로, 「次淸」에는 「유기음

---

14 그 가운데 하나로, 허웅(1965, p.367)에서는 심리적 관점에서 ㄲ, ㄸ, ㅃ 등을 별개의 음소로 볼 수 있을 것이라고 말하고 있다.

」이 대응되는 원칙이 엿보이는 것이 사실이어서, 한자음의 검토만으로는 고대 한국어에 있어서의 유기 대 무기의 대립을 거부할 근거는 희박한 것으로 보인다. 이러한 대응의 불규칙성의 원인은 중국어 차용 이후에 생긴 복잡한 자음 추이를 상정하고 그 환경을 제약하는 길을 모색하는 것이 올바른 문제 해결의 길일 것으로 생각한다.

한국어의 「유기」의 대립 특성이 후기의 발달로 보려는 또 하나의 생각은 알타이 제어와의 음운 대응에 기초를 두고 있다. Ramstedt(1957, p.40), Poppe(1960, pp.9~28)에 제시된 알타이 조어와 한국어의 음운 대응을 보면(본고 도표 1, 2 참조), 알타이 조어의 소위 유성계열과 무성계열이 주로 한국어의 무기 계열과 대응되고 있음을 보여준다. 이러한 대응을 근거로 이기문(1961, p.28)은 한국어에서 원시적인 유성음과 무성음의 합류가 일어나고 그 뒤에 유기 계열이 새로이 발달한 것이라는 견해를 제시한 바 있다. 그런데 앞서 지적한 바와 같이 이기문(1972)은 고대 국어에 유기 대 무기의 대립이 존재했음을 지적한 바 있다. 따라서 그는 고대 국어 이전에 원시적인 유성과 무성의 합류와, 유기 계열의 새로운 발달을 추정하지 않으면 안 되었다. 이러한 추정은 유성 대 무성의 대립을 가지고 있었던 것으로 재구된 알타이 조어에 한국어를 연결하기 위한 설명의 방편에 불과하다. 우리가 주목하고자 하는 사실은 고대 국어에 유기 대 무기의 대립이 존재했었다는 사실이다. 한국어와 알타이 제어와의 파열음 계열의 편중 대응에 관한 문제는 좀 더 깊은 연구를 기다려야 할 것이다.

7. 앞에서 알타이 조어의 어두 파열음의 두 계열이 유성 대 무성의 대립이 아닌 유기 대 무기의 대립을 가지고 있었던 것으로 재구될 수 없을까 하는 문제를 제기하여 보았다. 첫째로 몽고어의 여러 방언들에서 어두 파열음의 두 계열의 대립의 특성이 유성 대 무성이 아니라 무기 대 유기임을 살펴볼 수 있었다. 둘째로 만주어의 제 방언들에서도 어두에서 자음의 두 계열의 대립이

유성 대 무성의 대립이 아니라 무기 대 유기의 대립임을 인증할 수 있었고, Goldi어를 검토하여 퉁구스 방언들에서도 재검토의 여지가 있음을 살펴보았다. 끝으로 고대 국어에서 자음이 무기 대 유기로 대립되고 있음을 보았다. 토이기어에 대해서는 논의를 유보하였다.

알타이조어의 어두자음에 대응하는 고대 토이기어나 공통 토이기어의 어두자음들은 매우 기이한 양상을 보여주고 있다(Gabain, 1950, p.52; Cincius 1975, p.303; 및 본고 도표 1, 2 참조) 또한 Chuvash어에서 어두 파열음에 유성 계열이 존재하지 않는다는 사실 등은(Benzing 1963, p.65 및 Cincius 1975, p.302) 토이기조어의 어두 자음체계의 재구에 많은 문제점이 있음을 보여 준다. 그러나 Yellow Uigur 그리고 Salar 방언들 속에서는 유기 대 무기의 대립을 보여주고 있어서, Pre-Turkic에 있어서도 유기 대 무기의 대립을 가정할 수 있는 약간의 근거가 없는 것도 아니다(Cincius 1975, p.301 참조). 그러나 토이기어에 관한 문제는 일단 유보해 두고자 한다.

위에서 검토한 바와 같은 몽고조어에 있어서의 유기 대 무기의 대립을 가정할 수 있는 가능성과 만주어와 고대 한국어의 유기 대 무기의 대립 특성을 근거로 알타이 조어에 있어서의 어두 자음이 유기 대 무기의 두 계열로 재구될 가능성은 충분한 것으로 생각하는 것이다. 알타이 조어의 어두 자음의 두 계열이 유기 대 무기의 대립을 가지고 있었던 것으로 재구된다면, 고대 한국어의 유기 대 무기의 대립과, 알타이 조어의 파열음의 두 계열이 주로 한국어의 무기 계열에 대응하는 음운 대응 현상을 보다 합리적으로 설명할 수 있을 것이다. 가령 고대 국어에 있어서 광범위한 환경에서 유기성의 약화로 유기자음들이 무기화한 자음 추이를 상정함으로서 한국어와 알타이 조어와의 어두 자음의 대응의 문제를 설명할 수 있을 것이다. 이러한 가정은 중국어 차용어에 나타나는 유·무기음의 중국 원음과의 대응의 혼란을 아울러 설명할 수 있는 가능성을 가지고 있다. 여하튼 알타이 조어의 어두 자음의 두 계열이 유기 대 무기의 대립을 가지고 있었던 것으로 재구된다면, 유성 대 무성으로 재구했을 경우 한국어의 음운사를 설명하기 위하여 가정해야 했던 원시 국어에서 유·무성의 무성으로의 합류 및 유기계열의 새로운 발달이라는 무리한, 다른 알타이 제어의 경우와는 너무도 균형을 잃은 복잡한 자음 추이를 상정해야 하는 무리한, 설명을 피할 수 있을 것이다.

8. 최근 Cincius(1975)는 새로운 알타이 조어의 자음체계의 재구를 시도하였다. 그는 알타이 조어(그의 용어로는 Pre-Altaic)의 자음체계를 다음과 같이 재구하고 있다. 파열음 부분만 인용한다(Cincius 1975, p.304). 이러한 파열음 체계의 재구는 Illich-Svitych의 공통 알타이어의 어두 자음의 재구(*p̓-p-b; t̓-t-d; k̓-k-g*)에 기초를 두고 있는 듯하다.

	Explosives				Explosives		
	I	II	III		I	II	III
Labial	p'[15]	p	b	Central	č'	č	ǰ
Palatal	t'	t	d	Velar	k'	k	g

Cincius의 이와 같은 새로운 재구의 근거는 대개 다음과 같은 사실에 근거를 두고 있는 것 같다. 첫째, 한가지 예로 Yellow Uigur과 Salar 방언에 존재하는 유기 대 무기의 대립을 근거로 선 토이기어에 두 가지 유형(types) 이상의 파열음들을 가정할 수 있을 것이라는 사실, 둘째, 근세 한국어에 세 가지 유형의 파열음이 존재한다는 사실, 셋째, 만주·퉁구스어에서 새로운 유기계열 *p̓ 와 *k̓ 를 재구할 수 있다고 하는 사실이다.

첫째 토이기 조어에서 파열음의 세 계열을 재구할 가능성에 대해서는 필자가 토이기어의 역사를 잘 모르므로 언급할 수 없다. 그러나 그의 논문에 제시한 내용만 가지고서는 「유성」 대 「무성」이나 「유기」 대 「무기」의 두 계열

---

15 Cincius의 이 도표에 보이는 p', t', č', k'는 그의 논문의 앞뒤를 보면 p̓', t̓', č̓', k̓'의 잘못인 것으로 보인다.

이상의 것을 재구할 근거는 없는 것 같다.

둘째, 알타이 조어의 파열음을 세 계열로 재구하려는 가설을 뒷받침하려는 증거로 제시한 근세 한국어(그의 용어로 recent Korean)의 파열음의 세 계열은 전혀 그의 가설을 지지해 줄 수 있는 증거가 되지 못하는 것으로 보인다. Cincius(1975, p.300)는 Ramstedt가 한국어의 유기음과 경음이 후세의 발달이라고 강조한 사실을 자세히 소개하고 있다. 그리고서 Ramstedt가 근세 한국어의 파열음의 세 유형을 알타이 조어의 파열음의 재구에 이용하지 않았음을 잘못인 듯이 지적하고 있는 점으로 보아 위에 말한 Ramstedt의 추정을 믿고 있지 않는 것으로 보인다. 그러나 그간의 한국어사의 연구는 고대 국어의 파열음이 유기 대 무기의 대립만을 가지고 있었으며, 경음(p', t', k')은 후기의 발달임을 확신하고 있다(이기문 1978(1961) 참고). 따라서 근세 한국어의 파열음의 세 계열은, 알타이 조어에 세 계열을 재구하려고 하는 그의 가설을 지지하는 증거로 이용될 수 없는 것이다.

셋째, 만주·퉁구스 조어에 유기 계열 *p'와 *k'를 재구하려는 Cincius의 생각도 몇 가지 무리가 있다. p'를 재구하려는 증거로 제시한 Evenki어와 Even어의 h는 Cincius(1949, p.250)에 의하면 여타 퉁구스 제어의 ① 0, x, p, φ에 대응되며 이는 퉁구스 조어 *p'(p͡ɸʰ)에 유래하는 것으로 나타나 있으며, 또 한편으로는 ② s, š에 대응되며 *s에 유래하는 것으로 나타나있다. 그 가운데에서 ①을 통해서 *p와 *b에 대립되는 *p'(p͡ɸʰ)를 재구하려는 그의 생각에는 많은 무리가 있는 듯이 보인다. Menges(1949, p.36)에서는 Cincius(1949, p.250)을 참고하고 있으나 퉁구스 조어의 어두 양순 파열음을 *p와 *b로 재구하고 있다. 또한 *k'를 재구하려는 만주·퉁구스 조어의 *x(k͡xʰ)도 매우 의심스러운 것으로 보인다(Menges 1968, p.36 도표 참조). 또한 앞에서 검토한 만주어의 파열음들이 유기 대 무기의 대립을 보여주고 있는 사실과, 몽고 조어에서 파열음의 두 계열이 유기 대 무기의 대립으로 재구될 가능성이 있음을 감안할 때, 만주·퉁구스 조어의 파열음을 세 계열로 재구하려는 그의 가설은 너무도 많은 문제점을 지니고 있는 것으로 생각된다. 그러나 퉁구스 어학의 개척자이며 누구보다도 해박한 지식을 가지고 있는 대가가 제시한 퉁구스 조어의 새로운 유기계열(ˊpˊ, ˊkˊ)의 재구 가능성은 진지한 검토를 요한다. 그러나 이러한 가설이 지지를 받자면 아주 새로운 어휘대응의 발굴이 선행되어야 할 것이다.

Ⅲ.

9. 본고에서는 알타이 조어의 자음 체계의 재구에 관한 문제 가운데에서 어두 파열음[16]체계의 재구에 관련된 한 문제점을 검토해 보았다. 그 문제는 알타이 조어의 어두 파열음 체계 속의 두 계열의 대립 특성에 관한 문제이다. 알타이 조어의 어두 파열음이 Ramstedt에 의해 ˊp, ˊt, ˊk와 ˊb, ˊd, ˊg로 재구되고, 재구된 이 두 계열의 대립 특성이 「무성」 대 「유성」으로 이해되어진 이래, 이 대립 특성에 관한 Ramstedt의 판단에 대해서 별로 논의가 없었다.[17]

본고에서 필자는, 알타이 조어의 어두 파열음의 두 계열의 대립을 「유성」 대 「무성」의 대립으로 파악한 Ramstedt · Poppe 자신들에 의해 조사되고 쓰여진 몽고 어군의 제 방언들에 관한 보고들과 필자가 종합한 만주어와 고대 한

---

16 이 글에서 쓴 「파열음」이란 용어는 정지음(stops)들 가운데서 파찰음을 제쳐놓고 쓰고자 하는 의미로 썼고, 정지음이란 용어는 파열음과 파찰음 모두를 함께 논의하고자 할 때 쓴 것이다.

17 앞에서(8절) 살펴 본 바와 같이 Cincius(1975)의 알타이 조어의 자음체계에 관한 색다른 가설이 제기되었으나 그것은 어두 파열음의 경우 Ramstedt가 제기한 유성 대 무성의 두 계열의 재구의 허실을 논의한 것은 아니다. 그의 논지가 매우 종잡을 수 없기는 하지만, Cincius의 가설은, 만주 · 퉁구스 조어의 파열음의 새로운 재구의 구상을 보면, Ramstedt의 유성 · 무성의 두 계열 위에 새로운 한 계열 즉 「유기 계열」을 알타이 조어의 자음 체계 속에 추가하고자 하는 생각인 것 같다. 그리고 그것은 주로 한국어를 염두에 두고 있는 것으로 보인다. 그러나 Cincius의 이러한 가설은, 앞에서 지적한 바와 같이 Cincius(1975)에 제시된 이야기들만 가지고서는 많은 문제가 있는 것으로 보인다.

국어의 자음 체계에 대한 이해를 토대로, 알타이 조어의 어두 파열음의 두 계열의 대립 특성을 「유기」 대 「무기」의 대립으로 재구할 가능성을 검토해 보았다. 다시 말하면 Ramstedt가 「유성계열」로 재구한 ˚b, ˚d, ˚g는 「무기계열」이며, 「무성계열」로 재구한 ˚p, ˚t, ˚k는 「유기계열」이라는 것이다. 그러나 필자가 본고에서 검토한 언어들 이외에 선학들에 의해 「유성」 대 「무성」의 대립을 가지는 것으로 보고된 여러 방언들이 있고, 이 대립 특성에 대해서 별로 관심이 없었고 주의를 기울이지 않았던 것으로 보이는 이 선학들의 보고를 지금 검토할 계제에 있지 못하기 때문에, 앞으로 더 범위를 넓혀 보다 치밀한 검토를 요하는 문제여서, 우선 잠정적으로 알타이 조어의 어두 파열음의 두 계열의 대립 특성을 「유기」 대 「무기」로 재구할 가능성과 필요성을 지적해 두는 것으로 만족하려 한다.

이러한 문제는 흔히 가벼이 다루어지기 쉽다. 왜냐하면 「기」의 유무에 의한 대립이 되었건 「성」의 유무에 의한 대립이 되었건 두 계열이 존재한다는 사실에는 변함이 없기 때문에, 그리고 조어의 두 계열들과의 대응관계를 통해서 여러 방사형들 간의 대응관계를 확인하는 일에 별 지장이 없고 또 그 일에 급급했기 때문에, 알타이 어학은 이 문제에 대해서 별로 관심을 가지지 않았던 것이 사실인 것 같다. 이런 면에서 볼 때 알타이 조어의 음운의 재구 문제에 관한 알타이어 학자들의 태도는 formulaist(negativist)적인 입장을 취하고 있다. 그러나 R. Anttila(1972, p.341)가 지적하고 있듯이, 조어의 음운체계의 재구에 있어서도, 다른 모든 분야의 언어학의 논의에서와 마찬가지로, formulaist적인 태도와 realist(positivist)적인 태도와의 적절한 조화가 요망되는 것이다. 이러한 지적이 지금 논의되는 문제에 적절한 것인지는 덮어두고, 알타이 조어와 알타이 제어들과의 대응관계 및 알타이 제어 상호간의 음운 대응관계를 보다 정밀하게 밝혀내고 보다 자연스럽게 그리고 합리적으로 설명하기 위해서는 알타이 조어의 어두 파열음의 두 계열의 대립의 특성이 무엇이었느냐 하는 것을 밝혀내는 일은 매우 중요한 일인 것으로 생각된다.

특히 한국어와 알타이 제어와의 관계를 밝히고 설명하기 위해서는 더욱 중요한 문제인 것으로 생각되는 것이다.

참고문헌

金芳漢(1966), 國語의 系統研究에 있어서의 몇가지 問題點, 震檀學報 29-30.

_____(1968), 國語의 系統研究에 關하여-그 方法論的 反省-, 東亞文化 8.

_____(1976), 韓國語 系統研究의 問題點, 언어학 1. 한국언어학회.

_____(1977a), 韓國語 語頭 h-의 起源 및 語頭子音群語와 旁點, 언어학 2, 한국언어
　　　학회.

_____(1977b). 韓國讓 語彙比較의 問題點, 朝鮮學報 83, 朝鮮學會.

_____(1978a), 한국어의 알타이어적 요소, 한글 161.

_____(1978b), 알타이 諸語와 韓國語, 東亞文化 15.

淩純聲(1934), 松花江下游的赫哲族 上・下, 國立中央研究院歷史語言研究所 單刊
　　　甲種 14, 南京.

朴恩用(1974), 韓國語와 滿洲語와의 比較研究, 曉星女子大學 研究論文集 14-15,
　　　大邱.

_____(1975), 韓國語와 滿洲語와의 比較研究(中), 曉星女子大學 研究論文集 16,
　　　大邱.

服部 健(1969(1955)), ギリヤーク語, 世界言語概説 下卷, 東京.

服部四郎(1937), 滿洲語音韻史의 爲め의 一資料, 音聲의 研究 6, 日本音聲學會.

_____(1941), 吉林省에 滿洲語를 探る, 言語研究 7-8.

服部四郎・山本謙吾(1956), 滿洲語口語의 音韻의 體系と構造, 言語研究 30.

山本謙吾(1969), 滿洲語口語基礎語彙集, 東京外國語大學, アジア・アフリカ言語
　　　文化研究所.

季基文(1961 및 1972 개정판), 國語史槪說, 民衆書館, 서울; (1978 개정판), 塔出版社.

_____(1975), 韓國語와 알타이諸語의 比較研究, 光復 30周年 綜合學術會議 (1975

年 8月) 발표 국문요약(學術院), (國語學論文選 10, 比較研究, 民衆書館, 1977).

_____(1972 및 1977 재판), 國語音韻史研究, 塔出版社.

_____(1977), 韓國語와 알타이諸語의 語彙 比較에 대한 基礎的 研究, 東亞文化 14.

池上二良(1969(1955)), トゥングース語, 市河三喜·服部四郎 共編, 世界言語概說 下.

_____(1971), ツングース語の變遷, 言語の系統と歷史, 服部四郎 編, 岩波書店.

_____(1978), アルタイ語系統論, 岩波講座 日本語 12, 日本語の系統と歷史, 岩波書店.

河野六郎(1941), 言語上より見た朝鮮·滿洲の關係,「朝鮮」1941年 6月號.

_____(1944), 滿洲國黑河地方に於ける滿洲語の一特色-朝鮮語及び滿洲語の比較研究の一報告-, 學叢 3.

_____(1968), 朝鮮漢字音の研究, 天理.

許雄(1965), 國語音韻學(改稿新版), 正音社, 서울.

Adam, L. (1873), Grammaire de la Langue Mandchou, Paris.

Amyot, J. (1789~90), Dictionnaire Tartare-Mandchou Français, Paris.

Anttila, R. (1972), An Introduction to Historical and Comparative Linguistics, New York.

Avrorin, V. A. (1959~1961), Grammatika nanajskogo jazyka I-II, Moskva-Leningrad.

Benzing, J. (1955), Die tungusischen Sprachen, Wiesbaden.

_____ (1963), Das Tschuwaschische, Handbuch der Orientalistik V-l, Turkologie, Leiden/Köln, E. J. Brill.

Cincius, V. I. (1949), Sravnitel'naja fonetika tunguso-man'čžurskix jazykov, Leningrad.

_____ (1972), Očerki sravnitel'noj leksikologii altajskix jazykov, Leningrad.

_____ (1975), On the Pre-Altaic System of Consonants, Researches in Altaic Languages, ed. by L. Ligeti, Budapest.

Fuchs, W. etc. (1968), Tungusologie, Handbuch der Orientalistik V-3, Leiden/Köln, E. J. Brill.

Gabain, A. von (1950), Alttürkische Grammatik, Wiesbaden.

Gabain, A. von etc. (1963), Turkologie, Handbuch der Orientalistik V-l, Leiden/Köln, E. J. Brill.

Grube, W. (1892), Giljakisches Wörterverzeichniss, St. Petersburg.

_____ (1900), Goldisch-deutsches Wörterverzeichniss, L. Schrenck, Reisen und Forschungen im Amur-Lande III, St. Petersburg.

Harlez, C. de (1884), Manuel de la Langue Mandchoue; Grammaire, Anthologie & Lexique, Paris.

Jagchid, S. & Dien, A. E. (1964), Spoken Chahar Mongolian, Inter-University Program for Chinese Language Studies.

Langlès, L. (1807), Alphabet Mandchou, Paris.

Lee, Ki-Moon (1958), A comparative study of Manchu and Korean, Ural-Altaische Jahrbücher, XXX 1-2.

_____ (1975), Remarks on the Comparative Study of Korean and Altaic, Proceedings of the International Symposium Commemorating the 30th Anniversary of Korean Liberation, National Academy of Sciences, R.O.K.

Marchand, James W. (1973), Proto-, Pre-, and Common: a Problem in Definition, Issues in Linguistics, Papers in Honor of Henry and Renée Kahane, ed. by Kachru, B. B. etc., Univ. of Illinois Press, Urbana, Chicago, London.

Meillet, A. (1954(1925)), La Méthode Comparative en Linguistique Historique, Paris.

Menges, Karl H. (1968), Die tungusischen Sprachen, Handbuch der Orientalistik V-3, Tungusologie, Leiden/KöIn, E. J. Brill.

Poppe, N. (1955), Introduction to Mongolian Comparative Studies, Helsinki, Mémoires de la Société Finno-Ougrienne 110.

_____ (I960), Vergleichende Grammatik der altaischen Sprachen Teil 1, Vergleichende Lautlehre, Wiesbaden.

_____ (1965), Introduction to Altaic Linguistics, Wiesbaden.

_____ (1972), A New Symposium on the Altaic Theory, CAJ XVI-1.

_____ (1974), Remarks on Comparative Study of the Vocabulary of the Altaic Languages, UAJ 46.

_____ (1975), Altaic Linguistics -An Overview, 言語の科學 6, 東京言語研究所.

Posch, Udo (1958), On the Affinity of the Altaic Languages, I, CAJ III-4.

Ramstedt, G. J. (1903), Das Schriftmongolische und die Urgamundart, JSFOu XXI.

_____ (1928), Remarks on the Korean Language, MSFOu LVIII, Helsinki.

_____ (1949), Studies in Korean Etymology, MSFOu XCV, Helsinki.

_____ ed. By Pentti Aalto (1953), Studies in Korean Etymology II, MSFOu, XCV : 2, Helsinki.

_____ Collected and ed. by Pentti Aalto(1953-54), Additional Korean Etymologies, JSFOu 57, Helsinki.

_____ (1957)(1952), Einführung in die altaische Sprachwissenschaft I, Lautlehre, MSFOu 104:1; II, Formenlehre, 104:2, Helsinki.

_____ -Pentti Aalto (1966), Einführung in die altaische Sprachwissenschaft III, Register, MSFOu 104:3, Helsinki.

Róna-Tas, A. (1960), A Study on the Dariganga Phonology, Acta Orientalian Academiae Scientiarum Hungaricae X:l, Budapest.

Schmidt, P. (1928), The Language of the Samagirs, Riga.

Sunik, O. P. (1971), Problema obščnosti altajskix jazykov, Leningrad.

중국 상고 한자음의 성모 체계

이 돈 주

Ⅰ. 서론

1.1. 좁게 말하여 중국 민족이 언어를 가지기 시작한 이래, 그들의 어음은 끊임없는 변천을 거듭하여 오늘의 중국어음에 이르렀을 것이다. 비록 문자의 기록을 남긴 어떠한 언어라도 옛 시대의 정확한 음운 체계를 밝히는 일이 그리 쉬운 일이 아니지만, 더구나 표의 문자에 속하는 한자의 기록은 더욱 어려운 바가 있다.

중국에서 고대의 음에 대하여 관심을 가지게 된 것은 이미 한(漢)대부터였다. 후한 때 유희(劉熙)가 물명을 27류로 나누어 훈석한 『석명(釋名)』이라는 책에서

"古者曰車 聲如居 所以居人也. 今曰車 聲近舍"

라고 한 것이 그 증거의 하나이다. 그러나, 한대에서 육조 시대까지의 상고음에 대한 연구는 극히 단편적이어서 계통적인 것이 못 되었고, 당(唐)대에도 옛 경서의 문구 중에서 운이 맞지 않은 것을 가려내어 알맞게 고치는 일이

성행하였으나[1] 역시 체계적인 연구 실적은 나오지 않았다. 그러던 것이 송(宋)대 이후로 유명한 음운 학자들이 속출하여 한자 음운에 대한 줄기찬 연구를 거듭한 결과 까마득한 상고음으로부터 현대음에 이르기까지 체계적이며 실증적인 연구 성과를 거두게 되었다.

1.2. 그러면 도대체 중국 음운학에서 상고음이란 어느 시대의 음을 가리키는가를 분명히 밝힐 필요가 있으므로 여기 몇 학자의 시대 구분을 소개하기로 한다.

1. 張世祿『中國古音學』(1930) p.1

   (1) 고음: 주·진·양한시대의 어음

   (2) 금음: 위·진·당·송의 어음

   (3) 국음: 원·명 이후의 현대음

2. 錢玄同『文字學音篇』(1921) p.3

   제1기: B.C 11세기~B.C 3세기 (주·진)

   제2기: B.C 2세기~2세기 (양한)

   제3기: 3세기~6세기 (위·진·남북조)

   제4기: 7세기~15세기 (수·당·송)

   제5기: 14세기~19세기 (원·명·청)

   제6기: 20세기~ (현대)

3. 王力『漢語史稿』(1973) p.35

   (1) 상고기: B.C 3세기 이전

---

1 당나라 현종이 『書經』의 홍범에 쓰인 "無偏無頗 遵王主義"에서 '頗'는 '義'와 운이 같지 않다는 이유로 '陂'로 고친 따위이다.

(3, 4세기는 과도 단계)

    (2) 중고기: 4세기~12세기 (남송 전반)

           (12~13세기는 과도 단계)

    (3) 근   대: 13세기~19세기 (아편전쟁)

           (1840년 아편전쟁~1919년 5·4운동까지는 과도 단계)

    (4) 현   대: 20세기 (5·4운동 이후)

4. 董同龢『漢語音韻學』(1972) pp.9~10

    (1) 상고음: 형성자와 시경 등 선진, 주대 전적 중의 자료 음계

    (2) 중고음: 절운계 운서와 조기 관화에 반영된 음계(수·당초 중심)

    (3) 근고음: 송말의『고금운회거요』등에 반영된 음계

    (4) 근대음: 원대 북방어의 대표인『중원음운』의 음계

    (5) 현대음: 현대 표준어와 방언음

이 밖에도 중국어음에 대한 시대 구분이 없는 바 아니지만[2] 번잡하게 인용할 필요도 없이 대체로 상고음이란 양한 이전의 주·진 시대의 음을 가리킨다.

1.3. 그러면 상고 한자음을 추정할 수 있는 자료는 무엇일까. 우리가 이 시대의 음을 추구하는 데 이용할 수 있는 자료로는 선진의 시(詩), 소(騷), 육경(六經), 제자(諸子) 중의 운어, 또는 쌍성·첩운[3]의 어사라든가 형성자의 편방, 경적의 이문(異文), 음훈,[4] 통가,[5] 비황자음,[6] 독약자음[7] 등이 있다. 그렇

---

2 이돈주, 「중국 한자음의 운모 변천고」, 『전남대 어학교육』 6집(1974), pp.56-7.

3 둘 이상의 한자음 중 성모가 같은 것을 쌍성, 운모가 같은 것을 첩운이라고 한다.

4 『설문해자』의 훈석에서 '日, 實也', '戶, 護也', '火, 燬也'와 같은 훈의 방식을 음훈법이라고 한다. 즉 '日'과 '實'은 상고음이 같았다고 보는 것이다.

5 통가는 가차와 같다. 이를테면 『대학』의 "儀監於殷, 峻命不易"에서 '儀'는 '宜'의 가차자이다. 두 자는 음이 같기 때문이다.

6 『공양전』 장공 28년 주에 "伐人者爲客, 讀伐長言之. 見伐者爲主, 讀伐短言之"에서와 같이 한

지만 현전하는 운서를 통하여 접근이 가능한 중고음에 대하여도 이설이 있는 터에 상고음에 대하여 일치된 견해가 있기는 어렵다. 청나라 때의 유명한 강영(江永, 1681~1762) 같은 음운학자는 상고음에 있어서도 소위 전통적으로 잘 알려진 36자모는 증감을 불허하는 성모 체계라고 믿었으나, 지금은 그대로 인정할 수 없게 되었다.

우리나라에 한자가 수입된 정확한 시기는 지금도 이론이 분분하지만, 늦잡아 삼국시대의 가요, 인명, 지명, 관명 등 한자의 음·훈을 빌어 적어 놓은 국어의 자료를 정확히 해독하는 데는 적어도 중국 한자음의 정밀한 연구와 비교 대조가 없이는 거의 불가능하다고 믿는다. 그럼에도 불구하고 지금까지 고대 국어 한자음을 연구하기 위하여 중국 상고 한자음의 체계를 원용한 업적이 적은 것은 오히려 기이할 정도이다. 본고 역시 양국 한자음을 비교의 방법에 의하여 대조할 지면이 없다. 그러므로 여기에서는 다만 중국 상고 한자음의 성모에 한정하여 그동안 여러 학자에 의하여 연구된 성과를 간략히 제시하고 서로의 이설을 대조하여 봄으로써 우선 고대 국어 한자음 연구에 무엇인가 암시를 주려는 데 본고의 목적을 둔다.

II. 본론

2. 상고 한자음의 성모에 대한 제설

2.1. 상고음에는 순경음이 없었다는 설

위 설은 전대흔(錢大昕, 1727~1786)에 의하여 주창된 것으로 그의 『십가재

음의 독법을 비유한 방법이다.

7 「自讀若鼻」, 「珣讀若宜」(설문해자)와 같이 어느 한자음을 다른 한자음을 빌려 그와 같이 읽힌다는 점을 예시한 주음법이다.

양신록(十駕齋養新錄)』권5. 고무경순음(古無輕脣音)조에서

"凡輕脣之音, 古讀皆爲重脣"

이라 하여 상고음에서는 순경음(순치음)이 존재하지 않았고 모두 순중음(양
순음)으로 읽혔던 것이라고 주장하였다. 그 증거의 하나로『시경』곡풍에

"凡民有喪, 匍匐救之"

라는 시구가 있다. 여기 포복(匍匐)이란 힘을 다한다는 뜻으로 "이웃에 흉화
가 있을 땐 기를 쓰고 도왔다"는 말이다. 그런데 한나라 때의 명유였던 정현
(鄭玄)의 전을 보면 "匍音蒲, 又音扶 ; 匐, 蒲比反 一音服"이라 하였다. 이를 근
거로 하여 4자음의 변천을 제시하면 다음과 같다.

$$
\begin{cases}
匍 : 薄胡切^8 \ [並] \ ^{*}b^{'}wo(b^{'}w\mathring{a}g)\rangle b^{'}uo\rangle p^{'}u^{29} \\
扶 : 防無切 \ [奉] \ ^{*}b^{'}iwo(b^{'}iwag)\rangle b^{'}iu\rangle fu^{2}
\end{cases}
$$

$$
\begin{cases}
匐 : 蒲北切 \ [並] \ ^{*}b^{'}ək(b^{'}wək)\rangle b^{'}ək\rangle fu^{2} \\
服 : 房六切 \ [奉] \ ^{*}b^{'}iŭk(b^{'}iwək)\rangle b^{'}iuk\rangle fu
\end{cases}
$$

위에서 [並]모와 [奉]모가 상고음에서는 아직 분화되지 않았음을 추지할 수
있다. 그리하여 '匍匐'의 이문으로 고대 문헌에 '扶服, 扶伏, 蒲伏, 蒲服' 등이

8 여기의 반절은『광운』(1008)의 반절이다.
9 음성부호의 음은 *상고음〉중고음〉현대 북경관화음을 보인 것이다. 상고음 중 첫 번 재구
음과 중고음은 B. Karlgren,『Compendium of Phonetics in Ancient and Archaic Chinese』(1954),
Stockholm에 의한 것이며, ( ) 안의 재구음은 동동화(董同龢)에 의한 것이다. 주법고(周法
高) 주편,『漢字古今音彙』(1973), 香港中文大學 출판 참조.

나타난 것이다. 따라서 순음이 분화된 초기의 음상은 다음과 같이 나타낼 수 있다.

幫p < p / f[非]　　滂p' < p' / f[敷]　　並b < b / v[奉]　　明m < m / ŋ[微]

2.2. 상고음에는 설상음이 없었다는 설

이 역시 전대흔이 제창한 설이다. 그는 전인서의 "舌音類隔不可信"조에서

"古無舌頭舌上之分, 知徹澄三母, 以今音讀之, 與照穿牀無別也 ; 求之古音, 則與端透定無異. …古人多舌音, 後代多變爲齒音, 不獨知徹澄三母爲然也"

이라 하여 상고음에서는 설두음과 설상음이 분화되지 않은 것이라 하였는데,[10] 이도 이론이 없는 정설로 되었다. 이제 그 증거의 일단을 예시하여 보자. 『주례』지관에

"師氏掌王中失之事"

라는 말이 있는데, 두자춘(杜子春)은 위의 '中'자에 대하여 "當爲得, 記君得失, 若春秋是也"라고 주하였다.[11]

中 : 陟弓切 [知] *ti̯ôŋ(tioŋ)〉ȶi̯uŋ〉tśuŋ

得 : 多則切 [端] *tək(tək)〉tək〉tə²

---

10 당(唐)대에는 두 음소가 분화된 것으로 보인다. 수온(守溫)의 30자모에는 두 음이 구분되어 있기 때문이다. 진신웅(陳新雄)『古音學發微』(1972) p.1173에서는 t〉ȶ의 분화 시기를 이보다도 이르게 6세기 이전으로 추정하였다.

11 본고에서 인용한 경적은 『十三經注疏』본, 대북(1971)에 의한다.

또 『시경』 청인에

> "左旋右抽, 中軍作好" (좌우로 마음껏 말을 달리면 군중에 일어나는 저 함
> 성소리)

라는 시구가 있다. 그런데 위의 추(抽)자에 대하여 석문에 "抽, 勑由反. 說文
作搯, 他牢反"이라 하였듯이 과연 그 재구음은 아래와 같다.

抽 : 丑鳩切 [徹] ˚tʻiôg〉tʻiəu〉tsʻou
搯 : 土力切 [透] ˚tʻôg〉tʻâu〉tʻau

이상의 두 예는 곧 [端·知, 透·徹모가 상고에는 미분음이었음을 알려 준
다. 지금의 중국 방언음에서도 이 사실을 인증할 수 있다. 민북, 민남 방언에
서는 지금도 [端·知]계가 구별되지 않은 것은 상고음의 진상을 보존한 것이
라 할 것이다.[12]

[知] : 知[ti] 置·致[ti] 肘[tiou·tiu] 珍[tiaŋ·tian] 鎭[tiŋ·tin]
[端] : 恥[tʻi] 徹·撤[tiek, tiat] 抽[tiou]
[澄] : 治[ti] 宅[tʻɑik] 召[tiou], 丈[tʻuoŋ, tioŋ]

따라서 상고음의 설음이 중고음에서 분화된 실태는 다음과 같이 나타낼
수 있을 것이다.

---

12 왕력, ibid., p.73.

端t $<$ t
　　　　t=t̂[知]　　透t' $<$ t'
　　　　　　　　　　t=t'[徹]　　定d' $<$ d'
　　　　　　　　　　　　　　　　　d̥'=d[澄]

2.3. 상고음에서 [娘·日]모는 [泥]모에 귀일된다는 설

상고 한자음에서 중고음의 娘[n̠]모와 日[nʐ·ʑ]모는 모두 泥[n]모에 귀일된다는 설로서, 이는 장병린(張炳麟 : 1836-1936)의 "古音娘日二紐歸泥說"[13]이라는 논문에서 제창되었다. 그는 이 논문에서

　　"古音有舌頭泥紐, 其後支別, 則舌上有娘紐, 半舌半齒有日紐, 于古皆泥紐
　　也"

라고 하여 앞서 전대흔이 '고무설상음설'에서 제외하였던 [娘]모자를 [泥]모에 귀속시키고 [日]모자까지도 이에 포함시켰다.

먼저 [泥·娘]모의 관계를 증명하기 위하여 그가 예로 든 사항을 검토하여 보겠다.

　　"今音泥毗爲泥紐, 尼毗在娘紐, 仲尼三蒼作仲呢, 夏堪碑曰 : 仲泥何怩"

위의 인문에서 '泥·毗·昵'자들은 모두 尼성을 수반한 형성자임은 물론인데, 각 자는 중고음에서 다음과 같이 반영되었다.

　　泥·毗 ： 奴低切 [泥] *niər(nied)〉niei〉ni²

　　尼　　 ： 女夷切 [娘] *nier(nied)〉ńi[n̠i]〉ni²

　　昵　　 ： 尼質切 [娘] *niət〉ńiĕt〉ni⁴

---

13 장병린『國故論衡』pp. 29-32에 수록함.

이처럼 상고음에서는 두 음이 [n]이었으므로 공자의 호는 '仲尼'인데 혹은 仲呢, 仲泥와 같은 이문으로 기록된 것이라 하겠다.

다음으로 [泥·日]모의 관계는 어떠한가를 보기 위하여 역시 장병린의 인례를 검토하기로 한다.

"涅從日聲. ≪廣雅≫ 繹詁 : 涅, 泥也 '涅而不緇', 亦爲'泥而不滓', 是日泥音同也"

위 예에서 '涅'자는 '日'성을 취한 형성자임에도 불구하고 泥(진흙)와 뜻이 같으므로 두 자는 대치할 수 있다는 말이다.

涅 : 奴結切 [泥] ˙niet⟩niet⟩nie⁴

日 : 人質切 [日] ˙ńiĕt¹⁴⟩ńźiĕt⟩ẓi⁴

『설문』의 형성자에서 한 자만 추가하여 보자.

秜 「黏也. 从黍, 日聲. 春秋傳曰 : 不義不秜」『설문해자』

秜 : 尼質切 [娘] ˙niĕt(niet)⟩ńiĕt⟩ni⁴

보는 바와 같이 '秜'는 日성을 취한 형성자인데도 상고음은 niĕt(泥)⟩娘이다. 그러므로 『춘추좌전』 은공 원년(722 B.C.)조에 기록된 '不義不秜(불의에는 사람들이 붙지 않는다)'이 『고공기』의 두자춘 주에는 '不義不昵'로 이기되어 나타난다. '秜·昵'자의 중고음은 [娘]모이나 상고음은 [泥]모에 속하므로 문

---

14 Karlgren은 상고음에서 [娘]모를 인정하였으므로 ˙ńiĕt으로 재구하였으나 장병린의 설에 따르면 ˙niĕt이 되어야 옳을 것이다.

제될 것이 없고, [日]모자도 결국 [泥]모에 속하였던 것임을 위의 형성자로 보아 추정하게 한다. 그리하여 상고의 [泥]모자는 중고음에서 다음과 같이 분화된 것이라 본다.

泥 n〉n [泥] n̠=ń [娘] nz=ńź=z̠ [日]

2.4. [喩](爲)모는 상고음의 [影]모에 귀속된다는 설

상고음의 喩[0, zero]모는 影[ʔ]모에서 분화된 음이라는 설로서 최초로는 청대에 대진(戴震, 1723~1777)에 의하여 수창되었는데, 그 후 장병린, 황간(黃侃, 1886~1935)에 의하여 구체적으로 예증되었다. 특히 황간은 그의 『音略』에서 [喩·影]을 청탁상변이라 하고, [影]모를 정성, [喩]모를 변성으로 규정하였다. 즉 그가 [喩]모에 대하여

    "喩 : 此影之變聲, 今音讀喩者, 古音皆讀影"

이라고 한 것이 그 예이다.

그러면 역시 형성자의 편방에서 이를 검증하기로 한다.

> | 肙 : 鳥縣切 [影] ˚ʔiwan(ʔiwän)〉ʔiwen
> | 捐 : 與專切 [喩] ˚ɡiwɑn(ɡiwän)〉iwän〉tɕyan

> | 益 : 伊音切 [影] ˚iĕk〉iäk〉i⁴
> | 溢 : 夷質切 [喩] ˚(ied)〉iĕt〉i⁴

> | 皀 : 鳥皎切 [影] ˚(ʔiɔɡ)〉〉ʔieu〉iau³
> | 旭 : 弋照切 [喩] ˚(ɡiɔɡ)¹⁵〉iäu〉iau

---

15 [喩]모가 [影]모에서 분화된 것이라는 견해가 옳다면 위 예 중 捐[ɡiwɑn]은 ˚iwan으로, 旭[ɡi

670

이뿐 아니라 『설문』, 『이아』(爾雅)에도 "于, 於也"로 풀이하였는데, 단옥재(段玉裁)는 『설문』 주에서

"凡詩書用于字, 凡論語用於字, 蓋于於二字, 在周時爲古今字"

라고 말하였다. '于'는 爲[j]모자이고, '於'는 影[ʔ]모에 속한다. 이에 따르면 상고음에서는 [喩・爲・影]모가 동음이었음을 추정할 수 있다.

그러나, [喩・爲]모가 모두 [影]모에 귀속되는 것은 아니다. 여기에는 등운(等韻)에 따라 제약성이 있었던 것인데 이를 밝힌 사람이 증운건(曾運乾)이다. 그는 "喩母古讀考"라는 논문에서 [喩]모 4등자는 설두음의 定[d]모에 귀속되고, [喩]모 3등([爲]모)자는 匣[ɣ]모에서 분화된 음으로 파악하였다. 그가 예로 든 것 중 한 가지씩만 제시하여 보기로 하겠다.

鵜「鶙胡. 汚澤也. 从鳥, 夷聲. 鶙, 或从弟」『설문』

'鶙'는 '鵜'의 중문이니, 전자는 夷성을, 후자는 弟성을 취한 형성자임을 알 것이다.

夷・鵜 : 以脂切 [喩] *diər(died)〉i〉i²
鶙・鵜 : 杜奚切 [定] *dʰiər(dʰied)〉dʰiei〉tʰi²
cf. 睇 : 特計切 [定] *dʰiər(dʰied)〉dʰiei〉ti²

위에서 본 바와 같이 '夷'는 '弟'음으로 읽혔음을 추정하게 한다.

이와 달리 [喩]모 3등의 [爲]모는 상고음에서는 [運]모에 귀속된다.[16] 그 중

_____

ɔgl는 iɔg로 재구함이 옳을 것이다. 는 ɪɡc

거로 『춘추좌전』 양공 27년조에 있는 '陳孔奐'이 『공양전』에는 "陳孔瑗"으로 이기되어 있다. 또 『시경』 토원에 "有免爰爰"이라는 시구가 있는데, 『이아』에 의하면 "爰爰, 緩也"라고 훈석하였다. 이제 4자음을 대비하여 보자.

$$
\left[
\begin{array}{l}
奐 : 胡玩切 \ [匣] \ {}^{*}xwân \rangle xwan \rangle xuan^4 \\
瑗 : 王眷切 \ [爲] \ {}^{*}giwan(\curlyvee iwan) \rangle ji wän \rangle yan^4
\end{array}
\right.
$$

$$
\left[
\begin{array}{l}
爰 : 雨元切 \ [爲] \ {}^{*}giwăn(\curlyvee iwăn) \rangle jiwɒn \rangle yan^2 \\
緩 : 胡管切 \ [匣] \ {}^{*}g'wân \rangle \curlyvee uân \rangle xuan^3
\end{array}
\right.
$$

여기에서 '瑗·爰'의 중고음의 [爲]모에 속한다 할 때, 상고음이 [匣]모에 귀속된다면, 괄호 안의 동동화의 재구음이 가능한 것이라 하겠다.

이 밖에도 증운건은 [爲]모가 [匣]모에 귀속될 증례를 경전(經典)에서 44개나 더 들어 놓았으나 생략한다.

지금 말한 내용을 알기 쉽게 도시하면 다음과 같다.

$$
影^{\text{ʔ}} \begin{cases} \text{ʔ} \\ j[爲] \\ o[喻] \end{cases} \qquad 匣\curlyvee \begin{cases} \curlyvee \\ j[喻3,爲] \end{cases} \qquad 定d \begin{cases} d \\ o[喻4] \end{cases}
$$

2.5. [羣]모는 상고음의 [溪]모에 귀속된다는 설

중고음의 羣[g']모는 본래 상고음의 溪[k']모에서 분화된 변성이라는 점은 일찍이 대진의 『성류표(聲類表)』에서 시사되었던 것인데 역시 황간의 『음략』에서 구체적으로 예증되었다. 이제 형성자를 대상으로 그 증거의 일부를 제시하겠다.

---

16 절운 시대의 [匣]모는 3등이 없고 [喻]모 3등과 상보적이다. 그렇다면 6세기 초까지는 [爲]모와 [匣]모는 미분 상태였지 않을까 생각된다.

困 : 去倫切 [溪] ˚kʻiwən(kʻiwən)〉kʻiwɛ̆n〉tɕün

菌 : 渠殞切 [羣] ˚gʻiwən(gʻiwən)〉gʻiwɛ̆n〉tɕün[4]

欠 : 去劍切 [溪] ˚kʻiɐm(kʻiɒm)〉kʻiɒm〉tɕʻian

芡 : 巨儉切 [羣] ˚(gʻiɛm(mɐi)ʻg)〉gʻiäm〉tɕʻian

喬 : 巨嬌切 [羣] ˚gʻiog)gʻiäu〉tɕiau

蹻 : 菌遙切 [溪] ˚(kʻiɔg)〉kʻiäu〉tɕiau

谷 : 其虐切 [羣] ˚gʻiɑk〉gʻiak〉ku[3]

卻 : 去約切 [溪] ˚kʻiɑk〉kʻiɑk〉tɕʻye[4]

이 밖에 '困'을 성부로 한 '菌'자는 평성일 때는 去倫切 ˚kʻiwən(kʻiwən)이고, 상성일 때는 渠殞切 ˚gʻiwən(gʻiwən)이어서 두 음이 있는 셈인데, 위 예와 더불어 상고음에서는 [羣·溪]모가 미분화 상태에 있었음을 암시하여 준다. 따라서 중고음의 [羣]모는 [溪]모에 귀속되므로 이도 청탁상변이라 하겠으며, Karlgren이나 동동화의 재구음은 재고되어야 할 것이다.

2.6. [邪]모는 상고음의 [心]모에 귀속된다는 설

중고음의 邪[z]모가 상고음의 心[s]모에서 분화된 음이라는 점은 대진의 『성류표』에서 암시되었던 것이나, 역시 황간의 『음략』에서 청탁상변이라 하여 구체적으로 예증되었다. 운도에서 [邪]모는 오직 3등에만 나타나므로 그 본음은 [心]모임이 확실하다. 아래의 형성자가 그 증거이다.

司 : 息慈切 [心] ˚siəg〉si〉sï

祠 : 似慈切 [邪] ˚dziəg(ziəg)〉zi〉tsʻï

雪 : 相絶切 [心] ˚siwɑt〉siwät〉ɕye[3]

彗 : 詳歲切 [邪] ˚dziwəd(ziwäd)〉zwi〉suei[4]

$$句 : 詳遵切 [邪] \text{'}dziwen(ziwěn))ziuěn)ɕün^2$$

$$珣 : 相倫切 [心] \text{'}(siwen))siuěn)ɕün$$

$$辛 : 息鄰切 [心] \text{'}siěn)siěn)ɕin$$

$$辭 : 似慈切 [邪] \text{'}dziəg(ziəg))zi)ts\text{'}ï$$

Karlgren은 [邪]의 상고음을 ʹdzʹ로, 동동화는 ʹzʹ로 추정하였으므로 보는 바와 같이 다르게 재구되었으나, [邪]모가 [心]모에서 분화된 것이라면 이들은 마땅히 [s]로 수정되어야 옳을 것이다.

2.7. [照]계 3등의 성모들은 상고음에서 설두음으로 읽혔다는 설

정치 3등에 속하는 [照]계 성모 즉 照[tɕ], 穿[tɕʹ], 神[dʑ], 審[ɕ], 禪[ʑ]모는 상고음의 端[t], 透[tʹ], 定[d]모에서 분화된 음이라는 설이다. 이는 먼저 전대흔이『십가재양신록』권5의 "舌音類隔之說不可信"조에서

> "古人多舌音, 後代多變爲齒音, 不獨知撤澄三母爲然也. …今人以'舟周'屬照
> 母, '輈啁'屬知母, 謂有齒舌之分, 此不識古音者也"

라고 한 말과, 또 장병린이 古雙聲說[17]에서

> "正齒, 齒頭, 慮有鴻細, 古音不若是繁碎, 大較不別, 齊莊中正, 爲齒音雙聲;
> 今音'中'在舌上, 古音'中'在舌頭, 疑於類隔舌齒, 有時旁轉"

이라고 한 말에서 묵시되었던 것인데, 이 역시 황간의『음략』에서 실증되었다. 그러면 각 음을 구분하여 간략히 이를 예시하여 보겠다.

---

17 장병린,『國故論衡』(1967), 대북, pp.33-37에 수록됨.

2.7.1. 端[t]〉照[tɕ]=[tɕ́]

1) 형성자 :

- 登 : 都滕切 [端] *təŋ〉təŋ〉təŋ
- 證 : 諸應切 [照] *ȶiəŋ[18]〉tɕiəŋ〉tʂəŋ[4]

- 丹 : 都寒切 [端] *tân〉tân〉tan
- 旃 : 諸延切 [照] *ȶian〉tɕiän〉tʂan

2) 경적 이문 :

『이아』 석지(釋地)에 "宋有孟諸"라는 기록이 『서경』 우공(禹貢)에는 '孟豬'로, 『사기』 하본기에는 '明都' 등의 이문으로 나타난다.

- 諸 : 章魚切 [照] *ȶio(tiag)〉tɕiwo〉tʂu
- 豬 : 陟魚切 [知] *ȶio(tiag)〉tiwo〉tʂu
- 都 : 當孤切 [端] *to(tâg)〉tuo〉tu

3) 음훈 :

『설문』에 "戰, 鬥也"로 훈하였고, 『석명』에 "冬, 終也"로 훈하였는데, 단옥재는 『설문』 주에서 "冬之爲言終也"라 하였다.

- 戰 : 之膳切 [照] *ȶian(tiän)〉tɕian〉tʂan[4]
- 鬥 : 都豆切 [端] *tŭg〉təu〉tou[4]

- 冬 : 都宗切 [端] *tôŋ〉tuoŋ〉tuŋ
- 終 : 職戎切 [照] *ȶioŋ〉tɕiuŋ〉tʂuŋ

---

18 Karlgren은 [照]모가 모두 [知]모에서 분화된 음으로 보았기 때문에 상고음을 *ȶ(=t)로 재구하였다. 그러나, 황간의 이론대로라면 *[t]가 되어야 옳겠다. 이하의 예도 같은 이론이 적용된다.

2.7.2. 透[tʻ]〉穿[ɕ]=[tsʻ]

1) 형성자 :

⌈隹 : 職追切 [照] ˚ȶiwər(ȶiwəd)〉tświ〉tʂuei

⌊推 : 湯回切 [透] ˚tʻwər(tʻwəd)〉tʻuêi〉tʻuei

　　 : 尺佳切 [穿] ˚ȶʻiwər(ȶʻiwəd)〉tʂʻwi

⌈充 : 昌充切 [穿] ˚ȶʻioŋ〉tśʻiuŋ〉tʂʻuŋ

⌊統 : 他綜切 [透] ˚tʻôŋ〉tʻouŋ〉tʻuŋ[3]

2) 경적 이문

『예기』유행(儒行)에 "儒有不隕獲於貧賤, 不充詘於富貴"(선비는 빈천하다고 해서 지조를 잃지 않으며, 부귀에 충굴하지 않는다)라는 말이 있는데 하주에 보면 "充或爲統"이라고 하였다. 이에 따르면 '充·統'은 이문으로 쓰였음을 알 수 있다.

3) 음훈 :

『석명』석언어에 "出, 推也"로 음운하였다.

出 : 尺律切 [穿] ˚ȶʻiwət〉tśʻiuĕt〉tʂʻu

推 : 湯回切 [透] ˚tʻwər(tʻwəd)〉tʻuêi〉tʻuei

2.7.3. 定[dʻ]〉神[dz̻]=[dź]

1) 형성자 :

盾 : 徒損切 [定] ˚dʻwən〉dʻuən〉tun[4]

楯 : 食尹切 [神] ˚dʻiwən〉dźiuĕn〉ʂun[3]

676

2) 경적 이문

『시경』고양(羔羊)에 "委蛇委蛇"라는 시구가 있는데 동 군자해로에는 "委委佗佗 如山如河"(의젓하고 점잖은 품 산 같고 물 같더니)로 표현되어 있다. 그리고 고염무(顧炎武)의 『당정운(唐正韻)』 권2에는 "蛇·佗均音陀"라 하였다. 이걸 보면 '蛇·佗·陀'는 佗성을 수반한 형성자로서 역시 상고음이 같았던 것으로 보인다.

蛇 : 食遮切 [神] *dʻia〉dzʻia〉ʂə²

佗·陀 : 徒何切 [定] *dʻɑ〉dʻɑ〉tʻuo²

3) 음훈 :

『석명』석주국(釋州國)에 "四丘爲甸 甸, 乘也, 車一乘也"라 하였고, 또『예기』교특생(郊特牲)에 있는 "邱乘共粢盛"의 주에 "甸或爲乘"이라 한 기록을 보면 [神]모는 [定]모의 변성이었음을 추정하게 된다.

甸 : 堂練切 [定] *dʻien〉dʻien〉tian⁴

乘 : 實證切 [神] *dʻiəŋ〉dʑʻəŋ〉ʂəŋ⁴

위의 근거에 의하면 역시 Karlgren의 *dʻ는 *d로 수정을 받아야 될 것이다.

2.7.4. 透[tʻ]〉審[ɕ]=[ʂ]
1) 형성자 :

笅 : 式針切 [審] *ɕiəm〉ɕiəm〉ʂən

探 : 他含切 [透] *tʻəm〉tʻɑm〉tʻan

2) 경적 이문

『예기』 문왕세자편에 "武王不說冠帶而養"(무왕은 관대를 벗지 않은 채 '문왕'을 봉양하였다)이라는 기록이 있는데, 그 주에 보면 "稅本亦作脫, 又作說同音, 他話反"이라 명기되어 있다. 이에 의하면 '稅·脫·說' 3자음이 상고음에서는 동음이었던 것으로 추정되며, 동시의 중고음의 [審]모는 상고음의 [透]모에서 분화된 것임을 가정할 수 있다.

稅·說 : 舒芮切 [審] $^*śiwɑd(śiwäd)\rangle śiwäi\rangle şuei^4$

脫 : 土活切 [透] $^*t'wɑt\rangle t'uɑt\rangle t'uo$

3) 음훈 :

『석명』 친속친의 "叔, 少 ; 亦言俶也"라고 하였다.

叔 : 式竹切 [審] $^*śiôk\rangle śiuk\rangle şu$

俶 : 昌六切 [穿←透] $^*t'iok\rangle ts'iuk\rangle tş'u^4$

2.7.5. 定[d']〉禪[ʑ]=[ź]

중고음의 [禪]모는 상고음의 [定]모에 귀속된다는 주장이다.

1) 형성자 :

是 : 承旨切 [禪] $^*d'ieg(zieg)\rangle źię\rangle şi^4$

題·提 : 杜奚切 [定] $^*d'ieg\rangle d'iei\rangle t'î$

踶 : 特計切 [定] $^*d'ieg\rangle d'iei\rangle ti^4$

蜀 : 市玉切 [禪] $^*d'iuk(ziuk)\rangle ziwok\rangle şu$

獨·髑 : 徒谷切 [定] $^*d'uk\rangle d'uk\rangle tu^2$

2) 경적 이문

『상서』목서서(牧誓序)에 "與受戰于牧野"라는 기록이 있는데,『설문』'坶'자 항에 의하면 이 기록을 인용하되 "武王與紂戰坶野"라고 달리 기록하고 있다. 이것은 '受'[19]와 '紂'가 상고음에서는 동음이었던 관계로 이문으로 기록된 것이 아닐까 여겨진다.

受 : 殖酉切 [禪] *ḍiôg(żiog)〉żiəu〉ṣou⁴
紂 : 除柳切 [澄←定] *(ḍʻiog)〉ḍʻiəu〉tṣou⁴

3) 음훈 :

『석명』석궁실에 "圜, 以草作之, 團團然也"라고 훈하였는데 그 음은 다음과 같다.

圜 : 市綠切 [禪] *(   )〉żiwän
團 : 度官切 [定] *ḍʻwân〉ḍʻuân〉tʻuan²

2.8. [照]계 2등의 성모들은 상고음에서 [精]계 음으로 읽혔다는 설

황간은 이 밖에 중고음 중 이른바 照[tɕ] 2등에 속하는 莊[tʃ], 初[tʃʻ], 牀[dʒ], 疏[ʃ]모들은 각각 상고음의 精[ts], 淸[tsʻ], 從[dz], 心[s]모에서 분화된 변음이라고 주장하였다. 그러면 위에서와 같이 성모별로 나누어 증례를 들어 보기로 하자.

2.8.1. 精[ts]〉莊[tʃ]=[tṣ]

1) 형성자 :

---

19 '受'는 은나라 끝 왕인 주왕(紂王)의 이름이다.

$$\begin{cases} 祭:子例切 \,[精]\,{}^*\mathrm{tsiɑd(tsiäd)} \rangle \mathrm{tsiäi} \rangle \mathrm{tɕi}^4 \\ 鄒 \cdot 瘵:側介切 \,[莊]\,{}^*\mathrm{(tsäd)} \rangle \mathrm{tsai} \rangle \mathrm{tṣai}^4 \end{cases}$$

$$\begin{cases} 則 \;:子德切 \,[精]\,{}^*\mathrm{tsək} \rangle \mathrm{tsək} \rangle \mathrm{tsə}^2 \\ 萴 \cdot 側:阻力切 \,[莊]\,{}^*\mathrm{tsiɐk(tsək)} \rangle \mathrm{tsiɐk} \rangle \mathrm{tsə}^4 \end{cases}$$

2) 경적 이문

『의례』 사상례(士喪禮)에 "蚤揃如他日"이라는 기록의 주에 "蚤讀爲爪"라 하였다. 또 동서 사의(射儀)에 "幼壯孝第"라는 말이 있는데 역시 "壯或爲將"이라고 주하였거니와 이문의 음들은 다음과 같다.

蚤:子晧切 [精] ${}^*\mathrm{tôg} \rangle \mathrm{tsau} \rangle \mathrm{tsau}^3$

爪:側絞切 [莊] ${}^*\mathrm{tsōg} \rangle \mathrm{tsau} \rangle \mathrm{tsau}^3$

壯:側亮切 [莊] ${}^*\mathrm{tsiaŋ}^{20}\mathrm{(tsaŋ)} \rangle \mathrm{tsiaŋ} \rangle \mathrm{tṣuaŋ}^4$

將:即良切 [精] ${}^*\mathrm{tsiaŋ} \rangle \mathrm{tsiaŋ} \rangle \mathrm{tsiaŋ}$

3) 음훈 :

『석문』 석자용(釋姿容)에 "走, 奏世"라 훈하였다.

走:子苟切 [精] ${}^*\mathrm{tsu(tsûg)} \rangle \mathrm{tsəu} \rangle \mathrm{tsou}^3$

奏:側侯切 [莊] ${}^*\mathrm{tug} \rangle \mathrm{tṣən} \rangle \mathrm{tsou}^4$

2.8.2. 清[tsʻ] 〉初[tʃʻ]=[tṣʻ]

1) 형성자 :

---

20 Karlgren의 [ts]는 [tṣ]로 수정되어야 한다면 동동화의 재구음이 옳겠다.

$$
\begin{cases}
倉 : 七岡切 [清] \ ^*ts'\hat{a}\eta\rangle ts'\hat{a}\eta\rangle ts'a\eta \\
傖 : 初兩切 [初] \ ^*tṣia\eta^{21}(ts'a\eta))\rangle ts'ia\eta\rangle ts'ua\eta^4
\end{cases}
$$

$$
鎗 : 楚庚切 [初] \ ^*(ts'\hat{a}\eta))\rangle ts'\nu\eta\rangle tṣia\eta
$$

$$
\begin{cases}
朿 : 七賜切 [清] \ ^*ts'i\hat{e}\eta\rangle ts'i\varrho\rangle ts'\ddot{\i}^4 \\
策 : 楚革切 [初] \ ^*tṣ'ek\rangle tṣ'ek\rangle tṣ'\partial^4
\end{cases}
$$

2) 경적 이문

『상서』 우공의 "又東爲滄浪之水"라는 기록이 『사기』 하본기에는 "蒼浪"으로 나타난다. 중고음의 '滄'은 [初]모이고, '蒼'은 [清]모이나 상고음은 [清]모로서 동음이었기 때문이다.

3) 음훈 :

『석명』 석궁실에 "窻, 聰也"라 훈한 것이 그 증거이다.

$$
窻 : 楚江切 [初] \ ^*(ts'u\eta))\rangle tṣ'a\eta\rangle tṣ'ua\eta
$$

$$
聰 : 倉江切 [清] \ ^*tṣ'u\eta\rangle ts'u\eta\rangle ts'u\eta
$$

2.8.3. 從[dz']〉牀[ʤ']=[dz']

1) 형성자 :

$$
\begin{cases}
才 : 昨哉切 [從] \ ^*dz'\partial g\rangle dz'\hat{a}i\rangle ts'ai^2 \\
豺 : 士皆切 [牀] \ ^*dz'\varepsilon g(dz'\partial g))\rangle dz\ddot{a}i\rangle tṣ'ai
\end{cases}
$$

$$
\begin{cases}
戔 : 昨干切 [從] \ ^*dz'\hat{a}n\rangle dz'\hat{a}n\rangle tsian \\
棧 : 士限切 [牀] \ ^*dz'\hat{a}n(dz'\ddot{a}n))\rangle dz'\hat{a}n\rangle tṣan^4
\end{cases}
$$

---

21 Karlgren의 [tṣ]는 [ts']로 재구함이 옳겠다.

2) 경적 이문

『시경』 거공에 "助我擧柴"라는 시구가 있는데『설문』 '㧻'자하에서는 "助我
擧㧻"와 같이 이문으로 인용하고 있다.

> 柴 : 士佳切 [牀] ˚dzʻɑɤ(dzʻeg)〉zʻɑi〉tsʻai²
> 㧻 : 疾智切 [從] ˚dzʻiēg〉dzʻie〉tsï⁴

3) 음훈 :

『광아』 석고에 "淙, 漬也"라 훈하였다.

> 淙 : 士江切 [牀] ˚(dzʻôŋ)〉dzʻaŋ〉tsʻuŋ
> 漬 : 疾智切 [從] ˚dzʻiēg〉dzʻie〉tsï

2.8.4. 心[s]〉疏ʃ=[ʂ]

1) 형성자

> { 相 : 息良切 [心] ˚siɑŋ〉siɑŋ〉siaŋ
> { 霜 : 所莊切 [疏] ˚siɑŋ²²(saŋ)〉siaŋ〉ʂuaŋ

> { 先 : 蘇前切 [心] ˚siən〉sien〉ɕian
> { 詵 · 侁 · 駪 : 所臻切 [疏] ˚siɛn(sən)〉sien〉ʂən

2) 경적 이문

『시경』 소아에 "子曰有疏附"(덕망 높은 신하가 아래 있어서)라는 시구가 있는

---

22 Karlgren은 [疏]모의 상고 s음을 [ʂ]로 재구하였으나 본 항의 이론대로라면 동동화와 같이 [s]
로 수정함이 옳을 것이다.

데, 『상서』에는 '胥附'로 되어 있다. 또, 『춘추좌전』 성공 12년조에 "公會晉侯
衛于瑣澤"이라는 기사가 있는데, 위의 '瑣澤(쇄택)이 『공양전』에는 '沙澤'처
럼 이문으로 기록되어 있다.

$$
\begin{cases}
疏 : 所菹切 [疏] \,^{*}sio(sag) \rangle siwo \rangle \underline{s}u \\
胥 : 相居切 [心] \,^{*}sio(siag) \rangle siwo \rangle \underline{c}\ddot{u}
\end{cases}
$$

$$
\begin{cases}
瑣 : 蘇果切 [心] \,^{*}sw\hat{a} \rangle su\hat{a} \rangle suoa \\
沙 : 所加切 [疏] \,^{*}sa \rangle sa \rangle \underline{s}a
\end{cases}
$$

3) 음훈

『석명』 석천에 "霜, 喪也", "朔, 蘇也"로 훈하였다.

霜 : 所莊切 [疏] $^{*}siang(sang) \rangle siang \rangle \underline{s}uang$

喪 : 息郎切 [心] $^{*}s\hat{a}ng \rangle s\hat{a}ng \rangle sang$

朔 : 所角切 [疏] $^{*}sak \rangle s\grave{a}k \rangle \underline{s}uo^{4}$

蘇 : 素姑切 [心] $^{*}so(s\hat{a}g) \rangle suo \rangle su$

이상에서 매우 조략하게나마 중고음의 성모와 상고음의 성모를 비교하고
분화의 원류를 살펴보았다. 뒤의 대비표에서도 알 바와 같이, 상고음을 추구
하는 학자들 사이에는 다소의 이론이 없는 바는 아니나, 지금까지의 논거에
대하여 타당성을 부여하는 측도 많다고 하겠다.[23] 그리하여 우선 지금까지
의 설명을 토대로 『광운』의 41 성모[24]와 상고음의 19 성모와의 정변 관계를
알기 쉽게 비교하면 다음과 같다.

---

23 林尹 『中國聲韻學通論』(1971) pp.44-46, 陳新雄 『古音學發徵』(1972) pp.316-318 참조.
24 중고성모는 흔히 36자모를 들고 있으나 황간은 41성모로 귀납하였다. 본고에서는 후자를
택하기로 한다.

〈표 1〉 상고 성모 정·변성표

상고성모(정성)	중고 성모(변성)				정·변관계
見[k] 溪[k‘] 疑[ŋ]	疑[g‘]				청탁상변
端[t] 透[t‘] 定[d‘] 泥[n] 來[l]	知[ṭ] 徹[ṭ‘] 澄[ḍ‘] 娘[ṇ]	照[ʨ] 穿[ʨ‘] 神[dz] 日[nʑ]	審[ɕ] 禪[z]		경중상변
幫[p] 滂[p‘] 並[b‘] 明[m]	非[f] 敷[f‘] 奉[v] 微[ɱ]				경중상변
精[ts] 淸[ts‘] 從[dz‘] 心[s]	莊[ʧ] 初[ʧ‘] 牀[ʤ] 邪[z]	疏[ʃ]			경중상변
影[ʔ] 曉[x] 匣[ɣ]	喩[ø]	爲[j]			청탁상변

위 표는 주로 황간에 의하여 제창되었던 상고음의 19 성모와 중고음의 분화 결과를 대조한 것이다. 그러나, 상고 한자음의 성모체계에 대하여는 아직도 확고한 정설을 굳히기에는 이설이 있는 터여서 앞으로의 정밀한 연구를 기다릴 수밖에 없다. 그러므로 본고에서는 네 학자의 재구음을 대비하여 참고하도록 표를 작성하였다.

학자명 광운성모자	王力[25]	周法高	董同龢	Karlgren
見 溪 羣 疑	k k‘ g‘ ŋ	k(kl) k‘(k‘l) g‘(g‘l) ŋ(ŋl)	k(kl) k‘(k‘l) g‘(g‘l) ŋ(ŋl)	k(kl) k‘(k‘l) g‘(g‘l) ŋ(ŋl)

端 知	} t	t(tl)	t(tl)	t(tl)
透 撒	} t'	t'	t,	t'(t'n)
定 澄	} d'	d	d,	d'
泥 娘	} n	n	n	n
幫 非	} p	p(pl)	p(pl)	p(pl)
滂 敷	} p'	p'(p'l)	(p'l)	p'(p'l)
並 奉	} b'	b(bl)	b'(b'l)	b'(b'l)
明 微	} m	m(ml)	m(ml)	m(ml)
精	ts	ts	ts	ts
清	ts'	ts'	ts'	ts'
從	dz'	dz	dz'	dz'
心	s	s(sn, sl, sŋ)	s	s(sn)
邪	z	r(j), ɣr((j)	z	dz
照	照 3 ʈ(章)	照 章 } t(j)	照 章 } t̂, k̂	照 章 } t̂
穿	穿 3 ʈ'(昌)	穿 昌 } t'(j)	穿 昌 } t̂', k̂'	神 昌 } t̂'
神	牀 3 ɖ'(船)	牀 船 } dz(j)	牀 船 } d̂', ĝ'	牀 船 } d̂'
審	審 3 ɕ(書)	審 書 } st'(j)	審 書 } ś, x́(ç)	審 書 } ʂ, sń
禪	z	d(j)	ź, j	d̂
莊	照 2 tʃ(莊)	照 莊 } ts(r)	照 莊 } ts	照 莊 } ts, tʂ
初	穿 2 tʃ'(初)	穿 初 } ts'(r) ts'(i)	穿 初 } ts'	穿 初 } ts', tʂ'
牀	牀 2 dʒ'(崇)	牀 崇 } dz(r) dz(i)	牀 崇 } dz	牀 崇 } dz', dʐ'

疏	審 2 ʃ(山)	審 ⎫ 山 ⎭ s(i), s(r) (sl)	審 ⎫ 山 ⎭ s	山 ⎫ 審 ⎭ s, ʂ
影 曉	ʔ x	· x(xm) 匣 g	· s, ɱ ɣ	· x(xm) g(g, l)
匣 爲 喻	匣 ⎫ 兪3 ⎭ ɣ (匣) 喻 4 d(餘)	喻 ⎫ 云 ⎭ ɣ 喻 ⎫ 以 ⎭ ri, ɣr(i)	喻 ⎫ 云 ⎭ ɣ 喻 ⎫ 以 ⎭ d, g	g 喻 ⎫ 以 ⎭ d, z
來 日	l ȵ	l	l ń (gn)	l(gl, dl, ml) ń

위에서 왕력은 상고음의 성모를 32개로 보았다. 그리고 주법고, 동동화, Karlgren도 kl, tl과 같은 괄호 안의 소위 복성모(복자음)를 제외하면 대체로 34개 미만으로 귀납된다.

그러나, 이와는 달리 진신웅(陳新雄)은 상고음의 단순성모를 22모로 설정하고 『광운』의 41개 성모로의 변천 관계를 다음과 같이 도시하였다.[26]

p·pʻ·bʻ·m { 1·2·4등 및 3등 개구 → 幫[p] 並[pʻ] 並[bʻ] 明[m]
3등 합구 → 非[f] 敷[f] 奉[v] 微[ɱ]

ɱ { 개구 → 明[m]
합구 → 曉[x]

t·tʻ·dʻ·n { 1·4등 → 端[t] 透[tʻ] 定[dʻ] 泥[n]
2등 → 知[ţ] 撤[ţʻ] 澄[ḑʻ] 娘[ɳ]
↗
3등 → 照[ɕt] 穿[zdʻ] 神[dʻ]z 審[ɕ] 禪[z] 日[nz]

l → 來[l]

d { → 喻[o]
→ 邪[z]

25 왕력 『漢語史稿』 pp.65-68 참조.
　　주법고, 동동화, Karlgren의 상고음은 주법고 주편(1973) pp.viii-ix에 의함.
26 진신웅(1972) pp.1245-7 참조.

$$\text{ts·ts'·dz'·s} \begin{cases} 1\cdot4등 \rightarrow 精[\text{ts}] \quad 清[\text{ts'}] \quad 從[\text{dz'}] \quad 心[\text{s}] \\ 2등 \rightarrow 莊[\text{tʃ}] \quad 初[\text{tʃ'}] \quad 牀[\text{dʒ}] \quad 疏[\text{ʃ}] \\ 3등 \quad \diagup \; 精[\text{ts}] \quad 清[\text{ts'}] \quad 從[\text{dz'}] \quad 心[\text{s}] \end{cases}$$

$$\text{k·k'·ŋ·x} \begin{cases} 1\cdot2\cdot4등 \rightarrow 見[\text{k}] \quad 溪[\text{k'}] \quad 疑[\text{ŋ}] \quad 曉[\text{x}] \\ 3등 \quad \diagup \; 照[\text{tɕ}] \quad 穿[\text{tɕ'}] \quad 日[\text{nz}] \quad 審[\text{ɕ}] \end{cases}$$

$$\text{ɣ} \begin{cases} 개구 \; 1\cdot2\cdot4등 \rightarrow 匣[\text{ɣ}] & 3등 \rightarrow 羣[\text{g}] \\ 합구 \; 1\cdot2\cdot4등 \rightarrow 匣[\text{ɣ}] & 3등 \rightarrow 爲[\text{j}] \end{cases}$$

$$\text{g} \begin{cases} \rightarrow 喩[\text{o}] \\ \rightarrow 邪[\text{z}] \end{cases}$$

$$\text{ʔ} \rightarrow 影[\text{ʔ}]$$

이상의 22개 성모에서 m, d, g를 계산에 넣지 않으면 황간의 19개[27] 성모와 완전히 일치한다. 이제 22개 성모를 조음 위치에 따라 종합하면 다음과 같다.

양순음 : p　p'　b'　m　m̥

설첨음 : t　t'　d　d'　n　l

경구개음 : ts　ts'　dz'　s

연구개음 : k　k'　g'　ŋ　x　ɣ

성문음 : ʔ

Ⅲ. 결어

지금까지 중국 상고 한자음의 연구 자료와 재구 방법 및 상고 성모의 추정에 대한 여러 설을 예시하였다. 그러나, 아는 바와 같이 아직도 이견이 있음은 워낙 시대가 오래인 탓도 있겠지만 표음문자가 아닌 한자를 자료로 삼을

---

27 謝雲飛는 『中國聲韻學通論』(1971) pp.301-2에서 [匣]모를 「見」모의 변성으로 보고 상고 성모를 이보다 적게 18개로 재구하였다.

수밖에 없는 제약성과 난점에 기인한 것이라고 보겠다. 앞으로 중국 내의 각지 방언음을 철저히 조사하고, 한국, 일본, 월남 등 한문화권의 한자음과의 비교 연구가 상고 한자음의 실다운 체계를 수립하는 데 도움이 될 것으로 기대한다. 위선 본고에서는 진신웅의 22개 성모를 추정 가능한 체계로 제시하여 보았을 뿐이다.

이제 몇 가지 중요한 사실만을 결론으로 들어 보고자 한다.

1. 중국의 상고 한자음에는 순중음(양순음)만이 있었을 뿐 순경음(순치음 : [f]계)은 없었다. 후자음의 분화된 시기는 대체로 당 초가 아닐까 추정된다.

2. 상고 한자음에는 知[t]모계열의 설상음이 없었다. 端[t]모 계열의 설두음에서 후자음이 분화된 시기는 6세기 이전으로 본다. 분화의 원인은 운두 i(j) 혹은 [i]의 영향으로 가령 '張' 자는 *tiɑŋ⟩tiɑŋ, '獨'자는 *d'eŏk⟩ḍ'ɔk과 같이 변천하였을 것이다.

3. 치음에 있어서 소위 중고음의 정치 2등([tʃ]계)과 3등([tɕ]계)은 상고음의 치두음([ts]계)에서 분화, 변천하였다.

4. 중국 상고 한자음의 성모에는 무성[-voice], 유성[+voice]의 자질(feature) 외에 유기성[+aspiration]의 자질이 상호 대립되었던 것으로 보인다. 국어의 고대 한자음에 이른바, 차청음(유기음)이라는 고유의 자질이 없었다는 사실은 널리 예증된 바이지만, 이것은 국어 음운 체계상의 특성에 말미암은 것일 뿐, 이 점이 중국 상고음의 유기성을 부인할 증거는 되지 못하리라고 본다.

5. 중국 상고 한자음에 복성모(복자음)가 존재하였으리라는 가정은 Karlgren

의 암시가 있은 이래 다각적으로 검토되어 왔지만[28] 현재로서는 가설로 남겨 두고자 한다.

---

28 林語堂, 古有複輔音說, 『語言學論叢』(1967), 대북, pp.1-15.

中世國語의 謙讓法 研究에 대한 反省

안 병 희

1.

中世國語의 謙讓法接尾辭는 國語의 文法形態素 중에서 가장 많은 論議를 불러 일으켰다. 그 理由는 一音節 形態이면서 國語史研究의 初期부터 문제되었던 이른바 「없어진 文字」인 △ ㅸ로 表記된 점과 그 用法이 現代國語에서 큰 差異를 나타내는 점에 있었던 것이 아닌가 한다. 論著만 해도 現在까지 20편이 넘으며, 그 用法에 대하여 4가지의 見解가 제기되었던 것이다. 그 다른 見解는 첫째 聽者에 대한 話者의 謙讓을 표현한다는 것, 둘째 話者가 客語로 표시된 客體를 높인다는 것, 셋째 尊者인 客體에 대한 卑者인 主體의 上下關係를 표현한다는 것, 넷째 위의 둘째와 셋째의 見解를 종합한 것이 그것이다.

우리가 이 문제를 다룬 安秉禧(1961)은 이 넷째 見解를 주장한 것이었다. 당시는 첫째 見解를 주장한 小倉進平(1938)과 金亨奎(1947)이 있었으나, 이를 비판하고 주장한 둘째 見解의 許雄(1954)가 學界의 定說로 다루어지던 때였다. 셋째 見解의 全在寬(1958)이 전혀 주목을 받지 못하고 있었으므로, 이를 받아들이면서 나름대로 用法을 구명하려 하였던 것이다. 이에 대하여 許雄 (1962)에서 批判이 있었다. 安秉禧(1961)에 대한 誤解(뒤에 말할)를 제외하면 그 論文에서의 主張을 許雄(1961)이래로 話者가 客體를 높일 뿐 아니라, 客體가 主體보다 上位者여야 한다는 것이므로 결국 넷째見解와 같아진 것이다. 그러다가 許雄(1975)에 이르면 다시 許雄(1954)로 돌아간다. 文안의 客體와 主體 사이의 上下關係는 謙讓法接尾辭의 用法에 아무런 意味가 없다는 것이다. 한편, 셋째 見解에서도 批判이 제기되었다. 李翊燮(1974)가 그것이다. 한마디로 말해서 지금의 상황은 謙讓法 硏究에 관한 安秉禧(1961)을 발표할 당시와 비슷하다 하겠다. 이에 우리에게 내려진 批判에 대한 解明을 덧붙이면서, 이 接尾辭의 用法에 관한 硏究를 되돌아 보고자 한다.

그런데, 앞으로의 論議를 위하여 安秉禧(1961)에서 내린 이 接尾辭의 用法을 소개하고 用語의 修正을 하여 둘 必要가 있다. 거기에서는 主體謙讓法이라 부르면서 「어떤 動作 또는 狀態 및 判斷의 主體보다는 물론이요, 話者보다도 존귀한 人物에 관계되는 卑者의 動作, 狀態 및 判斷의 叙述에 나타나는」接尾辭라 설명하고 있다. 여기 動作, 狀態 및 判斷의 叙述은 傳統的인 品詞인 動詞, 形容詞 및 指定詞를 가리키는데, 넓은 뜻의 動詞로 포괄함이 記述을 하는데 유리하다. 그밖에 약간의 修正을 행하기로 한다. 첫째 主體謙讓法이란 用語를 尊敬法, 恭遜法에 맞추어서 謙讓法이라 하고, 둘째 客語와 客體란 用語를 主語와 主體에 대립시켜 사용하기로 하며, 셋째 존귀한 人物과 卑者는 각각 上位者와 下位者로, 尊卑關係는 上下關係로 바꾸기로 한다. 첫째 修正은 이미 그 글의 끝에 덧붙였던 것이나, 둘째의 修正은 動作에 관계되는 人物과 그 人物을 표시하는 名詞句에 대한 名稱의 必要에서 許雄 교수의 客體와 客語를 사용하기로 한 것이다. 客體와 客語는 許雄(1954)부터 사용된 것이나, 그 槪念이 명확하지 못하였기 때문에 우리는 그 使用을 불가하다고 주장하였다. 그러나, 對格, 與格, 共同格으로 나타나는 文成分을 客語, 그 指示物을 客體라 한 許雄(1963)에서는 그 槪念이 비교적 명확하여졌으므로, 그에 따라 客語와 客體란 用語를 채택하는 것이다. 다만, 客語를 좀 더 明示的으로 규정하여, 主語가 文에 직접 지배되는 名詞句인 데 대하여 客語는 文에 간접으로 지

692

배되는 名詞句, 말을 바꾸면 主語가 아닌 名詞句란 뜻으로 사용하기로 한다. 셋째 修正은 敬語法을 尊卑關係가 아니라, 上下關係에 의한 上位者로 대우하는 言語事實로 보는 점이다. 여기의 上下關係는 上位者와 下位者의 關係가 아니고, 上位者냐 아니냐의 關係로 파악하는 점도 고쳐진 것이다.

이러한 修正의 결과로 앞에 소개한 우리의 見解도 表現을 달리하지 않으면 안 된다. 곧, 謙讓法接尾辭는 主體와 話者보다 上位者인 客體에 대한 動作을 표현할 때 나타난다고 설명된다. 이때 主體와 客體는 文法用語로 바꾸어서 각각 主語와 客語, 動作의 表現은 動詞로 함이 적절하리라 생각된다. 그러나, 이러한 字句의 變更에도 불구하고, 그 接尾辭가 客語와 主語와의 上下關係와 客語와 話者와의 上下關係란 2개의 條件이 충족될 경우에 사용된다는 점에는 변함이 없다. 이제 그러한 見解에 입각하여, 다른 見解에서의 批判을 보기로 한다.

2.

최초의 批判은 許雄(1962)에서 행해졌다. 이 글은 許雄(1963)에 수록되었으므로 그에 따라 論議를 진행하기로 한다. 그런데 위에서 말한 바와 같이 許雄교수는 謙讓法의 用法에 대한 見解를 바꾸고 있다. 安秉禧(1961)을 비판할 당시의 見解는 話者가 客語를 上位者로 대우하려는 意向이 있을지라도 客語가 主語보다 上位者여야만 사용된다는 것이었다. 그러므로 우리의 見解와는 크게 다른 것이 아니다. 「다만 여기 한 가지 차이점을 찾는다면, 그 力點을 두는 자리」(許雄 1963:95)일 뿐이다. 곧 許雄교수는 話者가 上位者로 대우하려는 意向에 일차적인 重要性을 주는 데 대하여, 우리는 上位者에 대한 動作이라는 점에 力點을 둔다는 것이다. 다시 말하면, 許雄교수가 上位者로 대우하려는 話者의 意向으로 모든 敬語法을 일관성있게 설명하려 한 데 대하여 우리는 謙

謙讓法과 尊敬法을 動作자체의 敬語的인 性質에서 결정되는 것(安秉禧 1961:108)으로 파악한다. 그런데, 이러한 問題把握의 差異에 대한 論議는 무의미한 것이 되고 말았다. 許雄(1975)에서 客語와 主語의 上下關係는 謙讓法의 用法과 무관하다고 하였기 때문이다. 問題의 焦點이 客語와 主語의 上下關係로 옮아진 것이다. 이제 그것을 따져야 할 것이다.

다만, 安秉禧(1961)에서 謙讓法을 「行動의 主體가 자기 자신을 낮추고, 동시에 行動의 客體를 높이고 있다고 話者가 주관적으로 파악하였을 때 사용되는 것이라」(許雄 1963:95)고 설명하였다는 假定 아래 내린 批判에 대하여는 일언할 필요가 있다. 그 批判은, 謙讓法이 사용된 말에는 主語·客語 사이의 직접적인 謙讓·恭待 관계가 없어진 경우가 있고, 극단으로는 主語가 客語를 사실상 학대하기까지 하는 경우가 있으므로 위의 假定이 성립되지 못하며, 따라서 謙讓法이란 主張은 옳지 않다는 것이다(許雄 1963:95-96). 저 위에서 우리의 見解에 대한 誤解라고 한 것은 바로 이 批判의 근거가 된 위의 假定이다. 이 假定은 主體謙讓이란 文字에 얽매인 것일 뿐, 우리의 論旨가 아니기 때문이다.

謙讓法의 使用은 그 批判이 지적한 바와 같이 主語와 客語 사이의 現實的인 上下關係로써만 결정되는 것이 아니다. 客語와 主語 사이의 上下關係가 인용된 對話나 앞뒤 文脈으로 보아서 객관적으로 정하여져 있더라도, 話者의 주관적인 價値判斷에 따라 그 上下關係는 아주 무시되거나 심지어 거꾸로 파악되는 일까지 있다. 이 事實은 許雄 교수가 지적하기 전에 安秉禧(1961:118-19)에서 5개의 文例로 설명하였던 것이다.[1] 그러므로 許雄 교수의 批判은 우리의 論旨를 다시 확인하여 준 셈이다. 重複이 되지만 그중에서 3개의 文例를 다시 인용하여 설명함으로써 그것을 명확히 하고 誤解를 피하려고 한다.

---

1 이들 文例를 인용하고 우리와 같이 설명한 것은 許雄(1961:58-62)의 「붙임」부터서의 일이다. 이 附記는 謙讓法의 用法에 客語와 主語의 上下關係를 留保條件으로 인정한 것인데, 安秉禧(1961)과는 별도로 이루어졌던 것이다.

1. 그쁴 仙人이 그 ᄯᆞ니를 … 果實 ᄯᅡ 머겨 기르ᅀᆞᄫᆞ니 나히 열네히어시ᄂᆞᆯ
   (釋詳XI, 25b-26a)
2. (道士 六百아흔 사ᄅᆞ미)² 茅成子와 許成子와 老子等 三百열다ᄉᆞᆺ 卷으란
   가온딧 壇 우희 엱고 됴ᄒᆞᆫ 차반 ᄆᆡᆼᄀᆞ라 버려 百神 이바도ᄆᆞ란 東녁 壇 우
   희 엱고 … 부텻 舍利와 經과 佛像과란 긼 西ㅅ녀긔 노ᅀᆞᆸ고(月釋Ⅱ, 73)
3. 長者ㅣ … 세흘 ᄃᆞ려 드러오라 ᄒᆞ야 ᄯᅳᆯ헤 안치ᅀᆞᆸ고 묻ᄌᆞᄫᅩᄃᆡ 이 ᄯᅡ리 너
   희죵가 王과 比丘왜 對答ᄒᆞ샤ᄃᆡ 眞實로 우리 죵이니이다(月釋Ⅷ, 94b)

文例 1.의 仙人은 南堀仙人이며, 「ᄯᆞ님」인 鹿母夫人의 아버지다. 客語인 鹿
母夫人을 主語인 仙人보다 上位者로 대우한 것은 父女란 우리의 現實的인 上
下關係에 벗어난다. 文例 2.는 遠方胡敎인 佛敎의 傳來를 저지하려는 中國의
道士들로 본다면 부처舍利 등을 上位者로 대우한다는 것은 있을 수 없다. 그
들의 현실적인 行動은 茅成子 등을 中央壇에 얹어서 上位者로 대우하고 있
다. 文例 3.은 對話로 보면 子賢長者가 上位者가 되어 있다. 요컨대, 이들 文例
의 主語와 客語 사이에 나타나는 현실적인 上下關係는 명백하다. 그러나, 話
者인 釋譜詳節 편찬자의 觀點에서는 모두 반대로 파악되어 그 動詞에 謙讓法
이 사용되어 있는 것이다. 이것은 謙讓法이나 尊敬法이 名詞句에 대한 話者
의 주관적인 上下關係의 把握에 의존함을 말하는 것인데, 話者와 客語 사이
의 上下關係뿐 아니라 主語와 客語 사이의 上下關係로도 충분히 설명될 수 있
는 것이다.

이제 問題의 核心으로 들어가서, 謙讓法이 과연 話者가 客語를 上位者로 대
우하는 條件만으로 설명될 수 있을까를 보기로 한다. 許雄(1975:728)은 謙讓
法에 대하여 「굳이 主體謙讓이니, 主體와 客體의 尊卑關係이니로 따지는 일

---

2 文例에서 괄호 안에 보충된 語句는 引用 原文의 理解를 위한 것이다. 以下의 文例에서도 동일
  하다.

이 별로 의미가 없음이 드러난다」고 하여 許雄(1963)에서 말한 謙讓法의 留保 條件을 스스로 없앤 것이다.[3] 主張을 이와 같이 바꾼 理由는 謙讓法과 尊敬法 이 겹쳐진 다음 例文으로 설명되고 있다.

    4. 우리世尊이 … 七萬五千佛을 <u>맛나ᅀᄫ시니</u>(月釋Ⅱ, 9b)
    5. 諸佛이 … 釋迦牟尼佛ᄭᅦ <u>묻ᄌᆞ오샤딕</u>(法華Ⅳ, 129)

  文例 4.는 主語가 「世尊」, 客語가 「다른 부처」인데, 5.는 4.와 主語와 客語가 맞바뀌었으나, 그 動詞에는 다 謙讓法이 나타난다. 謙讓法을 客語와 主語의 上下關係로써 설명한다면 이 경우 스스로 모순이다. 따라서, 오직 話者가 客 語를 上位者로 대우하는 것만으로 설명된다는 것이다. 이것은 매우 理路가 정연해 보인다. 그러나, 謙讓法이 나타나는 모든 例文에 눈을 돌리면, 선뜻 이 見解에 동조할 수 없다.

  許雄(1963:45)에서도 분명히 지적하고 있는 바와 같이, 謙讓法이 나타나는 例文에서 客語와 主語 사이의 上下關係는 그 책에 인용된 많은 例에서 모두 확인된다. 이에 대한 解明이 없이 謙讓法의 用法에 主語와의 關聯을 덮어버 릴 수는 없는 일이다. 謙讓法이 나타나지 않은 다음 例文을 보면, 主語와의 關 聯은 더욱 분명한 것이다.

    6. 文殊師利法王子ㅣ이 蓮華 보시고 부텻긔 <u>ᄉᆞᆲᄫᅡ샤딕</u> … 釋迦牟尼佛이 文
      殊師利ᄃ려 <u>니르샤딕</u>(月釋ⅩⅧ, 73b-74b)
    7. 부톄 文殊師利ᄭᅴ <u>니르샤딕</u>(釋詳Ⅸ, 2b)

---

3 許雄(1975:655 脚註 37)에서의 敬語法에 대한 記述은 전적으로 許雄(1963)에 의존한다고 하 였으나, 이와 같이 큰 差異를 보인다. 用語가 尊待法에서 높임법으로 바뀐 것도 달라진 점이다.

이 文例는 釋迦와 弟子인 文殊菩薩의 問答이다. 文殊菩薩도 釋迦와 마찬가지로 話者인 釋譜詳節 편찬자에게는 上位者로 대우되어 있다. 主語인 경우, 動詞에 나타나는 尊敬法이 그것을 말한다. 客語와 話者와의 關係만으로 謙讓法이 사용된다면, 위 文例는 동일 話者가 文殊菩薩이란 동일 名詞句를 主語일 때에는 上位者로 대우하고 客語일 때에는 上位者로 대우하지 않았다고 해석해야 한다. 文殊菩薩이 客語인 動詞 「니른-」(謂)는 謙讓法의 補充形인 「숩-」이 아니기 때문이다. 이것은 무리한 說明이다. 그러나, 우리의 說明은 主語와의 上下關係로 쉽게 이루어진다. 곧, 名詞句 文殊菩薩은 위의 話者에게 있어서는 언제나 上位者로 대우된다. 文例 7.의 客語인 與格形이 助詞 「쯰」로 이루어진 것에서도 확인된다. 그러나, 主語인 釋迦에게는 上位者가 아니므로 謙讓法이 사용되지 않았을 뿐인 것이다. 만일 主語가 大衆이나 彌勒菩薩이어서 客語 文殊菩薩이 上位者로 된다면, 위의 話者는 그 動詞에 謙讓法을 사용한다. 다음이 그러하다.

8. 金色女ㅣ 文殊쯰 묻ᄌᆞᆸ보ᄃᆡ(月釋 Ⅸ, 23-24)
9. 彌勒菩薩이 ᄌᆞ걋 疑心도 決ᄒᆞ고져 ᄒᆞ시며 … 文殊師利쯰 묻ᄌᆞᆸ샤ᄃᆡ(釋詳 ⅩⅢ, 16)

그런데, 혹 文例 6.의 與格形이 助詞 「ᄃᆞ려」로 된 점에서 話者가 客語 文殊菩薩을 上位者로 대우하지 않았고, 따라서 그것을 지배하는 動詞에 謙讓法이 안 쓰였다고 할지 모른다. 사실 中世語의 動詞 「니른-」는 與格形을 지배하고, 이른바 尊稱體言이면 助詞 「쯰」, 尊稱體言이 아니면 「ᄃᆞ려」가 연결된다. 그러나, 尊稱體言일 경우에도, 다시 말하면 話者가 上位者로 대우하는 名詞句일 경우에도 「ᄃᆞ려」가 연결되는 일이 있다. 文例 6.의 文殊菩薩이 그러하지만, 妙音菩薩의 경우도 마찬가지다. 그런데, 이 動搖에는 일정한 條件이 있다.

10. 혼 菩薩이 겨샤딕 일후미 妙音이러시니(月釋 XVIII, 67a; 法華 VII, 6a)

11. 多寶佛이 뎌 (妙音)菩薩씌 니르샤딕(月釋 XVIII, 76a; 法華 VII, 17a)

12. 多寶佛이 妙音ᄃ려 니르샤딕(月釋 XVIII, 81) - 妙音씌 니르샤딕(法華 VII:23a)

13. 淨華宿王智佛이 妙音菩薩씌 니르샤딕(月釋 XVIII, 70b) - 妙音ᄃ려 니르샤딕(法華 VII, 12a)

　文例 10.의 尊敬法을 보면, 妙音菩薩은 月印釋譜와 法華經諺解에서 上位者로 대우되고 있음을 알 수 있다. 그러나, 앞 文例 6·7.의 文殊菩薩과 꼭같이, 같은 책에서 主語「부텨」인 文의 客語로 나타나면 文例 11-13.의 動詞에서처럼 하나의 例外도 없이 謙讓法은 사용되지 않는다. 助詞「씌, ᄃ려」의 動搖는 이때 나타나는 것이다. 話者에게는 上位者인 名詞句이지만, 主語보다는 上位者가 아니므로 謙讓法이 사용될 수 없는 경우인 것이다. 謙讓法이 사용될 경우에는, 文例 8·9와 같이 「씌」만이 연결되어 아무런 動搖가 없다. 이 動搖의 條件에 그 理由는 있는 것으로 생각된다. 話者가 단순히 자신과 客語란 名詞句의 上下關係에만 焦點을 맞추면 上位者에는 「씌」가 연결될 수밖에 없다. 動搖에서 「씌」가 나타난 例가 그것이다. 그러나, 客語는 그 定義에 따라 動詞의 支配를 받는데, 動詞의 謙讓法 때문에 主語와의 上下關係도 항시 고려된다. 客語가 主語보다 上位者가 아니어서 謙讓法이 사용되지 않는 사실, 다시 말하면 謙讓法이 사용되지 않는 動詞를 中心部로 한 動詞句의 成分이란 사실에 焦點이 맞추어지면 話者에게 上位者로 대우되는 客語지만 「ᄃ려」가 연결된다. 動搖의 「ᄃ려」는 이와 같이 해석되는 것이다.[4] 그러므로, 이 動搖는 謙

---

[4] 助詞「ᄃ려, 씌」의 動搖는 그 뒤에 직접 인용된 文이 항상 「ᄒ라」體일 경우에 일어나는 점이 주목된다. 그러나, 文例 9.와 같이 「엇즈ᄫᅟᅵᆫ뇨, 니르시ᄂ다, 아라라, ᄒ시ᄂ뇨」(釋詳 XIII, 16b-26a) 등 「ᄒ라」體가 인용되더라도 「씌」로만 나타나는 일이 있다. 引用文의 「ᄒ라」體가 아니라, 謙讓法의 使用與否로써 이 動搖를 해석하는 소이인 것이다. 즉, 客語와 主語의 上下關係

讓法의 用法에 客語와 主語와의 上下關係란 要因을 배제하는 것이 아니다. 오히려 그 要因의 必要性을 말하고 있다.

지금까지 謙讓法은 客語가 話者와 主語보다 上位者여야 나타나며, 客語가 話者보다 上位者라 하더라도 主語가 客語보다 上位者면 나타나지 않는 점으로써 그 用의 한 條件으로 主語와 客語와의 上下關係가 있음을 설명하여 왔다. 그러나, 위에서 인용한 文例4·5.에서는 이 上下關係의 說明이 파탄을 일으킨다. 釋迦와 다른 부처가 각기 主語와 客語로 뒤바뀐 動詞에 謙讓法이 사용되고 있으므로, 같은 話者가 同一 名詞句를 같은 자리에서 上位者와 下位者로 대우하는 것이 된다. 이러한 사실은 中世語의 資料에 드문 것이 아니다. 釋迦와 그 父母인 淨飯王과 摩耶夫人, 王과 王妃인 波羅捺王과 鹿母夫人이나 世祖와 中宮의 경우 등이 모두 그러하다. 다음에 약간 例를 들어 둔다.

14. 부톄 摩耶의 <u>술ᄫᅡ샤ᄃᆡ</u> … 내 이제 ᄂᆞ려가면 아니 오라아 涅槃호리이다 摩耶ㅣ 우르시고 偈 지서 <u>술ᄫᅵ시ᄂᆞᆯ</u>(釋詳XI, 12)

15. 鹿母夫人이 <u>술ᄫᅡ샤ᄃᆡ</u> 나라해 어즈러비 졋어미 블리디 마ᄅᆞ쇼셔 … (波羅捺)大王이 夫人ᄭᅴ <u>술ᄫᅡ샤ᄃᆡ</u>(釋詳XI, 33a-34b)

16. 中宮이 上(世祖)ᄭᅴ ᄭᅮ믈 술오샤ᄃᆡ … 上이 알ᄑᆡᆺ ᄭᅮ믈 <u>술와시ᄂᆞᆯ</u>(金剛事實 3b-4a)

이들 例文의 謙讓法을 설명하는 데 主語와 客語의 上下關係를 따지는 일은 許雄(1975)의 指摘과 같이 무의미한 것으로 보인다. 사실 이러한 例文은, 主語와 客語의 上下關係로써 謙讓法의 用法을 설명한 硏究에서 아직 한 번도 검토된 적이 없었다. 主語와 客語의 上下關係를 옹호하고 계속 주장하려면, 이에

로 謙讓法을 사용할 수 없는 경우에는, 그 客語가 비록 話者보다 上位者이라 하더라도 「ᄃᆞ려, ᄭᅴ」가 통합될 수 있다. 謙讓法이 사용될 수 있다면, 例外없이 「ᄭᅴ」인 것이다.

대한 적절한 解明이 있어야 한다. 解明은 이들을 例外로 돌린다든지, 아니면 上下關係에 대한 새로운 說明이어야 할 것이다. 우연히 일어난 例外라 하기에는 위에서 본 바와 같이 例文이 너무 많다. 새로운 說明만 남는다.

앞에서 우리는 上下關係, 또는 上位者로 대우한다고 하는 用語를 여러번 사용하였으나, 下位者로 대우한다는 用語는 한번도 쓴 일이 없다. 說明의 便宜를 위하여 客語가 主語보다 上位者란 表現을 사용하였지만, 主語가 下位者란 말은 피하여 왔다. 요컨대 上下關係란 文字 그대로의 上位者와 下位者의 關係가 아니라, 上位者냐 아니냐의 關係로 파악하려는 意圖에서 그러하였던 것이다. 다시 말하면 上下關係나 上位者를 槪念的이 아니라, 文法的으로 이해하고 사용하려 한 것이다. 敬語法에 관한 다른 硏究에서 上下 내지 尊卑關係를 시소(seesaw)와 같이 파악한 것과는 생각을 달리한 점이다. 이 差異는 미묘하지만 敬語法의 本質과 관련되어 있다.

가령, 여기 A와 B란 두 사람이 있는데, A는 B에 대하여 「ᄒᆞ쇼셔」體를 사용하고 B를 지칭하는 名詞句가 主語이면 尊敬法을 사용하는 데 대하여, B는 A에 대하여 「ᄒᆞ라」體를 사용하고 A를 지칭하는 名詞句가 主語이면 尊敬法을 사용하지 않는다고 하자. 이때의 恭遜法과 尊敬法을 설명하기 위한 話者와 相對 내지 主語와의 上下關係는 上位者와 下位者의 關係로 봄이 당연한 것으로 생각된다. 그러나, 敬語法은 이와는 전혀 다른 上下關係로써도 사용된다. 가령, C와 D가 서로 相對에게 「ᄒᆞ쇼셔」體를 사용하고 相對를 지칭하는 名詞가 主語이면 尊敬法을 사용한다고 하자. 이 경우의 上下關係는 上位者와 下位者의 關係가 아니다. 恭遜法과 尊敬法은 물론 話者가 相對나 主語를 自身과의 上下關係에서 上位者로 파악하여 대우할 때 사용된다. 그러나, C와 D는 각기 相對를 上位者로는 대우하였지만, 自身을 下位者로 대우하였다고 할 수는 없다. 여기에서 A와 B, C와 D 사이에 공통되는 上下關係의 解釋을 찾아야 할 것이다. 결론부터 말한다면, 上下關係는 上位者와 上位者 아닌 것과의 關係이며, 上位者로 대우한다는 것은 中立的으로 대우한다는 뜻과의 對立으로 파악하는 것이다. 話者가 「ᄒ라」體를 사용하였다면 相對를 下位者로서가 아니라 中立的으로 대우한 것이나, 「ᄒ쇼셔」體나 「ᄒ야쎠」體를 사용하였다면 上位者로 대우하였다고 설명된다. 마찬가지로 尊敬法을 사용하였다면 主語를 上位者로 대우한 것이나, 尊敬法을 사용하지 않았다면 中立的으로 대우한 것으로 설명되는 것이다.

上下關係를 이와 같이 해석하면, 위의 文例 4 · 5, 14-16.의 謙讓法도 아무런 문제가 생기지 않는다. 즉, 釋迦와 다른 부처는 위의 C · D와 같은 關係로서, 文例 14 · 15.와 같이 서로 恭遜法을 사용하며, 相對를 지칭하는 名詞句가 主語이면 尊敬法을 사용하는 사이인 것이다. 그러므로, 이들이 主語와 客語로 나타나면 客語는 主語보다 上位者로 파악되어 그 客語를 지배하는 動詞에 謙讓法이 사용될 수밖에 없다. 여기 지적할 점은, 謙讓法 使用에서의 主語와 客語 및 話者와 客語의 上下關係는 客語가 主語와 話者에 의하여 上位者로 대우되느냐 않느냐만 문제된다는 점이다. C와 D의 關係에서 보았듯이, 恭遜法과 尊敬法의 使用에는 相對인 聽者와 主語를 話者가 上位者로 대우하는 것만 문제되고, 그 話者가 聽者와 主語로 바뀌었을 때, 聽者와 主語였던 話者에게서 上位者로 대우되느냐 않느냐는 고려되지 않는다. 이렇게 본다면 敬語法은, 話者가 聽者와 어떤 名詞句를 스스로, 또는 다른 名詞句와의 關係에서 上位者로 대우할 때 사용되는 文法範疇라 할 것이다.

그런데, 敬語法이 표현하는 現實世界에서는 身分, 年齡에 따른 上下關係가 文字 그대로의 뜻으로 존재한다. 아버지와 아들, 主人과 奴婢, 부처와 大衆은 上位者와 下位者로서 엄격히 구분된다. 敬語法은 文法的인 事實로서 上位者냐 아니냐만 문제삼지만, 現實世界에서의 上位者와 下位者의 上下關係와 上位者와 上位者의 水平關係를 전혀 무시할 수 없다. 敬語法이 禮儀凡節과 같은 生活規範에 가장 밀접한 關聯을 맺는 言語現象이기 때문에 더욱 그러하다. 아들, 奴婢, 大衆을 主語로 하고 각기 아버지, 主人, 부처를 客語로 한 動詞에서는, 話者에게 그 客語가 上位者이기만 하면 謙讓法이 반드시 나타난다. 그러나, 王과 王妃, 釋迦와 다른 부처가 각기 主語와 客語로 된 動詞에서는, 話者에게 그 客語가 上位者이더라도 謙讓法이 나타나지 않을 수도 있다. 다음이 그러한 例다.

17. (波羅捺大王이) 鹿母夫人씌 즈갓 허므를 뉘으쳐 <u>니르샤듸</u> 내 實로 … 夫人을 거슬지 호이다 ᄒᆞ시고 … 夫人이 <u>니르샤듸</u> 나ᄂᆞᆫ … 두토ᄃᆞᆯ 아니 ᄒᆞ노이다(釋詳XI, 33a-34b)

18. 上(世祖)이 오라샤 (中宮씌) <u>니르샤듸</u> 내 말 잇ᄂᆞ이다 ᄒᆞ시고(金剛事實 4a)

이들은 謙讓法이 사용된 文例 15·16.와 꼭같은 主語, 客語로 되어 있고, 話者(筆者)도 동일하다. 謙讓法이 사용되지 않은 점만 다르다. 謙讓法을 話者와 客語의 上下關係로써만 설명하는 見解에 따른다면, 이들 文例는 話者가 客語를 自身과의 對比에서 上位者로 대우하지 않았다고 설명할 수밖에 없다. 그러나, 이들 文例에서 客語인 名詞句가 主語로 쓰이면 예외없이 尊敬法을 사용하는 점과, 또 客語에 與格助詞「씌」를 연결하고 있는 사실로 미루어서 話者가 客語를 上位者로 대우하지 않았다고 할 수가 없다. 文例 15·16.와 마찬가지로 話者가 客語인 名詞句를 上位者로 대우함에는 다름이 없으나, 客語와 主語인 名詞句가 서로 上位者로 대우하기 때문(文例 17.의 恭遜法 참조)에 그 上下關係를 現實世界에서의 그것과 혼동을 일으켜서, 謙讓法을 사용하지 않았다고 설명할 것이다. 이와 비슷한 경우는 많다.

19. 上이 ᄭᅮ메 世宗이 上씌 金剛經 八菩薩名字 ᄠᅳ들 <u>묻ᄌᆞ오시며</u>(金剛事實 3a)

이 文例의 上은 世祖이므로, 動詞「묻ᄌᆞ오시며」의 主語는 世宗, 客語는 上

인 世祖다. 許雄(1963:46)에서는 이 글이 世祖 在位時에 된 것이므로 이 글의 作者는 世祖를 世宗보다 더 높였다고 설명하였다. 그러나, 客語와 主語와의 上下關係를 배제한 許雄(1975:727)에서는 바로 이 文例를 들고서 主語보다 客語를 높다고 굳이 해석할 것이 없고, 主語와는 상관없이 話者가 客語를 上位者로 대우한 것이라 하고 있다. 그런데, 이것은 翻譯이어서 原文은 다음과 같이 謙讓法을 사용하지 않고 있다.

20. 上이 夢世宗이 問上金剛經 ⋯ 名字之義ᄒ시며

여기 動詞「ᄒ시며」의 主語와 客語도 위와 같이 世宗과 世祖다.[5] 謙讓法이 사용되지 않은 것은, 話者가 客語를 上位者로 대우하지 않아서가 아니다. 文例 17·18.과 같이 客語와 主語가 話者에게 다같은 上位者이므로, 文例 19.는 文例 4·5, 14-16, 文例 20.은 文例 17·18.과 같은 것으로 해석되는 것이다. 그러므로, 話者에게 꼭같이 上位者가 主語와 客語로 된 動詞에서의 謙讓法의 사용도, 謙讓法이 사용되지 않은 경우를 포괄하여 客語와 主語의 上下關係로써 설명되어야 하고, 또 설명될 수 있다. 요컨대 謙讓法은 客語와 主語, 그리고 客語와 話者의 上下關係란 2개의 軸으로써 그 使用이 결정되는 것이다. 결코 그 중의 1로써만 설명될 수는 없다.

3.

우리의 見解에 대한 새로운 批判은 李翊燮(1974)에서 행하여졌다. 謙讓法

---

5 口訣의 動詞를「夢」에 걸린다고 할지 모르나, 文脈으로나 翻譯으로 보아「問」에 걸린다고 해석한다. 口訣과 翻譯에서 謙讓法이 사용되기도 안 되기도 한 것은 같은 글에 또 다른 例가 있다.
中宮이 듣ᄌ오시고 ᄭ이오ᅀᆞ오시니라(金剛事實 3b)---中宮이 聞而覺之ᄒ시니라

은 客語와 主語 사이의 上下關係로써만 설명된다는 見解에서 일어난 것이다. 원래 이 見解는 全在寬(1958)에서 처음으로 제기되었고, 그 이후 李崇寧(1962), 李崇寧(1964), 李承旭(1973)에서 되풀이 주장되었다.[6] 李翊燮(1974)는 이러한 見解를 이어받아서, 許雄 교수와 安秉禧(1961)에서 논의된 客語와 話者와의 上下關係를 비판한 것이다. 이제 그 批判에 대한 우리의 意見을 펴보기로 한다. 그런데, 그 研究는 우리의 見解를 비판하기 위한 것만을 의도하지는 않았다. 敬語法에 관한 中世國語와 現代國語의 모든 研究를 검토하여 國語 敬語法의 體系化를 시도한 것이다. 謙讓法에 관해서도 中世國語와 現代國語에서 用例를 들어 설명하고 있다. 그러나, 우리에 대한 批判이 적어도 謙讓法에 관한 記述에서는 核心的인 部分이므로, 中世國語 謙讓法에 관련된 記述에서 우리와의 異見을 따져 보기로 한다.

批判은 客語와 主語의 上下關係를 보이기 위하여 安秉禧(1961:117-18)에서 제시된 文例의 再檢討의 方式으로 진행된다. 여기서도 그 文例를 따라서 설명하기로 한다.[7]

21. 第一夫人이 太子를 나쏘봉시니 大臣이 모다라 德을 새오ᄉ바 업스시 긔 쇠를 ᄒᆞ더니(月釋 XXI, 211)

22. 第一夫人이 아ᄃᆞ를 나ᄒᆞ시니 端正ᄒᆞ고 性이 됴하 … 여슷 大臣이 힁더 기 왼 둘 제 아라 太子를 새와 믜여ᄒᆞ더라(月釋 XXI, 214)

23. 大衆이 ᄒᆞᆫ 소리로 摩耶를 讚歎ᄒᆞᄉ봉딕 됴ᄒᆞ실쎠 摩耶ㅣ 如來를 나쏘

---

6 李承旭(1973:138)은 主語가 客語에 대하여 스스로 下向的으로 대우하는 것이라 하여, 說明에 약간의 差異를 보인다. 그러나, 客語와 主語의 上下關係를 고려하고 客語와 話者의 그것은 고려하지 않은 점에서 基本的으로 같은 見解에 선다. 그런데, 李翊燮(1974:45-46)에서 李崇寧(1962), 李崇寧(1964), 李承旭(1973)이 客語와 話者의 上下關係까지 고려한 것으로 설명한 것은 錯覺이 아닌가 한다.

7 文例가 批判에서는 간략히 인용되었으나, 여기서는 완전하게 인용하기로 한다. 文例의 理解를 정확히 하려는 뜻이다.

붕실쎠 天人世間애 골팅리 업스샷다 ᄒ더라(月釋 XXI, 222)

이들은 동일한 主語와 客語로 되어 있으나, 謙讓法의 使用與否로 差異를 보인다. 즉, 客語는 釋迦의 前身인 忍辱太子이고 主語는 釋迦의 어머니 摩耶의 前身인 波羅捺王夫人과 大臣인데도, 文例 21. 23. 에는 謙讓法이 나타나고 文例 22. 에는 나타나지 않았다. 이 事實을, 安秉禧(1961)에서는 客語와 主語가 동일하므로 客語와 話者의 上下關係의 差異로써 설명하였다. 文例 21 · 23. 의 話者는 각각 世宗, 大衆으로서 客語 太子(釋迦)를 上位者로 대우하고 있으나, 文例 22.는 釋迦로서 客語가 話者 자신이므로 上位者로 대우하지 않았다고 해석한 것이다. 이에 대하여 批判은 客語와 主語의 上下關係란 話者가 파악하여 결정하는 것이므로, 그 差異란 話者가 客語와 主語의 上下關係를 어떻게 파악하였느냐에 말미암고, 客語와 話者의 上下關係와 무관하다고 한다. 第一夫人과 太子에 관한 한은, 이 指摘만으로도 說明이 가능해 보인다. 文例 21 · 23. 에서는 尊敬法의 使用으로 보아서 第一夫人과 太子가 꼭 같이 上位者로 대우되고 있으나, 文例 22.는 夫人만 上位者로 대우되고 있기 때문에 客語가 主語보다 上位者로 대우되지 않고 있는 것이다.

그런데 太子와 大臣의 上下關係는 단순하지 않다. 文例 21. 이 太子만 上位者로 대우되니까, 客語 太子가 主語 大臣보다 上位者로서 謙讓法이 사용되었다고 할 수 있다. 다같이 上位者로 대우되지 않은 文例 22.가 문제인 것이다. 批判과 같이 客語 太子가 話者 자신이므로 客語와 主語의 上下關係가 없는 것으로 話者에게 파악되었다고 설명될 것인지, 客語와 主語의 上下關係는 파악되었지만 그 자신인 客語를 話者가 上位者로 대우하지 않았기 때문에 謙讓法이 사용되지 않았다고 할 것인지가 문제다. 우리는 後者의 解釋을 따르는데, 釋迦 자신의 이야기에서 그 根據를 발견한다. 즉, 釋迦가 彌勒에게 한, 文例 22.가 포함된 說法에서 大臣이 太子를 上位者로 대우한 사실을 보게 되는 것이다.

24. 太子ㅣ 닐오딕 얻논 藥이 므스것고 大臣이 닐오딕 나다가며브터 嗔心
아니ㅎ는 사르믹 눈주쉬와 骨髓왜니이다 太子ㅣ 듣고 닐오딕 내 모미
쌔긋ㅎ도다 내 난 後로 嗔心흔 적 업소라 大臣이 닐오딕 太子ㅣ 그런 사
르미시면 이 이리 쏘 어렵도소이다(月釋XXI 215b-216a)

이 對話를 보면, 太子는 「ㅎ라」體를 사용하고 있으나, 大臣은 「ㅎ쇼셔」體
를 사용할 뿐 아니라 太子가 主語인 動詞에 尊敬法을 사용하고 있다. 다시 말
하면 太子가 大臣보다 上位者로 대우되고 있다. 이와 같이 釋迦도 직접 인용
된 對話에서 太子와 大臣의 上下關係는 분명히 파악하고 있었다고 보여진다.
다만, 上位者로 대우된 太子가 자신의 前身이므로, 자신의 이야기에서는 上
位者로 대우하지 않았을 뿐이며, 스스로 上位者로 대우하지 않은 客語를 지
배하는 動詞에 謙讓法이 사용 안 한 것으로 해석된다. 文例 22.는 客語와 主
語, 客語와 話者와의 上下關係가 모두, 또는 한 가지가 성립되지 않은 점에서,
두 가지가 다 성립되는 文例 21·23.과 差異를 보인다고 설명하고자 한다.
여기 話者가 客語를 上位者로 대우함이란 무엇을 뜻하는가를 다시 한번 분
명히 할 필요가 있다. 위에서 이미 설명하였고, 또 安秉禧(1961)에서 文例를
검토하면서 언급된 바 있지만, 話者가 上位者로 대우하는 客語는 동일 話者
가 말하는 文에서 主語로 쓰이면 尊敬法을 사용하는 名詞句인 것이다. 지금
까지 이 글에서 인용된 文例는 물론이고 다른 例에서도 謙讓法이 사용된 경
우의 客語는, 동일 話者의 文에서 主語로 나타나면 尊敬法이 사용되고 있다.
이러한 사실의 確認에서, 우리의 文例를 다르게 해석한 批判이 결국은 客語
와 話者의 上下關係를 다르게 표현한 데 지나지 않음을 알 수 있다. 그 文例는
다음과 같다.

25. 뇌이 디여 뵈니 衆賊이 <u>좇거늘</u> 재 느려 티샤 두 갈히 것그니
    무를 채 텨 뵈시니 三賊이 <u>좇줍거늘</u> 길 버서 쏘샤 세 사래 다 디니(龍歌36)

706

앞뒤 노래가 對句를 이루는 龍飛御天歌에서 謙讓法의 使用으로 差異를 보인 文例다. 각기 앞뒤 文의 客語인 唐太宗의 兄과 李太祖는 主語인 衆賊이나 三賊보다 上位者지만, 話者와의 上下關係가 다르기 때문에 謙讓法에서 差異를 보인다고 우리는 설명하였던 것이다. 批判은 話者가 唐太宗의 兄을 「그리 대단치 않은 身分으로 판정」(李翊燮 1974:49)하였기 때문에 謙讓法이 사용 안된 것이지, 話者와의 上下關係를 관련시킬 것이 아니라고 한다. 그런데, 바로 이 說明이 客語와 話者의 上下關係에 말미암은 것으로 우리는 보는 것이다. 唐太宗의 兄을 「그리 대단치 않은 身分으로 판정」하였다는 說明을 뒤집어보면, 謙讓法이 사용된 李太祖는 話者에 의하여 대단한 身分으로 판정되었다는 뜻이 된다. 話者가 어떤 名詞句를 대단한 身分으로 판정하는 것은, 적어도 그다지 대단치 않은 身分으로는 판정하지 않는 것은, 결국 話者가 上位者로 대우하는 일이다. 이들 名詞句와 尊敬法을 관련시켜 보면 더욱 분명하여진다. 그리 대단치 않은 身分인 唐太宗의 兄이 主語인 경우에는 「디여뵈니」와 같이 尊敬法이 사용되지 않았으나, 李太祖인 경우에는 「뵈시니」와 같이 尊敬法이 사용되어 있다. 이것은 話者가 李太祖는 上位者로 대우하였으나, 唐太宗의 兄은 上位者로 대우하지 않았다는 것이다. 李翊燮(1974)에서도 尊敬法은 主語가 話者보다 上位者일 때 사용되는 敬語法이라 설명되어 있다.[8] 그러므로, 謙讓法도 李太祖와 같이 客語가 話者보다 上位者이면서, 동시에 主語보다 上位者로 대우되는 경우에 사용된다고 함이 說明의 一貫性을 위하여 바람직하다. 다른 文例의 檢討에서도 이것은 마찬가지로 적용된다.

26. 부톄 阿難이와 韋提希ᄃ려 니ᄅ샤ᄃᆡ 無量壽佛을 分明히 보ᅀᆞᆸ고 버거는 觀世音菩薩을 볼 띠니 이 菩薩ㅅ 킈 八十萬億那由他由旬이오 모미

---

8 話者가 아니라 聽者와의 對比에서 上位者이기 때문에 尊敬法이 사용되는 일도 있다고 한다. 現代國語에 대한 것은 이 글이 논의할 대상이 아니나, 中世國語에서 그 可能性으로 지적된 事實은 뒤(文例 33. 참조)에서 언급할 것이다.

紫金色이오(月釋Ⅷ, 33b)

27. 無量壽佛이 虛空애 셔시고(月澤 Ⅷ, 15b-16a)

28. 부톄 無盡意菩薩ᄃ려 니ᄅ샤디 善男子아 ᄒ다가 無量百千萬億衆生이

　　… 이 觀世音菩薩 듣고 一心ᄋ로 일훔 일ᄏᄅ면(法華 Ⅶ, 45)

29. 오직 首相ᄋᆯ 보면 觀世音인 ᄃᆯ 알며 大勢至ㄴ ᄃᆯ 알리니 이 두 菩薩이

　　阿彌陀佛ᄋᆯ 돕ᄉᄫᅡ 一切ᄅᆯ 너비 教化ᄒ시ᄂ니(法華 Ⅶ, 45b-46a)

文例 26・27.은 釋迦가 從弟인 阿難과 摩竭陀國王妃인 韋提希, 文例 28・29.
는 無盡意菩薩에게 설법한 것이다. 話者인 釋迦에게도 無量壽佛과 阿彌陀佛
은, 文例 27.의 尊敬法을 보면 上位者로 대우되고 있다. 따라서 그것을 客語로
한 動詞에는, 主語와의 上下關係도 인정되기 때문에 謙讓法을 사용하였다.
그러나, 觀世音菩薩은 文例 26・29.의 動詞를 보면 上位者로 대우되지 않고
있다. 그러므로, 그것을 客語로 한 動詞에는, 비록 主語와의 上下關係는 인정
되나 謙讓法을 사용하지 않은 것이다. 그러나, 觀世音菩薩의 경우에도, 그것
을 上位者로 대우하는 話者는 客語 觀世音菩薩과 主語와의 上下關係가 성립
되면 謙讓法을 사용하고 있다. 話者가 法華經註釋者인 다음 文例가 바로 그것
을 말한다.

30. 네 淋法師ㅣ 닐웨 (觀世音菩薩) 일훔 일콛ᄌᆸ고 唐애 難을 免ᄒ며(法華

　　Ⅶ, 46)

31. 世間 한 受苦難 소리예 ᄀᄌᆞ기 보샤 다 救ᄒ릴ᄊᆡ 號ㅣ 觀世音이시고(法

　　華 Ⅶ, 41a)

그러나, 批判에서는 文例 26・28.은 話者釋迦가 이른바 最上位者로서[9] 客

語와 主語 사이에 존재하는 上下關係를 謙讓法으로 표시할 정도의 것이라고
판정하지 않은 데서 연유하며, 또 그러한 條件에서의 謙讓法의 不用은 언제
나 일어나는 것이 아니므로 한 規則은 아니라고 설명한다(李翊燮 1974:50). 더
우기 文例 28.은 話者가 자기 쪽 사람을 얼마간 卑下시킨 傾向까지도 나타난
것이라 한다. 그러나, 中世國語에서는 話者가, 적어도 「ᄒᆞ라」體를 사용하는
聽者 앞에서 자기 쪽 사람을 卑下시킨 例가 없다.[10] 가령 釋迦가 자기의 父母
를 가리키는 경우에 언제나 敬語法을 사용하는데 다음 文例가 그 하나다.

> 32. 世尊이 彌勒菩薩ᄃᆞ려 니ᄅᆞ샤ᄃᆡ 波羅捺大王ᄋᆞᆫ 이젯 내 아바님 閱頭檀
> 이시고 그ᄢᅦᆺ 어마니ᄆᆞᆫ 이젯 내 어마님 摩耶 l 시고 忍辱太子ᄂᆞᆫ 이젯 내
> 모미라(釋詳XI, 22)

그러므로, 문제는 話者가 이른바 最上位者이면 客語와 主語의 上下關係를
무시한다는 것이 무엇이며, 또 그러한 無視가 과연 수의적일까 하는 점에 있
다. 前者는, 客語가 主語보다 上位者지만, 話者가 上位者인 客語보다도 더욱

이 大衆보다 上位者지만, 부처는 菩薩보다도 上位者란 뜻이다. 그러나, 中世國語 敬語法의 說
明에서는 上位者란 用語만으로도 충분한 것으로 보인다. 가령, 저 앞의 文例 6·7.에 나타난
釋迦와 文殊菩薩의 경우에도 客語와 主語의 關係를 上位者와 最上位者의 關係로 해석할 필요
가 없다. 上下關係가 성립되지 않는다는 說明만으로 충분한 것이다. 다만, 尊敬法接尾辭
「-ᅀᆞᆸ시-」의 用法을 설명할 경우에는 그 必要性이 있을지 모른다. 主語가 世宗(訓民正音諺解),
釋迦(改刊法華經諺解)인 動詞에 이 接尾辭는 사용되기 때문이다. 그러나, 中世國語에서는 오
직 2개의 用例만 발견되었을 뿐이고, 또 「-시-」로 교체될 수 있다. 실지로 그밖의 世宗(月印
釋譜序), 釋迦(모든 佛經諺解)에 대한 動詞에는 「-시-」만 통합되고 있다. 따라서 「-ᅀᆞᆸ시-」의
解釋도 主語가 上位者란 說明만으로 가능하다.

10 여기 「ᄒᆞ라」體를 사용하는 聽者란 條件의 존재에 유의하여야 한다. 만일 「ᄒᆞ쇼셔」體를 사
용할 聽者라면, 그리고 그 聽者는 「ᄒᆞ라」體를 사용할 경우에는 話者의 父母도 「아비, 어미」
로 불리어지고 尊敬法의 사용이 불가능한 것이다. 釋迦를 상대한 目連이 죽은 生母를 이야
기한 다음 文例에 그 사실이 보인다.

> 目連이 … 世尊의 ᄉᆞᆯ보ᄃᆡ 어미 사라 이싫 저긔 닐오ᄃᆡ … ᄒᆞ노라 ᄒᆞ더니 … 이제 어듸 잇ᄂᆞ
> 니잇고(月釋XXII, 78a)

上位者일 경우에는 客語와 主語의 上下關係를 무시한다는 뜻이다. 그러나 우리의 해석으로는 客語와 主語의 上下關係가 인정되나 客語와 話者의 上下關係가 성립되지 않을 경우에는 謙讓法이 사용되지 않는다고 하면 되는 것이다. 後者인 上下關係의 無視는 中世國語에서 의무적이다. 즉, 釋迦가 話者인 경우에는, 觀世音菩薩을 客語로 한 動詞에 謙讓法을 사용한 일이 한 번도 없다. 謙讓法을 客語와 主語의 上下關係로써만 설명하려면, 이 上下關係의 無視를 또하나의 規則으로 설정하지 않으면 안 될 것이다. 그러나, 客語와 主語, 그리고 客語와 話者의 上下關係란 2軸으로 설명하는 우리의 見解에 의하면, 文例 22 · 25 · 26 · 28.의 例를 포괄하여 謙讓法이 사용된 例까지 일관하여 해명될 수 있는 것이다.

이러한 解釋을 거부하는 反論이 그 批判에서는 이미 제기되어 있다. 먼저, 話者가 客語를 主語와의 對比에서 上位者로 대우하여 謙讓法을 사용한다는 일은 결국 話者와의 對比에서도 上位者임을 암묵적으로 말하는 것이 아니냐는 물음이 그것이다. 話者가 謙讓法을 사용하는 일은, 客語를 主語보다 上位者로 대우하는 것을 필수적인 임무로 하지만, 客語와 主語 사이의 身分上의 層位, 곧 上下關係를 인정하는 데서 客語를 그만큼 대우하여 준다는 것이다 (李翊燮 1974:52 脚註 19). 그러나, 이 說明대로 客語와 主語의 上下關係를 인정하는 일이 客語에 대한 話者의 얼마만큼의 대우라면, 그때의 主語에 대한 話者의 대우는 어떻게 설명되느냐는 점이 문제다. 같은 方式으로 해석하면, 話者는 主語를 자신보다 얼마만큼 卑下하였다고 할 것이다. 그런데 謙讓法의 文例를 검토하면, 主語와 話者와의 上下關係는 謙讓法의 使用에 관여하지 않는다. 文例 21 · 23.등과 같은 「ㅎᄉᄫ시-」의 形態를 보더라도, 話者가 主語를 上位者로 대우하면서 동시에 客語와 主語의 上下關係에 의한 謙讓法은 사용하고 있다. 여기서 謙讓法의 使用을 客語와 主語의 上下關係로만 설명하는 일이, 결코 話者와 主語와의 上下關係를 암시하지 않은 것과 마찬가지로, 客語와 話者와의 上下關係도 암시할 수 없다.

710

다음은 客語가 話者보다 上位者가 아니면서, 主語와의 上下關係로 謙讓法
이 사용된 文例의 存在다. 이에 대하여는 뒤에 말할 바(文例 34-36. 참조)와 같
이 우리도 지적한 일이 있었으나, 李翊燮(1974:51-52)에서 客語와 話者의 上下
關係를 배제하기 위하여 3개의 文例가 제시되었다. 한 책에서 인용된 이들은
같은 性格이므로, 그중 1개만을 보인다.

33. 孝道홀 子息의 어버싀 셤교믄 居홀 저그란 恭敬을 ᄀ장ᄒ며 養ᄒᅀᆞ오
    ᄆ란 즐거우샤믈 ᄀ장ᄒ며(內訓 I, 46)

이 文例는 話者, 즉 筆者인 昭惠王后(곧 內訓의 著者)가 百姓을 相對로 말한
것인데, 그 客語「어버싀」, 곧 父母는 百姓들의 父母인 匹夫匹婦로서 話者보
다 上位者가 아니다. 그런데도 불구하고 謙讓法이 사용된 것은 오직 客語와
主語의 上下關係 때문이라고 해석하고 있는 것이다. 主語로 쓰인 경우에 尊
敬法이 사용된 것은 그 父母가 話者보다 上位者여서가 아니라, 聽者보다 上位
者기 때문이라는 것이다. 그러나, 우리가 보기로는, 이때의 父母는 聽者의 父
母만 가리키지 않는다. 話者를 포함하여 孝道할 모든 사람의 父母인 것이다.
따라서 그 名詞句는 話者의 기준에서 上位者로 대우될 수 있다. 主語로 나타
나면 尊敬法, 客語로 나타나되 主語와의 上下關係도 성립되면 謙讓法이 사용
될 수 있는 것이다. 이런 內訓의 文例는 謙讓法의 用法에서 客語와 話者의 上
下關係를 결코 배제하는 것이 아니다.
　그런데, 謙讓法의 用例를 보면, 위의 文例와는 달리 客語가 話者보다 上位
者가 아닌 경우에 쓰인 일이 있다. 上位者가 아닌 것은 主語일 경우 尊敬法을
사용하지 않은 점으로 확인된다. 安秉禧(1961:123)에서 지적된 이들의 文例
를 다시 들기로 한다.

34. 須達이 깃거 太子끠 가 ᄉᆞᆲ보ᄃᆡ … 太子ㅣ 우ᅀᅳ며 닐오ᄃᆡ(釋詳 Ⅵ, 24a)

35. 그 나랏 六師ㅣ 듣고 王씌 솔보듸 … 王이 須達이 블러 닐오듸(釋詳 26)

36. 淨藏淨眼 두 아드리 어마님씌 가 … 솔오듸 … 어미 아들드려 닐오듸(法
華Ⅶ, 132b)

이들 文例의 客語는 각각 祇陁太子, 舍衛國王, 어머니인 妙莊嚴王妃인 淨德
夫人인데, 主語 須達, 六師, 두 아들의 動詞에 謙讓法이 사용되어 있다. 客語인
名詞句가 언뜻 보아서는 話者에게 上位者로 대우된 것은 아닌 듯하다. 그들
이 主語인 動詞에 尊敬法이 사용되지 않았기 때문이다. 그런데도, 客語와 主
語의 上下關係는 명백하다. 客語와 主語가 話者와 聽者로 된 對話에는 「ᄒᆞ라」
體, 그 反對인 對話에는 「ᄒᆞ쇼셔」體가 사용되고 있는 것이다. 이로써 본다면,
客語가 話者보다 上位者가 아니라도, 主語와의 上下關係만 성립되면 謙讓法
은 사용된다고 할 것이다. 그러나, 면밀히 살펴보면, 이때의 客語는 王, 王妃,
太子를 가리키는 名詞句로서, 話者와의 上下關係가 동요되고 있다. 尊敬法이
안 쓰이고, 文例 36.의 平稱語 「어미」가 사용된 점에서는 中立的으로 대우되
고 있지만, 文例 35.의 舍衛國王의 경우 尊敬法이 사용된 일이 다음과 같이
있다.

37. 王이 使者 브리샤 王舍城의 가 부텨를 請ᄒᆞᅀᆞᇦᄫᆞ니(釋詳 Ⅵ, 38b)

또 앞 文例의 與格助詞 「씌」와 尊稱語 「어마님」이 쓰인 점으로는 분명히 話
者에게서 上位者로 대우된 것이다. 더욱이 文例 34.는 오히려 例外的이어서,
같은 話者의 같은 主語와 客語의 文에서 謙讓法이 나타나지 않는다.

38. 須達이 다시곰 請ᄒᆞᆫ대 太子ㅣ … 닐오듸 … 須達이 닐오듸 (釋詳 Ⅵ, 24)

여기에서 우리는 再歸代名詞 「ᄌᆞ갸」의 用法을 상기하게 된다. 平稱語 「저」

712

와 대립되는 이 尊稱語「즈걔」는, 話者가 上位者로 대우하여 主語일 경우 尊敬法을 사용하는 名詞句를 가리킨다. 그러나, 上位者로 대우되지 않는 名詞句를 가리킬 경우도 있는데, 이 때는 王이나 釋迦의 從弟인 阿難尊者다. 이들은 平稱語「저」를 받기도 한다(安秉禧 1963:205 참조). 다시 말하면, 話者와의 上下關係가 동요되는 名詞句를 가리키기도 하는 것이다. 이 事實이 「즈걔」가 尊稱語 아니란 論據로 될 수 없듯이, 話者와의 上下關係가 동요되는 客語를 지배하는 動詞에 謙讓法이 사용되는 일도 있다고 하여서, 客語와 話者의 上下關係를 謙讓法의 用法에서 배제할 수는 없다. 謙讓法은 客語와 主語의 上下關係만으로는 설명되지 않는 敬語法인 것이다.

이와 관련하여 우리는 같은 話者의, 같은 主語와 客語의 文에서 謙讓法이 사용되기도 하고 안 되기도 하는 사실을 주목할 필요가 있다. 文例 34.와 38.도 그러하지만, 저 위의 文例 14-20.도 바로 그러한 사실을 말한다. 그밖에도 많은 例文이 발견되기 때문에, 文體論的 差異(李崇寧 1962), 尊待意向의 動搖와 話者의 主觀的 判斷(許雄 1963), 話者의 主觀的 把握(安秉禧 1961)에 말미암은 것으로 이미 지적되었던 것이다. 그런데, 중요한 점은 尊敬法이나 恭遜法에는 그러한 動搖가 없다는 사실이다. 尊敬法의 사용이 동요된 文例 37.은 극히 例外에 속한다. 이것은 무엇을 말하는 것일까. 話者가 聽者나 主語를 上位者로 대우함으로써 그 使用이 결정되는 恭遜法이나 尊敬法과는 달리, 謙讓法은 複合的인 條件으로써 사용되기 때문이라고 생각된다. 이 動搖에서 謙讓法의 用法이 다시 확인된다고도 할 것이다.

4.

지금까지의 論述을 요약하면, 中世國語의 謙讓法은 客語가 主語보다 上位者인 동시에 話者보다도 上位者일 때, 그 客語를 지배하는 動詞에 사용되는

敬語法이라고 설명된다. 謙讓法이 客語와 主語나 客語와 話者의 上下關係 중의 어느 1條件으로만 설명된다는 見解를 지양하고, 그 2條件의 充足으로써 설명된다는 見解인 것이다. 安秉禧(1961)의 結論을 다시 확인한 셈이다. 그러나, 이 說明에서 敬語法의 理解에서 그 전과는 간과할 수 없는 差異가 포함되어 있다.

上下關係에 대한 認識이 그것이다. 上下關係는 그저 尊卑關係를 대신한 것이 아니다. 그것은 文字 그대로의 上位者와 下位者의 關係가 아니라, 話者가 聽者나 어떤 名詞句를 上位者로 대우하느냐 않느냐의 關係다. 가령, 聽者에 대하여 恭遜法인「ᄒᆞ쇼셔」體나「ᄒᆞ야쎠」體를 사용할 경우, 적어도「ᄒᆞ라」體를 사용하지 않을 경우에 聽者와 話者의 上下關係는 성립된다고 보는 것이다.「ᄒᆞ라」體를 쓴다면 上下關係가 성립되지 않는데, 이때 話者는 聽者를 中立的으로 대우한다고 해석한다. 결코 下位者로 대우하는 것이 될 수는 없다. 또 어떤 名詞句가 主語로 쓰였을 경우에 尊敬法을 사용하면 主語와 話者 사이에 上下關係가 성립된다고 보는 것이다. 主語를 가리키는 人物이 이 話者의 相對가 되면 恭遜法을 사용하고,「ᄒᆞ라」體는 사용할 수 없는 사이로 해석되기 때문이다. 따라서 主語에 尊敬法을 사용하지 않으면, 話者가 主語를 中立的으로 대우한다는 뜻이다. 謙讓法 使用에서의 客語와 主語 또는 客語와 話者의 上下關係도 그들 兩者 사이에 恭遜法과 尊敬法의 使用與否로써 판정되는 것이다. 즉 客語에 대하여 主語가 恭遜法을 사용한다고 판정되면, 그 사이에는 主語가 客語를 上位者로 대우하는 上下關係가 성립된다고 인정된다.

上下關係를 이와 같이 파악하는 일은 謙讓法, 尊敬法, 恭遜法을 敬語法이란 하나의 文法 範疇로 묶는 데 큰 意味를 갖는다.[11] 아는 바와 같이 謙讓法, 尊敬法, 恭遜法을 표시하는 接尾辭는 語幹에 통합되는 序列이 다르다. 序列이 다

---

11 이 問題에 대하여는 別稿(中世國語敬語法의 한두 問題, 백영 정병욱선생 회갑기념 논문집)에서 다루기로 한다.

르면 보통 文法範疇를 달리함에도 불구하고, 같은 文法範疇로 다루는 것은 敬語法 使用을 결정하는 上下關係가 서로 一貫性있게 관련되어 있기 때문이다. 즉, 어떤 話者가 上位者로 대우하여 恭遜法을 사용할 人物이라면, 그 人物을 가리키는 名詞句가 主語이면 尊敬法을 사용하고 客語이면 主語와의 上下關係에 따라 謙讓法을 사용할 수도 있다. 어떤 名詞句나 客語일 경우 謙讓法을 사용한 話者라면, 主語일 경우에는 尊敬法, 그 名詞句의 指稱人物이 聽者일 경우에는 恭遜法을 사용하여야 하는 것이다.

이 글은 처음 中世國語의 謙讓法에 대한 硏究를 반성하고 새로운 方法을 모색하기 위하여 쓰여졌다. 結果에 있어서는 安秉禧(1961)의 見解를 옹호하고 되풀이하는 것으로 끝난 느낌이 있다. 上下關係에 대한 우리의 解釋이 中世國語의 謙讓法의 理解에 조금이라도 이바지된다면, 이 글의 意圖가 이루어진 셈이다.

參考文獻

金亨奎(1947), 敬讓詞의 硏究, 한글 12-4.

安秉禧(1961), 主體謙讓法의 接尾辭「-습-」에 對하여, 震檀學報 22.

_____(1963), ᄌᆞ갸 語攷, 국어국문학 26.

李崇寧(1962), 謙讓法 硏究, 亞細亞硏究 5-2.

_____(1964), 敬語法 硏究, 震檀學報 25·26·27 合倂號.

李承旭(1973), 國語 文法體系의 史的硏究, 서울:一潮閣.

李翊燮(1974), 國語敬語法의 體系化 問題, 國語學 2.

全在寬(1958), "습따위" 敬讓詞 散攷, 慶北大學校論文集 2.

許 雄(1953), 尊待法史, 成均學報 1.

_____(1961), 서기 15세기 국어의 존대법과 그 변천, 한글 128.

_____(1962), 존대법의 문제를 다시 논함, 한글 130.

_____(1963), 中世國語 研究, 서울:正音社.

_____(1975), 우리 옛말본, 서울:샘문화사.

小倉進平(1938), 朝鮮語에 있어서의 謙讓法·尊敬法의 助動詞, 東京:東洋文庫.

叙述性語尾와 冠形詞形語尾의 關聯性에 관한 研究

고 영 근

I. 머리말

現代語의 冠形詞形에는 'ㄴ, -는, -던, -ㄹ'의 네 가지가 있는 것으로 지적되고 있다. 中世語에서도 統辭上의 기능 如何에 따라 모습을 약간 달리하는 일이 없지 않으나 현대어와 크게 다름이 없어 보인다. 두 시기의 言語를 대상으로 할 때 看取되는 冠形詞形의 標識는 '-ㄴ'과 '-ㄹ' 이다.[1] 이 두 標識는 과연 어디서 오는 것일까?

최근 들어 관형사형에 의해 이끌어지는 構文에 대한 관심이 높게 일고 있지마는 이 물음을 제기한 일은, 필자의 寡聞인지는 모르지만, 거의 없는 것이 아닌가 한다. 관형사형에 의해 이끌어지는 構文이 關係節과 補文節의 기능을 띠었다는 점과 관형사형에 나타나는 時制體系는 叙述構文의 그것과 일치하지 않는다는 사실을 確認하는 정도에 머물고 있는 것이다.[2] 중세어에 대해서는 'ㄴ, ㄹ'이 冠形詞的 用法 이외 名詞的 用法을 지시한다는 사실이 일찍부

---

1 현대어의 관형사형의 분석은 高永根(1975), 중세어의 그것은 高永根(1981:10-24) 참조.
2 이 문제를 다룬 대표적 업적은 Yang(1972), 南基心(1976), 李弼永(1981) 참조.

터 浮刻되었고[3] 이에 대응되는 叙述構文도 歷史的으로는 名詞的 用法을 띤 'ㄴ, ㄹ'에서 形成되었다는 意見이 제시되어 있을 뿐이다.[4]

다른 言語의 關係節을 보면 대개 그것이 核心名詞의 뒤에 놓이든지 앞에 서는 일이 많다.[5] 어떤 類型의 언어든지 간에 관계절의 시제형태는 이에 대응되는 叙述構文의 시제형태와 근본적으로 큰 차이가 없다. 핵심명사 뒤에 놓이는 언어의 한 가지인 영어의 관계절을 보면 관계절([ ]부분) (1)은 (1')와 같이 展開된다([ ] 참조).[6]

(1) The Woman [whose daughter you met] is Mrs. Brown.

(1') The Woman is Mrs. Brown; [you met her daughter].

한편 핵심명사 앞에 놓이는 언어의 한 가지인 일본어의 관계절을 보면 관계절 (2)([ ]부분 참조)는 (2')와 같이 전개된다.[7]

(2) [Yamada-San ga katte iru] saru 'The monkey which Mr. Yamada keeps'

(2') Yamada-San ga saru o katte iru 'Mr. Yamada keeps a monkey'

두 언어의 관계절의 시제형태를 전개된 叙述構文과 비교해 보면 차이가 없다는 사실을 확인할 수 있다. 그런데 국어의 경우는 사정이 다르다.[8]

---

3 대표적으로 梁柱東(1942:267-8; 1947:75-6), 허웅(1969:115) 참조. 관형사형의 명사적 용법에 대한 統辭論的 설명은 허웅(1975:644, 652-4)에서 비교적 합리적으로 시도되었다고 생각한다.

4 대표적으로 Ramstedt(1939:74)를 참조할 수 있다. 河野六郎(1951:60, 54), 金完鎭(1957)은 Ramstedt의 가설을 그 나름대로 발전시킨 것이다.

5 Comrie(1981:137-9)에 의하면 關係節의 類型을 "명사 뒤에 오는 것"(Postnominal type)과 "명사 앞에 오는 것"(Prenominal type)의 두 가지로 크게 나누고 있다.

6 영어의 관계구문과 그 전개된 叙述構文은 Quirk et al.(1972:862) 참조.

7 일본어의 관계구문과 서술구문은 McCawley(1976:295) 참조.

(3) 나도 [영수가 지은] 책을 읽었다.

(3') 영수가 어떤 책을 지었다; 그 책을 나도 읽었다.

(3')는 관계구문을 가진 (3)을 전개한 것인데 (3)의 관계구문([ ]부분)의 대응 서술형이 '……지었다'가 되어 형태가 判異하다. 영어나 일본어의 경우는 시제형태가 同一했었는데 국어는 같은 과거 시제범주에 대해 '-ㄴ'과 '-었다'로 분화되어 있는 것이다. 中世語도 지금까지의 敍述方式으로는 두 구문 사이의 관계가 쉽게 맺어지지 않는다.[9]

(4) 出家혼 사르믄……

(4') 사르미 出家ᄒ다

(5) 움즈기ᄂ 衆生……

(5') 衆生이 움즈기ᄂ다

(4)에 대응하는 것은 (4'), (5)에 대응하는 것은 (5')라고 할 수 있는데 (5)(5')에서는 'ᄂ, ᄂ다'와 같이 부분적 相似性이 목격되나 (4)(4')에서는 현대어와 같이 형태가 異質的이다. 그런데 중세어에는 '니라'로 끝나는 한 동아리의 說明法語尾가 확인된다.[10]

(6) 네 아비 ᄒ마 주그니라

(6') ᄒ마 주근 네 아비……

8 例文은 南基心(1976, 1978:35)에서 가져왔다.

9 허웅(1975:810, 823)에서는 중세어의 주체법과 대상법을 논의하는 자리에서 서술구문을 관형구문으로 응축시키는 모형을 제시한 바 있다.

10 例文은 高永根(1981:59)에서 가져왔다.

(6)은 단순한 설명법 '-니라'(주그니라)로 된 叙述構文으로서 이를 관형구문 (6')로 바꾸면 'ㅎ마 주근'이 되어 시제도 일치하고 모습도 매우 비슷하다는 사실을 발견할 수 있다.

중세어의 叙述性語尾體系에 대한 인식을 새로이 하고 그것을 冠形詞形으로 바꿀 수 있는 적절한 통사적 질서를 찾을 수만 있다면 관형사형 표지 '-ㄴ, -ㄹ'의 根源을 캘 수 있고 현대어에서 관형사형과 叙述性語尾가 일치하지 않는 原因도 밝힐 수 있다. 필자는 우선 중세어, 특히 15세기 한글자료를 대상으로 叙述性語尾와 冠形詞形語尾의 形態 및 意味上의 상관성을 究明하고 冠形構文이 성립되는 규칙의 形式化를 시도해 보려고 한다. 나아가서 叙述性語尾, 특히 설명법어미가 겪는 역사적 변모양상을 追跡함으로써 현대어에 와서 叙述性構文과 冠形構文이 틈이 벌어지게 된 所從來도 탐색해 보려고 한다.

II. 叙述性語尾와 冠形詞形語尾의 形態上의 相關性

叙述性語尾란 說明法, 疑問法, 文章接續의 連結語尾 '-니'를 총괄하는 것이다.[11] 종전의 중세어 文法硏究에서 지적된 說明法語尾의 대표적인 것은 '-다 (라)'로 끝나는 것이었다.

  (1) ㅎ다, ㅎㄴ다, ㅎ더라, ㅎ리라

이들은 ㅎ라體(낮춤)이나 尊卑法에 따라 모습을 바꾸기도 한다. '-다' 형태가 동사어간에 바로 붙으면 不定法, 先語末語尾 '-ㄴ', '-더', '-리'를 앞세우면 直說法, 回想法, 推測法을 形成하고 그에 相應하는 時制 곧, 과거, 현재, 미래

---

11 중세어의 語尾體系에 대한 槪括的인 설명은 高永根(1981:6-10) 참조.

등이 표시된다.[12] 그런데 중세어에는, 앞에서 잠깐 언급한 바와 같이, '-니라'로 끝나는 또 한 종류의 一連의 說明法語尾가 存在한다.

　　(2) ᄒᆞ니라, ᄒᆞᄂᆞ니라, ᄒᆞ더니라, ᄒᆞ리니라

　이들도 앞의 (1)의 語形들과 마찬가지로 尊卑法에 따라 변화한다. '-니라'가 語幹에 바로 붙으면 不定法, '-ᄂᆞ-, -더-, -리-'를 앞세우면 直說法, 回想法, 推測法이 形成되어 그 나름대로의 基本叙法을 이루고 있다. (1)(2)는, 가치는 同一하지마는 使用面의 차이가 있음을 고려하여 (1)은 첫째설명법, (2)는 둘째설명법이라 구분하여 부르기로 한 바 있다.[13]
　'-니라' 계통의 어미를 단순한 설명법으로 처리하는 것은 그것이 첫째설명법과 意味上의 차이를 드러내지 않기 때문이다.

　　(3)-1 碧雞坊ᄋᆞᆫ 在成都ᄒᆞ니라(杜諺 7:5b)
　　(3)-2 "네 아비 ᄒᆞ마 주그니라"(月釋 17:21a)
　　(3')-1 市橋ᄂᆞᆫ 在成都西南ᄒᆞ다(杜諺 7:6a)
　　(3')-2 "(世尊)……世間애 샹녜 이셔 내 正法을 護持ᄒᆞ라 ᄒᆞ시이다"(釋詳 24:
　　　　45b)

　위의 用例는 설명법의 不定法 형태인데 (3)은 둘째설명법, (3')는 이와 비교될 수 있는 첫째설명법이다. (3)-1과 (3')-1는 「西郊」라는 五言律詩의 註釋文인데 '在成都……'로 시작하고 있어 構文이 서로 일치하고 있다. 같은 詩에서 첫째설명법과 둘째설명법의 형태가 수의로 바뀌어 쓰인다는 것은 두 형태

---

12 필자는 高永根(1981:10-29)에서 (1)의 語形을 基本叙法이란 테두리에 넣어서 그 시제를 파
　악한 일이 있다.
13 자세한 논의는 高永根(1981:12, 16-7, 20, 22) 참조.

의 가치가 同一하다는 것을 實證한다.[14] 두시언해는 먼저 原詩를 들고 독자의 이해를 돕고자 할 때는 번역자의 설명문을 붙인다. 위의 (3)-1과 (3')-1이 그러한 형태의 문장인데 이는 對話아닌 地文으로서 [-상관성]의 장면 자질을 띠고 있으며[15] 중세어의 문장에서 흔히 목격되는 것이다. (3)-2는 둘째설명법이 대화, 곧 [+상관성]의 장면에 나타난 用例다. (3')-2는 (3)-2에 비교될 수 있는 첫째설명법이지마는 중세어에서 흔히 접할 수 있는 것이 아니다. 빈도상으로 볼 때 (3)-2가 훨씬 우세하다. 그것은 어쨌든 (3)-2와 (3')-2는 '죽었다, 하셨습니다'로 해석되므로 時制的인 意味가 같다고 할 수 있다.

(4)-1 尙書丞郞을 月給赤管大筆一雙ㅎㄴ니라(杜諺 10:14a)

(4)-2 "길헤 믈 기러 오시ㄴ니라"(月釋 8:100b)

(4')-1 미햇 새 노래 브르ㄴ다(金三 3:4a)

(4')-2 "天龍鬼神들콰 사름과 사름 아닌 것괘 香華伎樂으로 샹녜 供養ㅎ 숩
       ㄴ 야이 뵈ㄴ다"(釋詳 13:24b)

위의 用例는 說明法의 直說法 형태다. (4)는 둘째설명법, (4')는 이와 비교될 수 있는 첫째설명법이다. (4)-1은 앞의 (3)-1과 같이 두시언해의 주석문에 나타나는 것인데 화자의 樣態的 태도(後述)를 읽기가 힘든 것으로 중세어의 지문의 문장형태에서 흔히 목격된다. 다시 말하면 지문의 형태로 간주되는 (4')-1과 같은 價値를 띤 것으로 해석하는 것이다.[16] 사실 중세어의 지문문장에는 직설법 '-ㄴ니라'가 앞서 말한 부정법의 첫째설명법 '-다' 및 둘째설명법

---

14 이 用例는 이미 高永根(1981:12)에서 그 의미가 검토된 바 있다.

15 필자는 화자와 청자가 공동으로 참여하는 대화와 같은 문장을 [+상관성]의 자질을 가진 것으로, 지문과 같이 화자의 一方的인 진술의 성격을 띤 문장을 [-상관성]의 자질을 띤 것으로 파악한 일이 있다(高永根 1981:55) 참조.

16 (4')-1의 用例에 나타나는 '-ㄴ다'가 지문에 쓰이는 일은 흔치 않다. 이에 대한 해석은 高永根(1981) p.67의 각주(17) 참조.

'-니라', 回想法의 첫째 설명법 '-더라' 및 둘째설명법 '-더니라'(後述)와 큰 의미의 차이 없이 交替되는 일이 많다.

(4)-2는 대화에 나타나는 둘째설명법의 직설법 형태로 해석되는 것이다. 곧 (4')-2와 같은 첫째설명법의 가치를 띤 것으로 볼 수 있다. (4)-2는 安樂國이 往生偈를 부르는 八婇女에게 "沙羅樹大王이 어듸 겨시뇨"라고 묻자 이에 대해 응답한 말인데 물을 길어 온다는 사실을 평범하게 陳述한다는 사실 이외의 화자의 다른 생각이 포함되어 있지 않다. 이 用例가 1·3人稱 의문법어미 '뇨'(겨시뇨)에 걸려 있다는 사실은 하나의 보편적 경향이 아닌가 한다. (4')-2는 미륵보살이 文殊師利에게 하는 말인데 천룡귀신 등이 공양하는 모습을 단순히 陳述한다는 점에서 (4)-2와 공통점을 보여 준다. 중세어에는 발화시와 거의 동시에 일어나는 사건을 단순히 서술할 때는 직설법의 첫째설명법과 둘째 설명법이 共存하고 있었음을 우선 확인할 수 있다.[17]

우리가 直說法의 둘째설명법을 體系세움에 있어 유의할 것은 이와 형식이 같은 直說原則法과 어떻게 구별할 것인가 하는 문제이다. 일반적으로 原則法은 객관적 믿음에 속하는 사실을 청자에게 설득시킴으로써 청자의 주의를 환기시키는 것이다. 곧 화자의 樣態的 態度가 反映되는 것을 말한다.[18]

(4)-3 "사ᄅᆞ미 살면 주그미 이실씨 모로매 늙ᄂᆞ니라"(釋詳 11:36b)

위의 用例는 五百太子가 연못가에 모여 앉아 물 밑에 비치는 그림자를 보고 사람이 늙는다는 사실을 서로 확인함으로써 서로의 주의를 환기시키는 것이다. 그런데 이런 用法은 대개 화자의 一方的 陳述狀況에서 보편적이고 (4)-2와 같은 兩方的 對話의 狀況에서는 단순한 陳述로 해석될 때가 많다. 그

---

17 필자는 高永根(1981:16-7, 96)에서 다른 用例에 의지하여 직설법의 둘째설명법의 '-ᄂᆞ니라'의 의미를 해석한 바 있다.

18 原則法의 의미와 직설법의 둘째설명법과의 관계는 高永根(1981:92-106) 참조.

러나 兩方的 狀況이라도 다음과 같은 경우는 原則法으로 해석되지 않는 바
아니다.

> (4)-4 "이는 南閻浮提예 이셔 一切 즁싱 자바 싸홀며 버히고 남진 겨지비 두
> 루 안자셔 모다 머그며 맛날쎠 ᄒ던 사ᄅᆞᆷ 돌히니 이제 내 소내 와 受苦
> ᄅᆞᆯ ᄒᆞᄂᆞ니이다"(月釋 23:79a)

위의 用例는 目連이 獄主에게 "이 獄앳 衆生ᄋᆞᆫ 前生애 므슷 罪業을 짓관ᄃᆡ
이런 受苦ᄅᆞᆯ ᄒᆞᄂᆞ뇨"라고 물으니 옥주가 목련에게 그 因果業報를 이상과 같
이 설명한 것이다. 목련의 물음에 대한 단순한 답변으로 본다면 둘째설명법
으로 해석된다. 그러나 사람이 전생에 重罪를 지으면 죽어서 이렇게 고생을
하니 이 사실을 결코 소홀히 해서는 안된다는 화자의 意圖가 內包된 것으로
해석한다면 原則法으로 간주될 수 있다. 그러나 原則法이 청자의 답변이 요
구되지 않는 一方的 발화상황에서 나타난다는 점을 고려하면 위의 用例는
兩方的 상황에 나타난 것이므로 둘째설명법으로 처리해도 큰 잘못은 없을
것이다. 더욱이 대화의 내용으로 볼 때 화자의 청자에 대한 단순한 陳述 이상
의 의미를 주기 어렵다는 데서 원칙법이 아님을 알 수 있다. 이 用例도 앞의
(4)-2와 같이 1·3人稱 의문법어미 '-ᄂᆞ뇨'(ᄒᆞᄂᆞ뇨)와 呼應되어 있다.

앞서 검토한 用例는 動詞의 直說法 형태이다. 형용사와 지정사에서도 두
종류의 구분이 가능하다.[19]

> (5)-1 "眞實로 올ᄒᆞ니이다"(月釋 8:94-5)
> (5)-2 "世尊이시니라"(釋詳 23:41b)

---

19 형용사와 지정사의 直說法은 그 형태가 따로 나타나지 않는다. 어간에 '-니라'가 붙은 '하
니라, 이니라'가 그러한 기능을 수행하는 것이다. 자세한 것은 高永根(1981:10-12, 66) 참조.

(5')-1 "舍利弗아 너희 부텻 마를 고디 드르라 거츠디 <u>아니ᄒ니라</u>"(釋詳 13: 47b)

(5')-2 "뎌 藥師瑠璃光如來ㅅ 十二微妙上願<u>이시니라</u>"(釋詳 9:10a)

(5)-1, 2는 둘째설명법으로 간주되는 것이고 (5')-1, 2는 原則法으로 처리할 수 있는 것이다. (5)-1은 長者가 원앙부인에게 "이 두 사ᄅ미 眞實로 네 항것가"라고 묻는 말에 대한 답변이란 점에서 陳述行爲가 兩方的이며 (5)-2는 比丘의 "네 스승이 누고"란 물음에 대한 迦葉의 답변이란 점에서 兩方的 陳述機能이 충분히 인정된다. 그러나 (5)-1, 2는 청자의 답변이 요구되지 않는 一方的 陳述狀況에서 나타났으므로 原則法으로 이해하는 것이 온당하다.[20]

兩方的 狀況에서 나타나는, 형용사에 붙는 '-니라'가 原則法 아닌 둘째설명법이란 사실은 같은 문맥에서 두 형태가 수의로 交替된다는 점에 의해서도 뒷받침된다.

(6) 僧이 趙州ᄭᅴ 무로ᄃᆡ "가히ᄂᆞᆫ 佛性이 <u>잇ᄂᆞ니잇가</u> <u>업스니잇가</u>" 趙州ㅣ 닐오ᄃᆡ "업스니라"(蒙法 51a)

(6') 즁이 趙州ᄭᅴ 무로ᄃᆡ "가히ᄂᆞᆫ 佛性이 <u>잇ᄂᆞ니잇가</u> <u>업스니잇가</u>" 趙州ㅣ 닐오ᄃᆡ "업다"(蒙法 11b)

(6)과 (6')는 같은 사람이 같은 사람에게 同一한 內容을 묻는 거의 같은 形式의 文脈인데도 불구하고 둘째설명법과 첫째설명법이 뒤바뀌어 나타난다. (6)의 用例가 의문법어미 '-니잇가'(잇ᄂᆞ니잇가 업스니잇가)와 호응되어 있다는 것은 주목의 대상이 된다.

動詞에 붙는 '-ᄂᆞ니라'와 形容詞·指定詞에 붙는 '-니라'가 특히 대화와 같은

---

20 (5')-1, 2의 用例는 이미 高永根(1981:95)에서 의미해석이 시도된 바 있다.

[+상관성]의 장면에서 단순한 설명법과, 원칙법의 두 가지 기능을 짊어지고 있다는 것은 큰 負擔이 아닐 수 없다. 이는 '-ᄂᆞ니라(-니라)'의 설명법적 기능의 退化의 直接的인 動因이 되는 것이다.[21]

(7)-1 漢ㅅ 時節에 長安애 누니 열자히 오니 쇼와 ᄆᆞᆯ왜 터리 추워 움치혀 고 솜돋 ᄀᆞᆮ더니라(原詩省略)(杜諺 10:40a)

(7)-2 "乾闥婆이 아ᄃᆞᆯ이 놀애ᄅᆞᆯ 블라 七寶金을 노더니이다"(月釋 21:190a, 月千其 422)

(7)-3 "버근 法王이시니 轉法을 조차 ᄒᆞ더시니이다"(釋詳 24:37b)

(7)-4 "無病이 第一이시니 늪 위ᄒᆞ야 ᄒᆞᆫ 句ㅅ 法도 니르신 저기 업고 샹녜 말 업더시니이다"(釋詳 24:39b)

(7')-1 ᄠᅳ데 몯 마즌 일이 다 願ᄀᆞ티 ᄃᆞ외더라(月釋 10:30b)

(7')-2 "大王이 앗가ᄫᅳᆫ ᄠᅳ디 업더시이다"(月釋 8:91b)

(7')-3 "實로 世尊ㅅ 말 ᄀᆞᆮ더이다"(月釋 9:36中 b)

위의 用例는 설명법의 回想法 형태인데 (7)은 둘째설명법, (7')는 이와 비교될 수 있는 첫째설명법이다. (7)-1은 화자의 직접적인 경험에 토대를 둔 陳述이 아니다. 이 시는 漢나라 시절에 눈이 많이 와서 가축들도 추위를 이기지 못했다는 것인데 과거사실을 단순하게 서술한 지문으로 간주된다. '-더니라'가 [-상관성]의 발화장면에 쓰이는 일은 석보상절 등의 초기 한글자료에 더러 보이며[22] 두시언해의 주석문이나 언해문에도 그런 대로 목격된다. (7')-1은 (7)-1과 같이 지문에 나타나는 回想法의 用例인데 과거사실을 단순하게 說話할 때 쓰이는 문장종결의 형태다.[23] 중세어의 지문에는 앞서 살펴본 不

---

21 자세한 논의는 V장 참조.

22 지문에 나타나는 '-더니라'의 의미해석에 대한 상세한 논의는 高永根(1981:100-1) 참조.

定法의 '-니라, -다', 直說法의 '-ᄂ니라', 이곳의 '-더니라, -더라'가 큰 의미의 차이 없이 사용되었다.

(7)-2는 [+상관성]의 발화장면에 쓰인 것이기는 하지만 화자 자신의 직접적인 體驗에 근거를 둔 陳述이 아니다. 이런 종류의 例文은 月印千江之曲에서만 두어 개 보이는데(後述) 위의 用例가 단순한 陳述이라는 사실은 두 가지 점에서 뒷받침된다. 위의 노래는 건달파의 아들이 노래를 부르며 칠보금을 연주하는 소리를 如來가 듣고 그 소리를 三千大千世界에 들리게 했다는 이야기를 작자가 세존에게 ᄒ쇼셔體의 型式을 빌어 그 위업을 찬송한 것이다. 이에 해당하는 석보상절의 지문은 다음과 같다.

(7)-2' 그 뼈 乾闥婆이 아들 일후미…… ᄀ모ᄒ 브ᄅ미 부니 微妙ᄒ 소리 나더라(月釋 21:209a)

위 텍스트의 형태가 '-더라'로 끝났다는 것은 노래의 '-더니이다'가 단순한 진술이란 점을 더 분명히 해 준다. 또 이 노래의 짝이 不定法 '-니이다'로 끝나 있다는 것도 '-더니이다'가 體驗에 근거를 둔 陳述이 아님을 알려 준다.

(7)-2" "世尊ㅅ 三昧力에 苦空無常 을 날아 大千世界 드르니이다"(月釋21: 190a)

(7)-3, 4는 話者가 자기의 경험사실을 상대방에게 알림으로써 주의를 끌고자 하는 樣態性이 개입된 것으로 보아 回想原則法으로 처리할 수도 없지 않으나[24] 필자는 생각을 바꾸어 回想法의 둘째설명법으로 해석해 보고자 한다.

---

23 지문에 나타나는 '-더라'의 意味解釋에 대하여는 高永根(1981:75) 참조.
24 필자는 高永根(1981:100)에서 이런 接近法을 採擇한 일이 있다.

(7)-3은 "뎨 엇던 功德을 뒷더시고"라는 王의 물음에 대한 尊者의 답변이므로 발화상황이 완전히 兩方的 性格을 띠고 있다. 이와 비교될 수 있는 (7')-2가 光有聖人의 "沙羅樹王이 八婇女 보낼 나래 앗가볼 뜨디 업더녀"란 물음에 대한 勝熱婆羅阿比丘의 답변인 점을 고려할 때 '-더니라'와 '-더라'의 쓰임이 큰 차이가 없음을 確認할 수 있다. (7)-3의 'ㅎ더시니이다'도 'ㅎ더시이다'로, (7')-2의 '업더시이다'도 '업더시니이다'로 교체될 수 있는 것이다. (7)-4와 (7')-3도 비슷한 방식의 해석이 가능하다. (7)-4는 (7)-3과 같은 發話狀況에서 목격되는 것인데 王의 물음에 대한 尊者의 답변이란 점에서 통보기능이 완전히 兩方的이다. (7)-4는 부처의 "내 니르던 究羅帝 眞實로 그러터녀 아니터녀"란 물음에 대한 善宿의 답변이란 점에서 양방적 발화성격을 띠었다고 할 수 있다. 따라서 (7)-4와 (7')-3의 '-더시니이다'와 '-더이다'는 서로 바뀌어 나타날 수 있다고 할 수 있다.

우리는 直說法의 둘째설명법 '-ᄂ니라(니라)'는 대개 1·3人稱疑問法 '-ᄂ녀(녀)'와 호응되고 있음을 더러 주목한 바 있다. 이런 점은 回想法에서도 그대로 기대할 수 있으니 (7')-2, 3도 의문법 형태 '-더녀'(업더녀, 아니터녀)를 고려하면 "업더시니이다, 'ᄀ더시니이다'에서 '니'가 缺落되어 形成되었다고 말할 수 있다. '-더니라'가 [+상관성]의 발화장면에 나타나는 用例가 흔치 않아서 섣불리 말할 수 없지만 '-ᄂ니라'와 같이 둘째설명법과 原則法의 기능을 同時에 짊어지고 있었던 것이 아닌가 한다.

    (8) 諸法이 幻 ᄀᄐᄒ니 幻 ᄀᄐ홈도 得디 **몯ᄒ리니라**(口註文 省略) (圓覺下 2-2:11b)

    (8') 境을 因하야 그르 알면 드위힐훠 緣에 어즐ᄒ야 일마다 眞을 일흐리라 (楞嚴 2:23b)

위의 用例는 설명법의 推測法인데 (8)은 둘째설명법, (8')는 첫째설명법으로 간주될 수 있는 것이다. (8)은 入佛經界經의 말을 引用한 것인데 화자의 樣態的 態度가 結付되지 않은 순수한 地文으로 보여진다.[25] (8')는 이에 견주어 봄직한 추측법의 첫째설명법의 用例로서 역시 지문에 나타난 것이다. 추측법은 앞의 不定法, 直說法, 回想法과는 달리 지문에서만 발견되고 그것도 앞의 한 用例밖에는 눈에 띄지 않는다. 대화와 같은 [+상관성]의 발화장면에서 '-리니라'가 나타나는 자료는 아직 찾지 못하였다. 설사 그런 장면의 用例라 할지라도 原則法으로 解釋된다.

(9)-1 周室이 다시 興起ᄒ요미 맛당ᄒ니 孔門을 당다이 ㅂ료미 몯ᄒ리니라
(杜諺 6:21b)

(9)-2 거의 풍쇽이며 교화의 만분에 ᄒ나히나 보태욤이 이시리니라(小學諺解書題 3a)

위의 用例가 原則法으로 간주되는 것인데 (9)-1은 杜甫가 일반독자를 대상으로 하는 말로 생각되며[26] (9)-2는 朱晦菴, 곧 朱子가 일반 독자를 대상으로 하는 말이다. 16세기 자료인 飜譯小學(1518)과 小學諺解(1588)에는 '-리니라'의 用例가 더러 나오는데 모두 孔子 등의 聖賢의 말 가운데서 나타나므로 推測原則法으로 해석된다.[27]

우리는 15세기 國語資料를 중심으로 '-니라'로 된 또 한 종류의 설명법, 곧 둘째설명법어미를 확인할 수 있었으며 이들은 지문과 같은 [-상관성]의 발화 상황뿐만 아니라 대화와 같은 [+상관성]의 장면에서도 分布되어 있었다. 설명법의 두 가지 형태를 장면에 따라 그 사용 빈도를 표시해 보기로 한다. 이

---

25 用例 (8)에 대한 형태 분석과 意味解釋은 高永根(1981:22, 83, 103) 참조.

26 用例 (9)-1에 대한 의미해석은 高永根(1981:102) 참조.

27 번역소학의 用例는 卷 8:2a, 6a에서, 소학언해의 用例는 卷 2:24a, 3:22b, 卷 5:41a, 68b에서 찾을 수 있다.

統計는 중세어의 모든 자료를 대상으로 한 엄밀한 分析에 바탕을 둔 것이 아니고 중요문헌을 대상으로 한, 대체적 경향을 파악하기 위한 素描的인 것에 지나지 않는다. 動詞뿐 아니라 形容詞와 指定詞의 형태도 함께 보인다.[28] 두 종류의 어미는 다소간에 話者標識의 先語末語尾를 取하고 있으나 번잡을 피한다는 뜻에서 省略하기로 한다.

(10) 장면에 따른 설명법의 使用現況

場面＼설명법의 구분＼敍法	不正法 ㅎ니라	不正法 ㅎ다	直說法 ㅎᄂ니라 하니라 이니라	直說法 ㅎᄂ다 하 다 이 라	回想法 ㅎ더니라 하더니라 이러니라	回想法 ㅎ더라 하더라 이러라	推測法 ㅎ리니라 하리니라 이리니라	推測法 ㅎ리라 하리라 이리라
[-상관성]	◎	△	◎	△	○	◎	△	△
[+상관성]	◎	△	△	○	△	○	×	◎

[부호] ◎: 우세, ○: 보통, △: 약세, ×: 안쓰임

앞서 확인한 둘째설명법어미를 중심으로 敍述性語尾와 冠形詞形語尾의 패러다임을 만들어 보기로 한다. 둘째설명법은 드물기는 하지만 先語末語尾 '-오-'를 取하는 일이 있고 冠形詞形은 그러한 例가 많기는 하지만[29] 이곳에서는 '-오-' 缺如形만을 대상으로 한다. 형용사와 지정사의 형태는 번잡함을 고려하여 제시하지 않는다. 끝에는 참고를 위하여 첫째설명법을 붙였다.

---

28 형용사와 지정사의 형태는 형태상으로는 不定法이지만 의미상으로는 直說法이므로 직설법에 넣었다. 이와 관련된 이야기는 高永根(1981:66, 73) 참조.
29 자세한 패러다임은 高永根(1981:26-7) 참조.

730

(11) 敍述性語尾와 冠形詞形語尾의 패러다임

語尾 叙法	說明法(2)	疑問法	接續語尾	冠形詞形	說明法(1)
不定法	ᄒᆞ니라	ᄒᆞ녀	ᄒᆞ니	ᄒᆞᆫ	ᄒᆞ다
直說法	ᄒᆞᄂᆞ니라	ᄒᆞᄂᆞ녀	ᄒᆞᄂᆞ니	ᄒᆞᄂᆞᆫ	ᄒᆞᄂᆞ다
回想法	ᄒᆞ더니라	ᄒᆞ더녀	ᄒᆞ더니	ᄒᆞ던	ᄒᆞ더라
推測法	ᄒᆞ리니라	ᄒᆞ려(ᄒᆞ리녀)	ᄒᆞ리니	ᄒᆞᆯ(ᄒᆞ린)	ᄒᆞ리라

위의 도표를 보면 推測疑問法과 推測冠形詞形이 體系上의 不均衡을 이루고 있음을 알 수 있다. 의문법은 다른 敍法이 모두 '-녀'로 끝나 있는데 推測法만은 그러한 형태가 보이지 않으며 冠形詞形은 다른 敍法이 '-ㄴ'으로 끝나 있는데 推測法만은 '-ㄹ'이 나타나고 있는 것이다. 이러한 상태로는 추측의문법과 추측관형사형에서 추측법의 先語末語尾와 의문법어미 및 관형사형어미를 가려낼 도리가 없다.[30] 만일 '(ᄒᆞ)려'와 '(ᄒᆞ)ㄹ'을 그대로 두고 형태소 분석을 하면 두 형태의 不具性이 바로 드러난다. 統合關係에서 볼 때 '리'와 'ㄹ'이 缺如된 "어' 및 'ø'와 같은 형태가 의문법과 관형사형을 이루게 되고 또 系列關係에서 볼 때도 '리, ㄹ' 대신 'ᄂᆞ, 더'가 대치된 "ᄂᆞ어, '더어' 및 'ᄂᆞ, 더'가 의문법과 관형사형이 되는 결과를 낳게 되는 것이다.

敍述性語尾와 冠形詞形語尾의 體系를 보다 반듯하게 하고 推測疑問法과 推測冠形詞形에서 추측법과, 의문법 및 관형사형어미를 식별해 내기 위하여는 'ᄒᆞ려'와 'ᄒᆞᆯ'의 형태를 손질하지 않으면 안된다. 추측의문법은 不定法, 直說法, 回想法에 나타나는 '-녀'에 기대어 '*ᄒᆞ리녀'로 그 基底形을 결정하고 추측관형사형은 不定法, 直說法, 回想法에 나타나는 관형사형 '-ㄴ'과 설명법에 나타나는 추측법의 先語末語尾 '-리-'에 기대어 "ᄒᆞ린'으로 그 基底形을 결정해

---

30 국어의 推測冠形詞形이 不具的이라 함은 河野六郎(1951)과 이정민(1975)에서 이미 지적되었다. 前者는 連體形이 -n을 가지지 않고 -r을 가진다고 하였고(高永根 1981:23 각주 46 참조), 後者는 'ㄴ'과 'ㄹ'을 하나의 archsegment로 묶어서 關係化素(relativizer)로 삼을 수 있는 가능성을 제시하였다(語學硏究 11-2, p. 304 참조).

보는 것이다.[31] 도표의 괄호 안의 형태는 이러한 사실을 미리 고려하여 補充해 둔 것이다. 이렇게 되면 敍述性語尾와 冠形詞形語尾의 패러다임이 整然해지고 추측의문법과 추측관형사형의 분석도 順理的으로 행해질 수 있다.[32]

이상은 구조적 관점, 곧 系列關係와 統合關係의 관점에서 추측의문법과 추측관형사형의 기저형을 새로 세워 본 것이나 중세어에는 위와 같은 처리를 뒷받침하는 實際의 형태나 그에 버금가는 형태가 存在한다.

    (11)-1 ᄒᆞ리로소녀, ᄒᆞ려뇨

    (11)-2 ᄒᆞ린

(11)-1의 분석은 추측의문법의 기저형이 "ᄒᆞ리녀(뇨)' 임을 적극적으로 뒷받침해 준다. 'ᄒᆞ리로소녀'는 우선 'ᄒᆞ+리+롯+오녀'로 분석되는데 '롯'을 뽑아 내면 "ᄒᆞ리오녀'란 형태가 얻어진다. '-롯-'은 感動法의 先語末語尾 '-돗-' 이 추측법의 선어말어미 '-리-' 아래서 교체된 것이다. '-오녀'는 '-ᄋᆞ녀'가 '-롯-'에 同化된 것이므로 실제로는 'ᄒᆞ리로소녀'는 'ᄒᆞ+리+롯+ᄋᆞ녀'로 분석된다. 'ᄒᆞ려뇨'는 'ᄒᆞ+리+어+뇨' 로 분석되는데 確認法의 선어말어미 '-어-'를 뽑아 내면 "ᄒᆞ리뇨'란 형태가 얻어진다. 'ᄒᆞ려뇨'는 설명의문법의 語形이므로 이에 짝이 되는 판정의문법 어형 "ᄒᆞ려녀'가 존재할 가능성이 충분하며 이곳에서도 "ᄒᆞ리뇨'에 대립하는 "ᄒᆞ리녀'를 충분히 가상할 수 있다.[33] 이렇게 다른 형태

---

31 이곳의 기저형은 生成音韻論에서 쓰는, 抽象性을 띤 underlying form에 어느 정도 가깝다(田相範 1977:109-22 참조). 한편 우리의 기저형의 개념은 Hockett(1958:281)의 theoretical base form과도 비슷한 一面이 있다. 허웅(1965:391)에는 이 이론에 기대어 중세어의 '나모'와 '낡'의 분화를 합리적으로 설명하기 위하여 "나목'이라는 假想的 基本形態를 설정한 일이 있다.

32 추측의 문법과 추측관형사형의 分析上의 문제점과 그 해소방안에 대한 자세한 논의는 高永根(1981:20-4) 참조.

33 'ᄒᆞ리로소녀'와 'ᄒᆞ려뇨'의 분석에 대한 자세한 논의는 高永根(1981:22-3, 34, 42-3) 참조.

소가 끼어 들면 'ㅎ리……녀'의 모습으로 실현됨이 文證되었는데 이는 추측의문법의 기저형이 "ㅎ리녀'라는 사실을 적극적으로 뒷받침하는 구체적 증거가 된다.

한편 (11)-2의 분석은 추측관형사형의 기저형이 "ㅎ린'이라는 사실을 그런대로 뒷받침할 수 있다. 文證되는 'ㅎ린'은 統合되는 명사가 '젼ᄎ, 後'에 그치고 있고 用例도 두세 개밖에 되지 않으며 그나마 의미도 推測法(未來)이라기보다는 不定法(過去)으로 해석되기 때문에 신빙도가 높은 자료라 할 수 없다. 그러나 명사 앞에 'ㅎ린'과 같은 用例가 나타났다는 것은 추측관형사형의 기저형을 "ㅎ린'으로 잡은 데 대한 消極的인 뒷받침은 될 수 있다.[34]

우리가 추측의문법과 추측관형사형의 기저형을 "ㅎ리녀'와 "ㅎ린'으로 잡은 것은 一次的으로는 패러다임上의 不均衡에 立脚한 것이고 二次的으로는 15세기 文獻資料에 기댄 것이다. 그러면 이러한 형태가 15세기 이전의 借字資料와 方言에 나타나는 일은 없을까? 어느 경우에도 나타나는 것을 아직 實證하지 못하였다. 15세기 이전의 吏讀資料는 量도 얼마 안되거니와 대개 叙述體로 된 단조로운 文體로 되어 있기 때문에 특히 疑問法과 같은 형태는 좀처럼 눈에 띠지 않는다.[35] 향가 자료에 국한해 보면 古代國語의 段階에 관형사형이 벌써 '-ㄴ'과 '-ㄹ'로 분화되어 있었고 推測疑問法도 중세어와 같이 '-려' 였음을 짐작할 수 있다.

(12)-1 去隱春皆理米 〈간 봄 몯 오리매〉(慕竹旨郞歌)

(12)-2 臣隱愛賜尸母史也 〈臣은 ᄃᆞᅀᆞ실 어ᅀᅵ여〉(安民歌)

(13) 奪叱良乙何如爲理古 〈아ᅀᅡ눌 엇디 ᄒᆞ릿고〉(處容歌)

---

34 'ㅎ린'의 분석과 그 의미상의 특수성에 대하여는 高永根(1981:23, 87) 참조.
35 이 점에 대해서는 朴喜淑 교수로부터 많은 도움을 받았다.

〈 〉안의 解讀이 어느 정도 과녁을 맞추었다는 관점을 取하면[36] (12)-1, 2에서는 관형사형 '-ㄴ, -ㄹ'이 확인된다. 그리고 (13)에서는 '-려'가 있었음을 類推할 수 있다. 중세어의 지식으로 접근하면 'ᄒ릿고'는 'ᄒ려'의 ᄒ야쎠體나 ᄒ쇼셔體로 볼 수 있기 때문이다.[37] 方言에서도 비교적 국어의 옛 모습이 많이 남아 있는 제주방언을 보면 回想冠形詞形이 '-단'이란 것 이외는 큰 차이가 없고 다른 방언은 관형사형에 관한 限 현대공통어나 중세어와의 차이가 거의 없어 보인다. 중세어의 'ᄒ려뇨, ᄒ리로소녀'에 대응될 만한 형태도 方言 자료에는 목격되지 않는다.[38] 이상의 사실들에 기대면 추측의문법 "-리녀'와 추측관형사형 "-린'이 '-려, -ㄹ'로 바뀐 것은 文獻 이전의 단계로 거슬러 올라간다고 할 수밖에 없다.

'ᄒ려'와 'ᄒᄋᆯ'의 기저형인 "ᄒ리녀, 'ᄒ린'은 $^*h_\Lambda rijnj\partial$, $^*h_\Lambda rijn$으로 표기할 수 있다. 중세어의 'ㄱ'이 'ㅇ'으로 교체되는 조건의 하나가 ij (=iy)라는 견해[39]를 받아들인다면 추측법의 선어말어미 '-리-' 뒤에서도 'ㄱ'이 'ㅇ'으로 교체되므로 ('ᄒ리어다, ᄒ리어든' 등) '리'를 rij로 잡을 수 있다. 두 기저형을 실재형과 비교해 보면 ijn이 消去되었음을 확인할 수 있다(방점 참조).

(13)-1 $^*h_\Lambda rijnj\partial$ cf. $h_\Lambda rj\partial$

(13)-2 $^*h_\Lambda rijn$ cf. $h_\Lambda r$

곧 ijn이 r과 jə 사이 및 r과 休止 사이에 옴으로써 탈락되는 것인데 이로써 실재형 'ᄒ려'와 'ᄒᄋᆯ'이 형성되는 것이다. 그러나 중간에 감동법 '-돗(롯)-'과

---

36 해독은 편의상 金完鎭(1980)에 기대었다.

37 'ᄒ려'의 活用에 대해서는 高永根(1981:21) 참조.

38 제주도方言에 대해서는 李崇寧(1957), 玄平孝(1974), 李男德(1982)를 참조하였고 康貞姬 교수의 도움을 많이 입었으며, 경상도 방언은 崔鶴根(1979:1586-667). 전라도 방언은 이기갑(1982)에 의지한 바 많고 현지 주민을 통한 접촉도 큰 도움이 되었다.

39 'ㄱ'과 'ㅇ'의 교체의 條件이 r과 j(=y) 뒤에서라는 사실은 李基文(1972:26, 128-9) 참조.

확인법 '-어-'가 개재되면 ijn이 탈락되지 않는다. 이에 의하면 ijn 탈락의 절대적 조건은 추측법과 의문법 어미 사이에 아무것도 들어가지 않는 점이다. 단 rijn이 '젼츠, 後' 앞에서는 '린'으로 실현되는 일도 없지 않으나 이는 절대적 制約은 될 수 없다. 대부분은 위의 두 환경에서 단순한 '-ㄴ'으로 나타나기 때문이다(훈 젼츠, 훈 後). ijn의 탈락 현상을 현재로서는 어떤 음운규칙에 의해 설명하는 것이 쉽지 않다. 앞서 말한 환경에서 ijn이 탈락되는 일이 다른 경우에도 발견되어야 하는데 현재까지의 國語音韻論의 연구에서는 그런 사실이 보고되어 있지 않다. 특정한 환경이라는 일종의 형태론적 제약에 의한 실현으로 해석해 두고자 한다.[40]

추측의문법과 추측관형사형의 기저형을 다시 조정함으로써 얻어지는 叙述性語尾와 冠形詞形語尾의 패러다임을 자세히 살펴보면 우선 叙述性語尾에서 '-니(-)'의 요소가 공통되어 있음을 알 수 있다. '-니'는 접속어미를 가리키고 '-니-'는 뒤에 '라, 어' 등이 오는 설명법과 의문법을 가르킨다.[41] 또 '-니(-)'는 관형사형 '-ㄴ'과 형태상의 類似性이 인식된다. 특히 不定法 '호니라, 호녀, 호니' 등을 '호+이라, 호+여, 호+이'로 分析하면 관형사형과 同一한 형태가 발견된다. 이러한 형태상의 同一性이 妥當性을 지니려면 意味上의 共通性도 함께 인식되어야 한다.

Ⅲ. 叙述性構文과 冠形構文의 意味上의 相關性

이곳에서는 제 Ⅱ 장에서 確認했던 둘째설명법어미를 포함한 '-니(-)'系列의

---

40 이 문제에 대하여는 李秉建 교수의 助言에 힘입은 바 크다.
41 의문법의 '-녀'에 나타나는 '니'는 하나의 形態素가 되지 못한다고 하였으나(高永根 1981: 13) 둘째설명법의 '-니라'의 '니'에 대해서도 그렇게 처리해야 할 것인지는 아직 단언할 수 없다. 뒷날을 기약한다.

叙述性語尾들과 冠形詞形語尾가 표시하는 時制를 比較함으로써 형태상의 상관성을 意味論의 관점에서 해석해 보려고 한다.[42]

A. 不定叙述性語尾와 不定冠形詞形語尾

(1a)-1 그쁴……五百 사ᄅᆞ미 弟子ㅣ 도외아지이다 ᄒᆞ야 銀돈 ᄒᆞ 낟곰 받ᄌᆞ
  ᄫᅳ니라(月釋 1:9a)

(1a)-2 和尙ᄋᆞᆫ 스스을 니르니라(釋詳 6:10a)

(1a)-3 夫妻ᄒᆞ야 사로ᄆᆞᆫ 힝뎌기 조티 몯ᄒᆞ야 輪回ᄅᆞᆯ 벗디 몯ᄒᆞᄂᆞ 根源일씨
  죽사릿 因緣이라 ᄒᆞ니라(月釋 1:12a)

(1a)-4 世尊이 드르시고 五色光明을 내야 비취신대 帝釋이 鬼神 브려 세 줈
  다리ᄅᆞᆯ 노ᄒᆞ니 …… 올ᄒᆞᆫ 녀긘 駄瑠ㅣ러라(釋詳 11:12a)

위의 用例는 地文, 곧 [-상관성]의 발화장면에 나타나는 不定法의 叙述性構文이다. [-상관성]의 장면은 화자와 청자가 공동으로 주고 받는 발화행위가 아니고 作者 내지 說話者가 一方的으로 陳述하는 것이기 때문에 指示性이 희박하여 시제가 明白하지 않거나 缺如되어 있음이 보통이다.[43] (1a)-1은 說話者가 과거에 있었던 사실을 독자들에게 이야기하는 것으로 현대어의 地文文體 '받았다'에 해당한다. 이러한 시제성은 직설법 '받ᄌᆞᄫᆞ니라'와의 系列關係를 통해서 확인되는 것이지만 [+상관성]의 발화행위(後述)만큼 시제성이 뚜렷하지 못하다. (1a)-2는 「和尙」의 뜻을 매긴 것으로서 시제성이 거의 인정되지 않는, 보편적 내지 일반적 사실에 대한 陳述이다. (1a)-3도 (1a)-2와 같이

---

42 필자는 高永根(1981:56-88)에서 부정법, 직설법, 회상법, 추측법의 時制를 非內包文과 內包文으로 구별하여 논의한 일이 있다. 본장은 前日의 叙述內容에 기대어 지문과 대화의 순서로 다시 배열하고 내용을 補完·擴充하는 方向으로 展開된다.

43 [-상관성]의 장면에 있어서의 시제의 특수성에 대하여는 高永根(1981:55-6) 참조.

보편적 사실을 陳述하는 것으로 특별한 시제성이 설정되지 않는다. (1a)-2의 '니르다'는 指稱動詞이며 (1a)-3의 'ᄒ다'는 引用動詞인데 이들은 動作性을 적극적으로 띤 말이 아니다. 이런 점도 두 구문으로 하여금 일정한 시제성을 갖지 못하게 하는 原因이 되지 않을까 한다. 현대어에서는 '이른다, 한다'로 옮겨져 현재형만을 取하는데 중세어는 부정법 '-니라' 뿐만 아니라 직설법 '-ᄂ니라'와도 統合된다(後述).[44] (1a)-4는 接續語尾 '-니' 가 [-상관성]의 장면인 地文에 나타난 것인데 主節의 시제(__ 참조)보다 앞서 있다. 帝釋이 세 줄다리를 놓은 것은 오른쪽에 馱瑠 등이 놓인 動作보다는 先行되어 있는 것이다. 이러한 사실은 직설법 '-ᄂ니'와의 系列關係를 통해서 설정되는 것이지만 과거시제성이 그렇게 뚜렷한 것은 아니다.

> (1b)-1 阿育王 션 나래 鐵輪이 虛空ᄋ로셔 ᄂ라오니 그저긔 … 鬼神이 다 讚嘆ᄒ더라(釋詳 24:13a)
>
> (1b)-2 獄은 罪 지슨 사ᄅᆷ 가도ᄂ 짜히니(月釋 1:28b)
>
> (1b)-3 主藏臣寶ᄂ 藏 ᄀ슴안 臣下ㅣ니 (月釋 1:27a)
>
> (1b)-4 帝釋은 西天 마랫 釋迦……陁羅ᄅᆯ 조려 닐온 마리니(月釋 1:31ab)
>
> (1b)-5 夜叉ᄂ 늘나고 모디다 혼 ᄠᅳ디니(月釋 1:14b)

위의 用例는 [-상관성]의 발화장면에 나타나는 不定法의 冠形構文이다. (1b)-1은 과거사실을 설화하는 구절에 나타난 관형구문인데 아육왕이 등극한 것은 주절의 시제에 先行한다. 그러나 이것이 [-상관성]의 장면자질을 띠었기 때문에 과거시제성이 명백한 것이 아니다. 어쨌든 이런 시제성은 직설법 '셔ᄂ'과의 系列關係에 依存한다. (1b)-2는 「獄」의 뜻을 매긴 말인데 이미 죄를 지은 사람을 가두는 곳이라는 점에서는 주절 [__]의 시제보다 앞선다고

---

44 'ᄒ다'와 '니르다'의 의미특성과 구문특성에 대하여는 高永根(1981:59) 참조.

할 수 있으나 보편적 사실에 대한 陳述이므로 정확한 시제보다 부여하기가 어렵다. 이런 관점에 서면 '짓ᄂ'으로도 바꿀 수 있다. 이미 죄를 짓지 않은 사람, 곧 현재 죄를 짓거나 죄를 지을 사람도 投獄의 대상이 되기 때문이다. (1b)-3도 뜻매김의 구문인데 주절의 시제와는 무관하다. 이때에도 'ᄀ숨아ᄂ ᆫ'으로 바꾸어 쓸 수 있다. (1b)-4, 5는 앞의 (1a)-2, 3의 指稱動詞 '니르다'와 引用動詞 'ᄒ다'가 관형사형으로 모습을 바꾼 것인데 보편적 사실에 대한 陳述이므로 특정한 시제를 주기가 어렵다. 주절의 시제(___)와는 큰 관련이 없는 것이 아닌가 한다.

      (2a)-1 "네 아비 ᄒ마 <u>주그니라</u>"(月釋 17:21a)

      (2a)-2 "부톄 涅槃ᄒ시니여"(釋詳 23:20b)

      (2a)-3 "내 ᄒ마 <u>發心</u>호니 엇뎨 住ᄒ며 <u>降ᄒ리잇고</u>"(金三 2:4b)

    위의 用例는 [+상관성]의 發話場面에 나타나는 不定法의 叙述性構文이다. [+상관성]의 장면은 앞의 [-상관성]의 장면과는 달리 화자와 청자가 兩方的으로 말을 주고 받는 상황이므로 指示性이 뚜렷하여 시제가 비교적 분명하다. (2a)-1은 '죽었다'의 뜻으로서 이러한 의미는 직설법 '죽ᄂ니라'와의 系列關係를 통해서 나타나는데 과거관련의 시간 부사 'ᄒ마'에 의해 그런 의미가 더 뚜렷이 浮刻된다. (2a)-2도 事件時가 發話時에 先行하는 것으로서 '열반하였느냐'로 해석된다. 이러한 의미는 직설법 'ᄒ시ᄂ니여'와의 系列關係를 통해서 나타난다. (2a)-3은 '발심했으니'로 받아들여지니 접속구문의 사건시가 主節의 시제(___)보다 앞설 것은 틀림없다. 이러한 의미는 직설법 '發心ᄒ노니'와의 系列關係에 의해서도 드러나지마는 과거관련의 시간부사 'ᄒ마'에 의해 그리한 의미가 더 강하게 뒷받침된다.

    (2b)-1 "이에 든 사ᄅᆞᆷ 죽디비 <u>나니 몯ᄒᄂ니라</u>"(釋詳 24:14b)

(2b)-2 "이 如來 나신 싸히니이다"(釋詳 24:35b)

(2b)-3 "鹿母夫人이 나혼 고즐 어듸 브린다"(釋詳 11:32b)

(2b)-4 "이 싸히 竹林國이라 혼 나라히이다"(月釋 8:94a)

위의 用例는 [+상관성]의 발화 장면에 나타나는 不定法의 冠形構文이다.
(2b)-1은 한 상인의 아들이 지옥문에 들어 왔을때 모진 놈이 한 말이란 점을
고려하면 사건시가 발화시 (◡◡)에 앞선다고 할 수 있다. 그러나 이에 앞서 모
진 놈이 王에게 "사ᄅ미 이 門 안해 들어든 다시 몯 나긔 ᄒ야지이다"(釋詳
24:14a)라고 한 말과 관련시키면 반드시 사건시가 발화시에 앞선다고 할 수
없고 오히려 無關한 것으로 간주될 수 있다. 그러면 이 구문은 '드는'으로 바
꾸어도 의미상의 차이가 크게 생기지 않으며 이는 [+상관성]의 장면에 나타
나는 지시성이 희박한 구문이라고 할 수 있다.[45] (2b)-2는 如來가 태어난 것
은 명백히 主節의 時制보다 앞서며 (2b)-3도 鹿母夫人이 꽃을 낳은 시간은 그
것을 버린 主節의 사건시보다 앞선다. 이러한 의미는 직설법 '나시ᄂᆞ, 낫ᄂᆞ
(낳ᄂᆞ)'과의 系列關係에 의해 나타난다. 그러나 (2b)-4는 사정이 다르다. 비록
[+상관성]의 장면에 쓰이긴 했어도 앞의 (1a)-3과 같이 동사 자체가 동작성이
뚜렷하지 않은 引用動詞이며 구문자체가 지시성이 희박하므로 구체적인 時
制를 인정하기가 어렵다. 이런 경우 중세어는 직설법 'ᄒ논', 추측법 '홀'이 수
의로 사용되었다(後述).

부정법의 叙述性構文과 冠形構文의 시제를 [-상관성]과 [+상관성]의 두 발
화장면으로 나누어 고찰해 본 결과 그 의미상의 성격이 거의 일치함을 確認
할 수 있었다. [-상관성]의 장면에서는 사건시가 발화시나 주절의 시제보다
앞서는 일도 없지 않으나 과거 시제성이 명확하지 못하였으며 경우에 따라

---

45 필자는 高永根(1981:62)에서 "出家혼 사ᄅᆞ미 쇼히 ᄀᆞᆯ디 아니ᄒ니……"란 구문에 대해 비슷
한 해석을 시도한 일이 있다.

서는 다른 形態, 곧 직설법으로 바뀌어지는 일도 있었다. 또 사건시가 발화
시 내지 주절의 시제와 無關한 경우에도 부정법이 쓰이는 수가 있는데 이때
는 대부분 다른 형태로의 치환이 가능하였다. 그러나 [+상관성]의 장면에서
는 대부분 사건시가 발화시 내지 주절의 사건시에 앞서고 있어서 과거시제
의 의미가 분명하다고 할 수 있다. 그러나 이런 발화장면에서도 구문의 性格
이 지시성이 희박하거나 동작성이 뚜렷지 않은 동사에 연결될 때는 다른 형
태로 교체될 수 있다.

B. 直說叙述性語尾와 直說冠形詞形語尾

(1a)-1 唐制에 百官을 賜氷ᄒᆞᄂᆞ니라(杜諺 10:24a)

(1a)-2 大梵天王이 娑婆世界를 ᄀᆞ슴아ᄂᆞ니라(釋詳 6:16b)

(1a)-3 이 四天王도 須彌山 허리예 잇ᄂᆞ니라(月釋 1:31a)

(1a)-4 댱가들며 셔방마조물 婚姻ᄒᆞ다 ᄒᆞᄂᆞ니라(釋詳 6:16b)

(1a)-5 킈 젹도 아니ᄒᆞ고 슬히 지도 여희도 아니ᄒᆞ니라(月釋 1:26b)

(1a)-6 이 香이 高山이라 홀 뫼해셔 나ᄂᆞ니 그 ᄆᆞᆺ보오리 쇬머리 ᄀᆞᄐᆞ씨(月
釋 1:27a)

(1a)-7 八分은……八齋라①ᄒᆞ니……八分齋를 八支齋라도②ᄒᆞᄂᆞ니……八
齋라 ᄒᆞᄂᆞ니라(釋詳 9:18a)

(1a)-8 十萬億土 디나아 ᄒᆞᆫ 世界 잇ᄂᆞ니 일후미 極樂이니(月釋 7:56ab)

위의 用例는 [-상관성]의 장면에 나타나는 直說法의 用例다. 직설법에는 동
사에 붙는 '-ᄂᆞ니라'뿐만 아니라 형용사와 지정사에 붙는 '-니라'도 포함하였
다.[46] (1a)-1은 原詩의 주석문인데 당나라 때 벼슬아치에게 얼음을 주던 제도

---

46 형용사와 지정사의 직설법은 부정법형태 ∅에 의지한다. 자세한 論議는 高永根(1981:66,

를 설명한 것이다. 번역자가 唐制를 설명한 것이니 과거시제로도 볼 수 있다. 이럴 때는 부정법 '-다, -니라', 회상법 '-더라, -더니라'가 수의로 교체된다. (1a)-2는 「尸棄」에 대한 뜻풀이인데 사건시는 발화시와 無關하다. 'ㄱ숨알다'에 '-ᄂ니라'가 붙었다는 것은 A의 (1b)-3이 'ㄱ숨아ᄂ'으로 나타날 수 있는 강력한 뒷받침이 된다(前述). 한편 'ㄱ숨안'의 用例에 비추어 보면 이 用例 역시 'ㄱ숨아니라'로도 나타날 수 있다. (1a)-3은 存在詞 '잇다'의 用例인데 앞의 것과 같이 발화시와는 관계없는 사실을 陳述하는 것이다. (1a)-4는 앞의 不定法의 (1a)-3과 같이 引用動詞 'ᄒ다'에 나타난 직설법의 用例다. 인용동사로서의 'ᄒ다'는 이렇게 不定法과 直說法을 수의로 선택하였다. (1a)-5는 「玉女寶」에 대한 뜻풀이로서 형용사에 '-니라'가 쓰인 것인데 발화시와 사건시는 無關하다. (1a)-6도 접속구문의 시제는 주절의 시제(=발화시)와는 관련이 없다. 「香」이 「高山」이라고 하는 산에서 나는 것은 발화시뿐만이 아니라 그 이전이나 그 이후에도 가능하다. (1a)-7은 引用動詞 'ᄒ다'가 직설법 '-ᄂ니'를 취한 것인데(② 참조) 부정법 '-니'도 가능한 것(① 참조)은 다른 경우와 마찬가지다. 어느 形態를 선택해도 주절의 시제(___)와는 관계가 없는, 일반적 사실에 대한 陳述이다. (1a)-8은 存在詞 '잇다'에 직설법 '-ᄂ니'가 붙은 것인데 주절의 시제(___)와는 관련이 없다.

> (1b)-1 길흘 ᄎ자 부텻긔로 <u>가ᄂ</u> 저긔 城門애 내ᄃ라 하늘 祭ᄒ던 싸ᄒ를 보고 절ᄒ다가……(釋詳 6:19a)
>
> (1b)-2 獸ᄂ <u>긔ᄂ</u> 즁ᄉ실이라(月釋 21:113a)
>
> (1b)-3 楞伽山이……神通 <u>잇ᄂ</u> 사ᄅ미ᅀᅡ <u>가ᄂ니라</u>(釋譜 6:43b)
>
> (1b)-4 明行足ᄋ <u>불ㄱ</u> 힝뎌기 <u>ㄱᄌ실</u> 씨라(釋詳 9:3a)

---

73) 참조.

이상은 [-상관성]의 발화장면에 나타나는 冠形構文의 用例다. (1b)-1은 須達이 부처를 찾아가는 모습을 설화한 것인데 주절의 시제와 일치한다는 점에서 현재시제라 할 수 있으나 이 경우는 '간, 가던, 갈'로 바꾸어도 의미가 달라지지 않는다(後述). (1b)-2는 「獸」라는 글자의 뜻풀이인데 관형구문의 시제는 주절의 시제와는 아무 관련이 없다. 이 경우 중세어에서는 부정법으로 나타나는 사실을 A의 (1b)-2에서 살펴보았고 그런 例는 흔히 목격된다.[47] (1b)-3은 존재사 '잇다'의 직설법 형태인데 이 역시 주절의 시제와는 큰 관계가 없다. (1b)-4는 형용사의 冠形構文인데 이 역시 주절의 시제에 제약을 받지 않는, 보편적 사실에 대한 陳述이다.

> (2a)-1 "길헤 믈 기러 오시ᄂᆞ니라"(月釋 8:100b)
>
> (2a)-2 "부톄시다 ᄒᆞᄂᆞ닝다"(釋詳 6:18a)
>
> (2a)-3 "고ᄫᆞ 니이다"(月釋 7:10b)
>
> (2a)-4 "眞實로 우리 죵이니이다"(月釋 8:94b)
>
> (2a)-5 "스숭니미 엇던 사ᄅᆞ미관ᄃᆡ 쥬벼ᄂᆞ로 이 門을 여르시ᄂᆞ니잇고"(月釋 23:84a)
>
> (2a)-6 "大施主의 功德이 하녀 져그녀"(釋詳 19:4a)
>
> (2a)-7 "앗가ᄫᆞᆯ 쁘디 잇ᄂᆞ니여"(釋詳 6:25b)
>
> (2a)-8 "네 이제 受ᄒᆞᄂᆞ니 다 如來ㅅ 威力이론 고ᄃᆞᆯ 아라라"(釋詳 9:28a)
>
> (2a)-9 "우리ᄂᆞᆫ 다 부텻 아ᄃᆞᆯ 근ᄒᆞ니 如來 샹녜 우리를 아ᄃᆞ리라 니ᄅᆞ시ᄂᆞ니이다"(月釋 13:32-3)

위의 用例는 [+상관성]의 발화장면에 나타나는 叙述性構文이다. (2a)-1은

---

47 다음 用例가 그러하다.
　馬兵은 ᄆᆞᆯᄐᆞᆫ 兵이오 車兵은 술위ᄐᆞᆫ 兵이오 步兵은 거른 兵이라(月釋 1:27b)
　이 문제에 관련된 論議는 高永根(1981:70-1) 참조.

沙羅樹大王이 어디 있느냐는 安樂國의 물음에 대한 八妹女의 답변인데 사건시는 발화시와 거의 일치하므 로 현재시제를 표시한다고 할 것이다.[48] 이러한 시제성은 부정법 '오시니라'와의 系列關係를 통해서 표시되는 것이다. (2a)-2는 ᄒ야쎠體의 형태인데 'ᄒ다'가 引用動詞로 쓰인 것이다. 이 경우는 不定法 形態를 가질 수도 있음을 보았는데 이때는 비록 [+상관성]의 발화상황이기는 하지만 지시성이 약하여 특정한 시제를 표시한다고 하기가 어렵다. (2a)-3은 형용사의 用例로서 부처가 難陁에게 "네 겨지비 고ᄫ니여"라고 현재시제로 묻자 이에 대한 답변으로 나온 것인데 사건시와 발화시가 일치하여 現在時制의 성격이 충분하다. (2a)-4는 지정사의 用例인데 사건시와 발화시가 일치하니 시제는 현재이다. (2a)-3, 4는 回想法 '곱더니이다, 죵이러니이다'와의 系列關係에 의해 나타난다. (2a)-5는 부처의 下命을 받은 目連이 어머니를 찾으러 錫仗을 흔들어 문을 열고 지옥에 이르렀을 때 옥졸이 목련에게 묻는 말인데 문을 연 동작은 발화시 직전이거나 거의 同時일 수 있으므로 크게는 현재시제라고 할 수 있다. 이러한 시제성은 부정법 '여르시니잇고'와의 系列關係에 의해 나타난다. (2a)-6은 (2a)-3과 같이 형용사가 부정법 형태를 취한 것인데 사건시와 발화시가 일치하므로 현재시제이다. 이러한 시제성은 回想法 '하더녀, 젹더녀'와의 系列關係에 의존하는 것이다. (2a)-7은 (1a)-3, 8, (1b)-3과 같이 존재사 '잇다'의 직설법이다. 같은 계열의 '없다, 겨시다'는 형용사, 지정사와 같이 부정법 형태를 가지는데 '잇다'만은 동사와 거의 같은 活用形態를 띠는 것이다.[49] 이 구문 역시 사건시와 발화시가 일치하는데 그것은 回想法 '잇더니여'와의 대립관계에 의존한다.

(2a)-8은 접속구문의 시제가 주절시제, 곧 발화시와 일치하니 현재시제의 성격이 뚜렷하다. 현재관련의 시간부사 '이제'의 쓰임에 의해 그런 사실이

---

48 이 用例에 대한 의미해석은 Ⅱ장 用例 (4)-2의 설명 부분 참조.
49 중세어의 '잇다'의 活用上의 특성에 대하여는 高永根(1981:15, 67-8) 참조.

더 鮮明해진다. 이러한 시제성은 부정법 '受ㅎ니'와의 계열관계에 기대는 것이다. (2a)-9는 형용사의 직설법의 기능인데 접속구문의 시제가 주절의 시제와 일치한다고 보기 어렵다. 우리가 부처의 아들과 같다는 것은 특정한 시간의 제약을 받지 않는 보편적 사실이므로 指示性이 희박하다고 할 수 있다. 물론 주절의 시제도 반드시 발화시에 한정되는 것은 아니기 때문에 이 구문은 전반적으로 지시성이 희박하거나 缺如되어 있다고도 할 수 있다. 아무리 [+상관성]의 장면자질을 지녔더라도 보편적 사실에 관련될 때는 지시성이 희박해지거나 缺如될 수도 있다.[50]

(2b)-1 "이 지븨 <u>사</u> 얼우니며 아히며 現在 未來 百千歲中에 惡趣를 기리
여희리니"(月釋 21:99a)

(2b)-2 "이 바리옛 믈애를 내 <u>돈니</u> 싸해 <u>쏘라라</u>"(釋詳 24:9b)

(2b)-3 "이런 有情들흔……머리며 누니며 손바리며 고기며 모미라도 <u>비</u>
사로물 <u>주리어니</u> ㅎ믈며 녀나믄 쳔랴이ᄯ녀"(月釋 9:30b)

(2b)-4 "罪苦 <u>잇</u> 衆生을 너비……<u>解脫케 ㅎ야지이다</u>"(月釋 21:29b)

(2b)-5 "이런 됴흔 緣으로 亡者ㅣ 惡道를 <u>여희며</u>"(月釋 21:126b)

(2b)-6 "다 如來ㅅ 威力<u>으로</u> 고둘 <u>아라라</u>"(釋詳 9:28b)

위의 用例는 [+상관성]의 장면에 나타나는 冠形構文이다. (2b)-1은 世尊이 普廣菩薩에게 하는 말인데 관형구문의 시제가 주절의 시제와 일치하는 현재시제다. 이러한 시제성은 부정법 '산'과의 系列關係에 의해 形成된다. (2b)-2는 세존이 阿難에게 하는 말인데 관형구문의 시제는 주절의 시제와 거의 일치해 보이므로 현재시제임이 틀림없다. 오히려 습관 내지 반복의 의미를 띤 현재라 할 것이다. 이러한 시제성은 부정법 '돈닌', 회상법 '돈니던'과의 系列

---

50 상관성과 지시성의 상호관계는 高永根(1981:55-6) 참조.

關係에 의해 파악된다. 그런데 이 말이 [-상관성]의 말, 곧 地文으로 바뀐 다음의 用例는 사정이 다르다.

(2b)-2' 阿難이 그 바리옛 믈애를 如來 둗니시는 싸해 싯니라(釋詳 24:11a)

위의 用例는 (2b)-2에서 세존이 시킨 대로 했다는 것을 석보상절의 작자가 [-상관성]의 발화행위인 地文으로 표현한 것이다. 이러한 발화행위에서는 '둗니시는'을 '둗니신'이나 '둗니던'으로 바꾸어도 의미차이가 크지 않다. 우리는 앞에서 [-상관성]의 장면이나 지시성이 약한 구문에서 관형사형의 교체가 수의로 일어남을 목격했는데 같은 방식으로 설명된다.

(2b)-3은 無毒의 딸이 세존에게 하는 말이다. 그러나 관형구문 '비는 사름'은 특정한 人物을 가리키는 것이 아니므로 주절의 시제에 제약을 받지 않으며 그 시제도 정확하게 규정하기 힘든다. (2b)-4는 存在詞 '잇다'의 직설관형구문을 가진 用例인데 이 역시 [+상관성]의 발화행위임에도 불구하고 지시성이 분명하지 않다. '罪苦 잇는 衆生'이란 일반적 사실에 대한 표현이므로 주절시제의 영향을 받지 않는다. (2b)-5, 6은 形容詞와 指定詞의 관형구문을 포함한 것인데 지시성이 뚜렷하여 주절의 시제에 일치하는 현재시제라 할 수 있다.

直說法의 叙述性構文과 冠形構文의 시제도 부정법의 경우와 큰 차이가 없었다. [-상관성]의 발화상황에서는 대부분 사건시를 발화시나 주절의 시제와 관련하여 의미해석을 하기가 어려웠다. 경우에 따라서는 현재시제로 해석될 수 있는 것도 없지 않았으나 발화시나 주절의 시제와 관련된 현재시제로의 해석이 쉽지 않았다. 그러나 [+상관성]의 발화장면에서는 대부분 사건시가 발화시나 주절의 시제와 일치하는 현재시제로의 해석이 가능하였다. 이경우에도 지시성이 약하거나 결여되었다고 간주되는 구문은 일정한 시제를 부여하기 어려운 경우도 없지 않았다.

C. 回想叙述性語尾와 回想冠形詞形語尾

(1a)-1 劫 일후믄 우흘브터 셰ᄂ니…時節ㅅ 한 사ᄅ미 깃거 <u>보ᅀᆞ더니라</u>(月釋 18:83)

(1a)-2 부톄 舍衛國에 겨시거늘 崛山 中에 五百 도ᄌ기 이셔 길헤 나 사ᄅᆷ 티고 <u>도ᄌᆨᄒᆞ더니</u> 如來 方便力으로 ᄒᆞᆫ 사ᄅᆞᄅᆞᆯ 밀ᄀᆞᄅᆞ샤…… 崛山으로 <u>가시더니</u>(月釋 10:27b)

위의 用例는 [-상관성]의 발화장면에 나타나는 回想法의 叙述性構文이다. (1a)-1은 「劫」을 세는 방법을 설명한 月印釋譜 편찬자의 말인데 부정법 '보ᅀᆞᆸ니라', 직설법 '보ᅀᆞ난니라', 첫째설명법 '보ᅀᆞ더라'로 바꾸어도 의미의 차이가 크게 나지 않는다. 편찬자의 직접적 경험과 관련되지 않는, 과거에 있었던 일반적 사실에 대한 陳述인 것이다. (1a)-2도 설화자의 말인데 주절의 시제보다는 앞서 있지만 경험사실을 전제하고 있지 않으므로 정확한 시제의 설정이 쉽지 않다. 이 경우 부정법 '도ᄌᆨᄒᆞ니', 직설법 '도ᄌᆨᄒᆞᄂ니'로 바꾸어도 의미의 차이가 큰 것은 아니다.

(1b)-1 이ᄂᆞᆫ 菩薩 <u>行ᄒᆞ던</u> 衆生ᄋᆞᆯ <u>니르시니라</u>(釋詳 13:51a)

(1b)-2 그 東山애 열가짓 祥瑞 나며 <u>좁던</u> 東山이 <u>어위며</u>(月釋 2:28b)

위의 用例는 [-상관성]의 발화장면에 나타나는 冠形構文이다. (1b)-1은 구문자체가 일반적 사실에 관련되어 있고 '니르다'가 지칭동사라는 점에서 지시성이 미약하다고 할 수 있으며 따라서 주절의 시제(___)와 관련하여 관형구문의 시제를 말하기가 어렵다. 이러한 점 때문에 '行ᄒᆞ던'은 부정법 '行ᄒᆞᆫ', 직설법 '行ᄒᆞᄂᆞ'으로 바꾸어도 큰 의미 차이를 일으키지 않게 되는 것이다. 앞의 叙述性構文의 '-더니라, -더니'와 같이 과거사실에 대한 막연한 표시방법이 아닐까 생각한다. 관형구문의 主體인「衆生」의 동작을 설화자가 직접 목격한 것을 陳述한 것이 아니다. (1b)-2도 비슷한 方式의 해석이 가능하다. 이 구문 역시 관형구문의 主體인「東山」의 상태를 설화자가 직접 體驗하여 叙述한 것이 아니고「東山」의 과거의 상태를 막연히 이야기한 것이다. 관형구문의 시제는 주절의 시제보다 앞서 있으나 정확한 시제의 설정은 쉽지 않다. 이런 점 때문에 이 구문도 直說法 '좁은'으로 바꿀 수 있다.

(2a)-1 "홍정바지들히 몯 녀아 天神ㅅ긔 <u>비더니이다</u>"(月千其 86)

(2a)-2 "無病이 第一이러시니 눔 위ᄒᆞ야 흔 句ㅅ 法도 니르신 저기 업고 샹네 말 <u>업더시니이다</u>"(釋詳 24:39b)

(2a)-3 "뉘 닐오ᄃᆡ 어마니미 이에 잇다 <u>ᄒᆞ더니잇고</u>"(月釋 23:82a)

(2a)-4 "沙羅樹王이 八婇女 보낼 나래 앗가봃 ᄠᅳ디 <u>업더녀</u>"(月釋 8:91b)

(2a)-5 "내 지븨 이셔 샹녜 環刀ㅣ 며 막다히를 두르고 이셔도 <u>두립더니</u> 이제 ᄒᆞ오ᅀᅡ 무덦 서리옛 나모 아래 <u>이셔도</u>……"(月釋 7:5b)

위의 用例는 [+상관성]의 발화장면에 나타나는 叙述性構文이다. (2a)-1은 第Ⅱ章 (7)-2와 같이 月印千江之曲에 나타나는 것인데 화자의 直接的 경험에 근거한 陳述이 아니다. [-상관성]의 장면에서는 이런 경우 不定法으로 바꾸어 쓸 수 있음을 보았는데 [+상관성]의 장면에서도 같은 사실을 발견할 수 있다. 그것은 이 詩의 짝이 되는 말이 不定法(과거시제)으로 나타나는 점에 의해서도 뒷받침된다.

(2a)-1' "수픐神靈이 길헤 나아 뵈야 世尊을 아ᅀᆞᆸ게 <u>ᄒᆞ니이다</u>"(月千其 86)

(2a)-2는 尊者가 王에게 자기가 경험한 溥拘羅의 행적을 회상하여 말하는 것인데 경험시는 과거시제라 할 수 있지마는 경험 당시의 시제는 현재이

다.[51] 이러한 시제성은 직설법 '업ᄂᆞ니이다'와의 系列關係에 의해 표시된다.
(2a)-3은 獄主가 目連에게 경험사실을 회상시켜 물어보는 것인데 시제는 앞
의 예와 같이 두 가지로 해석된다. 이러한 점은 부정법 'ᄒᆞ니잇고', 직설법 'ᄒ
ᄂᆞ니잇고'와의 系列關係에 의존하는 것이다. (2a)-4도 같이 설명할 수 있다.
光有聖人이 比丘에게 主體인 沙羅樹王에 대해 경험한 것을 回想시켜 묻는 것
이다. 시제는 발화시를 기준으로 하면 과거가 되나 경험시를 기준하면 현재
이다. 이러한 시제적 성격은 (2a)-2와 같이 직설법 '업스시니이다'와의 系列
關係에 依存하는 것이다. (2a)-5는 주절의 시제(___)와 비교하면 이에 앞서 있
고 경험시를 기준으로 하면 현재이다. 이러한 시제성은 직설법 '두리ᄫᆞ니'와
의 계열관계에 의존한다.

> (2b)-1 "내 ᄒᆞ던 이리 甚히 외다ᄉᆞ이다"(釋詳 24:18a)
>
> (2b)-2 "諸佛이 滅度ᄒᆞ신 後에 아뫼나 ᄆᆞᄉᆞ믈 보다라비 가지던 사름들토 다
> ᄒᆞ마 佛道를 일우며……"(月釋 13:51a)
>
> (2b)-3 나ᄆᆞᆫ 人生이 디나가ᄂᆞᆫ 새 ᄀᆞᄐᆞ니 녜 사던 ᄆᆞ슬흔 이제 뷘 村이 ᄃᆞ외
> 얫도다(原詩省略) (杜諺 19:39b)
>
> (2b)-4 언맛 ᄢᅴ 羽獵을 뫼ᄉᆞ올고 당다이 구슬 낙썬 시내홀 ᄀᆞᄅ치리라(原詩
> 省略) (杜諺 19:16a)

위의 用例는 [+상관성]의 발화장면에 나타나는 回想法의 冠形構文이다.
(2b)-1은 王이 比丘에게 하는 말인데 관형구문의 시제는 回想法인 주절의 시
제(___)보다 앞서 있다는 점에서 과거시제라고 할 수 있으며 王 자신의 직접
적인 體驗事實이 기초가 되어 있어서 중세어의 回想法의 用法에 어긋나지 않
는다.[52] 이러한 시제성은 부정법 'ᄒᆞᆫ', 직설법 'ᄒᆞᄂᆞᆫ'과의 系列關係에 의해 표

---

51 國語의 回想法은 두 가지 관점에서 時制解釋이 가능하다. 자세한 것은 高永根(1981:90) 참조.

시된다. (2b)-2도 같은 방식으로 설명할 수 있다. 이 구문은 부처가 舍利弗에게 하는 말 가운데의 一節인데 관형구문은 여러 부처가 멸도한 후에 사람들이 마음을 부드럽게 가졌다는 사실을 부처가 직접 目擊한 것이 기초가 되어 있으므로 [+상관성]의 장면에 나타나는 回想法의 用法과 차이가 없다. (2b)-3도 杜甫의 옛날 살던 마을에 대한 陳述이니 중세어의 回想法의 用法에 어그러지지 않는다. 그러나 (2b)-4는 문제가 다른 것 같다. 이는 주석문에 의하면 太公望이 시내에서 구슬을 낚던 故事를 자기의 처지에 비유한 것인데 太公望이 구슬을 낚는 일을 직접 목격한 것이 아니다. 이런 구문은 비록 [+상관성]의 발화장면에 나타난 것이라 할지라도 用法에 있어서는 (1a)와 같은, [-상관성]의 장면에 나타나는 둘째설명법어미와 관련시킬 수 있다.

回想法의 叙述性構文과 冠形詞形構文의 時制도 크게는 直說法과 不定法의 경우와 큰 차이가 없다. 그러나 세부에 있어서는 同一視할 수 없는 면도 없지 않다. [-상관성]의 장면에서는 叙述性構文과 冠形構文은 설화자의 직접적 體驗과 관련이 없는 과거의 사실을 陳述하고 있다. 이 때는 앞의 부정법, 직설법의 경우처럼 다른 형태로 바꾸어도 의미상의 차이가 크지 않았다. [+상관성]의 장면에서는, 叙述性構文은 화자나 청자의 直接的인 體驗에 근거해 있지마는 冠形構文은 사정이 다르다. 대부분은 설화자의 體驗事實과 관련되지마는 앞의 [-상관성]의 장면과 같이 설화자의 체험과 관련되지 않은 構文도 발견되었다.[53]

D. 推測叙述性語尾와 推測冠形詞形語尾

推測叙述性語尾 가운데서 '-니라'로 끝나는 推測說明法語尾는 자료가 매우

---

52 중세어의 回想法의 통사상의 특징은 高永根(1981:76) 참조.
53 자세한 논의는 IV장 참조.

한정되어 있기 때문에 첫째설명법어미로써 補充하기로 한다.

(1a)-1 諸法이 幻 ᄀᆞᆮᄒᆞ니 幻 ᄀᆞᆮ홈도 得디 몯ᄒᆞ리니라(口訣文省略) (圓覺下
2-2:11ab)

(1a)-2 境을 因ᄒᆞ야 그르 알면 드위힐훠 緣에 어즐ᄒᆞ야 일마다 眞을 일흐리
라(楞嚴 2:23b)

위의 用例는 [-상관성]에 나타나는 推測法의 叙述性構文이다. 이런 장면에
사용되는 推測法의 叙述性構文은 매우 드물다. 더우기 推測接續連結語尾 '-리
니'의 用例는 쉽게 찾아지지 않는다. (1a)-1은 제Ⅱ장에서 이미 살펴본 바와
같이 다른 文獻(入佛經界經)에 나타난 말을 引用한 것으로 작자의 말이다. 발
화시(집필당시)나 발화시 이후에 일어날 일을 특별한 樣態性의 介入없이 단
순하게 叙述하거나 추측하는 것 같다. (1a)-2도 발화(집필 내지 설화) 당시의
일을 추측하는 데 불과하다.

(1b)-1 그 지븨셔 차반 ᄆᆡᆫ글 쏘리 워즈런ᄒᆞ거늘(釋詳 6:16a)

(1b)-2 鬼神들히 月食ᄒᆞᆯ 저긔 八萬四千塔ᄋᆞᆯ ᄒᆞᆫᄢᅴ 셰니(釋詳 24:25a)

(1b)-3 世尊이……ᄒᆞ오샤 忉利天에 가샤 歡喜國이라 홀 東山애 波利質多羅
樹ㅣ라 홀 나모 아래 겨샤(釋詳 11:1ab)

위의 用例는 [-상관성]의 발화장면에 나타나는 冠形構文이다. (1b)-1은 의
미상으로는 사건시가 주절의 시제에 일치한다고 할 수 있다. 그렇다면 'ᄆᆡᆫᄀᆞ
ᄂᆞᆫ'이 되어야 할 것이다. 그러나 설화자가 일반적인 음식 만드는 소리로 생
각하였다면 주절의 시제와 전혀 무관할 것이다. 이런 경우 중세어는 형태선
택에 一貫性이 없어 '-ᄂᆞᆫ'도 취할 수 있었다.[54] (1b)-2도 같은 방식으로 설명할
수 있다. 설화의 내용을 보면 주절의 시제와 거의 일치해 보이는데 그렇다면

'月食ㅎᄂᆞᆫ'으로 나타나야 할 것이다. 다음의 用例가 그것을 뒷받침한다.

(1b)-2' 길흘 ᄎᆞ자 부텻긔로 <u>가ᄂᆞ</u> 저긔 城門애 <u>내드라</u>(釋詳 6:19a)

그러나 부정법을 취하는 일도 있어서 이 경우는 형태선택에 일관성이 없음을 알 수 있다.

(1b)-2" "ᄒᆞ다가 定을 <u>어든</u> 저긔 能흔 일 사모미 <u>몯ᄒᆞ리라</u>"(蒙法 36-7)

(1b)-3은 관형구문을 취한 동사가 引用動詞란 점과 지시성이 약한 구문상의 성격을 고려하면 '-ㄹ'이 붙는 사실이 설명될 수 있다. 중세어에는 이 경우 부정법, 직설법, 추측법을 수의로 선택하였다.

(2a)-1 "내 願을 아니 從ᄒᆞ면 고줄 몯 <u>어드리라</u>"(月釋 1:12b)

(2a)-2 "如來 오ᄂᆞᆳ밦中에 無餘涅槃애 <u>들리라</u>"(釋詳 13:34a)

(2a)-3 "내 이제 分明히 너ᄃᆞ려 <u>닐오리라</u>"(釋詳 19:4b)

(2a)-4 "이 世界들 흘 어루 ᄉᆞ랑ᄒᆞ야 혜여 그 數를 <u>알려 몯ᄒᆞ려</u>"(月澤 17:5a)

(2a)-5 "阿逸多아 그 쉰차힛 善男子 善女人의 隨喜功德을 내 <u>닐오리니</u> 네 이
대 <u>드르라</u>"(釋詳 19:2a)

위의 用例는 [+상관성]의 발화장면에 나타나는 推測法의 叙述性構文이다. (2a)-1은 구이가 선혜에게 하는 말인데 발화시 이후의 주체의 행위에 대한 가능성을 예측하는 것이다. (2a)-2는 日月燈明佛이 대중을 향하여 하는 말로서 발화시 이후의 일을 確言하는 것이나 다름없다. (2a)-3은 발화시 이후의 화자

---

54 추측관형사형의 선택과 구문특성에 대한 자세한 논의는 高永根(1981:85-6) 참조.

의 意圖를 陳述하는 것이다. (2a)-4는 청자에게 발화시에 있어서 가능성을 묻고 있다. (2a)-5는 접속어미의 用例로서 화자의 의도가 파악된다. 접속어미 '-니'에 先行하는 추측법에도 설명법에서와 같은 비슷한 의미가 나타난다.

(2b)-1 "ᄒᆞ마 命終홀 사ᄅᆞᆷᄃᆞᆯ 善惡 묻디 말오"(月釋 21:125b)

(2b)-2 "諸佛ㅅ 實法을 드르리 이시면"(法華 2:149b)

(2b)-3 "그 부텻 목수믄 몯 혫 劫이라"(月釋 21:129b)

위의 用例는 [+상관성]의 발화장면에 나타나는 관형구문이다. (2b)-1은 주절의 시제에 後行할 뿐이고 叙述性構文에서 볼 수 있었던 推測, 意圖와 같은 樣態的 의미는 잡혀지지 않는다. 이러한 시제성은 未來 관련의 시간부사 'ᄒᆞ마'에 의해서도 알 수 있다. (2b)-2는 지시성이 매우 약하여 주절의 시제와 아무런 관련이 맺어지지 않는다. (2b)-3도 주절의 시제와 관련을 지을 수 없는데 이것도 크게는 지시성이 미약한 구문으로 볼 수 있다. 이런 구문은 지문이든 대화이든 형태선택이 일정하지 않음을 더러 보아 왔다.

推測法의 叙述性構文과 冠形構文의 시제도 근본적으로는 차이가 없는 것이 아닌가 한다. [-상관성]의 장면의 叙述性 구문은 用例가 적어서 발화시나 이후의 일을 추측하는 이외의 다른 경향을 잡아낼 수 없지마는 관형구문은 부정법, 직설법과 같이 주절의 시제와의 관련성이 쉽게 맺어지지도 않고 형태선택 또한 일정하지 않았다. 한편 [+상관성]의 발화장면에서는 叙述性構文은 단순한 미래사실의 예측 이외 가능성, 의도 등의 양태적 의미를 설정할 수 있으나 관형구문에서는 사건시가 주절의 시제에 後行하는 이외의 다른 의미를 찾기 어렵다. 이 경우에도 지시성이 희박하거나 缺如되었다고 믿어지는 구문은 주절의 시제와 관련을 맺기가 쉽지 않다.

이상 필자는 叙述性構文과 冠形構文의 시제를 비교해 보았는데 근본적인 차이가 없다는 것을 確認하였다. 부정법과 직설법은 차이가 거의 없었고 회상법도 대체로는 두 구문의 시제적 성격이 同一함을 확인할 수 있었다. 추측법도 敍述性構文에 나타나던 樣態性이 관형구문에서 喪失된다는 점 이외에는 근본적인 차이가 없었다. [-상관성]의 장면에서는 어떠한 구문이든 형태선택에 일관성이 없다는 것도 중세어의 특징이 될 수 있다.

Ⅳ. 두 構文의 관련방법-통사론적 接近-

이곳에서는 앞서 확인한 敍述性構文과 冠形構文의 形態 및 意味上의 相關性을 통사론적 관점에서 관련시켜 봄으로써 國語의 冠形構文이 어디서 由來하는가를 구체적으로 따져 보려고 한다.

敍述性構文과 冠形構文을 통사론적으로 관련시키는 데는 두 가지 방법이 있을 수 있다. 第Ⅱ章에서 確立된 敍述性語尾들을 관형사형과 添辭로 분석하는 것과 관형사형을 서술성어미에서 유도해 내는 것이 그것이다.

첫째 방법은 일찍이 Ramstedt(1939:74)에서 제기된 것인데 敍述性語尾들을 관형사형과 첨사 '이라, 여, 이'로 분석하는 방식을 가리키는 것이다.[55] Ramstedt는 敍述性語尾를 설명법에 국한하며 관형사형 n과 r에 첨사 ira가 붙는 것으로 설명하는 데 대하여 우리는 설명법은 勿論 의문법과 접속어미까지 포함하여 분석할 수 있다는 것이 差異點이라고 할 것이다. 앞의 敍述性語尾들을 관형사형과 첨사로 분석해 보면 다음과 같이 정리할 수 있다.

---

[55] 서술성어미를 관형사형과 첨사로 분석하는 實例는 高永根(1981:27-8) 참조.

(1)

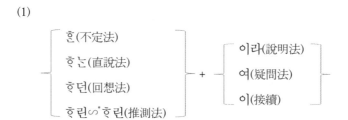

추측법의 'ᄒ린'은 설명법어형의 'ᄒ리니라'와 접속어형의 'ᄒ리니'에서 분석된 것이고 "ᄒ린'은 의문법어형의 "ᄒ리녀'에서 抽出된 것이다. 叙述性語尾에서 析出되는 推測冠形詞形 'ᄒ린'과 "ᄒ린'은 그 出現條件이 相補的이라할 수 있다. 서술성어미에서 析出되는 (1)의 왼쪽의 語形을 冠形詞形으로 보지 않을 수 없는 것은 추측법을 除外하고는 일반적인 名詞類 앞에 나타나는 관형사형과 형태가 같기 때문이다. 추측법도 'ᄒ린'과 같은 형태가 비록 그 의미에 있어서는 문제가 있다고 하겠지만 명사 앞에 쓰이는 일이 있었고 "ᄒ린'도 'ᄒᆯ'의 기저형태로 설정될 수 있는 구조상의 妥當性이 인정되는 이상[56]형태가 같다고 할 수 있다. '이라, 여, 이'도 위의 분석결과에만 기대면 添辭의자격을 충분히 갖추고 있다. 그것은 관형사형과 첨사의 統合構成으로 기술되고 있는 중세어의 2人稱疑問法 및 間接疑問法과 거의 차이가 없기 때문이다.[57]

(1')

차이점이라고는 (1')의 추측법의 관형사형은 'ᄒᆯ'인 데 대해 (1)의 그것은

---

56 'ᄒ린'과 "ᄒ린'에 대한 논의는 제Ⅱ장과 高永根(1981:24) 참조.

57 중세어의 의문첨사에 대하여는 安秉禧(1965), 허웅(1975:495-516), 李賢熙(1982) 참조.

'ᄒᆞ린'과 "ᄒᆞ린'이라는 점뿐이다. 그러나 이곳의 '홀'도 그 기저형이 "ᄒᆞ린'인 이상 추측법에서도 형태가 같다고 할 수 있다.

(1)의 왼쪽에 나타나는 형태가 일반적인 관형사형과 형태가 같고 그 오른 쪽에 나타나는 형태가 일반적인 첨사와 같다는 사실만 고려하면 叙述性語尾 들을 관형사형과 첨사의 통합구성으로 볼 수 있다. 그러나 이러한 방법은 중 세어의 文法記述을 오히려 煩雜하게 하는 점이 더 많다.[58] 우선 叙述性語尾 가운데서 설명법어미와 의문법어미는 尊卑法에 따라 活用을 한다.

(2) a. ᄒᆞ이라(ᄒᆞ니라)〈ᄒᆞ라體〉, ᄒᆞ이이다(ᄒᆞ니이다)〈ᄒᆞ쇼셔體〉
    b. ᄒᆞ여(ᄒᆞ녀)〈ᄒᆞ라體〉, ᄒᆞ이잇가(ᄒᆞ니잇가)〈ᄒᆞ쇼셔體〉

대표적으로 부정법만 들었으나 설명법 (a)와 의문법 (b)는 尊卑法 標識 '이, 잇'을 가운데 두고 형태를 달리한다. 중세어의 첨사류를 본다든지[59] Ramstedt (1939:165-7)의 말을 빌더라도 첨사는 不變語로서 活用을 하지 않는데 (2)의 a, b에서는 첨사로 식별된 '이라, 여'가 活用을 하니 첨사의 자격이 부족함을 알 수 있다. 접속어미에 나타나는 '이'도 설명법의 '이라'의 '이'와 같은 것이 니[60] '이라'가 첨사가 안되면 '이' 역시 첨사로 다루어질 수 없다. 叙述性語尾 들은 (1)에 나타나는 바와 같이 관형사형과 첨사의 통합구성의 성격을 띠고 있으나 活用한다는 점을 고려하면 오히려 전체를 한 덩어리의 語尾部로 간 주하는 편이 좋지 않을까 한다. 또 百步를 양보하여 우리의 叙述性語尾들을 관형사형에 첨사가 붙은 것으로 간주한다고 해도 關係構文이 이에 대응되는 叙述構文에서 유도된다는 普遍理論에도 어긋나니 文法記述을 더 어렵게 만

---

58 이 문제에 대해서는 이미 高永根(1981:28-9)에서 자세히 논의한 일이 있다.
59 첨사의 구조적 특징에 대하여는 安秉禧(1965:65-7), 허웅(1975:369-70) 참조.
60 '이'에 대한 자세한 논의는 高永根(1981:28) 참조.

들어 준다. 이와 함께 생각할 것은 추측관형구문을 이에 대응하는 敍述性構文에서 유도하면 樣態性의 상실이 쉽게 설명된다는 것이다. 특정한 조건 아래서 의미가 상실되는 것은 설명이 간편하나 반대의 경우, 곧 양태성이 더해지는 것은 설명을 복잡하게 하기 때문이다(後述).

이런 몇 가지 難關을 고려할 때 冠形詞形으로 이끌어지는 構文은 필연적으로 敍述性語尾를 가진 構文과 관련시키지 않을 수 없다. 우리는 第Ⅲ章에서 敍述性構文과 冠形構文의 時制的 意味가 대부분의 경우 同一함을 確認한 바 있다. 이제 이 사실에 기대어 두 구문을 구체적으로 관련시켜 보고자 한다. 敍述性구문 가운데서 가장 기본적인 것은 說明法 構文이다.[61] 관형구문이 모두 敍述性構文과 관련을 맺고 있는 것인지[62] 그런 경우에도 說明法 構文과만 관련되는 것인지의 문제 등은 그리 쉽게 決定될 수 있을 것 같지 않으므로 이곳에서는 잠정적으로 설명법 구문에 局限하기로 한다.

不定冠形構文과 直說冠形構文은 이에 대응하는 不定說明法의 구문과 直說說明法의 구문으로 쉽게 전개될 수 있다. 먼저 不定冠形構文부터 검토해 본다.

(3)-1 阿育王 션 나래 鐵輪이 虛空ᄋ로셔 ᄂ라오니(釋詳 24:13a)

(3)-2 獄ᄋᆫ 罪 지ᅀᅳᆫ 사ᄅᆷ 가도ᄂᆫ 짜히니(月釋 1:28b)

(3)-3 夜叉ᄂᆫ 늘나고 모다다 혼 ᄠᅳ디니(月釋 1:14b)

위의 用例는 第Ⅲ章 A의 (1b)에서 가져온 부정관형구문으로서 모두 [-상관성]의 장면에 쓰인 것이다. 이들은 다음과 같은 부정설명법의 구문으로 전개된다.

---

61 최현배(1961:180)에서는 베풂꼴, 곧 설명법이 관형사형보다 더 기초적이라고 말한 일이 있다.

62 권재일(1980:80)에는 관형화 내포문의 구조는 서술, 의문, 명령, 청유 등의 어느 한 가지라고 확정지어 말할 수 없다는 의견을 제시한 바 있다.

(3)-1' 阿育王이 어느 나래 <u>셔니라</u>(그 나래 鐵輪이…)

(3)-2' 엇던 사르미 罪를 <u>지스니라</u>(獄은 그 사르 몰…)

(3)-3' (그 쁘들) 눌나고 모디다 <u>호니라</u>

관형구문이 [-상관성]의 장면에 쓰인 것인 이상 설명법구문도 일단은 그런 장면의 자질을 띠었다고 하지 않을 수 없다. (3)-3'의 '호니라'가 (3)-3에서 '혼'으로 된 것은 核心名詞 '쁟'이 '…호니라'의 目的語가 되기 때문이다.[63] 이렇게 전개된 설명법구문은 實在하는 부정설명법 用例와 같이 과거 사실을 단순하게 진술하거나 일반적 사실을 진술하는 의미를 표시한다. (3)-1'는 전자의 의미를, (3)-3'는 후자의 의미를 표시하고 (3)-2'는 두 가지로 다 해석될 수 있다 (前述).

(4)-1 "이에 <u>든</u> 사르 몬 죽디비 나디 몯호 <u>ᄂ니라</u>"(釋詳 24:14b)

(4)-2 "이 如來 <u>나신</u> 싸히니이다"(釋詳 24:35b)

(4)-3 "鹿母夫人이 <u>나혼</u> 고즐 어듸 ᄇ린다"(釋詳 11:32b)

위의 用例는 第Ⅱ章 A의 (2b)의 문장에서 가져온 것인데 모두 [+상관성]의 장면에 쓰인 것이다. 이들은 다음과 같은 설명법구문으로 전개된다.

(4)-1' "이에 엇던 사르미 <u>드니라</u>(그 사르 몬…)"

(4)-2' "如來 엇던 싸해 <u>나시니이다</u>(그 싸히 이 싸히니이다)"

(4)-3' "鹿母夫人이 엇던 고즐 <u>나호니라</u>(그 고즐…)"

[+상관성]의 관형구문도 그것이 기반으로 하고 있는 설명법 구문은 위와

---

63 이러한 종류의 구문에 대한 解釋은 허웅(1975:817)에 기대었다.

같이 [+상관성]의 장면자질을 띤 것으로 보지 않을 수 없다. (4)-3'의 '나ᄒᆞ니라'가 (4)-3에서 '나혼'으로 된 것은 핵심명사 '곳'이 先行動詞 '낳다'의 目的語이기 때문이다. 이렇게 전개된 설명법구문은 實在하는 설명법의 용례와 같이 사건시가 발화시에 앞서는 과거시제를 분명히 표시하고 있다.

(5)-1 길흘 ᄎᆞ자 부텻긔로 <u>가ᄂᆞ</u> 저긔 城門애 내ᄃᆞ라⋯(釋詳 6:19a)

(5)-2 默ᄂᆞᆫ <u>ᄀᆞᆺ</u> ᄌᆞᆷᄌᆞᆷ이라(月釋 21:113a)

(5)-3 明行足ᄋᆞᆫ <u>ᄇᆞᆯ곤</u> 힝뎌기 ᄀᆞᄌᆞ실 ᄊᆡ라(釋詳 9:3a)

위의 用例는 第Ⅱ章 B의 (1b)에서 가져온 직설관형구문인데 [-상관성]의 장면자질을 띤 것이다. 이들은 다음과 같은 직설 설명법의 구문으로 전개될 수 있다.

(5)-1' 어느 저긔 길흘 ᄎᆞ자 부텻긔로 <u>가ᄂᆞ니라</u>(그저긔⋯)

(5)-2' 엇던 ᄌᆞᆷ심이 <u>ᄀᆞᄂᆞ니라</u>(그 ᄌᆞᆷ심이⋯)

(5)-3' 엇던 힝뎌기 <u>ᄇᆞᆯᄀᆞ니라</u>(그 힝뎌기⋯)

관형구문이 [-상관성]의 자질을 띤 이상 그에 대응하는 설명법 구문도 그렇게 보지 않을 수 없다. 이렇게 전개된 설명법 구문은 實在하는 설명법의 用例와 같이 과거사실을 설화하는 데 쓰이기도 하고 일반적 사실을 진술하는 경우에도 쓰일 수 있는 것이다. (5)-1'는 전자의 의미를, (5)-2', 3'는 후자의 의미를 표시한다.

(6)-1 "이 바리옛 몰애를 내 <u>ᄃᆞ니ᄂᆞ</u> ᄊᆞ해 ᄲᆞ라라"(釋詳 24:9b)

(6)-2 "이런 <u>됴ᄒᆞᆫ</u> 緣으로⋯⋯"(月釋 21:126b)

(6)-3 "다 如來ㅅ 威力<u>이론</u> 고들 아라라"(釋詳 9:28b)

위의 用例는 [+상관성]의 장면에 나타나는 직설법의 관형구문이다. 이 구문도 다음과 같은 [+상관성]의 자질을 띤 설명법의 구문으로 전개된다.

(6)-1' "…내 엇던 싸해 듣니ᄂ니라(그 싸해…)"

(6)-2' "이런 緣이 됴ᄒ니라 (그 緣으로…)"

(6)-3' "엇던 거시 다 如來ㅅ 威力이니라(그 고ᄃᆞᆯ…)"

관형구문 (6)-3이 '론'이 된 것은 '곧'의 통사자질에 그 원인이 있다.[64] 이렇게 전개된 구문은 實在하는 [+상관성]의 설명법 用例와 같이 대체로 사건시가 발화시에 일치하는 현재시제를 표시한다.

不定法과 直說法의 冠形構文은, [-상관성]의 구문은 이에 대응되는 [-상관성]의 설명법구문으로, [+상관성]의 구문은 이에 대응하는 [+상관성]의 구문으로 각각 전개되며 시제적인 의미도 실재하는 설명법의 用法과 일치하는 것임을 말할 수 있다. 다음은 回想冠形構文을 검토해 보기로 한다.

(7)-1 이ᄂᆞᆫ 菩薩 行ᄒ던 衆生ᄋᆞᆯ 니르시니라(釋詳 13:51a)

(7)-2 그 東山애 열 가짓 祥瑞 나며 죻던 東山이 어위며(月釋 2:28b)

위의 것은 第Ⅲ章 C의 (1b)의 문장으로서 [-상관성]의 장면에 쓰인 回想冠形構文이다. 이들은 앞의 부정법, 직설법과 같이, 대응하는 [-상관성]의 설명법구문으로 전개된다.[65]

---

64 (6)-3의 '곧'은 엄격히 말하면 '줄'의 뜻이나 이에 해당하는 自立名詞가 없어 편의상 '것'을 내세웠다. 그러나 이런 명사들은 관계절을 이끄는 말이 아님이 보고되어 있다. 이에 대하여는 허웅(1975:833, 848-56) 참조.

65 이 두 문장은 이미 高永根(1981:79-80)에서 논의한 일이 있다.

(7)-1' 엇던 衆生이 菩薩을 行ᄒ더니라(그 衆生을…)

(7)-2' 엇던 東山이 좁더니라(그 東山이…)

이렇게 전개된 설명법의 構文은 實在하는 [-상관성]의 설명법의 用例와 같이 화자의 직접적인 體驗에 근거하지 않은, 과거의 일을 단순하게 설화하는 의미만 포착된다.

(8)-1 "내 ᄒ던 이리 甚히 외다ᄉ이다"(釋詳 24:18a).

(8)-2 당다이 구슬 낙썬 시내홀 ᄀ라치리라(杜諺 19:10a)

위의 用例는 第Ⅱ章 C의 (2b)의 用例에서 가져온 것으로서 [+상관성]의 장면에 쓰인 回想冠形構文이다. 이들도 일단은 대응하는 [+상관성]의 설명법구문으로 전개할 수 있다.

(8)-1' "내 엇던 이를 ᄒ다니라(그 이리…)"

(8)-2' "(太公望) 엇던 시내해셔 구슬 낙쩌니라"

(8)-1'가 'ᄒ다니라'로 전개된 것은 主體가 第1人稱일 때는 回想法의 '-더-'가 '-다-'로 교체하기 때문이다. 현대어에서는 일반적으로 주체가 第1人稱일 때는 '-더-'가 쓰이지 못하는데 중세어에서는 이런 制約을 받지 않으므로 (8)-1을 (8)-1'와 같이 전개할 수 있는 것이다. 따라서 後者는 前者에 對應되는 설명법 구문으로 볼 수 있다. (8)-2'는 杜甫가 태공망이 구슬을 낚는 일을 직접 목격하지 않았다는 점에서 [-상관성]의 장면에 나타나는 '-더니라'의 用例와 비슷하다고 하겠으나 이런 경우에도 우리는 중세어에서 [+상관성]의 장면에서 '-더니라'가 쓰이는 일을 이미 살펴본 바 있다. 第Ⅱ章 (7)-2와 第Ⅲ장 C의 (2a)-1이 그러한 用例인데 이들은 月印千江之曲의 작자가 직접적으로 경험하

지 않은 일인데도 불구하고 [+상관성]의 장면에서 '더니라'가 쓰인 것이다. 현대어의 다음과 같은 用例도 비슷한 방식으로 설명된다.

(8)-2" "우리는 이순신장군께서 왜적을 <u>무찌르던</u> 노량해협을 지나갔습니다"

이는 "…노량해협에서 왜군을 무찌르더니라"로 전개할 수 있는 것인데 화자의 직접적인 體驗과는 無關한, 과거사실에 대한 단순한 陳述에 지나지 않는다.[66]

중세어의 推測冠形詞形은 指示性이 약한 구문에 쓰이는 일이 많아 그것을 이에 대응하는 설명법구문으로 전개하기가 매우 어렵다.

(9)-1 그 鬼神들히 月食홀 저긔…(釋詳 24:25a)

(9)-2 歡喜國이라 홀 東山애…(釋詳 11:1a)

(9)-1은 '月食ᄒᆞᄂᆞᆫ, 月食혼'으로, (9)-2는 '…ᄒᆞ논, 혼' 등으로 나타나기 때문에 'ᄒᆞ리니라' 등으로 전개하기가 쉽지 않다. 이때는 'ᄒᆞᄂᆞ니라, ᄒᆞ니라'가 더 자연스럽게 대응된다. 그러나 다음과 같은 用例는 이에 상응하는 설명법 구문으로 전개된다고 할 수 있다.

(10) "ᄒᆞ마 <u>命終홀</u> 사ᄅᆞᆷ ᄃᆞᆯ 善惡 묻디 말오…"(月釋 21:125b)

(10') "엇던 사ᄅᆞ미 ᄒᆞ마 命終ᄒᆞ리니라(그 사ᄅᆞᆷ ᄃᆞᆯ…)"

---

66 서정수(1979:164-5)에는 현대어를 중심으로 관형사형의 '-던'의 '더'가 몸소살핌의 제약을 안 받는 사실을 지적하고 심층 서술어의 다양함에서 그 원인을 찾고 있으나 再考해야 하지 않을까 한다.

(10)(10')를 비교해 보면 관형구문에서는 사건시가 발화시에 後行하는 未來 時制의 의미만 파악되는 데 대하여 (10')에서는 推測 등의 양태적 의미가 곁 따름을 확인할 수 있다(前述).

이상의 論述에 기대면 冠形構文은 推測法을 除外하고는 대부분 이에 상응 하는 설명법의 叙述構文으로 展開될 수 있었다. 따라서 중세어에 국한하는 限 冠形構文은 說明法 등의 叙述性構文이 그 源泉임을 말할 수 있다.

설명법구문을 기반으로 하여 관형구문을 유도한다고 할 때 그 절차는 어 떠해야 할까? 漂準生成理論에 立脚한 현대어의 變形規則을 應用해보기로 한 다.[67] 설명법구문의 ᄒ라體만 대상으로 하면 '이라'가 첨사의 자격이 충분하 므로(前述) 添辭脫落 規則을 적용하여 관형구문이 되도록 操作하는 것이다. 叙述性語尾가 명사 앞에 놓이면 첨사가 필수적으로 탈락된다는 制約을 가하 는 규칙의 설정이 중요하다.

(11) 添辭脫落規則

구조기술 : X—⎰ ᄂ / 는 / 던 / 린 ⎱ -이라-N-X

$$\begin{array}{ccccc} & 1 & 2 & 3 & 4\ 5 \\ \text{구조변화 :} & 1 & 2 & \emptyset & 4\ 5 \end{array}$$

現代語에서는 同一名詞句가 脫落되면 時制冠形化規則이 뒤따라 적용되어 야 하는데[68] 중세어는 대신 첨사가 탈락되는 것이다. 첨사탈락의 과정에서

---

67 표준생성문법에 의한 國語變形規則은 남기심 외(1979:77-141) 참조.

68 남기심 외(1979:104)에 기대면 '는, 였, 겠'이 명사 앞에서는 '는, 은/ㄴ 올/ㄹ'로 變形된다고 설명하고 있다(後述).

추측법의 경우는 樣態性의 상실도 동시에 언급되어야 함은 勿論이다. 아래
부정법의 문장을 例로 들어 중세어의 關係節이 형성되는 과정을 살펴보기로
한다.

(12) 주근 아비 사라 오니라

이 문장의 深層構造는 대체로 다음과 같이 그릴 수 있다.

(12')

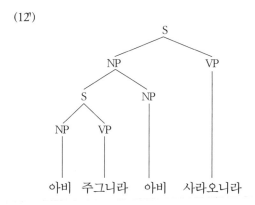

그림 (12')에서 (12)를 유도하려면 먼저 관계절 안의 명사구를 탈락시켜야
하는데[69] 그 결과는 다음 그림과 같다.

---

69 국어의 관계절의 同一名詞句의 脫落에 대하여는 남기심 외(1979:108) 참조.

(12")

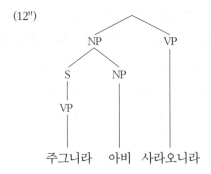

주그니라   아비 사라오니라

그림 (12")에, 앞서 말한 첨사탈락규칙 (11)올 적용하면 그림 (12"')와 같은
표면구조의 문장 (12)가 도출된다.

(12"')

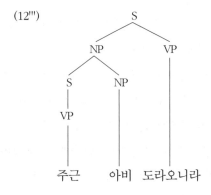

주근   아비 도라오니라

V. 叙述性構文과 冠形構文의 變遷樣相

이곳에서는 지금까지의 論述에 기대어 현대어에서 叙述性構文과 冠形構
文이 틈이 생기게 된 緣由를 캐어 보려고 한다. 미리 말한다면 叙述性語尾는
극심한 변화를 입었음에 대해 冠形詞形은 중세어의 모습을 그대로 간직하고
있는 데 원인이 있다. 현대어에는 중세어에 存在했던 둘째설명법어미가 완

전히 자취를 감추었다는 것이 根本的 變化인 것이다. 第Ⅱ章의 (11)의 圖表를 보면 중세어에 있었던 不定疑問法(ᄒ녀), 不定接續語尾(ᄒ니), 直說接續語尾(ᄒᄂ니), 推測接續語尾(ᄒ리니)가 자취를 감추었다는 사실도 확인할 수 없는 바 아니나 관형구문과 직접 연결시킨 것은 설명법이므로 설명법어미에 국한하려고 한다.

우리는 第Ⅱ章에서 [+상관성]의 장면에 나타나는 原則法과 둘째설명법이 형태가 같아서 기능의 負擔量이 매우 크며 변화의 요인을 배태하고 있음을 주목한 바 있다. 이리하여 회상법의 둘째설명법 '-더니라'는 '니'가 缺落되어 '-더라'가 될 수 있는 가능성을 검토한 바 있었는데 이러한 설명은 직설법의 둘째설명법 '-ᄂ니라'와 추측법의 둘째설명법에 대해서도 적용할 수 있다. 직설법의 첫째설명법은 둘째설명법의 '-ᄂ니라'에서 '니'가 缺落되어 形成되었다고 할 수 있다. 나아가서 추측법의 첫째설명법도 둘째설명법의 '-리니라'에서 '니'가 떨어짐으로 결과된 것이라 할 수 있다. 第Ⅱ章 圖表 (10)의 [+상관성]의 장면에서 直說法과 回想法의 둘째설명법의 자리가 "약세"(△)로 표시된 것은 15세기 당시에 '니'의 缺落이 상당한 정도로 수행되었다는 通時的 사실을 반영한다. 추측법의 둘째설명법의 자리가 "안쓰임"(×)으로 표시된 것은 이미 15세기 이전의 段階에 '니'의 缺落이 完成되었음을 뜻한다. 한편 부정법은 첫째설명법보다 둘째설명법이 더 우세하다. 이는 부정법의 경우 '니'의 缺落現象이 다른 叙法보다 늦게 일어났음을 의미하는 것이다. [+상관성]의 장면은 '니'의 缺落이 15세기에 이미 완성되었거나 상당히 진행되었음에 대하여 [-상관성]의 장면은 '니'의 缺落이 비교적 덜 현저하다는 사실도 발견할 수 있다. 15세기 이후의 文獻을 중심으로 두 장면에 나타나는 설명법어미의 변화 모습을 알아보기로 한다.[70]

[+상관성]의 장면에 나타나는 不定法은 형용사와 지정사의 경우는 간혹 보

---

70 近代 이후의 자료는 張京姬 교수와 李賢熙·柳東碩 兩君의 협조가 컸다.

이나(後述) 動詞에 직접 붙는 경우는 쉽게 찾아지지 않는다.[71] 「淸州北一面順天金氏墓出土簡札」(1569?)에 동사에 바로 붙는 '-니라'의 用例가 얼마간 눈에 띄지 않는 바 아니나 서간문을 [土상관성]의 어느 장면으로 처리해야 할는지는 쉽게 결정할 수 없다. 受信者가 一定해 있다는 점에서는 [+상관성]의 장면의 성격이 없지 않으나 대화가 불가능하다는 점에서는 [-상관성]의 성격도 인정된다.

> (1) 아바님도 이제 본여그로 가니라(「淸州簡札」, 忠北大 박물관 발행, 1981, p.204)

그러나 직설법은 더러 발견된다. 「癸丑日記」(17세기初)와 「先朝行狀」(17세기 중엽), 「捷解蒙語」(1737)의 다음 用例는 둘째설명법임이 틀림없어 보인다.

> (2) "다 올흐니이다"(姜漢永校註本 「癸丑日記」, 1958, p.142)
> (3) "춤소읫 말이 더욱 심흐니이다"(「先朝行狀」, 「애산학보」(영인), 1981, p.41)
> (4) "흐ᄅ 반드시 흔번 오ᄂ니라"(「첩해몽어」 2:1a)

위의 用例는 모두 물음에 대한 답변, 곧 兩方的 發話行爲에서 나타나므로 原則法 아닌 둘째설명법으로 간주된다. (2)(3)은 형용사, (4)는 동사에 붙는 것이다. 첩해몽어는 改刊本이기 때문에 18세기의 자료로 보기가 의심스러운 점이 없지 않다. 이러한 例文은 「太平廣記諺解」(17세기자료)에도 보인다.[72]

---

71 허웅(1979:14)에는 17세기 자료에서 [+상관성]의 장면에 쓰이는 동사 부정법의 用例불 들고 있으나 信憑性이 희박하다. 老乞大(重刊)의 用例 '주그니라'(上:26)는 初刊本의 것과 같으며 첩해신어에 나타난다고 하는 '너기웁닝이다(2:5), ᄇ라닝이다(6:5)'의 用例는 '너기웁닝이다, ᄇ라닝이다'로 읽는 것이 정확하다.

回想法은「淸州簡札」,「癸丑日記」,「太平廣記諺解」와 18세기 자료인「捷解蒙語」 등에서 散見된다.

    (5) "댱옷 ᄀᆞᆺ미 더 <u>서더니라</u>"(「청주간찰」 p.15)

    (6) "내 …거즛말 <u>ᄒᆞ엿더니라</u>"(「계축일기」 p.185)

    (7) "글로 ᄒᆞ야 날을 <u>ᄭᅮ짓더니라</u>"(「태평광기언해」 p.16)

    (8) "우리 다 <u>자더니라</u>"(「첩해몽어」 4:10a)

  (6)(7)은 발화상황이 一方的이어서 原則法의 의미가 파악될 수도 있고 (8)은 '듸답지 아니ᄒᆞ던다'라는 물음에 대한 답변이란 점에서 둘째설명법의 기능이 거의 틀림 없다.

  이상의 몇 가지 자료를 보면 [+상관성]의 장면에서는 15세기 국어에서 꽤 우세하였던 부정법이 近代國語에서는 거의 눈에 띄지 않았다. 오히려 15세기에 열세였던 직설법은 그런 대로 쓰였고 회상법은 原則法으로 보여지는 것도 없지 않았으나 역시 확인되었다. 동사의 부정법 형태가 자취를 감추다시피 된 것은 近代에 들어와서 完了相의 '앳/엣'이 과거시제로 기능전환을 하게 된 데 원인이 있지 않은가 한다. 부정법 '-니라'의 과거시제의 用法을 '앗/엇다'와 같은 형태가 젊어진 것으로 해석해 본다.[73] 직설법은 동사의 경우도 '니'의 缺落을 거쳐 '-ㄴ/는다'로 바뀌고 회상법은 '-더라'로 대체되기도 하며 단순한 과거 사실의 진술일 때는 '엇다'로 바뀌는 것이다.

  [+상관성]의 장면에 비해 [-상관성]의 장면에서는 중세어와 큰 변동이 없다. 動詞의 不定法은 16세기의「번역소학」(1518),「소학언해」(1588)을 비롯하

---

72 다음 用例 참조.
  "그듸……댱갈원을 ᄒᆞ엿던다"……대왈 "올흐니라"……"죵이 잇ᄂᆞ냐" 닙왈 "다 잇ᄂᆞ니라"
  (金一根 校說(영인), 1957, p.45).
73 [+상관성]의 부정법 '-니라'와 '-앗/엇다'의 交替時期는 앞으로 면밀하게 추구될 필요가 있다.

여 17세기의 「계축일기」, 「山城日記」, 18세기의 「三譯總解」, 18-9세기의 「恨中錄」, 「閨閤叢書」를 거쳐 20세기 초의 開化期 문장에 이르기까지 분포되어 있다. 이들 歷代의 文獻에서도 15세기와 같이 첫째설명법이 함께 나타난다.

(9) 그 문의 정표ᄒ고…그 집 구실을 덜라 ᄒ시니라(「번역소학」 9:66-7) cf.
詔旌表 其門閭 ᄒ시고…ᄒ시다(同 9:66a)

(10) 이 우흔 아비와 아들의 친홈을 볼키니라(「소학언해」 2:36a) cf. 孔子ㅣ
그 兄의 ᄌ식으로 안해 삼으시다(同 4:42b)

(11) 심복읫 의원을 보내여 티독ᄒ야 죽이니라(「계축일기」 p.27)

(12) 민한 등을 내어 보내니라(「산성 일기」, 문화재관리국영인 四面) cf. 노
라치란 오랑캐로 농호쟝군을 ᄒ이다(上同)

(13) 呂布ㅣ 셩내어 크게 벼르고 집의 믈러 가니라(「삼역총해」 1:10b) cf.
呂布ㅣ 샤례ᄒ고 가다(同 1:4b)

(14) 궐니셔 삼간 미처 나온 의복을 닙으니라(「한중록」, 「한국고전문학대
계」, 민중서관, 1961, p.28)

(15) …싀어미를 봉양ᄒ니라(「규합총서」, 鄭良婉 譯註, 寶珍齋, 1975, p.203)
cf.…싀어미를 공경ᄒ다

오른쪽의 형태(cf.부분)는 같은 文獻에 두 가지 부정법이 共存함을 특별히 드러내기 위하여 제시한 것이다. [-상관성]의 장면에 나타나는 부정법 '-니라'는 1910年까지의 개화기의 교과서 문장에까지 널리 쓰였고[74] 그 이후의 교과서나 논설문 등의 문장에도 간간히 쓰여 왔으며 소설 문장은 신소설에서 부터 이런 투의 말이 차츰 자취를 감추기 시작했다.[75] [-상관성]의 동사 부정

---

74 이 문제에 대하여는 康允浩(1969, 1973) 참조.

75 安秉禧(1968)에 의하면 국어문장 구조의 현대화는 1920年代 초기에 形成되었음이 지적되어 있다.

법도 [+상관성]과 같이 '었다'에 의해 代替되었다.

[-상관성]의 장면에 나타나는 직설법 '-ᄂ니라(-니라)'도 15세기와 같이 歷代의 자료에 고루 분포되었으며 개화기의 교과서 문장에서도 역시 확인된다. 문제는 七書諺解 등 敎化書類에 나타나는 직설법을 둘째설명법으로 볼 것인지 原則法으로 볼 것인지에 대한 확연한 기준을 세우기가 어렵다는 것이다.

(16) 王蠋이 ᄀᆞ로ᄃᆡ…烈女ᄂᆞᆫ 두 남진을 고텨 <u>아니ᄒᆞᄂᆞ니라</u>(「소학언해」 2:44b)

(17) 어려운 이리 닐곱 가지니…닐곱재 ᄀᆞ론 가난ᄒᆞ미<u>니라</u>(「呂氏 鄕藥諺解」 34b-35b)

(16)은 王蠋의 말을 引用했다는 점에서, (17)은 이어지는 텍스트의 끝이 命令法으로 되어 있다는 점에서 화자의 의도가 강하게 표명된 것으로 해석된다. 그러나 이러한 말들은 정상적인 대화에 나타나는 원칙법만큼 화자의 의도 표시가 강하지 않다. 이런 점으로 보면 [-상관성]의 성격도 없지 않다. 그것은 어쨌든 이러한 종류의 글이나 일반 지문에 나타나는 직설법[76]은, 動詞는 현대문장에서는 '-는/ᄂ다', 形容詞, 指定詞에서는 '-다'로 바뀌었다.

[-상관성]의 장면에 나타나는 回想法의 用例도 16세기부터 개화기의 문장[77]에 이르기까지 비교적 널리 퍼져 있었다.

(18) 그저긔…ᄒᆞ마 待制 벼슬ᄒᆞ야… <u>두외엇더니라</u>(「번역소학」 9:6b)

(19) 烈女傳에 ᄀᆞ로ᄃᆡ…바미어든…正흔 이를 <u>이르더니라</u>(「소학언해」 1:2b)

---

76 개화기의 교과서의 文章에 나타나는 直說法의 用例는 康允浩(1973:294-384) 참조.

77 개화기의 교과서 문장에 쓰인 回想法의 用例는 하나만 나타나는 것으로 보고되어 있다(康允浩 1973:308).

(20) 옹벽이는 대군 부모 샹궁 죡해<u>러니라</u>(「계축일기」p.185)

(21) 사오나온 일 돕<u>더니라</u>(「先朝行狀」 p.11)

(22) 션비 미양 우셔 갈오ᄉ디 "이 아히 그디 쏠오미 심ᄒ다" ᄒ<u>시더니라</u>(「한 중록」 p.10)

(19)는 "烈女傳에…"로 시작되어 있어서 原則法的인 一面이 없는 바 아니나 나머지는 지문의 用例이다. 특히 (18)은 口訣文이 "時에 長公이 已爲……러라"로 되어 있어 '-더니라'와 '-더라'의 가치의 同質性이 보증되기도 한다. [-상관성]의 回想法인 '-더니라'는 앞의 동사 부정법과 같이 '었다'로 바뀐다.

[-상관성]의 장면에 나타나는 추측법의 用例는 15세기 자료에서도 드물었는데 近代에서도 마찬가지다. 추측법의 '-리니라'는 15세기에 이미 '니'가 缺落된 것이 대부분이었는데 '-리라'를 거쳐 현대문장에서는 '-ㄹ 것이다' 내지 '-겠다'로 바뀌었다.

[+상관성]에 나타나는 부정법은 이미 17세기 이후의 문헌에서는 쓰인 자취를 찾기가 어려우며 직설법, 회상법은 대체로 17세기까지 어느 정도 사용된 흔적이 있으나 그 이후로는 用例가 나타나지 않는다. 그러나 [-상관성]의 장면에서는 1910年代까지 쓰이다가 20年代부터는 자취를 감추고 만다. 어떤 장면의 것이든 동사의 不定法은 '었다'로, 直說法은 '-ㄴ/는다'로 바뀌었다. 回想法은 [+상관성]의 장면에서는 '-더라'로 바뀐 것도 없지 않으나 '-었다, -더라'로 대치되었으며 [-상관성]의 장면에서는 하나같이 '었다'로 置換되고 말았다.

이상의 論述에 기대어 볼 때 현대어에서 敍述性構文과 冠形構文의 형태가 다르고 의미 또한 1:1의 대응관계를 보여 주지 않는다는 것은 특히 설명법 구문이 겪은 형태상의 변화는 勿論이고 統辭上의 변화까지 입은 데 그 원인이 있다. 回想法의 경우는 통사상의 變化까지도 目擊되는 것이다.[78] 현대어의 生成文法研究에서는 시제관형화의 규칙을 세울 때에 '는, 었, 겠'이 관형사형 '는, 은/ㄴ, 을/ㄹ'로 바뀌는 것으로 설명하고 있다.[79] 설명법의 '는'을 관형 사형의 '는'과 직접 연결시킨 것은 현대어 자체만 고려하면 온당한 처리가 아 니다. 설명법은 '는'뿐 아니라 母音語幹 아래에서는 'ㄴ'으로도 실현되며 '었, 겠'과는 序列이 같아서 共存할 수 없는 등 구조적 성격이 다르다. 그러나 설 명법의 '-는/ㄴ다'는 중세의 '-ᄂᆞ니라' 내지 '-ᄂᆞ다'로 소급한다는 점에서 궁극 적으로는 관형사형 '-는'과 같은 뿌리에 이어진다. '-었(다)'도 부정법의 '-니 라'를 대치한 형태이며 '-겠(다)'도 궁극적으로는 '-을/ㄹ'과 같은 根源으로 거 슬러 올라갈 수 있다고 생각하면 현대어의 시제관형화 규칙도 설명법 구문 과 전혀 상관이 없다고는 하기가 어려울 것이다. 通時態를 고려한 間接的 對 應關係가 성립될 수 있다.[80]

VI. 휘갑

현대어의 冠形詞形 '-ㄴ, -ㄹ'의 뿌리를 캐어 보겠다는 물음에서부터 출발 하여 중세어의 설명법어미에 대한 인식을 새로이 한 바탕 위에서 서술성구 문과 관형구문의 形態 및 意味上의 相關性을 찾고 두 구문의 관련 방법을 探 索해 보았다. 그리고 현대어에서 두 구문이 일치하지 않는 이유를 중세 이후 의 文獻을 통하여 따져 보기도 하였다. 지금까지의 이야기를 간추려 보면 다 음과 같다.

1. 중세어에는 '-다(라)'로 끝나는 보편적 설명법어미 이외 '-니라'로 끝나는 또 한 갈래의 설명법어미가 確認된다. 이들은 [-상관성]의 장면뿐 아니라 [+상

---

78 중세어의 회상법의 통사특성에 대하여는 高永根(1981:75-7) 참조.
79 이 규칙은 補完해야 할 점이 많다. 우선 남기심 외(1979:104) 참조.
80 현대어의 두 구문의 간접적 대응 관계를 文法記述에 어떻게 도입할 것인가 하는 문제는 뒷날로 미룬다.

관성]의 장면에서도 나타난다. 추측의문법과 추측관형사형어미도 그 패러다임과 中世語의 活用形態를 깊이 살펴보면 그 基底形態가 "-리녀'와 "-린'이란 사실을 발견할 수 있다. 이런 바탕 위에서 說明法, 疑問法, 그리고 接續語尾를 서로 比較해 보면 모든 叙述性語尾는 '니'로 시작하거나 '니'로 끝나 있음을 알 수 있게 되고 이들과 冠形詞形語尾는 'ㄴ'이란 요소가 공통되어 있다는 것을 알게 된다.

2. 서술성어미와 관형사형어미 사이에는 위에서 말한 形態上의 共通性에 倂行하여 意味上의 共通性이 인식된다. 不定法에서는 事件時가 發話時 내지 主節의 사건시에 앞서는 과거시제를, 直說法에서는 事件時와 發話時가 일치하는 현재시제를, 推測法에서는 사건시가 발화시에 뒤서는 未來時制를 각각 표시한다. 回想法은 [+상관성]의 장면에서는 대부분 화자의 경험과 관련한 時制解釋이 가능하지마는 [-상관성]의 장면에서는 그렇지 않았다. 직설법이 발화시를 중심으로 한 사건의 叙述에 쓰인다고 한다면 回想法은 經驗時를 중심으로 한 사건의 서술이나 발화시 이전의 과거의 일을 叙述할 때 쓰인다고 할 수 있다.[81] 推測法에서는 叙述性構文에 結付되어 있던 樣態性이 관형구문에서 喪失된다. [-상관성]의 장면과 指示性이 약한 構文에서는 시제성이 희박하여 다른 형태가 대치되는 현상도 목격된다.

3. 冠形構文을 이에 대응하는 叙述性構文, 특히 說明法構文으로부터 유도하는 것이 關係化의 보편이론에도 맞고 국어의 形態構造나 意味問題를 훨씬 合理的으로 설명할 수 있다. 대부분의 冠形構文은 그에 대응하는 설명법구문으로 展開할 수 있는데 이는 중세어의 冠形構文의 源泉이 설명법 등의 叙述構文임을 意味한다. 관형구문을 설명법구문에서 유도하는 절차로서 특별

---

81 최근 終結法에 나타나는 '-더-'가 화자의 意圖와는 상관없는 無意圖的인 사실을 發話現場 밖에서 비로소 인지하여 그것을 객관적으로 전달한다는 의미를 지니고 있다는 점이 보고된 바 있다. 이러한 방법에 의한, 모든 '더'에 대한 보다 포괄적인 의미설정이 요망된다. 柳東碩(1981) 참조.

한 것은 添辭脫落規則이다. 이 규칙의 적용에 의해 관계화가 形成되는 것은 두 구문 사이에 형태상의 공통성이 확인되기 때문이다.

4. 현대어에서 서술성구문(설명법구문)과 관형구문의 시제형태가 어긋나는 것은 前者가 15세기 이후 激甚한 變化를 겪은 데 연유한다. [-상관성]의 장면에서는 近代文章에까지 유지되었으나 [+상관성]의 장면에서는 17세기 이후에는 쓰인 例가 좀처럼 발견되지 않는다.

이상 몇 가지 사실을 드러낸다고 하였지만 論議가 충분치 못한 데가 많다. 특히 직설법과 회상법의 둘째설명법어미와 원칙법의 변별과정에서는 아직도 補充해야 할 部分이 많다. 국어의 冠形詞形語尾는 반드시 關係化의 標識 노릇만 하는 것이 아니다. 이 문제도 깊이 있게 논의하지 못했다. 그리고 관계 구문을 설명법구문으로 전개하는 데 있어서도 엄밀한 분석방법론 위에 서지 못하였다. 冠形構文은 큰 變化를 겪지 않았다고 했지만 이는 형태에 국한할 때 그러하지 실제로는 사정이 다르다. 현대어의 관형구문은 중세어에는 생산적이었던 完了相'-어 잇다'가 그 계속형인 '-었-'과 統合될 때는 제약을 많이 받기도 하며 先語末語尾 '-겠-'과 자연스럽게 統合되는 경우가 많다는 점 등 중세어와 다른 점이 많다. 이런 여러 가지 문제들은 국어의 용언 形態部에 대한 연구가 깊이를 더하고 幅을 넓히게 되면 자연스럽게 해결될 수 있을 것이다.

참고문헌

康允浩(1969), 開化期의 敎科用 圖書文章에 나타난 終止法 語尾에 對하여, 論叢 14 (梨花女子大學校 韓國文化硏究院).

_____(1973), 開化期의 敎科用 圖書, 敎育出版社.

高永根(1975), 現代國語의 語末語尾에 대한 構造的 硏究, 應用言語學 7-1.

_____(1981), 中世國語의 時相과 敍法, 塔出版社.

권재일(1980), 현대국어의 관형화 내포문 연구, 한글 167.

金完鎭(1957), -n, -l 動名詞의 統辭論的 機能과 發達에 대하여, 國語研究 2.

_____(1980), 鄕歌解讀法研究, 서울大學校出版部.

南基心(1976), 關係冠形節의 相과 法, 韓國語文論叢, 南基心(1978)再錄.

_____(1978), 國語文法의 時制問題에 關한 試論, 塔出版社.

남기심, 이정민, 이홍배(1979), 언어학개론(개정판), 탑출판사.

서정수(1979), {었(던)}에 관하여, 余泉徐炳國博士華甲紀念論文集, 螢雪出版社.

安秉禧(1965), 後期中世國語의 疑問法에 대하여, 學術誌 6(建國大學校).

_____(1968), 國語의 文章構造의 現代化에 對한 研究, 文教部學術研究報告書.

Yang, I. S.(양인석) (1972), Korean Syntax, 백합출판사.

梁柱東(1942), 朝鮮古歌研究, 博文出版社.

_____(1947), 麗謠箋注, 己酉文化社.

柳東碩(1981), '더'의 意味에 대한 管見, 冠嶽語文研究 6.

이기갑(1982), 전남북부방언의 상대높임법, 언어학 5.

李基文(1972), 國語音韻史研究, 韓國文化研究所.

李男德(1982), 濟州方言의 動詞終結語尾 변화에 나타난 時相體系에 대하여, 論叢 40(梨大 韓國文化研究院).

李崇寧(1957), 濟州道方言의 形態論的 研究, 東方學志 3.

李弼永(1981), 國語의 關係冠形節에 대한 研究, 國語研究 48.

李賢熙(1982), 國語의 疑問法에 대한 通時的 研究, 國語研究 52.

田相範(1977), 生成音韻論, 塔出版社.

崔鶴根(1979), 韓國方言辭典, 玄文社.

최현배(1965), 우리말본, 정음사.

허 웅(1965), 國語音韻學, 正音社.

_____(1969), 옛말본, 과학사.

_____(1975), 우리옛말본, 샘문화사.

玄平孝(1974), 濟州道方言의 定動詞語尾研究.

河野六郎(1951), 中期朝鮮語の 時稱體系に就いて, 東洋學報 34卷 1-4號.

Comrie, B. (1981), Language Universal and Linguistic Typology, Oxford: Basil

Blackwell.

Hockett, Ch. (1958), A Course in Modern Linguistics, New York: The Macmillan Co.

Kuno, S. (1973), The Structure of the Japanese Language, Cambridge, Mass: M.I.T. Press.

McCawley, J. D. (1976), Relativization, in: Syntax and Semantics 5 ed. by M. Shibatani, Academic Press.

Quirk, R. et ai. (1972), Grammar of Contemporary English, London: Seminar Press.

Ramstedt, G. J. (1939), A Korean Grammar, Helsinki: Suomalais-Ugrilainen Seura.

近代國語 音韻論의 諸問題

송 민

1. 序言

1.1. 通時的 音韻變化는 形態素의 音韻配合構造에 變貌를 가져 오지만, 國語의 경우, 대부분의 變化는 形態素의 첫 音節이하나, 形態素 結合時 그 境界 前後에 配分되는 音韻에 나타나는 것이 보통이었다. 자연히 形態素의 첫 子音이나 母音이 變化의 물결에 휩쓸리는 일은 드물었다.[1] 많은 國語形態素가 第一音節의 子音이나 母音만으로 다른 形態素와 區別될 수 있었던 것도 그 때문이다.

近代國語에 들어와 일어난 口蓋音化, 圓脣母音化, · 의 非音韻化 등은 形態

---

[1] 이미 15세기부터 그 모습을 드러내는 無聲子音의 有氣音化나 喉頭音化는 形態素의 첫 子音에 變化를 가져온 代表的 事例라고 할 수 있지만 그 性格은 매우 特異한 것이어서 그 變化의 內面의 原因이나 過程이 音韻論的으로 充分하게 解明된 일은 없다. 고ㅎ(鼻), 갈ㅎ(刀), 불ㅎ(臂)이 ㅎ의 逆行同化로 코, 칼, 팔이 되었다면 길ㅎ(道), 돌ㅎ(石), 별ㅎ(星)은 왜 이 變化에서 除外되었으며, 고ㅎ, 갈ㅎ, 불ㅎ은 有氣音化의 길을 택했는데 빗-(撒), 딯-(搗)는 왜 셀-, 찧-와 같은 喉頭音化의 길을 걸었는지 解明되지 않고 있다. 有氣音化나 喉頭音化가 15세기부터 現代에 이르기까지 數百年에 걸쳐 繼續進行中인 것도 그러한 變化原因이 音韻論的인 것만은 아니었음을 暗示하고 있을 뿐이다. 이러한 意味에서 이 變化는 音聲環境에 의한 音韻變化와는 性格을 달리한다.

素의 첫 子音이나 母音을 덮친 音韻變化라는 점에서 注目된다. 이들이 近代國語 音韻論에서 어떤 個別的 變化보다 우선적으로 다루어져야 함은 당연한 일일 수 밖에 없다.[2]

1.2. 音韻變化의 文獻出現은 文字表記의 保守性 때문에 실제보다 항상 늦을 수밖에 없다. 이러한 保守性은 여러 가지 複合的 原因에 그 뿌리를 두고 있지만, 이 保守性을 더욱 흐리게 만드는 또 하나의 重大한 要因이 音韻體系의 變化라고 할 수 있다. 이 體系的 變化가 形態素 構造나 音韻現象에 反映되어 現實로 나타나기까지는 상당한 時間이 要求되며,[3] 그것도 一擧에 現實化하는 것이 아니라 緩慢하게 이루어진다. 이 때문에 한 音韻의 非音韻化를 孤立的으로 追跡하는 데에는 過誤가 따르기 쉽다.

一般的으로 個別的 音韻變化처럼 보이는 경우라도 거기에는 音韻論的 環境과 같은 表面的 條件 이외에 그 變化가 그 時點에서 일어날 수밖에 없었던 내면적 理由가 있기 마련이다. 가령 脣子音環境下에서 일어난 __의 圓脣母音化가 그 一例일 수 있다. 이 音韻變化의 原因을 脣子音이라는 表面的 環境에서만 찾는다면, 어째서 15세기나 16세기에는 同一한 環境에서 그러한 變化가 일어나지 않았는지에 대한 解明이 不可能해진다. 실제로 __의 圓脣母音化는 17세기경부터 시작된 母音體系의 變化에 보다 根本的인 原因이 있었으며, 그러한 體系的 變化의 一端이 圓脣母音化를 誘發하게 되었으므로 그것이 17세기에 나타나기 시작할 수밖에 없었던 것이다.

뿐만 아니라 ·의 非音韻化도 根本的으로는 母音體系의 變化에 그 原因을 두고 있다. 결국 __의 圓脣母音化와 ·의 非音韻化는 서로 獨立的인 것이 아

---

2 形態素의 第一音節 構造에 變貌를 가져온 또 다른 音韻變化로서 18세기 후반에 나타나기 始作하는 움라우트, 그보다 앞서 일어났을 下降的 二重母音 iy, əy, ay의 單母音化 등이 있다. 近代國語 音韻論은 이상 5가지 큰 課題를 包括하고 있다.

3 後期中世國語의 母音調和는 當時의 실제 母音體系와 一致하지 않는다. 母音調和는 後期中世國語의 母音體系를 따르는 것이 아니라 그 이전인 前期中世國語 母音體系의 支配를 받고 있기 때문이다(李基文 1968, 1971).

니라 매우 밀접한 관계를 가진다. 이 때문에 여러 項目의 音韻變化에 대한 有機的 關係는 그들 變化의 相對的 時期를 밝혀준다. 이러한 方法으로 音韻史에 接近할 때 文獻의 文字表記가 가지는 執拗한 保守性을 어느 정도 克服할 수 있게 된다.

1.3. 生成音韻論의 대두는 通時論에 대한 쏘쉬르式 接近方法을 格下시켰다고 할 수 있다. 그만큼 音韻史는 關心의 對象에서 멀어진 감이 없지 않다. 音韻變化의 絶對時期, 그를 위한 精密한 文獻檢索 등이 소홀히 다루어지는 반면, 變化의 相對時期, 그 原因이나 過程에만 關心이 集中되고 있다. 특히 근래에 활발해진 方言의 音韻體系 再構나 音韻現象 記述에 音韻史가 援用되는 경우 어떤 變化의 絶對時期에 별다른 比重을 두지 않는 傾向이 있다. 자연히 絶待時期를 本分으로 하는 音韻史가 輕視되기에 이른 것이다.

音韻史에서 相對時期가 아무런 意味를 갖지 않는다는 뜻은 아니다. 경우에 따라서는 相對時期가 重要한 意味를 가질 때도 있다. 그러나 音韻史도 歷史의 一部임을 否認하기는 어렵다. 歷史는 우선 絶對時期 究明을 本領으로 한다. 물론 어떤 音韻變化가 언제 시작되어 언제 끝난다는 確答을 얻기는 不可能할 때도 많다. 音韻史에 登場하는 變化 하나하나가 그 始發點과 終着點을 文字表面에 드러내는 일이 거의 없기 때문이다.

모든 音韻變化는 漸進的으로 이루어지는 데다가 그를 表記해 주는 文字體系 또한 抽象的이고 保守的이어서 어떤 變化가 즉각 文獻에 나타나는 일은 거의 없다. 그렇다고 하더라도 音韻史 追跡을 相對時期만으로 끝낼 수는 없다. 近代國語의 代表的 音韻變化 몇 항목을 다루면서 絶對時期에 다시 한번 執着하고 싶은 것도 그 때문이다.

絶對時期 推定에는 資料에 대한 細心한 檢證이 要求된다. 이에 本稿는 近代國語音韻論 最大課題의 一部인 形態素 第一音節 構造의 變化 즉 舌端音 部類의 口蓋音化, 脣子音下에 配分되는 ㅡ의 圓脣母音化 그리고 ㆍ의 非音韻化에 대한 文獻上의 資料를 다시 한번 檢討하면서 지금까지의 文獻檢索에서 소홀히

다루어졌거나 누락되었던 점을 反省, 整理해 보려는 것이다.

2. 舌端音의 口蓋音化

2.1. 國語資料에 中央語의 口蓋音化가 분명히 나타나는 時期는 18세기의 30年代 전후이다. 「女四書諺解」(1736)에 나타나는 ㄷ, ㅌ, ㄸ의 口蓋音化가 우선 注目된다.

    (1) a. ㄷ〉ㅈ

        節을 직히엿더니(四 26a)

        官이 歎ᄒ야 굴ㅇ딕 어지다……ᄒ고(四 11a)

        엇지 가히 받긔 낫타내여(二 35a)

        可히 降티 못ᄒᆯ지니(四 33b)

        빅호지 말올띠니(二 5a)

        버히지 몯ᄒ고(三 23a)

    b. ㅌ〉ㅊ

        王 죽긴 자를 쳐 죽기니라(四 9a)

        ᄆᆞᆷ이 돌쳐로 가히 구울리지 몯ᄒ리란 말이오(三 18a)

        能히 고침을 貴히 너기시고(一 22b)

        忠치 몯ᄒ 줄이 앗가온디라(四 56b)

이미 18세기 前半期에 ㄷ, ㅌ은 물론 ㄸ도 口蓋音化하고 있음을 보여준다. ㄸ은 表面에 나타나지 않으나 (1a)의 '못ᄒᆯ지니'는 '못ᄒᆯ띠니'의 口蓋音化 實現이 분명하므로 ㄸ도 口蓋音化되어 ㅉ로 實現되었음을 알려 준다. 또한 이 時期에는 語彙的 形態素나 文法的 形態素, 形態素의 첫 子音位置나 第一音節

이하의 位置 어디서든 口蓋音化가 實現되었다.

다만 「女四書諺解」에 나타나는 口蓋音化의 量은 지극히 미미한 것이다. 그러나 단 하나의 實例라도 文獻에 存在한다는 것은 重要한 意味를 지닌다. 이러한 推論을 支持해 주는 證據가 같은 文獻에 나타난다.

    (2) a. 네가디 힝실은 곧 네가덧 德이라(一 10b)

             그 患이 스스로 귿티리라(三 82b)

             녀애 이셔는 아텨홈이 업스며(一 24a)

        b. 네가지 힝실이 이시니(一 12a)

             그치지 아니ᄒ면(一 10a)

             사름의 아쳐ᄒ믈 블너(二 8b)

이때의 '네가디, 귿티리라, 아텨홈'은 각기 (2b)에 보이는 '네가지, 그치-, 아쳐홈'의 또다른 表記이다. 不正回歸에 속하는 이 變化는 音韻變化가 아니라 類推變化로서 이러한 變化는 ㄷ, ㅌ 口蓋音化가 存在할 때에만 可能한 것이다.

「女四書諺解」에는 또 하나의 意味있는 口蓋音化 實例도 나타난다.

    (3) a. 廣布ᄒᄂᆞᆫ 쓰지리오(一 女四書序 6a)

             가슴의 부쳐 외오고(一 女誡序 4b)

        b. 地지下하(四 41b)

우선 (3a)의 '쓰지리오, 부쳐'는 形態素末의 ㄷ 또는 ㅌ이 高位母音 ㅣ나 轉移音 y와 形態素 境界를 사이에 두고 結合될 때에도 口蓋音化되었음을 알려 준다. (1a, b)는 通時的 音韻變化이고 (3a)는 共時的 音韻現象인 셈이다. 끝으로 (3b)는 漢字音의 口蓋音化를 하나만 뽑아 본 것이다. 이로서 「女四書諺解」

는 口蓋音化의 모든 類型을 보이는 셈이다.

共時的 音韻現象은 通時的 音韻變化를 誘發하므로「女四書諺解」에 나타나는 위와 같은 口蓋音化는 그 時期가 적어도 18세기의 30年代 이전으로 遡及되는 것임을 강력히 示唆하는 文獻證據로서 高價의 價値를 지닌다.

2.2.「女四書諺解」를 앞서는 文獻으로서 口蓋音化를 전면적으로 보여주는 것은 倭語자료 뿐이다. 雨森芳洲(1668-1755)의 손으로 이룩된 親筆本「全一道人」(1729)이 口蓋音化史를 밝혀주는 것이다. 이 文獻에는 18세기 초엽의 發話現實을 담고 있는 口語的 國語[4]가 倭文字로 轉寫되어 있는데, 거기에 口蓋音化가 露出되어 있다. 간간이 轉寫를 읽는 데 도움이 되도록 口語表記를 곁들인 例도 있는데, 거기에도 口蓋音化가 크게 反映되어 있다(宋敏 1982).

(4) a. 지야(를)　　　　　tʃiyaruru(115)[5]

　　　　맛져　　　　　　maꟼtʃiya(88)

　　　　황제　　　　　　hagᵘzei(50)

　　　　치(며)　　　　　tʃimⁱyo(67)

　　　　붓치고　　　　　puꟼtʃiko(56)

　　b. 뎔(寺)　　　　　tseru(61)

　　　　티(니)　　　　　tʃini(45)

　　　　티(治)료　　　　tʃirⁱyo(77)

---

4 口語的 國語라고 해서 文法에까지 口語가 反映되어 있다는 뜻은 아니다. 文法은 다분히 文語的 要素를 띠고 있지만 形態素 하나하나의 發音이나 形態素 結合時에 일어나는 音韻現象을 轉寫로 나타내기 위하여 雨森芳洲는 상당히 苦心하였다. 凡例에도 그 事實이 具體的으로 밝혀져 있을 뿐 아니라, 形態素 內部의 鼻腔音 다음에 배분되는 ㅂ, ㄷ, ㅈ, ㄱ를 각기 b, d, z, g로 轉寫하기도 하고, 심지어 音聲的 剩餘資質까지를 轉寫에 反映시키기도 하였다.

5 倭文字 表記를 로마字로 轉字한다. 괄호 속의 數字는 安田 章(1964)에 附錄된 影印複製本의 面數를 나타낸다. 國語表記中 괄호 부분은 原文에 나타나지 않으나 轉寫部分과 맞추기 위하여 筆者가 補充한 것이다.

우선 (4a)에 보이는 바와 같이 雨森芳洲의 國語表記에서 ㄷ, ㅌ의 口蓋音化가 그대로 露出되어 있다. (4b)처럼 ㄷ, ㅌ을 쓴 경우에도 轉寫에는 한결같이 tsᵉ 또는 tʃ로 시작되는 文字를 對應시키고 있다. 日本語 音韻史에 의하면 高位母音 앞에 配分되는 t, d는 각기의 環境에 따라 ti〉tʃi, di〉dʒi, tu〉tsu, du〉dzu처럼 前部母音 앞에서는 口蓋音化, 後部母音 앞에서는 閉擦音化하여 오늘에 이르렀다. 그러한 變化가 完成된 時期는 16세기 중엽(大野 晉 1977:263-4) 아니면 16세기 말엽(中田祝夫 1972:192-3)으로 推定되고 있다. 따라서 18세기 초엽에 倭文字 tʃi로 轉寫될 수밖에 없었던 國語 形態素의 첫 子音은 ㅈ, ㅊ였으리라고 생각된다. 실제로 雨森芳洲는 國語의 '지, 쟈, 죠, 쥬, 치'와 같은 音節轉寫에 倭文字 tʃi를 動員하고 있다.

「全一道人」의 國語表記에는 「女四書諺解」에 나타난 바와 같은 不正回歸도 보인다. 雨森芳洲가 '됴곰(27), 됴고만(102)'으로 表記한 形態素는 실상 '죠곰, 죠그만'으로 表記되었어야 할 곳이다. 이러한 不正回歸까지 國語文獻과 性格을 같이 하고 있는 점을 考慮할 때, 「全一道人」에 나타나는 口蓋音化는 당시의 口語的 現實을 反映하고 있음에 틀림없다.

2.3. 問題는 여기에 反映되어 있는 口蓋音化가 당시의 中央語에 대한 現實일까 하는 점이다. 그것이 中央語의 現實이라는 直接的 證據는 물론 없다. 그렇다고 해서 「全一道人」에 東南方言 要素가 들어 있다는 證據도 없다. 東南方言에는 ㅂ, ㅅ 變則動詞가 없는데, 「全一道人」에는 ㅂ, ㅅ 變則動詞가 나타난다. 이 事實은 端的으로 「全一道人」이 당시의 中央語를 反映하고 있는 것으로 理解된다(宋敏 1974).

「全一道人」에 中央語가 反映되어 있으리라는 根據로서 또 하나의 語彙形態素가 追加될 수 있다. 그것은 '길드리기'라는 語形이다.

---

6 倭文字에는 여기에 該當하는 것이 물론 存在하지 않는다. 雨森芳洲는 國語의 '져, 쳐'를 轉寫하는데 te에 해당되는 文字의 어깨에 3개의 點을 찍어 利用하고 있다. 이때의 表記를 로마字로 轉字하기 위하여 ts를 利用해 본 것이다.

(5) a. 馴 질드린 슈(新增類合 下 16b)〈羅孫本〉

   b. kir^utorikiruru 길드리(기를)(70)

    馴 길드린 슈(倭語類解 下 24a)

「全一道人」의 '길드리기'는 (5a)로 알 수 있는 바와 같이 '질드리-'의 不正回歸形이다. 이 不正回歸는 軟口蓋音 ㄱ이 前部高位母音 ㅣ 앞에서 口蓋音化하여 ㅈ으로 바뀐 후에나 나타날 수 있는 性格을 지닌 것인데, 18세기 말엽에는 同一한 範疇에 속하는 不正回歸가 다음과 같이 나타난다.

(6) a. 범의 깃(羽)(三譯總解 九 15b)

   b. 舵 키(漢淸文鑑 十二 21a)

이때의 '깃, 키'는 각기 '짖, 치'의 不正回歸形인데, 이는 ㄱ, ㅋ의 口蓋音化에 逆流하는 類推變化로서 中央語에서는 그것이 18세기 말엽 이전에 나타나고 있음을 알 수 있다. 그런데 오늘날의 南部方言에는 이와 같은 不正回歸形이 나타나지 않는다. 南部方言에는 처음부터 '질드리-'가 그대로 維持되었으므로 어느 時期에도 '길드리-'란 語形이 存在했을 가능성은 없다.[7] 이렇게 볼 때 「全一道人」의 '길드리기'도 中央語의 모습을 反映한다고 볼 수 있다. 「全一道人」에 反映된 國語가 이와 같은 論理에 따라 中央語의 모습에 가까운 것이었다면, 여기에 反映된 ㄷ, ㅌ의 口蓋音化도 中央語의 現實이었다고 생각된다.

2.4. 「全一道人」에 나타나는 口蓋音化가 당시 中央語란 사실을 뒷받침하기

---

[7] 崔泰榮(1983:70)에는 全州地域語에서 일어난 ㄱ系 口蓋音化의 事例에 čiť(깃), čimč^hi(김치), čils'am(길쌈), čia(기와)를 包含시키고 있으나, 이들의 첫 子音 ㅈ도 본래는 '질드리-'의 첫 子音처럼 ㅈ였거나, ㄷ〉ㅈ와 같은 口蓋音化를 거쳐 이룩된 것이다. 이들이 不正回歸에 의하여 ㅈ〉ㄱ으로 굳어진 것은 中央語에만 보이는 現象일 뿐 이 地域語에는 該當되지 않는다. 실제로 中央語의 '길드리-'에 對應하는 이 地域語는 '질드리-'이다. 따라서 通時的으로는 西南方言의 '깃(羽), 짐치, 질쌈, 지야, 질드리-' 등에 관한 한 ㄱ〉ㅈ 口蓋音化와는 관계가 없다.

위해서는 그보다 이전 文獻에서 ㄷ, ㅌ의 口蓋音化에 대한 證據를 찾아낼 필요가 있다. 실제로 「五倫全備諺解」(1720)에는 數三의 口蓋音化 實例가 나타난다.

(7) a. 이즈러지디 아니ᄒᆞ야(四 18b)

ᄉᆞᆯ허지디 아니ᄒᆞ야(四 21b)

b. 옴기지 못ᄒᆞᆫ다 ᄒᆞᄂᆞ니(三 27a)

c. 혓긋치 무듸여(一 15b)

d. 진짓(五 40)

우선 (7a) '이즈러지-, ᄉᆞᆯ허지-'의 '지-'는 '이저디-(釋譜詳節 九 6a), 그처디-(月印釋譜 二 74b)'의 '디-'와 關係되므로 '디-'의 口蓋音化形임이 分明하다. (7b) '옴기지'의 '-지' 역시 副詞化 接尾辭 '-디'의 口蓋音化形임이 確實하다. (7c)는 '긑' 또는 '긑'의 ㅌ이 主格 接尾辭 '-이'와 結合될 때 口蓋音化가 일어나고 있음을 보여준다. 「女四書諺解」의 '쁟→쓰지리오'와 함께 語幹과 文法的 接尾辭의 境界에서 일어나는 共時的 音韻現象의 實例로서 注目된다. (7d)는 15세기에 이미 '진딧, 진짓'으로 나타나기 때문에(劉昌惇 1961:119), 과연 口蓋音化에 包括될 수 있을지 없을지 疑心스럽다.[8]

불과 몇 例에 지나지 않으나 「五倫全備諺解」는 口蓋音化에 관한 主要한 證據를 보이고 있다. 한편 이들이 口蓋音化임을 暗示하는 ㅈ〉ㄷ 不正回歸가 「五倫全備諺解」에는 상당히 出現한다.

(8) a. 듕(和尙)(一 7b)   b. 듕(一 9b)

---

8 우선 그 構成 자체가 不透明하다. 첫 音節 '진'은 漢字 '眞'임에 틀림없으나 둘째 音節 '딧'의 語源이 明確하지 않기 때문이다.

짐(賴)(二 4a)	딤(一 52a)
가져시면(持)(六 21a)	가디면(一 23a)
ᄀᆞ르치쇼셔(敎)(一 25b)	ᄀᆞ르틸찌니(五 17b)
ᄀᆞ르츠니(替)(六 6a)	ᄀᆞ룻티 아니코(四 4b)
맛치디(中)(一 17b)	맛티디(三 4b)
안치라(坐)(二 4a)	안티라(七 14b)
닙고져 ᄒᆞ여도(一 38a)	기ᄃᆞ리고뎌 홈이로다(五 38b)

口蓋音化의 실례가 數三에 지나지 않음에 比하여 (8b)와 같은 ㅈ〉ㄷ 不正
回歸의 實例는 상당히 많다는 事實이 對照的이다. 이 時期에 이미 口蓋音化가
틀림없이 存在했음을 보여주는 事實이 아닐 수 없다.

현재로서는 18세기 초엽의 文獻이 零星하여 이 이상의 文獻的 檢討가 어려
우나 中央語에서의 ㄷ, ㅌ 口蓋音化는 다분히 17세기 말엽으로 거슬러 올라
간다. 「譯語類解」(1690)는 그러한 事例를 보여 주고 있다.

(9) a. 打背公 곡뒤치다(下 49b)

b. 使黑心 숨궂치다(下 49b)

c. 撚釘打 칰에 됴희심 박다(下 50b)

단지 3例에 불과하지만 이들은 제각기 다른 性格을 보이고 있어 興味롭다.
(9a)의 '치다'는 '티-'가 口蓋音化를 거친 것이다. (9b)는 '심술궂다'는 뜻인데
이 때의 語幹末 子音이 ㅈ이었는지는 確實하지 않다. ㅈ이었다면 '숨궂+히다'
와 같은 構成이 '숨궂치다'로 表記되었을 테니까 口蓋音化와는 관계가 없지
만, ㄷ이었다면 '숨굳+히다'와 같은 構成에서 '숨궂치다'가 나왔을 것이므로
形態素 境界에서 融合된 ㅌ의 口蓋音化일 수 있다. (9c)는 본래 '죠희'(紙)였으
므로 「五倫全備諺解」나 「女四書諺解」 등 18세기 前半期文獻에서 찾아볼 수

있었던 ㅈ〉ㄷ 不正回歸의 先頭走者인 셈이다.

國語의 ㄷ, ㅌ 口蓋音化는 中世國語의 ㅈ, ㅊ이 [ts], [tsʰ]에서 口蓋音化되어 [tʃ], [tʃʰ]가 된 이후에나 일어날 수 있는 變化인데 「譯語類解」는 ㅈ, ㅊ의 口蓋音化를 示唆하는 '자, 저, 조, 주'와 '쟈, 져, 죠, 쥬'의 混亂까지도 분명히 보여 준다(李基文 1972:198). 이로써 ㄷ, ㅌ의 口蓋音化는 최소한 17세기 말엽까지 거슬러 올라감을 文獻上으로도 立證할 수가 있다. 「全一道人」에 나타나는 口蓋音化가 당시 中央語의 現實이었다고 하더라도 이상한 것이 아님을 알 수 있다.

3. / · /의 非音韻化

3.1. 文獻上으로 語幹形態素 第一音節 / · /의 非音韻化가 確實하게 그 모습을 드러내는 時期는 18세기의 70년대 전후이다. 그 이전의 個別的인 實例는 물론 15세기부터 出現한다. 그러나 17세기까지의 文獻에 나타나는 第一音節 / · /의 非音韻化는 10여 개의 語幹形態素에 局限되어 있다.[9] 이를 整理해 보면 다음과 같다.

> (10) a. ᄎ리-(析)~차리-, ᄂᆞ호-(分)~난호-, ᄆᆞᆰ(淸)~말갛-, 히-(白)~하얗~허옇-, ᄀᆞ마니(漠)~가마니, ᄀᆞ새(剪子)~가위, 히야디-(敗)~해야디-. 가지-(持)~ᄀᆞ지-, (손)-가락~ᄀᆞ락.
>
> b. ᄀᆞᆺ-(斷)~긋-, ᄇᆞᅀᆞ-(碎)~브ᅀᆞ-, ᄀᆞ늘(陰)~그늘, ᄒᆞᆰ(土)~흙, 싀(酸)~싀-, 칙칙ᄒᆞ-(密)~칙칙ᄒᆞ-, 싀(覺)~깨-, 빅번(白礬)~븍번, 히-(白)~희-.

---

9 15~16세기의 實例에 대해서는 劉昌惇(1961:182-191), 17세기에 대해서는 田光鉉(1967:82-84), 李崇寧(1977:122-134)에 詳細히 調査된 바 있다.

흐르-(流)~흐르-, 듧-(穿)~듧-.

c. ᄉ매(袂)~소매.

d. ᄌ올-(睡)~조올-, ᄃ외-(爲)~도외-, ᄂ외야(更)~노외야, ᄒ오자(獨)~
   호오자, ᄒ올(獨)~호올, ᄀ외(袴)~고외, ᄀ을(村)~고을, ᄠ로(殊)~
   ᄯ로로, -ᄃ록~-도록, -ᄋ로~-오로, -ᄅ외다~-로외다, -ᄌ와~-조와, -ᄒ
   다~홉다.

e. ᄇ리-(排)~버리-, ᄇᆯ(件)~벌.

f. 특(頤)~퇵.

이상이 17세기 말엽까지의 文獻에 나타나는 實例의 거의 全部이다. (10a)
는 ·〉ᅡ와 같은 變化를 示唆하는 듯한 實例들이지만 17세기 말엽의 「譯語類
解」에 나타나는 '가이'를 除外하고는 여러 가지 問題點을 안고 있다. 가령 15
세기의 文獻에서 確認되는 'ᄎ리-'와 '차리-', 'ᄂ호-'와 '난호-' 등이 과연 意味上
同一한 形態素인지도 問題이지만 '차리-, 난호-'가 唯一例라는 점도 問題視될
여지를 남기고 있다. 'ᄆᆰ-'과 '말ᄀᆞᆼ-', 'ᄒᆡ-'와 '하얗~허옇-'는 派生語形成에 나타
나는 共時的 音韻現象일 뿐 通時的 變化와는 關係가 없을지도 모르는 일이다.
(10b)는 ·〉ᅳ와 같은 變化를 暗示하는 듯한 실례들이지만 ·와 ᅳ의 相關的
對立에 起因하는 中和現象일지도 모른다. 國語에는 일찍부터 ᅡ와 ᅥ, ᅩ와
ᅮ, ·와 ᅳ의 對立에 의한 形態素의 分化가 存在했는데, 이때의 두 形態素間
에는 微細한 意味差異밖에 없으므로 個人語에 따라서는 意味를 달리할 수도
있다. 그 結果가 'ᄌ~굿-'과 같이 나타났다면 이를 通時的 變化로만 解釋할 수
는 없을 것이다. 다만 16세기 말엽의 「小學諺解」(陶山本)에 처음 나타나는 '흙'
만은 그 후에도 實例가 계속적으로 나타나다가 現代國語에까지 이어졌으므
로 通時的 變化로 看做될 수 있다. (10c)의 '소매'는 ㅁ 앞에서 ·〉ᅩ의 變化를
보이는 것으로 특이한 길을 걸은 事例가 된다. 第二音節의 경우이긴 하지만
16세기 文獻에 보이는 '말ᄊᆞᆷ〉말솜'도 같은 類型에 속한다. 그러나 '소매'는 그

788

대로 굳어진 반면 '말씀'은 어째서 '말씀'이 되어 버렸는지 불분명하다. 뿐만 아니라 '스매, 말씀'에 나타나는 ㆍ와 똑같은 音聲環境으로 이루어졌음에도 불구하고 '스뭇-(通), 가슴(胷), 사슴' 등의 ㆍ는 어째서 ㅡ로 變化하지 않았는지도 疑心스럽다. (10d)는 ㆍ〉ㅡ와 같은 變化를 거친 것들이지만, 이는 音聲的環境에 의한 同化를 입은 것들이어서 ㆍ의 非音韻化와는 직접적인 관련이 없다. (10e)와 (10f) 역시 특이한 變化類型에 속하는데 이에 대한 解明은 여전히 課題로 남아 있다. '블(件)'은 '벌'로 變化했는데 '블ㅎ(臀)'은 어째서 '폴〉팔'로 變化했는지가 여전히 불분명하기 때문이다(金完鎭 1974:133).

이상으로 17세기 말엽까지의 文獻資料를 다시 한번 整理해 본 셈이지만 아직까지 指摘된 적이 없는 實例도 있다. 「譯語類解」의 '寒酒 술차다'(上 59a)가 그러한 例에 속한다. 그렇다고 하더라도 17세기 말엽까지의 文獻만으로 ㆍ의 非音韻化를 論議하기는 매우 어렵게 되어 있다.

3.2. 18세기 전기의 文獻에 ㆍ의 非音韻化에 관련되는 새로운 資料는 거의 나타나지 않는다. 18세기 후기에 이르러서야 ㆍ의 非音韻化를 알려주는 실례들이 터져 나오는 것이다. 이 때문에 ㆍ의 非音韻化를 18세기 中葉으로 보는 경우가 가장 일반적인 듯하다(李基文 1961, 1972b, 田光鉉 1971, 郭忠求 1980). 그러나 18세기 초엽으로 보는 경우도 있고(金完鎭 1963, 1967, 宋敏 1974), 그 時期를 훨씬 끌어 올려 16세기 후기에서 17세기 초기에 걸친 것으로 보는 경우도 있다(李崇寧 1977).

18세기 전기의 文獻으로서 第一音節 ㆍ의 非音韻化를 暗示하는 資料를 보여주는 것은 「同文類解」(1948) 뿐이다. 李崇寧(1977:118)에 의하면 '가익(剪子), 갈가마괴(寒鴉), 그늘(陰), 스애(骰子), 븟그럽다(可醜)'가 여기에 나타나는데, 이들은 각기 'ㄱ새, 골가마괴, ㄱ늘, 사ㅅ, 븟그럽다'의 變化形이다. 그러나 '가익, 그늘'은 이미 17세기 말엽 이전에 나타나고 있어 새로운 事例는 아니다. 「同文類解」는 이 밖에도 몇 가지 재미있는 資料를 보여준다. '마야지'가 그 중 하나이다.

(11) a. 16세기

　　　駒 ᄆ야지(訓蒙字會 叡山本 上 10a)

　　b. 17세기

　　　馬駒子 미야지(譯語類解 下 29a)

　　c. 18세기

　　　馬駒子 마야지(同文類解 下 37b)

　　　매야지(淸語老乞大 五 13a)

이때의 '마야지'는 'ᄆ야지/미야지'의 變化形임이 분명하지만 第一音節의 ·가 轉移音 y 앞에 配分된다는 점에서 單母音 ·와는 環境을 달리하고 있다. 二重母音 ㅓ를 構成하는 音節主音 ·가 單母音 ·보다 일찍 非音韻化의 길을 택했으리라는 점은 '히야디-〉해야디-'와 같은 16세기의 變化例로도 짐작이 가지만, 事實이 그렇게 單純한 것만은 아니다. 특히 '마야지'의 경우 漢字 '馬(마)'에 의한 類推일 수도 있기 때문이다.

「同文類解」에 나타나는 '骰子 ᄉ애(下 32b)'는 매우 重要한 存在라고 생각된다. 이때의 ·는 본래 ㅏ였던 것이 ·〉ㅏ와 같은 變化 속에서 길을 잃고 오히려 ·로 逆行表記되었으리라고 믿어지기 때문이다. 18세기 후기에는 이러한 逆行表記가 許多하게 나타나지만 'ᄉ애'는 (10a)에 提示된 16세기의 'ᄆ지-, (손)ᄀ락' 이후 처음 나타나는 事例가 된다. 그런데 'ᄉ애'의 ·가 音節上 [a] 이외의 音聲으로 實現되었으리라고는 생각되지 않는다.

3.3. 「同文類解」에 나타나는 · 表記中에는 그 音聲實現이 [a]일 수밖에 없음을 示唆하는 根據가 있다.

(12) a. 15세기

　　　雜말 업시(釋譜詳節 九 10b)

　　b. 16세기

使用無詞 쓰게 ᄒ야도 잡말 몯ᄒ리니(飜譯老乞大 下 17a)

잡마리 업더라(二倫行實圖 玉山書院本 15b)

잡말 아니ᄒ야(小學諺解 陶山本 六 1a)

  c. 17세기

使用無詞 잡말 못ᄒ리니(老乞大諺解 下 15b)

口穩 잡말 아니타(譯語類解 下 43a)

談說 잡말ᄒ다(譯語類解 下 44a)

  d. 18세기

休閑說 잡말 말고(伍倫全備諺解 二 11b)〈1720〉

잡마리 업더라(二倫行實圖 重刊本 15b)〈1727〉

잡말 못ᄒ리라(老乞大諺解 平安監營重刊本 下 15b)〈1745〉

嘴碎人 즌말ᄒᄂ 사룸(同文類解 上 13b)〈1748〉

이 資料에 의하면 「同文類解」의 '즌말'은 그 이전의 '잡말'에 이어진다. 그러나 여기에 나타나는 ᅡ〉·는 音韻變化일 수가 없다. '사ᄉ〉ᄉ애'와 같은 過程을 거친 實例에 속하기 때문이다. '잡말〉즌말'이란 變化는 결국 類推일 수밖에 없는데, 이러한 類推는 '즌말'의 ·가 音聲上 [a]였기 때문에 가능했던 것으로 解釋된다. '잡말 → 잠말 → 잔말 → 즌말'과 같은 過程을 念頭에 둘 때, 마지막의 '잔말'이 '즌말'로 넘어갈 수 있는 길은 '즌말'의 ·가 ᅡ로 實現될 때에만 가능하기 때문이다. 이 事實을 통하여 「同文類解」에 ·로 表記된 第一音節 位置의 · 중에는 [a]로 實現되는 것이 있었음을 確認할 수 있다.

3.4. 「同文類解」에 나타나는 第一音節의 ·가 어느 程度의 比率로 非音韻化하였는지 國語文獻으로서는 더 이상 追跡할 길이 없다. 이러한 壁을 뛰어 넘을 수 있게 해 주는 資料가 倭文字로 轉寫된 國語資料中의 하나인 「全一道人」(1729)이다. 이 文獻이 당시의 中央語를 反映하고 있으리라는 根據에 대해서는 이미 앞에서 論議한 바 있다. 그러므로 이 文獻의 轉寫法에 대한 分析은 18

세기 20年代의 國語音韻에 관한 重要한 情報가 될 수 있다.

「全一道人」은 鼻音 뒤에 配分되는 ·를 除外하고는 대부분의 第一音節 ·가 原則的으로 [a]로 實現되었음을 알려 준다. 二重母音 ㅓ는 環境에 관계없이 [aᵢ]로 轉寫되어 있다. 이러한 事實을 土臺로 하여 筆者는 ·의 非音韻化를 18세기의 초엽으로 推定했던 것이다(宋敏 1974).

그러나 ·의 非音韻化時期를 ·에 대한 孤立的 解明만으로 追跡하기는 불가능하다. 한 音韻의 消滅은 體系와 관계되므로 ·의 非音韻化 역시 母音體系와 不可分의 관계를 갖는다. 그러므로 ·의 非音韻化를 母音體系에 連繫시켜 把握할 수 있는 길이 있다면 그 이상 좋은 方法은 없을 것이다. 金完鎭(1974)은 그러한 方法論이 거둘 수 있는 成果를 代辨해 준다. 거기에는 ·의 非音韻化와 母音體系의 관계가 精密하게 論議되어 있지만 그 時期에 대해서는 별로 관심이 던져진 바 없다. 그러므로 여기서는 ·의 非音韻化時期와 密接한 關係에 있는 圓脣母音化 現象을 文獻으로 追跡하면서 母音體系의 變化와 ·의 非音韻化 時期를 連繫시켜 보기로 한다.

4. 脣音環境下의 圓脣母音化

4.1. 脣子音 뒤에 配分되는 ㅡ가 ㅜ로 變化하는 이른바 圓脣母音化가 母音體系의 趨移와 관계된다는 事實은 일찍부터 注目되어 왔다(金完鎭 1963).

圓脣母音化는 ·와 짝을 이루고 있던 ㅡ가 ·와의 對立關係를 淸算하고 ㅜ와 짝을 맺으면서 새로운 對立關係를 맺게 되는 過程을 보여준다. 이러한 圓脣母音化는 17세기 초엽부터 극히 散發的으로 文獻에 등장하지만(田光鉉 1967), 그것이 音韻史的으로 有意味한 모습을 띠게 되는 것은 17세기 말엽이다. 「譯語類解」(1690)에는 다음과 같은 實例가 나타난다.

(13) a. 放水 믈트다(上 7b)　　　　　　水酒 무술(上 49b)

　　　　　　　　　　　　　　　　　水桶 물통(下 14a)

　　　　　　　　　　　　　　　　　江魾 물아치(下 38a)

　　　　　　　　　　　　　　　　　苦理木 무프레(下 42a)

　　扎鯭子 므즈미ᄒᄂᆞᆫ 사름(下 22a)　 余水 무즈미ᄒᆞ다(下 22a)

　　爛煮 믈으게 숢다(上 53a)　　　　爛飯 무른밥(上 49a)

　　　　　　　　　　　　　　　　　口軟馬 아귀무른물(下 29a)

　　咬 므다(上 54a)　　　　　　　　咬人馬 사름무ᄂᆞᆫ물(下 29a)

　　b.　　　　　　　　　　　　　　告示 榜부티다(上 10a)

　　　　　　　　　　　　　　　　　欽差 皇旨로 부리인 이(上 13a)

　　　　　　　　　　　　　　　　　竈火門 부억아귀(上 18b)

　　　　　　　　　　　　　　　　　叫更的 更부르ᄂᆞᆫ 사름(上 23b)

　　　　　　　　　　　　　　　　　釀酒 술붓다(上 59a)

　　　　　　　　　　　　　　　　　起泡 부롯다(上 62a)

　　　　　　　　　　　　　　　　　從他 무던히 너기다(下 46a)

　　　　　　　　　　　　　　　　　不忾氣 무셔워 아니타(下 49b)

　　c. 下葬 뭇다(上 42b)　　　　　　種火 블믓다(上 54a)

　　陪者 무다(上 66a)　　　　　　　追陪 믈리다(上 66a)

　　　　　　　　　　　　　　　　　打倒 홍졍 므르다(上 69a)

　　特將來 부러오다(下 52a)　　　　專來 블어오다(下 48a)

　　　　　　　　　　　　　　　　　牙框 니ㅅ블희 붓튼ᄃᆡ(上 33b)

　　　　　　　　　　　　　　　　　遮羞 붓그림 ᄀᆞ리오다(上 38b)

　　d. 紡車 믈레(下 18a)　　　　　　釘笋子 물렛가락(下 18a)

　이 資料는 形態素의 第一音節에 나타나는 圓脣母音化의 여러 가지 모습을
보여 준다. 왼편이 본래의 모습, 오른편이 그 후의 모습임을 나타낸다.(13a)

와 b는 명실공히 脣子音下에서 ㅡ〉ㅜ와 같은 變化가 일어나고 있음을 보여
준다. 다만 脣子音中에서도 주로 ㅁ과 ㅂ 뒤에서 圓脣母音化가 이루어지고
있음이 注目된다. 더구나 '물'처럼 頻度가 큰 形態素일지라도 몇 개의 合成語
에서만 圓脣母音化를 보일 뿐 대부분의 경우에는 '믈'로 남아 있다는 점이 注
目된다. '블, 플, 쓸'도 圓脣母音化를 보여주지 않는다. (13c)는 a나 b와는 反對
로 오히려 ㅜ〉ㅡ와 같은 非圓脣母音化를 보여주는 實例들이다. 이들은 圓脣
母音化가 이 時期에 이미 상당히 進陟되었기 때문에 話者의 語彙目錄 認識에
상당한 動搖가 일어나고 있었음을 보여준다. (13d)는 어느 쪽이 前代의 語形
인지 不分明하지만 이 역시 話者의 語彙目錄이 圓脣母音化로 흔들리고 있음
을 보여준다. 그러나 전반적으로는 圓脣母音化가 語彙目錄에 混亂을 가져다
준 경우보다는 그렇지 않은 경우가 훨씬 많다고 할 수 있다.

이러한 사실을 감안할 때 ㅡ는 體系上 아직도 ·와의 對立關係를 維持한
상태에서 부분적으로만 ㅜ와의 對立關係 構築했던 것으로 믿어진다. 따라서
·의 非音韻化가 이 時期에 이루어졌을 가능성은 매우 희박하다.

4.2. 圓脣母音을 ·의 非音韻化에 連繫시킬 수 있는 理由는 어째서 그러한
變化가 17세기 초엽에 비롯되었고, 時代와 함께 눈에 띠지 않을 정도로 緩慢
하게 擴大되어, 17세기 말엽에는 相當한 語彙目錄에 動搖를 가져올 정도에까
지 이르렀을까 하는 데에 있다. 圓脣母音化가 單純히 表面上의 音聲的 環境에
의한 同化였다면, 15세기나 16세기에도 그러한 變化가 일어났어야 한다. 결
국 15세기나 16세기에 圓脣母音化가 일어날 수 없었던 理由는 母音體系上의
對立關係에서 찾을 수밖에 없다. 圓脣母音化는 ㅡ와 ㅜ가 對立의 짝이 되면
서 나타나기 시작하였고, 그것은 對立의 짝이었던 ㅡ와 ·의 關係가 무너지
기 시작하는 時期와 일치하는데, 그것이 17세기 초엽이 아니었던가 한다. 그
러므로 그 이전까지의 ·는 對立의 짝, 곧 自然部類를 이루고 있던 ㅡ로 變化
했던 것이다. 그러나 17세기 초엽부터는 ㅡ가 · 와 自然部類를 形成하기 시
작하면서 ·는 ㅏ로 變化하기 시작한다. ㅡ와 ·의 對立이 서서히 무너지면

서 __와 ㅜ의 對立이 서서히 이루어져 간 것이다.

李基文(1959:45)는 16세기 후반의 '사롬〉사름'을 例로 삼아 당시에는 sarɯm
과 saram이 共存하다가 saram으로 固定되었을 것이라고 推定한 바 있는데, 이
事實을 직접 確認시켜 주는 實例도 있다.

(14) a. 다믄(只)(釋譜詳節 十三 49b)
    b. 다믄(小學諺解 陶山本 六 40b)〈1587〉
        (東國新續三綱行實 忠信圖一 77b)〈1617〉
    c. 다만(老乞大諺解 上 5a)〈1670〉
        (五倫全備諺解 一 18b)〈1720〉

이 資料에는 形態素의 第二音節과 관계되는 것이긴 하지만 17세기 초엽까
지는 __에 合流되던 ·가 17세기 후기부터는 ㅏ로 方向이 바뀌었음을 알려
준다. 17세기에 들어와 나타나기 시작하는 形態素 第一音節의 ·가 모두 ㅏ
로 合流되는 事實과 一致하고 있다. 'ᄀ마니〉가마니(漠), ᄀ새(剪子)〉가애, 츠-
(寒)〉차-'가 모두 그러한 實例들이다. 그렇다고 하더라도 圓脣母音化가 17세
기 말엽까지는 語彙目錄 전체를 뒤흔들만큼 進陟되지 않았다는 事實은 __와
ㅜ가 17세기 말엽까지도 完全한 自然部類를 이루지 못했음을 뜻한다. 그와
함께 17세기 말엽까지 ·〉ㅏ의 實例가 數三에 머무르고 있다는 事實은 ·의
非音韻化가 여전히 약간밖에 進陟되지 않았음 알려준다.

4.3. 18세기 초엽에 이르면 脣子音下에서는 __와 ㅜ가 거의 본래의 모습을
지킬 수 없을 정도에 이른다. 「伍倫全備諺解」는 保守性을 강하게 띠고 있음
에도 불구하고 圓脣母音化에 관한 한 거의 모든 語彙目錄에서 動搖를 보인다.

(15) a. 므슴(何)(一 2b)   무슴(一 11a)
        므던ᄒ다(一 25b)   무던ᄒ다(一 10b)

므릇(六 6a)		무릇(八 5b)	
므러(咬)(六 13b)		무러(七 32b)	
블러(一 2a)		불러(五 19a)	
브르니라(飽)(二 28b)		부르다(二 40b)	
브즈런이(勤)(五 31a)		부즈런ᄒ도다(三 39a)	

b.

무엌(廚)(四 5a)

쓸(角)(五 24a)

c. 무리(輩)(一 28a)　　　　　플이(一 22a)

　　무르라(問)(六 21b)　　　므르리라(四 8a)

　　붓그림(羞)(三 8b)　　　븟그러움(八 5a)

　　부리(嘴)(一 43a)　　　　브리(七 16a)

　　왼쪽이 본래의 형태이고 오른쪽이 후대의 모습인데 (15a)와 (15b)는 圓脣母音化를 보이는 것이고 (15c)는 반대로 非圓脣母音化를 보이는 것이다. '플, 블, 플'이 圓脣母音化를 보이지 않음은 「譯語類解」와 같으나 '쓸'만은 圓脣母音化를 보이고 있어 「譯語類解」와는 差異를 보인다. 그러나 非圓脣母音化가 「譯語類解」보다 擴大되어 있어 脣子音下의 ㅡ와 ㅜ로 이루어지는 語彙目錄의 動搖는 「譯語類解」보다 크게 늘어났음을 보인다.

　　이때쯤에는 ㅡ와 ㅜ가 高位母音으로서 圓脣性에 의한 對立의 짝으로 굳어졌다고 할 수 있다. 그에 따라 ㅡ와의 對立의 짝을 이루고 있던 ·는 새로 이루어진 對立의 짝인 ㅏ에 거의 대부분 合流되었다. 「全一道人」에 나타나는 國語資料는 이 事實을 잘 뒷받침하고 있다. 결국 ·의 非音韻化는 18세기 초엽보다 다소 늦은 時期 그러니까 늦어도 18세기 30年代까지는 結末에 이르렀다고 생각된다.

5. 結語

　雨森芳洲가 남긴 「全一道人」(1729)은 國語音韻史에 重要한 資料를 提供한
다. 같은 時代의 國語文獻에 나타나지 않는 ㄷ, ㅌ의 口蓋音化와 ㆍ의 非音韻
化에 관계되는 實例를 풍부하게 보여주기 때문이다. 따라서 이를 國語資料
와 調和시킨다면 「全一道人」은 國語音韻史에 文獻的 根據를 補強해 주는 一翼
을 맡아 줄 것이다.

　本稿에서는 ㄷ, ㅌ의 口蓋音化와 ㆍ의 非音韻化 時期를 추정함에 있어 「全
一道人」이 차지하고 있는 比重을 다시 한번 檢證해 보았다. 그 過程에서 過去
에 소홀히 다루어진 國語文獻도 다시 點檢하면서 「全一道人」에 反映된 ㄷ, ㅌ
의 口蓋音化와 ㆍ의 非音韻化 관계 資料가 당시 國語의 現實的 모습임을 確認
하고자 하였다.

　아울러 ㆍ의 非音韻化를 誘發한 脣子音下의 ㅡ〉ㅜ 圓脣母音化 過程을 文獻
으로 檢證하면서 거기에 나타나는 資料의 性格을 分析함으로써 國語音韻史
探究가 文獻的 基盤 위에 遂行되어야 함을 내세운 셈이다.

　文獻資料에 比重을 두다 보니 資料間의 有機的 關係를 充分히 記述하지 못
한 아쉬움을 남기게 되었다. 그러나 지금까지 近代國語音韻論에서 度外視되
었던 몇 가지 文獻的 實例만은 나름대로 뜻이 있으리라고 믿는다.

參考文獻

郭忠求(1980), 十八世紀國語의 音韻論 硏究, 「國語硏究」43.

_____(1984), 體言語幹末 舌端子音의 摩擦音化에 對하여, 「국어국문학」91.

金完鎭(1963), 國語母音體系의 新考察, 「震檀學報」24.

_____(1967), 韓國語發達史 上, 音韻史, 「韓國文化史大系」Ⅴ(高大 民族文化硏究
　　　所).

_____(1971),「國語音韻體系의 研究」一潮閣.

_____(1974), 音韻變化와 母音調和에 대한 反省,「語學研究」14.2.

박종희(1983),「국어음운론연구」원광대 출판국.

宋 敏(1974), 母音「·」의 非音韻化 時期,「聖心女大 論文集」5.

_____(1975), 十八世紀前期 韓國語의 母音體系,「聖心女大 論文集」6.

_____(1982), 近代韓國語의 發話現實 數三,「聖心語文論集」6.

劉昌惇(1961),「國語變遷史」通文館.

_____(1964),「李朝國語史 研究」宣明文化社.

李基文(1959), 十六世紀國語의 研究,「文理論集」(高麗大) 4.

_____(1961),「國語學槪說」民衆書館.

_____(1968), 母音調和와 母音體系,「李崇寧博士頌壽紀念論叢」.

_____(1971), 母音調和의 理論,「語學研究」7.2.

_____(1972a),「國語音韻史研究」韓國文化研究所.

_____(1972b),「改訂國語史槪說」民衆書館.

_____(1979), 中世國語 母音論의 現狀과 課題,「東洋學」9.

李基文·金鎭宇·李相億(1984),「國語音韻論」學研社.

李明奎(1974), 口蓋音化에 對한 文獻的 考察,「國語研究」31.

李秉根(1970), 十九世紀後期國語의 母音體系,「學術院 論文集」(人文·社會) 9.

_____(1979),「音韻現象에 있어서의 制約」塔出版社.

李崇寧(1971), 十七世紀國語의 音韻史的 考察,「東洋學」1.

_____(1977), ‘·’의 消失期 推定에 對하여,「學術院 論文集」16.

_____(1981),「中世國語文法」(改訂增補版), 乙酉文化社.

田光鉉(1967), 十七世紀國語의 研究,「國語研究」19.

_____(1971), 十八世紀前期國語의 一考察,「全北大 論文集」13.

_____(1978), 十八世紀前期國語의 一考察,「어학」(전북대 어학연구소) 5.

鄭然粲(1980),「韓國語音韻論」開文社.

崔泰榮(1983),「方言音韻論」螢雪出版社.

許 雄(1975),「우리옛말본」(형태론) 샘문화사.

國語史 研究의 反省

이 기 문

1. 國語學에 있어서 歷史的 研究가 차지해 온 比重은 매우 컸다고 할 수 있다. 20세기 초엽의 국어학 개척자들의 대표적인 업적은 전통적인 학문과 새로 우리 나라에 소개된 學校文法의 테두리 안에서 이루어진 것이었다. 그러나 초기의 국어 연구의 근본 동기가 절실한 현실 문제, 특히 文字體系와 맞춤법 문제의 해결에 있었고 해서 그들의 연구는 자연스럽게 역사적 연구에 미치게 되었다. 周時經 선생의 최초의 연구가 '♀'에 관한 것이었음은 널리 알려진 사실이다.[1] 그 자신은 어떻게 생각했는지 모르지만 이것은 훌륭한 국어 音韻史의 연구였다. 30년대와 40년대에 걸쳐 '♀'에 관하여 여러 학자들이 연구하게 된 것도 결코 우연이 아니었다.

우리 나라 학자들의 국어사에 대한 관심은 주로 訓民正音 창제 이후에 치우쳐 있었다. 訓民正音의 象徵性은 거의 절대적이었고 이 문자로 간행된 문헌들의 연구만으로도 힘에 겨웠던 것이다. 이렇게 이루어진 탓으로, 文字史 연구의 비중이 매우 커진 것도 사실이었다.

우리 나라 학자들과는 달리, 日本 학자들의 연구는 처음부터 古代 문헌을

---

1 周時經(1906, 1908) 참고. 拙著(1970:26-27)에 略述한 바 있다.

다루는 데서 시작되었다. W. G. Aston의 한국어와 일본어의 비교 연구(1879)의 자극을 받아 일본어의 계통 문제가 그들의 주된 관심사였던 탓도 있었지만, 『三國史記』나 『三國遺事』와 같은 책들이 漢文으로 쓰여진 점이 그들의 접근을 쉽게 했던 것도 사실이었다. 19세기 말엽에 시작된 古代의 國名, 地名, 人名, 官職名 등의 연구에서 20세기의 20년대에는 鄕歌의 解讀에까지 이어지게 된 것이다.[2]

우리 나라에서는 古代史 연구가 시작되면서 古代 固有名詞에 관한 연구가 싹텄고, 30년대에 들어 鄕歌의 해독에 관심을 기울이는 학자도 나타나게 되었다.[3] 이 무렵 中世國語에 관한 연구에도 적지 않은 진전이 있었다.

光復 後의 國語學은 역사적 연구가 주류를 이루게 되었다. 역사적 연구에는 많은 새로운 연구 거리가 있었지만, 現代國語(文法) 연구는 지난날의 쳇바퀴를 맴돌고 있은 것이 가장 큰 원인이었다고 할 수 있다. 이때에 시작된 나의 국어 연구도 역사 쪽으로 기울게 되었다. 민족의 역사에 대한 관심을 어렸을 때부터 키워 준 가정교육이 큰 몫을 한 것도 부인할 수 없다.

나의 國語史 硏究는 李崇寧, 方鍾鉉 두 분 선생의 절대적인 영향 밑에 시작되었다. 두 분의 연구는 15세기와 그 뒤의 국어 연구에 치중되어 있었다. 그 이전의 국어에 대해서도 예사롭지 않은 관심을 가지고 있었지만, 앞선 연구들에 대한 강한 不信을 품고 있었고, 기회 있을 때마다 古代國語의 연구는 근본적으로 새롭게 시작되어야 할 것임을 강조하였다. 한편, 50年代初의 국어학계는 G. J. Ramstedt의 새로운 저서들에 접하게 되어[4] 국어와 알타이제어의 비교 연구에 눈을 뜨게 되었는데, 그 新鮮感으로 해서 상당한 樂觀論에 무젖어 있었다고 할 수 있다.

---

2 白鳥庫吉(1895), 小倉進平(1929) 등을 대표로 들 수 있다.
3 崔南善(1927), 梁柱東(1942) 등을 대표로 들 수 있다.
4 이 책들은 李相佰 선생이 헬싱키 올림픽에 다녀오면서 가져온 것이었다.

기본적으로는 한글 문헌의 착실한 연구가 國語史 연구의 튼튼한 기초를 마련해 줄 것이라는 생각을 가지고 있었으나 그 이전의 漢字 문헌과 알타이 제어 쪽으로 내 관심을 쏠림을 막을 수 없었다. 이것은 言語史 연구의 본질로 보아 당연한 일이라고 할 수도 있다. 역사적 연구는 古代로, 起源으로 올라가야 하는 本性을 가지고 있는 것이다. 言語事實의 變化를 설명하기 위해서는 이 길을 택할 수밖에 없기 때문이다. 나의 대학 졸업논문에 뒤이은 몇 편의 논문은 이런 쪽으로 마음이 쏠렸을 때 쓴 것이었다.[5] 억지 몸부림이었다고 할 수 있다.

지금까지의 나의 國語史 研究는 이런 몸부림의 연속이었다고 해도 지나친 말이 아니다. 어느 한 모퉁이에 돌파구를 열어 보려는 노력의 계속이었다고 할 수 있다. 이것은 비단 나 한 사람에 한정된 것이 아니요, 우리 學界 전체의 고민이었다고도 할 수 있다.

2. 國語史 研究를 되돌아보면 반성해야 할 점이 적지 않다. 짧은 글로는 다 쓸 수 없을 만큼 많다. 그중에서, 古代 三國의 言語 研究가 가장 큰 문제를 일으키고 있어 이에 대해서 간단히 논해 보기로 한다. 이렇게 된 데는 나 자신에게도 한 가닥 책임이 있는 듯이 느껴져서 내 생각을 밝힐 필요가 있는 것으로 생각되기도 한다.

지난 50년대 말에, 나는 연구의 방향을 한글 문헌으로 돌리기로 하고 마침 서울대학교 도서관에 기증된 一簑文庫를 중심으로 해서 종래 등한시되어 온 16세기의 문헌들을 찾아서 읽고 있었는데, 뜻밖에 國語史槪說을 쓰라는 권유를 받게 되었다. 나로서는 도무지 엄두도 못 낼 일이어서 여러 번 사양했으나, 약한 마음으로 끝까지 거절할 수가 없었다. 그런데 槪說에서는 국어의 계통 문제와 고대국어에 관한 章을 첫머리에 마련하지 않을 수 없는 것이 가

---

5 졸업논문은 '語頭子音群에 대하여'라 題한 것으로 200자 원고지로 100장을 조금 넘었던 것으로 기억한다. 震檀學報에 실린 拙稿(1955)는 이것을 늘인 것이다.

장 큰 괴로움이었다.

그때에 나는 古代 三國의 언어 자료를 가려서 검토하고 그 결과를 가지고 유사와 차이를 밝히기로 방침을 정했다. 현대 방언들의 경우에도 이런 방침이 필요하거든, 하물며 세 나라의 언어를 뒤섞어서 다루는 것은 方法論的으로 옳지 않다고 생각한 것이다. 이것은 지극히 당연한 일임에도 불구하고 그때까지 엄격하게 시행된 일이 없었다. 이렇게 이루어진 나의 初索의 결과가 『國語史槪說』의 初版(1961)에 요약되었다. 그때 三國語 語彙의 특징을 어렴풋이나마 파악할 수 있은 것은 큰 수확이었다. 그러나 이 연구에서 가장 중요한 것이 漢字借用表記法에 관한 분명한 인식인데, 내 나름으로 이에 도달한 것은 高句麗語에 관한 논문(1968)에 와서였다. 古代의 漢字借用表記法에 音借法과 釋借法이 있었음은 알고 있었지만, 내가 釋借表記에 대하여 제대로 인식하게 된 것은 이때였다. 예를 들면, 『三國史記』(卷37)의 高句麗 地名 表記에 나타나는 "買忽一云水城"의 '水城'이야말로 釋借表記임을 깨닫게 된 것이다. 그리하여 고구려어에서 '水'의 새김은 '미'(買)였고 '城'의 새김은 '홀'(忽)이었음을 믿게 된 것이다.[6] 『三國史記』(卷35)에는 "水城郡 本高句麗買忽郡 景德王改名 今水州"라 있어 여기에도 '水城'이 나타나지만 이것은 '景德王 改名'으로서 釋借表記라 할 수 없는 것이다. 따라서 『三國史記』의 卷37과 卷35는, 겉보기에는 비슷한 점이 있지만, 본질적으로 다른 것이다. 이 사실은 다음과 같은 예에서 쉽게 드러난다. 『三國史記』(卷37)에 "七重縣一云難隱別"이 보인다. 여기서 '七'의 새김이 '난은'(難隱), '重'의 새김이 '별'(別)이었음을 推定할 수 있다. 그런데 卷35에는 "重城縣 本高句麗七重縣 景德王改名 今積城縣"이라 있다. 여기서 景德王 改名의 '重城'은 고구려 시대의 釋借表記 '七重'을 참고한 것이 인정될 뿐, 이 둘을 同一視할 수는 없는 것이다.

종래 우리 學界에서 釋借表記를 '漢譯名'이라고 하는 일이 드물지 않았는

---

6 편의상 15·16세기의 漢字音으로 적는다.

데, 이것은 釋借表記에 대한 無知의 所致였다. 이런 관점에서는 釋借表記와 景德王 改名의 차이를 전혀 깨달을 수가 없다. 평양 학자들의 저술에서 이런 잘못이 두드러짐을 볼 수 있다. 위에서 든 예를 다시 들면, 『三國史記』(卷37)의 "七重縣一云難隱別"에서 고구려어의 數詞 '難隱'(七)을 인정함을 비판하여 평양 학자들은 卷35의 景德王 改名의 '重城縣'이나, 심지어 高麗名의 '積城縣'까지 들어, 이들에 '七'이 없으니 '難隱'은 "일곱이란 수사가 아니라 일반적 형용사"라고 주장한 것이다(김수경 1989:125).

古代 三國語의 연구에 있어서 釋借表記에 대한 정확한 理解의 중요성은 아무리 강조해도 지나침이 없다. 漢字의 새김을 표기에 이용했다고 하는 것은 새김이 그 社會에 확립되어 있었음을 前提로 하는 것이다. 가령 고구려에서 '水'字의 새김이 표기에 이용되었다는 것은 그것을 '미'(買)로 읽는다는 계약이 사회적으로 성립되어 있었기에 가능했던 것이다. 釋借表記에 대한 이러한 理解의 缺如에서 빚어진 잘못이 여기저기서 나타난다. 여기서는 두 學說에 대해서만 간단히 言及하겠다.

하나는 내가 『三國史記』(주로 卷37)의 고구려 지명에서 推定한 단어들을 고구려어에 속하는 것이라 한 데 대하여 이들은 "어느 不明의 言語의 基層"에 속하는 것이라고 말하고 이 言語를 '原始韓半島語'라고 부른 金芳漢 교수(1983)의 說이다. 이것은 한마디로 그 地名들의 表記法을 전혀 고려하지 않은 說이다. 고대 고구려인들이 超人的인 능력을 가진 言語學者들이 아닌 이상, 아득한 옛날에 消滅한 언어의 단어들을 어떻게 알아낼 수 있었으며 그 옛 언어의 단어들로 그들 자신의 漢字의 새김을 삼았을 것인가. 想像도 할 수 없는 일이다.[7]

또 하나는 우리의 고구려어 어휘를 濊語의 것이라고 본 최근의 學說이다.

---

[7] 先住族의 言語가 地名에 흔적을 남기는 예는 많다. 프랑스 地名 중에 켈트語로 된 것이 있음은 알려진 사실이다. 그러나 이것은 현대 학자들의 끈질긴 연구로 밝혀진 것이다. 그리고 켈트語에 관한 지식이 있었기 때문이다.

이것은 河野六郎 교수를 대표자로 하는 共同硏究의 報告書(1993)에 표명된 것
으로 그 결론 부분(43-44面)에서 引用하면 다음과 같다.

더욱이 濊族은 高句麗의 힘에 밀려서 韓半島를 南下하여 3世紀에는 현재
의 江原道 근처에 定住하였다. 아마도 고구려는 濊의 南下를 뒤쫓아 南下를
계속했을 것이다. 濊는 고구려 왕조의 건설과 함께 그 傘下에 귀속한 듯한데,
고구려 왕국에 귀속하게 된 몇 聚落에는 아직 濊人이 居住하여 地名에 그들
의 언어-日本語에 酷似한 언어-를 남긴 것으로 생각된다. 韓國語로, 그 中世
語까지 '日本人'을 '예'(iei)라고 부른 것은, 예(iei)가 본래 倭人과 同系였음을 보
여준 것이 아닌가.

河野六郎 교수의 推論은 '濊'의 우리 나라 한자음 '예'와 中世國語의 '예'(倭)
의 一致에 근거를 둔 것임을 쉽게 알 수 있다. 매우 그럴듯해 보이지만, 고구
려 왕국에서 漢字의 새김이 어떻게 성립되었을까를 생각해 보면, 이 推論이
타당성을 缺함을 알 수 있다. 고구려에서 漢字가 支配階級의 特權이었음은
두말할 것도 없다. 그리고 그 특권층의 오랜 세월에 걸친 漢字의 學習 과정에
서 새김이 성립되었을 것임은 짐작하기 어렵지 않다. 濊의 언어가 고구려의
언어와 동떨어진 것이었다 하면, 그리고 그것이 小數集團의 언어였다고 하
면, 고구려 왕국에서 그 언어가 漢字의 새김에 채택되었을 가능성은 전혀 없
었다고 할 수 있다.

3. 여기서 다시 『三國史記』(卷37)의 고구려 지명 표기를 보면 "買忽一云水
城"과 같이 한 지명을 音借表記와 釋借表記의 두 가지로 적고 있는 사실에 새
삼 주목하게 된다. 이것은 고구려에 이처럼 두 가지로 표기하는 관행이 있었
음을 짐작게 한다. 오늘날 우리가 고구려어 어휘의 편린을 얻을 수 있게 된
것은 고구려에 이런 표기 관행이 있었고 마침 『三國史記』(卷37)이 두 표기를
併記해 준 덕분이다.

고구려에 위에 말한 표기 관행이 있었음은, 新羅에도 비슷한 관행이 있었다는 사실로 하여, 더욱 믿음직하게 된다. 『三國史記』를 들추어 보면, 신라의 人名이나 官名에 "素那一云金川"(卷47), "波珍湌或云海干"(卷38)과 같이 두 표기를 倂記한 예들이 경성드뭇이 눈에 띈다. 이 예들에서 '素那', '波珍湌'은 音借表記요 '金川', '海干' 등은 釋借表記임이 쉽게 推定된다.[8] 한편 百濟에 이런 관행이 있었음을 보여 주는 예는 매우 적다. 백제에서는 이런 관행이 일반적이 아니었는지, 오늘날 전하는 문헌에 우연히 그렇게 되었는지, 推斷하기 어렵다.

한 固有名에 音借表記와 釋借表記가 共存할 때, 이것을 二重表記라 부르기로 한다. 이에 대하여 한 表記만 있을 때, 이것을 單一表記라 부르기로 한다. 고대국어 연구에 있어 확실성이 보장되는 것은 二重表記에 限한다고 나는 생각하고 있다. 이때에만 한 표기에서 音相을, 또 한 표기에서 意味를 얻을 수 있기 때문이다. 여기서 분명히 하여 둘 것은 우리가 二重表記라고 부른 것도 하나의 假定이라는 사실이다. 다만 複數의 二重表記에서 音借表記와 釋借表記 사이에 同一한 對應들이 확인될 경우(고구려의 '買'와 '水', '忽'과 '城'처럼), 우리의 假定은 그만큼 확실성이 높아지며 그렇지 않을 경우에는 확실성이 그만큼 낮아진다.

두 표기가 있다고 해서 모두 二重表記가 되는 것은 아니다. 이 점이 많은 문제를 제기한다. 『三國遺事』(卷4)에 "元曉亦是方言也 當時人皆以鄕言稱之始旦也"라 한 것은 '元曉'가 漢字名이 아닌 사실을 明言해 준 점에 큰 의의가 있지만 막상 이 이름이 어떻게 불렸는지는 문제로 남겨 놓고 있다. '始旦'을 音借表記라고 보기 망설여지기 때문이다. 新羅 始祖의 誕降地는 『三國史記』에 '蘿井'(卷1) 또는 '奈乙'(卷32)로 표기되었는데, 前者의 성격이 모호하다. 後者

---

8 정확히 말하면 '波珍湌'의 '珍'(돌)은 그 새김을 이용한 것이요 '海干'의 '干'은 音을 이용한 것이다. 이런 예들에 대해서는 뒤에 言及할 예정이다.

는 音借表記임이 어느 정도 확실하므로 이와 맞대어 볼 때 '井'과 '乙'의 對應
은 그럴듯하지만, '蘿'와 '奈'는 音이 비슷하여 '蘿'도 音借字일 가능성이 있는
것이다.[9] 이것은 部分的인 二重表記라고 부를 수 있을 것이다.

　新羅 鄕歌의 표기에는 '夜'(處容歌, 薯童謠)와 함께 '夜音'(慕竹旨郎歌)이 보인
다. '夜'를 釋借字로 보면 중세국어의 '밤'이 곧 떠오르는데 '音'은 바로 이 '밤'
의 末音과 일치한다. 이 일치는 '夜'의 신라어 새김이 중세국어의 '밤'과 같았
음을 暗示하는 것으로 볼 수 있다. 향가에는 이러한 末音 添記의 예들이 여럿
있다. 이 添記에 사용되는 漢字가 典型的인 音借字들이어서 쉽게 확인되는
것이 매우 유리한 점이다. 무엇보다도 중요한 것은 이들은 그 앞 字가 釋借字
임을 推定하는 구실을 한다는 점이다. '夜音' 같은 표기는 釋借表記에 音借表
記가 덧붙은 것으로서 역시 部分的인 二重表記라고 할 수 있다. 部分的이므
로 이들은 어쩔 수 없는 限界를 지니고 있다. 添記된 末音이 마침 중세국어의
對應語의 그것과 일치하는 경우에는 쉽게 결론이 나지만, 그렇지 않은 경우
에는 심각한 문제가 되는 것이다. '禱千手觀音歌'의 '掌音'이 일으킨 논의를 우
리는 익히 알고 있다(拙著 1991:358-360 참고). 과거의 解讀에서는 看過되었지
만, '祭亡妹歌'의 '辭叱' 역시 이 부류에 속하는 예의 하나다(拙著 1991:360 참
고). '讚耆婆郎歌'의 '川理', '怨歌'의 '世理'는 중세국어 문헌에 '내', '뉘'와 함께
'나리', '누리'도 있어 '理'의 添記 이유가 쉽게 밝혀지지만, '讚耆婆郎歌'의 '汀
理'의 경우는 '汀'의 새김이 중세국어 문헌에 '믓굿'으로 나타나 문제를 일으
켜 왔다(金完鎭 1980:86-87 참고). 중세국어 문헌에 '倭'의 새김은 '예'였는데(訓
蒙字會 中 4), '彗星歌'에는 '倭理'로 표기되어 있다. 이것은 최근에 와서야 '여
리'로 읽히게 되었다(徐在克 1974:42). 聲調도 上述한 '내', '뉘'와 이 '예'가 같이
上聲이어서 二音節語의 單音節化 推定을 강력하게 뒷받침해 준다. 이것은 저
위에서 말한 바, 河野六郎 교수의 假說이 기댄 '濊'(예)와 '예'(倭)의 同音性에

<hr>

9 梁柱東 선생(1942)도 이와 같은 견해를 가지고 있었던 것으로 보인다.

큰 의문이 있음을 말해 주는 점에서 매우 중대한 사실이라고 하겠다.

4. 고대국어 연구에서 가장 큰 어려움에 부딪는 것은 單一表記의 경우다. 어떤 한 표기만 있을 때, 우선 그것이 音借인지 釋借인지 결정하기가 어렵고, 어느 한쪽으로 가정하더라도 그 音相이나 意味를 추정하기가 어려운 것이다. '檀君', '阿斯達'을 비롯한 여러 古代 固有名에 대한 과거의 연구들은 單一表記의 연구가 안고 있는 문제의 심각성을 여실히 보여 준다. 單一表記의 경우에는 確證이란 도시 있을 수 없고, 아무리 그럴듯해 보이는 해석이라도 하나의 假構에 지나지 않는 것이다.

위에서 古朝鮮의 두 이름을 들었지만, 三國의 固有名에도 單一表記가 많다. 二重表記보다도 훨씬 많다. 이런 형편이고 보니, 二重表記의 경우에만 어느 정도의 확실성이 보장된다는 원칙을 지킬 때, 고대국어 연구는 길이 막히고 만다. 위에서도 잠시 비추었지만, 三國 중에서도 백제에 관한 자료에는 二重表記가 예외적이요 單一表記가 대부분이니, 백제어 연구는 빈곤을 면할 수 없는 숙명을 지니고 있는 셈이다. 그러나 빈곤을 극복하려는 것이 인간의 본성이요 새로운 경지를 개척하려는 것이 학문의 본질이다. 더구나 우리의 고대국어 연구를 어떻게 손끝맺고 있을 수 있겠는가. 單一表記들을 어떻게든 요리해 보려는 노력이 이어져 온 것은 당연한 일이었는지 모른다.

그러나 위에서도 지적했지만, 單一表記를 다룰 때에는 아무리 최선을 다하더라도 하나의 假構를 지음에 지나지 않음을 명심하지 않으면 안 된다. 나는 이 방면의 연구자들의 업적을 대할 때마다, 이것을 명심하고 있는지, 자기가 사실상 不可知에 도전하고 있음을 알고 있는지 묻고 싶어진다. 너무나 겁없이 억측을 일삼고는 지나친 확신을 표명하고 있음이 마음에 걸린다. 하나의 억측을 내놓고 그 위에 다시 억측을 세우는 일이 예사롭게 이루어지고 있으니 학문 연구라기보다 소설 창작에 가깝다는 느낌을 금할 수 없다. 어떤 한 單一表記에 대하여 여러 가지 다른 해석들이 이루어져 온 사실이 이런 느낌을 정당화해 준다고 할 수 있다.

單一表記 연구에 있어서 가장 큰 문제는, 그 표기의 해석에 있어, 대개의 경우, 後代의 언어에 의존할 길밖에 없다는 점이다. 그리하여 실제로 古代의 音借表記의 意味를 찾거나 釋借表記의 音相을 찾음에 있어 중세국어, 근대국어 또는 현대 방언들에서 그럴듯한 것을 찾는 일이 예사롭게 이루어져 왔다. 여기서 가장 주목할 사실은 고대의 표기들을 後代語에 의지하여 해석해 놓고 이를 토대로 하여 古代語는 모두 後代語와 같았다는 결론을 이끌어내는 일이다.

길게 말할 것도 없을 듯하지만, 지금도 우리 학계에서 音借表記의 意味를 찾아내거나 釋借表記의 音相을 알아맞히는 일이 예사로 이루어지고 있기에, 이 일이 대체 어떠한 일인가를 비근한 예를 들어 설명해 보기로 한다. 『龍飛御天歌』(1:6)에는 "凡書地名 漢字之難通者 又卽以正音之字書之 人名職名亦皆放此"라 하여 漢字와 한글을 倂記한 예가 173개나 있다.[10] 이 중에는 外國語로 된 것들도 포함되어 있지만, 大同江 上流 陽德縣北의 山 이름으로 '文音山'이 나오는데 '文音' 아래에 '그슴'이라 적혀 있음을 본다(龍歌 1:39). 만약 이 '그슴'이 없다고 가정하고 '文音'을 해독한다고 하면 어떻게 될까. 이것은 위에서 든 향가의 末音 添記法을 방불케 하므로, '文'의 새김으로 '音'의 末音을 가진 단어를 찾으려고 애쓰게 될 것이다. 그런데 이런 단어는 얼핏 나타나지 않는다. 우리가 흔히 참고하는 『訓蒙字會』를 비롯한 여러 책에 '文'의 새김은 '글월'로 되어 있다. '글월'의 古形은 '글발'이요 이는 '글'(文)에 '발'이 붙은 것임이 확실하므로 이런 지식을 토대로 해결책을 모색할 수밖에 없을 것이다. 그러나 아무리 해도 '그슴'에 도달할 가능성은 전혀 없다고 해도 지나친 말이 아니다.

저 위에서 든 '蘿井', '奈乙'의 예를 다시 들어 생각해 보자. 이 중 '蘿井'만이

---

10 김윤경 선생(1962)에는 174例를 들었는데 한 예가 잘못 끼었다. 이 중에는 고유명사 외에 동물명(覃甫 담뵈 5:21), 擊毬 用語(排止 빙지, 持彼 디피, 比耳 귀견줌, 防尾 치니마기, 橫防 엇마기 6:39-40) 등도 포함되어 있다.

전한다고 가정할 때, 이것은 釋借表記임이 인정되므로 '蘿'와 '井'의 새김을 찾게 될 것이다. '蘿'에 대해서도 여러 가지 궁리를 할 것이지만, '井'에 대해서는 『訓蒙字會』, 『新增類合』등에 '우믈'이라 했으니 우선 이 단어를 채택하게 될 것이다. 이와 다른 가능성으로 '심'(泉) 정도를 생각할 수도 있을 것이다. 『三國史記』(卷37)의 "泉井口縣一云於乙買串"과 관련을 지어 '미'(買)를 제안하는 경우는 특례에 속할 것이다. 정작 이 지명 첫머리의 '於乙'(어을, 얼)이 答이 될 줄이야. '柰乙'이 있기에 이것이 答이 된다고 하지, '柰乙'이 없음을 가정할 때에는 이 역시 한낱 억측으로 남게 될 것이다. 위의 가정과는 반대로 '柰乙'만이 전한다고 하면 意見이 百出할 것을 점치기 어렵지 않다. 아마도 '柰乙'을 한 덩어리로 보고 해석하려는 노력이 主流를 이룰 것이다. 그러나 '柰'를 釋借字로 보면 '柰'로는 엄두가 나지 않아 '柰'로 고치고 보면 『杜詩諺解』등에서 '멎'을 얻게 될 것이다. 이것을 末音 '乙'에 맞추려면 '멎'의 고대형이 '멀'이었다고 주장을 하게 되는지도 모를 일이다. 그러나 이런 音韻變化는 정당화되기 어렵다. 한편 '柰'를 音借字로 보면 '날, 나을' 등으로 읽어 어떤 의미를 부여해 보려고 애쓰게 될 것이다. '柰'와 '乙'을 나누어 보는 경우는 드물 것이지만 이 경우에는 아무리 억측을 한다 해도 쉽지는 않을 것이다. '柰'에 대해서는 '弗柜內'와 '赫居世'에서 볼 수 있는 '內'(世)와 연결하거나 "素那一云金川"의 '那'(川)와 연결하여 풀 수도 있을 듯하나 '乙'에 대해서는 여간 난감하지 않을 것이다.

위의 例示로 單一表記에 대해 연구한다는 것이 어떤 일인가를 알게 되었을 것으로 믿는다. 아무리 애쓰더라도 기껏 그저 그럴듯한 억측에 도달할 수 있을 뿐이다. 확실성이란 영원히 바랄 수 없는 것이다.

끝으로 單一表記에 대한 연구가 얼마나 잘못될 수 있는가를 예를 하나만 더 들기로 하겠다. 梁柱東 선생은 『世宗實錄』(권78)의 "國俗割肉者號波吾赤"에 대하여 "'波吾赤'은 'ㅂㄹ치'의 訛音 'ㅂ로치'"라고 단정하였다(1942:587). 중세국어의 동사 'ㅂ리-'(割)에 접미사 '치'가 붙은 것이라고 본 것이다. 이것은 완전한 誤錯이었다. '波吾赤'은 蒙古語 起源의 단어인 것이다. 13세기 후반에 高麗 사회에 적지 않은 몽고어 단어들이 들어왔는데, '波吾赤'도 그중의 하나였다. 『高麗史』에 '波吾赤'이 몇 군데 보이는데, 中世蒙古語의 ba'urči(廚子)에서 온 것이다. 이 사실은 『高麗史』에 나오는 몽고어 단어들에 관한 나의 논문(1993:69)에서 논한 바 있는데 그 때에 이 『世宗實錄』의 기록을 드는 것을 깜박 잊었었다. 이보다 앞서 『太宗實錄』(卷33, 17年 5月 庚寅)에도 "漢波吾赤改別司饔"이라 있음을 여기에 덧붙여 둔다. 實錄에 나타나는 위의 두 기록은 '波吾赤'의 意味를 분명히 摘示한 것이다.

5. 위에서 구태여 蒙古語 借用語의 예를 찾아서 든 데는 單一表記의 연구가 얼마나 빗나갈 수 있는가를 극명하게 보여 주려는 목적도 있었지만, 몽고어와 관련된 이야기로 방향을 돌려 보려는 故意性도 없지 않았다.

내가 몽고어 차용어에 처음 관심을 가진 것은 역시 『國語史槪說』(1961)을 쓰면서였는데, F. W. Cleaves, N. Poppe 두 분 밑에서 몽고어학을 공부하게 되어 이에 대한 관심이 더욱 커지게 되었다. 이러구러 30년이 넘은 셈이다. 그러나 최근에 나는 중세국어의 '헐겁지'가 몽고어 차용어임을 인식하게 된 것을 계기로 내 연구에 찬찬히 챙기지 못한 일면이 있음을 반성하게 되었다.

中世蒙古語에 語頭音 h가 있었음은 알타이語學에 조금만 관심이 있는 사람이라면 누구나 알고 있는 사실이다. 이 h는 알타이祖語의 語頭音 *p에 소급하는 것이다. 나는 얼마 전까지만 해도 중세국어에 들어온 몽고어 차용어에 중세몽고어의 어두음 h는 반영되지 않았다는 생각을 가지고 있었다. 이 생각의 근거가 된 것은 단 하나의 예였다. 중세국어의 '삸오뇌'(括, 楞嚴經諺解 9:20), '살오뇌'(筈, 訓蒙字會 中29), '활오뇌'(弭, 訓蒙字會 中28) 등에 '오뇌', '오뇌'가 나타난다. 현대국어 '오늬'의 古形들이다. 그런데 바로 오늬를 의미하는 단어가 중세몽고어 자료인 Muqaddimat al-Adad에는 honi, 몽고문어에는 oni, ono로 나타난다. 이 몽고어 단어는 어두음 h를 가졌던 단어들의 하나로 인정된다. 위에 든 중세국어와 중세몽고어 단어는 그 意味로 보아 音相으로 보나

서로 무관할 수 없는 것으로 판단되는데, 중세몽고어의 어형이 보여 주는 h를 중세국어의 어형은 보여 주지 않는 것이다. 이 한 예를 근거로 하는 중세몽고어의 어두음 h가 중세국어에서 하나의 子音으로 반영되지 않았다는 생각을 하게 된 것이다(拙著 1991:132).

이 생각이 깨어진 것은 근자에 '헐겁지'에 대하여 새로운 인식을 하게 되면서였다. '헐겁지'는 『訓蒙字會』(中11) '弰, 鞢'의 새김으로 나타난다. 그리고 『飜譯朴通事』(上54)에는 原文의 '包指'를 '헐겁지'로, '濟機'를 '골회 ㄱ티 밍ᄀᆫ 헐겁지'로 번역한 예가 보인다. '헐겁지'는 활을 쏠 때 시위를 당기는 엄지손가락에 끼는 것이다. 현대국어에서는 '깍지'라 불린다. 이것은 漢字語 '각지'(角指)에서 온 것이다.

몽고문어에서 깍지를 가리키는 단어는 erekebči, erkebči 등으로 나타난다. 이들과 '헐겁지'는 오래 전부터 내 머리 속에 있었으나 중세몽고어 자료에 이 단어가 보이지 않음이 마음에 걸려 未決로 두었었다. 이것은 참으로 멍청한 처사였다. erekebči는 엄지가락을 가리키는 erekei에 접미사 -bči가 붙은 派生語라는 사실을 토대로 조금만 챙겼더라면 되는 것을, 그냥 내버려 둔 것이 실수였다. 명사 erekei의 末音 i가 탈락한 것이 erekebči요, 二音節 母音 e도 탈락한 것이 erkebči다.[11] 접미사 -bči는 čikibči(防寒用 귀걸이, čikin 귀), quruyubči (골무, quruyun 손가락), qoyolabči~qoyolobči(털옷깃, qoyolai 목)[12] 등에서 짐작할 수 있듯이, 명사에 붙어 그 물체를 덮거나 그것에 끼는 기구를 가리키는 명사를 파생시키는 것이다. 그런데 몽고문어의 erekei(엄지가락)에 대응하는 '赫列該'[13] heregei(大拇指)가 『元朝秘史』(139, 254)에 나타난다. 이 heregei를 토대로 중세몽고어에 *heregebči~*hergebči가 있었음을 추정할 수 있는 것이다. 여

---

11 『蒙語類解』(上36)의 "扮指子 각지ㅇ 얼겁지"는 erkebči를 보여 준다.
12 『蒙語類解』(上43)의 "風領 탈옷깃ㅇ 호고롭지"는 qoyolobči를 보여 준다.
13 原文에는 '列'字 옆에 小字 '舌'이 있으나 생략한다.

기서 중세국어의 '헐겁지'는 바로 *hergebči의 借用이라는 결론에 도달하게 된다. 이 예에서는 중세몽고어의 어두음 h가 'ㅎ'으로 반영된 사실을 확인할 수 있는 것이다.

이렇게 해서, '헐겁지'가 중세몽고어 차용어임을 확인한 뒤에 나는『元朝秘史』에 오늬를 의미하는 단어가 어떻게 나타나는가를 찾아 보았다. 이 단어는『元朝秘史』(106)에 '斡那禿' ono-tu(扣子有的), '斡那剌罷' ono-la-ba(捉了也)와 같이 어두음 h가 없는 ono로 표기되어 있었다.『元朝秘史』의 표기에 어두음 h의 消失形이 더러 있음은 이미 지적된 바 있는데(Poppe 1969), 이 단어도 그 一例인 것이다. 이에 이르러, 나는 중세국어 몽고어 차용어들은 東方中世蒙古語(『元朝秘史』,『華夷譯語』, 파스파文字 자료에 기록된 언어)로부터 들어온 것이라는 생각을 되씹게 되었다. 이런 생각은 오래 전부터 내 머릿속에 있은 것인데도(拙著 1991:183 등 참고) 오늬의 경우에 西方中世蒙古語 자료인 Muqaddimat al-Adab의 語形에 이끌려 당연히 챙겼어야 할『元朝秘史』의 語形을 챙기지 않은 점이 못내 뉘우쳐졌다.

여기서 지금까지 밝혀진 차용어 리스트를 다시 검토해 볼 필요가 생긴 셈이다. 이 검토는 대부분의 단어들은 동방중세몽고어로부터 온 것으로 보아 아무 모순이 없음을 확인해 주었다. 다만 보충 설명이 필요한 단어들이 더러 있었다. '더그레'가 그 중의 하나다. 몽고어의 어형으로는 문어의 degelei를 들 수 있는데,『元朝秘史』에는 Hula'an Degelen이란 族名에만 나타난다(拙著 1991:129). F. W. Cleaves 교수의『元朝秘史』번역에서 이 族名의 意味를 Red Garment라 註記한 것은 우리의 해석을 더욱 든든하게 해 준다(Cleaves 1982: 187).[14] 그런데 Muqaddimat al-Adab에는 dēlen이 보인다. 이것은 de'elei의 복수형이다. 이것은 서방중세몽고어는 이 단어의 모음간 g의 소실을 입었음을 보여 준다. 따라서 '더그레'는 분명히 동방중세몽고어로부터 차용된 것임을

---

14 다만 Degelen이 degelei의 複數形임이 明示되지 않은 점이 아쉽게 느껴진다.

결론짓게 된다.

또 하나, '슈라'(御膳)의 경우를 다시 한번 살펴보기로 한다. 이 단어에 대해서는 제법 자세히 논한 바 있는데(拙著 1991:156-159) 그 정확한 借用源을 동방 중세몽고어로 좁혀서 말할 필요가 있음을 지적해 둔다. 즉 '슈라'는 『元朝秘史』가 보여 주는 šülen에서, 더 정확히 말하면 그 末子音 탈락형에서 온 것이다. 서방중세몽고어(Muqaddimat al-Adab)에는 이 단어가 šilen으로 나타나 차이를 보여 준다.

『元朝秘史』의 蒙文에 관해서는 그 成立 時期 등에 관하여 많은 논의가 있었다. 자세한 것은 그 방면의 論著에 맡길 수밖에 없는데, 가장 이르게 본 견해가 1228년, 늦게 본 견해는 1268년으로 되어 있다.[15] 우리 나라에 몽고어 차용어가 들어온 것은 13세기 중엽 이후, 주로 그 후반으로 추측되므로 『元朝秘史』보다 조금 뒤라고 할 수가 있다. 이런 年代를 念頭에 두고 검토해 보면, 『元朝秘史』에서는 이른바 *i의 꺾임(Breaking of *i)을 겪지 않은 예들, 가령 singqor, sirqa가 중세국어에서는 그것을 겪은 어형인 '숑골', '셜아'로 나타나는 사실을 이해할 수 있다.[16] 그런데 '보라'만은 다르다. 지금까지 내가 쓴 글들에서는 '보라매'의 '보라'만을 말하고 정작 色彩名의 '보라'에 대해서는 아무 말도 하지 않았는데(拙著 1991:130), 중세국어문헌에서 '보라'(빛)의 용례를 찾을 수 없음이 그 주된 이유였다. 그러나 이것이 '보라'를 몽고어 차용으로 보는 데 결정적인 장애는 되지 않는다고 생각한다. 색채의 '보라'와 '보라매'의 '보라'는 몽고어에서는 같은 단어다. 이 단어는 『元朝秘史』에 '字羅 boro(青)로 나타난다. 『華夷譯語』에도 역시 같은 표기가 보인다. 다만 그 의미가 '灰色'으로 되어 있다. 이 boro는 bora로부터 변한 것이다. 古形 bora는 Muqaddimat al-Adab에 보인다. 몽고어의 역사에서 第一音節의 o 뒤에 오는 第

---

15 Cleaves(1982)의 Introduction, 특히 lxv(65)面 참고.
16 이들에 대해서는 拙著(1991: 131, 171-172)에서 논한 바 있다.

二音節의 a는 o로 同化(圓脣化)되는데, 『元朝秘史』에는 아직 同化되지 않은 예들도 있지만, 그보다 同化된 예들이 더 많이 나타난다. 그런데 qola~qolo(遠), mona~mono(久)와 같이 古形과 新形이 共存하는 예들도 있음이 주목된다. 그 때에 同化가 한창 일어나고 있었음을 보여 주는 것으로, boro의 경우에도 실제로는 bora와 共存했을 가능성이 있다고 볼 수 있는 것이다. 중세국어의 차용어 중에서 '보라' 외에 '오랑'(肚帶)이 역시 동화 이전의 어형 olang을 반영하고 있다. 이 단어는 『元朝秘史』에도 olang(肚帶)으로 나타난다(拙著 1991:133). 그리고 제주도 방언에만 전하는 '녹대'(草羈) 역시 同化 이전의 어형을 반영하고 있다. 이 단어는 서방중세몽고어(Muqaddimat al-Adab)에만 noɣta로 나타나고 동방중세몽고어 자료에는 나타나지 않는다(拙著 1991:182-183). 이렇게 볼 때, 중세국어의 몽고어 차용어들은 대체로 同化 이전의 어형을 반영하고 있어 '보라'가 예외가 아님을 알 수 있다.

6. 별로 중요한 것은 아니지만, 위에서 말한 '헐겁지'가 마침 借用語의 특이한 一面을 보여 주기에 잠시 言及하기로 한다. 이미 지적한 바와 같이, '헐겁지'는 『訓蒙字會』와 『飜譯朴通事』에서 볼 수 있다. 그런데 『朴通事集覽』(上49)에는 이 단어가 '혈거피'로 나타남을 본다. "包指 音義혈거피, 濟機 音義云 쇨로 밍ᄀ론 혈거피 ᄀ튼 것." 『朴通事諺解』(上49)에도 '혈거피'(包指)가 보인다. 한편 『譯語類解』(上22)에는 '헐겁질'(包指)이란 흥미있는 어형이 보인다. 그러나 『同文類解』(上47), 『蒙語類解』(上36)에는 '각지'(扮指子)가 보인다. 이 '각지'는 이미 『朴通事諺解』(上49)에서 '濟機'의 번역으로 선보인 바 있다. 이것이 현대어의 '깍지'로 이어짐은 두말할 것도 없다.

중세몽고어의 어형에 비추어 '헐겁지'가 古形임은 의문의 여지가 없는데, 이로부터 어떻게 해서 '혈거피'나 '헐겁질'이 나왔는지 얼핏 어림하기 어렵다. 정상적인 음운변화의 결과가 아님은 확실하다. 民間語源이 작용한 것임에 틀림없다. '혈'은 동사 '혀-'(引)의 활용형으로, '거피'는 명사(현대어 '껍질')로 보면, 어느 정도 설명이 되는 듯이 느껴지기도 한다. '헐겁질'의 경우에도

'겁질'(현대어 '껍질')이 나타나므로 위의 설명은 어느 정도 타당성이 인정되는 듯하다.

이 예는 차용어들의 덧없는 신세를 잘 보여 준다. 16세기 초엽까지 원래의 '헐겁지'가 명백을 유지한 것만도 천만다행이라는 생각이 든다. 이것이 그 때에 문헌에 기록되지 않았더라면, 우리의 연구는 불가능했을 것이다. '헐겁지'는 '혈거피'로, '헐겁질'로 변형하였고 드디어는 '각지'에 代替되고 만 것이다.

거꾸로, 극심한 변형을 보여주는 단어가 있다면 혹시 차용어가 아닐까 의심해 볼 수도 있음직하다. 내 노트에는 몽고어 차용어로 확인되기를 기다리고 있는 단어들이 여럿 있다. 그 중에서 이상하리만큼 내 마음을 사로잡고 있는 단어로 '보라올'이 있다. 이 단어는 『增定于公奏議輯覽』(15)에 "皮骨朶 骨 朶 國俗語보라올 以皮爲之", 『增定駁稿輯覽』(14)에 "骨朶 俗言보라올"로 기록되어 있다. 骨朶는 古朶라고도 하며, 중국의 옛 兵器의 하나로 긴 막대기 끝에 쇳덩이나 나무토막을 붙인 것이다. 이 '보라올'이 『朴通事諺解』(下38)에는 '보리알'(古朶), 『譯語類解』(上22)에는 '보리와리'(古朶)로 나타난다. 이 변형들에 대해서도 구구한 설명을 붙일 수는 있을 듯하지만, 너무나 엉뚱하여 당황하지 않을 수 없다. 내가 이 단어를 몽고어 차용어로 지목하는 까닭은 여기에 있다.

내 책장에 중세몽고어 자료들을 다 갖추지 못했으니 장담은 할 수 없지만, 骨朶에 해당하는 중세몽고어 단어는 전하지 않는 듯하다. 몽고 문어에서도 찾지 못하였다. 앞으로 더 뒤져 보어야겠다. 최근에 나는 『元朝秘史』에 나오는 Boro'ul이란 人名이 혹시나 '보라올'과 관련이 있지 않을까 하는 생각을 하게 되었다. 人名이어서 音相뿐이요 意味가 제시되어 있지 않으니 더이상 논의가 불가능하지만 Boro'ul의 古形이 bora'ul이었을 가능성과 이것이 보통명사로부터 왔을 가능성은 충분히 있는 것이다. Boro'ul이 두 사람의 이름으로 나타나는 점이 더욱 이런 느낌을 강하게 한다. 後日을 期할 수밖에 없다.

7. 제목과는 어울리지 않는 내용이 되고 말았다. 國語史 硏究 전체를 되돌

아보고 비판한다는 것은 내 능력을 넘어서는 일이어서 애초에 意中에 없었고 내가 오래 관심을 가져온 主題들 중에서 두 가지를 택하여 말하는 데 그쳤다. 먼저 국어사 연구에서 큰 비중을 차지해 온 古代 三國語의 연구에 대하여 말하고, 뒤에 몽고어 차용어에 관한 연구에 대해서 말하였다. 우리 學界 전체의 문제와 나 자신의 문제를 택하여 苦言을 한 셈이다.

국어사 연구에서 單一表記에의 겁 없는 接近을 거듭 경고했지만, 이 역시 나 자신에게 하는 경고이기도 하다. 바로 위에서 '보라올'과 관련하여 내가 單一表記에 큰 미련을 갖고 있음을 보여 주었다. 제한된 옛 자료를 다루다 보면, 單一表記에 손대고 싶은 유혹을 뿌리치기 어렵다. 재능이 많은 사람일수록 이 유혹에 깊이 빠져들게 된다. 梁柱東 선생의 탁월한 先驅的 業績을 생각할 때마다 나는 이것을 절실히 느끼며 아쉬움을 금치 못한다. 이렇다고 해서 선생보다 재능이 덜한 사람은 單一表記에 손을 대도 괜찮다고 생각해서는 안 된다. 선생의 해석은 때로 神妙의 경지에 이르러 보는 사람의 마음을 즐겁게 하지만, 凡才들의 해석은 즐거움은커녕 매양 큰 괴로움을 안겨 준다.

고대국어의 연구, 그중에서도 鄕歌의 연구는 고혹적인 매력을 지니고 있다. 나는 오래전부터 향가는 희랍 神話에 나오는 판도라의 상자와 같은 존재라는 생각을 가져왔다. 뚜껑을 열면 큰 불행이 닥치지만, 열어 보지 않고는 못 배긴다. 향가 연구의 비극은 향가와 訓民正音 사이의 半千年을 넘는 空白 때문에 생긴, 도저히 뛰어넘을 수 없는 장벽을 넘어 보려고 하는 데서 빚어지는 것이다. 향가는 語彙의 문제뿐 아니라 文法의 문제를 안고 있어 이 장벽은 더욱 험준하기만 하다. 근년에 고려 시대의 口訣 자료가 발견된 것은 국어사 연구 전반, 특히 향가 연구를 위해서 大書特筆할 사건이라고 나는 생각한다. 이 연구가 위의 空白을 어느 정도라도 메꾸어 주기를 바라는 마음 간절하다.

지난 40여 년의 나의 국어사 연구는 스스로의 부족을 뉘우치는 자책감으로 일관되어 왔다. 그러나 조그만 기쁨을 맛본 일도 아주 없지는 않았는데, 몽고어 차용어의 연구를 한 예로 들 수 있다. 특히 중세국어와 함께 중세몽고어 연구에도 다소의 공헌이 있을 때에 몽고어학에 기울인 노력의 보람 같은 것을 느끼기도 하였다.

국어학만으로도 힘에 겨운데, 몽고어학이나 퉁구스어학에 손댄 것이 주제넘은 일임을 누구보다도 나 자신이 잘 알고 있다. 그러면서도 욕심을 낸 것은 이 연구가 국어사 연구와 깊은 관련이 있다고 믿었기 때문이다. 작은 힘으로나마 이 길을 열어 보려고 애썼지만, 이 길을 같이 걷는 연구자의 모습이 드물어 내 마음은 자못 허전하다.

끝으로 국어사를 연구하려는 젊은이들에게 다음의 두 가지를 특별히 당부하고 싶다. 하나는 확실한 일을 하라는 것이다. 건물이 크거나 작거나 튼튼한 礎石을 놓는 마음으로 학문을 하라는 것이다. 또 하나는 넓은 視野를 가지도록 노력하라는 것이다. 分業의 시대라지만 국어학과 언어학 전반에 관한 넓은 지식을 가질 때에만 학문을 바른길로 이끌어 갈 수 있기 때문이다.

追記: 이 글은 제21회 국어학회 공동연구회의 둘쨋날(1994년 12월 16일) 저녁에 있은 碩座講義에서 한 이야기를 정리한 것이다. 그 때에 시간이 모자라 생략했던 부분을 덧붙였음을 밝혀 둔다.

參考文獻

金芳漢 1983. 韓國語의 系統. 서울.

김수경 1989. 세나라시기 언어력사에 관한 남조선학계의 견해에 관한 비판적 고찰. 평양.

金完鎭 1980. 鄕歌 解讀法 硏究. 서울.

徐在克 1974. 新羅 鄕歌의 語彙 硏究. 대구.

梁柱東 1942. 古歌 硏究(增訂版 1965). 서울.

李基文 1955. 語頭子音群의 生成 및 發達에 대하여. 震檀學報 17.

_____ 1961. 國語史槪說(改訂版 1972). 서울.

_____ 1968. 高句麗의 言語와 그 特徵. 白山學報 4.

_____ 1970. 開化期의 國文研究. 서울.

_____ 1991. 國語 語彙史 研究. 서울.

_____ 1993. 高麗史의 蒙古語 單語들에 대한 再檢討. 學術院論文集 32.

周時經 1906. 대한국어문법. 서울.

_____ 1908. 國語文典音學. 서울.

崔南善 1927. 兒時朝鮮. 서울.

河野六郎 外 1993. 三國志에 기록된 東아시아의 言語 및 民族에 關한 基礎的 研究
        (日文). 東京. 東洋文庫.

小倉進平 1929. 鄕歌及吏讀의 研究(日文). 京城.

白鳥庫吉 1895. 朝鮮古代諸國名稱考(日文). 史學雜誌 6.7-8.

Aston, W. G. 1879. A Comparative Study of the Japanese and Korean Languages.
        Journal of the Royal Asiatic Society of Great Britain and Ireland. New
        Series Vol. XI. Part Ⅲ.

Cleaves, F. W. 1982. The Secret History of the Mongols. Cambridge. Mass.

Poppe, N. 1969. On the Initial h in the Yüan-ch'ao Pi-shih. 慶祝 李方桂先生 六十五
        歲 論文集. 中央研究院 歷史語言研究所 集刊 39. 臺北.

문법화의 단계와 형태소 형성[*]

이 승 욱

I.

언어는 변한다.

형식이나 내용, 모두가 진화의 길에서 生成과 退化, 그리고 消滅의 법칙인 생명의 원리에 따라 그 변화는 이루어지고, 언어는 그 변화의 주체가 되는 有機的 構造物이다. 그러므로 언어는 그 자체만으로도 독자적인 역사를 가질 수가 있다.

이와 같은, 언어의 변화는 어느 때 일시에 일어나고 없어지는 '事件的'인 현상이 아니다. 끊임없이 이어지는 繼起性(連鎖性)과 충분한 실험적 과정을 거치면서 걸러지고 굳어지는 漸進性을 가지는 것이 특징이다. 그렇기 때문에 한시도 머물지를 않는 변화지만, 그 속에 있는 우리는 그것을 느끼지 못할 만큼이나 느린 漸進性의 것이어서, 대부분의 변화는 여러 世紀를 두고 이어진다.

---

[*] 이 논문은 2000년 12월 제27회 국어학회 공동연구회에서 행한 석좌강의 내용을 일부 다듬고 고친 것이다.

언어변화의 이러한 屬性은 변화가 어떤 動機에서 왜, 어떻게 일어나는지, 그 현상과 원리를 찾는 작업을 하려는 경우에는 무엇보다도 우선하는 출발의 기반이 되기도 한다.

내가 언어의 변화, 특히 문법화에 대한 관심을 가지게 된 것은 비교적 이른 시기, 즉 國語學에 入門하는 50년대 초반으로까지 올라간다.

당시만 해도 생소하기만 했던 '문법화'라는 말을 처음으로 들은 것은, 물론 心岳 李崇寧 선생의 比較·歷史言語學에 관한 강의를 듣는 가운데서였다. 비록 체계적으로 정리된 이론으로 이해되지는 않았지만, 文法範疇가 생겨나는 과정을 追跡하는 일은 호기심을 자극하기에 충분했고, 최초의 文法化論者로 알려진 Antoine Meillet(1866~1936)를 알게 된 내력도 같은 맥락의 일이었다.

이런 인연으로 해서, "국어의 Postposition에 대하여"(1956)가 씌어진 이후 문법화의 문제는 줄곧 내 생각에서 떠날 날이 없었지만, 그에 비해 거둔 것은 보잘것없다. 욕심만큼 거두지 못한 것은 타고난 재능이 모자라는 데다가 게으른 탓이려니와, 그나마라도 큰 용기를 내어 몇 가지 그간의 일을 더듬어 문법화와 그 이론의 학문적인 값을 옹호하는 뜻으로 삼겠다.

Ⅱ.

문법화에 대한 호기심은, 우선 실질적인 槪念語 간의 관계를 나타내는 형식, 즉 문법적인 機能語는 발생적으로 없었다는 假說을 밑바탕에 깔았을 때 유발된다. 다시 말해서, 初期段階의 언어행위는 명사나 동사와 같은 실질의 內容語만을 가진 형식이었을 뿐, 그들 단위개념 사이의 추상적인 관계를 지시하는 機能標識의 형식은 없었다는 가설을 전제로 할 때, 이들 기능표지의 형식들은 경험적 발달형일 수밖에 없다는 논리는 정당하다고 할 수 있기 때문이다. 말은 본래부터 완제품의 상태로 주어진 것이 아니라, 수없이 거듭되는 경험을 거치면서 점진적으로 변하여 형성된다고 하는 이상, 이러한 추정을 역사적 사실로 수용하는 것은 합리적이다.

대체로, 형태소가 형성, 발달한 것이라고 할 때, 적어도 다음과 같은 두 가지 가설에 대해 명확한 인식의 기반을 가져야 한다.

첫째는, 어떠한 전제의 토대도 없이 형태소가 형성되는 일은 없으며, 전제조건이 되는 문법적 형태를 토대로 한다는 사실이고,

둘째는, 어느 때 한꺼번에 형성되는 것이 아니라, 각기 다른 시기에 점진적으로 이루어진다는 사실이 그것이다.

그런 입장에서 전체의 문법형태를 포괄해 본다면, 모든 형태소들은 앞선 시대의 문법적 형태로부터 일정한 영향을 물려받은 것이 되고, 하나 하나의 형태들이 받은 영향은 결코 같지 않다고 하겠다.

전통적으로 문법화는 '자립적 단어에 문법적 특징을 부여하는 것'(Antoine Meillet), 혹은 '한 형태소가 語彙的 地位에서 文法的 地位로, 또는 派生形에서 屈折形으로 변하는 것처럼, '덜 문법적인 것'에서 '더 문법적인 것'으로 범위가 커지는 현상'(Jerzy Kuryłowicz)이라고 정의된다.

다시 말해서, 문법화는 단일한 어휘적 의미를 가지는 단어가 의미의 弱化, 혹은 消失로 말미암아 非語彙的인 것이 되거나, 또는 하나의 자립형식이 의존형식으로 되는 현상이다. 이와 같이 語彙範疇의 非語彙範疇化, 다시 말해서 非文法的 要素의 文法的 要素化가 그 결과로 문법적 기능을 가지게 된다는 것은 당연하다.

그런데, 때로는 문법화는 縮約이나 融合, 즉 형식류의 減縮現象과 맞물려 혼동을 일으키는 일이 있다. 그러나, 문법화와 형식의 감축현상은 그것이 일어나는 범위나 동기 그리고 결과에 있어 판이하게 다르다.

문법화는 음운형태의 변화, 그 자체를 지시하는 것은 아니지만, 대개는 그

변화를 수반하는 것이 상례다. 그러므로 문법화된 요소는 거의가 의미의 脫色이 이루어지는 것과 아울러, 음운의 감축현상을 경험한다. 그래서 문법화와 음운감축을 표리의 관계처럼 다루는 경향이 없지 않다. 그러나 이 둘 사이에는 그것이 일어나는 범위나 동기 그리고 결과에 있어 분명히 다르다.

따라서 문법화는, 造語法에 관련되는 형태구성의 변화까지는 대상영역으로 삼지 않는다. 여기서는 다만 문법적인 의미, 기능을 전담하는 형태소, 즉 屈折接辭에 제한하며, 그것은 주로 助詞와 語尾가 될 것이다.

이에 비하여, 감축은 단어 혹은 자립형식의 변화뿐만 아니라, 連結形 즉 統辭的 構成에서의 변화까지도 포함한다. 이처럼 감축은 조어법 상의 連接關係든, 두 語彙項의 통사적 구성이든, 그 대상과는 무관하게 음운론적 조건이나 의미제약에 걸리지 않는 한, 그 대상영역이 개방적이다.

다음, 문법화는 변화에 대한 현상을 기술하는 것만이 아니라, 변화이론들이 외면했던 언어변화의 '動機', 즉 누구의 무슨 의도가 그런 변화를 하도록 하는지 그 '동기'에 대한 설명도 가능하게 하는데, 그것은 언어변화의 주체를 언어가 아닌 사람으로 보는 데 따른 당연한 귀결이다.

사실, 문법단위의 형성이 단지 언어의 內的 自生力만 가지고 이루어진다고 보는 데는 한계가 있고, 그보다도 앞서는 문제는 사람들의 생각의 분화나 정밀화와 같은 認知作用을 비롯하여 역사성이나 문화 등, 모든 분야의 문제가 관여한다고 할 수 있다. 그리고, 문법화는 그 동기가 성숙되지 않은 단계에서는 감축과 같은 변화를 하지 않으며, 동기가 있을 때 비로소 그와 대응하는 형태변화가 뒤따르는 것이지, 형태변화의 결과가 문법화로 이어졌다고 할 수는 없다.

이와는 달리, 감축이 왜 일어나느냐는 문제는 그 주체가 사람이 되고 이루어지는 논의가 아니다. 言語遂行은 불가피하게 음운들의 연쇄를 구성하며, 그 내부에서는 언제나 물리적으로 작용하는 發音 平易化現象이 일어난다. 그러기 위하여 경제적 원리가 지배하는 현상으로 감축이 일어난다는 측면에서 논의되어 왔을 뿐이다. 따라서, 감축은 음운론적 현상의 기술에 만족하지, 그 이상의 무슨 설명을 요구하지 않는다.

다음으로, 문법화의 결과물은 본시는 어휘적인 자립형식이던 것이 비어휘적인 의존형식으로 된 조사나 어미와 같은 屈折接辭類에 국한한다.

그러나, 감축현상의 결과물이라면, 그것은 문법화한 굴절접사류와 그 밖의 구성에 나타나는 현상까지도 포함한다. 즉, 감축은 물론 문법화를 지향하는 과정에도 작용하여 통사구조나 음운구조를 形態化하는 결과를 가져오지만, 그보다도 質量, 어느 쪽으로나 조어법 상의 복합어와 파생어 조성에 작용하는 기여도가 훨씬 높다. 다시 말해서, 감축은 문법화를 위한 것이 아니며, 더더욱 문법화가 감축을 위한 것은 아닌 동시에, 그런 관계는 감축과 어휘화의 모든 대상에서도 같다. 그래서 감축은 두 형식의 연접관계에서 빚어지는 음운적 현상, 그 자체의 논리로 시종될 따름이다.

감축으로는 새로운 단어나 형태소를 조성해낼 수 있으나, 문법화가 새로운 단어를 조성할 수는 없다. 혹시 어원이 모호한 형태소들 가운데에는 일찍이 감축을 경험했을지도 모른다는 의문을 제기하는 까닭도 여기에 있다.

문법화는 본시 비문법적 요소가 문법적 요소가 되기까지의 변화현상으로서 어떠한 과정이나 무슨 변화를 경험하느냐 하는 것은 수법상의 문제일 뿐, 결과나 도달점은 아니다. 감축이 문법화에 큰 비중을 가지고 작용하는 현상임에는 틀림없지만, 문법화와 같은 서열에 끼어 들지는 못한다.

Ⅲ.

앞에서 문법화는 어느 때 일시에 일어나서 완결되는 현상이 아니라 했다. 어휘적 내용이 약화되어 脫意味化, 즉 의미의 脫色(bleaching)현상이 일어나면서 추상적 내용만 남는 결과가 되는 과정과 함께 평행으로 이에 대응하는 형식의 변화를 경험하는 것이 문법화인만큼, 거기에는 상당한 기간을 두고 진행이 繼起되는 과정이 있게 마련이다. 그래서 문법화 현상의 특성의 하나로 "繼起的(連鎖的) 漸進性"을 끌어냈던 것이다.

실제 나타나는 점진성의 현상은, 이어지는 線條的인 연속이지, 어디를 끊어 단락을 지을 수 있는 대상이 아니다. 그렇지만 관념상 일정한 범주로 나누어 구분한다면, 당연히 변화하기 전의 어원적 어휘범주를 가진 原形式의 단계는 있는 것이겠고, 그와 함께 이것이 변화인 한, 그 결과는 변화전과 다를 것이 분명하니 원형식의 단계와 대칭위치에 결과의 단계, 다시 말해서 어휘범주가 形態化를 경험하여 형태범주가 된 단계를 상정하는 것은 상식일 것이다.

그렇다면, 결국 남는 것은 그 중간을 분할하여 구획을 짓는 문제다. 어느 경우라 해도 중간단계, 자체를 부정할 논리의 근거는 없으나, 그것을 어떻게 구획하고, 다시 그 안을 몇 단락으로 나누느냐 하는 것은 생각처럼 간단한 일이 아니다. 종래의 논의들은 대부분, 기원적으로는 여러 형태가 통합한 문법적 구성이었던 단계의 기술과 통시적 변화에 따라 이들이 하나의 덩어리로 굳어져 더 이상은 공시적 분석이 불가능해진 단계의 기술에 그쳐, 그 顚末에 관한 복잡하고 다양한 현상들이 작용했을 진행과정의 단계는 오히려 쑥 빠져버렸던 것이다. 그런 한에 있어서는, 문법화는 현상의 논의에 그칠 뿐, 이론을 유도하여 세우고, 현상에 대한 간결한 진화논리를 추려낼 수 없을 것이다. 마치 그것은, 변화는 있되, 그것을 객관적 대상으로 설명할, 변화의 현장격인 활동의 과정이 없는 것과 같다.

이와 같은 분할구도는 비단 이 경우가 아니더라도 흔히 있는 일이기 때문에, 오히려 그런 관례에 문법화 논의도 편승된 것일는지도 모르겠다. 구차스러운 중언부언을 하지 않더라도, 문법화는 그때 그때마다 일정한 시간과 공간의 과정을 경험하면서 목표를 지향하는 중간단계를 가진다는 데는 이의가 있을 수 없다.

그런데, 여기서는 거두절미하여 단순히 중간단계라 했지만, 실제상황에서는 그 내부의 구성과 성질이 대상마다 다른, 그때마다의 '偶有的 屬性'으로 실현되기 때문에 어느 하나만의 기준으로 모두가 나누어지지는 않는다.

가령, 같은 중간단계라 하더라도, 변화과정에 있는 어떤 형식이 '덜' 문법화된 것, 혹은 '더' 문법화된 것이라는 식으로 가려야 할 경우도 있겠고, 음운형태는 변한 것이 없는데, 의미기능이 문법화를 경험했다면, 그 변화의 중간과정은 어떻게 객관화 해야할지, 만만한 문제가 아니다.

문법화의 제2단계라고 할 이 중간단계가 偶有的 屬性을 本有的으로 하여 이루어진다는 것은, 문법화의 모든 문제를 푸는 데 있어 가장 기본이 되는 전제인 동시에 이 분야의 고유특성이다.

언어현상을 이루는 체계는 규칙으로 표시되는 것이 가장 완벽하며, 그러기 위하여 현장의 모든 현상을 통괄할 보편성의 규칙을 찾는 데 매달리는 것이 이 분야의 연구다.

그런데, 문법화에는 문법화를 위해서만 있는 고유한 규칙은 따로 없다. 그러나, 문법화의 특수상황에만 적용되어 문법화를 총괄할 규칙이 없다 해서, 문법화가 되는 대로 무원칙하다는 것은 아니다. 문법화의 실체는 결국 음운, 형태, 의미 그리고 어휘의 모든 분야에 연루된 구조의 관계이기 때문에, 필요에 따라 각 분야에 기존하는 규칙에 의존하는 것으로도 문법화는 그가 지향하는 목표점에 도달하는 데 아무 지장을 받지 않는다. 그런 특수한 관계 때문에, 고유한 규칙이 없기도 하지만, 그렇다고 동일한 구조적 조건을 가진 대상은 언제나 같은 규칙의 적용을 받아서 일률적으로 기계적인 문법화가 일어나는 것도 아니므로, 문법화는 규칙의 적용에 대해선 예외일 수밖에 없다.

어떤 일정한 음운구조나 형태구조의 대상이 문법화하느냐, 않느냐는 순전히 '문법화의 동기'에 의한 선택이다. 그리고 그 과정에 적용되는 규칙은 매우 隨意的이다. 이러한 성질의 推理는 演繹도 아니고, 歸納도 아닌 이른바,

歸謬的인 推理(Abduction)로 이해될 성싶다. 임의의 어떤 구성이 음운규칙이나 형태규칙의 적용을 받아야 할 관계라고 해서 의무적으로 그 규칙을 추종하는 것은 아니며, 그 규칙은 오직 문법화 동기에 따라 추종할지도 모르지만, 혹은 안 할지도 모르는 특이한 성질의 것이다.

그렇기 때문에, 문법화의 중간단계의 변화를 획일적인 규칙으로 도식화하거나 공식으로 규정하기는 어렵다. 문법화 제2의 중간단계, 다시 말해서 변화가 繼起的으로 진행되는 과정을 구성하는 이러한 偶有的 屬性 때문에 문법화의 기제는 많은 제약을 받는 것이 오히려 당연하다.

흔히 문법화라고 하는 개념을 해부해보면, 그 내부는 변화의 時空的 과정으로 채워져 있다. 그러므로 문법화의 핵심적인 부위는 입력(원형식)과 출력(결과물) 부위가 아니라, 그 둘 사이의 연쇄적인 계기성을 객관적인 원리로 이어주는 과정부위다.

결국, 문법화에 적용하는 규칙이라는 것도 알고 보면, 이 점진적인 계기성을 떠받쳐주는 공식일 따름이다. 그래서 문법화를 다른 말로 한다면 위에서 말한 변화의 계기성이 구현되는 과정의 단계, 즉 중간단계의 상황이라 해도 지나치지 않다.

이상을 단순화하여 기호의 도식으로 표시하고, 각 단계의 의미특성을 가리면 다음과 같다.

제1단계	제2단계	제3단계
原意味가 보존된 상황	原意味 또는 일부의 原意味와 암시된 다른 의미가 함께 共存하는 상황	반복적인 暗示的 意味가 고정된 상황

Ⅳ.

본시 문법화는, 그와는 관계없이 이미 구성되어 있는 형식이 문법화하는 것이지, 예정되어 있는 특정의 구성이 미리 주어져 있는 것이 아니다. 그러므로 문법화를 규칙으로 된 機制로 풀 수는 없다. 다만 기존의 특정형식의 형태, 의미 그리고 통사 등의 환경조건이 문법화의 동기를 유발함으로써 그 조건에 상당하는 과정의 변화가 현실로 나타나게 된다.

그러므로, 어떤 문법적 단위가 단독으로 문법화하는 일은 없으며, 일정한 통사적 구성관계에 있는 '형식'에서 이루어진다. 이것은 문법화의 기본이 되는 절대적인 조건이다. 그래서, 문법화가 일어나는 첫째 조건은 통합관계에 있는 두 형태가 결합 혹은 합류하는 관계의 형식에서 이루어진다는 것이 된다.

그렇기 때문에, 국어와 같이 膠着的 構造의 특성을 가진 형태론적 환경에서는 문법화할 개연성이 본래부터 열려 있고, 그것은 자연히 굴절을 본질로 하는 명사구와 동사구를 구성하는 두 영역에서 이루어진다.

가령, 국어의 後置詞는 명사형태론의 한 문법범주다. 이들 후치사는 대부분 語源形으로 이루어진 것이 없으며, 후대의 진화에 의한 문법화의 소산이라는 것은 우리에게 시사하는 바가 크다.

이제 그러한 후치사가 가지고 있는 문법화의 한 단면을 엿보기로 하자.

문법화를 어휘범주의 비어휘범주화라고도 하지만, 그렇다고 반드시 어휘적 의미의 완전한 소실만을 두고 하는 규정은 아니며, 때로는 그 일부가 약화되거나 소실되어 문법적 기능만이 남는 변화라는 의미도 내포되는데, 그것은 바로 후치사와 같은 어류의 범주까지도 포괄하기 위해서다.

후치사는 일반적인 어휘범주가 가지는 의미와는 다른 층위의 의미범주에 속하는 개념을 가진 문법단위다. 다시 말해서, 형태·의미적으로 완전한 자립형식이 아니다. 그렇지만 屈折接辭와 같이 추상적 기능만을 가진 의존형식도 아니다. 우리는 이것을 어휘적 의미를 보유하던 것이 문법적 의미로 추상화하는 과정의 제2단계의 것으로 보는 데 주저치 않는다.

추상화의 단락은 여러 원인으로 해서, 그 정도가 각양각색이다. 어휘적 의미의 이쪽 끝(제1단계)에서 문법적 의미의 저쪽 끝(제3단계)까지 명확한 경계가 있지도 않으며, 그저 양쪽이 하나로 이어진 연속이다. 그 양끝, 1, 3단계는 변별이 쉽지만, 문제는 그 중간의 경계(제2단계)다. 그래서 본원의 것으로부터는 '더' 추상화되었고, 문법적 의미 쪽에서 보면 '덜'추상화된 중간물이 있게 마련이다. 이 중간물들이 곧바로 굴절접사와 같은 문법형태는 아니더라도, 이미 1단계를 이탈하였고, 3단계를 지향하는 어느 만큼의 변화를 경험한 결과임에는 틀림없기 때문에 이들은 분명히 문법화의 대상이다.

국어의 形態史에서 15세기에 이미 후치사로 굳어진 '브터'의 경우, 일반적으로 동사 '븥-'(附, 接, 粘, 着, 依支, 屬, …)의 활용형, 〈븥- + -어/아〉가 문법화한 것이라 하고, 그것은 당연한 것으로 수용되고 있다. 그러나 그 안을 들여다보면 결과는 그럴는지 모르나, 단계의 과정으로 보면 그렇게 단순하지는 않다.

국어의 동사가 문법화되는 경로는 오직 두 가지뿐이다. 즉, 어떠한 경우도 어간 단독으로는 문법화 자체가 성립되지 않으니, 당연히 어간을 전후하는 구성조건이 그 경로가 될 수밖에 없다. 첫째는, 선행하는 명사의 일정한 격 아래서 그 동사가 반복하여 나타나는 조건일 때이고, 둘째는, 그 동사가 일정하게 활용하여 부동사형성의 연결형을 이루었을 때다. 이것을 다른 말로 하자면, 동사가 특정의 통사적 구성 사이에 끼어 있을 경우에만 문법화한다는 것이다. 물론 '브터'의 경우도 여기에서 벗어난 예외가 아니다.

[N-ᄋᆞᆯ/을 # 븥-E]

(1) 定셔믄 動背叛ᄒᆞᆯ 븥고 慧나믄 暗ᄇᆞ료ᄆᆞᆯ 因ᄒᆞᄂᆞ니라 〈永嘉. 下, 3〉

　　오직 妄量앳 ᄆᆞᅀᆞ미 믄득 니러나ᄆᆞᆯ 브트면 識境이 난겻 뛰여나거든

〈月釋. 序, 3〉

[N-ᄋᆞᆯ/을 # 브터]

(2) 狂生이 듣ᄌᆞ바 同里ᄅᆞᆯ 브터 오니 〈龍歌. 97〉

　　諸佛이 ᄆᆞᅀᆞᄆᆞᆯ 브터 解脫ᄋᆞᆯ 得ᄒᆞ시ᄂᆞ니 〈月釋. 九, 22〉

[N-브터]

(3) 願ᄒᆞᆫ 내 오ᄂᆞᆯ브터 後로 淸淨蓮華目如來ㅅ像前에 對ᄒᆞᅀᆞ바 〈月釋.
二十一, 57〉

一萬八千싸히 다 金色이 ᄀᆞᆮᄒᆞ야 阿鼻地獄브터 有頂天에 니르시니 〈釋
詳. 十三, 16-7〉

[N-로브터]

(4) 내 潛邸로브터 오매 〈上院寺御牒〉

일로브터 子孫이 니ᅀᅳ시니 瞿曇氏 다시 니러 나시니라 〈月釋. 一, 8〉

[N-브터-셔]

(5) 如來 ᄇ리고브터 能히 그 言論辯을 다ᄒᆞ리 업스니라 〈法華. 四, 8〉

舍利供養브터셔 잇ᄀᆞ자ᄋᆞᆫ 人天行을 니르시니라 〈釋詳. 十三, 54〉

衣服飮食브터며 일 잡주욤브터 호ᄆᆞᆯ(由衣服飮食과 由執事ᄅᆞᆯ) 〈內訓.
一, 55〉

동사 '븥-'은 어원적으로 통합관계에 있는 선행명사의 對格을 지배하는 통
사구조를 이룬다. (1)의 '븥-'은 형태나 의미 그리고 통사 등의 구성이 이 원칙
을 잘 지킨 전형적인 예다. 따라서 이것은 첫째 경로의 구성에 부합한다.

그러나, 副動詞語尾 '-어/아'와 결합하여 연결형을 이룬 조건이 아니므로,
둘째 경로는 닫혀 있다. 이런 상황에서는 어떠한 문법화도 일어날 수 없다.
다만, '븥-'이 어원적으로 가진 본연의 資質을 완벽하게 드러낸 1단계의 構文
만 있을 따름이다.

이와는 다르게 (2)의 예는 상황이 전혀 다르다. 제1의 경로는 물론이고, 제
2의 경로까지도 열린 상태다. 이를테면, 이 구문의 '븥-'은 문법화의 조건이
충족될 수 있는 환경에 있다. 그러나 이런 分布特質이라고 해서 모두가 반드

시 문법화하여 후치사가 되는 것은 결코 아니다.

우선은 動機誘發의 認知的 分化가 있어야 하고, 제2단계에서 점진적으로 변화가 일어나는 객관적인 徵候가 있고서야 비로소 문법화는 확인된다. 다시 말해서, 객관적인 징후를 포착하여 기술하는 일이 이 작업의 要諦라 할 수 있다.

(2)의 〈븥-+-어/아〉에는 重義性이 있다. 다시 말해서, (2)구문의 '브터'는 본연의 뜻으로 쓰인 부동사, 즉 (1)과 동일범주의 자질이 아직은 남았을 여지가 있는 측면과, 이미 그로부터 이탈하여 어느 만큼의 문법적 추상화를 경험한 것이라는 측면이 그것이다. 언어현상에서 중의성 문제는 매우 거추장스러운 것으로 되어 있지만, 문법화의 과정에서는 오히려 당연한 진화의 단면이 그대로 나타나는 현상이며, 최대한 이것을 해소하는 기제를 찾는 일에 유의해야겠다.

이러한 중의성을 해소하는 조건은, 첫째로 부동사구성이 한 덩어리의 단위로 고정되어 본래의 分離性을 상실하여 구조적인 경계를 다시 설정해야 하는 再分析이 일어났는가의 여부를 가리는 일과, 둘째로는 선행명사가 對格支配의 틀에서 자유로워지는 일이다. 결국 이 두 가지 조건이 충족될 때 중의성은 풀리고, 문법화는 3단계에 바짝 다가서게 된다.

이런 원리에서, (2)의 중의성을 논의한다면, 그 첫째 조건은 상당한 진전이 있어 再分析된 것으로 보이나, 둘째 조건, 즉 對格支配의 구속을 완전히 벗어나지는 못하였는데, 그것은 형태론적으로도 대격어미가 여전히 그 자리를 지키고 있는 것으로도 알 수 있다.

이와 같은 重義的 含蓄形이 같은 시기, 같은 문헌에 나타나는 현상은 우리를 당혹스럽게도 하지만, 앞에서 논의한 제2단계의 과정적 특질이 偶有的 屬性으로 이루어졌다는 사실을 상기하면, 문법 자체의 문제로만 보는 고집에서 얼마간은 자유로워질 수 있다.

2단계의 현상이 아무리 복잡하고 다양할지라도, 일단 내디딘 변화는 중단

되거나, 다시 되돌아가는 법이 없다. 도중 또는 변화 후에 통째로 소멸되는 일은 있어도, 변화는 점진적으로 계기하면서 앞을 지향할 따름이다.

다음, (3)의 용례에 나타나는 '브터'의 형성은 바로 그런 것을 입증한다. (3) 에서는 앞에서 논의한 중의성의 원인이 되던 '블-어/아' 〉 '브터'의 재분석이 고정되고, 이어 의미범주의 再構造化로 인해 대격지배의 틀에서 벗어난 단계, 다시 말해서 새로운 형태소의 형성이 끝난 상태가 확인된다. 즉, 후치사 '브터'가 고유한 형태·의미·통사의 자질을 획득하게 된 것이다.

그리고, (4)와 (5)의 구성은 마치 이제까지의 논의, (1), (2), (3)의 변화단계 의 질서를 혼란스럽게 하는 것처럼 비치나, 사실은 앞에서 논의한 '브터'의 형성논리에서 벗어나지 않을 뿐더러, 오히려 그 基底에는 다름 아닌 (1), (2), (3)에서 유도되는 원리가 깔려 있는 것으로 이해된다.

즉, (4), (5)에 쓰인 '브터'는 재론의 여지가 없이 완벽한 재분석이 이루어진 단계의 것이고, 형태·의미론적인 再構造化가 끝난, 새롭게 형성된 문법범주, 후치사다.

그런데, 한편 '브터'가 일반 어휘범주와는 다른 문법단위라는 것은 이미 지적한 대로다. 그것은 완전한 어휘범주에 드는 것도 아니고, 굴절접사도 아니다. 형태·의미의 재구조화를 이룬 '브터'라 하더라도, 그것의 형성자질이 역시 발생적인 因子를 이어 받았을 것은 자명하다.

일차적으로, 그것은 어간 '블-'의 動詞性과 어미 '-어/아'의 副詞性이 다만 물리적으로 결합하는 단계이겠고, 마침내는 이 두 자질이 화학적으로 합성하는 形態化 段階이겠지만, 아무리 그럴지라도 그 안에는 발생적 인자가 잠재하는 것이 진화의 원리다. 후치사 '브터'에는 분명히 그와 같은 특성이 있다.

그런 까닭에, '브터'와 같은 후치사는 일반적인 단어로 볼 수도 없고, 굴절접사도 아니다. 이런 문법범주를 체계적으로 자리매김을 하기 위해서는 별도로 단어나 어미범주와는 구별되는 또 하나의 形態·意味論的 層位를 두어야 하고, 그래야만 후치사는 국어의 문법단위의 구조체계에서 제 자리가 확보된다. 이 층위를 규정한 분명한 이름도 없지만, 여기서는 '準單語', 혹은 '中性語' 정도로 불러둔다. 후치사가 이런 속성을 가진 것만큼이나, '브터'의 통합관계도 예사롭지 않다.

(4)의 '-로 브터'구성의 해석에 있어서도, 대격지배가 있으니 그와 나란히 造格支配도 있을 법하나, '브터'가 문법화하는 基本模型은 '-ㄹ 브터' 하나뿐이지, 다른 모형이 있을 수 없으므로 그것은 무리다. 그래서 이와 같은 통합은 '브터'가 이미 3단계의 형태화를 경험한 자격으로 '-로'와 다른 차원에서 통합하였다고 하는 것이 이치에 맞는다. '브터'에 내재된 동사성의 의미자질이 이것을 가능하게 하기 때문이다.

(5)도 겉으로는 다른 분포로 통합하는 듯하지만, 역시 같은 논리로 풀어도 무리가 없어, 결국 '브터'를 비롯한 후치사의 본질적인 문제는 문법화를 경험하는 과정에서 특수한 고유자질로 형성된다는 원리를 일관되게 유지할 수 있다.

후치사에는 '브터'처럼 동사어원의 것이 있는가 하면, 그와 對를 이루는 명사어원의 것이 또 하나 있다. 이같이 어원범주를 따지는 구분은 단순한 語根交替 차원의 문제를 드러내자는 것이 아니라, 그것들이 각각 문법화에 관한 여러 측면의 다른 정보를 內藏하고 있어서 변화를 예측하는 기본적인 조건이 되기 때문에 논의에 포함시킨다. 그런 이유에서 그 중의 하나인 '시장'을 標本으로 들어 명사어원 후치사를 문법화과정론 중심으로 점검해본다.

이미, '브터'의 문법화에서 확인했듯이, '시장'의 문법화도 점진적 계기성에 의한 단계적 변화의 특징이 나타났으리라는 것은 전후의 상황으로 보아 충분히 예측되는 일이다.

우선 초기문헌자료에 드러난 예를 몇 가지 유형으로 나누어 제시한다.

[N-ㅅ # 장-K]

(6) 이 여슷 하ᄂᆞᆯ ᄀᆞ장이 欲心을 몯 여흰 ᄃᆞᆯ 글비니 〈月釋. 一, 32〉

　　如意珠寶ᄂᆞᆫ ᄃᆞᆯ업슨 바미 虛空애 ᄃᆞᆯ면 나랏 ᄀᆞ장은 낫ᄀᆞ티 ᄇᆞᆰᄂᆞ니라

〈月釋. 一, 26〉

[N-ㅅ # ᄀᆞ장]

(7) 처엄 이에셔 사던 저그로 오ᄂᆞᆯ 낤 ᄀᆞ장 혜면 〈釋詳. 六, 37〉

　　一百히예 흔 히옴 조려 열히 ᄃᆞ욇 ᄀᆞ장 조료ᄆᆞᆯ 減이라 ᄒᆞ고 〈月釋. 一,

　　47〉

[N-ᄉᆞ장]

(8) 1) 數ㅣ 三十ᄉᆞ장이오 〈月釋. 十七, 16〉

　　　이ᄉᆞ자은 序品이니 〈釋詳. 十三, 37〉

　　2) 이제 져믄 저그란 안죽 ᄆᆞ슴ᄉᆞ장 노다가 ᄌᆞ라면 〈釋詳. 六, 11〉

　　　님금 셤기ᅀᆞᄫᅩᄆᆞᆯ 힚ᄉᆞ장 홀씨 忠이라 〈月釋. 二, 63〉

　　(6)에 드러난 'ᄀᆞ장'은 'ᄉᆞ장'이 형성되는 前段階의 어원적인 자질이 완벽하게 나타난 구성을 확인케 한다. 'ᄀᆞ장'을 기준점으로 할 때, 전후의 통합조건이 잘 나타나 있으니, 첫째로, 'ᄀᆞ장'을 후치사가 되게 하는 경로에서 결정적인 구조적 조건은 반드시 그 앞에 名詞項을 요구하면서 그것의 屬格을 지배한다는 것이다. (6)은 이 조건을 충족시키는 구성이다. 이 구성은 결국, 'ᄀᆞ장'의 범주가 명사임을 摘示하거니와, 동시에 그 後接要素는 일정한 曲用形式이 되어야 하는 조건에도 부합한다.

　　그러므로, (6)의 'ᄀᆞ장'에서는 본연의 자질말고는 어떠한 변화도 일어나지 않았다. 따라서, 이것을 'ᄀᆞ장'의 문법화 과정에서 제1단계의 原形式으로 보는 데 주저치 않는다.

이것이 定形이라면, (7)에는 이미 그것을 벗어난 변화가 일어난 징표가 나타나고 있다. 格標識의 형태를 군이 겉으로 드러내지 않아도 기능수행에는 지장이 없는 일은 흔히 있는 일이나, (7)에서 어떠한 굴절형식도 취하지 않은 것은 그런 차원의 생략으로 볼 일이 아니다. 여기서 'ㄱ장'이 일정한 구문의 구성원이라는 표지를 배당 받지 못한 것은, 벌써 그것이 가져야 할 명사 본연의 곡용기능을 잃은 것으로 보아, 이미 문법화의 과정에서 심각한 변화가 상당한 정도로 진행된 제2단계의 상황인 것이다.

본시, 명사에 격이 배당되는 원리가 서술동사의 통제에 있느니 만큼, 격배당이 된 명사구가 성분상으로는 부사성을 띠는 것은 당연하다. 그렇기 때문에, (7)의 'ㄱ장'은 곡용을 경험한 상태의 것이고, 그것은 순수한 명사성의 것이 아니라, 부사성으로 변질된 상태의 것이다. 다시 말해서, 2단계에서 빚어지는 중의적 현상이 역시 여기에서도 일어난 것이다.

그럼에도 불구하고, 그 앞 부위의 통합조건은 여전히 (6)의 原形을 고집하고 있다. 그것으로 보아, '-ㅅ ㄱ장'의 'ㄱ장'은 명사의 자질을 그대로 유지한다. 혹시, '-ㅅ ㄱ장'과 'ㅅ장'을 표기법상의 變異일 뿐, 같은 값을 가진 것이라고 할지도 모르나, 이 구성의 한 요소인 '-ㅅ'은 결코 음운의 기호로 쓰인 것이 아니며, 엄연한 형태소라는 사실을 감안하면, 이것은 표기법 차원의 문제가 아니다. 다시 말해서, '-ㅅ'은 속격접미사다. 그러므로 선행명사의 어말부위가 제 자리다. 그런 원리에서 '-ㅅ ㄱ장'의 '-ㅅ'은 [N-ㅅ # ㄱ장]의 구조에서 제 자리를 지켰고, 한편 이것을 역으로 보면, 'ㄱ장'의 명사자질이 그것을 떠밀고 있는 상황이다.

이 상황은 마침내 (8)에 와서 再構造化하기에 이른다.

(8)의 'ㅅ장'은 그 결과가 나타난 단적인 형태다. 얼른 보기에는 선행어말에 있던 '-ㅅ'이 그 자리를 옮겼을 뿐이라든가, 혹은 당시의 음운사적 상황에서 특이하게 기술되는 'ㅅ'의 자질이 'ㅅ'을 가능케 했다고 할지도 모른다. 그러나 위에서 지적했듯이 '-ㅅ'이 형태소이고, 그 구조가 [N-ㅅ # ㄱ장]을 기저

로 하는 한, '-ㅅ'의 이동은 恣意로 넘나들 수 없는 경계를 드나든 결과가 된다. 이것은 심상치 않은 離脫이다. 이 이탈을 가능케 한 요인은 오직 하나뿐이다. 그것은 다름 아닌 '-ㅅ'과 'ㄱ장'의 변질에 있는 것이고, 문법화의 2단계 과정에 있는 변화다. 이 두 요소 중, 변화동기의 先後를 가를 징표는 없으므로, '-ㅅ'의 자질 상실이 '-ㅅ'을 단순한 음운적 기호가 되게 함으로써 단어경계를 넘어 'ㅅ'으로 이어졌다고 할지, 아니면 'ㄱ장'의 의미자질이 이미 부사화되어 있는지라, 그에 끌려 본연의 명사범주와 멀어짐으로써, '-ㅅ'의 자질까지를 무력화시켰다고 할지는 단정할 근거가 취약하다.

그러나, 결과적으로는 어느 쪽의 경로를 통하든, 귀결되는 점은 하나다. 즉, 'ㅅㄱ장'은 문법화의 1, 2단계 모든 과정을 거치면서 統辭의 再構造化와 形態論的 再分析 그리고 語彙的 再範疇化를 경험하여, 3단계에 귀착함으로써 새로운 형태소, 후치사를 형성했다는 점이다.

V.

이상은 名詞形態論의 한 형태범주인 후치사의 형성문제를 문법화의 원리로 조명해보려는 시도였다. 그렇기도 하지만, 한편으로는 어휘범주의 비어휘범주화 문제에서, 양쪽 끝의 어느 쪽도 아닌 중간적 범주를 이른바 '準單語' 혹은 '中性語'라 가칭했고, 이런 어류의 층위를 체계 안에 설정하는 당위성과 그런 어류는 어원적으로는 없으며 진화적인 문법화를 경험하여 형성된다는 사실에 끌려, 그 한 대상으로 후치사문제를 다루었던 것이다.

다음은 動詞形態論에서 굴절형태소의 형성과 관련되는 문법화에 대하여 그 한 부분을 살피기로 한다. 명사형태론의 경우, '準單語'的 문법범주를 형성하는 문법화였다면, 동사형태론에서 논의할 대상은 온전한 굴절형태소의 형성문제라는 점에서 우선 다르다. 비록, 대상의 형태론적인 자질은 다르지

만, 원론적으로 보자면 앞의 것은 아직도 '덜' 추상화된 단계의 문법화 문제
이고, 뒤의 것은 '더'는 추상화할 여지가 없는, 이를테면 終端의 형태소화인
셈이기 때문에 문법화의 완성단계라 하겠다.

문법화를 경험하여 형성된 굴절형태소로 확인된 것들이 적잖으나, 그중
에서 主對象이 되어온 과거시제의 先語末語尾에다가 초점을 맞추기로 한다.

[잇-]

(9) 어듸사 됴흔 ᄯ리 양ᄌ ᄀᄌ니 잇거뇨 〈釋詳. 六, 13〉

　그 저긔 夫人이 나모 아래 잇거시늘 〈月釋. 二, 42〉

[V-어/아 # 잇-]

(10) 王이 듣고 깃거 그 나모 미틔 가 누늘 長常 싸아 잇더라 〈釋詳. 二十
　四, 42〉

　이어긔 안자 이셔 사ᄉ미 흘레ᄒ거든 보고 〈釋詳. 二十四, 26〉

[V-어/아 # 잇-] ('잇-'의 抽象化)

(11) 善慧 니버 잇더신 鹿皮 오ᄉᆞᆯ 바사 짜해 ᄭᆞᆯ시고 〈月釋. 一, 16〉

　現在ᄂᆞᆫ 나타 잇ᄂᆞᆫ 뉘오 〈月釋. 二, 21之1〉

[V-엣/앳-]

(12) 그 저긔 東土앤 周昭王이 셔엣더시니 〈月釋. 二, 48〉

　그 뫼히 ᄒᆞ마 어우렛더라 〈釋詳. 二十四, 6〉

[V-엇/앗-]

(13) 곧 ᄆᆞᅀ미 두려이 ᄇᆞᆯ가 너비 國土를 머것다 ᄒᆞ시니 〈愣嚴. 二, 63〉

　種子를 머거 ᄀᆞ초앗ᄂᆞ니 〈圓覺. 下, 三之一, 43〉

836

일반적으로 '잇-'은 동사로, 이와 對를 이루는 '없-'은 형용사로 분류하여, 이 두 語項을 다른 범주목록에 끼우는 것이 상례다. 그런 한편에서도 일찍부터 이 둘의 문법적 자질이 상치하는 데 주목하여, 비록 두 어항에 지나지 않으나, 따로 存在詞를 내세우기도 했다. 새삼 이런 진부한 말을 재론하는 까닭은, 아무튼 '잇-'의 귀속문제 이전에 本有的으로 '잇-'은 일반용언의 속성을 이탈하는 별다른 데가 있으리라는 蓋然性을 喚起하기 위해서다.

역시, 이 '잇-'에는 선행명사의 일정한 격을 지배하는 관계에서 '계속' 또는 '상태유지'의 동사 노릇을 하는가 하면, 한편으로는, '존재하거나 머물거나 하는 상태'를 나타내는 형용사처럼 쓰인다. 특히 눈길을 끄는 것은 '잇-' 본연의 이러한 겹치는 屬性 때문이겠지만, 일정한 구성관계에 있는 '잇-'이 자립성이 약화되면서 의존화되는 경향이다.

(9)의 '잇-'은 그 품사가 무엇이든, 본연의 문법적 자질이 드러난 定型構文의 '잇-'을 확인하는 예이고, 그에 비해 (10)만 하더라도, 상당한 변화가 일어나 있어서 (9)의 것이 아님을 안다.

(10)의 구성은 동사 뒤에 부동사어미 '-어/아'와 통합관계에 있는 [V-어/아 # 잇-]의 구조를 이룬 '잇-'이다. 이 구조 자체는 적격하고, 따라서 겉으로는 무엇이 (9)와 달라질 이유일지 아무것도 잡히지 않는다. 그러니 만큼, 그 요인은 앞에서 전제했듯이 '잇-'에 내재된 의미의 중의적인 성향에 있을 수밖에 없다. 즉, 적극적인 '動的 存在'와 소극적인 '存續과 維持의 狀態'를 뜻하는 양면성이 그 요인일 개연성이 크다.

그러한 '잇-'이 특정의 구성, (10)과 같은 통합관계를 이루게 되면, 소극적 의미가 기저가 되는 추상성이 증폭되면서, 본연의 자립성이 약화되고, 의존적으로 되어 가는 징후가 감지된다.

그럴지라도, '잇-'의 의미적 內在律만으로 의존화가 완결되지는 않고, 일정한 구성관계가 미리 주어져 있어야 하는 조건이 그 要諦다. 다시 말해서, '-어/아'부동사형과의 통합일 구성에서만 일어나는데, 거기에는 '-어/아'어미의

'完結性'이라는 자질이 그 의존화를 부추기는 힘이 되는데, 그때 '잇-'의 추상적 의미와 서로 돕는 관계가 되기 때문에, 그 親和性의 작용이 '잇-'을 기울이는 데 큰 몫을 한다.

결국 (10)의 '-어/아 잇-'에서 '잇-'의 추상화와 의존화는 미리 주어진 통사적 조건의 지지을 받으면서, 의존화가 촉진되는 양상을 보인다. 물론 여기에는 그 구성이 쓰이는 頻度도 한 요인이 된다. 다른 말로 하자면, '잇-'은 그 형식의 변화를 겪지 않고도, 투명성이 약화되었고, 그것은 다음으로 이어질 변화를 쉽게 일어나도록 하는 기반을 닦았다.

결과적으로 보면, 후행동사의 투명성 약화가 자립형식의 의존형식화로 이어졌으며, 의존동사구문은 문법화의 첫 과정으로 꼭 경험해야 하는 출발점이 되는 것이다. 그러나 의존구문이 문법화할 좋은 조건이기는 하지만, 반드시 의존구문에서만 일어나는 것은 아니다.

(11)은 (10)과 같은 유형의 구성인데도 군이 나누어 제시한 것은, 앞으로 일어날 심각한 변화에 나타날 因子들을 內藏하게 되는 의존화 과정을 될 수 있으면 세분해보자는 생각에서다. 즉, (11)의 '잇-'의 추상화와 의존화는 (10)에 비해 의미의 퇴색이 보다 더 진전되었고, 동사적 '存在'의 의미는 걷혀버렸다.

이같은 일련의 변화는 계기적으로 일어나 '잇-'의 투명성 약화가 의존구문으로 이어지면서, 다음으로는 이른바 구조개편의 본격적인 문법화가 일어난다. 비록 (11)에는 그런 과정의 징표가 기호로 나타나지는 않았지만, 점진적으로 진전이 이루어진 결과가 (12)의 것이 되어 나타났다.

'잇-'의 투명성 약화와 의존화가 어느 만큼 심화되면, 구조 내의 단위경계가 느슨해지고, 마침내는 경계가 소멸되거나 개편되는 변혁에 직면하게 된다.

'-어/아 잇-'의 구조는 [V-어/아 # 잇-]이니 만큼 '-어/아'와 '잇-'의 경계는 굴절어미와 어간의 관계, 즉 형태소경계로, 혹은 단어경계로도 볼 수 있으나, 그 경계가 느슨해진 다음에 일어나는 변화가 직접으로 미치는 부위를 감안할 때, 이 경계는 형태소경계인 것이 확실하다. 특히, 경계가 약화된 '잇-'은 통사적 단어의 자질을 잃게 되고, 다만 형태론적인 연관성만 남게 됨으로써 재구조화를 경험하는 것으로 보면, 그 경계의 성격이 확실해져 그것이 형태소경계임을 보증한다.

그 다음 단계의 '-어/아 잇-'은 '-어/아잇-'의 연쇄일 것이고, '-어/아'와 '잇-' 사이의 防壁이 없어진 이들 사이에서는 음운론적 감축현상이 일어나, 그 결과로 형태론적인 재구조화를 일정한 규칙대로 거치는 변화단계를 밟는다. 그것이 객관적인 징표로 나타난 것이 (12)의 '-엣/앳-'구성이다. 그런데, 이 단계의 '-엣/앳-'은 아직도 '-어/아'와 '잇-'의 부분의미가 集中化하지 않은, 이른바 형태구조화만 일어난 것이라 할 수도 있고, 집중화가 된, 즉 형태화가 된 것으로 볼 수도 있어, 의미가 漂流하고 있는 과도적인 형식으로 이해된다.

이와 같은 애매성은 (13)에서 완전히 해소된다. 마침내, '-엣/앳-'을 재분석한 '-엇/앗-'이 형성됨으로써, 길고 다양한 과정의 문법화는 국어 형태체계에 새로운 형태소를 추가하는 역사를 기록하면서 끝난다.

이로써 본시는 통사구조의 구성이었던 '-어/아 잇-'이 形態論的 再構造化를 경험하는 단계의 '-엣/앳-'을 거친 다음, 이어 한 단위의 형태소를 형성하는 形態化로 再分析이 일어나고, 그 결과 '-엇/앗-'을 가지는 새로운 문법체계의 시대를 맞게 되었다.

世宗의 訓民正音 創制와 그 協贊者

안 병 희

1. 머리말

세종이 1443년(세종 25)에 訓民正音 곧 한글(글자 訓民正音은 이하 한글로 통일한다)을 창제하여 1446년에 그것을 해설하고 용례를 보인 『訓民正音(解例本)』(이하 解例本이라 한다)으로 반포한 사실은 實錄의 기사와 解例本의 존재로 너무나 잘 알려져 있다. 창제의 동기와 목적은 일찍이 洪起文(1946, 下)에 나타난 바와 같이 漢字도 계속하여 사용하면서 어리석은 백성에게 쉬운 글자를 만들어 주려는 뜻이 있었다. 한글제자의 배경이 安秉禧(2002a)에서 方塊文字 곧 네모글자인 漢字와의 병용을 위한 배려에서 音素文字이면서 音節文字로 모아쓰게 되어 初聲의 曲線과 中聲의 圈點과 直線인 字形이 생겨난 것으로 설명하여 그 동기와 목적을 뒷받침하였다. 그러나 창제의 경위에 대하여는 아직도 모르는 일이 적지 않다. 한글의 창제는 世宗이 한 일이고 解例本의 「解例」는 集賢殿學士들이 지은 것이 분명해 보이지만, 과연 세종 혼자서 한글을 창제한 일인지 臣下들, 구체적으로 말하면 集賢殿학사들의 協贊으로 창제하였는지에 대하여는 國語學者들 사이에서 의견이 갈라져 있다. 약 10년 전에 李家源(1994)에서 세종의 둘째 딸인 貞懿公主가 협찬하였다는 기록이 발굴, 소개되면서,[1] 集賢殿 학사들의 협찬 이외에 王子와 公主의 협찬도 있었다는 주장이 새로 제기되었으나 진지한 검토가 행해지지 않았다. 나아가 창제를 착수한 시기와 그 추진상황의 공개 여부도 신하들의 협찬 문제와 관련되어 문제로 남아 있다.

여기에서 이 글은 그중의 두어 문제를 논의하게 된다. 첫째 창제의 주체와 협찬의 문제를 1443년에 창제한 한글의 실체가 무엇이냐를 따지는 일로부터 다루기로 한다. 창제된 한글의 실체가 단순한 글자 28자인지 解例本에서 설명한 것과 같은 빈틈없는 文字體系인지를 살펴보는 데서 한글창제의 협찬 문제를 간접으로나마 밝혀보려고 하는 것이다. 둘째 세종이 창제작업을 은밀하게 진행한 것인지, 아니면 공개리에 集賢殿학사의 보필로 추진한 것인지 논의한다. 곧 창제작업의 공개와 협찬 여부를 알려진 사료의 새로운 해석과 실록기사의 성격에 대한 검토로 밝히게 될 것이다. 셋째 새로 제기된 貞懿公主의 협찬 문제를 李家源(1994)를 중심으로 검토하기로 한다. 거기에 제시된 사료를 검증하여 자료의 신빙성을 논의할 것이다. 그런데 이들 논의에는 결정적인 史料가 새로이 나타나지는 않았다. 이미 다 공개된 사료를 중심으로 그 사료의 성격을 재검토하고 새로운 해석을 모색하고자 한다. 그리하여 세종의 한글창제 경위에 대한 한 면을 구명하게 될 것을 기대한다.

2. 창제한 한글의 實體

세종이 한글을 창제하였다는 최초의 기록은 널리 알려진 1443년 12월의

---

1 李家源(1994)가 한글 창제에 왕자와 공주만이 협찬하였는데 그중에서도 貞懿公主의 공훈이 가장 뛰어났다고 주장한 것으로 1994년 5월의 한 신문에 잘못 보도되었다. 보도한 내용은 1994년 4월 연세대의 한 세미나에서 발표된 李家源(1994)의 요약이라 하나, 뒤에 다룰 그 내용(이 글의 '4. 한글창제와 貞懿公主' 참조)과 일치하지 않는다.

實錄기사이다.

이 달에 임금께서 친히 諺文 28자를 만드셨는데 그 글자가 옛 篆書를 모방하고, 初聲·中聲·終聲으로 나누었으나 합한 연후에 글자를 이루었다. 무릇 文字(곧 漢字)와 우리나라 俚語를 모두 쓸 수 있고, 글자는 비록 簡要하지마는 전환하는 것이 무궁하니, 이것이 訓民正音이다(是月 上親制諺文二十八字 其字倣古篆 分爲初中終聲 合之然後 乃成字 凡于文字及本國俚語 皆可得而書 字雖簡要 轉換無窮 是爲訓民正音).

이 사실은 다음에 차례로 드는 세종의 「訓民正音序」와 鄭麟趾의 「解例本序」의 일절로 확인된다.

내 이를 위하여 불쌍히 여겨 새로 스물여덟 자를 만드노니 사람마다 쉬 익혀 날로 씀에 편안케 하고자 할 따름이니라(予爲此憫然 新制二十八字 欲使人人易習 便於日用耳).

癸亥年(1443) 겨울에 우리 殿下께서 正音 28자를 창제하시고 간략히 例義를 들어 보이시고 이름하여 訓民正音이라 하셨다. 이 글자는 象形으로 되었으나 글자 모양이 옛 篆書를 모방하였고 소리를 말미암았으므로 音은 七調에 맞고 三才의 뜻과 二氣의 묘함이 다 포함되지 않음이 없다(癸亥冬 我殿下 創制正音二十八字 略揭例義以示之 名曰訓民正音 象形而字倣古篆 因聲而音叶七調 三極之義 二氣之妙 莫不該括).

이들 창제 당시와 직후의 史料를 본다면 한글이 세종 혼자의 힘으로 창제된 사실은 의심할 여지가 없어 보인다. 洪起文(1946), 洪起文·田蒙秀(1949)와 李基文(1992)은 이들 사료와 그 밖의 사료를 활용하여 그 사실을 논증하였다.

세종의 한글 親制說인 것이다. 그러나 李崇寧(1958), 河野六郎(1989)와 姜信沆 (2003)은 세종의 親制說을 부인하지는 않지만 集賢殿學士들의 輔弼이나 協贊 이 있었다고 주장한다.[2] 사실 乙夜之覽이란 말과 같이 萬幾之暇에 제왕이 스스로 연구하여 새로운 업적이나 제도를 이루어내는 일은 한밤중에나 가능 하였다. 한글창제가 바로 그러한 乙夜之覽으로 되었다고는 믿어지지 않는 다. 그리하여 세종이 창제의 중심에 있었으나 스스로 창립하여 길러낸 集賢 殿학사들을 동원하여 그 도움을 받았다는 것이다. 여기서는 親制協贊說이라 부르기로 한다. 洪起文(1946, 하: 4)에서는 한글은 세종의 親制요 소위 諺文諸 儒들은 그 실용을 준비하기 위하여 解例本을 편찬하는 등 활동을 한 데 지나 지 않는다고 한다. 洪起文(1946, 하: 166)에서도 協贊의 인물을 구체적으로 들 었지만 사료에 의하여 그 協贊은 창제 이후, 다시 말하면 解例本이나 韻書의 편찬에 국한한다고 설명한다. 요컨대, 史料에만 의존하느냐 아니면 史料와 함께 당시의 時代狀況을 고려하느냐 하는 데서 갈라진 이들 두 견해, 곧 親制 說과 親制協贊說은 창제를 다루는 연구와 논설 등에서 계속하여 되풀이되고 있다.[3]

여기에서 우선 세종이 친히 지었다고 하는 한글의 실체를 살펴보기로 한

---

2 오늘날 북한의 訓民正音 연구도 親制協贊說이 주류가 된다. 세종이 창제에 주동적으로 참 가한 것이 사실이지만 그 혼자의 힘으로 된 것이 아니라 8명의 집현전 학사집단의 집체적 노력으로 완성되었다고 한다. 이에 대하여는 염종률・김영황(1982: 9-10) 참조.
3 한글의 創制와 親制는 洪起文(1946, 하: 1, 125 등) 이래로 간혹 '親製'와 '創製'로도 표기된다. 그러나 『御製訓民正音(諺解)』의 '御製'와 '新制'의 협주에서

製는 글지슬 씨니 御製는 님금 지스샨 그리라(1a)
新은 새라 制는 밍ㄱ르실씨라(2-3)

한 데서 단적으로 드러나듯이 한글의 제작은 '創制'와 '親制'로 적어야 한다. 「訓民正音解例」 의 制字解를 '製字解'로 적지 못하는 일도 그 방증이다. 『正字通』에 의하면 '制'는 '製'와 통용 되기도 하나, 帝王의 '制書' 등에는 '製'를 차용하지 못한다고 한다. 따라서 창제 직후의 문헌 에서 '御製諺文, 御製諺文二十八字'이라 한 것은 『御製訓民正音』과 같은 뜻으로 이해된다. 이 러한 '制, 製'의 차이는 西江大 鄭然粲 명예교수의 교시에 의한다. 사의를 표한다.

다. 그 실체의 파악은 세종 혼자의 힘만으로 과연 그것을 창제할 수 있는가, 아니면 혼자의 힘으로는 창제가 벅찬 내용인가 하는 데 대한 해답이 될 수 있을 것이다. 1443년에 창제된 것은 단순히 한글 28자가 아니다. 28자의 창제 그것도 매우 용의주도하게 이루어져 있음은 이미 잘 알려져 있다. 解例本 制字解의 설명이 아니라도 28자로 보게 되는 초성과 중성의 대립적인 자형, 나아가 초성의 분류와 체계적이고 단계적으로 만든 자형, 중성의 분류와 대칭적인 자형은 당시의 언어현상을 완벽하게 파악하여 반영하고 있다고 하겠다. 그러나 창제한 실체가 이것뿐이라면 세종 혼자의 힘으로도 불가능한 일이 아니다. 그런데 창제한 한글의 실체는 28자만이 아니다. 위에 인용된 그때의 實錄기사와 같이 初中終聲의 合字로 음절을 표기하고, 나아가 국어의 文字化를 가능하게 한 文字體系인 것이다. 구체적으로 말하면 위의 「解例本序」에서 鄭麟趾가 말한 한글의 「例義」이다. 곧 解例本의 권두에 실린 「訓民正音序」와 거기에 계속된 「例義」곧 「訓民正音例義」이다. 한 마디로 말한다면 「訓民正音例義幷序」라고 할 本文이다. 그 전반인 「訓民正音序」는 세종이 어리석은 백성을 위하여 한글을 창제한 것임을 말한 글이고, 그 후반은 한글의 文字體系뿐 아니라 방점표기까지 간결하면서도 완벽하게 규정하고 있다. 한글 28자의 예시와 설명에 이어 終聲, 脣輕音, 竝書, 그리고 合字法과 旁點法에 대한 원론적인 설명으로 된 내용이다. 한글의 배경인 깊은 이론이나 실제 사용의 세세한 규정은 세종의 명령에 따라서 集賢殿학사들이 편찬한 「訓民正音解例」로서 本文 뒤에 실려 있다. 거기에는 「例義」의 규정에 벗어난 설명이 없다. 세계의 어떤 글자도 「例義」와 같이 적은 분량의 규정으로써 훌륭히 설명된 예가 없을 것이다.[4] 나아가 「訓民正音解例」와 같이 깊고 완벽한 이론

---

4 그러한 「例義」가 한글학습의 초기 교재가 된 일은 당연하다. 널리 알려진 바와 같이 「訓民正音序」와 「例義」는 『月印釋譜』 권두에 언해되어 실려 있는데, 그 언해의 체재와 국어사실은 함께 실린 「釋譜詳節序」와 일치하고 「月印釋譜序」와 차이를 보인다. 따라서 그 언해는 『釋譜詳節』의 권두에도 실려 있었을 것으로 추정된다. 창제된 지 겨우 6년의 한글로써 20여

으로 새 문자가 설명된 일도 없다. 이 「訓民正音例義并序」와 함께 「訓民正音
解例」를 포함한 解例本이 世界記錄遺産으로 등록된 사실이 결코 우연이 아
니다.[5]

다음으로 우리가 주목하고 감탄하는 것은 「例義」에서 한글 28자를 설명하
는 데 이용된 한자 字母의 선정이다. 그 선정이 매우 훌륭하고 용의주도한 것
이다. 그 자모는 ㄱ, ㄲ, ㅋ, ㆁ을 나타내는 '君, 虯, 快, 業' 등등의 초성인 17자
와 各自並書 6자를 나타내는 23자의 漢字이다. 그 선정은 國語學史의 중요한
의미를 말한다. 첫째 이 23자는 그대로 『東國正韻』 初聲體系의 자모 그것으
로서 수효까지 똑같은 점이다. 鄭麟趾의 「解例本序」와 같이 세종이 혼자서 「例
義」를 만들었다면, 세종은 스스로 1443년 이전에 우리나라 漢字音을 정리하
고 교정하여 적어도 『東國正韻』의 초성체계에 대하여 '혼자서' 이미 결정하
였다고 하지 않으면 안 된다.[6] 사료에 나타난 바와 같이 세종이 아무리 탁월
한 韻學의 학식을 가지고 있었더라도, 바쁜 정사의 틈틈이 그것을 이루어내
기는 어려웠을 것이다. 유능한 학자가 여럿이 집중적으로 보필하여야 『東國
正韻』의 초성체계가 확정될 수 있는 일이다. 둘째로 자모의 선정에서 더욱
우리를 놀라게 하는 일은 安秉禧(2002a)에서 설명한 중성 11자와 종성 6자(解
例本 漢字 자모의 종성에는 ㄹ, ㅅ이 없다)와 관련된 사실이다.[7] 독자의 양해를

권의 문헌을 간행하면서 권두에 그 학습을 위한 교재를 싣는다는 일은 당연한 추정이다.
5 드문 일이기는 하지만, 한글의 우수성을 강조하는 사람들 중에는 한글이 世界記錄遺産이
  라 하는 예가 있다. 解例本이 한글을 설명한 것이기는 하나 한글 그것은 아니다. 똑같이 世
  界記錄遺産으로 등록된 우리나라 문헌은 『朝鮮王朝實錄』이지, 거기에 담긴 朝鮮시대의 정
  치가 아니다. 世界記錄遺産에 대한 이해에서도 책 解例本과 한글을 혼동하는 것은 한심한
  일이다.
6 解例本이 「例義」의 규정을 철저하게 지킨 것이라면, 終聲에 있어서는 곧 설명되는 바와 같
  이 解例本과 『東國正韻』에 차이가 나타난다. 그러나 解例本의 中聲解에 나타난 中聲은 『東國
  正韻』에 그대로 사용되어 있다. 오늘날 없어진 中聲 ㆌ, ㆎ도 『東國正韻』의 한자음 표기에서
  보게 된다. 그러므로 1443년 12월에 한글이 창제되었을 때에는 이미 『東國正韻』의 골격이
  거의 완성되었다고 하여야 한다.
7 이러한 관련을 처음으로 지적한 것은 洪起文(1946, 上: 13)이다. 거기에서 그는 중국 韻書의

빌면서, 중복되지만 다시 설명하기로 한다.

23자모 중에서 牙音의 '快'(이 예외의 선정은 우리 한자음 초성 ㅋ의 특수성에서 온다)를 제외하면, 나머지 22자모에는 중성 11자가 2자모씩 고루 나타난다. 초성의 순서 곧 초성의 설명에 나타난 순서대로 보이면 다음과 같다.

ㆍ 呑ㆍ慈 ㅡ 卽ㆍ挹 ㅣ 彌ㆍ侵 ㅗ 步ㆍ洪 ㅏ 覃ㆍ那 ㅜ 君ㆍ斗 ㅓ 業ㆍ虛 ㅛ 漂ㆍ欲 ㅑ 邪ㆍ穰 ㅠ 虯ㆍ戌 ㅕ 彆ㆍ閭

이들 2자모는 각각 종성이 있는 자모와 없는 자모의 짝으로 되어 있다. 그 짝에서 정작 중성을 설명하는 데 이용된 것은 종성을 가진 자모다. 초성을 설명할 때의 순서와 상관없이 종성이 있는 자모가 이용되어 있다. 예컨대 ㅣ, ㅗ를 가진 자모는 초성의 순서로 '彌ㆍ侵, 步ㆍ洪'의 짝으로 되어 있으나, 중성의 설명에는 뒤의 자모가 이용되었다. 따라서 '呑ㆍ慈, 覃ㆍ那'의 짝에서 ㆍ, ㅏ의 설명에 앞의 자모가 이용된 것은 초성의 순서에 따른 것이 아니라, 앞의 자모에 종성이 있기 때문이라 하여야 한다. 「解例」의 中聲解에서 말한 바와 같이 中聲은 원칙적으로 字韻의 가운데에 자리잡아 초성과 종성을 합하여 음절을 이룬다. 종성이 없이 중성으로 음절을 이루는 것은 편법인 것이다.[8] 여기에는 자모인 한자의 종성이 『東國正韻』과 다르다는 전제가 있다. 解例本의 설명에 분명히 나타나는 바와 같이 字音의 종성에 ㅇ, ㅱ은 없다. 중성만으로 끝난 것으로 되어 있다. 곧 解例本 初聲解를 보면, 牙音의 字母 '君'은 ㄱ과 ㅜㄴ으로 '군'이 되지만 '快, 虯'는 각각 초성 ㅋ, ㄲ과 중성 ㅙ, ㅠ가

聲母를 가져오지 않고 새로운 한자로 바꾼 근본적인 동기가 아닐까 하면서 이왕 바꾸는 바에야 국어의 通用音과 맞추기에 이른 것이리라 추측하였다.

8 「解例」 用字例에서 중성은 2단어씩 예시된 초성, 종성과 달리 4단어씩 예시하였는데, 앞 2 예는 종성이 있고 뒤 2예는 종성이 없다. 중성의 원칙과 편법의 용례를 2단어씩 보인 것이다. 이 중성 자모의 선정과 맥을 같이 한다. 이 사실도 「訓民正音解例」의 설명이 「例義」와 일관된 맥락을 보이는 일이다.

합하여 '쾌, 뀨'로 된다고 하여 아무런 終聲 표기가 없다. 『東國正韻』과 그에 따른 諺解本의 漢字音 표기는 '쾡, 뀽'과 같이 종성이 표기되어 있다. 앞에서 종성이 없다고 한 '彌, 步'도 諺解에서는 '밍, 뽕'로 되었으나, 解例本에서는 '快, 虯'와 같이 종성이 없이 중성으로 끝난 음절로 보았던 것이다. 다만 중성 ㅡ의 짝은 모두 종성을 가진 자모가 선정되어 그 설명에는 ㆍ, ㅏ 등과 같이 앞의 자모가 이용되었다. 중성 ㅡ로만 끝나는 한자가 없기 때문에 모두 종성을 가진 짝으로 이루어진 예외가 되었다. 그러나 이 예외도 종성의 짝을 고려한 선정이다. 곧 한자의 6종성 ㄱ, ㆁ, ㄷ(解例本 終聲解에서 '彆'의 종성이 俗習에 ㄹ로 읽으나 入聲이 안 되므로 ㄷ이라야 한다고 설명되어 있다), ㄴ, ㅂ, ㅁ도 중성과 같이 초성의 자모가 다음과 같이 둘씩 짝을 이루어 나타난다.

ㄱ 即ㆍ欲, ㆁ 洪ㆍ穰, ㄷ 彆ㆍ戌, ㄴ 君ㆍ呑, ㅂ 業ㆍ挹, ㅁ 覃ㆍ侵

그런데 예외인 이 '挹'이 '業'과 함께 ㅂ의 짝으로 이용되었다. 만일 '挹'과 같이 ㅂ 종성의 자모가 선정되지 않고 초성과 중성의 결합이 'ㅎ'이면서 종성이 ㄴ, ㅁ 등인 '隱, 音' 등이 선정되었으면 ㅂ의 짝은 이루어지지 않았을 것이다. 그뿐 아니라 '흔, 흠' 등과 같이 다른 종성의 자모가 되어 종성 ㄱ, ㆁ, ㄷ, ㄴ, ㅁ의 한 짝은 세 字母로 되는 일이 일어났을 것이다. 중성의 짝으로는 예외가 종성의 규칙적인 짝을 고려하여 굳이 '挹'이 선정된 것으로 추정된다. '快'의 예외적인 선정이 중성의 규칙적인 짝을 위한 것과 같은 일이다. 앞의 예외가 뒤의 규칙과 맞물려 있는 셈이다. 다시 말하면 초성의 예외가 중성의 규칙, 중성의 예외가 종성의 규칙으로 보상되어 있다. 얼마나 절묘한 字母의 선정인가를 느끼게 한다.

이들 짝 가운데서 終聲解, 특히 그 訣을 보면 종성의 예로 지칭된 자모는 중성의 경우와 달리 모두 앞에 나온 초성의 자모 '即, 洪, 彆, 君, 業, 覃'이다. 짝에서 뒤의 자모를 선정하여 설명할 이유가 없었기 때문이다. 물론 종성

ㄱ, ㆁ 등을 개별로 가리킬 경우에는 초성의 자모인 '君, 業' 등으로 하였다. 국어 '衣, 絲'의 종성 ㅅ, ㄹ을 '戌, 閭'이라 가리킨 것도 같은 일이다. 요컨대 초성의 23자모가 단순히 초성만을 위한 것이 아니라 중성과 종성을 설명하기 위한 배려 아래에서 선정된 것임을 확인하게 된다.

다음으로 주목되는 사실은 한글이 字母文字이면서 音節文字임을 「例義」에서 규정한 점이다. 이는 잘 알려진 것으로 새삼스럽게 설명할 것이 없을 내용이다. 그러나 자세히 살피면, 모아쓰는 데에도 表音文字의 특징이 나타나 있다. 아는 바와 같이 「例義」에서는 ㆍ와 ㅡ를 축으로 한 ㅡ, ㅗ, ㅜ 등은 초성 아래에, ㅣ를 축으로 한 ㅣ, ㅏ, ㅓ 등은 초성의 오른쪽에 附書하도록 규정하여 자모문자인 한글이 음절문자가 되도록 하였다. 「解例」의 合字解에서는 이를 좀 더 부연하여 설명하였는데, 종성은 모아쓴 初中聲 아래에 받쳐 씀을 말하고, 合用並書는 왼쪽에서 오른쪽으로 쓴다는 것이다. 이 규정과 설명이 表音文字의 文字列은 표기대상인 音聲連續의 순서에 대응하는 성격, 예컨대 알파벳이나 假名의 표기에서 보는 성격과 관련되어 있는 것이다. 언뜻 보면 모아쓴 음절 표기는 음성연속의 음절에 대응하지만, 모아쓴 자모는 알파벳과 같은 문자열이 보이는 음성연속의 순서와의 대응을 보지 못한다. 한글자모가 좌우로, 또는 상하로 결합하여 음성연속의 순서와의 대응을 생각할 수 없는 것이다. 그러나 자세히 살피면, 모아쓰는 筆劃의 순서 곧 筆順이 음성연속을 이루는 자모의 순서에 정확히 따르는 사실을 보게 된다. 예컨대 '과, 홰' 등의 필순과 그것이 표기한 음성연속을 대비하면 누구나 알 것이다. 요컨대 모아쓰기 하면서도 표음문자의 문자열이 나타내는 성격을 한글은 나타내고 있다. 이러한 깊은 뜻이 「例義」의 모아쓰기 규정에 들어 있다. 참으로 놀라운 일이 아닐 수 없다.

이상에서 행한 「例義」의 내용 검토는 세종 혼자서 그것을 만들기 어려웠음을 추측하게 된다. 親制說보다는 親制協贊說에 더 무게를 두게 하는 일이다. 이를 뒷받침하기 위하여 한글창제에 관한 史料를 새로이 검토할 필요를 느낀다. 實錄을 비롯하여 창제에 대한 사료는 극히 제한되어 있다. 그러나 그것을 좀더 세밀히 검토하고 새로운 해석을 모색하면, 세종은 창제 이전부터 反對上疏文을 올린 集賢殿학사들에게도 한글창제를 공개하고 자문한 사실을 인정하지 않을 수 없다. 親制協贊說의 다른 근거가 될 것이다.

3. 創制記錄의 不透明性과 透明性

한글의 창제와 韻書편찬에 관한 史料는 의외로 빈약하다. 특히 實錄에서 그 창제기사는 언뜻 보면 매우 분명하지 않은 것으로 생각된다. 이로써 親制說에서는 세종이 은밀히 한글을 창제한 것으로 본다. 創制協贊說을 주장한 李崇寧(1958: 47-52), 李崇寧(1974: 3-38)에서도 '記錄의 不透明性'이라 하여 세종이 한글창제를 공공연하게 나라의 大事로 선전하지 않고 非公開裡에, 거의 주지의 비밀과도 같이 처리하여 관련된 기록이 적었다고 하고, 그 이유는 완고한 士類, 구체적으로 集賢殿 元老學士들의 반대를 미리 차단하려는 세종의 조심성 있는 작전이라는 것이다. 그러나 널리 알려진 바와 같이 崔萬理 등 원로학사들의 한글창제 反對上疏文에 대한 세종의 과단성 있는 처리로 미루어서 반대를 미리 차단하려는 조심성이 과연 필요하였을까 하는 의문이 일어난다. 한글창제에 대한 우리의 궁금증을 풀어주는 자세한 記事가 實錄에 없는 것은 사실이다. 그런데 다른 대부분의 사안에 대하여도 首尾가 반듯하게 드러나는 기사는 거의 없다. 한글창제와 마찬가지로 그 사안들도 은밀히 추진하였거나 예견되는 반대를 미리 차단하려고 비밀리에 추진한 사업이라고는 보이지 않는다. 그러한 사안의 기사를 보기로 한다.

國語學史와 관련하여 官員의 임용을 實錄에서 조사한 사람이면 누구나 기사가 매우 소루한 사실을 경험하였을 것이다. 國語學과 관련한 사안에서도 이른바 기록의 불투명성을 쉽게 볼 수 있다. 우선 태종, 세종대의 經書口訣과

四書諺解에 대한 기사를 들 수 있다. 太宗이 權近에게 五經의 吐 곧 口訣을 짓게 하였으나 權近이 사양하다가 결국 三經의 구결을 지었다고 한다. 그러나 이 기록은『太宗實錄』에 있는 것이 아니다. 『世宗實錄』(1428(세종 10). 윤4. 18.)에 나오는 기사다.[9] 그것도 세종이 卞季良에게『禮記』와 四書의 구결을 지으라고 한 기사의 첫머리에 있는 내용이다. 계속된 기사의 검토에서 卞季良은 四書口訣을 지은 것으로 보이나,『世宗實錄』에 더 이상 그에 관한 기사는 없다. 한글창제 이후에 착수한 것으로 추정되는 세종의 經書諺解도 마찬가지다. 金汶의 卒記(1448(세종 30). 3. 13.)에서 세종이 金汶을 명하여 四書를 번역하게 하고 특별히 資級을 올려 승진시키려 하였는데 暴死하였다 하고, 정확히 15일 뒤의 기사에서는 임명된 지 반년도 안 된 尙州목사 金鉤를 특명으로 불러 들여 金汶이 하던 四書의 한글번역을 계속하게 하였다고 한다. 사서언해는 다른 기사에 덧붙여서 기록되었을 뿐 아니라 후속 기사도 물론 없다. 記錄이 아주 불투명한 예이다.

다른 한 예는 한글창제와 결부되기도 한 申叔舟와 成三問의 黃瓚방문이다.[10] 방문의 첫 기사만『世宗實錄』(1445. 1. 7.)에 간단히 나와 있고 후속 기사는 당시의 실록에서 발견되지 않는다. 申叔舟의 文集『保閑齋集』에 실린, 그와 成三問이 遼東여행에서 주고받은 詩의 검토에서 같은 해 봄의 두 번째 방문과 가을의 세 번째 요동방문이 드러난다. 세 번째 방문의 한 詩에 의하면 그 방문에서는 黃瓚을 만나지 못하고 虛行한 것으로 추측하게 한다. 그런데 약 44년이 지난『成宗實錄』(1489(성종 20). 5. 27.)에 質正官으로 差定된 工曹正郞 權柱가 성종께 아뢴 말에서 申叔舟가 자주 찾아가니까 黃瓚이 피하고 만

---

9 그 기사에 나오는 吐에 대한 협주인 "凡讀書 以諺語節句讀者 俗謂之吐"는 口訣의 개념과 관련된 매우 중요한 史料인데, 유감스럽게도 부정확하게 해석되고 있음을 간혹 보게 된다. 무릇 독서할 때에 우리말로 구절을 읽는 것을 시속에서 吐라 한다고 하는 따위다. 무릇 讀書에서 우리말로 句讀를 끊는(節하는) 것을 시속에서 吐라 한다고 해석하여야 한다. 그래야 (音讀)口訣의 실상과 부합한다.

10 이에 대한 설명은 安秉禧(2002b: 15-9)에 자세하다. 참조 바란다.

나지 않았다는 기사가 있다. 여기의 자주라는 말은 遼東방문에서 司法을 관장하는 按察使 王憲의 배려로 朝聘의 손님을 접대하는 遼陽의 客舍인 遼陽館에 머물면서 配所로 黃瓚을 여러 번 찾았다(이때 안내와 감시를 겸하여 王憲의 아들 王三畳가 동행한 것으로 보인다)는 뜻으로 해석된다. 黃瓚이 申叔舟에게 준 「希賢堂記」에 한 번의 요동방문에서 여러 번 자기를 찾아온 사실이 드러나 있다. 요컨대 이러한 기사와 詩에서 세 번의 요동방문과 그보다 훨씬 많은 黃瓚방문을 알지만, 實錄의 기사는 불투명하기 짝이 없다. 따라서 한글창제에 대한 기사도 세종이 감추어서가 아니라 史草는 있었겠지만 實錄 편찬의 관례에 따라 1443년의 창제, 1444년의 反對上疏文과 1446년의 解例本 완성만 기사로 채택되었다고 하는 것이 온당해 보인다. 실지로 이들 세 기사를 맞추어보면, 한글창제는 착수된 시기와 경위를 밝히지 못하나 대체의 윤곽이 드러나 있고 반대의 주장으로 당시의 완고한 학사들의 생각도 어느 정도 분명히 할 수 있다. 사안의 중요성 때문이겠지만, 위에 말한 국어학관계의 다른 기사와 사뭇 다르다. 절대적으로 투명하다 하지는 못하지만 상대적으로는 투명성이 있는 기록이라고 생각된다.

세종과 집현전의 관계로 미루어도 세종이 집현전학사를 제쳐두고 비밀리에 한글을 창제했다고 하기는 어렵다. 實錄(1420. 3. 16.)에 의하면, 집현전은 세종이 1420년 궁중에 설치한 官衙인데 문신 가운데서 재주와 행실이 있고 나이 젊은 사람으로 學士를 임명하여 經傳과 역사의 강론을 일삼도록 하고 자기의 자문에 대비하면서 중요한 서적의 편찬에 동원하였다. 그 뒤(1423. 6. 24.)에 經筵에서 왕이 史官의 업무가 과중함을 말하고서, 集賢殿 관원이 항상 궐내에 근무하니 記事할 수 있다고 하여 申檣, 鄭麟趾 등 5명을 모두 春秋를 겸직시키기도 하였다. 관원의 수가 한때 32명까지 늘어나기도 하였으나 冗官의 폐가 있다고 하여 20명을 정원으로 하여(1436. 6. 11.), 원래의 업무 외에 10명씩 나뉘어 經筵과 書筵을 兼帶하도록 한 것이다. 따라서 10명의 학사와 거의 매일 행하는 經筵의 자리에서 한글창제가 논의되었을 것이고, 당연히

史草로도 채록되었을 것이다. 東宮이 창제를 협찬하였다면 書筵에 참여하여 동궁에게 학문을 강론한 10명의 학사가 그것을 느끼지 못하였을 리 없다. 더군다나 세종은 학문을 좋아하여 적어도 한글창제 전후까지 集賢殿학사와 한밤에 이르도록 학문을 논의하였다는 기사가 있다. 왕과 동궁이 몸이 불편하여 詔書 맞이하는 방법에 대한 대신들과의 의논을 기록한 뒤(1450. 1. 18.)에 史官이 기록하기를 처음에 왕이 돈독하게 儒學을 숭상하여 학문을 게을리하지 않아 集賢殿을 설치하고 문사를 모아서 講官에 충당하고 밤마다 三四鼓(자정이나 새벽 2시경을 가리킨다)가 되어야 비로소 취침하며 中官을 숙직하는 곳에 보내어 諮問하기를 끊이지 않으므로 당직된 학사는 반드시 밤새도록 의관을 단정히 하고 기다려야 하였는데 中年 이후에 연속하여 두 아들을 여의고 昭憲王后가 또 별세하니 佛子들이 비로소 그의 학설을 드리게 되어 왕이 그만 佛敎를 숭상하게 되어서 佛堂을 세우게 하매 侍從과 臺諫, 유신들이 그 옳지 아니함을 極諫하였으므로 왕이 몹시 미워하여 자주 물리쳤다고 한다. 두 아들은 1444년과 1445년에 잇따라 작고한 廣平大君과 平原大君이고, 中宮은 1446년 3월에 별세하였다. 우연한 결과이지만 모두 한글창제 후의 일이다. 그리하여 세종은 불교에 기울었다는 것이다. 물론 그 전에도 興天寺 舍利閣의 慶讚會를 중지하라는 잇따른 集賢殿학사들의 상소가 있은 점(1441. 윤11. 10.-윤11. 22.)으로 불교에 대한 신심이 없지는 않았다. 그러나 한글창제는 佛敎와 무관한 사업인 데다가 시기적으로 大君과 中宮의 별세 전 일이므로 侍從인 集賢殿학사를 물리치기 전의 사업이다. 한글창제가 혼자의 힘만으로 되지 않았다면, 集賢殿학사를 창제에 동원하고 그들의 협찬을 받았다고 할 수밖에 없을 것이다.

集賢殿副提學 崔萬理 등의 1444년 2월 한글창제에 대한 反對上疏文과 그 처리에 대한 實錄의 기사(1444. 2. 20.)는 한글창제에 대한 새로운 정보를 제공한다. 상소문은 全文이 기사로 채택된 점에서 그것이 당시의 완고한 官僚의 생각을 대변하고 있음이 드러난다. 그 사실은 이 글의 주제와 무관하므로

여기에서 길게 논의할 일이 아니다. 그러나 세종의 한글창제가 창제를 반대한 集賢殿학사의 일부에게도 공개되어 있었다는 단서를 찾아보려는 관점에서 그 내용을 검토하기로 한다.

첫째, 上疏文에는 한글창제가 集賢殿학사들도 모르게 추진하였다는 말이 전혀 없다. 근래 국가의 정책이 졸속하게 이루어지는 것을 걱정하면서, 다음과 같이 한글창제도 그러한 의혹이 있다고는 지적하였다.

혹시 언문을 부득이 창제하여야 될 일이라 하여도, 이는 풍속을 크게 바꾸는 것이니 마땅히 재상으로부터 百僚에 이르기까지 상의하여야 하고, 國人이 모두 옳다고 하여도 오히려 미리 간곡히 하되 다시 심사숙고를 더하여 역대 제왕에 질정하여도 어긋나지 않고 중국에 상고하여도 부끄럽지 않으며 먼 후세에 성인을 기다려도 의혹이 없는 연후에야 실행에 옮길 일입니다. 이제 널리 여러 의논을 듣지 않고 갑자기 胥吏輩 10여 인에게 언문을 배우게 하며, 또 가벼이 옛사람이 이미 이루어놓은 韻書를 고쳐 황당한 언문을 억지로 붙이고 工匠 수 10인을 모아 새기어 급히 널리 펴려 하니 이 일에 대한 천하와 후세의 공론이 어떠하겠습니까(儻曰 諺文不得已而爲之 此變易風俗之大者 當謀及宰相下至百僚 國人皆曰可 猶先甲後庚 更加三思 質諸帝王而不悖 考諸中國而無愧 百世以俟聖人而不惑 然後乃可行也 今不博採群議 驟令吏輩十餘人訓習 又輕改古人已成之韻書 附會無稽之諺文 聚匠數十人刻之 劇欲廣布 其於天下 後世公議何如).

여기에서 한글창제는 널리 의견을 들어야 하고 모두 옳다 하여도 재삼 숙고한 뒤에야 할 일이라고 하면서 議政府에 상의하지 않았다고 하였으나, 집현전학사들로서 反對上疏를 올린 자신들이 전혀 모르고 있었다는 말은 없다. 물론 상소문에서 말한 상의하여야 할 대상인 百僚 안에는 집현전학사도 포함된다고 할 수 있다. 그러나 至近의 자리에서 侍從하는 신하도 모르게 비밀리에 한글이 창제되었다면, 그것은 上疏文에 당연히 기록되어야 할 것이다. 上疏文은 당대의 施政을 바로잡는 뜻도 있지만 후대의 평가도 생각하기 때문이다. 다만 갑자기 胥吏輩에게 한글을 가르치고 또 韻書를 고쳐서 한글로 注音하는 등 그 시행에 대하여는 群議를 듣지 않았다고 주장하여 한글창제와 구분하여 다루고 있는 점이 주목된다. 그것은 보기에 따라서 한글창제는 알고 있었다는 한 반증이 되리라 생각된다.

둘째, 上疏文을 보면 崔萬理 등이 한글과 吏讀에 관한 정확한 지식을 가지고 있었음을 알 수 있다. 上疏文의 허두에서 다음과 같이 언문은 字形이 옛 篆字를 본떴다고 하나 吏讀와 달리 合字의 방식이 옛 글자와 모두 어긋난다고 하여 漢字와 무관하다는 것이다.

혹 언문이 다 옛 글자를 바탕으로 한 것이지 새 글자가 아니라고 한다면, 자형이 비록 옛날의 篆書를 모방하였으나 소리를 써서 글자를 합하는 것은 모두 옛 것에 어긋나서 참으로 근거가 없습니다(儻曰 諺文皆本古字 非新字也 則字形雖倣古之篆文 用音合字 盡反於古 實無所據).

이러한 上疏文에 대하여 세종이 萬理 등을 불러서 이두도 한자와는 소리를 달리한 것이 아니냐고 하자 萬理 등이 그렇지 않다고 한 다음 말에서

萬理 등이 대답하여 아뢰기를 薛聰의 吏讀는 비록 소리가 다르다 하여도 (한자의)소리에 의하거나 새김에 의하여 語助辭(곧 吏讀)와 한자는 원래 떨어지지 않으나 지금의 이 언문은 여러 글자를 합하여 모아쓰고 소리와 새김을 바꾸어서 字形이 아닙니다(萬理等對曰 薛聰吏讀 雖曰異音 然依音依釋 語助文字 元不相離 今此諺文 合諸字而並書 變其音釋 而非字形也).

그들은 창제된 한글 字母의 용법에 대하여도 잘 알고 있음이 드러난다. 창

제된 지 2개월이 가까웠으므로, 더욱이 反對上疏文을 위하여 집중적으로 공부하고 토의하였을 것이므로 창제 이후에 비로소 한글에 관한 지식을 얻었다고 할 수도 있다. 그러나 창제에 협찬한 동료학사에 의하여 창제 전부터 그것을 얻고, 그에 대하여 논의하였다고 하여도 완전히 잘못이라고 하지는 못할 것이다.

셋째, 洪起文(1946, 하: 233)에 설명된 바와 같이 諺文反對의 上疏文은 마치 鄭麟趾의 序文을 미리 반박하는 것과 같은 느낌을 주고 있다. 全文이 '縱曰, 儻曰, 若曰' 등의 말로 전제된 것이 확실히 일정한 누구의 견해를 反駁하는 것임에 틀림이 없기 때문이다. 시기로 보아 鄭麟趾의 1446년 서문이 崔萬理 등의 상소를 반박하였을 수는 있어도 崔萬理 등의 1444년 상소가 鄭麟趾의 서문을 미리 반박하였다고 하지는 못한다. 그러나 崔萬理 등의 상소는 그 자체가 이미 일정한 견해를 반박하는 태도인 동시에 또 鄭麟趾의 서문에서 하필 그들의 반박을 도모하였으리라고 생각할 수도 없다. 여기에서 洪起文(1946, 하: 233)은 대개 한글이 발표된 후 集賢殿 안에서 그 功效로 몇 가지의 항목이 열거되었던 것으로 추정하고, 崔萬理 등은 그 항목에 대한 駁論을 열거하였음에 대하여 鄭麟趾는 다시 그 功效를 가져 한글을 예찬하였다고 설명한다. 이에 대하여 姜信沆(2003: 197-2001)에서는 上疏文과 「解例本序」의 내용에서 서로 반박한 듯한 항목을 일일이 대조한 뒤에, 한글창제 과정에 여러 문신들 사이에 있었던 거듭된 贊反의 논의를 정리한 것이 上疏文과 鄭麟趾의 序文으로 나타났다고 추측하였다. 集賢殿학사들 사이에서 한글창제의 功效에 대한 논의가 있었다는 점은 공통되나, 洪起文(1946)은 창제 후로 보고 姜信沆(2003)은 창제 전으로 보는 데서 의견의 차이가 있다. 따라서 이 검토는 결국 親制說이냐 親制協贊說로 되돌아가게 된다. 다시 말하면 親制說에 따르면 창제 이후의 논의로 해석되고, 親制協贊說에 따르면 창제 전의 논의로 해석되는 것이다. 그러나 한글창제의 功效에 대한 상소문의 반박이 언뜻 보아서도 논리가 사뭇 정연한 점으로 일찍부터 그 논의가 있었다고 할 수 있지 않을까 한다.

넷째, 上疏文 안에는 「解例本序」에 언급되지 않은, 세종의 한글창제의 동기를 반박한 내용이 있다. 그 동기는 후대의 申叔舟의 行狀, 碑銘, 墓誌(이상『保閒齋集』)에도 실려 전한다. 이들 세 기록은 대동소이하다. 여기에는 그중에서 姜希孟이 지은 行狀에서 관계 기사를 보인다. 같은 기사가 후대의『東閣雜記』등 野史와『增補文獻備考』등에도 전재되어 있어서 너무나 유명한 내용이다.

上이 본국의 音韻이 중국어와 비록 다르나 그 牙舌脣齒喉와 淸濁高下는 중국과 같지 않음이 없고 列國이 다 國音의 글을 가져 국어를 기록하나 홀로 우리나라는 없다고 하여 諺文 28자를 친히 지으시고, 禁中에 局을 설치하여 문신을 가려 찬정하게 하였는데, (신숙주)공이 직접 임금의 재가를 받았다(上以本國音韻 與華語雖殊 其牙舌脣齒喉淸濁高下 未嘗不與中國同 列國皆有國音之文以記國語 獨我國無之 御製諺文二十八字 設局於禁中 擇文臣撰定 公實承睿裁).

이 기록의 문맥으로 미루어 보면 親制說을 뒷받침하는 내용으로, 당시의 다른 기록과 다르지 않다. 언문 28자를 친제한 뒤에 대궐 안에 局을 설치하고 문신을 가려 撰定하게 하였다고 하여, 「例義」는 御製, 「解例」는 撰定이라는 것이다. 다만 창제동기를 세종이 다른 나라와 같이 우리나라도 국어의 소리를 기록하기 위하여 언문을 창제하였다는 점이 여기에 처음 나타난다. 1475년(성종 6) 6월에 돌아간 신숙주의 행장에 처음으로 나타난 이 창제의 동기가 상소문에서 다음과 같이 반박되어 있다.

예로부터 九州 안은 風土가 비록 달라도 아직 방언으로 말미암아 따로 글자를 만든 것이 없고 오직 몽고, 서하, 여진, 일본, 서번(티베트)과 같은 따위가 각기 제 글자를 가지고 있으나 이는 다 오랑캐의 일일 뿐이니 족히 말할 것이 못됩니다(自古九州之內 風土雖異 未有因方言而別爲文字者 唯蒙古西夏女眞

日本西蕃之類 各有其字 是皆夷狄事耳 無足道者).

　이 창제의 동기도 위의 다른 내용과 같이 알려진 시기가 親制說에서는 창제 후의 일이라 할 수 있고 親制協贊說에서는 창제 전의 일로 해석할 수 있다. 어느 한쪽의 해석으로 단정하기 어려운 것이다. 위 上疏文과 「解例本序」의 대비와 같이 창제 후에 알려진 것으로 못 볼 일도 물론 아니다. 그러나 行狀의 글만 보면 창제 전에 이미 알려진 것으로 봄이 자연스러운 해석이다. 따라서 위에서 든 상소문 내용만으로는 親制說과 親制協贊說이 다 가능한 셈이다.

　그런데 上疏論者의 처리에 대한 기사를 검토하면 창제 전에 세종이 상소문을 올린 집현전학사에게도 창제 전에 알렸다고 하지 않을 수 없다. 親制協贊說을 뒷받침하는 일이다.

　上疏論者에 대한 처리 중에서 鄭昌孫과 金汶에 대한 實錄 기사는 앞의 한글의 功效에 대한 기록과 달리, 적어도 이들 둘 또는 한 사람에게는 세종이 창제 전에 그것을 알렸다고 해석하게 한다. 그 기사는 세종이 崔萬理 등을 불러서 上疏文의 두어 가지 내용에 대하여 소명하고 崔萬理 등이 다시 그것을 변명한 뒤에 계속하여 다음과 같이 나타난다.

　상이 말하기를 앞서 金汶은 언문을 제작하는 것이 불가하지 않다고 아뢰더니 이제는 도리어 불가하다고 하는구나. 또 鄭昌孫은 말하기를 『三綱行實(圖)』을 반포한 뒤에도 忠臣, 孝子, 烈女가 배출되는 것을 못 보았는데, 사람의 행하고 행하지 않음은 사람의 資質 여하에 있을 뿐이고 하필 언문으로 번역한 뒤에야 사람이 다 본받을 것이냐고 하니 이런 말들이 어찌 선비의 이치에 닿는 말이냐. 매우 쓸모없는 俗儒라고 하였다. 앞서 상이 창손에게 말하기를 내가 만약 언문으로 『三綱行實(圖)』을 번역하여 민간에 반포하면 어리석은 지아비나 지어미라도 다 쉽게 깨쳐서 忠臣, 孝子, 烈女가 반드시 배출할 것이라 하였는데, 창손이 곧 이와 같이 아뢴 까닭에 이제 이 말씀이 있었다(上曰 前此 金汶啓曰 制作諺文 未爲不可 今反以爲不可 又鄭昌孫曰 頒布三綱行實之後 未見有忠臣孝子烈女輩出 人之行不行 只在人之資質如何耳 何必以諺文譯之而後 人皆效之 此等之言 豈儒者識理之言乎 甚無用之俗儒也 前此 上敎昌孫曰 予若以 諺文 譯三綱行實 頒諸民間 則愚夫愚婦 皆得易曉 忠臣孝子烈女 必輩出矣 昌孫乃 以此啓達 故今有是敎).

먼저 鄭昌孫에 관한 내용을 보면, 세종이『三綱行實圖』의 諺解로 敎化의 효과가 클 것이라고 하여 한글의 효용을 말한 데 대하여 鄭昌孫이 그 漢文本(1434년 간행)이 나온 지 여러 해가 되었고, 또 그 책을 간행하면서 교화의 효과가 적지 않으리라 하였지만 그 사이에 충신, 효자, 열녀가 배출하지 않은 사실로써 그 효용을 의문시한 것이다. 말하자면 敎化의 효용 자체를 의문시한 것이므로 세종이 俗儒라 지칭할 만한 일이다. 다음에 金汶은 앞서는 창제를 옳다고 아뢰었다고 하나, 언제 어떤 상황에서 한 말인지 드러나 있지 않다. 그러나 앞에 소개한 金汶의 졸기에서 그가 한글로 四書를 번역하였다고 한 사실로 미루어서 經書언해와 관련하여 한글의 효용에 동의한 것이라 추측된다. 그렇다면『三綱行實圖(諺解)』와 함께 당연히 한글창제 이후의 일이라 하겠다. 그러나 창제와 상소 사이에는 겨우 2개월 정도의 시차뿐이다. 한글의 효용을 의문시한 鄭昌孫은 그 시차에도 반대상소를 할 수 있다. 그러한 시차가 아니라 바로 어제 말하였다고 하여도 반대상소에 동참할 수 있는 일이다. 한글창제를 반대하는 주장이 일관되어 있기 때문이다. 그러나 金汶의 경우는 사정이 전혀 다르다. 2개월 사이에 상반된 의견을 왕에게 아뢰었다고 할 수는 없다. 그는 당시에 45세로서, 1420년에 登科하여 20여 년 동안 관직에 있었고,[11] 1435년부터는 집현전에서 왕의 자문에 응한 학사였다.[12] 그

11『世宗實錄』(1442. 10. 23)의 直集賢殿 李季甸이 直殿을 사양하는 상소에서 39세인 자기보다

러한 사람이 상황의 변화가 있은 것 같지 않은 데도 같은 일에 대하여 상반된
의견을 왕에게 말하였다면, 명분이나 실리에서 그 이유가 분명하여야 한다.
그렇지 않을 경우에 받을 처벌을 모를 리 없었을 것이다. 그러므로 한글창제
가 가하다고 한 때와 반대상소를 올린 때의 시차는 상당하다고 보아야 한다.
실지로 상반된 의견을 아뢴 일에 대하여 義禁府의 鞫問에서 釋明하지 못하였
기 때문에, 그는 유일하게 刑律에 따른 處罰까지 받았다. 그 날 세종이 상소
한 학사들을 하옥하면서, 특별히 그가 말을 바꾼 사유를 鞫問하여 아뢰게 하
였던 것이다.

다만 창손은 파직시키고, 인하여 義禁府에 傳旨하여 金汶이 앞뒤로 말을
바꾸어 아뢴 까닭을 鞫問하여 아뢰도록 하였다(唯罷昌孫職 仍傳旨義禁府 金
汶前後變辭啓達事由 其鞫以聞).

이튿날 實錄의 기사(1444. 2. 21.)는 鞫問의 결과를 다음과 같이 보고하여 왕
의 처분을 받았다.

金汶은 5세 위이며 과거는 1427년인 자기보다 7년이나 앞섰는데도 하위직인 應敎라고 그
이유를 설명하였다. 이러한 나이와 登科는 『國朝榜目』의 李季甸과 金汶의 기사에서 확인
된다.

12 金汶의 卒記(1448. 3. 13)에 의하면, 그는 과거에 급제한 뒤로 오래 成均館에 들어가서 主簿
까지 되었는데, 乙卯年 곧 1435년에 같은 品階인 集賢殿修撰으로 뽑혀 直提學까지 승진하
였다고 한다. 따라서 한글창제를 찬성한 일은 집현전에 옮겨온 1435년에서 한글이 창제
된 1443년 연말까지의 약 7년 사이에 있었다고 생각된다. 그런데 洪起文(1946, 하: 133-4,
166-7)에서는 金汶이 전후로 말이 달라진 예로 미루어 생각한다면, 실상 反對上疏에 이름
을 올린 그 전부가 일정한 주장 밑에서 출발한 것이 아니요 그 중의 몇은 불순한 동기로
부터 움직인 것이 아닐까 한다고 추측하고, 그 불순한 동기는 세종의 寵遇에 대한 샘을 뜻
한다고 하였다. 그러나 한글 관련 사업에 참여한 學士에게 특수한 寵遇가 있었다 하여도
金汶이 샘으로 응분의 처벌을 각오하고 앞뒤로 상반된 말을 하였다는 설명은 집현전학사
로서의 기본적인 소양이나 인격을 무시하는 것이다. 왕에게 상반되는 말을 아뢴 일은 상
당한 시차가 있었기 때문에 그 사이에 생각이 바뀐 것으로 봄이 온당하다.

義禁府가 조사하여 아뢰기를 金汶은 법률에 '對制上書詐不以實(왕에 대한 對制上書를 진실되게 하지 않고 거짓되게 하는 일)'에 해당하여 杖刑 一百에 徒役 3년이라고 하니 오직 杖刑 一百을 贖바치게 하였다(義禁府劾啓 金汶律對制上書詐不以實 杖一百徒三年 只贖杖一百).

이것으로 미루어서 金汶은 義禁府의 국문에서 變辭를 충분히 釋明하지 못하여 義禁府에서는 그의 變辭가 '對制上書 詐不以實'의 律(『大明律直解』권24, 刑律)에 해당하여 杖刑 一百에 徒役 三年의 벌을 내려야 한다고 아뢰었다. 세종이 刑律의 적용을 완화하여 徒役은 아예 감하고 杖刑 一百도 형벌 대신에 贖바치게 하라고 하여 감형한 것이다. 贖杖一百은 名例律에 따르면 '贖銅錢 六貫 准折五升布三十疋'(『大明律直解』권1, 2b)이므로 우리나라의 경우 닷새 베 30필을 바치고 杖刑이 감면되도록 규정되어 있다. 杖刑 대신에 贖錢으로 베 30필을 바쳤으나,[13] 從三品인 直集賢殿에게 杖刑 一百은 가혹한 형벌이다. 더욱이 그 科刑이 기록에 남았을 것이므로 金汶이 받은 不利益은 크다.[14] 金汶은 한글창제와 관련하여 세종에게 말 한번 잘못 아뢰어 개인적으로 큰 불이익을 당하였다. 여기에서 세종이 적어도 金汶에게는 반대상소는 물론이고 한글창제보다도 상당히 앞선 시기에 이미 한글의 효용을 말하고 의견을 물었다고 생각된다. 한글이 창제되면 經書諺解로 經學이 진흥하리라 말하여 金汶의 동의를 받았다고 추측된다. 그러한 金汶이 상당한 시일이 지나서 막상 한글이 창제되자 반대상소에 동참하여 세종의 노여움을 샀다고 하겠다.

---

13 五升布 30필의 가치는 시대에 따라 변동이 있었다. 실록에 의하면, 정포 1필이 콩 15말, 쌀 7말 5되(1437. 2. 9.)로 되었으나, 10일 뒤에 議政府에서 아뢴 바에 따르면 콩 10말, 쌀 5말로 되어 있다(韓沽劤 외 1986: 233 참조). 『經國大典』戶典 祿科의 제6과는 從三品職의 봉록인데, 1년에 쌀 10섬, 현미 20섬, 벼 2섬, 정포 13필이다. 이로 미루어서 정포 30필의 가치를 대충 짐작할 수 있다.

14 實錄에 따르면, 金汶과 鄭昌孫은 4개월 만인 1444년 6월 20일에 파직될 때의 관직에 복직되어 集賢殿에 仕進하게 하였다. 이로써 反對上疏는 완전히 매듭을 지었다.

한편 鄭昌孫이 아뢴 말도 같은 무렵에 있었던 것이 아닐까 한다. 『三綱行實圖 (諺解)』도 經書언해와 비슷한 성격이기 때문이다. 그러므로 한글창제가 反 對論者인 集賢殿학사들에게 일절 비밀로 하여 행하여졌다고는 하지 못한다. 協贊을 한 학사는 말할 것도 없고, 金汶이나 鄭昌孫과 같이 협찬하지 않은 학 사들에게도 창제하는 한글의 효용을 미리 말하고 그것을 자문하였다고 생 각된다. 요컨대 한글창제는 세종 혼자 비밀리에 추진한 사업이 아니다. 위에 서 설명한 바와 같이 解例本의 本文을 혼자서 만들 수도 없는 일이지만, 세종 이 그 중심에서 集賢殿학사에게 諮問을 하여 협찬을 받고 창제한 사업이라 생각된다. 그러한 한글창제가 적어도 集賢殿학사에게는 공개된 것이 아닌 가 한다.

4. 한글창제와 貞懿公主

李家源(1994: 15)는 한글창제에 協贊한 人物로서 첫째 集賢殿의 諺文諸儒, 둘째 黃瓚, 셋째 貞懿公主의 순서로 들고서, 첫째의 諺文諸儒는 「解例序」에 밝혀진 鄭麟趾 등 8명이라 하고 둘째의 黃瓚은 解例本과 『洪武正韻諺解』(『洪 武正韻譯訓』을 가리키는 듯하다) 등을 편찬할 때에 자문한 인물인데, 이들 두 일에 대해서는 많은 기록이 남아 있어 이루 다 소개할 수 없다고 하였다. 黃 瓚이 한글창제나 解例本과는 전혀 관계가 없는 인물임은 國語學界의 상식이 다. 이 사실만으로도 李家源(1994)는 문제의 논문이라 할 수 있다. 그러나 셋 째의 協贊者에 대하여는 지금까지 學界에서 전혀 언급조차 되지 않은 일이 어서 새로 발굴한 자료를 이용하여 한글창제에 왕자와 공주의 협찬, 그중에 서도 貞懿公主의 힘이 컸었다고 주장하였다. 한글창제에 관한 새 자료의 발 굴이란 점에서 우선 李 교수에게 깊은 경의를 표한다. 그러나 아무런 검증의 절차 없이 그 자료를 그대로 신빙하여 전개한 교수의 주장이 반드시 정당하냐 하는 것은 다른 문제다. 교수는 공주의 訓民正音 創制에 관한 勞勳에 대해 片言隻字가 實錄에 없었음을 한탄하면서, 이제 그 숨은 공로가 그 자료로 靑天白日에 드러났으니, 공주는 地下에서 웃음을 지으리라 하여 스스로의 주장에 대하여 강한 자신감을 드러내었다. 貞懿公主가 한글창제의 協贊者라는 이 새로운 주장은 자료의 신빙성과 그 주장의 시비와 상관없이 한 中央의 日刊紙에 게재되어 파문을 일으켰던 것이다. 國語學界의 일부에서도 문제의 논문이나 자료에 대한 진지한 검증과 비판을 거치지 않고 日刊紙에 실린 정의공주에 대한 소개만을 그대로 믿는 경향이 있다. 여기서는 학계에 정확히 알려지지 않은 것으로 추정되는 그 논문을 먼저 소개하고서 거기에서 말한 공주의 협찬을 검토하려고 한다.

李家源(1994)에서는 교수가 어릴 때 어머니에게서 한글을 배우고서 이 글자가 할머니, 어머니로 이어져 내려왔다면 창제할 당시에 반드시 女學士가 참여하였을 것이라 생각하고, 60년 동안 群書를 열람하면서 유심히 살폈으나 발견하지 못하였다고 한다. 그러다가 약 10년 전에 『夢遊野談』이란 古寫本의 「剙造文字」란 항목에서 다음 기록을 발견하여 비로소 오랜 염원을 풀었다는 것이다.

우리나라 諺書(한글)는 세종 조에 延昌公主가 지은 것이다. ……이 諺文에 이르러서는 反切로 풀면 음이나 解釋이 주도하지 않음이 없으므로 부인이나 어린애가 모두 익혀서 쉽게 알 수 있어서 뜻과 말이 소통되어 그 쓰임새가 매우 넓었다. 宣祖 때 영남에 柳 參議 崇祖가 이로써 七書와 小學章句의 뜻을 해석하여 諺解라 제목하였는데 學者에게 敎誨한 공로가 또한 많았다(我國諺書 卽世宗朝延昌公主所製也…… 而至於諺文 以反切解之 於音釋无所不周 故婦人小子 皆習而易知 以通情辭 其用甚博 宣廟時嶺南柳參議崇祖 以此釋七書 而小學章句旨義 目之曰諺解 其爲學者 敎誨之功亦多矣).

여기의 延昌公主는 延昌尉 安孟聃에게 下嫁한 세종의 둘째딸 貞懿公主이다. 『夢遊野談』을 편찬한 夢遊 李遇駿이 史學者인 藥坡 李希齡(1697(숙종 23)-1776(영조 52))의 曾孫으로서[15] 家學의 전통을 지녔을 뿐 아니라 孝寧大君 補의 후손으로 집안에서 전해 온 역사, 예컨대 왕실 관련 역사의 '정확한 지식'을 가졌을 것이라 하여 교수는 그 기록의 신빙성을 강조하였다. 그러나 이에는 미심쩍은 문제가 꽤 있다. 우선 교수가 문제의 『夢遊野談』을 古寫本이라 한 사실부터 그러하다. 그의 생몰 연대와 40대 초반의 小科 출신으로 大科에 도전하였을 가능성을 감안하면 그 책이 李遇駿의 手稿本이라 하여도 19세기 중엽 이후의 것이라야 된다. 겨우 150년 정도 지난 자료인 것이다. 傳寫本이라면 20세기의 책일 것이다. 古寫本이라 하면 연상되는 것과 같이 그렇게 오랜 책일 수 없다. 더욱이 거기에 나타난 한글창제에 관한 기록은 곧이곧대로 읽으면 한글은 세종이 아니라 貞懿公主가 한 것으로 된다. 이것만으로도 한글창제에 대한 實錄 등의 기사에 어긋난, 아주 허황된 사실을 기록한 문헌이다. 李家源(1994)에서 말한 왕실 관련 역사의 '정확한 지식'이란 표현이 허구임을 알게 된다. 그러함에도 李家源(1994)는 한글창제의 協贊만을 말하고 있다. 협찬을 말하려면 공주가 한글을 창제하였다는 자료의 이 부분에 대한 비판이나 해명이 먼저 있어야 한다. 協贊과 '所製'는 엄연히 다르다. 이에 대하

---

15 『夢遊野談』(권3, 권말)의 「敍傳」에서 스스로 '曾祖 藥坡'라 한 점에서 夢遊가 李希齡의 증손임이 드러난다. 全州李氏孝寧大君派의 社團法人淸權祠 文化委員 李康靈 씨에 의하면, 藥坡의 손자 漢宗의 4남 중 둘째가 바로 遇駿(1801(순조 1)-1867(고종 4), 1843년(헌종 9) 小科(生員) 출신)이며, 生母는 陽川許淳의 따님이다. 그런데 漢宗의 初娶는 딸 하나를 두고 사별한 竹山安孟豊 따님이라 한다. 『竹山安氏大同譜』(한글판, 1999)에 의하면, 允豊은 延昌尉 安孟聃의 3남 桑雞의 10세손이고 셋째사위가 全州李得宗('得'은 改名이 아니면 誤字로 말미암았다고 생각된다)이다. 이 사실은 위의 자료가 뒤에 말할 『竹山安氏大同譜』의 「公主遺事」에서 왔을 가능성을 말한다고 생각된다. 그런데 이러한 李遇駿의 生平과 家系는 洪性南(2001: 156-157)에도 그대로 나타나 있다. 이 글이 이루어진 뒤에 안 일지만, 洪性南 교수는 『夢遊野談』의 여러 異本을 모아서 1994년 寶庫社에서 영인으로 출판한 바 있다. 李家源(1994)는 10여 년 전에 본 '古寫本'으로 작성한 논문이라 하였으나, 이 影印本에서 취재하여 이루어진 것으로 추측된다.

여 설명 한마디 없이 古寫本이란 자료의 신빙성을 강조하면서 공주의 협찬을 말하는 것은 앞뒤가 전혀 맞지 않는다. 위에 인용한 이 '새로운 자료'는 이것으로 일고의 가치가 없는 기록인 셈이다. 한마디로 자료로서의 신빙성이 전혀 없다고 할 수 있을 것이다.

필자가 실사한『夢遊野談』3권 3책(고려대도서관 소장)은 책의 내용이 전반적으로 보아 신빙할 만한 것으로 생각된다. 그 책은 精寫本으로, 紙質과 筆墨으로 보아 1930년대의 것으로 추정된다. 표지에 그 무렵 족보의 인쇄된 폐지가 이용된 사실도 그것을 뒷받침한다. 이 책이 李家源(1994)에 인용된 그 '古寫本'인지는 알 수 없으나, 위에 인용된 기록(권 하, 20-21)은 정확히 일치한다. 책의 전체 내용은 권 상의 권두에 3권의 目錄이 있고 이어 본문이 씌어 있다. 목록은「夢遊自序, 三可幸 등(권 상), 文章好名, 藝苑神鑑 등(권 중), 科擧, 科曰文體, 書籍博覽, 刱造文字 등(권 하)」과 같이 주제별로 되고, 각 주제 안에는 여러 기사가 수록되었다.「刱造文字」의 경우에는 '漢字의 造字와 半字,『奎章全韻』과『奎章玉篇』, 韻法, 語錄, 諺書'의 다섯 기사가 있다. 다른 네 기사는 전체 내용과 마찬가지로 신빙할 만한 내용이다.「敍傳」에 의하면 李遇駿은 서울에서 났으나 楊州로 이사하여 정착하였다.「韻法」(권 하, 20a)의 1절에서 그가 일찍이 北京(仕宦한 경력이 없었던 것으로 보이므로 子弟軍官으로 中國使行을 수행했을 것이다)의 冊肆에서『淸書韻冊』3권을 보았다고 한다. 따라서 그는 집안의 많은 서책과 중국에서의 문견을 바탕으로 이 책을 편찬한 것으로 보인다. 그러나 유감스럽게도 한글창제에 대한 기록인 諺書에는 그러한 바탕이 있는 것 같지 않다.

李家源(1994)에서 그 자료의 신빙성을 위하여 말한 家學의 전통이란 것도 의심스럽다. 그의 曾祖인 藥坡 李希齡은『藥坡漫錄』이란 史書를 편찬하였다. 그 史書는 편자가 숙종 때까지의 우리나라 역사 기사로써 40권을 완성하였으나 손자 곧 遇駿의 아버지 漢宗이 경종, 영종 때의 기사를 보완하여 만든 94권 60책의 방대한 책이다. 여러 史書에서 자료를 널리 채취하였을 뿐 아니라 이른바 忌諱나 閑漫의 사실도 망라한 것으로 유명하다. 참고할 만한 문헌으로 평가된다. 그 권8, 世宗조의 正統11년(1446) 조에는 國語學界에 잘 알려진 李廷馨의『東閣雜記』와 成俔의『慵齋叢話』에서 관계 기록만 인용하여 세종의 한글창제를 기사화하였다. 이들 기록과 사뭇 다른「刱造文字」의 내용이 집안에 전승된 정확한 지식이라면 마땅히 기사로 채록되었어야 한다. 채록하지 않으려면 최소한 한마디 언급은 있었어야 한다. 李希齡이 못하였다면 그의 손자 漢宗이라도 그것을 보완하였어야 할 것이다. 그렇지 않은 것은 집안에 그 傳乘이 없었거나, 있었더라도 史料로 채택할 만한 가치를 전혀 인정하지 않았기 때문이라 생각된다. 따라서 史學者인 증조나 아버지가 몰랐거나 무시한 李遇駿의 기록은 집안에 전승된 것이라거나 정확한 것이라 하지 못한다. 오히려 外家인 竹山安氏 집안의 舊傳으로 뒤에 설명할「公主遺事」의 1절을 손질하여 채록한 것으로 추정된다.[16] 이것으로 미루어서 그 기록의 신빙성은 뒤에서 다룰「公主遺事」의 설명에서 판명될 것이다. 그런데 한글창제와 직접 상관이 없으나 그 기록에서 柳崇祖가 영남의 선비라 한 것은『嶺南人物考』(권1)에 실린 인물이니 근거가 있으나, 1512년(중종 7)에 작고한 그를 선조 때 사람이라 지목하고 七書와『小學』의 언해를 하였다고 한 기록은 정확하지 않다는 비판을 면하지 못한다. 이것은「公主遺事」에 보이지 않으므로 다른 문헌에서 전재하였다고 하겠으나 아무런 비판도 없이 그것을 맹종하였다는 기롱을 받아 마땅하다. 그러므로 貞懿公主가 한글을 창제하였다는 李遇駿의 자료 곧 諺書는 상당한 문제를 가진 것으로서 한마디로 믿을 것이 못된다고 하겠다. 李家源(1994)는「刱造文字」의 기록에 이어서 竹山

---

16 姜信沆 교수에 의하면, 初娶夫人이 작고한 뒤에 맞이한 再娶夫人은 初娶夫人의 구실을 하는 관습이 있었다고 한다. 예컨대 初娶夫人 친정의 부모상에는 친부모와 똑같이 상주 노릇을 한다는 것이다. 따라서 李遇駿은 생모를 따라 外家인 竹山安氏 延昌尉派(각주 15) 참조)의 집안에 출입하여 그 집안의 舊傳을 보았다고 할 것이다. 그렇지 않고는 다른 문헌에 전혀 보이지 않는「刱造文字」의 유래를 설명할 길이 없다.

安氏의 族譜 중에서 「貞懿公主遺事」 1편을 찾았다고 하여 함께 소개하고 한글창제에 대한 공주의 협찬을 논증하였다. 延昌尉 安孟聃이 竹山人이므로 그 기록이 『竹山安氏大同譜』에[17] 실린 것이라 한다. 그 글은 1篇 3則으로 되었고 작자의 이름은 기록되지 않았는데, 第2則이 위의 기록과 부합한다고 한다. 그 기록은 다음과 같다.

세종이 方言(국어)이 한자와 서로 통달하지 않음을 안타깝게 생각하여 비로소 訓民正音을 지었는데, 變音과 吐着은 오히려 다 연구하지 못하여 여러 大君으로 하여금 풀게 하였으나 모두 하지 못하였다. 드디어 公主에게 내려 보냈다. 公主는 곧 풀어 바쳤다. 세종이 크게 稱賞하고 특히 奴婢 數百口를 下賜하였다(世宗憫方言不能以文字相通 始製訓民正音 而變音吐着 猶未必究 使大君解之 皆未能 遂下于公主 公主卽解以進 世宗大加稱賞 特賜奴婢數百口).

이 자료는 세종이 한글을 창제하였다고 한 앞의 「刱造文字」와 부합되지 않을 뿐 아니라, 실록 등의 기록에 비추어 자료의 신빙성도 문제된다. 그러나 李家源(1994)에 인용된 이 자료는 필자의 조사가 옳다면, 겨우 30여 년 전의 活版本에서 채록한 것이다.[18] 물론 후대의 大同譜 편찬에는 집안에 전승되던 기록, 예컨대 사본으로 전래된 家乘이나 족보에 있는 「公主遺事」 등이 이용되었을 것이다. 그러나 그 기록이 사료로 이용되려면 내용에 대한 엄정한 검증이 있어야 한다. 여기에 소개되지 않은 第1, 3則의 내용의 검토로써도 「公主遺事」의 자료로서의 신빙성, 나아가 문제가 된 第2則에 대한 자료로서의

---

17 李家源(1994)는 그 大同譜의 연대를 밝히지 않았다. 필자의 조사로는 『竹山安氏大同譜』는 1976년판(活版本)이 처음인가 한다. 실지로 그 책의 附錄에 「公主遺事」가 있다. 제목에 '貞懿'가 없으나 내용은 완전히 일치한다. 한글판 『竹山安氏大同譜』(권5)에도 「公主遺事」로 수록되었으므로, 「貞懿公主遺事」는 교수가 제목에 '貞懿'를 추가한 것이 분명하다.

18 필자가 조사한 竹山安氏의 족보는 개화기 이전의 것을 포함하여 여러 책이 있다. 그러나 그 어느 것에도 「公主遺事」가 실리지 않았다. 『竹山安氏大同譜』에만 수록되어 있다.

신빙성이 확보되어야 할 것이다. 유감스러운 일이나, 교수의 논문에는 그러한 검토는 말할 것도 없고 第1, 3則의 내용에 대한 언급조차 없다. 이에 필자가 조사한 第1, 3則을 먼저 검토하여 이 자료의 신빙성을 엿보기로 한다.

第1則은 세종이 칼로 나무를 깎다가 칼끝이 다리에 들어가 부러져서 다리가 부어오르자 마지막으로 만나보겠다는 이유를 대어 入闕하게 한 공주가 부기를 다스리고 指南石으로 칼끝을 뽑았다고 한다. 이 功으로 세종이 楮子島를 하사하였다는 내용이다. 楮子島의 하사는 사실이나, 그 공로로 말미암았다는 기록은 달리 없다.[19] 칼에 의한 왕의 부상이나 御醫를 대신한 공주의 치료 자체가 의심스러운 일이다. 실록에서 세종의 병환 기록을 면밀히 조사한 李崇寧(1981: 106-31)에 따르면, 세종이 여러 질병으로 고생하였으나 칼로 나무를 깎다가 부상하였다는 기록이 없다. 공주와의 마지막 이별을 말할 정도의 심각한 부상이라면 왕의 칼쓰기를 말리지 못한 內官이나 부상을 제대로 치료하지 못한 御醫에 대한 처벌 등 큰 소동이 있었을 것이다. 당연히 실록에 기사가 있어야 하는데 그러한 기사는 없다. 第3則은 延昌尉의 葬禮에 공주가 따라갔고, 묘소 아래에 祭閣을 지어 놓고 계단을 오르내리는 일이 禮制에 조금도 어긋나지 않았다는 내용들이다. 이는 鄭麟趾의 序(위의 각주 19) 참조)에도 나오나, 祭閣을 오르내리는 데 禮制를 따랐다는 것도 문제이기는 마찬가지다. 『成宗實錄』(1474(성종 5). 1. 27.)에 의하면 永順君과 延昌尉의 묘소에 人臣으로 할 수 없는 장려한 丁字閣을 지은 것이 문제되어 금단하였다

---

19 『新增東國輿地勝覽』(권3, 漢城府 山川)에 의하면 楮子島는 都城 동쪽 25리, 三田渡 서쪽에 있는데, 세종이 그곳 별장을 貞懿公主에게 하사하여 그 넷째아들 安貧世에게 전하여 후손이 대대로 소유하였다고 한다. 이 기사에 이어 安貧世의 청으로 지은 鄭麟趾의 序가 수록되었는데, 공주가 하사받아 아들에게 주었다는 이야기는 있으나 「公主遺事」에 있는 하사와 관련된 세종의 부상과 공주의 치료는 언급되지 않았다. 鄭麟趾는 맏아들이 延昌尉의 맏사위가 되었으므로 그 사정을 몰랐을 리 없다. 따라서 延昌尉와 결혼 시에 하사된 것이 아닌가 한다. 『竹山安氏大同譜』의 「良孝公(安孟聃)事蹟」에서 19세 때에 위 별장이 이루어졌다고 한 것도 그것을 뒷받침하는 기록이다.

고 한다. 丁字閣 자체가 성종의 금단을 당했는데 계단을 오르내리는 사소한 예절이 자랑일 수 없기 때문이다. 이상의 설명으로 보아 「公主遺事」第1, 3則의 내용이 그대로 신빙하기 어려운 자료임을 알 수 있다.

그렇다고 하여 그 第2則까지 믿을 것이 못된다고 하지는 못한다. 그러나 그 안에서도 믿지 못하게 하는 문제가 발견된다. 우선 그 기록에서 공주가 해결하였다는 '變音吐着'을 밝힌다 하여 李家源(1994)에서는 '變音'을 설명하기 위하여 解例本의 내용에서

陰이 변해 양이 되고 陽이 되어 한 번 動하고 한 번 靜하여 서로 뿌리 되네
(陰變爲陽陽變陰 一動一靜互爲根(制字解訣))

ㅇ을 빨리 발음하면 ㄱ으로 변하여 급하고 ㄱ을 느리게 내면 변하여 ㅇ이 되어 느리다(ㅇ促呼則變爲ㄱ而急 ㄱ舒出則變爲ㅇ而緩(解例本, 終聲解)).

의 구절을 인용하고 그밖에 解例本의 '做, 借, 通, 合'이니 하는 것이 모두 變 아닌 것이 없다 하고서 終聲의 緩急相對라고 설명하였다. '吐着'은 토를 합당한 곳에 정착시키는 것이라 하였다. 그렇게 되면 公主의 협찬은 어느 한 부분에 그친 것이 아니라 상당히 광범위한 곳에 미쳤으리라 생각된다고 결론하였다. 세종이 자문하였다는 '變音吐着'이 다른 용례가 없어서 무엇을 뜻하는지 모른다고 함이 필자의 솔직한 생각이다.[20] 교수의 해석을 그대로 따르면 變

---

20 變音吐着에 대하여 학계에서 간단히 언급한 일은 있었으나, 變音은 李家源(1994)를 따르면서 吐着을 한글창제와 관련시켜 본격적으로 다룬 예는 박지홍(1999) 및 박지홍(2003)이다. 박지홍(1999: 139)에서는 制字解訣에서 말한 "初聲은 또 피어난다는 뜻이 있어서 양의 動이 되어 하늘을 주관하고, 終聲은 땅에 비기어 음의 靜이라 字音은 여기서 그치어 정하여지네(初聲復有發生義 爲陽之動主於天 終聲比地陰之靜 字音於此止定焉)"를 인용하여 吐着이 종성은 초성을 다시 쓴다는 뜻이라 한다. 이러한 해석으로는 貞懿公主의 협찬이 한글창제와 직접 관련된다. 그러나 박지홍(2003: 33)에서는 이른바 받침법칙이라 하여 다르게 설명하고 있다. 해석이 쉽지 않음을 말하는 일이다. 吐着의 용례가 달리 없기 때문에 그러한 해석과 李家源(1994)의 해석에 일리가 없지는 않으나, 현재의 필자는 유감스럽

音은 글자 창제와 상관이 없는 終聲의 완급, 곧 全淸과 不淸不濁의 대립을 말하고, 吐着은 한문에 한글로 구결을 다는 懸吐의 문제를 해결하였다는 뜻이다. 따라서 變音은 解例本의 편찬, 吐着은 한글의 實用에 도움을 준 데 지나지 않는다. 따라서 貞懿公主가 협찬한 내용은 한글창제가 아닌 것이다. 그 자료를 그대로 믿어도 창제 이후에 협찬하였다고 하여야 된다. 實錄의 卒記(1477(성종 8). 2. 11.)와 같이 공주가 아무리 총명하고 지혜로워 曆算을 잘하여 세종의 사랑을 받았다고는 하지만(이 줄기에서도 李家源(1994)의 설명과 같은 한글창제의 협찬에 대하여는 一言半句의 언급이 없다), 侍從의 신하인 集賢殿의 쟁쟁한 諺文八儒가 있고, 그들은 왕의 諮問에 응하기 위하여 밤에도 直宿하는 학사가 대기하고 있었는데, 그들을 제쳐두고 공주가 한글창제에 협찬하였다는 일은 이해하기 어렵다. 더구나 下嫁한 공주의 入闕에 臺諫의 啓辭가 났다고 한 第1則과 같이 자유롭게 궁중에 출입하지 못하는 私家의 공주에게 세종이 스스로 해결하지 못한 문제를 자문하였다는 것은 상상할 수도 없는 일이다. 요컨대 「公主遺事」의 기록도 貞懿公主가 한글을 창제하였다고 한 「刱制文字」보다는 나은 것이나 그대로 따를 수 없기로는 五十步百步이다.

「公主遺事」의 第2則을 믿지 못하게 하는 내용이 그 자료 안에는 또 있다. '變音吐着'을 해결한 포상으로 노비 수백 명을 내렸다고 한 것이 그것이다. 이렇게 후한 상은 있을 수 없는 일이다. 나라에 대하여 한글창제에 비교되지 않는 功勳을 세운 開國功臣에게 내린 노비가 겨우 30-7口에 지나지 않는다. 「義安伯李和 開國功臣錄券」(『動産文化財指定報告書('86 指定篇)』)(文化財管理局, 1988)에 의하면, 1392년(태조 1, 洪武 25) 9월 16일에 正功臣인 개국공신에게는 田地와 奴婢 등을 차등 있게 賜給하였다. 一等功臣에게도 功勳에 따른 차등이 있다. 사급된 노비가 30구에서 15구이다. 二, 三等功臣에게는 각각 10구

게도 그 어느 쪽에도 따르지 못한다. 다른 용례가 나타나기까지 해석을 보류할 수밖에 없다. 이 점도 貞懿公主의 협찬을 믿지 못하는 한 이유이다.

와 7구이다. 한글 창제에 협찬하였다고 하여 노비 數百口를 사급한 일은 아무리 노비만이라 하여도 도저히 있을 수 없다. 기록을 신빙하지 못하게 하는 결정적인 이유이다. 錄券에서 田地와 奴婢의 賜給내역을 보이면 다음과 같다.

一等功臣 裵克廉 趙浚: 食邑 1000戶 食實封 300戶 田 250結 奴婢 30口

金士衡 鄭道傳 南誾: 田 200結 奴婢 25口

李濟 李和 鄭熙啓 등 9명: 田 170結 奴婢 20口

鄭摠 吳蒙乙 金仁贊: 田 150結 奴婢 15口

二等功臣 · 三等功臣: 모두 각각 田 100結 奴婢 10口, 田 70結 奴婢 7口

이상에서 본 바와 같이 李家源(1994)에서 貞懿公主가 集賢殿의 여러 선비와 黃瓚에 이어 한글창제에 큰 공훈을 세웠다고 주장한 擧證資料인『夢遊野談』의「刱造文字」와『竹山安氏大同譜』의「公主遺事」는 史料檢證으로 신빙성이 없음이 드러났다. 그런데 언뜻 보면 위의 두 자료가 상당히 다르나 정의공주를 한글창제에 등장시킨 점에서 서로 무관하지 않다고 추측된다.「刱造文字」는 李家源(1994)에서 밝힌 대로 교수가 60여 년에 걸친 群書열람에서 유심히 찾다가 겨우 찾은 자료라 한다. 家乘이 아닌 일반 문헌으로는 그 정도로 유일한 것이다. 그 자료는『藥坡漫錄』으로 미루어 편자 李遇駿의 집안에 전승되던 것이라 하지 못한다. 편자가 창작한 자료도 아니다. 분명히 典據가 있을 것이다. 그의 家系(앞의 각주 15) 및 16) 참조)로 미루어서 貞懿公主의 직계 집안인 외가에 전승되던「公主遺事」第2則을 보고서 세종이 한글창제에서 구명하지 못하여 하문한 變音吐着의 해결을 아예 한글의 '所製'로 변형시킨 것으로 생각된다. 元資料인「公主遺事」가 신빙하지 못할 자료이므로, 그 변형인「刱造文字」는 말할 것도 없다. 그러므로 정의공주의 한글창제에 대한 협찬은 동의할 수 없는 주장인 것이다. 더욱이 李家源(1994)의 주장에서 集賢殿 선비와 黃瓚의 일은 덮어둔 채 貞懿公主 부분만을 받아들여서 공주가 한글

창제에 협찬하였고, 나아가 세종이 공주와 왕자만을 데리고 집현전학사들
도 모르게 한글을 창제하였다고 하는 국어학계의 일부 학설도, 유감스러운
일이나 필자는 따르지 않는다.

그렇지만 「公主遺事」에서 말한 한글창제에서 貞懿公主 이외의 왕자에 대
한 下問과 그들의 협찬은 정의공주의 협찬에 비하여 개연성이 있다. 한글창
제 이후의 후속사업에 그들은 참여하였던 것이다. 이에 그 개연성을 따져보
지 않을 수 없다.

세종의 下問으로 협찬한 왕자는 東宮을 비롯하여 晉陽大君(首陽大君)과 安
平大君이 생각될 수 있다. 反對上疏文의 마지막 조항에서 동궁이 聖學과 治
道에 도움이 안 되는 한글에 정신과 생각을 쓴다고 한 일, 실록(1444. 2. 16.)에
서 세종이 集賢殿교리 崔恒 등에게 언문으로『韻會』를 번역하게 할 때에 동
궁과 晉陽大君, 安平大君으로 그 일을 관장하게 한 일, 「洪武正韻譯訓序」에서
『洪武正韻譯訓』의 편찬에서 세종이 首陽大君(晉陽大君) 등(서문을 쓸 당시 安平
大君은 逆謀로 이미 작고하였다)으로 出納을 맡게 하고 문종이 동궁 때부터서
참여하였다고 한 일, 그리고 「直解童子習(諺解)序」에서 세종과 문종이 그 책
의 편찬을 명령하였다고 한 일이 있다. 이러한 한글창제의 후속 사업을 보
면, 한글창제에 동궁과 왕자의 협찬을 부인하기 어려운 것이다. 그런데 동궁
에 대하여는 앞에서 集賢殿학사의 書筵을 말하였으므로 그의 협찬은 집현전
과 분리하여 말하기 어렵다. 그가 협찬하였다면 당연히 집현전학사의 협찬
이 있었다고 할 것이다. 그러나 두 大君의 협찬은 사정이 다르다. 실록에서
『治平要覽』의 편찬에서 晉陽大君으로 감독하게 한 일(1441. 6. 23.), 田制詳定
所를 설치하여 晉陽大君으로 都提調를 삼은 일(1443. 11. 13.) 등등으로 미루
어서 위의 일이 특별히 한글에 관심이 깊었거나 조예가 있었기 때문이라고
할 수는 없다. 집현전의 한글과 관련된 협찬 사항을 수시로 세종에게 아뢰고
세종의 지시를 전달한 것으로 이해하여야 하지 않을까 한다.

실록에 의하면 세종은 한글창제가 있기 거의 3년 전에 두 대군을 집현전

에서 공부하도록 하였다. 다음이 그 기사(1441(세종 23). 1. 10.)이다.

傳旨하기를 금후로는 晉陽大君 瑈와 安平大君 瑢도 모두 禁中에서 講讀하게 하되 집현전관원으로 가르치게 하라 하매, 집현전에서 講讀의 법을 올리되 날마다 읽은 것은 반드시 외우도록 하고 1년에 20차례 넘게 臨文하여 읽게 하며, 날마다 通否를 고찰하여 치부하였다가 월말에 (왕께)아뢰되 5일마다 앞서 잇따라 5차례 배운 것에서 추첨하여서 通讀을 考講하여 通否를 써서 월말에 아뢰게 하소서 하니 그대로 따랐다(傳旨 今後晉陽大君瑈 安平大君瑢 並於禁中講讀 令集賢殿官教誨 集賢殿進講讀之法 每日所讀 必成誦 年踰二十 臨文讀之 每日考通否置簿 月季啓聞 每五日 探籌連前五授 通讀考講 仍書通否 月季以聞 從之).

이와 같이 집현전에서 마련한, 두 대군이 지켜야 할 講讀法은 매우 빠듯하게 짜여진 일정에 따르게 되어 있다. 『經國大典』(권3, 「獎勵」 조)에서 집현전을 계승한 弘文館관원이 매월 한차례 講시험과 세 차례의 製述시험을 보게 한 규정은 말할 것도 없고,[21] 宗學에서의 교육이 매일 講을 받아 通否를 기록하고 매월 다섯 차례 講시험을 치러 세 번 不通이면 벌한다는 규정에도 결코 못지않은 강독과 시험이다. 집현전에서 마련한 이 법에 따른다면 두 대군은 다른 일을 돌볼 여유가 거의 없었을 것이다. 이 講讀이 언제까지 계속되었는지는 관례에 따라 실록에 기사가 없다. 앞에 말한 바와 같이 같은 해에는 晉陽大君이 『治平要覽』의 편찬을 감독하게 한 기사가 실록에 보일 뿐이나, 이듬해 5월부터는 두 대군에게 山陵수리의 일을 맡기는 등 잡무가 주어지는 기

---

21 집현전관원의 강독에 대하여는 實錄(1434. 3. 17.)에 세종이 經史子集을 郎廳의 재질에 따라 나누어주어 읽게 하여 매일 어느 관원이 읽은 것을 文簿에 기록하였다가 월말에 베껴서 보고하도록 하고 매월 세 번의 製述을 하도록 한 傳旨가 있었다. 대체로 『經國大典』에서 규정된 弘文館관원의 공부와 비슷하다.

사를 잇달아 본다. 따라서 적어도 1년 반은 禁中 곧 집현전에서의 강독이 계속되었고, 그 뒤로는 이런저런 일에 얽매였으므로 學問研究에 전념하고 經筵과 書筵을 겸대하는 集賢殿학사를 제치고 한글창제에 특별히 협찬하지는 못하였을 것으로 추측된다. 여러 經筵日記 등에 있는 바와 같이 經筵공부가 끝나면 왕이 經筵官과 나라의 현안문제를 허심탄회하게 토론하는 관행이 있었다. 그러한 자리에서 세종이 한글창제에 참여시키지 않은 집현전학사들도 한글창제의 논의에 참여하도록 한 일은 매우 자연스러웠을 것으로 생각된다. 한글과 관련된 解例本, 『東國正韻』 등등의 편찬사업에 비추어서도 세종의 한글창제에는 역시 집현전의 이른바 諺文八儒의 협찬을 믿지 않을 수 없다. 여기에서 말하는 親制協贊說인 것이다. 百步를 양보하여 貞懿公主와 대군을 한글창제의 協贊者라 하여도 諺文八儒에 비하면, 매우 보잘것없는 협찬이라고 믿는다.

5. 맺음말

세종의 한글창제는 위대한 업적이다. 반대상소를 올린 崔萬理 등에게 한 말에서 그러한 업적을 이룩할 정도로 韻學에 깊은 소양과 그에 대한 자신감을 세종은 스스로 가지고 있었다. 그러나 「例義」, 反對上疏文과 그 처리, 貞懿公主의 사료를 검토하여 그 업적을 이룩하는 데는 집현전학사, 이른바 諺文八儒의 보필 또는 협찬의 힘이 있었다고 생각된다. 한글창제의 協贊者인 諺文八儒는 鄭麟趾의 서문에서 말한 鄭麟趾, 崔恒, 朴彭年, 申叔舟, 成三問, 姜希顔, 李塏, 李善老의 集賢殿 8학사이다. 협찬의 구체적인 내용을 현재로는 알 길이 없다. 창제에 대한 사료의 '不透明性'을 아쉽게 생각한다. 구체적으로 내용이 드러나지는 않으나 그들의 협찬은 의심할 여지가 없다. 이에 한글창제는 세종의 親制協贊說로 설명하고자 한 것이다. 세종이 중심에 서서 諺文

八儒의 협찬으로 창제하였다는 것이 이 글의 결론이다.

이 결론에는 반드시 덧붙여야 할 일이 있다. 「訓民正音序」에서 세종이 스스로 어리석은 백성을 위하여 내가 한글 28자를 新制하였다고 한 구절과 이 결론의 관계를 해명하는 일이다. 서문의 그 구절을 문면 그대로 읽으면 집현전학사의 협찬은 있을 수 없는 것이다. 그런데 제왕이 스스로 무슨 일을 하였다고 하더라도 반드시 自力으로 이루었다는 뜻이 아닌 사실에 주목하여야 한다. 이러한 예는 멀리 갈 것도 없다. 反對上疏文을 읽은 세종이 崔萬理 등에게 너희가 韻學에 대하여 무엇을 아느냐고 힐난하면서 만일 내가 韻書를 바로잡지 않으면 누가 바로잡겠느냐고 한 말에서 그것을 본다. 여기 韻書를 바로잡는 일은 말할 것도 없이 傳承漢字音을 교정하여 『東國正韻』을 편찬하겠다는 뜻이다. 그 책은 申叔舟의 서문에 의하면 諺文八儒를 중심으로 편찬되었다. 물론 전승한자음의 잘못을 걱정한 세종이 명령하여 편찬에 착수하였고, 편찬에서 세밀한 부분에 이르기까지 세종의 가르침을 받았다고는 하였다. 그러나 편찬은 어디까지나 諺文八儒 중심으로 이루어졌다. 세종이 직접 편찬한 문헌은 아니다. 사정이 이러하다고 하여 내가 韻書를 바로잡겠다고 한 세종의 말이 잘못이라고는 못한다. 더욱이 처음 스스로 바로잡겠다고 하였으나 뒤에 諺文八儒와 같은 문신에게 미룬 일이라고 할 것도 아니다. 편찬의 중심은 문신들이지만, 세종이 명령하고 지침을 준 점으로 세종이 바로잡아 편찬한 것으로 이해된다. 이른바 御定書의 典型인 것이다. 한글은 이와 달리 창제의 중심에 세종이 있었음을 말하고 있다. 한글창제가 처음으로 모습을 드러낸 「例義」 곧 「訓民正音例義幷序」는 이른바 御製書이다. 한글창제와 같이 文字生活의 틀을 바꾸는 일은 御製書로써 세종이 전면에 나섰던 것이다. 그러나 한자음 교정과 같은 사업에는 한 걸음 비켜서 있었을 뿐이다. 여기에서 우리는 御定書와 御製書의 차이를 본다. 두 책이 모두 제왕이 편찬에 관여한 점에는 다름이 없다. 한글창제와 『東國正韻』 편찬사업에는 다같이 세종이 참여하였으나 중심에 섰느냐 뒤에서 도왔느냐의 차이라고 할 일이다.

이러한 결론에 이르렀다고 하여 세종의 한글창제가 결코 過小評價되어서는 안 될 것이다. 필자는 安秉禧(2001)에서 역사의 전환기에는 위대한 인물이 존재한다고 하면서 국어의 文字史에 위대한 발자취를 남긴 두 인물로 吏讀를 창시한 薛聰과 한글을 창제한 세종을 든 일이 있다. 文字史의 관점에서 한글의 무한한 앞날을 생각하면 세종의 공적이 훨씬 커지겠지만, 현대까지의 문자사용 연대만 따진다면 천년이 훨씬 넘게 文字生活의 한 축을 담당한 薛聰의 공적이 오히려 크다고 설명한 바 있다. 史料에만 의존하면, 吏讀는 薛聰 혼자서 창시하고 한글은 세종 혼자서 창제하였다고 할 수밖에 없다. 그러나 아무리 훌륭한 인물이라 하여도 혼자 힘으로 위대한 업적을 이룩하지는 못한다. 시대상황을 예민하게 파악하고 자기의 능력을 최대한 발휘하면서 주변의 인물을 적절하게 활용하여야 이룩할 수 있다. 상대적으로 더 많은 사료가 있는 한글창제에는 協贊者로 集賢殿학사의 이름을 구체적으로 들 수 있다. 吏讀의 창시에도 당시의 國學동료의 협력이나 선배인 强首의 가르침이 없었다고 못할 것이다. 사료의 제약으로 그 이름들을 자신 있게 들지 못할 뿐이다. 요컨대 그러한 협찬이나 협력이 있었다고 하여 文字史에 이룩한 세종과 설총의 위대한 공적을 낮추어 보아서는 안 된다. 이 글의 주제와 관련하여 말한다면, 역시 세종의 한글창제는 위대한 업적인 것이다.

참고문헌

姜信沆(2003), 『훈민정음연구(수정증보판)』, 성균관대학교출판부.

박지홍(1999), 「훈민정음 창제와 정의공주」, 『세종성왕 육백돌』(세종대왕 기념사
　　　업회).

박지홍(2003), 「훈민정음의 연구(1)」, 『한겨레말연구』(부산: 두메 한겨레말 연구실) 1.

安秉禧(1999), 「崔世珍의 生涯와 年譜」, 『奎章閣』 22.

安秉禧(2001), 「설총과 국어」, 『새국어생활』 11-3.

安秉禧(2002a), 「訓民正音(解例本) 三題」, 『震檀學報』 93.

安秉禧(2002b), 「신숙주의 생애와 학문」, 『새국어생활』 12-3.

염종률 · 김영황(1982), 『훈민정음에 대하여』, 김일성대학출판부.

李家源(1994), 「訓民正音의 創制」, 『洌上古典研究』(열상고전연구회) 7.

李基文(1992), 「訓民正音 親制論」, 『韓國文化』 13.

李崇寧(1958), 「世宗의 言語政策에 관한 硏究」, 『亞細亞硏究』 1-2.

李崇寧(1974), 「世宗의 言語政策事業과 그 隱密主義的 態度에 대하여」, 『韓國學論
　　　叢』(李瑄根 박사 古稀記念論文集)(李崇寧, 1981에 再收錄).

李崇寧(1981), 『世宗大王의 學問과 思想』, 亞細亞文化社.

韓㳓劢 외(1986), 『譯註 經國大典』 註釋篇, 韓國精神文化硏究院.

洪起文(1946), 『訓民正音發達史』 上 · 下, 서울신문사출판국.

洪起文 · 田蒙秀(1949), 『訓民正音 譯解』, 평양: 조선어문연구회.

洪性南(2001), 「夢遊子 李遇駿의 『蓬史』 硏究」, 『淵民學志』 9.

河野六郞(1989), 「한글과 그 起源」(日文), 『日本學士院紀要』 43-3.

수록 논문의 원출처

이숭녕(1940), 「・ ’音攷」,『진단학보』12, 진단학회, 1~106쪽.

이기문(1955), 「語頭 子音群의 生成 및 發達에 對하여」,『진단학보』17, 진단학회, 187~258쪽.

허 웅(1958), 「挿入母音攷: 15世紀 國語의 一人稱 活用과 對象 活用에 對하여」,『서울대학교논문집』7, 서울대학교, 83~152쪽.

김완진(1963), 「國語 母音體系의 新考察」,『진단학보』24, 진단학회, 63~99쪽.

박병채(1966), 「古代 國語의 漢字音研究(聲類篇)」,『아세아연구』9-2, 고려대학교 아세아문제연구소, 1~70쪽.

강신항(1972), 「四聲通解의 音系 研究序說」,『진단학보』34, 진단학회, 60~95쪽.

정연찬(1972), 「중세 국어 성조의 변동과 기본형」,『한글』150, 한글학회, 77~114쪽.

이병근(1976), 「派生語形成과 i 逆行同化規則들」,『진단학보』42, 진단학회, 99~112쪽.

김방한(1977), 「韓國語 語頭 h-의 起源 및 語頭 子音群語와 旁點」,『언어학』2, 한국언어학회, 9~24쪽.

김완진(1977), 「鄉歌의 語學的 研究의 基準」,『언어와 언어학』5, 한국외국어대학교 언어연구소, 31~39쪽.

전광현(1978), 「18世紀 前記 國語의 一考察: 「伍倫全備諺解」를 中心으로」,『어학』5, 전북대학교 어학연구소, 15~24쪽.

성백인(1978), 「한국어와 만주어의 비교 연구 (1): 알타이 조어의 어두 파열음 체계 재구에 관한 문제점」,『언어학』3, 한국언어학회, 121~144쪽.

이돈주(1978), 「중국 상고 한자음의 성모 체계」,『한글』162, 한글학회, 271~295쪽.

안병희(1982), 「中世國語의 謙讓法 研究에 대한 反省」, 『국어학』 11, 국어학회, 1~23쪽.

고영근(1982), 「叙述性語尾와 冠形詞形語尾의 關聯性에 관한 研究」, 『관악어문연구』 7, 서울대학교 국어국문학과, 1~56쪽.

송   민(1985), 「近代國語 音韻論의 諸問題」, 『어문학논총』 4, 국민대학교 어문학연구소, 131~148쪽.

이기문(1994), 「國語史 研究의 反省」, 『국어학』 24, 국어학회, 1~17쪽.

이승욱(2001), 「문법화의 단계와 형태소 형성」, 『국어학』 37, 국어학회, 263~283쪽.

안병희(2004), 「世宗의 訓民正音 創制와 그 協贊者」, 『국어학』 44, 국어학회, 3~38쪽.